D. SCHNEIDER, D. RÜCKLE, H.-U. KÜPPER
und F. W. WAGNER (Hrsg.)

Kritisches zu Rechnungslegung und Unternehmensbesteuerung

Betriebswirtschaftliche Schriften

Heft 164

© RHSeemann

Theodor Siegel

Kritisches zu Rechnungslegung und Unternehmensbesteuerung

Festschrift zur Vollendung des 65. Lebensjahres von Theodor Siegel

Herausgegeben von

Dieter Schneider, Dieter Rückle, Hans-Ulrich Küpper
und Franz W. Wagner

Duncker & Humblot · Berlin

2005

Bibliografische Information Der Deutschen Bibliothek

Die Deutsche Bibliothek verzeichnet diese Publikation in der Deutschen Nationalbibliografie; detaillierte bibliografische Daten sind im Internet über <http://dnb.ddb.de> abrufbar.

Fotoprint: Color-Druck Dorfi GmbH, Berlin
Printed in Germany

ISSN 0523-1035
ISBN 3-428-11382-9

Gedruckt auf alterungsbeständigem (säurefreiem) Papier
entsprechend ISO 9706 ♾

Internet: http://www.duncker-humblot.de

Vorwort

Obschon nicht behauptet werden darf, daß „Professor“ sich sprachlich von dem Bekenntnis zu Wahrheit und Einsicht ableite, ist Hochschullehrern der Mut vor (Halb-)Götterthronen und Scheinautoritäten nicht unbedingt gegeben. Um so erfreulicher sind engagierte, in der Sache bohrende, aber im Persönlichen Contenance verbreitende Hochschullehrer. Mit Theodor Siegel ehren die Verfasser der Beiträge zu dieser Festschrift eine herausragende Persönlichkeit innerhalb der wissenschaftlichen Gemeinschaft anläßlich der 65. Wiederkehr seines Geburtstages.

Theodor Siegel wurde am 21.09.1940 in Gelsenkirchen geboren und nach seiner Ausbildung an der Technischen Universität Berlin auf eine C 3-Professur in Hannover berufen. Danach übernahm er C 4-Professuren für Betriebswirtschaftslehre, insbesondere Wirtschaftsprüfung, an der Universität-Gesamthochschule Essen sowie an der Technischen Universität Berlin und lehrt seit 1994 an der Humboldt-Universität zu Berlin.

Von dem breiten Forschungsinteresse des Jubilars zeugt die Richtungsvielfalt der Beiträge in dieser Festschrift. Zahlenmäßig dominieren Arbeiten aus Siegels eigenem Fach, der Betriebswirtschaftslehre, in Sonderheit aus den Bereichen Rechnungslegung und Besteuerung; aber auch Juristen, die sich mit Fragen des Bilanz- und Steuerrechts beschäftigen, erweisen dem Jubilar ihre Reverenz, da er stets die Zusammenarbeit mit der Rechtswissenschaft suchte und dabei auch die Auseinandersetzung mit seiner Meinung nach verfehlten Auffassungen nicht scheute.

Siegels Forschungen zu Fragen der Rechnungslegung und der Besteuerung bilden nur einen Schwerpunkt in seinem wissenschaftlichen Werdegang. Auf dem Gebiet der Produktionswirtschaft klärte Siegels Monographie zur Maschinenbelegung ein seinerzeit behauptetes Dilemma der Ablaufplanung. Arbeiten zur Kritik des Bernoulli-Prinzips und zur Entscheidungsrelevanz fixer Kosten unter Ungewißheit rundeten Siegels Interesse an Planungsfragen ab und sicherten ihm den Widerspruch nicht nur des Mitherausgebers Schneider.

Für den Bereich von Investition und Finanzierung deckte Siegel in einem frühen Beitrag zum Kalkulationszinsfuß in der Unternehmensbewertung eine investitionstheoretische Unterlassungssünde im bis dahin erschienenen Schrifttum auf, nämlich daß bei den literaturüblichen Annahmen zur Unternehmensbewertung die Wiederanlageverzinsung in der Rechnung fehle. Besonders innovativ sind der 1976 in Schmalenbachs Zeitschrift für betriebswirtschaftliche Forschung erschienene Aufsatz „Substanzerhaltungsdiskussion und optimale Unternehmensfinanzierung“ und seine Untersuchung über die Abfindung ausscheidender Gesellschafter (1986).

Siegel begann Forschungen zu Steuerbilanzpolitik und Steuerplanung schon als Student, als er die für die Steuerbarwertminimierung erforderliche Rechentechnik herausarbeitete. Eine Reihe von Einzelfragen ist durch ihn vertieft worden, von der Widerlegung einer Auffassung über Rückstellungen beim Umweltschutz oder für drohende Verluste bei Liefergeschäften über kritische Beiträge zu den steuerrechtlichen Herstellungskosten bis zur Frage, wann eigenkapitalersetzende fremde Mittel vorliegen (in der Diskussion um Entwürfe zu einem § 8a KStG) oder in welche Metamorphosen das Realisationsprinzip in einer sich interdisziplinär nennenden Bilanzrechtsforschung abgleitet. Eine umfassende Abrundung fand dieser Schwerpunkt in seinem Buch zu Steuerwirkungen und Steuerpolitik in der Unternehmung.

Siegels wissenschaftspolitisches Engagement zeigt sich u.a. in der Tätigkeit im Vorstand des Verbands der Hochschullehrer für Betriebswirtschaft e.V., in der Leitung der Kommission „Rechnungswesen“ dieses Verbands und hierbei besonders in seinem bis heute anhaltenden Einsatz für Qualitätssicherung bei der Neugestaltung des Wirtschaftsprüferexamens. Sein Ansehen in der Betriebswirtschaftlichen Steuerlehre wird dadurch dokumentiert, daß er, ohne Steuerlehre hauptamtlich zu lesen, zum Vorsitzenden der Wissenschaftlichen Kommission „Betriebswirtschaftliche Steuerlehre“ im Verband der Hochschullehrer für Betriebswirtschaft e.V. gewählt wurde und seine Kollegen bis in die jüngste Zeit durch Erstentwürfe zu gemeinsamen Stellungnahmen über Steuerreformprobleme animiert, motiviert bis antreibt. So war der von ihm initiierte Aufruf zur Rettung des Anrechnungsverfahrens, der von 78 Hochschullehrern getragen wurde, zwar politisch nicht erfolgreich, wohl aber ein Beleg für gesellschaftlich verpflichtete Wissenschaft. Daß der Aufruf politischen Wirbel auslöste, kam unerwartet: Nicht etwa eine Bestellung der CDU, wie es aus der SPD-Bundestagsfraktion behauptet wurde, inspirierte Siegel zu dem Aufruf, sondern der erste Akt der „Götterdämmerung“ in Chemnitz. Die Tarnhelm-Täuschung schlug wohl die gedankliche Brücke zu der regierungsamtlich angeblich fehlenden Europatauglichkeit des Anrechnungsverfahrens.

Theodor Siegel hat sich immer wieder gesellschaftspolitisch engagiert. Teilweise arbeitete er anonym, etwa in der „Arbeitsgruppe Normierung der Rechnungslegung“, die sich mehrfach kritisch zu Entwürfen des Deutschen Standardisierungsrates zu Wort gemeldet hat. Aber auch außerhalb seiner wissenschaftlichen Disziplin hat er sich immer wieder als homo politicus im besten Sinne betätigt; erwähnt sei hier nur, daß er zusammen mit seiner Frau Ursula wesentlich zum Aufbau einer Waldorf-Schule beigetragen hat.

Nur böse Zungen behaupten, Theodor Siegels Präsenz in zahlreichen Tagungen und dabei oft als Vortragender komme dadurch zustande, daß er keine bemerkenswerte Opernaufführung oder Kunstausstellung auslassen wolle und daher – in Abstimmung mit den Veranstaltungsterminen – so reisefreudig sei. Mit dem gleichen Feuer, mit dem er sich wissenschaftlichen Themen widmet, motiviert er auch Kollegen und wissenschaftlichen Nachwuchs für die schönen Künste. Woher er die Zeit für all das nimmt und dabei wissenschaftlich so fruchtbar ist, wird wohl sein Geheimnis bleiben.

Nicht zuletzt sind seine Initiativen zur Förderung des wissenschaftlichen Nachwuchses zu würdigen: Insbesondere ist ihm ein interuniversitäres Doktoranden- und Habilitandenseminar zu verdanken, in dem er gemeinsam mit Kollegen anderer Universitäten (u.a. Mitherausgeber Rückle) eine Diskussionsplattform errichtete, die vielen Nachwuchswissenschaftlern große Hilfe gebracht hat. Eine Diskussionsplattform ganz anderer Art hat Siegel durch das an der Technischen Universität begründete und später an der Humboldt-Universität fortgeführte „Forum Rechnungswesen und Steuern" geschaffen. In bisher über 150 Vortrags- und Diskussionsveranstaltungen wurde der unmittelbare Dialog zwischen Wissenschaft und Praxis im Berliner Raum gefördert. Als Referenten konnte und kann Theodor Siegel regelmäßig Professorenkollegen aus dem In- und Ausland, BFH-Richter, Praktiker aus den Unternehmungen, der Wirtschaftsprüfung und Steuerberatung und der Finanzverwaltung gewinnen.

Theodor Siegel sucht die Diskussion und erweist sich darin als Schärfen abbauender, aber dennoch seine Position durch variantenreiche Argumentation hartnäckig verteidigender Partner. Die Qualität seines Arbeitsstils, Mut zur Auseinandersetzung, gestützt auf kreative Einfälle, und die Breite seiner bisherigen Forschungen lassen noch viel in Zukunft erwarten.

Die Autoren dieser Festschrift sind ihm für die häufige Gelegenheit zu wissenschaftlicher Auseinandersetzung und die außerordentliche Liebenswürdigkeit verbunden, mit der er sich stets um seine Gäste gekümmert hat. Sie hoffen, daß die von ihnen vorgelegten Beiträge anläßlich der 65. Wiederkehr seines Geburtstages Theodor Siegel zu fruchtbaren Auseinandersetzungen anspornen. Die Herausgeber danken herzlich Frau Dr. Helga Kampmann für ihren unermüdlichen Arbeitseinsatz und dem „Verein zur Förderung des Bilanz- und Steuerrechts sowie der Wirtschaftsprüfung in Berlin und Brandenburg e.V." für eine finanzielle Unterstützung. Dem Verlag Duncker & Humblot gilt Dank für die angenehme Zusammenarbeit.

Im Frühjahr 2005

Dieter Schneider, Dieter Rückle,
Hans-Ulrich Küpper, Franz W. Wagner

Inhaltsverzeichnis

A. Kritisches zu Grundsätzen der Rechnungslegung

B. Kritisches zu Informationsgehalt und Prüfung der Rechnungslegung

C. Kritisches zur Steuerrechtspolitik

D. Kritisches zur Theorie der Unternehmensbesteuerung

Abkürzungsverzeichnis*

a.A.	anderer Ansicht
Abl. EG	Amtsblatt der Europäischen Gemeinschaften
Abs.	Absatz
Abschn.	Abschnitt
ABWL	Allgemeine Betriebswirtschaftslehre
a.F.	alter Fassung
AfA	Absetzung für Abnutzung
AG	Aktiengesellschaft / Die Aktiengesellschaft [Zeitschrift] / Arbeitsgemeinschaft
AHK	Anschaffungs- und/oder Herstellungskosten
AIAF	Italian Association of Financial Analysts
AICPA	American Institute of Certified Public Accountants
AK	Anschaffungskosten / Arbeitskreis
AK-BW	Arbeitskreis „Wissensbilanz"
AKEU	Arbeitskreis „Externe Unternehmensrechnung" der Schmalenbach-Gesellschaft für Betriebswirtschaft e.V.
AktG	Aktiengesetz
a.M.	anderer Meinung
Anm.	Anmerkung
AO	Abgabenordnung
ARB	Accounting Research Bulletin
ARC	Austrian Research Center
Art.	Artikel
AStG	Außensteuergesetz
ATX	Austrian Traded Index

* Da den Beiträgen in dieser Festschrift z.T. die alten, z.T. die neuen Regeln der Rechtschreibung zugrundegelegt wurden, sind im Fall von Abweichungen beide verwendeten Fassungen der Abkürzungen aufgeführt.

BAFin	Bundesanstalt für Finanzdienstleistungsaufsicht
ber.	berichtigt
bes.	besonders
BewG	Bewertungsgesetz
BFH	Bundesfinanzhof
BFH/NV	Sammlung amtlich nicht veröffentlichter Entscheidungen des BFH
BgA	Betrieb gewerblicher Art
BGB	Bürgerliches Gesetzbuch
BGBl.	Bundesgesetzblatt
BilKoG	Bilanzkontrollgesetz
BilReG	Bilanzrechtsreformgesetz
BIP	Bruttoinlandsprodukt
BiRiLiG	Bilanzrichtlinien-Gesetz
BMBWK	(österreichischer/s) Bundesminister / Bundesministerium für Bildung, Wissenschaft und Kultur
BMF	Bundesminister / Bundesministerium der Finanzen
BMWA	Bundesminister / Bundesministerium für Wirtschaft und Arbeit
BR-Drs.	Bundesrats-Drucksache
Bsp.	Beispiel
bspw.	beispielsweise
BStBl.	Bundessteuerblatt
BT-Drs. / BT-Drucks.	Bundestags-Drucksache
Buchst.	Buchstabe
BVerfG	Bundesverfassungsgericht
BVerfGE	Entscheidungen des Bundesverfassungsgerichts
BWL	Betriebswirtschaftslehre
bzgl.	bezüglich
BZW	beizulegender Wert
bzw.	beziehungsweise
ca.	circa
CAPM	Capital Asset Pricing Model
CEO	Chief Executive Officer
CESR	Committee of European Securities Regulators

CFO	Chief Financial Officer
CGU	Cash Generating Unit
Co.	Compagnie
CO_2	Kohlendioxid
CPA	Certified Public Accountant
CSR	Corporate Social Responsibility
CVA	Cash Value Added
DAX	Deutscher Aktienindex
DB	Der Betrieb [Zeitschrift]
DBA	Doppelbesteuerungsabkommen
ders.	derselbe
DG	Directorate Général (der Europäischen Kommission)
d.h.	das heißt
dHGB	deutsches Handelsgesetzbuch
Diss.	Dissertation
DLR	Deutsches Zentrum für Luft- und Raumfahrt
DM	Deutsche Mark
DP	Discussion Paper
DRS	Deutscher Rechnungslegungsstandard
DRSC	Deutsches Rechnungslegungs Standards Committee
DStR	Deutsches Steuerrecht [Zeitschrift]
DStRE	Deutsches Steuerrecht Entscheidungsdienst
DVFA	Deutsche Vereinigung für Finanzanalyse und Asset Management
E	Entwurf
EBIT	Earnings Before Interest and Taxes
EBITDA	Earnings Before Interest, Taxes, Depreciation and Armortization
EBITDAR	Earnings Before Interest, Taxes, Depreciation, Armortization and Rents
ECB	European Central Bank
ED	Exposure Draft
ed.	edition
E-DRS	Entwurf eines Deutschen Rechnungslegungsstandards
EFG	Entscheidungen der Finanzgerichte

EFQM	European Foundation for Quality Management
EFRAG	European Financial Reporting Advisory Group
EG	Europäische Gemeinschaft/en
EG-RL	Richtlinie der Europäischen Gemeinschaft
EGV	Vertrag zur Gründung der Europäischen Gemeinschaft
EK	Eigenkapital
endg.	endgültig
engl.	englisch
ErbStG	Erbschaftsteuergesetz
Erg.Lfg.	Ergänzungslieferung
EStG	Einkommensteuergesetz
et al.	et alii
etc.	et cetera
EU	Europäische Union
EuGH	Europäischer Gerichtshof
e.V.	eingetragener Verein
EVA	Economic Value Added
evtl.	eventuell
EWG	Europäische Wirtschaftsgemeinschaft
EZB	Europäische Zentralbank
F.	Framework
f.	folgende
F&E	Forschung und Entwicklung
FASB	Financial Accounting Standards Board
FCF	Free Cash Flow
FED	Federal Reserve System
ff.	fortfolgende
FG	Finanzgericht
FH	Fachhochschule
FK	Fremdkapital
Fn.	Fußnote
GAAP	Generally Accepted Accounting Principles
GE	Geldeinheit
GewSt	Gewerbesteuer

GewStDV	Gewerbesteuer-Durchführungsverordnung
GewStG	Gewerbesteuergesetz
GG	Grundgesetz
ggf.	gegebenenfalls
GK	Gesamtkapital
GmbH	Gesellschaft mit beschränkter Haftung
GmbHG	GmbH-Gesetz
GoB	Grundsätze ordnungsmäßiger Buchführung
GrErwStG	Grunderwerbsteuergesetz
GuV	Gewinn- und Verlustrechnung
Gz.	Geschäftszeichen
HFA	Hauptfachausschuss (des Instituts der Wirtschaftsprüfer in Deutschland e.V.)
HGB	Handelsgesetzbuch
HK	Herstellungskosten
h.M.	herrschende Meinung
HRG	Hochschulrahmengesetz
Hrsg.	Herausgeber
HWP	Höchstwertprinzip
i.a. / i.A.	im allgemeinen / im Allgemeinen
IAASB	International Auditing and Assurance Board
IAS	International Accounting Standard
IASB	International Accounting Standards Board
IASC	International Accounting Standards Committee
IAS-VO	IAS-Verordnung
I/B/E/S	Institutional Brokers' Estimate System
IC	Intellectual Capital
ICS	Intellectual Capital Statement
i.d.F.	in der Fassung
i.d.R.	in der Regel
IDW	Institut der Wirtschaftsprüfer in Deutschland e.V.
IDW ERS	Entwurf IDW Stellungnahme zur Rechnungslegung
i.e.S.	im engeren Sinne
IFAC	International Federation of Accountants

IFRIC	International Financial Reporting Interpretations Committee
IFRS	International Financial Reporting Standard
inkl.	inklusive
insb. / insbes.	insbesondere
InvG	Investmentgesetz
i.R.d.	im Rahmen des
i.S.	im Sinne
ISA	International Standard on Auditing
i.S.d.	im Sinne des
i.S.e.	im Sinne eines
i.S.v.	im Sinne von
i.V.m.	in Verbindung mit
i.w.S.	im weiteren Sinne
Jg.	Jahrgang
JWG	Joint Working Group (of Standardsetters)
KapCoRiLiG	Kapitalgesellschaften- und Co-Richtlinie-Gesetz
KapG	Kapitalgesellschaft
KG	Kommanditgesellschaft
KonTraG	Gesetz zur Kontrolle und Transparenz im Unternehmensbereich
KStG	Körperschaftsteuergesetz
KStR	Körperschaftsteuer-Richtlinien
Lfg.	Lieferung
lit.	litera [Buchstabe]
lt.	laut
Max.	Maximum
MD&A	Management Discussion & Analysis
m.E.	meines Erachtens
Mid-Cap	Middle Capitalization
Min.	Minimum
Mio.	Million
Mrd.	Milliarde
m.W.	meines Wissens

m.w.N.	mit weiteren Nachweisen
NF / N.F.	Neue Folge
n.F.	neue/r/e Fassung
NFF	Norske Finansanalytikeres Forening
NJW	Neue Juristische Wochenschrift
No.	Numero
Nr. / Nrn.	Nummer/n
NVwZ	Neue Zeitschrift für Verwaltungsrecht
NWP	Niederstwertprinzip
o.ä.	oder ähnliches
OECD	Organisation for Economic Cooperation and Development
OECD-MA	OECD-Musterabkommen
öHGB	österreichisches Handelsgesetzbuch
OFD	Oberfinanzdirektion
OHG	offene Handelsgesellschaft
o.J.	ohne Jahr
o.O.	ohne Ort
o.V.	ohne Verfasser
p. / pp.	page/s
Para	Paragraph [Absatz]
PCAOB	Public Company Accounting Oversight Board
PE, P/E	Price/Earnings
PEG	Price/Earnings to Growth
PersU	Personenunternehmen
PIE	Public Interest Entities
Pos.	Position
PrüfO	Prüfungsordnung
PS	Prüfungsstandard
PublG	Publizitätsgesetz
R&D	Research and Development
rd.	rund
Rdn. / Rn. / RnNr.	Randnummer
RechVersV	Verordnung über die Rechnungslegung von Versicherungsunternehmen

rev.	revidiert / revised
RFH	Reichsfinanzhof
rkr.	rechtskräftig
RL	Richtlinie
ROE	Return on Investment
RStBl.	Reichssteuerblatt
Rz.	Randziffer
S.	Seite
SEC	Securities and Exchange Commission
SFAC	Statement of Financial Accounting Concepts
SFAS	Statement of Financial Accounting Standards
SIC	Standing Interpretations Committee
s.o.	siehe oben
sog.	sogenannt / so genannt
Sp.	Spalte
SR	Sharpe-Ratio
StÄndG	Steueränderungsgesetz
StandOG	Standortsicherungsgesetz
StraBEG	Strafbefreiungserklärungsgesetz
StuB	Steuern und Bilanzen [Zeitschrift]
StuW	Steuer und Wirtschaft [Zeitschrift]
TER	Total Expense Ratio
TKG	Telekommunikationsgesetz
TOP	Tagesordnungspunkt
TransPuG	Transparenz- und Publizitätsgesetz
Tz.	Textziffer
u.a.	und andere / unter anderem
u.a.m.	und anderes mehr
udgl.	und dergleichen
u.E.	unseres Erachtens
UG	Universitätsgesetz
UMTS	Universal Mobile Telecommunications System
UmwStG	Umwandlungssteuergesetz
UR	Umsatzsteuer-Rundschau [Zeitschrift]

Urt.	Urteil
US / U.S.	United States
USA	United States of America
US-GAAP	United States Generally Accepted Accounting Principles
USt	Umsatzsteuer
UStG	Umsatzsteuergesetz
usw.	und so weiter
u.U.	unter Umständen
v.	vom / von
VAG	Versicherungsaufsichtsgesetz
VCS	Value Chain Scoreboard
Vfg.	Verfügung
vgl.	vergleiche
v.H.	vom Hundert
VO	Verordnung
Vol.	Volume
vs.	versus
VWL	Volkswirtschaftslehre
WACC	Weighted Average Cost of Capital
WertV	Wertermittlungsverordnung
WiPrAnrV	Wirtschaftsprüfungsexamensanrechnungsverordnung
WiPrAusbV	Wirtschaftsprüferausbildungsverordnung
WiPrPrüfV	Wirtschaftsprüferprüfungsverordnung
WP	Wirtschaftsprüfer
WpHG	Wertpapierhandelsgesetz
WPK	Wirtschaftsprüferkammer
WPO	Wirtschaftsprüferordnung
WPRefG	Wirtschaftsprüfungsexamens-Reformgesetz
WRV	Weimarer Reichsverfassung
z.B.	zum Beispiel
ZGE	zahlungsmittelgenerierende Einheit
Ziff.	Ziffer
ZIP	Zeitschrift für Wirtschaftsrecht
z.T.	zum Teil

Unternehmensrechnung und Ethik

Von Hans-Ulrich Küpper

I. Ethik und Betriebswirtschaftslehre

Die Beziehungen zur Ethik gehören nicht zu den zentralen Themen betriebswirtschaftlicher Forschung und Lehre. Als Grundposition wird in der Betriebswirtschaftslehre häufig ein Konzept der *Wertfreiheit* wissenschaftlicher Aussagen[1] vertreten, obwohl die Diskussion von *Normen* und *Empfehlungen* im Fach eine wichtige Rolle spielt. Theodor Siegel gehört zu den Betriebswirten, die sich der Auseinandersetzung um normative Fragen des Faches offen gestellt haben. Für ihn bildet die Diskussion insbesondere um Prinzipien und Regeln der Bilanzierung und Besteuerung einen wesentlichen Teil seiner wissenschaftlichen Arbeit. Dabei sucht er die Bezüge zur Ethik[2], greift gesellschaftlich „heiße" Themen wie das Ehegattensplitting[3] auf und macht deutlich, wo seine wissenschaftliche Argumentation auf grundlegenden Wertungen basiert. Aus seinen zentralen Forschungs- und Lehrgebieten der betriebswirtschaftlichen Steuerlehre sowie der Wirtschaftsprüfung heraus spielt das Verhältnis zwischen Unternehmensrechnung und Ethik für ihn eine wesentliche Rolle.

Die Unternehmensrechnung umfaßt Rechnungssysteme zur Ermittlung wichtiger Wertgrößen der Unternehmung[4]. Insofern ist sie „nur" ein *Meßinstrument*[5]. Ihre Gestaltung erscheint daher auf den ersten Blick weniger ‚ethisch relevant' als die unmittelbar *personal- und produktbezogenen Entscheidungen* einer Unternehmung. Jedoch liefert sie Daten, über die man die in einer Unternehmung umgesetzten Entscheidungen beurteilen und fehlerhafte Handlungen aufdecken kann. Rechtswidrige und moralisch verwerfliche Handlungen versuchen Ent-

---

[1] Vgl. hierzu *Weber* (1968a), S. 146 ff.; *Weber* (1968b), S. 489 ff.; *Küpper* (1974), S. 53 ff.

[2] Vgl. *Siegel* (1999).

[3] Vgl. z.B. *Siegel* (2001).

[4] Zur Kennzeichnung der Unternehmensrechnung vgl. *Schneider* (1997), S. 27 ff.; *Küpper* (2001a), S. 110 ff.; *Busse von Colbe* (1990), S. 403; *Coenenberg* (2003b), S. 3.

[5] Vgl. *Schneider* (1994), S. 28 ff.; *Schneider* (1997), S. 7 und S. 107 ff.

scheidungsträger daher häufig durch eine Manipulation dieses Meßinstruments zu verbergen.

In den vergangenen Jahren hat eine Reihe von *Bilanzskandalen* großes Aufsehen erregt[6]. Am bekanntesten wurde der Fall von Enron, das „mit Umsatzaufblähungen, fiktiven Gewinnen und gigantischen Schulden, die aus dem Konzernabschluß ausgelagert wurden, für eine massive Täuschung der Anleger"[7] sorgte. Diese Fälle und ihre Häufung nach 2000 hatten eine bedeutende Medienwirkung. Sie verursachten hohe Vermögensschäden bei den Anteilseignern, Managern und Prüfern[8] der betroffenen Unternehmungen. Darüber hinaus schlägt sich der Verlust an Vertrauen gegenüber der Rechnungslegung und ihrer Prüfung in einer geringeren Investitionsbereitschaft nieder[9]. Derartige Bilanzfälschungen verstoßen in der Regel nicht nur gegen die Rechtsvorschriften. Auch wenn die rechtliche Beurteilung in Grenzfällen manchmal nicht leicht ist, stehen sie meist in deutlichem Gegensatz zu den in einer Gesellschaft akzeptierten Werten und Regeln, also deren ‚Moral'[10], wenn es sich um eine offensichtliche individuelle Bereicherung zu Lasten anderer handelt.

Da unterschiedliche Menschen, Gruppen und Gesellschaften nicht durchweg dieselben Wertungen vertreten, kann man in einer wissenschaftlichen Diskussion nicht von einem klar bestimmten Wertesystem ausgehen. Vielmehr ist für eine wissenschaftliche Diskussion eine Offenheit gegenüber unterschiedlichen Wertungen notwendig. Als *ethisch relevant* sind Gestaltungen und Wirkungen der Unternehmensrechnung anzusehen, durch welche die individuelle Gestaltungsmöglichkeit des Lebens von Menschen betroffen wird. Deshalb ist zu fragen, inwieweit wissenschaftlich fundierte Aussagen Hilfestellungen zur Lösung der sich ergebenden Wertkonflikte geben können.

Den Ausgangspunkt einer solchen Analyse bilden die normativen Komponenten der Unternehmensrechnung in Abschnitt II. Diese weisen einen Bezug zu allgemeineren ‚ethischen' Werten auf, wie sie für den einzelnen und die Gesellschaft maßgebend sein können. Die Ausrichtung der Unternehmensrechnung an derartigen Werten, Normen und Regeln bedarf der Begründung. Deshalb wird in Abschnitt III. gefragt, welche Verfahren aus wissenschaftlicher Sicht für eine solche Begründung bereitgestellt werden können. Dabei bleibt im Blickfeld, daß es nach dem hier vertretenen Wissenschaftsverständnis kein Kriterium gibt, nach dem sich normative Urteile als wissenschaftlich richtig oder falsch

---

6 Vgl. *Ballwieser* (2003), S. 9 ff.; *Ballwieser / Dobler* (2003), S. 449 ff.

7 *Ballwieser* (2003), S. 10.

8 *Ballwieser / Dobler* (2003), S. 450 ff.

9 *Ballwieser / Dobler* (2003), S. 453.

10 Hier werden unter Moral die in einer sozialen Gruppe, insbesondere einer Gesellschaft, akzeptierten Normen verstanden. Zu diesem in vielfältigem Sinn gebrauchten Begriff vgl. *Pieper* (2000), S. 26; *Kluxen* (1999), S. 189.

kennzeichnen lassen. Die Aufgabe der Wissenschaft wird vielmehr darin gesehen, den Entscheidungsträgern in der Realität Verfahren und Argumente anzubieten, mit denen sie ihre Wertungen fundierter begründen können. Schließlich werden in Abschnitt IV. ethische Konflikte bei der Gestaltung und Nutzung der externen und internen Unternehmensrechnung aufgezeigt, in ihrer Struktur analysiert und Ansatzpunkte zu ihrer Lösung aufgezeigt.

II. Normative Komponenten der Unternehmensrechnung

1. Prinzipien der Unternehmensrechnung

Die Gestaltung von Systemen der Unternehmensrechnung richtet sich häufig an Prinzipien bzw. Normen aus, denen das betreffende Rechnungssystem zu folgen hat. Ihr deutlichstes Beispiel sind die *Prinzipien der externen Rechnungslegung*. Durch die Schaffung einer Rangordnung zwischen den im HGB[11], den IAS/IFRS oder den US-GAAP jeweils genannten Prinzipien und die Klärung ihrer Beziehungen wird es einfacher, strittige Bilanzierungsprobleme zu lösen.

Die *Entwicklung* derartiger Prinzipien und deren *Ordnung* in Systemen hat normativen Charakter. Ihr Bezug zu den vom einzelnen und insbesondere von einer Gesellschaft beachteten Werten und Normen zeigt sich vor allem dann, wenn über Bilanzskandale die moralische Dimension der Rechnungslegung aufscheint. Viel deutlicher ist demgegenüber der ethische Bezug bei den Prinzipien der Besteuerung, die indirekt über das Maßgeblichkeitsprinzip auch auf den handelsrechtlichen Jahresabschluß zurückwirken.

Für die *interne Erfolgsrechnung* gibt es ebenfalls eine Reihe von Prinzipien[12]. Erfassungsprinzipien betreffen beispielsweise die Zuverlässigkeit sowie Genauigkeit der *Messung* von Güterverbräuchen und deren Preisen. Konfliktträchtiger sind die Prinzipien der *Kostenverteilung*. Die Orientierung am Verursachungs-, Identitäts-, Durchschnitts-, Leistungsentsprechungs- und Tragfähigkeitsprinzip hat maßgebliche Konsequenzen dafür, ob man z.B. zu Voll- oder Teilkostenrechnung gelangt und ob deren Informationen zu Fehlentscheidungen führen können. Über die Festlegung kostenorientierter Entgelte in regulierten Bereichen, z.B. bei Telekommunikation, Strom oder Gas, haben solche Kosten-

[11] Vgl. *Moxter* (1986); *Baetge / Kirsch / Thiele* (2003), S. 94 ff.; *Ballwieser* (1999); *Siegel / Schmidt* (1999).

[12] Vgl. hierzu *Schweitzer / Küpper* (2003), S. 53 ff.

rechnungsprinzipien eine auch für die Öffentlichkeit erkennbare Bedeutung erlangt.[13]

2. Normative Basisentscheidungen zur Gestaltung der Unternehmensrechnung

In der Diskussion um Grundsätze der Bilanzierung wird häufig darauf Bezug genommen, daß nach HGB dem Vorsichtsprinzip eine zentrale Rolle zukommt[14] und deshalb im deutschen Recht der Gläubigerschutz den obersten Zweck bildet. Daran wird sichtbar, daß hinter der Festlegung von Rechnungsprinzipien normative Basisentscheidungen über deren jeweilige Zwecke liegen. *Rechnungszwecke* leiten sich aus den Informationswünschen oder -bedürfnissen[15] der *Adressaten* eines Rechnungssystems ab, zu denen im Hinblick auf die externe Rechnung alle Stakeholder einer Unternehmung gehören. Da diese teilweise konfliktäre Interessen und deshalb gegensätzliche Informationswünsche haben, werden diese Konflikte in bezug auf die Offenlegung von Informationen über eine Unternehmung durch den Gesetzgeber gelöst. Hierdurch werden Konflikte z.B. im Hinblick auf die Ermittlung von Basisgrößen der Gewinnverteilung allgemein geregelt, die sonst innerhalb der Anteilseigner (z.B. Komplementär und Kommanditisten in einer KG) sowie mit den Managern einzeln gelöst werden müßten. Derartige *Konfliktregelungen* sind produktiv und erleichtern die Kooperation zwischen den Betroffenen. An ihnen zeigt sich, daß eine Regelung von Wertkonflikten auch ökonomisch zweckmäßig sein kann, weil sie Handlungsspielräume eröffnet[16].

Neben dem Gesetzgeber kann die Rechnungslegung durch andere *Institutionen* wie z.B. Börsen beeinflußt werden, welche die Zulassung des Aktienhandels von der Art der Rechnungslegung abhängig machen. Ferner kann es im *Interesse einer Unternehmung* liegen, bestimmte Informationen zusätzlich zu den für die Rechnungslegung vorgeschriebenen offenzulegen. Dann will sie beispielsweise über ihre Leistungen gegenüber verschiedenen Stakeholdern und der Gesellschaft, ihre Aktivitäten im Bereich des Umweltschutzes und ihr Humankapital informieren. Hierzu kann sie Sozialbilanzen[17], Umweltbilanzen[18]

---

[13] Vgl. Verwaltungsvorschriften im Bereich Kostenrechnung; in: Amtblatt 5/2001 der Regulierungsbehörde für Telekommunikation und Post, S. 647 f.; *Siegel* (2002d); *Küpper* (2002b).

[14] Vgl. *Moxter* (1985); *Moxter* (1986), S. 37 ff.; *Siegel / Schmidt* (1999), S. 6 ff.; *Coenenberg* (2003a), S. 44 f.

[15] Zu dieser Abgrenzung des Begriffs Rechnungszweck vgl. *Schneider* (1993), S. 194 ff.

[16] Vgl. *Homann* (1988), S. 226 ff.; *Homann / Meyer / Waldkirch* (2002), Sp. 496 ff.

[17] Vgl. hierzu *v. Wysocki* (1993).

oder Humanvermögensrechnungen[19] als Teilsysteme der Unternehmensrechnung aufbauen, in die externe Rechnungslegung einbeziehen und dadurch ihr ‚Reputationskapital' erhöhen[20].

Für die Systeme der *internen Unternehmensrechnung* konzentriert sich die Zahl der Informationsadressaten auf die *Entscheidungsträger* einer Unternehmung. Da diese verschiedenen hierarchischen Ebenen angehören, in unterschiedlichen Bereichen tätig sind und (auch) individuelle Interessen verfolgen, gibt es zwischen ihnen ebenfalls konfliktäre Informationswünsche. Zudem basieren wesentliche Komponenten des betrieblichen Anreizsystems auf Daten der Unternehmensrechnung. Durch die Interessen- und Informationsunterschiede in den verschiedenartigen Principal-Agent-Beziehungen werden die Informationskonflikte verschärft.

Als wichtigste *Rechnungszwecke* interner Rechnungssysteme unterscheidet man die Bereitstellung von Informationen zur *Planung*, *Steuerung* und *Kontrolle*[21]. Die zur Erfüllung dieser Rechnungszwecke notwendigen Informationen ergeben sich aus den von den Informationsadressaten zu lösenden Entscheidungs- und Handlungsproblemen sowie den hierbei von ihnen verfolgten Entscheidungszielen. Neben dem Rechnungszweck bilden daher die sachliche, zeitliche sowie organisatorische Aufteilung des Entscheidungsfelds einer Unternehmung sowie die diesen zugeordneten betrieblichen und individuellen Entscheidungsziele maßgebliche Bestimmungsgrößen für die Gestaltung interner Systeme der Unternehmensrechnung. Deshalb bilden die *Entscheidungsziele* neben den Rechnungszwecken eine normative Basis der Unternehmensrechnung.

3. Ethischer Bezug grundlegender Prinzipien der Unternehmensrechnung

Verschiedene Prinzipien der Unternehmensrechnung stellen Operationalisierungen allgemeinerer Prinzipien dar, denen im allgemeinen ein ethischer Bezug zugesprochen wird. So beruht die externe Rechnungslegung auf Rahmengrundsätzen[22], zu denen die Grundsätze der Richtigkeit bzw. der Reliability, der Wesentlichkeit bzw. der Materiality und der Vollständigkeit gehören. *Richtigkeit*

---

[18] Vgl. *Wagner* (1997), S. 188.

[19] Vgl. z.B. hierzu *Streim* (1993).

[20] Zu diesem Gedanken aus ethischer Sicht vgl. *Homann / Meyer / Waldkirch* (2002), Sp. 502.

[21] Vgl. zu ihrer Kennzeichnung *Schweitzer / Küpper* (2003), S. 26 ff.; *Küpper* (2001a), S. 113 f.; *Ewert / Wagenhofer* (2003), S. 7 f.

[22] Vgl. *Leffson* (1987), S. 150 ff.; *Siegel / Schmidt* (1999), S. 6 f.

ist „ein Ausfluß von Objektivierbarkeit im Sinne von intersubjektiver Nachprüfbarkeit“[23] und zielt darauf ab, daß die in der Rechnungslegung enthaltenen Informationen mit den abgebildeten Sachverhalten übereinstimmen und für den Empfänger zuverlässig bzw. ‚wahr‘ sein sollen. *Wesentlichkeit* liegt vor, wenn Informationen nützlich sein und die Entscheidungen der Adressaten beeinflussen können. Der Grundsatz der *Vollständigkeit* bezieht sich auf den Bilanzansatz und damit die Sachverhalte[24], über welche die Rechnungslegung zu informieren hat. Hinter ihm verbirgt sich der allgemeinere Grundsatz, Tatbestände nicht zu verheimlichen, welche für die Entscheidungen des Informationsempfängers relevant sein können.

Auch für die interne Unternehmensrechnung sind Zuverlässigkeit, Nachprüfbarkeit und Vollständigkeit im Hinblick auf die Zwecke der Planung, Steuerung und Kontrolle notwendig. Fehlerhafte und unvollständige Informationen erhöhen die Wahrscheinlichkeit nicht zieloptimaler Entscheidungen und Handlungen. Deshalb bilden die korrekte *Abbildung* der Unternehmensprozesse und *Transparenz*[25] eine Basis für die Erreichung der anderen Rechnungszwecke[26].

„Wahrheitsgemäßheit, Wahrhaftigkeit und Fairness, aber auch Rechenschaft erinnern an zentrale ethische Grundsätze“, sind aber zugleich „als sehr relative Begriffe aufzufassen“[27]. Die grundlegenden Prinzipien und Zwecke der externen wie der internen Unternehmensrechnung können als Konkretisierungen ethischer Normen der *Wahrheit* und *Ehrlichkeit* für einen spezifischen ökonomischen Bereich und dessen Rechnungssysteme verstanden werden. An der vielfältigen Diskussion um ihre Geltung sowie Umsetzung in umfassendere Prinzipiensysteme läßt sich erkennen, daß man für ethische Normen nicht einfach allgemeine Geltung fordern kann. Im Hinblick auf die Vorgehensweise der Ethik als Wissenschaft sind sie Beispiele dafür, welche Schritte bei deren Anwendung auf einzelne Bereiche der Realität zu vollziehen und welche Probleme dabei zu lösen sind.

---

[23] *Siegel / Schmidt* (1999), S. 11.

[24] Dies wird z.B. deutlich bei *Siegel* (2002a), S. 708; *Siegel* (2002b), S. 1637.

[25] Zur Bedeutung dieses Rechnungszweckes speziell für Hochschulen vgl. *Küpper* (2000), S. 349 f.; *Küpper* (2001b), S. 583 f.; *Küpper* (2002a), S. 931.

[26] Vgl. *Schweitzer / Küpper* (2003), S. 28.

[27] *Ballwieser / Clemm* (1999), S. 405.

III. Verfahren zur Begründung normativer Komponenten der Unternehmensrechnung

1. Formen und Prüfbarkeit von Begründungsverfahren

Die Gestaltung von Informationssystemen bildet einen traditionell wichtigen Forschungsbereich der Betriebswirtschaftslehre, in welchem Normen diskutiert und Instrumente entwickelt werden, die zur Erreichung bestimmter Zwecke dienen sollen. Deshalb ist zu klären, wie sich diese normativen Komponenten begründen lassen und inwieweit die Begründungsverfahren *intersubjektiv überprüfbar* und damit zuverlässig sind. Den höchsten Grad an Prüfbarkeit besitzen *logische* Schlüsse, weil sie sich formal beweisen lassen. Für *empirische* Aussagen bildet die Realität eine klare Prüfinstanz. Zumindest theoretische Aussagen können aber nicht verifiziert, sondern höchstens falsifiziert werden[28]. Demgegenüber gibt es für *normative* Aussagen *kein derartiges Prüfkriterium* der logischen oder faktischen Wahrheit. Deshalb ist für Normen und Werte aus wissenschaftlicher Sicht keine entsprechende allgemeine Gültigkeit erreichbar; ihre Akzeptanz muß letztlich dem Anwender überlassen bleiben.

Dennoch erscheint es notwendig und möglich, Normen wissenschaftlich zu diskutieren. Wegen des Fehlens eines strengen Prüfkriteriums ist dazu aber der Anspruch an die Geltung der wissenschaftlichen Erkenntnisse zu reduzieren. Dieser liegt dann in der *Angabe von Gründen*, welche für die jeweilige Norm sprechen. Da sich normative Aussagen weder aus logischen noch aus empirischen Aussagen herleiten lassen, beinhaltet ein Begründungsverfahren für Normen und Werte stets die *Zurückführung* auf eine in der Regel *allgemeinere Norm* oder auf *Personen*, deren Normen als vorgegeben übernommen werden. Dieser Ausgangspunkt der Begründung entzieht sich einer logischen oder empirischen intersubjektiven Überprüfung. Maßgeblich wird dagegen der Zusammenhang, der zwischen ihm und der zu begründenden Norm hergestellt wird. Die in ihm enthaltenen Beziehungen können logisch und/oder empirisch sein. An die Stelle der Forderung, eine bestimmte Norm beispielsweise als ethisch gerechtfertigt oder als zweckmäßig zu akzeptieren, tritt dann ein Begründungszusammenhang, dessen Schritte sich logisch bzw. empirisch überprüfen lassen und zu einer Norm führen, für die man möglicherweise einen höheren Grad an Akzeptanz annehmen kann. Im Hinblick auf die Begründung normativer Komponenten der Unternehmensrechnung bieten sich hierfür Verfahren an, deren Schwerpunkte in der systematisch- oder formal-analytischen Herleitung oder in empirischen Methoden liegen.

---

[28] Vgl. genauer *Küpper* (1974), S. 45 ff.; *Popper* (1989), S. 52 ff.

2. Systematisch-analytische Herleitung aus allgemeineren Normen

Ethische Normen können auf unterschiedlichen Ebenen verankert und wirksam sein. Da Unternehmungen in eine *Wirtschafts- und Gesellschaftsordnung* eingebunden sind, bilden deren Normen einen zentralen Ausgangspunkt für die Begründung von Prinzipien der Unternehmensrechnung, insbesondere solchen der externen Rechnungslegung. Die Regeln der Wirtschaftsordnung und die in einer Gesellschaft anerkannten Werte, wie sie insbesondere in den Grundrechten der Verfassung zum Ausdruck kommen, werden dann als moralische Basis betrachtet, die aufgrund ihrer Verankerung in Rechtsnormen oder ihrer allgemeinen Akzeptanz nicht weiter begründet werden. Aus diesen abgeleitete Empfehlungen beziehen sich auf die Gültigkeit der Rahmenordnung. Überprüfbar und damit wissenschaftlich fundiert ist nicht die Basiswertung, sondern lediglich die Ableitung des jeweiligen Prinzips aus der Rahmenordnung.

Die Rahmenordnung einer *sozialen Marktwirtschaft* gründet sich auf die Prinzipien der Freiheit, des Wettbewerbs und des sozialen Ausgleichs[29]. Im Hinblick auf den *Wettbewerb* kann man argumentieren, daß in einer solchen Ordnung „die Steuerung knapper Mittel über den Gewinn gerade deshalb ethischen Gehalt hat, weil durch die Rivalität unter Marktteilnehmern das Selbstinteresse gezähmt wird.“[30] Der konstitutiven *Freiheit* der Marktteilnehmer entspricht, daß sie die ökonomischen Folgen ihrer Entscheidungen zu tragen haben. Daraus folgt der Grundsatz, daß sie vertraglich übernommene Zahlungsverpflichtungen erfüllen müssen; andernfalls hat eine Unternehmung den Konkurs anzumelden. Hieraus läßt sich als ein grundlegendes Prinzip für die Rechnungslegung der *Gläubigerschutz* herleiten.

Für die *Steuerungswirkungen* der marktwirtschaftlichen Wettbewerbsordnung hat der *Gewinn* eine maßgebliche Funktion. Deshalb ist ein Meßsystem der Unternehmensrechnung „nötig, um zu beurteilen, ob eine Unternehmensführung bzw. der Gesetzgeber einer Unternehmensverfassung in sozialer und ethischer Verantwortung gehandelt hat.“[31] Aus dieser Funktion und der Bedeutung, welche der erzielte Periodengewinn für die Verteilung und Ausschüttung von Gewinnen sowie als Ausgangspunkt der Besteuerung besitzt, läßt sich die Regelung der externen Rechnungslegung durch den Gesetzgeber begründen. Sowohl im Hinblick auf die *Zahlungsbemessungs-*[32] als auch die *Informationsfunktion* von Jahresabschlüssen erscheinen jedoch möglichst *klare Normen* zweckmäßig. „Als unfair kann man eine Regelung ansehen, die dem Bilanzierenden im Jah-

---

[29] *Schlecht* (1999), S. 289 ff.

[30] *Schneider* (1990), S. 879.

[31] *Schneider* (1990), S. 875.

[32] Zu diesem Zweck der externen Rechnungslegung vgl. *Moxter* (1986), S. 18; *Schneider* (1997), S. 84 ff.; *Coenenberg* (2003a), S. 1146 f.; *Siegel* (2002c).

resabschluß Wahlrechte beläßt, ohne daß deren Ausnutzung genau zu erläutern ist."[33] Auch die Erfahrungen mit Bilanzfälschungen und verstärkte Haftungsmechanismen sprechen „für eindeutige, wahlrechtsfreie Normen der Rechnungslegung"[34]. Insofern erwachsen aus den allgemeinen Prinzipien und den empirischen Erfahrungen Anforderungen an den Gesetzgeber und dessen Gestaltung der Rahmenbedingungen.

3. Formal-analytische Fundierung aus theoretischen Modellen

Eine schärfere Begründungsform für Normen der Unternehmensrechnung ist in ihrer Herleitung aus Modellen zu sehen, die charakteristische Handlungsprobleme und -situationen von Unternehmungen wiedergeben. So nutzt man z.B. in der Wirtschaftsethik *spieltheoretische Ansätze* und stellt ethische Probleme in Form eines Gefangenendilemmas dar. Karl Homann[35] sieht die primäre Aufgabe von Wirtschafts- und Unternehmensethik in der Schaffung von Rahmenbedingungen als ‚Spielregeln', welche den wirtschaftlichen Akteuren vorteilhafte kooperative ‚Spielzüge' bei individueller Nutzenmaximierung erlauben. Hierzu kann die Unternehmensrechnung einen wesentlichen Beitrag leisten. Durch ihre Informationen werden *Informationsasymmetrien* z.B. zwischen Unternehmensleitung und Anteilseignern abgebaut. Dabei müssen ihre Informationen *zuverlässig* sein, damit beim Informationsempfänger eine hinreichende Erwartungssicherheit erzeugt werden kann, durch die er zur Wahl kooperativer Alternativen veranlaßt wird.

Für eine systematische *Begründung zentraler Rechnungszwecke* der Unternehmensrechnung kann man von entscheidungs- und agencytheoretischen Konzepten ausgehen. Die Bereitstellung von Informationen zur *Planung* erlangt ihre Bedeutung aus der Vorstellung, daß wirtschaftliches Handeln in Unternehmungen über Entscheidungen erfolgt. Wenn eine rationale Wahl zwischen Alternativen für das Handeln in Unternehmungen bestimmend sein soll, erfordert dies eine möglichst umfassende Versorgung mit den Informationen, welche zur Ermittlung der zieloptimalen Alternative benötigt werden. Akzeptiert man das in der *normativen Entscheidungstheorie* entwickelte Rationalitätskonzept, läßt sich damit die Informationsbereitstellung zur Planung als zentraler Rechnungszweck für die Unternehmensrechnung begründen.

---

[33] *Ballwieser / Clemm* (1999), S. 407.

[34] *Ballwieser / Dobler* (2003), S. 457.

[35] Vgl. *Homann* (1994); *Kliemt* (1993); *Homann* (1999), S. 72 ff.; *Homann / Suchanek* (2000), S. 99 ff.

In Unternehmungen gibt es eine Vielzahl von Beziehungen zwischen Auftraggebern und Beauftragten, wie sie in der *Agencytheorie* analysiert werden. Wenn der Auftraggeber z.B. als Anteilseigner, Unternehmensleiter oder als Vorgesetzter erreichen möchte, daß der von ihm Beauftragte z.B. als Vorstand, Bereichsleiter oder Mitarbeiter seine Handlungen auf die Unternehmensziele ausrichtet, muß er diesem bei Unterstellung ökonomisch rationalen Verhaltens entsprechende Anreize bieten. Für die Lösung derartiger Steuerungsprobleme spielen die verfügbaren Informationen eine maßgebliche Rolle. Daraus läßt sich begründen, daß die Bereitstellung von Informationen zur Verhaltenssteuerung ebenfalls einen zentralen Rechnungszweck der Unternehmensrechnung bilden sollte.

Im Hinblick auf das für sie maßgebliche *Entscheidungsziel* ist von einem mehrperiodigen Ziel auszugehen und aus diesem das einperiodige Erfolgsziel abzuleiten, weil aus entscheidungstheoretischer Sicht die längerfristige die kurzfristige Sicht dominiert. Darüber hinaus muß für eine präzise Zielformulierung[36] die Unsicherheit der Erwartungen berücksichtigt werden. Über kapitaltheoretische Analysen wurde für erwerbswirtschaftliche Unternehmungen herausgearbeitet, unter welchen Annahmen Anteilseigner den *Kapital- oder Endwert* verfolgen. Auch wenn diese Annahmen in der Realität nicht voll erfüllt sind, bietet dieses mehrperiodige Erfolgsziel das bisher am besten begründbare Entscheidungsziel für die Unternehmensrechnung[37]. Aufgrund seiner strukturellen Nähe zum Shareholder Value-Konzept hat es in der Praxis mit der ,Wertorientierung' zunehmend Verbreitung gefunden. Im Non Profit-Bereich[38] spielen jedoch ökonomische Ziele beispielsweise der Liquidität und Kosteneffizienz höchstens neben anderen Entscheidungszielen eine Rolle[39].

Modelltheoretische Ansätze liefern darüber hinaus eine Grundlage, um den konkreten *Informationsbedarf für bestimmte Entscheidungsprobleme* herzuleiten[40]. Damit lassen sich ausgehend von dem Rechnungszweck der Planung Entscheidungsmodelle formulieren und auswerten. Die zur Lösung des Modells erforderlichen Daten kennzeichnen den Informationsbedarf bei dem betrachteten Problem, wenn das Modell die Entscheidungssituation adäquat wiedergibt. Durch die Analyse von Entscheidungsmodellen verschiedener Planungsebenen, wie sie beispielsweise in der hierarchischen Produktionsplanung formuliert wer-

---

[36] Vgl. *Küpper* (1995a), S. 245 f.

[37] Vgl. hierzu *Küpper* (1994).

[38] Vgl. hierzu *Küpper* (2003), S. 218 ff.

[39] Vgl. z.B. zu Hochschulen *Küpper* (2000); *Küpper* (2001b); *Küpper* (2002a).

[40] Zu dieser Methode der deduktiven Informationsbedarfsanalyse vgl. *Küpper* (2001a), S. 147 ff.

den[41], läßt sich auch herausarbeiten, welchen Einfluß die Planungsebene auf die Entscheidungsziele und die erforderlichen Daten hat[42].

Ein eindrucksvolles *Beispiel* für die modelltheoretische Begründung von Entscheidungszielen für die Unternehmensrechnung und ihrer Konsequenzen für die Struktur der Rechnung bildet die Diskussion um die *Entscheidungsrelevanz von Fixkosteninformationen*[43]. Da sie nur auf längere Sicht veränderbar sind, werden für kurzfristige Entscheidungen üblicherweise lediglich die variablen Kosten als entscheidungsrelevant angesehen. Eine Berücksichtigung anteiliger Fixkosten kann in dieser Planungsebene zu Fehlentscheidungen führen. Wenn man den Gewinn als Erfolgsziel verfolgt, wird deshalb eine Orientierung an den Deckungsbeiträgen empfohlen[44]. Demgegenüber hat Dieter Schneider über ein einfaches Beispiel belegt, daß Fixkosten im Fall der Unsicherheit entscheidungsrelevant werden können[45]. In der von ihm angestoßenen Analyse dieses Problems wurde herausgearbeitet, daß die Entscheidungsrelevanz von Fixkosten von der *Risikonutzenfunktion* des Entscheidungsträgers abhängt. Theodor Siegel zeigte dabei den Zusammenhang zwischen dem Umfang des zu lösenden Entscheidungsproblems, dem Erfolgsziel und dem Verlauf der Risikonutzenfunktion auf[46]. Auch wenn man von demselben Typ einer risikoabhängigen Nutzenfunktion ausgeht, richtet sich deren für das betrachtete Entscheidungsproblem maßgeblicher Verlauf danach, ob das erfolgsorientierte Entscheidungsziel beispielsweise in der Maximierung des Vermögens, des Gewinns oder des Deckungsbeitrags besteht. Je nachdem, ob man ein konstantes Vermögen und/oder fixe Kosten in das Entscheidungsmodell mit einbezieht oder nicht, sind eine andere Erfolgszielgröße zu verwenden und der Nullpunkt auf der Risikonutzenfunktion zu verschieben[47]. An diesem Problem wird sichtbar, wie sich modelltheoretisch die Beziehungen zwischen der Aufteilung eines Entscheidungsfelds und der adäquaten Zielgröße sowie Risikonutzenfunktion begründen lassen, die mit der übergeordneten Risikonutzenfunktion kompatibel sind.

Bei der formal-analytischen Fundierung werden Anforderungen für die Gestaltung der Unternehmensrechnung aus theoretischen Konzepten und quantitativen formalen Modellen logisch hergeleitet. Den normativen Ausgangspunkt

---

41 Vgl. hierzu *Hax / Meal* (1975), S. 53 ff.; *Steven* (1994), S. 16 f.; *Küpper* (2001a), S. 103 ff.

42 Vgl. hierzu auch *Küpper* (1980), S. 269 ff.

43 Vgl. hierzu *Schneider* (1984), S. 2521 ff.; *Siegel* (1985); *Maltry* (1990), S. 298 f.; *Dyckhoff* (1991); *Siegel* (1991); *Siegel* (1992).

44 Vgl. *Coenenberg* (2003b), S. 7 und S. 238; *Ewert / Wagenhofer* (2003), S. 96 ff.

45 Vgl. *Schneider* (1984).

46 Vgl. *Siegel* (1985), S. 2158 f.; *Siegel* (1991), S. 458 ff.; *Siegel* (1992), S. 717 f.

47 Vgl. *Schweitzer / Küpper* (2003), S. 477 ff.

für die Begründung derartiger Empfehlungen bilden der beim jeweiligen Problem zugrunde gelegte Entscheidungsträger und dessen Ziele sowie Nutzenvorstellungen, die von der Rahmenordnung abhängig sein können.

4. Empirische Fundierung aus Informationsbedarfen und Wirkungen des Rechnungssystems

Die Teilsysteme der Unternehmensrechnung dienen dazu, bestimmten Personen Informationen zu liefern. Rechnungszwecke und konkrete Rechnungsziele[48] lassen sich daher auch durch eine empirische Ermittlung ihrer Informationsbedarfe bestimmen. Hierfür können *induktive und deduktive Methoden* herangezogen werden[49]. Zu ersteren gehört insbesondere die Befragung der Informationsadressaten mittels Fragebogen, strukturierten Interviews o.ä. Bei den deduktiven Methoden geht man von den Aufgaben, Entscheidungsproblemen sowie Zielen der Informationsadressaten aus und analysiert, welche Informationen zu deren Lösung erforderlich erscheinen.

Für eine umfassende Ermittlung des Informationsbedarfs bietet sich eine Kombination von deduktiven und induktiven Methoden an. In einem *integrierten Konzept*[50] kann man zuerst die gesetzlich, satzungsmäßig oder organisatorisch festgelegten Aufgaben der betrachteten Entscheidungsträger und die für ihre Durchführung notwendigen Informationen untersuchen. Anschließend werden Experteninterviews mit repräsentativen Entscheidungsträgern geführt. Auf dieser deduktiv und induktiv gewonnenen Basis kann dann ein Fragebogen erstellt und versandt werden. Dessen Auswertung liefert einen umfassenden Überblick über die Informationsbedarfe und deren Gewichtung. Um die Ergebnisse abzusichern, werden in einem letzten Schritt Workshops mit ausgewählten Informationsadressaten durchgeführt, in denen Abweichungen gegenüber der deduktiven Analyse und die Bedeutung der unterschiedlichen Informationswünsche zu überprüfen sind.

Die von der Unternehmensrechnung bereitgestellten Daten sollen einen Wert besitzen und dementsprechend das Handeln ihrer Empfänger beeinflussen. Deshalb lassen sich Anforderungen an ihre Gestaltung auch an den *erwünschten Wirkungen* ausrichten. Bei dieser Form der Begründung ist auszuwählen, welche Wirkungen betrachtet und ggf. als gut oder schlecht angesehen werden.

---

[48] Als Ergebnisse der Rechnung. Zur Unterscheidung von Rechnungszweck und Rechnungsziel vgl. *Schneider* (1993), S. 194 ff.; *Küpper* (2001a), S. 113.

[49] Zum Überblick vgl. *Küpper* (2001a), S. 145 ff.

[50] Vgl. hierzu *Nusselein* (2003), S. 64 ff.

Diese Basisentscheidung[51] hat normativen Charakter. Empirisch überprüfbar ist dagegen der Zusammenhang zwischen der Struktur der Rechnungssysteme und ihren Wirkungen.

Einen intensiv behandelten Forschungsgegenstand bilden die *Einflüsse der externen Rechnungslegung* auf den Kapitalmarkt[52]. Neben anderen Informationen und Determinanten schlagen sich Jahresabschlüsse, Prognosen, Quartalsberichte sowie Ankündigungen von Korrekturen in Kursreaktionen nieder[53]. Verschärfte Anforderungen an die von einer Unternehmung zu veröffentlichenden Informationen sind daher ein Instrument, um Bilanzdelikten entgegenzuwirken[54]. Weniger empirisch untersucht sind die *Wirkungen* der externen und insbesondere der internen Rechnung beispielsweise auf das *Verhalten von Anteilseignern* in Haupt- oder Gesellschafterversammlung, die *Handlungen* der verschiedenen Gruppen von *Stakeholdern* sowie die *Entscheidungsträger* in der Unternehmung. Deshalb ist man bei ihnen in hohem Maße auf plausibel erscheinende empirische Hypothesen angewiesen.

Eine derartige Hypothese für den gegenwärtig zu beobachtenden Ausbau von *Hochschulrechnungen* bezieht sich darauf, daß schon die mit ihnen erreichbare Transparenz *Verhaltenswirkungen* auslösen wird[55]. Bei zunehmendem Wettbewerb zwischen Fakultäten und Hochschulen sowie äußerst knappen Ressourcen ermöglicht sie eine bessere Vergleichbarkeit zwischen diesen. Die Einführung entsprechender Rechnungssysteme ist darüber hinaus eine Voraussetzung für indikatorbezogene Mittelverteilungs-, Anreiz- und Zielvereinbarungssysteme. Wenn man diese Wirkungen erzielen will, lassen sich aus ihnen heraus Rechnungszwecke der *Transparenz* und der *Verhaltenssteuerung* sowie konkrete Rechnungsziele für Hochschulrechnungen begründen.

Die Wirkungen eines Rechnungssystems sind in hohem Maße von der *Zuverlässigkeit* seiner Informationen abhängig. Diese kann durch klare gesetzliche Regelungen, interne Kontrollsysteme[56] und externe Prüfungen erhöht werden. Deshalb verlangen Handelsgesetzbuch und Wirtschaftsprüferordnung vom Wirtschaftsprüfer Unabhängigkeit, Unbefangenheit, Unparteilichkeit, Verschwiegenheit, Gewissenhaftigkeit, Eigenverantwortlichkeit und berufswürdiges Verhalten[57], also Verhaltensweisen mit unmittelbar ethischem Bezug. Durch die Art ihrer *Kontrolle*, die Form des Testats und durch die an die Unterneh-

---

[51] Vgl. zu derartigen Basisentscheidungen *Küpper* (1974), S. 54 f.; *Küpper* (1988), S. 323

[52] Vgl. z.B. dazu *Ballwieser* (1987); *Böcking* (1998).

[53] Vgl. *Möller / Hüfner* (2002); *Ballwieser / Dobler* (2003), S. 451 und 453.

[54] Vgl. *Ballwieser / Dobler* (2003), S. 456 ff.

[55] Vgl. *Küpper* (2001b), S. 585.

[56] Vgl. *Ballwieser / Dobler* (2003), S. 435 ff.

[57] Vgl. *Ballwieser / Clemm* (1999), S. 403.

mensleitung sowie die Öffentlichkeit weitergegebenen Informationen können Prüfer Reaktionen bei Anteilseignern, Gläubigern sowie anderen Stakeholdern auslösen; dabei ist ihre *Glaubwürdigkeit* wichtig[58].

Über die Gestaltung der Unternehmensrechnung, die Instrumente und Mechanismen ihrer Prüfung und das Verhalten der Unternehmung in der Nutzung sowie Weitergabe der Informationen wird das *Vertrauen* in ihre Rechnungssysteme beeinflußt. Unternehmungen können sich auf diese Weise selbst binden und *Reputation* aufbauen[59]. In dem Ziel, diese Wirkung zu erreichen, liegt dann eine empirisch fundierte Begründung für derartige Maßnahmen.

IV. Ethische Konflikte bei der Gestaltung und Nutzung der Unternehmensrechnung

1. Konflikte der externen Rechnungslegung

Während das Management, die Aufsichtsorgane sowie wichtige Anteilseigner und Gläubiger aufgrund ihrer Funktion oder des von ihnen eingebrachten Kapitals häufig über direkte, auf sie beschränkte Informationskanäle verfügen, sind die anderen Interessenten auf die veröffentlichten Informationen angewiesen. Da letztere auch Wettbewerber nutzen können und ein Informationsvorsprung ökonomisch wertvoll sein kann, ergibt sich ein *Informationskonflikt* zwischen den *verschiedenen Informationsempfängern* einer Unternehmung. Je nach Informationsstand können aktuelle oder potentielle Anteilseigner, Mitarbeiter, Gläubiger, Gewerkschaften und andere Geschäftspartner bessere Entscheidungen treffen und sich eher vor Fehlentscheidungen bewahren. Solche Entscheidungen können für jeden gewichtige Folgen haben. Daran wird der Bezug des ökonomischen Sachverhalts für ihre jeweilige Lebensgestaltung und deren ethische Dimension sichtbar.

Bei der externen Rechnungslegung stellen sich Konflikte sowohl in bezug auf die *Informations-* als auch die *Zahlungsbemessungsfunktion* sowie zwischen diesen beiden Zwecken, die auch im Hinblick auf die europäische und weltweite Vereinheitlichung der Rechnungslegung intensiv erörtert werden[60]. Die Gewichtung der Interessen der verschiedenen Informationsempfänger kann letztlich nur normativ getroffen werden, jedoch lassen sich die aus logischen, modelltheoretischen und empirischen Analysen gewonnenen Erkenntnisse hierfür nutzen.

---

58 Vgl. *Ballwieser / Clemm* (1999), S. 408 ff.

59 Vgl. *Ulrich* (2002), Sp. 493.

60 Vgl. *Pellens / Fülbier / Gassen* (2004), S. 101 f.; *Ballwieser* (2002); *Wagenhofer* (2003), S. 94.

Die Abhängigkeit des Aussagegehalts von Informationen von ihrer Zuverlässigkeit sowie die Erfahrungen mit Bilanzskandalen sprechen dafür, der *Prüfbarkeit* der Daten und den Verfahren zur *internen sowie externen Kontrolle* des Jahresabschlusses ein hohes Gewicht zu geben. Faktische Informationen über beobachtbare Größen wie Zahlungen sind wesentlich besser prüfbar als Rechnungsgrößen wie Abschreibungen, hinter denen eine Prognose oder Entscheidung über Nutzungsdauern sowie ggf. Vergleiche mit Markt- und anderen Werten stehen. Aus dieser Sicht kommt deshalb Informationen über *Zahlungen* sowie Finanz- oder Kapitalflußrechnungen eine besondere Bedeutung zu. Die Unterschiede zwischen faktischen, prognostischen und auf Bewertungen beruhenden Informationen sind maßgeblich für ihre eindeutige Interpretierbarkeit. Hinter diesen *Informationsarten*[61] verbirgt sich auch der Konflikt zwischen der *Zuverlässigkeit* und der *Relevanz* bzw. Verwendbarkeit von Informationen. Prognostische Informationen sind unvermeidlich mit Unsicherheit behaftet. Dafür ist ihre Relevanz meist wesentlich höher, weil sich auch die Entscheidungen der Informationsempfänger auf die Zukunft beziehen. Bewertungen beruhen auf einem Wertmaßstab, dessen Auswahl subjektiv ist und nicht in jedem Einzelfall erläutert werden kann. Wenn man die Vermeidung von Täuschung sowie fehlerhafter Interpretation als gut begründete Anforderung an die externe Rechnungslegung wertet, liegt die Basis für die Lösung des Konflikts zwischen der Objektivität ihrer Informationen und ihrer Verwendbarkeit in der eindeutigen Kennzeichnung ihres Charakters. Dies scheint eine, auch aus ethischen Gesichtspunkten her begründete Grundnorm gegenüber der Rechnungslegung zu sein.

2. Konflikte innerbetrieblicher Rechnungssysteme

In der Unternehmung ergeben sich Informationskonflikte vor allem aus Gegensätzen zwischen den Interessen bzw. dem Nutzen des *einzelnen Mitarbeiters* auf allen Hierarchieebenen, den Zielen anderer Mitarbeiter und der *Unternehmung*. Die Entscheidungsträger bis zur Spitze sind darauf angewiesen, durch die Systeme der internen Unternehmensrechnung faktische und prognostische Informationen über die in der Unternehmung ablaufenden Prozesse zu erhalten, um fundierte Entscheidungen treffen zu können. Vielfach befinden sie sich dabei gegenüber unteren Ebenen in einer Situation asymmetrischer Information. Daraus folgt die Forderung, die internen Rechnungssysteme so zu gestalten, daß sie möglichst *geringe Manipulationsspielräume* aufweisen[62]. Dies ist aber nicht vollständig erreichbar, weil für Entscheidungen Prognoseinformationen relevant

---

[61] Zur Unterscheidung verschiedener Informationsarten vgl. *Wild* (1974), S. 122; *Küpper* (2001a), S. 139 f.

[62] Vgl. hierzu *Küpper* (1995b), S. 24 ff.

sind, die auch auf subjektiven Einschätzungen beruhen. Da die Zuverlässigkeit derartiger Informationen höchstens begrenzt nachprüfbar ist, sind übergeordnete Entscheidungsträger auf das Bemühen der Mitarbeiter angewiesen, wahrheitsgemäße Informationen zu liefern.

Eine offene und ‚ehrliche' *Informationsweitergabe* liegt jedoch nicht ohne weiteres im unmittelbaren Interesse der Mitarbeiter. Transparenz kann nämlich auch beinhalten, daß eigene Schwächen sowie Mängel aufgedeckt werden und damit nachteilige Wirkungen z.B. im Hinblick auf Entlohnung, Wertschätzung oder Aufstiegschancen auslösen. Ferner ist die Ermittlung und Dokumentation von Informationen häufig mit Aufwand verbunden. Die meisten Menschen empfinden zudem eine Abneigung gegen Kontrollen[63]. Aus diesen Gründen ist in vielen Situationen nicht damit zu rechnen, daß Informationen aus eigenem Antrieb erarbeitet und weitergegeben werden.

Zur *Lösung* dieser Informationskonflikte bieten sich mehrere Wege an. In agencytheoretischen Modellen sucht man im Normalfall nach einem *monetären Anreizsystem*, welches die wahrheitsgemäße Information durch den Mitarbeiter so belohnt, daß sie mögliche Nachteile für ihn voll ausgleicht. In der Bezahlung einer ‚Informationsrente'[64], deren Höhe von der Nutzenfunktion des Mitarbeiters abhängig ist, liegt eine extreme Lösung, weil sie von der Prämisse ausgeht, daß jeder nur den *individuellen Nutzen* maximiert und diesen rein monetär mißt. Nach Ergebnissen der *experimentellen Entscheidungsforschung* verhält sich dagegen ein wesentlicher Anteil der Menschen nicht in dieser Weise rational und richtet sein Handeln auch an (ethischen) Kriterien der *Fairness* und *Reziprozität* aus[65]. Diese scheinen insbesondere in dem für die interne Rechnung maßgeblichen ‚Nahhorizont'[66] wirksam zu sein. Deshalb sind für die Lösung der internen Informationskonflikte die ethischen Grundhaltungen näher zu berücksichtigen, deren Ausprägungen wesentlich durch die Auswahl der Mitarbeiter bestimmt werden. Des weiteren hängt die Bereitschaft zu wahrheitsgemäßer Informationsweitergabe von den *Erfahrungen* des einzelnen Mitarbeiters ab. Die Art der Nutzung von Informationen, insbesondere für Kontrollzwecke[67], gewinnt damit wesentlichen Einfluß. Generelle Regelungen hierzu können die Bereitschaft zu kooperativem Verhalten fördern. Da Mitarbeiter in der Regel für eine längere Zeit in einer Unternehmung tätig sind, kann dieser Informationskonflikt in der Form einer wiederholten Spielsituation analysiert werden, in der sich durch ent-

---

[63] Vgl. *Küpper* (2001a), S. 255 ff.

[64] Vgl. hierzu insb. *Schiller* (2000), S. 67 ff.

[65] Vgl. *Fehr / Klein / Schmidt* (2001); *Fehr / Fischbacher* (2002).

[66] Vgl. zu diesem Begriff in der Ethik *Schulz* (1989), S. 323 ff.; *Küpper* (1995a), S. 255 ff.

[67] Zu Bestimmungsgrößen der Verhaltenswirkungen von Informationen vgl. *Küpper* (2001a), S. 161 ff.

sprechende Rahmenbedingungen ehrliches Verhalten auch bei individueller Nutzenmaximierung als rational erweisen kann[68].

Wenn eine Unternehmung ihre Mitarbeiter zu hoher Transparenz und wahrheitsgemäßer Berichterstattung bewegen will, muß sie diese davon überzeugen, wie wichtig diese Prinzipien für eine leistungsfähige interne Unternehmensrechnung und die Entscheidungsfindung in der Unternehmung sind. Durch monetäre Anreizsysteme, welche auf die jeweiligen individuellen Nutzenfunktionen abgestimmt sind, wird sie dies in der Realität schwerlich erreichen. Deshalb kommt es darauf an, Systeme der internen Unternehmensrechnung mit einem hohen Maß an *Zuverlässigkeit* sowie *Nachvollziehbarkeit für die Mitarbeiter* einzurichten und deren Informationen so zu verwenden, daß auch der *Nutzen* für den einzelnen Mitarbeiter erkennbar wird. Mit ihnen ist also ein *Vertrauens- und Reputationspotential* innerhalb der Unternehmung aufzubauen. Wie bei der externen Rechnungslegung gegenüber den verschiedenartigen Stakeholdern erhalten damit nach innen normative Prinzipien der Zuverlässigkeit, Transparenz und Ehrlichkeit ein hohes Gewicht.

V. Wirkungen der Unternehmensrechnung auf ethische Konflikte in Unternehmungen

Die Beziehungen zwischen Unternehmensrechnung und Ethik sind nicht offensichtlich. Erst die nähere Analyse läßt erkennen, daß die Gestaltung dieses zentralen Informationsinstruments von Prinzipien, Zwecken und Zielen bestimmt wird, deren Auswahl normativen Charakter hat. Bei anderen Problemen wie der Entlohnung oder Entlassung von Mitarbeitern, der Herstellung schädlicher Produkte, den Umweltwirkungen der Produktion oder der Angemessenheit von Preisen wird der *ethische Bezug von Unternehmensentscheidungen* klarer erkennbar.

Die Analyse ethischer Bezüge der Unternehmensrechnung führt jedoch zu der Einsicht, daß die für Informationssysteme maßgeblichen Kriterien der *Zuverlässigkeit* und *Objektivität*, *wahrheitsgemäßer Berichterstattung* und *Transparenz* nicht ohne Grund ethisch besetzten Begriffen wie Ehrlichkeit, Wahrheit, Wahrhaftigkeit und Vertrauen nah verwandt sind. Für Prozesse, die wesentlich auf Kommunikation angewiesen sind, spielen diese Normen eine wichtige Rolle. Deshalb hat das Ausmaß, in dem das Informationssystem Unternehmensrechnung an derartigen Normen ausgerichtet wird, Einfluß auf andere Probleme und Konflikte in der Unternehmung, deren ethischer Bezug unmittelbar gegeben ist. Vielfach liefern ihre Informationen und deren Glaubwürdigkeit die *Voraus-*

---

[68] Zur Bedeutung des Unterschieds zwischen ein- und mehrperiodigen Spielsituationen für ethische Fragestellungen vgl. *Krelle* (1992); *Kliemt* (1993).

setzung dafür, um derartige ethische Konflikte einer von den Betroffenen akzeptierbaren Lösung zuzuführen.

Literaturverzeichnis

Baetge, Jörg / *Kirsch,* Hans-Jürgen / *Thiele,* Stefan (2003): Bilanzen; 7. Auflage; Düsseldorf 2003.

Ballwieser, Wolfgang (1987): Kapitalmarkt und Informationsversorgung mit Jahresabschlüssen; in: Zweihundert Jahre Geld und Brief: Herausforderungen an die Kapitalmärkte: Festgabe an die Niedersächsische Börse zu Hannover aus Anlaß ihres 200jährigen Bestehens; Hrsg. Carsten P. Claussen, Lothar Hübl und Hans-Peter Schneider; Frankfurt am Main 1987; S. 163 – 178.

– (1999): Grundsätze ordnungsmäßiger Buchführung; in: Beck'sches Handbuch der Rechnungslegung; Hrsg. Edgar Castan et al.; München 1987 ff.; Teil B 105; Erg.Lfg. 1999.

– (2002): Informations-GoB – auch im Lichte von IAS und US-GAAP; in: Zeitschrift für kapitalmarktorientierte Rechnungslegung; 2. Jg. (2002); S. 115 – 121.

– (2003): Enron und die Folgen für die Jahresabschlussprüfung; in: Wirtschaftsprüfer-Jahrbuch 2003; Hrsg. Institut Österreichischer Wirtschaftsprüfer; Wien 2003; S. 9 – 19.

Ballwieser, Wolfgang / *Clemm,* Hermann (1999): Wirtschaftsprüfung; in: Handbuch der Wirtschaftsethik; Hrsg. Wilhelm Korff et al.; Band 3: Ethik wirtschaftlichen Handelns; Gütersloh 1999; S. 399 – 416.

Ballwieser, Wolfgang / *Dobler,* Michael (2003): Bilanzdelikte: Konsequenzen, Ursachen und Maßnahmen zu ihrer Vermeidung; in: Die Unternehmung; 57. Jg. (2003); S. 449 – 469.

Böcking, Hans-Joachim (1998): Zum Verhältnis von Rechnungslegung und Kapitalmarkt: Vom „financial accounting" zum „business reporting"; in: Rechnungslegung und Steuern international; Hrsg. Wolfgang Ballwieser und Thomas Schildbach; Schmalenbachs Zeitschrift für betriebswirtschaftliche Forschung: Sonderheft 40; Düsseldorf, Frankfurt am Main 1998; S. 17 – 53.

Busse von Colbe, Walther (1990): Rechnungswesen; in: Lexikon des Rechnungswesens; Hrsg. Walther Busse von Colbe; Wien 1990; S. 403 – 406.

Coenenberg, Adolf G. (2003a): Jahresabschluss und Jahresabschlussanalyse; 19. Auflage; Stuttgart 2003.

– (2003b): Kostenrechnung und Kostenanalyse; 5. Auflage; Stuttgart 2003.

Dyckhoff, Harald (1991): Entscheidungsrelevanz von Fixkosten im Rahmen operativer Planungsrechnungen – Ergänzungen zu den Überlegungen von Maltry; in: Betriebswirtschaftliche Forschung und Praxis; 43. Jg. (1991); S. 254 – 261.

Ewert, Ralf / *Wagenhofer,* Alfred (2003): Interne Unternehmensrechnung; 5. Auflage; Berlin et al. 2003.

Fehr, Ernst / *Fischbacher,* Urs (2002): Why Social Preferences Matter – The Impact of Nonselfish Motives on Competition, Cooperation, and Incentives; in: Economic Journal; Vol. 112 (2002); C1 – C33.

Fehr, Ernst / *Klein,* Alexander / *Schmidt,* Klaus M. (2001): Fairness, Incentives and Contractual Incompleteness; Diskussionspapier; 2001.

Hax, Arnoldo C. / *Meal,* Harlan C. (1975): Hierarchical Integration of Production Planning and Scheduling; in: Studies in Management Sciences; 1. Jg. (1975); S. 53 – 69.

Homann, Karl (1988): Die Rolle ökonomischer Überlegungen in der Grundlegung der Ethik; in: Wirtschaftswissenschaft und Ethik; Hrsg. Helmut Hesse; Schriften des Vereins für Socialpolitik: N.F. Band 171; Berlin 1988; S. 215 – 240.

– (1994): Homo oeconomicus und Dilemmastrukturen; in: Wirtschaftspolitik in offenen Volkswirtschaften: Festschrift für Helmut Hesse zum 60. Geburtstag; Hrsg. Hermann Sautter; Göttingen 1994; S. 387 – 411.

– (1999): Die Legitimation von Institutionen; in: Handbuch der Wirtschaftsethik; Hrsg. Wilhelm Korff et al.; Band 2: Ethik wirtschaftlicher Ordnungen; Gütersloh 1999; S. 50 – 95.

Homann, Karl / *Meyer,* Matthias / *Waldkirch,* Rüdiger (2002): Ethik und Unternehmensrechnung; in: Handwörterbuch Unternehmensrechnung und Controlling; 4. Auflage; Hrsg. Hans-Ulrich Küpper und Alfred Wagenhofer; Stuttgart 2002; Sp. 495 – 504.

Homann, Karl / *Suchanek,* Andreas (2000): Ökonomik: eine Einführung; Tübingen 2000.

Kliemt, Hartmut (1993): Ökonomische Analyse der Moral; in: Ökonomische Verhaltenstheorie; Hrsg. Bernd-Thomas Ramb und Manfred Tietzel; München 1993; S. 281 – 310.

Kluxen, Wolfgang (1999): Selbstverständnis und Aufgabe der Ethik; in: Handbuch der Wirtschaftsethik; Hrsg. Wilhelm Korff et al.; Band 1: Verhältnisbestimmung von Wirtschaft und Ethik; Gütersloh 1999; S. 152 – 198.

Krelle, Wilhelm (1992): Ethik lohnt sich auch ökonomisch. Über die Lösung einer Klasse von Nicht-Summenspielen; in: Unternehmensethik: Konzepte – Grenzen – Perspektiven; Hrsg. Horst Albach; Zeitschrift für Betriebswirtschaft: Ergänzungsheft 1; Wiesbaden 1992; S. 35 – 49.

Küpper, Hans-Ulrich (1974): Grundlagen einer Theorie der betrieblichen Mitbestimmung; Berlin 1974.

– (1980): Interdependenzen zwischen Produktionstheorie und der Organisation des Produktionsprozesses; Berlin 1980.

– (1988): Verantwortung in der Wirtschaftswissenschaft; in: Schmalenbachs Zeitschrift für betriebswirtschaftliche Forschung; 40. Jg. (1988); S. 318 – 339.

– (1994): Kapitaltheoretische Fundierung der Unternehmensrechnung; in: Bilanzrecht und Kapitalmarkt: Festschrift für Adolf Moxter; Hrsg. Wolfgang Ballwieser et al.; Düsseldorf 1994; S. 967 – 1002.

– (1995a): Wirtschaftswissenschaft und Ethik – unvereinbare Gegensätze?; in: Experimente mit der Natur: Wissenschaft und Verantwortung; Interdisziplinäres Forum; Hrsg. Venanz Schubert; St. Ottilien 1995; S. 241 – 266.

– (1995b): Unternehmensplanung und -steuerung mit pagatorischen Erfolgsrechnungen?; in: Unternehmensrechnung als Instrument der internen Steuerung; Hrsg. Thomas Schildbach und Franz W. Wagner; Schmalenbachs Zeitschrift für betriebswirtschaftliche Forschung: Sonderheft 34; Düsseldorf 1995; S. 19 – 50.

– (2000): Hochschulrechnung auf der Basis von doppelter Buchhaltung und HGB?; in: Schmalenbachs Zeitschrift für betriebswirtschaftliche Forschung; 52. Jg. (2000); S. 348 – 369.

– (2001a): Controlling: Konzeption, Aufgaben und Instrumente; 3. Auflage; Stuttgart 2001.

– (2001b): Rechnungslegung von Hochschulen; in: Betriebswirtschaftliche Forschung und Praxis; 6. Jg. (2001); S. 578 – 592.

– (2002a): Konzeption einer Perioden-Erfolgsrechnung für Hochschulen; in: Zeitschrift für Betriebswirtschaft; 72. Jg. (2002); S. 929 – 951.

– (2002b): Kostenorientierte Preisbestimmung für regulierte Märkte – Analyse eines Beispiels der Bedeutung betriebswirtschaftlicher Begriffe und Konzepte; in: BWL und Regulierung; Hrsg. Wolfgang Ballwieser; Schmalenbachs Zeitschrift für betriebswirtschaftliche Forschung: Sonderheft 48; Düsseldorf, Frankfurt am Main; S. 27 – 55.

– (2003): Internet-Based Information Systems in the Non-Profit Sector; in: Management Accounting in the Digital Economy; Hrsg. Alnoor Bhimani; Oxford 2003; S. 218 – 238.

Leffson, Ulrich (1987): Die Grundsätze ordnungsmäßiger Buchführung; 7. Auflage; Düsseldorf 1987.

Maltry, Helmut (1990): Überlegungen zur Entscheidungsrelevanz von Fixkosten im Rahmen operativer Planungsrechnungen; in: Betriebswirtschaftliche Forschung und Praxis; 42. Jg. (1990); S. 294 – 311.

Möller, Hans Peter / *Hüfner,* Bernd (2002): Zur Bedeutung der Rechnungslegung für den deutschen Aktienmarkt – Begründung, Messprobleme und Erkenntnisse empirischer Forschung; in: Jahrbuch für Controlling und Rechnungswesen 2002; Hrsg. Gerhard Seicht; Wien 2002; S. 405 – 463.

Moxter, Adolf (1985): Das System der handelsrechtlichen Grundsätze ordnungsmäßiger Buchführung; in: Der Wirtschaftsprüfer im Schnittpunkt nationaler und internationaler Entwicklungen: Festschrift zum 60. Geburtstag von Klaus v. Wysocki; Hrsg. Gerhard Gross; Düsseldorf 1985; S. 17 – 28.

– (1986): Bilanzlehre; Band II: Einführung in das neue Bilanzrecht; 3. Auflage; Wiesbaden 1986.

Nusselein, Mark A. (2003): Inhaltliche Gestaltung eines Data Warehouse-Systems am Beispiel einer Hochschule; München 2003.

Pellens, Bernhard / *Fülbier*, Uwe / *Gassen*, Joachim (2004): Internationale Rechnungslegung; 5. Auflage; Stuttgart 2004.

Pieper, Annemarie (2000): Einführung in die Ethik; 4. Auflage; Tübingen, Basel 2000.

Popper, Karl R. (1989): Logik der Forschung; 9. Auflage; Tübingen 1989.

Schiller, Ulf (2000): Informationsorientiertes Controlling in dezentralisierten Unternehmen; Stuttgart 2000.

Schlecht, Otto (1999): Soziale Marktwirtschaft; in: Handbuch der Wirtschaftsethik; Hrsg. Wilhelm Korff et al.; Band 2: Ethik wirtschaftlicher Ordnungen; Gütersloh 1999; S. 289 – 303.

Schneider, Dieter (1984): Entscheidungsrelevante Fixkosten, Abschreibungen und Zinsen zur Substanzerhaltung; in: Der Betrieb; 37. Jg. (1984); S. 2521 – 2528.

– (1990): Unternehmensethik und Gewinnprinzip in der Betriebswirtschaftslehre; in: Schmalenbachs Zeitschrift für betriebswirtschaftliche Forschung; 42. Jg. (1990); S. 869 – 891.

– (1993): Betriebswirtschaftslehre; Band 1: Grundlagen; München, Wien 1993.

– (1994): Betriebswirtschaftslehre; Band 2: Rechnungswesen; München, Wien 1994.

– (1997): Betriebswirtschaftslehre; Band 2: Rechnungswesen; 2. Auflage; München, Wien 1997.

Schulz, Walter (1989): Grundprobleme der Ethik; Pfullingen 1989.

Schweitzer, Marcell / *Küpper,* Hans-Ulrich (2003): Systeme der Kosten- und Erlösrechnung; 8. Auflage; München 2003.

Siegel, Theodor (1985): Zur Irrelevanz fixer Kosten bei Unsicherheit; in: Der Betrieb; 38. Jg. (1985); S. 2157 – 2159.

– (1991): Sichere Fixkosten bei Unsicherheit: Ein semantischer Dissens; in: Betriebswirtschaftliche Forschung und Praxis; 43. Jg. (1991); S. 482 – 490.

– (1992): Zur Diskussion um die Entscheidungsirrelevanz sicherer Fixkosten bei sonstiger Unsicherheit; in: Der Betrieb; 52. Jg. (1992); S. 715 – 721.

– (1999): Steuern; in: Handbuch der Wirtschaftsethik; Hrsg. Wilhelm Korff et al.; Band 3: Ethik wirtschaftlichen Handelns; Gütersloh 1999; S. 354 – 398.

– (2001): Splitting: Notwendiger Effekt oder fragwürdiger Vorteil?; in: Betriebswirtschaftliche Forschung und Praxis; 53. Jg. (2001); S. 271 – 280.

– (2002a): Anpassungsrückstellungen aus der Sicht des I. Senats des BFH und aus der Sicht der GoB; in: Der Betrieb; 55. Jg. (2002); S. 707 – 709.

– (2002b): Rückstellungsbildung nach dem Going-Concern-Prinzip: Eine unzweckmäßige Innovation; in: Deutsches Steuerrecht; 40. Jg. (2002); S. 1636 – 1637.

– (2002c): Bilanztheorie; in: Handwörterbuch Unternehmensrechnung und Controlling; 4. Auflage; Hrsg. Hans-Ulrich Küpper und Alfred Wagenhofer; Stuttgart 2002; Sp. 195 – 207.

– (2002d): Kosten der effizienten Leistungserstellung im Falle von Preisregulierungen; in: Aktuelle Probleme des Controllings; Hrsg. Volker Lingnau und Hans Schmitz; Heidelberg 2002, S. 243 – 267.

Siegel, Theodor / *Schmidt,* Matthias (1999): Allgemeine Bewertungsgrundsätze; in: Beck'sches Handbuch der Rechnungslegung; Hrsg. Edgar Castan et al.; München 1987 ff.; Teil B 161; Erg.Lfg. 1999.

Steven, Marion (1994): Hierarchische Produktionsplanung; 2. Auflage; Heidelberg 1994.

Streim, Hannes (1993): Humanvermögensrechnung; in: Handwörterbuch der Betriebswirtschaft; 5. Auflage; Hrsg. Waldemar Wittmann et al.; Teilband 1; Stuttgart 1993; Sp. 1681 – 1694.

Ulrich, Peter (2002): Ethik und Unternehmensführung; in: Handwörterbuch Unternehmensrechnung und Controlling; 4. Auflage; Hrsg. Hans-Ulrich Küpper und Alfred Wagenhofer; Stuttgart 2002; Sp. 486 – 494.

Wagenhofer, Alfred (2003): Internationale Rechnungslegungsstandards – IAS/IFRS; 4. Auflage; Frankfurt am Main, Wien 2003.

Wagner, Gerd R. (1997): Betriebswirtschaftliche Umweltökonomie; Stuttgart 1997.

Weber, Max (1968a): Die „Objektivität" sozialwissenschaftlicher und sozialpolitischer Erkenntnis; in: Gesammelte Aufsätze zur Wissenschaftslehre von Max Weber; Hrsg. Johannes Winckelmann; Tübingen 1968; S. 146 – 214.

– (1968b): Der Sinn der „Wertfreiheit" der soziologischen und ökonomischen Wissenschaften; in: Gesammelte Aufsätze zur Wissenschaftslehre von Max Weber; Hrsg. Johannes Winckelmann; Tübingen 1968; S. 489 – 540.

Wild, Jürgen (1974): Grundlagen der Unternehmensplanung; Reinbek bei Hamburg 1974.

v. Wysocki, Klaus (1993): Sozialbilanzen; in: Handwörterbuch der Betriebswirtschaft; 5. Auflage; Hrsg. Waldemar Wittmann et al.; Teilband 3; Stuttgart 1993; Sp. 3904 – 3916.

Das System der IAS/IFRS in der EU: Charakter und Probleme

Von Thomas Schildbach

I. Problemstellung

IAS/IFRS verwandeln sich in einer beeindruckend wachsenden Zahl von Staaten und Staatengemeinschaften aus unverbindlichen Vorschlägen zur externen Rechnungslegung in die allein zulässigen Normen vor allem für Konzernabschlüsse kapitalmarktorientierter Unternehmen: ab 2004 in Russland, ab 2005 in Australien, der EU, Liechtenstein und Norwegen und ab 2007 in Neuseeland.[1] Ab 2005 werden voraussichtlich 91 Länder eine Rechnungslegung nach IAS/IFRS verlangen. Der Erfolg hat viele Ursachen. Die ernüchternden Erfahrungen mit den Schwächen der bisherigen Jahresabschlüsse haben Hoffnungen überschäumen lassen, hinter den leistungsfähigen Börsen der angelsächsischen Staaten stünden auch revolutionär überlegene Konzeptionen der externen Rechnungslegung. IFRS versprechen dabei weltweite Harmonisierung auf Basis einer scheinbar gegen den Imperialismus der US-GAAP gerichteten Konzeption. Über den Netzwerkeffekt und den Modetrend wird die weitere Verbreitung schließlich zum Selbstläufer. Eher auf Drängen der potentiellen Berater als auf Druck der Banken greift die Entwicklung inzwischen sogar auf den Mittelstand über.

Dabei besteht zur Euphorie keinerlei Anlass. Die denkbar besten Regeln können den traditionellen Jahresabschluss nicht in die Glaskugel verwandeln, die wie im Märchen den ersehnten Blick in die Zukunft erlaubt. Hoffnungen auf einen Einstellungswandel hin zu Aufrichtigkeit und Offenheit sind zumindest bezüglich der US-GAAP durch die jüngsten Skandale herb enttäuscht worden. Für das insoweit bessere Abschneiden der IAS/IFRS dürften weniger die höhere Qualität der Regeln als vielmehr deren geringe Justiziabilität und das fehlende Enforcement verantwortlich sein. Die folgende Analyse des Systems der IAS/IFRS soll derartige Zweifel untermauern, den privaten Charakter der Standards relativieren und die Auswirkungen der Fokussierung auf die Informationsaufgabe kapitalmarktorientierter Unternehmen beleuchten. Möglichen Verwirrungen

---

[1] Vgl. *Wagenhofer* (2003), S. 81.

aus dem Nebeneinander der Kürzel IAS und IFRS soll vorgebeugt werden, indem künftig die Gesamtheit des Regelwerks als IFRS bezeichnet wird und IAS nur den weiterhin so benannten Standards vorbehalten bleiben.

II. Die Vielfalt der Prinzipien und Konzeptionen, die IFRS prägen

1. IFRS zwischen Detailregulierung und Prinzipienorientierung

Am Anfang der angelsächsischen Rechnungslegung steht die Generalklausel – zur Zeit als Gebot zur „fair presentation". Im Interesse der Verständlichkeit und Vergleichbarkeit, aber auch der Vereinfachung der Rechnungslegung und der Absicherung gegen mögliche Vorwürfe der Irreführung wurde die Generalnorm freilich durch detaillierte und zunehmend akribisch konkretisierende Einzelregeln ergänzt.

IFRS verfolgen im Rahmen dieser Entwicklung eine unglaubwürdige Doppelstrategie. Einerseits unterstützen sie aktiv den Trend zu immer umfangreicheren, aufwendigeren und kasuistisch differenzierenden Rechnungslegungsstandards. Füllte IAS 2 noch 12 Seiten, so hat IAS 38 kaum noch in einem Aktenordner Platz. Der IAS Board fühlt sich dabei auch immer weniger an eine general acceptance seiner accounting principles durch Ersteller und Prüfer gebunden, sondern versteht sich als Reformmotor, der gegen traditionelle Verkrustungen Neuerungen wie fiktive Aufwendungen aus realen Aktienoptionen oder fair values durchzusetzen hat. Dass die betroffene Wirtschaft, die Nutzer des Jahresabschlusses und gewichtige Stimmen aus der Wissenschaft gerade den fair value vehement ablehnen,[2] kann den Trend trotz der obligatorischen öffentlichen Konsultationen im Rahmen des „due process" nicht aufhalten.

Andererseits bekennt sich der IAS Board zum Vorrang der „general principles" und des „professional judgement". Auf Basis zahlreicher Wahlrechte und häufig bewusst herbeigeführter Ermessensspielräume soll das Urteil des Einzelnen in den Dienst der Informationsvermittlung gestellt werden. Im Extremfall muss gegen klare Regeln verstoßen werden, um die fair presentation zu gewährleisten.[3] Statt Vereinheitlichung dient zur Abwechslung Individualität der Information; Ersteller verdienen Vertrauen statt Misstrauen und bedürfen nicht der Orientierung durch klärende Normen, sondern geben bewusst unvollständigen Normen den informativsten Inhalt. Der Standard-Setter verzichtet zugunsten der Preparer und Prüfer vor Ort partiell auf sein Primat. Dabei sind Bi-

---

[2] Vgl. etwa *Zeff* (1995), S. 66; *Perlet* (2003); AICPA (1994), Chapter 6, S. 24; *Benston* et al. (2003), S. 8, 9, 22, 28, 38 – 41 und 51.

[3] Vgl. IAS 1.17 (revised 2003).

lanzskandale das traurige Resultat von bewussten Falschdarstellungen, gepaart meist mit sorgfältiger Verschleierung und erheblicher krimineller Energie. Im fachmännischen Ermessen erklärt man Wattebäuschchen zu Bollwerken gegen massivste Angriffe auf die Vermögen der Anleger.

2. Diskrepanzen zwischen abstrakter und konkreter Bilanzierungsfähigkeit

Am Beispiel des verglichen mit dem deutschen Vermögensgegenstand weiter gefassten „asset" oder „Vermögenswert" lässt sich zeigen, dass im Rahmen der IFRS zwischen dem, was den Prinzipien entsprechend in der Bilanz auszuweisen vorgespiegelt wird, und dem, was tatsächlich zum Ansatz kommen darf und muss, Welten liegen.

Nach dem Framework ist ein asset eine in der Verfügungsmacht des Unternehmens stehende Ressource, die aus Ereignissen der Vergangenheit resultiert und den Zufluss eines künftigen wirtschaftlichen Vorteils an das Unternehmen erwarten lässt.[4] Die Definition weckt Erwartungen auf umfassenden zukunftsbezogenen Vermögensausweis, da sie – von hehrem Beiwerk befreit – nur die Forderung des kontrollierten Zuflusses künftiger Vorteile beinhaltet.

Die für den Ansatz erforderlichen Kriterien, wonach der künftige Nutzenzufluss wahrscheinlich zu sein hat und Kosten oder Wert sich verlässlich ermitteln lassen müssen, werden durch fehlende oder abwegige Guidance entwertet. Das für den Ansatz erforderliche „probable" des künftigen Nutzens bleibt unerläutert und wird – wenn überhaupt – durch die Spanne 50 bis 90 % eher vernebelt.[5] Wenn nach IAS 16.11 auch ein Zaun künftigen Nutzen dadurch stiften kann, dass er die Nutzen aus den übrigen assets steigert, bleibt wenig übrig, was das Kriterium nicht erfüllt. Ähnlich ergeht es dem Kriterium der verlässlichen Bestimmbarkeit von Kosten oder Wert. Wenn sich nach IAS 37.25 und .26 die künftigen Belastungen aus Rückstellungen für contingencies von „extremely rare cases" abgesehen verlässlich schätzen lassen, wird das Nichtvorliegen des Kriteriums weitestgehend unmöglich. Die Bilanz müsste im Vermögen alles ausweisen, was nur irgendwie künftig nützlich werden könnte.

Die konkreten Vorschriften zum Bilanzansatz widersprechen diesem Eindruck fast diametral. Im Rahmen von Unternehmenserwerben werden zwar schon jetzt und künftig noch verstärkt erworbene immaterielle assets angesetzt, ein solcher Ansatz ist aber faktisch auf entsprechende Verminderungen des an-

---

[4] IASC Framework Para 49 (a).

[5] Vgl. etwa Price Waterhouse Coopers (1998), 37.10.

sonsten entstehenden Goodwills beschränkt.[6] Originäres immaterielles Vermögen wird nur bei Erfüllung einer Vielzahl von Bedingungen aktiviert, zu denen auch die Absicht zählt, die immaterielle Anlage fertig zu stellen und zu nutzen oder zu verkaufen.[7] Da diese Absicht dem Management freistehen und ihr Vorliegen oder Nichtvorliegen unüberprüfbar bleiben muss, werden die Vorschriften der IFRS zum Ansatz von originärem immateriellem Vermögen durch ein grundlegendes Ansatzwahlrecht geprägt, das sich auch in der Praxis der Bilanzierung nach IFRS beobachten lässt.[8] Zum Ansatz nach der Absicht des Managements zugelassen ist freilich nur ein exklusiver Kreis originärer immaterieller assets.

- Er darf nicht der in IAS 38.56 umschriebenen Forschungsphase entstammen oder ihr im Zweifel nach IAS 38.53 zuzurechnen sein.
- Erst nachdem die in IAS 38.59 angedeutete Entwicklungsphase erreicht wurde und anschließend die 6 Kriterien des IAS 38.57 sämtlich erfüllt sind, hat der Ansatz in der Bilanz zu erfolgen.

In der Bilanz nach IFRS kommen dementsprechend allenfalls wahlweise mehr assets zum Ansatz als in der HGB-Bilanz. Zum Ausgleich erfolgt der Ansatz von Schulden tendenziell zu niedrig.

3. Spannweiten bei Bewertung, Erhaltung und Erfolgsausweis

In den Fragen der Bewertung, der Erhaltungskonzeption als Nullpunkt der Erfolgsmessung, des Zeitpunkts für den Erfolgsausweis und des Verhältnisses des Totalerfolgs zur Summe der Periodenerfolge bieten IFRS eine unvorstellbare Vielfalt von Antworten.[9] Allem Anschein nach beruht diese Vielfalt weniger auf gezielter, sachgerechter Differenzierung. Vielmehr wird Unsicherheit in der Sache mit dem Willen verbunden, die eigenen Visionen im Rahmen des politisch Machbaren durchzusetzen. Die Bewertung zum „fair value", der Einzel- und Unternehmensbewertung nur scheinbar verbindet, bei unmittelbar erfolgswirksamem Ausweis der Wertdifferenzen markiert das zentrale Rechnungslegungsideal der IFRS. Dieses Ideal lässt sich zurzeit freilich nur partiell durchsetzen. Auch zeigen sich Unsicherheiten bei der Abwägung gegen das eventuelle Substanzerhaltungserfordernis und gegen einen verzögerten Gewinnausweis.

---

[6] Vgl. IAS 22.40.

[7] Vgl. IAS 38.57 (b).

[8] Vgl. *Wagenhofer* (2003), S. 208; *Lüdenbach* (2004), S. 77.

[9] Vgl. etwa *Schildbach* (2003), S. 254.

Die Belastungen aus Altersversorgungszusagen werden freilich nach der vollkommen entgegengerichteten Vision der verzögerten, einebnenden Erfolgsberücksichtigung gemäß dem Vorbild der kalkulatorischen Wagnisse mit zusätzlichen Korridoren als Aufwandstabus erfasst.[10] Die konzeptionelle Vielfalt, die ausgeprägte Neigung zu kasuistischen Sonderregeln und die Unfähigkeit zur Gewichtung von Vorsicht und Neutralität leisten ein Übriges, damit der Jahresabschluss nach IFRS das volle Spektrum zwischen stillen Reserven und wahrscheinlicher Unvorsicht abdeckt.

Schließlich wird gegen die Kongruenz sowohl im Sinne der Übereinstimmung des Totalerfolgs mit der Summe der Periodenerfolge als auch im Sinne der Forderung verstoßen, wonach das Eigenkapital nur durch Einlagen, Entnahmen, Gewinn und Verlust verändert werden darf.[11] Insoweit ist der Eigenkapitalspiegel im Rahmen der IFRS[12] unbedingt erforderlich, im HGB-Abschluss aber überflüssig wie ein Kropf. Im Ergebnis entsteht ein Wirrwarr von Regeln, Konzeptionen und Werten, der durch zahlreiche Wahlrechte und Ermessensspielräume zur völligen Unübersichtlichkeit der Zahlen für die Nutzer ausgebaut zu werden droht.

Eine besondere Gefahr geht vom „fair value", dem Leitbild der IFRS für die Bewertung, aus. Dieser Wert ist nur in einer realitätsfremden Modellwelt der Theorie – nämlich auf vollständigen und vollkommenen Märkten im Gleichgewicht – eindeutig definiert. Reale Rechnungsleger werden zu einer Spaltung der Bilanz in zwei völlig heterogene Teile sowie zur Mutmaßung über die Erwartungen des Marktes bzw. über die Parameter weltfremder Bewertungsmodelle oder zum Rückgriff auf Gutachter gezwungen. Da Wertparameter und Werte unter realen Bedingungen gänzlich in der Luft hängen, Vermögen und Erfolg aber durch die Bewertung entscheidend beeinflusst werden, entstehen gewaltige Potentiale und Anreize zur Manipulation der Rechnungslegung. Schon der Gründungsschwindel nach der Reichsgründung 1871, erst recht aber die Erfahrungen im Fall Enron lehren, dass dieser Weg in ein überaus gefährliches Minenfeld führt.[13]

---

[10] Vgl. IAS 19.92.

[11] Vgl. IAS 12.61; 16.39; 21.32 und .39 (c); ggf. 27.37 (b); 38.85; 39.55 (b).

[12] IAS 1.96 und .99.

[13] Vgl. *Lüdenbach / Hoffmann* (2002), S. 1173.

4. Auslegungsschwierigkeiten aufgrund konzeptioneller Vielfalt und fehlender Identität

Prinzipienorientierte Rechnungslegungsstandards setzen auf das „professional judgement" der Rechnungsleger. Wenn Wahlrechte und Ermessensspielräume notfalls sogar gegen die Grenzen der konkreten Vorschriften in den Dienst der „fair presentation" gestellt werden, sollten nach dem Vorbild des Mosaiks auch die verschiedenen Abbildungsansätze zu einem geschlossenen Bild zusammengefügt werden können. Umsetzbar wird diese Hoffnung allerdings nur, wenn es klare und allgemein verbreitete Vorstellungen über die angestrebten Eigenschaften der Rechnungslegung gibt. Genau das ist aber nicht der Fall.

Die obersten Prinzipien der IFRS wie fair presentation,[14] relevance, reliability, neutrality, prudence, completeness und materiality[15] bezeichnen unerreichbare Ideale, die sich in die unvollkommene reale Welt nicht umsetzen lassen. Da sie zudem nur vage erläutert werden, zwingen sie zur Spekulation oder laden gar zum Missbrauch ein. Wenn Jahresabschlüsse selbst bei Beachtung aller IFRS fair presentation nicht sicherstellen können und in Ausnahmefällen durch geeignete Verstöße gegen die Regeln auf dieses Ziel ausgerichtet werden müssen, werden Inhalt und Bestimmungsmöglichkeit der tatsächlichen Lage nicht konkretisiert, sondern im Gegenteil sogar bis zur Unkenntlichkeit verschleiert. Dabei sind die Grundprinzipien zudem paarweise unvereinbar, ohne dass Kompromisse oder Grenzlinien der Anwendung auch nur angedeutet würden.

Dass die hinter den Einzelvorschriften stehenden Konstruktionsprinzipien ebenfalls höchst verworren, widersprüchlich und ohne System sind, haben die Ausführungen im vorigen Abschnitt gezeigt. Darüber hinaus gibt es nur noch Leitlinien für die Datenbeschaffung und Auswertung, wonach etwa „best information available"[16] verwendet und „best estimates"[17] erarbeitet werden sollen. Sicher gut gemeint, sind solche Vorgaben tatsächlich in keiner Weise justiziabel und allenfalls zu Werbezwecken geeignet.

Das, was die Prinzipien nicht zu leisten vermögen, kann im Rahmen der IFRS auch durch Tradition oder gewachsene Kultur nicht ausgeglichen werden. IFRS verbinden verschiedene Kulturen zu einem geheimnisvollen Gemisch, das obendrein durch permanente revolutionäre Neuerungen geprägt wird. Die Traditionen der IFRS sind äußerst kurz und angesichts der fortwährenden Änderungen auch nicht verlässlich. Kommentare nach deutschem Verständnis passen

---

[14] IAS 1.13.

[15] IASC Framework Para 26 – 38.

[16] IAS 36.27.

[17] IAS 37.36 und .59.

nicht zu den IFRS als Fachnormen, und die Expertenmeinungen zur richtigen Auslegung gehen weltweit deutlich auseinander. „If we have only principle-based standards we will end up in an accounting version of Babel, where everyone has a different answer for the exact same transaction.“[18] Das führt nicht nur zum Chaos in der Rechnungslegung, sondern auch zum Kampf aller gegen alle und zu einem Schwarzmarkt der Informationen über die wahren Regeln der Rechnungslegung. Wenn die Regeln und Prinzipien unklar bleiben, legt jeder sie anders aus. Den Ausschlag geben diejenigen, die letztlich unterschreiben und das Haftungsrisiko tragen. Sie werden den eigenen Mitarbeitern und Mitprüfern misstrauen. Letztere wiederum können keine verbindlichen Ratschläge mehr erteilen. Ob sich die Verantwortlichen auf einheitliche Linien in allen Fällen einigen, steht dahin. Dass sie es versuchen, darauf drängen Markt und interne Organisation. Wenn es gelingt, ist die Prinzipienorientierung tot.

III. IFRS im Konflikt zwischen privater und obrigkeitlicher Regulierung

1. Der IASB als privater Standard-Setter nach angelsächsischem Ideal

Angelsachsen misstrauen staatlicher Regulierung, von der sie überzogene, praxisferne, bürokratische und nicht selten einseitigen Interessen dienende Vorschriften erwarten. Regeln hingegen, die auf den eigenen Interessen der Marktparteien gründen, Informationen zu liefern und zu erhalten, damit sie ihre Engagements auf dem Kapitalmarkt mit Erfolg fortsetzen können, stehen sie vertrauensvoll gegenüber. Solche Regeln werden idealerweise durch ausgewogene Gremien von Experten aus dem Kreis der konkret betroffenen Gruppen rein fachbezogen geschaffen. Auf diesem Weg sollen sie genau auf die Bedürfnisse dieser Gruppen zugeschnitten werden und bleiben bei entsprechender Vorsorge schlank, effizient sowie zeitgemäß. Durch eine zusätzliche Mischung der Board Mitglieder nach ihrer Herkunft aus den relevanten Wirtschaftsregionen der Welt scheint der IASB das angelsächsische Konzept für die Schaffung wahrhaft internationaler Rechnungslegungsstandards fortzuentwickeln.

2. Ungereimtheiten privater Regulierung der Rechnungslegung

Der Anreiz zur Information des Marktes ist bei börsennotierten Unternehmen zwar vorhanden, bedauerlicherweise aber tritt er nur in Verbindung mit häufig stärkeren Interessen an Schönfärberei auf. Das gilt für die Manager, die um den

---

18 *Waxman* (2002), S. 10.

Wert ihres Engagements besorgten Eigner und Gläubiger sowie die an exklusiver Information interessierten Analysten.[19] Selbst bei bestem Willen lässt sich der überwiegend vergangenheitsorientierte Jahresabschluss zudem nicht in ein Informationsinstrument über die Zukunft verwandeln, zumal er weitere Anforderungen erfüllen muss, wozu nicht zuletzt auch die Möglichkeit zur Wahrung von Geschäftsgeheimnissen zählt. Private Standard-Setter sind dabei nicht gegen Lobby-Einflüsse immun. Da die Gruppenvertreter im Board sitzen und nach Horngren die Beziehungen zu ihren Kollegen pflegen,[20] bieten die Gremien der Interessenvertretung im Gegenteil besonders gute Bedingungen. Dabei wird gerade der IASB von Preparern und Prüfern beherrscht, denn die drei Plätze, die den Nutzern vorbehalten sind, werden von einem Analysten, einem mehr als hälftigen Preparer und einem Hochschullehrer eingenommen. An umfassender Information des Marktes interessierte Nutzer fehlen zur Gänze. Über die weit überwiegende Spendenfinanzierung von den gleichen Seiten und über die Mobilisierung der Politik laufen weitere Einflüsse, die die privaten Standards weitestgehend auf die Bedürfnisse der Führungsebenen der Global Players aus Wirtschaft und Prüfungsgesellschaften ausrichten.

3. IAS als europäische Rechtsnorm

Über die neue Strategie der EU zur Harmonisierung der Rechnungslegung und über das Endorsement fast aller IAS am 29.09.2003 haben die internationalen Standards in Europa inzwischen einen Zwitterstatus: Sie sind zugleich Fachnormen und Rechtsnormen. Kurioserweise ist nicht diese Doppelrolle das Besondere. Die Probleme liegen vielmehr in der einseitigen Machtverteilung. Auch die einzigen weltweiten Wettbewerber der IFRS, die US-GAAP, sind private Rechnungslegungsstandards, die im Auftrag einer obersten Bundesbehörde – der SEC – mit quasi rechtsverbindlicher Wirkung für alle an den großen amerikanischen Wertpapierbörsen notierten Aktiengesellschaften geschaffen werden. Da jeder Standard, um verbindlich zu sein, von der SEC akzeptiert werden muss, haben die Wünsche dieser staatlichen Behörde oberste Priorität: Die SEC ist das Top-Management im Prozess der Regulierung.[21] Zugleich legt sie verbindlich fest, wie strittige Vorschriften auszulegen sind.

Die EU hingegen kann nach der grundsätzlichen Entscheidung für IFRS einzelne Standards nur annehmen oder zur Nachbesserung vorübergehend zurückweisen. Ohne Einfluss auf deren Inhalt unterliegt sie dem selbst geschaffenen Druck, alle Standards letztlich doch zu übernehmen. Nach IAS 1.14 ist nämlich

---

[19] Vgl. *Miller / Redding / Bahnson* (1998), S. 17.

[20] *Horngren* (1972), S. 41.

[21] Vgl. ebenda, S. 37 – 41.

ein Abschluss nur dann IFRS-konform, wenn er alle Regeln beachtet. Wie der Kampf um IAS 32 und 39 zeigt, vertraut der IASB diesem Druck und seiner starken Position, die ihn nur zu minimalen Konzessionen zwingt. Zugleich haben IASB und FASB im Norwalk Agreement eine Angleichung ihrer Standards vereinbart.[22] Angesichts der Machtverhältnisse auf den Kapitalmärkten und im IASB ist die Einigung in der Nähe der US-GAAP zu erwarten.[23] Darauf deuten auch die Planungen zu den künftigen Standards hin. Europa bekommt dann, was es vermeiden wollte, von Amerika bestimmte Regeln der Rechnungslegung. Wenn die EU das Ruder nicht herumwirft und sich von der Illusion des privaten Standard-Setting befreit, werden nur die europäischen Gerichte in der Lage sein, den Konzessionen zwischen Amerika und den Global Players eine Gegenposition zu bieten.

4. Wettbewerb der Standard-Setter und Internationale Harmonisierung

Die erwünschten Eigenschaften privater Rechnungslegungsstandards, wonach sie auf das Erforderliche beschränkt bleiben, den Bedürfnissen des Marktes entsprechen und Veränderungen rasch angepasst werden, entstehen durch Wettbewerb.[24] Indem verschiedene Standard-Setter um die besten Regeln konkurrieren, die die Unternehmen zutreffend darstellen und Vertrauen wecken, weil sie die Anreize zum Schummeln bändigen, bringen sie die Rechnungslegung auf den richtigen Pfad. Die Errichtung von Monopolen für Rechnungslegungsregeln in USA, ab 2005 auch in Europa und bald durch Konvergenz der Giganten sogar weltweit ist allerdings das vollkommene Gegenteil von Wettbewerb. Wenn die allenthalben als Ideal angesehene weltweite Harmonisierung der Rechnungslegung erreicht ist, gibt es keinen kreativen, Überregulierung verhindernden, den Wünschen des Marktes Gewicht verleihenden Wettbewerb mehr. Dementsprechend werden den angesehenen privaten Rechnungslegungsstandards schon heute Vorwürfe gemacht, die eigentlich gesetzlicher Regulierung vorbehalten sein sollten. Sie sind schwerfällig, produzieren zu viele, zu komplexe und zu detaillierte Regeln, emanzipieren sich vom Ziel der „general acceptance“ durch die Marktteilnehmer zugunsten scheinbarer theoretischer Ideale wie etwa des fair value und verstricken sich in das „publish-new-rules-or-perish“-Dilemma.[25]

---

[22] FASB and IASB (2002).

[23] Vgl. *Ballwieser* (2002), S. 297.

[24] Vgl. *Hax* (1988); *Benston* et al. (2003), S. 61 – 65.

[25] *Sunder* (2002), S. 149.

5. Enforcement auf privater oder obrigkeitlicher Basis

Aufgrund der Anreize zur Schönfärberei reicht es nicht aus, hochwertige Rechnungslegungsstandards zu entwickeln. Damit der Markt vertrauenswürdige Zahlen erhält, muss zusätzlich für die Einhaltung dieser Standards gesorgt werden. Die vielfältigen Instrumente, die diesem Ziel dienen, werden neuerdings als Enforcement bezeichnet.

Privates Standard-Setting durch Fachnormen harmoniert im Grunde nur mit privatem Enforcement durch Wirtschaftsprüfer und berufsständische Aufsicht. Nur so wird eine Vermischung von Fachnorm und Rechtsnorm verhindert. Weder die Institution der Abschlussprüfung durch privatwirtschaftliche Prüfer allein noch die diversen Ansätze der berufsständischen Aufsicht haben in der Vergangenheit freilich besondere Verdienste um die Sicherstellung regelkonformer Rechnungslegung erworben. Sie werden im Gegenteil in vielen Ländern als wenig wirksam eingeschätzt.[26] Als wirksamer und nach Enron und Parmalat unverzichtbar gelten inzwischen obrigkeitliche Enforcementinstitutionen ähnlich der SEC. Das gilt angesichts der Schwerfälligkeit solcher Behörden offensichtlich besonders dann, wenn sie im Wettbewerb mit anderen Aufsichten etwa durch die Staatsanwaltschaften oder den Druck privater Klagen stehen.

IFRS sind als rein freiwillige Standards der Rechnungslegung in einer Welt ohne obrigkeitliches Enforcement entstanden. Da die Regelorientierung der US-GAAP zweifellos auf dem strengen amerikanischen Enforcement beruht, liegt im fehlenden Enforcement der höchstwahrscheinliche Grund für die Prinzipienorientierung der IFRS. Allerdings sind IFRS mit ihren häufig ermessensabhängigen Regeln schwerlich rechtssicher enforcebar, worunter einerseits die Befolgung der Standards leiden wird und andererseits der Kreis der Rechnungsleger und Prüfer, die trotz aller Bemühungen der Irreführung bezichtigt zu werden drohen. Durch Einführung des Enforcements jedenfalls wird aller Voraussicht nach die Entwicklung der IFRS in Richtung auf die US-GAAP beschleunigt.

IV. IFRS im Licht der Vielfalt der Rechnungsleger und der Funktionen des Rechnungswesens

1. Unterstützung der Entscheidungen auf dem Markt als Ausgangspunkt

Angelsächsischer Tradition entsprechend richten IFRS die Standards der Rechnungslegung konsequent auf die Aufgabe aus, über die Information der Allgemeinheit nicht nur die individuellen Entscheidungen der Kapitalanleger

---

[26] Vgl. *Fearnly* et al. (2000), S. 31 f.; *Benston* et al. (2003), S. 43 f.

bestmöglich zu unterstützen, sondern auch die Kapitalallokation über den Markt nach Kräften zu verbessern.[27] Die Aufgabe der Information eines breiten Kreises von am Unternehmen interessierten Personen über dessen Vermögens-, Finanz- und Ertragslage sowie über die jeweiligen Veränderungen prägt sowohl das theoretische Rahmenkonzept der IFRS als auch die diesbezüglich relevanten IAS. Wunsch und Wirklichkeit stimmen allerdings nicht nur auf Grund der prinzipiellen Grenzen des Jahresabschlusses als Informationsinstrument kaum überein. In verschiedenen empirischen Untersuchungen über den Informationsgehalt angelsächsisch geprägter Jahresabschlüsse im Vergleich zu solchen auf Basis von HGB oder europäischen Richtlinien haben sich allenfalls vereinzelt schwache Vorteile für US-GAAP ergeben[28] – hinsichtlich der Insolvenzprognose deutet eine Analyse sogar auf klare Unterlegenheit.[29] Auer fasst seine analogen intensiven und auf IAS ausgeweiteten Studien folgendermaßen zusammen: „Aufgrund dieser Ergebnisse kann demnach auch nicht unterstellt werden, dass die decision usefulness von Jahresabschlüssen auf Basis der US-GAAP oder der IAS generell höher ist als jene von Jahresabschlüssen auf Basis anderer Nicht-US-GAAP-Standards beziehungsweise Nicht-IAS-Standards".[30] Auf analytischem Weg kommen Streim und Mitarbeiter zu ähnlichen Ergebnissen.[31] Da im Board die Vertreter aus den Kreisen der Preparer und Prüfer absolut dominieren, umgeben nur von zwei Hochschullehrern, einem früheren Analysten und einem, der über berufliche Erfahrung bei einer Minengesellschaft, bei Arthur Andersen und als Analyst verfügt, aber keinem auf den Jahresabschluss angewiesenen Nutzer, scheinen dem Verfasser eher die blauäugigen Erwartungen als die ernüchternden Ergebnisse verwunderlich.

2. Zur Harmonie von externem und internem Rechnungswesen

Mit der konsequenten Ausrichtung auf die Informationsfunktion und dem freilich nur stark eingeschränkten Verzicht auf imparitätische Vorsicht gelten Rechnungslegungssysteme nach angelsächsischem Vorbild als besonders geeignet, das externe und das interne, auf die Steuerung des Unternehmens gerichtete Rechnungswesen zu verbinden. Der Wechsel zu IFRS für den Jahresabschluss markiert daher häufig den Ausgangspunkt für eine umfassende Reform auch des betrieblichen Controllings auf Basis weitgehend gleicher Zahlen. Die Unternehmen erhoffen sich ein geschlossenes Informations- und Führungssystem, bei dem der Vorstand in der Öffentlichkeit an den gleichen Zahlen gemessen wird

---

[27] Vgl. SFAC 1; IASC Framework, The Objective of Financial Statements.

[28] Vgl. etwa *Harris / Lang / Möller* (1995).

[29] Vgl. *Baetge* (2000), S. 31 und 38.

[30] *Auer* (1998), S. 130.

[31] *Streim / Bieker / Leippe* (2001).

wie der Spartenleiter intern.[32] Ob eine solche Harmonie freilich erstrebenswert ist und bei den Angelsachsen existiert, muss bezweifelt werden.

Zunächst liegen internes und externes Rechnungswesen außerhalb des deutschen Kulturkreises ohnehin näher beieinander, weil es einen eigenen Kostenbegriff und die Schmalenbachschen Spezifika der Kostenrechnung dort nicht gibt. Gleichwohl werden Unternehmensleitungen auch in anderen Ländern die freiwilligen internen Rechnungen ihren spezifischen Bedürfnissen anpassen. Dass die kasuistische Vielfalt von Vorgehensweisen, die vielen verbliebenen imparitätischen Erfolgsausweise, die Diskriminierung des Makro-Hedging und die erfolgswirksame Zeitbewertung beispielsweise für interne Steuerungen hilfreich sind, ist höchst unwahrscheinlich. Sharman wird deutlich, wenn er sagt: „Financial accounting priorities are dominating business management to the detriment of good management accounting practice."[33] In die gleiche Richtung weist Hans Wagener mit seiner Aussage: „Wenn selbst Finanzvorstände ihre Jahresabschlüsse nicht mehr verstehen, dann läuft etwas schief."[34] Der management approach bei der Segment-Berichterstattung nach US-GAAP beweist zudem die Divergenz der Rechnungen. Den Unternehmen wird nämlich zu ihrer Entlastung und zum erhofften Wohl der Nutzer erlaubt, hier ihre internen, nicht US-GAAP-konformen Zahlen offen zu legen.[35] Also gibt es auch in USA solche Zahlen. Konzentration auf ein Informationssystem ist folglich eher ein vorgeschobenes Werbeargument für IFRS als ein Ideal. Verschiedene Instrumente beleuchten verschiedene Aspekte. Von Managern darf man verlangen, dass sie allen wichtigen Aspekten jeweils geeignete Informationssysteme widmen und in der Lage sind, die Vielfalt der Informationen zu verwerten. Solange die Instrumente nützlich sind und freiwillig geschaffen werden, sollten sie nicht auf dem Altar der Harmonisierung geopfert werden. Ebenso wenig wird man die Instrumente im Cockpit eines Flugzeugs zur Vereinheitlichung auf eines reduzieren.

3. IFRS und die Bemessung von Ertragssteuern

Die Vorstellung von einer Rechnungslegung, die Informations- und Steuerbemessungszwecken gleichzeitig dient, ist dem angelsächsischen Kulturkreis weitgehend fremd. Sie trägt daher eher den Ängsten vor einem Bruch deutscher Traditionen auf dem Gebiet der Maßgeblichkeit Rechnung. Aus Sicht der EU bietet die Steuerbilanz nach IFRS die Chance, auf dem schwierigen Feld der

---

32 Vgl. etwa *Wagenhofer* (2003), S. 12.

33 *Sharman* (2003), S. 1.

34 Frankfurter Allgemeine Zeitung v. 23.02.2004, S. 16.

35 SFAS 131.5, .29 und .30.

Harmonisierung der Steuerbemessungsgrundlagen in Europa den lang erhofften Durchbruch zu erzielen.[36]

Eine Bilanz, die von kleineren Ergänzungsrechnungen abgesehen als Handels- und als Steuerbilanz anerkannt wird, erspart den Unternehmen Kosten einer zweifachen Rechnungslegung. Im Gegenzug werden bilanzpolitische Freiräume eingeengt, was freilich nach den Lehren aus Enron und WorldCom nicht nur Nachteile haben muss, weil vorgetäuschte Gewinne nicht steuerfrei bleiben. Da die beiden Aufgaben zudem zumindest partiell unterschiedliche Anforderungen stellen, müssen Handels- und Steuerrecht gewisse Konzessionen machen – oder eines von beiden große. Zu solchen Konzessionen sind gerade die Standard-Setter angelsächsischer Tradition in keiner Weise bereit. Zur Bemessung von Ertragssteuern taugen IFRS folglich nur unter wenig realistischen Konzessionen des Steuerrechts. Es müsste bereit sein, eine ohne Rücksicht auf die Steuergerechtigkeit getroffene kasuistische Differenzierung der Steuerbemessungsgrundlagen mit wesentlichen Auswirkungen auf den Erfolg zu akzeptieren. Hinzunehmen wären ferner zahlreiche bedeutsame Wahlrechte und fast grenzenlose Ermessensspielräume mit der Maßgabe, deren Ausübung allein im Blick auf fair presentation zu tolerieren. Detailfragen sind vom Standard-Setter oder einschlägigen Fachleuten zu klären, nicht von Juristen letztlich durch Gerichtsverfahren. Verfassungsrechtlich wäre das Unmögliche zu konzedieren: Offensichtlich sogar satzungswidrig einseitig besetzte Privatgremien erhielten das Recht, für eine große Zahl von Steuerpflichtigen maßgebende, im Grunde nur hoheitlich bestimmbare Regeln zur Berechnung ihrer Steuerbemessungsgrundlagen festzulegen. Den Unternehmen müsste schließlich zumutbar sein, dass sie wesentliche Teile ihrer Erfolge bereits vor Realisation und auf Basis bloßer Hoffnungen auf spätere Verwirklichung versteuern.

Sollte die Steuerbilanz auf IFRS gegründet werden, wird sich die Priorität der fair presentation nicht mehr durchsetzen lassen. Beim besten Willen können die Rechnungslegenden sich nicht um zutreffende Darstellung bemühen, wenn ihre Entscheidungen unmittelbare Folgen für die Steuerlast haben. Völlig aus den Fugen geriete das private Standard-Setting, wenn Gesetzgeber und Steuergerichte aufgrund verfassungsrechtlicher Vorgaben Kontrolle über die Standards erlangen müssten. Die weltweit ungeliebte deutsche Variante der steuerbestimmten Rechnungslegungsregeln würde das angelsächsische Ideal zurückdrängen. In jedem Falle sind folglich IFRS und Steuerbilanz unvereinbar.

---

[36] Vgl. Europäische Kommission (2001), S. 20 – 21.

4. IFRS und die Bemessung der Ausschüttungen von Kapitalgesellschaften

Anders als bei HGB und GoB, die mit Realisation und Vorsicht in erster Linie auf die Bestimmung des Betrages abzielen, der von Kapitalgesellschaften im Blick auf die Gläubigerinteressen ausgeschüttet werden darf und auf dessen Ausschüttung der Eigner zumindest anteilig auch einen Anspruch haben sollte, spielt die Ausschüttungsbemessung bei IFRS nur eine Nebenrolle. Sie wird im Preface zum Framework zwar explizit angesprochen und zumindest auch partiell durch imparitätisch vorsichtige Vorgehensweisen im herkömmlichen Sinne unterstützt, insgesamt aber ist sie der Informationsaufgabe untergeordnet und wird von angeblich informationsdienlichen Reformen, speziell der erfolgswirksamen Zeitbewertung, mehr und mehr verdrängt. Im Hintergrund steht das Gesellschaftsrecht in Großbritannien und USA, das Ausschüttungsrestriktionen aus Gründen der Erhaltung eines gesetzlich garantierten vorsichtigen Mindestkapitals nicht kennt und im Begriff ist, auch mit diesen Segnungen die restliche Welt zu beglücken.[37]

Selbst wenn Kapitalerhaltung die Gläubiger nur unvollkommen schützt und Insolvenzen nicht verhindert, so beugt sie doch verschiedenen besonders dreisten Eingriffen in die Haftungsmasse vor.[38] Den Schutz, den ihnen das angelsächsische Gesellschaftsrecht nicht bietet, suchen daher speziell die amerikanischen Gläubiger in geeigneten Kreditverträgen. Auf Basis solcher Verträge, so genannten Corporate Indentures, lassen sich die Gläubiger zunächst Sicherheiten und Mitspracherechte einräumen. Vielfach greifen sie zudem auf das Rechnungswesen zurück, wenn sie die Rechte beschränken, weitere Kredite – insbesondere solche mit vorrangigen Ansprüchen – aufzunehmen und Zahlungen an die Eigner zu leisten.[39] Obwohl inzwischen Zweifel angemeldet werden,[40] sprechen verschiedene Beiträge in der Literatur ebenso wie die Commentaries on Indentures der American Bar Association – das ist die Vereinigung von Juristen, die praktisch die Aktiengesetze fast aller Bundesstaaten der USA erarbeitet hat – für einschneidende vertragliche Modifikationen der US-GAAP.[41] Zur Ausschüttungsbegrenzung im Gläubigerinteresse werden assets eliminiert, Schulden erweitert, Gewinne hinausgezögert und nicht bilanzierte Finanzierungen wie

---

[37] „Kapitalerhaltung gerät unter Druck“, in: Frankfurter Allgemeine Zeitung v. 21.01.2004, S. 23.

[38] Vgl. *Schildbach* (1986), S. 61 – 65.

[39] Zu einem Überblick über Indentures vgl. *Manning* (1990), S. 103 – 114.

[40] Vgl. *Ewert / Wagenhofer* (2003), S. 609 – 611.

[41] Vgl. *Leftwich* (1983); *Leuz* (1996), S. 233 – 238, der im Rahmen einer Übersicht zu den empirischen Untersuchungen der Ausschüttungsbeschränkungen in den USA auf die üblichen Anpassungen der Gewinnermittlung („tailoring“) und auf die Tendenz zu mehr Vorsicht verweist.

Leasing einbezogen.[42] Eine vorsichtige Bilanzierung ähnlich derjenigen nach GoB und HGB wird vertraglich vereinbart. Mit einem solchen Verhalten der Gläubiger ist auch bei uns zu rechnen, wenn vorsichtige Grundsätze der Bilanzierung verdrängt sind. Da IFRS nicht nur partiell höchst unvorsichtig sind, sondern auch dem Ermessen bewusst breiten Raum geben, droht die zusätzliche vertragliche Rechnungslegung besonders massiv. Vier verschiedene Rechnungen eines Unternehmens statt Harmonisierung sind folglich die vermutlichen Folgen der aktuellen Reformen.

5. IFRS als Basis der Rechnungslegung im Mittelstand

Für den Mittelstand sind IFRS vollkommen ungeeignet. Ihre nur scheinbare Spezialdisziplin Information der Öffentlichkeit ist für den Mittelstand nicht relevant, denn er lehnt Publizität aus guten Gründen ab.[43] Zu den Aufgaben aber, die ihn interessieren, taugen Rechnungen nach IFRS wegen des kompromisslosen Vorgehens kaum. Die einseitige Ausrichtung auf die wenigen großen, global tätigen Unternehmen und Prüfungsgesellschaften und die Konvergenz mit den auf die 17.000 größten der über vier Millionen Corporations in USA ausgerichteten US-GAAP bekräftigen das. Die äußerst komplizierten anspruchsvollen Regeln und die permanenten einschneidenden Veränderungen – für die Stärksten in der Wirtschaft noch tragbar – drohen den Mittelstand unverhältnismäßig zu belasten, zumal die bisherigen Zweige des Rechnungswesens zusätzlich beibehalten werden müssen. Die Kosten der Einführung von IFRS werden auf 170.000 € im Durchschnitt geschätzt.[44] Beträchtlich bleiben auch die Folgekosten, weil sich die Regeln ändern und ohnehin entweder teuere zusätzliche Experten oder laufende externe Beratung erforderlich werden.

Auf den Mittelstand zugeschnittene Regeln sind zwar projektiert, haben bei der derzeitigen Zusammensetzung des Board aber keine hohe Priorität. Auch führen sie das private Standard-Setting an seine Grenzen. Eine Beteiligung des Mittelstandes im IASB löst das Problem nämlich nicht. Die Großen werden immer die Mehrheit behalten. Vor allem aber würde der Mittelstand bei der Regulierung nicht eine seinen Interessen entsprechende Informationsreglung suchen, sondern dazu verdammt sein, die genaueren Regeln einer für ihn äußerst lästigen Pflicht festzulegen. Noch weniger sind die Großen befugt, den Mit-

---

[42] Vgl. *Leftwich* (1983), S. 31 – 35.

[43] Die Quote, in der mittelgroße Kapitalgesellschaften vor der Verschärfung der Sanktionen durch das KapCoRiLiG ihrer Publizitätspflicht nachkamen, wurde auf 7 % bis 35 % geschätzt. Vgl. *Häger* (1993), S. 65.

[44] Vgl. Frankfurter Allgemeine Zeitung v. 05.01.2004, S. 16.

telstand durch Schaffung von „little IFRS“ herumzukommandieren. Unerwünschte Pflichten kann nur die Obrigkeit auferlegen.

Soweit nicht bereits die Propaganda von den herausragenden Eigenschaften der IFRS verfängt – was nach empirischen Untersuchungen weit weniger als bei den Großen gelingt[45] – werden die IFRS dem Mittelstand mit anderen Tricks nahe gebracht. Angesichts der starken Abhängigkeit von der Finanzierung durch Banken besonders perfide ist der Hinweis auf Basel II. Informativer sind IFRS-Abschlüsse gemäß den entsprechenden empirischen Untersuchungen nicht. Soweit sie zu besseren Kennzahlen führen, müssten bei den Banken die Anforderungen steigen, weil die Umstellung der Rechnungslegung die Unternehmen allenfalls schwächt. Dementsprechend gibt es auch seriöse Hinweise darauf, dass IFRS dem Mittelstand im Kontext von Basel II bei den Banken keine Vorteile versprechen.[46] Für die Berater noch lukrativer ist die Leimrute, wonach die Umstellung auf IFRS eine günstige Chance zur Reorganisation des gesamten internen und externen Rechnungswesens biete. Soweit Erfolg versprechend besteht immer die Möglichkeit zu einer Reorganisation des Rechnungswesens. Sie mit der Einführung eines nicht auf die Bedürfnisse des Mittelstands ausgerichteten Jahresabschlusses zu verbinden, lohnt allenfalls im Blick auf die zusätzlichen Möglichkeiten zur Schönfärberei.

V. Resümee

Regeln für die externe Rechnungslegung können prinzipiell unter höchst unterschiedlichen Bedingungskonstellationen entstehen. Im Idealfall werden sie rein sachbezogen allein im Blick auf bestmögliche Aufgabenerfüllung geschaffen. Derart ideale Bedingungen sind allenfalls denkbar, wenn entweder nur wahrhaft unabhängige Personen – wie hehre Wissenschaftler etwa – zur Regulierung befugt sind oder Personen, die zwar Interessen verfolgen, dabei aber auch ein vitales Interesse an einer zweckmäßigen Regulierung haben. Zusätzlich müssten die Interessengegensätze entweder durch eine ausgewogene Besetzung der Standard Setting Bodies oder durch einen Wettbewerb zum Ausgleich gebracht werden, der nicht zum „race to the bottom“ neigt. Abseits des Ideals ist Regulierung der Rechnungslegung ein politisches Machtspiel um die Durchsetzung von Partikularinteressen. Private Standard Setting Bodies schneiden vor diesem Hintergrund verglichen etwa mit Parlamenten oder Gerichten eher schlecht ab. Fast alle in ihnen vertretenen Personen sind nach Erfahrung, Problemverständnis und Wertordnung jeweils speziellen Interessen verpflichtet. Die Neutralisierung gelingt nicht, weil Preparern und Prüfern praktisch keine Nutzer

[45] Vgl. Frankfurter Allgemeine Zeitung v. 13.01.2003, S. 19.

[46] Vgl. *Mandler* (2002), S. 7, Fußnote.

gegenüberstehen und durch die weltweite Harmonisierung der Wettbewerb ausgeschaltet wird, wobei offen bleiben kann, ob er nicht ohnehin zum „race to the bottom" geführt hätte. Rechnungslegungsregeln werden dann freilich weitgehend von einseitigen Interessen geprägt und selbst die Wissenschaft gerät in Gefahr, ihre Theorien rein argumentativ zur Stützung solcher Interessen vorzubringen.[47]

Private Standards in Form der IFRS stellen daher eher eine Gefahr dar als eine Hoffnung. Sie werden vermutlich so geschaffen, dass sich Regelverstöße besonders schwer nachweisen lassen, weil die Regeln elastisch bleiben oder durch geschickte Grenzen sogar Schutz bieten. Klare Schranken, wie die Bindung an den pagatorischen Totalerfolg, werden durch Aufweichung der Kongruenz beseitigt. Die Dynamik der Regeln schafft eine Situation permanenten Umbruchs, in dem die Bilanzpolitik besonders gut zum Einsatz kommen kann. Zusammen mit der Komplexität der Regeln entstehen zudem ideale Geschäftsbedingungen für Berater, die durch ihre Tätigkeit zugleich die herrschende Praxis bestimmen und damit ihrem Rat das erforderliche Gewicht verleihen.

Nach den jüngsten Erfahrungen leben Kapitalanleger nicht gut mit solchen Regeln, was Kapitalmarkt und Kapitalallokation schadet. Für die Unternehmen ist das System teuer, weil es beratungs- und umstellungsintensiv ist und gesonderte Rechnungen für alle Aufgaben erfordert. Versuche, die Gefahren von Seiten des Staates durch Kontrolle der Standard-Setter und Enforcement einzugrenzen, erfordern einen besonders großen Aufwand. Wir tun gut daran, den unaufhaltsam scheinenden Modetrend wachsamer zu beobachten und kritischer zu reflektieren. Die Stärke eines Trends ist kein Indikator für die Güte des Zielpunkts, zu dem er führt.

Literaturverzeichnis

AICPA (1994): Improving Business Reporting – a Customer Focus, Meeting the Information Needs of Investors and Creditors: a Comprehensive Report of the Special Committee on Financial Reporting; www.accounting.rutgers.edu/raw/aicpa/business/chap 1[bis 8].htm.

Auer, Kurt V. (1998): Der Einfluß des Wechsels vom Rechnungslegungsstandard auf die Risikoparameter von schweizerischen Aktien; in: Schmalenbachs Zeitschrift für betriebswirtschaftliche Forschung; 50. Jg. (1998); S. 129 – 155.

---

[47] *Watts / Zimmerman* (1979).

Baetge, Jörg (2000): Rechnungslegungskonzeptionen im empirischen Test; in: Rechnungslegungskonzeptionen im Widerstreit; Hrsg. KPMG Deutsche Treuhand-Gesellschaft AG und PWC Deutsche Revision AG; Leipzig 2000.

Ballwieser, Wolfgang (2002): Rechnungslegung im Umbruch: Entwicklungen, Ziele, Missverständnisse; in: Der Schweizer Treuhänder; 76. Jg. (2002); S. 295 – 304.

Benston, George / *Bromwich,* Michael / *Litan,* Robert E. / *Wagenhofer,* Alfred (2003): Following the Money – The Enron Failure and the State of Corporate Disclosure; Washington D. C. 2003.

Europäische Kommission (2001): Ein Binnenmarkt ohne steuerliche Hindernisse, Strategie zur Schaffung einer konsolidierten Körperschaftsteuer-Bemessungsgrundlage für die grenzüberschreitende Unternehmenstätigkeit in der EU; KOM (2001) 582 endg.

Ewert, Ralf / *Wagenhofer,* Alfred (2003): Aspekte ökonomischer Forschung in der Rechnungslegung und Anwendung auf Ausschüttungsbemessung und Unabhängigkeit des Prüfers; in: Betriebswirtschaftliche Forschung und Praxis; 55. Jg. (2003); S. 603 – 622.

FASB / IASB (2002): „The Norwalk Agreement" vom 18.09.2002, London 29.10.2002.

Fearnley, Stella / *Hines,* Tony / *McBride,* Karen / *Brandt,* Richard (2000): Problems and politics of regulatory fragmentation: The case of the Financial Reporting Review Panel and the Institute of Chartered Accountants in England and Wales; in: Journal of Financial Regulation and Compliance; Vol. 8 (2000); No. 1; S. 16 – 35.

FASB (2002): Original Pronouncements, Accounting Standards as of June 2002; New York u.a. 2002.

Häger, Ralf (1993): Das Publizitätsverhalten mittelgroßer Kapitalgesellschaften; Frankfurt am Main u.a. 1993.

Harris, Trevor S. / *Lang,* Mark / *Möller,* Hans Peter (1995): Zur Relevanz der Jahresabschlußgrößen Erfolg und Eigenkapital für die Aktienbewertung in Deutschland und den USA; in: Schmalenbachs Zeitschrift für betriebswirtschaftliche Forschung; 47. Jg. (1995); S. 996 – 1028.

Hax, Herbert (1988): Rechnungslegungsvorschriften – Notwendige Rahmenbedingungen für den Kapitalmarkt?; in: Unternehmungserfolg: Festschrift zum 60. Geburtstag von Walther Busse von Colbe; Hrsg. Michel Domsch, Franz Eisenführ, Dieter Ordelheide und Manfred Perlitz; Wiesbaden 1988; S. 187 – 201.

Horngren, Charles T. (1972): Accounting Principles: Private or Public Sector?; in: Journal of Accountancy; Vol. 133 (1972); May; S. 37 – 41.

IASB (2003): International Financial Reporting Standards Incorporating International Accounting Standards and Interpretations; London 2003.

Leftwich, Richard (1983): Accounting Information in Private Markets: Evidence from Private Lending Agreements; in: The Accounting Review; Vol. 58 (1983); S. 23 – 42.

Leuz, Christian (1996): Rechnungslegung und Kreditfinanzierung; Frankfurt am Main u.a. 1996.

Lüdenbach, Norbert (2004): IAS/IFRS: Der Ratgeber zur erfolgreichen Umstellung von HGB auf IAS/IFRS; 3. Auflage; Freiburg u.a. 2004.

Lüdenbach, Norbert / *Hoffmann,* Wolf Dieter (2002): Enron und die Umkehrung der Kausalität bei der Rechnungslegung; in: Der Betrieb; 55. Jg. (2002); S. 1169 – 1175.

Mandler, Udo (2002): IAS/IFRS für mittelständische Unternehmen: Ergebnisse einer Unternehmensbefragung; Gießen 2002.

Manning, Bayless (1990): Legal Capital; 3rd ed.; Westbury, New York 1990.

Miller, Paul B. W. / *Redding,* Rodney J. / *Bahnson,* Paul R. (1998): The FASB: The People, the Process, and the Politics; 4th ed.; Boston u.a. 1998.

Perlet, Helmut (2003): Fair Value-Bilanzierung bei Versicherungsunternehmen; in: Betriebswirtschaftliche Forschung und Praxis; 55. Jg. (2003); S. 441 – 456.

Price Waterhouse Coopers (1998): Understanding IAS: Analysis and Interpretation of International Accounting Standards; 2nd ed.; o.O. 1998.

Schildbach, Thomas (1986): Jahresabschluß und Markt; Berlin u.a. 1986.

– (2003): Prinzipienorientierung – wirksamer Schutz gegen Enronitis?; in: Betriebswirtschaftliche Forschung und Praxis; 55. Jg. (2003); S. 247 – 266.

Sharman, Paul A. (2003): German Cost Accounting; in: Strategic Finance; December 2003; S. 1 – 9.

Streim, Hannes / *Bieker,* Marcus / *Leippe,* Britta (2001): Anmerkungen zur theoretischen Fundierung der Rechnungslegung nach International Accounting Standards; in: Moderne Konzepte für Finanzmärkte, Beschäftigung und Wirtschaftsverfassung: Gedächtnisschrift für Wolfgang Stützel; Hrsg. Hartmut Schmidt, Eberhard Ketzel und Stefan Prigge; Tübingen 2001; S. 177 – 206.

Sunder, Shyam (2002): Regulatory competition for low cost-of-capital accounting rules; in: Journal of Accounting and Public Policy; Vol. 21 (2002); S. 147 – 149.

Wagenhofer, Alfred (2003): Internationale Rechnungslegungsstandards – IAS/IFRS; 4. Auflage; Frankfurt am Main, Wien 2003.

Watts, Ross L. / *Zimmerman,* Jerold L. (1979): The Demand for and Supply of Accounting Theories: The Market for Excuses; in: The Accounting Review; Vol. 54 (1979); S. 273 – 305.

Waxman, Robert N. (2002): Considering FASB's Critics; in: The CPA Journal; June 2002; S. 8 und 10.

Zeff, Stephen A. (1995): A Perspective on the U.S. Public/Private-Sector Approach to the Regulation of Financial Reporting; in: Accounting Horizons; Vol. 9 (1995), S. 52 – 70.

Der Gläubigerschutzgedanke im Mixed Fair Value-Modell des IASB

Von Jörg Baetge und Achim Lienau

I. Einführung

Der verehrte Jubilar Theodor Siegel erörtert in seinen Beiträgen zur Rechnungslegung neben vielen anderen Themen die Fragen nach einem sinnvoll ausgestalteten Gläubigerschutz[1] und, ob eine Fair Value-Bilanzierung für das deutsche Bilanzrecht zweckmäßig ist.[2] Mit diesem, dem Jubilar gewidmeten, Beitrag wollen wir seine Überlegungen aufgreifen und untersuchen, in welcher Hinsicht der IASB in seinem Regelwerk der IFRS, das als ein Mixed Fair Value-Modell zu charakterisieren ist, einen Gläubigerschutz institutionalisiert hat.

Das Bestreben des IASB ist, umfassende Informationen mit dem IFRS-Abschluss offen legen zu lassen, um den Bedürfnissen des Kapitalmarktes nach informationsrelevanten und zuverlässigen Informationen über das bilanzierende Unternehmen zu genügen. Der IASB rückt historische Kosten, nämlich Anschaffungs- bzw. Herstellungskosten, als Basis der Bilanzierung zugunsten des Mark-to-Market-Approach[3] in den Hintergrund und stellt auf Fair Values, als beizulegende Zeitwerte, ab, da diese als entscheidungsrelevanter angesehen werden als die Anschaffungs- oder Herstellungskosten. Der Fair Value entspricht dem Tauschergebnis zwischen sachkundigen, abschlussbereiten und ohne Transaktionsdruck handelnden Vertragspartnern, die mit einer „Armeslänge Abstand (*arm's length transaction*)", d.h. unter Marktbedingungen wie zwischen unabhängigen, fremden Dritten gehandelt haben. Mit der Fair Value-Bilanzierung soll die Wertschätzung des gesamten Marktes und damit der Konsens aller Marktteilnehmer über den Wert eines Vermögenswertes bzw. einer Schuld in der Bilanz abgebildet werden.[4] Der vorliegende Beitrag soll die Frage beantworten, wie diese Rechnungslegung vom IASB konzipiert wurde und ob mit dieser Rechnungslegung ein wirksamer Gläubigerschutz gewährleistet wird.

---

[1] Vgl. *Siegel* (1997), S. 117 – 149.
[2] Vgl. *Siegel* (1998b), S. 593 – 603.
[3] Mark-to-Market Approach [engl.] für Marktbewertungsansatz.
[4] Vgl. *Zülch / Lienau* (2004), S. 566.

II. Die Beziehung zwischen dem bilanzierenden Unternehmen und den Fremdkapitalgebern aus Sicht der Prinzipal-Agenten-Theorie

Rechnungslegung dient der Information über die wirtschaftliche Lage des berichtenden Unternehmens[5] an unternehmensexterne Adressaten (z.B. Anteilseigner, Gläubiger) und unternehmensinterne Adressaten (z.B. Management) zur Entscheidungsunterstützung. Derzeitige und potentielle Eigenkapitalgeber entscheiden u.a. über die Investition in Unternehmensanteile; Fremdkapitalgeber urteilen ebenfalls über Kapitalvergaben. Die Information über die wirtschaftliche Lage des Unternehmens dient auch der Kontrolle des Managements durch die Eigenkapitalgeber, die sanktionieren können, z.B. durch Vertragskündigungen, sowie motivieren können durch erfolgsabhängige Entlohnung. Ebenso urteilen potentielle und derzeitige Gläubiger aufgrund der veröffentlichten Information über die Güte des Managements und die Bonität des Unternehmens.[6]

Dabei liegt eine Prinzipal-Agenten-Beziehung mit einer Informationsasymmetrie und einer Interessendivergenz vor:[7] Das Management als Agent kann die Handlungen im Unternehmen selbst bestimmen und beeinflusst die Situation der Kapitalgeber, die als Prinzipale durch die Entscheidungen des Agenten betroffen sind. Zudem stimmen die Interessen zwischen dem Management und den Kapitalgebern grundsätzlich nicht überein, da der Agent primär danach streben kann, seinen eigenen Nutzen zu erhöhen. Der Prinzipal kann das Handeln des Agenten nicht beurteilen, sondern nur das Ergebnis der Entscheidungen. Im Gegensatz zu einer Informationswelt idealer Bedingungen sind aber auch die Informationen in der realen Welt ungleich verteilt. Der Agent kann Teile der ihm zugänglichen Informationen sowie den Anteil seiner eigenen Leistung am Unternehmenserfolg vor dem Prinzipal verschleiern. Die Folge kann opportunistisches Verhalten des Agenten sein: Ein leistungsscheues Management kann seinen Informationsvorsprung dazu missbrauchen, seine Tätigkeit dort einzuschränken, wo es nicht hinreichend durch den Prinzipal kontrolliert werden kann (*moral hazard*). Daneben kann das Management seinen Informationsvorsprung ausnutzen, indem es z.B. Informationen über die schlechte Lage des Unternehmens unterdrückt, um seine Reputation oder Entlohnung zu schützen und Verträge zu günstigen Konditionen mit den Kapitalgebern abzuschließen.[8]

Für den Fremdkapitalgeber als externem Bilanzadressaten besteht ebenfalls die Gefahr, durch das Management falsch oder unzureichend informiert zu werden. Das Management hat aufgrund seines Informationsvorsprungs die Mög-

---

[5] Vgl. *Siegel* (1997), S. 137.

[6] Vgl. *Mujkanovic* (2002), S. 28.

[7] Vgl. zur Prinzipal-Agenten-Beziehung: *Göbel* (2002), S. 98 – 103.

[8] Vgl. *Siegel* (1997), S. 133 – 134.

lichkeit, über die künftig erwarteten Zahlungsströme falsch zu informieren oder in der Zukunft anders zu handeln als es bei dem Abschluss des Kreditvertrages in Aussicht gestellt hat und damit die Zahlungsströme ohne Wissen des Fremdkapitalgebers zu verändern. Aufgrund der asymmetrischen Informationsverteilung vor dem Vertragsabschluss besteht für den Fremdkapitalgeber die Gefahr einer Negativauslese (*adverse selection*). Der Fremdkapitalgeber hat zwar in jedem Fall einen Anspruch auf die vertraglich fixierte Verzinsung und Tilgung des Kreditbetrages. Für den Fremdkapitalgeber besteht indes die Gefahr, die vereinbarten Zahlungen künftig nicht zu erhalten. Um sich zu schützen, kann der Fremdkapitalgeber Kreditsicherheiten verlangen und auf Informationen aus der Hand des Managements bestehen. Verschiedene Unternehmen lassen sich als potentielle Schuldner nur vergleichen und die relative Sicherheit der Kreditvergabe an einen bestimmten Schuldner lässt sich nur beurteilen, wenn für den Fremdkapitalgeber ein institutionelles Arrangement bezüglich eines verlässlichen Informationssystems besteht.[9]

Rechnungslegung kann in der realen Welt der unvollkommenen Information als Instrument zur Reduktion der Informationsasymmetrie und Minderung der daraus resultierenden Probleme als Schutzinstitution dienen. Dabei besteht der Konflikt, dass der Fremdkapitalgeber einerseits aufgrund der Gefahr der *adverse selection* zur Lösung seines Investitionsproblems der Kreditvergabe eine vollständige Offenlegung mit hoher Entscheidungsrelevanz verlangt. Andererseits erfordert die Einschränkung des *moral hazard* und die damit verbundene Frage nach der richtigen Managerentlohnung und einer Gläubigersicherheit bietenden Rechnungslegung eine manipulationsarme und zuverlässige Kontrollgröße, z.B. einen mit wenig Ermessenspielraum ermittelten „harten" Gewinn. Dieser Widerstreit zwischen Relevanz und Zuverlässigkeit muss durch *standard setting* geschlichtet werden. Die Abbildung 1 auf der nächsten Seite veranschaulicht diesen Zusammenhang.[10]

Im Folgenden wird untersucht, ob der IASB mit seinem Regelwerk aus der Sicht der Fremdkapitalgeber ein geeignetes institutionelles Informationssystem für externe Kapitalgeber geschaffen hat.[11] Dazu wird zunächst die Konzeption der Rechnungslegung nach den Vorschriften des IASB[12] dargestellt und anschließend das vom IASB forcierte Mixed Fair Value-Modell diesbezüglich analysiert.

---

[9] Vgl. *Franken* (2001), S. 35 – 37.

[10] In Anlehnung an: *Scott* (2003), S. 10.

[11] Vgl. zum Gläubigerschutz als Rechnungslegungszweck *Siegel* (1998b), S. 594 – 597.

[12] Vgl. *Siegel* (2002), Sp. 200 – 204.

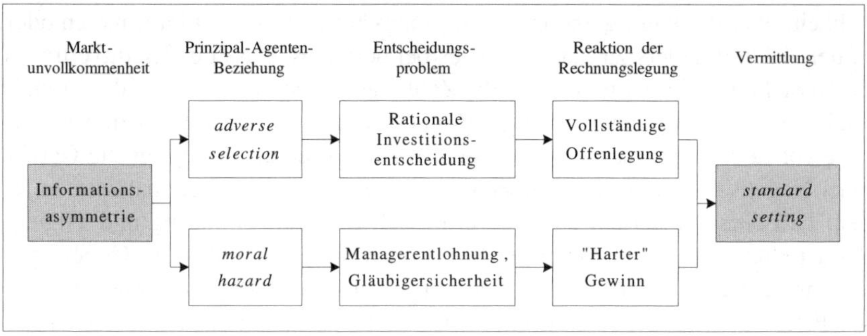

Abbildung 1: Bedeutung der Informationsasymmetrie für die Rechnungslegung

III. Die Konzeption der Rechnungslegung nach den Vorschriften des IASB

1. Zwecke der Rechnungslegung nach den Vorschriften des IASB

Mit der Rechnungslegung gemäß den Regelungen des IASB wird das Ziel verfolgt, entscheidungsnützliche Informationen über die Vermögens-, Finanz- und Ertragslage (wirtschaftliche Lage) sowie die Veränderungen der wirtschaftlichen Lage für einen weiten Adressatenkreis zu vermitteln (*decision usefulness*, F. 12). Zu den Adressaten gehören nach F. 9 u.a. derzeitige und potentielle Investoren, Arbeitnehmer, Kreditgeber sowie der Staat. Die Informationsfunktion ist gemäß F. 10 indes durch eine Investororientierung konkretisiert: Den derzeitigen und potentiellen Investoren wird der Vorrang eingeräumt, da nach Meinung des IASB auf diese Weise auch die Informationsbedürfnisse der übrigen Adressaten weitgehend befriedigt sein sollten.[13] Der IASB verfolgt mit der *decision usefulness* ausschließlich den Zweck der Informationsvermittlung. Mit dem Jahresabschluss soll der Adressat in die Lage versetzt werden, die Fähigkeit des bilanzierenden Unternehmens zu beurteilen, künftig Zahlungsmittel bzw. Zahlungsmitteläquivalente zu generieren, außerdem soll der Adressat den Zeitpunkt und die Eintrittswahrscheinlichkeit für deren Generierung bestimmen können (F. 15). Der IFRS-Jahresabschluss dient grundsätzlich nicht der direkten Anspruchsbemessung (z.B. als Ausschüttungs-, Steuerbemessungsgrundlage).

Im Framework werden die Anforderungen an einen IFRS-Jahresabschluss in unterschiedliche Gruppen gegliedert.[14] Jahresabschlussinformationen müssen qualitative Merkmale (*qualitative characteristics*, F. 24) erfüllen, wenn sie ent-

---

[13] Vgl. *Pellens / Fülbier / Gassen* (2004), S. 103; vgl. kritisch dazu: *Kirchner* (2000), S. 56 f.

[14] Vgl. die Übersicht in *Baetge / Kirsch / Thiele* (2003), S. 134.

scheidungsnützlich sein sollen sowie den grundlegenden Prämissen bzw. Basisannahmen (*underlying assumptions*, F. 22 f.) genügen sollen. Bestimmte Nebenbedingungen (*constraints on relevant and reliable information*) ergänzen die Anforderungen, die Relevanz und Zuverlässigkeit ausgleichen sollen. Wenn diese Normen vom Abschlussersteller beachtet werden, dann zeigt der Jahresabschluss nach Ansicht des IASB die wirtschaftliche Lage des Unternehmens gemäß dem Gedanken des *true and fair view* (F. 46). Die Abbildung 2 zeigt das System der Rechnungslegungsgrundsätze des IASB, die im anschließenden Abschnitt erläutert werden:[15]

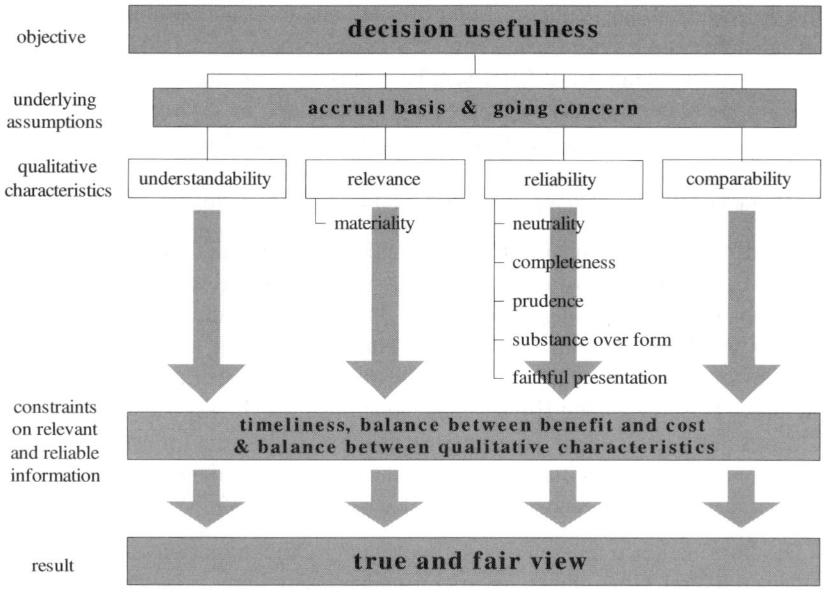

Abbildung 2: System der Rechnungslegungsgrundsätze des IASB

2. Anforderungskriterien an die Rechnungslegungsinformation gemäß den Vorschriften des IASB

Zu den Anforderungen an die Rechnungslegungsinformation gehören die beiden grundlegenden Prämissen für die Bilanzierung nach IFRS, der Grundsatz der periodengerechten Erfolgsermittlung (*accrual basis*) und der Grundsatz der Fortführung der Unternehmenstätigkeit (*going concern*). Der Grundsatz der perio-

[15] Vgl. *Pellens / Fülbier / Gassen* (2004), S. 109; *Hayn* (1994), S. 720.

dengerechten Erfolgsermittlung wird bezüglich der Erträge durch das Realisationsprinzip (*realization principle*) erfüllt. Das Realisationsprinzip verlangt, dass Erträge in der Periode zu erfassen sind, in der sie realisiert[16] oder realisierbar sind. Entscheidungsrelevanz (*relevance*) bezieht sich auf die Informationsbedeutung für das Entscheidungsfeld des typisierten Bilanzlesers. Informationen sind relevant, wenn sie dem Leser helfen, über vergangene, gegenwärtige oder künftige Ereignisse zu urteilen und damit seine Entscheidungen zu bestätigen bzw. zu verändern (F. 26).[17] Die Information kann bereits ihrer Eigenart (*nature*) nach relevant sein, d.h., die Art des jeweiligen Sachverhaltes (z.B. das Bearbeiten eines neuen Segmentes oder eine Produkthaftungsklage) erfordert grundsätzlich eine Berichterstattung. Zudem ist eine wesentliche Information immer relevant. Informationen sind wesentlich, wenn ihr Auslassen oder fehlerhaftes Wiedergeben die Entscheidung des Bilanzlesers beeinflussen kann (*materiality*, F. 29 f.). Der Grundsatz der Verständlichkeit (*understandability*, F. 25) verlangt, dass die im Jahresabschluss gemäß IAS/IFRS enthaltenen Informationen einem fachkundigen und interessierten Leser leicht verständlich sind. Hieraus folgt indes nicht, dass komplexe Sachverhalte nicht im Jahresabschluss abgebildet werden sollen.

Die Rechnungslegungsinformationen müssen zudem der Anforderung der Zuverlässigkeit (*reliability*) genügen, d.h., sie dürfen keine wesentlichen Fehler oder subjektive Verzerrungen aufweisen. Informationen, die zwar als relevant erachtet werden, indes nicht zuverlässig sind, sollen nicht in der Bilanz bzw. Gewinn- und Verlustrechnung veröffentlicht werden, sondern ggf. im Anhang mit einem entsprechenden Hinweis angegeben werden (F. 32). Der fachkundige Adressat muss sich zudem darauf verlassen können, dass die Informationen das darstellen, was er vernünftigerweise von ihnen erwartet. Hierzu müssen die Informationen folgenden Sekundärmerkmalen genügen (F. 33 f.):[18]

- Die Informationen müssen dem Grundsatz der Objektivität (*neutrality*) genügen, d.h. frei von subjektiver verzerrender Darstellung sein. Das bedeutet, die Entscheidungen dürfen nicht in eine bestimmte, dem Bilanzersteller genehme Richtung gelenkt werden (F. 36).
- Die im Jahresabschluss enthaltenen Informationen müssen unter Beachtung des Prinzips der Wesentlichkeit und Wirtschaftlichkeit (*materiality*) vollständig sein (*completeness*, F. 38), um eine Irreführung des Jahresabschlusslesers durch bewusstes Auslassen bestimmter Informationen zu vermeiden.

---

[16] Vgl. grundlegend zum Realisationsprinzip: *Siegel* (1992), S. 587 – 605; *Siegel* (1994) S. 1 – 24.

[17] Vgl. hierzu kritisch: *Ballwieser* (2002), S. 117, der bei einer bloßen Bestätigung einer Entscheidung nicht von einer relevanten Information ausgeht.

[18] Vgl. *Wagenhofer* (2003), S. 122 – 127.

- Das im Vergleich zum deutschen Bilanzrecht bei den IFRS untergeordnete Prinzip der Vorsicht (*prudence*)[19] zielt auf ein vorsichtiges Bilanzieren und Ausüben von Ermessenspielräumen im Sinne einer kaufmännischen Vernunft. Diese bilanzielle Vorsicht darf indes nicht zum Legen stiller Reserven führen (F. 37).
- Die wirtschaftliche Betrachtungsweise (*substance over form*) erfordert eine Bilanzierung der Geschäftsvorfälle, die sich nach den tatsächlichen wirtschaftlichen Verhältnissen ausrichtet und nicht nach ihrer formellen rechtlichen Ausgestaltung (F. 35).
- Das Prinzip der glaubwürdigen Darstellung (*faithful representation*, F. 33) verlangt eine glaubwürdige Abbildung der tatsächlichen Vorgänge.
- Der Grundsatz der Vergleichbarkeit (*comparability*) fordert eine Bilanzierung, die dem Bilanzleser eine zwischenbetriebliche sowie zeitliche Vergleichbarkeit verschiedener Jahresabschlüsse ermöglicht (F. 39).

Die vorgestellten Anforderungen werden durch die drei Nebenbedingungen zeitnahe Berichterstattung (*timeliness*), Wirtschaftlichkeit bzw. ein ausgewogenes Kosten-Nutzen-Verhältnis (*balance between benefit and cost*) sowie Ausgewogenheit zwischen den qualitativen Merkmalen (*balance between qualitative characteristics*) relativiert.

IV. Die Fair Value-Bilanzierung nach den Rechnungslegungsvorschriften des IASB

1. Mixed Fair Value-Modell des IASB

Mithilfe der Fair Value-Bilanzierung sollen Vermögenswerte und Schulden in der Bilanz marktnah abgebildet werden.[20] Könnten die Fair Values für alle Vermögenswerte und Schulden zuverlässig ermittelt werden und würden diese in der Bilanz angesetzt, handelte es sich um ein Full Fair Value-Modell. Der Fair Value müsste für das Full Fair Value-Modell wohldefiniert und als Marktpreis ablesbar sein. Durch eine regelmäßige Fair Value-Bewertung der Vermögenswerte und Schulden würden die „Wertänderungen am ruhenden Vermögen"[21] als bilanzieller Gewinn zu jedem Stichtag erfasst. Eine Fair Value-Be-

---

[19] Zum *prudence principle* der IAS: *Pellens / Fülbier / Gassen* (2004), S. 106; *Baetge / Hendler* (2000), S. 18 – 20.

[20] Vgl. *Baetge / Zülch* (2001), S. 545.

[21] Vgl. zum Begriff der „Wertänderungen am ruhenden Vermögen" *Schmidt* (1921), S. 280.

wertung zu Marktpreisen verhinderte das Legen stiller Reserven[22] und folglich deren willkürliche Auflösung,[23] so dass eine verfälschte Darstellung der wirtschaftlichen Lage erschwert würde. Durch eine solche Fair Value-Bilanzierung würde der Fremdkapitalgeber grundsätzlich mit entscheidungsnützlichen Informationen versorgt, da er durch die regelmäßige Neubewertung einen aktuellen Einblick in die wirtschaftliche Lage des schuldenden Unternehmens erhielte. Die Objektivierung am vollkommenen Markt lieferte dabei die entscheidungsrelevanten und zuverlässigen Werte.

Eine Full Fair Value-Bilanzierung kann in der realen Welt indes aufgrund der Marktunvollkommenheiten nicht realisiert werden. Der Fair Value eines Vermögenswertes oder einer Schuld ist nämlich nur selten zuverlässig als Marktpreis ablesbar. Deshalb wird vom IASB wohl ein Mixed Fair Value-Modell verfolgt als Reaktion auf die in der Realität nicht vorhandenen idealen Bedingungen. Der Fair Value ist in der realen Welt selten wohldefiniert, da Verkaufs- und Ankaufspreis sowie der unternehmensindividuelle Nutzungswert auseinander fallen und weil viele Vermögenswerte und Schulden Unikate sind, so dass ein Marktpreis ohne Verkauf des Unikates nicht verlässlich ermittelbar ist.[24] Zu unterscheiden sind bezüglich des Fair Value folgende alternative Werte:[25]

- *entry value*: Wiederbeschaffungskosten für einen gleichartigen neuen oder gebrauchten Vermögenswert bzw. der Betrag, zu dem das Unternehmen eine gleichartige Schuld eingehen könnte, ohne die Konditionen der Schuld zu ändern (Markteintrittspreis).
- *exit value*: Verkaufspreis in einem offenen Markt zwischen jeweils ohne Transaktionsdruck handelndem, vertragswilligem Käufer und Verkäufer für einen Vermögenswert bzw. der Ablösebetrag für eine Schuld (Marktaustrittspreis).
- *value in use*: Barwert der beim vom Unternehmen vorgesehenen Gebrauch resultierenden Netto-Zahlungsströme für einen Vermögenswert bzw. für eine Schuld unter Berücksichtigung des Risikos und des Zeitwertes des Geldes (*time value of money*).

Da für die Vermögenswerte und Schulden in den meisten Fällen keine Marktpreise abgelesen werden können, weil es sich nicht durchgängig um vertretbare Güter, sondern um Unikate handelt, muss der Bilanzierende, wenn die IFRS für diese Vermögenswerte und Schulden eine Bilanzierung zum Fair

---

[22] Vgl. zu den stillen Reserven *Siegel / Bareis / Rückle / Schneider / Sigloch / Streim / Wagner* (1999), S. 2078 – 2080.

[23] Vgl. *Siegel* (1998b), S. 595.

[24] Vgl. *Barth / Landsmann* (1994), S. 99.

[25] Vgl. im Folgenden *Shim / Larkin* (1998), S. 38.

Value verlangen, auf berechnete bzw. geschätzte und damit subjektive Werte zurückgreifen. Die Schätzung geschieht zumeist mit den Barwerten der für den Vermögenswert oder die Schuld subjektiv geschätzten Zahlungsüberschüsse. Der Fremdkapitalgeber ist indes an Informationen der wirtschaftlichen Zukunft des Unternehmens interessiert, die auf einer möglichst fehler- und manipulationsfreien Wertermittlung beruhen. Sind die Fair Values nicht zuverlässig ermittelbar, dann verlangen die IFRS, dass die fortgeführten historischen Kosten verwendet werden. Schulden werden regelmäßig nicht zu Fair Values bilanziert, so dass der IFRS-Abschluss ein Konglomerat verschiedener Werte ist.

2. Fair Value-Bilanzierung im Regelwerk des IASB

Dennoch ist es das Bestreben des IASB, dass der Fair Value zunehmend als Wertmaßstab für Vermögenswerte und Schulden in der Bewertungskonzeption der IFRS verwendet wird. Da es im Framework keine vorangestellte allgemeingültige Definition für den Fair Value gibt, wird er in den einzelnen Standards definiert:[26]

> „The fair value is the amount for which an asset could be exchanged, or a liability settled, between knowledgeable, willing parties in an arm's length transaction."

Der Fair Value-Begriff des IASB ist dementsprechend grundsätzlich ein zukunftsbezogener Wertbegriff, der als Marktwert verstanden werden soll. Der Fair Value ist als *exit price* zu qualifizieren, also als Veräußerungspreis für Vermögenswerte und als Ablösebetrag für Schulden.[27]

Auf der Aktivseite hat der Bilanzierende vor allem beim Sachanlagevermögen, bei Finanzinvestitionen in Immobilien und bei Finanzinstrumenten die Möglichkeit bzw. die Pflicht, zu Fair Values zu bewerten. Daneben werden unter bestimmten Voraussetzungen biologische Produkte nach IAS 41 sowie immaterielle Vermögenswerte nach IAS 38 zu Fair Values bilanziert.

Sachanlagevermögen wird nach den Regelungen des IAS 16, Sachanlagen, bilanziert. Beim Zugang werden die Anschaffungs- oder Herstellungskosten aktiviert, bei der Folgebewertung besteht das Wahlrecht, bei Sachanlagevermögen erfolgswirksam zu Fair Values zu bewerten (IAS 16.29). Die Entscheidung für eine Neubewertung muss jeweils für die gesamte Gruppe von Vermögenswerten und grundsätzlich zum gleichen Zeitpunkt getroffen werden (IAS 16.30), um

[26] Vgl. IAS 18.7, 21.7, 22.8, 32.5, 33.9, 39.8, 41.8 sowie IFRS 1, 3, 4 und 5, jeweils Appendix A; vgl. mit geringfügig abweichendem Wortlaut IAS 16.6, 17.3, 20.3, 38.7, 40.4 sowie IFRS 2, Appendix A.

[27] Vgl. *Shim / Larkin* (1998), S. 38; vgl. dazu *Schruff, W.* (2005).

zumindest für gleichartige Vermögenswerte ein Wertekonglomerat von Fair Values und fortgeführten historischen Kosten zu verhindern. Bei einer Bilanzierung zu Fair Values werden die planmäßigen Abschreibungen in den Folgeperioden vom Betrag des neubewerteten Vermögenswertes abzüglich des neubewerteten Restwertes (= neuer Abschreibungsausgangsbetrag) bemessen (IAS 16.46).

Mit IAS 40, Als Finanzinvestition gehaltene Immobilien, regelt der IASB die Bilanzierung von Finanzinvestitionen in Immobilien (*investment property*). Eine Finanzinvestition in Immobilien liegt grundsätzlich vor, wenn der Eigentümer oder der Leasingnehmer im Rahmen eines Finanzierungsleasingverhältnisses eine Immobilie hält, um Mieteinnahmen und/oder Wertsteigerungen des eingesetzten Kapitals zu erzielen (IAS 40.4). Bei der Folgebewertung besteht ein für alle Finanzinvestitionen in Immobilien einheitlich auszuübendes Wahlrecht, nach dem Fair Value-Modell (*fair value model*) oder dem Anschaffungskosten-Modell (*cost model*) zu bilanzieren (IAS 40.24), allerdings sind im letzteren Fall die Fair Values der Finanzimmobilien im Anhang anzugeben. Allfällige Neubewertungsbeträge sind im Gegensatz zur Bilanzierung gemäß IAS 16 erfolgswirksam in der Gewinn- und Verlustrechnung zu erfassen (IAS 40.28).

Die Regelungen zum Ansatz und zur Bewertung von Finanzinstrumenten ergeben sich aus dem umfassenden Standard IAS 39 (rev. 2003), Finanzinstrumente: Ansatz und Bewertung, der auf alle Unternehmen unabhängig von deren Branchenzugehörigkeit anzuwenden ist. Finanzielle Vermögenswerte, die sich im Handelsbestand des Bilanzierenden befinden, sind verpflichtend erfolgswirksam zum Fair Value zu bilanzieren (IAS 39.46), allerdings hat der Bilanzierende das Recht, diese Kategorisierung selbst festzulegen. Daher dürfen (nach IAS 39) finanzielle Vermögenswerte und Verbindlichkeiten im Zugangszeitpunkt freiwillig und unwiderruflich als „Finanzinstrumente, die erfolgswirksam zum Fair Value bewertet werden", designiert und damit in den Folgeperioden erfolgswirksam zum Fair Value bewertet werden. Diese Fair Value-Option darf unabhängig von der früheren Zuordnung eines Finanzinstrumentes derselben Gattung ausgeübt werden.[28] An jedem Bilanzstichtag hat der Bilanzierende anhand von Indikatoren zu überprüfen, ob objektive Hinweise (IAS 39.58) vorliegen, dass ein finanzieller Vermögenswert wertgemindert ist.

Gemäß IAS 41, Landwirtschaft, sind biologische Vermögenswerte grundsätzlich zum Fair Value abzüglich Verkaufskosten zu bewerten. Daneben dürfen land- und forstwirtschaftliche Vorräte sowie Mineralien und mineralische Pro-

---

[28] Vgl. *Bieker / Hackenberger* (2004), S. 1626 f. Im April 2004 hat der IASB mit dem „Exposure Draft of proposed Amendments to IAS 39 Financial Instruments: Recognition and Measurement: The Fair Value Option" geplant, den Anwendungsbereich der Fair Value-Option wieder einzuschränken, siehe S. 9 f. des Exposure Draft.

dukte zum Nettoveräußerungswert bewertet werden, wenn dies den Branchengepflogenheiten entspricht (IAS 2.1 (c)).

Auf der Passivseite sind, neben den wahlweise zu Fair Values zu bilanzierenden finanziellen Verbindlichkeiten, die Rückstellungen näherungsweise zu Fair Values zu bewerten. Rückstellungen sind in Höhe der bestmöglichen Schätzung der Ausgaben zu bewerten, die notwendig sind, um die am Bilanzstichtag bestehende Verpflichtung zu erfüllen. Dieser geschätzte Erwartungswert ist abzuzinsen, wenn der Unterschied zwischen dem Nominalwert und dem Barwert wesentlich ist (IAS 37.45). Die Spezialregelungen zu Pensionsrückstellungen sehen vor, dass die Bonität des Unternehmens im Rechnungszinssatz nicht zu berücksichtigen ist (IAS 19.79). Die Bonität des Unternehmens würde am Markt indes in die Preisbildung eingehen, so dass Rückstellungen nach IFRS nicht in jedem Fall zu Fair Values bilanziert werden.

V. Gläubigerschutz bei einer Rechnungslegung nach den Vorschriften des IASB

1. Informationeller Gläubigerschutz bei Rechnungslegung nach den Vorschriften des IASB

Mithilfe des Jahresabschlusses gemäß IFRS soll die Fähigkeit des bilanzierenden Unternehmens beurteilt werden können, künftig Zahlungsmittel bzw. Zahlungsmitteläquivalente zu generieren sowie den Zeitpunkt und die Eintrittswahrscheinlichkeit für deren Generierung einzuschätzen (F. 15). Mit einem zuverlässig ermittelten Gewinn und einem zuverlässig ermittelten Bilanzwert der einzelnen Vermögenswerte und Schulden könnte ein Gläubiger besser über seine Kapitalvergabe entscheiden, d.h., er könnte potentielle Kreditnehmer mit hoher Bonität und geringen Ausfallrisiken von solchen potentiellen Kreditnehmern unterscheiden, die lediglich über eine schlechte Bonität und hohe Ausfallrisiken verfügen. Dies ließe sich indes nur erreichen, wenn das zugrunde liegende Zahlenwerk eine objektive Indikatorfunktion erfüllte und auf einem Regelwerk für ein trennscharfes Rechenschaftsinstrument basierte. Dabei muss sinnvoll zwischen Relevanz im Sinne einer ökonomischen Brauchbarkeit und Objektivität der Rechnungslegungsinformation abgewogen werden.[29]

Durch die Fair Value-Bilanzierung wird ein solches trennscharfes Rechenschaftsinstrument indes nur bedingt verwirklicht, da der IFRS-Abschluss nur wenig Rückschlüsse auf die Zeitpunkte der künftigen Ein- und Auszahlungen

[29] Vgl. *Baetge* (1970), S. 167 – 173.

erlaubt.[30] Denn der erfolgswirksame Ausweis einer Fair Value-Erhöhung eines Vermögenswertes führt zu einem Ausweis zahlungsunwirksamer Erträge. Dies muss bei der Analyse der Zahlungswirksamkeit des Periodengewinns beachtet werden.

Hingegen verspricht eine Fair Value-Bilanzierung eine relevante bzw. ökonomisch brauchbare Rechenschaftslegung hinsichtlich des Vermögensspeichers des bilanzierenden Unternehmens. Die Bewertung zu Fair Values ermöglicht einen aktuellen Vermögens- und Schuldenausweis und damit des Schuldendeckungspotentials[31] und verbessert damit grundsätzlich die Entscheidungsrelevanz. Die ausgewiesenen Fair Values sind in einer Situation ohne Transaktionsdruck zu ermitteln und somit keine Liquidationswerte, so dass diese Bewertung grundsätzlich nicht gegen das Prinzip der Fortführung der Unternehmenstätigkeit verstößt. Nachteilig ist bei einem IFRS-Abschluss indes, dass dem Bilanzleser die Nachhaltigkeit der bilanzierten Wertsteigerungen nicht ersichtlich ist. Bei der Jahresabschlussanalyse muss zudem beachtet werden, dass auch spekulative oder andere eigennützige Motive des Managements Grund der Wertveränderung am Referenzmarkt des Bilanzierungsobjektes sein können, die die Entscheidungsrelevanz der Fair Values erheblich mindern können.

Die unvollkommenen Märkte für die zu bewertenden Vermögenswerte erschweren zudem die Wertermittlung. In vielen Fällen bleibt nur die Berechnung des Fair Value als Discounted Cashflow und damit eine von Subjektivität und von unvermeidbaren Prognosefehlern geprägte Bewertung, so dass die Werte an Zuverlässigkeit verlieren. Aufgrund bestehender Sachverhaltsgestaltungs-Wahlrechte und der damit verbundenen Bewertungskonsequenzen sind dem Management umfangreiche bilanzpolitische Möglichkeiten gegeben, die der Gläubiger nicht oder nur schwierig herausfinden und bei seiner Analyse herausrechnen kann. Für das richtige Verständnis der IFRS-Bilanzierung ist die mit der zukunftsgerichteten Fair Value-Bilanzierung entstehende Volatilität und die verminderte Zuverlässigkeit zu beachten sowie die Tatsache, dass die ausgewiesenen Erträge aus Wertsteigerungen des Fair Values (*fair value changes*) vom Zahlungszufluss an das Unternehmen weit entfernt sein können. Die Rechnungslegung nach IFRS genügt der Anforderung der Zuverlässigkeit der Rechenschaftsinformation also nur sehr bedingt.

Ein Mixed Fair Value-Modell könnte indes insgesamt bei sachgerechter Interpretation und strenger Auslegung des Zuverlässigkeitskriteriums die Informationsfunktion erfüllen und somit die Zweckerfüllung der externen Rechnungslegung nach IFRS verbessern. In empirischen Kapitalmarktstudien konnte indes bisher eine Überlegenheit des Fair Value Mixed-Konzeptes in Form eines

---

30 Vgl. *Kahle* (2002b), S. 102.

31 Vgl. *Siegel* (1998b), S. 593.

IFRS- oder US-GAAP-Abschlusses gegenüber der Bilanzierung auf Basis historischer Kosten in Form des HGB nicht eindeutig nachgewiesen werden.[32] Denn so wie das Bilanzieren auf Basis historischer Kosten zur Bildung stiller Rücklagen führen kann, kann die Fair Value-Bilanzierung nach IFRS das Legen stiller Lasten zur Folge haben. Stille Lasten, die die IFRS für bestimmte Unternehmen vorschreiben, sind aber wegen der Insolvenzregelungen in fast allen Ländern für den Fortbestand des Unternehmens negativer zu beurteilen als „stille Rücklagen“. Zudem ist fraglich, ob die ermittelten Fair Values bei den bestehenden Marktunvollkommenheiten das Maß an Zuverlässigkeit erreichen, das von einem Jahresabschlussleser für seine Beurteilungen einer Kapitalvergabe und der Managementleistung benötigt wird. Eine Erfassung kurzfristiger Fair Value-Änderungen in der Bilanz und Gewinn- und Verlustrechnung fördert zudem kurzfristig orientierte Anleger, die aus spekulativen Motiven einen günstigen Zeitpunkt für das Abschöpfen kurzfristiger Wertschwankungen der Aktie suchen. Für börsennotierte Unternehmen, die gemäß den Regelungen des IASB bilanzieren müssen, wird dies zu starken Kursschwankungen führen.

Für Fremdkapitalgeber, die Kredite an deutsche Kapitalgesellschaften vergeben, ist bei der Analyse des Gläubigerschutzes durch Information neben der Informationsgüte der Rechnungslegung der rechtliche Rahmen der Fremdkapitalvergabe zu beachten. Bei deutschen Kapitalgesellschaften herrscht das Trennungsprinzip des Kapitalgesellschaftsrechts, d.h., die Eigentümer einer Kapitalgesellschaft können grundsätzlich nicht für die Gesellschaftsverbindlichkeiten in Anspruch genommen werden.[33] Die Gläubiger sind folglich daran interessiert, dass die Kapitalgesellschaften zur Sicherung der künftigen Auszahlungsansprüche über hinreichendes Gesellschaftsvermögen verfügen. Auf Gläubigerseite kann die Fair Value-Bilanzierung gemäß IFRS daher dazu führen, dass Gläubiger neben dem IFRS-Abschluss den HGB-Abschluss mit dem vorsichtig ermittelten Gewinn verlangen. Ebenso können Großgläubiger, ähnlich wie in den USA, den bilanzierenden Schuldner sog. *debt covenants* aufzwingen, d.h. einzelvertragliche Vereinbarungen zwischen Kreditgeber und -nehmer.[34] Diese *covenants* sorgen grundsätzlich dafür, dass der Bilanzierende ohne Bindung an Fair Value-Bewertungsregeln einen gläubigerschützenden Ausschüttungshöchstbetrag ermittelt und mitteilt.[35]

Eine stärkere Beachtung des Zuverlässigkeitskriteriums bei der Fair Value-Bilanzierung[36] durch den IASB würde der Gläubiger-Schuldner-Beziehung da-

---

[32] Vgl. *Kahle* (2002b), S. 103; *Daske* (2005), S. 1 – 60.

[33] Vgl. *Kübler* (1995), S. 552.

[34] Vgl. m.w.N. *Siegel* (1998b), S. 594.

[35] Vgl. *Kahle* (2002a), S. 701 und 704 – 705.

[36] Vgl. *Ziesemer* (2002), S. 248 – 251; *Niemeyer* (2003), S. 255 – 262; *Zülch* (2003), S. 322 – 329; *Hagemeister* (2004), S. 163 – 188; *Plock* (2004), S. 307 – 312.

her nützen: Als allgemein zwingend anzuwendende Regelung würde das Zuverlässigkeitskriterium Teil des für die privaten Akteure vorgegebenen Regelungsrahmens (*public ordering*) und kann die einzelvertraglich ausgehandelten Vereinbarungen in Form der *covenants* (*private ordering*) ersetzen bzw. ergänzen.[37] Durch diese Regulierung könnten *covenant*-Vertragsschließungs- und Beurteilungskosten auf der Seite von Fremdkapitalgebern eingespart und die Reaktionszeiten der Kapitalmarktteilnehmer verkürzt werden.[38] Ebenso würden damit diejenigen Kreditgeber geschützt, die sich aufgrund geringer Marktmacht gegenüber den Schuldnern nicht einzelvertraglich schützen können.

Andere Gläubigergruppen sind hingegen in jedem Fall auf ausreichendes Gesellschaftsvermögen angewiesen: Deliktsgläubiger (wie Opfer von Patentverletzungen) und Vertragsgläubiger (wie Arbeitnehmer) erlangen keinen hinreichenden Gläubigerschutz allein durch Information, da sie als potentielle Gläubiger nicht wie rational handelnde Anbieter am Fremdkapitalmarkt ihre Kreditbeziehungen nach den veröffentlichten Unternehmensinformationen ausrichten können. Ebenso können sich Marktteilnehmer, die an viele Kunden liefern oder leisten, nicht in jedem Fall zunächst einen Einblick in den Jahresabschluss verschaffen, bevor sie liefern oder leisten und damit verbunden ein Zahlungsziel gewähren.[39]

Allerdings darf der Fremdkapitalgeber in Deutschland (noch) davon ausgehen, dass für alle buchführungspflichtigen Unternehmer – unabhängig davon, ob sie einen IFRS-Abschluss vorlegen – die Pflicht zur Rechnungslegung nach HGB im Einzelabschluss besteht. So wird das Risiko der Kreditvergabe an deutsche Unternehmen für die Gläubiger dadurch verringert, dass deutsche Kapitalgesellschaften (noch) in jedem Fall den maximalen Ausschüttungsbetrag (§ 57 Abs. 3 AktG, § 29 GmbHG) nach deutschem Handelsrecht ermitteln müssen. Auch für den Fall, dass der Konzernabschluss ausschließlich und der Einzelabschluss der Muttergesellschaft für Publizitätszwecke nach IFRS aufgestellt werden, muss für jede Konzerngesellschaft weiterhin ein Einzelabschluss nach HGB erstellt werden, anhand dessen die maximale Ausschüttung bemessen wird. Erträge aus einer Neubewertung über die fortgeführten historischen Kosten hinaus dürfen folglich bei deutschen Gesellschaften nicht ausgeschüttet werden, da die IFRS (bisher) keine Grundlage für die Ausschüttungsermittlung des Gesellschaftsrechts bieten.[40] Die vorsichtige und imparitätische Gewinnermittlung nach HGB verringert damit das Risiko einer Vorab-Ausschüttung, welches

---

[37] Vgl. *King / Waymire* (1994), S. 581 – 582.

[38] Vgl. *Kirchner* (2000), S. 54 – 55. Zur eingeschränkten Bedeutung in Deutschland aufgrund bestehender gesetzlicher Regelungen siehe indes: *Wittig* (1996), S. 1385 – 1391.

[39] Vgl. *Kübler* (1995), S. 561; *Siegel* (1998b), S. 594.

[40] Vgl. *Schulze-Osterloh* (2003), S. 99 f.

darin besteht, dass der Kreditnehmer vor den Verzinsungs- und Tilgungsleistungen an den Kreditgeber die erwirtschafteten Zahlungen ausschüttet und damit dem Zugriff der Gläubiger entzieht.[41]

Folglich haben Gläubiger deutscher Gesellschaften durch die vorsichtige und imparitätische Gewinnermittlung als Basis der Ausschüttungsbemessung die übliche (beschränkte) Sicherheit für hinreichendes Gesellschaftsvermögen zur Verzinsung und Tilgung der Verbindlichkeiten. Eine gesetzliche Abwendung von dieser Ausschüttungsrestriktion ist in naher Zukunft nicht geboten, da eine anderweitige institutionelle Gläubigersicherheit nicht gegeben ist und diese vor einer gesetzlichen Übernahme der IFRS für alle Kapitalgesellschaften erst geschaffen (und durchjustiziert) werden müsste. Im amerikanischen Gesellschaftsrecht werden hingegen vielfältige anderweitige Schutzmechanismen in der Praxis ausgeübt, wie moderne Sicherungsrechte durch Garantie und Eigentumsvorbehalte für Lieferanten, umfangreiche Vertragswerke mit mächtigen Gläubigern, umfangreiche Produkthaftpflicht und teilweise gesetzlich vorgeschriebene Haftpflichtversicherung für Verbraucher. Zudem besteht die Möglichkeit des Haftungsdurchgriffes auf das Privatvermögen der Gesellschafter für besonders schutzbedürftige und schutzwürdige Gläubiger durch richterliche Anordnung.[42]

2. Kritische Würdigung des Gläubigerschutzes nach den Vorschriften des IASB

Die Lösung des in Abschnitt II vorgestellten Konfliktes zwischen dem Kapitalgeber als Prinzipal und dem Management als Agenten aus dem Blickwinkel der Prinzipal-Agenten-Theorie verlangt eine Vermittlung zuverlässiger und eindeutiger Rechnungslegungsinformation, um den möglichen Missbrauch durch bewusstes Ausüben von Spielräumen gegen das Interesse des Prinzipals (*moral hazard*) zu verringern. Die Fair Value-Bilanzierung gemäß den derzeit geltenden Regelungen des IASB eröffnet dem Agenten indes große Ermessenspielräume sowie formale und faktische Wahlrechte als Instrument der Bilanzpolitik,[43] deren Ausüben nach den bisherigen IFRS für den Prinzipal nicht immer erkennbar ist. Mag die Fair Value-Ermittlung für das interne Rechnungswesen des Unternehmens eine Bereicherung sein, so führt die mangelnde Objektivität der Jahresabschluss-Zahlen und die fehlende Transparenz und Analysierbarkeit der Fair Value-Ermittlung für den externen Adressaten zu großer Unsicherheit. Die Qualität des Handelns des Agenten kann durch den Prinzipal nicht sicher beurteilt werden. Zudem entstehen dem externen Kapitalgeber als Prinzipal zu-

[41] Vgl. *Siegel* (1997), S. 123 – 124; *Franken* (2001), S. 64.
[42] Vgl. *Kübler* (1995), S. 559.
[43] Vgl. *Ziesemer* (2002), S. 112 – 114, 190 – 193 und 248 – 251.

sätzliche Kosten im Zusammenhang mit der Überwachung der Vertragsausführung durch das Management (*monitoring costs*), da die Fair Value-Bilanzierung verstärkt überwacht werden muss. Eine Fair Value-Bilanzierung von solchen Vermögenswerten oder Schulden, die nicht auf einem offenen Markt gehandelt werden und deren Fair Values nicht zuverlässig ermittelbar sind, ist nicht zielführend im Sinne der Entscheidungsnützlichkeit. Der Verlust an Zuverlässigkeit aufgrund der hohen Unsicherheit der berechneten Fair Values, wie bei der Wertberechnung einer Finanzinvestition in Immobilien u.a. aufgrund der Mietpreisunsicherheit, muss durch erweiterte Anhangangaben gemindert werden.[44]

Neben dem *moral hazard*-Problem als Folge der Informationsasymmetrie soll der Jahresabschluss eigentlich das Problem der *adverse selection* mindern. Die Fair Value-Bilanzierung hilft durch die Offenlegung der stillen Reserven zwar, den Informationsvorsprung des Agenten abzubauen, indem Insiderinformationen zu Outsiderinformationen konvertiert werden. Der Adressat würde zu jedem Stichtag derartige aktuelle Informationen benötigen. Stammen die Fair Values von stark volatilen Märkten, sollte die Fair Value-Bilanzierung indes nicht mit dem Argument unterbleiben, diese zielten auf kurzfristig orientierte Anleger, die aus spekulativen Motiven einen günstigen Zeitpunkt für das Abschöpfen kurzfristiger Wertschwankungen der Aktie suchen.[45] Die Adressaten sollten als rationale Entscheidungsträger behandelt werden, die den Umstand der hohen Volatilität beachten, und nicht „Objekt paternalistischer Fürsorge“[46] sein.

Der Fremdkapitalgeber benötigt zuverlässige Informationen für seine Entscheidung über die Rückforderung oder die Prolongation eines gegebenen Kredites oder für die Vergabe eines neuen Kredites. Auf diese Weise kann ein sinnvoller, flankierender informationeller Gläubigerschutz entstehen, der indes keinen hinreichenden Gläubigerschutz insgesamt bieten kann.[47] Dafür bedarf der Gläubiger einerseits Informationen über die Wertentwicklung des Unternehmens und die Liquidität in der Zukunft und andererseits Informationen über die aktuelle Liquidität bzw. die in der Vergangenheit erwirtschafteten Zahlungsüberschüsse (z.B. für die Einschätzung der anstehenden Kredittilgung). Sind die Fair Values nicht am Markt ablesbar, ermöglicht eine Fair Value-Bilanzierung dem Management durch die Vielzahl der Ermessensspielräume bei der Fair Value-Ermittlung und durch die in den IFRS vielfältig eingeräumten Sachverhaltsgestaltungs-Möglichkeiten und somit faktischen Wahlrechten,[48] seinen In-

---

[44] Vgl. *Baetge / Zülch / Matena* (2001), S. 420.

[45] Vgl. *Schildbach* (1998), S. 590 – 591.

[46] *Kübler* (1995), S. 555.

[47] Vgl. m.w.N. *Siegel* (1998b), S. 595.

[48] Vgl. *Ziesemer* (2002), S. 71 – 89, 129 – 171 und 210 – 229.

formationsvorsprung gegenüber den externen Kapitalgebern auszubauen.[49] Der Informationsvorsprung kann dazu genutzt werden, über die eingetretene Umweltlage und den realisierten bzw. künftig realisierbaren Zahlungsstrom falsch zu informieren, um günstige Finanzierungskonditionen zu erlangen.[50]

Abgewogen werden muss zudem zwischen dem Streben nach möglichst vollständiger sowie zuverlässiger und möglichst zeitnaher Berichterstattung. Eine verstärkt zeitnahe Berichterstattung verkürzt die Möglichkeit des Agenten, aus seinem Informationsvorsprung Vorteile zu ziehen, mindert aber die Möglichkeit hoher Zuverlässigkeit und hat durch den Zeitdruck höhere Kosten zur Folge. Aus dem Blickwinkel der Prinzipal-Agenten-Theorie ist insgesamt und unbedingt eine Stärkung des Zuverlässigkeitskriteriums durch den IASB zu fordern,[51] da mit dem derzeitigen Mixed Fair Value-Modell keine hinreichend befriedigende Lösung des Problems der Informationsasymmetrie gegeben ist.

Insgesamt muss die Fair Value-Bilanzierung stärker den Objektivierungserfordernissen gerecht werden. Es darf zugunsten der Entscheidungsrelevanz nicht zu signifikanten Mängeln bei der Zuverlässigkeit kommen. Denn die Rechenschaftsfunktion verlangt eine objektivierte, d.h. intersubjektiv nachprüfbare und willkürfreie,[52] Rechnungslegung und Offenlegung. Um entscheidungsnützlichere Jahresabschlussinformationen zu generieren, müssen explizit eingeräumte, aber auch faktische Wahlrechte verringert werden, die dem Adressaten eine zuverlässige Jahresabschlussanalyse unmöglich machen können. Die Bewertung zu Fair Values oder zu fortgeführten historischen Kosten darf nicht faktisch im Ermessen des Unternehmens liegen, wie es gegenwärtig z.B. der Fall sein kann, wenn Unternehmen Nachweise für die Zuverlässigkeit der Fair Value-Ermittlung nicht erbringen wollen mit dem Ziel, zu fortgeführten historischen Kosten zu bilanzieren.

Die derzeitige Fair Value-Bilanzierung des IASB ist grundsätzlich eindimensional ausgestaltet, d.h., für ein Bilanzierungsobjekt wird jeweils nur ein Wert in der Bilanz angegeben. Eine mögliche Verbesserung der Informationsversorgung des Bilanzlesers ergäbe sich aus einer mehrdimensionalen externen Rechnungslegung.[53] Hierbei sollten neben den fortgeführten historischen Kosten die auf einem effizienten Markt objektivierten Fair Values angegeben werden. Auf diese Weise würde in der Bilanz und in der Gewinn- und Verlustrechnung ein der Zuverlässigkeit verpflichtetes Mixed Fair Value-Modell verfolgt. Im An-

---

[49] Vgl. *Ziesemer* (2002), S. 32 – 39.

[50] Vgl. *Ewert* (1986), S. 21.

[51] Vgl. *Ziesemer* (2002), S. 248 – 251; *Niemeyer* (2003), S. 255 – 262; *Zülch* (2003), S. 322 – 329; *Hagemeister* (2004), S. 163 – 188; *Plock* (2004), S. 307 – 312.

[52] Vgl. *Leffson* (1987), S. 202; *Baetge* (1970), S. 16 – 17.

[53] Vgl. bereits zu Bandbreitenrückstellungen *Baetge* (1970), S. 147 – 156.

hang erfolgte die Angabe der Fair Values auch bei weniger zuverlässiger Ermittlung unter entsprechender Erläuterung der Bewertungsmethoden und deren immanenter Unsicherheit[54] sowie der Ursachen für Fair Value-Änderungen, deren Auswirkungen auf die Ertragslage und deren Risikoposition.[55] Die Entscheidungsnützlichkeit der Information wäre dann bei einer derartigen mehrdimensionalen Berichterstattung der eindimensionalen Berichterstattung überlegen,[56] da eine eindimensionale Rechnungslegung weniger Anhaltspunkte für eine Prognose der künftigen wirtschaftlichen Lage und des Cashflows des Unternehmens bietet.[57] Die Gefahr einer Täuschung durch das Management aufgrund von Intransparenz der Zuverlässigkeit in der Bilanz und Gewinn- und Verlustrechnung würde reduziert.

Die entscheidende Frage ist indes, ob die möglichen Vorteile der Fair Value-Bewertung auch durch eine umfangreiche Berichterstattung der Fair Values im Anhang oder auch durch einen Mehrspalten-Abschluss erreicht werden können. Diese Vorgehensweise würde eine differenzierte Betrachtung durch den Bilanzleser erfordern, der sich mit verschiedenen Wertangaben zu den Bilanzierungsobjekten für die entsprechende Periode auseinandersetzen muss. Eine undifferenzierte Zunahme der offen zu legenden Angaben kann die Verständlichkeit erschweren und damit die Entscheidungsnützlichkeit mindern.

VI. Zusammenfassung

Der IASB richtet den Jahresabschluss strikt an der Informationsfunktion im Sinne der *decision usefulness* aus und stellt die Belange der derzeitigen und potentiellen Investoren in den Vordergrund. Zwischen bilanzierendem Management als Agent und dem externen Kapitalgeber als Prinzipal besteht eine Informationsasymmetrie zugunsten der Jahresabschlussersteller. Um über die Leistung des Managements sowie über eine Fremdkapitalvergabe sachgerecht urteilen zu können, benötigen die Fremdkapitalgeber entscheidungsrelevante und gleichzeitig zuverlässige Informationen. Mit der Fair Value-Bilanzierung strebt der IASB eine marktnahe Bewertung der Vermögenswerte und Schulden und dadurch einen aktuellen Einblick in die wirtschaftliche Lage des Unternehmens an, um mehr Entscheidungsrelevanz zu bieten. Durch die verbesserte Information bietet der IASB aber lediglich einen informationellen Gläubigerschutz, durch den die Gefahr der Auswahl eines Fremdkapitalnehmers mit hohem Kreditausfallrisiko (*adverse selection*) aufgrund mangelnder Information vermindert werden soll.

---

[54] Vgl. zur Unsicherheit *Siegel* (1998a), S. 1905 – 1911.

[55] Vgl. *Levites* (1990), S. 79.

[56] Vgl. *Fields / Rangan / Thiagarajan* (1998), S. 125.

[57] Vgl. dazu *Moxter* (2000), S. 2148 f.

Aufgrund der unvollkommenen Information über die Vermögenswerte und Schulden verwendet der IASB nebeneinander Fair Values sowie fortgeführte historische Kosten und realisiert mit dem vorliegenden Regelwerk ein Mixed Fair Value-Modell. Neben den Problemen mit dem Werte-Konglomerat sind in den IFRS-Standards aber viele explizite und implizite Bilanzierungswahlrechte sowie faktische Wahlrechte durch Sachverhaltsgestaltungen gegeben. Vom IASB ist generell eine stärkere Berücksichtigung des Zuverlässigkeitskriteriums zu fordern, um die Gefahr des *moral hazard* und der *adverse selection* für die externen Kapitalgeber zu verringern. Die höheren Zuverlässigkeitsanforderungen könnten dazu führen, dass Fair Values nicht in der Bilanz angesetzt würden. Eine Lösungsmöglichkeit bestünde dann in einem separaten Ausweis der Fair Values im Anhang oder in einer Fair Value-Spalte in Bilanz und Gewinn- und Verlustrechnung. Aufgrund der möglichen mangelnden Zuverlässigkeit der Fair Value-Bilanzierung ist das vom IASB realisierte Mixed Fair Value-Modell keine hinreichend zufrieden stellende Lösung des Problems der Informationsasymmetrie zwischen dem Management und den Abschlussadressaten des bilanzierenden Unternehmens, so dass der informationelle Gläubigerschutz alleine die Fremdkapitalgeber nur bedingt schützt. Ein der Zuverlässigkeit stärker verpflichtetes Mixed Fair Value-Modell wäre ein notwendiges institutionelles Schutzsystem für Gläubiger, die dann vor ihrer Fremdkapitalvergabe die wirtschaftliche Lage des potentiellen Schuldners analysieren könnten, um die Bonität des Schuldners zu beurteilen.

Literaturverzeichnis

Baetge, Jörg (1970): Möglichkeiten der Objektivierung des Jahreserfolges; Düsseldorf 1970.

Baetge, Jörg / *Hendler,* Matthias (2000): Verlustvorsorgen und Bilanzkonzeption; in: Verlustvorsorgen im Bilanz- und Steuerrecht; Hrsg. Romuald Bertl; Wien 2000; S. 13 – 31.

Baetge, Jörg / *Kirsch,* Hans-Jürgen / *Thiele,* Stefan (2003): Bilanzen; 7. Auflage; Düsseldorf 2003.

Baetge, Jörg / *Zülch,* Henning (2001): Fair Value-Accounting; in: Betriebswirtschaftliche Forschung und Praxis; 53. Jg. (2001); S. 543 – 562.

Baetge, Jörg / *Zülch,* Henning / *Matena,* Sonja (2001): Fair Value-Accounting: Ein Paradigmenwechsel auch in der kontinentaleuropäischen Rechnungslegung?; in: Steuern und Bilanzen; 3. Jg. (2001); S. 365 – 372, 417 – 422.

Ballwieser, Wolfgang (2002): Informations-GoB – auch im Lichte von IAS und US-GAAP; in: Zeitschrift für kapitalmarktorientierte Rechnungslegung; 2. Jg. (2002); S. 115 – 121.

Barth, Mary E. / *Landsmann,* Wayne R. (1994): Fundamental Issues Related to Using Fair Value Accounting for Financial Reporting; in: Accounting Horizons; Vol. 9 (1994); S. 97 – 197.

Bieker, Marcus / *Hackenberger,* Jens (2004): Finanzinstrumente im IFRS-Abschluss – Der steinige Weg zum Full Fair Value Accounting; in: Der Betrieb; 57. Jg. (2004); S. 1625 – 1631.

Daske, Holger (2005): Economic Benefits of Adopting IFRS or US-GAAP – Have the Expected Costs of Equity Capital really decreased?; Frankfurt am Main 2005.

Ewert, Ralf (1986): Rechnungslegung, Gläubigerschutz und Agency-Probleme; Wiesbaden 1986.

Fields, Thomas D. / *Rangan,* Srinivasan / *Thiagarajan,* S. Ramu (1998): An Empirical Evaluation of the Usefulness of Non-GAAP Accounting Measures in the Real Estate Investment Trust Industry; in: Review of Accounting Studies; Vol. 3 (1998); S. 103 – 130.

Franken, Lars (2001): Gläubigerschutz durch Rechnungslegung nach US-GAAP; Frankfurt am Main 2001.

Göbel, Elisabeth (2002): Neue Institutionenökonomik; Konzeption und betriebswirtschaftliche Anwendungen; Stuttgart 2002.

Hagemeister, Christina (2004): Bilanzierung von Sachanlagevermögen nach dem Komponentenansatz des IAS 16; Düsseldorf 2004.

Hayn, Sven (1994): Die International Accounting Standards; in: Die Wirtschaftsprüfung; 47. Jg. (1994); S. 713 – 721.

IASB (2004): Exposure Draft of proposed Amendments to IAS 39 Financial Instruments: Recognition and Measurement: The Fair Value Option; London 2004.

Kahle, Holger (2002a): Bilanzieller Gläubigerschutz und internationale Rechnungslegungsstandards; in: Zeitschrift für Betriebswirtschaft; 72. Jg. (2002); S. 695 – 711.

– (2002b): Informationsversorgung des Kapitalmarkts über Internationale Rechnungslegungsstandards; in: Zeitschrift für kapitalmarktorientierte Rechnungslegung; 2. Jg. (2002); S. 95 – 107.

King, Ronald / *Waymire,* Gregory (1994): Accounting Standard-Setting Institutions and the Governance of Incomplete Contracts; in: Journal of Accounting, Auditing and Finance; Vol. 9 (1994); S. 579 – 605.

Kirchner, Christian (2000): Der Wettbewerbsfaktor „Entscheidungsnützlichkeit von Rechnungslegungsinformationen“: eine institutionenökonomische Analyse; in: Wettbewerb und Unternehmensrechnung; Hrsg. Thomas Schildbach und Alfred Wagenhofer; Schmalenbachs Zeitschrift für betriebswirtschaftliche Forschung: Sonderheft 45; Düsseldorf, Frankfurt am Main 2000; S. 41 – 68.

Kübler, Friedrich (1995): Institutioneller Gläubigerschutz oder Kapitalmarkttransparenz? Rechtsvergleichende Überlegungen zu den „stillen Reserven“; in: Zeitschrift für das gesamte Handelsrecht und Wirtschaftsrecht; 159. Jg. (1995); S. 550 – 566.

Leffson, Ulrich (1987): Die Grundsätze ordnungsmäßiger Buchführung; 7. Auflage, Düsseldorf 1987.

Levites, Jim B. (1990): Mark-to-Market: Freddie Mac’s Fourth Financial Statement; in: Journal of Accountancy; Vol. 177 (1990); Nr. 10; S. 78 – 87.

Moxter, Adolf (2000): Rechnungslegungsmythen; in: Betriebs-Berater; 55. Jg. (2000); S. 2143 – 2149.

Mujkanovic, Robin (2002): Fair Value im Financial Statement nach International Accounting Standards; Stuttgart 2002.

Niemeyer, Kai (2003): Bilanzierung von Finanzinstrumenten nach International Accounting Standards (IAS); Düsseldorf 2003.

Pellens, Bernhard / *Fülbier,* Rolf Uwe / *Gassen,* Joachim (2004): Internationale Rechnungslegung; 5. Auflage; Stuttgart 2004.

Plock, Marcus (2004): Ertragsrealisation nach International Financial Reporting Standards (IFRS); Düsseldorf 2004.

Schildbach, Thomas (1998): Zeitwertbilanzierung in USA und nach IAS; in: Betriebswirtschaftliche Forschung und Praxis; 50. Jg. (1998); S. 580 – 592.

Schmidt, Fritz (1921): Die organische Tageswertbilanz; 3. Auflage; Leipzig 1921 [Nachdruck Wiesbaden 1951].

Schruff, Wienand (2005): Die Zeitwertbilanzierung nach IFRS/IAS – ein zukunftsweisendes Konzept oder ein fundamentaler Irrtum?; in: Kritisches zu Rechnungslegung und Unternehmensbesteuerung: Festschrift zur Vollendung des 65. Lebensjahres von Theodor Siegel; Hrsg. Dieter Schneider, Dieter Rückle, Hans-Ulrich Küpper und Franz W. Wagner; Berlin 2005; S. 111 – 137.

Schulze-Osterloh, Joachim (2003): Internationale Rechnungslegung für den Einzelabschluß und für Unternehmen, die den öffentlichen Kapitalmarkt in Anspruch nehmen; in: Zeitschrift für Wirtschaftsrecht; 24. Jg. (2003); S. 93 – 101.

Scott, William R. (2003): Financial Accounting Theory; Upper Saddle River (New Jersey) 2003.

Shim, Eunsup Daniel / *Larkin,* Joseph M. (1998): Towards Relevancy in Financial Reporting: Mark-to-Market Accounting; in: Journal of Applied Business Research; Vol. 14 (1998); Nr. 2; S. 33 – 42.

Siegel, Theodor (1992): Metamorphosen des Realisationsprinzips?; in: Entwicklungen bei der Bilanzierung und Prüfung von Kapitalgesellschaften: Festschrift zum 65. Geburtstag von Professor Dr. Dr. h.c. Karl-Heinz Forster; Hrsg. Adolf Moxter, Hans-Peter Müller, Rolf Windmöller und Klaus v. Wysocki; Düsseldorf 1992; S. 585 – 605.

– (1994): Das Realisationsprinzip als allgemeines Periodisierungsprinzip?; in: Betriebswirtschaftliche Forschung und Praxis; 46. Jg. (1994); S. 1 – 24.

– (1997): Mangelnde Ernsthaftigkeit des Gläubigerschutzes als offene Flanke der deutschen Rechnungslegungsvorschriften; in: Jahresabschluß und Jahresabschlußprüfung: Festschrift zum 60. Geburtstag von Jörg Baetge; Hrsg. Thomas R. Fischer und Reinhold Hömberg; Düsseldorf 1997; S. 117 – 149.

– (1998a): Unsicherheit; in: Knapps Enzyklopädisches Lexikon des Geld-, Bank- und Börsenwesens; 4. Auflage; Hrsg. Friedrich Thießen et al.; Frankfurt am Main 1998; S. 1905 – 1911.

– (1998b): Zeitwertbilanzierung für das deutsche Bilanzrecht?; in: Betriebswirtschaftliche Forschung und Praxis; 50. Jg. (1998); S. 593 – 603.

– (2002): Bilanztheorie; in: Handwörterbuch Unternehmensrechnung und Controlling; 4. Auflage; Hrsg. Hans-Ulrich Küpper und Alfred Wagenhofer; Stuttgart 2002; Sp. 195 – 207.

Siegel, Theodor / *Bareis,* Peter / *Rückle,* Dieter / *Schneider,* Dieter / *Sigloch,* Jochen / *Streim,* Hannes / *Wagner,* Franz W. (1999): Stille Reserven und aktienrechtliche Informationspflichten; in: Zeitschrift für Wirtschaftsrecht; 20. Jg. (1999); S. 2077 – 2085.

Wagenhofer, Alfred (2003): Internationale Rechnungslegungsstandards – IAS/IFRS; 4. Auflage; Frankfurt am Main, Wien 2003.

Wittig, Arne (1996): Financial Covenants im inländischen Kreditgeschäft; in: Wertpapier-Mitteilungen; 50. Jg. (1996); S. 1381 – 1424.

Ziesemer, Stefan (2002): Rechnungslegungspolitik in IAS-Abschlüssen und Möglichkeiten ihrer Neutralisierung; Düsseldorf 2002.

Zülch, Henning (2003): Die Bilanzierung von Investment Properties nach IAS 40; Düsseldorf 2003.

Zülch, Henning / *Lienau,* Achim (2004): Die Bedeutung der Steuerabgrenzung für die fair-value-Bilanzierung nicht-finanzieller Vermögenswerte nach den Rechnungslegungsvorschriften des IASB; in: Die Wirtschaftsprüfung; 57. Jg. (2004); S. 565 – 576.

Fair Value Accounting in der IFRS-Rechnungslegung – eine Zweckmäßigkeitsanalyse

Von Hannes Streim, Marcus Bieker und Maik Esser

I. Kontroverse um das Fair Value Accounting

„Das geltende Recht addiert auf der Aktivseite der Bilanz Äpfel, Birnen und anderes Obst. Denn nur formal sind die Werte gleichartig: nur deswegen, weil sie in DM ausgedrückt werden. Materiell aber setzen sie sich ganz unterschiedlich zusammen: z.B. Anschaffungskosten, Prozente von Anschaffungskosten, u.U. niedrigere Wiederbeschaffungskosten, z.T. auch niedrigere Zeitwerte im Sinne von Einzelveräußerungswerten. Diese materielle Ungleichnamigkeit wäre bei einheitlichem Zeitwertansatz überwunden."[1]

Zu dieser grundlegenden Erkenntnis gelangte der Jubilar zu einem Zeitpunkt, als die Zeitwertbilanzierung noch nicht im Mittelpunkt des wissenschaftlichen Interesses stand. Theodor Siegel sind insoweit prophetische Gaben zu bescheinigen, hat sich die Situation doch inzwischen grundlegend geändert.

Fragen der Zeitwertbilanzierung gehören derzeit unter dem Schlagwort „Fair Value Accounting" zu den „heißesten Eisen" in der internationalen Rechnungslegung. Während Befürworter des Fair Value Accounting behaupten, die Orientierung der bilanziellen Bewertung am Fair Value führe zu einem Rechnungswesen „that is more current as well as more relevant and useful"[2], stellen Fair Value-Gegner lapidar fest: „Fair value is never going to work in accounting"[3] oder prognostizieren dramatische Szenarien für den Fall einer breitflächigen Etablierung von Fair Values in Bilanz und Gewinn- und Verlustrechnung: „fair-value accounting would threaten the stability of entire banking systems"[4]. Der moralische Unterton, der im Wort „fair" mitschwingt und alle anderen bilanziellen Wertmaßstäbe als „ungerecht" erscheinen lässt, veranlasst Gegner des Fair

---

[1] *T. Siegel* (1998), S. 598; vgl. auch *T. Siegel* (2004).

[2] *S. Siegel* (1997), S. 81.

[3] *King* (1999), S. 53.

[4] O.V. (2001), S. 2.

Value Accounting zu der fast schon resignierenden Frage: „Who can be against fair?“[5]

Führt man sich vor Augen, dass die sich abzeichnende Einführung des Fair Value als grundlegender Wertmaßstab im externen Rechnungswesen die bilanzielle Bewertung auf eine gänzlich neue Wertbasis im Vergleich zu den bislang in allen international relevanten Rechnungslegungssystemen vorherrschenden historischen Anschaffungs- und Herstellungskosten[6] stellen würde, ist es sicherlich nicht übertrieben, von einer „Coming Revolution in Accounting“[7] zu sprechen.

Der Maßstab zur Beantwortung der Frage, ob die Fair Value-Orientierung der geeignete Weg sein kann, um die Rechnungslegung aus der Glaubwürdigkeitskrise zu führen, in der sie sich seit den kürzlich in bislang nicht dagewesenem Ausmaß aufgetretenen Bilanzskandalen befindet, kann dabei nur der mit der Rechnungslegung verfolgte Zweck sein. Dieser besteht nach Auffassung des IASB darin, aktuelle wie potentielle Eigen- und Fremdkapitalgeber vor einem eigennützig handelnden Management zu schützen. Erreicht werden soll dies ausschließlich durch die Vermittlung entscheidungsnützlicher Informationen; diese können dadurch charakterisiert werden, dass sie zur Messung der in der abgelaufenen Periode erbrachten Managementleistung sowie zur Prognose künftiger Cash Flows geeignet sind (IAS 1.7).[8]

Die Eignung von Rechnungslegungsinformationen als Entscheidungsgrundlage setzt voraus, dass diese bestimmten Grundsätzen genügen. Von zentraler Bedeutung sind in diesem Zusammenhang die Grundsätze der Relevanz (Relevance) und der Verlässlichkeit (Reliability). Zwischen diesen beiden Grundsätzen besteht eine Trade off-Beziehung[9], die bei der Fair Value-Bilanzierung besonders durchschlagend zur Wirkung kommt: Während Fair Values einerseits als besonders entscheidungsrelevante Werte gelten[10], da sie auf Grund ihres vielfach vorhandenen Cash Flow- und Zukunftsbezugs direkt an den Zielgrößen der Investoren anknüpfen und zudem das Risiko berücksichtigen, ist ihre Ermittlung in vielen Fällen mit großen Bewertungsspielräumen verbunden und daher naturgemäß besonders unsicher.

Der Fair Value als externer Bewertungsmaßstab steht derzeit auf der Projekt-Agenda aller international relevanten Standard Setter an exponierter Stelle. Wer

---

[5] Ausspruch eines FED-Vertreters; zitiert nach *Kemmer* (2001), S. 100.

[6] Vgl. dazu IFRS Framework, Abs. 101.

[7] *S. Siegel* (1997), S. 81.

[8] Vgl. dazu ausführlich *Streim* (2000), S. 113 – 115.

[9] Vgl. dazu ausführlich *Streim / Bieker / Leippe* (2001), S. 184 f. m.w.N.

[10] Vgl. bspw. *S. Siegel* (1997), S. 83; *Willis* (1998), S. 854; *Streim / Bieker / Leippe* (2001), S. 201 f.

eine breitflächige Einführung von Fair Values im externen Rechnungswesen beabsichtigt, muss dabei grundsätzlich folgende Entscheidungen in dieser Reihenfolge treffen:

1. Bezogen auf den (Sub-)Zweck des Fair Value Accounting muss entschieden werden, ob der Fair Value im Rahmen der Gewinnermittlung zur Informationsvermittlung, also in Bilanz und Gewinn- und Verlustrechnung, oder lediglich im Rahmen der sonstigen Informationsvermittlung, also bspw. in Form von zusätzlichen Anhangangaben, abgebildet werden soll.
2. Entscheidet man sich dafür, die Abbildung von Fair Values nicht ausschließlich auf die sonstige Informationsvermittlung zu beschränken, ist der Anwendungsbereich der Fair Value-Bewertung innerhalb der Bilanz zu klären: *Erstens* muss entschieden werden, ob nur Positionen mit beobachtbaren Marktpreisen bzw. Positionen aus dem finanziellen Unternehmensbereich zum Fair Value angesetzt werden dürfen bzw. müssen, oder ob ein Full Fair Value Accounting Model implementiert wird, bei dem alle nicht marktnotierten Posten modellgestützt bewertet werden. *Zweitens* stellt sich die Frage nach der Bewertungseinheit, die zum Fair Value angesetzt werden soll. Hier stehen klassische einzelbewertungsbezogene Konzeptionen (Vermögenswerte und Schulden) neueren unternehmenswertbezogenen Konzepten (zahlungsmittelgenerierende Einheiten) gegenüber. *Drittens* ist zu diskutieren, ob der Fair Value den ausschließlichen bilanziellen Wertmaßstab bilden soll oder – etwa in einer Mehrspaltenbilanz – neben anderen, konkurrierenden Wertmaßstäben abzubilden ist.
3. Für alle Positionen, die zum Fair Value bewertet werden sollen, stellt sich schließlich die Frage nach der Erfolgswirksamkeit der Verrechnung von Fair Value-Änderungen im Zeitablauf.

Ziel des vorliegenden Beitrags ist es, diese konzeptionellen Grundentscheidungen vor dem Hintergrund der Zwecke der Rechnungslegung zu diskutieren und zu prüfen, ob Informationen über Fair Values den Investoren eine bessere Entscheidungsgrundlage bieten als die bislang im externen Rechnungswesen vorherrschenden Informationen über (fortgeführte) historische Anschaffungs- und Herstellungskosten und daher als externer Bewertungsmaßstab zu propagieren wären.[11]

---

[11] Die mit der Einführung einer Fair Value-Bewertung für Zwecke der Ausschüttungsbemessung verbundenen Probleme werden im vorliegenden Beitrag nicht thematisiert. Vgl. dazu bspw. *T. Siegel* (1998).

II. Entwicklungsstand und zukünftige Entwicklung des Fair Value Accounting

Betrachtet man den derzeitigen Stand der Fair Value-Orientierung des International Accounting, so ist zunächst festzustellen, dass dem IASB bei der Etablierung des Fair Value als Bewertungsmaßstab im externen Rechnungswesen eine Vorreiterrolle zugestanden werden muss. Während derzeit eine Überschreitung der historischen Anschaffungs- und Herstellungskosten bspw. nach US-GAAP schwerpunktmäßig auf bestimmte Bereiche der finanziellen Unternehmenssphäre beschränkt ist[12], dürfen bzw. müssen nach IFRS bereits jetzt weite Teile insbesondere der bilanziellen Aktiva, aber auch Teile der Passiva zu einem höheren Fair Value bewertet werden. Diese „Pioniertätigkeit" des IASB mag insbesondere vor dem Hintergrund überraschen, dass die von IASB und FASB schon seit geraumer Zeit angestrebte Konvergenz beider Systeme sich bislang eher in einer reaktiven Haltung des IASB geäußert hat.

Nach IFRS gilt als Fair Value „the amount for which an asset could be exchanged, or a liability settled, between knowledgeable, willing parties in an arm's length transaction" (IAS 16.6)[13]. Das IASB stellt demnach bei der Begriffsbestimmung des Fair Value auf das Vorliegen einer marktüblichen Transaktion zwischen voneinander unabhängigen und dabei sachverständigen Marktpartnern ab.

Dabei ist der Fair Value kein eigenständiger Wertbegriff, sondern entspricht vielmehr im Einzelfall anderen Bewertungsmaßstäben.[14] Im Wesentlichen kommen folgende Wertmaßstäbe zur Bestimmung des Fair Value in Frage:[15]

– *Veräußerungs- bzw. Erfüllungswert (Realisable* bzw. *Settlement Value)*: Betrag, der bei Veräußerung des Vermögenswertes am Bilanzstichtag realisiert

---

[12] Die finanzielle Unternehmenssphäre wird dabei häufig als derjenige Unternehmensbereich angesehen, für den eine Fair Value-Bewertung angesichts häufig vorhandener Marktnotierungen vergleichsweise unproblematisch umsetzbar ist. Die Alternative, Finanzinstrumente zu Anschaffungs- bzw. Herstellungskosten anzusetzen, ist insb. bei Finanzderivaten mit der Problematik verbunden, dass diese im Falle fehlender Anschaffungsauszahlungen zunächst überhaupt nicht in der Bilanz angesetzt würden und bei positiver Marktpreisentwicklung im Off Balance Sheet-Bereich verbleiben würden. Die mit Derivaten verbundenen erheblichen Risiken würden dann überhaupt nicht aus der Bilanz ersichtlich. Diese Problematik kann als Auslöser der derzeitigen Fair Value-Orientierung des International Accounting angesehen werden.

[13] Diese Definition findet sich in identischer Form in allen anderen IFRS, in denen der Fair Value als Wertmaßstab Anwendung findet.

[14] Die Konstruktion des Fair Value als abstrakter bewertungstechnischer Oberbegriff, der durch konkrete Wertmaßstäbe im Einzelfall auszufüllen ist, legt eine konzeptionelle Analogie zum *beizulegenden Wert* nach HGB nahe. Vgl. *Streim / Bieker / Leippe / Schmidt* (2002), Rz. 105. Kritisch dazu *Mujkanovic* (2002), S. 114 f.

[15] Vgl. hierzu ausführlich *Mujkanovic* (2002), S. 113 – 135.

werden kann bzw. Betrag, der bei Fälligkeit zur Begleichung der Schuld voraussichtlich aufzuwenden ist (IFRS Framework, Abs. 100);

- *Wiederbeschaffungs- bzw. Abwicklungswert (Current Cost)*: Betrag, der am Bilanzstichtag aufzuwenden ist, um einen gleichen oder ähnlichen Vermögenswert zu erwerben bzw. Betrag, der am Bilanzstichtag zur Begleichung der Schuld aufzuwenden ist (IFRS Framework, Abs. 100);
- *Barwert (Present Value)*: Betrag der erwarteten diskontierten Einzahlungsüberschüsse aus der Nutzung respektive dem Verkauf von Vermögenswerten bzw. Betrag der erwarteten diskontierten Auszahlungsüberschüsse aus der Tilgung von Schulden (IFRS Framework, Abs. 100);
- *Erzielbarer Betrag (Recoverable Amount)*: Höherer Betrag von Nutzungswert (Value in Use) und beizulegendem Zeitwert abzüglich der Verkaufskosten (Fair Value Less Costs to Sell) (IAS 36.6).

Anwendung findet die Fair Value-Bewertung innerhalb der IFRS-Rechnungslegung inzwischen in zahlreichen Standards. Exemplarisch angeführt seien das Wahlrecht zur regelmäßigen Neubewertung des Sachanlagevermögens nach IAS 16, die Fair Value-Bewertung bestimmter Finanzinstrumente gemäß IAS 39, das Wahlrecht zur Fair Value-Bewertung nicht betrieblich genutzter Immobilien nach IAS 40, die Fair Value-Bewertung von Vermögenswerten und Schulden des erworbenen Unternehmens im Rahmen der Erstkonsolidierung nach der Erwerbsmethode gemäß IFRS 3 oder auch die Bestimmung von Korrekturwerten bei der Bemessung außerplanmäßiger Abschreibungen nach IAS 36.[16]

Allerdings ist der derzeitige Stand des Fair Value Accounting nach IFRS durch ein eher unverbundenes Nebeneinander unterschiedlichster Fair Value-Konzeptionen gekennzeichnet, das eine klare Linie vermissen lässt; insbesondere scheinen die zu Beginn dieses Beitrags geforderten konzeptionellen Entscheidungen grundsätzlich noch auszustehen, so dass festgestellt werden muss, dass es dem IASB bislang nicht gelungen ist, eine Deduktionsbasis für die Entwicklung zukünftiger Standards zu schaffen. Dieser Zustand erscheint in Anbetracht der Fülle an Regeln, in denen der Bewertung zum Fair Value nach IFRS bereits jetzt eine zentrale Bedeutung zukommt, besonders problematisch. Zudem ist das Nebeneinander unterschiedlichster Wertmaßstäbe zur Konkretisierung des Fair Value im Einzelfall der Informationsfunktion des IFRS-Abschlusses nicht zuträglich.

Die Ursache für die fehlende konzeptionelle Basis des Fair Value Accounting liegt nicht etwa in Untätigkeit des IASB. Bereits im Jahre 1998 initiierte das IASB das sog. „Discounting“ (später „Present Value“)-Projekt, in dessen

---

[16] Zu einer Übersicht vgl. *Streim / Bieker / Esser* (2003), S. 460 ff.

Rahmen die Voraussetzungen für den Ansatz von Barwerten für Vermögenswerte und Schulden sowie Regeln zur Barwertermittlung kodifiziert werden sollten. Im Jahre 2001 wurde dieses Projekt jedoch ausgesetzt; das inhaltlich weiter gefasste „Accounting Measurement"-Projekt befindet sich derzeit noch in der Vorbereitungsphase. Im Rahmen dieses Projektes soll die Frage der bilanziellen Bewertung umfassend geklärt werden; insbesondere soll die Vielfalt der innerhalb der IFRS anzuwendenden bzw. anwendbaren Wertmaßstäbe reduziert werden.

III. Ausprägungen des Fair Value Accounting

Ungeachtet der Tatsache, dass dem Fair Value Accounting nach IFRS eine übergreifende konzeptionelle Basis fehlt, erlaubt die konkrete Ausgestaltung der bestehenden Standards Rückschlüsse auf die vom IASB angestrebte Ausrichtung der oben formulierten, grundsätzlich noch ausstehenden Basisentscheidungen.

1. Fair Value-Bewertung ausschließlich im Rahmen der sonstigen Informationsvermittlung oder zusätzlich im Rahmen der Gewinnermittlung zur Informationsvermittlung?

Bezogen auf die grundsätzliche Entscheidung, Fair Values lediglich im Rahmen der Anhangpublizität oder daneben auch in Bilanz und Gewinn- und Verlustrechnung abzubilden, kann festgestellt werden, dass das IASB sich bislang gegen eine Beschränkung des Anwendungsbereichs der Fair Value-Bewertung auf die sonstige Informationsvermittlung entschieden hat; vielmehr finden weite Teile der Fair Value-Bewertung Anwendung im *Kern* des Financial Statement, also in Bilanz und Gewinn- und Verlustrechnung.

2. Beschränkung der Fair Value-Bewertung auf beobachtbare Marktpreise?

Auch von einer Einschränkung der Fair Value-Bewertung auf beobachtbare Marktpreise hat das IASB weitestgehend abgesehen.[17] Vielmehr werden innerhalb der einzelnen Standards Leitlinien zur Bestimmung des Fair Value im Falle

[17] Eine Ausnahme bilden immaterielle Vermögenswerte, deren Bewertung zum Fair Value den Handel auf einem aktiven Markt voraussetzt (IAS 38.72, .75); dieser dürfte jedoch nur im Ausnahmefall vorliegen (IAS 38.78).

fehlender Marktnotierung vorgegeben.[18] Diese Leitlinien werden wohl in absehbarer Zeit über das „Accounting Measurement"-Projekt konkretisiert und vereinheitlicht; die zu erwartende Anlehnung an die US-GAAP-Regelung SFAC 7, der die allgemeine Wirkungsweise eines umfassenden Fair Value Accounting (Full Fair Value Accounting Model) verdeutlicht, legt an dieser Stelle eine kurze Betrachtung der dort kodifizierten Fair Value-Ermittlung bei nicht beobachtbaren Marktpreisen nahe.

Grundsätzlich ist der Fair Value nach SFAC 7 unter Rückgriff auf einen Marktpreis – sofern vorhanden – zu bestimmen; bei nicht marktgängigen Objekten muss der Fair Value als Barwert bestimmt werden (SFAC 7.17). Unter der Annahme, dass sich in Marktpreisen auf funktionsfähigen Märkten die von den Marktteilnehmern erwarteten diskontierten Zahlungsüberschüsse des zu bewertenden Objektes widerspiegeln, kann der Barwert als Approximation bzw. Simulation eines Marktpreises interpretiert werden.[19] Unternehmensspezifische Kosten- bzw. Erlösstrukturen, die komparative Vor- bzw. Nachteile des betreffenden Unternehmens im Vergleich zur Markteinschätzung zum Ausdruck bringen, sowie subjektive Einschätzungen sollen dementsprechend gemäß dem Primat des Marktpreises keine Auswirkungen auf die Höhe des Present Value haben und dürfen sich bilanziell nicht niederschlagen; bewerterspezifische Ansätze (Entity Specific Measurements) wie der Value in Use kommen damit als Fair Value grundsätzlich nicht in Frage (SFAC 7.36 f.).

Für die Ermittlung des Present Value nicht marktgehandelter Objekte nach SFAC 7 kommen alternativ der Traditional Approach sowie der Expected Cash Flow Approach in Frage (SFAC 7.40). Für Objekte mit vorab festgelegten Zahlungsansprüchen bzw. -verpflichtungen (sog. Contractual Cash Flows, SFAC 7.43, z.B. Verbindlichkeiten und Forderungen) wird der Traditional Approach empfohlen. Dieser sieht eine Diskontierung der vereinbarten Cash Flows mit einem risikoäquivalenten, vom Markt abgeleiteten Opportunitätskostensatz vor.[20] Objekte mit der Höhe nach unbekannten Zahlungsströmen (Non Contractual Cash Flows, SFAC 7.45, z.B. bei Swaps) sind nach dem Expected Cash Flow Approach zu bewerten: Dabei ist zunächst eine Cash Flow-Wahrscheinlichkeitsverteilung zu schätzen; die Bewertung erfolgt alternativ über den Erwartungswertansatz, wonach die Cash Flow-Erwartungswerte mit einem risikoadjustierten Marktzinssatz abgezinst werden, oder über den vom FASB in SFAC 7.40 präferierten Sicherheitsäquivalentansatz, der eine Diskontierung der Cash Flow-Sicherheitsäquivalente mit dem risikolosen Marktzinssatz vor-

---

[18] Vgl. exemplarisch die Vorschriften zur Fair Value-Bewertung von Investment Property im Falle einer fehlenden Marktnotierung (IAS 40.46, .53 ff.).

[19] Vgl. *Hitz / Kuhner* (2000), S. 892; *Starbatty* (2001), S. 544.

[20] Vgl. im Detail *Kümmel* (2002), S. 149 – 154.

schreibt.[21] Fraglich ist jedoch, auf welche Bewertungseinheit die skizzierten Kalküle, die stellenweise bereits Eingang in die IFRS gefunden haben[22], im Rahmen der Fair Value-Bewertung anzuwenden sind.

3. Regelungen zur Erfassung wertgeminderter Bewertungseinheiten

Als Bewertungseinheit für die Fair Value-Bewertung kommen nach IFRS sowohl „klassische" Vermögenswerte und Schulden als auch neuere, gesamtbewertungsbezogene Positionen infrage. Wenngleich auch dem Rechnungslegungssystem der IFRS das Prinzip der Einzelbewertung zu Grunde liegt[23] und dementsprechend Wertminderungen für Vermögenswerte und Schulden grundsätzlich separat zu erfassen sind, besteht unter Umständen die Notwendigkeit zur Vornahme von Werthaltigkeitstests auf einer übergeordneten Ebene sog. zahlungsmittelgenerierender Einheiten (ZGE). Da der Bezug eines bilanziellen Wertmaßstabes auf „Teil-Unternehmenswerte" als bedeutender Schritt des Übergangs des externen Rechnungswesens von einer einzel- auf eine gesamtbewertungsorientierte Konzeption interpretiert werden kann und insofern für das Rechnungswesen eine bedeutende konzeptionelle Neuerung darstellt, sollen Bildung und Bewertung von ZGE an dieser Stelle detaillierter betrachtet werden.

Werthaltigkeitstests auf ZGE-Ebene sind nach IAS 36 immer dann geboten, wenn eine Schätzung des erzielbaren Betrags für einzelne Vermögenswerte unmöglich erscheint (IAS 36.66). Nach Auffassung des IASB ist dies unter den Voraussetzungen der Fall, dass

- der Nutzungswert eines Vermögenswerts schätzungsweise nicht nahezu dem beizulegenden Zeitwert abzüglich der Verkaufskosten entspricht und
- der Vermögenswert keine Mittelzuflüsse generiert, die weitestgehend unabhängig von Cash Flows aus anderen Vermögenswerten sind (IAS 36.67).

Sind die Bedingungen erfüllt, so werden die jeweiligen Positionen zu einer ZGE als kleinste identifizierbare Gruppe von Vermögenswerten, die Mittelzuflüsse unabhängig von anderen ggf. auch gruppierten Vermögenswerten erzeugen, zusammen gefasst (IAS 36.68). Die Zuordnung der Vermögenswerte kann dabei entweder direkt oder auf Basis einer vernünftigen und konsistent angewendeten Aufteilungssystematik erfolgen (IAS 36.76 (a)). Letztgenannte Vorgehensweise trifft insbesondere auf „gemeinschaftliche Vermögenswerte" (cor-

---

[21] Vgl. im Detail *Kümmel* (2002), S. 155 – 162.

[22] Vgl. dazu den folgenden Abschnitt.

[23] Vgl. *Streim / Bieker / Leippe / Schmidt* (2002), Rz. 100; vgl. auch *Küting / Dawo / Wirth* (2003), S. 178.

porate assets) zu, die sich dadurch auszeichnen, dass sie einer gemeinsamen Nutzung durch unterschiedliche ZGE unterliegen (IAS 36.100). Demgegenüber sind Schulden ausnahmsweise nur dann einzubeziehen, wenn die Ermittlung des erzielbaren Betrags der Einheit ohne ihre Berücksichtigung nicht möglich ist (IAS 36.76 (b)).

Wird eine ZGE auf die Notwendigkeit einer außerplanmäßigen Abschreibung hin überprüft, so ist ihr Buchwert mit dem Fair Value im Sinne des erzielbaren Betrags zu vergleichen. Analog zum Werthaltigkeitstest bei einzelnen Vermögenswerten definiert sich der erzielbare Betrag einer ZGE als höherer Wert aus dem beizulegenden Zeitwert abzüglich der Verkaufskosten und dem Nutzungswert der Einheit (IAS 36.74). Die Ermittlung des beizulegenden Zeitwerts abzüglich der Verkaufskosten einer Teileinheit entspricht grundsätzlich der Vorgehensweise im Kontext einzelner Vermögenswerte. Allerdings ist zu beachten, dass für ZGE nur in den seltensten Fällen ein aktiver Markt besteht und daher zunächst Schätzungen des Veräußerungspreises erforderlich werden; sollte auf Grund der in der Regel hohen Spezifität der Einheiten selbst eine Schätzung des Veräußerungspreises nicht möglich sein, so sehen die Regelungen des IASB einen Verzicht auf den Veräußerungspreis als mögliche Determinante des erzielbaren Betrags vor (IAS 36.20). Dementsprechend ist der Nutzungswert oftmals als einzige Bezugsgröße des erzielbaren Betrags einer ZGE anzusehen.

Die Ermittlung des Nutzungswerts einer ZGE erfolgt ebenfalls auf Basis der Grundsätze, die bei der Bewertung separater Vermögenswerte zu beachten sind. Der Nutzungswert einer ZGE ist demnach definiert als Barwert der erwarteten, aus einer ZGE generierbaren zukünftigen Cash Flows (IAS 36.6). Zu seiner Bestimmung sind zunächst die aus der Nutzung und dem Verkauf der Einheit erzielbaren Netto-Cash Flows zu schätzen und anschließend unter Anwendung eines angemessenen Kalkulationszinsfußes auf den Bewertungsstichtag zu diskontieren. IAS 36 unterscheidet im Zusammenhang der Barwertermittlung zwischen dem „traditionellen" Ansatz und dem „erwarteter Cashflow" Ansatz. Wenngleich gemäß IAS 36 beide Ansätze grundsätzlich als alternativ zulässig erachtet werden, erscheint eine Bewertung von nicht marktgängigen ZGE entsprechend dem traditionellen Ansatz auf Grund der Schwierigkeiten bei der Ermittlung eines sämtliche Risiken umfassenden Diskontierungssatzes nicht praktikabel (IAS 36.A4 ff.).[24] Aus diesem Grund erfolgt die Bestimmung des Nutzungswerts einer ZGE in der Regel auf Basis des „erwarteter Cashflow" Ansatzes. In diesem Fall werden die bei der Berechnung des Nutzungswerts zu berücksichtigenden Faktoren in der Weise einbezogen, dass

---

[24] Vgl. ausführlich *Bieker / Esser* (2004), S. 455.

- eine Schätzung der erwarteten, zukünftig aus der ZGE generierbaren Zahlungsströme,
- die Bildung von Erwartungen über mögliche Abweichungen in der Höhe und/oder dem zeitlichen Anfall der zukünftigen Zahlungsströme,
- die Prämie für die Übernahme des ZGE-spezifischen inhärenten Risikos, sowie
- andere Faktoren, wie z.B. Illiquidität, die Marktteilnehmer bei der Bestimmung der Höhe der zukünftigen aus der ZGE generierbaren Cash Flows berücksichtigen würden,

sich im Zähler der Barwertformel niederschlagen, während im Nenner einzig der Zeitwert des Geldes, der durch den aktuellen risikofreien Marktzins repräsentiert wird, Berücksichtigung findet (IAS.A1 f.).

Im Rahmen des „erwarteter Cashflow" Ansatzes werden daher bei der Bestimmung des Nutzungswerts im Gegensatz zum traditionellen Ansatz alle für denkbar erachteten Cash Flow-Prognosen gewichtet mit ihren jeweiligen Eintrittswahrscheinlichkeiten in das Kalkül einbezogen. Die Problematik der Bestimmung von Eintrittswahrscheinlichkeiten und die damit verbundene Gefahr von Scheingenauigkeiten wird vom IASB zwar erkannt; im Vergleich zum traditionellen Ansatz wird jedoch als entscheidender Vorteil des „erwarteter Cashflow" Ansatzes angesehen, dass der Rückgriff auf Cash Flow-Erwartungswerte eine bessere Abschätzung des Nutzungswerts ermöglicht als die alleinige Verwendung einer einzigen Zahlungsgröße, sei es der Minimal-, der Maximal- oder der Modalwert (IAS 36.A7 ff.).

Im Hinblick auf die Festlegung der Diskontierungsgröße ist im Regelfall davon auszugehen, dass auf Grund der nicht vorhandenen Marktgängigkeit der ZGE kein beobachtbarer Marktzins zur Abzinsung existiert, sodass eine Schätzung des Diskontierungssatzes erforderlich wird. Ausgangsgröße für diese Schätzung können entweder die marktwertbasierten gewichteten Kapitalkosten (WACC) oder die Fremdkapitalkosten des Unternehmens sein. Im Kontext des „erwarteter Cashflow" Ansatzes sind diese insbesondere dahingehend zu modifizieren, dass neben Risikofaktoren, die für die Bewertung der ZGE nicht relevant sind, auch solche Faktoren herausgerechnet werden, die bereits im Zuge der Cash Flow-Prognose einbezogen wurden (IAS 36.A15 ff.).

Unterschreitet der auf diese Weise bestimmte erzielbare Betrag einer ZGE im Rahmen des Werthaltigkeitstests den Buchwert, so ist analog zu einzelnen Vermögenswerten eine außerplanmäßige Abschreibung in Höhe der Differenz aus beiden Größen vorzunehmen. Hinsichtlich der Verteilung des ermittelten Abschreibungsbetrags auf die Bilanzpositionen der Einheit gilt Folgendes (IAS 36.104): In einem ersten Schritt ist zunächst der Wertansatz eines etwaig der ZGE zugeordneten Goodwill zu verringern[25]. Der unter Umständen verbleibende Restbetrag schlägt sich im zweiten Schritt schließlich in einer anteiligen Reduzierung der Buchwerte der sonstigen Vermögenswerte nieder. Sofern bestimmbar bilden die jeweiligen Nutzungswerte sowie die beizulegenden Zeitwerte abzüglich der Verkaufskosten der einzelnen Vermögenswerte Mindestwertansätze, die bei der Verteilung des Abschreibungsbetrags nicht unterschritten werden dürfen (IAS 36.105).

Sollten sich in den Folgeperioden Anhaltspunkte dafür ergeben, dass ein in der Vergangenheit erfasster Wertminderungsaufwand bei einer ZGE nicht länger besteht bzw. sich vermindert hat, ist der erzielbare Betrag der Einheit erneut zu bestimmen und ggf. eine Wertaufholung vorzunehmen (IAS 36.110 ff.). Allerdings sind in diesem Fall lediglich die Wertansätze der sonstigen Vermögenswerte anteilig, höchstens aber bis auf den niedrigeren Betrag aus fortgeführtem Buchwert einerseits und niedrigerem erzielbaren Betrag andererseits, zu erhöhen (IAS 36.122 f.). Eine Zuschreibung des Goodwill ist dagegen grundsätzlich nicht zulässig (IAS 36.124)[26].

4. Ausschließliche Abbildung des Fair Value oder multidimensionale Rechnungslegung?

Sofern der Fair Value nach IFRS im Rahmen der bilanziellen Bewertung zur Anwendung kommt, bildet er den alleinigen Wertmaßstab; eine multidimensionale Rechnungslegung im Sinne einer Mehrspaltenbilanz ist nicht vorgesehen. Dennoch sollen bzw. müssen für den Fall, dass eine Bewertung von Vermögenswerten bzw. Schulden zu historischen Anschaffungs- bzw. Herstellungskosten erfolgt, vielfach mehr oder weniger umfassende Anhangangaben zu den korrespondierenden Fair Values gemacht werden, so dass durchaus über Teile der Vermögenswerte und Schulden „mehrdimensional" berichtet wird (vgl. z.B. IAS 16.79 (d); IAS 32.90; IAS 40.79 (e)).[27]

[25] Zur Ermittlung des Wertberichtigungsbedarfs eines Goodwill nach IAS 36 vgl. im Detail *Bieker / Esser* (2004).

[26] Demgegenüber sah IAS 36 (1998) in bestimmten Fällen noch ein Wertaufholungsgebot vor; vgl. IAS 36.107 f. (1998).

[27] Der nach wie vor hohe Stellenwert historischer Anschaffungs- und Herstellungskosten ist dabei in nicht unerheblichem Umfang auf Widerstand seitens der am Due Process beteiligten Unternehmen zurückzuführen. Bezogen auf Financial Instruments hat das IASB bereits 1997 ein Full Fair Value Model gefordert, konnte es aber bislang nicht durchsetzen; vgl. dazu IASC (1997). Auch für Investment Property war ursprünglich eine ausschließliche Fair Value-Bewertung erwogen (IAS 40.B47 f.). Zur Verrechnung von Fair Value-Änderungen im Zeitablauf vgl. grundlegend *Schildbach* (1998), S. 581.

5. Verrechnung der Fair Value-Änderungen in den Folgeperioden

Die Entscheidung des IASB bezüglich der Verrechnung von Fair Value-Änderungen in den Folgeperioden ist denkbar heterogen ausgefallen. Die Spanne reicht von einer wahlrechtlichen erfolgsneutralen Verrechnung bei zur Veräußerung verfügbaren finanziellen Vermögenswerten bis zu einer verpflichtenden sofortigen erfolgswirksamen Verrechnung aller Fair Value-Änderungen bei Investment Property. Bei den beweglichen Sachanlagen ist der Umfang der erfolgswirksam zu verrechnenden Fair Value-Änderung zudem von der Höhe der in den Vorjahren gebildeten Neubewertungsrücklage abhängig.

IV. Kritische Würdigung

Die Beantwortung der eingangs aufgeworfenen Fragen kann nur vor dem Hintergrund des Zwecks der Rechnungslegung erfolgen. Die bereits skizzierte Informationsaufgabe der Rechnungslegung nach IFRS soll primär durch Bilanz und Gewinn- und Verlustrechnung erfüllt werden; diese bilden die Kernbestandteile des Financial Statement gegenüber den nachrangigen Instrumenten der sonstigen Informationsvermittlung. Aus diesem Grunde soll zunächst überprüft werden, ob der Übergang von einem Rechnungslegungssystem auf Basis historischer Kosten auf eine Fair Value-basierte Konzeption im Rahmen der Kernbestandteile mit einem Zuwachs an entscheidungsnützlichen Informationen verbunden ist. Entscheidungsnützlichkeit soll dabei anhand der Kriterien „Relevanz“ und „Verlässlichkeit“ gemessen werden.

Relevanz wird im IFRS Framework, Abs. 26, wie folgt definiert: „Information has the quality of relevance when it influences the economic decisions of users by helping them evaluate past, present or future events or confirming, or correcting, their past evaluations.“ Eine Information ist nach zutreffender Auffassung des IASB nur dann als relevant zu qualifizieren, wenn sie Entscheidungen des Empfängers zu beeinflussen vermag, weil sie – entweder direkt oder indirekt – etwas über die zukünftige Entwicklung des Unternehmens aussagt oder weil sie früher getroffene Annahmen über die Unternehmensentwicklung bestätigt bzw. korrigiert. Man kann auch sagen, eine Information ist für den Empfänger dann relevant, wenn sie „predictive value“ oder „feedback value“ besitzt. Da die Informationserzeugung Kosten verursacht, brauchen von den relevanten Informationen nur die wesentlichen übermittelt zu werden.

Der Begriff der Verlässlichkeit wird im Framework, Abs. 31, wie folgt umschrieben: „Information has the quality of reliability when it is free from material error and bias and can be depended upon users to represent faithfully that which it either purports to represent or could reasonably be expected to represent.“ Die in numerischer Form gegebenen Informationen sollen also möglichst frei von Zufallsfehlern („errors“) und systematischen Verzerrungen („bias“) sein und tatsächlich über das informieren, worüber sie zu informieren vorgeben.

1. Entscheidungsnützlichkeit von Fair Values als bilanzieller Bewertungsmaßstab

a) Relevanz von Fair Values

Die Frage, ob mit Fair Values bewertete Bilanzpositionen relevante Informationen vermitteln, kann nur durch Rekurs auf die Informationsbedürfnisse der Investoren beantwortet werden. Geht man davon aus, dass die Investoren primär ein finanzielles Interesse an der Unternehmung haben, dann sind die aktuellen und potentiellen Anteilseigner an Informationen interessiert, die etwas über die Breite, zeitliche Struktur und Unsicherheit der zukünftigen Ausschüttungen/Entnahmen sowie über die zukünftige Kursentwicklung/Entwicklung möglicher Unternehmenspreise aussagen. Die aktuellen und potentiellen Gläubiger interessieren sich vor allem dafür, inwieweit das Unternehmen zukünftig die vertraglich vereinbarten Zins- und Tilgungsauszahlungen fristgerecht leisten kann und wie groß die Wahrscheinlichkeit einer künftigen Insolvenz sowie die Höhe der dann eintretenden Kreditverluste ist.[28] Letztlich interessieren sich Eigen- und Fremdkapitalgeber für die Fähigkeit des Unternehmens, auch zukünftig einen Strom von Einkommenszahlungen in der Form von Ausschüttungen, Zinsen und Tilgungen erzeugen zu können.

Bekanntlich lässt sich dieses Informationsinteresse unmittelbar nur mit Hilfe von Finanzplänen befriedigen. Eine Bilanz kann allenfalls mittelbar einen Beitrag zur Befriedigung des Informationsinteresses der Investoren leisten, indem die Aktiva als Einzahlungspotentiale und die Passiva als Auszahlungspotentiale interpretiert werden. Die Höhe der jeweiligen Ein- oder Auszahlungspotentiale wird am besten durch deren Barwert, d.h. durch die Summe der diskontierten zukünftigen Ein- und Auszahlungen ausgedrückt. Idealerweise müssten die Bilanzposten folglich zu ihren jeweiligen Ertragswerten angesetzt werden.

Bezogen auf den derzeitigen Stand des Fair Value Accounting im IFRS-Rechnungslegungssystem lassen sich folgende Aussagen treffen: Da die Bestimmung der Fair Values nicht marktnotierter Objekte (IAS 36.6; IAS 39.AG64) als Barwert erfolgt, ist zweifelsohne ein Zahlungsstrombezug gegeben. Es muss allerdings unterschieden werden, ob zur Berechung der diskontierten Größen nach Möglichkeit auf Marktdaten oder auf unternehmensspezifische Werte zurückgegriffen wird. An dieser Stelle können deutliche Unterschiede der Fair

---

[28] Vgl. u.a. *Lange* (1989), S. 16; *Streim* (1995), S. 718.

Value-Konzeptionen nach IFRS und US-GAAP festgestellt werden. Während das FASB in SFAC 7 den Fair Value grundsätzlich als Approximation eines Marktpreises interpretiert und daher für seine Berechnung unternehmensspezifische Werte verbietet, sieht das IASB mit dem Nutzungswert explizit eine unternehmensindividuell zu ermittelnde Wertgröße vor.[29] Eine ausschließliche Orientierung an Marktpreisen ist aber unter dem Gesichtspunkt der Relevanz nur für solche Objekte zweckmäßig, die tatsächlich verkauft werden sollen; für die übrigen Objekte, die im Nutzungsverbund des Unternehmens verbleiben, ist der unternehmensindividuelle Ertragswert dagegen die relevantere Größe.[30] Damit hat das FASB in SFAC 7 unter dem Blickwinkel der Entscheidungsrelevanz nicht das theoretische Ideal umgesetzt. Dem IASB ist dagegen vorzuwerfen, dass es zwar im Einzelfall auf Werte zurückgreift, die Auskunft über unternehmensindividuelle Nutzungsmöglichkeiten von Produktionsfaktoren geben, es aber im Gegensatz zum FASB bislang versäumt hat, im Rahmen des Fair Value Accounting eine konzeptionelle Deduktionsbasis für zukünftige Standards zu schaffen. Zudem krankt die konkrete Umsetzung des Nutzungswerts daran, dass das IASB diesen lediglich im Rahmen des Werthaltigkeitstests als niedrigeren Korrekturwert gegenüber historischen Anschaffungs- und Herstellungskosten in Betracht zieht, woraus eine unter Relevanzgesichtspunkten abzulehnende Asymmetrie resultiert.

Im Hinblick auf die Frage nach der Entscheidungsnützlichkeit des Fair Value von marktgängigen Objekten ist festzustellen, dass sich der Fair Value auf liquiden Märkten als Approximation des Barwerts bildet (SFAC 7.17, .26): Damit ist zumindest implizit ein Zahlungsstrombezug gegeben, dessen Entscheidungsrelevanz allerdings durch den Bezug auf unternehmensexterne Verwendungsmöglichkeiten eingeschränkt wird.

Auf Grund des bekannten Interdependenzproblems wird es allerdings – abgesehen vom finanziellen Unternehmensbereich – ohnehin nur in Ausnahmefällen möglich sein, Fair Values im Sinne von Ertragswerten für einzelne Vermögenswerte zu bestimmen, so dass die Fair Value-Bewertung auf Einzelbewertungsbasis schnell an ihre Grenzen stößt. Anders verhält es sich dagegen bei vermögenswertübergreifenden Bewertungseinheiten, bei denen der Ertragswert für eine Gruppe von Vermögenswerten oder u.U. für das gesamte Unternehmen ermittelt wird. Ein solcher Wert ist nach IFRS zwar prinzipiell vorgesehen, er kommt jedoch zunächst nur im Rahmen von Werthaltigkeitstests in einer für den Investor nicht sichtbaren Nebenrechnung zur Anwendung. Selbst wenn sich im Rahmen der Werthaltigkeitsprüfung das Erfordernis zur Bewertung der ZGE auf Basis des Nutzungswerts ergibt, so schlägt sich dieser lediglich indirekt über die Verteilung des Barwerts auf die einzelnen Vermögenswerte der ZGE in

---

[29] Vgl. auch *Fladt / Feige* (2003), S. 255 f.

[30] Vgl. *Streim / Bieker / Leippe* (2001), S. 202.

der Bilanzsumme nieder, da ein offener Ausweis des Nutzungswerts einer ZGE nicht stattfindet. Sollten neben der wertgeminderten ZGE innerhalb des Unternehmens weitere nicht wertgeminderte Teileinheiten bestehen, so fällt das Ergebnis auf Grund der vorhandenen Anschaffungskostenrestriktion sowie des Wertaufholungsverbots beim Goodwill noch ernüchternder aus: Es erfolgt eine Vermischung barwertorientierter Ansätze mit Werten auf Basis historischer Kosten. Infolge dieser asymmetrischen Konstruktion ist damit auch die ausgewiesene Bilanzsumme nicht als Summe von Teilertragswerten einzelner ZGE zu interpretieren. Selbst wenn es gelänge, die Bilanz ausschließlich aus den Ertragswerten einzelner Teileinheiten zusammenzusetzen, wäre dennoch nicht die first best-Lösung eines vollständigen Ausweises des Unternehmenswerts erreicht, da Einzahlungspotentiale auf der obersten Unternehmensebene unberücksichtigt blieben.[31]

An dieser Stelle lässt sich als Zwischenergebnis festhalten: Fair Values sowohl im Sinne von errechneten Werten als auch beobachtbaren Marktpreisen ist grundsätzlich eine höhere Entscheidungsrelevanz gegenüber historischen Anschaffungs- und Herstellungskosten zuzusprechen. Letztlich kann eine Umsetzung des Fair Value Accounting auf Ebene einzelner Vermögenswerte aber nur für solche Objekte erfolgen, die sich aus dem Unternehmensverbund separieren lassen. Dabei wird es sich im Regelfall um finanzielle Vermögenswerte und Schulden sowie um nicht-betriebsnotwendige Positionen handeln. Bei den übrigen Positionen verhindert das Interdependenzproblem die Zurechenbarkeit von Cash Flows. Daher ist es prinzipiell zu begrüßen, dass das IASB sich zumindest punktuell vom streng einzelwertbezogenen Denken löst. Konzepte wie der Nutzungswert einer ZGE können allerdings lediglich als Beginn eines Übergangs auf eine unternehmenswertorientierte Rechnungslegung[32] interpretiert werden. Von dem unter Relevanzgesichtspunkten wünschenswerten Ideal einer Bilanz, die sich auf der Aktivseite nur aus zu Ertragswerten bewerteten ZGE zusammensetzt oder die in letzter Konsequenz nur den Unternehmenswert zeigt, ist das IASB aber Lichtjahre entfernt:

- Erstens ist eine vermögenswertübergreifende Bewertung nur im Einzelfall zur Korrektur höherer Anschaffungs- und Herstellungskosten vorgesehen und wird nicht durchgehend zur Bewertung der Aktiva herangezogen.
- Zweitens werden die vermögenswertübergreifenden Positionen nicht in der Bilanz als solcher ausgewiesen; stattdessen wird der Barwert in einer für den Adressaten nicht ersichtlichen Weise auf die einzelnen Vermögenswerte der ZGE verteilt, die wiederum nicht separat, sondern zusammen mit den übri-

---

[31] Als Beispiele seien bei der Konzernmutter angesiedelte Leistungen, bspw. Einsparungspotentiale aus konzernzentraler Finanzierung oder Beschaffung, Markennamen sowie Steuervorteile genannt.

[32] Vgl. *Mujkanovic* (2002), S. 265 – 360.

gen streng einzelbewerteten Vermögenswerten des Unternehmens ausgewiesen werden.

- Drittens verhindert das Festhalten an „uninformativen" Anschaffungs- und Herstellungskosten[33] als pagatorische Obergrenze auf Ebene der ZGE den Ausweis entscheidungsrelevanter Werte.

b) Verlässlichkeit von Fair Values

Damit eine Information als entscheidungsnützlich bezeichnet werden kann, muss sie nicht nur relevant, sondern auch hinreichend verlässlich sein. Verlässlich ist eine Information wiederum dann, wenn sie erstens möglichst objektiv und zweitens möglichst (treff-)genau ist. Das Anforderungskriterium der Objektivität verlangt eine möglichst intersubjektiv eindeutige Formulierung der Informationsgewinnungs- bzw. Rechnungslegungsregeln, so dass unterschiedliche Anwender zum selben Ergebnis kommen. Objektive Rechnungslegungsregeln gewähren keine oder nur geringe Ermessensspielräume und damit auch kaum Freiräume zum Handeln im eigenen Interesse. Nur objektive Informationen ermöglichen eine intersubjektive Nachprüfbarkeit. Das Anforderungskriterium der (Treff-)Genauigkeit (accuracy) fordert von einer Information, dass sie nicht systematisch verzerrt ist. Die nach bestimmten Rechnungslegungsregeln ermittelten Werte dürfen nicht tendenziell entweder in positiver oder negativer Richtung von den „wahren" Werten abweichen. Die ermittelten Werte sollen folglich frei von systematischen Fehlern (bias) sein.

Die in der Bilanz ausgewiesenen Fair Values von Vermögenswerten und Schulden erfüllen die Anforderungen der Objektivität und Treffgenauigkeit allerdings nur in den Fällen, in denen es eindeutig nur einen allgemein beobachtbaren Marktpreis gibt. Keine präzisen Regeln werden für den Fall gegeben, dass mehrere veröffentlichte Marktpreise für einen Vermögenswert, bspw. ein Finanzinstrument, existieren. Überhaupt keine Antwort geben die Regelsets auf die Frage, ob und wie Preisabschläge auf Grund einer geringen Marktliquidität bei der Bestimmung des Fair Value berücksichtigt werden sollen.

Noch problematischer ist die Verlässlichkeit von Fair Values einzuschätzen, die mangels eines beobachtbaren Marktpreises aus den Marktpreisen von Vergleichsobjekten abgeleitet worden sind. Diese Vorgehensweise erlaubt IAS 40.45 für die Bestimmung der Fair Values von als Finanzinvestitionen gehaltenen Immobilien. Danach darf zur Bewertung einer Immobilie eine Vergleichsimmobilie herangezogen werden, die der zu bewertenden Immobilie hinsichtlich der wertbeeinflussenden Faktoren (z.B. Lage, Qualität, Größe, Alter)

---

[33] Vgl. *Streim* (1994), S. 400 f.

sehr nahe kommt. Es versteht sich von selbst, dass es bei der Bestimmung eines geeigneten Vergleichsobjekts einen großen Ermessensspielraum gibt.

Noch geringer ist die Verlässlichkeit von Fair Values einzelner Vermögenswerte und Schulden, die auf der Basis der mit ihnen verbundenen zukünftigen Zahlungsströme ermittelt worden sind.[34] Die Schätzung der zukünftigen Zahlungsströme eröffnet dem Bilanzierenden einen relativ großen Ermessensspielraum. Wird der „Traditional Approach" angewendet, wird dem Bilanzierenden bei der Bestimmung des risikoadäquaten Diskontierungssatzes ein weiterer Ermessensspielraum eingeräumt.

Am geringsten ist die Verlässlichkeit von Fair Values einzelner Vermögenswerte und Schulden einzuschätzen, die aus den Werthaltigkeitstests für zahlungsmittelgenerierende Einheiten resultieren. Diese Feststellung gilt selbst für den Fall, dass der Nutzungswert einer ZGE treffgenau ermittelt worden ist. Denn seit der grundlegenden Arbeit von Thomas ist bekannt, dass eine nichtwillkürliche Allokation des Gesamtergebnisses auf die Inputfaktoren nur möglich ist, wenn die Ergebnisfunktion, welche das Gesamtergebnis und die Inputfaktoren miteinander verknüpft, additiv linear-homogen ist, d.h. wenn zwischen den Inputfaktoren keine Interaktionen (Synergien) stattfinden.[35] Dieser Fall ist in der Realität kaum gegeben. Der in IAS 36 vorgesehene Verteilungsmechanismus des Fair Value der ZGE auf die einzelnen Vermögenswerte und Schulden führt für den Normalfall, dass die Summe der Werte der einzelnen Ressourcen niedriger ist als der Wert der Ressourcengesamtheit und damit die Voraussetzung der Wertadditivität nicht erfüllt ist, lediglich zu einer willkürlichen Wertallokation.[36]

Es wäre naiv anzunehmen, ein Rechnungslegungspflichtiger würde die Schätz- und Ermessensspielräume nicht systematisch zu seinem Vorteil ausnutzen. Vor allem in Zeiten schlechter wirtschaftlicher Lage dürften die Fair Values zu hoch ausgewiesen werden. Der in der Gegenwart feststellbare Misserfolg wird einfach durch einen höheren zukünftigen Erfolg kompensiert. Die mit einem Vermögenswert verbundenen zukünftigen Einzahlungen werden einfach entsprechend nach oben korrigiert. In der Bilanz werden gleichbleibende oder sogar höhere Vermögenswerte ausgewiesen, und das nur, weil die Zukunft „schön gefärbt" wurde. Werden die Aufwertungsbeträge erfolgswirksam behandelt, schlagen sich die zukünftig vom Management „erwarteten" höheren Einzahlungen bereits heute in einem höheren Jahresüberschuss nieder. Analoge

---

[34] Vgl. ausführlich *Esser* (2005), S. 208 – 218.

[35] Vgl. *Thomas* (1996), S. 50 – 57.

[36] Vgl. *Beyhs* (2002), S. 244.

Überlegungen gelten für den Werthaltigkeitstest. Befindet sich das gesamte Unternehmen oder Teilbereiche davon in einer schlechten wirtschaftlichen Lage, ist das Management bestimmt nicht an Werthaltigkeitstests interessiert, die zu außerplanmäßigen Abschreibungen bei den Vermögenswerten führen. Dies kann durch einfache Anpassung der Prognose des zukünftigen Zahlungsstroms erreicht werden, so dass der Nutzungswert genügend hoch ausfällt. Zeitwertabschlüsse dürften folglich systematisch verzerrt sein.

2. Auswirkungen der Fair Value-Bewertung auf den Informationsgehalt des Gewinns

Streng zu trennen von der Frage einer informativen Bilanz ist die Frage eines informativen Gewinns, d.h. die Verrechnung von Fair Value-Änderungen im Zeitablauf. Informativ ist ein Gewinn, wenn er

1. als Performancemaß und/oder
2. als Prognosegröße

geeignet ist.

Ein Gewinn ist zur Abschätzung der Managementleistung und damit als Performancemaß dann geeignet, wenn er alle positiven und negativen Wirkungen der Managemententscheidungen des abgelaufenen Geschäftsjahrs widerspiegelt, also Informationen darüber vermittelt, ob der Unternehmenswert durch Maßnahmen des Managements gemindert, erhalten oder gesteigert worden ist. Notwendig sind damit Informationen über die Wirkungen auf den zukünftigen Dividendenstrom bzw. die zukünftigen Einzahlungs- bzw. Ertragsüberschüsse, die durch Dispositionen des Managements in der abgelaufenen Periode ausgelöst wurden. Für die Performancemessung dagegen nicht bewertungsrelevant sind die finanziellen Wirkungen der lediglich geplanten zukünftigen Managemententscheidungen.

Analog zur bilanziellen Beurteilung ist wiederum zwischen direkt beobachtbaren Marktpreisen und zu errechnenden Fair Values zu differenzieren. Die Diskussion, welche Faktoren sich in Abhängigkeit von der Kapitalmarkteffizienz in Marktpreisen grundsätzlich widerspiegeln und inwiefern daher Marktpreise nicht nur bereits eingeleitete, sondern auch öffentlich bekannte geplante Maßnahmen enthalten, soll an dieser Stelle nicht aufgegriffen werden. Für die errechneten Fair Values kann zumindest festgehalten werden, dass bei der Ermittlung des Nutzungswerts weder künftige Restrukturierungen, zu denen sich ein Unternehmen noch nicht verpflichtet hat, noch Erweiterungsinvestitionen bei der Schätzung zukünftiger Cash Flows berücksichtigt werden dürfen (IAS 36.51). Somit werden wesentliche Maßnahmen im Planungsstadium aus der Cash Flow-Prognose ausgeschlossen, was die Eignung von Nutzungswertänderungen zur Performancemessung begünstigt.[37]

Eine Gewinngröße besitzt dann Prognoseeignung, wenn sich ihre Höhe nur bei einer nachhaltigen Veränderung der Geschäftsaussichten ändert. Einmalige oder seltene Ereignisse (also außerordentliche Positionen) dürfen den Gewinnausweis demgegenüber nicht beeinflussen, weil sie sich in Folgeperioden nicht oder nicht regelmäßig wiederholen.[38]

Für die Beantwortung der Frage, ob die Fair Value-Bewertung zu einem prognosegeeigneteren Gewinnausweis führt, sind die Erfolgswirkungen der Fair Value-Bewertung zu analysieren. Der Ansatz der Vermögenswerte zum Fair Value impliziert außerplanmäßige Abschreibungen, wenn der Fair Value niedriger als der Buchwert ist, und Zuschreibungen, wenn der Fair Value den Buchwert übersteigt. Für den Gewinnausweis entscheidend ist die Behandlung der Differenz zwischen Buchwert und Fair Value.

Wertsteigerungen und Wertminderungen von Vermögenswerten stehen in keinem Zusammenhang mit zukünftigem geschäftlichen Erfolg bzw. Misserfolg. Es handelt sich um außergewöhnliche Ereignisse, die sich nicht im Gewinn niederschlagen dürfen, wenn die Anforderung des Framework an eine prognosegeeignete Gewinngröße erfüllt sein soll. Für die Fair Value-Bewertung bedeutet das konkret, dass

1. alle außerplanmäßigen Abschreibungen und Zuschreibungen erfolgsneutral verrechnet werden müssen und
2. die Neubewertung auch in den Folgeperioden erfolgsneutral bleiben muss.

Zur Beantwortung der Frage, ob diese Anforderungen von der Fair Value-Bewertung nach IFRS erfüllt werden, ist zwischen den unterschiedlichen Kategorien von Vermögenswerten zu differenzieren:[39]

– Für Investment Property gilt, dass sämtliche Wertänderungen, d.h. sowohl Zu- als auch Abschreibungen, grundsätzlich erfolgswirksam zu verrechnen sind (IAS 40.35). Bei jeder Änderung des Fair Value kommt es somit zu einer sprunghaften, nicht durch nachhaltige Ertragserwartungen gerechtfertigten Gewinnänderung. Die Neubewertung nach IAS 40 erfüllt folglich keine der beiden Voraussetzungen.

---

[37] Eine skeptischere Einschätzung hinsichtlich der Eignung von Fair Value-Änderungen zur Performancemessung vertritt *Schildbach* (1999), S. 182 f.

[38] Vgl. dazu IFRS Framework, Abs. 28.

[39] Vgl. *Streim / Bieker / Leippe* (2001), S. 198 – 203.

- Das gleiche gilt für Finanzinstrumente der Kategorien Held for Trading sowie Available for Sale, sofern für letztere nicht das Wahlrecht für eine erfolgsneutrale Verrechnung ausgeübt wird (IAS 39.55).
- Bei der Neubewertung von Property, Plant and Equipment sowie von immateriellen Vermögenswerten ist die erste Voraussetzung folglich nur teilweise erfüllt (IAS 16.39 ff.; IAS 38.85 ff.). Nur Zuschreibungen, die über die Anschaffungs-/Herstellungskosten hinausgehen, sowie Abschreibungen, die von diesem höheren Wert auf die Anschaffungs-/Herstellungskosten zurückgehen, werden erfolgsneutral verrechnet. Abschreibungen auf einen Fair Value, der niedriger als die Anschaffungs-/Herstellungskosten ist, und Zuschreibungen von diesem niedrigeren Wert zurück auf die Anschaffungs-/Herstellungskosten vermindern bzw. erhöhen dagegen den Gewinn der Periode. Auch die zweite Voraussetzung für einen prognosegeeigneten Gewinn ist im Regelfall nicht erfüllt.[40]

Die genannten Mängel können jedoch unter Beibehaltung der Fair Value-Bewertung behoben werden, indem in der Gewinn- und Verlustrechnung zwischen einem ordentlichen und einem außerordentlichen Ergebnis unterschieden wird. Sachverhalte, die nachhaltige Änderungen der Geschäftsaussichten betreffen, gehen in das ordentliche Ergebnis, alle außergewöhnlichen Geschäftsvorfälle in das außerordentliche Ergebnis ein.

Seit der Neufassung von IAS 1 ist allerdings die Möglichkeit entfallen, Ab- und Zuschreibungen als außerordentlich zu kennzeichnen. Dies gilt sowohl für die Gewinn- und Verlustrechnung als auch für den Anhang (IAS 1.85). Jedoch sind im Einzelfall Anhangangaben zu den periodischen Fair Value-Änderungen zu machen (vgl. z.B. IAS 40.76).

V. Schlussbemerkungen

Wenn mit Hilfe von Bilanzen sowie Gewinn- und Verlustrechnungen die Informationsbedürfnisse von Investoren befriedigt werden sollen, könnte die Fair Value-Orientierung unter Relevanzgesichtspunkten mit Sicherheit ein erfolgversprechender Ansatz sein. Um zu relevanten Werten zu kommen, wäre es allerdings erforderlich, die Ebene der klassischen Einzelbewertung zu verlassen. Unter Berücksichtigung der Tatsache, dass sich in den seltensten Fällen einzelnen Vermögenswerten und Schulden Zahlungsströme zurechnen lassen, ist die Ermittlung von Nutzungswerten für ZGE grundsätzlich positiv zu werten. Allerdings müssten diese Werte auch als solche ausgewiesen werden und nicht über einen willkürlichen Mechanismus auf einzelne Vermögenswerte und Schulden

[40] Vgl. ausführlich *Streim / Bieker / Leippe* (2001), S. 200.

verteilt werden. Derart gestaltete Informationsbilanzen würden Ertragswerte einzelner ZGE oder im Extremfall den Ertragswert des Gesamtunternehmens ausweisen. Wer solche Informationsbilanzen fordert, muss sich jedoch darüber im Klaren sein, dass dies zwangsläufig mit einer erheblichen Verringerung der Verlässlichkeit der Wertansätze verbunden ist. Der weitgehende Verzicht auf Verlässlichkeit ist damit der Preis für ein höheres Maß an Entscheidungsrelevanz. Unter Berücksichtigung des gegenwärtigen Stands der Prognoseprüfung dürfte dieser Preis jedoch für viele Investoren zu hoch sein. Sie werden dafür plädieren, die Bilanz wieder auf die Aufgabe auszurichten, die sie am ehesten erfüllen kann, nämlich die Bemessung von Zahlungen auf Basis einer anschaffungswertorientierten Reinvermögensmehrung. Die Aufgabe, entscheidungsnützliche Informationen zu vermitteln, wäre damit auf den Lagebericht bzw. die Notes zu beschränken. Um das Glaubwürdigkeitsproblem nicht in diese Berichtsinstrumente zu verlagern, erscheint es zweckmäßig, prognosegeeignete und nachprüfbare Indikatoren anzugeben, die den Investor in die Lage versetzen, eine eigenständige Abschätzung der zukünftigen Unternehmenslage vorzunehmen.[41]

Literaturverzeichnis

Beyhs, Oliver (2002): Impairment of Assets nach International Accounting Standards; Frankfurt am Main u.a. 2002.

Bieker, Marcus / *Esser,* Maik (2004): Der Impairment-Only-Ansatz des IASB; in: Steuern und Bilanzen; 6. Jg. (2004); S. 449 – 458.

Esser, Maik (2005): Goodwillbilanzierung nach SFAS 141/142 – Eine ökonomische Analyse; Frankfurt am Main u.a. 2005.

Fladt, Guido / *Feige,* Peter (2003): Der Exposure Draft 3 „Business Combinations" des IASB – Konvergenz mit den US-GAAP?; in: Die Wirtschaftsprüfung; 56. Jg. (2003); S. 249 – 262.

Hitz, Jörg-Markus / *Kuhner,* Christoph (2000): Erweiterung des US-amerikanischen conceptual framework um Grundsätze der Barwertermittlung; in: Die Wirtschaftsprüfung; 53. Jg. (2000); S. 889 – 902.

IASC (1997): Accounting for Financial Assets and Financial Liabilities – A Discussion Paper issued for comment by the Steering Committee on Financial Instruments; London 1997.

Kemmer, Michael (2001): Einleitendes Statement zur Podiumsdiskussion „Konvergenz nationaler und internationaler Rechnungslegungs- und Prüfungsnormen"; in: Die Wirtschaftsprüfung; 54. Jg. (2001); Sonderheft 2001; S. S99 – S100.

---

[41] Vgl. *Streim* (1995), S. 709 – 712.

King, Alfred M. (1999): Why fair value accounting doesn't work; in: Financial Executive; July/August 1999; S. 53 – 55.

Kümmel, Jens (2002): Grundsätze für die Fair Value-Ermittlung mit Barwertkalkülen; Düsseldorf 2002.

Küting, Karlheinz / *Dawo,* Sascha / *Wirth,* Johannes (2003): Konzeption der außerplanmäßigen Abschreibung im Reformprojekt des IASB; in: Zeitschrift für kapitalmarktorientierte Rechnungslegung; 3. Jg. (2003); S. 177 – 190.

Lange, Christoph (1989): Jahresabschlußinformationen und Unternehmensbeurteilung; Stuttgart 1989.

Mujkanovic, Robin (2002): Fair Value im Financial Statement nach International Accounting Standards; Stuttgart 2002.

o.V. (2001): Shining a light on company accounts; in: The Economist vom 29.08.2001.

Schildbach, Thomas (1998): Zeitwertbilanzierung in USA und nach IAS; in: Betriebswirtschaftliche Forschung und Praxis; 40. Jg. (1998); S. 580 – 592.

– (1999): Zeitbewertung, Gewinnkonzeptionen und Informationsgehalt – Stellungnahme zu „Financial Assets and Liabilities – Fair Value or Historical Cost?"; in: Die Wirtschaftsprüfung; 52. Jg. (1999); S. 177 – 185.

Siegel, Stanley (1997): The Coming Revolution in Accounting: The Emergence of Fair Value as Fundamental Principle of GAAP; in: Wirtschaftsprüferkammer-Mitteilungen; 36. Jg. (1997); Sonderheft Juni 1997; S. 81 – 90.

Siegel, Theodor (1998): Zeitwertbilanzierung für das deutsche Bilanzrecht?; in: Betriebswirtschaftliche Forschung und Praxis; 40. Jg. (1998); S. 593 – 603.

– (2004): Der Zeitwertansatz: Ein konzeptioneller Rahmen für den Konzernabschluß; in: Unternehmensrechnung – Konzeptionen und praktische Umsetzung: Festschrift zum 68. Geburtstag von Gerhard Scherrer; Hrsg. Stefan Göbel und Bernhard Heni; München 2004; S. 309 – 329.

Starbatty, Nikolaus (2001): Fair Value Accounting gemäß Statement of Financial Accounting Concept No. 7; in: Die Wirtschaftsprüfung; 54. Jg. (2001); S. 543 – 558.

Streim, Hannes (1994): Die Generalnorm des § 264 Abs. 2 HGB – Eine kritische Analyse; in: Bilanzrecht und Kapitalmarkt: Festschrift zum 65. Geburtstag von Professor Dr. Dr. h.c. Dr. h.c. Adolf Moxter; Hrsg. Wolfgang Ballwieser u.a.; Düsseldorf 1994; S. 391 – 406.

– (1995): Zum Stellenwert des Lageberichts im System der handelsrechtlichen Rechnungslegung; in: Unternehmenstheorie und Besteuerung: Festschrift zum 60. Geburtstag von Dieter Schneider; Hrsg. Rainer Elschen, Theodor Siegel und Franz W. Wagner; Wiesbaden 1995; S. 703 – 721.

– (2000): Die Vermittlung von entscheidungsnützlichen Informationen durch Bilanz und GuV – Ein nicht einlösbares Versprechen der internationalen Standardsetter; in: Betriebswirtschaftliche Forschung und Praxis; 52. Jg. (2000); S. 111 – 131.

Streim, Hannes / *Bieker,* Marcus / *Esser,* Maik (2003): Vermittlung entscheidungsnützlicher Informationen durch Fair Values – Sackgasse oder Licht am Horizont?; in: Betriebswirtschaftliche Forschung und Praxis; 55. Jg. (2003); S. 457 – 479.

Streim, Hannes / *Bieker,* Marcus / *Leippe,* Britta (2001): Anmerkungen zur theoretischen Fundierung der Rechnungslegung nach International Accounting Standards; in: Wolfgang Stützel – Moderne Konzepte für Finanzmärkte, Beschäftigung und

Wirtschaftsverfassung; Hrsg. Hartmut Schmidt, Eberhart Ketzel und Stefan Prigge; Tübingen 2001; S. 177 – 206.

Streim, Hannes / *Bieker,* Marcus / *Leippe,* Britta / *Schmidt,* Lars (2002): International Accounting Standards; in: Bonner Handbuch Rechnungslegung; Hrsg. Max Hofbauer u.a.; 2. Auflage; Bonn, Berlin 2002; Fach 5.

Thomas, Arthur (1969): The Allocation Problem in Financial Accounting Theory; Evanston (Ill.) 1969.

Willis, Diana W. (1998): Financial Assets and Liabilities – Fair Value or Historical Cost?; in: Die Wirtschaftsprüfung; 51. Jg. (1998); S. 854 – 860.

Die Zeitwertbilanzierung nach IFRS/IAS – ein zukunftsweisendes Konzept oder ein fundamentaler Irrtum?

Von Wienand Schruff[*]

I. Problemstellung

Der Jubilar hat sich in grundlegenden Beiträgen intensiv mit der Frage beschäftigt, inwieweit eine (generelle) Bilanzierung zu Zeitwerten mit dem gläubigerschutzorientierten deutschen Bilanzrecht in Einklang steht. Er kommt dabei zum Ergebnis, dass für das deutsche Bilanzrecht „aus den Aufgabenstellungen des Jahresabschlusses eine Zeitwertbilanzierung unter Neutralisierung nicht realisierter Gewinne" abgeleitet werden kann. So ließen sich Wertsteigerungen auf der Aktivseite durch einen Gegenposten auf der Passivseite kompensieren, der als Wertberichtigung oder als ausschüttungsgesperrte Rücklage bezeichnet werden könnte. Für selbsterstellte immaterielle Vermögensgegenstände sei eine Aktivierung bei gleichzeitiger Passivierung in voller Höhe der angefallenen Kosten denkbar. Eine vorzeitige Gewinnrealisierung komme für Geldbestände in bestimmten, nicht exotischen Devisen in Betracht. Für Wertpapiere sei eine solche Gewinnrealisierung dagegen abzulehnen; weitere Differenzierungen bedeuteten hier faktisch nur neue Wahlrechte.

Die Bilanzierung zu Zeitwerten hat nach Auffassung des Jubilars gegenüber den Anschaffungs- und Herstellungskosten aber auch gewichtige Nachteile, die vor allem in der geringeren Objektivierung zu sehen seien. Marktwerte seien nur in einer Minderzahl der Fälle objektiv feststellbar. Informationsdefizite ließen sich vermeiden, indem im Anhang zusätzliche Angaben geleistet werden und dort eine „Überleitungsrechnung zwischen informationsorientiertem und gläubigerschutzorientiertem Gewinn" gegeben wird.[1]

Mit Beginn des Jahres 2005 wird die Bilanzierung zum Zeitwert für zahlreiche Unternehmen innerhalb der EU zur gesetzlichen Realität. Die Einführung der International Financial Reporting Standards (IFRS) innerhalb der EU hat

---

[*] Der Verfasser ist Herrn Dr. Edgar Löw und Herrn Dr. Karsten Lorenz für wertvolle Unterstützung bei der Abfassung des Manuskriptes sehr dankbar.

[1] Vgl. *Siegel* (1998), S. 601. Vgl. auch *Siegel* (1997).

dabei nicht nur fachliche, sondern auch heftige politische Diskussionen ausgelöst, vor allem in Bezug auf IAS 39, der die Bilanzierung und Bewertung von Finanzinstrumenten regelt und weitgehend den Ansatz von Zeitwerten vorschreibt. Vor diesem Hintergrund stellt sich die Frage, wie mit den vom Jubilar genannten Nachteilen in einer von Zeitwertbilanzierung geprägten Rechnungslegungsordnung umgegangen wird.

Der vorliegende Beitrag untersucht die Reichweite der Zeitwertbilanzierung nach IFRS. Dazu werden in einem ersten Teil beispielhaft Regelungen dargestellt, die eine Zeitwertbilanzierung fordern oder ein Wahlrecht zur Bilanzierung zum Zeitwert enthalten. Da die Zeitwertbilanzierung nach IAS/IFRS vor allem den Ansatz und die Bewertung von Finanzinstrumenten betrifft, wird anschließend der IAS 39 in den Mittelpunkt der Untersuchung gestellt.

II. Zeitwertbilanzierung in der internationalen Rechnungslegung

1. Bewertungsmaßstäbe nach IAS/IFRS

Grundsätzliche Fragen zur Bewertung der einzelnen Abschlussposten werden im Framework des International Accounting Standards Board (IASB) behandelt. Im Framework werden vier grundlegende Bewertungsmaßstäbe aufgeführt, die in den Standards zur Anwendung kommen können:[2]

- Historische Anschaffungs- oder Herstellungskosten (Historical Cost),
- Tageswerte (Current Cost),
- Veräußerungswert oder Erfüllungsbetrag (Realisable Value bzw. Settlement Value),
- Barwert (Present Value).

Die Bewertungsmaßstäbe bilden keine geschlossene Bewertungskonzeption und legen nicht fest, für welche Abschlussposten die Bewertungsmaßstäbe anzuwenden sind; welche Posten wie zu bewerten sind, ergibt sich erst aus den jeweiligen Standards. Bemerkenswert erscheint jedoch, dass der Begriff des Fair Value im Framework des IASB nicht verwendet wird.[3]

---

[2] Vgl. Framework, Tz. 100.

[3] Der Begriff „Fair Value“ wird in Tz. 51 und in Tz. 100 des Frameworks in anderem Zusammenhang verwendet.

2. Regelungen zur Zeitwertbilanzierung bei nicht-finanziellen Vermögenswerten und Schulden

a) Zugangsbewertung bei Unternehmenszusammenschlüssen

Zahlreiche Standards des IASB enthalten Regelungen, die eine Bilanzierung zum Fair Value (unter bestimmten Voraussetzungen) ermöglichen oder vorschreiben.[4]

Die Bewertung zum Fair Value betrifft bereits die Zugangsbewertung, wenn kein gesonderter Erwerb eines einzelnen Vermögenswerts vorliegt, sondern mehrere Vermögenswerte en-bloc erworben werden oder ein Unternehmenserwerb erfolgt. In diesen Fällen sind die Fair Values der einzelnen Vermögenswerte zu ermitteln, um den Gesamtkaufpreis auf die einzelnen Vermögenswerte im Verhältnis der jeweiligen Fair Values aufteilen zu können.[5]

IFRS 3 zu Unternehmenszusammenschlüssen sieht nicht nur eine (Zugangs-) Bewertung der erworbenen Vermögenswerte zum Fair Value vor, sondern fordert auch die Bewertung der im Rahmen eines Unternehmenszusammenschlusses zugegangenen Schulden im Zugangszeitpunkt mit dem Zeitwert; dies umfasst auch die bedingten Schulden.[6]

IFRS 3 enthält detaillierte Vorschriften zur Ermittlung der Zeitwerte von Vorräten, technischen Anlagen und Betriebs- und Geschäftsausstattung, immateriellen Vermögenswerten, Grundstücken und Gebäuden sowie finanziellen Vermögenswerten.[7]

Die Folgebewertung der Vermögenswerte und Schulden richtet sich dann nach den Regelungen der entsprechenden Standards, die nachfolgend dargestellt werden.

b) Immaterielle Vermögenswerte

Immaterielle Vermögenswerte, die einzeln zugegangen sind, sind im Zugangszeitpunkt mit den Anschaffungs- und/oder Herstellungskosten zuzüglich der Anschaffungsnebenkosten und abzüglich Anschaffungspreisminderungen (IAS 38.22) zu aktivieren. Die Folgebewertung erfolgt zu Anschaffungs- und/

---

[4] Zur Bewertung mit dem Fair Value vgl. insb. auch *Baetge / Zülch* (2001), S. 543 ff.; *T. Schildbach* (1998), S. 177; *Perlet* (2003), S. 441 ff.

[5] Vgl. IFRS 3.36 ff.

[6] Vgl. zu IFRS 3 *Saelzle / Kronner* (2004), S. 154 ff.; *Wüstemann / Duhr* (2003), S. 247 ff.; *Küting / Wirth* (2004), S. 167 ff.

[7] Vgl. IFRS 3, Appendix B, B16 (a) – (l). Vgl. hierzu auch *Küting / Dawo* (2003).

oder Herstellungskosten abzüglich kumulierter Abschreibungen und kumuliertem Wertminderungsaufwand (Benchmark Treatment) (IAS 38.63). Alternativ hierzu ist auch eine (Neu-)Bewertung der immateriellen Vermögenswerte zum Fair Value abzüglich späterer kumulierter Abschreibungen und späterer kumulierter Wertminderungsaufwendungen möglich (Allowed Alternative Treatment). Die Neubewertungen müssen in regelmäßigen Abständen vorgenommen werden. Eine Wertänderung des immateriellen Vermögenswerts ist über die Neubewertungsrücklage im Eigenkapital (Revaluation Surplus) erfolgsneutral zu verbuchen, sofern es sich nicht um eine Korrektur einer zuvor vorgenommenen ergebniswirksamen Wertberichtigung handelt; eine solche Korrektur wird ergebniswirksam erfasst.

Bei Abgang des immateriellen Vermögenswerts kann der noch in der Neubewertungsrücklage befindliche Betrag aus der Zeitwertbilanzierung direkt den Gewinnrücklagen zugeführt werden, sofern dieser Betrag entweder vollständig durch den Abgang des Vermögenswerts oder teilweise durch die Nutzung des Vermögenswerts realisiert wurde. Die erfolgsneutrale Auflösung der Neubewertungsrücklage erfolgt durch die Umgliederung der entsprechenden Beträge in die Gewinnrücklagen (Retained Earnings).

Die Zeitwertbilanzierung von immateriellen Vermögenswerten erfährt eine bedeutsame Einschränkung: Sie ist nur dann erlaubt, wenn der Fair Value mittels eines aktiven Markts ermittelt werden kann. Die Voraussetzung eines aktiven Marktes ist nur dann gegeben, wenn die folgenden, kumulativen Bedingungen erfüllt sind:

- Die gehandelten Werte sind gleichartig,
- (potentielle) Käufer und Verkäufer können jederzeit gefunden werden und
- Preise sind der Öffentlichkeit zugänglich.

Als Beispiele für auf einem aktiven Markt gehandelte immaterielle Vermögenswerte werden in IAS 38 Taxilizenzen und Produktionsquoten genannt. Der überwiegende Teil der immateriellen Werte, wie Marken, Patente, Rechte an Filmen oder Warenzeichen ist einzigartig, die Werte werden nicht in ausreichendem Umfang gehandelt und die in den Transaktionen vereinbarten Preise sind der Öffentlichkeit regelmäßig nicht zugänglich.[8] Die kumulative Erfüllung der drei Kriterien ist bei immateriellen Werten in der Praxis daher selten gegeben, so dass eine Zeitwertbilanzierung von immateriellen Vermögenswerten bei Unternehmen, die nach IAS/IFRS bilanzieren, die Ausnahme bildet.[9]

---

[8] Vgl. IAS 38.78.

[9] Vgl. *Beyhs* (2002), S. 91. Vgl. hierzu auch *Husmann* (2003). Vgl. zur Fair Value-Bewertung immaterieller Vermögenswerte *Jäger / Himmel* (2003), S. 417 ff. Als weite-

c) Sachanlagen

Auch für Gegenstände des Sachanlagevermögens kommt eine Bewertung zum Zeitwert in Betracht: Aktivierungsfähige Gegenstände des Sachanlagevermögens, die nicht im Rahmen von Unternehmenszusammenschlüssen und nicht als Teil einer Sachgesamtheit zugehen, sind nach IAS 16 im Zeitpunkt der Erstverbuchung zu ihren Anschaffungs- oder Herstellungskosten anzusetzen.[10] Die Folgebewertung kann entweder nach der Benchmark-Methode (zu fortgeführten Anschaffungskosten) oder nach der alternativ zulässigen Methode erfolgen. Bei der alternativ zulässigen Methode sind die Sachanlagen zum beizulegenden Zeitwert, korrigiert um angefallene Abschreibungen und Abwertungsverluste, anzusetzen. Neubewertungen sind in regelmäßigen Abständen durchzuführen, um zu vermeiden, dass der Buchwert wesentlich von dem Betrag abweicht, der sich am Bilanzstichtag unter Zugrundelegung des beizulegenden Zeitwerts ergeben würde.[11] Führt die Neubewertung des Sachanlagegegenstands zu einer Erhöhung des Buchwerts, ist der Unterschiedsbetrag erfolgsneutral in eine Neubewertungsrücklage im Eigenkapital einzustellen. Wird durch die Werterhöhung gleichzeitig eine aufgrund der Neubewertung in einer früheren Periode entstandene Wertminderung, die als Aufwand erfasst worden war, rückgängig gemacht, ist der darauf entfallende Teil ertragswirksam zu behandeln.

Anders als bei immateriellen Vermögenswerten kann das Wahlrecht zur Zeitwertbilanzierung von Sachanlagen auch ausgeübt werden, wenn kein aktiver Markt existiert. Handelt es sich um Sachanlagen mit spezieller Beschaffenheit, die nicht auf einem aktiven Markt gehandelt werden, orientiert sich die Bewertung an den Wiederbeschaffungskosten oder dem Ertragswert der Sachanlage. Für die Berechnung des Zeitwertes sollen Gutachter hinzugezogen werden.

Entsprechend der Vorgehensweise bei immateriellen Vermögenswerten kann der noch in der Neubewertungsrücklage befindliche Betrag aus der Zeitwertbilanzierung bei Abgang der Sachanlage direkt den Gewinnrücklagen zugeführt werden, sofern dieser Betrag entweder vollständig durch den Abgang des Vermögenswerts oder teilweise durch die Nutzung des Vermögenswerts realisiert wurde. Die erfolgsneutrale Auflösung der Neubewertungsrücklage erfolgt durch die Umgliederung der entsprechenden Beträge in die Gewinnrücklagen (Retained Earnings).

---

res Beispiel können mit Beginn des Jahres 2005 die CO_2-Emissionsrechte genannt werden. Vgl. hierzu IFRIC 3 „Emission Rights".

[10] Vgl. zum Folgenden IAS 16.31 ff.

[11] Vgl. KPMG (2003), S. 73 – 74.

d) Als Finanzinvestition gehaltene Immobilien

Ein weiterer Anwendungsbereich der Zeitwertbilanzierung sind die als Finanzinvestition gehaltenen Immobilien: Grundstücke und Gebäude, die zur Erzielung von Mieteinnahmen und/oder mit dem Ziel gehalten werden, eine Wertsteigerung zu erreichen, sind nach IAS 40 als Finanzinvestition anzusehen. Im Zugangszeitpunkt werden diese Immobilien mit ihren Anschaffungs- und Herstellungskosten bewertet; für die Folgebewertung besteht – ähnlich wie bei Sachanlagen – ein Wahlrecht: Neben der Bilanzierung zu Anschaffungskosten kommt auch für die als Finanzinvestition gehaltenen Immobilien die Bewertung zum beizulegenden Zeitwert in Betracht.[12] Das Wahlrecht ist für alle als Finanzinvestition gehaltenen Immobilien einheitlich auszuüben.

Bedeutsam erscheint, dass die Wertänderungen der zum Zeitwert bilanzierten Immobilien aufwands- bzw. ertrags*wirksam* zu erfassen sind; nur beim erstmaligen Wechsel auf die Bewertung zum Zeitwert erfolgt eine erfolgsneutrale Anpassung über die Gewinnrücklagen. Abgänge oder Stilllegungen sind in Höhe der Differenz zwischen Nettoabgangswert und Buchwert erfolgswirksam zu erfassen.

Der beizulegende Zeitwert der als Finanzinvestition gehaltenen Immobilien ist der Betrag, zu dem ein Vermögenswert zwischen sachverständigen, vertragswilligen und voneinander unabhängigen Parteien getauscht werden könnte. Unternehmensspezifische Besonderheiten, wie zum Beispiel Synergieeffekte aus der Nutzung der Immobilie zusammen mit anderen vom Unternehmen gehaltenen Vermögenswerten, bleiben bei der Ermittlung des Zeitwerts unberücksichtigt. Sofern keine Preise auf aktiven, funktionierenden Immobilienmärkten vorliegen, soll auf die Märkte für andere Immobilien zurückgegriffen werden. Fehlen solche Märkte, so ist eine Bewertung anhand des Barwerts der Zahlungsströme vorzunehmen; dazu kann eine Orientierung an marktüblichen Mieten hilfreich sein.[13]

e) Zeitwertbilanzierung von nicht-finanziellen Schulden

Nicht-finanzielle Schulden umfassen neben den Pensionsrückstellungen (IAS 19) die Steuerrückstellungen (IAS 12) sowie sonstige Rückstellungen, die in IAS 37 geregelt sind. Verbindlichkeiten aus Lieferungen und Leistungen und

---

[12] Bei Wahl des Anschaffungskostenmodells sind die beizulegenden Zeitwerte der als Finanzinvestition gehaltenen Immobilien in den Notes offen zu legen; vgl. IAS 40.79 (e).

[13] Vgl. zu IAS 40 vertiefend *Böckem / Schuhrbohm-Ebneth* (2003), S. 335 ff.; zu Bewertungsproblemen *Frieß / Kormaier* (2004), S. 2024 ff.; *Beck* (2004).

sonstige Verbindlichkeiten fallen unter die finanziellen Schulden und sind daher nach den Regelungen des IAS 39 zu bewerten.[14]

Wenngleich die Vorschriften des IASB eine Bewertung von nicht-finanziellen Schulden zum Fair Value nicht vorsehen[15], schreiben die Regelungen zum Teil eine an Fair Values orientierte Bewertung vor. Bei der Ermittlung der Pensionsrückstellungen sind gemäß IAS 19 Trendannahmen zu Beitragsbemessungsgrenzen sowie Gehalts- und Rentenentwicklungen zu berücksichtigen.[16] Der Zinssatz für die Abzinsung der Leistungen nach Beendigung des Arbeitsverhältnisses richtet sich nach dem Marktzinssatz für risikolose langfristige Anleihen. Steuerschulden sind nach IAS 12 mit dem Betrag zu bewerten, der als Steuerzahlung zu erwarten ist; dabei sind die zum Abschlussstichtag gültigen oder bereits angekündigte neue Steuersätze anzuwenden.[17]

Relevanter Wertmaßstab für die Bewertung der sonstigen Rückstellungen ist nach IAS 37 der Betrag, der einer bestmöglichen Schätzung entspricht; regelmäßig wird der Betrag durch Gewichtung aller möglichen Ereignisse mit ihren jeweiligen Eintrittswahrscheinlichkeiten ermittelt. Der so ermittelte Betrag, der üblicherweise einen Erwartungswert darstellt, wird mit einem risiko- und laufzeitadäquaten Zinssatz diskontiert, wenn wesentliche Zinseffekte zu erwarten sind.

f) Grenzen der Zeitwertbilanzierung für nicht-finanzielle Posten

Die dargestellten Regelungen zur Bewertung von Vermögenswerten und Schulden können je nach Geschäftsstruktur des bilanzierenden Unternehmens und Ausübung der Wahlrechte zu einer weitreichenden Zeitwertbilanzierung führen. Regelmäßig ist es den Bilanzierenden jedoch auch möglich, bei entsprechender Ausübung der bestehenden Wahlrechte auf eine Bewertung von nicht-finanziellen Vermögenswerten und Schulden zum Fair Value weitgehend zu verzichten.[18] Eine deutlich weitergehende Verpflichtung zur Zeitwertbilanzie-

[14] Vgl. hierzu unten, Abschnitt II.3.b) dieses Beitrags.

[15] Eine Ausnahme bildet IFRIC 1 „Changes in Existing Decommissioning, Restoration and Similar Liabilities", der auch ein Neubewertungsmodell vorsieht. Vgl. auch *Zeimes* (2003), S. 2077.

[16] IAS 19 sieht für bestimmte Fälle eine Fair Value Bilanzierung vor; vgl. IAS 19.104A. Dies betrifft jedoch nicht die Bewertung von Pensionsrückstellungen, sondern die Bewertung von Erstattungsbeträgen als gesonderte Vermögenswerte bei leistungsorientierten Pensionsplänen.

[17] Vgl. *Zülch / Lienau* (2004), S. 565 ff.

[18] Zu berücksichtigen bleibt indes, dass Vermögenswerte bei einer aufgrund eines Niederstwerttests erforderlichen Erfassung von Wertminderungen nach IAS 36 auf einen Zeitwert abzuschreiben sind. Der als „erzielbarer Betrag" eines Vermögenswerts bezeichnete Zeitwert ist der höhere Wert seines Nettoveräußerungspreises (fair value less

rung als bei den nicht-finanziellen Vermögenswerten und Schulden ergibt sich aus dem nachfolgend darzustellenden Standard IAS 39 zur Bilanzierung und Bewertung von Finanzinstrumenten.

Die im Hinblick auf den Umfang der Zeitwertbilanzierung vorgenommene Unterscheidung zwischen finanziellen und nicht-finanziellen Vermögenswerten und Schulden liegt in Art und Umfang der Risiken begründet:[19] Da Finanzinstrumente letztlich dem Austausch von Zahlungsmitteln dienen, ist ihr „Geldwerdungsprozess" regelmäßig weiter fortgeschritten als bei anderen Vermögensgegenständen und Schulden. Ansprüche auf Zahlungen aus Finanzinstrumenten sind daher zumeist leichter zu bewerten als erwartete Zahlungsströme aus anderen geschäftlichen Aktivitäten. So werden zwar auch aus der Umwandlung von erworbenen Roh-, Hilfs- und Betriebsstoffen durch den unternehmerischen Prozess Forderungen aus Lieferungen und Leistungen generiert, doch bestehen bis zu diesem Zeitpunkt spezifische realwirtschaftliche Risiken. Erst durch den Abbau der realwirtschaftlichen Risiken wird bei nicht-finanziellen Vermögenswerten und Schulden in typisierender Sichtweise ein Sicherheitsgrad für die künftigen Zahlungsströme erreicht, der eine Umsatzrealisierung erlaubt.[20]

3. Zeitwertbilanzierung nach IAS 39

a) Entstehungsgeschichte des Standards zu Finanzinstrumenten

Mit IAS 39 liegt seit 2001 erstmals ein Standard vor, in dem die Bilanzierung und Bewertung von Finanzinstrumenten umfassend geregelt wird. Die Entstehungsgeschichte von IAS 39 verdeutlicht, dass die Diskussion um die Vorschriften zu Finanzinstrumenten seit fast fünfzehn Jahren im Wesentlichen durch die Frage nach der „richtigen" Bewertungskonzeption – dem Anschaffungskostenmodell oder dem Modell der Zeitwertbilanzierung – geprägt wird.[21]

Drei Vorgängerentwürfe, E 40 „Financial Instruments" aus dem Jahr 1991, E 48 „Financial Instruments" aus dem Jahr 1994 und E 62 „Financial Instruments: Recognition und Measurement" aus dem Jahr 1998 sowie ein umfangreiches Diskussionspapier DP „Accounting for Financial Assets and Financial Liabilities" aus dem Jahr 1997 waren erforderlich, um den gegenwärtigen Standard IAS 39 „Finanzinstrumente: Ansatz und Bewertung" im seinerzeitigen

---

costs to sell) und seines (unternehmensspezifischen) Nutzwerts (value in use); vgl. IAS 36.18 ff.

[19] Vgl. zum folgenden Abschnitt *Gebhardt / Naumann* (1999), passim.

[20] Vgl. *Moxter* (1999), S. 48 – 50.

[21] Vgl. zur Entstehungsgeschichte des Standards *Löw* (2004).

Board des IASC im Dezember 1998 zu verabschieden und im Januar 1999 zu veröffentlichen.

Dabei zeigte sich bei den Exposure Drafts E 40 und E 48, die Lösungen für Ansatz, Bewertung, Offenlegung und Abgrenzung von Eigenkapital- und Fremdkapitalinstrumenten anstrebten, dass sich stark widerstreitende Interessen zur Bilanzierung herausbildeten, die vorerst nicht kompromissfähig waren. Zentraler Streitpunkt war die Frage des Umfangs der Bewertung von Finanzinstrumenten zum Zeitwert. Sowohl E 40 als auch E 48 scheiterten an der erforderlichen ¾-Mehrheit im Board. Insofern sollte ein Weg eingeschlagen werden, der durch den amerikanischen Standard Setter, den Financial Accounting Standards Board (FASB), vorgezeichnet war. Es erfolgte eine Abtrennung der unproblematischeren Regelungen zur Offenlegung. So gelang es, im Jahr 1995 den Standard IAS 32 „Finanzinstrumente: Angaben und Darstellung" zu verabschieden, dessen Anwendung für Geschäftsjahre seit dem Jahr 1996 vorgeschrieben ist.[22]

Gleichzeitig wurde weiter an einer Lösung der Ansatz- und Bewertungsfragen gearbeitet. Erstes Ergebnis dieser Bemühungen war die Veröffentlichung des Discussion Paper DP „Accounting for Financial Assets and Financial Liabilities", dessen Grundgedanken Pate bei dem Vorschlag zu einem künftigen und endgültigen Bilanzierungsstandard zu Financial Instruments gestanden haben. Das Discussion Paper fußt auf der Idee einer umfassenden Fair Value-Bilanzierung. Ein fundamentaler Paradigmenwechsel in der Bilanzierung war jedoch im Jahre 1997 nicht durchsetzbar. Insofern zeichnete sich durch die eingehenden Kommentare ab, dass ein Konsens in dieser Frage wohl so schnell nicht zu erzielen sein dürfte.

Andererseits sah sich das (damalige) IASC unter dem politischen Druck, die Vereinbarung mit der IOSCO, bis zum Jahre 1999 einen vollständigen Katalog von Standards erarbeitet zu haben, zeitgerecht zu erfüllen, um in den Genuss einer Anerkennungsempfehlung für Cross-Boarder-Listings zu kommen. Dazu gehörte unzweifelhaft die Vorlage eines Standards, der Fragen zu Ansatz und Bewertung von Financial Instruments regelt. Daher wurde nach der Herauslösung der Fragen zur Offenlegung von Financial Instruments durch IAS 32 ein zweites Mal nach einer Kompromisslösung gesucht. Überlegungen, aus Vereinfachungsgründen die amerikanischen Regelungen direkt als IAS zu übernehmen, wurden letztlich zwar verworfen. Im Jahre 1998 wurde mit E 62 jedoch ein Exposure Draft veröffentlicht, der den amerikanischen Regelungen bereits ähnelte. Eine noch weitere Annäherung an diese Vorschriften erfolgte dann in den abschließenden Beratungen des Board im Dezember 1998. Die zwischen dem Exposure Draft und dem endgültigen Standard vorgenommenen über 50 Änderungen – zum Teil durchaus gravierend – hätten es nach dem Selbstverständnis des

---

[22] Vgl. *Ackermann* (2001), S. 65 – 67.

IASC eigentlich geboten, die neuen Überlegungen zunächst wieder in einen Entwurf zu kleiden.

Als Zugeständnis an die erhoffte Anerkennung der IAS für den internationalen Kapitalmarkt wurden entsprechende Bedenken indes zurückgestellt und dem (Kompromiss-)Standard IAS 39 von Beginn an nur ein Interimsdasein zugebilligt.[23]

Auf diese Weise wurde sowohl der Anforderung entsprochen, das Projekt zur Entwicklung eines Core Set of Standards abzuschließen, als auch offen zu bleiben für weitere Überlegungen im Hinblick auf die Frage des Umfangs der Fair Value-Bewertung. Endgültige Lösungen sollten auf der Grundlage eines Diskussionspapiers der im Jahre 1997 gegründeten, sog. Joint Working Group of Standard Setters erarbeitet werden.[24]

b) Umfang der Fair Value-Bewertung nach IAS 39

IAS 39 ist grundsätzlich von allen Unternehmen anzuwenden, unabhängig von der Branche, der Rechtsform oder der Unternehmensgröße. Es bestehen somit keine branchenspezifischen Regelungen oder Einschränkungen, etwa für Banken. Eine Anwendungspflicht ist für Geschäftsjahre gegeben, die am oder nach dem 1. Januar 2001 begannen.

Der Standard ist – von wenigen, genau enumerierten Sachverhalten abgesehen – auf alle Finanzinstrumente anzuwenden, die die weite Definition des Standards erfüllen. So umfassen Finanzinstrumente nicht nur die klassischen bilanziellen Finanzinstrumente, wie den Kassenbestand, Forderungen und Verbindlichkeiten (aus Lieferungen und Leistungen) oder Wertpapiere, sondern auch aus originären Finanzinstrumenten abgeleitete Instrumente, sog. Derivate.

Hieraus resultiert auch eine wesentliche Änderung gegenüber der vormaligen Bilanzierungspraxis, zugleich eine der Hauptzielsetzungen des Standards – neben einer sauberen Klassifizierung von finanziellen Vermögenswerten und finanziellen Schulden und der Bewertung von Investments, Regelungen zur Behandlung von Wertminderungen und Ausbuchungen zu entwickeln. Erstmals werden damit Anforderungen an die Erfassung, Ausbuchung und Bewertung von Derivaten gestellt. Alle derivativen Finanzinstrumente gehen zum Fair Value in die Bilanz ein; einen außerbilanziellen Raum für Derivate gibt es damit grundsätzlich nicht mehr. Außerdem durchlaufen – von der Ausnahme einer Absicherung im Rahmen eines sog. Cash Flow Hedges abgesehen – alle Wertänderungen der Derivate die Gewinn- und Verlustrechnung. Vor dem Hinter-

---

[23] Vgl. *Löw* (2004).

[24] Vgl. hierzu unten, Abschnitt II.4.a).

grund des weit verbreiteten Vorurteils, Derivate würden häufig zu rein spekulativen Zwecken eingesetzt, waren diese Regelungen bei Standardsetzung durchaus gewollt. Andererseits sollte den Unternehmen, die Derivate zu Sicherungszwecken einsetzen, ermöglicht werden, diesen Sicherungszusammenhang auch bilanziell abzubilden. Es waren mithin Regeln zu setzen, die eine kompensierende Wirkung von Wertänderungen der Derivate gestatten.

Der Kompromisscharakter des Standards zu Finanzinstrumenten zeigt sich auch in den Regelungen zur Bewertung. IAS 39 enthält einerseits Vorschriften, die für bestimmte Finanzinstrumente eine Zeitwertbilanzierung fordern, gleichzeitig wird für andere Instrumente die Bewertung zu (fortgeführten) Anschaffungskosten vorgeschrieben. Diesen sog. Mixed Model-Ansatz verdeutlicht Abbildung 1.

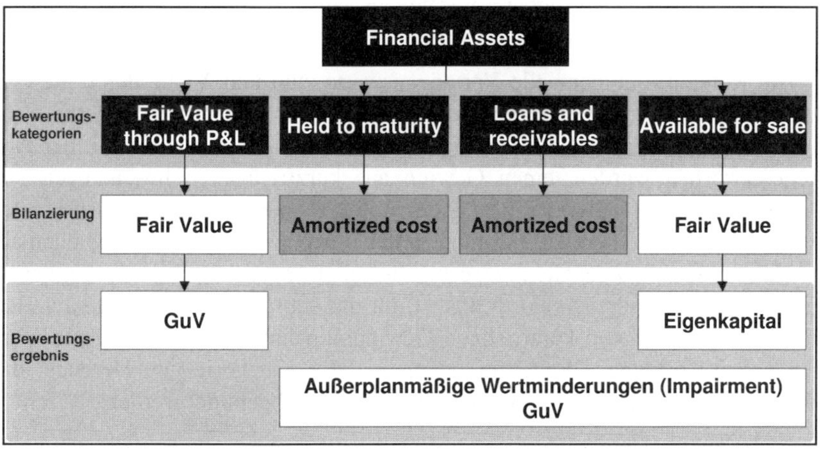

Abbildung 1: Umfang der Fair Value-Bewertung von finanziellen Vermögenswerten

Der Fair Value-Gedanke kommt schon in den Vorschriften zur Zugangsbewertung deutlich zum Ausdruck: Im Zeitpunkt des Zugangs eines finanziellen Vermögenswerts oder einer finanziellen Verbindlichkeit sind diese zum Fair Value zu bewerten.[25] Üblicherweise leitet sich der Fair Value des Finanzinstruments bei Zugang aus dem für die Transaktion gezahlten Preis ab. Gleichwohl treten in der Praxis Fälle auf, bei denen der Fair Value von dem Transaktionspreis abweichen kann. So stellt sich die Frage, wie z.B. bei Herausgabe unterverzinslicher Darlehen, die einen Zinssatz unter dem aktuellen Marktzins vorse-

[25] Vgl. IAS 39.43.

hen, oder bei unverzinslichen Darlehen der Fair Value zu ermitteln ist. Sofern keine Vorauszahlungen (sog. Upfront Payments) oder andere Zahlungen vertraglich vereinbart wurden, ist bereits für Zwecke der Zugangsbewertung eine Wertanpassung zu prüfen.

IAS 39 unterscheidet – nach der erneuten Überarbeitung und Veröffentlichung des Standards im Dezember 2003 zum Zwecke der Folgebewertung nun die folgenden vier Kategorien von finanziellen Vermögenswerten:[26]

- Finanzielle Vermögenswerte zum Fair Value durch die Gewinn- und Verlustrechnung (Financial Asset through Profit or Loss),
- bis zur Endfälligkeit zu haltende Finanzinvestitionen (Held-to-Maturity Investments),
- Kredite und Forderungen (Loans and Receivables),
- zur Veräußerung verfügbare Vermögenswerte (Availabe-for-Sale Financial Assets).

Die Kategorie „Finanzielle Vermögenswerte zum Fair Value durch die Gewinn- und Verlustrechnung" wird weiter in zwei Unterkategorien aufgeteilt.[27] In die Unterkategorie Held-for-Trading fallen Finanzinstrumente, die mit der Absicht erworben wurden, einen Gewinn aus kurzfristigen Schwankungen des Preises oder der Händlermarge zu erzielen. Bei Banken betrifft dies insbesondere den sog. Handelsbereich. Ein finanzieller Vermögenswert wird auch dann als zu Handelszwecken gehalten eingestuft, wenn er ungeachtet der ursprünglichen Erwerbsabsicht Teil eines Portfolios ist, für das substanzielle Hinweise auf eine tatsächliche Folge von kurzfristigen Gewinnmitnahmen aus der jüngeren Vergangenheit vorliegen. Weiterhin fallen in diese Kategorie alle Derivate, die nicht im Rahmen des Hedge Accounting bilanziell abgebildet werden.

In die zweite Unterkategorie sind Finanzinstrumente aufzunehmen, die beim erstmaligen Ansatz als „zum Fair Value durch die Gewinn- und Verlustrechnung" designiert werden. Nach dem im Dezember 2003 überarbeiteten Standard konnten alle Finanzinstrumente, die in den Anwendungsbereich des IAS 39 fallen, dieser Kategorie zu geordnet werden; ausgenommen waren demnach nur solche Investments in Eigenkapitalinstrumente, für die keine notierten Marktpreise auf aktiven Märkten vorliegen und deren Fair Value nicht zuverlässig ermittelt werden kann.

Finanzinstrumente, die der Kategorie „Finanzielle Vermögenswerte zum Fair Value durch die Gewinn- und Verlustrechnung" zugeordnet werden, sind zum

[26] Vgl. IAS 39.9 und Abbildung 1 dieses Beitrags. Zum überarbeiteten IAS 39 vgl. *Löw / S. Schildbach* (2004), S. 875 ff.

[27] Vgl. IAS 39.9.

Fair Value zu bilanzieren; Wertänderungen sind erfolgswirksam in der Gewinn- und Verlustrechnung zu erfassen.

Die Möglichkeit zur Nutzung dieser Unterkategorie wurde – u.a. nach Kritik durch die Europäische Zentralbank – im April 2004 allerdings durch den Exposure Draft „The Fair Value Option“ deutlich eingeschränkt. Gegen eine umfassende Designationsmöglichkeit und Fair Value-Bewertung von Finanzinstrumenten wurde seitens der Europäischen Zentralbank insbesondere die Gefahr von zusätzlichen GuV-Volatilitäten angeführt.[28]

Nach dem Exposure Draft können künftig nur noch folgende Finanzinstrumente in diese Kategorie designiert werden:

- Finanzinstrumente mit einem oder mehreren sog. eingebetteten Derivaten, unabhängig davon, ob es sich um trennungspflichtige oder nicht trennungspflichtige Derivate handelt,
- finanzielle Verbindlichkeiten, deren Cash Flows vertraglich an die Performance spezifizierter und zum Fair Value bewerteter finanzieller Vermögenswerte gekoppelt sind,
- finanzielle Vermögenswerte und Verbindlichkeiten, bei denen das Risiko von Fair value-Änderungen im Wesentlichen ausgeglichen wird durch das Risiko von Fair value-Änderungen anderer finanzieller Vermögenswerte und Verbindlichkeiten,
- finanzielle Vermögenswerte, die nicht die Definition von „Loans and Receivables“ erfüllen,
- sämtliche Finanzinstrumente, für die IAS 39 oder andere IAS/IFRS die Designation zum Fair Value gestatten oder vorschreiben.

Zusätzlich können nach dem Exposure Draft nur noch Finanzinstrumente in die Kategorie designiert werden, deren Fair Value „verifiable“, das heißt intersubjektiv nachprüfbar, ermittelbar ist. Ein Fair Value gilt nur dann als „verifiable“, wenn die Bandbreite plausibler Fair value-Schätzungen niedrig ist.[29]

Im Rahmen des Endorsement von IAS 39 durch die EU wurde die Anwendbarkeit der Fair Value-Option für Unternehmen mit Sitz innerhalb der EU nochmals eingeschränkt: Die Option kann demnach nur für finanzielle Vermögenswerte genutzt werden; finanzielle Verbindlichkeiten dürfen dagegen nicht in die Kategorie „zum Fair Value durch die Gewinn- und Verlustrechnung“ designiert werden.

---

[28] Vgl. Europäische Zentralbank (2004), S. 77 ff.

[29] Vgl. zum Exposure Draft vertiefend *Barckow* (2004), S. 793 ff.

Finanzinstrumente der Kategorie der bis zur Endfälligkeit zu haltenden Finanzinvestitionen sind nicht-derivative finanzielle Vermögenswerte mit fixen oder bestimmbaren Zahlungen und fester Endfälligkeit, bei denen das Unternehmen die Absicht und die Fähigkeit hat, sie bis zu diesem Zeitpunkt zu halten. Finanzinstrumente, die bei Zugang den Kategorien „zum Fair Value durch die Gewinn- und Verlustrechnung“ oder „zur Veräußerung verfügbar“ zugeordnet wurden, können ebenso wenig in diese Kategorie eingestuft werden wie Instrumente, die der Definition der Kredite und Forderungen entsprechen. Die Bewertung der bis zur Endfälligkeit zu haltenden Finanzinvestitionen erfolgt zu fortgeführten Anschaffungskosten unter Anwendung der Effektivzinsmethode.[30] Der Anwendbarkeit dieser Kategorie sind in der Praxis indes deutliche Schranken gesetzt, weil vorzeitige Abgänge aus der Kategorie sanktioniert werden und die bis zur Endfälligkeit zu haltenden Finanzinstrumente nicht im Rahmen des Hedge Accounting eingesetzt werden können.[31]

Als Kredite und Forderungen (Loans and Receivables) sind nicht-derivative finanzielle Vermögenswerte mit fixen oder bestimmbaren Zahlungen zu klassifizieren, die nicht an einem aktiven Markt notiert sind. Während diese Kategorie im Industrie- und Handelsbereich vor allem die Forderungen aus Lieferungen und Leistungen betrifft, sind im Bankenbereich insbesondere die Kredite in diese Kategorie zu klassifizieren, sofern sie nicht dem Handelsbestand zugeordnet werden. Finanzinstrumente der Kategorie „Kredite und Forderungen“ sind im Rahmen der Folgebewertung zu fortgeführten Anschaffungskosten unter Anwendung der Effektivzinsmethode zu bewerten.[32]

In die als Residualposten zu bezeichnende Kategorie „zur Veräußerung verfügbare finanzielle Vermögenswerte“ (Availabe-for-Sale Financial Assets) sind alle nicht-derivativen finanziellen Vermögenswerte aufzunehmen, die als zur Veräußerung verfügbar designiert werden oder nicht als Kredite und Forderungen, bis zur Endfälligkeit zu haltende Finanzinvestitionen oder finanzielle Vermögenswerte zum Fair Value durch die Gewinn- und Verlustrechnung klassifiziert werden. Die zur Veräußerung verfügbaren finanziellen Vermögenswerte sind zwingend zum Fair Value zu bewerten; Wertänderungen sind bis zum Zeitpunkt des Abgangs des finanziellen Vermögenswerts erfolgsneutral in einer Neubewertungsrücklage im Eigenkapital zu erfassen.

Auf der Passivseite kennt IAS 39 für Zwecke der Bewertung zwei Arten von finanziellen Verbindlichkeiten: Finanzielle Verbindlichkeiten zum Fair Value durch die Gewinn- und Verlustrechnung (Financial Asset through Profit or

---

[30] Vgl. IAS 39.46 (b).

[31] Vgl. *Kusterle* (2003).

[32] Vgl. zu Einzelheiten der Bewertung von Forderungen *Böcking / Sittmann-Haury* (2003).

Loss) und die sonstigen Verbindlichkeiten (Other Liabilities). Eine Einstufung finanzieller Verbindlichkeiten in die Kategorie „zum Fair Value durch die Gewinn- und Verlustrechnung" erfolgt zumeist bei Wertpapierleerverkäufen und bei Derivaten mit negativen Marktwerten; alle anderen Verbindlichkeiten sind üblicherweise als sonstige Verbindlichkeiten einzustufen. Auch auf der Passivseite besteht insofern ein Mixed Model-Ansatz, als der Standard für die Bewertung der „Finanziellen Verbindlichkeiten zum Fair Value" eine Zeitwertbilanzierung mit erfolgswirksamer Behandlung der Wertänderungen vorsieht, während die – den größten Teil der Verbindlichkeiten ausmachenden – sonstigen Verbindlichkeiten zu fortgeführten Anschaffungskosten bilanziert werden.

c) Kritik am Mixed Model-Ansatz

Ein wesentlicher Vorteil des derzeitigen Mixed Model-Ansatzes besteht darin, dass Finanzderivate, die einen wichtigen Beitrag für die Risikosteuerung in Industrieunternehmen und Kreditinstituten darstellen, in der Bilanz ausgewiesen werden. Dies sollte eine Beurteilung der Wirksamkeit der Risikomanagementpraktiken ermöglichen.[33] Als problematisch erweist sich der Mixed Model-Ansatz aber vor allem dann, wenn eine sachgerechte, an den ökonomischen Realitäten orientierte Abbildung der Geschäftsvorfälle an den Regelungen des Standards scheitert. Dies ist im Industrie- und Handelsbereich, vor allem aber im Bankenbereich der Fall, wenn der zwischen einzelnen Vermögenswerten und Schulden bestehende Funktionszusammenhang für die bilanzielle Behandlung unberücksichtigt bleiben muss.

Ein Beispiel ist die vom Standard vorgesehene erfolgswirksame Fair Value-Bewertung von derivativen Geschäften, die häufig zu Sicherungszwecken abgeschlossen werden. Wenn das zu sichernde Grundgeschäft zu fortgeführten Anschaffungskosten bilanziert wird oder die Wertänderungen des Grundgeschäfts erfolgsneutral im Eigenkapital erfasst werden[34], kommt es zu einer einseitigen erfolgswirksamen Erfassung der Wertänderungen des zugehörigen Derivats in der Gewinn- und Verlustrechnung. Die gegenläufige Wertänderung des Grundgeschäfts wird in diesen Fällen erst mit dessen Abgang erfolgswirksam.

Wie Abbildung 2 verdeutlicht, resultiert aus dem Mixed Model-Ansatz eine unzutreffende Darstellung der Lage des Unternehmens, die nur durch die Anwendung der umfangreichen und sehr komplexen Regelungen zum sog. Hedge

[33] Vgl. *Prahl* (2004), S. 224 f.

[34] Vgl. für die erfolgsneutrale Erfassung der Wertänderungen des Grundgeschäfts bei gleichzeitiger erfolgswirksamer Verbuchung der Wertänderungen des Sicherungsgeschäfts das Beispiel in Abbildung 2.

Accounting vermieden werden kann.[35] Diese Vorschriften werden als sehr restriktiv angesehen; ihre Anwendung erzeugt regelmäßig hohe Kosten und Buchungsaufwand.[36]

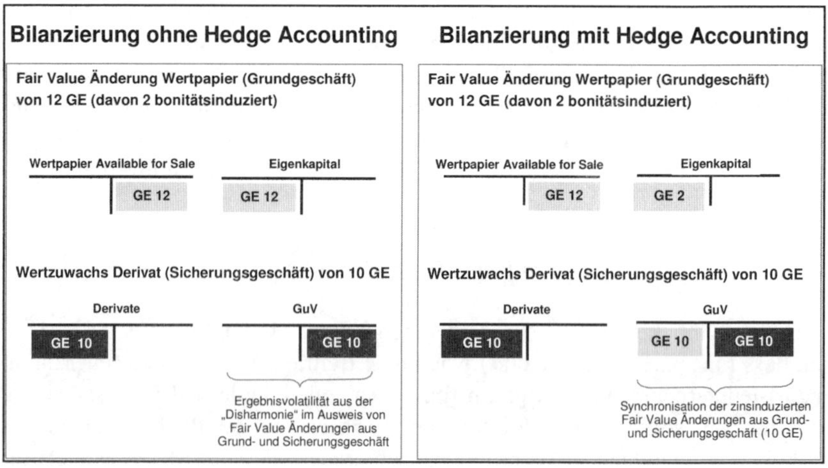

Abbildung 2: Problematik des Mixed Model-Ansatzes

Da die Regelungen Mikro-Bewertungseinheiten im Sinne einer Eins-zu-eins Absicherung unterstellen, während im modernen Risikomanagement Geschäfte auf Portfolio- oder Makro-Basis gesichert werden, kann es zudem zur Bildung rein bilanzpolitisch geprägter Bewertungseinheiten kommen.[37]

Es stellt sich daher die Frage, ob eine Full Fair Value-Bilanzierung anstelle des im Zeitpunkt der Veröffentlichung als Kompromiss konzipierten Mixed Model-Ansatzes von IAS 39 eine Alternative darstellt.

4. Full Fair Value-Bilanzierung als alternatives Bilanzierungskonzept?

a) Full Fair Value-Bilanzierung nach dem Entwurf der Joint Working Group of Standard Setters

Im Januar 2001 wurde der Entwurf eines Standards zur Bilanzierung von Financial Instruments von der sog. Joint Working Group of Standard Setters

[35] Vgl. zum Hedge Accounting *Hommel / Hermann* (2003), S. 2501 ff.; *Kropp / Klotzbach* (2003), S. 1180 ff.; *Kusterle* (2003); *Scharpf* (2004), S. 3 ff.

[36] Vgl. *Kemmer / Naumann* (2003).

[37] Vgl. *Löw* (2004), S. 255 f.

(JWG) veröffentlicht. Mitglieder der JWG waren Vertreter von Standard Settern aus Australien, Kanada, Frankreich, Deutschland, Japan, Neuseeland, fünf Skandinavischen Ländern, Großbritannien, den USA sowie dem IASB. Die JWG wurde 1997 ins Leben gerufen, nachdem deutlich wurde, dass eine Zustimmung zu dem im gleichen Jahr auf der Grundlage eines umfassenden Fair value-Ansatzes erschienenen IASC Discussion Paper DP „Accounting for Financial Assets and Financial Liabilities“ nicht zu erreichen war.[38] Der Entwurf greift auf diese Gedanken zurück. Er umfasst etwa 300 Seiten, einschließlich Anwendungshinweisen und Erläuterungen zur Beschlussfindung des JWG.[39]

Der Entwurf sieht weitreichende Änderungen vor: Die Einführung eines Full-Fair value-Ansatzes für nahezu alle Finanzinstrumente, eine ergebniswirksame Berücksichtigung aller Gewinne und Verluste aus Fair value-Änderungen, die Abschaffung spezieller Regelungen für das Hedge Accounting, für die konzeptionsbedingt keine Notwendigkeit mehr besteht, sowie eine Ausdehnung der Offenlegungspflichten unter anderem in Bezug auf finanzielle Risikopositionen und Auswirkungen auf die Gewinn- und Verlustrechnung.

Entsprechend IAS 39 ist auch der Entwurf der JWG branchenübergreifend angelegt. Größenabhängige Erleichterungen sind ebenfalls nicht vorgesehen. Bis auf wenige Ausnahmen sind sämtliche Finanzinstrumente von der Anwendung des Entwurfs betroffen, so auch vertragliche Rechte und Verpflichtungen, die aus der Zerlegung von hybriden Instrumenten resultieren.

Die Definition von Finanzinstrumenten ähnelt der bereits sehr weitreichenden Definition von IAS 39, erweitert dessen Anwendungsbereich aber um Instrumente, die wie Finanzinstrumente zu behandeln sind. Dazu gehören unter anderem Verträge zum Kauf oder Verkauf nicht-finanzieller Posten, die durch ein Finanzinstrument glattgestellt werden können.

Die Bilanzierung hat sowohl bei erstmaligem Ansatz als auch in den Folgejahren zum Fair Value zu erfolgen. Eine Ausbuchung eines finanziellen Vermögenswertes oder einer finanziellen Schuld ist vorzunehmen, wenn das Unternehmen nicht länger über die entsprechenden Rechte und Pflichten, die aus dem Vermögensgegenstand oder der Schuld resultieren, verfügt. Zwischenzeitliche Änderungen der Fair Values sind durch die Gewinn- und Verlustrechnung zu leiten. Der Fair Value ist dabei definiert als der durch ein Unternehmen geschätzte Preis, der erreicht werden könnte, wenn am Bewertungsstichtag bei normalen Marktbedingungen unter unabhängigen Geschäftspartnern ein Vermögensgegenstand oder eine Schuld beglichen werden würde.

---

[38] Vgl. zur damaligen Diskussion *Willis* (1998); *T. Schildbach* (1999); *Wiedmann* (1995).

[39] Vgl. zur Arbeit der JWG *Breker / Gebhardt / Pape* (2000).

An dem Discussion Paper des Jahres 1997 entzündete sich die Hauptkritik an den angeblich lückenhaften oder praxisfernen Vorschriften zur Ermittlung der Fair Values. Insofern hat die JWG diesem Aspekt besondere Beachtung geschenkt. In dem Entwurf findet sich eine hierarchische Reihenfolge der für die Ermittlung eines Fair Value anzuwendenden Methoden. Für alle Stufen enthält der Entwurf tiefgehende, sich über zahlreiche Seiten erstreckende Ausführungen. Am Ende einer langen Kette von vorgesehenen Wertfindungsmaßnahmen steht für ein Unternehmen dann die Möglichkeit, eine eigene Methode zu entwickeln. Die letztlich verwendete Bewertungsmethode hat in jedem Fall aber konsistent mit anerkannten Methoden zu sein; sie ist anhand von Preisen aus aktuellen Transaktionen auf ihre Anwendbarkeit zu überprüfen.

b) Kritik an einer Full Fair Value-Bilanzierung

Ebenso wie bereits das Discussion Paper aus dem Jahre 1997 war auch der Entwurf der JWG starker Kritik ausgesetzt. Eine Reihe gewichtiger Organisationen und Verbände haben Einwände gegen den Ansatz der JWG geäußert. Zu den kritischen Stimmen zählen etwa nationale Bankenverbände, die Joint Working Group of Banking Associations (eine Gruppe von Vertretern der American, Australian und Canadian Bankers Associations sowie der Federation of Bankers Associations of Japan und der European Federation), die European Banking Association, der Baseler Ausschuss und der Board of Governors des Federal Reserve Systems. Dabei reicht die Kritik von strikter Ablehnung des gesamten Gedankenmodells bis hin zur Akzeptanz der Grundkonzeption unter der Maßgabe einer Verbesserung praktischer Hinweise eines Full Fair Value-Ansatzes in einzelnen Punkten.

Kritik an einem Full Fair Value-Ansatz hat jüngst auch erneut[40] die Europäische Zentralbank (EZB) geäußert: Im Monatsbericht Februar untersucht die EZB mögliche Auswirkungen der Zeitwertbilanzierung und plädiert für weitere Analysen der Auswirkungen einer möglichen Umstellung.[41]

Die Kritikpunkte der Gegner einer Full Fair Value-Bilanzierung orientieren sich vor allem an den im Framework des IASB festgehaltenen und allgemein anerkannten Grundprinzipien einer entscheidungsorientierten externen Rechnungslegung, nämlich Relevanz (Relevance), Verlässlichkeit (Reliability), Vergleichbarkeit (Comparability) und Verständlichkeit (Understandability).[42]

---

[40] Vgl. auch schon die Stellungnahme der EZB zum Vorschlag der JWG, Europäische Zentralbank (2001).

[41] Vgl. Europäische Zentralbank (2004), S. 77 ff.

[42] Für die Kritik am Full Fair Value-Ansatz vgl. *Heyd* (2003), S. 337 – 368; *Hommel / Hermann* (2003), S. 2501 ff.

Nachfolgend werden einige der Argumente gegen den Full Fair Value-Ansatz aufgegriffen und den von Befürwortern einer solchen Bilanzierung aufgeführten Gegenargumenten gegenübergestellt.[43]

Hinsichtlich der Relevanz wird von Kritikern des Entwurfs die Frage aufgeworfen, ob die erfolgswirksame Berücksichtigung zinsinduzierter Wertänderungen die wirtschaftlichen Verhältnisse realistisch widerspiegelt.

Der Fair Value von Vermögenswerten und Schulden, die nicht an einem Kapitalmarkt gehandelt werden, ergibt sich aus dem Barwert der erwarteten Zahlungsströme. Dabei auftretende Wertbandbreiten bleiben unberücksichtigt, wenn im Jahresabschluss *ein* Fair Value anzusetzen ist. Der Fair Value ist darüber hinaus in solchen Fällen schwierig zu bestimmen, in denen zwar Marktwerte vorliegen, eine Veräußerung der Vermögenswerte jedoch den Markt in erheblichem Umfang beeinflusst.[44]

Auch im Hinblick auf die Ermittlung von Fair Values im Bankgeschäft wird betont, dass nur im Handelsbereich von Banken liquide Märkte existieren, so dass sich nur dort ein Fair Value objektiviert bestimmen ließe. Dagegen erfolge im sog. Bankbuch (also im Nicht-Handelsbereich) der Banken die Hereinnahme von Einlagen und die Vergabe von Krediten zur Sicherung bestimmter Zinsmargen. Der Erfolg ergebe sich dabei aus der Differenz von Zinsansprüchen.

Gegen diese Argumente wird von den Befürwortern einer Full Fair Value-Bilanzierung angeführt, dass im Handelsbuch und im Bankbuch häufig die gleichen Instrumente eingesetzt werden. Gibt cs also für den Handel einen Fair Value, existiere er auch für den Nicht-Handelsbereich. Eine unterschiedliche Bewertung identischer Instrumente in Abhängigkeit der Zuordnung könne zu willkürlichen Dispositionen verleiten. In diesem Sinne würden durch Fair Values Gestaltungsspielräume eingeschränkt. Wären Einlagen und Kredite zeitkongruente Festzinspositionen, wie suggeriert, ergäbe sich bei Fair value-Änderungen keine Auswirkung auf die Gewinn- und Verlustrechnung. In der Praxis der Aktiv-/Passivsteuerung von Banken würden indes bewusst Positionen offengehalten, deren Barwertänderungen dann auch Periodenerfolge darstellten.

Gegen die Berücksichtigung zinsinduzierter Wertänderungen in der Gewinn- und Verlustrechnung wird eingewandt, dass die Fair Values eine mangelnde Aussagekraft zur Prognose zukünftiger Überschüsse besitzen. Zwischenzeitliche Wertsteigerungen suggerieren einen Anstieg der Ertragskraft, dessen Extrapolation zu Fehleinschätzungen führen kann. Die Berücksichtigung der eigenen Bonität bei der Schuldenbewertung führt zum Ertragsausweis bei deren Absinken. Obwohl das Absinken der eigenen Bonität keine Auswirkung auf die Zahlungs-

---

[43] Einen Full Fair Value-Ansatz befürworten *Gebhardt / Reichardt / Wittenbrink* (2002); *Gebhardt / Reichardt / Wittenbrink* (2003); *Herzig / Mauritz* (1998).

[44] Vgl. das anschauliche Beispiel bei *Kley* (2001).

verpflichtungen hat, entstehe der Eindruck einer gesunkenen Fremdkapitalbelastung. Zusätzlich werden falsche Anreize gesetzt, da das Management bei gewinnabhängiger Entlohnung offenbar ein Interesse an einer sich verschlechternden Bonität des eigenen Hauses habe.

Von Befürwortern eines Full Fair Value-Ansatzes wird angeführt, dass Fair Value-Änderungen im Bankenbereich bei offenen Aktiv-/Passivpositionen die bereits erkennbaren Risiken auf den Nettozahlungsstrom indizierten. Die Fair Value-Konzeption ersetze mithin die zivilrechtliche Behandlung durch eine ökonomische Risikobetrachtung.

Im Hinblick auf die Frage der Ertragsrealisierung bei verschlechterter Bonität wird angemerkt, dass Bonitätsabstufungen aus Wertminderungen von Aktiva oder gesunkenem originärem Goodwill resultieren. Im ersten Fall werde in der Gewinn- und Verlustrechnung kein Überschuss auszuweisen sein. Nur im zweiten Fall verblieben Interpretationsprobleme, die – so die Argumentation der Vertreter des Full Fair Value-Ansatzes – eventuell durch zusätzliche Offenlegungspflichten vermieden werden könnten.[45]

Eine Ausschüttung von Erträgen aus Bonitätsverschlechterungen erscheint unangemessen, doch da Dividendenzahlungen eher in die gesellschaftsrechtliche als die bilanzielle Sphäre fallen, wäre zu erwägen, angemessene Kriterien zur Einschränkung von Dividendenausschüttungen unter solchen Umständen festzulegen (z.B. durch Ausschüttungssperren). Das Grundproblem eines Ertragsausweises trotz gesunkener Zukunftsperspektiven ist allerdings nicht neu, sondern tritt auch an anderen Stellen auf: Ein Entlohnungssystem, das auf kurzfristige Erfolgsausweise setzt, enthält auch bisher schon Anreize zur Umwidmung oder Veräußerung von Vermögensgegenständen mit Bewertungsreserven zur Realisierung eines kurzfristigen Erfolges.

Sollten in diesem Sinne Mängel im Anreizsystem zu konstatieren sein, sind diese nicht zwingend Ausfluss eines Bilanzierungssystems. Ein sachgerechtes Vergütungssystem sollte die Anreize für das Management im Sinne einer längerfristigen Performance-Perspektive setzen und daher Anpassungen sowohl zur Eliminierung kurzfristiger Volatilität als auch des Risikos von Gewinnmanipulationen berücksichtigen.[46]

Als zweites Merkmal einer entscheidungsorientierten Bilanzierung wird das Prinzip der Verlässlichkeit herangezogen. In diesem Zusammenhang wird von den Gegnern der Fair value-Bilanzierung infrage gestellt, ob deren Anwendung

---

[45] Vgl. auch unten, Abschnitt III. dieses Beitrags.

[46] Vgl. hierzu *T. Schildbach* (1999), S. 182, der darauf hinweist, dass Manager Finanzinvestitionen vorteilhafteren Sachinvestitionen vorzögen, wenn ihnen kurzfristig steigende Marktwerte der Finanzinvestitionen zugerechnet werden, während die Vorteile der langfristigen Sachinvestitionen den Nachfolgern zugerechnet werden.

auf die gesamten Financial Instruments zu verlässlichen Informationen führt. Der Ansatz von nicht durch Marktpreisen bestimmten Fair Values erhöhe die Subjektivität.[47] Die Verwendung unterschiedlicher Bewertungsmaßstäbe für Sachanlagen und langfristige Kredite, mit denen diese finanziert werden, führe somit zu einer Verzerrung der Ertragslage.

Gegen dieses Argument wird angeführt, das IASB habe mit IAS 40 bereits einen Standard veröffentlicht, nach dem die als Finanzinvestitionen gehaltenen Grundstücke oder Gebäude zu Fair Values bewertet werden dürfen.[48] Längerfristig sei eine Bewertung auch anderer nichtfinanzieller Vermögenswerte zu Fair Values zu erwarten.

Mit Blick auf die Verlässlichkeit wird weiterhin eingewandt, dass Finanzinstrumente, die nicht auf liquiden Märkten gehandelt werden, einen hohen Anteil an der Bilanzsumme ausmachen. Für deren synthetische Fair Value-Ermittlung existieren regelmäßig keine allgemein anerkannten Bewertungsmodelle, so dass auf interne Modelle zurückgegriffen werden muss.

Den Fair Value-Bilanzen wird von Kritikern einer umfassenden Zeitwertbilanzierung abgesprochen, eine größere Vergleichbarkeit zu besitzen. Dies wird darauf gestützt, dass bei der Berechnung synthetischer Fair Values zwangsläufig die Erwartungen des Managements zum Kredit- und Marktrisiko sowie zum Risiko vorfälliger Tilgung eingehen, was der Bilanzpolitik Tür und Tor öffne.

Dies ist indes eine Folge des oben angesprochenen Mangels an angemessenen Bewertungsmethoden. Die voranschreitende Entwicklung anerkannter Bewertungsmodelle im Industrie- und Bankenbereich dürfte der Gefahr fahrlässiger Bewertung und bewusster Täuschung zukünftig entgegentreten. Zunehmend werden künftig auch Forderungen und Kredite an Märkten handelbar, so dass sich die Verlässlichkeit der Bewertungen durch Rekurs auf Marktdaten weiter verbessern dürfte. Gleichwohl resultieren aus der Verwendung unterschiedlicher Modelle mit unterschiedlichen Grundannahmen bis zur Entwicklung einer „Best Practice" noch Differenzen, die einer Vergleichbarkeit entgegenstehen könnten.[49]

---

[47] Vgl. *Kley* (2001), S. 2259 – 2261.

[48] Vgl. zur Bewertung der als Finanzinvestition gehaltenen Immobilien oben, Abschnitt II.d.2).

[49] Vgl. dazu Europäische Zentralbank (2004), S. 84.

III. Die Fair Value-Option als Alternative zum Full Fair Value-Ansatz bei Finanzinstrumenten?

Im Zuge der aktuellen Diskussion um die Frage des Endorsement von IAS 39 durch die EU zeigt sich, wie heterogen das Meinungsbild unter den Bilanzierenden und den Jahresabschlussadressaten im Hinblick auf die Frage der Ausweitung der Fair Value-Bilanzierung ist.[50] Aus heutiger Sicht stehen sich Gegner und Befürworter einer Fair Value-Bilanzierung scheinbar unversöhnlich gegenüber. In der Bilanzierungspraxis, aber auch bei Aufsichtsbehörden und Zentralbanken, ist die Skepsis gegenüber einer Full Fair Value-Bilanzierung groß.[51]

Gleichwohl besteht weitgehend Einigkeit darüber, dass der derzeitige Standard zu Finanzinstrumenten nur eine Übergangslösung darstellt und zu überarbeiten ist. Auf der Grundlage der bisherigen Regelungen des IAS 39 wird aber eine weitergehende Fair Value-Bilanzierung ohne wesentlich tiefgreifendere Regelungen zur Bewertung als im gegenwärtigen Standard kein ausreichendes Maß an Verlässlichkeit und keine breitere Akzeptanz erlangen. Daher sind Pilotprojekte zur Überprüfung der Anforderungen für eine Fair Value-Bilanzierung zweckmäßig, um einen hohen Effektivitätsgrad des Standards zu erreichen und die Zahl späterer Fragen in Bezug auf seine Umsetzung sowie die Interaktion mit anderen Bilanzierungsbereichen zu minimieren. Wird dies im Rahmen der weiteren Fortentwicklung der Rechnungslegung zu Finanzinstrumenten berücksichtigt, könnte sich auch die diesem Bereich des Standards bisher entgegengebrachte Kritik mindern.

Die genannten Nachteile einer Fair Value-Bewertung legen überdies nahe, einen Ansatz zu verfolgen, bei dem bestimmte unrealisierte Fair Value-Änderungen in einem separaten Abschnitt der Erfolgsrechnung, der Eigenkapitaldarstellung oder in einer separaten Erfolgsrechnung ausgewiesen werden.

Da die Überarbeitung der Vorschriften aufgrund der Komplexität der Regelungen nicht kurzfristig erfolgen kann, stellt sich die Frage, wie die dargestellten Nachteile des Mixed Model-Ansatzes für eine Übergangszeit gemildert werden könnten. Das IASB hatte mit der Veröffentlichung des überarbeiteten IAS 39 im Dezember 2003 diesbezüglich vorgeschlagen, eine freiwillige Designation von Finanzinstrumenten in die Kategorie „Fair Value through Profit or Loss“ zuzulassen. Die zwischenzeitig durch den Exposure Draft und im Rahmen des Endorsement Prozesses durch die EU vorgenommenen Einschränkungen der Designationsmöglichkeit erscheinen diesbezüglich wenig hilfreich, da die Nutzung der Option regelmäßig keine zusätzlichen Volatilitäten erzeugen

---

[50] Vgl. zum Endorsement-Prozess *Scheffler* (2004); *Sprißler* (2004); *Wiedmann* (2004).

[51] Vgl. Europäische Zentralbank (2001). Zur Position der Bundesbank vgl. *Meister / Hillen* (2004).

dürfte, sondern – ähnlich wie beim oben beschriebenen Hedge Accounting[52] – aus Sicht der Bilanzierenden umgekehrt gerade zur Verringerung der GuV-Volatilitäten eingesetzt werden soll, wie auch der nachfolgenden Abbildung entnommen werden kann.

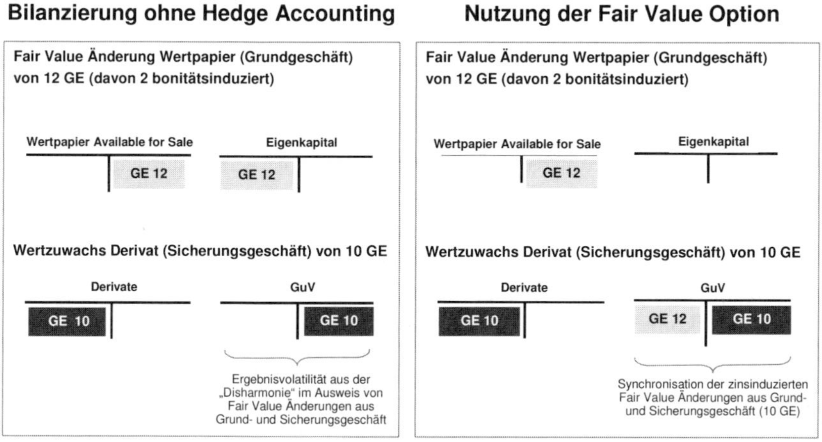

Abbildung 3: Nutzung der Fair Value-Option

Ein wesentliches Merkmal einer informativen Darstellung liegt darin, Fair value-Änderungen in der Gewinn- und Verlustrechnung adressatenorientiert in disaggregierter Form auszuweisen. Hierzu enthält der Vorschlag der JWG einige nützliche Aspekte, insbesondere im Hinblick auf einen Ausweis nach Risikogesichtspunkten. Bei der Weiterentwicklung von IAS 39 sollte daher erwogen werden, einige unrealisierte Fair value-Änderungen gesondert auszuweisen. Dies könnte den Bedenken von Aufsehern und Unternehmen Rechnung tragen, die den Ausweis von Gewinnen als Folge einer Verschlechterung der eigenen Bonität kritisieren.

Im Zusammenhang mit der Notwendigkeit eines hohen Verständlichkeitsgrades von Abschlüssen wird argumentiert, dass Fair value-Ansätze auch für professionelle Analysten und Wirtschaftsjournalisten nur mit Schwierigkeiten verständlich seien, da für die Fair value-Ermittlung der illiquiden Finanzinstrumente unternehmensspezifische Bewertungsmodelle anzuwenden sind. Erfahrungen mit einer deutlich erweiterten Risikoberichterstattung in Bankabschlüssen, die auf diesem Gebiet eine Vorreiterstellung eingenommen haben, deuten jedoch auf eine zunehmende Verständlichkeit in der Darstellung komplexer Sach-

---

[52] Vgl. oben, Abbildung 2.

verhalte. Bilanzierende, denen es gelingt, über die relevanten Daten für die Fair value-Ermittlung verständlich zu informieren, könnten für diese Kapitalmarktkommunikation mit geringeren Kapitalkosten belohnt werden. Es könnte mithin zu einem Wettbewerb verständlicher Informationen kommen, der den Finanzmärkten förderlich wäre.

Insgesamt sollte die Qualität einer Bewertungsmethode nicht an ungelösten Einzelproblemen gemessen werden. Maßstab sind vielmehr Ziel und Qualität des Gesamtsystems[53]. Zwei diametral unterschiedliche Bewertungsmethoden für ein einheitliches Rechenwerk können zu willkürlichen Dispositionen verleiten. Insofern sind Vorbehalte gegen IFRS, insbesondere gegen IAS 39 bei Investoren verständlich. Die künftige Entwicklungsarbeit im IASB unter angemessener Beteiligung der Betroffenen sollte sich daher auf die Lösung von Einzelproblemen eines sinnvollen Gesamtsystems konzentrieren; eine grundsätzliche Ablehnung des Gesamtsystems „Fair Value" unter Hinweis auf die noch nicht gelösten Einzelprobleme wird sich angesichts der überwiegend als vorteilhaft angesehenen Grundkonzeption nicht rechtfertigen lassen.

Die vom Jubilar für das deutsche Bilanzrecht dargestellten Nachteile der Bilanzierung zu Zeitwerten lassen sich auch für die internationale Rechnungslegung, und hier speziell bei der Frage der Reichweite einer Fair Value-Bilanzierung bei Finanzinstrumenten, konstatieren. Die vom Jubilar vorgeschlagene Möglichkeit, aus der Fair Value-Bilanzierung resultierende Informationsdefizite durch zusätzliche Angaben im Anhang zu heilen, stellt insofern bis auf weiteres eine zukunftsweisende Lösung dar.

Literaturverzeichnis

Ackermann, Ulrich (2001): Marktwertbilanzierung von Finanzinstrumenten nach US-GAAP/IAS: Auswirkungen auf Managemententscheidungen; Frankfurt am Main u.a. 2001.

Baetge, Jörg / *Zülch,* Henning (2001): Fair Value Accounting; in: Betriebswirtschaftliche Forschung und Praxis; 53. Jg. (2001); S. 543 – 562.

Barckow, Andreas (2004): ED Fair Value Option – Der Entwurf des IASB zur Einschränkung der Fair-Value-Option in IAS 39 (rev. 2003); in: Die Wirtschaftsprüfung; 57. Jg. (2004); S. 793 – 798.

Beck, Martin (2004): Bilanzierung von Investment Properties nach IAS 40; in: Zeitschrift für kapitalmarktorientierte Rechnungslegung; 4. Jg. (2004); S. 498 – 505.

[53] So auch *Krumnow* (2001), S. 18.

Beyhs, Oliver (2002): Impairment of Assets nach International Accounting Standards; Frankfurt am Main u.a. 2002.

Böckem, Hanne / *Schuhrbohm-Ebneth,* Anne (2003): Praktische Fragestellungen der Implementierung von IAS 40 – Als Finanzinvestition gehaltene Immobilien (investment properties); in: Zeitschrift für kapitalmarktorientierte Rechnungslegung; 3. Jg. (2003); S. 335 – 343.

Böcking, Hans-Joachim / *Sittmann-Haury,* Caroline (2003): Forderungsbewertung – Anschaffungskosten versus Fair Value; in: Betriebs-Berater; 58. Jg. (2003); S. 195 – 200.

Breker, Norbert / *Gebhardt,* Günther / *Pape,* Jochen (2000): Das Fair Value-Projekt für Finanzinstrumente – Stand der Erörterungen der Joint Working Group of Standard Setters im Juli 2000 –; in: Die Wirtschaftsprüfung; 53. Jg. (2000); S. 729 – 744.

Europäische Zentralbank (2001): Fair Value Accounting in the banking sector: ECB comments on the ‚Draft Standard and basis for conclusions – financial instruments and similar items' issued by the Financial Instruments Joint Working Group of Standard Setters vom 08.11.2001; Frankfurt am Main 2001.

– (2004): Monatsbericht: Februar 2004; Frankfurt am Main 2004.

Frieß, Rüdiger / *Kormaier,* Benedikt (2004): Fair Value-Ermittlung von Investment Properties mit Hilfe des Ertragswertverfahrens nach WertV?; in: Deutsches Steuerrecht; 42. Jg. (2004); S. 2024 – 2028.

Gebhardt, Günther / *Naumann,* Thomas K. (1999): Grundzüge der Bilanzierung von Financial Instruments und von Absicherungszusammenhängen nach IAS 39; in: Der Betrieb; 52. Jg. (1999); S. 1461 - 1469.

Gebhardt, Günther / *Reichardt,* Rolf / *Wittenbrink,* Carsten (2002): Accounting for Financial Instruments in the Banking Industry; Center for Financial Studies, Working Paper Series: No. 95; Frankfurt am Main 2002.

– (2003): Financial Instruments – Fair Value Accounting for (not against) the Banking Industry; Center for Financial Studies, Working Paper Series: No. 21/2003; Frankfurt am Main 2003.

Herzig, Norbert / *Mauritz,* Peter (1998): Ökonomische Analyse einer bilanziellen Marktbewertungspflicht für originäre und derivative Finanzinstrumente; in: Zeitschrift für Betriebswirtschaft; 75. Jg. (1998); S. 335 – 361.

Heyd, Reinhard (2003): Fair Value Bewertung von Financial Instruments; in: Neuere Finanzprodukte: Anwendung, Bewertung, Bilanzierung: Festschrift zum 65. Geburtstag von Wolfgang Eisele; Hrsg. Alois P. Knobloch und Norbert Kratz; München 2003; S. 337 – 368.

Hommel, Michael / *Hermann,* Olga (2003): Hedge Accounting und Full-Fair-Value-Approach Hedge in der internationalen Rechnungslegung; in: Der Betrieb; 56. Jg. (2003); S. 2501 – 2506.

Husmann, Rainer (2003): Immaterielle Anlagewerte; in: Rechnungslegung für Banken nach IAS; Hrsg. Edgar Löw; Wiesbaden 2003; S. 401 – 427.

Jäger, Rainer / *Himmel,* Holger (2003): Die Fair-Value-Bewertung immaterieller Vermögenswerte vor dem Hintergrund der Umsetzung internationaler Rechnungslegungsstandards; in: Betriebswirtschaftliche Forschung und Praxis; 55. Jg. (2003); S. 417 – 440.

Kemmer, Michael / *Naumann,* Thomas K. (2003): IAS 39: Warum ist die Anwendung für deutsche Banken so schwierig?; in: Zeitschrift für das gesamte Kreditwesen; 56. Jg. (2003); S. 568 – 573.

Kley, Karl-Ludwig (2001): Die Fair Value-Bilanzierung in der Rechnungslegung nach den International Accounting Standards (IAS); in: Der Betrieb; 54. Jg. (2001); S. 2257 – 2262.

KPMG (2003): International Financial Reporting Standards; 2. Auflage; Stuttgart 2003.

Kropp, Matthias / *Klotzbach,* Daniela (2003): Der Vorschlag des IASB zum Macro Hedge Accounting; in: Die Wirtschaftsprüfung; 56. Jg. (2003); S. 1180 – 1192.

Krumnow, Jürgen (2001): Viele Gremien für den Fair Value; in: Börsen-Zeitung vom 07.02.2001; S. 18.

Küting, Karlheinz / *Dawo,* Sascha (2003): Anwendungsfälle der fair-value-Bewertung bei nicht finanziellen Vermögenswerten im Rahmen der International Financial Reporting Standards (IFRS); in: Zeitschrift für kapitalmarktorientierte Rechnungslegung; 3. Jg. (2003); S. 228 – 241.

Küting, Karlheinz / *Wirth,* Johannes (2003): Bilanzierung von Unternehmenszusammenschlüssen nach IFRS 3; in: Zeitschrift für kapitalmarktorientierte Rechnungslegung; 4. Jg. (2004); S. 167 – 177.

Kusterle, Birte (2003): Ansatz und Bewertung von Financial Instruments; in: Rechnungslegung für Banken nach IAS; Hrsg. Edgar Löw; Wiesbaden 2003; S. 282 – 353.

Löw, Edgar (2004): Antizipative Sicherungsgeschäfte und Fortentwicklung des deutschen Bilanzrechts; in: Rechnungslegung, Steuerung und Aufsicht von Banken: Festschrift zum 60. Geburtstag von Jürgen Krumnow; Hrsg. Thomas A. Lange und Edgar Löw; Wiesbaden 2004; S. 241 – 275.

Löw, Edgar / *Schildbach,* Stephan (2004): Financial Instruments – Änderungen von IAS 39 aufgrund des Amendments Project des IASB; in: Betriebs-Berater; 59. Jg. (2004); S. 875 – 882.

Meister, Edgar / *Hillen,* Karl-Heinz (2004): International Financial Reporting Standards – Eine Einschätzung aus Sicht der Bundesbank; in: Rechnungslegung, Steuerung und Aufsicht von Banken: Festschrift zum 60. Geburtstag von Jürgen Krumnow; Hrsg. Thomas A. Lange und Edgar Löw; Wiesbaden 2004; S. 331 – 351.

Moxter, Adolf (1999): Bilanzrechtsprechung; 5. Auflage; Tübingen 1999.

Perlet, Helmut (2003): Fair Value-Bewertung von Versicherungsunternehmen; in: Betriebswirtschaftliche Forschung und Praxis; 55. Jg. (2003); S. 441 – 456.

Prahl, Reinhard (2004): Bilanzierung von Financial Instruments – quo vadis?; in: Rechnungslegung, Steuerung und Aufsicht von Banken: Festschrift zum 60. Geburtstag von Jürgen Krumnow; Hrsg. Thomas A. Lange und Edgar Löw; Wiesbaden 2004; S. 207 – 240.

Saelzle, Rainer / *Kronner,* Markus (2004): Die Informationsfunktion des Jahresabschlusses – dargestellt am sog. „impairment-only-approach"; in: Die Wirtschaftsprüfung; 57. Jg. (2004); Sonderheft 2004; S. 154 – 165.

Scharpf, Paul (2004): Hedge Accounting nach IAS 39: Ermittlung und bilanzielle Behandlung der Hedge (In)-Effektivität; in: Zeitschrift für kapitalmarktorientierte Rechnungslegung; 4. Jg. (2004); Beilage 1 zu Heft 11/2004; S. 3 – 22.

Scheffler, Eberhard (2004): Der europäische Enforcement-Prozess – Europäischer Einfluss auf die Fortentwicklung der International Financial Reporting Standards; in: Rechnungslegung, Steuerung und Aufsicht von Banken: Festschrift zum 60. Geburtstag von Jürgen Krumnow; Hrsg. Thomas A. Lange und Edgar Löw; Wiesbaden 2004; S. 55 – 72.

Schildbach, Thomas (1999): Zeitwertbewertung, Gewinnkonzeptionen und Informationsgehalt – Stellungnahme zu „Financial Assets and Liabilities – Fair Value or Historical Cost?“; in: Die Wirtschaftsprüfung; 52. Jg. (1999); S. 177 – 185.

– (2003): Zeitwertbilanzierung in USA und nach IAS; in: Betriebswirtschaftliche Forschung und Praxis; 50. Jg. (1998); S. 580 – 592.

Siegel, Theodor (1997): Mangelnde Ernsthaftigkeit des Gläubigerschutzes als offene Flanke der deutschen Rechnungslegungsvorschriften; in: Jahresabschluß und Jahresabschlußprüfung: Festschrift zum 60. Geburtstag von Jörg Baetge; Hrsg. Thomas R. Fischer und Reinhold Hömberg; Düsseldorf 1997; S. 117 – 149.

– (1998): Zeitwertbilanzierung für das deutsche Bilanzrecht?; in: Betriebswirtschaftliche Forschung und Praxis; 50. Jg. (1998); S. 593 – 603.

Sprißler, Wolfgang (2004): Durch Endorsement und Enforcement auf Augenhöhe mit der SEC?; in: Rechnungslegung, Steuerung und Aufsicht von Banken: Festschrift zum 60. Geburtstag von Jürgen Krumnow; Hrsg. Thomas A. Lange und Edgar Löw; Wiesbaden 2004; S. 91 – 120.

Wiedmann, Harald (1995): Fair Value in der internationalen Rechnungslegung; in: Internationale Wirtschaftsprüfung: Festschrift für Hans Havermann; Hrsg. Josef Lanfermann; Düsseldorf 1995; S. 779 – 811.

– (2004): Die Rolle eines privaten Standard Setters im Endorsement- und Enforcement-Prozess; in: Rechnungslegung, Steuerung und Aufsicht von Banken: Festschrift zum 60. Geburtstag von Jürgen Krumnow; Hrsg. Thomas A. Lange und Edgar Löw; Wiesbaden 2004; S. 73 – 90.

Willis, Diana W. (1998): Financial Assets and Liabilities – Fair Value or Historical Cost?; in: Die Wirtschaftsprüfung; 51. Jg. (1998); S. 854 – 860.

Wüstemann, Jens / *Duhr,* Andreas (2003): Geschäftswertbilanzierung nach dem Exposure Draft ED 3 des IASB – Entobjektivierung auf den Spuren des FASB?; in: Betriebs-Berater; 58. Jg. (2003); S. 247 – 253.

Zeimes, Markus (2003): Fair Value-Bewertung von Rückstellungen nach IFRS – IFRIC Interpretationsentwurf D2 zur bilanziellen Behandlung von Entsorgungs-, Rekultivierungs- und ähnlichen Verpflichtungen; in: Der Betrieb; 56. Jg. (2003); S. 2077 – 2080.

Zülch, Henning / *Lienau,* Achim (2004): Die Bedeutung der Steuerabgrenzung für die fair-value-Bilanzierung nicht-finanzieller Vermögenswerte nach den Rechnungslegungsvorschriften des IASB; in: Die Wirtschaftsprüfung; 57. Jg. (2004); S. 565 – 576.

Zur Berücksichtigung des Risikos bei Ermittlung des Nutzungswertes gemäß IAS 36: Darstellung und Kritik

Von Gerwald Mandl

I. Problemstellung

Der Nutzungswert (Value in Use) wird in IAS 36.6 als Barwert der zukünftigen Cashflows definiert, die aus der Nutzung eines Vermögenswertes oder einer zahlungsmittelgenerierenden Einheit (Cash-generating Unit) erwartet werden können. Mögliche Bezugsobjekte für die Nutzungswertermittlung sind daher einerseits einzelne Vermögenswerte und andererseits Gruppen von Vermögenswerten, die zu einer zahlungsmittelgenerierenden Einheit zusammengefasst werden. Das primäre Bezugsobjekt für die Ermittlung des Nutzungswertes bildet nach IAS 36.66 der einzelne Vermögenswert. Ist es nicht möglich, dem einzelnen Vermögenswert Cashflows zuzuordnen, die unabhängig von jenen Cashflows sind, die von anderen Vermögenswerten oder zahlungsmittelgenerierenden Einheiten erzielt werden, muss die Nutzungswertermittlung auf die zahlungsmittelgenerierende Einheit bezogen werden, der der betreffende Vermögenswert zuzuordnen ist.[1] Unter einer zahlungsmittelgenerierenden Einheit ist nach IAS 36.6 die kleinste identifizierbare Gruppe von Vermögenswerten zu verstehen, die Mittelzuflüsse erzeugen, die weitestgehend unabhängig von den Mittelzuflüssen anderer Vermögenswerte oder anderer Gruppen von Vermögenswerten sind.

Die Ermittlung des Nutzungswertes erfolgt nach IAS 36.31 in zwei Schritten: Im ersten Schritt sind die zukünftigen Cashflows zu schätzen, im zweiten Schritt ist ihr Barwert durch Diskontierung mit Hilfe eines geeigneten Zinssatzes zu ermitteln. Da die zukünftigen Cashflows nicht mit Sicherheit geschätzt werden können, enthält IAS 36 auch Regelungen darüber, wie die zukünftigen Cashflows unter Unsicherheit[2] zu bewerten sind.

---

[1] Vgl. IDW (2004), S. 1490.

[2] Unsicherheit und Risiko werden hier synonym verwendet. Zur möglichen Unterscheidung siehe *Kruschwitz* (2003), S. 287 – 288.

Im folgenden Beitrag wird zunächst in Kapitel II. auf wesentliche Regelungen, Vorschläge zur Ermittlung der Cashflows und des Diskontierungszinsfußes nach IAS 36 eingegangen, die eine marktorientierte Ermittlung des Nutzungswertes fordern, und ergänzend die anzuwendenden Methoden dargestellt. Daran anschließend wird im Kapitel III. die übliche Bewertung unsicherer Zahlungsströme in der Literatur, wie sie u.a. bei der Unternehmensbewertung angewendet wird, gezeigt. Auf Grundlage dieser Ergebnisse wird die Bewertung unsicherer Cashflows für den Nutzungswert gemäß IAS 36 kritisch analysiert, insbesondere auch unter den Aspekten von Ermessensspielräumen bzw. von Objektivitätserfordernissen.

II. Abriss der Vorgehensweise nach IAS 36[3]

1. Allgemeines

Nach IAS 36.30 sollen bei der Berechnung des Nutzungswertes[4] folgende Faktoren einbezogen werden:[5]

a) eine Schätzung der zukünftig erwarteten Cashflows aus dem Vermögenswert;

b) Erwartungen über mögliche Abweichungen in der Höhe oder dem zeitlichen Anfall der zukünftigen Cashflows;

c) der Zeitwert des Geldes, der durch den aktuellen risikolosen Marktzinsfuß repräsentiert wird;

d) die Prämie für die Übernahme des Risikos, das dem Vermögenswert inhärent ist;

e) andere Faktoren wie Illiquidität, die die Marktteilnehmer bei der Bewertung der zukünftig aus dem Vermögenswert erwarteten Cashflows berücksichtigen würden.

Die Faktoren b), d) und e) beziehen sich auf Risikokomponenten, die im Rahmen der Berücksichtigung der Unsicherheit zu beachten sind. Sie können nach IAS 36.32 entweder bei den zukünftigen Cashflows oder beim Diskontierungszinsfuß berücksichtigt werden (IAS 36.32). Unabhängig davon, welche Vorgangsweise gewählt wird, das Resultat soll den erwarteten Barwert der zu-

---

[3] Zu den Grundsätzen der Barwertermittlung nach SFAC No. 7 des FASB siehe u.a. *Hitz / Kuhner* (2000), S. 889 – 902.

[4] Zur generellen Vorgangsweise bei Ermittlung des Nutzungswertes siehe u.a. *Baetge / Krolak / Thiele* (2002), S. 19 – 28; *Wagenhofer* (2003), S. 167 – 172.

[5] Siehe auch *Bieker / Esser* (2003), S. 80.

künftigen Cashflows widerspiegeln, d.h. den gewichteten Durchschnitt aller möglichen Ergebnisse (IAS 36.32).

Eine Abgrenzung der einzelnen in IAS 36.30 genannten Unsicherheitsfaktoren wird sich in der praktischen Umsetzung als schwierig erweisen. Unklar erscheint vor allem das Verhältnis zwischen dem in lit d) angeführten inhärenten Risiko und der nach lit b) zu berücksichtigenden Streuung der Cashflows, da das dem Vermögenswert inhärente Risiko gerade in den Erwartungen über die Streuung der Cashflows zum Ausdruck kommt.

2. Relevante Rechnungsgrößen

a) Cashflows

IAS 36.33 – 38 („Basis for Estimates of Future Cash Flows"), IAS 36.39 – 53 („Composition of Estimates of Future Cash Flows") und IAS 36.54 („Foreign Currency Future Cash Flows") enthalten die Grundlagen für die Schätzung der zukünftigen Cashflows.[6] Daraus geht u.a. hervor, dass als Basis für die Schätzungen der zukünftigen Cashflows vernünftige und vertretbare Annahmen des Managements dienen sollen. Externe Informationsquellen sollen ein größeres Gewicht haben. Detaillierte Cashflow-Prognosen auf der Grundlage von Planungsrechnungen (u.a. Finanzplanungen und Budgets) sollen sich i.d.R. maximal über 5 Jahre erstrecken, außer längere Planungsperioden können gerechtfertigt werden. Nach diesem Zeitraum ist für die Cashflows generell von einer konstanten oder sinkenden Wachstumsrate auszugehen. In die Cashflows sind auch alle Mittelabflüsse für die Aufrechterhaltung der planmäßigen Nutzung des Vermögenswertes einzubeziehen. Künftige Investitionen zu seiner Verbesserung oder Restrukturierung dürfen nicht einbezogen werden. Sofern der Kalkulationszinsfuß die Preissteigerungsrate enthält, sind auch die Cashflows nominell zu planen, anderenfalls ist real zu prognostizieren.[7] Appendix A („Using Present Value Techniques to Measure Value in Use"), der ein integraler Bestandteil des Standards ist, gibt in den Abschnitten „The Components of a Present Value Measurement", „General Principles" und „Traditional and Expected Cash Flow Approaches to Present Value" Anleitungen für die Ermittlung der zukünftigen Cashflows. In der „Basis for Conclusions" finden sich in BCZ 40 – 80 weitere Informationen zur Cashflow-Ermittlung.

---

[6] Siehe auch *Graumann* (2004a), S. 174 – 175; *Kirsch* (2004), S. 138; IDW (2004), S. 1492 – 1493.

[7] Zur Cashflow-Planung für zahlungsmittelgenerierende Einheiten siehe u.a. *Kirsch* (2003), S. 95 – 99.

Von besonderer Bedeutung ist, dass in den Schätzungen der zukünftigen Cashflows Zahlungsströme aus der Finanzierungstätigkeit und Ertragsteuern nicht berücksichtigt werden dürfen (IAS 36.50). Damit wird auf eine Cashflow-Größe abgestellt, in der Zahlungsströme an bzw. von Eigen- und Fremdkapitalgeber(n) noch unberücksichtigt sind. Der so geschätzte Cashflow entspricht von daher jenem Cashflow, der unter der Annahme vollständiger Eigenfinanzierung erwirtschaftet werden würde. Insoweit besteht daher Übereinstimmung mit dem Konzept des Free Cash Flow (FCF). Anders als bei der Ermittlung von FCF darf jedoch nach IAS 36 die Ertragsteuerbelastung des Unternehmens nicht in die Cashflow-Ermittlung einbezogen werden.

Da die Schätzungen der Cashflows primär auf Planungen und Erwartungen des Managements beruhen, sind hier in der Praxis Ermessensspielräume gegeben, die den Objektivierungserfordernissen zuwiderlaufen können. Diese Problematik soll nach IAS 36.BCZ 54 dadurch abgeschwächt werden, dass der Diskontierungssatz so weit wie möglich den Markteinschätzungen entspricht.

b) Diskontierungssatz[8]

Zum Diskontierungssatz führt IAS 36.55 aus, dass dieser ein Vorsteuersatz sein soll, der die gegenwärtige Marktbewertung[9]

a) des Zeitwertes des Geldes und

b) jenes mit dem Vermögenswert verbundenen spezifischen Risikos, das in den zukünftigen Cashflows nicht berücksichtigt worden ist,

widerspiegeln soll.

Der Diskontierungssatz soll der Rendite entsprechen, die ein Investor für einen Vermögenswert fordert, der Cashflows generiert, die in Höhe, im zeitlichen Anfall und Risikoprofil jenen Cashflows äquivalent sind, die vom Unternehmen für den zu bewertenden Vermögenswert erwartet werden. Ist diese vermögenswertspezifische Diskontierungsrate nicht direkt am Markt verfügbar, muss das Unternehmen Surrogate verwenden, um die Diskontierungsrate zu schätzen. Dazu finden sich weitere Anleitungen im Abschnitt „Discount Rate" in IAS 36.A17. Als Ausgangpunkt für derartige Surrogate kann das Unternehmen demnach folgende Zinssätze in Betracht ziehen:

a) die gewichteten Kapitalkosten (WACC) des Unternehmens unter Verwendung des Capital Asset Pricing Models,

---

[8] Zur Abzinsung in internationalen Rechnungslegungsstandards siehe *Wagenhofer* (2000), S. 306 – 312.

[9] Siehe auch IDW (2004), S. 1493.

b) die Zinssätze für neue Kredite des Unternehmens oder

c) marktübliche Fremdkapitalzinssätze.

Diese Zinssätze müssen noch angepasst werden, um das vermögenswertspezifische Risiko zu berücksichtigen und um jene Risiken auszuschließen, die für den Vermögenswert nicht relevant sind. Auf ein allfälliges Länder-, Währungs- und Preisrisiko ist Bedacht zu nehmen (IAS 36.A18). Der Diskontierungszinsfuß darf ferner keine Risiken enthalten, die bereits in den erwarteten Cashflows berücksichtigt wurden. Anderenfalls käme es zu einer Doppelerfassung (IAS 36.A15).

Der Diskontierungszinssatz hat unabhängig von der Kapitalstruktur zu sein und ist als Vorsteuersatz[10] anzuwenden (IAS 36.A19 f.).

3. Methodische Ansätze

a) Traditional Approach

Appendix A stellt zwei Methoden zur Ermittlung des Barwertes der Cashflows gegenüber: „Traditional Approach" und „Expected Cash Flow Approach".[11] Beim Traditional Approach gehen die Faktoren b) – e) gemäß IAS 36.30 bzw. gemäß IAS 36.A1 in den Diskontierungszinsfuß ein, d.h. das Risiko wird durch einen Zuschlag zum risikolosen Zinsfuß berücksichtigt. Der Diskontierungszinssatz wird als „the rate commensurate with the risk" bezeichnet (IAS 36.A4). Von diesem Zinssatz wird angenommen, dass er alle Erwartungen hinsichtlich der zukünftigen Cashflows und eine geeignete Risikoprämie einschließt. Als zu diskontierender Cashflow dient ein als repräsentativ betrachteter Cashflow. Aus den weiteren Erläuterungen geht hervor, dass damit der wahrscheinlichste Cashflow („single most likely cash flow"), d.h. der Modalwert der Cashflows gemeint ist (IAS 36.A7 – A9). Die Suche nach einem Diskontierungssatz als „the rate commensurate with the risk" erfordert nach IAS 36.A6 die Analyse von zumindest zwei Vermögenswerten, und zwar von einem am Markt existierenden Vermögenswert, der einen beobachtbaren Zinsfuß hat, und von einem Vermögenswert, der zu bewerten ist.

---

[10] Zur steuerlichen Problematik der Nutzungswertberechnung siehe *Husmann / Schmidt / Seidel* (2002), S. 1 – 19.

[11] Siehe auch *Bieker / Esser* (2003), S. 80 – 81; IDW (2004), S. 1486.

b) Expected Cash Flow Approach

Beim Expected Cash Flow Approach werden die Elemente b), d) und e) durch Anpassung der Cashflows berücksichtigt. Bei dieser Methode werden zunächst alle Erwartungen über die möglichen Cashflows genützt, d.h. es werden den möglichen Cashflows Wahrscheinlichkeiten zugeordnet und der Erwartungswert berechnet. Danach hat eine Risikoadjustierung der erwarteten Cashflows zu erfolgen (IAS 36.A2: „risk-adjusted expected cash flows").

Die Anwendung des Expected Cash Flow Approach ist einer Kosten-Nutzen-Beschränkung unterworfen. In einigen Fällen ist es leicht möglich, mehrere Cashflow-Szenarien zu entwickeln, in anderen Fällen nicht. Das Unternehmen hat die Kosten zusätzlicher Informationsbeschaffungen gegenüber der zusätzlichen Verlässlichkeit, die diese Informationen für die Bewertung erbringen, abzuwägen.

In IAS 36.A7 wird ausgeführt, dass der Expected Cash Flow Approach in einigen Situationen effektiver als der Traditional Approach ist, weil der Expected Cash Flow Approach alle Erwartungen über mögliche Cashflows, anstatt des „single most likely cash flow" nützt. Im angeführten Beispiel werden für eine Cash-generating Unit Cashflows in der Höhe von 100, 200 bzw. 300 mit einer Wahrscheinlichkeit von 10 %, 60 % bzw. 30 % erwartet. Der erwartete Cashflow ist 220, während 200 der wahrscheinlichste Cashflow ist, der im Traditional Approach zu diskontieren wäre.

III. Berücksichtigung des Risikos – Theoretische Konzeptionen

1. Allgemeines

Zur Bewertung unsicherer Zahlungen (Cashflows) stehen mehrere Möglichkeiten zur Verfügung.[12] Eine übliche Vorgangsweise[13] – u.a. bei der Bewertung von Unternehmen – besteht darin, Wahrscheinlichkeitsverteilungen der Cashflows zu schätzen. Auf Grundlage dieser Wahrscheinlichkeitsverteilungen können die unsicheren Cashflows generell nach zwei Methoden bewertet werden: nach der Sicherheitsäquivalenzmethode oder nach der Risikozuschlagsmethode. Bei der Sicherheitsäquivalenzmethode werden die Sicherheitsäquivalente der unsicheren Cashflows mit risikolosen Zinssätzen diskontiert, bei der Risikozuschlagsmethode werden die Erwartungswerte der Cashflows mit einem um einen Risikozuschlag erhöhten risikolosen Zinssatz diskontiert.

---

[12] Vgl. u.a. *Kruschwitz* (2003), S. 285 – 398; *Drukarczyk* (2003), S. 73 – 118, und *Franke / Hax* (2004), S. 296 – 364.

[13] Vgl. u.a. *Drukarczyk* (2003), S. 80 – 81; *Ballwieser* (2004), S. 66.

Sicherheitsäquivalenzmethode und Risikozuschlagsmethode können entweder auf Grundlage von individuellen Risikoeinstellungen (= individualistische Konzeption) oder unter Verwendung von Marktdaten (= marktmäßige Konzeption) durchgeführt werden.[14]

2. Individuelle Risikoberücksichtigung

Bei Anwendung der Sicherheitsäquivalenzmethode ist das Sicherheitsäquivalent zu bestimmen. Unter dem Sicherheitsäquivalent kann jener sichere Betrag verstanden werden, der für den Bewerter den gleichen Nutzen stiftet wie die Wahrscheinlichkeitsverteilung über die unsicheren Cashflows, d.h. es erfolgt eine Umbewertung in äquivalente sichere Cashflows.[15] Für den risikoaversen Bewerter liegt das Sicherheitsäquivalent bei positiven Cashflows unter dem Erwartungswert der Cashflows.[16] Die Differenz zwischen Erwartungswert der Cashflows und dem Sicherheitsäquivalent ist der Risikoabschlag, der auch als Risikoprämie bezeichnet wird.[17] Im einperiodigen Fall erhält man folgenden Barwert B_0 der Cashflows:

$$B_0 = \frac{E(CF_1) - RP}{1+i} = \frac{SÄ(CF_1)}{1+i}$$

$E(CF_1)$ ist der Erwartungswert der Wahrscheinlichkeitsverteilung über die unsicheren Cashflows CF_1 im Zeitpunkt 1. RP ist der Risikoabschlag bzw. die Risikoprämie und i der risikolose Zinsfuß. $SÄ(CF_1)$ ist das Sicherheitsäquivalent der Wahrscheinlichkeitsverteilung über die unsicheren Cashflows CF_1.

Bei Anwendung der Risikozuschlagsmethode ermittelt der Bewerter vorerst den Erwartungswert der unsicheren Cashflows. Danach hat der Bewerter den Risikozuschlag zum risikolosen Zinsfuß festzulegen. Für einen risikoaversen Bewerter ist der Risikozuschlag positiv. Im einperiodigen Fall erhält man folgenden Barwert B_0 der Cashflows:

$$B_0 = \frac{E(CF_1)}{1+i+z}$$

z ist der Risikozuschlag zum sicheren Zinsfuß i.

---

[14] Vgl. *Drukarczyk* (2003), S. 136 – 143; *Tschöpel* (2004), S. 30 – 39.

[15] *Ballwieser* (2004), S. 67.

[16] Bei negativen Cashflows, d.h. bei Auszahlungsüberschüssen, liegt das Sicherheitsäquivalent über dem Erwartungswert. Im Folgenden wird von positiven Cashflows ausgegangen. Zur Behandlung von Auszahlungsüberschüssen siehe *Drukarczyk* (2003), S. 335 – 338.

[17] Vgl. *Franke / Hax* (2004), S. 303.

Sicherheitsäquivalent bzw. Risikozuschlag hängen vom Risiko der Cashflows und dem Grad der Risikoaversion des Bewerters ab.[18]

Sicherheitsäquivalenzmethode und Risikozuschlagsmethode müssen zum selben Ergebnis führen, d.h. für den einperiodigen Fall muss gelten:

$$\frac{SÄ(CF_1)}{1+i} = \frac{E(CF_1)}{1+i+z}$$

Diese Äquivalenz kann dazu benützt werden, Plausibilitätskontrollen durchzuführen. Ist das Sicherheitsäquivalent bekannt, kann der implizite Risikozuschlag z^* bestimmt werden, der bei Anwendung der Risikozuschlagsmethode zum selben Barwert der Cashflows führt. Im einperiodigen Fall erhält man:

$$z^* = \left[\frac{E(CF_1)}{SÄ(CF_1)} - 1\right](1+i)$$

Damit kann man verwendete Risikozuschläge z auf ihre Plausibilität prüfen.[19]

Sicherheitsäquivalenz- und Risikozuschlagsmethode können auch auf den mehrperiodigen Fall übertragen werden.[20] Dabei ist zu untersuchen, ob zwischen den Cashflows der einzelnen Perioden stochastische Unabhängigkeit oder stochastische Abhängigkeit besteht. Bei stochastischer Unabhängigkeit ist die Verteilung der Cashflows einer bestimmten Periode unabhängig von den Umweltzuständen, die sich in den Perioden davor realisiert haben. Bei stochastischer Abhängigkeit ist die Verteilung der Cashflows in bestimmter Weise von den Realisationen der Vorperioden abhängig.[21]

3. Marktorientierte Risikoberücksichtigung

Anstatt individuell bestimmte Sicherheitsäquivalente und Risikozuschläge zu verwenden, können Sicherheitsäquivalente und Risikozuschläge auch mit Hilfe des Capital Asset Pricing Models (CAPM) aus Kapitalmarktdaten abgeleitet werden.[22] Für das marktorientierte Sicherheitsäquivalent gilt im einperiodigen Fall:[23]

---

[18] *Drukarczyk* (2003), S. 81.

[19] Vgl. dazu *Schwetzler* (2000a), S. 478 – 492; *Ballwieser* (2004), S. 90 – 92.

[20] Siehe u.a. *Drukarczyk* (2003), S. 82 – 86; *Ballwieser* (2004), S. 71 – 75. Erweiterungen auf Mehrperioden- bzw. mehrstufige Entscheidungen wurden auch von Siegel durch die Risikoprofilmethode vorgenommen. *Siegel* (1991), S. 619 – 638; *Siegel* (1992), S. 21 – 26; *Siegel* (1994), S. 457 – 476.

[21] *Schwetzler* (2000b), S. 469 – 486.

[22] Siehe u.a. *Kruschwitz* (2004), S. 169 – 236; *Fischer* (2002), S. 71 – 96.

[23] *Drukarczyk* (2003), S. 369.

$$SÄ(CF_1) = E(CF_1) - \lambda \operatorname{cov}(CF_1; r_M) \quad \text{mit} \quad \lambda = \frac{E(r_M) - i}{\sigma_M^2}$$

λ ist der Marktpreis des Risikos, wobei $E(r_M)$ der Erwartungswert der zukünftigen Rendite des Marktportefeuilles und σ_M^2 die Varianz der Rendite des Marktportefeuilles sind. Das Sicherheitsäquivalent ergibt sich demnach aus dem Erwartungswert $E(CF_1)$ abzüglich des Abschlages $\lambda \operatorname{cov}(CF_1;r_M)$. Dieser Abschlag ist nicht auf individuelle Risikoeinstellungen zurückzuführen, sondern beruht nur auf Marktparametern, die das Marktrisiko berücksichtigen.

Im Einperiodenfall erhält man dann

$$B_0 = \frac{SÄ(CF_1)}{1+i}, \text{ d.h.}$$

das marktorientierte Sicherheitsäquivalent ist mit dem risikolosen Zinsfuß zu diskontieren.

Den kapitalmarktorientierten Risikozuschlag zum risikolosen Zinsfuß gemäß CAPM erhält man aus:[24]

$$z = (E(r_M) - i)\beta_j \quad \text{mit} \quad \beta_j = \frac{\operatorname{cov}(r_j; r_M)}{\sigma_M^2}$$

$\operatorname{cov}(r_j;r_M)$ ist die Kovarianz zwischen der Rendite r_j des am Kapitalmarkt gehandelten Wertpapiers bzw. Projektes j und der Rendite des Marktportefeuilles r_M. β_j ist der Beta-Faktor des Wertpapiers bzw. Projektes j. Die erwartete Rendite bzw. der Diskontierungszinsfuß $E(r_j)$ ergibt sich dann aus

$$E(r_j) = i + z = i + (E(r_M) - i)\beta_j$$

Im Einperiodenfall erhält man dann

$$B_0 = \frac{E(CF_1)}{1+E(r_j)}, \text{ d.h.}$$

die erwarteten Cashflows $E(CF_1)$ sind mit der erwarteten Rendite $E(r_j)$ zu diskontieren.

Bei der Übertragung der einperiodigen Bewertung auf mehrere Perioden ist die stochastische Verknüpfung der Verteilungen der Cashflows zu untersuchen. In der Praxis wird üblicherweise mit Risikozuschlägen gearbeitet, die für die Dauer der Cashflows konstant gehalten werden. Dies ist allerdings nur dann angebracht, wenn eine bestimmte Periodenabhängigkeit zwischen den unsicheren Cashflows angenommen werden kann, die die Anwendung konstanter Risikozuschläge ermöglicht. Die Bedingungen dafür sind restriktiv. Besteht keine sto-

---

[24] *Drukarczyk* (2003), S. 367.

chastische Abhängigkeit der Verteilungen der Cashflows zwischen den Perioden, dann ist eine durchgängige Diskontierung mit konstanten Risikozuschlägen eine mehr oder minder grobe Vereinfachung.[25]

IV. Berücksichtigung des Risikos: IAS 36 versus theoretische Konzeptionen

1. Allgemeines

IAS 36 folgt offenbar dem Konzept der marktorientierten Risikoberücksichtigung. Dies geht insbesondere aus IAS 36.56 und IAS 36.A16 hervor, wonach Zinssätze und Risiken über den Markt zu bestimmen sind. Nach IAS 36.56 repräsentiert der Diskontierungssatz einen Zinssatz vor Steuern, der die jeweils aktuellen Markteinschätzungen widerspiegelt. Ist ein vermögensspezifischer Diskontierungssatz nicht unmittelbar aus Marktdaten ableitbar, muss das Unternehmen nach IAS 36.A16 auf Surrogate zurückgreifen, um den Diskontierungssatz zu schätzen. Dabei ist auf die bestmögliche Näherung für die jeweils aktuellen Markteinschätzungen abzustellen.

Die Festlegung auf marktorientierte Bewertung bedeutet, dass die Risikoberücksichtigung auf der Grundlage von Marktdaten zu erfolgen hat und individuelle Risikoeinstellungen nicht maßgebend sind. Dies erscheint zweckmäßig, da bei der Verwendung individueller Risikoeinstellungen außerdem zu klären wäre, wessen Risikoeinstellung maßgebend sein soll bzw. wie bei einer Gruppe von Entscheidungsträgern zu verfahren wäre.[26]

In IDW ERS HFA 16 wird in Tz. 28 ausgeführt, dass im Falle der Anwendung der Sicherheitsäquivalenzmethode die Risikonutzenfunktion, die den Grad der Risikoaversion widerspiegelt, in die Bewertung aufzunehmen ist. Bei einer derartigen Vorgangsweise müsste zunächst geklärt werden, wessen Risikonutzenfunktion der Bewertung zu Grunde zu legen ist. In Abhängigkeit vom Grad der Risikoaversion würden sich dann aber unterschiedliche Nutzungswerte ergeben. Diese Interpretation erscheint daher nicht sinnvoll und ist mit der in IAS 36 angestrebten marktorientierten Bewertung nicht vereinbar. Wird hingegen nach der Risikozuschlagsmethode vorgegangen, dann soll der Kapitalisierungszinssatz nach IDW ERS HFA 16 vom Kapitalmarkt abgeleitet werden und sich nicht an unternehmensintern vorgegebenen Renditeforderungen orientieren.[27]

---

[25] Zur Anwendung von Sicherheits- und Risikozuschlagsmethode im Mehrperiodenfall siehe *Schwetzler* (2000b), S. 469 – 485; *Drukarczyk* (2003), S. 370 – 381; *Kruschwitz* (2003), S. 300 – 305.

[26] Siehe dazu *Tschöpel* (2004), S. 200 – 210.

[27] IDW (2004), S. 1486.

2. Marktorientierte Risikoberücksichtigung

a) Vermögenswertspezifische Risikoberücksichtigung

Nach IAS 36.56 und IAS 36.A16 hat die Risikoberücksichtigung über den Markt vermögenswertspezifisch (asset-specific) zu erfolgen. Die vermögenswertspezifische Risikoberücksichtigung kann im Wege der direkten Marktbewertung, durch Ableitung marktorientierter Risikozuschläge oder durch marktorientierte Sicherheitsäquivalente erfolgen.

aa) Direkte Marktbewertung

Die direkte Marktbewertung eines Vermögenswerts erfolgt durch Heranziehung des Marktwertes eines vergleichbaren Vermögenswertes. Die Vergleichbarkeit wird dabei an der Struktur der Zahlungsströme gemessen.[28]

Auf dem Kapitalmarkt gebe es eine Anlagemöglichkeit, die eine unsichere Rendite von r_1 verspricht. Legt man einen Betrag w_0 an, erhält man in einem Jahr das unsichere Ergebnis von $w_1 = w_0 \cdot (1 + r_1)$ Ist nun ein Vermögenswert zu bewerten, der einen unsichereren Cashflow von CF_1 aufweist, der in einem Jahr anfallen wird, und entspricht die Wahrscheinlichkeitsverteilung dieses Cashflows genau der Wahrscheinlichkeitsverteilung von $w_0 \cdot (1 + r_1)$, dann gilt für den heutigen Wert B_0 von CF_1

$$B_0 = w_0$$

Damit hätte man eine direkte vermögenswertspezifische Marktbewertung des Vermögenswertes.[29]

Wesentliche Voraussetzung für eine derartige vermögenswertspezifische Bewertung am Markt ist, dass sich die zu bewertenden Cashflows am Markt durch eine bestimmte Anlage nachbilden lassen können. Statt nach einer Anlagemöglichkeit am Markt zu suchen, wäre es auch denkbar, den Zahlungsstrom des zu bewertenden Vermögenswertes durch eine Kombination von Anlagemöglichkeiten (Portefeuille) nachzubilden.

IAS 36 bezieht sich im Wesentlichen auf Sachanlagen und immaterielles Vermögen. Bei diesen doch sehr unternehmensindividuell geprägten Vermögenswerten, die auch die „zahlungsmittelgenerierenden Einheiten" umfassen, erscheint es zweifelhaft, ob derartige Anlagemöglichkeiten am Markt identifiziert werden können. Ein weiterer Aspekt ist das Objektivitätserfordernis bei dieser

---

[28] Siehe im Folgenden dazu *Spremann* (2004), S. 109 – 122.

[29] Zur Ausweitung auf mehrere Perioden siehe *Spremann* (2004), S. 112 – 122.

Vorgangsweise; insbesondere erscheint es fraglich, ob bei der Identifikation derartiger Anlagemöglichkeiten subjektive Einschätzungen der Bewerter ausgeschlossen werden können.

bb) Marktorientierter Risikozuschlag

(1) Risikozuschlag nach CAPM

Den kapitalmarktorientierten Risikozuschlag zum risikolosen Zinsfuß bzw. den Diskontierungssatz gemäß CAPM erhält man für den zu bewertenden Vermögenswert *j* aus:

$$E(r_j) = i + (E(r_M) - i) \cdot \beta_j \quad \text{mit} \quad \beta_j = \frac{\operatorname{cov}(r_j; r_M)}{\sigma_M^2}$$

und

$$B_0 = \frac{E(CF_1)}{1 + E(r_j)}$$

Um den Risikozuschlag ermitteln zu können, benötigt der Bewerter die Verteilung der Renditen r_j des Vermögenswertes *j* und die Verteilung der möglichen Renditen des Marktportefeuilles r_M. Dazu kommt ein weiteres Problem. Die Berechnung der Renditen r_j hat auf Basis des Marktwertes, d.h. auf Basis von B_0 zu erfolgen.[30] B_0 ist jedoch das Ergebnis der Berechnungen. Ein Ausweg aus dem Datenbeschaffungs- und Zirkularitätsproblem könnte darin bestehen, dass man auf dem Kapitalmarkt eine ähnlich riskante Veranlagung sucht, deren (historische) Beta-Werte bekannt sind. Praktisch könnte dies der Fall sein, wenn der zu bewertende Vermögenswert (als zahlungsmittelgenerierende Einheit) mit einem der Geschäftsbereiche des Unternehmens identisch wäre und für diesen Geschäftsbereich ein vergleichbares börsennotiertes Unternehmen gefunden werden könnte, so dass dessen Beta-Faktor herangezogen werden kann.[31] Das Problem, vergleichbare Unternehmen zu finden, ist aus der Unternehmensbewertung bekannt.[32] Welche Kriterien zur Auswahl verwendet werden, wird in der Praxis subjektiven Einschätzungen unterliegen. Kann kein entsprechendes Vergleichsunternehmen gefunden werden, ist eine mehr oder minder grobe Näherung durch das Branchen-Beta vorstellbar, falls der zu bewertende Geschäftsbereich einer Branche entspricht.

---

[30] Siehe dazu *Drukarczyk* (2003), S. 368; *Kruschwitz* (2003), S. 373 – 374.

[31] Siehe dazu Abschnitt IV.2.b) „Unternehmensspezifische Risikoberücksichtigung“; IDW (2004), S. 1486.

[32] Siehe z.B. *Ballwieser* (2004), S. 191 – 192; *Freiburg / Timmreck* (2004), S. 387 – 388.

(2) Risikozuschlag gemäß Traditional Approach

Beim Traditional Approach soll das Risiko im Zinsfuß r_c („the rate commensurate with the risk") berücksichtigt werden. Damit soll der wahrscheinlichste („single most likely") Cashflow $M(CF_1)$ diskontiert werden. Im Einperiodenfall erhält man daher:

$$B_0 = \frac{M(CF_1)}{1 + r_c}$$

r_c enthält eine Risikoprämie, d.h. die Vorgangsweise entspricht im Prinzip daher der Risikozuschlagsmethode. Diese Vorgangsweise ist jedoch mit einer Marktbewertung auf Grundlage das CAPM nicht vereinbar. Während bei der Bewertung auf Grundlage des CAPM der Erwartungswert des Cashflows $E(CF_1)$ zu diskontieren ist, wird beim Traditional Approach der wahrscheinlichste Cashflow $M(CF_1)$ abgezinst. Bei der Bewertung auf Grundlage des CAPM ist der Erwartungswert des Cashflows $E(CF_1)$ mit dem Erwartungswert der Rendite $E(r_j)$ zu diskontieren, während beim Traditional Approach eine Diskontierungsrate r_c, deren Ableitung aus Marktdaten unklar ist, herangezogen wird.

IAS 36.A5 verweist hinsichtlich der Anwendung des Traditional Approach auf Vermögenswerte mit vertraglich fixierten (contractual) Zahlungen. Am Kapitalmarkt lassen sich derartige Vermögenswerte mit vertraglich fixierten Zahlungen finden, (z.B. Bonds). Damit können vergleichbare Vermögenswerte marktorientiert bewertet werden. IAS 36 erfasst im wesentlichen Sachanlagevermögen und immaterielle Vermögenswerte. Darunter finden sich jedoch i.d.R. keine Vermögenswerte, die vertraglich fixierte Zahlungen aufweisen und für die am Markt vergleichbare Vermögenswerte beobachtet werden können. Forderungen, für die diese Kriterien zutreffen könnten, fallen nicht unter IAS 36.

Für den Traditional Approach kann festgehalten werden: Entweder fehlen die Anwendungsmöglichkeiten, weil keine entsprechenden Vermögenswerte am Kapitalmarkt beobachtet werden können, oder der Traditional Approach kann als Risikozuschlagsmethode nicht angewendet werden, weil die marktorientierte Diskontierung des wahrscheinlichsten Cashflow unbestimmt ist.

Nach BCZ 42 ist es in vielen Fällen wahrscheinlich, dass die Budgets und Vorschaurechnungen der Unternehmen, die die Basis für die Cashflowermittlungen sind, nur zu einer einzigen Schätzung des zukünftigen Cashflows (für jede Periode) führen. Aus diesem Grund entschied das IASC, dass ein Expected Value Approach erlaubt, aber nicht erforderlich sein sollte, d.h. man ist der Ansicht, dass diese Situation im Grunde ein Anwendungsfall des Traditional Approach sein sollte. Wie die obigen Ausführungen zeigen, müssen die vom Unternehmen ermittelten Cashflows Erwartungswerte und nicht die wahrscheinlichsten Cashflows sein, um zu einer marktorientierten Bewertung zu gelangen, d.h. es liegt dann ein Anwendungsfall des Expected Cash Flow Approach vor.

cc) Marktorientiertes Sicherheitsäquivalent

Der vermögenswertspezifische marktorientierte Risikozuschlag wurde im Einperiodenfall gezeigt. Der Übergang vom Einperiodenfall zum Mehrperiodenfall bringt weitere Probleme mit sich,[33] so dass im Folgenden versucht werden kann, das Risikoproblem mittels marktorientiertem Sicherheitsäquivalent zu lösen.

Beim Expected Cash Flow Approach erfolgt nach IAS 36.A2 die Risikoberücksichtigung durch eine Risikoadjustierung der erwarteten Cashflows, d.h. durch die Sicherheitsäquivalenzmethode. Das marktorientierte Sicherheitsäquivalent erhält man – wie bereits ausgeführt – im Einperiodenfall aus:

$$SÄ(CF_1) = E(CF_1) - \lambda \operatorname{cov}(CF_1; r_M) \quad \text{mit} \quad \lambda = \frac{E(r_M) - i}{\sigma_M^2}$$

Zur Anwendung dieser Methode benötigt man – im Gegensatz zum marktorientierten Risikozuschlag – die Kovarianz $\operatorname{cov}(CF_1;r_M)$, d.h. es ist notwendig, dass der Bewerter die Wahrscheinlichkeitsverteilungen von CF_1 und r_M explizit angeben kann, um die Kovarianz berechnen zu können. Dies ist durchaus fraglich und wird auch zu Ermessensspielräumen führen. Weiters ist der Übergang zum Mehrperiodenfall ebenfalls nicht unproblematisch.[34]

Auf Grund der obigen Ausführungen kann davon ausgegangen werden, dass eine vermögenswertspezifische Risikoberücksichtigung in der Praxis häufig mit erheblichen Schwierigkeiten und zudem mit großen Ermessensspielräumen verbunden sein wird, was den Objektivitätserfordernissen widerspricht. Im Folgenden wird daher von der vermögenswertspezifischen Risikoberücksichtigung abgegangen und versucht, eine unternehmensspezifische Risikoberücksichtigung vorzunehmen.

b) Unternehmensspezifische Risikoberücksichtigung

aa) Allgemeines

Ist eine vermögenswertspezifische Risikoberücksichtigung nicht möglich, dann wird in IAS 36.A17 u.a. vorgeschlagen, als Ausgangsgröße für den Diskontierungssatz die Zinssätze für neue Kredite des Unternehmens oder marktübliche Fremdkapitalzinssätze zu verwenden, wobei die Zinssätze entsprechend adaptiert werden müssten. Wie diese Adaptierung in der Praxis vorgenommen werden soll, wird nicht näher erläutert. In IDW ERS HFA 16 wird vorgeschla-

---

[33] Siehe dazu *Drukarczyk* (2003), S. 370 – 379; *Kruschwitz* (2003), S. 37.

[34] Vgl. *Drukarczyk* (2003), S. 370 – 379; *Kruschwitz* (2003), S. 37.

gen, in nachvollziehbarer Weise Zuschläge vorzunehmen, die ein Investor als residualanspruchberechtigter Anteilseigner gegenüber einem Fremdkapitalgeber vornehmen würde.[35] Diese Vorschläge sind wenig operabel und werden im Hinblick auf die damit verbundenen Ermessensspielräume nicht weiter verfolgt.

In IAS 36.A17 wird weiters vorgeschlagen, die gewogenen Kapitalkosten des Unternehmens unter Verwendung des CAPM als Ausgangsgröße für den Diskontierungssatz heranzuziehen. Dieser Vorschlag wird im Folgenden näher untersucht.

bb) WACC als Ausgangsbasis?

Die gewogenen Kapitalkosten (WACC)[36] können wie folgt ermittelt werden:[37]

$$WACC = r_{FK} \cdot (1-s) \cdot \frac{FK}{GK} + r_{EK} \cdot \frac{EK}{GK}$$

r_{FK} sind die Fremdkapitalkosten, s der Steuersatz des Unternehmens, FK der Marktwert des Fremdkapitals, GK das Gesamtkapital, r_{EK} die Renditeforderung der Eigenkapitalgeber und EK der Marktwert des Eigenkapitals.

Da nach IAS 36.A19 der Kalkulationszinsfuß unabhängig von der Kapitalstruktur sein muss, ist die Kenntnis des WACC für sich allein nicht verwertbar. Bei einer Änderung der Kapitalstruktur bzw. des Verschuldungsgrades ändert sich wegen der Besteuerung auch der WACC.[38] Wird der WACC unter Verwendung des CAPM ermittelt, dann erhält man unterschiedliche gewogene Kapitalkosten, je nachdem welche Kapitalstruktur das Unternehmen realisiert hat. In einer „Welt ohne Steuern" wären die gewogenen Kapitalkosten unabhängig von der Kapitalstruktur bzw. von dem Verschuldungsgrad.[39] Im IAS 36.A20 wird festgelegt, dass der Diskontierungszinsfuß ein Zinssatz vor Steuern sein muss. Aus der Nichtberücksichtigung der Ertragsteuerwirkungen kann aber nicht abgeleitet werden, dass im Rahmen der Nutzungswertermittlung von einer „Welt ohne Steuern" auszugehen ist. Eine derartige Annahme wäre nicht realitätsgerecht. In einer Welt mit Steuern hängt die Höhe des WACC jedoch – wie gezeigt – vom jeweiligen Verschuldungsgrad ab, was der in IAS 36.A19 geforder-

---

[35] IDW (2004), S. 1493.

[36] Auf die Ermittlung des WACC bei Diskontierung von Total Cashflows wird wegen der geringen praktischen Bedeutung hier nicht eingegangen. Siehe dazu *Ballwieser* (2004), S. 166 – 168.

[37] Vgl. *Copeland / Koller / Murrin* (2000), S. 202 – 228; *Drukarczyk* (2003), S. 259 – 300; *Ballwieser* (2004), S. 140 – 166.

[38] *Kruschwitz* (2003), S. 376 – 380.

[39] Siehe dazu u.a. *Franke / Hax* (2004), S. 484 – 485.

ten Unabhängigkeit des Diskontierungssatzes von der Kapitalstruktur widerspricht. Im Ergebnis kann daher der WACC nicht zur Diskontierung der Cashflows im Rahmen der Nutzungswertermittlung herangezogen werden.

Die geforderte Unabhängigkeit des Diskontierungssatzes von der Kapitalstruktur kann nur bedeuten, dass bei der marktorientierten Bewertung des Vermögenswertes nur das Investitionsrisiko (Business Risk) und nicht auch das Kapitalstrukturrisiko (Financial Risk) zu berücksichtigen ist. Zur Diskontierung der Cashflows des Vermögenswertes könnte daher allenfalls die Renditeforderung der Eigenkapitalgeber $r(EK)_u$ für das gesamte Unternehmen unter der Annahme der vollständigen Eigenfinanzierung herangezogen werden.

Werden die Anteile des Unternehmens an der Börse gehandelt, ergibt sich die Renditeforderung der Eigenkapitalgeber $r(EK)_v$ für das verschuldete Unternehmen gemäß CAPM aus

$$r(EK)_v = i + z = i + (E(r_M) - i) \cdot \beta_v \quad \text{mit} \quad \beta_v = \frac{\text{cov}(r_j; r_M)}{\sigma_M^2}$$

Da die erhobenen Beta-Werte sowohl das Investitionsrisiko als auch das Kapitalstrukturrisiko erfassen, ist der gewonnene Beta-Faktor um die Kapitalstruktureffekte zu bereinigen, d.h. es darf nur das Investitionsrisiko berücksichtigt werden. Eine der üblichen Anpassungen ist die Modigliani/Miller-Anpassung.[40] Damit erhält man folgenden Beta-Wert β_u für das Unternehmen unter Annahme vollständiger Eigenfinanzierung:

$$\beta_u = \frac{\beta_v}{1 + (1 - s) \cdot \frac{FK}{EK}}$$

Für diese Anpassung benötigt man den Marktwert des Fremdkapitals FK und den Marktwert des Eigenkapitals EK. Unter der Annahme, dass das Fremdkapital marktüblich verzinst ist, können die Buchwerte verwendet werden. Der Marktwert des Eigenkapitals kann über die Börsenkapitalisierung geschätzt werden.

Verwendet man die Renditeforderung der Eigenkapitalgeber $r(EK)_u$ als Ausgangsbasis[41] für die Diskontierung der Erwartungswerte der Cashflows des zu bewertenden Vermögenswertes, dann ist zu bedenken, dass die zu bewertenden Vermögenswerte i.d.R. unterschiedlich riskant sind und daher unterschiedliche

---

[40] Zu den Anpassungen der Renditeforderung der Eigenkapitalgeber insbesondere in Abhängigkeit von der Finanzierungspolitik vgl. *Wallmeier* (1999), S. 1476.

[41] Da die ermittelte Renditeforderung der Eigenkapitalgeber eine Nachsteuerrendite ist, ist nach IAS 36.55 diese in eine Vorsteuerrendite umzurechnen. Siehe dazu *Wagenhofer* (2003), S. 169. Zur Problematik vgl. *Husmann / Schmidt / Seidel* (2002), S. 1 – 19.

Kapitalkosten bzw. Diskontierungssätze verlangen.[42] Die Verwendung der Renditeforderung für das Gesamtunternehmen $r(EK)_u$ als Diskontierungssatz für alle zu bewertenden Vermögenswerte kann daher nur als Näherung angesehen werden. Der Vorteil in dieser Vorgangsweise wird darin gesehen, dass die Ableitung des Beta-Faktors bzw. des Diskontierungssatzes aus öffentlich zugänglichen (historischen) Marktdaten den Objektivitätserfordernissen weitgehend entspräche. Dagegen kann eingewendet werden, dass die Ermittlung von historischen Beta-Faktoren auch Spielräume zulässt.[43]

V. Zusammenfassung

Zur Ermittlung des Nutzungswertes gemäß IAS 36 sind die zukünftigen Cashflows, die mit Unsicherheit bzw. Risiko behaftet sind, zu diskontieren. Die Literatur hat Methoden entwickelt, wie unsichere Zahlungsströme zu bewerten sind. In IAS 36 finden sich Regelungen zur Risikoberücksichtigung. Nach IAS 36 sind die zukünftigen Cashflows für den Vermögenswert, d.h. für den einzelnen Vermögensgegenstand bzw. für die zahlungsmittelgenerierende Einheit auf Grundlage der Planungen des Managements zu erstellen. Da derartige Planungen Ermessensspielräume eröffnen und damit Objektivierungserfordernisse verletzen, sollte nach IAS 36 zumindest die Risikoberücksichtigung objektiviert über den Markt erfolgen. Damit entfällt eine Bewertung auf Grundlage individueller Risikoeinstellungen.

Die Marktbewertung soll vermögenswertspezifisch erfolgen. Sofern es am Markt möglich wäre, eine Veranlagung zu finden, die exakt die gleichen unsicheren Cashflows generiert wie der zu bewertende Vermögenswert, dann wäre der Marktwert dieser Veranlagung die gesuchte Bewertung. Da dies bei den nach IAS 36 zu bewertenden unternehmensspezifischen Vermögenswerten des Sachanlagevermögens und immateriellen Anlagevermögens häufig problematisch ist, könnten nach Appendix A zwei Verfahren herangezogen werden: Der Traditional Approach und der Expected Cash Flow Approach. Beim Expected Cash Flow Approach erfolgt die Risikoberücksichtigung durch die Sicherheitsäquivalenzmethode. Die Ermittlung des marktorientierten vermögenswertspezi-

---

42 Problemlösungen könnten Ansätze zur Ermittlung segmentspezifischer Kapitalkosten bieten. Siehe dazu Arbeitskreis „Finanzierung" der Schmalenbach-Gesellschaft (1996), S. 550 – 558; *Dinstuhl* (2003), S. 235 – 261; *Dirrigl* (2003), S. 143 – 186; *Novak* (2003), S. 97 – 117. Der Analogieansatz zieht börsennotierte Unternehmungen heran. Diese Möglichkeit wurde bereits im Abschnitt IV.2.a)bb) „Marktorientierter Risikozuschlag" erörtert. Analyseansätze und Scoring-Modelle eröffnen erhebliche Ermessensspielräume.

43 Vgl. dazu *Ballwieser* (2004), S. 92 – 104, und sehr pointiert *Schneider* (1998), S. 1473 – 1478.

fischen Sicherheitsäquivalents ist wegen der Datenbeschaffung problematisch und mit Ermessensspielräumen verbunden. Der Traditional Approach arbeitet nach der Risikozuschlagsmethode. Der wahrscheinlichste Cashflow wird mit einem risikoangepassten Zinsfuß diskontiert. Dies entspricht jedoch nicht einer Marktbewertung nach CAPM, bei der der Erwartungswert der Cashflows mit dem Erwartungswert der Rendite zu diskontieren ist. Geht man daher nach CAPM vor, entsteht für die vermögenswertspezifische Bewertung ein Datenbeschaffungs- und Zirkularitätsproblem. Ein Ausweg könnte gefunden werden, wenn Geschäftsfelder eines Unternehmens als zahlungsmittelgenerierende Einheiten definiert werden und diese Geschäftsfelder vergleichbaren börsennotierten Unternehmen entsprechen. Von diesen Unternehmen könnten die zur Bewertung erforderlichen (historischen) Beta-Faktoren herangezogen werden.

Lässt sich eine vermögenswertspezifische Risikoberücksichtigung nicht durchführen, kann eine unternehmensspezifische vorgenommen werden. Die Regelungen nach IAS 36.A17, als Ausgangsgrößen Zinssätze für neue Kredite des Unternehmens und marktübliche Fremdkapitalzinssätze zu adaptieren, wurden verworfen, weil damit erhebliche Ermessensspielräume verbunden sind. Eine weitere Möglichkeit soll darin bestehen, den WACC unter Verwendung des CAPM heranzuziehen. Dabei zeigt sich, dass der WACC vom Verschuldungsgrad abhängig ist und daher zur Diskontierung nicht herangezogen werden kann, da nach IAS 36.A19 der Diskontierungssatz unabhängig von der Kapitalstruktur sein soll. Unabhängigkeit von der Kapitalstruktur kann nur bedeuten, dass im Risikozuschlag nur das Investitionsrisiko und nicht auch das Kapitalstrukturrisiko enthalten sein darf. Es ist daher von Kapitalkosten bzw. von einer Renditeforderung der Eigenkapitalgeber für das unverschuldete Unternehmen auszugehen. Verwendet man diese unternehmensspezifischen Kapitalkosten zur Diskontierung der zukünftigen Erwartungswerte der Cashflows der Vermögenswerte, dann erhält man i.A. nur eine Näherungslösung, da davon auszugehen ist, dass die Vermögenswerte unterschiedlich riskant sind und daher unterschiedliche Diskontierungssätze erfordern würden. Die Ableitung unternehmensspezifischer Diskontierungssätze aus Marktdaten erfüllt zwar wegen der Nachprüfbarkeit z.B. der historischen Beta-Faktoren gewisse Objektivitätserfordernisse, schließt Ermessensspielräume jedoch nicht aus.

Der Jubilar hat sich im Rahmen der Unternehmensbewertung eingehend mit der Berücksichtigung von Risiko auseinandergesetzt[44]. Wünschenswert wäre es, wenn sich der Jubilar auch der Berücksichtigung des Risikos im Rahmen des IAS 36 widmen könnte, um der Diskussion neue Impulse zu verleihen.

---

[44] *Siegel* (1991), S. 619 – 638; *Siegel* (1992), S. 21 – 26; *Siegel* (1994), S. 457 – 476.

Literaturverzeichnis

Arbeitskreis „Finanzierung“ der Schmalenbach-Gesellschaft Deutsche Gesellschaft für Betriebswirtschaft e.V. (1996): Wertorientierte Unternehmenssteuerung mit differenzierten Kapitalkosten; in: Schmalenbachs Zeitschrift für betriebswirtschaftliche Forschung; 48. Jg. (1996); S. 543 – 578.

Baetge, Jörg / *Krolak,* Thomas / *Thiele,* Stefan (2002): Kommentierung IAS 36: Wertminderung von Vermögenswerten (Impairment of Assets); in: Rechnungslegung nach International Accounting Standards (IAS); Hrsg. Jörg Baetge et al.; 2. Auflage; Stuttgart 2002.

Baetge, Jörg / *Kümmel,* Jens (2003): Unternehmensbewertung in der externen Rechnungslegung; in: Kapitalgeberansprüche, Marktwertorientierung und Unternehmenswert: Festschrift für Prof. Dr. Dr. h.c. Jochen Drukarczyk zum 65. Geburtstag; Hrsg. Frank Richter, Andreas Schüler und Bernhard Schwetzler; München 2003; S. 1 – 19.

Ballwieser, Wolfgang (2004): Unternehmensbewertung: Prozeß, Methoden und Probleme; Stuttgart 2004.

Bieker, Marcus / *Esser,* Maik (2003): Goodwill-Bilanzierung nach ED 3 „Business Combinations“; in: Zeitschrift für kapitalmarktorientierte Rechnungslegung; 3. Jg. (2003); S. 75 – 84.

Brücks, Michael / *Wiederhold,* Philipp (2004): IFRS 3 Business Combinations; in: Zeitschrift für kapitalmarktorientierte Rechnungslegung; 4. Jg. (2004); S. 177 – 185.

Buchholz, Rainer (2004): Unternehmensbewertung und Bilanzierung: Verbindung bei der Sachanlagenbewertung nach IAS 16 und 36; in: Unternehmensbewertung und Management; 2. Jg. (2004); S. 299 – 304.

Copeland, Tom / *Koller,* Tim / *Murrin,* Jack (2000): Valuation Measuring and Managing the Value of Companies; 3rd ed.; New York u.a. 2000.

Dinstuhl, Volkmar (2003): Konzernbezogene Unternehmensbewertung; Wiesbaden 2003.

Dirrigl, Hans (2003): Unternehmensbewertung als Fundament bereichsorientierter Performancemessung; in: Kapitalgeberansprüche, Marktwertorientierung und Unternehmenswert: Festschrift für Prof. Dr. Dr. h.c. Jochen Drukarczyk zum 65. Geburtstag; Hrsg. Frank Richter, Andreas Schüler und Bernhard Schwetzler; München 2003; S. 142 – 186.

Drukarczyk, Jochen (2003): Unternehmensbewertung; 4. Auflage; München 2003.

Fischer, Edwin (2002): Finanzwirtschaft für Fortgeschrittene; 3. Auflage; München, Wien 2002.

Freiburg, Markus / *Timmreck,* Christian (2004): Fundamentalmultiples; in: Unternehmensbewertung: Moderne Instrumente und Lösungsansätze; Hrsg. Frank Richter und Christian Timmreck; Stuttgart 2004; S. 381 – 396.

Frowein, Nils / *Lüdenbach,* Norbert (2003): Der Goodwill-Impairment-Test aus der Sicht der Bewertungspraxis; in: Finanz-Betrieb; 5. Jg. (2003); S. 65 – 72.

Graumann, Mathias (2004a): Die Durchführung des Wertminderungstests auf Sachanlagen nach IAS 36; in: Unternehmensbewertung und Management; 2. Jg. (2004); S. 171 – 176.

– (2004b): Die Durchführung des Wertminderungstests auf zahlungsmittelgenerierende Einheiten nach IAS 36; in: Unternehmensbewertung und Management; 2. Jg. (2004); S. 370 – 376.

Hitz, Jörg-Markus / *Kuhner,* Christoph (2000): Erweiterung des US-amerikanischen conceptual framework um Grundsätze der Barwertermittlung – Inhalt und Bedeutung des Statement of Financial Accounting Concepts No. 7 –; in: Die Wirtschaftsprüfung; 53. Jg. (2000); S. 889 – 902.

Hommel, Michael / *Benkel,* Muriel / *Wich,* Stefan (2004): IFRS 3 Business Combinations: Neue Unwägbarkeiten im Jahresabschluss; in: Betriebs-Berater, 59. Jg. (2004); S. 1267 – 1273.

Husmann, Sven / *Schmidt,* Martin / *Seidel,* Thorsten (2002): Eine Kritik am Niederstwerttest nach IAS 36; Diskussionsbeiträge des Fachbereichs Wirtschaftswissenschaft der Freien Universität Berlin: Nr. 2002/17; Berlin 2002; S. 1 – 19.

IDW (2004): Entwurf IDW Stellungnahme zur Rechnungslegung: Bewertungen bei der Abbildung von Unternehmenserwerben und bei Werthaltigkeitsprüfungen nach IFRS (IDW ERS HFA 16); in: Die Wirtschaftsprüfung; 57. Jg. (2004); S. 1482 – 1493.

Kirsch, Hanno (2003): Anforderungen der Asset Impairment Tests nach Exposure Draft zu IAS 36 an das interne Rechnungswesen; in: Unternehmensbewertung und Management; 1. Jg. (2003); S. 92 – 99.

– (2004): Berichterstattung nach IAS 1 (revised 2003) über Ermessensspielräume beim Asset Impairment für operative Vermögenswerte und zahlungsmittelgenerierende Einheiten; in: Zeitschrift für kapitalmarktorientierte Rechnungslegung; 4. Jg. (2004); S. 136 – 141.

Kümpel, Thomas (2002): Bilanzielle Behandlung von Wertminderungen bei Vermögenswerten nach IAS 36; in: Betriebs-Berater; 57. Jg. (2002); S. 983 – 988.

Kruschwitz, Lutz (2004): Finanzierung und Investition; 4. Auflage; München, Wien 2004.

Nestler, Anke / *Thuy,* Michael (2002): Verfahren der Bewertung von Reporting Units im Rahmen des Goodwill Impairmenttests nach SFAS 142; in: Zeitschrift für kapitalmarktorientierte Rechnungslegung; 2. Jg. (2002); S. 169 – 179.

Novak, Karsten (2003): Marktorientierte Unternehmensbewertung; 2. Auflage; Wiesbaden 2003.

Schneider, Dieter (1998): Marktwertorientierte Unternehmensrechnung: Pegasus mit Klumpfuß; in: Der Betrieb; 51. Jg. (1998); S. 1473 – 1478.

Schwetzler, Bernhard (2000a): Stochastische Verknüpfung und implizite bzw. maximal zulässige Risikozuschläge bei der Unternehmensbewertung; in: Betriebswirtschaftliche Forschung und Praxis; 52. Jg. (2000); S. 479 – 492.

– (2000b): Unternehmensbewertung unter Unsicherheit – Sicherheitsäquivalent- oder Risikozuschlagsmethode?; in: Schmalenbachs Zeitschrift für betriebswirtschaftliche Forschung; 52. Jg. (2000); S. 469 – 486.

Siegel, Theodor (1991): Das Risikoprofil als Alternative zur Berücksichtigung der Unsicherheit in der Unternehmensbewertung; in: Aktuelle Fragen der Finanzwirtschaft und der Unternehmensbesteuerung: Festschrift für Erich Loitlsberger zum 70. Geburtstag; Hrsg. Dieter Rückle; Wien 1991; S. 619 – 638.

– (1992): Methoden der Unsicherheitsberücksichtigung in der Unternehmensbewertung; in: Wirtschaftswissenschaftliches Studium; 21. Jg. (1992); S. 21 – 26.

– (1994): Unternehmensbewertung, Unsicherheit und Komplexitätsreduktion; in: Betriebswirtschaftliche Forschung und Praxis; 46. Jg. (1994); S. 457 – 476.

Spremann, Klaus (2004): Valuation; München, Wien 2004.

Wagenhofer, Alfred (2000): Abzinsung und Zinssätze in internationalen Rechnungslegungsstandards; in: Österreichische Zeitschrift für Recht und Rechnungswesen; 10. Jg. (2000); S. 306 – 312.

– (2003): Internationale Rechnungslegungsstandards – IAS/IFRS; 4. Auflage; Frankfurt am Main, Wien 2003.

Wallmeier, Martin (1999): Kapitalkosten und Finanzierungsprämissen; in: Zeitschrift für Betriebswirtschaft; 69. Jg. (1999); S. 1473 – 1490.

Die sog. Full Goodwill Methode der Kapitalkonsolidierung: zum Problem vermehrt zeitwertorientierter Bilanzierung im IFRS-Konzernabschluss

Von Matthias Schmidt

I. Einleitung und Problemstellung

Die Internationalisierung der Konzernrechnungslegung hat Theodor Siegel zuletzt mehrfach dazu veranlasst, sich in seinem umfangreichen Schrifttum diesem Rechnungslegungsinstrument zu widmen. So entstanden unter anderem in seiner Funktion als Vorsitzender der Arbeitsgruppe „Normierung der Rechnungslegung"[1] Stellungnahmen zu Standardentwürfen des DRSC,[2] das sich bis vor kurzem der Fortentwicklung der deutschen Grundsätze ordnungsmäßiger Konzernrechnungslegung widmete.[3] Besonders interessant erscheint sein Vorschlag zur Zeitwertbilanzierung im Konzernabschluss.[4] Vor allem seine Überlegungen zur Behandlung originärer immaterieller (Zeit-)Werte ermöglichen eine systematische Einordnung und kritische Diskussion neuerer Entwicklungen in der internationalen Bilanzierung von Unternehmenszusammenschlüssen. Eine solche Entwicklung ist die Hinwendung des IASB zur sog. Full Goodwill Methode der Kapitalkonsolidierung, welcher sich der Verfasser in diesem Beitrag für seinen verehrten akademischen Lehrer widmen möchte.

---

[1] Arbeitsgruppe Normierung der Rechnungslegung der Wissenschaftlichen Kommission Rechnungswesen im Verband der Hochschullehrer für Betriebswirtschaft e.V.; für eine Liste der Mitglieder vgl. Arbeitsgruppe Normierung der Rechnungslegung (2002a), S. 881.

[2] Vgl. Arbeitsgruppe Normierung der Rechnungslegung (2002a), (2002b), (2002c). Vgl. aber auch *Siegel* (2001); (2002a); (2002b).

[3] Zur ursprünglichen Struktur und Funktion des DRSC vgl. statt vieler *Küting / Weber* et al. (2003), S. 522 – 526. Zur strategischen Neuausrichtung des DRSC als Gremium zur Kommunikation und Wahrung nationaler Interessen bei der Fortentwicklung von IFRS gegenüber dem IASB vgl. die Informationen auf den Internetseiten des DRSC, insbesondere unter www.standardsetter.de/drsc/docs/gasc_about.html.

[4] Vgl. *Siegel* (2004). Siehe aber auch *Siegel* (1997); *Siegel* (1998).

Das IASB arbeitet seit Juli 2001 an der Vereinheitlichung der Bilanzierung von Unternehmenszusammenschlüssen.[5] Das Projekt Business Combinations gliedert sich in zwei Phasen. Phase I ist mit Verabschiedung des IFRS 3, Business Combinations, der den bis dahin gültigen IAS 22 ersetzt, abgeschlossen. Entscheidende Neuerungen sind die Abschaffung der Interessenzusammenführungsmethode der Kapitalkonsolidierung sowie das Verbot einer planmäßigen Abschreibung des Goodwill.[6] Im April 2002 begann durch Kooperation mit dem US Standardsetzer FASB Phase II des Projektes. Als ein wesentliches Ergebnis dieser Phase ist zu erwarten, dass die vollständige Übernahme des Vermögens und der Schulden von Tochterunternehmen zu erfolgen hat. Damit geht einher, auch den Goodwill aus der Kapitalkonsolidierung „vollständig" anzusetzen: Nicht nur der auf die Gesellschafter des Mutterunternehmens entfallende Anteil des Goodwill aus der Übernahme des Tochterunternehmens wäre zu bilanzieren, sondern auch ein auf Minderheitsgesellschafter entfallender Anteil.[7]

Der intendierten Neukonzeption der Kapitalkonsolidierung liegt die Überlegung zu Grunde, insbesondere den Kapitalgebern als Adressaten des Konzernabschlusses relevante Informationen über Zeitwerte im Reinvermögen der Tochtergesellschaft bereitzustellen.[8] Hierbei sind allerdings wichtige Fragen im Zusammenhang mit der zweckmäßigen konzeptionellen Ausgestaltung des Konzernabschlusses zu klären. Ziel dieses Beitrages ist es, diesbezüglich mögliche Probleme bei der Vorgehensweise des IASB im Business Combinations Project aufzuzeigen und einen möglichen Alternativansatz zu skizzieren. Hierzu wird im folgenden Kapitel II. zunächst die konzeptionelle Fundierung der Full Goodwill Methode in der Vorstellung des IASB herausgearbeitet. Anschließend erfolgt eine kritische Würdigung der Neuausrichtung des IASB (Kapitel III.). In Kapitel IV. werden – in Erweiterung des Zeitwertkonzepts von Siegel – Eckpunkte eines Alternativkonzeptes vorgestellt, das die vorher erörterten kritischen Aspekte zu vermeiden sucht. Der Beitrag schließt mit einer Zusammenfassung und einem kurzen Ausblick (Kapitel V.).

---

[5] Vgl. IASB (2004a), sowie *Grünberger / Grünberger* (2003), S. 218; *Brücks / Wiederhold* (2003), S. 21.

[6] Vgl. IASB (2004a), S. 1, sowie ausführlich *Küting / Wirth* (2004).

[7] Vgl. IASB (2004a), S. 23, sowie etwa *Grünberger / Grünberger* (2003), S. 218.

[8] Vgl. IASB (2004a), S. 2. Zur Informationsfunktion des Konzernabschlusses vgl. statt vieler *Havermann* (2000), S. 125; *Busse von Colbe* et al. (2004), S. 26 – 28.

II. Konzeptionelle Basis der Full Goodwill Methode und Umsetzung des Verfahrens nach den Vorstellungen des IASB

1. Vollkonsolidierung, Einheits- und Interessentheorie

Im Konzernabschluss gilt es, die wirtschaftliche Einheit Konzern so abzubilden, wie es die durch den Zusammenschluss entstehenden Beherrschungsverhältnisse nahe legen. Entsprechend werden im Wege der Vollkonsolidierung die Vermögenswerte und Schulden aller Unternehmen, die unter dem beherrschenden Einfluss einer Anteilseignergruppe stehen, in einem Abschluss, dem Konzernabschluss des herrschenden Unternehmens, zusammengeführt.[9]

Die vollständige Übernahme der Vermögenswerte und Schulden des beherrschten Tochterunternehmens erfolgt auch dann, wenn dass beherrschende Mutterunternehmen direkt oder indirekt weniger als 100 % der Stimmrechte des Tochterunternehmens hält. Sind andere Gesellschafter am Tochterunternehmen beteiligt, so haben diese zwar Rechte an der Fruchtziehung aus dessen Reinvermögen, das Beherrschungsrecht über das Reinvermögen verbleibt aber auf Grund der konzerntypischen Leitungsrechte auf Seiten der Muttergesellschaft. Eine quotale Konsolidierung, verbunden mit einer Übernahme des lediglich dem Anteil der Eigner der Mutterunternehmung entsprechenden Reinvermögens der Tochtergesellschaft in den Konzernabschluss, würde die tatsächliche Beherrschungskonstellation unzutreffend abbilden.[10]

Die vollständige Übernahme des Reinvermögens der Tochtergesellschaft durch Vollkonsolidierung lässt zunächst offen, in welcher Höhe dieses Reinvermögen im Konzernabschluss zu bilanzieren ist. Der Bilanzansatz kann davon abhängig gemacht werden, welchem theoretischen Konsolidierungskonzept gefolgt wird. Grundsätzlich können hier Einheitstheorie und Interessentheorie unterschieden werden.[11]

Die Einheitstheorie unterstellt, dass der Konzernabschluss als fiktiver Einzelabschluss sämtlicher Eigenkapitalgeber des Konzerns zu verstehen ist. Insoweit geht die Einheitstheorie von der Fiktion des wirtschaftlich und rechtlich einheitlichen Unternehmens aus. Tochterunternehmen sind danach lediglich als unselbständige Betriebsstätten anzusehen, wobei angenommen wird, dass kein

---

[9] Siehe etwa *Ebeling* (1995), S. 19.

[10] So auch *Pawelzik* (2004), S. 677.

[11] Vgl. statt vieler grundlegend *Bores* (1935); *Dreger* (1969). Im angloamerikanischen Sprachraum ist der Begriff Entity Concept für die Einheitstheorie üblich. Für die Interessentheorie werden das Proprietary Concept und das Parent Company Concept unterschieden, wobei für das Proprietary Concept *nicht* von der Vollkonsolidierung ausgegangen wird; vgl. etwa *Küting* et al. (2003), S. 58 – 62.

Interessengegensatz zwischen den Anteilseignern der Muttergesellschaft und den Minderheitsgesellschaftern der Tochterunternehmen besteht.[12]

Die Interessentheorie geht demgegenüber davon aus, dass ein solcher Interessengegensatz sehr wohl relevant ist. Für Minderheitsgesellschafter wird ein primäres Interesse an jenem Konzernunternehmen unterstellt, für das sie unmittelbar eine Beteiligung halten. Für die Anteilseigner der Muttergesellschaft wird demgegenüber auch ein Interesse am Konzern als Ganzes angenommen. Insofern gelte es, mit dem Konzernabschluss insbesondere den Eignern des Mutterunternehmens ein Bild über die Vermögens-, Finanz und Ertragslage aus deren Sicht zu vermitteln. Der Konzernabschluss sei folglich ein erweiterter Abschluss des Mutterunternehmens, und Minderheitsgesellschafter werden auf Grund eines lediglich eingeschränkten Einflusses auf die Geschäftspolitik des Konzerns nicht als Eigenkapitalgeber, sondern als Fremdkapitalgeber des Konzerns angesehen.[13]

Da in beiden Theorien von der Beherrschung des kompletten Reinvermögens der Unternehmensgruppe durch die Eigner der Muttergesellschaft ausgegangen wird, ist für den Konzernabschluss jeweils die Vollkonsolidierung erforderlich. Der Stellung der Minderheitsgesellschafter als Eigen- bzw. Fremdkapitalgeber wird durch entsprechende Einordnung des Minderheitenanteils auf der Passivseite Rechnung getragen.[14] Jedoch wird in den Konzepten die dem Unternehmenszusammenschluss zu Grunde liegende Transaktion unterschiedlich interpretiert. Dadurch kommt es zu den eigentlichen Unterschieden in der Bilanzierung des übernommen Reinvermögens der Tochtergesellschaft – einschließlich des Goodwill aus der Kapitalkonsolidierung.

2. Der Unternehmenszusammenschluss als Transaktion in interessen- und in einheitstheoretischer Interpretation

In interessentheoretischer Interpretation hat der Konzernabschluss vorwiegend darzulegen, was sich hinter der Position der Beteiligungen an verbundenen

---

[12] Vgl. zu diesem Abschnitt statt vieler *Adler / Düring / Schmaltz* (1996), Vorbemerkungen zu § 290 HGB, Rz. 19 – 20.

[13] Siehe zu diesem Abschnitt statt vieler *Adler / Düring / Schmaltz* (1996), Vorbemerkungen zu § 290 HGB, Rz. 21 – 22.

[14] Vgl. *Hinz* (2004), S. 284, mit weiteren Nachweisen, der zutreffend einer dennoch häufig vorzufindenden Ansicht entgegentritt, Ausdruck der Interessentheorie sei die Quotenkonsolidierung (siehe etwa *Adler / Düring / Schmaltz* (1996), Vorbemerkungen zu § 290 HGB, Rz. 23, oder jüngst *Pawelzik*: „Eine Vollkonsolidierung ohne Einheitstheorie gibt es … nicht.“; *Pawelzik* (2004), S. 679). Gleichfalls kritisch mit Bezug auf das Proprietary Concept (siehe oben, Fn. 11) *Küting* et al. (2003), S. 60, mit weiteren Nachweisen.

Unternehmen im Einzelabschluss des Mutterunternehmens verbirgt. Insoweit geht es um die Offenlegung des durch den Erwerb der Beteiligung verbrieften Rechtes am Reinvermögen. Der Zusammenschluss selbst wird folglich ausschließlich als käuflicher Erwerb durch das Mutterunternehmen interpretiert.[15]

Für den Konzernabschluss bedeutet dies zwangsläufig, dass für das in die Konzernbilanz zu übernehmende Reinvermögen ein strikt auf den Beteiligungserwerb bezogenes Anschaffungskostenprinzip greift. Demnach sind neben dem Buchreinvermögen der Tochtergesellschaft auch die stillen Reserven und Lasten nur insoweit aufzudecken, als sie von den übernehmenden Eignern des Mutterunternehmens durch den Beteiligungserwerb bezahlt wurden.[16] Liegt der Beteiligungskaufpreis unter dem durch Aufdeckung stiller Reserven und Lasten neubewerteten Reinvermögen des Tochterunternehmens, ist in Höhe des überschießenden Betrags das übernommene Vermögen abzustocken. Liegt der Kaufpreis dagegen oberhalb des neubewerteten Reinvermögens, so ist der überschießende Betrag als Konsolidierungsgoodwill in der Konzernbilanz zu aktivieren. Zwangsläufig gilt jedoch, dass ein Goodwill nur angesetzt wird, wenn er mit dem Beteiligungserwerb durch die Muttergesellschaft bezahlt wurde.[17]

Auch nach der Einheitstheorie wird der Unternehmenszusammenschluss grundsätzlich erwerbsbezogen interpretiert. Die konzeptionelle Ausrichtung des Konzernabschlusses auf sämtliche Gesellschafter der Unternehmen im Konsolidierungskreis führt indes zu einer anderen Interpretation des Erwerbsvorgangs.[18] Die Negierung eines Interessengegensatzes zwischen Eignern der Muttergesellschaft und Minderheitsgesellschaftern hat zur Folge, dass das Reinvermögen der Tochtergesellschaft einschließlich sämtlicher stiller Reserven und Lasten unabhängig vom Beteiligungsbuchwert vollständig in den Konzernabschluss zu übernehmen ist.[19] Dass die Minderheitsgesellschafter ihren Anteil am Reinvermögen der Tochtergesellschaft nicht käuflich erworben haben, spielt dabei keine Rolle. Vielmehr lässt sich angesichts der unterstellten Interessenharmonie annehmen, dass die Minderheitsgesellschafter freiwillig im Moment des Unternehmenszusammenschlusses ihren Anteil am Reinvermögen im Wege einer *Sacheinlage* in das Konzerngesamtvermögen eingebracht haben.[20]

Die Annahme eines freiwilligen Einlagevorganges und damit die Unterstellung der Kapitalzufuhr durch Minderheitsgesellschafter im Moment der erstma-

---

[15] Vgl. *Hinz* (2004), S. 284, mit weiteren Nachweisen.

[16] So auch zutreffend *Hinz* (2004), S. 285.

[17] Vgl. z.B. *Scherrer* (1993), S. 242 – 248, mit Bezug auf die Buchwertmethode der Kapitalkonsolidierung gemäß § 301 Abs. 1 Satz 2 Nr. 1 HGB, welche diesen Gedanken der Interessentheorie ausdrückt.

[18] So etwa *Pawelzik* (2004), S. 677 – 679.

[19] Vgl. *Hinz* (2004), S. 282, mit weiteren Nachweisen.

[20] Vgl. *Busse von Colbe* et al. (2003), S. 211; *Pawelzik* (2004), S. 678.

ligen Konsolidierung führt zu einer konzeptionellen Trennung von dem im Einzelabschluss der Mutterunternehmung erfassten Erwerb der Beteiligung und dem im Konzernabschluss erfassten Unternehmenszusammenschluss. Die Trennung erscheint als Konsequenz der einheitstheoretisch unterschiedlich definierten Adressatenkreise von Einzel- und Konzernabschluss. Folglich wird es als konsequent erachtet, wenn das übernommene Reinvermögen im Konzernabschluss nach vollständiger Aufdeckung aller stillen Reserven und Lasten angesetzt wird. Die für die Aufdeckung notwendige Objektivierung ergebe sich letztlich einerseits aus dem Erwerb der Beteiligung durch die Muttergesellschafter und andererseits aus der fiktiven Einlage stiller Reserven durch die Minderheitsgesellschafter. Ein Verstoß gegen das Anschaffungskostenprinzip oder den Grundsatz der Pagatorik könne demnach nicht unterstellt werden.[21]

Folgt man der einheitstheoretischen Darstellung des Erwerbsvorgangs, so ist auch die Begrenzung eines anzusetzenden Konsolidierungsgoodwill auf den durch die Muttergesellschafter erworbenen Teil konzeptionell unscharf. Zusätzlich zu dem durch die Muttergesellschafter mit dem Beteiligungskauf bezahlten Goodwill tritt dann der durch die Minderheitsgesellschafter „eingelegte" Teil. Angesetzt wird mithin ein „Gesamt-" oder Full Goodwill.[22] Freilich ergibt sich dann die Frage, wie der Wertansatz des durch die Minderheiten eingelegten Teils des Full Goodwill zu bestimmen ist.

Wichtig erscheint, dass auch in der Konzeption der Einheitstheorie der Full Goodwill als „derivativer" Firmenwert begriffen werden muss,[23] der vom „eigentlichen" Gesamtgoodwill, dem originären Firmenwert des Tochterunternehmens, zu unterscheiden ist. Der originäre Firmenwert ergibt sich durch Abzug des Reinvermögens der Tochtergesellschaft nach Aufdeckung aller stillen Reserven und Lasten vom Unternehmenswert dieser Gesellschaft. Als Unternehmenswert gilt dabei der Barwert der erwarteten Zahlungsmittelüberschüsse nach der Einbindung des Tochterunternehmens in den Konzern.[24] Der Full Goodwill ist dagegen jener Teil des originären Firmenwertes, den im Ergebnis Gesellschafter des Mutterunternehmens mit dem Beteiligungskauf erwerben, plus jenem Teil, den Minderheitsgesellschafter aus Anlass des Zusammenschlusses einzulegen bereit sind. Dieser Teilbetrag ist konzeptionell als Gegenleistung für einen auf Grund des Zusammenschlusses durch die Minderheitsgesellschafter angenommenen Mehrwert ihrer Anteile am Tochterunternehmen zu verstehen. Da einheitstheoretisch zwischen allen Gesellschaftern Interessenharmonie unterstellt wird, kann argumentiert werden, dass sich der Mehrwert der Minder-

---

21 Vgl. zu diesem Abschnitt *Pawelzik* (2004), S. 682, mit weiteren Nachweisen.

22 Siehe etwa *Pellens / Basche / Sellhorn* (2003), S. 1 – 2.

23 Siehe auch *Busse von Colbe* (2004), S. 57.

24 Vgl. zu den sog. Gesamtverfahren der Unternehmensbewertung im Überblick *Ballwieser* (2004), S. 8 – 10.

heitsanteile in Anlehnung an den Kaufpreis für die Anteile des Mutterunternehmens an der Tochter verändert. Dies würde die lineare Hochrechnung der durch den Beteiligungskauf bezahlten stillen Reserven wie auch des bezahlten Firmenwertes um den Minderheitenanteil begründen.[25]

3. Die Vorstellungen des IASB zur Umsetzung der Full Goodwill Methode

Aus den vorangegangenen Ausführungen wird geschlossen, dass das IASB im Business Combinations Project einer konsequent einheitstheoretischen Ausrichtung des Konzernabschlusses folge.[26] So wird IFRS 3 als diesbezüglich erster Schritt verstanden, weil die bisher in IAS 22 als bevorzugt postulierte Buchwertmethode der Kapitalkonsolidierung der Forderung nach einer Anwendung der Neubewertungsmethode gewichen ist.[27] Stille Reserven und Lasten dürfen nicht mehr nur in Höhe des durch die Mutter im Kaufpreis bezahlten Anteils aufgedeckt werden, sondern sind gemäß IFRS 3.36 unabhängig vom Kaufpreis vollständig aufzulösen. Allerdings bleibt es nach IFRS 3.51 beim Ansatz eines aus der Differenz von Kaufpreis und neu bewertetem Reinvermögen ermittelten Goodwill – mithin der interessentheoretischen Konzeption dieses Wertes. In Phase II scheint dieser konzeptionelle Bruch durch Ermittlungsvorschriften zur Bemessung des Full Goodwill aufgehoben zu werden, wobei die indirekte und die direkte Methode der Ermittlung zu unterscheiden sind.

Als *indirekte* Methode beschreibt das IASB die einfache Hochrechnung des von der Mutter bezahlten Goodwill. Der Full Goodwill ergibt sich danach, indem der bezahlte Goodwill durch die Beteiligungsquote der Muttergesellschafter dividiert wird. Als Problem wird hierbei allerdings gesehen, dass die Muttergesellschafter im Gegensatz zu den Minderheitsgesellschaftern der Tochterunternehmung durch den Erwerb der Beteiligung die Möglichkeit zur einheitlichen Leitung (control) erreichen wollen. Das IASB geht davon aus, dass die Muttergesellschafter für die Erlangung der Leitungsmöglichkeit häufig eine Leitungs- oder Kontrollprämie geleistet haben. Erhält die Mutterunternehmung etwa Vorteile aus Synergieeffekten, die Minderheiten nicht zugute kommen würden, so sei anzunehmen, dass die Mutterunternehmung hierfür einen Kaufpreiszuschlag zu zahlen bereit ist. Dieser Aspekt sei bei der Ermittlung des Full Goodwill zu berücksichtigen. Mithin wird die indirekte Methode auch nur dann

---

[25] Ähnlich *Hinz* (2004), S. 282.

[26] Vgl. z.B. *Pellens / Basche / Sellhorn* (2003), S. 1; *Busse von Colbe* (2004), S. 43 f.; *Pawelzik* (2004), S. 677 f.; *Grünberger / Grünberger* (2003), S. 218. Indes wird der Bezug zur Einheitstheorie nicht explizit vom IASB genannt; so auch *Pawelzik* (2004), S. 679, Fn. 17.

[27] Siehe etwa *Busse von Colbe* (2004), S. 45.

als anwendbar erachtet, wenn die mit der Kaufpreiszahlung abgegoltene Kontrollprämie verlässlich ermittelt werden kann.[28]

Beispielsweise[29] sei eine 80 % Beteiligung an einem Tochterunternehmen für 900 Mio. € erworben, wobei die Erlangung der Leitung mit 100 Mio. € abgegolten wurde. Bei einem neubewerteten Reinvermögen des Tochterunternehmens von 700 Mio. € ergäbe sich somit der durch den Beteiligungskauf erworbene Goodwill ohne Kontrollprämie wie folgt:

Anschaffungskosten der Beteiligung	900 Mio. €
- Kontrollprämie	- 100 Mio. €
- 80 % anteiliges Reinvermögen	- 560 Mio. €
= durch MU erworbener Goodwill	= 240 Mio. €

Der nach Abzug der Kontrollprämie ermittelte Wert von 240 Mio. € wäre jetzt linear hochzurechnen auf 240 Mio. € / 0,8 = 300 Mio. €, und als durch Minderheitsgesellschafter eingelegter Goodwillanteil ergäbe sich 60 Mio. €. Der Full Goodwill wäre nach dieser Rechnung inklusive der durch die Muttergesellschafter gezahlten Kontrollprämie 240 Mio. € + 60 Mio. € + 100 Mio. € = 400 Mio. €.

Die *verlässliche* Ermittlung einer Kontrollprämie setzt allerdings regelmäßig voraus, dass seitens der Muttergesellschafter Klarheit über den – originären – Gesamtunternehmenswert der Tochtergesellschaft besteht, welchen das IASB als den „fairen" Wert (fair value) bezeichnet.[30] Bei Bekanntheit dieses Wertes kann aber ebenso die *direkte* Methode der Full-Goodwill-Ermittlung zur Anwendung kommen. Nach der direkten Methode ist nämlich von eben diesem Gesamtunternehmenswert auszugehen, wobei sich der Full Goodwill nach Abzug des gesamten neubewerteten Reinvermögens der Tochtergesellschaft vom fairen Wert des Gesamtunternehmens ergäbe. Für die Ermittlung des fairen Wertes der Tochter sei das für die Unternehmensbewertung zur Verfügung stehende Bewertungsinstrumentarium heranzuziehen.[31]

Im Kern will das IASB offenbar, dass der Full Goodwill grundsätzlich ausgehend vom Gesamtunternehmenswert ermittelt wird. Folglich erschiene der Full Goodwill als eine Approximation des originären Goodwill der Tochterunternehmung. Das Einräumen der Möglichkeit zur indirekten Ermittlung des Full

---

[28] Vgl. zu diesem Abschnitt IASB (2004a), S. 23 – 24.

[29] In Anlehnung an *Pellens / Basche / Sellhorn* (2003), S. 2 – 3.

[30] Vgl. *Pawelzik* (2004), S. 683. Im Beispiel könnte etwa der Unternehmenswert der Tochtergesellschaft mit 1.000 Mio. € angenommen werden. Bei 80 % Beteiligung fielen auf die Muttergesellschafter 800 Mio. €, so dass sich bei einem tatsächlichen Kaufpreis von 900 Mio. € die Differenz von 100 Mio. € als Kontrollprämie begreifen ließe.

[31] Vgl. IASB (2004a), S. 23, sowie *Busse von Colbe* (2004), S. 49.

Goodwill entstand vermutlich aus der Erwägung, dass in der Praxis im Zweifel oder schlicht aus Gründen der Praktikabilität lediglich eine Hochrechnung des derivativen Goodwill erfolgen wird.[32] An dem tendenziellen Anliegen des IASB, (unter anderem) bei Unternehmensakquisitionen vermehrt auf die Aufdeckung von Zeitwerten des originären immateriellen Vermögens hinzuwirken, ändert das Einräumen der indirekten Vorgehensweise aber offenbar nichts.

III. Die Full Goodwill Methode nach den Vorstellungen des IASB – ein überzeugender Fortschritt?

1. Zur konzeptionellen Einordnung des Unternehmenszusammenschlusses

Werden Unternehmenszusammenschlüsse entsprechend der Einheitstheorie eingeordnet, so wird – bei konzeptioneller Konsequenz – die rechtliche Vielheit im Konzern ausgeblendet und die Fusion aller Konzernunternehmen zu einer rechtlichen Einheit mit gleichgerichteten Interessen aller Gesellschafter unterstellt. Demgegenüber wird bei interessentheoretischer Einordnung die Möglichkeit abweichender Interessen von Gesellschaftern der Tochterunternehmen eingeräumt.[33] Zwangsläufig unterstellt die Interessentheorie insoweit die rechtliche Selbständigkeit der Tochterunternehmen. Gleichwohl wird angesichts der Leitungsmacht der Muttergesellschaft von der *wirtschaftlichen* Einheit mit der Konsequenz einer Vollkonsolidierung im Konzernabschluss ausgegangen.[34]

Dass die Annahme eines Interessengegensatzes den realen Verhältnissen im Konzern grundsätzlich näher kommt als jene völliger Interessenharmonie, scheint aber auch das IASB anzunehmen. Anders sind die Überlegungen zur Berücksichtigung von Kontrollprämien nicht erklärbar. In der Tat besteht wohl häufig das Problem, dass erst eine 100 % Beteiligungsquote die gewünschte Flexibilität zur Umsetzung der Ziele der Muttergesellschaft bezüglich des Unternehmenszusammenschlusses ermöglicht und dass Restanteile mit erheblichen Preisaufschlägen erworben werden.[35] Wenn insoweit nicht von vollständiger Interessenharmonie aller Gesellschafter auszugehen ist, ergibt sich zwangsläufig die Frage nach dem Sinn einer Einlagefiktion in Bezug auf Goodwillanteile sowie auf Anteile von stillen Reserven durch die Minderheiten.

---

[32] Siehe auch *Pawelzik* (2004), S. 683 – 684.

[33] Vgl. *Hinz* (2004), S. 287 – 288.

[34] Vgl. oben, Abschnitt II.1.

[35] *Pawelzik* spricht von einem „Lästigkeitswert“ von Minderheitsgesellschaftern, der etwa bei geplanten Umstrukturierungen, Produktions- oder Vertriebsverlagerungen innerhalb des Konzerns zum Tragen komme, und führt als Beispiel die häufig zu beobachtenden Aufschläge beim Kauf von Restanteilen durch die Muttergesellschaft an; vgl. *Pawelzik* (2004), S. 683.

Ein möglicher Einlagebetrag würde sich, wie oben erwähnt, aus dem durch die Minderheiten *subjektiv* angenommenen Mehrwert ihrer Anteile am Tochterunternehmen ergeben, welcher durch den Zusammenschluss der Unternehmen entstanden ist. Völlige Interessenharmonie aller Gesellschafter ließe die Annahme zu, dass die Minderheitsgesellschafter ihren Goodwillanteil so einschätzen wie die Muttergesellschafter den durch sie bezahlten, so dass eine naive[36] Hochrechnung von dem durch ihren Anteilskauf bezahlten Goodwill plausibel wäre. Aber eben diese völlige Harmonie besteht angesichts des Auftretens von Kontrollprämien nicht, so dass sich der von den Minderheiten angenommene Mehrwert – sofern dieser überhaupt gegeben ist – nicht objektiv bestimmen lässt.[37] Von der Einhaltung des Anschaffungswertprinzips über das Unterstellen einer Einlage der Minderheitsgesellschafter auszugehen, erscheint insoweit wenig überzeugend.[38]

Tatsächlich kommt es dem IASB offenbar gar nicht darauf an, den Unternehmenszusammenschluss konsequent im Sinne eines Erwerbsvorgangs zu betrachten. So sind stille Reserven entsprechend der Neubewertungsmethode letztlich auch bei einer 100 % Beteiligung der Muttergesellschaft unabhängig vom Kaufpreis der Beteiligung aufzudecken.[39] Die Überlegung, den Full Goodwill direkt mit dem Instrumentarium der Unternehmensbewertung festzulegen, verdeutlicht, wie oben erwähnt, dass seitens des IASB vermehrt die Aktivierung von originären Werten angestrebt wird. Als eigentlich angestrebtes theoretisches Konzept der Konzernrechnungslegung kristallisiert sich insoweit eher die generelle Zeitbewertung des Reinvermögens der Tochtergesellschaft aus Anlass des Unternehmenszusammenschlusses heraus.[40] Hierbei wird offenbar bewusst auf eine Einhaltung des Anschaffungswertprinzips durch unterstellte Erwerbsfiktionen entsprechend der Interessen- oder Einheitstheorie verzichtet.[41]

Betrachtet man etwa die Entwicklung bei den Regelungen zur Bilanzierung von Wertpapieren und nicht betrieblich genutzten Immobilien oder bei der Folgebewertung von immateriellen Vermögenswerten mit unbestimmbarer Nut-

---

[36] Vgl. *Pellens / Basche / Sellhorn* (2003), S. 3.

[37] So auch *Busse von Colbe* (2004), S. 50.

[38] A.A. *Pawelzik* (2004), S. 679, 682.

[39] Seit Inkrafttreten des Transparenz- und Publizitätsgesetzes steht auch gemäß § 301 Abs. 1 Satz 2 Nr. 2 HGB die Aufdeckung stiller Reserven im übernommenen Reinvermögen nach der Neubewertungsmethode nicht mehr unter der Anschaffungskostenrestriktion.

[40] Ähnlich *Pellens / Basche / Sellhorn* (2003), S. 3.

[41] Beleg hierfür ist auch die Überlegung des IASB, künftig die maßgebliche Konsolidierungsmethode nicht mehr als Purchase Method, sondern als Acquisition Method zu bezeichnen. Hintergrund ist, dass der Begriff Acquisition Method den Transaktionsvorgang weiter fasst und auch auf solche Zusammenschlüsse passt, die sich im Kern nicht als Erwerb begreifen lassen; vgl. IASB (2004a), S. 11.

zungsdauer,[42] so erscheint die Full Goodwill Methode in der Tat lediglich als weiterer Schritt des IASB in Richtung genereller Zeitwertbilanzierung.[43] Fraglich ist, ob der eingeschlagene Weg konsequent und vor dem Hintergrund der Zwecke des Konzernabschlusses überzeugend ist. Insbesondere verschärft sich mit der Full Goodwill Methode die Vermengung von Bilanzierungskonzepten im Konzernabschluss.

2. Zum Problem der Vermengung von Bilanzierungskonzepten

a) Vermehrt inkonsistente Vermögensermittlung

Der offensichtliche Trend des IASB zur Zeitwertbilanzierung könnte für die Darstellung der Vermögenslage den Vorteil haben, bei vielen Vermögenswerten bzw. Schulden zu einer Aufdeckung stiller Reserven bzw. Lasten zu führen, wodurch automatisch deren stille Auflösung in Folgeperioden verhindert würde. Gleichzeitig würde das Potential des Managements zur Erfolgsglättung durch die Veräußerung einzelner Vermögenswerte für Eigen- wie Fremdkapitalgeber unmittelbar ersichtlich.[44] Die Vorteile ergeben sich freilich nur, wenn die Bewertung konsequent für *alle* einzeln am Markt veräußerbaren Vermögenswerte und Schulden aller in den Konzernabschluss einbezogenen Unternehmen erfolgte. Des Weiteren dürfte eine Zeitbewertung nicht von einem einzigen Ereignis, wie etwa dem Unternehmenszusammenschluss, abhängen, sondern sie sollte regelmäßig erfolgen.[45]

Konsequent ist insoweit lediglich eine generelle Änderung des Bilanzierungsparadigmas im Sinne einer regelmäßigen Einzel-Zeitbewertung aller marktfähigen Vermögenswerte und Schulden.[46] Dem von Siegel in die deutsche Diskussion eingebrachten Konzept einer generellen Konzernbilanzierung von Vermögen zu Einzelveräußerungswerten und Schulden zu Einzelablösewerten liegt dieser Gedanke zu Grunde.[47] Das Konzept von Siegel verdeutlicht zugleich, dass verschiedene Ebenen der Zeitbewertung zu unterscheiden sind. So sind der originäre Geschäftswert sowie alle nicht objektiv von diesem Wert se-

---

[42] Vgl. hierzu die maßgeblichen Regeln in IAS 39 bzw. IAS 40 bzw. IAS 38 i.V.m. IAS 36.

[43] Vgl. auch *Busse von Colbe* (2004), S. 57 – 58.

[44] Vgl. etwa *Siegel* (1998), S. 595.

[45] Vgl. *Peffekoven* (2001), S. 204.

[46] So auch *Peffekoven* (2001), S. 204.

[47] Vgl. ausführlich *Siegel* (2004). Für ein konsequent einzelveräußerungsstatisches Bilanzierungskonzept vgl. bereits *Chambers* (1966). Vgl. auch die Monographie von *Berlage* (1993), der erstmals umfassend Siegels Gedanken zur Einzelveräußerungsstatik für den Einzelabschluss formuliert hat.

parierbaren immateriellen Vermögenswerte mit der Zeitwertkonzeption nach Siegel unvereinbar.[48] Grund hierfür ist die Unmöglichkeit der Einzelveräußerung. Gleiches gilt für den derivativen Firmenwert. Folglich werden sowohl originärer wie auch derivativer Firmenwert in Siegels Konzept nicht aktiviert.[49]

Das Konzept der Full Goodwill Methode zielt freilich darauf ab, einen derivativen Goodwill wie auch Bestandteile des originären Firmenwertes in die Konzernbilanz zu bringen, und zwar zusammen mit den vom Unternehmenskaufpreis losgelösten Zeitwerten des übernommenen Reinvermögens. Bei letzteren ist zudem nicht nötig, dass Einzelveräußerungswerte vorliegen.[50] Mithin entsteht ein Konzeptionenmix aus pagatorisch abgesicherten, anschaffungswertbezogenen Ansätzen, Einzelveräußerungswerten und insbesondere immateriellen „Unternehmenswertbeiträgen", mit jeweils unterschiedlichem Einfluss auf die Höhe und die Verlässlichkeit des Konzerngewinns.[51]

b) Bilanzierungsmethodenmix und Einschätzung der Konzernperformance durch Rechnungslegungsadressaten

Eine weitgehende Zeitbewertung von Vermögen und Schulden kann zu einer völligen Aufgabe des Grundsatzes der Pagatorik bei der Ermittlung des Konzerngewinns führen. So wird etwa bei den IFRS die Zeitbewertung in der Kategorie Financial Assets and Financial Liabilities at Fair Value Through Profit and Loss immer erfolgswirksam vorgenommen. Gleiches gilt für die oben erwähnten nicht betrieblich genutzten Immobilien, sofern vom Wahlrecht einer Fair Value Bilanzierung Gebrauch gemacht wird.[52] Für den Fall der Konsolidierung nach IFRS 3 lässt sich die vom Kaufpreis der Beteiligung losgelöste vollständige Aufdeckung stiller Reserven im übernommenen Vermögen entsprechend der Neubewertungsmethode anführen. Die Abweichung vom Anschaffungswertprinzip führt hier dazu, dass beim abnutzbaren Vermögen die Belastung künftiger Perioden mit planmäßigen Abschreibungen erfolgt, die sich nicht als eine Verteilung von Investitionsausgaben begreifen lassen.[53]

---

[48] Vgl. *Siegel* (2004), S. 314.

[49] Vgl. *Siegel* (2004), S. 315, 324 – 325.

[50] So gilt es, übernommene immaterielle Vermögenswerte wie Markenrechte, Designs oder Kundenbeziehungen so weit wie möglich von einem derivativen Goodwill zu separieren. Die Bewertung solcher Assets setzt häufig die Anwendung von Grundsätzen der Unternehmensbewertung voraus und ist kaum im Sinne einer marktwertbezogenen Einzelbewertung möglich; vgl. *Pawelzik* (2004), S. 683, mit weiteren Nachweisen.

[51] Vgl. ausführlich *Ballwieser / Küting / Schildbach* (2004).

[52] Vgl. IAS 39.46, IAS 39.55a bzw. IAS 40.33 – IAS 40.35.

[53] Vgl. auch *Reichelt / Schmidt* (2005), S. 51 – 52.

Das Anschaffungswertprinzip ist letztlich Ausdruck einer bestimmten Risikogewichtung bei der Konzerngewinnermittlung.[54] Zeitwertansätze oberhalb der Anschaffungswerte verschieben diese Gewichtung und führen – wenn eine Zuschreibung erfolgswirksam erfolgt – tendenziell zu einer früheren Erfassung erwarteter Einzahlungen im Konzerngewinn.[55] Folglich steigt die Periodisierungs- oder Accruals-Komponente im Konzerngewinn an:

$$G_t = C_t + A_t$$

mit G_t = (Konzern-)Gewinn aus Periode t,

C_t = Cash- oder Zahlungskomponente des Periodengewinns,

A_t = Accruals- oder Periodisierungskomponente des Periodengewinns.

Empirische Untersuchungen ergeben, dass die Nachhaltigkeit eines Periodengewinns (Persistenz) von der Höhe der Accruals-Komponente abhängt.[56] Je höher A_t, desto geringer erweist sich diese Nachhaltigkeit. Je mehr dagegen der Periodengewinn auf tatsächlichen Einzahlungsüberschüssen (C_t) statt auf periodisierten und folglich mit Ermessens- und damit letztlich Manipulationsspielräumen behafteten Größen basiert, desto eher erweist sich der Periodengewinn als nachhaltig.[57] Ferner lässt sich zeigen, dass die Nachhaltigkeit des Gewinns umso weiter abnimmt, je stärker ermessensbehaftet die Accruals-Komponente im Periodengewinn ist.[58] Die abnehmende Persistenz auf Grund ermessensbehafteter Accruals lässt sich als Ausdruck abnehmender Verlässlichkeit dieser Größen begreifen.[59]

---

[54] Vgl. *Ordelheide* (1988a); *Ordelheide* (1988b). Er beschreibt treffend die durch den Konzerngewinn ausgedrückte Leistung einer Unternehmensgruppe als Approximation von Einzahlungserwartungen auf der Basis allgemein akzeptierter, nachprüfbarer und im Zweifel justiziabler Risikobewältigungsregeln.

[55] Das in der Konzernbilanz angesetzte Vermögen repräsentiert die Mindestrückflusserwartung aus der Investitionstätigkeit des Unternehmens; vgl. *Ordelheide* (1988a), S. 287. Das Anschaffungswertprinzip bewirkt dabei einen sehr vorsichtigen Ansatz: Aktiviert wird nur ein durch die Transaktion objektivierter Betrag. Wertsteigerungen oberhalb der Anschaffungskosten sind demnach nicht möglich, da die den Konzerngewinn erhöhende Zuschreibung nicht durch eine Markttransaktion begründet wurde. Erwartete Einzahlungen aus der Investition sind mithin ohne Marktobjektivierung nicht im Konzerngewinn zu antizipieren; vgl. in diesem Zusammenhang insbesondere *Ordelheide* (1988a), S. 287 – 290; *Ordelheide* (1988b), S. 280 f.

[56] Vgl. *Sloan* (1996).

[57] Siehe *Sloan* (1996), S. 297 – 298. Vgl. auch *Kaserer / Adamek* (2003), S. 503 – 504, für eine Darstellung und Diskussion der Ergebnisse von *Sloan* (1996).

[58] Vgl. die Analyse von *Richardson* et al. (2004), die das empirische Modell von *Sloan* (1996) durch eine weitere Differenzierung der Accruals-Komponente verfeinern.

[59] Vgl. *Richardson* et al. (2004), S. 4 – 11, für die ökonometrische Fundierung.

Entscheidend ist nun, wie Kapitalmarktteilnehmer die abnehmende Verlässlichkeit solcher Gewinnbestandteile bei ihren Investitionsentscheidungen berücksichtigen. Tatsächlich scheinen Anleger die abnehmende Verlässlichkeit höherer Accruals-Komponenten im Periodengewinn nicht zu erkennen. Vielmehr werden Änderungen der Accruals offenbar bei der Einschätzung der Ertragslage systematisch zu hoch gewichtet, so dass Gewinnänderungen überraschend erscheinen und zu „abnormalen“ Kurseffekten führen.[60] Das empirisch signifikante „Mispricing“ der Unternehmensanteile verstärkt sich interessanter Weise, je stärker ermessensbehaftet die Accruals-Komponente im Periodengewinn ist.[61]

Solche Ergebnisse sensibilisieren für die Probleme, die mit der Forderung nach relevanteren Daten bei der Bestimmung der Ertragslage eines Konzerns verbunden sind, sofern die höhere Relevanz der Daten zu Lasten von deren Verlässlichkeit gehen soll.[62] Das Business Combinations Project verschärft solche Probleme.[63] Typisierende Annahmen wie etwa die oben diskutierte Einlagefiktion versuchen zwar, künstlich wieder eine konzeptionelle Konsistenz mit dem Anschaffungswertgedanken herzustellen, ändern aber an den mit einer fortschreitenden Abkehr vom Anschaffungswertprinzip verbundenen Problem abnehmender Verlässlichkeit der Gewinnermittlung nichts.

Will man die Relevanz von Rechnungslegungsdaten durch das Zulassen verschiedener Wertkategorien erhöhen, so sollte die abnehmende Verlässlichkeit der Daten bei der Ermittlung des Konzerngewinns von den Kapitalgebern zumindest besser erkannt werden. Das IASB zeigt mit seinem Projekt Reporting Financial Performance, dass es in der Tat über eine Verbesserung der Abbildungsformate bei der Darstellung des Konzerngewinns nachdenkt.[64] Der Trend, das Anschaffungswertprinzip zu Gunsten der Zeitwertbilanzierung aufzuweichen, sollte dabei Anlass bieten, gleichzeitig die Darstellung der Konzernleistung stärker am Grad der Verlässlichkeit der dadurch entstehenden Accruals-Komponenten festzumachen. Insbesondere solche Komponenten, die aus-

---

[60] Änderungen des Periodengewinns, die auf Änderungen der Accruals-Komponente zurückzuführen sind, müssten von Anlegern als schwächeres Signal wahrgenommen werden als solche, die auf Änderungen der Cash-Komponente zurückgehen. Informierte Anleger wären mithin nicht „überrascht“, wenn z.B. in der nächsten Periode die Gewinne angesichts der zu erwartenden niedrigeren Persistenz der Accruals-Komponente geringer sind. Tatsächlich erweisen sich Anleger aber als „naiv“ und reagieren auf Gewinnänderungen. Sie erkennen mithin die niedrigere Persistenz nicht, was sich in einer signifikant negativen Korrelation von Accruals mit abnormalen Renditen zeigt; vgl. *Sloan* (1996), S. 299 – 306.

[61] Vgl. *Richardson* et al. (2004), S. 29 – 32, 37 – 40.

[62] Vgl. allgemein *Watts* (2003); *Richardson* et al. (2004), S. 1 – 2.

[63] Vgl. etwa *Busse von Colbe* (2004), S. 57.

[64] Vgl. IASB (2004b).

schließlich Hoffnungen auf Einzahlungen aus originären immateriellen Werten dokumentieren, sollten klar von den übrigen Komponenten des Konzerngewinns getrennt werden.

Analoge Überlegungen gelten mithin für die Bilanz. Verschiedene Wertkonzepte betreffen unterschiedlich verlässliche Vermögensebenen. Der Kern jeglicher Forderung nach einer konzeptionellen Verbesserung des Konzernabschlusses kann m.E. nur darin liegen, gleichzeitig den unterschiedlichen Grad der Verlässlichkeit der Informationen zu verdeutlichen. Konzeptionen wie die Full Goodwill Methode erreichen dies nicht.

IV. Der mehrdimensionale Konzernabschluss als konzeptionelles Gerüst vermehrt zeitwertbezogener Konzernbilanzierung

1. Grundidee der Mehrdimensionalität

Im Folgenden sollen kurz Eckpunkte einer mehrdimensionalen Konzernbilanzierung vorgestellt werden,[65] welche auf der Annahme basiert, dass sich der Trend zu einer zeitwertorientierten Rechnungslegung fortsetzen wird. Dieser Trend kann an sich kritisiert werden, aufzuhalten dürfte er kaum sein. Gleichwohl lässt sich den Problemen Rechnung tragen, die mit einer Vermengung von Bilanzierungskonzeptionen in einem Rechenwerk verbunden sind. Ein wichtiger Schritt scheint dabei zu sein, das eindimensionale Korsett von Konzernbilanz und -GuV aufzubrechen.

Die Zeitbewertung bewirkt bei der Vermögensermittlung zwangsläufig eine Loslösung vom Anschaffungswertprinzip. Daraus folgt aber nicht zwingend, dass auch bei der Gewinnermittlung vom Prinzip der Pagatorik abgewichen werden muss. In Siegels zeitwertstatischem Konzept erfolgt beispielsweise – ähnlich dem sog. Revaluation Model für Sachanlagen und immaterielles Vermögen nach IAS 16.31 und IAS 38.75 – eine Zuschreibung erfolgsneutral durch die Bildung einer Bewertungsrücklage.[66] Um gleichzeitig die Kongruenz zwischen Gewinn- und Vermögensrechnung zu erhalten, wäre aber auch eine Mehrspaltendarstellung in der Bilanz sowie in der GuV möglich. So könnte in der Bilanz eine Spalte das Vermögen zu fortgeführten Anschaffungs- oder Herstellungskosten darstellen, und zwar mit einer korrespondierenden Spalte in der

---

[65] Vgl. auch ausführlich *Reichelt / Schmidt* (2005); *Kampmann / Schmidt* (2002).

[66] Vgl. z.B. *Siegel* (2004), S. 312 – 316.

GuV, welche die Gewinnermittlung entsprechend einem strikt zahlungsbezogen definierten Anschaffungswertprinzip zeigt.[67]

In einer zweiten Spalte könnten dann die Zeitwerte der Vermögenswerte erfasst werden, und zwar als Einzelveräußerungswerte. Änderungen dieser Zeitwerte wären entsprechend in einer zweiten Spalte der GuV darzustellen. Wertverfall unterhalb der fortgeführten Anschaffungs- oder Herstellungskosten könnte in derselben Spalte der GuV oder entsprechend dem Niederstwertgedanken in der oben beschriebenen anschaffungswertbezogenen Spalte erfasst werden.[68] Für die Passivseite könnte analog in einer Spalte auf Rückzahlungsbeträge und in einer weiteren auf Einzelablösewerte abgestellt werden, jeweils mit analogen Wirkungen bei der Gewinnermittlung.

Der Vorteil einer solchen mehrdimensionalen Darstellung ist, dass die anschaffungswertbezogene Gewinn- und Vermögensermittlung erhalten und sichtbar bleibt, gleichzeitig aber stille Reserven und Lasten sowie deren potentielle Wirkung auf den Konzerngewinn offen dargestellt werden. Durch die Trennung der Informationsebenen lassen sich Unterschiede im Verlässlichkeitsgrad verdeutlichen. Hierbei muss man sich nicht auf zwei Dimensionen beschränken. So wäre gleichfalls denkbar, innerhalb der anschaffungswertbezogenen Positionen eine Abstufung der Verlässlichkeitsgrade vorzunehmen. Herstellungskosten selbst erstellter immaterieller Werte könnten etwa einer anderen Verlässlichkeitskategorie zugeordnet werden als erworbene Sachanlagen, mit analoger Kategorisierung in der GuV.[69] Schon eine Abstufung in hohe, mittlere oder geringe Verlässlichkeit könnte dazu beitragen, die Übergewichtung bestimmter Verlässlichkeitskategorien bei der Einschätzung der Ertragslage durch ein Verdeutlichen der Verlässlichkeitskategorien zu vermindern.[70]

Ferner ist eine Beschränkung auf Anschaffungs- oder Herstellungs- bzw. Rückzahlungswerte einerseits und Einzelveräußerungs- bzw. Einzelablösewerte andererseits für Aktiv- bzw. Passivseite in einem mehrdimensionalen Konzept nicht zwingend. Gerade die Aktivierung solcher Vermögenswerte, bei denen Einzelveräußerungspreise nicht feststellbar sind, steht, wie unter anderem die

[67] Vgl. *Reichelt / Schmidt* (2005), S. 55 – 57. Zur Separation von zeitwertstatischer Vermögens- und „dynamischer" Gewinnermittlung vgl. auch *Siegel* (1997), S. 140 – 141.

[68] Das Niederstwertprinzip lässt sich als das Anschaffungswertprinzip ergänzende Risikobewältigungsregel begreifen: Wenn die Veräußerung eines Vermögenswertes weniger bringt als die mindestens erwarteten Rückflüsse bei Weiternutzung – mithin die fortgeführten Anschaffungs- oder Herstellungskosten –, so kann vorsichtshalber die Schätzung der Rückflüsse auf den Veräußerungswert zu korrigieren sein, selbst wenn die Veräußerung nicht in Betracht kommt; vgl. *Ordelheide* (1988b), S. 281 – 282.

[69] Nach IAS 38.57 sind z.B. unter bestimmten Voraussetzungen, welche immer noch erhebliche Ermessensspielräume zulassen, Entwicklungskosten aktivierungspflichtig.

[70] Vgl. die Abstufung bei *Richardson* et al. (2004), S. 13 – 19.

vorangegangenen Ausführungen zur Full Goodwill Methode zeigen, vermehrt im Fokus des IASB. Hierbei handelt es sich zumeist um immaterielle und schwer vom originären Goodwill zu trennende Werte, bei denen sich das Spannungsverhältnis zwischen Relevanz und Verlässlichkeit der zusätzlich bereitgestellten Information als besonders kritisch erweist.[71] Insoweit erschiene die Erweiterung von Bilanz und GuV um eine weitere Spalte zweckmäßig.

Die Tabellen 1 und 2 auf der folgenden Seite deuten die beschriebenen Grundgedanken an für das sehr einfache Beispiel einer für 40 gekauften Software und aktivierter Entwicklungsausgaben für weiteres immaterielles Vermögen ohne objektivierbaren Einzelveräußerungspreis in Höhe von 100. Aus der Softwarenutzung lassen sich künftige Rückflüsse zum Barwert von 460 ermitteln, bezüglich der aktivierten Entwicklungsausgaben für weiteres immaterielles Vermögen werden künftige Rückflüsse zum Barwert von 500 erwartet.

Der Gedanke der Mehrdimensionalität lässt im Übrigen offen, wie weit die Offenlegungspflicht für die jeweilige Dimension reichen soll. Grundsätzlich ermöglicht ein solches Konzept eine sehr weit gehende unternehmenswertbezogene Berichterstattung.[72] Zu bedenken sind dann aber die Folgen weit gehender Zwangspublizität über immaterielle Werte für die Wettbewerbssituation von Unternehmen auf Innovations- und Produktmärkten. Sind etwa Innovationen vermehrt Teil der Publizitätspflicht, so kann sich die Möglichkeit des Schutzes dieser Innovationen durch das Unternehmen mindern.[73] Dessen ungeachtet lassen sich aber die vom IASB intendierten Fortentwicklungen des Business Reporting Project in dieses Konzept überführen.

2. Full Goodwill Methode und mehrdimensionaler Konzernabschluss

Nach der Interessentheorie wird der Anschaffungsvorgang der Beteiligung konsequent auf den Erwerb des Reinvermögens der Tochterunternehmung übertragen. Die Anschaffungskosten der Beteiligung bilden die Obergrenze für die Aufdeckung stiller Reserven im übernommenen Reinvermögen.[74] Die Zuordnung von Anschaffungskosten ist jedoch ermessensabhängig. Gleiches gilt folg-

---

[71] Vgl. hierzu statt vieler *Siegel* (2002b), S. 749, vor allem mit Bezug auf den originären Goodwill.

[72] Vgl. auch ausführlich den Vorschlag von *Mujkanovic* (2002), S. 265 – 332.

[73] Vgl. *Kirchner* (2000), S. 65 – 66; *Ballwieser* (2001), S. 648. Zum Vorschlag, für die Dimension der „Unternehmenswertbeiträge“ freiwillige Berichterstattung festzulegen, vgl. *Reichelt / Schmidt* (2005), S. 57 – 59, mit weiteren Nachweisen.

[74] Dies entspricht der Buchwertmethode gemäß § 301 Abs. 1 Satz 2 Nr. 1 HGB, sowie der früheren Benchmark Methode nach IAS 22.

Tabelle 1

Mehrdimensionale Bilanz

BILANZ	AK / HK			Markt-werte	Unternehmens-wertbeiträge
Verlässlichkeit / AKTIVA	Hoch (A)	Mittel (B)	Niedrig (C)		
Immaterielles Vermögen					
I Goodwill	-	…	…	-	…
II Sonstige	40		100	40	960
....					
Weitere Aktiva	…	…	…	…	…
…….					
PASSIVA					
…..	…	…	…	…	…

Tabelle 2

Mehrdimensionale Gewinnermittlung

	Cash-Flows	Pagatorische Gewinne			Pagatorische Gewinne + Zeitwertänderungen	
GEWINN- UND VERLUSTRECHNUNG		A	B	C	Markt-bezug	Unterneh-menswert-bezug
Aus- und Einzahlungen	- 140	- 140	- 140	- 140	- 140	- 140
Periodisierungen A		+ 40	+ 40	+ 40	+ 40	
Periodisierungen B			0	0	0	
Periodisierungen C				+ 100	+ 100	
Marktwertänderungen					0	
Unternehmenswert-änderungen						+ 960
Cash Flow	- 140					
Gewinn A		-100				
Gewinn B			-100			
Gewinn C				0		
Gewinn C + Marktbewertungserfolg					0	
Gewinn C + Unternehmenswerterhöhung						+ 820

lich für die Verteilung der Anschaffungskosten über die Nutzungsdauer durch planmäßige Abschreibungen. Zudem bleibt die Information über tatsächliche Zeitwerte des übernommenen Reinvermögens verborgen. Bei Vollaufdeckung stiller Reserven unabhängig vom Kaufpreis der Beteiligung nach der Neubewertungsmethode geht dagegen für die Konzerngewinnermittlung der Ausgabebezug des Anschaffungswertprinzips verloren.

Im mehrdimensionalen Konzept werden stille Reserven unabhängig vom Anschaffungswert aufgedeckt. Wird dabei Siegels Einzelveräußerungsstatik gefolgt, ist die Aufdeckung von Einzelmarktwerten kontinuierlich für Tochter- *und* Muttergesellschaft erforderlich. Die Darstellung der Werte erfolgte in der Marktwertspalte der Bilanz und die Fortführung der Marktwerte in einer separaten Spalte der GuV. Die Marktbewertung geht freilich deutlich über die im Business Reporting Project intendierte Bewertung des übernommenen Reinvermögens hinaus und trägt bereits dem Fortschreiten des Trends hin zu einer generellen Marktbewertung Rechnung. Wichtig erscheint aber, dass im mehrdimensionalen Konzept bei Aufdeckung der stillen Reserven im übernommenen Vermögen der Tochter der Grundsatz der Pagatorik auf der Ebene der Gewinnermittlung beibehalten werden kann.

Die Zeitwerte des Vermögens und der Schulden lassen sich in der Bilanz von den aus dem Beteiligungsbuchwert abgeleiteten Anschaffungswerten separieren und in der GuV getrennt fortführen. Das Problem, dass die Feststellung von Anschaffungswerten im übernommenen Vermögen der Tochter ermessensbehaftet ist, könnte durch die Einstufung der Werte in eine Kategorie mittlerer (B) oder niedriger Verlässlichkeit (C) gegenüber den Rechnungslegungsadressaten verdeutlicht werden.

Der Full Goodwill wäre im mehrdimensionalen Konzept wie folgt dargestellt: Der mit dem Anschaffungspreis für die Beteiligung durch die Muttergesellschaft bezahlte Goodwill stände in der Bilanz in der Anschaffungswertspalte (B) oder (C). Dieser Betrag repräsentiert den derivativen Firmenwert.[75] Ein aus dem Unternehmenswert der Tochter abgeleiteter über den derivativen Firmenwert hinausgehender Goodwill ist separiert darzustellen. Er gehört auch nicht in die Spalte der Einzelveräußerungswerte, sondern in jene Spalte, die unternehmenswertbezogene Vermögenswerte erfasst.

[75] Letztlich hängt die Höhe eines derivativen Firmenwertes immer von der Bemessung der Zeitwerte des übernommenen Reinvermögens ab, so dass die Einordnung in die höchste Verlässlichkeitsstufe nicht in Betracht kommen sollte.

V. Zusammenfassung und Ausblick

Die vom IASB intendierte Full Goodwill Methode der Kapitalkonsolidierung kann nur vordergründig als Versuch einer konsequenten Umsetzung der Einheitstheorie begriffen werden. Vielmehr erscheint die Full Goodwill Methode im Kern als ein weiterer Schritt des IASB in Richtung Zeitwertbilanzierung im Konzernabschluss. Hierbei ist zu beachten, dass durch die beabsichtigten Reformen unterschiedliche Wertkategorien betroffen werden. In Konzernbilanz- und Konzern-GuV wird durch die Full Goodwill Methode der ohnehin vorhandene Mix an Wertkategorien, der die IAS/IFRS kennzeichnet, verstärkt. Der Versuch, Inkonsistenzen in der Gewinn- und Vermögensermittlung durch Fiktionen entsprechend der Einheitstheorie systematisch zu begründen, ändert nichts an den Problemen, die insbesondere mit einer abnehmenden Verlässlichkeit der Wertansätze verbunden sind. Dies gilt insbesondere, wenn vermehrt Zeitwerte zugelassen werden, die letztlich Anteile schwer vom originären Goodwill separierbarer immaterieller Werte sind.

Ein wichtiger Schritt bei der Fortentwicklung der Konzernrechnungslegung dürfte sein, dem Problem unterschiedlicher Verlässlichkeit verschiedener Wertkategorien bei der Gewinn- und Vermögensdarstellung besser Rechnung zu tragen. Theodor Siegels Überlegungen zur Zeitwertbilanz und zur konzeptionellen Trennung von Vermögenskategorien für die Gewinnbemessung[76] bilden hierfür eine Basis. Der Wunsch nach einer Zulassung mehrerer Wertkategorien lässt sich durch die Erweiterung von Siegels Zeitwertkonzept zu einer mehrdimensionalen Konzernbilanzierung realisieren. Die strikte Separation der Wertkategorien durch die Darstellung verschiedener Dimensionen der Vermögens- und Gewinnermittlung erlaubt es, unterschiedliche Grade der Verlässlichkeit der Kategorien transparent zu machen.

Dass die Komplexität der Darstellung bei mehrdimensionaler Bilanzierung steigt, ist offensichtlich. Die Trennung der Informationsebenen setzt zusätzliche Informationsverarbeitungsschritte auf Seiten der Adressaten voraus. Empirische Ergebnisse zeigen, dass insbesondere komplexe Zusatzinformationen von Anlegern nicht adäquat gewichtet werden.[77] Andererseits lässt sich gleichfalls nachweisen, dass die Informationsaufnahme und die Informationsgewichtung in Bezug auf erweiterte Berichterstattung über die Unternehmensleistung stark von

[76] Vgl. *Siegel* (1998), S. 599.

[77] Vor allem empirische „Disclosure vs. Recognition" Untersuchungen zeigen, dass die Beeinflussung „harter" Gewinngrößen in der GuV von Kapitalmarktteilnehmern anders gewichtet wird als ergänzende Anhangsangaben über die erweiterte Performance. Vgl. z.B. *Davis-Friday* et al. (1999); *Barth / Clinch / Shibano* (2003); *Davis-Friday / Liu / Mittelstaedt* (2004).

der konkreten Darstellungsweise abhängen.[78] Gerade innovative Abbildungsformate, verbunden mit dem Einsatz moderner Informationstechnologien, können Informationsverarbeitungsprozesse bei Investoren offenbar deutlich verbessern.[79] Zudem ist unklar, wie nachhaltig Formateffekte tatsächlich wirken.[80] Es bleibt letztlich eine zu klärende empirische Frage, wie neue Formate der Darstellung, Strukturierung oder Separation von Unternehmensinformationen von den Kapitalmarktteilnehmern angenommen werden. Insoweit erscheint es durchaus sinnvoll, Bilanzierungskonzepte, welche wie die Full Goodwill Methode weitere Wertkategorien in den Konzernabschluss aufnehmen, mit neuen Abbildungsformaten zu verbinden und am Markt zu „testen".[81]

Literaturverzeichnis

Adler / Düring / Schmaltz (1996): Karl-Heinz *Forster*, Reinhard *Goerdeler*, Josef *Lanfermann*, Hans-Peter *Müller*, Günter *Siepe* und Klaus *Stolberg* unter Mitwirkung von Hans-Friedrich *Gelhausen*, Wolf *Gelhausen*, Georg *Kämpfer*, Ernst-Thomas *Kraft* und Wienand *Schruff*: Adler / Düring / Schmaltz: Rechnungslegung und Prüfung der Unternehmen: Kommentar zum HGB, AktG, GmbHG, PublG nach den Vorschriften des Bilanzrichtlinien-Gesetzes; 6. Auflage; Teilband 3; Stuttgart 1996.

Arbeitsgruppe Normierung der Rechnungslegung (2002a): Stellungnahme Nr. 1: Bilanzierung des Goodwill nach DRS 1a; in: Betriebs-Berater; 57. Jg. (2002); S. 880 – 881.

– (2002b): Erfassung und Bewertung der Erlöse nach E-DRS 17: Stellungnahme Nr. 2; in: Zeitschrift für kapitalmarktorientierte Rechnungslegung; 2. Jg. (2002); S. 243 – 244.

– (2002c): Stellungnahme Nr. 3: Zum Entwurf der Grundsätze ordnungsmäßiger Rechnungslegung des DRSC; in: Betriebs-Berater; 57. Jg. (2002); S. 2595 – 2599.

Ballwieser, Wolfgang (2001): Konzernrechnungslegung und Wettbewerb; in: Die Betriebswirtschaft; 61. Jg. (2001); S. 640 – 657.

– (2004): Unternehmensbewertung: Prozeß, Methoden und Probleme; Stuttgart 2004.

---

[78] Vgl. etwa *Hirst / Hopkins* (1998) und *Maines / McDaniels* (2000), jeweils mit Bezug auf Formateffekte bei unterschiedlichen Darstellungsweisen des so genannten Comprehensive Income nach US-GAAP.

[79] Vgl. etwa *Hodge / Kennedy / Maines* (2003).

[80] So sind etwa Lerneffekte und wachsende Erfahrung von Analysten zu berücksichtigen; vgl. etwa den Überblick über entsprechende empirische und experimentelle Untersuchungen bei *Libby* et al. (2002) S. 788 – 789.

[81] Vgl. dazu *Sunder* (2002), S. 221.

Ballwieser, Wolfgang / *Küting,* Karlheinz / *Schildbach,* Thomas (2004): Fair value – erstrebenswerter Wertansatz im Rahmen einer Reform der handelsrechtlichen Rechnungslegung?; in: Betriebswirtschaftliche Forschung und Praxis; 56. Jg. (2004); S. 529 – 549.

Barth, Mary E. / *Clinch,* Greg / *Shibano,* Toshi (2003): Market Effects of Recognition and Disclosure; in: Journal of Accounting Research; Vol. 41 (2003); S. 581 – 609.

Berlage, Hans (1993): Einzelveräußerungsstatik und Bilanzierung latenter Steuern; Schriften zum Steuer-, Rechnungs- und Prüfungswesen: 11; Hamburg 1993.

Bores, Wilhelm (1935): Konsolidierte Erfolgsbilanzen und andere Bilanzierungsmethoden für Konzerne und Kontrollgesellschaften; Leipzig 1935.

Brücks, Michael / *Wiederhold,* Philipp (2003): Exposure Draft 3 „Business Combinations" des IASB – Darstellung der wesentlichen Unterschiede zu den bestehenden Regelungen; in: Zeitschrift für kapitalmarktorientierte Rechnungslegung; 3. Jg. (2003); S. 21 – 29.

Busse von Colbe, Walther (2004): Internationale Entwicklungstendenzen zur Einheitstheorie für den Konzernabschluss; in: Unternehmensrechnung: Konzeptionen und praktische Umsetzung: Festschrift zum 68. Geburtstag von Gerhard Scherrer; Hrsg. Stefan Göbel und Bernhard Heni; München 2004; S. 41 – 63.

Busse von Colbe, Walther / *Ordelheide*, Dieter / *Gebhardt*, Günther / *Pellens*, Bernhard unter Mitarbeit von *Schulte*, Jörn / *Schurbohm*, Anne (2004): Konzernabschlüsse: Rechnungslegung nach betriebswirtschaftlichen Grundsätzen sowie nach Vorschriften des HGB und der IAS/IFRS; 7. Auflage; Wiesbaden 2003.

Chambers, Raymond J. (1966): Accounting, Evaluation, and Economic Behavior; Prentice-Hall 1966.

Davis-Friday, Paquita / *Folami,* A. Buky / *Liu,* Chao-Shin / *Mittelstaedt,* H. Fred (1999): The Value Relevance of Financial Statement Recognition vs. Disclosure: Evidence from SFAS No. 106; in: The Accounting Review; Vol. 74 (1999); S. 403 – 423.

Davis-Friday, Paquita / *Liu,* Chao-Shin / *Mittelstaedt,* H. Fred (2004): Recognition and Disclosure Reliability: Evidence from SFAS No. 106; in: Contemporary Accounting Research; Vol. 21 (2004); S. 399 – 430.

Dreger, Karl-Martin (1969): Der Konzernabschluss: Grundsätze ordnungsmäßiger Konsolidierung: Konzernrechnungslegung nach Aktienrecht 1965 in Anlehnung an Technik und Praxis in den USA; Wiesbaden 1969.

Ebeling, Ralf Michael (1995): Die Einheitsfiktion als Grundlage der Konzernrechnungslegung: Aussagegehalt und Ansätze zur Weiterentwicklung des Konzernabschlusses nach deutschem HGB unter Berücksichtigung konsolidierungstechnischer Fragen; Stuttgart 1995.

Grünberger, David / *Grünberger,* Herbert (2003): Business Combinations (Phase II): Richtungsweisende Beschlüsse des IASB; in: Steuern und Bilanzen; 5. Jg. (2003); S. 218 – 220.

Havermann, Hans (2000): Konzernrechnungslegung – quo vadis?; in: Die Wirtschaftsprüfung; 53. Jg. (2000); S. 121 – 127.

Hinz, Michael (2004): Einheitstheorie oder Interessentheorie als konzeptionelle Grundlage für die Ausgestaltung der Konzernrechnungslegung als Informationsinstrument; in: Betriebswirtschaftliche Forschung und Praxis; 56. Jg. (2004); S. 280 – 291.

Hirst, D. Eric / *Hopkins,* Patrick E. (1998): Comprehensive Income Reporting and Analysts' Valuation Judgements; in: Journal of Accounting Research; Vol. 36 (1998); Supplement; S. 47 – 75.

Hodge, Frank / *Kennedy,* Jane Jollineau / *Maines,* Laureen A. (2003): Does Search-facilitating Technology Improve the Transparency of Financial Reporting?; in: The Accounting Review; Vol. 79 (2004); S. 687 – 703.

IASB (2004a): Business Combinations (Phase II) – Purchase Method Procedures; Project Summary 1. November 2004; www.iasb.org/uploaded_files/documents/16_10_buscom2-ps.pdf, Download 14.12.2004.

– (2004b): Performance Reporting (Reporting Comprehensive Income); Project Summary 25. October 2004; www.iasb.org/uploa-ded_files/documents/16_19_perfrep-ps.pdf; Download 14.12.2004.

Kampmann, Helga / *Schmidt,* Matthias (2002): Multi Concept Financial Reporting Models: A Survey and Conclusions for Future Development; Diskussionspapier; Berlin 2002.

Kaserer, Christoph / *Adamek,* Carmen (2003): Defizite der Informationsergebnisse auf Kapitalmärkten – Kognitive Beschränkungen oder opportunistische Finanzanalysen?; in: Die Unternehmung; 57. Jg. (2003); S. 497 – 514.

Kirchner, Christian (2000): Der Wettbewerbsfaktor „Entscheidungsnützlichkeit von Rechnungslegungsinformationen“: eine institutionenökonomische Analyse; in: Wettbewerb und Unternehmensrechnung; Hrsg. Thomas Schildbach und Alfred Wagenhofer; Schmalenbachs Zeitschrift für betriebswirtschaftliche Forschung: Sonderheft 45; Düsseldorf, Frankfurt am Main 2000; S. 41 – 68.

Küting, Karlheinz / *Weber,* Claus-Peter unter Mitarbeit von *Dürr,* Ulrike / *Gattung,* Andreas / *Keßler,* Marco / *Reuter,* Michael / *Zwirner,* Christian (2003): Der Konzernabschluss: Lehrbuch zur Praxis der Konzernrechnungslegung; 8. Auflage; Stuttgart 2003.

Libby, Robert / *Bloomfield,* Robert / *Nelson,* Mark W. (2002): Experimental research in financial accounting; in: Accounting, Organizations and Society; Vol. 27 (2002); S. 775 – 810.

Maines, Laureen A. / *McDaniel,* Linda S. (2000): Effects of Comprehensive-Income Characteristics on Nonprofessional Investors' Judgements: The Role of Financial Statement Presentation Format; in: The Accounting Review; Vol. 75 (2000); S. 179 – 207.

Mujkanovic, Robin (2002): Fair Value im Financial Statement nach International Accounting Standards; Stuttgart 2002.

Ordelheide, Dieter (1988a): Zu einer neoinstitutionalistischen Theorie der Rechnungslegung; in: Betriebswirtschaftslehre und Theorie der Verfügungsrechte; Hrsg. Dietrich Budäus, Elmar Gerum und Gebhard Zimmermann; Wiesbaden 1988; S. 269 – 295.

– (1988b): Kaufmännischer Periodengewinn als ökonomischer Gewinn: Zur Unsicherheitsrepräsentation bei der Konzeption von Erfolgsgrößen; in: Unternehmenserfolg: Planung, Ermittlung, Kontrolle: Walther Busse von Colbe zum 60. Geburtstag; Hrsg. Michel Domsch et al.; Wiesbaden 1988; S. 275 – 302.

Pawelzik, Kai Udo (2004): Die Konsolidierung von Minderheiten nach IAS/IFRS der Phase II („business combinations“); in: Die Wirtschaftsprüfung; 57. Jg. (2004); S. 677 – 694.

Peffekoven, Frank Peter (2001): Geht die Reform der Kapitalkonsolidierung in eine falsche Richtung?; in: Die Wirtschaftsprüfung; 54. Jg. (2001); S. 187 – 204.

Pellens, Bernhard / *Basche*, Kerstin / *Sellhorn*, Thorsten (2003): Full Goodwill Method – Renaissance der reinen Einheitstheorie in der Konzernbilanzierung?; in: Zeitschrift für kapitalmarktorientierte Rechnungslegung; 3. Jg. (2003); S. 401 – 408.

Reichelt, Dirk / *Schmidt,* Matthias (2005): Notwendigkeit zur konzeptionsgerechten Fortentwicklung der Konzernrechnungslegung – das Beispiel sog. „umgekehrter" Unternehmenserwerbe; in: Zeitschrift für Betriebswirtschaft; 75. Jg. (2005); S. 43 – 70.

Richardson, Scott A. / *Sloan,* Richard G. / *Soliman,* Mark T. / *Tuna,* Irem (2004): Accrual Reliability, Earnings Persistence and Stock Prices; Working Paper; papers.ssrn.com/sol3/papers.cfm?abstract_id= 521062, Download 14.12.2004.

Siegel, Theodor (1997): Mangelnde Ernsthaftigkeit des Gläubigerschutzes als offene Flanke der deutschen Rechnungslegungsvorschriften; in: Jahresabschluß und Jahresabschlußprüfung: Probleme, Perspektiven, internationale Einflüsse: Festschrift zum 60. Geburtstag von Jörg Baetge; Hrsg. Thomas R. Fischer und Reinhold Hömberg; Düsseldorf 1997; S. 117 – 149.

– (1998): Zeitwertbilanzierung für das deutsche Bilanzrecht?; in: Betriebswirtschaftliche Forschung und Praxis; 50. Jg. (1998); S. 593 – 603.

– (2001): E-DRS 11: Ersparter (fiktiver) Aufwand als tatsächlicher Aufwand?: Kritik des Standardentwurfs zur Bilanzierung von Aktienoptionsplänen und ähnlichen Entgeltformen; in: Betriebs-Berater; 56. Jg. (2001); S. 1595 – 1598.

– (2002a): Änderung der Bilanzierung und Grundsatz der Stetigkeit nach dem E-DRS 15; in: Betriebs-Berater; 57. Jg. (2002); S. 87 – 90.

– (2002b): Zur unsinnigen Bilanzierung eines zufälligen Teils des unbekannten originären Geschäftswerts nach DRS 1a: Widerspruch zum Beitrag von Zimmermann, DB 2002 S. 385; in: Der Betrieb; 55. Jg. (2002); S. 749 – 751.

– (2004): Der Zeitwertansatz: Ein konzeptioneller Rahmen für den Konzernabschluß; in: Unternehmensrechnung: Konzeptionen und praktische Umsetzung: Festschrift zum 68. Geburtstag von Gerhard Scherrer; Hrsg. Stefan Göbel und Bernhard Heni; München 2004; S. 309 – 329.

Sloan, Richard G. (1996): Do Stock Prices Fully Reflect Information in Accruals and Cash Flows About Future Earnings?; in: The Accounting Review; Vol. 71 (1996); S. 289 – 315.

Sunder, Shyam (2002): Regulatory competition among accounting standards within and across international boundaries; in: Journal of Accounting and Public Policy; Vol. 21 (2002); S. 219 – 234.

Watts, Ross L. (2003): Conservatism in Accounting, Part I: Explanations and Implications; in: Accounting Horizons; Vol. 17 (2003); S. 207 – 221.

Die Unentziehbarkeit als Voraussetzung einer Verbindlichkeitsrückstellung

Von Joachim Schulze-Osterloh

I. Einleitung

Im Gefolge der Entscheidung des Bundesfinanzhofs vom 27. Juni 2001[1] zur Passivierung einer Anpassungsverpflichtung als Rückstellung hat sich Theodor Siegel unter Wiederaufnahme schon früher gewonnener Erkenntnisse[2] wiederholt zu der Frage geäußert, ob die Unentziehbarkeit ein zentrales Kriterium für den Ansatz von Rückstellungen sei[3]. Wenn sich der Kaufmann der Verpflichtung noch bis zu ihrer Fälligkeit – und sei es auch nur durch Betriebsumstellung – entziehen kann, soll der Ausweis einer Verbindlichkeitsrückstellung unzulässig sein. Dieses Problem hat der Bundesfinanzhof in dem genannten Urteil nicht ausdrücklich behandelt, sich vielmehr nur allgemein zusätzlich auf das Going-Concern-Prinzip berufen.[4] Die Erwägungen, die ein Mitglied des Senats[5] dazu nachträglich anstellt, haben in dieser Deutlichkeit im Urteil keinen Niederschlag gefunden. Auch die ersten Urteilsbesprechungen[6] bis zu den Stellungnahmen von Siegel sind hierauf nicht eingegangen.

Bedauerlicherweise wird diese Auseinandersetzung teilweise unter der Annahme eines Gegensatzes zwischen betriebswirtschaftlicher und juristischer Betrachtungsweise geführt.[7] Eine solche Vorstellung ist jedoch verfehlt. Das Problem der Relevanz der Unentziehbarkeit für den Ausweis von Verbindlichkeitsrückstellungen ist eine Frage der Auslegung des § 249 Abs. 1 Satz 1 HGB. Hierfür sind ausschließlich rechtswissenschaftliche Methoden anzuwenden. Da-

---

1 BFH v. 27.06.2001 – I R 45/97.

2 *Siegel* (1994), S. 12 f., 19.

3 *Siegel* (2002a); *Siegel* (2002b); *Siegel* (2002c); *Siegel* (2003a); *Siegel* (2003b).

4 BFH v. 27.06.2001 – I R 45/97, S. 124.

5 *Christiansen* (2002b).

6 *Christiansen* (2002a); *Euler* (2001); *Kessler* (2001); *Koths* (2001); *Wassermeyer* (2002); *Weber-Grellet* (2001).

7 *Gosch* (2002), S. 980 („homo oeconomicus“ versus „Rechtskategorie“), darauf erwidernd *Siegel* (2002b), S. 1193; *Siegel* (2003b), S. 930.

bei kann es keinen Unterschied bedeuten, ob sich Vertreter der Betriebswirtschaftslehre oder solche der Rechtswissenschaft um die Auslegung bemühen. Betriebswirtschaftslehre, die sich mit der Bestimmung des geltenden Handelsbilanzrechts befaßt, ist notwendigerweise den juristischen Auslegungsmethoden verpflichtet, sie ist insoweit – wie Rechtswissenschaft – eine normative Wissenschaft.[8] Die Normen beziehen sich allerdings auf unterschiedliche Lebenssachverhalte und bemühen sich um deren Regelung, insbesondere um die Entscheidung von Interessenkonflikten. Die darin zum Ausdruck kommenden Zwecke der gesetzlichen Regelung sind der Auslegung maßgeblich zugrunde zu legen (objektiv-teleologische Auslegung). Dabei sind notwendigerweise die verschiedenen Aspekte der betroffenen Lebenssachverhalte zu berücksichtigen, die vorgegebenen Sachstrukturen des Normbereichs.[9] Insbesondere ist ganz wesentlich auf die Wirkungen abzustellen, die eine bestimmte Auslegung in dieser Hinsicht hat. Es muß also bei der juristischen Auslegung der jeweilige Lebenssachverhalt genau analysiert werden. So muß die Auslegung von Normen, die sich beispielsweise auf medizinische Sachverhalte beziehen (z.B. Abstammung, ärztliche Kunstfehler), den Stand der jeweiligen medizinischen Erkenntnis berücksichtigen. Das geschieht in gerichtlichen Verfahren durch die Einführung von Sachverständigengutachten, die vom Gericht allerdings frei zu würdigen sind. Kartellrechtliche Bestimmungen sind unter Einbeziehung volkswirtschaftlicher und betriebswirtschaftlicher Erkenntnisse auszulegen. Regeln, denen eine Unternehmensbewertung zugrunde liegt (z.B. für gesellschaftsrechtliche Abfindungsansprüche), können ohne Berücksichtigung des in diesem Bereich erreichten wirtschaftswissenschaftlichen Erkenntnisstandes nicht angewandt werden. Dabei ist die Bedeutung von Nachbarwissenschaften für die Auslegung sehr unterschiedlich. Rechtstechnische Normen, wie z.B. das Prozeßrecht, werden überwiegend ohne Rückgriff auf andere Erkenntnisquellen interpretiert werden können. Bestimmungen dagegen, die wirtschaftlich relevante Sachverhalte zum Gegenstand haben, setzen eine Einbeziehung der jeweils einschlägigen Nachbardisziplin voraus.

Das Handelsbilanzrecht regelt die Erfassung wirtschaftlicher Vorgänge mit Hilfe einer Darstellungstechnik, die für die Bilanzierungszwecke, insbesondere Sicherung der Kapitalaufbringung und der Kapitalerhaltung, nutzbar gemacht wird. Die sachgerechte Analyse dieser wirtschaftlichen Vorgänge im Hinblick auf die Bilanzierungszwecke ist hierbei unumgänglich. Insofern ist die Betriebswirtschaftslehre ein unverzichtbares Element. Deren Erkenntnisse sind unter dem Gesichtspunkt zu würdigen, ob und inwieweit sie mit den rechtlich vorgegebenen Normzwecken vereinbar sind.

---

[8] *Schulze-Osterloh* (2004), S. 81 f.

[9] *Larenz* (1991), S. 334.

Wenn sich also speziell im Bereich der Anpassungsrückstellungen zuverlässige Aussagen über die Wahrscheinlichkeit der Inanspruchnahme des Kaufmanns (über die Möglichkeit, sich der Erfüllung der Verpflichtung zu entziehen) treffen lassen, ist bei der Interpretation des § 249 Abs. 1 Satz 1 HGB zu prüfen, inwieweit sie für den gesetzlich vorgegebenen Rückstellungstatbestand erheblich sind.

Ein Gegensatz zwischen Betriebswirtschaftslehre und Rechtswissenschaft sollte aus diesen Zusammenhängen nicht hergeleitet werden.

II. Das Merkmal der Unentziehbarkeit

1. Bedeutung in der bisherigen Diskussion

Das Merkmal der Unentziehbarkeit wird in der Diskussion um die Voraussetzungen einer Verbindlichkeitsrückstellung – soweit es überhaupt gebraucht wird[10] – in unterschiedlichen Zusammenhängen verwendet.

Bei Adler / Düring / Schmaltz wird es hinsichtlich der Frage eingeführt, ob sich der Kaufmann einer an sich bestehenden Verpflichtung noch durch entsprechende Sachverhaltgestaltungen entziehen kann.[11] In dieser Hinsicht wird auf den Fortführungsgrundsatz des § 252 Abs. 1 Nr. 2 HGB unter Berücksichtigung der Grundsätze über die Wertaufhellung verwiesen. Ähnlich äußert sich Christiansen.[12]

Demgegenüber stellt Schön[13] einen Zusammenhang der Unentziehbarkeit mit der wirtschaftlichen Entstehung oder Verursachung einer Verbindlichkeit als Voraussetzung ihrer Passivierung her. Eine Verbindlichkeit soll dann im wesentlichen wirtschaftlich verursacht sein, wenn sich ihr der Kaufmann nicht mehr einseitig entziehen kann.[14]

Ähnlich sind wohl diejenigen zu verstehen, die im Zusammenhang mit der Passivierung faktischer Verbindlichkeiten darauf abstellen, ob sich der Kauf-

---

[10] Keine Äußerung in dieser Hinsicht bei *Kleindiek* (2002), Anm. 28 – 32 zu § 249 HGB.

[11] *Adler / Düring / Schmaltz* (1998), Tz. 78 zu § 249 HGB.

[12] *Christiansen* (1996), S. 63.

[13] *Schön* (1994), S. 4.

[14] Im Ansatz auch *Osterloh-Konrad* (2003), S. 1634; ähnlich *Woerner* (1993), S. 205.

mann der Leistung einseitig entziehen kann, obwohl ein rechtlicher Leistungszwang nicht besteht.[15]

Teilweise wird eher beiläufig auf die Möglichkeit der Unentziehbarkeit im Zusammenhang mit dem Merkmal der Wahrscheinlichkeit der Inanspruchnahme hingewiesen,[16] oder es erscheint als Element der Sanktionsbewehrung öffentlich-rechtlicher Verpflichtungen.[17]

Schließlich wird das Merkmal der Unentziehbarkeit im Hinblick auf den Ansatz einer Verbindlichkeitsrückstellung für unmaßgeblich gehalten.[18]

Ob man angesichts dieser Undeutlichkeiten von einem „zentrale[n] Kriterium für den Ansatz von Rückstellungen“[19] oder gar von einem „Unentziehbarkeitstheorem“[20] sprechen darf, ist zweifelhaft.

2. Der Tatbestand des § 249 Abs. 1 Satz 1 HGB für Verbindlichkeitsrückstellungen

Die vorangestellte Übersicht zeigt, daß zwar vielfach das Merkmal der Unentziehbarkeit als Bestandteil des Tatbestands der Verbindlichkeitsrückstellungen angesehen wird, daß aber keine Einigkeit darüber besteht, welche Bedeutung es für diesen Tatbestand hat.

Verbindlichkeitsrückstellungen setzen eine entsprechende Schuld des Kaufmanns voraus. Sie unterscheiden sich nur dadurch vom Ausweis von Verbindlichkeiten, daß sie dem Grunde oder der Höhe nach ungewiß sind. Es soll also ein durch Erfüllung der Verbindlichkeit drohender Vermögensabfluß erfaßt werden. Droht ein solcher nicht, kommt eine Rückstellung nicht in Betracht. In diesem allgemeinen Sinne ist die Möglichkeit, daß sich der Kaufmann der Inanspruchnahme entziehen kann, ein negatives Merkmal des Tatbestands der Verbindlichkeitsrückstellung. Dieser Feststellung kann das Vorsichtsprinzip nicht

---

[15] BGH v. 28.01.1991 – II ZR 20/90, S. 508; *Baetge / Kirsch / Thiele* (2003), S. 375; *Ballwieser* (2001), RnNr. 11 zu § 249 HGB; *Scheffler* (1989), Rz. 45; ähnlich *Hennrichs* (2003), Rn. 26 zu § 249 HGB, der aber die Passivierungsfähigkeit nur faktischer Verbindlichkeiten verneint.

[16] *Mayer-Wegelin* (2004), Rn. 56 zu § 249 HGB.

[17] *Herzig / Köster* (1999), Rn. 122.

[18] *Weber-Grellet* (2004), Rz. 385 zu § 5 EStG; ihm folgend *Berger / M. Ring* (2003), Anm. 36 zu § 249 HGB; wohl auch verallgemeinernd für Verbindlichkeiten *Moxter* (2003a), S. 106; *Moxter* (2003b), S. 1589.

[19] So *Siegel* (2002b), S. 1192.

[20] So *Hommel* (2002), Rz. 52 zu § 249 HGB; ferner zu IAS 37.17: *Moxter* (1999), S. 521.

entgegengehalten werden.[21] Dieses bleibt uneingeschränkt bei der Frage zu berücksichtigen, welches Maß an Wahrscheinlichkeit erforderlich ist, um der Entziehungsmöglichkeit rückstellungsbegrenzende Wirkung beizumessen.

Angesichts des Meinungsstandes im Schrifttum ist allerdings zu fragen, ob im Hinblick auf die Unentziehbarkeit zwischen verschiedenen Fällen der Verbindlichkeitsrückstellung zu unterscheiden ist:

Der Grundtatbestand ist die Verbindlichkeit, die bis zum Abschlußstichtag rechtlich entstanden ist. In diesem Fall besteht, wenn die übrigen Voraussetzungen einer Rückstellung vorliegen, entgegen verbreiteter Meinung, die vorrangig auf die wirtschaftliche Verursachung abstellt,[22] Passivierungspflicht,[23] da die Verbindlichkeit unmittelbar den Eintritt einer Vermögensminderung herbeiführt.[24] Das ist nicht nur der Fall, wenn die Verbindlichkeit dem Grunde nach gewiß und nur der Höhe nach ungewiß ist. Vielmehr gehört zu dieser Fallgruppe auch die Verbindlichkeit, für die im Zeitpunkt der Feststellung des Jahresabschlusses ungewiß ist, ob sie bis zum Abschlußstichtag tatsächlich entstanden ist, die aber, lägen ihre Voraussetzungen vor, eine solche wäre, die bis zu diesem Tage rechtlich entstanden war.[25]

Weiterhin gibt es Verbindlichkeiten, deren rechtlicher Tatbestand sich erst nach dem Abschlußstichtag vollenden wird, die also künftige Verbindlichkeiten sind.[26] Sie können ihrer Entstehung nach oder ihrer Höhe nach ungewiß sein. Dabei handelt es sich um die Fälle, die als wirtschaftliche Verursachung oder richtiger[27] als wirtschaftliche Entstehung von Verbindlichkeiten bezeichnet werden.[28]

Schließlich sind Rückstellungen für Verbindlichkeiten zu bilden, die zum Abschlußstichtag nicht rechtlich entstanden sind und die auch in der Zukunft nicht rechtlich entstehen werden, die vielmehr einen Sachverhalt beschreiben,

---

[21] So aber *Weber-Grellet* (2004), Rz. 385 zu § 5 EStG; ebenso *Berger / M. Ring* (2003), Anm. 36 zu § 249 HGB.

[22] *Ballwieser* (2001), RnNr. 17 ff. zu § 249 HGB; *Herzig / Köster* (1999), Rn. 125 ff; *Hommel* (2002), Rz. 69 ff. zu § 249 HGB; *Kupsch* (2004), Tz. 11 zu § 249 HGB; anders aber *Kupsch* (1992), S. 2320, 2324; *Moxter* (2003a), S. 97 ff.

[23] BFH v. 27.06.2001 – I R 45/97, S. 122 ff.; *Hennrichs* (2003), Rn. 29 zu § 249 HGB; *Kleindiek* (2002), Anm. 36 zu § 249 HGB; *Mayer-Wegelin* (2004), Rn. 43 zu § 249 HGB; *Christiansen* (1996), S. 63 f.; *Mayr* (2002), S. 2326; *Schulze-Osterloh* (1992), S. 668; *Siegel* (1993a), S. 335; *Siegel* (1994), S. 16 f.

[24] *Schulze-Osterloh* (2000b), Rn. 189 zu § 42 GmbHG.

[25] Sinngemäß ebenso *Adler / Düring / Schmaltz* (1998), Tz. 72 zu § 249 HGB.

[26] *Berger / M. Ring* (2003), Anm. 36 zu § 249 HGB; *Schön* (1994), S. 4 ff.

[27] *Schön* (1994), S. 4; *Schulze-Osterloh* (1992), S. 669.

[28] BFH v. 27.06.2001 – I R 45/97, S. 122 f.; *Berger / M. Ring* (2003), Anm. 36 zu § 249 HGB; *Scheffler* (1989), Rz. 46.

bei dem sich der Kaufmann aus wirtschaftlichen und ähnlichen außerrechtlichen Gründen gezwungen sieht, eine Leistung mit der Folge eines Vermögensabflusses zu erbringen.[29]

Für die Frage, ob die Möglichkeit des Kaufmanns, sich der Erfüllung der Verbindlichkeit zu entziehen, bei der Rückstellungsbildung zu berücksichtigen ist, kann es auf Unterschiede zwischen diesen drei Varianten des Rückstellungstatbestandes nicht ankommen.[30] Stets geht es um die Wahrscheinlichkeit des künftigen Mittelabflusses, konkreter um die ernsthafte Gefahr der Inanspruchnahme.[31] Es macht daher wenig Sinn, für den Fall der künftigen Verbindlichkeiten bei der Erörterung ihrer wirtschaftlichen Entstehung und deren zeitlicher Zurechnung maßgeblich auf den Eintritt der Unentziehbarkeit abzustellen.[32] Dem Bundesfinanzhof[33] diente dieses Merkmal in seiner Entscheidung über die Rückstellungsfähigkeit von Jubiläumszuwendungen nur als Argument dafür, daß die Jubiläumszuwendung im Rahmen des arbeitsrechtlichen Austauschverhältnisses der Arbeitsleistung der Arbeitnehmer für das abgelaufene Wirtschaftsjahr zuzuordnen war,[34] nicht aber für die Begründung der Rückstellungsfähigkeit überhaupt.

Auch in den International Accounting Standards wird die Unentziehbarkeit als ein allgemeines Rückstellungsmerkmal angesehen, wenn nach IAS 37.14 und .17 Rückstellungen für gegenwärtige Verpflichtungen gebildet werden, die sich aus einem Ereignis der Vergangenheit ergeben haben, ohne daß das Unternehmen eine realistische Alternative zur Erfüllung der Verbindlichkeit hat. Insoweit wird im deutschen Schrifttum ausdrücklich von Unentziehbarkeit gesprochen.[35]

---

[29] BGH v. 28.01.1991 – II ZR 20/90, S. 508; *Adler / Düring / Schmaltz* (1998), Tz. 52 zu § 249 HGB; *Ballwieser* (2001), RnNr. 11 zu § 249 HGB; *Berger / M. Ring* (2003), Anm. 31 zu § 249 HGB; *Herzig / Köster* (1999), Rn. 85; *Hommel* (2002), Rz. 34 zu § 249 HGB; *Mayer-Wegelin* (2004), Rn. 37 zu 249 HGB; *Kleindiek* (2002), Anm. 26 zu § 249 HGB. – A.M. (allenfalls Aufwandsrückstellung) *Hennrichs* (2003), Rn. 26 zu § 249 HGB.

[30] Im Ergebnis ebenso *Thiele* (1998), S. 102.

[31] BFH v. 02.10.1992 – III R 54/91, S. 154; *Berger / M. Ring* (2003), Anm. 24, 43 zu § 249 HGB; *Hennrichs* (2003), Rn. 18 zu § 249 HGB; *Kleindiek* (2002), Anm. 30 zu § 249 HGB.

[32] So aber *Schön* (1994), S. 5.

[33] BFH v. 05.02.1987 – IV R 81/84, S. 847.

[34] Zur Maßgeblichkeit des konkreten Austauschverhältnisses *Schulze-Osterloh* (1992), S. 668 f.

[35] *v. Keitz* et al. (2003), Tz. 42; *Förschle / Kroner / Naumann* (1999), S. 45 i.V.m. S. 121; *Moxter* (1999), S. 521.

3. Die ernsthafte Gefahr der Inanspruchnahme

Mit dem Merkmal der Unentziehbarkeit wird hiernach für Verpflichtungen, deren Erfüllung sich der bilanzierende Kaufmann durch einseitige Maßnahmen entziehen kann, die Wahrscheinlichkeit des künftigen Mittelabflusses nach dem Maßstab der ernsthaften Gefahr der Inanspruchnahme des Kaufmanns zum Ausdruck gebracht.[36] Diese Einordnung des Tatbestandsmerkmals eröffnet die Möglichkeit, neben den in der bisherigen Diskussion im Vordergrund stehenden Anpassungsverpflichtungen nach weiteren Fallgestaltungen zu suchen, für die ebenfalls die Annahme der Unentziehbarkeit erheblich sein kann.

Hierfür kommt vor allem der Fall der verjährten Verbindlichkeit in Betracht. Die Verjährung zivilrechtlicher Ansprüche führt – anders als nach § 232 AO bei Steueransprüchen – nicht zum Erlöschen des Anspruchs. Vielmehr ist der Schuldner nach § 214 Abs. 1 BGB nur berechtigt, die Leistung zu verweigern. Erhebt der Schuldner die Einrede der Verjährung nicht, ist der Anspruch einschränkungslos durchsetzbar, die Verbindlichkeit ist zu erfüllen. Beruft sich der Schuldner dagegen auf die Verjährung, kann der Gläubiger den Anspruch nicht durchsetzen, die Verbindlichkeit ist nicht zu erfüllen. Der bilanzierende Kaufmann kann sich also der Verpflichtung entziehen.

Dennoch ist in einem solchen Fall die Passivierungspflicht nicht ohne weiteres zu verneinen. Sie hängt vielmehr nach ganz einhelliger Meinung davon ab, ob im konkreten Fall damit zu rechnen ist, daß der Schuldner die Verjährung geltend machen wird.[37] In der Tat ist eine solche Prognose erforderlich, aus der sich ergibt, ob tatsächlich ein künftiger Mittelabfluß zu erwarten ist. Da die Erhebung der Einrede der Verjährung auf einem Entschluß des Kaufmanns beruht, bestehen allerdings Probleme der Objektivierung. Sie sind aber im Grunde keine anderen als diejenigen, die hinsichtlich der Erfüllungsbereitschaft bei nur faktischen Verbindlichkeiten gegeben sind. Speziell im Fall der Verjährung können Rückschlüsse daraus abgeleitet werden, wie sich der Kaufmann in der Vergangenheit in vergleichbaren Fällen verhalten hat. Auch kann die konkrete Beziehung zwischen Gläubiger und Schuldner in die Beurteilung einbezogen werden.[38] Das Vorsichtsprinzip verbietet es, die Passivierung nur wegen der hierin liegenden Unsicherheiten zu versagen. Mit an Sicherheit grenzender

---

[36] *Happe* (2003), S. 547; ebenso, aber ohne sich völlig von dem Zusammenhang mit der Frage nach der wirtschaftlichen Verursachung zu lösen, *Osterloh-Konrad* (2003), S. 1635.

[37] BFH v. 09.02.1993 – VIII R 21/92, S. 543 f.; BFH v. 15.02.2000 – X B 121/99, S. 1450. *Adler / Düring / Schmaltz* (1998), Tz. 45 zu § 249 HGB; ähnlich Tz. 112 zu § 246 HGB; *Hennrichs* (2003), Rn. 86 zu § 246 HGB; *Kupsch* (2004), Rz. 59 zu § 246 HGB; *Scheffler* (1989), Rz. 46; *Weber-Grellet* (2004), Rz. 313 zu § 5 EStG; ähnlich *Ellrott / M. Ring* (2003), Anm. 221 zu § 247 HGB.

[38] Dazu BFH v. 09.02.1993 – VIII R 21/92, S. 544.

Wahrscheinlichkeit muß damit zu rechnen sein, daß der Gläubiger den Kaufmann nicht mehr in Anspruch nehmen wird.[39]

Übertragen auf den hier interessierenden Fall der Anpassungsverbindlichkeit ergibt sich, daß die Frage, ob sich der Schuldner der Inanspruchnahme entziehen kann, für die Passivierung einer Verbindlichkeit durchaus relevant ist. Insofern ist Siegel[40] zuzustimmen. Diese Feststellung ist aber – anders als wohl nach IAS 37.19[41] – nicht in dem Sinne zu verstehen, daß jede nur mögliche Entziehungsmöglichkeit (Entziehbarkeit) die Passivierung ausschließt. Vielmehr ist eine den jeweiligen Sachverhalt umfassende Analyse im Lichte des Vorsichtsprinzips erforderlich.[42] Dabei kann es auch darauf ankommen, welche der in Betracht kommenden Maßnahmen wirtschaftlich sinnvoller ist; insofern spielen die von Siegel vorgestellten Kalkulationsmodelle[43] durchaus eine Rolle. Sind gegebenenfalls aufwendige Umstrukturierungsmaßnahmen erforderlich, um die Erfüllung der Verpflichtung zu vermeiden, kann das für die Passivierung sprechen. In einem allgemeinen Sinne kann auch schließlich das Fortführungsprinzip eine Entscheidungshilfe sein.[44]

4. Besonderheiten im Falle von Anpassungsrückstellungen

a) Allgemeine Überlegungen

Möglicherweise bestehen aber Besonderheiten bei den Anpassungsrückstellungen im Rahmen des Umweltschutzes, an denen sich der Streit um die Relevanz der Unentziehbarkeit entzündet hat.

Klarstellend ist zunächst zu bemerken, daß eine Anpassungsrückstellung nur in Betracht kommt, wenn die künftigen Aufwendungen nicht als Anschaffungs- oder Herstellungskosten zu aktivieren sind,[45] wie das jetzt auch ohne materiell-

---

[39] BFH v. 22.11.1988 – VIII R 62/85, S. 361.

[40] *Siegel* (2002a), S. 708; *Siegel* (2002b), S. 1192 ff.; *Siegel* (2002c), S. 1636.

[41] *v. Keitz* et al. (2003), Tz. 46; *Förschle / Kroner / Naumann* (1999), S. 46 f. i.V.m. S. 121; zweifelnd *Moxter* (1999), S. 521.

[42] *Gosch* (2002), S. 980 f.

[43] *Siegel* (2002b), S. 1193 f.; *Siegel* (2003b), S. 928 f.

[44] *Adler / Düring / Schmaltz* (1998), Tz. 78 zu § 249 HGB; *Christiansen* (2002b), S. 1196; *Christiansen* (2002c), S. 1637 f.; *Happe* (2003), S. 548; für künftig entstehende Verbindlichkeiten *Kessler* (1996), S. 1435.

[45] BFH v. 19.08.1998 – XI R 8/96, S. 19; *Adler / Düring / Schmaltz* (1998), Tz. 31 zu § 249 HGB; *Berger / M. Ring* (2003), Anm. 24 zu § 249 HGB; *Hennrichs* (2003), Rn. 53 zu § 249 HGB; speziell für Anpassungsverpflichtungen: *Siegel* (1993a), S. 328; *Siegel* (1993b), S. 134.

rechtliche Änderung[46] für die Steuerbilanz in § 5 Abs. 4b Satz 1 EStG geregelt ist. Insbesondere im Bereich der Herstellungskosten kann es sich um Aufwendungen handeln, die für eine über den ursprünglichen Zustand des Vermögensgegenstands hinausgehende wesentliche Verbesserung entstehen und daher nach § 255 Abs. 2 Satz 1 HGB aktivierungspflichtig sind.[47]

Weiter ist darauf hinzuweisen, daß der Zeitpunkt der Fälligkeit für die Frage der Passivierung ohne Bedeutung ist. Eine Verbindlichkeit oder Verbindlichkeitsrückstellung ist auch dann zu passivieren, wenn sie erst nach dem Abschlußstichtag fällig wird.[48]

b) Aufwandsrückstellung

Anpassungsrückstellungen, die sich aus nicht aktivierungspflichtigen Aufwendungen ergeben, könnten eine Nähe zu den Aufwandsrückstellungen i.S.d. § 249 Abs. 2 HGB aufweisen, für die handelsrechtlich nur ein Passivierungswahlrecht besteht. Mit diesen wird eine Vorsorge für künftige Aufwendungen getroffen, nicht aber eine Verbindlichkeit des Kaufmanns gegenüber Dritten abgebildet. Sie haben daher Rücklagencharakter.[49]

Die Anpassungsverpflichtung erfüllt jedoch nicht die Voraussetzungen einer Aufwandsrückstellung, weil sie nicht an Vorgänge anknüpft, die dem Geschäftsjahr oder einem früheren Geschäftsjahr zuzuordnen sind.[50] Sie ist nicht durch die wirtschaftliche Tätigkeit vor dem Abschlußstichtag veranlaßt worden.[51] Im übrigen unterscheidet sich die Anpassungsverpflichtung, welche der Entscheidung des Bundesfinanzhofs vom 27.06.2001[52] zugrunde lag, in einem weiteren wesentlichen Punkt von einer Aufwandsrückstellung. Die Verbindlichkeit war am Abschlußstichtag bereits rechtlich entstanden und überdies durch einen Ver-

---

[46] *Schulze-Osterloh* (2000a), S. 81.

[47] Mit unterschiedlicher Abgrenzung einerseits BFH v. 27.06.2001 – I R 45/97, S. 124; *Bordewin* (1994), S. 1688; andererseits *Siegel* (1993a), S. 328; *Siegel* (1995), S. 542.

[48] BFH v. 03.12.1991 – VIII R 88/87, S. 92; BFH v. 17.02.1998 – VIII R 28/95, S. 506; *Herzig / Köster* (1999), Rn. 83.

[49] BGH v. 29.03.1996 – II ZR 263/94, S. 275 f.; *Lutter / Hommelhoff* (2004), Rn. 14 zu § 29 GmbHG; *Schulze-Osterloh* (2000b), Rn. 196 zu § 42 GmbHG; *Siegel* (1986), S. 843 f.; *Siegel* (1987), S. 315 ff.; weniger deutlich (Bilanzierungshilfe) *Meyer-Wegelin* (2004), Rn. 231 zu § 249 HGB.

[50] *Siegel* (1993a), S. 328; *Siegel* (1993b), S. 135.

[51] Zu dieser Voraussetzung für den Ansatz von Aufwandsrückstellungen *Berger / M. Ring* (2003), Anm. 306 zu § 249 HGB; *Hennrichs* (2003), Rn. 150 zu § 249 HGB; *Schulze-Osterloh* (2000b), Rn. 199 zu § 42 GmbHG.

[52] BFH v. 27.06.2001 – I R 45/97, S. 121.

waltungsakt der zuständigen Behörde konkretisiert.[53] Es bestand insofern eine Außenverpflichtung.

Aus der Regelung über die Aufwandsrückstellung in § 249 Abs. 2 HGB können daher Rückschlüsse für die Behandlung der Anpassungsverpflichtung nicht gezogen werden.

c) Schwebendes Geschäft

Siegel vergleicht die Anpassungsverpflichtung mit einem schwebenden Geschäft und leitet auch daraus ab, daß sie nicht als Rückstellung zu passivieren sei.[54] An diesem Gedanken ist richtig, daß Verbindlichkeiten – ebenso wie Ansprüche – aus schwebenden Geschäften nicht bilanziert werden. Fraglich ist aber, ob hier ein schwebendes Geschäft oder wenigstens ein Ereignis vorliegt, das die Grundstruktur eines schwebenden Geschäfts aufweist.

Ein schwebendes Geschäft ist ein gegenseitiges Geschäft, bei dem die Hauptleistung, die Gegenstand des Geschäfts ist, ganz oder teilweise noch nicht erbracht ist.[55] Dieser Sachverhalt liegt im Falle einer einseitig auferlegten Anpassungsverpflichtung ersichtlich nicht vor.[56]

Ist allerdings Gegenstand des Geschäfts, wie bei der Anpassungsverpflichtung zu unterstellen, eine Leistung an den bilanzierenden Kaufmann, die nicht zu aktivieren ist, sondern zu Aufwendungen führt, so bewirkt der Nichtausweis der Ansprüche und Verbindlichkeiten aus dem Geschäft zunächst, daß sich das Geschäft auf die Bilanzierung nicht auswirkt. Wird dann die Leistung erbracht, ergibt sich eine Erhöhung der Aufwendungen zu Lasten der Verbindlichkeiten. Diese Zusammenhänge könnten zu der Annahme verleiten, daß sich die Aufwendungen aus der Anpassungsverpflichtung erst mit ihrer Erfüllung auf das Ergebnis auswirken sollen.

Hierbei wird jedoch nicht ausreichend bedacht, daß es gilt, im Interesse des richtigen Vermögensausweises zwei Ereignisse deutlich zu unterscheiden: einerseits die Entstehung der Außenverpflichtung durch Auferlegung der Anpassungspflicht im Wege eines Verwaltungsaktes oder unmittelbar auf Grund des Gesetzes und andererseits die Vorbereitung der Erfüllung dieser Pflicht durch

---

[53] BFH v. 27.06.2001 – I R 45/97, S. 122.

[54] *Siegel* (2002a), S. 708; *Siegel* (2002c), S. 1637; *Siegel* (2003a), S. 305; *Siegel* (2003b), S. 927 ff.; wohl auch *Weber-Grellet* (2002), S. 705.

[55] BFH v. 23.06.1997 – GrS 2/93, S. 737; *Adler / Düring / Schmaltz* (1998), Anm. 183 ff. zu § 246 HGB; *Berger / M. Ring* (2003), Anm. 53; *Schulze-Osterloh* (2000b), Rn. 90 zu § 42 GmbHG m.w.N.

[56] Ein Anspruch auf Gegenleistung ist nicht erkennbar: *Christiansen* (2002c), S. 1638.

Abschluß eines Vertrages, der einen Unternehmer zur Vornahme der gebotenen Anpassung und den betroffenen Kaufmann zur Zahlung des Unternehmerlohns verpflichtet. Diese Unterscheidung wird auch in vergleichbaren Fällen gemacht. So hat der Bundesfinanzhof eine Rückstellung für die Aufbewahrung der Geschäftsunterlagen nach §§ 257 HGB, 147 AO für geboten erachtet und es dabei ausdrücklich als unerheblich bezeichnet, daß die Erfüllung dieser Pflicht im entschiedenen Fall den Abschluß eines Mietvertrages voraussetzte, der ein schwebendes Dauerschuldverhältnis ist und sich erfolgswirksam erst entsprechend dem Zeitablauf auswirkt.[57] Auf derselben Linie liegen die Entscheidungen zur Passivierung der Verpflichtung zur Aufstellung des Jahresabschlusses und des Lageberichts für das abgelaufene Geschäftsjahr,[58] zur Prüfung des Jahresabschlusses und des Lageberichts,[59] zur Erstellung von Steuererklärungen[60] und zur Buchung laufender Geschäftsvorfälle des Vorjahres.[61] Auch die Erfüllung dieser Verpflichtungen setzt vielfach den Abschluß von Dienst- oder Werkverträgen voraus, die als schwebende Verträge nicht zu erfassen sind. Das schließt es aber nicht aus, daß die gesetzliche Verpflichtung, sich entsprechend zu verhalten, eine rückstellungsfähige und damit rückstellungspflichtige Verbindlichkeit ist.[62] Diese Verpflichtung steht nicht in einem – schwebenden – Austauschverhältnis.

Folglich sind die Regeln über den Nichtausweis schwebender Geschäfte nicht geeignet, eine Rückstellung für Anpassungsverpflichtungen auszuschließen.

III. Ergebnisse

Die Passivierung einer Verbindlichkeitsrückstellung setzt u.a. voraus, daß der Kaufmann ernsthaft mit der Gefahr der Inanspruchnahme rechnen muß. Eine Rückstellung ist also ausgeschlossen, wenn er sich ohne weiteres der Erfüllung der Verbindlichkeit entziehen kann. Insofern ist die Unentziehbarkeit ein wichtiges Rückstellungsmerkmal. Allerdings beseitigt nicht jede Möglichkeit, die Erfüllung zu vermeiden, die ernsthafte Gefahr der Inanspruchnahme. Vielmehr ist für den Einzelfall eine umfassende Analyse im Lichte des Vorsichts- und auch des Fortführungsprinzips erforderlich.

---

[57] BFH v. 19.08.2002 – VIII R 30/01, S. 133.

[58] BFH v. 20.03.1980 – IV R 89/79, S. 298.

[59] BFH v. 23.07.1980 – I R 28/77, S. 62 f.

[60] BFH v. 24.11.1983 – IV R 22/81, S. 302.

[61] BFH v. 25.03.1992 – I R 69/91, S. 1010 ff.

[62] *Hennrichs* (2003), Rn. 43 zu § 249 HGB; so ausdrücklich auch BFH v. 28.05.1997 – VIII R 59/95, S. 23.

Für Anpassungsrückstellungen im Rahmen des Umweltschutzes, die nur in Betracht kommen, soweit die Umweltschutzmaßnahme nicht zu Anschaffungs- oder Herstellungskosten führt, bestehen insofern keine Besonderheiten. Sie setzen eine am Abschlußstichtag bestehende rechtliche Verpflichtung zur Vornahme der Umweltschutzmaßnahme voraus. Es handelt sich insoweit nicht um eine Aufwandsrückstellung. Auch stehen die Regeln über den Nichtausweis schwebender Geschäfte der Passivierung nicht entgegen.

Literatur- und Rechtsprechungsverzeichnis

Adler / Düring / Schmaltz (1995/2001): Karl-Heinz *Forster*, Reinhard *Goerdeler*, Josef *Lanfermann*, Hans-Peter *Müller*, Günter *Siepe* und Klaus *Stolberg* unter Mitwirkung von Hans-Friedrich *Gelhausen*, Wolf *Gelhausen*, Georg *Kämpfer*, Ernst-Thomas *Kraft*, Wienand *Schruff* und Martin *Zieger*: Adler / Düring / Schmaltz: Rechnungslegung und Prüfung der Unternehmen: Kommentar zum HGB, AktG, GmbHG, PublG nach den Vorschriften des Bilanzrichtlinien-Gesetzes; 6. Auflage; Stuttgart 1995/ 2001.

Baetge, Jörg / *Kirsch,* Hans-Jürgen / *Thiele,* Stefan (2003): Bilanzen; 7. Auflage; Düsseldorf 2003.

Ballwieser, Wolfgang (2001): Kommentierung § 249 HGB; in: Münchener Kommentar zum Handelsgesetzbuch; Hrsg. Karsten Schmidt; Band 4; München 2001.

Berger, Axel / *Ring,* Maximilian (2003): Teilkommentierung § 249 HGB; in: Beck'scher Bilanz-Kommentar; Hrsg. Axel Berger et al.; 5. Auflage; München 2003.

Bordewin, Arno (1994): Umweltschutzbedingte Aufwendungen in der Bilanz; in: Der Betrieb; 47. Jg. (1994); S. 1685 – 1688.

Christiansen, Alfred (1996): Verbindlichkeitsausweis und Realisationsprinzip; in: Steuerrecht und Gesellschaftsrecht als Gestaltungsaufgabe. Freundesgabe für Franz Josef Haas zur Vollendung des 70. Lebensjahres; Hrsg. Georg Crezelius et al.; Herne, Berlin 1996; S. 57 – 66.

– (2002a): Kurskorrekturen bei der Passivierung öffentlich-rechtlicher Verpflichtungen?; in: Deutsche Steuer-Zeitung; 90. Jg. (2002); S. 163 – 169.

– (2002b): Ein Versuch zur „Entziehbarkeit" von Missverständnissen – Replik auf Siegel; in: Deutsches Steuerrecht; 40. Jg. (2002); S. 1196.

– (2002c): Ergänzender Versuch zur „Entziehbarkeit" von Mißverständnissen – insbesondere zur Reichweite des Prinzips der Unternehmensfortführung; in: Deutsches Steuerrecht; 40. Jg. (2002); S. 1637 – 1638.

Ellrott, Helmut / *Ring,* Maximilian (2003): Teilkommentierung § 247 HGB; in: Beck'scher Bilanz-Kommentar; Hrsg. Axel Berger et al.; 5. Auflage; München 2003.

Euler, Roland (2001): Kommentar zu BFH, Urt. vom 27.6.2001 – I R 45/97: in: Betriebs-Berater; 56. Jg. (2001); S. 1893.

Förschle, Gerhart / *Kroner,* Matthias / *Naumann,* Birgit (1999): Ungewisse Verpflichtungen nach IAS 37 im Vergleich zum HGB; in: Die Wirtschaftsprüfung; 52. Jg. (1999); S. 41 – 54 mit Berichtigung S. 121.

Gosch, Dietmar (2002): Einige Bemerkungen zur aktuellen bilanzsteuerrechtlichen Rechtsprechung des I. Senats des BFH; in: Deutsches Steuerrecht; 40. Jg. (2002); S. 977 – 984.

Happe, Rüdiger (2003): Neue Entwicklungen bei den öffentlich-rechtlichen Rückstellungen – Anmerkungen zum BMF-Schreiben vom 21.1.2003, StuB 2003 S. 128 –; in: Steuern und Bilanzen; 5. Jg. (2003); S. 546 – 548.

Hennrichs, Joachim (2003): Kommentierung §§ 246, 249 HGB; in: Münchener Kommentar zum Aktiengesetz; Hrsg. Bruno Kropff und Johannes Semler; Band 5/1; 2. Auflage; München 2003.

Herzig, Norbert / *Köster,* Thomas (1999): Rückstellungen für ungewisse Verbindlichkeiten, für drohende Verluste aus schwebenden Geschäften, für unterlassene Aufwendungen für Instandhaltung und Abraumbeseitigung sowie für Kulanzleistungen; in: Handbuch des Jahresabschlusses in Einzeldarstellungen; Hrsg. Klaus v. Wysocki, Joachim Schulze-Osterloh und Joachim Hennrichs; Köln 1984 ff.; Abt. III/5; 2. Neubearbeitung 1999.

Hommel, Michael (2002): Kommentierung § 249 HGB; in: Bilanzrecht, Handelsrecht mit Steuerrecht und den Regelungen des IASB, Kommentar; Hrsg. Jörg Baetge, Hans-Jürgen Kirsch und Stefan Thiele; Bonn, Berlin 2002.

v. Keitz, Isabel / *Dörner,* Dietrich / *Wollmert,* Peter / *Oser,* Peter (2003): Kommentierung IAS 37; in: Rechnungslegung nach International Accounting Standards (IAS), Kommentar auf der Grundlage des deutschen Bilanzrechts; Hrsg. Jörg Baetge, Dietrich Dörner, Heinz Kleekämper, Peter Wollmert und Hans-Jürgen Kirsch. 2. Auflage; Stuttgart 2003.

Kessler, Harald (1996): Erneute Kehrtwende des BFH bei der Interpretation der wirtschaftlichen Verursachung? – Weicht das Wesentlichkeitskriterium der Alimentationsthese? –; in: Deutsches Steuerrecht; 34. Jg. (1996); S. 1430 – 1438.

– (2001): Anpassungspflichten im Bilanzrecht: (Neue?) Grenzwerte für die wirtschaftliche Verursachung: Anmerkungen zum Urteil des I. BFH-Senats vom 27.6.2001, I R 45/97, DStR 2001, 1384, zu seinen Folgen und zu einigen zeitgenössischen Begleiterscheinungen; in: Deutsches Steuerrecht; 39. Jg. (2001); S. 1903 – 1212.

Kleindiek, Detlef (2002): Kommentierung § 249 HGB; in: Handelsgesetzbuch: Großkommentar; Hrsg. Claus-Wilhelm Canaris, Wolfgang Schilling und Peter Ulmer; 3. Band, 1. Teilband; 4. Auflage; Berlin, New York 2002.

Koths, Daniel (2001): Recht so: Der I. BFH-Senat schafft Ordnung im ungewissen Rückstellungs-Terrain für öffentlich-rechtliche Anpassungsverpflichtungen – Anmerkungen zum BFH-Urteil vom 27.6.2001 I R 45/97, DB 2001 S. 1698 –; in: Der Betrieb; 54. Jg. (2001); S. 1849 – 1851.

Kupsch, Peter (1992): Bilanzierung von Umweltlasten in der Handelsbilanz; in: Betriebs-Berater; 47. Jg. (1992); S. 2320 – 2329.

– (2004): Kommentierung §§ 247, 249 HGB; in: Bonner Handbuch Rechnungslegung; Hrsg. Max A. Hofbauer et al.; 2. Auflage; Bonn, Berlin 2004; Fach 4.

Larenz, Karl (1991): Methodenlehre der Rechtswissenschaft; 6. Auflage; Berlin, Heidelberg, New York, London, Paris, Tokyo, Hong Kong, Barcelona, Budapest 1991.

Lutter, Marcus / *Hommelhoff,* Peter (2004): Kommentierung § 29 GmbHG; in: Lutter / Hommelhoff: GmbH-Gesetz, Kommentar; 16. Auflage; Köln 2004.

Mayer-Wegelin, Eberhard (2004): Teilkommentierung § 249 HGB; in: Handbuch der Rechnungslegung, Einzelabschluss, Kommentar zur Bilanzierung und Prüfung; Hrsg. Karlheinz Küting und Claus-Peter Weber; 5. Auflage; Stuttgart 2004; Stand: 6. Lieferung, März 2004.

Mayr, Gunter (2002): Anpassungsverpflichtungen: Handels- und Steuerbilanz auf Distanz; in: Betriebs-Berater; 57. Jg. (2002); S. 2323 – 2329.

Moxter, Adolf (1999): Rückstellungen nach IAS: Abweichungen vom geltenden deutschen Bilanzrecht; in: Betriebs-Berater; 54. Jg. (1999); S. 519 – 525.

– (2003a): Grundsätze ordnungsgemäßer Rechnungslegung; Düsseldorf 2003.

– (2003b): Erosion von Georg Döllerers Bilanzrechtskonzeption beim BFH?; in: Deutsches Steuerrecht; 41. Jg. (2003); S. 1586 – 1590.

Osterloh-Konrad, Christine (2003): Rückstellungen für Prozessrisiken in Handels- und Steuerbilanz – Kriterien der Risikokonkretisierung und ihre Anwendung auf die Prozesssituation (Teil I); in: Deutsches Steuerrecht; 41. Jg. (2003); S. 1631 – 1635.

Scheffler, Eberhard (1989): Rückstellungen; in: Beck'sches Handbuch der Rechnungslegung; Hrsg. Edgar Castan et al.; München 1987 ff.; Abschnitt B 233; Erg.Lfg. 1989/1994.

Schön, Wolfgang (1994): Der Bundesfinanzhof und die Rückstellungen: Eine Analyse der Rechtsprechung seit Inkrafttreten des Bilanzrichtlinien-Gesetzes; in: Betriebs-Berater; 49. Jg. (1994); Beilage 9.

Schulze-Osterloh, Joachim (1992): Der Ausweis von Aufwendungen nach dem Realisations- und dem Imparitätsprinzip; in: Rechnungslegung, Entwicklungen bei der Bilanzierung und Prüfung von Kapitalgesellschaften: Festschrift zum 65. Geburtstag von Professor Dr. Dr. h.c. Karl-Heinz Forster; Hrsg. Adolf Moxter et al.; Düsseldorf 1992; S. 653 – 670.

– (2000a): Verfassungsrechtliche Grenzen der bilanzsteuerrechtlichen Gesetzgebung, Nettoprinzip, Maßgeblichkeitsgrundsatz, Rückstellungen, Gewinnrealisierung; in: Europa- und verfassungsrechtliche Grenzen der Unternehmensbesteuerung; Hrsg. Jürgen Pelka; Veröffentlichungen der Deutschen Steuerjuristischen Gesellschaft e.V.: Band 23; Köln 2000; S. 67 – 85.

– (2000b): Kommentierung § 42 GmbHG; in: Baumbach / Hueck: GmbH-Gesetz, Gesetz betreffend die Gesellschaften mit beschränkter Haftung; 17. Auflage; München 2000.

– (2004): Die Beziehungen zwischen Gesellschaftsrecht und Betriebswirtschaftslehre, diskutiert an bilanzrechtlichen Problemen; in: Betriebswirtschaftliche Forschung und Praxis; 56. Jg. (2004); S. 81 – 99.

Siegel, Theodor (1986): Echte Aufwandsrückstellungen und der Wandel des Gesellschafterschutzes im neuen Bilanzrecht; in: Betriebs-Berater; 41. Jg. (1986); S. 841 – 844.

– (1987): Rückstellungen für ihrer Eigenart nach genau umschriebene Aufwendungen; in: Betriebswirtschaftliche Forschung und Praxis; 39. Jg. (1987); S. 301 – 321.

– (1993a): Umweltschutz im Jahresabschluß: Probleme und Lösungsansätze; in: Betriebs-Berater; 48. Jg. (1993); S. 326 – 336.

– (1993b): Umweltschutz im Jahresabschluß: Probleme und Lösungsansätze; in: Betriebswirtschaft und Umweltschutz; Hrsg. Gerd Rainer Wagner; Stuttgart 1993; S. 129 – 160.

– (1994): Das Realisationsprinzip als allgemeines Periodisierungsprinzip?; in: Betriebswirtschaftliche Forschung und Praxis; 46. Jg. (1994); S. 1 – 24.

– (1995): Umweltschutzbedingte Aufwendungen – Zur Diskussion ihrer Berücksichtigung im Jahresabschluß –; in: Der Betrieb; 48. Jg. (1995); S. 537 – 542.

– (2002a): Anpassungsrückstellungen aus der Sicht des I. Senats des BFH und aus der Sicht der GoB; in: Der Betrieb; 54. Jg. (2002); S. 707 – 709.

– (2002b): Unentziehbarkeit als zentrales Kriterium für den Ansatz von Rückstellungen; in: Deutsches Steuerrecht; 40. Jg. (2002); S. 1192 – 1196.

– (2002c): Rückstellungsbildung nach dem Going-Concern-Prinzip – eine unzweckmäßige Innovation; in: Deutsches Steuerrecht; 40. Jg. (2002); S. 1636 – 1637.

– (2003a): Anpassungsverpflichtungen: Offene Fragen bei Gunter Mayr – Erwiderung zu Mayr, BB 2002, 2323; in: Betriebs-Berater; 58. Jg. (2003); S. 304 – 305.

– (2003b): Rückstellungen für bestellte Lastkraftwagen? – Anmerkungen zum Beitrag von Happe, StuB 2003 S. 546 –; in: Steuern und Bilanzen; 5. Jg. (2003); S. 927 – 931.

Thiele, Stefan (1998): Das Eigenkapital im handelsrechtlichen jahresabschluß: Rechtsformübergreifende und rechtsformspezifische Grundsätze für Ansatz und Ausweis des gesetzestypischen Eigenkapitals und der hybriden Finanzierungsformen; Düsseldorf 1998.

Wassermeyer, Franz (2002): Aktuelle Rechtsprechung des I. Senats des BFH – Inhalt und Auswirkungen –; in: Die Wirtschaftsprüfung; 55. Jg. (2002); S. 10 – 16.

Weber-Grellet, H. (2001): Kommentar zu BFH, Urt. vom 27.6.2001 – I R 45/97; in: Finanz-Rundschau; 83. Jg. (2001); S. 900 – 901.

Weber-Grellet, Heinrich (2002): Zur Abschaffung des Maßgeblichkeitsgrundsatzes – Plädoyer für eine steuerrechtskonforme und rechtsstaatliche Gewinnermittlung –; in: Steuern und Bilanzen; 4. Jg. (2002); S. 700 – 706.

– (2004): Kommentierung § 5 EStG; in: Einkommensteuergesetz; Hrsg. Ludwig Schmidt; 23. Auflage; München 2004.

Woerner, Lothar (1993): Zeitliche Zuordnung von Forderungen und Verbindlichkeiten in der Bilanz: Wirtschaftliche Entstehung statt wirtschaftlicher Verursachung; in: Steuerliche Vierteljahresschrift; 5. Jg. (1993); S. 193 – 207.

BGH-Urteil vom 28.01.1991 – II ZR 20/90, BB 1991, S. 507.

BGH-Urteil vom 29.03.1996 – II ZR 263/94, BGHZ 132, S. 263.

BFH-Urteil vom 20.03.1980 – IV R 89/79, BStBl. II 1980, S. 297.

BFH-Urteil vom 23.07.1980 – I R 28/77, BStBl. II 1981, S. 62.

BFH-Urteil vom 24.11.1983 – IV R 22/81, BStBl. II 1984, S. 301.

BFH-Urteil vom 05.02.1987 – IV R 81/84, BStBl. II 1987, S. 845.

BFH-Urteil vom 22.11.1988 – VIII R 62/85, BStBl. II 1989, S. 359.

BFH-Urteil vom 03.12.1991 – VIII R 88/87, BStBl. II 1993, S. 89.

BFH-Urteil vom 25.03.1992 – I R 69/91, BStBl. II 1992, S. 1010.

BFH-Urteil vom 02.10.1992 – III R 54/91, BStBl. II 1993, S. 153.

BFH-Urteil vom 09.02.1993 – VIII R 21/92, BStBl. II 1993, S. 543.

BFH-Urteil vom 28.05.1997 – VIII R 59/95, BFH/NV 1998, S. 22.

BFH-Beschluß vom 23.06.1997 – GrS 2/93, BStBl. II 1997, S. 735.

BFH-Urteil vom 17.02.1998 – VIII R 28/95, BStBl. II 1998, S. 505.

BFH-Urteil vom 19.08.1998 – XI R 8/96, BStBl. II 1999, S. 18.

BFH-Beschluß vom 15.02.2000 – X B 121/99, BFH/NV 2000, S. 1450.

BFH-Urteil vom 27.06.2001 – I R 45/97, BStBl. II 2003, S. 121.

BFH-Urteil vom 19.08.2002 – VIII R 30/01, BStBl. II 2003, S. 131.

Zur Interpretation von internationalen Rechnungslegungsstandards: das Problem ‚hybrider Rechtsfortbildung'

Von Christian Kirchner

I. Problemstellung

1. Rechtsfortbildung von IFRS und IAS durch ‚Interpretationen'

Internationale Rechnungslegungsstandards – bis 2002 ‚International Accounting Standards' (IAS), ab 2002 ‚International Financial Reporting Standards' (IFRS)[1] – werfen bei ihrer Anwendung auf den konkreten Fall Interpretationsprobleme auf.[2] Das kann zur Folge haben, daß die Rechnungslegungsstandards unterschiedlich angewandt werden und damit die Einheitlichkeit der Standards verlorengeht oder zumindest eingeschränkt wird. Um dies zu vermeiden, wurde 1997 vom International Accounting Standards Committee (IASC) das Standing Interpretations Committee (SIC) eingerichtet, um durch ‚Interpretationen' allgemein verpflichtende Leitlinien zur Sicherstellung einer einheitlichen Auslegung und Anwendung der Standards sicherzustellen (SIC-Interpretationen). Im Jahre 2001 wurde das SIC umstrukturiert und als International Financial Reporting Interpretations Committee (IFRIC) neu konstituiert. Das IFRIC gibt sogenannte ‚IFRIC-Interpretationen' heraus; daneben gelten die vor 2001 vom SIC herausgegebenen SIC-Interpretationen, soweit sie nicht durch IFRIC-Interpretationen ersetzt werden.

---

[1] Die nach der IAS-Verordnung (IAS-VO) [Verordnung (EG) Nr. 1606/2002 des Europäischen Parlaments und des Rates vom 19.07.2002 betreffend die Anwendung internationaler Rechnungslegungsstandards (IAS-VO), Abl. EG Nr. L 243 v. 11.09.2002, S. 1] ‚übernommenen' Internationalen Financial Reporting Standards (IFRS) [bis 2002 ‚International Accounting Standards' – IAS] werden in der amtlichen Terminologie gem. Art. 2 IAS-VO als ‚internationale Rechnungslegungsstandards' bezeichnet.

[2] Vgl. *Buchheim / Gröner / Kühne* (2004); *Fey / Schruff* (2004); *Küting / Ranker* (2004); *Schulze-Osterloh* (2004).

2. Zusammenspiel von IFRIC und Gerichten

Mit der Übernahme internationaler Rechnungslegungsstandards in europäisches Gemeinschaftsrecht[3] aufgrund des in der IAS-Verordnung[4] vorgeschriebenen Verfahrens – einschließlich der anwendbaren materiellen Voraussetzungen für eine solche Übernahme – wird die Frage aktuell, ob nunmehr die Gerichte der Mitgliedstaaten der Europäischen Union und der Europäische Gerichtshof die Standards als Gemeinschaftsrecht auszulegen haben.[5] Selbst wenn diese Frage zweifelsfrei geklärt ist, ist damit das Problem der Interpretation von internationalen Rechnungslegungsstandards aus rechtlicher Sicht nicht gelöst. Denn dann gilt es, das Verhältnis zwischen IFRIC-Interpretationen und Auslegung der internationalen Rechnungslegungsstandards durch die genannten Gerichte zu bestimmen.

3. Normativ-rechtliche und ökonomische Fragestellung

Das hier aufgeworfene Doppelproblem, nämlich (1) das der Interpretation der internationalen Rechnungslegungsstandards durch zwei unterschiedliche Interpretationsinstanzen und (2) das der Bestimmung des Verhältnisses dieser beiden Interpretationsinstanzen, ist gleichzeitig ein normativ-rechtliches Problem und ein ökonomisches Problem. Das normativ-rechtliche Problem ist eines der Bestimmung von Auslegungsmethoden und Auslegungskompetenzen und ihres Ranges. Das ökonomische Problem ist eines der ökonomischen Auswirkungen der Auslegungskompetenzen, des Ranges der Kompetenzen, der Auslegungsverfahren und -methoden.

4. Probleme der hybriden Rechtsfortbildung als Folgeproblem der hybriden Regelsetzung

Die angesprochenen Interpretationsprobleme internationaler Rechnungslegungsstandards sind Folgeprobleme des besonderen Rechtsetzungsprozesses für als europäisches Gemeinschaftsrecht rechtsverbindliche internationale Rechnungslegungsstandards. In diesem Rechtsetzungsverfahren wirken private und öffentliche Rechtsetzer in einem komplexen Verfahren zusammen. Für diese Art der Regelsetzung ist der Begriff ‚hybride Regelsetzung' vorgeschlagen wor-

---

[3] Vgl. allgemein: *Buchheim / Gröner / Kühne* (2004); *Fey / Schruff* (2004); *Kirchhof* (2000); *Küting / Ranker* (2004); *Schulze-Osterloh* (2004); *van Hulle* (2003); *van Hulle* (2004).

[4] Fundstellennachweis der IAS-Verordnung in Fn. 1.

[5] Vgl. insb. *Schön* (2004); *Schulze-Osterloh* (2004).

den.[6] Die Probleme einer solchen hybriden Regelsetzung liegen darin begründet, daß der öffentliche Rechtsetzer – hier die Kommission der Europäischen Gemeinschaften im Zusammenspiel mit dem Europäischen Ministerrat und dem Europäischen Parlament – nicht über die Ressourcen und die fachliche Kompetenz verfügt, um das Verfahren der Übernahme internationaler Rechnungslegungsstandards in europäisches Gemeinschaftsrecht inhaltlich steuern zu können. Folglich ist es erforderlich, daß der öffentliche Rechtsetzer seinerseits ein privates Beratungsgremium – hier die European Financial Reporting Advisory Group (EFRAG) – einschaltet, so daß eine Legitimation der Standards durch ein demokratisch legitimiertes Gremium praktisch entfällt, und daß es überdies zu Rückkoppelungsprozessen zwischen dem International Accounting Standards Board (IASB) und der EFRAG kommen kann.[7]

Dem Problem der hybriden Regelsetzung auf der Ebene der Rechtsetzung entspricht auf der Auslegungs- und Anwendungsebene das Problem der hybriden Rechtsfortbildung. Entwickeln das IFRIC und letztinstanzlich auf europäischer Ebene der Europäische Gerichtshof ‚Interpretationen' auf der einen und Fallrecht auf der anderen Seite, so ist unter dem Aspekt der tatsächlichen Wirkung dieser Interpretation der internationalen Rechnungslegungsstandards nicht so sehr der konkrete Einzelfall entscheidend, sondern die Orientierung der Regelungsadressaten der Rechnungslegungsstandards an diesen ‚Interpretationen' und diesem Fallrecht bei künftigen Entscheidungen über die Anwendung der Rechnungslegungsstandards.[8] Interpretationskompetenz bedeutet daher Teilnahme am Rechtsetzungsprozeß, denn Rechtsfortbildung ist ihrerseits Teil der Rechtsetzung.

5. Das Problem der Herausbildung ‚europäischer internationaler Rechnungslegungsstandards'

Das Problem der hybriden Rechtsfortbildung im Fall der Interpretation internationaler Rechnungslegungsstandards durch IFRIC und Gerichte ist für die künftige internationale Rechnungslegung deshalb zentral, weil hier – wie bei der hybriden Regelsetzung – das Problem der Herausbildung von ‚europäischen internationalen Rechnungslegungsstandards' im Raume steht. Solche ‚europäischen internationalen Rechnungslegungsstandards' könnten sich dann von den nicht in das europäische Gemeinschaftsrecht übernommenen internationalen Rechnungslegungsstandards unterscheiden, so daß damit die Einheitlichkeit die-

---

[6] *Kirchner / Schmidt* (2005).

[7] Im einzelnen *Kirchner / Schmidt* (2005).

[8] Vgl. zur Wirkung der Auslegung staatlich und privat gesetzten Rechts: *Kirchner* (1999b), S. 168 – 172, 174.

ser Standards gefährdet wäre. Eben dieses sollte aber durch die Einrichtung des SIC und später des IFRIC vermieden werden. Es könnte aber auch zu Friktionen zwischen Interpretationsvarianten der internationalen Rechnungslegungsstandards, in die US-amerikanische Rechnungslegungsstandards (US-GAAP) einfließen, und solche, in die gemeinschaftsrechtliches Fallrecht einfließt, kommen (dazu näher in Abschnitt III.5.).

6. Analyse des ökonomischen Problems auf der Grundlage der Analyse des rechtlichen Problems

Die rechtlich-normative Seite des Problems ist schon gut beleuchtet worden.[9] Daneben erscheint aber die ökonomische Seite des Problems deshalb klärungsbedürftig, da es hier im Kern um die tatsächliche Wirkungsweise der internationalen Rechnungslegungsstandards in ihrer Anwendung auf Konzernabschlüsse europäischer Unternehmen geht. Die ökonomischen Überlegungen müssen aber auf einer präzisen juristischen Analyse aufsetzen, so daß im folgenden sowohl eine rechtlich-normative wie auch eine ökonomische Analyse durchgeführt werden sollen.

7. Vorgehensweise

Im folgenden ist in einem ersten Schritt das zur Anwendung gelangende methodische Instrument kurz einzuführen. Sodann erfolgt ein Blick auf die Rechtsfragen der Übernahme internationaler Rechnungslegungsstandards in europäisches Gemeinschaftsrecht und ihrer Auslegung. Darauf baut die ökonomische Wirkungsanalyse der hybriden Rechtsfortbildung bei internationalen Rechnungslegungsstandards auf.

II. Methodisches Instrumentarium

Die rechtlich-normative Analyse bedient sich des traditionellen Instrumentariums der juristischen Auslegungslehre, hier bezogen auf die Besonderheiten der Auslegung europäischen Gemeinschaftsrechts.

Soll die tatsächliche ökonomische Funktionsweise von Rechtsetzungs- und Rechtsfortbildungsprozessen untersucht werden, geht es um eine positive Analyse abstrakt-genereller, sanktionsbewehrter Regeln, also Institutionen[10]. Eine

---

[9] Vgl. insb. *Schön* (2004), S. 764 f.

[10] Zum Institutionenbegriff: *Richter / Furubotn* (2003), S. 7 f.

solche positive Wirkungsanalyse setzt voraus, daß das Zusammenspiel auf der Ebene der Regelsetzungs-, Interpretations- und Adressatenebene untersucht wird. Geht man davon aus, daß die auf diesen Ebenen handelnden Akteure eigennutzorientiert rational handeln, daß diese Aktivitäten mit Transaktionskosten verbunden sind, daß die Information der Akteure systematisch unvollkommen ist und daß ihre Rationalität beschränkt ist, so bedeutet dies, daß die anstehenden Fragen mit Hilfe des Ansatzes der Neuen Institutionenökonomik[11] angegangen werden sollten.

III. Rechtsfragen der Übernahme internationaler Rechnungslegungsstandards in europäisches Gemeinschaftsrecht und ihre Auslegung

1. Vorüberlegungen

Werden internationale Rechnungslegungsstandards in europäisches Gemeinschaftsrecht übernommen, so tauchen offene Fragen der Anwendung und Auslegung sowohl innerhalb des Systems dieser Standards – also auf der internationalen Ebene – als auch in Bezug auf die Auslegung der Standards durch die Gerichte der Mitgliedstaaten der Europäischen Union und des Europäischen Gerichtshofs auf. Zwei möglicherweise unterschiedliche Auslegungen, Auslegungsverfahren und -methoden stoßen aufeinander. Wie auftretende Konflikte rechtlich zu lösen sind, hängt vornehmlich davon ab, wie internationale Rechnungslegungsstandards in europäisches Gemeinschaftsrecht übernommen werden. Sodann ist zu klären, wie eine systemimmanente Problemlösung von Auslegungsfragen aussieht, wie europäische Gerichte diese Standards auszulegen haben und wie auftretende Auslegungskonflikte zu lösen sind.

2. Übernahme (*endorsement*) internationaler Rechnungslegungsstandards in europäisches Gemeinschaftsrecht

Vom 01.01.2005 an haben kapitalmarktorientierte Gesellschaften[12], die dem Recht eines Mitgliedstaates der Europäischen Union unterliegen, ihre konsolidierten Abschlüsse gemäß Art. 4 IAS-VO nach den in Abs. 2 definierten und nach Art. 3 übernommenen ‚internationalen Rechnungslegungsstandards' (einschließlich der SIC- und der IFRIC-Interpretationen) aufzustellen. Durch die Übernahme nach Art. 3 i.V.m. Art. 6 Abs. 2 IAS-VO werden die internationalen

---

[11] Vgl. insb. *Coase* (1988); *Homann* (1999); *North* (1990); *Pies* (1993); *Richter / Furubotn* (2003); *Williamson* (1985).

[12] Die Definition der börsennotierten Gesellschaft ergibt sich aus Art. 4 der IAS-VO.

Rechnungslegungsstandards in der Europäischen Union anwendbares Recht und damit Bestandteil des europäischen Gemeinschaftsrechts.[13] In Art. 6 Abs. 2 IAS-VO wird verfahrensmäßig auf das sogenannte Komitologieverfahren verwiesen, demzufolge die Gesetzgebungszuständigkeiten des Rates und des Europäischen Parlaments stark zurückgeschnitten werden und die Kommission zur eigentlichen Gesetzgeberin wird. Diese wiederum ist bei der Übernahme internationaler Rechnungslegungsstandards in europäisches Gemeinschaftsrecht an die Bedingungen gebunden, denen internationale Rechnungslegungsstandards gem. Art. 3 Abs. 2 IAS-VO genügen müssen, sollen sie übernommen werden können (Endorsement-Test). Nach diesen Bedingungen dürfen die zu übernehmenden Standards dem true and fair-Prinzip der 4. und 7. gesellschaftsrechtlichen Richtlinie nicht zuwiderlaufen, müssen dem europäischen öffentlichen Interesse entsprechen und den Kriterien der Verständlichkeit, Erheblichkeit, Verläßlichkeit und Vergleichbarkeit genügen, die Finanzinformationen erfüllen müssen, um wirtschaftliche Entscheidungen und die Bewertung der Leistung einer Unternehmensleitung zu ermöglichen.[14] Die Beurteilung der für die Übernahme internationaler Rechnungslegungsstandards zu beachtenden Bedingungen erfordert ein hohes Maß an technischem Know How. Aus diesem Grunde wird die Kommission bei den Übernahmeentscheidungen von einer privaten Beratergruppe, der European Financial Reporting Advisory Group (EFRAG) unterstützt. Das für die eigentliche Übernahme vorgesehene Verfahren ist komplex und bezieht die Kommission, den Rat, das Parlament sowie die EFRAG und einen Regelungsausschuß des Rates (Accounting Regulatory Committee – ARC) in das Verfahren ein.[15] Für die hier angestellten Überlegungen ist entscheidend, daß dann, wenn eine Übernahme von internationalen Rechnungslegungsstandards nach diesem hybriden Verfahren erfolgt ist, diese Teil des europäischen Gemeinschaftsrechts werden.

3. Auslegung internationaler Rechnungslegungsstandards im System dieser Standards

a) SIC- und IFRIC-Interpretationen

Bei Auslegungsproblemen in Bezug auf internationale Rechnungslegungsstandards[16] sind zwei Problemebenen zu unterscheiden. Auf der ersten geht es um sogenannte Interpretationen (*interpretations*), auf der zweiten um den Um-

---

[13] So auch *Schön* (2004), S. 763; auch *Schulze-Osterloh* (2004), S. 173.

[14] Zum Hintergrund dieser Regelungen: *van Hulle* (2003), S. 977 – 979; zur Position der Kommission: Europäische Kommission (2003).

[15] Zum Verfahren im einzelnen *Kirchner / Schmidt* (2005).

[16] Vgl. allgemein *Ruhnke / Nerlich* (2004).

gang mit Regelungslücken durch bilanzierende Unternehmen, die IFRS/IAS anwenden.

‚Interpretationen' werden vom IFRIC (früher vom SIC) in Gestalt allgemein verpflichtender Leitlinien für die Auslegung und Anwendung der Rechnungslegungsstandards herausgegeben. Dafür ist ein – im Vergleich zur Verabschiedung von IFRS/IAS durch den IASB vereinfachtes – Verfahren vorgesehen. Das IFRIC wird aufgrund konkreter Fragen tätig, die nach Meinung der Beteiligten nicht oder nicht ausreichend in den IFRS/IAS geregelt sind. Das IFRIC veröffentlicht Entwürfe von Interpretationen, zu denen seitens der interessierten Öffentlichkeit Stellung genommen werden kann. Diese Stellungnahmen sind vom IFRIC bei der Verabschiedung der Interpretationen zu berücksichtigen. Die Letztentscheidungsbefugnis liegt beim IASB, der den Interpretationen zustimmen muß. Es kann sich bei den in den Interpretationen behandelten Problemen entweder um Auslegung existierender IFRS/IAS handeln, oder um solche, die bisher nicht in internationalen Rechnungslegungsstandards behandelt worden sind (*emerging issues*). Haben Interpretationen den geschilderten Prozeß durchlaufen und sind unter Zustimmung des IASB vom IFRIC verabschiedet worden, können sie gem. Art. 3 IAS-VO in Gemeinschaftsrecht übernommen werden. Nach Art. 2 der Verordnung umfassen ‚internationale Rechnungslegungsstandards' sowohl SIC- wie IFRIC-Interpretationen. Auch Interpretationen müssen den Endorsement-Test des Art. 3 Abs. 2 IAS-VO passieren, also den dort genannten Bedingungen für die Übernahme in europäisches Gemeinschaftsrecht genügen. Vor der Übernahme in europäisches Gemeinschaftsrecht sind Interpretationen für europäische Gerichte nicht verbindlich (dazu näher in Abschnitt III.4.).

b) Auslegung durch das bilanzierende Unternehmen

Tauchen Regelungslücken in IAS oder IFRS auf, die nicht durch SIC- oder IFRIC-Interpretationen geschlossen sind, so hat das bilanzierende Unternehmen nach IAS 1.20 (rev. 1997)[17] „die Bilanzierungs- und Bewertungsmethode so auszuwählen und anzuwenden, daß der Abschluß mit allen Vorschriften jedes anzuwendenden International Accounting Standards und der Interpretationen des Standing Interpretations Committee übereinstimmt." Nach Satz 2 hat das Unternehmen dort, „wo keine speziellen Vorschriften existieren" „Bilanzierungs- und Bewertungsrichtlinien zu entwickeln, die sicherstellen, daß der Abschluß Informationen liefert, die (a) für die Bedürfnisse der Entscheidungsfindung der Adressaten von Bedeutung sind und (b) dadurch verläßlich sind, daß

[17] Wenn im folgenden von ‚IAS 1' die Rede ist, ist damit jeweils die 1997 revidierte Fassung gemeint.

sie (i) das Ergebnis sowie die Vermögens- und Finanzlage des Unternehmens zutreffend darstellen; (ii) den wirtschaftlichen Gehalt von Ereignissen und Geschäftsvorfällen widerspiegeln und nicht nur deren rechtliche Form; (iii) neutral sind, das heißt frei von verzerrenden Einflüssen; (iv) vorsichtig sind; und (v) in allen wesentlichen Gesichtspunkten vollständig sind. Nach IAS 1.22 hat das bilanzierende Unternehmen, wenn ein spezifischer Accounting Standard und eine Interpretation des Standing Interpretations Committee fehlen, nach eigenem Urteil Bilanzierungs- und Bewertungsmethoden zu entwickeln, die den Abschlußadressaten die jeweils nützlichsten Informationen zur Verfügung stellen. Zu beachten sind dabei (a) die Anforderungen und Anwendungsleitlinien in International Accounting Standards, die ähnliche und verwandte Fragen behandeln; (b) die Definition sowie die Ansatz- und Bewertungskriterien für Vermögenswerte, Schulden, Erträge und Aufwendungen, die im IASC Rahmenkonzept dargelegt sind; und (c) Erklärungen anderer Standardsetter und anerkannte Branchenpraktiken, aber nur soweit als diese mit (a) und (b) übereinstimmen. Andere Standardsetter sind etwa das FASB in Zusammenarbeit mit der SEC. Nicht verwiesen wird auf Entwürfe von internationalen Rechnungslegungsstandards (*exposure drafts*).

4. Auslegung internationaler Rechnungslegungsstandards durch europäische Gerichte

Als Vorschriften des europäischen Gemeinschaftsrechts können übernommene internationale Rechnungslegungsstandards Gegenstand gerichtlicher Auseinandersetzung sein. In den betreffenden Gerichtsverfahren können die Gerichte der Mitgliedstaaten der Europäischen Union sowie der Europäische Gerichtshof mit der Interpretation internationaler Rechnungslegungsstandards (einschließlich der SIC- und der IFRIC-Interpretationen) befaßt werden.[18] Da auch die SIC- und IFRIC-Interpretationen nach Art. 3 IAS-VO zu übernehmen sind, bilden diese, soweit die Übernahme erfolgt ist, eine verbindliche Vorgabe für die mit der Auslegung internationaler Rechnungslegungsstandards befaßten Gerichte.

Es sind bei der Auslegung internationaler Rechnungslegungsstandards durch europäische Gerichte zwei Fälle zu unterscheiden. Im ersten Fall liegen keine das Gericht bindenden Interpretationen vor, im zweiten Fall ist dies der Fall.

---

[18] Zu den rechtlichen Details, wie im einzelnen die Gerichte mit der Auslegung von internationalen Rechnungslegungsstandards befaßt werden können: *Schön* (2004), S. 763 ff.; *Schulze-Osterloh* (2004), S. 176 f.

Für die Auslegung internationaler Rechnungslegungsstandards durch europäische Gerichte kommen die juristischen Interpretationsmethoden zur Anwendung. Werden Gerichte der Mitgliedstaaten der Europäischen Union tätig, so haben diese zu beachten, daß die Zielsetzung einer harmonisierten – bzw. jetzt vereinheitlichten – europäischen Konzernrechnungslegung in der Gewährleistung der Niederlassungsfreiheit und damit letztlich in der Realisierung des Binnenmarktzieles besteht.[19] Sie sind auf diese Zielsetzung hin, also teleologisch, auszulegen. Soweit der Europäische Gerichtshof tätig wird, etwa bei Vorabentscheidungen nach Art. 234 EGV, hat dieser ebenfalls Sinn und Zweck einer Harmonisierung bzw. Vereinheitlichung der Konzernrechnungslegung zu beachten. Für beide, für die Gerichte der Mitgliedstaaten wie für den Europäischen Gerichtshof, sind die Bedingungen des Endorsement-Tests des Art. 3 Abs. 2 IAS-VO verbindliche Leitlinien für die Auslegung von übernommenen internationalen Rechnungslegungsstandards. Denn nur dann, wenn ein Standard diesen Test passiert hat, kann er in europäisches Gemeinschaftsrecht übernommen werden. Art. 3 Abs. 2 IAS-VO verweist unter anderem auf das true and fair view-Prinzip der vierten und siebenten gesellschaftsrechtlichen Richtlinie, so daß hier eine Verknüpfung hergestellt wird zur früheren ‚richtlinienkonformen' Auslegung des in nationales Recht umgesetzten Richtlinienrechts.[20]

Nun ist aber IAS 1 (rev. 1997) mit Verordnung 1725/2003[21] in europäisches Gemeinschaftsrecht übernommen worden, so daß bezüglich der Anwendung und Auslegung von internationalen Rechnungslegungsstandards IAS 1.20 und 1.22 zur Anwendung gelangen. Hier sind die in Abschnitt III.3.b) erörterten Auslegungsregeln für den Fall verbindlich vorgeschrieben, wenn das Problem nicht durch eine SIC- oder IFRIC-Interpretation abgedeckt wird. Damit wird im Fall, daß entweder keine solche Interpretation vorliegt oder diese (noch) nicht in europäisches Gemeinschaftsrecht übernommen worden ist, das betreffende Gericht auf die in IAS 1.20 und 1.22 Auslegungsregeln verpflichtet, soweit diese nicht im Widerspruch zu direkt anwendbarem Gemeinschaftsrecht stehen, also den Endorsement-Bedingungen des Art. 3 Abs. 2 IAS-VO. Für den Fall, daß eine SIC- oder IFRIC-Interpretation existiert, diese aber (noch) nicht in europäisches Gemeinschaftsrecht umgesetzt ist, könnte man in dieser Interpretation eine Konkretisierung der Auslegungsregeln des IAS 1.20 und 1.22 erblicken.

---

[19] Vgl. *Kirchner* (1994), S. 606 – 617. Zur richtlinienkonformen Auslegung auch *Schön* (2004), S. 764.

[20] Vgl. *Kirchner* (1994).

[21] Verordnung (EG) Nr. 1725/2003 der Kommission vom 29.09.2003 betreffend die Übernahme bestimmter internationaler Rechnungslegungsstandards in Übereinstimmung mit der Verordnung (EG) Nr. 1606/2002 des Europäischen Parlaments und des Rates, Abl. EG Nr. L 26 v. 13.10.2003, S. 1.

Das entspräche jedenfalls dem System der internationalen Rechnungslegungsstandards. Da durch Verordnung 1725/2003 die damals geltenden IAS vollumfänglich in europäisches Gemeinschaftsrecht übernommen worden sind, kann davon ausgegangen werden, daß diese in ihrer Gesamtheit den Endorsement-Test bestanden haben. Also ist ein europäisches Gericht auch an noch nicht übernommene, aber ordnungsgemäß verabschiedete SIC- und IFRIC-Interpretationen gebunden.

5. Mögliche Konflikte zwischen für das europäische Gemeinschaftsrecht geltenden Interpretationsregeln und Regeln für die Behandlung von Regelungslücken nach IAS 1.20 bis IAS 1.22

Juristisch kann ein Konflikt entstehen, wenn innerhalb des Systems von IFRS/IAS Rechnungslegungsmethoden im Fall von Regelungslücken gem. IAS 1.22 zur Anwendung gelangen, die eine an den US-GAAP orientierte Interpretation der internationalen Rechnungslegungsstandards durch die Securities and Exchange Commission (SEC) berücksichtigen. Dies wird nach IAS 1.22 (c) für in den USA gelistete Unternehmen empfohlen. In einem solchen Falle verweisen also ins europäische Gemeinschaftsrecht übernommene internationale Rechnungslegungsstandards auf Interpretationen der SEC. Es fragt sich dann, ob und wieweit europäische Gerichte an die Interpretation einer nicht-gerichtlichen US-amerikanischen Behörde gebunden werden können und dürfen. Der rechtliche Ausweg aus diesem Dilemma liegt darin, daß IAS 1.22 (c) als Empfehlung gefaßt ist, also keinen verpflichtenden Charakter hat. Dies hat dann zur Folge, daß es nicht zu einer rechtlichen Bindung der europäischen Gerichte, und damit auch nicht des Europäischen Gerichtshofs, an die an den US-GAAP orientierten Interpretationen der SEC kommt.

6. Zwischenfazit

Der kurze – und nicht vollständige – Durchgang durch mögliche juristische Auslegungsprobleme von internationalen Rechnungslegungsstandards hat verdeutlicht, daß bei der Auslegung von ins europäische Gemeinschaftsrecht übernommenen internationalen Rechnungslegungsstandards durch europäische Gerichte verschiedene komplexe Regelungssachverhalte resultieren, die sich aus der hybriden Regelsetzung ergeben, daß diese aber – juristisch – lösbar erscheinen. Damit ist keine Aussage darüber getroffen, wie diese hybride Rechtsfortbildung zu bewerten ist. Erforderlich für eine solche Bewertung ist eine positive Analyse der tatsächlichen Wirkungsweise dieser Art der Rechtsfortbildung.

IV. Ökonomische Wirkungsanalyse der hybriden Rechtsfortbildung bei internationalen Rechnungslegungsstandards

1. Zwei ökonomische Perspektiven

Während aus juristischer Perspektive schnell die Sichtweise des Gerichts in den Blick gerät und von da aus gefragt wird, wie mit den Fremdkörpern ‚private Regelsetzung' und ‚private Rechtsfortbildung' umzugehen ist,[22] rückt in der ökonomischen Perspektive zum einen der Regelungsadressat, zum anderen der Normsetzer in den Mittelpunkt des Interesses.

Aus der Sicht des bilanzierenden Unternehmens, das internationale Rechnungslegungsstandards anwendet, geht es um die Frage, wie Zweifelsfragen bei der Anwendung dieser Standards schnell und kostengünstig ausgeräumt werden können. Dies ist die einzelwirtschaftliche oder betriebswirtschaftliche Sicht.

Aus Sicht des Normsetzers, hier als die Gesamtheit der an dem für europäisches Gemeinschaftsrecht geltenden Normsetzungsverfahren Beteiligten (Rat, Europäisches Parlament, Kommission), stellt sich die Frage, ob die gewählten Regelungen für die Regulierung der Finanzmärkte geeignet sind. Es geht also um die Optimierung sektorspezifischer Regulierung.

2. Die beteiligten Akteure

Das Problem der hybriden Rechtsfortbildung im Fall der Auslegung von ins europäische Gemeinschaftsrecht übernommenen internationalen Rechnungslegungsstandards ist eines des Zusammenspiels verschiedener Akteure mit unterschiedlichen Interessenpositionen. Auf der Normsetzungsebene konkurrieren öffentliche und private Normsetzer, nämlich die Normsetzungsorgane der Europäischen Union und der IASB. Auf der Ebene der Norminterpretation konkurrieren öffentliche Gerichte und private Norminterpretationsgremien. Die Regelungsadressaten müssen bei Prognosen über Problemlösungen im Falle offener Auslegungsverfahren also in Rechnung stellen, daß diese vier Akteure Problemlösungen in einem komplexen Verfahren entwickeln werden.

---

22 Diese Sichtweise klingt an bei *Schön* (2004) und *Schulze-Osterloh* (2004).

3. Das Auslegungs- und Rechtsfortbildungsproblem aus einzelwirtschaftlicher Perspektive

a) Das Auslegungs- und Rechtsfortbildungsproblem bei Anwendung der internationalen Rechnungslegungsstandards ohne Einschaltung der Gerichte

Auslegungsprobleme können auftreten, ohne daß ein Gericht damit befaßt sein muß. Angesichts der oft breiten und vagen Begriffe der internationalen Rechnungslegungsstandards und dem weitgehenden Fehlen eines in sich geschlossenen, konsistenten Systems von Rechnungslegungsvorschriften sind ‚Regelungslücken' ein häufig zu erwartendes Phänomen. Folglich wird das Interesse der Beteiligten, insbesondere der bilanzierenden Unternehmen, an einer ex-ante-Klärung der Auslegungsfragen beim Vorliegen von Regelungslücken groß sein.

Für Problemlösungen auf dieser Ebene sind die in Abschnitt III.3.a) und b) zugeschnittenen systemimmanenten Regelungen und Verfahren vorgesehen. Aufsteigend von der Einzelfallproblemlösung unter Heranziehung von IAS 1.20 und 1.22 bis zur verbindlichen Rechtsfortbildung durch SIC- und IFRIC-Interpretationen sollen ex-ante-Lösungen für eine Vielzahl von konkreten Fällen bereitgestellt werden. Allerdings können die Regelungen in IAS 1.20 und 1.22 angesichts ihrer Komplexität und fehlenden Stringenz ex ante wohl kaum hinreichende Sicherheit dafür bieten, daß eine danach entwickelte Lösung später auch Bestand hat, falls es, was nicht vollständig ausgeschlossen werden kann, später zur Befassung eines Gerichts mit den betreffenden Fragen kommt. Das ist erst der Fall, wenn eine – konkretere – SIC- oder IFRIC-Interpretation vorliegt. Daß diese auch bereits vor ihrer Übernahme in europäisches Gemeinschaftsrecht aus ökonomischer Perspektive deshalb nützlich sind, weil von ihnen eine indirekte Bindung der Gerichte ausgeht, wurde in Abschnitt III.4. ausgeführt. Aus Sicht des bilanzierenden Unternehmens ist dann der Fall problematisch, in dem keine Interpretation vorliegt, das Unternehmen gem. IAS 1.20 und 1.22 Bilanzierungs- und Bewertungsmethoden ausgewählt hat, aber befürchten muß, daß diese in einem späteren gerichtlichen Verfahren verworfen werden. Ist das der Fall, kann das Risiko einer späteren Verwerfung der gewählten Bilanzierungs- und Bewertungsmethoden darin liegen, daß vom betreffenden Unternehmen zugleich jeweils der Endorsement-Test des Art. 3 Abs. 2 IAS-VO hypothetisch angewandt wird. Dann wird man feststellen, daß die allgemeinen Grundsätze auf IAS- und auf Verordnungsebene sehr ähnlich strukturiert sind. Werden allerdings SEC-Interpretationen herangezogen und sind diese nicht mit Art. 3 Abs. 2 IAS-VO kompatibel, läuft das bilanzierende Unternehmen Gefahr, daß bei einer gerichtlichen Auseinandersetzung die Wahl der Bilanzierungs- und Bewertungsvorschriften keinen Bestand hat (vgl. oben Abschnitt III.5.).

b) Das Auslegungs- und Rechtsfortbildungsproblem bei Anwendung der internationalen Rechnungslegungsstandards durch europäische Gerichte

Auslegungsprobleme können etwa vor die Gerichte gebracht werden, wenn zwischen bilanzierendem Unternehmen und Abschlußprüfer Streit über die korrekte Anwendung internationaler Rechnungslegungsstandards herrscht,[23] aber auch in Fällen der Haftung wegen fehlerhafter Bestätigungsvermerke des Abschlußprüfers. Die beteiligten Akteure, das bilanzierende Unternehmen und/oder der Abschlußprüfer, werden daran interessiert sein, daß das offene Auslegungsproblem schnell und kostengünstig gelöst wird. Sie werden aber auch allgemein ein Interesse daran haben, daß derartige Problemfälle nur selten auftreten. Man kann beide Fälle unter das ‚Interesse an Rechtssicherheit' fassen. Übersetzt in die ökonomische Sichtweise geht es dann um die Verbesserung der Prognosesicherheit. Rechtssicherheit und Prognosesicherheit sind zwei Seiten ein und derselben Medaille.

Diese Problemkonstellation zeichnet sich dadurch aus, daß nunmehr spezifische Probleme aus dem Nebeneinander von systemimmanenter Auslegung der internationalen Rechnungslegungsstandards und der Auslegung durch europäische Gerichte erwachsen. Die Regelungen für die systemimmanente Auslegung sind entwickelt worden aus der Perspektive des bilanzierenden Unternehmens, das ex ante zu entscheiden hat, wie eine Regelungslücke in den internationalen Rechnungslegungsstandards zu schließen ist. Ein im Zeitablauf engmaschigeres Netz von Interpretationen soll die Prognosesicherheit über die Zeit verbessern. Es wird auf einen Lerneffekt gesetzt. Für neu auftretende Probleme (*emerging issues*) ist dies explizit geregelt (oben Abschnitt III.3.a)).

Bei der Rechtsfortbildung durch Fallrecht verläuft der Prozeß der Herstellung von Rechtssicherheit im Zeitablauf anders: Indem bei der Klärung konkreter Streitfragen im Auge behalten wird, daß sich Normadressaten künftig an der Auslegung orientieren, nimmt das Fallrecht insbesondere der obersten Gerichte, hier des Europäischen Gerichtshofs, den Charakter der Rechtsetzung an. Diese Rechtsprechung ist janusköpfig. Zum einen wird der in der Vergangenheit liegende konkrete Fall einer Lösung zugeführt; zum anderen wird das Recht für künftige Fälle präzisiert. Eben dieser Prozeß der Herstellung von Prognosesicherheit findet aber im Fall der hier vorliegenden hybriden Rechtsfortbildung nicht statt. Das von den Gerichten entwickelte Fallrecht steht unter dem Vorbehalt, durch neue IFRIC-Standards überlagert zu werden. Es setzt ein Wettlauf zwischen zwei rechtsfortbildenden Gremien ein, dem Europäischen Gerichtshof und dem IFRIC. Werden aber die IFRIC-Interpretationen in europäisches Gemeinschaftsrecht übernommen, verdrängen sie das alte Fallrecht des Europäi-

---

[23] Vgl. *Schulze-Osterloh* (2004), S. 176.

schen Gerichtshofs. Wie oben in Abschnitt III.4. dargelegt wurde, setzt dieser Erosionsprozeß nicht erst mit der Übernahme der betreffenden Interpretation ein, sondern bereits mit ihrer Verabschiedung.

Für die betroffenen bilanzierenden Unternehmen ist das Ergebnis dieses hybriden Rechtsfortbildungsprozesses mißlich: Sie müssen damit rechnen, daß ein Konfliktfall rechtsverbindlich vom Europäischen Gerichtshof entschieden wird; sie können also nicht auf die systemimmanente Auslegung der internationalen Rechnungslegungsstandards vertrauen. Zugleich müssen sie sich aber mittel- und langfristig nicht an der Rechtsprechung, sondern an den SIC- und IFRIC-Interpretationen orientieren. Hier zeigen sich aus Adressatensicht gewisse Parallelitäten mit dem Wechselspiel zwischen der Rechtsprechung des Bundesfinanzhofs und dem Gesetzgeber.

4. Das Rechtsfortbildungsproblem aus der Regulierungsperspektive

Aus der gesamtwirtschaftlichen Perspektive – also der einer optimalen sektorspezifischen Regulierung – stellt sich das Problem der hybriden Rechtsfortbildung im Fall der Auslegung in europäisches Gemeinschaftsrecht übernommener internationaler Rechnungslegungsstandards als ein Problem der regulierungsbedingten Kompensation für die marktmäßig unzureichend zur Verfügung gestellte Information für Finanzmärkte dar. Die zentrale These in dieser Regulierungsdiskussion ist, daß den Informationsadressaten von Jahresabschlüssen entscheidungsnützliche Informationen zur Verfügung zu stellen sind.[24] Haben die bilanzierenden Unternehmen breite Spielräume bei der Wahl der Bilanzierungs- und Bewertungsmethoden, so ist dies aus Sicht der Informationsadressaten wenig zufriedenstellend. Die Problematik der Schließung von Regelungslükken ist aus Adressatensicht also deshalb zentral, weil es letztlich um die Verengung von Manipulationsspielräumen geht. Es wurde bereits in Abschnitt IV.3.a) betont, daß die vagen Formulierungen in IAS 1.20 und 1.22 kaum geeignet sind, Manipulationsspielräume einzuengen. Deshalb ist aus Sicht der Informationsadressaten entscheidend, daß offene Anwendungsfragen durch Verabschiedung von SIC- und IFRIC-Interpretationen geschlossen werden. Auf die Entwicklung von höchstrichterlichem Fallrecht kann der Informationsadressat sein Vertrauen nicht bauen (dazu oben die Ausführungen in Abschnitt IV.3.b)) Die tatsächliche Funktionsweise der Regulierung von Finanzmärkten über Rechnungslegungsstandards hängt damit im Ergebnis nicht von der richterlichen Rechtsfortbildung ab, sondern künftig von der Entwicklung von IFRIC-Interpretationen. Die Qualität dieser Interpretationen ist dann letztlich ausschlaggebend für die Funktionsfähigkeit der Regulierung der europäischen Finanzmärkte.

---

[24] Vgl. *Kirchner* (2000), S. 42 – 46.

V. Ausblick

Die rechtliche und ökonomische Analyse der hybriden Rechtsfortbildung von ins europäische Recht übernommenen internationalen Rechnungslegungsstandards macht deutlich, daß es private Gremien sind, denen in Zukunft die Rechtsfortbildung der Rechnungslegungsstandards faktisch überantwortet wird. Die Tatsache, daß zwar auch die Interpretationen den Endorsement-Test zu durchlaufen haben, bedeutet keineswegs, daß tatsächlich eine inhaltliche Kontrolle seitens des öffentlichen Normsetzers möglich ist. Die einzelwirtschaftliche und gesamtwirtschaftliche Funktionsweise dieses hybriden Rechtsfortbildungsprozesses macht deutlich, daß die betroffenen Akteure letztlich Prognosen darüber benötigen, wie das IFRIC und der IASB die internationalen Rechnungslegungsstandards und IFRIC-Interpretationen fortschreiben. Ob es zu einem Prozeß der gegenseitigen Beeinflussung zwischen IASB und IFRIC auf der einen und EFRAG auf der anderen Seite kommt, wie es für eine solche gegenseitige Beeinflussung zwischen IASB und EFRAG für den Fall der hybriden Regelsetzung prognostiziert wird[25], bleibt abzuwarten.

Literaturverzeichnis

Buchheim, Regine / *Gröner,* Susanne / *Kühne,* Mareike (2004): Übernahme von IAS/IFRS in Europa: Ablauf und Wirkung des Komitologieverfahrens auf die Rechnungslegung; in: Betriebs-Berater; 59. Jg. (2004); S. 1783 – 1788.

Coase, Ronald H. (1988): The Firm, the Market, and the Law; Chicago 1988.

Europäische Kommission (2003): Kommentare zu bestimmten Artikeln der Verordnung (EG) Nr. 1606/2002 des Europäischen Parlaments und des Rates vom 19. Juli 2002 betreffend die Anwendung internationaler Rechnungslegungsstandards und zur Vierten Richtlinie 83/349/EWG des Rates vom 13. Juni 1983 über Rechnungslegung; Brüssel; November 2003.

Fey, Gerd / *Schruff,* Wienand (1997): Das Standing Interpretations Committee (SIC) des International Accounting Standards Committee; in: Die Wirtschaftsprüfung; 50. Jg. (1997); S. 585 – 595.

Homann, Karl (1999): Die Legitimation von Institutionen; in: Handbuch der Wirtschaftsethik; Hrsg. Wilhelm Korff et al.; Band 2: Ethik wirtschaftlicher Ordnungen; Gütersloh 1999; S. 50 – 95.

---

[25] *Kirchner / Schmidt* (2005).

Kirchhof, Paul (2000): Gesetzgebung und private Regelsetzung als Geltungsgrund für Rechnungslegungspflichten; in: Zeitschrift für Unternehmens- und Gesellschaftsrecht; 29. Jg. (2000); S. 681 – 692.

Kirchner, Christian (1994): Zur Funktion eines harmonisierten Konzernrechnungslegungsrechts für die Niederlassungsfreiheit in der Europäischen Gemeinschaft – Konsequenzen für die Interpretation von Konzernrechnungslegungsvorschriften; in: Bilanzrecht und Kapitalmarkt: Festschrift zum 65. Geburtstag von Professor Dr. Dr. h.c. Dr. h.c. Adolf Moxter; Hrsg. Wolfgang Ballwieser, Hans-Joachim Böcking, Jochen Drukarczyk und Reinhard H. Schmidt; Düsseldorf 1994; S. 602 – 622.

– (1999a): Zur Territorialität des Bilanzrechts; in: Globalisierung und Rechtsordnung: Zur Neuen Institutionenökonomik internationaler Transaktionen; Hrsg. Karl E. Schenk u.a.; Jahrbuch für Neue Politische Ökonomie: Band 18; Tübingen 1999; S. 100 – 125.

– (1999b): Formen innerstaatlicher Interaktionsregeln für wirtschaftliche Prozesse; in: Handbuch der Wirtschaftsethik; Hrsg. Wilhelm Korff et al.; Band 2: Ethik wirtschaftlicher Ordnungen; Gütersloh 1999; S. 127 – 185.

– (2000): Der Wettbewerbsfaktor „Entscheidungsnützlichkeit von Rechnungslegungsinformationen“: eine institutionenökonomische Analyse; in: Wettbewerb und Unternehmensrechnung; Hrsg. Thomas Schildbach und Alfred Wagenhofer; Schmalenbachs Zeitschrift für betriebswirtschaftliche Forschung: Sonderheft 45; Düsseldorf, Frankfurt am Main 2000; S. 41 – 68.

Kirchner, Christian / *Schmidt,* Matthias (2005): Hybrid Standard Setting; in: International Standards and the Law; Hrsg. Peter Nobel [im Erscheinen].

Küting, Karlheinz / *Ranker,* Daniel (2004): Tendenzen zur Auslegung der endorsed IFRS als sekundäres Gemeinschaftsrecht; in: Betriebs-Berater; 59. Jg. (2004); S. 2510 – 2515.

North, Douglas (1990): Institutions, Institutional Change and Economic Performance; Cambridge (Mass.) 1990.

Pies, Ingo (1993): Normative Institutionenökonomik: Zur Rationalisierung des politischen Liberalismus; Tübingen 1993.

Richter, Rudolf / *Furubotn,* Eirik (2003): Neue Institutionenökonomik; 3. Auflage; Tübingen 2003.

Ruhnke, Klaus / *Nerlich,* Christoph (2004): Behandlung von Regelungslücken innerhalb der IFRS; in: Der Betrieb; 57. Jg. (2004); S. 389 – 395.

Schmidt, Matthias (2002): On the legitimacy of Accounting Standard Setting by Privately Organised Institutions in Germany and Europe; in: Schmalenbach Business Review; 54. Jg. (2002); S. 171 – 193.

Schön, Wolfgang (2004): Kompetenzen der Gerichte zur Auslegung von IAS/IFRS; in: Betriebs-Berater; 59. Jg. (2004); S. 763 – 768.

Schulze-Osterloh, Joachim (2004): Internationalisierung der Rechnungslegung und ihre Auswirkungen auf die Grundprinzipien des deutschen Rechts; in: Der Konzern; 2. Jg. (2004); S. 173 – 177.

van Hulle, Karel (2003): Von den Bilanzrichtlinien zu International Accounting Standards; in: Die Wirtschaftsprüfung; 56. Jg. (2003); S. 968 – 981.

– (2004): From Accounting Directives to International Accounting Standards; in: The Economics and Politics of Accounting: International Perspectives on Research Trends, Policy, and Practice; Hrsg. Christian Leuz, Dieter Pfaff und Anthony Hopwood; Oxford 2004; S. 359 – 374.

Williamson, Oliver E. (1985): The Economic Institutions of Capitalism: Firms, Market and Relational Contracts; New York 1985.

Dysfunktionale Gewinnwarnungen

Von Adolf Moxter

I. Einführung

Gewinnwarnungen haben grundsätzlich einen guten Sinn: Sie informieren Rechnungslegungsadressaten frühzeitig über eine ungünstige wirtschaftliche Unternehmensentwicklung; so gesehen sind sie für die Schutzfunktion der Rechnungslegung unentbehrlich. Doch dieser gute Sinn verkehrt sich in sein Gegenteil, wenn Adressaten durch den Inhalt einer Gewinnwarnung fehlinformiert werden und daher Fehlentscheidungen treffen. Im folgenden wird dargestellt, welche Inhalte von Gewinnwarnungen zu gefährlichen Fehlinformationen führen können.

II. Das Gewinninteresse der Adressaten

Gewinnwarnungen, die sich allein oder doch zentral auf die im nächsten Periodenabschluß zu erwartende Gewinngröße richten, sind insofern nützlich, als sie Gewinnberechtigte über eine wichtige Determinante ihrer bevorstehenden wahrscheinlichen Gewinnzuweisungs- bzw. Gewinnausschüttungsansprüche informieren. Gewinnberechtigte können sich so in ihrer finanziellen Planung entsprechend orientieren.

Das Gewinninteresse der Rechnungslegungsadressaten reicht indes nicht nur weit über den Kreis der Gewinnberechtigten hinaus, sondern auch über den im bevorstehenden Periodenabschluß auszuweisenden Gewinn: Es sind die mittel- bis langfristigen, in diesem Sinne nachhaltigen Gewinnerwartungen, über die die Adressaten informiert werden müssen, soll die Rechnungslegung ihre Schutzfunktion erfüllen. Das gilt unabhängig von den jeweiligen Adressatengruppen:[1] Anteilseigner sind entsprechend zu informieren, um ihren Interessen gerecht werdende Entscheidungen treffen zu können; anders läßt sich für sie insbesondere weder die Qualität der Unternehmensleitung beurteilen noch die

---

[1] Vgl. zu den entsprechenden Wertungserfordernissen insbesondere *Siegel* (1997), passim.

Wertentwicklung ihrer Anteile. Arbeitnehmer wünschen Informationen über Chancen und Risiken ihrer finanziellen und nichtfinanziellen Position im Unternehmen; diese sind ebenso abhängig von den nachhaltigen Gewinnerwartungen wie die für den Gläubigerschutz besonders bedeutsamen Liquiditätserwartungen. Doch auch andere Adressaten bis hin zur Öffentlichkeit schlechthin sind an den nachhaltigen Gewinnerwartungen interessiert; zwar mögen bei allen Adressatengruppen die Informationsinteressen über die nachhaltigen Gewinnerwartungen hinausreichen, aber diese sind zwingender Kerninhalt der Rechnungslegung, nicht zuletzt, weil der Fortbestand des Unternehmens von ihnen abhängt.

Das Interesse der Rechnungslegungsadressaten an den nachhaltigen Gewinnerwartungen sollte unstreitig sein. Was ganz und gar nicht unstreitig ist, das sind die passenden Informationsinhalte.

III. Durch Gewinnwarnungen drohende Fehlinformationen

1. Das Kernproblem: die Gewinnfixierung der Adressaten

Gewinnwarnungen sind gefährlich, wenn sie sich entweder auf eine kurzfristige Gewinnprognose beschränken oder wenn eine solche Kurzfrist-Gewinnprognose zwar durch auf die nachhaltigen Gewinnerwartungen zielende Zusatzinformationen ergänzt wird, die Adressaten aber auf die mitgeteilte Gewinngröße fixiert sind. Solche Fixierungen auf die Gewinngröße sind leider verbreitet, gelten der Periodengewinn und dessen in der Berichtsperiode gegebene Entwicklung doch weithin als zentrale Beurteilungskriterien für die wirtschaftliche Unternehmenslage.

Die Sonderstellung der Gewinngröße mag im deutschen Sprachbereich durch den Einfluß von Schmalenbach verstärkt worden sein: Nach dieser „dynamischen" Bilanzauffassung ist der Gewinn bekanntlich unter dem Primat der Periodenvergleichbarkeit zu ermitteln, so daß der derart berechnete Gewinn die wirtschaftliche Unternehmensentwicklung einfangen könne.[2] Im Kern beruht die Sonderstellung der Gewinngröße indes auf einer merkwürdigen Kombination von Bequemlichkeit und Blickverengung: Jedermann kann nachrechnen, wie sich eine angekündigte Gewinnhalbierung auf den zu erwartenden Gewinnbetrag auswirkt, aber wenige sind bereit und in der Lage, eine mitgeteilte drohende Gewinnhalbierung in ihrer wirklichen Bedeutung für die wirtschaftliche Unternehmenslage zu würdigen. Auch die sorgfältigsten Zusatzinformationen laufen ins Leere, wenn die Adressaten sich ihrer nicht bedienen wollen oder können.

---

[2] Vgl. *Schmalenbach* (1962), passim.

2. Problemlösung durch Ausschaltung der aperiodischen Gewinnkomponenten?

Der für die zurückliegende Periode ermittelte bzw. für eine laufende Periode erwartete Gewinn könnte unter zwei eng miteinander verknüpften Voraussetzungen einen nützlichen Indikator der nachhaltigen Gewinnerwartungen bilden: In der Gewinngröße dürften sich ausschließlich in der betreffenden Berichtsperiode gegebene Gewinndeterminanten niederschlagen, und die künftigen Perioden müßten sich hinsichtlich dieser Gewinndeterminanten als getreues Spiegelbild der Berichtsperiode darstellen.

Einflüsse auf den Periodengewinn, die aus anderen Perioden resultieren, sind im engeren Sinne aperiodisch. Ihre Ausschaltung ist unter Prognoseaspekten dann geboten, wenn sie für die Berichtsperiode atypisch sind. Veranschaulicht am einfachen Beispiel der Anlageabschreibungen besagt das: Hat sich bei einer Anlage, die in einer Vorperiode erworben wurde, die Mengen- und Preisbasis nicht verändert, so kann die für die Berichtsperiode zu ermittelnde Abschreibung auf dieser Basis berechnet werden; andernfalls, zum Beispiel wenn die Wiederbeschaffungspreise gefallen sind, müssen Anpassungen an die in der Berichtsperiode gegebene Mengen- bzw. Preisbasis erfolgen.[3]

In einem weiteren Sinne aperiodisch sind solche Einflüsse auf den Periodengewinn, die zwar aus in der betreffenden Periode gegebenen Gewinndeterminanten resultieren, aber für Nachperioden atypisch erscheinen, bei denen die Wiederkehrwahrscheinlichkeit nach Null tendiert. Unter Prognosegesichtspunkten sind sie ebenfalls zu eliminieren. So mag etwa ein Pharmaunternehmen in der Berichtsperiode deutliche Mehrumsätze erzielt haben, weil aufgrund von Gesetzesänderungen Patienten künftig mit erheblich höheren Zuzahlungen belastet werden. Doch auch viele, für Adressaten weniger augenfällige prognoseverzerrende Geschäftsjahrseinflüsse können bedeutsam sein, etwa künftige Änderungen im Niveau bzw. der Struktur der Mitarbeiterbezüge.

Gelänge es, die gerade skizzierten beiden Gruppen von aperiodischen Gewinnkomponenten auszuschalten, so wäre die resultierende Gewinngröße immer noch mit dem Manko der Einwertigkeit behaftet: Nachhaltige Gewinnerwartungen sind wegen der ihnen zwingend innewohnenden Unsicherheit sinnvoll nur als Bandbreite darzustellen, zusammen mit einer Erläuterung der Bandbreitenstruktur hinsichtlich ihrer Wahrscheinlichkeiten sowie deren Determinanten. Spätestens bei einem derart verstandenen Inhalt von Gewinnwarnungen muß indes verbreitet mit einer Verständnisblockade gerechnet werden. Das hat um so mehr zu gelten, als die erwähnten Wahrscheinlichkeitsurteile grundsätzlich nicht objektivierbar sind und es bei polaren Interessen von Rechnungslegungs-

---

[3] Vgl. zum Grundproblem insbesondere *Wagner* (1994).

pflichtigen und Rechnungslegungsadressaten bei diesen an der Vertrauensbasis fehlen wird.

Das Dilemma von Gewinnwarnungen wie generell jeder über eine „geordnete Zusammenstellung der Einnahmen oder der Ausgaben“ (§ 259 Abs. 1 BGB) hinausreichenden Rechnungslegung besteht in der Diskrepanz zwischen der Komplexität des mitzuteilenden Sachverhalts und der Aufnahmefähigkeit bzw. -willigkeit der Adressaten. Das bedeutet nicht zwingend eine weitreichende Entwertung der Rechnungslegung hinsichtlich entscheidender Schutzfunktionen: Die Suche nach Kompromissen erscheint sinnvoll, sofern man annehmen darf, daß die Adressaten immerhin begreifen, daß ihnen Kompromisse vorgelegt werden (müssen). Der Kompromiß, der sich derzeit in den §§ 264 – 289 HGB findet, bleibt freilich äußerst unbefriedigend.

3. Sinnvoller Inhalt von Gewinnwarnungen bei Orientierung an den §§ 264 – 289?[4]

Man kann die in den §§ 264 – 289 HGB niedergelegten Gliederungs- und Erläuterungsvorschriften in dem Sinne verstehen, daß sie auf eine Isolierung jener Gewinngröße abzielen, der eine gewisse Nachhaltigkeit zukommen könnte. Der Gesamtgewinn, verstanden als die nur Periodeneinlagen und Periodenentnahmen ausschließende Reinvermögensänderung der Periode, wird reduziert auf eine Teilgewinngröße, die die nachhaltigen Gewinnerwartungen zuverlässiger einfangen soll. Grundsätzlich wären für die Herausrechnung eines solchen „operativen“ oder wie auch immer benannten, als (im groben Sinne) extrapolierbar erachteten Gewinns zwei Wege denkbar: Man kann die auszusondernden Erträge und Aufwendungen mittels Typisierungen festlegen, und man kann durch entsprechende Erläuterungen von Gewinnkomponenten die Transformation in einen als extrapolierbar erachteten Gewinn zu erreichen versuchen.

Typisierungen haben nicht nur den Vorzug einer stärker objektivierten Rechnungslegung; sie führen auch unmittelbar zu einem berechenbaren Gewinnbetrag und kommen so dem Wunsch von Adressaten nach einer vereinfachten Rechnungslegung entgegen. Dem steht der gravierende Nachteil gegenüber, daß sich aperiodische Gewinnkomponenten nur sehr partiell durch Typisierungen erfassen lassen. So gesehen sind Erläuterungen unentbehrlich, die freilich den Rechnungslegungspflichtigen einen erheblichen Ermessensspielraum eröffnen und außerdem von den Adressaten die Bereitschaft und die Fähigkeit erfordern, solche Erläuterungen zu würdigen.

---

[4] Handelsgesetzbuch, zuletzt geändert durch Gesetz vom 24.08.2002 (BGBl. I S. 3412).

Alle bekannten Regelwerke zur Rechnungslegung basieren auf einer Kombination von Typisierung und Erläuterung – und scheitern hinsichtlich einer befriedigenden Information über die nachhaltigen Gewinnerwartungen. Im HGB wird zunächst getrennt in das „Ergebnis der gewöhnlichen Geschäftstätigkeit“ (§ 275 Abs. 2 Nr. 14, Abs. 3 Nr. 13 HGB), ein „außerordentliches Ergebnis“ (§ 275 Abs. 2 Nr. 17, Abs. 3 Nr. 16 HGB), die Steueraufwendungen (§ 275 Abs. 2 Nrn. 18 und 19, Abs. 3 Nrn. 17 und 18 HGB) und einen Ergebnisbeitrag aus speziellen Unternehmensverträgen (§ 277 Abs. 3 Satz 2 HGB). Das deutet darauf hin, daß grundsätzlich nur das „Ergebnis der gewöhnlichen Geschäftstätigkeit“ als hinreichend extrapolationsfähig gesehen wird. Doch versteht die Rechnungslegungspraxis dieses Ergebnis derart breit, daß es ohne eine zweckgerichtete Aufspaltung keinen nennenswerten Informationsgehalt hinsichtlich der Gewinnerwartungen besitzt. Die Aufspaltung, die das gesetzliche Gliederungsschema insoweit vorsieht, ist völlig unzureichend; so verstecken sich zum Beispiel in dem (aufgrund von § 275 Abs. 2 Nr. 4, Abs. 3 Nr. 6 HGB gesondert auszuweisenden) Posten „Sonstige betriebliche Erträge“ Buchgewinne, wie sie etwa aufgrund von Erträgen aus Rückstellungsauflösungen, aus dem Abgang von Grundstücken oder (früher wertberichtigten) Forderungen entstehen. Niemand wird ernsthaft behaupten wollen, daß ein derartiges, typisch aperiodische Erträge berücksichtigendes „Ergebnis der gewöhnlichen Geschäftstätigkeit“ einen nützlichen Indikator der nachhaltigen Gewinnerwartungen bilden könnte. Andererseits darf man den Posten „Sonstige betriebliche Erträge“, um solche aperiodischen Erträge auszuschalten, auch nicht ohne weiteres vom „Ergebnis der gewöhnlichen Geschäftstätigkeit“ absetzen; denn er umfaßt auch tendenziell regelmäßig anfallende Erträge, wie sie etwa aus Vermietungen, Verpachtungen und Lizenzgewährungen stammen können.

Das gerade skizzierte Beispiel mag in diesem Zusammenhang genügen, um die Defizite des HGB-Gliederungsschemas hinsichtlich einer Information über die nachhaltigen Gewinnerwartungen zu veranschaulichen. Man könnte freilich einwenden, daß das HGB besondere, derartige Defizite kompensierende Erläuterungsvorschriften kennt. Solche Erläuterungsvorschriften bestehen zunächst für das außerordentliche Ergebnis (§ 277 Abs. 4 Satz 2 HGB); sie laufen indes wegen des engen Verständnisses des Posteninhalts ins Leere. Bedeutsamer könnte die Erläuterungspflicht sein für „Erträge und Aufwendungen, die einem anderen Geschäftsjahr zuzurechnen sind“ (§ 277 Abs. 4 Satz 3 HGB), hier anerkennt die Rechnungslegungspraxis zum Beispiel eine Erläuterungspflicht für die bereits erwähnten Rückstellungsauflösungen: In Vorjahren überhöht berechnete Aufwendungen führen nach diesem Verständnis im Berichtsjahr zu Erträgen, die aber dem betreffenden „anderen Geschäftsjahr zuzurechnen sind“. Doch reicht dieses Verständnis der im Sinne des Gesetzes einem anderen Geschäftsjahr zuzurechnenden Erträge bzw. Aufwendungen nicht etwa so weit, daß alle wichtigen hinsichtlich der vermutlichen Unregelmäßigkeit des Anfallens als aperiodisch geltenden Erträge und Aufwendungen zu erläutern wären:

Die Rechnungslegungspraxis versteht hierunter zum Beispiel nicht so wichtige Aufwandsbelastungen wie sie sich aus einer „vorsichtigen" Bemessung insbesondere von Rückstellungen und Abschreibungen ergeben können.

Doch selbst wenn man Erträge und Aufwendungen, die im Sinne des Gesetzes „einem anderen Geschäftsjahr zuzurechnen sind", zweckgerichtet, das heißt prognoseorientiert interpretiert, wenn man zum Beispiel auch Mehrumsätze einbezieht, die sich aus Jubiläumsverkäufen ergeben, ist doch entscheidend, daß das Gesetz lediglich die Erläuterung, nicht den besonderen Gliederungsposten verlangt und auch nicht etwa die Ausgliederung vom „Ergebnis der gewöhnlichen Geschäftstätigkeit" fordert. Damit ist klargestellt, daß nach dem Gesetz „ein den tatsächlichen Verhältnissen entsprechendes Bild der Vermögens-, Finanz- und Ertragslage" (§ 264 Abs. 2 Satz 1 HGB) nur unter Heranziehung von erläuternden Angaben zu vermitteln ist: Das Gesetz selbst mißtraut der Informationsqualität von – auch „bereinigten" – Gewinngrößen. Es kann deshalb hier dahingestellt bleiben, inwieweit sich Erläuterungspflichten etwa für die erwähnten, aus der Beachtung des Vorsichtsprinzips (§ 252 Abs. 1 Nr. 4 HGB) resultierenden Mehraufwendungen aufgrund der Generalklausel des § 264 Abs. 2 HGB ergeben.

4. Sinnvoller Inhalt von Gewinnwarnungen bei Bilanzierung nach den IFRS/IAS?[5]

Auch eine am Regelwerk der IFRS/IAS orientierte Ermittlung des für das laufende Geschäftsjahr zu erwartenden Gewinns führt zu keiner Gewinngröße, die der Schutzfunktion von Gewinnwarnungen gerecht wird. Es kann nicht ins Gewicht fallen, daß nach den IFRS/IAS grundsätzlich etwas weniger vorsichtig bilanziert wird, etwa daß bei immateriellen Anlagewerten die Aktivierungsvoraussetzung des entgeltlichen Erwerbs fehlt; durch solche Einschränkungen des Vorsichtsprinzips läßt sich noch längst keine prognosegeeignete Gewinngröße erreichen, was um so mehr gelten muß, als das Objektivierungsprinzip hierdurch im allgemeinen erheblich zurückgedrängt wird.

Doch auch die nach den IFRS/IAS vorzunehmende Gewinngliederung erlaubt keine Gewinnbereinigung, die zu einer von aperiodischen Komponenten freien Gewinngröße führte. Was man im Rahmen der vorgesehenen Mindestgliederung der GuV (IAS 1.75) als „profit or loss from ordinary activities" aus-

---

[5] IFRS/IAS in der Fassung der Verordnung (EG) Nr. 1725/2003 der Kommission, Abl. EG Nr. L 261 vom 13.10.2003 (hier wiedergegeben in der Originalsprache).

zuweisen hat, ist mindestens ebenso sehr mit aperiodischen Erträgen und Aufwendungen durchsetzt wie das „Ergebnis der gewöhnlichen Geschäftstätigkeit" im Sinne des HGB. Die Position „extraordinary items" kann dies um so weniger ausgleichen, als sie sehr eng verstanden wird: Es soll sich um Erträge bzw. Aufwendungen handeln, „that are clearly distinct from the ordinary activities of the enterprise and therefore are not expected to recur frequently or regularly" (IAS 8.6). Diese Beschreibung deutet zwar auf eine Prognoseorientierung des Posteninhalts, doch wirkt die Anmerkung ernüchternd, daß solche Erträge und Aufwendungen „only on rare occasions" (IAS 8.12) vorkommen, wie zum Beispiel als Folge von Erdbeben oder anderen „natural disaster" (IAS 8.14).

Auch nach den IFRS/IAS können die auszuweisenden Gewinngrößen mithin nicht als geeignete Informationsträger gesehen werden hinsichtlich der für den Adressatenschutz entscheidenden nachhaltigen Gewinnerwartungen. Wie nach der herkömmlichen HGB-Regelung könnte diese Information nur vermittelt werden durch erläuternde Zusatzangaben, die deshalb hier wie dort den zentralen Rechnungslegungsinhalt bilden und daher von den Adressaten zur Kenntnis genommen werden müssen.

IV. Zusammenfassung

1. Eine frühzeitige Information über den im nächsten Periodenabschluß zu erwartenden Gewinn kann für die Adressaten nützlich sein, wenn damit die wahrscheinlichen Gewinnzuweisungs- bzw. Gewinnausschüttungsansprüche wiedergegeben und die nachhaltigen Gewinnerwartungen zuverlässig angezeigt werden.

2. Bilanzielle Gewinngrößen sind grundsätzlich denkbar unzuverlässige Indikatoren der Gewinnerwartungen, gleichgültig, ob sie einen bereits erzielten oder einen wahrscheinlich zu erzielenden Periodengewinn betreffen.

3. Die durch bilanzielle Gewinngrößen verursachten Informationsverzerrungen beruhen auf in einem sehr weiten Sinne zu verstehenden aperiodischen Gewinnkomponenten; nicht deren bloße Herausrechnung kann die Adressaten vor Fehlinformationen schützen, sondern nur deren gründliche – prognoseorientierte – Erläuterung.

4. Differenzierte Erläuterungen überfordern im allgemeinen die auf Gewinngrößen fixierten Adressaten; die Schutzfunktion von Gewinnwarnungen sollte daher in ihrer Problematik nicht verkannt werden.

Literaturverzeichnis

Schmalenbach, Eugen (1962): Dynamische Bilanz; 13. Auflage; Köln, Opladen 1962.

Siegel, Theodor (1997): Mangelnde Ernsthaftigkeit des Gläubigerschutzes als offene Flanke der deutschen Rechnungslegungsvorschriften; in: Jahresabschluß und Jahresabschlußprüfung: Festschrift zum 60. Geburtstag von Jörg Baetge; Hrsg. Thomas R. Fischer und Reinhold Hömberg; Düsseldorf 1997; S. 117 – 149.

Wagner, Franz W. (1994): Periodenabgrenzung als Prognoseverfahren; in: Bilanzrecht und Kapitalmarkt: Festschrift zum 65. Geburtstag von Adolf Moxter; Hrsg. Wolfgang Ballwieser, Hans-Joachim Böcking, Jochen Drukarczyk und Reinhard H. Schmidt; Düsseldorf 1994; S. 1175 – 1197.

Bilanzielle Vorsicht und Informationsgehalt der Rechnungslegung

Von Alfred Wagenhofer

I. Einleitung

Die bilanzielle Vorsicht ist ein fundamentaler Grundsatz der Rechnungslegung. Sie bedingt eine asymmetrische Erfassung von Gewinnen und Verlusten in der Rechnungslegung, indem gewinnerhöhende Ereignisse zeitlich tendenziell später als vergleichbare gewinnmindernde Ereignisse bilanziell erfasst werden. Dadurch kommt es zu einer beabsichtigten Verzerrung der Finanzberichterstattung weg von einer „neutralen" oder „fairen" Darstellung der Vermögens-, Finanz- und Ertragslage: Das Vermögen eines Unternehmens wird zu niedrig und die Schulden zu hoch bilanziert; das bilanzielle Eigenkapital wird dadurch systematisch zu niedrig dargestellt. Dieser Gegensatz beschäftigt die Rechnungslegungsliteratur und -praxis schon lange.

Das Vorsichtsprinzip besitzt traditionell eine große Bedeutung im Rahmen der Grundsätze ordnungsmäßiger Buchführung im HGB, aber auch in der Bilanzrichtlinie[1]. Die mit der IAS-Verordnung 2002 erfolgte Übernahme der International Financial Reporting Standards (IFRS) zumindest für Konzernabschlüsse kapitalmarktorientierter Unternehmen in der EU soll ein einheitliches Regelwerk von hoher Qualität zur Verbesserung der Effizienz der europäischen Finanzmärkte schaffen.[2] Eine Ursache dafür, dass den IFRS eine höhere Qualität als dem HGB zugeschrieben wird, liegt in der schwächer ausgeprägten Stellung des Vorsichtsprinzips: Es ist nur eines von mehreren, vielfach konkurrierenden qualitativen Anforderungen an den IFRS-Abschluss. In den Jahren 2003 und 2004 wurden die wohl umfangreichsten Änderungen der Standards in der Geschichte des IASB (bzw. dessen Vorläufer IASC) vorgenommen. Neben vielen Änderungen im Detail ist eine grundsätzliche Hinwendung zum bilanzorientierten Ansatz (und weg vom GuV-orientierten Ansatz) der Rechnungslegung sowie zu einer vermehrten Bewertung zum beizulegenden Zeitwert (*fair value*) auszumachen. Gerade letztere Entwicklung reduziert die Anwendung des Vor-

---

[1] Vgl. z.B. *van Hulle* (1996), S. 377.

[2] Vgl. IAS-VO 2002, Vorbemerkungen Abs. 2 und 4.

sichtsprinzips weiter, obwohl es weiterhin Regeln gibt, die aus dem Vorsichtsprinzip resultieren.

Der Jubilar hat sich in mehreren seiner Arbeiten eingehend mit Konzepten der Vorsicht, der Zeitbewertung und des Gläubigerschutzes befasst.[3] Dieser Aufsatz möchte deshalb einen kleinen Beitrag zur bilanziellen Vorsicht in der Rechnungslegung liefern, deren ursprüngliche Begründung im Gläubigerschutz zu finden ist und im aktuellen Trend zur Zeitbewertung in Diskussion steht. Im nächsten Abschnitt werden zunächst typische Definitionen sowie Ausprägungen anhand der geltenden IFRS besprochen. Dann werden kurz ökonomische Begründungen des Vorsichtsprinzips vorgestellt. Der dritte Abschnitt analysiert die Wirkungen bilanzieller Vorsicht an einem einfachen Agency-Modell, in dem der Informationsgehalt vorsichtiger Rechnungslegung zu Anreizzwecken verwendet wird. Auf den Informationsgehalt vorsichtiger Rechnungslegung im Kapitalmarktkontext wird nicht eingegangen.[4] Der vierte Abschnitt fasst die wesentlichen Aussagen zusammen.

II. Inhalte und Begründungen bilanzieller Vorsicht

1. Inhalte des Vorsichtsprinzips

Das Vorsichtsprinzip besitzt im deutschsprachigen Raum traditionell einen hohen Stellenwert im Rahmen der Grundsätze ordnungsmäßiger Buchführung. Es wird häufig mit der Vorstellung verbunden, dass sich der Kaufmann im Zweifel eher zu arm als zu reich rechnen soll.[5] Das Vorsichtsprinzip wird in § 252 Abs. 1 Nr. 4 dHGB bzw. § 201 Abs. 2 Z 4 öHGB ausdrücklich angeführt und schließt danach auch das Realisationsprinzip und das Imparitätsprinzip ein. Im engeren Sinne ist das Vorsichtsprinzip eine Bewertungsregel für Bilanzpositionen bei unsicheren Erwartungen. Sind subjektive Schätzungen erforderlich, ist nicht der Erwartungswert (auf Basis dieser subjektiven Wahrscheinlichkeiten) anzusetzen, sondern ein pessimistisch gefärbter Wert, bis hin zu dem am stärksten erfolgsmindernden Wert.[6] Das Vorsichtsprinzip in diesem Sinn betrifft insbesondere die Bewertung von Rückstellungen und Forderungen; für viele andere Bilanzpositionen wird es durch das Niederstwertprinzip bzw. das Höchstwertprinzip und das Anschaffungswertprinzip konkretisiert. Die Legung von Willkürreserven lässt das Vorsichtsprinzip allerdings nicht zu. Das Vorsichts-

---

[3] Vgl. z.B. *Siegel* (1998), (2004) zur Zeitbewertung; *Siegel* (1997) zum Gläubigerschutz und federführend in *Siegel / Bareis / Rückle / Schneider / Sigloch / Streim / Wagner* (1999).

[4] Vgl. zu einer Übersicht *Watts* (2003b).

[5] Vgl. kritisch dazu *Schneider* (1997), S. 105.

[6] Vgl. z.B. *Coenenberg* (2003), S. 44.

prinzip läuft dem Rechenschaftszweck der Rechnungslegung zuwider, wird diesem aber aufgrund des Kapitalerhaltungszwecks vorgezogen.[7]

Das IASB-Framework sieht unter den qualitativen Anforderungen an den Abschluss im Punkt Verlässlichkeit der Finanzinformationen ein Vorsichtsprinzip vor (F. 37). Es entspricht der Bewertungsvorsicht bei Ungewissheiten der Bewertung: Das Vorsichtsprinzip darf nicht zur Legung stiller Reserven verwendet werden, weil dann die Neutralität und damit die Zuverlässigkeit der Finanzinformationen nicht erfüllt wäre. Des Weiteren müssen bei seiner Anwendung die anderen qualitativen Anforderungen an den Abschluss abgewogen werden (F. 45). Aus diesen Einschränkungen ergibt sich eine deutlich geringere Wichtigkeit des Vorsichtsprinzips in der Rechnungslegung nach IFRS gegenüber der nach HGB.

In den Grundsätzen der US-GAAP wird das Vorsichtsprinzip nur beiläufig erwähnt, es ist nicht Bestandteil der Qualitätsmerkmale der Rechnungslegung in SFAC 2. Ein „sorgfältig angewandtes" Vorsichtsprinzip hat bei unsicheren Situationen einen gewissen Platz; da es aber die Rechnungslegungsinformationen verzerrt, findet es seine Grenze in den anderen Grundsätzen wie glaubwürdiger Darstellung, Neutralität und Vergleichbarkeit (SFAC 2.92). Beispielhaft wird gemäß dem Vorsichtsprinzip im Fall, dass zwei unsichere Wertansätze wirklich gleich wahrscheinlich sind, der pessimistischere Wertansatz zu verwenden sein (SFAC 2.93).[8] Normalerweise wird eine umfangreiche Angabe unsicherer Situationen einem verzerrten Ansatz von Posten im Abschluss aber vorgezogen.

2. Ausprägungen der bilanziellen Vorsicht

Da der Umfang des Vorsichtsprinzips nicht eindeutig definiert wird, werden im Folgenden Regeln illustrativ für die IFRS dargestellt, die der bilanziellen Vorsicht zuzurechnen sind, also zu einer asymmetrischen Bilanzierung und Bewertung führen. Sie verdeutlichen die Vielzahl von Einzelregeln, die sich strukturell voneinander unterscheiden, aber doch eine ähnliche Wirkung erzeugen.[9]

---

[7] *Baetge / Kirsch / Thiele* (2003), S. 127 f., schlagen eine Art Bruttobilanzierung vor, wonach bei stark unsicherer Bewertung eines Postens der Erwartungswert bilanziert und das Vorsichtsprinzip durch eine „Bandbreitenrückstellung" berücksichtigt wird. In eine ähnliche Richtung zielt der Vorschlag von *Siegel* (1997), S. 135 ff., zu einem informationellen Gläubigerschutz.

[8] Interessant ist, dass dieser Grundsatz bei der Bewertung von Rückstellungen nicht eingehalten wird. Gemäß FIN 14 ist im Fall, dass nur eine Bandbreite geschätzt werden kann und kein Wert darin als der beste Schätzwert erachtet wird, der niedrigste Wert der Bandbreite rückzustellen. Die Begründung lautet, dass es nicht wahrscheinlich ist, dass der tatsächliche Verlust unter dem Mindestbetrag liegt (FIN 14.3).

[9] Vgl. *Schildbach* (1999), S. 362 f., mit einer Diskussion der US-GAAP-Regeln.

Gemäß dem IASB-Framework sind die Ansatzkriterien für Vermögenswerte und Schulden zwar symmetrisch geregelt (F. 83 ff.), doch gibt es in einzelnen Standards zusätzliche Kriterien für die Bilanzierung bestimmter Posten, die zu bilanzieller Vorsicht führen. Für immaterielle Vermögenswerte müssen die wahrscheinlichen künftig erzielbaren Cashflows aus dem Gegenstand diesem zurechenbar sein (IAS 38.21 (a)), außer sie werden im Rahmen eines Unternehmenserwerbs erworben (IAS 38.33, IFRS 3.37 (a)). Daraus wird eine Reihe von typisierenden Ansatzverboten abgeleitet (IAS 38.69). Wenn ein Unternehmen nicht zwischen Forschung und Entwicklung unterscheiden kann, muss es alle Ausgaben wie Forschungsaufwand sofort als Aufwand ansetzen (IAS 38.53).

Im Vergleich zu passiven latenten Steuern sind aktive latente Steuern nur unter dem zusätzlichen Kriterium anzusetzen, „dass es wahrscheinlich ist, dass ein zu versteuerndes Ergebnis verfügbar sein wird, gegen das die temporäre Differenz verwendet werden kann" (IAS 12.24).

IAS 37 regelt den Bilanzansatz von Rückstellungen sowie Eventualschulden und Eventualforderungen in Abhängigkeit der Eintrittswahrscheinlichkeit asymmetrisch:[10] Ist der Abfluss von Ressourcen aufgrund eines vergangenen Ereignisses mehr als 50 % wahrscheinlich, ist eine Rückstellung anzusetzen, ist ein Zufluss von Ressourcen mehr als 50 % wahrscheinlich, darf er nur angesetzt werden, wenn der Zufluss so gut wie sicher ist, andernfalls muss eine Angabe erfolgen. Ist der Abfluss von Ressourcen möglich, aber nicht (mehr als 50 %) wahrscheinlich (Eventualschuld), so muss eine Angabe erfolgen; bei einem vergleichbar wahrscheinlichen Zufluss besteht keine Angabepflicht. Wird eine Eventualschuld allerdings im Rahmen eines Unternehmenserwerbs erworben, muss sie dennoch angesetzt werden (IFRS 3.37 (c)). Diese konzeptionelle Abweichung ist (genauso wie bei immateriellen Vermögenswerten) durch das Vordringen der Zeitbewertung zu erklären: Sie sind im beizulegenden Zeitwert des Unternehmenserwerbs berücksichtigt, also werden sie auch in der Bilanz angesetzt.

Eine asymmetrische Bewertung folgt aus einer Reihe von Regeln. Eine Variante legt für die Bewertung den niedrigeren von zwei Werten fest. Sachanlagen und immaterielle Vermögenswerte sind bei Vorliegen einer Wertminderung abzuwerten. Die Wertminderung ergibt sich gemäß IAS 36.6 als Differenz zwischen Buchwert (fortgeschriebenen Anschaffungs- oder Herstellungskosten) und dem niedrigeren erzielbaren Betrag (der höhere Betrag von beizulegendem Zeitwert abzüglich Verkaufskosten und dem Nutzungswert). Die Regel ist zwar als strenges Niederstwertprinzip ohne Wahlrecht festgelegt, aufgrund der Notwendigkeit des Vorliegens von Indikatoren bzw. Anhaltspunkten für eine Wert-

---

[10] Vgl. z.B. *Wagenhofer* (2003), S. 261.

minderung (IAS 36.9) ergibt sich de facto ein gemildertes Niederstwertprinzip. Beim Firmenwert ist eine Wertaufholung früher vorgenommener außerplanmäßiger Abschreibungen nicht mehr zulässig (IAS 36.124). Zum Verkauf stehende langfristige Vermögenswerte sind mit dem niedrigeren Wert aus dem Buchwert und dem beizulegenden Zeitwert abzüglich noch ausstehender Veräußerungskosten anzusetzen (IFRS 5), Vorräte sind mit dem niedrigeren Wert aus Anschaffungs- oder Herstellungskosten und Nettoveräußerungswert zu bewerten (IAS 2). Für Fertigungsaufträge sieht IAS 11 die Gewinnrealisierung nach dem Fertigstellungsgrad vor; wenn es allerdings wahrscheinlich wird, dass die Auftragskosten die Auftragserlöse übersteigen, ist der Verlust sofort in voller Höhe in der betreffenden Periode aufwandswirksam anzusetzen (IAS 11.36) und nicht nach dem Fertigstellungsgrad zu verteilen.

IAS 37.42 legt für die Bewertung von Rückstellungen explizit die Berücksichtigung von Risiken und Unsicherheiten fest und bezieht sich dazu in IAS 37.43 explizit auf das Vorsichtsprinzip.[11]

Eine weitere Variante asymmetrischer Bewertung bezieht sich auf die unterschiedlich hohe Verifizierbarkeit von Schätzungen und Annahmen: Die Bilanzierung erfolgserhöhender Ereignisse erfordert einen höheren Grad an Verifizierbarkeit als erfolgsmindernde Ereignisse.[12] Bei der Abschreibung immaterieller Vermögenswerte findet sich die Regel, dass ein Restwert nur bei Vorliegen enger Bedingungen, nämlich der Verpflichtung einer dritten Partei zum späteren Erwerb des Gegenstandes oder eines aktiven Markts für den Gegenstand, berücksichtigt werden darf (IAS 38.100). Die Ermittlung des Nutzungswerts im Rahmen des Wertminderungstests nach IAS 36 legt fest, dass für die Ermittlung des Endwerts eine gleich bleibende oder rückläufige Wachstumsrate der Cashflows anzunehmen ist, außer eine steigende Rate kann gerechtfertigt werden (IAS 36.33 (c)). Die Allokation des Wertminderungsaufwands einer zahlungsmittelgenerierenden Einheit muss zuerst auf den Firmenwert und erst dann anteilig auf die anderen Vermögenswerte erfolgen (IAS 36.104).

Der nun nicht weiter verfolgte Entwurf zu IAS 39 (2004) differenzierte die Bewertung nach dem beizulegenden Zeitwert für Posten, die nicht zwingend zum Zeitwert zu bewerten sind: Die Bewertung zum beizulegenden Zeitwert ist für diese nicht wählbar, wenn der beizulegende Zeitwert nicht verifizierbar ist. Dies wird an der geringen Variabilität vernünftiger Zeitwertschätzungen beurteilt. Eine andere Abstufung enthält IAS 39.46 (c) für die Bewertung von Eigenkapitalinstrumenten, die ausnahmsweise zu Anschaffungskosten zu bewerten

---

[11] Allerdings lässt sich die Ansatzvorschrift des IAS 37.14 (c) nicht mit dem Vorsichtsprinzip in Einklang bringen, wonach eine Rückstellung nicht bilanziert werden darf, wenn der Betrag nicht verlässlich schätzbar ist.

[12] Diese Definition wird von *Watts* (2003a), S. 208, als wesentliches Kennzeichen des Vorsichtsprinzips hervorgehoben.

sind, wenn ihr beizulegender Zeitwert nicht verlässlich ermittelt werden kann; dies wird dann vorliegen, wenn die Variabilität vernünftiger Schätzungen erheblich ist (IAS 39.AG80). Bei als Finanzinvestitionen gehaltenen Immobilien wird für die verlässliche Bestimmbarkeit des beizulegenden Zeitwertes wiederum auf das Vorliegen häufiger vergleichbarer Markttransaktionen und anderer verlässlicher Schätzmethoden (z.B. DCF-Methoden) abgestellt (IAS 40.53).

Eine Reihe von IFRS-Regeln geht auf die unterschiedliche Verifizierbarkeit von Ereignissen und Annahmen ein, allerdings ohne diese asymmetrisch festzulegen. So ist für die Ermittlung des Nutzungswertes (IAS 36.33 (a)) und für die Schätzung der Wahrscheinlichkeit des künftigen Nutzenzuflusses immaterieller Vermögenswerte (IAS 38.23) größeres Gewicht auf externe Nachweise zu legen. Ähnliche Verifikationsbedingungen gelten für die Berücksichtigung künftiger Ereignisse für die Bewertung von Rückstellungen (IAS 37.48).

3. Ökonomische Begründungen für bilanzielle Vorsicht

Alle diese Formen bilanzieller Vorsicht führen dazu, dass sich erfolgserhöhende Ereignisse erst in einer späteren Periode im Ergebnis widerspiegeln als vergleichbare erfolgsmindernde Ereignisse. Dies hat folgende Konsequenzen:[13]

- Das bilanzielle Vermögen wird zu niedrig und die Schulden werden zu hoch dargestellt. Dadurch ist das bilanzielle Eigenkapital relativ zu einer „neutralen" Darstellung systematisch zu niedrig.
- Gewinne werden tendenziell zeitlich nach hinten geschoben. Der gesamte Gewinneffekt einer Periode hängt allerdings von der Struktur ähnlicher Geschäftsfälle ab. In Perioden des Wachstums ergibt sich tendenziell ein geringerer als „neutraler" Gewinn, in Perioden der Schrumpfung dagegen ein höherer Gewinn, weil sich die früheren Gewinndifferenzen umkehren.[14]
- Gewinne sind tendenziell nachhaltiger als Verluste. Künftig erwartete Verluste werden bei Eintritt eines diese auslösenden Ereignisses sofort gewinnmindernd angesetzt, während künftig erwartete Gewinne erst bei hinreichender Realisierung (Verifizierbarkeit) und dann oft über mehrere Perioden gewinnerhöhend wirken.

Die asymmetrische Erfassung erfolgserhöhender und erfolgsmindernder Ereignisse führt zu einer systematischen Verzerrung der Rechnungslegung. Dies steht in Widerspruch zur Zielsetzung von Abschlüssen, die Lage des Unternehmens „fair" und „neutral" darzustellen. Da das Vorsichtsprinzip aber auf eine

---

[13] Vgl. dazu auch *Watts* (2003b), S. 288 ff.

[14] Vgl. zu einer ausführlichen Analyse dieser Effekte *Wagenhofer* (2003), S. 547 ff.

lange Tradition zurückblicken kann, muss es Vorteile bewirken, die mit einer neutralen Bilanzierung und Bewertung offenbar nicht oder nur unter höheren Kosten erzielbar wären. Historisch wird das Vorsichtsprinzip i.d.R. mit dem Gläubigerschutz in Verbindung gebracht.[15] Geht man davon aus, dass Gläubiger vor einem Entzug des haftenden Eigenkapitals durch die Eigentümer mit der Rechnungslegung geschützt werden müssen, dann ist eine systematische Unterbewertung des Eigenkapitals eine Methode, die in die richtige Richtung zielt. Es lässt sich allerdings zeigen, dass eine Einbehaltung hoher ausschüttungsfähiger Gewinne zu Überinvestitionen führen kann und damit aus Sicht der Investoren Kosten verursacht; es ist nicht einmal sichergestellt, dass die Gläubiger davon einen wirksamen Schutz erfahren.[16]

Neben den Gläubigern gibt es noch andere involvierte Personengruppen, die eine asymmetrische Verlustfunktion bei Fehlern der Rechnungslegung aufweisen. Eine Gruppe sind die Wirtschaftsprüfer.[17] Decken sie einen Fehler nicht auf, der zu einem zu hohen Gewinn führte, sind ihre Kosten meist höher als im umgekehrten Fall. Dasselbe kann für Regulatoren und Politiker gelten.[18] Die Gefahr einer Klage durch Investoren ist (jedenfalls in den USA) erheblich höher, wenn Abschlusszahlen „zu günstig" sind als umgekehrt.[19]

Wird vermutet, dass ein Manager tendenziell den Gewinn oder das Eigenkapital möglichst hoch darstellen will, werden Adressaten danach bestrebt sein, Verträge zu schließen, in denen dies dem Manager möglichst schwer gemacht oder gar verhindert wird. Auch Wirtschaftsprüfer werden tendenziell eine vorsichtige Verhaltensweise an den Tag legen.[20]

Eine andere Begründung für einen Vorteil des Vorsichtsprinzips liefern steuerliche Überlegungen. Hängt die Bemessungsgrundlage für Ertragsteuern unmittelbar vom Gewinn im Jahresabschluss ab – wie dies z.B. in Deutschland aufgrund des Maßgeblichkeitsprinzips gilt –, kann durch eine vorsichtige Gewinnermittlung der Barwert der Ertragsteuerzahlungen reduziert werden.

Aus vertragsökonomischer Sicht überzeugen diese Erklärungen nur teilweise. Managementverträge berücksichtigen die Anreize des Managements und versuchen eine optimale Anreizstruktur zu erzeugen, wobei asymmetrische Informationen und potenziell abweichende Zielvorstellungen des Managements explizit einbezogen werden. Gläubigerschädigende oder bilanzpolitische Aktivitäten

---

[15] Dies belegt auch seine Einordnung unter die Kapitalerhaltungsgrundsätze bei *Baetge / Kirsch / Thiele* (2003), S. 123.

[16] Vgl. z.B. *Wagenhofer / Ewert* (2003), S. 168 ff.

[17] Vgl. z.B. *Antle / Lambert* (1988).

[18] Vgl. z.B. *Watts* (2003a), S. 217.

[19] Vgl. z.B. *Watts* (2003a), S. 216.

[20] Vgl. z.B. *Antle / Nalebuff* (1991).

können damit explizit berücksichtigt werden. Es gibt allerdings inzwischen etliche Erklärungen, weshalb Rechnungslegungsvorschriften wie das Vorsichtsprinzip im Rahmen der Vertragsgestaltung einen Vorteil bewirken können.[21] Sie zeigen in verschiedenen Modellstrukturen, dass das Vorsichtsprinzip (in unterschiedlichen Definitionen) in einem optimalen Vertragsverhältnis eine Paretoverbesserung mit sich bringen kann oder endogen als optimaler Vertragsbestandteil entsteht. Sie erfordern jedoch immer eine Friktion in der optimalen Vertragsgestaltung, die ganz oder zum Teil durch eine geschickte Rechnungslegung ausgebügelt werden kann.

Aus Sicht der Kapitalmarktteilnehmer müssen durch das Vorsichtsprinzip hervorgerufene Verzerrungen keinen wesentlichen Nachteil bewirken, wenn sich diese bewusst sind, dass es derartige Verzerrungen gibt. Sie können diese dann nämlich entsprechend berücksichtigen und werden im Durchschnitt nicht geschädigt; sie sind sozusagen „preisgeschützt". Es kann sogar sein, dass mit Hilfe des Vorsichtsprinzips aggregierte Informationen für sie günstiger sind.[22]

Im Folgenden wird der Informationsgehalt einer vorsichtigen Rechnungslegung in einem Agency-Modell untersucht. Die Modellstruktur entspricht dem Agency-Modell von Christensen und Demski.[23] Ausgehend von deren Modell werden hier mehr und zum Teil unterschiedliche Aggregationsregeln miteinander verglichen sowie einige Aussagen und Interpretationen kritisch analysiert. Dabei können die Wirkungen bilanzieller Vorsicht in der Form des Niederstwertprinzips in einer optimalen Vertragssituation präzisiert werden.[24]

III. Anreizwirkungen einer vorsichtigen Rechnungslegung

1. Modellannahmen

Ein risikoneutraler Prinzipal schließt einen Vertrag mit einem risikoaversen Manager, der im Unternehmen produktiv tätig wird. Vereinfachend werden nur zwei Niveaus der Arbeitsleistung des Managers betrachtet, $a \in \{a_L, a_H\}$ mit $a_L < a_H$. Der Prinzipal möchte auf jeden Fall die hohe Arbeitsleistung a_H induzieren. Der Disnutzen aus der Arbeitsleistung ist $v(a)$, wobei $v_L \equiv v(a_L) < v_H \equiv v(a_H)$. Die Nutzenfunktion des Managers ist exponentiell in der Entlohnung s und der Ar-

---

[21] Vgl. z.B. *Gigler / Hemmer* (2001); *J. Christensen / Demski* (2004); *P. Christensen / Demski / Frimor* (2002); *Kwon / Newman / Suh* (2001); *Wagenhofer* (1996).

[22] Vgl. *Beja / Weiss* (2004).

[23] Vgl. *J. Christensen / Demski* (2003), S. 343 ff.; *J. Christensen / Demski* (2004).

[24] Positive Wirkungen des Niederstwertprinzips finden *Dutta / Zhang* (2002) und *Baldenius / Reichelstein* (2000) in anderen Modellstrukturen.

beitsleistung $a \in \{a_L, a_H\}$ mit $a_L < a_H$ und wie folgt gegeben, wobei $r > 0$ den konstanten absoluten Risikoaversionskoeffizienten bezeichnet:

$$U(s,a) = -\exp[-r(s-v)]$$

Der Reservationsnutzen des Managers beträgt $\underline{U}$. Er nimmt einen vom Prinzipal angebotenen Vertrag nur an, wenn sein Erwartungsnutzen aus der Beschäftigung im Unternehmen mindestens $\underline{U}$ beträgt.

Der erzeugte Output hängt von der Arbeitsleistung des Managers a und einer stochastischen Umweltsituation ab, die sämtliche vom Manager nicht beeinflussbaren Produktionsfaktoren erfasst. Der Output fällt entweder erst so spät an, dass er für die Bemessung der Entlohnung des Managers nicht mehr verwendet werden kann, oder er enthält Bestandteile, die zwar den Nutzen des Prinzipals beeinflussen, aber von Dritten nicht verifiziert werden können. Daher kommt der Output als Grundlage für die Vereinbarung mit dem Manager über dessen Entlohnung nicht in Betracht.

Stattdessen gibt es eine Rechnungslegung, die zwei Signale y und z liefert. Beide Signale sind dichotom, d.h. $y \in \{y_L, y_H\}$ mit $y_L < y_H$ und $z \in \{z_L, z_H\}$ mit $z_L < z_H$. Der Zusammenhang der Signale mit der jeweiligen Arbeitsleistung $a \in \{a_L, a_H\}$ wird durch Wahrscheinlichkeitsverteilungen mit $p_{ij} \in (0, 1)$ und $p_{LL} + p_{LH} + p_{HL} + p_{HH} = 1$ beschrieben (in der Folge wird mit p_{ij}^k die Wahrscheinlichkeit Prob($y_i, z_j \mid a_k$) bezeichnet):

Tabelle 1

Informationsgehalt der Signale

Prob($y, z \mid a$)		Signal z		Prob($y \mid a$)
		z_L	z_H	
Signal y	y_L	p_{LL}	p_{LH}	$p_{L\cdot}$
	y_H	p_{HL}	p_{HH}	$p_{H\cdot}$
Prob($z \mid a$)		$p_{\cdot L}$	$p_{\cdot H}$	1

Die Wahl der einzelnen Wahrscheinlichkeiten wird in den nachfolgenden Beispielen so festgelegt, dass die Bezeichnung von y_L bzw. z_L als ungünstiges und von y_H bzw. z_H als günstiges Signal in dem Sinn gerechtfertigt ist, dass es auf die höhere Arbeitsleistung schließen lässt.[25]

Als Benchmarklösung wird angenommen, dass der Prinzipal die Entlohnung des Managers auf beide Signale einzeln konditionieren kann. Diese Lösung er-

---

[25] Vgl. zur Diskussion solcher Bedingungen auch für marginal informative Signale *J. Christensen / Demski* (2003), S. 260 f.

gibt sich wie folgt: Der Prinzipal minimiert den Erwartungswert der Entlohnung an den Manager unter der Bedingung, dass der Manager einen Anreiz hat, die hohe Arbeitsleistung a_H zu wählen. Die Entlohnungsfunktion $s(y_i, z_j)$ wird dabei über vier Werte $s_{ij} = \{s_{LL}, s_{LH}, s_{HL}, s_{HH}\}$ dargestellt.

$$\min_{s_{ij}} \sum_{i=L,H} \sum_{j=L,H} s_{ij} \cdot p_{ij}^H$$

Die Reservationsnutzenbedingung garantiert dem Manager bei Annahme des Vertrags zumindest seinen Reservationsnutzen $\underline{U}$, d.h.,

$$\sum_{i=L,H} \sum_{j=L,H} -\exp\left[-r(s_{ij} - v_H)\right] \cdot p_{ij}^H \geq \underline{U}$$

Die Anreizbedingung letztlich stellt sicher, dass der Manager a_H wählt:

$$\sum_{i=L,H} \sum_{j=L,H} -\exp\left[-r(s_{ij} - v_H)\right] \cdot p_{ij}^H \geq \sum_{i=L,H} \sum_{j=L,H} -\exp\left[-r(s_{ij} - v_L)\right] \cdot p_{ij}^L$$

Jegliche Einschränkung der Informationen für die Gestaltung der Entlohnung kann hier keine Verbesserung, sondern nur eine Verschlechterung für den erwarteten Nutzen des Prinzipals bewirken. Nun ist die Aggregation eine wesentliche Funktion der Rechnungslegung. Sie besteht aus detaillierten Regeln für die Bilanzierung und Bewertung von Transaktionen und Ereignissen, um diese letztlich in einer einzigen Erfolgsgröße, dem Gewinn bzw. Verlust, abzubilden. Um Aussagen über die ökonomische Wirkung verschiedener Rechnungslegungssysteme zu gewinnen, werden im Folgenden mehrere Regeln betrachtet, welche die beiden Signale zu einem einzigen Signal aggregieren. Eine Trennung in eine aggregierte Performancegröße, die die Rechnungslegung liefert, und in eine Entlohnungsfunktion, die die Performancegröße in die tatsächliche Entlohnung abbildet, wird nicht vorgenommen, da sie in dieser einfachen Modellstruktur nur willkürlich möglich wäre.

2. Informationsstrukturen und Rechnungslegung

Die folgenden stilisierten Interpretationen der Informationsstruktur sind für die Analyse von Wirkungen bilanzieller Vorsicht denkbar: Der Wert des Signals y erfasst den Wert eines Gegenstandes auf Basis der Anschaffungs- oder Herstellungskosten, wobei die Variation in einer möglicherweise erforderlichen außerplanmäßigen Abschreibung besteht, und der Wert des Signals z ergibt sich aus dem Zeitwert zum Bilanzstichtag. Alternativ können beide Signale y und z verschiedene Schätzungen desselben Wertes umfassen, z.B. des beizulegenden Zeitwertes oder des Nutzungswertes eines Vermögenswertes oder einer

Schuld.[26] Eine dritte Interpretation könnte die Sichtweise der Signale als Indikatoren für Ereignisse (wie eine Wertminderung) sein.

Wird von der Interpretation der Signale y und z als verschiedene Werte für einen zu bewertenden Gegenstand am Periodenende ausgegangen, so ergeben sich etliche mögliche Kombinationen der Werte, wobei von $y_L < y_H$ und $z_L < z_H$ ausgegangen wird. Die Kombinationen werden im Folgenden anhand des Vorsichtsprinzips in der Ausprägung eines strengen Niederstwertprinzips dargestellt (ohne auf Sonderfälle der Gleichheit einzelner y und z einzugehen). Dabei zeigt sich, dass bilanzielle Vorsicht eine relativ komplexe Aggregationsregel darstellt.

1. $y_L < z_L < y_H < z_H$. Wenn y_L beobachtet wird, bleibt es gültig; wenn y_H beobachtet wird, wird auf z_L abgewertet oder es bleibt, wenn z_H beobachtet wird.
2. $y_L < z_L < z_H < y_H$. Auch hier bleibt y_L, während bei Beobachtung von y_H immer auf z abgewertet wird.
3. $z_L < y_L < y_H < z_H$. Wenn y_L beobachtet wird, wird auf z_L abgewertet, sonst bleibt y_L. Wenn y_H beobachtet wird, wird bei z_L abgewertet, sonst bleibt y_H. Anders ausgedrückt: wenn z_L beobachtet wird, bleibt z_L, sonst wird immer y angesetzt.
4. $z_L < y_L < z_H < y_H$. Wenn z_L beobachtet wird, wird auf z_L abgewertet; wenn z_H beobachtet wird, wird bei y_H auf z_H abgewertet, sonst bleibt y_L.
5. $y_L < y_H < z_L < z_H$. Hier bleibt immer die Bewertung mit y.
6. $z_L < z_H < y_L < y_H$. Hier wird immer auf z abgewertet.

Da die Relation der einzelnen Signale exogen ist, wird die Analyse der Auswirkungen verschiedener Aggregationsregeln in folgender typisierenden Form vorgenommen. Darin finden sich auch alle dargestellten Fälle bilanzieller Vorsicht wieder.

1. (AHK) Nur Signal y: dies bildet eine Bewertung mit Anschaffungs- oder Herstellungskosten ab. Formal entspricht dies dem obigen Programm unter den zusätzlichen Nebenbedingungen $s_{LL} = s_{LH}$ und $s_{HL} = s_{HH}$;
2. (BZW) nur Signal z: dies kann als Bewertung zum Wert, z.B. dem beizulegenden Zeitwert, am Bilanzstichtag interpretiert werden. Formal ergeben sich die beiden folgenden Nebenbedingungen: $s_{LL} = s_{HL}$ und $s_{LH} = s_{HH}$;
3. das niedrigere der beiden Signale y und z: dies entspricht einem strengen Niederstwertprinzip. Dabei gibt es drei Möglichkeiten, je nachdem, wie

[26] *Gigler / Hemmer* (2001) und *Kwon / Newman / Suh* (2001) definieren Vorsicht als allgemeine Eigenschaft eines Informationssystems, bei tatsächlich niedrigem Output eher ein ungünstiges Signal zu produzieren als bei hohem Output ein günstiges Signal.

„streng" das Niederstwertprinzip angewandt ist und ob y oder z die ungünstigere Information darstellt:

(NWP1) Wenn auch nur ein ungünstiges Signal y_L oder z_L beobachtet wird, dann wird auf den niedrigsten denkbaren Wert abgewertet; nur wenn beide Signale günstig sind (y_H und z_H), dann wird ein höherer Wert zugelassen. Formal wird dieser Fall durch die folgende Nebenbedingung erfasst: $s_{LL} = s_{LH} = s_{HL}$. Eine solche Regel ergäbe sich bei Interpretation der Signale als Indikatoren für eine Wertminderung: wenn auch nur eines der Signale auf eine Wertminderung hindeutet, ist auf einen (angenommen) niedrigeren Wert abzuwerten. Alternativ kann sie als Sonderfall bei gleichen Werten von Signalen auftreten.

(NWP2) Wenn y_L beobachtet wird, bleibt dieser Wert, und z wird nicht verwendet; wenn y_H beobachtet wird, dann bleibt dieser Wert, wenn z_H beobachtet wird (oder es wird auf z_H umgewertet), ansonst wird auf z_L abgewertet. Formal ergibt sich folgende Nebenbedingung: $s_{LL} = s_{LH}$.

(NWP3) Wenn z_L beobachtet wird, bleibt dieser Wert, und y wird nicht verwendet; wenn z_H beobachtet wird, dann bleibt dieser Wert, wenn y_H beobachtet wird (oder es wird auf y_H umgewertet), ansonst wird auf y_L abgewertet. Formal wird dies durch folgende Nebenbedingung dargestellt: $s_{LL} = s_{HL}$;

4. das höhere der beiden Signale y und z: dies entspricht einem strengen „Höchstwertprinzip" auf der Aktivseite. Dieses „Höchstwertprinzip" steht unter Anführungszeichen, um es vom üblichen Höchstwertprinzip zu unterscheiden, das ein Niederstwertprinzip angewandt auf Posten der Passivseite der Bilanz ist. Dabei gibt es wieder drei Möglichkeiten, wie „streng" dieses „Höchstwertprinzip" ausgelegt wird, die analog zu oben ausgestaltet sind:

(HWP1) Es wird nur bei Vorliegen sowohl von y_L als auch z_L abgewertet. Formal wird dies durch folgende Nebenbedingung erfasst: $s_{LH} = s_{HL} = s_{HH}$.

(HWP2) Wenn y_H beobachtet wird, bleibt dieser Wert; bei y_L hängt die Bewertung von z ab. Formal lautet die Nebenbedingung: $s_{HL} = s_{HH}$.

(HWP3) Wenn z_H beobachtet wird, bleibt dieser Wert; bei z_L hängt die Bewertung von y ab. Formal ist die Nebendingung dann: $s_{LH} = s_{HH}$.

Die binäre Informationsstruktur erlaubt nicht, noch weitere Aggregationsmechanismen zu untersuchen, wie etwa eine Linearkombination beider Signale, weil dies eine kardinale Messung von günstiger und ungünstiger Information erforderte.

Zu beachten ist außerdem, dass die meisten dieser Regeln nicht nur die Werte der Signale, sondern noch zusätzliche Informationen verarbeiten, wie z.B. ob der Wert vom Signal y oder z stammt (was sich über die Angabe einer außerplanmäßigen Abschreibung erreichen ließe).

3. Ergebnisse für die Rechnungslegungssysteme

Zunächst können die Rechnungslegungssysteme aus Sicht der Zielerreichung des Prinzipals partiell geordnet werden. Je weniger restriktiv die Nebenbedingungen für die Entlohnungsfunktion sind, desto bessere Möglichkeiten bestehen für die Nutzung des Informationsgehalts der beiden Signale für die Entlohnung. Es ergeben sich folgende Präferenzen von Rechnungslegungssystemen:

$$\text{NWP2} \succeq \text{AHK},\ \text{NWP2} \succeq \text{NWP1},\ \text{NWP3} \succeq \text{BZW},\ \text{NWP3} \succeq \text{NWP1}$$

$$\text{HWP2} \succeq \text{AHK},\ \text{HWP2} \succeq \text{NWP1},\ \text{HWP3} \succeq \text{BZW},\ \text{HWP3} \succeq \text{NWP1}$$

Die beiden „moderaten" Niederst- und Höchstwertprinzipien (NWP2, NWP3, HWP2 und HWP3) beinhalten geringere Einschränkungen für die Entlohnung, weil sie drei Freiheitsgrade für die s_{ij} belassen. Die anderen Systeme geben nur zwei Freiheitsgrade für die s_{ij} und werden daher (schwach) dominiert.

Weitere allgemein gültige Präferenzen sind nicht möglich. Die Vorteilhaftigkeit der verschiedenen Rechnungslegungssysteme hängt von den Wahrscheinlichkeitsverteilungen ab, die das Informationssystem bestimmen. Diese definieren die Likelihoods, die für die Entlohnungsfunktion entscheidend sind, und implizit auch die Korrelation der beiden Signale und damit ihren marginalen Informationsgehalt, gegeben das jeweils andere Signal. Sie bestimmen auch die Wahrscheinlichkeit für die Verwendung von Zusatzinformation.

Ein Einblick in die Lösung der Programme mit den unterschiedlichen Rechnungslegungssystemen lässt sich anhand von einigen Beispielen gewinnen.[27] In Anlehnung an ein numerisches Beispiel bei Christensen / Demski wird von folgenden Parameterwerten ausgegangen[28]: Risikoaversion $r = 0{,}0001$, Disnutzen $v_H = 5.000$ und $v_L = 4.000$ sowie ein Reservationsnutzen von $\underline{U} = 3.000$. Das erste Beispiel nimmt eine Wahrscheinlichkeitsverteilung an, in der die beiden Signale unabhängig verteilt sind.

Tabelle 2

Wahrscheinlichkeitsverteilung für Beispiel 1

	$\text{Prob}(y, z \mid a_H)$		$\text{Prob}(y, z \mid a_L)$	
	z_L	z_H	z_L	z_H
y_L	0,1	0,4	0,56	0,14
y_H	0,1	0,4	0,24	0,06

[27] Bei einem solchen Vergleich ist zu berücksichtigen, dass die *ex ante* Wahrscheinlichkeit für eine Informationsbeschaffung, gegeben eine bestimmte Ausprägung eines Signals, in den Beispielen nicht immer 50 % ist. Eine unterschiedlich häufige bedingte Beschaffung von Zusatzinformation beeinflusst den direkten Vergleich der Varianten.

[28] Siehe *J. Christensen / Demski* (2004), S. 209.

Die folgende Tabelle fasst die Ergebnisse zusammen.[29] Zunächst wird die Zielerreichung des Prinzipals dargestellt, die den erwarteten Entlohnungskosten entspricht. In den folgenden Spalten sind die Entlohnungen für die jeweiligen Signalkombinationen eingetragen. Sie sind die spezifischen und aus Sicht der Vertragsgestaltung optimalen Kombinationen der jeweiligen Aggregationen der beiden Signale, die sich ausschließlich aus deren Informationsgehalt in Bezug auf die gewählte Arbeitsleistung definieren.

Tabelle 3

Optimale Entlohnung für Beispiel 1

Rechnungs-legungs-system	Erwartete Entlohnungs-kosten	s_{LL}	s_{LH}	s_{HL}	s_{HH}
Beide Signale	8.018	6.375	8.253	7.523	8.318
AHK	8.358	5.666	5.666	11.051	11.051
BZW	8.018	6.688	8.357	6.688	8.357
NWP1	8.121	6.833	6.833	6.833	10.053
NWP2	8.097	7.446	7.446	5.306	9.608
NWP3	8.023	6.691	8.317	6.691	8.395
HWP1	8.021	6.129	8.231	8.231	8.231
HWP2	8.021	6.137	8.281	8.189	8.189
HWP3	8.018	6.360	8.284	7.553	8.284

Zunächst zeigt sich, dass die Verwendung beider Signale nur unwesentlich günstiger ist als die von Signal z (BZW) oder von HWP3. Dies liegt daran, dass Signal z informativer als Signal y ist. Strukturell ist die Umweltsituation (y_L, z_L) die informativste, was man daran erkennt, dass sich die Entlohnung s_{LL} am stärksten von den anderen unterscheidet. Da z_H mit hoher Wahrscheinlichkeit auf die hohe Arbeitsleistung schließen lässt, ist s_{LH} wesentlich höher als s_{HL}.

Überraschend ist die Erkenntnis, dass das Vorsichtsprinzip in der Ausprägung der drei Formen des Niederstwertprinzips (NWP1 bis NWP3) schlechter abschneidet als das „Höchstwertprinzip" (HWP1 bis HWP3). Sogar die „strenge" Form HWP1 schneidet nur geringfügig schlechter ab als HWP3. Der Grund liegt darin, dass die gesonderte Kontrahierbarkeit ungünstiger Signale (unter diesen typischen Modellannahmen) für den Manager eine Art Versicherung sei-

[29] Die Zahlen sind auf Einerstellen gerundet. Aufgrund der numerischen Optimierung mit Excel Solver ergeben sich z.T. kleine Abweichungen zu vergleichbaren Ergebnissen in *J. Christensen / Demski* (2004).

ner Entlohnung bewirkt: Das zweite Signal ist – gegeben das erste Signal – mit hoher Wahrscheinlichkeit günstig, sofern der Manager vertragsgemäß die hohe Arbeitsleistung gewählt hat. Daraus ergeben sich ein geringeres Risiko der Entlohnung und eine geringere Risikoprämie.[30] Dies sieht man deutlich, wenn man z.B. den Sonderfall annimmt, dass y_L und z_L zu einem Bilanzansatz des Gegenstandes von 80 und y_H und z_H zu einem Ansatz von 100 führt. Das „strenge" Niederstwertprinzip bedingt einen Bilanzansatz von 80 in drei Zuständen, nämlich (y_L, z_L), (y_L, z_H) und (y_H, z_L), während ein Bilanzansatz von 100 nur im Fall von (y_H, z_H) auftritt. Dagegen führt das „strenge Höchstwertprinzip" zu einem Wert von 80 nur bei (y_L, z_L), während in allen anderen Zuständen ein Wert von 100 belassen wird. Dieses Rechnungslegungssystem ermöglicht daher, über ungünstige Ereignisse separat zu kontrahieren. Das Vorsichtsprinzip bewirkt hingegen gerade das Gegenteil, nämlich die Separierung der Ergebnisse bei günstigen Informationen, während ungünstige Information für die Performancemessung gebündelt wird.

Christensen / Demski zeigen ein paralleles Ergebnis, interpretieren dieses jedoch anders im Hinblick auf das Vorsichtsprinzip.[31] Ausgehend von der Verfügbarkeit eines Signals y untersuchen sie, ob es günstiger ist, ein Signal z zusätzlich zu beschaffen, wenn y ungünstig (y_L) oder wenn es günstig (y_H) ist. Dahinter stehen implizit Kosten der Informationsbeschaffung. Sie kommen aufgrund derselben ökonomischen Zusammenhänge zum Ergebnis, dass es besser ist, die Zusatzinformation bei Vorliegen eines ungünstigen Signals (y_L) zu beschaffen, d.h. HWP2 $\succeq$ NWP2.

Der Informationsgehalt kann bei Anwendung der einen oder anderen Aggregationsregel dazu führen, dass die Entlohnung nicht mehr monoton in der Günstigkeit der Signale sein muss. Dies ist hier besonders auffällig bei HWP2. Dabei ist die Entlohnung für die Kombination (y_L, z_H) mit 8.281 höher als für die Kombination (y_H, z_H), die 8.189 beträgt. Dies ist deshalb der Fall, weil die Entlohnung bei (y_H, z_L) gleich der bei (y_H, z_H) sein muss. Insgesamt ist dann (y_L, z_H) ein günstigerer Informationsstand als der Durchschnitt von (y_H, z_L) und (y_H, z_H). Würde man die Entlohnung entsprechend beschränken, dass $s_{LH} \leq s_{HH}$ ist, dann ergäbe sich dieselbe Lösung wie HWP1, die im Beispiel nur unwesentlich schlechter ist.

Das zweite Beispiel zeigt eine Situation, in der beide Signale symmetrisch verteilt und damit gleich informativ sind.

---

[30] Vgl. zu dieser Erklärung auch *J. Christensen / Demski* (2004), S. 211.

[31] Siehe *J. Christensen / Demski* (2004), S. 211.

Tabelle 4

Wahrscheinlichkeitsverteilung für Beispiel 2

	Prob($y, z \mid a_H$)		Prob($y, z \mid a_L$)	
	z_L	z_H	z_L	z_H
y_L	0,1	0,25	0,3	0,3
y_H	0,25	0,4	0,3	0,1

Die folgende Tabelle gibt die Ergebnisse wieder. Die Symmetrie der beiden Signale zeigt sich beim Vergleich der Ergebnisse der Verwendung von Signal y (AHK) und Signal z (BZW), aber auch bei Verwendung beider Signale (Benchmark), weil dort s_{LH} und s_{HL} gleich groß sind, ohne dass es eine Einschränkung der Entlohnungsfunktion gegeben hätte. Allerdings wird diese Lösung mit keiner der Aggregationen nachgebildet.

Tabelle 5

Optimale Entlohnung für Beispiel 2

Rechnungs-legungs-system	Erwartete Entlohnungs-kosten	s_{LL}	s_{LH}	s_{HL}	s_{HH}
Beide Signale	8.077	4.939	7.860	7.860	9.133
AHK	8.189	5.583	5.583	9.593	9.593
BZW	8.189	5.583	9.593	5.583	9.593
NWP1	8.157	6.688	6.688	6.688	10.362
NWP2	8.137	6.233	6.233	7.745	10.048
NWP3	8.137	6.233	7.745	6.233	10.048
HWP1	8.099	4.125	8.540	8.540	8.540
HWP2	8.091	4.414	7.843	8.752	8.752
HWP3	8.099	4.116	8.534	8.563	8.534

HWP2 liefert das beste Resultat der verschiedenen Rechnungslegungssysteme. Bei HWP3 ist erkennbar, dass sich die Entlohnung bei einem günstigen Signal (y_H oder z_H) kaum voneinander unterscheidet, weshalb die zusätzliche Nebenbedingung $s_{LH} = s_{HL} = s_{HH}$ nur eine geringfügige Abweichung von der Lösung von HWP3 erfordert.

Als drittes Beispiel wird noch der Grenzfall gezeigt, in dem das Signal y feiner ist als das Signal z; z ist damit unabhängig vom Entscheidungskontext eindeutig weniger informativ als y.

Tabelle 6

Wahrscheinlichkeitsverteilung für Beispiel 3

	Prob($y, z \mid a_H$)		Prob($y, z \mid a_L$)	
	z_L	z_H	z_L	z_H
y_L	0,4	0,1	0,56	0,14
y_H	0,1	0,4	0,06	0,24

In diesem Fall betragen die erwarteten Entlohnungskosten bei Verwendung nur von Signal y 8.358, und dieses Ergebnis ist auch durch Hinzuziehung von z nicht verbesserbar. Und auch NWP2 und HWP2 führen zum selben optimalen Ergebnis. Die Entlohnung nur auf Basis von z liefert erwartete Entlohnungskosten von 9.066, und andere Kombinationen finden sich dazwischen.

4. Berichterstattung des Managers

Als nächstes wird eine Situation analysiert, in welcher der Manager das Signal y privat beobachtet und dann öffentlich darüber berichtet. Vom Prinzipal ist nicht beobachtbar, ob der Manager die Wahrheit berichtet oder nicht und gewissermaßen (kostenlose) Bilanzpolitik betreibt. Nach der Berichterstattung über y wird das Signal z entsprechend dem Rechnungslegungssystem berichtet. Es kann daher als Disziplinierung für die Berichterstattung durch den Manager verwendet werden.

In einer solchen Situation ist das Offenlegungsprinzip anwendbar, welches besagt, dass sich der Prinzipal nicht schlechter stellt, wenn er dem Manager Anreize gibt, die Wahrheit zu berichten.[32] Die wahrheitsinduzierenden Bedingungen stellen sicher, dass der Manager nach erfolgter Arbeitsleistung keinen Vorteil hat, bei Beobachtung von y_L ein Signal y_H zu berichten und umgekehrt.

$$\sum_{j=L,H} -\exp\left[-r(s_{Lj} - v_H)\right] \cdot p_{Lj}^H \geq \sum_{j=L,H} -\exp\left[-r(s_{Hj} - v_H)\right] \cdot p_{Lj}^H$$

$$\sum_{j=L,H} -\exp\left[-r(s_{Hj} - v_H)\right] \cdot p_{Hj}^H \geq \sum_{j=L,H} -\exp\left[-r(s_{Lj} - v_H)\right] \cdot p_{Hj}^H$$

Christensen / Demski (2004) untersuchen auch diese Situation und kommen zum Ergebnis, dass es dann günstiger ist, das Signal z nur dann im Vertrag zu verwenden, wenn der Manager ein günstiges Signal, y_H, berichtet. Dieses Entlohnungsschema ergibt dieselben erwarteten Entlohnungskosten wie die unbe-

[32] Vgl. dazu z.B. *Wagenhofer / Ewert* (2003), S. 262 ff.

dingte Verwendung des Signals z. Christensen / Demski interpretieren dieses Ergebnis als Ausfluss des Niederstwertprinzips[33]: Wenn der Manager eine (möglicherweise zu) gute Situation behauptet, wird zusätzliche Information in Form des Signals z gewonnen, das die Behauptung untermauern kann oder auch nicht. Der Manager hat typischerweise keinen Anreiz, eine ungünstige Situation y_L zu berichten, wenn dies nicht zutrifft, weshalb dann das Signal z nicht benötigt wird. Eine solche Informationsstruktur ist deskriptiv für die Vorgehensweise bei einer Wirtschaftsprüfung. Der Manager berichtet ein Periodenergebnis, und der Prüfer holt eigenständig Information z ein, die weniger informativ als y ist, aber dennoch unbeeinflusst von der Berichterstattung des Managers ist.

Im Folgenden wird die hier analysierte Informationsstruktur mit zwei Signalen y (als Beispiel für Anschaffungs- oder Herstellungskosten) und z (als Beispiel für den beizulegenden Zeitwert) weitergeführt, die beide informativ sind. Die folgende Tabelle gibt die Resultate für alle drei obigen Beispiele von Wahrscheinlichkeitsverteilungen wieder.

Tabelle 7

Optimale Entlohnung für Berichterstattung des Managers

Berichterstattung von y	Erwartete Entlohnungskosten	s_{LL}	s_{LH}	s_{HL}	s_{HH}
Beispiel 1:					
z immer	8.020	6.421	8.437	7.338	8.173
NWP2	8.114	8.000	8.000	4.165	9.243
HWP2	8.023	6.174	8.514	8.000	8.000
Beispiel 2:					
z immer	8.157	4.530	10.065	6.611	8.836
NWP2	–				
HWP2	8.205	3.399	10.663	8.000	8.000
Beispiel 3:					
z immer	8.776	5.666	5.666	4.366	13.766
NWP2	8.776	5.666	5.666	4.366	13.766
HWP2	–				

[33] Siehe *J. Christensen / Demski* (2004), S. 217.

Beispiel 3 ist der Fall, in dem das Signal z keinen marginalen Informationsgehalt gegenüber y aufweist, sondern nur zur Kontrolle der wahrheitsgemäßen Berichterstattung verwendet wird. Dann liefert NWP2 dasselbe Ergebnis wie die Verwendung von z unabhängig vom berichteten y. Mit HWP2 ist in diesem Fall die hohe Arbeitsleistung nicht wirtschaftlich implementierbar.

Die Wahrscheinlichkeitsverteilung in Beispiel 1, bei der das Signal z sehr informativ ist, zeigt, dass die Verwendung des berichteten Signals y keine markanten Vorteile für den Prinzipal liefert. Bei unbedingter Verwendung von z ergeben sich erwartete Entlohnungskosten von 8.020.

In Beispiel 1 und 2 zeigt sich weiterhin, dass die Berücksichtigung des Signals z im Fall, dass der Manager ein ungünstiges Signal y_L berichtet (HWP2), günstiger ist als im Fall eines günstigen Signals y_H (NWP2). In Beispiel 2 ist die Implementierung der hohen Arbeitsleistung dann gar nicht möglich. Das „Höchstwertprinzip" dringt also auch hier durch.[34]

Im Ergebnis bedeutet dies, dass Ergebnisse über die Günstigkeit oder Ungünstigkeit vorsichtiger Rechnungslegung von vielen Faktoren abhängen. Erstens ist bereits die Formalisierung bilanzieller Vorsicht problematisch, weil sie viele Facetten umfasst. Sogar das hier modellierte Niederstwertprinzip ist nicht als einfache Rechenregel darstellbar. Im vorliegenden Modell gibt es keine Verzerrung in der öffentlich bekannt werdenden Information aus einer *ex ante* Perspektive, und damit würde man empirisch gar keine vorsichtige Rechnungslegung beobachten.[35] Zweitens können geringe Änderungen der Informationssituation erhebliche Änderungen der Aussagen über die Vorteilhaftigkeit bedingen. Differenzierte Ergebnisse sind nicht ungewöhnlich – es wäre suspekt, wenn die Wirkungszusammenhänge so einfach wären, dass eine verallgemeinerbare eindeutige Lösung resultierte. Es gibt aber auch allgemeine Aussagen, wie etwa die, dass die Aggregationsregeln, die Informationen beider Signale erfassen, i.d.R. besser abschneiden als reine Anschaffungswert- oder Zeitwertbilanzierung.

---

[34] Dieses Ergebnis ist nicht im Widerspruch zu dem Ergebnis von *J. Christensen / Demski* (2004), S. 213, sondern basiert auf anderen Annahmen über die Ausgangssituation.

[35] Werden die Signale öffentlich zugänglich, werden sie gemäß ihrem Informationsgehalt für die Entlohnung verwendet; berichtet der Manager ein Signal selbst, so kommt es deshalb zu keiner Verzerrung, weil das Offenlegungsprinzip angewandt werden kann.

IV. Zusammenfassung

Eine hervorstechende Eigenschaft der Rechnungslegung gleich welcher Herkunft ist die zeitlich frühere Erfassung erfolgsmindernder Ereignisse relativ zur Erfassung erfolgserhöhender Ereignisse. Diese Eigenschaft folgt aus der bilanziellen Vorsicht. Der Beitrag diskutiert die Ausprägungen bilanzieller Vorsicht am Beispiel der IFRS und belegt, dass solche Regeln in unterschiedlicher Form und bei verschiedensten Posten vorkommen. Dies zeigt, dass die Rechnungslegung ein sehr komplexes Transformationsinstrument von Transaktionen und Ereignissen in bilanzielle Größen ist.

In jüngerer Zeit gab es etliche Arbeiten, die das Vorsichtsprinzip in analytischen Modellen präzise machen und einen ökonomischen Vorteil des Vorsichtsprinzips zeigen konnten. Dieser Beitrag diskutiert anhand des Modells von Christensen / Demski (2004), wie das Niederstwertprinzip in diesem formalen Rahmen interpretiert werden kann und wie fragil die dort gezeigten Ergebnisse sind. Es wird gezeigt, dass vielfach ein Höchstwertprinzip für die Vertragsgestaltung günstiger ist als ein Niederstwertprinzip. Nicht unerwartet hängen die Aussagen von der jeweiligen Informationsstruktur ab. Dies belegt allerdings auch wieder, wie wichtig das Verständnis von Rechnungslegung als Informationsinstrument im Sinne der Informationsökonomie ist. Die einfache binäre Modellstruktur mit einer Periode und zwei Personen liefert einen Rahmen für die Erfassung des Nutzens von Informationen und ermöglicht Einblicke in die optimale Verwendung von Informationssystemen.

Zurück bleibt die Erkenntnis, dass es schwierig ist, allgemeinere Aussagen über die Vorteilhaftigkeit eines Grundsatzes der Rechnungslegung abzuleiten – diese hängt vom Informationssystem, von der spezifischen Verwendung der Information und dem institutionellen Kontext ab, in dem sie genutzt wird. In einem erweiterten Sinn zeigt sich sogar, dass der Vergleich der Rechnungslegungsregeln selbst auch nicht immer ausreicht, sich ein Bild über die Qualität und den Nutzen der Rechnungslegung zu machen. Beispielsweise zeigt die empirische Studie von Ball / Kothari / Robin (2000), dass die US-amerikanische Rechnungslegung unter den untersuchten Ländern eine der vorsichtigsten im Sinn der frühzeitigen Erfassung ungünstiger Informationen ist. Die deutsche Rechnungslegung, die als besonders vorsichtig gesehen wird, ist dies mehr formal als materiell. Auch wenn die Messung von Vorsicht in solchen empirischen Studien diskutierbar ist, geben sie doch Anlass, mit allgemeinen Aussagen, die auf intuitiv plausiblen Zusammenhängen basieren, vorsichtig zu sein. Die Wirkungsmechanismen, die hinter Grundsätzen wie der bilanziellen Vorsicht liegen, sind viel komplexer als vielleicht vordergründig vermutet. Es gibt daher künftig noch erheblichen Bedarf nach Studien, die einen besseren Einblick in solche Wirkungsmechanismen gewähren.

Literaturverzeichnis

Antle, Rick / *Lambert*, Rick (1988): Accountants' Loss Functions and Induced Incentives for Conservatism; in: Economic Analysis of Information and Contracts: Essays in Honor of John E. Butterworth; Hrsg. Gerald A. Feltham, Amin H. Amershi und William T. Ziemba; Boston 1988; S. 373 – 408.

Antle, Rick / *Nalebuff*, Barry (1991): Conservatism and Auditor-Client Negotiations; in: Journal of Accounting Research; Vol. 29 (1991); Supplement 1991; S. 31 – 54.

Baetge, Jörg / *Kirsch*, Hans-Jürgen / *Thiele*, Stefan (2003): Bilanzen; 7. Auflage; Düsseldorf 2003.

Baldenius, Tim / *Reichelstein*, Stefan (2000): Incentives for Efficient Inventory Management: The Role of Historical Cost; Arbeitspapier; Columbia University; Juli 2000.

Ball, Ray / *Kothari*, S. P. / *Robin*, Ashok (2000): The Effect of International Institutional Factors on Properties of Accounting Earnings; in: Journal of Accounting and Economics; Vol. 29 (2000); S. 1 – 51.

Beja, Avraham / *Weiss*, Dan (2004): Informational Merits of Conservatism; Arbeitspapier; Tel Aviv University; Februar 2004.

Christensen, John A. / *Demski*, Joel S. (2003): Accounting Theory – An Information Content Perspective; Boston et al. 2003.

– (2004): Asymmetric Monitoring: Good versus Bad News Verification; in: Schmalenbach Business Review; Vol. 56 (2004); S. 206 – 222.

Christensen, Peter O. / *Demski*, Joel S. / *Frimor*, Hans (2002): Accounting Policies in Agencies with Moral Hazard and Renegotiation; in: Journal of Accounting Research Vol. 40 (2002); S. 1071 – 1090.

Coenenberg, Adolf G. (2003): Jahresabschluss und Jahresabschlussanalyse; 19. Auflage; Stuttgart 2003.

Dutta, Sunil / *Zhang*, Xiao-Jun (2002): Revenue Recognition in a Multiperiod Agency Setting; in: Journal of Accounting Research; Vol. 40 (2002); S. 67 – 83.

Gigler, Frank B. / *Hemmer*, Thomas (2001): Conservatism, Optimal Disclosure Policy, and the Timeliness of Financial Reports; in: The Accounting Review; Vol. 76 (2001); S. 471 – 493.

Kwon, Young K. / *Newman*, D. Paul / *Suh*, Yoon S. (2001): The Demand for Accounting Conservatism for Management Control; in: Review of Accounting Studies; Vol. 6 (2001); S. 29 – 52.

Schildbach, Thomas (1999): Rechnungslegung nach US-GAAP: Hoffnung und Wirklichkeit (Teil I); in: Betriebs-Berater; 54. Jg. (1999); S. 359 – 365.

Schneider, Dieter (1997): Betriebswirtschaftslehre; Band 2: Rechnungswesen; 2. Auflage; München, Wien 1997.

Siegel, Theodor (1997): Mangelnde Ernsthaftigkeit des Gläubigerschutzes als offene Flanke der deutschen Rechnungslegungsvorschriften; in: Jahresabschluß und Jahresabschlußprüfung: Festschrift zum 60. Geburtstag von Jörg Baetge; Hrsg. Thomas R. Fischer und Reinhold Hömberg; Düsseldorf 1997; S. 117 – 149.

– (1998): Zeitwertbilanzierung für das deutsche Bilanzrecht?; in: Betriebswirtschaftliche Forschung und Praxis; 50. Jg. (1998); S. 593 – 603.

– (2004): Der Zeitwertansatz: Ein konzeptioneller Rahmen für den Konzernabschluss; in: Unternehmensrechnung: Konzeptionen und praktische Umsetzung: Festschrift zum 68. Geburtstag von Gerhard Scherrer; Hrsg. Stefan Göbel und Bernhard Heni; München 2004; S. 309 – 329.

Siegel, Theodor / *Bareis*, Peter / *Rückle*, Dieter / *Schneider*, Dieter / *Sigloch*, Jochen / *Streim*, Hannes / *Wagner*, Franz W. (1999): Stille Reserven und aktienrechtliche Informationspflichten; in: Zeitschrift für Wirtschaftsrecht; 20. Jg. (1999); S. 2077 – 2085.

van Hulle, Karel (1996): Prudence: a principle or an attitude; in: European Accounting Review; Vol. 5 (1996); S. 375 – 382.

Wagenhofer, Alfred (1996): Vorsichtsprinzip und Managementanreize; in: Schmalenbachs Zeitschrift für betriebswirtschaftliche Forschung; 48. Jg. (1996); S. 1051 – 1074.

– (2003): Internationale Rechnungslegungsstandards – IAS/IFRS; 4. Auflage; Frankfurt am Main, Wien 2003.

Wagenhofer, Alfred / *Ewert*, Ralf (2003): Externe Unternehmensrechnung; Berlin et al. 2003.

Watts, Ross L. (2003a): Conservatism in Accounting, Part I: Explanations and Implications; in: Accounting Horizons; Vol. 17 (2003); S. 207 – 221.

– (2003b): Conservatism in Accounting, Part II: Evidence and Research Opportunities; Accounting Horizons; Vol. 17 (2003); S. 287 – 301.

Wissensbilanzen als Ergänzung zum Jahresabschluss

Von Thomas Günther und Sandra Kirchner-Khairy

I. Zur Notwendigkeit der Berichterstattung über immaterielle Ressourcen

Durch den gegenwärtigen Wandel von der Industrie- zur Dienstleistungs- und Informationsgesellschaft kommt immateriellen Ressourcen wie z.B. Know-how, Kundenbeziehungen, Marken oder Humankapital eine steigende Bedeutung im betrieblichen Wertschöpfungsprozess zu. In der nationalen und internationalen Rechnungslegung sind die Möglichkeiten zur Berichterstattung über selbst geschaffene immaterielle Ressourcen (z.B. durch das Aktivierungsverbot nach § 248 Abs. 2 HGB) eingeschränkt. Daher wurde in den letzten Jahren die Forderung nach einer Ergänzung des Jahresabschlusses durch Wissensbilanzen erhoben.

Der Beitrag widmet sich der Darstellung derzeit diskutierter Wissensbilanz-Ansätze und analysiert deren Möglichkeiten und Grenzen, eine sinnvolle Ergänzung zu Jahresabschluss-Informationen zu liefern.

II. Begriffsklärung und konzeptionelle Einordnung

Im Rahmen dieses Beitrages werden immaterielle Ressourcen als nicht-materielle und nicht-finanzielle Ressourcen einer Organisation definiert, die länger als das laufende Berichtsjahr genutzt werden. Als „Intellectual property" werden diejenigen immateriellen Ressourcen bezeichnet, die wie z.B. Markennamen, Patente oder Lizenzen rechtlich geschützt sind. Immaterielle Ressourcen können immaterielle Vermögensgegenstände oder Wirtschaftsgüter, bzw. im englisch-sprachigen Verständnis intangible assets, werden, wenn sie die jeweiligen Definitionen zur abstrakten und konkreten Aktivierbarkeit nach internationalem Recht (z.B. nach IASC F. 49, IAS 38.7 oder SFAC 6.25 und .26) oder dem jeweiligen Handels- und Steuerrecht erfüllen.[1]

---

[1] Vgl. Arbeitskreis „Immaterielle Werte im Rechnungswesen" der Schmalenbach-Gesellschaft für Betriebswirtschaft e.V. (2001), S. 989 ff.

Die gestiegene Bedeutung immaterieller Ressourcen für die Steuerung von Unternehmen, aber auch von anderen Einrichtungen wie z.B. Universitäten oder Forschungseinrichtungen reflektieren verschiedene Managementkonzepte, die die Berichterstattung oder die Erfassung dieser Werte zumindest teilweise beinhalten. Man findet Ansatzpunkte zur Erfassung und zur Berichterstattung von immateriellen Werten in Performance Measurement-Konzepten, in eigens dafür entwickelten Indikatorbasierten Konzepten zur Erfassung immaterieller Ressourcen, in Value Reporting-Konzepten und in Ansätzen zur Berichterstattung von Universitäten (Abbildung 1).

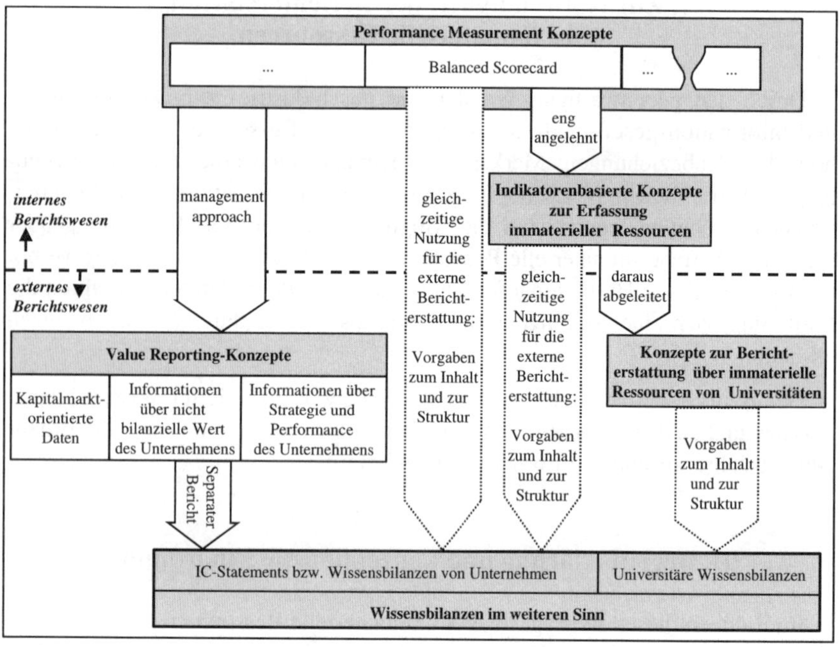

Abbildung 1: Wissensbilanzen im Kontext aktueller Managementkonzepte

Die Überlegung, die Unternehmensleistung ganzheitlicher abzubilden und somit die finanzielle Perspektive um weitere Messobjekte zu ergänzen, führte zu Instrumenten des Performance Measurements. Verschiedene Stakeholder wie Mitarbeiter oder Kunden werden zunehmend als wichtiger Erfolgsfaktor der Unternehmensführung anerkannt und daher in die Unternehmenssteuerung im Rahmen des Performance Measurements integriert.[2] Mit den so genannten

[2] Vgl. *Gleich* (2001), S. 212.

„Steuerungssystemen der neuen Generation" gilt es, Defizite traditioneller Steuerungssysteme, u.a. durch die Einbindung von nicht-finanziellen Informationen oder die Berücksichtigung verschiedener Sichtweisen, zu beheben.[3] Denn mittels mehrdimensionaler Kennzahlensysteme sollen neben dem finanziellen Ergebnis auch die Leistungstransparenz auf den einzelnen Unternehmensebenen in den Vordergrund gerückt und somit Ansatzpunkte für eine effektivere Leistungsplanung und -steuerung geschaffen werden.[4] Die Dokumentation der Ergebnismessung dient vorwiegend der internen Leistungssteuerung.[5] Innerhalb des Performance Measurements erfolgt keine isolierte Planung und Steuerung einzelner Werte bzw. Ressourcen. Somit werden immaterielle Ressourcen nicht explizit gemessen bzw. korrespondierende Indikatoren nicht gebündelt abgebildet. Jedoch finden sich in einigen Performance Measurement-Ansätzen Indikatoren, die auch zur Abbildung immaterieller Werte genutzt werden können.

So rücken z.B. im weit verbreiteten Ansatz der Balanced Scorecard neben der traditionellen Finanzperspektive weitere Perspektiven wie Kunden, Lernen und Entwickeln sowie Interne Geschäftsprozesse in den Vordergrund.[6] Die Balanced Scorecard zielt zwar nicht direkt auf die Steuerung immaterieller Werte, liefert jedoch erste Ansatzpunkte, um die Aufmerksamkeit des Managements auch auf andere nicht-finanzielle Ziele zu lenken. Obwohl die Balanced Scorecard vordergründig ein Instrument der internen Unternehmenssteuerung ist, kann sie auch im externen Berichtswesen genutzt werden.[7] Die Deutsche Bank veröffentlicht z.B. als Teil ihres Geschäftsberichtes den sog. „Vierklang" als vereinfachte Balanced Scorecard.[8]

Im Schrifttum finden sich verschiedene Indikatorbasierte Konzepte zur Erfassung immaterieller Ressourcen (z.B. Skandia Navigator,[9] Intellectual Capital Navigator,[10] Intangible Assets Monitor[11]*)*, die eng an das Balanced Scorecard-Konzept angelehnt sind. Der strukturelle Aufbau der Konzepte wird teilweise als Grundlage für die externe Berichterstattung über immaterielle Werte genutzt. Dabei werden die Indikatoren in verschiedenen Untergruppen der imma-

---

[3] Vgl. *Baum / Coenenberg / Günther* (2004), S. 341.

[4] Vgl. *Gleich* (2001), S. 2.

[5] Vgl. *Gleich* (2001), S. 28.

[6] Vgl. *Kaplan / Norton* (1992), S. 72.

[7] Vgl. *Dawo / Heiden* (2001), S. 1721.

[8] Vgl. die Darstellung im Geschäftsbericht 1999 bei www.deutsche-bank.de/ir/pdfs/gb99d10_15.pdf und im Geschäftsbericht 2000 bei www.deutsche-bank.de/ir/pdfs/012-017_Vierklang.pdf. In den nachfolgenden Jahren wurde die Bezeichnung z.B. in „Mit Leistung und Leidenschaft für unsere Partner" (2003) geändert.

[9] Vgl. *Edvinsson / Malone* (1997) S. 65 ff.

[10] Vgl. *Stewart* (1997), S. 245 ff.

[11] Vgl. *Sveiby* (1997).

teriellen Ressourcen (z.B. Human Capital, External Structure, Internal Structure)[12] zusammengefasst.

Im Unterschied zu Performance Measurement-Ansätzen fokussieren die Indikatorbasierten Ansätze unmittelbar auf die Darstellung der immateriellen Ressourcen und sind weniger auf eine umfassende Berücksichtigung verschiedener Leistungsebenen im Unternehmen sowie eine besondere Integration von Stakeholdern ausgerichtet. Die erfassten Informationen von Indikatorenbasierten Ansätzen können jedoch durchaus Bestandteil von Performance Measurement-Systemen sein.

Aus den Indikatorenbasierten Konzepten wurde das Konzept der Wissensbilanz für österreichische Universitäten abgeleitet.[13] Die universitäre Wissensbilanz dient vornehmlich der externen Berichterstattung der österreichischen Universitäten gegenüber dem zuständigen Ministerium und dem Parlament, denn die Universitäten sind nach dem österreichischen Universitätsgesetz 2002 ab dem Jahr 2005 zur Erstellung einer Wissensbilanz verpflichtet.[14] Auch in Deutschland gibt es erste Vorschläge zur Leistungsmessung von Hochschulen mittels Wissensbilanzen.[15]

Ein auf die interne Steuerung ausgerichtetes Konzept ist der integrative Wissensmanagement-Ansatz.[16] Er stellt auf die Gestaltung und die Lenkung der organisationalen Wissensbasis[17] ab und nutzt die Wissensbilanz[18] als Bewertungsmethode für die Verfolgung und Zielerreichungsmessung von abgeleiteten strategischen Wissenszielen.[19] Die Wissensbewertung, unter der im Ansatz die Beurteilung der Erreichung von Wissenszielen verstanden wird, ist ein wesentlicher Baustein im Wissensmanagementregelkreislauf und dient der zielgerichteten Steuerung von Wissensmanagementprojekten in einer Organisation.

Das Value Reporting ergänzt die traditionelle externe Berichterstattung auf freiwilliger Basis um wertrelevante Informationen. Die freiwillige Berichterstattung gewinnt in letzter Zeit zunehmend an Bedeutung, da das traditionelle Reporting das tatsächliche Wertsteigerungspotenzial eines Unternehmens insbe-

---

[12] Vgl. *Sveiby* (1997), S. 28. Für einen Überblick über Ansätze zur Kategorisierung immaterieller Ressourcen vgl. *Haller / Dietrich* (2001), S. 1045.

[13] Vgl. *Leitner* (2003), S. 21.

[14] Vgl. *Leitner* (2003), S. 24; *Blum / Borrmann* (2004), S. 409.

[15] Vgl. *Maul* (2000), S. 2009 ff.

[16] Vgl. *Probst / Raub / Romhardt* (1998), S. 57 ff.

[17] Die organisationale Wissensbasis ist ein Teil des immateriellen Vermögens und besteht aus kodifiziertem Wissen, d.h. Informations- und Datenbeständen, die die Organisation besitzt, und aus Wissen, über das die Organisation verfügen kann. Vgl. *North* (2002), S. 57.

[18] Vgl. *North / Probst / Romhardt* (1998), S. 164.

[19] Vgl. *Probst / Raub / Romhardt* (1998), S. 320 ff.

sondere durch die wachsende Bedeutung immaterieller Werte in der Wertschöpfung unzureichend widerspiegelt. In „Grundsätze des Value Reporting" des Schmalenbach-Arbeitskreises „Externe Unternehmensrechnung" (AKEU) werden immaterielle Ressourcen unter dem Bereich „Informationen über nicht bilanzierte Werte des Unternehmens" abgebildet.[20]

In DRS 12.32 – 34 werden ergänzende Angaben zu nicht aktivierten immateriellen Vermögenswerten im Rahmen des Konzernlageberichts empfohlen. Der Entwurf des DRS 20 zur Lageberichterstattung (E-DRS 20) übernimmt diese Empfehlung in E-DRS 20.118 – 122 und lehnt sich hierbei an die noch darzustellende Struktur des Arbeitskreises „Immaterielle Werte im Rechnungswesen" an. Im Danish Financial Statements Act von 2002 wird für große dänische Unternehmen eine Beschreibung der Wissensressourcen des Unternehmens im Geschäftsbericht verlangt, wenn diese von besonderer Bedeutung für die zukünftigen Gewinne des Unternehmens sind.

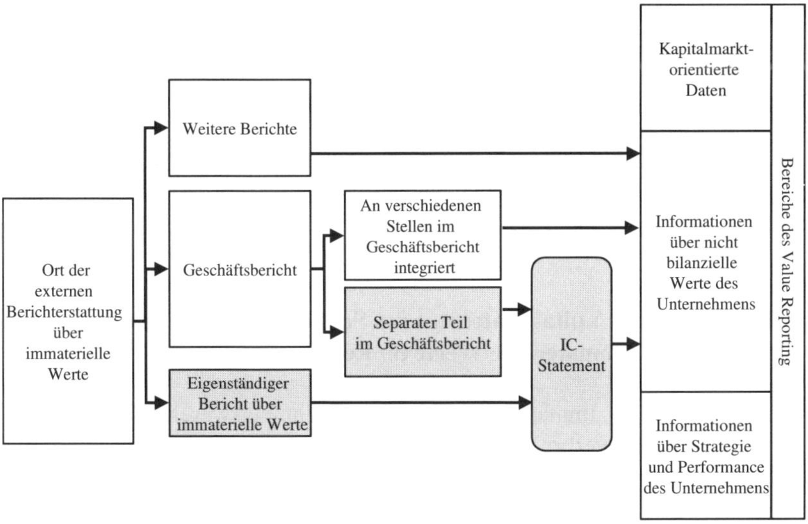

Abbildung 2 : Intellectual Capital Statement als Bestandteil des Value Reporting[21]

Die Berichterstattung über immaterielle Werte kann sowohl in einem eigenen Bericht als auch als separater Teil des Geschäftsberichtes (z.B. der Vorschlag

[20] Vgl. Arbeitskreis „Externe Unternehmensrechnung" der Schmalenbach-Gesellschaft für Betriebswirtschaft e.V. (2002), S. 2338.

[21] Vgl. zu den Bereichen des Value Reporting Arbeitskreis „Externe Unternehmensrechnung" der Schmalenbach-Gesellschaft für Betriebswirtschaft e.V. (2002), S. 2338.

des AKEU und des Arbeitskreises „Immaterielle Werte im Rechnungswesen"), sowie verteilt in verschiedenen Teilen des Geschäftsberichtes erfolgen. Alternativ können auch einzelne Informationen in anderen Berichten wie z.B. einem Sustainability Report oder einem Umweltbericht enthalten sein. Die Bezeichnungen des Berichtes sind dabei vielfältig. Der Arbeitskreis „Immaterielle Werte" spricht von einem Intellectual Capital Statement (IC-Statement).[22] Maul / Menninger bezeichnen ihn als „Intellectual Property Statement" (Abbildung 2).[23]

Wie bereits aus der konzeptionellen Einordnung der Wissensbilanzen deutlich wird, zeigt auch eine Analyse der Berichtsbezeichnungen veröffentlichter IC-Statements, dass keine einheitliche Berichtsbezeichnung existiert. Im vorliegenden Beitrag wird unter einer Wissensbilanz (im weiteren Sinn) ein Bericht verstanden, der auf die möglichst umfassende externe oder interne Berichterstattung immaterieller Ressourcen ausgerichtet ist. Darunter werden sowohl die IC-Statements bzw. Wissensbilanzen von Unternehmen als auch die universitären Wissensbilanzen subsumiert (Abbildung 1).

III. Wissensbilanz-Konzepte

In den letzten Jahren wurden eine Reihe ganz unterschiedlicher Konzepte für Wissensbilanzen von Wissenschaft und Praxis entwickelt. Nachfolgend sollen einige der meist genannten Ansätze kurz skizziert werden.

1. Intellectual Capital Statement des Schmalenbach-Arbeitskreises „Immaterielle Werte im Rechnungswesen"

Der Arbeitskreis „Immaterielle Werte im Rechnungswesen" der Schmalenbach-Gesellschaft unterbreitete einen Vorschlag zur Ausgestaltung eines von ihm als „Intellectual Capital Statement (ICS)" bezeichneten Indikatorensystems zur freiwilligen den Jahresabschluss ergänzenden Berichterstattung über immaterielle Werte.[24]

Das ICS ist wie in Abbildung 3 dargestellt aufgebaut. Nach einer generellen Erläuterung der Strategie des Unternehmens im Umgang mit immateriellen Werten und zum Zusammenhang immaterieller Werte mit dem langfristigen Un-

---

[22] Vgl. Arbeitskreis „Immaterielle Werte im Rechnungswesen" der Schmalenbach-Gesellschaft für Betriebswirtschaft e.V. (2003), S. 1234.

[23] Vgl. *Maul / Menninger* (2000), S. 529 ff.

[24] Vgl. Arbeitskeis „Immaterielle Werte im Rechnungswesen" der Schmalenbach-Gesellschaft für Betriebswirtschaft e.V. (2003), S. 1233 ff.

ternehmenserfolg wird für jede der sieben Intellectual Capital-Kategorien Innovation Capital, Human Capital, Investor Capital, Customer Capital, Supplier Capital, Process Capital und Location Capital[25] spezifisch zu folgenden vier Faktoren Bericht erstattet:

Einführung:	Generelle Strategie des Managements immaterieller Werte; Zusammenhang zum langfristigen Unternehmenserfolg
Für jede Kategorie:	1. **Strategie** (spezifisch für die jeweilige Kategorie) 2. **Katalog der Indikatoren** - Aktueller Wert der Berichtsperiode - Aktuelle(r) Wert(e) vergangener Berichtsperioden - wenn möglich Sollwerte für zukünftige Periode(n) 3. **Definition und Wechselwirkung der Indikatoren** - Erläuterung und exakte Definition des Indikators und dessen erfolgte Differenzierung 4. **Kommentar** (Stand und Entwicklung der Kategorie)
Zusammenfassung:	Bewertung der immateriellen Werte als Einheit

Abbildung 3: Aufbau des Intellectual Capital Statements

1. *Strategie:* Darstellung des Zusammenhanges der spezifischen IC-Kategorie mit der Unternehmensstrategie aus Sicht des Managements (management approach).

2. *Katalog der Indikatoren:* Auflistung der Indikatoren unter Angabe des aktuellen Wertes der Berichtsperiode, Werte vergangener Berichtsperioden (soweit verfügbar) und wenn möglich der Sollwerte für zukünftige Perioden.

3. *Definition und Wechselwirkung der Indikatoren:* Erläuterung der Indikatoren zur Messung der Entwicklung einer IC-Kategorie unter Darstellung der exakten Definition (z.B. der exakten Berechnungsformeln), da die Interpretation der Indikatoren von deren Definition abhängt.

4. *Kommentar:* Interpretation der Werte der Indikatoren bezüglich ihrer vergangenen Entwicklung und bezüglich der Zielerreichung (Soll-Ist-Abweichung), sofern das Unternehmen in den Vorperioden Soll-Werte angegeben hat.

---

[25] Zur Struktur der IC-Kategorien vgl. eine frühere Darstellung des Arbeitskreises „Immaterielle Werte im Rechnungswesen“ der Schmalenbach-Gesellschaft für Betriebswirtschaft e.V. (2001), S. 990 f.

Nach den kommentierten Kennzahlen zu den sieben IC-Kategorien folgt ein abschließender Überblick bzw. eine Zusammenfassung zu einem Gesamtbild in verbaler Form.

Die Struktur des Indikatorsystems wird nachfolgend am Beispiel der IC-Kategorie Human Capital in Tabelle 1 dargestellt. Die Mitarbeiterzahl wird bereits im Anhang als Information zur Verfügung gestellt (§ 285 Nr. 7 und § 314 Abs. 1 Nr. 4 HGB). Zudem wird für die Segmentberichterstattung die Angabe der Mitarbeiterzahl pro Segment empfohlen. Bei der Mitarbeiterzahl wird vom Arbeitskreis gefordert, eine aussagefähige Definition zu wählen, die einen Vergleich zwischen den Unternehmen und deren verschiedenen Geschäftssystemen erlaubt (z.B. Umrechnung auf Vollzeitäquivalente).

Tabelle 1

Kennzahlen zur IC-Kategorie „Human Capital"

Indikator	Erläuterung/Differenzierung
Altersstruktur der Mitarbeiter	Klassifizierung nach Altersgruppen (in Jahren): [<25] [25-39] [40-54] [>54]
Unternehmens-zugehörigkeit	Klassifizierung der Zugehörigkeitsdauer (nach Jahren) [<5] [5-15] [>15]
Fluktuation	Zahl der Mitarbeiter, die in der Berichtsperiode das Unternehmen verließen, im Verhältnis zu Gesamtmitarbeiterzahl
Mitarbeiter-qualifikation	Einteilung in % der Gesamtmitarbeiterzahl: - Lehre/Ausbildung im Haus bzw. bei einem anderen Unternehmen - Hochschulabschluss (letztlich jedoch management approach, d.h. unternehmens- oder branchenindividuelle Auflistung von Abschlüssen; z.B. Sparkassenakademie, Bankakademie etc. bei Kreditinstituten)
Weiterbildung	- Angabe der Ausgaben (pro Mitarbeiter) - Angabe der Weiterbildungstage (pro Mitarbeiter)
Mitarbeiter-zufriedenheit	Wichtig ist insbesondere die Angabe und Erläuterung der Methode, auf deren Basis die Mitarbeiterzufriedenheit ermittelt wurde.
Fehlzeiten	Angabe der Tage pro Mitarbeiter
Wertbeitrag	(Wertschöpfung pro Mitarbeiter – Personalkosten pro Mitarbeiter) x Mitarbeiterzahl

Die Angabe zum Wertbeitrag folgt der Grundidee einer Zerlegung des Residualgewinnes (z.B. gemessen als EVA™ oder CVA) gemäß dem Workonomics™-Ansatz der Boston Consulting Group in die Wertschöpfung der Mitarbeiter und die Personalkosten.[26] Der Ansatz ist insbesondere bei personalintensiven Geschäftssystemen (z.B. bei Filialunternehmen oder vertriebsstarken Unternehmen) von Interesse.

Der Vorschlag des Arbeitskreises wurde vom DRSC aufgegriffen, der in DRS 12.33 und .34 und E-DRS 20.118 bis 20.122 dem Klassifikationsvorschlag folgt und eine ergänzende Berichterstattung empfiehlt. Riegler / Kristandl führen eine empirische Erhebung zum Value Reporting bei 35 österreichischen Aktiengesellschaften durch und analysieren in diesem Zusammenhang auf der Basis der Struktur des Arbeitskreis-Vorschlages die freiwillige Berichterstattung über immaterielle Werte. Sie stellen eine eindeutige Dominanz qualitativer Angaben zu den sieben IC-Kategorien fest.[27] Eine etwas ältere vergleichbare Untersuchung legen auch Haller / Dietrich vor.[28]

Die Auswahl der Indikatoren entbehrt einer empirischen Ableitung und Begründung. Als Ort der Berichterstattung wird der Lagebericht empfohlen; der Anhang wird mit der Begründung verworfen, dass dieser primär der Erläuterung der Werte des Jahresabschlusses diene. Die gewählte Klassifikation ist feiner als die übliche Klassifikation in drei IC-Kategorien, jedoch – nach Ansicht des Arbeitskreises – ebenfalls nicht frei von möglichen Überschneidungen. Eine praktische Umsetzung des Arbeitskreis-Ansatzes ist bisher noch nicht zu beobachten.

2. Value Chain Scoreboard nach Lev

Baruch Lev, der als einer der ersten auf die beschränkten Fähigkeiten der traditionellen externen Berichterstattung zur Darstellung immaterieller Werte verwiesen hat, entwickelte 2001 auf der Basis seiner umfangreichen empirischen Kapitalmarktforschung zu immateriellen Ressourcen[29] das sog. Value Chain Scoreboard (VCS).[30]

Das Value Chain Scoreboard stellt ein Indikatoren-Modell dar, das sowohl finanzielle als auch nicht-finanzielle Kennzahlen für neun unterschiedliche Perspektiven enthält und diese nach den drei Stufen der unternehmerischen Wertschöpfung in „Discovery and learning", „Implementation" und „Commercialization" einteilt (Abbildung 4).

---

[26] Vgl. *Strack / Villis* (2001), S. 67 ff.

[27] Vgl. *Riegler / Kristandl* (2004), S. 250 ff.

[28] Vgl. *Haller / Dietrich* (2001), S. 1045 ff.

[29] Vgl. z.B. *Lev / Sougiannis* (1996), S. 107 ff.; *Aboody / Lev* (1998), S. 161 ff., und *Deng / Lev / Narin* (1999), S. 20 ff.

[30] Vgl. *Lev* (2001), S. 110 ff.

Innerhalb der ersten Phase „Discovering and learning" erfassen die Kategorien „Internal renewal", „Acquired capabilities" und „Networking" die wesentlichen Quellen der Generierung neuer Ideen für Produkte, Dienstleistungen und Prozesse. In der zweiten Stufe, „Implementation", beziehen sich die Kennzahlen auf Maße, die die Transformation neuer Ideen in funktionierende Produkte, Dienstleistungen und Prozesse messen. Die Fähigkeit zur technologischen Durchsetzbarkeit und zur Vermarktung reduziert das Risiko einer immateriellen Ressource und erleichtert die Schätzung zukünftiger Rückflüsse. Die dritte Phase, „Commercialization", repräsentiert die vergangenen und potenziellen finanziellen Erfolge, die mit den neuen Ideen erzielt werden können.

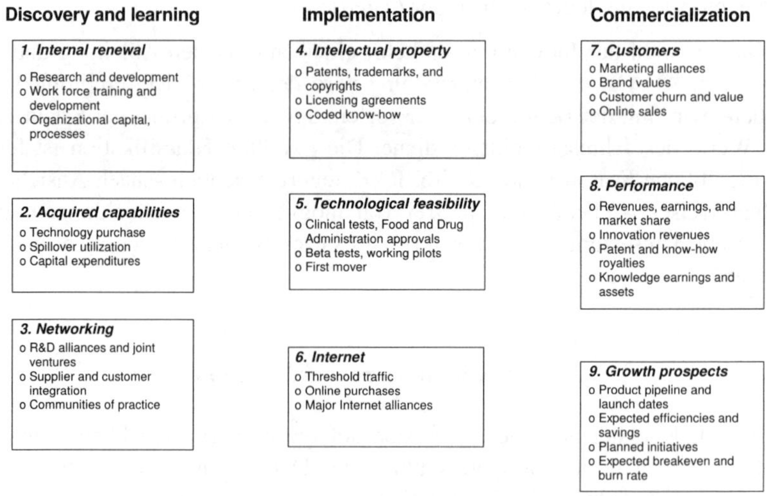

Abbildung 4: Value Chain Scoreboard[31]

Eine Anpassung an die individuellen Gegebenheiten des betrachteten Unternehmens wird durch die Integration eines subsets von Kennzahlen ermöglicht. Die VCS ist sowohl für die interne Unterstützung von Entscheidungsprozessen als auch als Kommunikationstool gegenüber Investoren gedacht. Um die „decision usefulness" zu maximieren, empfiehlt Lev, dass die ausgewählten Indikatoren quantitativ, standardisiert und durch empirische Studien als relevant bestätigt sein sollten. Quantitative Indikatoren können in einem Anhang zur VCS durch weichere, qualitative Faktoren ergänzt werden. Die geforderte Standardisierung der Kennzahlen ermöglicht Vergleiche zwischen Unternehmen. Die Forderung nach empirischer Validierung der Indikatoren soll absichern, dass

[31] Vgl. *Lev* (2001), S. 111.

die Indikatoren auch mit dem Unternehmenswert verknüpft und die Zusammenhänge wissenschaftlich robust sind.

Lev wählt im Gegensatz zu anderen Ansätzen eine Struktur, die sich am Entwicklungsprozess von immateriellen Ressourcen von deren Entstehung bis zu deren wirtschaftlicher Nutzung durch die Unternehmen orientiert (Wertketten-Modell). Im Ansatz werden die einzelnen Wertketten-Phasen abgedeckt, ohne konkrete Vorschläge zur Definition und Messung der Indikatoren zu unterbreiten. Als einer von wenigen Ansätzen verlangt er jedoch explizit neben einer gewissen analytischen Fundierung auch eine empirische Validierung insbesondere bezüglich des im anglo-amerikanischen Rechnungswesen verfolgten Grundsatzes der „decision usefulness". Des Weiteren wird eine systematische Koppelung mit der Unternehmensstrategie, wie z.B. im Ansatz der Danish Guidelines oder im Meritum Projekt, nicht verankert.

3. Wissensbilanz-Modell des Austrian Research Centers (ARC)

Das Austrian Research Center (ARC) in Seibersdorf ist einer der Vorreiter in der Entwicklung und Nutzung von Wissensbilanzen. Seit 1999 veröffentlicht das ARC eine Wissensbilanz auf der Basis eines selbst entwickelten Modells, das mittlerweile auch von anderen Forschungseinrichtungen und Hochschulen als Grundlage für eigene Wissensbilanzen gewählt wurde (z.B. Montanuniversität Leoben oder DLR). Ebenso wurde es Vorlage für die Wissensbilanzierung österreichischer Universitäten im Universitätsgesetz 2002.

Das Wissensbilanz-Modell des ARC verfolgt folgende Ziele: Transparenz über die Verwendung öffentlicher Mittel, Visualisierung der Forschungsleistungen und ihres Nutzens für andere Stakeholder, Darstellung der Entwicklung immaterieller Vermögenswerte, Dokumentation zukunftsschaffender Potenziale und deren weitere Nutzung und schließlich Aufzeigen von Multiplikatorwirkungen und Externalitäten.[32] Intention der Wissensbilanz ist es, Wissensbestände und Wissensflüsse innerhalb des ARC transparent werden zu lassen.

Wie Abbildung 5 darstellt, werden zunächst ausgehend von den Unternehmenszielen und der Vision der Forschungseinrichtung generelle Wissensziele (z.B. in der Wissensbilanz 1999 die „Steigerung der Wettbewerbsfähigkeit der österreichischen Wirtschaft") definiert. Diese bilden den Rahmen für den Einsatz des intellektuellen Kapitals (als Wertschöpfungspotenziale bezeichnet), das in Human-, Struktur- und Beziehungskapital differenziert wird. Diese Inputs werden genutzt, um Programm- und Auftragsforschung zu bestreiten (Kernprozesse). Hieraus entstehen Ergebnisse, die in einem Forschungszentrum, wie dem

[32] Vgl. ARC (2000), S. 4.

ARC, nicht nur in finanzieller Form, sondern auch in immaterieller Form (z.B. die Nutzung des entwickelten Know-hows durch Dritte) vorliegen, und damit finanzielle Wirkung erst in nachfolgenden Jahren entwickeln. Human-, Struktur- und Beziehungskapital werden nicht nur als Input, sondern auch als Output der Kernprozesse verstanden, da sie sich stets erneuern und ergänzen.

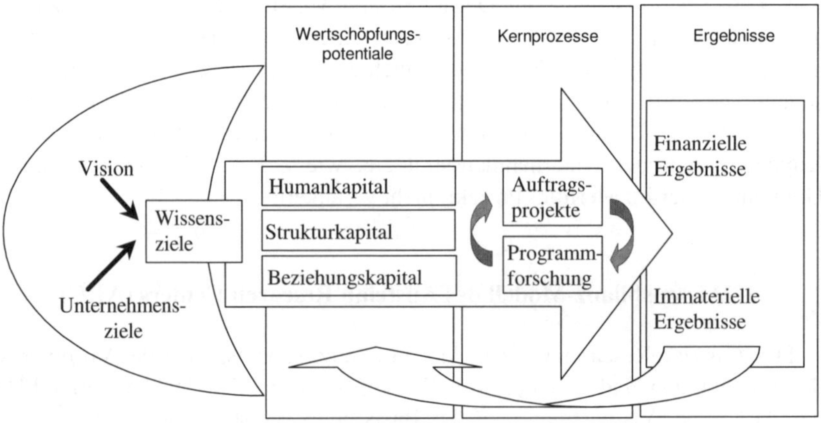

Abbildung 5: Wissensbilanz-Modell der Austrian Research Centers[33]

Das Wissensbilanz-Modell ist mit dem EFQM-Ansatz des Qualitätsmanagements kompatibel, das ebenfalls Prozess- und Ergebnisgrößen unterscheidet. Die Komponenten des Wissensbilanz-Modells (Humankapital, Strukturkapital, Beziehungskapital, Auftragsprojekte, Programmforschung und Ergebnisse) werden mittels quantitativer Indikatoren gemessen. In den jüngeren Wissensbilanzen erfolgen Zeitvergleiche zu vorangegangenen Jahren. Teilweise werden, falls verfügbar, Benchmark-Ergebnisse erwähnt oder die Zielerreichung mittels Smiley-Gesichtern dokumentiert. Ab der Wissensbilanz 2001 werden jedem einzelnen Wissensziel alle Komponenten des Modells zugeordnet, während in der Wissensbilanz 1999 die Wissensziele zwar genannt, aber mit den Komponenten und Indikatoren wenig verknüpft sind. Die Komponenten und Wissensziele werden mit verbalen Kommentaren, Beispielen und einzelnen Narrationen ergänzt und abschließend zusammenfassend bewertet.

Das Wissensbilanz-Modell des ARC zählt sicherlich zu den ausgereiftesten und auch tatsächlich genutzten Modellen. Von Interesse ist insbesondere, dass die Wissensbilanz des ARC für einen Bereich geschaffen wurde, der primär öf-

33 Vgl. ARC (2000), S. 13.

fentliche Güter produzieren soll. Wissensbilanz-Ansätze sind m.E. in diesem Bereich besonders interessant, da dort eine klassische finanzielle Erfolgsmessung nicht zielkonform ist. Bemerkenswert ist zudem, dass der ARC-Ansatz bewusst auch zur internen Lenkung i.S. einer Organisationsentwicklung und Steuerung und nicht nur zur externen Berichterstattung entwickelt wurde.[34]

Der Ansatz teilt mit anderen Indikatormodellen die generelle Kritik, ob die Indikatoren valide und reliabel sind, ob die Zusammenhänge zwischen den Indikatoren bekannt sind und ob diese durch einen externen Adressaten bewertbar sind. Für die interne Steuerung ist wie bei allen Performance Measurement-Systemen zu hinterfragen, ob ein Kennzahlen-Set für eine unternehmensinterne Steuerung z.B. über Budgets und Zielvereinbarungen geeignet ist.

4. Modell der Wissensbilanzierung für österreichische Universitäten

Gemäß § 13 Abs. 6 des österreichischen Universitätsgesetzes 2002 muss jede österreichische Universität dem Bundesministerium jeweils bis 30. April eines Jahres eine Wissensbilanz über das abgelaufene Kalenderjahr vorlegen. Ab dem Jahre 2005 sollen die ersten Bilanzen vorliegen. Hierin sind gesondert darzustellen:

1. Der Wirkungsbereich, gesellschaftliche Zielsetzungen sowie selbst definierte Ziele und Strategien,
2. das intellektuelle Vermögen, differenziert in Human-, Struktur- und Beziehungskapital und
3. die in der Leistungsvereinbarung definierten Leistungsprozesse mit ihren Outputgrößen und Wirkungen.

Das in Abbildung 6 dargestellte Modell wurde auf der Basis des ARC-Modells entwickelt und weist daher viele Parallelen auf. Die Rahmenbedingungen werden durch das Bundesministerium (Politik, Strategie) als auch durch die Universität (Leitbild, Ziele) vorgegeben. Die Zerlegung des intellektuellen Vermögens erfolgt wie im ARC-Ansatz. Der Prozess-Bereich ist im Vergleich zum ARC-Modell auf Grund der weitergehenderen Aufgabenstellung von Universitäten umfassender. Die Ergebnisperspektive wird im Gegensatz zum ARC-Modell wiederum nach den drei IC-Kategorien Human-, Struktur- und Beziehungskapital gegliedert, die damit Input als auch Output der Wertschaffung darstellen. Ein Set von obligatorischen und freiwilligen Kennzahlen zur Messung der IC-Kategorien wurde von Leitner et al. bereits entworfen.[35] Im Fall von Publikationen wird z.B. eine Zitationsanalyse, in der Lehre eine Messung der

[34] Vgl. ARC (2001), S. 22 ff.
[35] Vgl. *Leitner* et al. (2001).

Zufriedenheit der Studenten oder von Einstiegsgehältern von Absolventen vorgeschlagen. Auch hier sind als Ergänzung zu den Kennzahlen qualitative Bewertungen, Visualisierungen, Auflistungen, Narrationen vorgesehen.[36] Der zeitliche Aufwand für die erstmalige Erstellung wird auf fünf Monate, in den Folgejahren auf drei Monate geschätzt. Eine Angabe über die erforderlichen Mannjahre erfolgt jedoch nicht.[37]

Abbildung 6: Modell der Wissensbilanzierung für österreichische Universitäten[38]

5. Wissensbilanzkonzept der AG Wissensbilanzen

Im Rahmen der BMWA-Initiative „Fit für den Wissenswettbewerb" wurde ein Leitfaden zur Wissensbilanzierung erstellt, der das Modell des Arbeitskreises „Wissensbilanz" (AK-BW) darstellt.[39] In dem BMWA-Projekt sollen auf der Basis des Leitfadens Wissensbilanzen in 14 mittelständischen Unternehmen als Pilotprojekte entwickelt werden.[40] Der Arbeitskreis „Wissensbilanz" selbst ist ein Zusammenschluss interessierter Praktiker, Berater und Wissenschaftler,

---

[36] Vgl. *Leitner* (2003), S. 26.

[37] Vgl. *Leitner* (2003), S. 28.

[38] Vgl. *Leitner* (2003), S. 25.

[39] Vgl. BMWA (2004).

[40] Leider sind nicht alle Wissensbilanzen öffentlich zugänglich bzw. ist ihre Entwicklung noch nicht abgeschlossen.

die sich bereits seit mehreren Jahren mit den Themenfeldern Wissensmanagement und Messung von Intellectual Capital beschäftigen.[41]

Das Wissensbilanzmodell des Arbeitskreises „Wissensbilanz" soll einerseits eine Hilfestellung zur Entscheidungsfindung sein, da es verschiedene erfolgsrelevante Aspekte veranschaulicht und andererseits als ein Werkzeug zur Bestandsaufnahme des im Unternehmen verwendeten Intellektuellen Kapitals dient.[42]

Ausgangspunkt der Erstellung einer Wissensbilanz ist wiederum die Vision und die Strategie des Unternehmens im Abgleich mit den Risiken und Chancen des Unternehmensumfeldes. Analog zu den Wissenszielen im ARC-Konzept werden aus der Strategie und Vision Maßnahmen abgeleitet, wie sich das Unternehmen entsprechend der „Dimensionen des Intellektuellen Kapitals, nämlich Human-, Struktur- und Beziehungskapital" positionieren will. Dies geschieht im Austausch mit sonstigen materiellen und finanziellen Ressourcen, die jedoch in der Wissensbilanz nicht betrachtet werden. Neben den drei Dimensionen werden die Beziehungen zwischen diesen als sog. „Wissensprozesse" parallel zu den Geschäftsprozessen des Unternehmens betrachtet. Letztlich sollen die Stellschrauben für den Geschäftserfolg dargestellt werden (Abbildung 7).

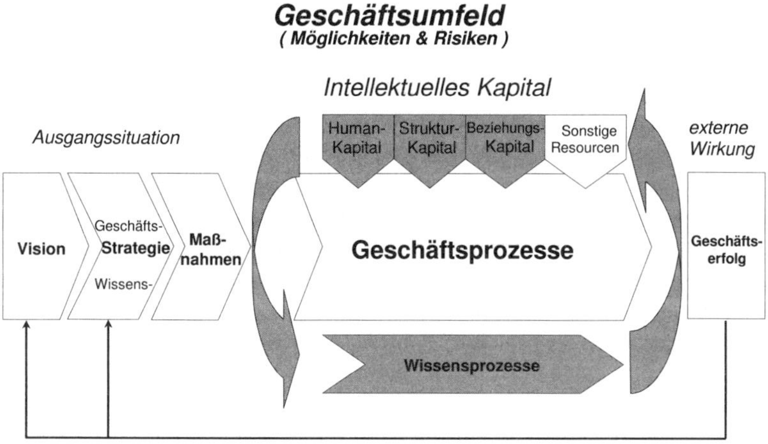

Abbildung 7: Wissensbilanz-Modell des Arbeitskreises „Wissensbilanz"[43]

[41] Vgl. zur Information die Website www.akwissensbilanz.org.
[42] Vgl. BMWA (2004), S. 15.
[43] Vgl. BMWA (2004), S. 15.

Die Wissensbilanz wird in einem Sechs-Phasen-Prozess entwickelt:

1. Beschreibung der Ausgangssituation (Chancen und Risiken im Geschäftsumfeld, Strategie des Unternehmens).
2. Erfassung des Intellektuellen Kapitals (Analyse der Leistungsprozesse, Erfassung der Einflussfaktoren auf Human-, Struktur- und Beziehungskapital).
3. Bewertung des Intellektuellen Kapitals (in den Dimensionen Quantität, Qualität und Systematik der Verfolgung der Einflussgrößen; Visualisierung als Bewertungs-Portfolio/Wissenslandkarte des Unternehmens).
4. Erarbeitung der Indikatoren für das Intellektuelle Kapital (getrennt nach den IC-Kategorien Human-, Struktur- und Beziehungskapital; Zeitvergleich mit Vorperioden; Bewertung und Einschätzung der Zielerreichung).
5. Interne und externe Kommunikation der Wissensbilanz.
6. Steuerung des Intellektuellen Kapitals (Analyse von Ursache-Wirkungsbeziehungen in einem Wirkungsnetz).

Ein festes Indikatorenraster wird in dem Modell nicht vorgegeben; Beispiele aus anderen Wissensbilanzen können, so die Autoren, genutzt werden, sind jedoch unternehmensspezifisch anzupassen. Weitere Vorgaben, wie z.B. die Zerlegung in Input-, Prozess- oder Outputgrößen erfolgen in dem BMWA-Leitfaden nicht. Etwas Verunsicherung stiften die u.E. nicht konsistent benutzten Begriffe. So werden z.B. nach der Betrachtung der Leistungsprozesse Einflussfaktoren auf die IC-Kategorien abgeleitet. In der von Probst / Gomez abgeleiteten Einflussmatrix[44] tauchen dann jedoch wieder als ein Beispiel für Einflussfaktoren die Leistungsprozesse auf. Unklar bleibt auch, wie die Steuerung erfolgen soll. Eine Verknüpfung z.B. mit dem Budgetierungs- oder Anreizsystem wird nicht erläutert. Interessant ist jedoch die Ergänzung um das Wirkungsnetz, das Ursache-Wirkungs-Beziehungen darzustellen vermag, sowie das Bewertungs-Portfolio, auch Wissenslandkarte genannt. Hier wäre jedoch eine Verknüpfung über die Indikatoren des Intellectual Capital hinaus mit finanziellen oder prozessualen Kennzahlen z.B. im Sinne der Strategy Map nach Kaplan / Norton sinnvoll. Es bleibt unklar, ob dies beabsichtigt bzw. bewusst ausgeschlossen wird. Der Ansatz ist in seiner Gesamtheit eher ein Ausfluss des Wissensmanagements als ein Reporting-Ansatz (wie z.B. die Value Chain Scorecard oder das IC-Statement des Arbeitskreises „Immaterielle Werte"). Die beabsichtigte Verankerung mit dem internen Steuerungssystem kommt dadurch etwas zu kurz.

---

[44] Vgl. *Gomez / Probst* (1991), S. 32.

6. Die Dänischen Guidelines for Intellectual Capital Statements

Die Guidelines for Intellectual Capital Statements sind das Ergebnis eines dänischen Projektes, in dem 17 dänische Unternehmen bereits mit dem Jahre 1998 beginnend IC-Statements entwickelten.[45] Die Guidelines wurden von der Danish Agency for Trade and Industry koordiniert; die Erarbeitung erfolgte gemeinsam durch Berater von Arthur Andersen und von Hochschullehrern der Copenhagen Business School (Prof. Jan Mouritsen) sowie The Aarhus School of Business (Prof. Per Nikolaj D. Bukh).

Der Prozess zur Entwicklung des IC-Statements setzt sich aus mehreren Stufen zusammen:

1. Knowledge Narrative (Identifikation des Kundennutzens (use value) und der internen Wertschöpfungsbedingungen (Conditions of production)).
2. Management Challenges (Ableitung der Zielsetzungen für das Management zur Erreichung der Wissensziele und der Schaffung von Kundennutzen).
3. Initiatives (Ableitung einer konsistenten Strategie und von Maßnahmen des Unternehmens zum Wissensmanagement).
4. Indicators (Indikatoren zur Messung von deren Zielerreichung; Zerlegung der Indikatoren in die IC-Kategorien Employees, Customers, Processes und Technology).
5. External Statement (Vorschlag für einen strukturierten Aufbau des IC-Statements).

Für das veröffentlichte IC-Statement wird folgende Struktur vorgeschlagen: Beginnend mit einer Übersicht zur Struktur und zu Beziehungen zwischen einzelnen Elementen des IC-Statements folgt ein „Director's Knowledge Report" in Anlehnung an die Management Discussion & Analysis (MD&A), der die ersten drei Stufen in obigem Prozessschema erläutert. Anschließend folgt eine Darstellung des Unternehmens (Größe, Produkte, Organisation etc.). Nachfolgend werden die vier IC-Kategorien mit ihren Indikatoren dargestellt. Diese können auch, wie in den jüngeren ARC-Wissensbilanzen, nach den Managementzielen sortiert sein. Abschließend folgt der Auditor's report, falls die IC-Statements vom Wirtschaftsprüfer bestätigt wurden und eine Darstellung der „accounting policy".

Die ältere Guideline enthält im ersten Anhang eine ausführliche Darstellung von Fallstudien anhand der Unternehmen Carl Bro, Systematic und ATP. Besonders hervorzuheben ist die umfangreiche Sammlung von Indikatoren für die

---

[45] Vgl. Danish Agency for Trade and Industry (2000) und Danish Ministry of Science, Technology and Innovation (2003).

vier IC-Kategorien Employees, Customers, Processes und Technology im zweiten Anhang. Die Indikatoren werden dabei nach Resource Mix (Inputgrößen), Upgrade oder Activities (Prozessgrößen) und Impacts oder Effects (Outputgrößen) differenziert.

Der dänische Ansatz ist primär auf die externe Berichterstattung ausgerichtet, wenngleich sich auch Ansatzpunkte für die interne Steuerung finden lassen. Bemerkenswert ist der Fundus an Indikatoren, der mitgeliefert wird und die Betonung des logischen Zusammenhangs zwischen Kundennutzen, Managementzielen, Maßnahmen und Indikatoren. Zugleich wurde der Ansatz vielfältig von dänischen Unternehmen in Pilotprojekten aufgegriffen. Auf der Website des Wissenschaftsministeriums findet sich eine Liste von 41 Unternehmen mit Wissensbilanzen, die jedoch zum Teil nur in dänisch veröffentlicht sind.[46] Gleichzeitig wurden die Forschungsergebnisse der beiden beteiligten Hochschulen systematisch integriert.[47]

7. Guidelines des Meritum Project

Die Guidelines for Managing and Reporting on Intangibles (Intellectual Capital Report) resultieren aus dem internationalen und von der EU finanzierten Forschungsprojekt Meritum, das sich über den Zeitraum November 1998 bis Mai 2001 erstreckte.[48] Intention der Meritum guidelines ist es, ein internationales Framework zur Messung, Berichterstattung und Steuerung von immateriellen Ressourcen zur Verfügung zu stellen. Eine Veränderung von Rechnungslegungsstandards ist damit primär nicht beabsichtigt, auch wenn dies für notwendig erachtet wird.[49]

Einführend werden in den Guidelines zunächst die Notwendigkeit einer breiteren Berichterstattung über immaterielle Ressourcen und die Notwendigkeit der Guidelines selbst dargelegt. Wesentlich ist ferner der ausführliche Definitionenteil, der sich mit der begrifflichen Abgrenzung und Definition von Intangibles, Intangible Assets und Intellectual Capital beschäftigt. Die Klassifikation erfolgt hier in die IC-Kategorien Human Capital, Structural Capital und Relational Capital. Interessant ist auch die begriffliche Trennung von „Intangible

---

[46] Vgl. www.videnskabsministeriet.dk/cgi-bin/doc-show.cgi?doc_id=119650&doc_type=831&leftmenu=NYHEDER, Download 15.10.2004.

[47] Vgl. hierzu *Bukh / Larsen / Mouritsen* (2001), S. 87 ff. ; *Mouritsen* et al. (2002), S. 10 ff.; *Mouritsen / Larsen / Bukh* (2001a), S. 735 ff., und *Mouritsen / Larsen / Bukh* (2001b), S. 359 ff.

[48] Vgl. Meritum (2000).

[49] Vgl. Meritum (2000), S. 8.

Ressources“ als Bestand oder derzeitiger Wert eines gegebenen Intangibles zu einem bestimmten Zeitpunkt und „Intangible Activities“, die zur Entwicklung neuer immaterieller Ressourcen oder zur Wertsteigerung existierender Ressourcen führen.

Nach der Auffassung des Meritum Projektes sind Intellectual Capital Statements Ergebnis eines bewussten Managements von intellektuellem Kapital. Daher wird zunächst ein Drei-Phasen-Konzept, bestehend aus der Identifikation der Intangibles, deren Messung und der Implementierung des Intangibles Management Systems im Unternehmen, vorgeschlagen. Die Identifikation setzt dabei an den strategischen Zielsetzungen des Unternehmens an, um hieraus kritische Intangibles ableiten zu können, hinter denen einzelne immaterielle Ressourcen stehen, die durch „Intangible Activities“ weiterentwickelt und bezüglich ihrer Erfolgswirkung bewertet werden sollen. Im Rahmen der Messung sind Indikatoren zu identifizieren, die als Proxy-Maß für die einzelnen Intangibles dienen. Diese Indikatoren haben die Grundsätze der Vergleichbarkeit, Zuverlässigkeit, Objektivität, Richtigkeit, Nachvollziehbarkeit und Machbarkeit zu erfüllen. Die Indikatoren können sowohl finanzieller als auch nicht-finanzieller Natur sein. Ausprägungen von Indikatoren werden in den Meritum guidelines nur exemplarisch dargestellt. Ein spezielles Kennzahlen-Set als Mindestanspruch, wie z.B. im Vorschlag des Arbeitskreises „Immaterielle Werte im Rechnungswesen“, wird nicht vorgeschlagen.

Die Intellectual Capital Reports selbst bestehen nach dem Ansatz aus den drei Teilen „Vision of the firm“, „Resources and Activities“ und „System of Indicators“. Während dem ersten Teil die Aufgabe der Visualisierung kritischer immaterieller Größen, abgeleitet aus der Strategie des Unternehmens, zukommt, werden im zweiten Teil die intangible resources und intangible activities jeweils für die drei IC-Kategorien Human Capital, Structural Capital und Relational Capital dargestellt. Das Indikatorensystem stellt abschließend die gemessenen Indikatoren des Intellectual Capital dar. Empfehlungen zur systematischen Sammlung von Unternehmensdaten (z.B. Datenbanken, Interne Dokumente, Befragungen oder Interviews), zur personellen Verankerung im Unternehmen (Management, Berater, Personalwesen oder Finanz- und Rechnungswesen) und zur Berichtshäufigkeit (das Wirtschaftsjahr als Minimalanspruch) beenden die Guideline.

8. Weitere Konzepte zu Wissensbilanzen

Neben den ausführlicher beschriebenen und analysierten Konzepten zu Wissensbilanzen sind in den letzten Jahren weitere Wissensbilanzansätze vorgestellt worden, die nachfolgend zur Ergänzung des Überblicks pointiert aufgelistet werden:

- Das wohl prominenteste praktische Beispiel ist das Berichtsformat des Skandia Navigators, das maßgeblich von Leif Edvinsson für den skandinavischen Finanzdienstleister Skandia entwickelt und zur freiwilligen Veröffentlichung von Wissensbilanzen von 1994 bis 1998 genutzt wurde.[50]
- Parallel hierzu wurden mit dem Intellectual Capital Navigator nach Stewart[51] oder dem Intangible Assets Monitor nach Sveiby[52] weitere Konzepte zur Darstellung von intangiblen Ressourcen in Unternehmen veröffentlicht.
- Von der norwegischen Vereinigung der Finanzanalysten (Norske Finansanaltikeres Forening (NFF))[53] und auch von der italienischen Schwesterorganisation AIAF[54] liegen Frameworks zur Berichterstattung über immaterielle Werte vor, die jedoch nur beispielsweise Indikatorenvorschläge enthalten.
- Parallel zur Initiative in Dänemark hat in den Niederlanden das dortige Dutch Ministry of Economics PwC Netherlands beauftragt, anhand von drei Pilotunternehmen Vorschläge für die Identifikation und Bewertung von intangible assets zu unterbreiten.[55] Daraus resultierend ist der Vorschlag eines „PwC Reporting Frameworks" entstanden.

IV. Probleme und Weiterentwicklungsmöglichkeiten

Die Analyse obiger Wissensbilanzansätze ergibt derzeit ein sehr uneinheitliches Bild. Bisher kann nur ein Zwischenstand in der Entwicklung bescheinigt werden, der durch eine Reihe (noch) offener Probleme gekennzeichnet ist:

Nutzen von Wissensbilanzen:

- Wissensbilanzen sind dem ressourcenorientierten Ansatz der Unternehmenssteuerung zuzuordnen. Sie werfen die Frage auf, welche Ressourcen zur Erzielung von Markterfolgen (market based view) notwendig sind bzw. worin die Quellen für Markterfolge bestehen. Aus der Sicht der Unternehmensbewertung stellen sie eine Rückwärtsbewegung zur Substanzwertbetrachtung und eine Abkehr von der Zukunftserfolgswert-Sicht dar. Die Dominanz des Letzteren über den Ersteren hatte sich die Betriebswirtschaftslehre in den beiden letzten Jahrzehnten gerade mühsam erarbeiten müssen.

---

[50] Vgl. zum Konzept *Edvinsson / Malone* (1997), S. 65 ff.

[51] Vgl. *Stewart* (1997), S. 245 ff.

[52] Vgl. *Sveiby* (1997), S. 11.

[53] Vgl. Norske Finansanalytikeres Forening (2003) in Zusammenarbeit mit der Norwegian School of Management, Oslo (Prof. Hanno Roberts).

[54] Vgl. Italian Association of Financial Analysts (AIAF) (2002) in Zusammenarbeit mit der Universität Ferrara (Prof. Stefano Zambon).

[55] Vgl. *Backhuijs* et al. (1999).

- Zudem kann in den meisten Fällen ein kausaler Zusammenhang von Ressourcen-Input und Markt-Output bei derzeitigem Entwicklungsstand nicht nachgewiesen werden.[56] Soll der Ansatz der Wissensbilanz nicht scheitern, ist hier die Wissenschaft gefragt, vermutete Kausalitäten zu klären.
- Für die Nutzung von Wissensbilanzen für die interne Steuerung bleibt nach wie vor ungeklärt, wie die Indikatoren der Wissensbilanz, z.B. bei Hochschulen, zur Ressourcenallokation, Budgetierung oder Zielerreichungsmessung genutzt werden können. Die bisherigen Ansätze setzen primär auf die Dokumentation bzw. Information und nur unzureichend auf die Steuerung von Organisationen.
- Für die externe Nutzung von Wissensbilanzen stellt sich die Frage nach der „decision usefulness" von derartigen Informationen.[57] In Kapitalmarktstudien konnten teilweise interessante Zusammenhänge aufgezeigt werden.[58] Die Studien beziehen sich jedoch i.d.R. nur auf öffentlich verfügbare Informationen (wie z.B. F&E-Aufwendungen oder Patentanmeldungen).

Qualität der Indikatorensysteme:

- Der Vergleich der Wissensbilanzkonzepte zeigt bisher noch kein einheitliches Konzept bezüglich der Strukturierung der IC-Kategorien, der Auswahl der Kennzahlen und bezüglich deren Definition und Messung. Viele Ansätze scheinen rein erfahrungsgetrieben entwickelt worden zu sein; der Versuch einer empirischen Validierung der Kennzahlen ist nur bei der Value Chain Scorecard nach Lev in Teilen unternommen worden.
- Damit verbleibt die Validität und Reliabilität der Kennzahlen für Wissensbilanzen nach wie vor als wesentliche Herausforderung für deren Weiterentwicklung.[59]
- Die Vergleichbarkeit zwischen Unternehmen und damit die Aussagekraft der Indikatoren ist wegen der mangelnden Standardisierung der Wissensbilanz-Frameworks selbst, deren Indikatoren (z.B.: Ist die Frauenquote eine sinnvolle Kennzahl?), der Messkonzepte hinter den Indikatoren (z.B.: Wie wird Kundenzufriedenheit gemessen?), des unzureichenden Wissens über Ausprägungen (z.B.: Ist 10 % Fluktuation gut oder schlecht?) und der defizitären Kenntnisse über unternehmensspezifische Ausprägung immaterieller Res-

---

[56] Vgl. *Leitner* (2003), S. 30.

[57] Vgl. z.B. die nicht ermutigenden empirischen Ergebnisse bei *Günther / Beyer / Menninger* (2005).

[58] Vgl. z.B. *Lev / Sougiannis* (1996), S. 107 ff.; *Aboody / Lev* (1998), S. 161 ff., und *Deng / Lev / Narin* (1999), S. 20 ff.

[59] Vgl. *Leitner* (2003), S. 31, Fn. 17.

sourcen (z.B.: Wieviele Veröffentlichungen sollte eine forschungsstarke Universität aufweisen?) eingeschränkt.

- Begrüßenswert ist die Intention einiger Wissensbilanzansätze, Indikatoren gezielt auf den unternehmensspezifischen Kontext[60] sowie die dahinter stehenden Strategien i.S. eines Strategy Map[61] abzustellen. Diese Spezifität schränkt jedoch wiederum die unternehmensübergreifende Vergleichbarkeit der Indikatorenausprägungen ein.

- Die Interpretation von Wissensbilanzen erfordert einen Lernprozess sowohl von Erstellern als auch von Adressaten zur Destillation robuster Interpretationsmuster, Aussagen und Bedeutungszusammenhänge.[62]

- Nicht endgültig geklärt ist nach wie vor die Klassifikation von IC-Kategorien. Wenngleich der Zerlegung in Human-, Struktur- und Beziehungskapital eine dominierende Rolle zugewiesen wird, gibt es Überschneidungen zwischen den Kategorien. So lässt sich z.B. der Markenwert von BMW gleichzeitig auf die Talente und die Innovationskraft des Humankapitals als auch auf die exzellente Gestaltung der Kundenbeziehungen zurückführen. Der Wert von immateriellen Ressourcen kann nicht wie ein Inventar aufaddiert werden, sondern weist multiplikative Verknüpfungen auf, die sich der traditionellen Bilanzlogik entziehen.

Praktische Umsetzbarkeit:

- Da erst wenige praktizierte Wissensbilanzen vorliegen und die Scheu zu deren Erstellung beträchtlich ist, ist die Initiative von öffentlichen Einrichtungen wie OECD, BMWA oder dem dänischen Forschungsministerium zu begrüßen, über Pilotprojekte die Entwicklung anzuschieben. Gleichzeitig stellt sich jedoch die Frage, wieso Unternehmen nicht von sich aus die freiwillige Berichterstattung aktiv zur verbesserten Darstellung nutzen.

- Eine Pflicht zur erweiterten externen Berichterstattung ist jedoch wegen derzeit noch bestehender konzeptioneller Mängel und unzureichender Erfahrungen hinsichtlich der Berichterstattung nicht-monetärer Informationen abzulehnen.

- Wie Befragungen zeigen, werden von Anwendern Hürden für eine ausgedehntere freiwillige Berichterstattung vor allem in der mangelnden Messbarkeit, in der beschränkten Objektivierung und der eventuellen Wettbewerbsschädlichkeit gesehen.[63] In der Konsequenz besteht die Gefahr der Beschrän-

---

[60] Vgl. *Leitner* (2003), S. 31.

[61] Vgl. *Kaplan / Norton* (1993), S. 141.

[62] Vgl. *Leitner* (2003), S. 31.

[63] Vgl. z.B. die Ergebnisse der Studie von *Günther / Beyer / Menninger* (2005) sowie PriceWaterhouseCoopers / *Günther / Beyer* (2003), S. 27.

kung auf positive Aspekte und Entwicklungen und auf die Abbildung leicht erfassbarer Kennzahlen. Zudem fehlen auch intern häufig Daten zu den gewünschten Kennzahlen, die erst systematisch generiert werden müssen.

- Die Praxis sieht sich derzeit mit vielfältigen Berichterstattungsforderungen aus unterschiedlichen Perspektiven konfrontiert (z.B. Corporate Social Responsibility (CSR) Reporting, Global Reporting Initiative, Umweltberichterstattung, Sustainability Reporting, Value oder Business Reporting etc.). Auf Grund bestehender Überschneidungen stellt sich die Frage, wie die Schnittstellenprobleme gelöst werden können und wie Unternehmen ein einheitliches internes oder externes Berichtswesen ausrichten oder fokussieren sollen.

Die Veränderung unserer Wirtschaftsstruktur hin zu einer höheren Bedeutung immaterieller Ressourcen stellt die interne und externe Berichterstattung vor neue Herausforderungen. Wissensbilanzen stellen einen Ausgangspunkt dar, diese Defizite zu beheben. Eine kritische Analyse von derzeit diskutierten Frameworks zeigt jedoch, dass noch erheblicher Forschungs- und Umsetzungsbedarf besteht, der eine schnelle Lösung des Defizits nicht erhoffen lässt.

Literaturverzeichnis

Aboody, David / *Lev*, Baruch (1998): The Value-Relevance of Intangibles: The Case of Software Capitalization; in: Journal of Accounting Research; Vol. 36 (1998); Supplement; S. 161 – 191.

Arbeitskreis „Externe Unternehmensrechnung" der Schmalenbach-Gesellschaft für Betriebswirtschaft e.V. (2002): Grundsätze für das Value Reporting; in: Der Betrieb; 55. Jg. (2002); S. 2337 – 2340.

Arbeitskreis „Immaterielle Werte im Rechnungswesen" der Schmalenbach-Gesellschaft für Betriebswirtschaft e.V. (2001): Kategorisierung und bilanzielle Erfassung immaterieller Werte; in: Der Betrieb; 54. Jg. (2001); S. 989 – 995.

– (2003): Freiwillige externe Berichterstattung über immaterielle Werte; in: Der Betrieb; 56. Jg. (2003); S. 1233 – 1237.

Austrian Research Centers (2000): Wissensbilanz 1999, www.arcs.ac.at/pu-blik/fulltext/wissensbilanz/ARCS_Wissensbilanz_1999.pdf, Download 01.09.2004.

– (2001): Wissensbilanz 2000, www.arcs.ac.at/publik/fulltext/wissensbilanz/ARCS_Wissensbilanz_2000.pdf, Download 01.09.2004.

Backhuijs, J. B. / *Holterman*, W. G. M. / *Oudman*, R. S. / *Overgoor*, R. P. M. / *Zijlstra*, S. M. (1999): Reporting on Intangible Assets: Final Report for the Benefit of the Dutch Ministry of Economic Affairs and the Intangible Assets Pilot Project Sounding Board Group; Amsterdam 1999; www.oecd.org/dataoecd/61/43/1947807.pdf, Download 10.04.2004.

Baum, Heinz-Georg / *Coenenberg*, Adolf G. / *Günther*, Thomas (2004): Strategisches Controlling; 3. Auflage; Stuttgart 2004.

Blum, Jürgen / *Borrmann*, Robert (2004): Wissensbilanzen zur internen Steuerung und externen Berichterstattung von Forschungseinrichtungen, in: Intangibles in der Unternehmenssteuerung; Hrsg. Peter Horváth und Klaus Möller; München 2004; S. 405 – 417.

Bukh, Per Nikolaj / *Larsen*, Heine T. / *Mouritsen*, Jan (2001): Constructing intellectual capital statements; in: Scandinavian Journal of Management; 17. Jg. (2001); S. 87 – 108.

Bundesministerium für Wirtschaft und Arbeit (2004): Wissensbilanz – Made in Germany: Leitfaden 1.0 zur Erstellung einer Wissensbilanz; Dokumentation Nr. 536; Berlin 2004.

Danish Agency for Trade and Industry (2000): A Guideline for Intellectual Capital Statements – A Key to Knowledge Management; Stand: 30.08.2001; www.efs.dk/publikationer/rapporter/guidelineICS/ren.htm, Download 07.06.2002.

Danish Ministry of Science, Technology and Innovation (2003): Intellectual Capital Statements – The New Guideline; www.videnskabsministeriet.dk/fsk/publ/2003/guideline_uk/guideline_uk.pdf, Download 24.10.2004.

Dawo, Sascha / *Heiden*, Matthias (2001): Aktuelle Entwicklungen zur Erfassung immaterieller Werte in der externen Berichterstattung – Neuorientierung durch die Verwendung kennzahlenbasierter Konzepte; in: Deutsches Steuerrecht; 39. Jg. (2001); S. 1716 – 1724.

Deng, Zhen / *Lev*, Baruch / *Narin*, Francis (1999): Science & Technology as Predictors of Stock Performance; in: Financial Analysts Journal; Vol. 55 (1999); S. 20 – 32.

Edvinsson, Leif / *Malone*, Michael S. (1997): Intellectual Capital – Realizing your company's true value by finding its hidden brainpower; London 1997.

Gleich, Ronald (2001): Das System des Performance Measurements: Theoretisches Grundkonzept, Entwicklungs- und Anwendungsstand; München 2001.

Gomez, Peter / *Probst*, Gilbert J. B. (1991): Vernetztes Denken für die strategische Führung eines Zeitschriftenverlages; in: Vernetztes Denken – Ganzheitliches Führen in der Praxis; Hrsg. Gilbert J. B. Probst und Peter Gomez; 2. Auflage; Wiesbaden 1991; S. 23 – 39.

Günther, Thomas / *Beyer*, Dirk / *Menninger*, Jutta (2005): Does Relevance Influence Reporting about Environmental and Intangible Success Factors? – Empirical Results from a Survey of „New Economy" Executives; in: Schmalenbach Business Review: Special Issue 2/2005; S. 101 – 138.

Haller, Axel / *Dietrich*, Ralph (2001): Intellectual Capital-Bericht als Teil des Lageberichts; in: Der Betrieb; 54. Jg. (2001); S. 1045 – 1052.

Italian Association of Financial Analysts (AIAF) (2002): The Communication of Intangibles and Intellectual Capital: An Empirical Model of Analysis; Official Report No. 106; University of Ferrara; January 2002.

Kaplan, Robert S. / *Norton*, David P. (1992): The Balanced Scorecard – Measures That Drive Performance; in: Harvard Business Review; Vol. 70 (1992); S. 71 – 79.

– (1993): Putting the Balanced Scorecard to Work; in: Harvard Business Review; Vol. 71 (1993); S. 134 – 142.

Leitner, Karl-Heinz (2003): Wissensbilanzierung – Ein neues Instrument für die Steuerung und das Reporting von Universitäten: Hintergrund, Implementierung und Erfahrungen; in: Wissensbilanz: Bilanz des Wissens? – Die Wissensbilanz für Universitäten im UG 2002; Hrsg. Österreichische Rektorenkonferenz; Wien 2003; S. 18 – 34.

Leitner, Karl-Heinz / *Sammer*, Martin / *Graggober*, Marion / *Schartinger*, Doris / *Zielowski*, Christian (2001): Wissensbilanzierung für Universitäten; Auftragsprojekt für das BMBWK; Seibersdorf Research Report ARC-S-0145; Oktober 2001; www.systemforschung.arcs.ac.at/Publikationen/21.pdf, Download 10.04.2004.

Lev, Baruch / *Sougiannis*, Theodore (1996): The Capitalization, Amortization and Value-Relevance of R&D; in: Journal of Accounting and Economics; Vol. 18 (1996); S. 107 – 138.

Maul, Karl-Heinz (2000): Die Wissensbilanz als Teil des handelsrechtlichen Jahresabschlusses – Wissensbilanzen dargestellt am Beispiel des Jahresabschlusses von Hochschulen; in: Deutsches Steuerrecht; 47. Jg. (2000); S. 2009 – 2016.

Maul, Karl-Heinz / *Menninger*, Jutta (2000): Das „Intellectual Property Statement" – eine notwendige Ergänzung des Jahresabschlusses?; in: Der Betrieb; 53. Jg. (2000); S. 529 – 533.

Meritum (2000): Guidelines for Managing and Reporting on Intangibles (Intellectual Capital Report); www.fek.su.se/home/bic/meritum/download/index.html#Guide; Download 01.10.2004.

Mouritsen, Jan / *Bukh*, Per Nikolaj / *Larsen*, Heine T. / *Johansen*, Mette R. (2002): Developing and managing knowledge through intellectual capital statements; in: Journal of Intellectual Capital; Vol. 3 (2002); S. 10 – 29.

Mouritsen, Jan / *Larsen*, Heine T. / *Bukh*, Per Nikolaj (2001a): Intellectual capital and the ‚capable firm': narrating, visualising and numbering for managing knowledge; in: Accounting, Organizations and Society; 26. Jg. (2001); S. 735 – 762.

– (2001b): Reading an Intellectual Capital Statement: Describing and Prescribing Knowledge Management Strategies; in: Journal of Intellectual Capital; Vol. 2 (2001); S. 359 – 383.

Norske Finansanalytikeres Forening (NFF) (2003): Recommended guidelines for additional information on value creation; Oslo 2003.

North, Klaus (2002): Wissensorientierte Unternehmensführung – Wertschöpfung durch Wissen; 3. Auflage; Wiesbaden 2002.

North, Klaus / *Probst*, Gilbert / *Romhardt*, Kai (1998): Wissen messen – Ansätze, Erfahrungen und kritische Fragen; in: Zeitschrift Führung und Organisation; 67. Jg. (1998); S. 158 – 166.

PriceWaterhouseCoopers / *Günther*, Thomas / *Beyer*, Dirk (2003): Immaterielle Werte und andere weiche Faktoren in der Unternehmensberichterstattung – eine Bestandsaufnahme; Frankfurt 2003.

Probst, Gilbert / *Raub*, Stefan / *Romhardt*, Kai (1998): Wissen managen – Wie Unternehmen ihre wertvollste Ressource optimal nutzen; 2. Auflage; Wiesbaden 1998.

Riegler, Christian / *Kristandl*, Gerhard (2004): Value Reporting in österreichischen Unternehmen – Beobachtung des Berichtsverhaltens von ATX und ATX-Prime Unternehmen; in: Jahrbuch für Controlling und Rechnungswesen 2004; Hrsg. Gerhard Seicht; Wien 2004; S. 245 – 266.

Stewart, Thomas A. (1997): Intellectual Capital: The New Wealth of Organizations; London 1997.

Strack, Rainer / *Villis*, Ulrich (2001): RAVE™: Die neue Generation des Shareholder Value Management; in: Zeitschrift für Betriebswirtschaft; 71. Jg. (2001); S. 67 – 84.

Sveiby, Karl Erik (1997): The New Organizational Wealth: Managing and Measuring Knowledge-Based Assets; San Francisco 1997.

Transparenzdefizite in der Anlegerinformation

Von Dieter Rückle

I. Einführung und Problemstellung

1. Theodor Siegel als Anwalt der Anlegerinformation

Theodor Siegel hat sich in zahlreichen Publikationen mit der Information von Kapitalanlegern – speziell als Aktionären – befaßt und auch den teilweisen Widerspruch zwischen dieser Informationsaufgabe und der – insbesondere im Interesse der Gläubiger haftungsbeschränkter Unternehmen – gebotenen Ausschüttungsbegrenzung problematisiert. Stets hat er einen möglichen Interessengegensatz zwischen Managern und Kapitalanlegern beachtet und die Rechnungslegung auch als Mittel zur Disziplinierung von Managern bzw. zum Schutz der Kapitalanleger aufgefaßt. So hat er bereits früh betont, daß „das grundsätzliche Recht der Gesellschafter zur Disposition über den Gewinn" sowie „die Interessen potentieller Erwerber oder Veräußerer von Kapitalmarkttiteln" nicht durch Wahlrechte, die „nur im Interesse des rechnungslegenden Managements liegen", unterlaufen bzw. beeinträchtigt werden dürften.[1]

Unser Jubilar hegt gegenüber Eigeninteressen des Managements sogar so weitgehendes – m.E. berechtigtes – Mißtrauen, daß er manche Änderungen von Rechnungslegungsnormen darauf zurückführt, daß Manager ein ihnen genehmes neues Konzept durchsetzen, wie er jüngst kritisch zu den neueren Entwicklungen der Konzernrechnungslegung in den USA und deren Übernahme in Deutschland anmerkte. In den USA wurde bekanntlich die Pooling-of-Interests-Methode abgeschafft, und fast gleichzeitig ist die Regelabschreibung des Geschäftswerts infolge von SFAS 142, wonach eine Abschreibung nur noch auf Grund des Impairment-only-Approach überhaupt in Frage kommt, weggefal-

---

[1] *Siegel* (1986), S. 423. – Zur Ablehnung von Wahlrechten in der Rechnungslegung, die zur Verschleierung von Managementfehlern und zur Förderung von Eigeninteressen des Managements mißbraucht werden können, vgl. auch u.a. *Schneider* (1971), S. 611; *Leffson* (1987), S. 82 f.; *Schneider* (1997), S. 395 – 398.

len.[2] Siegel zu letzterem: Der Weg „... wurde offenbar gefunden, damit keine die Manager störenden Aufwendungen auftreten."[3]

Befürchtungen von Anlegern, Manager würden ihre Eigeninteressen gegenüber den Interessen der Kapitalanleger in den Vordergrund stellen, spielen eine große Rolle.[4] Daneben befürchten unversierte Anleger eine Beeinträchtigung ihrer Vermögensposition vor allem durch „die Banken".[5]

Sofern es einen Mehrheitsaktionär bzw. einen „Kernaktionär" gibt und dessen Einflußmöglichkeiten auch nicht durch Sonderkonstruktionen wie etwa eine Begrenzung des Stimmrechts auf eine bestimmte Höchstzahl an Stimmen beschränkt sind, können zwar ebenfalls zwischen dem Hauptaktionär und dem Management Interessengegensätze bestehen, und das Management kann versuchen, durch Vorenthaltung oder Verfälschung von Informationen seine Position zu verbessern. Im wesentlichen wird sich hier aber eine Gleichrichtung der Interessen von Mehrheitsaktionär und Management ergeben, zumal der Mehrheitsaktionär letztlich das Management bestimmen und seine Wünsche auch auf informellem Wege weitgehend durchsetzen kann. Die Informations- und sonstigen Interessen von Kleinaktionären, des sog. „Publikums", stehen daher mindestens partiell auch im Gegensatz zu den Interessen eines eventuellen Mehrheitsaktionärs; die Interessen des Publikums stehen im Zentrum der folgenden Ausführungen.

2. Zunehmende gesellschaftliche Bedeutung der Kapitalanlage und Bandbreite untersuchter Kapitalanlagen

Die Ebbe in den öffentlichen Kassen hat in den letzten Jahren den Ruf nach privater Vorsorge insbesondere für das Alter recht laut werden lassen. Neben einer „ersten Säule" der Altersvorsorge (verpflichtende Vorsorge durch gesetzliche Sozialversicherung bzw. – etwa bei Beamten – durch einen anderen

---

[2] Zur Kritik an diesem Konzept, das auf die systemwidrige Aktivierung originären Geschäftswerts hinausläuft und auch jüngst für die IFRS übernommen wurde, vgl. u.a. *Busse von Colbe* (2001); *Moxter* (2001); *Siegel* (2002); Arbeitsgruppe Normierung der Rechnungslegung (2002); *Altenburger* (2002).

[3] *Siegel* (2004), S. 319 f.

[4] Vgl. eine aktuelle Studie, basierend auf der Abfrage von Meinungen von Investoren in Aktienanlagen: *Ernst / Gassen / Pellens* (2005), S. 30 und S. 38: Versierte Privatanleger fürchten sich am meisten vor eigennützigem Verhalten der Unternehmensleitung auf ihre Kosten, aber auch institutionelle Investoren schätzen zwar das Ausbeutungsrisiko geringer als Privatanleger ein, sehen aber dennoch zu etwa 48 % die Ausbeutungsgefahr durch die Unternehmensleitung als hoch oder sehr hoch an.

[5] Vgl. *Ernst / Gassen / Pellens* (2005), S. 30. – Mißtrauische Investoren schätzen vor allem die Vertrauenswürdigkeit der Beratung durch Banken, Sparkassen und Broker ungünstig ein (ebendort, S. 62).

gleichartigen Anspruch) werden eine „zweite/dritte Säule“, nämlich eine Ergänzung durch betriebliche Leistungen oder durch private Maßnahmen zunehmend als notwendig propagiert.

Daher gewinnt die eigenverantwortliche Vorsorge aller Individuen, namentlich auch das Problem der optimalen Kapitalanlage, zunehmend allgemein-gesellschaftliche Bedeutung. Eine für die Entscheidungen des Publikums brauchbare Information über Chancen und Risiken der Kapitalanlage wird damit unentbehrlich: Eine klare Information über tatsächliche Eigenschaften, Aussichten und Risiken einer Anlageform sollte in einer dem Informationsempfänger verständlichen Weise so gegeben werden, daß recht unterschiedliche Investments vergleichbar sind.

Der Kleinanleger, insbesondere mit seinem Interesse an längerfristigen Anlagen zu Vorsorgezwecken, hat ein außerordentlich großes Spektrum an Möglichkeiten. Von diesen wird im folgenden auf drei Anlageformen näher eingegangen: die Investition in Aktien, in Investmentfonds und in Lebensversicherungen (einschließlich Rentenversicherungen). Informationsprobleme bzgl. Aktienanlage hat sowohl der Privatanleger als auch der in Aktien investierende Finanzintermediär. Bei Delegierung der Anlageentscheidung des (Letzt-)Anlegers benötigt dieser u.a. auch Informationen über den Finanzintermediär, also seinen Agenten, Investmentfonds oder Versicherungsunternehmen.

Erklärungsbedürftig ist die Einbeziehung der Lebens- (Renten-)Versicherungen in eine Untersuchung über Kapitalanlageprobleme: Die deutschen Lebensversicherungsverträge sind ganz überwiegend als sog. Kapitallebensversicherungen gestaltet. Dies sind gemischte Versicherungen auf den Todes- und Erlebensfall, d.h. Verträge, die eine Leistung entweder beim Erleben eines bestimmten Zeitpunktes oder im Falle des früheren Ablebens enthalten. Da bei dieser Konstruktion der „Versicherer“ eine Leistung in jedem Falle zu erbringen hat und überdies die große Mehrzahl der „Versicherten“ das Datum der Leistung bei Erleben erreicht, kann man in ökonomischer Sicht solche Verträge als eine Bündelung einer eigentlichen Versicherung (gegen das Risiko eines vorzeitigen Ablebens) mit einer Kapitalanlage interpretieren.[6] Dabei überwiegt der Kapitalanlageteil sehr stark.[7] Gefördert durch bisherige Steuervergünstigungen für Kapitallebensversicherungen wurde diese Versicherung auch stark als Kapi-

---

[6] Vgl. *Rückle* (1997), S. 259 f.

[7] Dies erkennt man aus dem Vergleich von Prämien für derartige gemischte Versicherungen (Kapitallebensversicherungen) einerseits und Risikoversicherungen (ausschließliche Versicherung des Todesfallrisikos ohne Ablaufleistung bei Erleben) andererseits. – Vgl. auch Gesamtverband der Deutschen Versicherungswirtschaft e.V. (2004), S. 81: „Für die meisten Versicherungsnehmer ist die Lebensversicherung eine ‚Erlebensversicherung‘: Unter den Kapitalleistungen von 38,21 ... Milliarden € dominierten die Leistungen bei Ablauf oder Erlebensfall mit 34,34 ... Milliarden €“ (Zahlen für das Jahr 2003).

talanlage beworben und wurde und wird als geeignete Altersvorsorge angepriesen. Obwohl das Produkt komplex und für den Durchschnittsverbraucher schwer verständlich ist, hat es bisher einen überwältigenden Markterfolg: In Deutschland sind derzeit über 90 Millionen solcher Verträge mit einer gesamten Vertragssumme von über 1,3 Billionen € vorhanden;[8] die in Aussicht gestellten Überschußbeteiligungen können nochmals zu einer beträchtlich höheren Ablaufleistung führen.[9]

Außen vor bleiben u.a. direkte Immobilieninvestments und Investitionen in den „grauen“ Kapitalmarkt.

Der Kleinanleger kann entweder selbst versuchen, die Investments zu beurteilen oder den Rat von Sachverständigen (welcher Art auch immer, so etwa von Finanzanalysten) einholen oder auch seine Anlage an Sachverständige delegieren. Informationsbedarf und eventuelle Informationsdefizite bzgl. der einzelnen Kapitalanlagemöglichkeiten können dann aus der Perspektive zweier Gruppen von Informationsempfängern untersucht werden: In eine erste Gruppe der „sachkundigen Investoren“ sind kundige Privatanleger und von ihnen in Anspruch genommene „Sachverständige“ bzw. Intermediäre einzuordnen. Eine zweite Gruppe bilden „sachunkundige Investoren“, also wirtschaftlich nicht oder wenig geschulte Privatanleger. Die zweite Gruppe benötigt insbesondere Informationen, um gängige Mißverständnisse über die angebotenen Produkte einschließlich der über diese gegebenen Rechnungslegungs- und sonstigen Informationen abzubauen. Zusätzlich hätte diese Gruppe, wenn sie selbst entscheiden wollte, eigentlich auch Bedarf an den Informationen für die Gruppe der „sachkundigen Investoren“. Die „sachunkundigen Investoren“ werden aber i.d.R. nicht die Mühe auf sich nehmen wollen, das nötige Wissen zum Verständnis letzterer Informationen zu erwerben. Diese Investorengruppe ist daher vielfach geneigt, entweder auf ganz leicht durchschaubare Kapitalanlagen (Sparbuch udgl.) auszuweichen oder Stellvertreter (Finanzintermediäre) mit der Wahrnehmung ihrer Interessen zu betrauen.

Dabei ergibt sich allerdings ein – oftmals unterschätztes – Problem, wie nämlich die Leistungen der Intermediäre im Hinblick auf den gewünschten Kapitalanlageerfolg des Privatanlegers zu beurteilen sind. Da diese Privatanleger voraussetzungsgemäß (relativ) unkundig sind, besteht ein großes Schutzbedürfnis, das insbesondere durch staatliche Regelungen über leicht verständliche Informationen der Privatanleger zu decken wäre.

---

[8] Vgl. Gesamtverband der deutschen Versicherungswirtschaft (2004), S. 78 (Angaben für 2003).

[9] Vor einigen Jahren wurden noch so hohe Überschußbeteiligungen in Aussicht gestellt, daß die Ablaufleistung sogar das Doppelte der Vertragssumme überschreiten konnte.

Während die Rechnungslegung und andere Informationsquellen der Aktionäre[10] recht detailliert untersucht wurden, sind die Informationsprobleme bei den anderen genannten Anlageformen bisher weniger beachtet worden, was ihrer Bedeutung für die Kleinanleger nicht entspricht.

Im vorliegenden Beitrag sollen zu allen drei Anlegeformen Defizite und Verbesserungsmöglichkeiten aufzeigt werden. Dabei wird auch auf Wertungswidersprüche zwischen einzelnen bisher existierenden Rechtsvorschriften hingewiesen.

Informationen gewinnen grundsätzlich an Verläßlichkeit, wenn sie von einer unabhängigen Instanz geprüft und testiert sind. Obwohl an den Leistungen der Abschlußprüfer immer wieder Kritik vorgebracht wurde und auch bis in die jüngste Zeit gesetzliche Maßnahmen zur Erhöhung der Vertrauenswürdigkeit der Abschlußprüfung für erforderlich gehalten wurden[11], soll auf die Qualität der Abschlußprüfung bzw. sonstiger Prüfungen nicht eingegangen werden; vielmehr wird nur ggf. die Notwendigkeit einer Prüfung aufgezeigt und dann für diese Prüfung Verläßlichkeit unterstellt.

Steuerliche Fragen können nur am Rande angesprochen werden.

II. Entscheidungsrelevante Informationen

1. Zum Informationsgehalt der Rechnungslegung im allgemeinen

Als Ziele (Zwecke) der Rechnungslegung i.w.S. (vgl. oben Fn. 10) werden in Deutschland vielfach mindestens unterschieden[12]:

---

[10] Durch diese Einbeziehung anderer Informationen braucht hier nicht auf die z.T. umstrittene Frage eingegangen zu werden, welchen Informationsgehalt die Rechnungslegung selbst (bzw. der Jahresabschluß) im Vergleich zu anderen Informationen besitzt. – Zu diesem Problemkreis vgl. *Schildbach* (1986), u.a. S. 9 und S. 46 – 49: Manche anderen Informationen (z.B. in Zwischenberichten oder in Pressekonferenzen) seien der Art nach doch dem Jahresabschluß zuzurechnen, wodurch diesem – anders, als es in einem Teil der Literatur gesehen wird – doch ein beachtlicher Informationsgehalt zuzuschreiben sei. – Vgl. auch einen sehr weiten Begriff der Rechnungslegung etwa bei *Busse von Colbe* (2000), S. 488, wo unter „Rechnungslegung" nicht nur Einzel- und Konzernabschluß, sondern auch Lage- und Zwischenbericht, Ad-hoc-Informationen und freiwillige Zusatzinformationen, soweit sie sich auf das Rechnungswesen stützen, zusammengefaßt werden.

[11] Vgl. für Deutschland etwa jüngst Gesetz zur Einführung internationaler Rechnungsstandards und zur Sicherung der Qualität der Abschlußprüfung (Bilanzrechtsreformgesetz – BilReG) vom 04.12.2004 (BGBl. I 2004, S. 3166); Gesetz zur Kontrolle von Unternehmensabschlüssen (Bilanzkontrollgesetz – BilKoG) vom 15.12.2004 (BGBl. I 2004, S. 3408).

[12] So die (hier modifizierte) Grobstruktur bei *Busse von Colbe* (2000), S. 488.

1. Rechtsfolgenfixierung, insbesondere Erfolgsermittlung als Basis für Ausschüttungen[13];
2. Rechenschaft über anvertrautes Vermögen;
3. Externe Information als Hilfsmittel für Kapitalgeberentscheidungen (Hingabe oder Zurückziehung von Eigen- oder Fremdkapital).

Dabei mag es zunächst scheinen, daß die Ziele 1. und 2. mit dem hier zu behandelnden Thema nichts zu tun hätten. Sie besitzen jedoch mindestens partiell einen Zusammenhang mit der Informationsvermittlung.

Die Rechtsfolgenfixierung durch Rechnungslegung hat vor allem für Informationsdefizite unkundiger Kapitalanleger Bedeutung, weil diese vielfach unrichtige Vorstellungen über die Art der Wertansätze in der Rechnungslegung besitzen (häufig gehen sie von einer Bilanzierung zu Tageswerten aus) und daher die Aussagen der Rechnungslegung fehlinterpretieren; darauf ist noch einzugehen.

Rechenschaft wiederum bedeutet primär die Offenlegung eines Beauftragten, wie er anvertrautes Kapital verwendet hat. Redlichkeit und Zweckmäßigkeit der Geschäftsführung sind nachzuweisen. Dies wirkt bei genügend strengen Rechenschaftsregeln auf das Management verhaltenssteuernd; die Informationen aus der Rechenschaft ermöglichen aber auch eine Einschätzung der Qualität des Managements und hierauf aufbauend interessewahrende Entscheidungen des Empfängers der Rechenschaft wie etwa Kauf oder Verkauf von Aktien bis hin zur – bei hinreichendem Einfluß möglichen – Ablösung des Managements.[14]

2. Aktualität versus Verläßlichkeit

Für Entscheidungen eines Kapitalanlegers sind ausschließlich Informationen über Gegenwart und Zukunft relevant, wenn man einmal vom Sonderfall absieht, daß wegen Pflichtverletzungen Ansprüche auf Grund vergangenen Handelns erhoben werden sollen. Das Ziel der Bilanzanalyse besteht ausschließlich darin, Erwartungen über künftige Erfolge und künftige Zahlungsfähigkeit zu

---

[13] Vgl. *Rückle* (1983), S. 209 – 211, aufbauend auf *Stützel* (1967), bes. S. 321 ff. – Rechtsfolgen können u.a. in der Auslösung bestimmter Verfahren (wie etwa Einberufung einer Hauptversammlung bei Verlust des halben Grundkapitals gemäß § 92 Abs. 1 AktG – Aktiengesetz vom 06.09.1965, BGBl. I 1965, S. 1089, zuletzt geändert durch das Gesetz vom 15.12.2004, BGBl. I 2004, S. 3408), vor allem aber in der positiven oder negativen Zahlungsbemessung liegen (für erstere etwa: Pflicht zu Steuerzahlungen, Erlaubnis zur Dividendenausschüttung bei vorhandenem Bilanzgewinn; für letztere etwa: Verbot einer Dividende bei fehlendem Bilanzgewinn).

[14] Vgl. u.a. *Moxter* (1982), S. 219.

fundieren.[15] Dabei kommt noch ein Interesse an gegenwärtigen Werten (Tageswerten) in Frage, in die allerdings ebenfalls Zukunftserwartungen mehr oder weniger eingehen. Das würde dafür sprechen, nur über Tages- oder Zukunftswerte zu berichten. An vergangenheitsbezogenen Informationen besteht an sich kein Interesse. Allerdings sind vergangenheitsbezogene Informationen verläßlicher (objektiviert) und können zumindest teilweise zur Bildung von Erwartungen benutzt werden. Entscheidungsnützliche Informationen sollten idealerweise zugleich zukunftsbezogen und intersubjektiv nachprüfbar sein; beides zugleich ist leider nicht erreichbar.[16]

III. Zum Entscheidungsnutzen der „vergangenheitsorientierten" Rechnungslegung – Eigenschaften und Grenzen

1. Zur Interpretation

Nach deutscher Tradition kommen bekanntlich Tages- oder Zukunftswerte für die Rechnungslegung nur in Frage, wenn sie unter den Anschaffungs- oder Herstellungskosten liegen, was mit Objektivität, Nachprüfbarkeit und Vorsicht begründet wird. Ein Zukunftsbezug liegt allerdings bei der Bilanzierung zu Anschaffungs- oder Herstellungskosten auch insofern vor, als der für ein Gut an einen Dritten tatsächlich gezahlte Preis in objektiv nachprüfbarer Weise angibt, welche Mindest-Nutzenerwartung der Bilanzierende im Erwerbszeitpunkt hatte.[17]

Falls die Abbildungsregeln der traditionellen Rechnungslegung hinreichend gut bekannt sind, kann die Ermittlung des traditionellen Periodengewinns auch als ökonomischer Gewinn mit einer speziellen Unsicherheitsrepräsentation gedeutet werden: Die Unsicherheit künftiger Zahlungen wird nicht wie in der Kapitalmarkttheorie durch (subjektive) Wahrscheinlichkeiten, Sicherheitsäquivalente udgl., sondern durch die vertikale Bilanzgliederung (Unterteilung nach Vermögens- und Kapitalklassen als Indikatoren für Chancen/Risiken) einwertig abgebildet; dies mildert Agency-Probleme.[18]

Voraussetzungen für die Unsicherheitsreduktion durch traditionelle kaufmännische Rechnungslegung sind allerdings

---

[15] Vgl. besonders deutlich *Leffson* (1984), Tz. 39; vgl. auch *Baetge / Kirsch / Thiele* (2004), S. 1, die allerdings auch die gegenwärtige wirtschaftliche Lage als Untersuchungsziel nennen.

[16] Vgl. auch *Moxter* (1982), S. 98: Zur Zurückdrängung von subjektiven Ermessensspielräumen wird bei der Einzelbewertung i.e.S. auf eine Ertragswertannäherung verzichtet.

[17] Vgl. *Leffson* (1987), S. 255.

[18] Vgl. *Ordelheide* (1988), insb. S. 296 – 300.

- einerseits auf der Seite der Rechnunglegenden idealerweise die Eindeutigkeit der Abbildungsregeln (d.h. insbesondere die Abwesenheit von Wahlrechten sowie bei erforderlichen Schätzungen ein weitestgehendes Befolgen objektivierter Annahmen, z.B. über Zinssätze bei erforderlichen Abzinsungen);
- andererseits auf der Seite der Informationsempfänger eine hinreichende Kenntnis der komplexen Abbildungsregelung.

Letztere Voraussetzung ist bei zahlreichen unkundigen Kapitalanlegern nicht gegeben. Abhilfe könnte hier nur eine gründliche Reform des Bildungswesens (beginnend bereits in den Grundschulen) bringen. Es ist doch völlig verfehlt, wenn der Durchschnittsschüler nicht mit überlebensnotwendigem Wissen insbesondere auf den Gebieten Wirtschaft, Recht und Gesundheitsvorsorge vertraut gemacht wird.

2. Zur Bedeutung von Informationen über stille Reserven und über steuerliche Werte

Durch das Vorherrschen vergangenheitsorientierter Werte in der traditionellen Rechnungslegung enthalten die Jahres- und Konzernabschlüsse z.T. beträchtliche stille Reserven.[19] Soweit die Vergleichswerte (insbesondere Tageswerte) verläßlich zu ermitteln sind, besteht keine Rechtfertigung dafür, den Kapitalanlegern Auskünfte hierüber zu verweigern, es sei denn die Gesellschaft oder ein verbundenes Unternehmen würde einen nicht unerheblichen Nachteil erleiden; gleiches gilt für Auskünfte über steuerliche Wertansätze oder die Höhe einzelner Steuern. Auf gegenteilige m.E. überholte Bestimmungen des (noch) geltenden Rechts ist unten noch einzugehen.[20] Die Geheimhaltung von verläßlich ermittelbaren Tageswerten wie auch von steuerlichen Werten kann nur der überholten Ideologie vom „Unternehmen an sich", hinter der sich in Wahrheit erweiterte Verfügungsrechte des Managements zu Lasten der Kapitalgeber verbergen, zugerechnet werden.

Steuerlichen Wertansätzen wird vielfach – wegen geringerer „Gestaltbarkeit" im Vergleich zu den handelsrechtlichen Ansätzen – ein erhöhter Informationsgehalt zugeschrieben. Daher ist es besonders bedauerlich, wenn steuerliche

---

[19] Daneben sind in letzter Zeit durch – anlaßbezogene – Änderungen von Vorschriften auch vermehrt stille Lasten in Abschlüssen verborgen, etwa bei manchen Kapitalanlagen von Versicherungsunternehmen (vgl. § 341b Abs. 2 HGB – Handelsgesetzbuch vom 10.05.1897, RGBl. 1897, S. 219, zuletzt geändert durch Gesetz vom 15.12.2004, BGBl. I 2004, S. 3408).

[20] Vgl. die Rechte des Vorstands, Auskunftsverlangen von Aktionären abzulehnen, nach § 131 Abs. 3 AktG, wobei besonders Nr. 2 und 3 (Informationen über steuerliche Werte und über stille Reserven) kritisch zu sehen sind.

Wertansätze vor den Kapitalgebern geheimgehalten werden können. Dies gilt um so mehr, als die Bestimmungen des § 274 HGB über latente Steuern konzeptlos und überdies in Verbindung mit den Vorschriften der §§ 284 und 285 HGB (Anhang) sogar europarechtswidrig sind: Passivische latente Steuern müssen bilanziert werden, während für aktivische latente Steuern ein Ausweiswahlrecht besteht; gerade dann, wenn aktivische latente Steuern nicht bilanziert werden, braucht im Anhang nicht über sie berichtet zu werden, was im Widerspruch zu Art. 43 der 4. gesellschaftsrechtlichen EG-Richtlinie steht.[21]

3. Nutzen und Problematik freiwilliger Zusatzinformationen

Mängel der traditionellen Rechnungslegung, insbesondere die Existenz von Wahlrechten bei Abschreibungen und die Schätzproblematik bei Rückstellungen, haben dazu geführt, daß der Cash Flow vielfach als verläßlicherer Erfolgsindikator angesehen wird. Vor allem eine sehr vereinfachte indirekte Ermittlung als „Gewinn/Verlust +/- Abschreibungen/Zuschreibungen +/- Bildung/Auflösung von Rückstellungen" wird empfohlen; z.T. soll der ausgewiesene Gewinn auch um aperiodische und außergewöhnliche Bestandteile bereinigt werden, damit so die Prognose künftiger Cash Flows verbessert werden kann.[22] Bei vorsichtiger Interpretation weist der Cash Flow die ihm zugesprochenen positiven Eigenschaften auf. Allerdings wird gerade gegenüber unkundigen Kapitalanlegern nicht selten der Eindruck erweckt, ein Cash Flow ohne Vorsorge für früher oder später erforderliche Reinvestitionen sei als Gewinn zu interpretieren.

Noch stärkere Kritik ist an verschiedenen Fortentwicklungen der EBIT-Kennzahlenfamilie zu erheben. Während das EBIT selbst noch als brauchbare Information über ein Ergebnis, das um Finanzierungsbesonderheiten und die hierdurch bewirkte unterschiedliche Steuerbelastung bereinigt ist, angesehen werden kann, wird in der jüngeren Zeit eine unüberschaubare Fülle von Varianten vorgelegt, die in der Tendenz immer mehr eine Gewinngröße vorspiegeln, wo in Wahrheit bereits der Übergang zum Rohüberschuß, mitunter sogar bis zu den Umsatzerlösen, vorliegt.[23] Gemeinsam ist all diesen Größen, daß – ausge-

---

[21] Vgl. u.a. *Siegel* (1985), S. 497; *Schulze-Osterloh* (1986), S. 551; *Siegel* (1987).

[22] Zu zahlreichen Varianten und üblichen Interpretationen des Cash Flow vgl. etwa *Coenenberg* et al. (2003), S. 971 – 984 und S. 1004 – 1007; zu Pro- und Contra-Argumenten für die Eignung des Cash Flow als Erfolgsindikator vgl. auch *Baetge / Kirsch / Thiele* (2004), S. 344 – 347, mit weiteren Nachweisen. – Besonders kritisch: *Leffson* (1970).

[23] Vgl. *Küting / Heiden* (2002), S. 1085 f., insb. Übersicht 1, wo allein 16 verschiedene derartige „korrigierte Ergebnisgrößen" aufgeführt werden. Diese Liste gibt allerdings noch nicht vollständig wieder, was alles an freiwilligen Kapitalmarktinformationen dieses Typs vorliegt.

hend von einem im jeweiligen Rechnungslegungsstandard (z.B. HGB, IAS/IFRS) verpflichtend vorgesehenen Nettoergebnis – „um einmalige, ungewöhnliche, außerbetriebliche oder nicht zahlungswirksame Aufwendungen oder Erträge bereinigt“ wird.[24] Dabei wird sehr häufig Bilanzpolitik in Richtung auf ein verschönertes Ergebnis betrieben, wobei nicht selten aus negativen verpflichtend anzugebenden Ergebnissen positive „earnings before ...“ entstehen. Man begnügt sich dabei z.T. nicht einmal mit einer Verbesserung des EBIT durch zusätzliches Hinzurechnen von „depreciation“ und „amortization“ (Ausweis eines EBITDA[25]), sondern geht beispielsweise bei beträchtlichem Leasing-Aufwand noch weiter zu einem EBITDAR, bei dem auch noch „rents“ (Mietzahlungen) das Nettoergebnis aufbessern.[26] Die an sich richtige Idee, für Zwekke des besseren zwischenbetrieblichen Vergleichs um bestimmte Besonderheiten zu bereinigen, gerät immer mehr in den Hintergrund gegenüber einem „earnings management“, durch welches ein verbesserter Eindruck vom Geschäftsergebnis erweckt werden soll.[27]

Die Herleitung solcher Kennzahlen ist i.d.R. extern nicht nachvollziehbar. Die große Vielfalt an möglichen Kennzahlen trägt auch eher zur Verwirrung als zur Information des Kapitalmarktes bei. Zusätzlich werden im Internet häufig besonders verkürzte und unbegründete Versionen verbreitet. Insgesamt wird der Kapitalmarkt durch Informationsüberflutung in Verbindung mit Ungewißheit über den Inhalt der Daten nicht besser, sondern schlechter informiert.

Es soll hier zwar nicht ein Verbot freiwilliger Zusatzangaben gefordert werden. Notwendig wäre aber eine Regulierung: Für einige Standardkennzahlen sind Definitionen und Ermittlungsregeln vorzugeben. Werden solche Kennzahlen freiwillig angegeben, so ist deren Prüfung und Testierung erforderlich. In sämtlichen Berichten (auch im Internet) ist die Art der Kennzahl exakt zu beschreiben. Werden nicht-standardisierte Kennzahlen benutzt, ist deren Aussagekraft ausführlich zu würdigen und insbesondere auch auf Unterschiede gegenüber standardisierten Kennzahlen einzugehen; nicht-standardisierte Kennzahlen bedürfen einer besonders sorgfältigen Erläuterung, die auch unkundigen Kapitalanlegern verständlich sein muß und für die dem Pflichtprüfer eine besondere Verantwortung auferlegt werden sollte.

---

[24] *Küting / Heiden* (2002), S. 1085.

[25] Die Komponente A („amortization“) kann künftig in Konzernergebnissen nach Art der neuen US-GAAP sowie IAS/IFRS wohl wegfallen, weil der goodwill i.d.R. ohnehin nicht mehr abgeschrieben werden muß.

[26] Diese Kennzahl findet sich etwa bei Luftfahrtgesellschaften. – Dem Verfasser ist sogar bereits eine Größe „EBITDAC“ (Hinzufügung der laufenden Kosten) begegnet, womit man bei den Umsatzerlösen angelangt ist.

[27] Vgl. *Küting / Heiden* (2002), S. 1085 f., mit weiteren Literaturnachweisen.

4. Nutzen und Problematik von Rendite- und Risikoangaben für die Vergangenheit

Wie bereits dargestellt, können Vergangenheitsinformationen im wesentlichen nur einen Indikator für die eigentlich interessierenden Zukunftsinformationen abgeben; jede Extrapolation steht unter der Gefahr von Strukturbrüchen. Aber selbst im Rahmen dieser grundsätzlichen Extrapolationsproblematik sind noch unvollständige und leicht fehlinterpretierbare Informationen zu finden.

Während bei Aktien Angaben über Rendite und Risiko (letztere etwa aus bisher beobachteter Volatilität abgeleitet) noch relativ zutreffend interpretiert werden, wenn man einmal von den Regelungsunschärfen der Rechnungslegung absieht, ergeben sich bei Investmentfonds und besonders bei Lebensversicherungen zusätzliche Interpretationsprobleme.

Investmentfonds haben bekanntlich über die Entwicklung ihrer Inventarwerte zu aktuellen Tageswerten zu berichten. Dabei wird gerne eine „Performance", die Ausschüttungen und Wertveränderungen des Inventarwerts enthält, angegeben. Dafür kommen die Entwicklung der letzten Periode und die Entwicklung über einen längeren Zeitraum in Betracht. Letzteres ist nun besonders „gestaltbar": Die Wahl der Bezugsperiode hat beträchtlichen Einfluß auf die ausgewiesene Performance. Soweit Kapitalanleger Finanztests oder ähnliches zu Rate ziehen, wird das Problem teilweise dadurch beseitigt, daß für alle vergleichbaren Fonds gleiche (meistens auch mehrere) Bezugsperioden für ihre Wertentwicklung zugrundegelegt werden; eingeschränkt wird die Vergleichbarkeit allerdings dadurch, daß häufig neue Fonds aufgelegt oder bereits bestehende mit anderen zusammengelegt werden. Für besonders unkundige Kapitalanleger wird die Vergleichsmöglichkeit manchmal entscheidend eingeschränkt, wenn sie Rat nur bei einem Kreditinstitut einholen, dessen Mitarbeiter ausschließlich Produkte von Kapitalanlagegesellschaften des eigenen Hauses oder von nahestehenden Gesellschaften anbieten.[28] Dem könnte wohl nur durch eine Pflicht zu detaillierter Dokumentation der Kundenberatung entgegengesteuert werden.

Noch wesentlich gravierender sind die Informationsdefizite bei Renditeangaben von Kapitallebensversicherungen:

1. Dem breiten Publikum ist weitgehend unbekannt, daß hier genannte Renditen sich nur auf den „Sparanteil" der Prämie beziehen. Eine Lebensversicherungsprämie beruht auf einer Kalkulation, in die mehrere Bestandteile eingehen, nämlich insbesondere der Erwartungswert der Leistung im Todesfall, Betriebs- und Verwaltungskosten inkl. Gewinnzuschlag sowie der Erwartungswert der garantierten Leistung im Erlebensfall; zu der Ansammlung

---

[28] Siehe dazu auch unten die Ausführungen zu den Eigeninteressen der Finanzintermediäre.

letzterer dient der „Sparanteil".[29] Wie hoch der Sparanteil der Prämie ist, wird den Kunden nicht bekanntgegeben. Die Aussage, es sei z.B. eine Rendite von 5 % erzielt worden, bezieht sich also auf einen unbekannten Kapitalbetrag. Die Forderung eines Teils der Literatur, die Prämienbestandteile gesondert zu verbuchen und abzurechnen[30], konnte sich bisher nicht durchsetzen.

2. Renditen, die für Aktien oder für Investmentfonds angegeben werden, beruhen auf der Entwicklung des Tageswertes. Hingegen gehen Renditeangaben der Lebensversicherungen auf Werte der traditionellen pagatorischen Rechnungslegung zurück. Das bedeutet insbesondere, daß Wertsteigerungen der Anlagen nur dann in die Überschußermittlung und damit in die Renditeberechnung eingehen, wenn die Anlagen realisiert wurden; die Entscheidung hierüber liegt beim Versicherer.[31] Damit hängt die in der Vergangenheit erzielte Rendite beträchtlich von der Politik der Legung und eventuellen Auflösung stiller Reserven ab. Sie ist daher zur Extrapolation besonders ungeeignet. Eine bisher hohe Rendite kann auch nicht eindeutig interpretiert werden: Es ist möglich, daß der Erfolg, insbesondere der Kapitalanlageerfolg, infolge realer Entwicklungen hoch war. Es ist aber ebenso möglich, daß der hohe Erfolg das Ergebnis einer hohen Auflösung von stillen Reserven war; in diesem Falle sind die Reserven weg, und es kann gerade deshalb in Zukunft nur mit niedrigen Renditen gerechnet werden.[32] Zusätzlich besteht das Problem, daß die Leitung des Versicherungsunternehmens in Zukunft selbst bei Vorhandensein stiller Reserven eine andere Politik ihrer Realisierung einschlagen kann.

3. Angaben über Renditen beziehen sich üblicherweise auf „durchgehaltene" Verträge, also auf Verträge, die nicht vor Laufzeitende storniert werden. In-

---

[29] Vgl. genauer zur Struktur der Prämienkalkulation etwa *Kromschröder* (1994), S. 773.

[30] Vgl. insbesondere *Lehmann* (1997), passim, bes. S. 130 – 144; *Rückle* (1997), bes. S. 293 – 2997.

[31] Ob diese Überschußermittlung grundgesetzkonform ist, bildet einen Kernpunkt schwebender Verfassungsbeschwerden, die am 27.10.2004 mündlich behandelt wurden, für die die Entscheidung aber nicht vor Ende April 2005 zu erwarten ist. Vgl. im einzelnen die Verfassungsbeschwerden 1 BvR 782/94; 1 BvR 80/95; 1 BvR 957/96.

[32] Eine Beurteilungshilfe kann es sein, der traditionell ermittelten „Nettoverzinsung", in die nur die realisierten Erträge/Aufwendungen aus Kapitalanlagen eingehen, eine weitere (neue) Kennzahl gegenüberzustellen: In eine „vollständige Nettoverzinsung" geht auch die erkennbare Veränderung der stillen Reserven ein; vgl. *Rückle / Karst* (1999), S. 82. – Nach Umsetzung der Versicherungsbilanzrichtlinie sind gemäß §§ 54 – 56 RechVersV (Verordnung über die Rechnungslegung von Versicherungsunternehmen vom 08.11.1994, BGBl. I 1994, S. 3378, zuletzt geändert durch das Gesetz vom 04.12.2004, BGBl. I 2004, S. 3166) die Zeitwerte von Kapitalanlagen – mit Ausnahmen – im Anhang anzugeben (weshalb statt von „stillen Reserven" besser von „Bewertungsreserven" gesprochen wird).

folge mangelnder oder auch fehlerhafter Beratung werden aber mindestens 50 % der geschlossenen Versicherungsverträge vorzeitig aufgelöst.[33] Die ungünstigen Rückkaufswerte in den Anfangsjahren eines Lebensversicherungsvertrages ergeben selbst für Verträge, die erst nach der Hälfte der vereinbarten Laufzeit gekündigt werden, noch immer negative Renditen. Falls ein Versicherungsnehmer nicht weiß, ob ihm das Durchhalten des im Schnitt fast 30-jährigen Vertrages gelingt, ergibt sich unter Einbeziehung der beschriebenen Abbruchswahrscheinlichkeit eine drastische Reduzierung des Anlageerfolgs.[34] Derartige Zahlen werden m.W. den Anlegern nicht genannt. Transparent wäre die Renditeinformation nur dann, wenn mehrere Größen nebeneinander angegeben würden:

a) Einerseits eine Rendite bei Durchhalten des Vertrags; andererseits eine Rendite unter Berücksichtigung der Abbruchswahrscheinlichkeiten;

b) einerseits eine Rendite, die sich auf die gesamte Prämie als Kapitaleinsatz bezieht; andererseits eine Rendite, die sich nur auf den (bisher aber nicht bekanntgegebenen) Sparanteil bezieht.[35]

Um Renditen unter Risikoaspekten vergleichbar zu machen, wird neuerdings zunehmend eine risikobereinigte Rendite, speziell die Sharpe-Ratio (SR), herangezogen. Diese ist definiert als

$$SR = \frac{\text{erzielte Rendite} - \text{risokolos erzielbare Rendite}}{\text{Standardabweichung der Kapitalanlage}}.$$

Diese Kennzahl ist für jede Art von Kapitalanlage verwendbar. Damit Vergleichbarkeit erreicht wird, müssen nicht nur die Renditen nach gleichen Regeln ermittelt werden, sondern es ist auch dieselbe Bezugsperiode zu wählen, was in der Literatur auch regelmäßig gesehen wird.[36] Im Zusammenhang mit Lebensversicherungen ist aber bzgl. der Bezugsperiode zusätzlich eine systematische Irreführungsmöglichkeit zu beachten: Geht man von einem Versicherungsnehmer aus, der ungefähr die übliche Durchschnittslaufzeit (also etwa 28 Jahre) einhalten will, und soll für diesen die SR für eine Lebensversicherung einerseits, für eine (diversifizierte) Aktienanlage andererseits ermittelt werden, so ist es für ihn völlig irrelevant, welche SR sich beispielsweise für eine Periode von einem Jahr ergibt. Bei dieser Bezugsperiode wird selbstverständlich eine Le-

---

[33] Häufige Gründe sind Arbeitslosigkeit oder Ehescheidung, die eine weitere Zahlung der Prämien unmöglich machen.

[34] Vgl. besonders drastisch *Adams* (1997).

[35] Vgl. ausführlich *Meyer* (2000).

[36] Zum Renditevergleich zwischen Lebensversicherungen und anderen Kapitalanlagen mit Hilfe der Sharpe-Ratio vgl. etwa grundlegend *Albrecht / Maurer / Schradin* (1999); zu anderen Konzepten der Rendite-Risiko-Darstellung vgl. *Gründl / Stehle / Waldow* (2003), S. 551 – 560.

bensversicherung mit ihren typischerweise geglätteten Auszahlungen im Vergleich zu einer wesentlich volatileren Aktie gut abschneiden. Relevant ist in diesem Fall aber nur die Ermittlung einer SR für beide Vergleichsobjekte auf der Basis von 28 Jahren. Hier wird die Aktienanlage entscheidend besser als bei einer einjährigen Bezugsperiode abschneiden. Nach bisherigen Erfahrungen kann sogar vermutet werden, daß die Aktienanlage auf so lange Sicht stets besser als die Auszahlung der Versicherung ist; dann ist die Aktienanlage eine dominante Anlagestrategie, selbst wenn sie eine höhere Volatilität als die Lebensversicherung aufweist.

5. Der Nutzen von Informationen über Eigeninteressen der Intermediäre

Diesbezügliche Informationsdefizite bestehen speziell bei Investmentfonds und bei Versicherungen; sie treffen insbesondere die unkundigen Investoren, denen ja häufig gerade diese Anlageformen empfohlen werden. Für diese Investoren ist eine gute Information über Eigeninteressen der Finanzintermediäre einschließlich deren Vertriebsorganen für die Beurteilung der Vertrauenswürdigkeit der Ratschläge nützlich. Beim Direkterwerb von Aktien oder festverzinslichen Wertpapieren sind die Eigeninteressen der Banken, Broker etc. (insbesondere An- und Verkaufsprovisionen, Depotgebühren) relativ gut durchschaubar, nicht so i.a. bei Investmentfonds und Lebensversicherungen; dabei kann hier allerdings auf die besonders gravierende Problematik bei geschlossenen Immobilienfonds nicht eingegangen werden.[37]

Investmentfonds werden etwa zu drei Viertel über Kreditinstitute abgesetzt.[38] Kreditinstitute haben vielfach im eigenen Konzern Tochtergesellschaften, die das Kapitalanlagegeschäft betreiben.[39] Daß diese ihrerseits wiederum ihre Depotbank im Konzern wählen und daß die Kreditinstitute in Richtung konzerneigener Investmentfonds beraten, liegt nahe. Bei anderen Vertriebskanälen ist der Provisionsertrag vorrangig. Nach empirischen Studien sind die Kapitalanleger bei Investmentfonds vor allem hinsichtlich des Ausgabeaufschlags sensibel, nehmen auch die Depotgebühren gut wahr, unterschätzen allerdings die Managementgebühren häufig trotz ihrer materiellen Bedeutung.[40] Einen teilweise verbesserten Einblick erhält der Anleger auf Grund des zum 1. Januar 2004 in

---

[37] Vgl. etwa BGH vom 12.02.2004 – III ZR 359/02, wonach Vermittler ihren Kunden mitteilen müssen, wenn sie vom Investment mehr als 15 % „Innenprovision" erhalten, und nicht Teile der Gebühren verschweigen dürfen.

[38] Vgl. o.V. (2003a).

[39] Vgl. etwa *Hockmann* (2003), S. 6 f.

[40] Vgl. *Tebroke / Kraus* (2003), S. 396.

Kraft getretenen Investmentgesetzes (InvG)[41]: Gemäß § 41 Abs. 2 ist die „Total Expense Ratio (TER)" oder „Gesamtkostenquote" auszuweisen: Sie gibt in Form eines Prozentsatzes das Verhältnis aller bei der Verwaltung zu Lasten eines Sondervermögens angefallenen Kosten zum durchschnittlichen Nettoinventarwert des Sondervermögens während des Geschäftsjahres an und soll dem Anleger die Ermittlung der Effektivverzinsung des Sondervermögens erleichtern, indem er nur die TER von der Bruttorendite des Fonds zu subtrahieren braucht.

Die Regelung entspricht allerdings nicht der wünschenswerten Transparenz, ja sie ist geradezu irreführend: Nicht erfaßt werden nämlich in der deutschen TER die Transaktionskosten, obwohl in einer „Gesamtkostenquote" vom Wort her doch alle Kosten enthalten sein müßten. Die Transaktionskosten gehen aber in Deutschland nur versteckt wertmindernd in die Wertentwicklung des Fonds ein. Dabei werden – wohl infolge der Verflechtung zwischen Kapitalanlagegesellschaften und Depotbanken – gemessen an sonst leicht erhältlichen Konditionen exorbitant hohe Transaktionskosten verrechnet.[42] Transparentere Rechnungslegung zugunsten uninformierter Anleger scheint dringend geboten.

Besondere Intransparenz über Eigeninteressen des Vertriebs besteht bei kapitalbildenden Lebensversicherungen bezüglich der dem Anleger (bzw. Versicherten) angelasteten Abschluß-(Vertriebs)kosten[43]: Üblich sind etwa 5,5 – 6,5 % der Zahlungen des Kunden während der Gesamtlaufzeit des Vertrages. Dabei dürfen bis zu 4 % dieser Summe sofort bei Vertragsabschluß dem Kunden rechnerisch angelastet werden (sog. „Zillmerung" der Abschlußkosten).[44] Beträgt die Gesamteinzahlungsverpflichtung etwa 100.000 € in den nächsten 30 Jahren, steht der Kunde – für ihn i.d.R. nicht durchschaubar – zunächst mit 4.000 € im Minus: Daher werden die ersten zwei bis drei Jahresprämien zunächst für die Deckung der Abschlußkosten verbraucht, ohne daß dem Kunden ein Sparbetrag gutgeschrieben würde.[45]

---

[41] Gesetz vom 15.12.2003 (BGBl. I 2003, S. 2676), zuletzt geändert durch Gesetz vom 04.12.2004 (BGBl. I 2004, S. 3166).

[42] Nach o.V. (2003b) fallen bei Aktientransaktionen von Fonds im Schnitt Transaktionskosten von 0,734 % des Umsatzes an.

[43] Vgl. instruktiv *Schwintowski* (2004), S. 80 – 87.

[44] Vgl. § 4 Abs. 1 der Rechtsverordnung zu § 65 VAG (Gesetz über die Beaufsichtigung der Versicherungsunternehmen in der Fassung der Bekanntmachung vom 17.12.1992, BGBl. 1993 I, S. 3, zuletzt geändert durch Gesetz vom 21.12.2004, BGBl. I 2004, S. 3610).

[45] Die übrigen Abschlußkosten werden dem Kunden während der Vertragslaufzeit angelastet; im Falle der vorzeitigen Kündigung („Storno") müssen sie für die volle Vertragslaufzeit bezahlt werden.

Ersichtlicherweise schafft diese intransparente Vertragsgestaltung einen massiven Anreiz für den Vertrieb derartiger Kapitalanlageprodukte.[46] Vorschläge, die Zillmerung im Interesse der Kapitalanleger/Versicherten abzuschaffen, wurden von Gesetzgeber und Aufsichtsbehörden bisher nicht aufgegriffen. Im Gegenteil führte das Einkommensinteresse des Kapitalanlagevertriebs jüngst dazu, daß die Zillmerung auf weitere Kapitalanlageformen ausgedehnt werden soll: Bisher hat der produktunabhängige Vertrieb wesentlich lieber Versicherungen als Fondssparpläne verkauft, weil er bei letzteren nur über die Laufzeit verteilt verdient, nämlich durch die Ausgabeaufschläge auf die tatsächlich bereits bezahlten Sparraten des Kunden sowie durch einen geringen Anteil an den späteren Managementgebühren; bei Abbruch des Sparplans gibt es natürlich keine weiteren Einnahmen aus Ausgabeaufschlägen. Um dem Vertrieb den Verkauf von Fonds attraktiver zu machen, hat der Marktführer DWS Mitte Januar 2005 quasi „gezillmerte“ Fondssparpläne aufgelegt, bei denen die Kunden bei Beginn die Vertriebskosten für die Gesamtlaufzeit zahlen (und dafür später die Fonds ohne Ausgabeaufschlag erwerben können).[47]

IV. Zum Entscheidungsnutzen von Tages- und Prognosewerten

1. Übersicht und Eingrenzung

„Fair values“ können in einer idealen Welt vollkommener und vollständiger Güter- und Kapitalmärkte im Gleichgewicht als Tageswerte, in die sämtliche (homogenen) Erwartungen eingehen, charakterisiert werden; Tages- und Prognosewerte fallen letztlich zusammen, wenn die Tageswerte durch Diskontierung der wahrscheinlichkeitsverteilten prognostizierten Zahlungen mit risikoangepaßten (einheitlichen) Marktzinsen bestimmt werden. Dieses letztlich die Rechnungslegung überflüssig machende Modell[48] wird für die reale Anwendung nicht ernsthaft erwogen. Praktischen Anspruch erhebt jedoch die – selektive und modifizierte – Anwendung des Konzepts in den US-GAAP und in den IFRS/IAS, die auch (vielfach unkritisch empfohlen) die Richtung für die Verbesserung der deutschen Rechnungslegungsnormen angeben soll. Umfassende Kritik hieran liegt in der Literatur bereits vor[49], und auch in der vorliegenden

---

[46] Unter dem Aspekt der Versicherung als tatsächlicher Risikovorsorge liegt zudem häufig Fehlberatung vor, wenn etwa nur das Todesfallrisiko eines verschuldeten Familienvaters abgedeckt werden müßte, denn die Prämie für eine entsprechende reine Risikoversicherung würde weniger als ein Zehntel der Prämie für die Kapitallebensversicherung ausmachen.

[47] Vgl. o.V. (2005).

[48] Vgl. sehr klar *Ballwieser / Küting / Schildbach* (2004), S. 530 f.

[49] Vgl. vor allem jüngst *Ballwieser / Küting / Schildbach* (2004), passim, mit weiterer Literatur in Fn. 4.

Festschrift sind mehrere Arbeiten diesem Thema gewidmet. Auf die „fair value"-Bilanzierung wird im folgenden nicht explizit eingegangen.

Unter realistischen Annahmen ermittelte Zeitwerte sind Einzelveräußerungs- und Einzelwiederbeschaffungswerte.[50] Die Rechnungslegung auf Grund von Zeitwerten ist teilweise verpflichtend, so bei Investmentfonds; teilweise werden Zeitwerte den Kapitalanlegern aber – nach problematischen Rechtsvorschriften – verweigert. Der grundsätzliche Nutzen verschiedener Ausprägungen und Verwendungszwecke von Zeitwerten sowie Wertungswidersprüche im geltenden Recht bzgl. Verfügbarkeit von Tageswertinformationen werden behandelt.

Prognosen werden teils explizit, teils implizit (u.a. auch im Rahmen von „fair values") gegeben. Mögliche Mißinterpretationen und Mißbräuche sowie Maßnahmen zur Verbesserung der Transparenz werden aufgezeigt.

2. Zum Entscheidungsnutzen und zur Erhältlichkeit von Zeitwerten

Zeitwerte sind unmittelbar entscheidungsnützlich, wenn eine Veräußerung von ganzen Unternehmen oder von Unternehmensanteilen ansteht. Kleinaktionären darf aber – wie bereits dargestellt – mit Billigung des Bundesverfassungsgerichts gemäß § 131 Abs. 3 AktG die Auskunft über Tageswerte verweigert werden. Aus der umfassenden Kritik hieran in Siegel et al. (1999) soll ein dort nur angedeutetes Argument vertieft werden: Bei börsengehandelten Wertpapieren besteht ein Widerspruch zu § 15 WpHG[51], nach dem neue Tatsachen, die geeignet sind, den Börsenpreis der Wertpapiere erheblich zu beeinflussen, unverzüglich zu veröffentlichen sind (sog. „ad-hoc-Mitteilungen"). Wird diese Bestimmung eingehalten, ist das Auskunftsverweigerungsrecht in seiner Reichweite stark eingeschränkt. Eine weitgehende Abschaffung oder Einschränkung von § 131 Abs. 3 AktG würde den Wertungswiderspruch beseitigen und die Kontrolle des Managements erleichtern.

Allerdings hat sich herausgestellt, daß zahlreiche „ad-hoc-Mitteilungen" unrichtig waren und z.T. nach kurzer Zeit widerrufen wurden, wie es auch nach § 15 Abs. 1 Satz 4 WpHG vorgeschrieben ist. Eine schadenersatzpflichtige An-

---

[50] *Siegel* (1998) und (2004) spricht sich für eine ergänzende Zeitwertbilanzierung zu Einzelveräußerungswerten aus und weist – (2004), S. 316 – auf die Diskrepanz zum geltenden Recht hin, das die Zeitwerte regelmäßig als Beschaffungswerte bestimme. – So allgemein ist dem zwar nicht zuzustimmen (siehe etwa die retrograde Bewertung von Fertigerzeugnissen, ausgehend vom erzielbaren Veräußerungserlös), partiell besteht allerdings dieser Widerspruch; vgl. hierzu bereits *Koch* (1957).

[51] Gesetz über den Wertpapierhandel (Wertpapierhandelsgesetz – WpHG) in der Fassung der Bekanntmachung vom 09.09.1998 (BGBl. I 1998, S. 2708), zuletzt geändert durch Gesetz vom 15.12.2004 (BGBl. I 2004, S. 3408).

legerirreführung und -schädigung kann vorliegen.[52] Zur Aufdeckung von Manipulationen wäre eine systematische Prüfung, z.T. auch eine Prognoseprüfung der ad-hoc-Mitteilungen erforderlich; sie gehört zu den Aufgaben der Bundesanstalt für Finanzdienstleistungsaufsicht (BAFin).

Zeitwerte als Einzelveräußerungserlöse haben bei Unterstellung der Unternehmensfortführung teilweise „prospektive Relevanz", teilweise aber (etwa bei Spezialanlagen) wären sie irreführend[53]. Dem Jubilar teilweise folgend wird hier dafür plädiert, den Dispositionserfolg des Managements in der abgelaufenen Periode folgendermaßen zu bestimmen: Zum Tagesveräußerungswert werden zum Absatz bestimmte Vermögensgegenstände (z.B. Fertigerzeugnisse) bewertet; zur alsbaldigen Wiederbeschaffung bestimmte Vermögensgegenstände (z.B. Rohstoffe) werden zu Wiederbeschaffungswerten, zur Weiternutzung bestimmte Anlagen zu fortgeführten (ggf. zusätzlich inflationsbereinigten) Anschaffungskosten bewertet. Dies erfaßt die Leistungen des Managements umfassend (realisierte Gewinne/Verluste, ferner unrealisierte Gewinne/Verluste insbesondere durch Schaffung absatzbereiter Produkte sowie durch Beschaffung von Vorräten); diese Größe scheint auch noch hinreichend objektivierbar. Die unrealisierten Gewinne können dabei in ausschüttungsgesperrte Rücklagen eingestellt werden.[54]

3. Zur Gestaltung entscheidungsnützlicher expliziter Prognoseinformationen

In den Tageswerten, in „fair values", selbst in „vergangenheitsorientierten" Werten stecken Prämissen über Zukünftiges. Die folgenden Ausführungen befassen sich mit Werten, die explizit als Prognosewerte deklariert werden oder – insbesondere von unkundigen Investoren – als solche interpretiert werden.

Von der Schwierigkeit wie vom Kapitalanlagevolumen her sind die Prognosen im Bereich der Kapitallebensversicherungen – jedenfalls in Deutschland – am bedeutendsten: Soll sich für den Kapitalanleger ein Lebensversicherungsvertrag einigermaßen rechnen, so müssen – abgesehen von Steuervergünstigungen, deren Gewährung in Zukunft aber sehr fraglich ist – Überschußbeteiligungen zu

---

[52] Vgl. auch §§ 20a, 37b und 37c WpHG.

[53] Vgl. *Siegel* (2004), S. 312 f. – daneben will *Siegel* (2004) diese Zeitwerte auch zur Schuldendeckungskontrolle verwenden, worauf hier aber nicht eingegangen wird.

[54] Zur Bilanzierung zu Einzelveräußerungspreisen vgl. auch bereits den „Vorklassiker" *Léautey* (1897), bes. S. 244 ff., der die parallele Bilanzierung nach unterschiedlichen Wertkonzeptionen vertritt und realisierte Erfolge von unrealisierten trennt. – Ich verdanke den Hinweis Dieter Schneider; vgl. auch *Schneider* (2001), S. 938. – Eine Bewertung zu Wiederbeschaffungspreisen zum Zwecke der Erfassung des Dispositionserfolgs vertreten *Edwards / Bell* (1970).

den sog. „Garantiezinsen" hinzutreten. Die Überschußbeteiligungen werden nur unverbindlich in Aussicht gestellt. Zur Unterstützung des Vertriebs werden faktisch Überschußprognosen gegeben, die allerdings bei sauberer Ausdrucksweise nur „Beispielrechnungen" sein können[55]: Sie sagen aus, wie hoch z.B. das Endkapital oder die Rente eines Anspruchsberechtigten unter bestimmten Prämissen sein wird, insbesondere bei Eintreten bestimmter Kapitalanlageergebnisse; letztere werden gerne aus (möglichst günstig ausgewählten) Vergangenheitswerten extrapoliert.

Uninformierte Anleger haben insbesondere folgende Informationsdefizite[56]:

- Die Unverbindlichkeit der Beispielrechnungen wird nicht zur Kenntnis genommen;
- eine Darstellung der aktuellen Überschußbeteiligung verleitet zum Schluß, diese könne in die Zukunft fortgeschrieben werden[57];
- das Ausmaß der Schwankungen des Anlageerfolgs wird auch nicht annähernd erkannt.

Abhilfe kann eine Schaffung anlegerfreundlicher Regelungen zu den Überschußprognosen bringen. Sie müßte neben den erwähnten Untersagungen der BAFin zumindest umfassen[58]:

- Überschußprognosen und auf ihnen basierende Kenngrößen (z.B. zu erwartender Auszahlungsbetrag) müssen mehrwertig (mindestens zweiwertig) abgegeben werden;
- mindestens eine (Alternativ-)Beispielrechnung muß auf deutlich schlechteren Prämissen als eine Beispielrechnung auf Grund bisheriger Ergebnisse beruhen, wobei zur besseren Vergleichbarkeit unterschiedlicher Angebote – auch über die Lebensversicherung hinaus – mindestens die Prämissen für die pessimistische Prognose überbetrieblich normiert werden sollten.

---

[55] Zur Problematik dieser Beispielrechnungen vgl. bereits *Schneider* (1980).

[56] Siehe aber auch die bereits in Abschnitt III.4. aufgezeigte Intransparenz.

[57] Das Irreführungspotential ist so beträchtlich, daß jüngst die BAFin untersagt hat, weiterhin (ohne Klarstellung) mit bisher gewährten Überschußanteilen zu werben, wenn deren Herabsetzung bereits absehbar ist; ebenso wurde die Prämiengestaltung auf Grund veralteter Sterbetafeln (was ebenfalls im Endergebnis zu absehbaren Verringerungen der Überschußbeteiligung führt) untersagt: Vgl. Bundesanstalt für Finanzdienstleistungsaufsicht (2004).

[58] Vgl. *Rückle* (1984), S. 63 – 65; Arbeitskreis „Externe und Interne Überwachung der Unternehmung" der Schmalenbach-Gesellschaft für Betriebswirtschaft e.V. (2003), S. 106 f.

V. Fazit

Bedeutende Transparenzdefizite wurden sowohl bei der Information sachkundiger als auch sachunkundiger Investoren aufgedeckt. Insbesondere wurden die Kapitalanlage in Aktien, in Investmentfonds und in Kapitallebensversicherungen untersucht. Möglichkeiten zu verbesserten Informationen wurden vor allem im Hinblick auf sachunkundige Investoren aufgezeigt. Erhöhte Sachkenntnis dieser Gruppe ist wohl nur auf lange Sicht durch bessere Ausbildung, beginnend in der Grundschule, zu erreichen. Daher besteht kurzfristig ein Bedarf an Schutzvorschriften des Gesetzgebers, die auch eine transparentere Information über Eigeninteressen der Finanzintermediäre umfassen sollten.

Literatur- und Rechtsprechungsverzeichnis

Adams, Michael (1997): Die Kapitallebensversicherung als Anlegerschädigung; in: Zeitschrift für Wirtschaftsrecht; 18. Jg. (1997); S. 1857 – 1869.

Albrecht, Peter / *Maurer,* Raimond / *Schradin,* Heinrich (1999): Die Kapitalanlageperformance der Lebensversicherer im Vergleich zur Fondsanlage unter Rendite- und Risikoaspekten; Karlsruhe 1999.

Altenburger, Otto A. (2002): Erlaubt die Bilanzrichtlinie einen Verzicht auf die planmäßige Abschreibung des Goodwill?; in: Die Wirtschaftsprüfung; 55. Jg. (2002); S. 806 – 808.

Arbeitsgruppe Normierung der Rechnungslegung (Leiter: *Theodor Siegel*) (2002): Stellungnahme Nr. 1: Bilanzierung des Goodwill nach DRS 1a; in: Betriebs-Berater; 57. Jg. (2002); S. 880 – 881.

Arbeitskreis „Externe und Interne Überwachung der Unternehmung" der Schmalenbach-Gesellschaft für Betriebswirtschaft e.V. (2003): Probleme der Prognoseprüfung; in: Der Betrieb; 56. Jg. (2003); S. 105 – 111.

Baetge, Jörg / *Kirsch,* Hans-Jürgen / *Thiele,* Stefan (2004): Bilanzanalyse; 2. Auflage; Düsseldorf 2004.

Ballwieser, Wolfgang / *Küting,* Karlheinz / *Schildbach,* Thomas (2004): Fair value – erstrebenswerter Wertansatz im Rahmen einer Reform der handelsrechtlichen Rechnungslegung?; in: Betriebswirtschaftliche Forschung und Praxis; 56. Jg. (2004); S. 529 – 549.

Bundesanstalt für Finanzdienstleistungsaufsicht (2004): Rundschreiben vom 29.10.2004; Gz: VA 21 – A – 110/04.

Busse von Colbe, Walther (2000): Rechnungslegungsziele und Ansätze zur internationalen Harmonisierung der Rechnungslegung deutscher Unternehmen; in: US-amerikanische Rechnungslegung: Grundlagen und Vergleiche mit dem deutschen Recht; 4. Auflage; Hrsg. Wolfgang Ballwieser; Stuttgart 2000; S. 485 – 508.

– (2001): Ist die Bilanzierung des Firmenwerts nach dem Nonamortization-Impairment-Ansatz des SFAS-Entwurfs von 2001 mit § 292a HGB vereinbar?; in: Der Betrieb; 54. Jg. (2001); S. 877 – 879.

Coenenberg, Adolf G., et al. (2003): Jahresabschluss und Jahresabschlussanalyse; 19. Auflage; Stuttgart 2003.

Edwards, Edgar O. / *Bell,* Philip W. (1970): The Theory and Measurement of Business Income; 5. Auflage; Berkeley, Los Angeles 1970.

Ernst, Edgar / *Gassen,* Joachim / *Pellens,* Bernhard (2005): Verhalten und Präferenzen deutscher Aktionäre: Eine Befragung privater und institutioneller Anleger zu Informationsverhalten, Dividendenpräferenz und Wahrnehmung von Stimmrechten; Hrsg. Rüdiger von Rosen; Studien des Deutschen Aktieninstituts: Heft 29; Frankfurt am Main 2005.

Gesamtverband der Deutschen Versicherungswirtschaft e.V. (2004): Jahrbuch 2004, Die deutsche Versicherungswirtschaft; Karlsruhe 2004.

Gründl, Helmut / *Stehle,* Richard / *Waldow,* Thorsten (2003): Zur Vorteilhaftigkeit von Kapitallebensversicherungen gegenüber alternativen Anlageformen – Eine Analyse aus Anlegersicht; in: Schmalenbachs Zeitschrift für betriebswirtschaftliche Forschung; 55. Jg. (2003); S. 549 – 577.

Hockmann, Heinz J. (2003): Institutionelles Asset Management in Deutschland und Europa; in: Handbuch Institutionelles Asset Management; Hrsg. Hartmut Leser und Markus Rudolf; Wiesbaden 2003; S. 3 – 17.

Koch, Helmut (1957): Die Problematik des Niederstwertprinzips; in: Die Wirtschaftsprüfung; 10. Jg. (1957); S. 1 – 6, 31 – 35, 60 – 63.

Kromschröder, Bernhard (1994): Besonderheiten des Jahresabschlusses der Versicherungsunternehmen; in: Bilanzrecht und Kapitalmarkt: Festschrift zum 65. Geburtstag von Adolf Moxter; Hrsg. Wolfgang Ballwieser et al.; Düsseldorf 1994; S. 769 – 805.

Küting, Karlheinz / *Heiden,* Matthias (2002): Pro-Forma-Ergebnisse in deutschen Geschäftsberichten – Kritische Bestandsaufnahme aus Sicht der Erfolgsanalyse; in: Steuern und Bilanzen; 4. Jg. (2002); S. 1085 – 1089.

Léautey, Eugène (1897): Traité des Inventaires et des Bilans: Au point de vue Comptable, Economique, Social et Juridique; Paris o.J. [1897].

Leffson, Ulrich (1970): Cash Flow – weder Erfolgs- noch Finanzierungsindikator!; in: Aktuelle Fragen der Unternehmensfinanzierung und Unternehmensbewertung: Festschrift zum 70. Geburtstag von Kurt Schmaltz; Hrsg. Karl-Heinz Forster und Peter Schuhmacher; Stuttgart 1970; S. 108 – 127.

– (1984): Bilanzanalyse; 3. Auflage; Stuttgart 1984.

– (1987): Die Grundsätze ordnungsmäßiger Buchführung; 7. Auflage; Düsseldorf 1987.

Lehmann, Matthias (1997): Der Versicherungsvertrag und die Versicherungs-Treuhand aus ökonomischer und ermittlungsrechtlicher Sicht; in: Lehmann, Matthias / Kirchgesser, Karl / Rückle, Dieter: Betriebswirtschaftliche Beiträge zum Versicherungsrecht: Versicherungsvertrag und Versicherungstreuhand, Ertragsbesteuerung, Überschußermittlung und -verwendung; Baden-Baden 1997; S. 17 – 189.

Meyer, Ulrich (2000): Leistungstransparenz durch Angabe eines Effektivzinses in der Lebensversicherung; in: Transparenz und Verständlichkeit – Berufsunfähigkeitsversicherung und Unfallversicherung – Reform des Versicherungsvertragsgesetzes; Hrsg. Jürgen Basedow et al.; Baden-Baden 2000; S. 195 – 217 (sowie anschließend S. 218 f. Diskussionsbericht hierzu).

Moxter, Adolf (1982): Betriebswirtschaftliche Gewinnermittlung; Tübingen 1982.

– (2001): Deutscher Standardisierungsrat auf Irrwegen; in: Betriebs-Berater; 56. Jg. (2001); Nr. 49; S. I.

Ordelheide, Dieter (1988): Kaufmännischer Periodengewinn als ökonomischer Gewinn: Zur Unsicherheitsrepräsentation bei der Konzeption von Erfolgsgrößen; in: Unternehmenserfolg: Walther Busse von Colbe zum 60. Geburtstag; Hrsg. Michel Domsch et al.; Wiesbaden 1988; S. 275 – 302.

o.V. (2003a): Investmentfonds – Beraten und verkauft; in: Zeitschrift für das gesamte Kreditwesen; 56. Jg. (2003); S. 691.

– (2003b): Transaktionskosten von Fonds in der Kritik; in: Frankfurter Allgemeine Zeitung vom 07.11.2003; S. 23.

– (2005): Die Fondsbranche geht im Vertrieb neue Wege; in: Frankfurter Allgemeine Zeitung vom 20.01.2005; S. 19.

Rückle, Dieter (1983): Normative Theorie der Steuerbilanzpolitik; Wien 1983.

– (1984): Externe Prognosen und Prognoseprüfung; in: Der Betrieb; 37. Jg. (1984); S. 57 – 69.

– (1997): Überschußermittlung und -verwendung in der kapitalbildenden Lebensversicherung aus der Sicht des Bilanz-, Abfindungs- und Kapitalanlagerechts; in: Lehmann, Matthias / Kirchgesser, Karl / Rückle, Dieter: Betriebswirtschaftliche Beiträge zum Versicherungsrecht: Versicherungsvertrag und Versicherungstreuhand, Ertragsbesteuerung, Überschußermittlung und -verwendung; Baden-Baden 1997; S. 249 – 303.

Rückle, Dieter / *Karst,* Oliver (1999): Die stillen Reserven in den Kapitalanlagen der Versicherungsunternehmen als Gegenstand der Jahresabschlußanalyse; in: Das Wirtschaftsstudium; 28. Jg. (1999); S. 81 – 86, 193 – 197.

Schildbach, Thomas (1986): Jahresabschluß und Markt; Berlin et al. 1986.

Schneider, Dieter (1971): Aktienrechtlicher Gewinn und ausschüttungsfähiger Betrag; in: Die Wirtschaftsprüfung; 24. Jg. (1971); S. 607 – 617.

– (1980): Grundsätze ordnungsmäßiger Rechnungslegung über Gewinnprognosen, dargestellt am Problem der Beispielrechnungen für Gewinnbeteiligungen in der Lebensversicherung; in: Schmalenbachs Zeitschrift für betriebswirtschaftliche Forschung; 32. Jg. (1980); S. 238 – 269.

– (1997): Betriebswirtschaftslehre; Band 2: Rechnungswesen; 2. Auflage; München, Wien 1997.

– (2001): Betriebswirtschaftslehre; Band 4: Geschichte und Methoden der Wirtschaftswissenschaft; München, Wien 2001.

Schulze-Osterloh, Joachim (1986): Jahresabschluß, Abschlußprüfung und Publizität der Kapitalgesellschaften nach dem Bilanzrechtlinien-Gesetz; in: Zeitschrift für das gesamte Handelsrecht und Wirtschaftsrecht; 150. Bd. (1986); S. 532 – 569.

Schwintowski, Hans-Peter (2004): Grundstrukturen eines zukünftigen Altersrentenvertrages für die Bundesrepublik Deutschland; in: Gerke, Wolfgang / Schwintowski,

Hans-Peter: Alterssicherung aus rechtlicher und ökonomischer Sicht; Baden-Baden 2004; S. 63 – 104.

Siegel, Theodor (1985): Latente Steuern, 4. EG-Richtlinie und Bilanzrichtlinie-Gesetz: Insbesondere eine Replik zu einer Stellungnahme von Harms / Küting; in: Betriebs-Berater; 40. Jg. (1985); S. 495 – 502.

– (1986): Wahlrecht; in: Handwörterbuch unbestimmter Rechtsbegriffe im Bilanzrecht des HGB; Hrsg. Ulrich Leffson, Dieter Rückle und Bernhard Großfeld; Köln 1986; S. 417 – 427.

– (1987): Latente Steuern: Konzeptionsprobleme und Anwendungsfragen zur Bilanzierung nach § 274 HGB; in: Beiträge zum Bilanzrichtlinien-Gesetz: Das neue Recht in Theorie und Praxis; Hrsg. Horst Albach und Karl-Heinz Forster; Zeitschrift für Betriebswirtschaft: Ergänzungsheft 1/87; Wiesbaden 1987; S. 137 – 174.

– (1998): Zeitwertbilanzierung für das deutsche Bilanzrecht?; in: Betriebswirtschaftliche Forschung und Praxis; 50. Jg. (1998); S. 593 – 603.

– (2002): Zur unsinnigen Bilanzierung eines zufälligen Teils des unbekannten originären Geschäftswerts nach DRS 1a: Widerspruch zum Beitrag von Zimmermann; in: Der Betrieb; 55. Jg. (2002); S. 749 – 751.

– (2004): Der Zeitwertansatz: Ein konzeptioneller Rahmen für den Konzernabschluß; in: Unternehmensrechnung: Konzeptionen und praktische Umsetzung: Festschrift zum 68. Geburtstag von Gerhard Scherrer; Hrsg. Stefan Göbel und Bernhard Heni; München 2004; S. 309 – 329.

Siegel, Theodor, et al. (1999): Stille Reserven und aktienrechtliche Informationspflichten; in: Zeitschrift für Wirtschaftsrecht; 20. Jg. (1999); S. 2077 – 2085.

Stützel, Wolfgang (1967): Bemerkungen zur Bilanztheorie; in: Zeitschrift für Betriebswirtschaft; 37. Jg. (1967); S. 314 – 340.

Tebroke, Hermann-Josef / *Kraus,* Jan Hendrik (2003): Neue Erkenntnisse über das Kauf- und Preisverhalten von Aktienfondsinvestoren; in: Die Bank; 43. Jg. (2003); S. 394 – 399.

BVerfG-Beschluß vom 20.09.1999 – 1 BvR 168/93, ZIP 1999, S. 1801.

BGH-Urteil vom 12.02.2004 – III ZR 359/02, DB 2004, S. 975.

Zur fragwürdigen Emanzipation der Informations- von der Dokumentationsfunktion der Rechnungslegung

Von Helga Kampmann

I. Rechnungslegung als Abbild?

Charakteristisch für die Arbeiten, die Theodor Siegel zu Problemen der Externen Rechnungslegung vorgelegt hat, ist ein von aktuellen Bilanzierungsmoden ebenso wie von anscheinend gefestigten Bilanzierungskonventionen unbeeindrucktes Zurückgehen auf die jeweils zugrundeliegenden realen Sachverhalte und ihre wirtschaftlichen Wirkungen. Von diesen ausgehend hat er bestehende Lösungswege überprüft und ggf. neue, nicht selten zunächst überraschende eigene Lösungen vorgeschlagen. Siegel versteht Rechnungslegung grundsätzlich als Abbildung und hat sich dementsprechend in unterschiedlichen Zusammenhängen immer wieder gegen die Bilanzierung fiktiver Sachverhalte ausgesprochen.[1]

Gegenwärtig gibt vor allem die Entwicklung der International Financial Reporting Standards (IFRS) Anlaß zu hinterfragen, ob Rechnungslegung in allen Fällen als strukturgleiches Abbild realer Sachverhalte[2] gelten kann. In das Konzept einer summarischen, grundsätzlich vergangenheitsbezogenen Vermögensermittlung werden z.B. zunehmend Elemente eingebunden, die ausgehend von künftigen Zahlungsströmen abgegrenzt und bewertet werden. Nur vordergründig kann dies als Modernisierung der Bilanzierung zur Erhöhung der Entscheidungsrelevanz verstanden werden. Die inkonsistente Verwendung von Elementen aus gegensätzlichen Konzepten macht eine sinnvolle Interpretation der daraus gewonnenen aggregierten Größen z.T. unmöglich.

---

[1] Offensichtlich im Mittelpunkt steht dieses Thema in den Arbeiten des Jubilars zur Erfassung von Mitarbeiter-Aktienoptionen in der Rechnungslegung; siehe insb. *Siegel* (2001a), (2001b). Aber auch im Zusammenhang mit anderen Bilanzierungsfragen hat er implizite Fiktionen (vgl. *Siegel* (1991) zum Index-Lifo-Verfahren) und Posten mit unklarem materiellem Gehalt (vgl. *Siegel / Bareis* (1993) und *Siegel* (1995) zum sog. „negativen Geschäftswert") beschrieben und kritisiert.

[2] Vgl. zu dieser auch im folgenden verwendeten Umschreibung *Schneider* (1997), S. 3 und 366.

Eine derartige Rechnungslegung kann Entscheidungswirkungen auslösen, teilweise ohne reales Geschehen zu dokumentieren. Wie zu zeigen sein wird, reicht das Problem der „Emanzipation" der Informationsfunktion von einer hier weit verstandenen (über die Beweissicherungsfunktion hinausgehenden) Dokumentationsfunktion der Rechnungslegung noch erheblich über die im vorangehenden Absatz angesprochenen augenfälligen Beispiele in den neueren Regelungen nach IFRS hinaus.

Bevor eine solche Entwicklung weitergehend kritisiert wird, ist allerdings zu fragen, inwieweit die Informationsaufgabe der Rechnungslegung überhaupt beinhaltet (und beinhalten kann), ein getreues Abbild empirischer Strukturen zu liefern. Aktuell kann im Zuge der Diskussion um den Gegensatz zwischen Verläßlichkeit und Relevanz von Rechnungslegungsdaten möglicherweise eine gewisse Entobjektivierung der Ansatz- und Wertkategorien der Rechnungslegung begründet werden.

Anliegen dieses Beitrags zu Ehren von und zum herzlichen Dank an Theodor Siegel ist es, Ausmaß und Relevanz der skizzierten Entwicklung durch die ansatzweise Systematisierung ihrer Erscheinungsformen zu verdeutlichen und Anknüpfungspunkte zur Überwindung nachteiliger Aspekte zu beschreiben. Insbesondere soll begründet werden, daß die Übersetzung von Beobachtungssachverhalten in Kategorien der Rechnungslegung eine originäre Aufgabe der Bilanzforschung darstellt, deren Lösungen laufender Überprüfung bedürfen. Ein Rechnungslegungssystem als Rahmen für die Abbildung realer Sachverhalte ist niemals abschließend fertiggestellt, schon weil die Sachverhalte sich im Zeitablauf so ändern können, daß zuvor passende Strukturen der Rechnungslegung die weiterentwickelten Sachverhalte dann nicht mehr adäquat aufnehmen können.

Abschnitt II. befaßt sich zunächst mit der schon aufgeworfenen Frage nach dem aktuellen Inhalt der Informationsfunktion der Rechnungslegung und ihrem Verhältnis zur Dokumentationsfunktion i.w.S. In Abschnitt III. werden Beispiele und Ursachen für eine (zu) weitgehende Loslösung der Informations- von der Dokumentationsfunktion erörtert. Abschnitt IV. skizziert Vorschläge zur Abhilfe, und in Abschnitt V. folgt eine Zusammenfassung der Ergebnisse.

II. Zum Inhalt von Dokumentations- und Informationsfunktion der Rechnungslegung

1. Inhalt und Beschränkungen der Informationsaufgabe

Rechnungslegungsaufgaben können als die Aufgaben, die mit einem bestimmten, bestehenden Rechnungslegungssystem verfolgt werden, oder grundsätzlicher als Aufgaben, die der Rechnungslegung prinzipiell zugewiesen werden können, beschrieben werden. Es werden vor allem eine Informations- und eine Ausschüttungsbemessungsaufgabe genannt.[3] Die sog. kontinentaleuropäischen Rechnungslegungssysteme sollen bekanntlich beide Aufgaben berücksichtigen, die IFRS verfolgen nur die Informationsaufgabe.

In den Ansätzen der Neuen Institutionenökonomik, die von einer Informationsasymmetrie zwischen verschiedenen Akteuren, hier zwischen dem Management einer Unternehmung und deren (aktuellen und potentiellen) externen Kapitalgebern, ausgehen, ist die Informationsaufgabe der Rechnungslegung leicht zu begründen. Die Rechnungslegung soll – in standardisierter, damit Transaktionskosten senkender Form – dazu beitragen, das Informationsgefälle zu vermindern.[4] Dabei wird unterstellt, daß die externen Rechnungslegungsadressaten aus den übermittelten Daten ggf. Nutzen ziehen, indem sie ihre Anlageentscheidungen verbessern können. Der Begriff der Information wird in diesem Zusammenhang zweckmäßigerweise gerade durch die Eignung von Daten, Anlageentscheidungen zu beeinflussen, definiert.[5]

In der Literatur wurde bezogen auf die herkömmliche, grundsätzlich vergangenheitsorientierte[6] Rechnungslegung auf Beschränkungen der Möglichkeit einer Informationsvermittlung in diesem Sinn ausführlich hingewiesen. Eine solche Rechnungslegung stellt keine unmittelbar entscheidungsrelevanten Daten über zukünftige Entwicklungen bereit. Vielmehr kann mit ihrer Hilfe nur überprüft werden, ob die Anfangsbedingungen von Hypothesen über zukünftige Zustände erfüllt sind.[7] Dies beinhaltet ggf. Rückschlüsse auf die Zuverlässigkeit und Leistungsfähigkeit des Managements und damit auf einen Einflußfaktor der künftigen Entwicklung der wirtschaftlichen Lage der Unternehmung.

Bei kapitalmarktorientierten, publizitätspflichtigen Unternehmungen wurden weitere Einschränkungen der Informationsfunktion des Jahresabschlusses erörtert, die im Zusammenhang mit der Verarbeitung von Rechnungslegungsdaten am Kapitalmarkt stehen.[8] Ergebnisse empirischer Untersuchungen des Informationsgehalts von Rechnungslegung sind zwar unter Beachtung der methodischen

---

[3] Die Verwendung der Begriffe Rechnungslegungs*aufgaben* und -*funktionen* richtet sich im folgenden danach, ob im betrachteten Zusammenhang vorwiegend Anforderungen oder tatsächliche Wirkungen angesprochen sind.

[4] Dazu z.B. *Kirchner* (1997).

[5] Vgl. *Schildbach* (1986), S. 6 – 7, und *Ballwieser* (1996), S. 18, jeweils m.w.N.

[6] Rechnungslegung, die nicht ausschließlich über vollständig abgeschlossene Sachverhalte berichtet, muß trotz der grundsätzlichen Verwendung von Vergangenheitsdaten in gewissem Umfang Zukunftsabschätzungen einbeziehen, so z.B. bei der Beurteilung, in welcher Höhe Rückstellungen zu bilden sind; vgl. *Rückle* (1993), Sp. 198; *Schneider* (1997), S. 117.

[7] Vgl. *Schneider* (1997), S. 366 – 367; ausführlich bereits ders. (1981).

[8] Siehe zum folgenden *Schneider* (1981); *Ballwieser* (1982); *Schmidt*, R. H. (1982); *Wagner* (1982); *Schildbach* (1986).

Probleme derartiger Tests zu würdigen, haben aber jedenfalls dazu beigetragen, „naiven“ Vorstellungen von der Verwertung von Jahresabschlußdaten entgegenzutreten. Im Ergebnis können von Rechnungslegungsdaten ihrer Art nach Informationswirkungen ausgehen[9]; die unmittelbare Bedeutung des Jahresabschlusses für den einzelnen Anleger wurde jedoch stark relativiert.

Daß Information durch Rechnungslegung nicht irrelevant ist, wurde auch durch die Bilanzskandale der letzten Jahre, allen voran „Enron“, belegt. Die Fälle haben gezeigt, daß Rechnungslegungsinformationen sowohl in den rein informationsorientierten wie auch in den kontinentaleuropäischen Systemen bedeutende Mängel aufweisen können und daß von diesen mangelhaften Informationen gleichwohl erhebliche Informationswirkungen ausgehen.

2. Abbildung, Dokumentation und Information

a) Der Abbildungsvorgang

Wenn für die externen Kapitalgeber der Unternehmung und ggf. Intermediäre Informationen über die wirtschaftliche Lage der Unternehmung bereitgestellt werden sollen, ist schon im Interesse der notwendigen Komplexitätsreduktion eine geordnete Aufzeichnung der die Unternehmung betreffenden Sachverhalte erforderlich. Rechnungslegung als Abbildung entsteht, indem Beobachtungssachverhalte in strukturgleiche zahlenmäßige Abbilder übertragen werden.[10] Rechnungslegung kann aber kein Abbild „an sich“ darstellen. Abhängig von den zugrundegelegten Zwecken sind unterschiedliche Abbildungen desselben Urbilds denkbar.[11]

Die Abbildung kann sich grundsätzlich an zwei verschiedenen Kategorien von Beobachtungssachverhalten ausrichten und hieraus die grundlegenden in der Rechnungslegung zu erfassenden Einheiten ableiten[12]:

Eine Rechnungslegung kann als reine Zahlungsrechnung allein Ein- und Auszahlungen aufzeichnen und ist damit – als Vergangenheitsrechnung – weitestgehend objektiviert.[13] Zumindest in bestehenden Rechnungslegungssystemen wird jedoch i.d.R. unterstellt – auf Begründungen ist noch einzugehen –, daß ei-

---

[9] Die Verbreitung kann dabei auf anderen Wegen als nur durch den veröffentlichten Jahresabschluß selbst erfolgen; vgl. *Schildbach* (1986), S. 47 – 49.

[10] Vgl. *Schneider* (1997), S. 3.

[11] Im Ergebnis ähnlich *McSweeney* (1997), insb. S. 691 – 694, und *Ballwieser* (2004), S. S78.

[12] Siehe hierzu auch die ausführliche Gegenüberstellung der Eigenschaften von Zahlungs- und Vermögensrechnungen bei *Küpper* (2004).

[13] Zu Einschränkungen siehe die Diskussion bei *McSweeney* (1997).

ne andere Art von Aufzeichnungen die bessere Entscheidungsgrundlage darstellt. Die zweite Möglichkeit zur Übersetzung von beobachtbaren Sachverhalten in Kategorien einer Rechnungslegung besteht darin, greifbare Vermögensobjekte und -belastungen als Urbilder heranzuziehen. Greifbar sind insbesondere körperliche Gegenstände, aber auch Ansprüche und Verpflichtungen, die in Rechtsnormen oder Verträgen konkretisiert werden. Allerdings können derartige Einheiten nur das qualitative Gerüst einer Rechnungslegung darstellen, das durch eine Bewertung zu ergänzen ist. Durch die Bewertung wird grundsätzlich wieder ein Bezug zu den die Unternehmung betreffenden Zahlungen hergestellt, da hierfür sinnvoll nur auf bereits erfolgte oder auf künftige, im Zusammenhang mit der jeweiligen Einheit stehende Zahlungen abgestellt werden kann. Die Auswahl der tatsächlich anzusetzenden Einheiten sowie die Bewertung richten sich nach dem Zweck, der mit der Rechnungslegung verfolgt wird.

Unbestritten ist, daß Formen einer summarischen, vergangenheitsorientierten Vermögensermittlung und die daran anknüpfende Erfolgsermittlung als Entscheidungsgrundlagen für die Adressaten der Rechnungslegung nur bedingt tauglich sind; vielmehr ist eine zukunftsorientierte Gesamtbewertung erforderlich. Aus dem Kontext der tatsächlichen Entscheidungssituation der Rechnungslegungsadressaten heraus ist jedoch nicht zu folgern, daß die externe Rechnungslegung selbst (ausschließlich) als zukunftsbezogene Zahlungsrechnung gestaltet werden sollte.[14] Dies bedeutete, anstelle von Tatsachenwissen zur Verwendung in Prognosemodellen unmittelbar Prognoseergebnisse zu berichten. Derartige Daten wären nicht nur mit Zukunftsunsicherheit behaftet; sie würden zudem von grundsätzlich eigennützig handelnden Rechnungslegenden erstellt. Akzeptanz könnten derartige Angaben nur bei sehr weitgehender Offenlegung der zugrundeliegenden Planungen erlangen, was jedoch Rechnungslegende und Adressaten aufgrund der dann bestehenden Einblicksmöglichkeiten für die Konkurrenz i.d.R. nicht anstreben. Schon aus diesen Gründen bleiben eine vermögensorientierte Rechnungslegung und damit das Abbildungsproblem relevant. Besonders beachtet wird gerade die herkömmliche vermögensorientierte Rechnungslegung in den derzeit in Theorie und Praxis stark geförderten Ansätzen rechnungslegungsbasierter Anteilsbewertung.[15]

b) Die (erweiterte) Dokumentationsaufgabe

Die Dokumentationsaufgabe der Rechnungslegung wird in der Literatur häufig nicht gesondert neben den beiden anderen Aufgaben erwähnt, was z.T. auf die begrifflich und inhaltlich nicht einheitliche Abgrenzung verschiedener

---

[14] Siehe zum Vorstehenden auch *Möller / Hüfner* (2002), Sp. 446.

[15] Vgl. *Feltham / Ohlson* (1995); *Ordelheide* (1998); ausführlich *Hüfner* (2000).

Rechnungslegungsaufgaben zurückgeführt werden kann. In der Sache wird sie nicht bestritten; die Umschreibungen differieren jedoch, wiederum abhängig davon, ob sie auf die Dokumentationsaufgabe innerhalb eines bestehenden Rechnungslegungssystems oder allgemeiner diejenige der Rechnungslegung im Vergleich zu einem Zustand ohne Rechnungslegung abzielen.

Innerhalb eines bestehenden Systems kann die Dokumentationsaufgabe (im folgenden: i.e.S.) darin gesehen werden, durch die Einhaltung bestimmter Beleg- und Aufzeichnungsgrundsätze die Objektivierung insbesondere der in der Buchführung erfaßten Basisdaten, aber auch der weiteren Verarbeitungsschritte zur Abschlußerstellung sicherzustellen. Es soll die manipulationsfreie Anwendung des jeweiligen Rechnungslegungssystems als des gegebenen Meßinstruments unterstützt werden.[16] Grundsätzlicher betrachtet besteht eine Dokumentationsfunktion der Rechnungslegung bereits darin, daß überhaupt eine Aufzeichnung bestimmter Gegenstände und Transaktionen vorgenommen wird.[17]

Bei der Anwendung bestehender Rechnungslegungssysteme werden die jeweiligen Abbildungsregeln nicht mehr hinterfragt; es wird vorausgesetzt, daß (oder ignoriert, ob) die Abbildungsregeln zu einem zweckmäßigen Abbild führen. Die Dokumentation realer Sachverhalte durch Rechnungslegung setzt aber voraus, daß grundsätzlich greifbare und durch die Abbildungsregeln des jeweiligen Rechnungslegungssystems tatsächlich in Übereinstimmung mit den empirischen Strukturen (und Werten) erfaßte Sachverhalte aufgezeichnet werden. Aufzeichnungen, die diese Voraussetzungen nicht erfüllen, sind denkbar, stehen aber nicht mit der Dokumentationsfunktion i.w.S. in Einklang.

c) Zum Zusammenhang zwischen Informations- und Dokumentationsaufgabe

Offensichtlich gehen von Aufzeichnungen im Sinne der Dokumentationsaufgabe bereits Informationswirkungen aus, so daß das Verhältnis der beiden Aufgaben zueinander zu klären ist.

Die Dokumentationsaufgabe kann nicht als Unteraufgabe der Informationsaufgabe angesehen werden, schon weil sie auch die Basis für eine evtl. verfolgte Ausschüttungsbemessungsaufgabe ist. Eine überschneidungsfreie Definition der genannten Rechnungslegungsaufgaben könnte angesichts dieses Zusammenhangs nur durch eine Negativabgrenzung erreicht werden, was hier offensichtlich nicht zweckmäßig wäre.

---

[16] Vgl. hierzu *Schneider* (1997), S. 67; ausführlich zur Dokumentationsaufgabe auch *Moxter* (1984), S. 80 – 85.

[17] Insoweit ähnlich *Baetge / Zülch* (2004), Rn. 37, die jedoch im Kern ebenfalls die Dokumentationsaufgabe i.e.S. erläutern.

Vielmehr ist ein Überschneidungsbereich zwischen beiden Aufgaben zu akzeptieren; die Informationsaufgabe der Rechnungslegung wird z.T. durch die Dokumentationsfunktion erfüllt. Durch einen Abbildungsvorgang kann aus dem Kreis der grundsätzlich dokumentierbaren Sachverhalte ggf. eine Auswahl, die am jeweiligen Informationsziel der Rechnungslegung ausgerichtet ist, getroffen werden. Die Dokumentationsfunktion dient der Herstellung und dem Nachweis des empirischen Bezugs. Weitergehend können mit Blick auf spezifizierte Informationsziele Regeln zur Auswahl und Umformung der Basisdaten festgelegt werden, die entsprechend der Dokumentationsfunktion i.e.S. nachvollziehbar sein müssen und nicht zu einem von den tatsächlichen Strukturen abweichenden Gesamteindruck führen dürfen. Wann dies der Fall ist, hängt auch davon ab, auf welcher Aggregationsebene die jeweilige Umformung stattfindet.

Zur Überprüfung kann gefragt werden, ob eine im Abbild enthaltene Struktur bereits unabhängig von der Rechnungslegung wahrgenommen werden kann; dann steht sie im Einklang mit der Dokumentationsfunktion i.w.S., so z.B. die grundsätzliche Unterscheidung von materiellen und immateriellen Vermögenswerten. Ist dies hingegen nicht der Fall, ist zu fragen, ob die betrachtete Struktur nachvollziehbar erst im Rahmen der Rechnungslegung erzeugt wurde, wie z.B. Rechnungsabgrenzungsposten. Dann liegt eine zulässige Abweichung vor. Als zu weit gehend werden hier Abweichungen angesehen, bei denen beides nicht gilt.

3. Ausprägungen der Informationsfunktion

a) Anforderungen der Regulierer an die Informationsaufgabe

Das Handelsgesetzbuch fordert in § 264 Abs. 2 Satz 1 zumindest für Kapitalgesellschaften explizit, daß der Jahresabschluß „ein den tatsächlichen Verhältnissen entsprechendes Bild der Vermögens-, Finanz- und Ertragslage“ vermittle. Allerdings wird diese Forderung durch die Bedingung „unter Beachtung der Grundsätze ordnungsmäßiger Buchführung“ eingeschränkt. Materiell wird die Informationsaufgabe durch die gleichzeitig verfolgte Ausschüttungsbemessungsaufgabe beeinträchtigt.

Die wörtlich genommen anspruchsvolle Forderung, „den tatsächlichen Verhältnissen“ zu entsprechen, wird daher deutlich abgeschwächt interpretiert. Es wird darauf verwiesen, daß die Formulierung eine – zudem eingeschränkte – Übertragung der Anforderung des „true and fair view“ des englischen Bilanzrechts darstellt. Die Berichterstattung darf unter Berücksichtigung der jeweils gängigen Konventionen und der darauf aufbauenden Erwartungen der Rechnungslegungsadressaten keinen unzutreffenden Eindruck erwecken.[18] Die An-

---

[18] Vgl. zu diesem Absatz *Adler / Düring / Schmaltz* (1997), Tz. 99 zu § 264 HGB.

forderung gilt i.d.R. als erfüllt, wenn die Grundsätze ordnungsmäßiger Buchführung eingehalten wurden.[19]

Der Inhalt der Informationsaufgabe nach IFRS wird insbesondere im Framework und in IAS 1 (rev. 2003) umschrieben. Gemäß IAS 1.7 sollen Informationen über die Vermögens- und Ertragslage der Unternehmung, *cash flows* und die Management-Leistungen vermittelt werden. Durch alle diese Informationen sollen die Rechnungslegungsadressaten zudem bei der Abschätzung zukünftiger *cash flows* unterstützt werden.

IAS 1.13, Satz 2, enthält die Anforderung: „Fair presentation requires the faithful representation of the effects of transactions, other events and conditions in accordance with the definitions and recognition criteria for assets, liabilities, income and expenses set out in the *Framework*." Es wird davon ausgegangen, daß durch Einhaltung aller Einzelregelungen in den Standards i.d.R. der Anforderung genügt wird (IAS 1.13, Satz 3). Nur in sehr seltenen („extremely rare") Fällen könne erst durch Abweichung von den Einzelregelungen die Anforderung der *fair presentation* erfüllt werden (IAS 1.17).

Festzuhalten ist, daß in beiden Systemen immerhin nominell eine weitgehende Übereinstimmung mit den tatsächlichen Verhältnissen bzw. eine „faire", d.h. nicht irreführende Abbildung gefordert wird. Bezogen auf die in diesem Beitrag erörterte Fragestellung erscheinen diese Forderungen jedoch wenig gehaltvoll, da sie i.d.R. von vorneherein keinen Gegensatz zu den Einzelregelungen des jeweiligen Systems sehen. Verstöße gegen die genannten Anforderungen sind erst in Fällen sicher gegeben, die weit über die später zu erläuternden Abweichungen (siehe Abschnitt III.2.) von der Dokumentationsfunktion i.w.S. hinausgehen. Die betrachteten Klauseln sichern damit kein „den tatsächlichen Verhältnissen entsprechendes Bild", sondern allenfalls ein innerhalb der stets mit zu bedenkenden Grenzen des jeweiligen Rechnungslegungssystems nicht verzerrtes Bild. Wie sehr dieses jeweils bereits von den empirischen Strukturen abweichen kann, gerät durch die anhaltende Prägung von Bilanzierungskonventionen, selbst bei Änderungen im Detail, leicht aus dem Blickfeld.

b) Faktische Ausprägungen der Informationsfunktion

Daß Rechnungslegung als Informationsinstrument wirkt, indem sie, wie es auch das Handelsgesetzbuch und die IFRS grundsätzlich fordern, zutreffend über die Lage der Unternehmung berichtet und die Nutzer durch Ausrichtung an dieser Information ihre Entscheidungen in bezug auf die Unternehmung objek-

---

[19] Vgl. *Hense / Schellhorn* (2003), Anm. 43 zu § 264 HGB, m.w.N.

tiv verbessern, ist eine Idealvorstellung, der tatsächlich erhebliche Mängel auf seiten der Informationsbereitstellung wie auch der -verwertung entgegenstehen.

Wie die knappe Zusammenfassung in Abschnitt II.1. gezeigt hat, läßt die Feststellung einer Informationswirkung in dem Sinne, daß Rechnungslegungsadressaten auf Rechnungslegungsdaten reagieren, keinen eindeutigen Schluß auf die Qualität der übermittelten Informationen zu. So könnten selbst zuverlässig gemessene positive Kapitalmarktreaktionen auf einen Wechsel zu internationalen Rechnungslegungsstandards nicht unmittelbar als Beleg für die überlegene Qualität dieser Standards angesehen werden, sondern zunächst allenfalls als Beleg für die Überzeugung der Adressaten, daß diese Überlegenheit bestehe. Faktisch sind neben die im eingangs beschriebenen Sinne erwünschte Informationswirkung Signaleffekte getreten, ähnlich wie sie für die Einhaltung der „Goldenen Bilanzregel“ oder anderer Bilanzstrukturregeln im Sinne von theoretisch nicht begründeten „Spielregeln“ beschrieben worden sind.

So dürfte sich sowohl in der (zwischen 1998 und 2004 für kapitalmarktorientierte deutsche Konzerne relevanten) Entscheidung, von der HGB-Konzernrechnungslegung zur Anwendung internationaler Standards zu wechseln, wie auch in der Zunahme der freiwilligen wertorientierten Berichterstattung (*value reporting*) neben unmittelbar sachlichen Beweggründen auch ein „Herdentrieb“ zur Einhaltung sich in einer Vergleichsgruppe etablierender Standards widerspiegeln. Dabei werden Manager im Rahmen ihrer Spielräume nicht unbedingt das Rechnungslegungssystem oder die Zusatzberichterstattung wählen, die ihrer Meinung nach die wirtschaftliche Lage der Unternehmung am besten darstellen, sondern diejenigen, von denen sie annehmen, daß ihnen die Anleger die höchste Qualität beimessen werden.

Seit Beginn der Diskussion um die Internationalisierung der Rechnungslegung ist der sog. angloamerikanischen Rechnungslegung überwiegend ein höheres Maß an Transparenz und Verläßlichkeit, insgesamt eine höhere Entscheidungsrelevanz zugeschrieben worden.[20] Auch wenn dieses Bild inzwischen vielfach relativiert wurde, dürfte die Breitenwahrnehmung unter den Anlegern dem insbesondere im Verhältnis zur Rechnungslegung nach dem Handelsgesetzbuch nach wie vor entsprechen.

Die wertorientierte Berichterstattung erscheint geeignet, gewisse Defizite der herkömmlichen vergangenheitsorientierten Berichterstattung auszugleichen, wird aber gegenwärtig wohl ebenfalls über ihren noch nicht zuverlässig einzuschätzenden Wert hinaus als sinnvoll wahrgenommen. Nicht zuletzt dürfte die

---

[20] Statt vieler: *Born* (1997), in der Einleitung zur ersten Auflage: „Es ist nicht zu leugnen, daß die USA mit den US-GAAP die beste handelsrechtliche Rechnungslegung der Welt haben und daß es mit den IAS bald eine weitere vergleichbar gute Art der Rechnungslegung geben wird.“ Stets kritisch jedoch z.B. *Schildbach* (1998).

scheinbar[21] bestehende wissenschaftliche Untermauerung der verwendeten Konzepte hierzu beitragen.

4. Vorläufige Folgerungen für die Gestaltung der Informationsaufgabe

Die Überlegungen in den vorangehenden Abschnitten verdeutlichen, daß eine bereits grundsätzlich von der Dokumentationsfunktion losgelöste Informationsvermittlung durch Rechnungslegung in sich widersinnig wäre. Auch die Regulierer fordern eine Übereinstimmung der Rechnungslegung mit den tatsächlichen Verhältnissen, ohne den Realitätsbezug jedoch durch eine greifbare Trennlinie zu konkretisieren.

Auf seiten der Anwender kann einerseits ein Mißtrauen gegenüber einer nicht durch objektivierte Daten abgesicherten Rechnungslegung begründet werden. Auf der anderen Seite kann aber auch die Bereitschaft angenommen werden, (vermeintliche) Qualitätssignale eher unkritisch zu akzeptieren. Inwieweit Nutzer bestimmter Rechnungslegungsdaten deren Qualität jeweils einschätzen können, ist insbesondere eine empirische Frage, die hier nicht aufgegriffen werden soll.

In jedem Fall nachteilig sind Gestaltungen, bei denen nicht mit der Dokumentationsfunktion im Einklang stehende Bilanzansätze und -werte so in den Rahmen einer grundsätzlich vertrauten Rechnungslegungskonzeption eingebettet werden, daß ihre Auswirkungen nicht ohne weiteres identifiziert werden (können). Im folgenden Abschnitt sollen verschiedene Abweichungen dieser Art in Grundzügen systematisiert werden.

III. Probleme der Loslösung der Informations- von der Dokumentationsfunktion

1. Ursachen von Abweichungen

Wenn ein bestehendes Rechnungslegungssystem nicht (mehr) in Übereinstimmung mit den empirischen Strukturen berichtet, kann dies Ursachen auf verschiedenen Ebenen haben: Von vorneherein oder aufgrund späterer Änderungen können Abbildungsregeln festgelegt worden sein, die den empirischen Strukturen nicht entsprechen. Andererseits können sich im Zeitablauf auch die realen Sachverhalte so ändern, daß eine früher zutreffende Struktur des Abbil-

---

[21] Die praktische Umsetzung der in der Wissenschaft diskutierten Konzepte wurde 2002 als „ungeordnet und unvollständig" eingeschätzt und insgesamt noch auf geringem Niveau gesehen; vgl. *Ruhwedel / Schultze* (2002), S. 629.

des nun nicht mehr geeignet ist. Hinzu kommt, daß Veränderungen von Urbild und Abbildungsregeln nicht unabhängig voneinander verlaufen. Die in einer Rechnungslegung verwendeten Kategorien prägen die realen Sachverhalte, über die zu berichten ist, z.B. indem die Rechnungslegenden nun bewußt Gestaltungen im Hinblick auf ein gewünschtes Bilanzierungsergebnis vornehmen.

In jedem Fall ist der Regulierer an der Entstehung von Abweichungen passiv oder aktiv beteiligt, indem er auf Veränderungen der Urbilder nicht reagiert oder Regeln festlegt, die zu einer nicht strukturgleichen Abbildung führen. In den folgenden Abschnitten werden verschiedene, auf den Einzelabschluß bezogene, hier plakativ gebündelte Erscheinungsformen einer Entfernung der Informations- von der Dokumentationsfunktion skizziert. Neben anderen Beispielen werden zur Veranschaulichung auch die bereits von Theodor Siegel kritisierten fiktiven Bilanzsachverhalte herangezogen.[22] Während bei Siegels Argumentation häufig die Ausschüttungsbemessungsfunktion im Vordergrund stand, wird hier die Informationsseite betrachtet.

2. Erscheinungsformen von der Dokumentationsfunktion losgelöster Rechnungslegungsinformation

a) Die Vermengung von Datenbereitstellung und -auswertung – „unbegründeter Übermut"

Vor allem innerhalb der IFRS ist eine Variante einer zu weit gehenden Entfernung von der Dokumentationsfunktion festzustellen, die sich als Vermengung von Datenbereitstellung und Datenauswertung darstellt.

Der Anwendungsbereich für den sog. *fair value*, zu verstehen als Zeitwert im weiteren Sinne, wird in den neueren Standards immer weiter ausgedehnt.[23] Soweit zur Ermittlung des *fair value* nicht an einem aktiven Markt ermittelte Marktwerte herangezogen werden können, wird schrittweise auf weniger objektivierte Werte zurückgegriffen. Schließlich ist sogar eine synthetische Ermittlung des *fair value* als Barwert zukünftiger *cash flows* vorgesehen.[24] Unter anderem spielen *fair values* eine Rolle bei der in IAS 36 geregelten Prüfung, ob außerplanmäßige Abschreibungen infolge einer Wertminderung des Vermögenswerts erforderlich sind (*impairment*). Die Zuordnung von *fair values* erfolgt dabei nicht ausschließlich auf der Ebene des einzelnen Vermögensgegenstandes, sondern ggf. auf der übergeordneten Ebene einer *cash generating unit*

---

22 Siehe Abschnitt I., insb. Fn. 1.

23 Für einen Überblick siehe *Ballwieser / Küting / Schildbach* (2004), S. 532 – 533.

24 Siehe im einzelnen die Übersicht bei *Ballwieser / Küting / Schildbach* (2004), S. 533.

(IAS 36.65). Entsprechendes gilt im Rahmen des *impairment-only-approach* der Geschäftswertabschreibung nach IAS 3.54.

Die synthetischen *fair values* stellen Prognoseergebnisse des Managements dar, die gewonnen werden, indem geschätzte Basisdaten mit Hilfe finanzmathematischer Verfahren verdichtet werden. Daß die Standards Vorgaben bezüglich der anzuwendenden Verfahren machen, engt den Spielraum teilweise ein, ändert aber nichts am Prognosecharakter der gefundenen Werte. Eine solche Bewertung hat auch Auswirkungen auf die Struktur der Vermögensdarstellung, weil die so ermittelten Wertansätze, ggf. über mehrere Ebenen, Eingang in weitere Auswertungen finden, ohne daß die Auswirkungen auf die – in der Praxis unmittelbar die stärkste Beachtung findenden – hoch aggregierten Daten, wie z.B. Eigenkapital und Jahresergebnis, unmittelbar ersichtlich wären.[25]

Es mag naheliegend erscheinen – da das Instrumentarium zur Bewertung unsicherer zukünftiger Zahlungsströme bereitsteht – dieses auch zur Lückenfüllung in der Rechnungslegung heranzuziehen. Daten, die für die weitere Verarbeitung erwünscht sind, aber nicht objektivierbar vorliegen, könnten auf diese Art und Weise gewonnen werden. Tatsächlich liegt diesem Vorgehen in der derzeitigen Form jedoch der schon in der Überschrift plakativ bezeichnete „unbegründete Übermut" zugrunde: Selbst wenn die Bestimmung einzelner Werte, z.B. auf der Ebene von *cash generating units*, sinnvoll möglich sein sollte, kann dies nicht als zulässige Ergänzung angesehen werden, da kein konsistenter Wechsel zu einer zukunftsbezogenen Zahlungsrechnung, wie etwa in einer gesonderten Zusatzrechnung, erfolgt. Solange die übergeordnete Einheit weiterhin grundsätzlich im Sinne einer summarischen Vermögensermittlung berichtet, führt die Einbringung einzelner zahlungsorientiert bestimmter Wertansätze zu einem insgesamt inkonsistenten Konzept.

Die durch eine solche Rechnungslegung vermittelten Daten können von den Adressaten nur noch eingeschränkt für eigene Prognosen herangezogen werden, da das enthaltene Tatsachenwissen zu größeren Anteilen bereits mit prognostizierten Elementen vermengt ist. Wenn Anleger wünschen, bei der Prognoseerstellung beraten zu werden, kann dies individuell durch Intermediäre oder in standardisierter Form durch entsprechende gesonderte Auswertungen im Geschäftsbericht geschehen.

Ein weniger weit reichendes Beispiel dieser Kategorie stellt das Lifo-Index-Verfahren dar, mit dessen Anwendung die grundsätzlich im Interesse der Vereinfachung ermöglichte Abweichung vom Einzelbewertungsgrundsatz bei der Bewertung der Vorräte ausgedehnt werden soll, indem wertmäßig heterogene Vermögenswerte für die Lifo-Bewertung zu einer Gruppe zusammengefaßt wer-

---

[25] Vgl. zu diesem Absatz auch die Kritik bei *Ballwieser / Küting / Schildbach* (2004), S. 542 – 544.

den. Die Berechnung, die vermeintlich eine Lifo-Reserve in GoB-konformem Umfang von Effekten aus einer Verschiebung zwischen höher- und geringerwertigen Elementen trennen kann, erfolgt losgelöst vom Mengengerüst und erzeugt in einer zwar rein rechnerisch, aber nicht anschaulich nachvollziehbaren Art und Weise eine Struktur, die mit der Realität nicht übereinstimmt.[26]

b) Fiktionen bei der Aggregation von Basisdaten und falsches Systemdenken – „unerwünschte Fürsorglichkeit"

Andere Beispiele liegen nicht auf der Ebene der Bewertung, sondern betreffen die Aggregation grundsätzlich problemlos feststellbarer Ausgangssachverhalte. Hierbei werden die im Einklang mit der Dokumentationsfunktion stehenden Ausgangsdaten so verformt, daß das Bilanzbild im Ergebnis deutlich von den empirischen Strukturen abweicht. Die „unerwünschte Fürsorglichkeit" des Regulierers äußert sich darin, daß die Rechnungslegungsadressaten sich mit der einseitigen, im System angelegten Prägung abfinden müssen, statt ausgewogene oder mehrwertige Informationen zu erhalten.

Ein Beispiel für eine Entfernung von der Dokumentationsfunktion i.w.S. mit umfassender Auswirkung ist die imparitätische Berücksichtigung unsicherer positiver und negativer Einflüsse nach dem Handelsgesetzbuch, die die Information erheblich beeinträchtigt. Die Folgen dieser Abweichung werden, verglichen mit anderen Beispielen aus der neueren Entwicklung, dadurch gemildert, daß diese Prägung des deutschen Bilanzrechts inzwischen als allgemein bekannt vorausgesetzt werden darf.

Auf der Ebene der persönlichen (und sachlichen) Bilanzierungsfähigkeit bereiten bislang Gestaltungen, bei denen mehrere Akteure Rechte an derselben Sache haben, wie z.B. beim Leasing, besondere Schwierigkeiten. Das deutsche Bilanzrecht, aber auch die IFRS, setzen i.a. voraus, daß Sachen jeweils als Ganzes einem Bilanzierenden zugeordnet werden. Soweit hier die Zuordnung nach dem bürgerlich-rechtlichen Eigentum einen irreführenden Eindruck erweckt, wird das „wirtschaftliche Eigentum" beurteilt. Auch dabei geht es aber letztlich darum, eine Sache genau einem Bilanzierenden zuzuordnen. Da Gestaltungen, bei denen nicht das Volleigentum, sondern nur Nutzungsrechte an Sachen in verschiedener Form übertragen werden, in der betrieblichen Praxis von erheblicher Bedeutung sind, kann die jeweils vollständige Zuweisung zu einem Bilanzierenden nicht mehr als Abbildung der tatsächlichen Verfügungsrechtestrukturen angesehen werden.[27]

---

[26] Vgl. *Siegel* (1991), S. 1947 – 1948; *Schneider / Siegel* (1995). Für eine ausführliche Darstellung der Diskussion vgl. *Förschle / Kropp* (2003), Anm. 60 – 66, m.w.N.

[27] Ausführlich dazu *Kampmann* (2005).

Auch das Problem der Behandlung von Mitarbeiter-Aktienoptionen in der Rechnungslegung kann z.T. in die hier betrachtete Kategorie eingeordnet werden. Die Berücksichtigung von fiktivem Personalaufwand (und einer ebenfalls fiktiven Einlage), obwohl de facto keine Übertragung von Vermögen der Gesellschaft an die Arbeitnehmer erfolgt[28], wird u.a. „fürsorglich" damit begründet, daß ohne die Buchung die Vergleichbarkeit mit anderen Unternehmungen, deren Mitarbeiter nicht mit Optionen entlohnt werden, gestört werde.[29] Diese Gefahr der Fehlinterpretation ist sicher gegeben. Allerdings wird als Konsequenz zur Sicherstellung des zutreffenden Interpretationsergebnisses vollständig von der Abbildung der tatsächlichen Verhältnisse abgewichen – statt die Vergleichbarkeit über zusätzliche Angaben herzustellen.[30] Dem könnte entgegengehalten werden, daß erst die Fiktion von Aufwand eine „faire" Abbildung bewirke – damit würde aber unter Berufung auf genau einen Aspekt der Information, ohne vollständige „Verprobung" aller nun aus der Fiktion resultierenden unerwünschten Informationswirkungen[31], die wichtige Grundlage der Dokumentation ausgehebelt. Ausgangspunkt muß die der Dokumentationsfunktion gerecht werdende Darstellung bleiben.

Eine andere Form „unerwünschter Fürsorglichkeit", hier wieder des IASB, liegt in bestimmten Konsequenzen der grundsätzlich nicht zu bemängelnden Absicht, ein konsistentes System von Regeln zu schaffen. Z.T. wurde eine eingeschlagene Systematik so entschieden verfolgt, daß selbst paradoxe „Abbildungen" in Kauf genommen und verteidigt wurden. Aus der Grundentscheidung für die umfassende *fair-value*-Bewertung von Finanzinstrumenten nach IAS 39 folgte ein Ansatz auch von Schuldinstrumenten zum *fair value*, ggf. mit der Konsequenz des Ausweises von Erträgen bei einem Sinken der eigenen Bonität.[32]

c) Wechselwirkungen zwischen Tatsachen und Begriffen

In der Rechnungslegung als Abbild realer Sachverhalte stellen Begriffe und ihnen zugeordnete Zahlenwerte „Übersetzungen" von Beobachtungssachverhalten dar. Mit verschiedenen Begriffen voneinander abgegrenzten Kategorien müssen entsprechend feststellbare Abgrenzungen der realen Sachverhalte zugrunde liegen. Ein einmal entwickeltes Gerüst dieser Art stellt den Rahmen des

---

[28] Vgl. die Kritik bei *Siegel* (2001a) und *Schildbach* (2000).

[29] So – neben anderen Argumenten – z.B. *Sigloch / Egner* (2000), S. 1880 – 1881.

[30] Vgl. *Siegel* (2001b), S. 1996.

[31] Siehe zu diesen ausführlich *Schildbach* (2000).

[32] U.a. die Kritik an diesem Effekt war Anlaß zur Ergänzung des IAS 39, mit der das Problem jedoch nicht vollständig beseitigt wurde. Vgl. im einzelnen *Barckow* (2004); *Barckow / Glaum* (2004), S. 202.

Meßinstruments Rechnungslegung dar und wird grundsätzlich für längere Zeit konsistent angewendet, was erst die Vergleichbarkeit von Abschlüssen über die Zeit ermöglicht. Sind die zur Beschreibung verwendeten Begriffe von vornehe-rein inkonsistent oder unklar[33], verschärft dies die im folgenden erörterten Probleme.

Im Laufe der Zeit kann sich das Verhältnis zwischen Beobachtungssachverhalten als Urbildern und den zu ihrer Darstellung gewählten Begriffen auf verschiedene Art und Weise verschieben. Wenn an unterschiedliche Kategorien der Rechnungslegung unterschiedliche Rechtsfolgen anknüpfen, bestehen für die Rechnungslegenden Anreize, die realen Sachverhalte so zu gestalten, daß sie in die Kategorie mit den für sie jeweils günstigeren Folgen eingeordnet werden. Es liegt dann keine neutrale Abbildung mehr vor, bei der die Rechnungslegung einen bereits unabhängig von ihr gegebenen Sachverhalt widerspiegelt, sondern der „abgebildete" Sachverhalt wurde durch die Rechnungslegung selbst geprägt. Die ständige vorauseilende Beachtung der Konsequenzen der jeweiligen Erfassung in der Rechnungslegung kann so weit gehen, daß schließlich die bilanziellen Kategorien, auf die fokussiert wird, selbst wie reale Sachverhalte wahrgenommen und behandelt werden.[34]

Die Unterscheidung von Eigen- und Fremdkapital prägt die Passivseite der Bilanz. Die erhebliche Bedeutung der Einordnung von Kapitalbestandteilen, so z.B. für die Behandlung von Kapitalentgelten als Zinsaufwand oder Gewinnverwendung, hat zur Entwicklung einer Vielzahl hybrider Instrumente beigetragen. Für die Bilanzierung wird eine Einordnung anhand von – für das Handelsgesetzbuch und die IFRS nicht übereinstimmenden – Kriterien vorgenommen, an deren Ende die Rückführung auf das gewohnte zweiwertige Bild der Passivseite steht. Fraglich ist, welche Aussagekraft einer Zweiteilung noch zukommt, die den zugrundeliegenden Elementen offenbar nicht mehr anzusehen ist, sondern der sie erst nach Abarbeiten einer Liste von Kriterien zugeordnet werden können.[35] Möglicherweise stellt die fortgesetzte Ausrichtung der Bilanzierung auf die zweiwertige Passivseite inzwischen selbst mehr eine „Spielregel" als die zutreffende Abbildung der realen Grundlagen dar. Die Gewöhnung an das Bild erzwingt hier offenbar die Vernachlässigung einer längst davon abweichenden Entwicklung.

---

[33] Hierzu ausführlich mit zahlreichen Beispielen für mißlungene Begriffsprägungen *Ballwieser* (2004).

[34] Zur Verwechslung von Rechtsbegriff und empirischem Sachverhalt hinsichtlich des im folgenden aufgegriffenen Beispiels des „Eigenkapitals" siehe *Schneider* (1997), S. 378 – 379.

[35] Zu Abstufungen innerhalb der Eigenkapitalausstattung siehe ebenfalls *Schneider* (1997), S. 383 – 387.

Ein weiteres Beispiel für eine derartige „Verselbständigung" von Begriffen kann auch in dem bereits von Siegel erörterten „negativen Geschäftswert" (im Einzelabschluß) gesehen werden.[36] Der reale Sachverhalt besteht hier in der Erzielung eines Minderkaufpreises: Ein Käufer hat bei einem Unternehmens- oder Anteilserwerb Vermögen zu einem Preis erworben, der unterhalb des Substanzwerts des Vermögens liegt. In der bilanziellen Betrachtung liegt der Vergleich mit einem positiven derivativen Geschäftswert nahe. Da dieser Posten einen Mehrkaufpreis abbildet, der aufgrund von über den Substanzwert hinausgehenden wahrgenommenen Vorteilen gezahlt wurde, wurde als Ursache für Minderkaufpreise umgekehrt auf Verlusterwartungen gesetzt. In der Folge wurde das Bilanzierungsproblem z.T. bereits darin gesehen, diesen nun als vermeintliche Tatsache wahrgenommenen „negativen Geschäftswert" zu erfassen. In dieser Sicht kann dann nicht mehr berücksichtigt werden, daß der vermeintliche „negative Geschäftswert" möglicherweise tatsächlich einen Erwerbsgewinn des Käufers darstellt.

IV. Lösungsvorschläge

1. Ansatzpunkte für mögliche Lösungen

Den sachlichen Anknüpfungspunkt für mögliche Lösungsvorschläge stellen natürlich die in den vorangehenden Abschnitten erläuterten und weitere einschlägige Probleme dar, dabei insbesondere das Grundproblem des Verhältnisses zwischen realem Sachverhalt und Abbildung. Da der gegebene Zustand auf die Entscheidungen der relevanten Regulierer zurückzuführen ist, sind Anknüpfungspunkte in institutioneller Sicht eben die Bedingungen, unter denen Rechnungslegungsregeln tatsächlich entwickelt werden. Beide Bereiche stellen Ansatzpunkte für die Bilanzforschung dar. Lösungsvorschläge für die identifizierten Probleme können unter Beachtung der Pfadabhängigkeiten, die für die Aktivitäten der Regulierer gelten, oder unabhängig davon erfolgen.

Unter diesen vielfältigen Ansatzpunkten soll hier nur ein wesentlicher hervorgehoben werden: Die gegenwärtige Entwicklung der Theorie der Rechnungslegung ist stark von der zunehmenden Verzahnung mit der Finanzierungstheorie geprägt, wie zahlreiche Arbeiten zur rechnungslegungsbasierten Anteilsbewertung und Beiträge zur empirischen Kapitalmarktforschung zeigen. Während die Finanzierungstheorie bei der Entwicklung von Methoden i.d.R. das Datenermittlungsproblem nicht thematisiert, sondern von gegebenen Zahlungs-

---

[36] In keinem Fall für zulässig halten *Siegel / Bareis* (1993) und *Siegel* (1995) die Passivierung des Postens „negativer Geschäftswert". Zur Diskussion siehe *Ellrott / Schmidt-Wendt* (2003), Anm. 516 zu § 255 HGB, m.w.N.

reihen und Wahrscheinlichkeiten ausgeht, bleibt die Datengewinnung ein Kernthema in der Theorie der Rechnungslegung, das auch, aber nicht nur mit Blick auf die Erfordernisse aktueller Bewertungsmodelle verfolgt werden sollte. Wie die Beispiele in Teil III.2. verdeutlichen sollten, bestehen einige nicht unmittelbar ersichtliche Mängel der Datengrundlage, die durch Modifikationen und Umgliederungen gegebener Kategorien nicht bewältigt werden können, sondern die grundsätzliche Überprüfung des Verhältnisses zwischen Urbild und gegenwärtig gängigen Abbildern erfordern.

2. Vorschläge für konkrete Maßnahmen

Allgemein thematisiert wird das gegenläufige Verhältnis zwischen Relevanz und Verläßlichkeit von Rechnungslegungsdaten. In bestehenden Rechnungslegungssystemen wird das Problem nach wie vor behandelt, indem die einzelnen Bilanzansätze jeweils als Kompromiß zwischen beiden Anforderungen bestimmt werden. Daraus resultiert eine Rechnungslegung mit für den Adressaten unklaren Eigenschaften: Weder werden relevante (Zukunfts-)Daten konsistent berichtet, noch besteht Verläßlichkeit, auch im Sinne einer Einhaltung der Dokumentationsfunktion i.w.S. Für die Nutzer, die sich einem einheitlichen System gegenübersehen, ist die Vermengung i.d.R. nicht vollständig erkennbar.

Es zeichnet sich ab, daß eine „Bruttolösung", in der soweit wie möglich relevante und soweit wie möglich verläßliche Daten getrennt dargestellt werden, für den Adressaten nützlicher sein kann.[37] Dies spricht dafür, die inzwischen recht zahlreichen Vorschläge für Systeme mehrdimensionaler Rechnungslegung[38] im Hinblick auf ihre Informationswirkungen näher zu untersuchen und auf dieser Grundlage Kriterien für eine zweckmäßige Gestaltung mehrdimensionaler Rechnungslegung zu gewinnen.

Als Teilproblem verbleibt dabei u.a. die Ausfüllung der „verläßlichen Daten". Hierzu ist, wie oben bereits erläutert, eine weitergehende Überprüfung der herkömmlichen Abbildungskategorien in der Rechnungslegung erforderlich, insbesondere um die z.T. unbewußt verschränkten Ebenen der Information über Tatsachen und der gewissen Verselbständigung bilanzieller Kategorien im Sinne von „Spielregeln" aufzubrechen. Dabei soll hier nicht behauptet werden, daß eine restlose, eindeutige Abgrenzung geleistet werden kann. Die Grenzen können aber sicherlich deutlicher herausgearbeitet werden, als dies derzeit der Fall ist.

---

[37] Siehe dazu auch die ebenfalls in dieser Festschrift enthaltenen Beiträge von *M. Schmidt* (2005) und, zu Grundlagen, *Sigloch* (2005).

[38] Für einen Überblick über klassische und neuere Vorschläge mehrdimensionaler Rechnungslegung siehe *Kampmann / M. Schmidt* (2002).

V. Zusammenfassung

Obwohl es eine gängige Anforderung der Regulierer ist, daß die Rechnungslegung der Unternehmungen ein getreues Abbild der tatsächlichen Verhältnisse bereitstellen solle, bietet sie in vielen Fällen ein Bild, das keinen eindeutigen Rückschluß auf die „abgebildeten" Strukturen mehr zuläßt. Allerdings sind die Forderungen nach einem „den tatsächlichen Verhältnissen entsprechende[m] Bild" oder „*fair presentation*" und „*faithful representation*" offenbar längst nicht so entschieden gemeint, wie sie klingen. Das IASB geht davon aus, daß selbst das vielfach kritisierte Konglomerat aus verschiedenartigen Wertansätzen, das die IFRS-Rechnungslegung derzeit charakterisiert, mit der Anforderung grundsätzlich im Einklang steht.

Trotz der aktuellen Entwicklung, in der die Theorie der Rechnungslegung zunehmend mit der Kapitalmarkttheorie zusammenwächst, bleibt ihr das Datenermittlungsproblem als eine Kernaufgabe. Sucht man ausgehend von dem auffälligen Beispiel bestimmter Formen von *fair values* nach weiteren Fällen, in denen die Rechnungslegung nicht mehr uneingeschränkt reale Sachverhalte dokumentiert, sondern davon losgelöste Informationswirkungen erzeugt, zeigen sich vielfältige weitere Beispiele – z.T. erwartungsgemäß umstrittene Bilanzierungsweisen, z.T. aber auch kaum hinterfragte Handhabungen, bei denen die Suche nach zweckmäßigeren Abbildungen lohnenswert erscheint.

Vielversprechend erscheint dabei insbesondere die Evaluierung bestehender und ggf. Konzeption neuer Modelle einer mehrdimensionalen Rechnungslegung. Sollte sich die Standardsetzung in Zukunft tatsächlich mit einem konsistenten Konzept in gerade diese Richtung entwickeln, hätte Theodor Siegel sicher nichts dagegen einzuwenden. Im Rahmen der neueren Diskussion ist einer der ersten Rufe nach Mehrdimensionalität schließlich von ihm ausgegangen.[39]

Literaturverzeichnis

Adler / Düring / Schmaltz (1997): Karl-Heinz *Forster*, Reinhard *Goerdeler*, Josef *Lanfermann*, Hans-Peter *Müller*, Günter *Siepe* und Klaus *Stolberg* unter Mitwirkung von Hans-Friedrich *Gelhausen*, Wolf *Gelhausen*, Georg *Kämpfer*, Ernst-Thomas *Kraft* und Wienand *Schruff*: Adler / Düring / Schmaltz: Rechnungslegung und Prüfung der Unternehmen: Kommentar zum HGB, AktG, GmbHG, PublG nach den Vorschriften des Bilanzrichtlinien-Gesetzes; 6. Auflage; Teilband 5; Stuttgart 1997.

[39] Siehe *Siegel* (1997), S. 140 – 141.

Baetge, Jörg / *Zülch,* Henning (2004): Rechnungslegungsgrundsätze nach HGB und IFRS; in: Handbuch des Jahresabschlusses in Einzeldarstellungen; Hrsg. Klaus v. Wysocki, Joachim Schulze-Osterloh und Joachim Hennrichs; Köln 1984 ff.; Abt. I/2; 3. Neubearbeitung 2004.

Ballwieser, Wolfgang (1982): Zur Begründbarkeit informationsorientierter Jahresabschlußverbesserungen; in: Schmalenbachs Zeitschrift für betriebswirtschaftliche Forschung; 34. Jg. (1982); S. 772 – 793.

– (1996): Zum Nutzen handelsrechtlicher Rechnungslegung; in: Rechnungslegung – warum und wie: Festschrift für Hermann Clemm zum 70. Geburtstag; Hrsg. Wolfgang Ballwieser, Adolf Moxter und Rolf Nonnenmacher; München 1996; S. 1 – 25.

– (2004): Bilanzrecht und Sprache; in: Die Wirtschaftsprüfung; 57. Jg. (2004); Sonderheft 2004; S. S73 – S83.

Ballwieser, Wolfgang / *Küting,* Karlheinz / *Schildbach,* Thomas (2004): Fair value – erstrebenswerter Wertansatz im Rahmen einer Reform der handelsrechtlichen Rechnungslegung?; in: Betriebswirtschaftliche Forschung und Praxis; 56. Jg. (2004); S. 529 – 549.

Barckow, Andreas (2004): ED Fair Value Option: Der Entwurf des IASB zur Einschränkung der *Fair-Value*-Option in IAS 39 (rev. 2003); in: Die Wirtschaftsprüfung; 57. Jg. (2004); S. 793 – 798.

Barckow, Andreas / *Glaum,* Martin (2004): Bilanzierung von Finanzinstrumenten nach IAS 39 (rev. 2004) – ein Schritt in Richtung Full Fair Value Model?; in: Zeitschrift für kapitalmarktorientierte Rechnungslegung; 4. Jg. (2004); S. 185 – 203.

Born, Karl (1997): Rechnungslegung international: Konzernabschlüsse nach IAS, US-GAAP, HGB und EG-Richtlinien; Stuttgart 1997.

Ellrott, Helmut / *Schmidt-Wendt,* Dietrich (2003): Kommentierung zu § 255 HGB; in: Beck'scher Bilanz-Kommentar; Hrsg. Axel Berger u.a.; München 2003.

Feltham, Gerald A. / *Ohlson,* James A. (1995): Valuation and Clean Surplus Accounting for Operating and Financial Activities; in: Contemporary Accounting Research; Vol. 11 (1995); S. 689 – 731.

Förschle, Gerhart / *Kropp,* Manfred (2003): Kommentierung zu § 256 HGB; in: Beck'scher Bilanz-Kommentar; Hrsg. Axel Berger u.a.; München 2003.

Hense, Burkhard / *Schellhorn,* Mathias (2003): Teilkommentierung zu § 264 HGB; in: Beck'scher Bilanz-Kommentar; Hrsg. Axel Berger u.a.; München 2003.

Hüfner, Bernd (2000): Fundamentale Aktienbewertung und Rechnungslegung: Eine konzeptionelle Eignungsanalyse; Beiträge zum Rechnungs-, Finanz- und Revisionswesen: 50; Frankfurt am Main 2000.

Kampmann, Helga (2005): Aktiva und Passiva in der Handelsbilanz als bewertete Verfügungsrechte (Property Rights); Diskussionspapier; Humboldt-Universität zu Berlin 2005.

Kampmann, Helga / *Schmidt,* Matthias (2002): Multi Concept Financial Reporting Models: A Survey and Conclusions for Future Development; Diskussionspapier; Humboldt-Universität zu Berlin 2002.

Kirchner, Christian (1997): Bilanzrecht und neue Institutionenökonomik: Interdisziplinäre Überlegungen; in: Handelsbilanzen und Steuerbilanzen: Festschrift zum 70. Geburtstag von Prof. Dr. h.c. Heinrich Beisse; Hrsg. Wolfgang Dieter Budde, Adolf Moxter und Klaus Offerhaus; Düsseldorf 1997; S. 267 – 283.

Küpper, Hans-Ulrich (2004): Cash Flow und/oder Vermögen als Basis von Unternehmensrechnung und Besteuerung?; in: Steuern, Rechnungslegung und Kapitalmarkt: Festschrift für Franz W. Wagner zum 60. Geburtstag; Hrsg. Hans Dirrigl, Dietmar Wellisch und Ekkehard Wenger; Wiesbaden 2004; S. 101 – 126.

McSweeney, Brendan (1997): The unbearable ambiguity of accounting; in: Accounting, Organizations and Society; Vol. 22 (1997); S. 691 – 712.

Möller, Hans-Peter / *Hüfner,* Bernd (2002): Bilanzwirkungstheorien; in: Handwörterbuch der Rechnungslegung und Prüfung; 3. Auflage; Hrsg. Wolfgang Ballwieser, Adolf G. Coenenberg und Klaus v. Wysocki; Stuttgart 2002; Sp. 440 – 452.

Moxter, Adolf (1984): Bilanzlehre; 3. Auflage; Band I: Einführung in die Bilanztheorie; Wiesbaden 1984.

Ordelheide, Dieter (1998): Bedeutung und Wahrung des Kongruenzprinzips („clean surplus“) im internationalen Rechnungswesen; in: Unternehmensberatung und Wirtschaftsprüfung: Festschrift für Professor Dr. Günter Sieben zum 65. Geburtstag; Hrsg. Manfred Jürgen Matschke und Thomas Schildbach; Stuttgart 1998; S. 515 – 530.

Rückle, Dieter (1993): Bewertungsprinzipien; in: Handwörterbuch des Rechnungswesens; 3. Auflage; Hrsg. Klaus Chmielewicz und Marcell Schweitzer; Stuttgart 1993; Sp. 192 – 202.

Ruhwedel, Franka / *Schultze,* Wolfgang (2002): Value Reporting: Theoretische Konzeption und Umsetzung bei den DAX 100-Unternehmen; in: Schmalenbachs Zeitschrift für betriebswirtschaftliche Forschung; 54. Jg. (2002); S. 602 – 632.

Schildbach, Thomas (1986): Jahresabschluß und Markt; Berlin u.a. 1986.

– (1998): Latente Steuern auf permanente Differenzen und andere Kuriositäten – Ein Blick in das gelobte Land jenseits der Maßgeblichkeit; in: Die Wirtschaftsprüfung; 51. Jg. (1998); S. 939 – 947.

– (2000): Zur Behandlung von realen Stock Options nach den Vorstellungen der Arbeitsgruppe des Deutschen Standardisierungsrates; in: Steuern und Bilanzen; 2. Jg. (2000); S. 1033 – 1038.

Schmidt, Matthias (2005): Die sog. Full Goodwill Methode der Kapitalkonsolidierung: zum Problem vermehrt zeitwertorientierter Bilanzierung im IFRS-Konzernabschluss; in: Kritisches zu Rechnungslegung und Unternehmensbesteuerung: Festschrift zur Vollendung des 65. Lebensjahres von Theodor Siegel; Hrsg. Dieter Schneider u.a. Berlin 2005; S. 161 – 184.

Schmidt, Reinhard H. (1982): Rechnungslegung als Informationsproduktion auf nahezu effizienten Kapitalmärkten; in: Schmalenbachs Zeitschrift für betriebswirtschaftliche Forschung; 34. Jg. (1982); S. 728 – 748.

Schneider, Dieter (1981): Kapitalmarkteffizienz durch Jahresabschlußreformen?; Schriften des Verbandes öffentlicher Banken: 8; Göttingen 1981.

– (1997): Betriebswirtschaftslehre: Band 2: Rechnungswesen; 2. Auflage; München, Wien 1997.

Schneider, Dieter / *Siegel*, Theodor (1995): Das Index-Lifo-Verfahren als „Fortentwicklung“ von Grundsätzen ordnungsmäßiger Buchführung?; in: Die Wirtschaftsprüfung; 48. Jg. (1995); S. 261 – 266.

Siegel, Theodor (1991): Grundsatzprobleme der Lifo-Methode und des Indexverfahrens: Zum Versuch, Steuererleichterungen zum Anlaß zur „Weiterentwicklung“ von

Grundsätzen ordnungsmäßiger Buchführung zu nehmen; in: Der Betrieb; 44. Jg. (1991); S. 1941 – 1948.

– (1995): Zum Geheimnis des „negativen Geschäftswerts"; in: Steuer und Wirtschaft; 72. Jg. (1995); S. 390 – 400.

– (2001a): Bilanzierung von Aktienoptionen und der Charakter eigener Anteile; in: Zum Erkenntnisstand der Betriebswirtschaftslehre am Beginn des 21. Jahrhunderts: Festschrift für Erich Loitlsberger zum 80. Geburtstag; Hrsg. Udo Wagner; Wien 2001; S. 345 – 371.

– (2001b): E-DRS 11: Ersparter (fiktiver) Aufwand als tatsächlicher Aufwand?: Kritik des Standardentwurfs zur Bilanzierung von Aktienoptionsplänen und ähnlichen Entgeltformen; in: Betriebs-Berater; 56. Jg. (2001); S. 1595 – 1598.

Siegel, Theodor / *Bareis,* Peter (1993): Der „negative Geschäftswert" – eine Schimäre als Steuersparmodell?; in: Betriebs-Berater; 48. Jg. (1993); S. 1477 – 1485.

Sigloch, Jochen (2005): Einheitliche Gewinnermittlung nach Handels- und Steuerrecht – Utopie oder realistische Vision?; in: Kritisches zu Rechnungslegung und Unternehmensbesteuerung: Festschrift zur Vollendung des 65. Lebensjahres von Theodor Siegel; Hrsg. Dieter Schneider u.a. Berlin 2005; S. 551 – 568.

Sigloch, Jochen / *Egner,* Thomas (2000): Bilanzierung von Aktienoptionen und ähnlichen Entlohnungsformen: Stellungnahme zum Positionspapier der DSR-Arbeitsgruppe „Stock Options"; in: Betriebs-Berater; 55. Jg. (2000); S. 1878 – 1883.

Wagner, Franz W. (1982): Zur Informations- und Ausschüttungsbemessungsfunktion des Jahresabschlusses auf einem organisierten Kapitalmarkt; in: Schmalenbachs Zeitschrift für betriebswirtschaftliche Forschung; 34. Jg. (1982); S. 749 – 771.

Die Ermittlung impliziter Eigenkapitalkosten aus Gewinnschätzungen und Aktienkursen: Ansatz und Probleme

Von Wolfgang Ballwieser

I. Problemstellung

Eigenkapitalkosten sind eine zentrale Größe für die Planung von Investitionen und Finanzierungen, für die Bewertung von Unternehmen, für die Erfolgsmessung und für die Budgetierung. Investitionen müssen die Eigenkapitalkosten decken. Beim Vergleich der Finanzierung durch Eigen- und Fremdkapital sind Eigenkapitalkosten ein Referenzpunkt. Der Unternehmenswert ergibt sich durch Diskontierung von den Eigentümern erwartungsgemäß zufließenden Erträgen mit risikoangepaßten Eigenkapitalkosten. Unternehmerischer Erfolg stellt sich erst nach Deckung sämtlicher Kosten, inklusive der Eigenkapitalkosten, ein. Die Zuteilung knapper Mittel auf Geschäftsbereiche wird sich an deren Renditen orientieren, freilich nur dann, wenn diese auch die Eigenkapitalkosten decken.

Es verwundert deshalb nicht, daß die Bestimmung von Eigenkapitalkosten ein Problem darstellt, um dessen Lösung man sich intensiv bemüht. Lange Zeit hat man sie nur schlecht quantifizieren können. Verbesserte Möglichkeiten ergaben sich erst Mitte der sechziger Jahre mit Hilfe des CAPM[1], das es – unter engen Annahmen – erlaubt, risikoangepaßte Eigenkapitalkosten zu modellieren.

Das CAPM hat die empirische Messung von Eigenkapitalkosten lange bestimmt. Die Suche nach Betafaktoren und der Marktrisikoprämie hat die Literatur geprägt. So hat jüngst Richard Stehle für Zwecke der Unternehmensbewertung ausführliche Berechnungen zur Gewinnung von Marktrisikoprämien vorgelegt[2], die aus Daten der Jahre 1955 bis 2003 gewonnen wurden. Zugleich wurde in jüngerer Zeit vielfältige Kritik an der Verwendung historischer Daten zur Bestimmung von Eigenkapitalkosten laut. Warum verwendet man nicht Marktdaten aus prospektiv ausgerichteten Rechnungen? Dies gelingt scheinbar mühelos mit den Ex-Ante-Modellen zur Bestimmung von Eigenkapitalkosten,

---

[1] Vgl. *Sharpe* (1964); *Lintner* (1965); *Mossin* (1966).
[2] Vgl. *Stehle* (2004).

wie sie seit langem propagiert werden[3] und mittlerweile auch mit deutschen Daten vorliegen[4].

Die Idee der Ex-Ante-Modelle besteht darin, den internen Zinsfuß aus einer Datenreihe zu gewinnen, die (1) aus der Börsenkapitalisierung als Annäherung an den Unternehmenswert und (2) aus von Finanzanalysten geschätzten künftigen Gewinnen und daraus abgeleiteten Dividenden oder Residualgewinnen erzeugt wird. Da die Schätzungen der Finanzanalysten auf wenige Jahre begrenzt sind, benötigt man als weiteren Einflußfaktor (3) ein Modell, mit dessen Hilfe die kurzfristigen Schätzungen fortgeschrieben werden oder ein Endwert abgebildet wird.

Der Beitrag prüft, welche Vor- und Nachteile mit diesem Vorgehen verbunden sind. Er widmet sich einem Problembereich, dem Theodor Siegel immer verbunden war. Mit Arbeiten zur Investitionstheorie, speziell wie hier auch zum Kalkulationszinsfuß, begann sein wissenschaftliches Wirken[5]. Die Unternehmensbewertung war zusammen mit der Unsicherheitstheorie eines seiner späteren Wirkungsfelder[6]. Bezüge zu der in dieser Schrift im Vordergrund stehenden Rechnungslegung ergeben sich durch die für die Ermittlung der Eigenkapitalkosten nötigen Gewinnschätzungen und das für die Anwendung der Residualgewinnmethode notwendige Kongruenzprinzip. Kennzeichen aller Analysen des Jubilars, mit dem zu diskutieren ich seit 1982 das Vergnügen habe, ist die theoretische Rigorosität, mit der er vorschnelle Lösungen kritisiert. Auch insofern hoffe ich, daß die vorliegenden Ausführungen sein Interesse finden werden.

II. Konzept der Schätzung von Eigenkapitalkosten oder Marktrisikoprämie

1. Grundlagen

Zur Schätzung der Eigenkapitalkosten wird der interne Zinsfuß einer Zahlungsreihe gesucht. Er ist der Zinsfuß, der den Kapitalwert Null werden läßt.

---

[3] Vgl. *Malkiel* (1979); *Brigham / Shome / Vinson* (1985); *Gordon / Gordon* (1997); *Claus / Thomas* (1999); *Botosan / Plumlee* (2001); *Claus / Thomas* (2001); *Gebhardt / Lee / Swaminathan* (2001); *Botosan / Plumlee* (2002); *Easton / Taylor / Shroff / Sougiannis* (2002); *Gode / Mohanram* (2002); *Easton* (2004). Kritik an einer inkonsistenten Datengrundlage bei *Claus / Thomas* (2001) und *Easton / Taylor / Shroff / Sougiannis* (2002) üben *Daske / Gebhardt / Klein* (2004), S. 1 und S. 10 f.

[4] Vgl. insb. *Daske / Gebhardt / Klein* (2004).

[5] Vgl. *Siegel* (1972) und (1975).

[6] Vgl. *Siegel* (1983), (1991), (1992) und (1994).

Nehmen wir an, die Börsenkapitalisierung eines Unternehmens sei gegenwärtig 100, und der Alleineigentümer des Unternehmens erwarte künftige Mittelzuflüsse, d.h. Erträge, E_t in folgender Höhe:

Tabelle 1

Zahlungsströme

Zeitpunkt t	0	1	2	3	4	5	6 ff.
Erwartungswert des Ertrags $\mu(E_t)$		10	12	16	14	14	12
Börsen-kapitalisierung	100						

Nehmen wir an, die Börsenkapitalisierung entspräche dem Unternehmenswert und dieser werde durch Diskontierung der Erträge berechnet, dann gilt:

(1) $$UW = \sum_{t=1}^{\infty} \frac{\mu(E_t)}{(1+r)^t} .$$

Dann ergibt sich der interne Zinsfuß r als Lösung der folgenden Gleichung:

(2) $$\frac{10}{1+r} + \frac{12}{(1+r)^2} + \frac{16}{(1+r)^3} + \frac{14}{(1+r)^4} + \frac{14}{(1+r)^5} + \frac{12}{r \cdot (1+r)^5} - 100 = 0 .$$

Es resultiert $r \cong 12{,}42\ \%$.

Verwendet man das CAPM und beträgt der risikolose Zinsfuß gegenwärtig 4 %, so resultiert bei einem Betafaktor von 1,0 eine Marktrisikoprämie von rund 8,42 %, weil gilt:

(3) $$r = i + \beta \cdot (r_M - i) \quad \text{oder} \quad 12{,}42\ \% = 4\ \% + 1 \cdot 8{,}42\ \%.$$

2. Modellspezifikationen

Um implizite Eigenkapitalkosten oder implizite Marktrisikoprämien bestimmen zu können, sind zwei Modellspezifikationen vorzunehmen. Die erste betrifft die Frage, welche Größen zu diskontieren sind, um den Unternehmenswert zu berechnen. Die zweite bestimmt, wie die kurzfristigen Analystenschätzungen in die Zukunft „verlängert" werden.

Das obige Beispiel geht davon aus, daß Dividenden diskontiert werden, um den Unternehmenswert zu bestimmen. Gleichermaßen läßt sich – bei Einhaltung des Kongruenzprinzips (oder des äquivalenten „clean surplus accounting") – annehmen, daß sich der Unternehmenswert als Summe des buchmäßigen Eigenkapitals im Bewertungszeitpunkt t = 0 und des Barwerts der Residualgewinne R_t ergibt. Nach dem Kongruenzprinzip müssen alle Eigenkapitaländerungen, die nicht auf Kapitalerhöhungen oder -herabsetzungen zurückzuführen sind, durch die Gewinn- und Verlustrechnung gehen. Ein Residualgewinn ergibt sich als Saldo aus Buchgewinn und Verzinsung des Eigenkapitals, stellt also einen Gewinn nach Abzug von Eigenkapitalkosten dar. Formal gilt:

(4) $$UW = EK_0 + \sum_{t=1}^{\infty} \frac{\mu(G_t - r \cdot EK_{t-1})}{(1+r)^t}$$

mit

EK_0 = Buchwert des Eigenkapitals in t = 0,

G_t = Gewinn in t.

Die Auflösung von Gleichung (4) nach r ist komplizierter als die Auflösung der Gleichung (1) oder (2), weil der gesuchte Eigenkapitalkostensatz r nicht nur den Nenner der Barwertgleichung bestimmt, sondern auch die absoluten Eigenkapitalkosten $r \cdot EK_{t-1}$ im Zähler, und die Buchwerte des Eigenkapitals von t = 0 ausgehend fortzuschreiben sind.

Die zweite Spezifikation betrifft die Fortschreibung der Analystenschätzungen für einen Zeitraum von drei, vier oder fünf Jahren in die Unendlichkeit. Hierzu bedient man sich eines Phasenmodells[7]. Danach werden die Erträge oder Residualgewinne in der ersten Phase periodengenau prognostiziert. Daran schließen sich entweder eine oder zwei weitere Phasen an. Gibt es nur eine weitere Phase, werden die Erträge als konstant bleibend oder mit identischer Rate wachsend angenommen. Aufgrund dieser Annahmen läßt sich ein Endwert am Ende der ersten Phase berechnen. Alternativ hierzu findet diese Modellierung nur in der dritten Phase statt, während die zweite Phase als ein Übergangsstadium modelliert ist. Beispielsweise gibt es in dieser annahmegemäß ein Wachstum mit konstanter oder mit abnehmender Rate, das in der dritten Phase versiegt.

3. Gewinnung des Dateninput

Der Dateninput besteht aus der Börsenkapitalisierung und den Erträgen oder Residualgewinnen. Die Erträge resultieren aus einer Schätzung künftiger Gewinne pro Aktie von Finanzanalysten und erwarteter Ausschüttungsquoten der Gesellschaften. Für die künftigen Gewinne greift man regelmäßig auf Schätzungen von I/B/E/S = Institutional Brokers' Estimate System zurück. Die Residual-

---

[7] Zu Phasenmodellen bei der Unternehmensbewertung vgl. *Ballwieser* (2004), S. 62 – 65.

gewinne verlangen weiterhin die Erhebung und Fortschreibung des Buchwertes des Eigenkapitals. Für die Fortschreibung bedarf es ebenfalls der Schätzung von Gewinnen und Ausschüttungsquoten.

Da die Schätzungen der Finanzanalysten zeitlich beschränkt sind, ist für die anschließende Phase von Annahmen über Wachstum von Buchgewinnen, Dividenden oder Residualgewinnen auszugehen.

4. Wesentliche Ergebnisse

In den USA finden sich mehrere Arbeiten zur Schätzung von impliziten Eigenkapitalkosten und Marktrisikoprämien. Einen Überblick über Ansatz und wesentliche Ergebnisse liefert Tabelle 2. Hierbei bezeichnen:

DDM = Dividendendiskontierungsmodell (= Ertragswertmethode),

RIM = Residualgewinnmodell,

SD = Standardabweichung.

Für Deutschland liegt neben den Studien von Claus / Thomas[8] und Hail / Leuz[9] eine weitere Untersuchung vor[10], die anders als die amerikanischen Vorläufer (1) konsistente Datengrundlagen verwendet, (2) eine tägliche Ermittlung der impliziten Eigenkapitalkosten erlaubt[11] und (3) Eigenkapitalkosten auf Gesamtmarkt-, Branchen- und Gesellschaftsebene schätzt[12]. Das Besondere der Studie von Daske / Gebhardt / Klein liegt nicht zuletzt darin, daß sie steigende Marktrisikoprämien über die Zeit hinweg feststellt[13]. In 17,2 % der Fälle lagen nach Methode I negative Risikoprämien vor[14]. Die gesamten Ergebnisse werden in Tabelle 3 dargestellt.

---

[8] Vgl. *Claus / Thomas* (1999) und (2001).

[9] Vgl. *Hail / Leuz* (2003).

[10] Vgl. *Daske / Gebhardt / Klein* (2004). Ich vernachlässige *Daske* (2004).

[11] Vgl. *Daske / Gebhardt / Klein* (2004), S. 5 – 18.

[12] Zusammenfassungen der Eigenkapitalkosten und der Marktrisikoprämie finden sich bei *Daske / Gebhardt / Klein* (2004), S. 41 – 43.

[13] Vgl. *Daske / Gebhardt / Klein* (2004), S. 20 f. und S. 50.

[14] Vgl. *Daske / Gebhardt / Klein* (2004), S. 23.

Tabelle 2

Eigenkapitalkosten und Marktrisikoprämien in den USA

Autoren	Modell	Phasen / Endwertberechnung	Zeitraum / Beobachtungen	Eigenkapitalkosten auf Marktebene (Mittelwerte)	Marktrisikoprämie (Mittelwerte)
Brigham / Shome / Vinson (1985)	DDM	zwei; Endwert in t = 4 aus Modell mit konstantem Wachstum	1966 – 1984; unbekannt	für Dow Jones Industrial jährlich zwischen 19,30 % (1982) und 9,56 % (1966)	jährlich zwischen 3,75 % (1984) und 6,88 % (1978)
Claus / Thomas (2001)	DDM	eine; konstantes Wachstum ab t = 0	1985 – 1998; 33.389 Firmenjahre	14,98 %	7,34 %
Botosan / Plumlee (2001)	DDM	zwei; Endwertschätzung in t = 4 von Value Line	1979 – 1993; 18.637 Firmenjahre	21,8 %	12,4 %
Botosan / Plumlee (2002)	DDM	zwei; Endwertschätzung in t = 4 von Value Line	1985/86 – 1995/96; 3.618 Firmenjahre	16,5 % (SD 7,3 %); Median 15,6 %	
Botosan (1997)	RIM	zwei; Endwert aus P/E-Ratios des 4. Jahres	1990; 122 Gesellschaften	20,1 % (SD 10 %)	

Claus / Thomas (2001)	RIM	zwei; Endwert in t = 5 aus Modell mit konstantem Wachstum	1985 – 1998; 33.389 Firmenjahre	11,04 %	3,4 %
Gebhardt / Lee / Swaminathan (2001)	RIM	drei; verschiedene Endwertzeitpunkte: 1. Phase drei Jahre, ab 4. Jahr linear auf den Median der Branche sinkender ROE, in 3. Phase konstanter Residualgewinn	1979 – 1995; 18.612 Firmenjahre		2,7 %; Median 2,0 %
Easton et al. (2002)	RIM	zwei; Endwert in t = 4	1981 – 1998; 26.561 Firmenjahre	13,20 % (SD 1,13 %)	5,3 % (SD 0,75 %)
Easton (2004)	RIM	eine; konstante Wachstumsrate	1981 – 1999; 1.499 Portfolios aus 22 Gesellschaften	Median 13 % (SD 3,9 %)	

Tabelle 3

Eigenkapitalkosten und Marktrisikoprämien in Deutschland

Autoren	Modell	Phasen / Endwertberechnung	Zeitraum / Beobachtungen	Eigenkapitalkosten auf Marktebene (Mittelwerte)	Marktrisikoprämie (Mittelwerte)
Claus / Thomas (1999)	DDM	eine; konstantes Wachstum ab t = 0	1988 – 1997; 941 Firmenjahre	13,69 % (SD 2,34 %)	6,58 % (SD 2,82 %)
Claus / Thomas (1999)	RIM	zwei; Endwert in t = 5 aus Modell mit konstantem Wachstum	1988 – 1997; 941 Firmenjahre	9,13 % (SD 1,19 %)	2,02 % (SD 1,03 %)
Hail / Leuz (2003)	vier verschiedene Modelle	vier verschiedene Modelle	1992 – 2001; 1.596 Firmenjahre	12,22 % als Durchschnitt aus vier Modellen	
Daske / Gebhardt / Klein (2004)	RIM	Modell I mit drei Phasen: fünf Jahre explizite Gewinnschätzung; vom 6. bis zum 12. Jahr wird ein ROE angenommen, der linear auf den erwarteten Zielwert der Branche sinkt; ab dem 13. Jahr konstanter Residualgewinn (analog *Gebhardt / Lee / Swaminathan*); Modell II mit unendlicher konstanter Wachstumsrate ab t = 0	1989 – 2002; 28.893 Gewinnschätzungen	Modell I: 10,0 % (SD 3,1 %); Modell II: 11,2 % (SD 4,0 %)	Modell I: 3,9 % (SD 4,3 %); Modell II: 5,2 % (SD 4,9 %)

III. Würdigung

1. Konzeptionelle Aspekte

a) Prospektive Ausrichtung

Der Vorteil der Berechnung impliziter Eigenkapitalkosten nach Ex-Ante-Modellen besteht in der zeitlichen Ausrichtung. Nach der Theorie ergeben sich heutige Werte und daraus resultierende Preise aus der künftigen Nutzenstiftung von Gütern. Statt historisch gemessene Eigenkapitalkosten auf die Zukunft zu übertragen, wie dies oft mehr oder minder reflektiert mit Daten auf Basis des CAPM oder des Marktmodells geschieht, werden aktuelle Marktdaten und am Markt bekannte Prognosen über Nutzenstiftungen systematisch miteinander verbunden. Die Daten lassen sich täglich modifizieren[15]. Das ist ein Vorteil.

b) Gleichsetzung von Börsenkapitalisierung und Unternehmenswert

Gegenwärtige Aktienkurse mit Dividendenprognosen zu verbinden, ist aus Sicht einer Fundamentalbewertung zwingend. Hingegen kann man nicht ohne weiteres davon ausgehen, daß die aus Aktienkursen gewonnene Börsenkapitalisierung dem Unternehmenswert oder – wie in der Literatur behauptet[16] – dem Marktpreis eines Unternehmens entspricht.

Am Aktienmarkt werden Wertpapiere, keine großen Pakete von Wertpapieren gehandelt. Wer aus den beobachtbaren Kursen, die Angebot und Nachfrage von Wertpapieren zum Ausgleich bringen, auf den Unternehmenswert oder den Unternehmenspreis schließt, läßt außer acht, daß üblicherweise ein Paketzuschlag oder eine control premium existiert. Vergleiche von erzielten Marktpreisen für Unternehmen mit der jeweiligen Börsenkapitalisierung belegen dies. Beispielsweise zeigen Daten aus den USA, daß Unternehmen bei Transaktionen im Durchschnitt der Jahre 1992 bis 2000 einen Zuschlag von rund 40 % gegenüber der Börsenkapitalisierung erzielt haben[17]. Hinter dem Durchschnittswert

---

[15] „... our approach allows daily estimation, using only publicly available information at that date." *Daske / Gebhardt / Klein* (2004), Abstract.

[16] Vgl. *Daske / Gebhardt / Klein* (2004), S. 5: „The expected cost of equity capital is estimated from observable analyst consensus forecasts about a firm's future residual flows and its market price ..." Der Marktpreis bezieht sich hier auf das Unternehmen. Kurz danach sind sie zu Recht vorsichtiger: „In equilibrium, the same information is reflected in the stock price on the left side and in the consensus forecasts on the right side of the equation." Auf der nächsten Seite wird erneut zwischen „stock's value" und „firm value" kein Unterschied gemacht.

[17] Vgl. *Gaughan* (2002), S. 521, mit Bezug auf Merrill Lynch Business Brokerage and Valuation, Mergerstat Review, 1994 und 2001; *Ballwieser* (2004), S. 192 f.

stehen große Bandbreiten, so daß dieser Wert nicht isoliert betrachtet werden darf. Man macht es sich zu einfach, diese Überschreitungen der Börsenkapitalisierung allein durch irrationales oder selbstsüchtiges Verhalten der Manager des kaufenden Unternehmens, vielleicht unterstützt durch bilanzielle Erwägungen bei der Kapitalkonsolidierung[18], erklären zu wollen.

Wenn die Börsenkapitalisierung aber dem Unternehmenswert oder gar Marktpreis des Unternehmens nicht entspricht, ist unklar, was mit der beschriebenen Schätzung der Eigenkapitalkosten genau gemessen wird.

c) Einhaltung des Kongruenzprinzips

Wer Eigenkapitalkosten mit Hilfe des Residualgewinnmodells schätzen möchte, braucht bei Zugrundelegung des Dividendendiskontierungsmodells als Referenzpunkt die Einhaltung des Kongruenzprinzips. Nach diesem Prinzip müssen alle Eigenkapitaländerungen, die nicht auf Kapitalerhöhungen oder -herabsetzungen zurückzuführen sind, sich in der Gewinn- und Verlustrechnung niederschlagen.

Diese Bedingung wird in keiner Bilanzrechtsordnung tatsächlich erfüllt. Abweichungen vom Kongruenzprinzip ergeben sich beispielsweise durch die erfolgsneutrale Buchung von Differenzen aus der Fremdwährungsumrechnung, wie sie bei der Konsolidierung im Konzernabschluß nötig ist, wenn die Konzernmutter Töchter aufweist, die in anderen Währungsgebieten agieren. Weitere erfolgsneutrale Buchungen, die nicht in kurzer Zeit durch erfolgswirksame Buchungen wieder kompensiert werden, resultieren z.B. aus Änderungen der Pensionsrückstellungen, sofern US-GAAP oder IFRS zugrundegelegt werden.

Der aus dem Verstoß gegen das Kongruenzprinzip resultierende Fehler ist m.W. nicht abschätzbar[19]. Die Studien gehen z.T. gar nicht auf die aus ihm resultierenden Gefahren ein. Insofern ist erneut unklar, was mit der Schätzung der Eigenkapitalkosten genau gemessen wird.

---

[18] Zu den aus der Bilanzierung nach der (zu dieser Zeit erlaubten) Methode der Interessenzusammenführung resultierenden Anreizen für das Management vgl. *Stanke* (2003), S. 126 – 176.

[19] *Daske / Gebhardt / Klein* (2004), S. 7, verweisen auf „the – rare – cases in which the clean-surplus principle is violated". „Clean-surplus principle" ist identisch mit dem Kongruenzprinzip. Daske / Gebhardt / Klein sind sich aber des Problems der Einhaltung des Kongruenzprinzips wohl bewußt. Vgl. ebenda, S. 33.

d) Zirkularität

Zu fragen ist, wozu die aus Marktdaten gewinnbaren Eigenkapitalkosten gut sind. Will man Investitionen planen und mit diesen mindestens die Eigenkapitalkosten verdienen, so helfen die impliziten Eigenkapitalkosten nur dann, wenn durch die Investitionen die Risikostrukturen der bisher erwarteten Dividenden oder Residualgewinne nicht verändert werden, also derselben „Risikoklasse" zugehörig sind. Andernfalls muß man die Eigenkapitalkosten anpassen, aber nach welchem Modell? Die impliziten Eigenkapitalkosten sind mit anderen Worten durch die dem Markt bekannten Projekte und deren Risikogehalt konditioniert.

Vermutlich wird ein Management bei vielen Investitionen die bisherige Risikoklasse der bereits getätigten Investitionen nicht verlassen. Investitionen in Grund und Gebäude, in Betriebs- und Geschäftsausstattung lassen das erwarten. Aber wie ist dies, wenn man Unternehmen oder wesentliche Anteile an ihnen erwirbt? Diese Investitionen verändern oft massiv die Risikostruktur des aufnehmenden Unternehmens, sollen sogar genau dies mit Hinweis auf gewünschte Diversifikationseffekte leisten.

Trägt das hier entwickelte Argument, dann erfährt man durch die Berechnung der impliziten Eigenkapitalkosten nur etwas, was man vorher schon hat wissen müssen, um die bisherigen Investitionen sachgerecht planen zu können: „For purposes of firm valuation and stock selection, it would be tautological to estimate the implied cost-of-capital based on current stock prices. Similarly, in capital budgeting decisions, estimating an implied cost-of-capital for the parent firm based on its current stock prices is of very little use, unless the project (or the division) in question has the same systematic risk profile as the parent firm."[20] Ähnliches äußern berechtigterweise Baginski / Wahlen: „These *ex post* and *ex ante* approaches to estimate discount rates and share values are circular, however, relying on observed share prices to infer the discount rates required to value shares."[21]

Wird das Management in seiner eigenen Planung durch die Realität überrascht, weil die angesetzten Eigenkapitalkosten mit den später gemessenen impliziten Eigenkapitalkosten nicht übereinstimmen, dann verbietet sich jede eindeutige Schlußfolgerung. Denkbare Gründe können in der fehlerhaften Planung, der Fehlspezifikation des Modells zur Berechnung der impliziten Eigenkapitalkosten, der Abweichung von Börsenkapitalisierung und Marktpreis des Unternehmens oder in falschen Gewinnprognosen der Finanzanalysten liegen, ohne daß klar ist, woraus der Fehler resultiert.

---

[20] *Gebhardt / Lee / Swaminathan* (2001), S. 167 und S. 170.

[21] *Baginski / Wahlen* (2003), S. 332 (Hervorhebung im Original).

Das Argument kann zu entkräften versucht werden, wenn man mit den Berechnungen nicht die impliziten Eigenkapitalkosten des jeweiligen Unternehmens zu erheben trachtet, sondern lediglich die Marktrisikoprämie oder die Einflußfaktoren auf die Eigenkapitalkosten. Im ersten Fall hat man freilich das Problem auf die Bestimmung der Gültigkeit des CAPM und des Betafaktors verschoben. Im zweiten Fall stellt sich die Frage, wie man mit Hilfe von Einflußfaktoren wie Branche, Größe o.ä. auf die konkreten Eigenkapitalkosten des betrachteten Unternehmens schließen kann[22]. Wenn BMW und Fiat in derselben Branche sind, haben sie dann identische Eigenkapitalkosten? Selbst wenn man stabile Beziehungen kennen würde zwischen Risikofaktoren und Eigenkapitalkosten, so wären die Eigenkapitalkosten nur dann durch Rückgriff auf die Risikofaktoren gut zu schätzen, wenn letztere einfacher zu schätzen wären als die Eigenkapitalkosten selbst.

Mit dem hier vorgetragenen Argument soll nicht behauptet werden, daß eine Bestimmung der Eigenkapitalkosten nach dem CAPM nach Fusionen oder Aufkäufen leichter geht. Soweit man sich hierbei historischer Daten bedient, die auf die Zukunft übertragen werden, hat man dieselben Probleme, was z.B. Daske / Gebhardt / Klein zu Recht anführen[23].

2. Empirische Aspekte

a) Modellspezifikationen

Um die impliziten Eigenkapitalkosten schätzen zu können, sind Modellspezifikationen im Hinblick auf die zu diskontierende Größe und auf die Fortschreibung der Analystenschätzungen nötig.

In der Literatur wird oft das Residualgewinnmodell favorisiert, weil es statistisch besser als das Modell der Dividendendiskontierung oder eine Form des Discounted Cash Flow Aktienkurse hat erklären können und Gewinnschätzungen schon länger als Schätzungen von Cash Flows oder Dividenden vorliegen[24].

---

[22] In diese Richtung argumentieren *Gebhardt / Lee / Swaminathan* (2001), S. 170.

[23] Vgl. *Daske / Gebhardt / Klein* (2004), S. 31 f.

[24] Vgl. zu beiden Argumenten *Daske / Gebhardt / Klein* (2004), S. 6 f. Hingegen zeigt *Schröder* (2004), daß man mit beiden Modellen empirisch gleich gute Ergebnisse erzielen kann, was wegen der logischen Äquivalenz nicht verwunderlich ist.

b) Prognosen von Gewinnen, Ausschüttungsquoten und Endwerten

Die Diskontierung zukünftiger Rechengrößen, seien es Dividenden oder Residualgewinne, mit einem risikoangepaßten Zinsfuß gibt nur Sinn, wenn diese Größen als Erwartungswerte verstanden werden dürfen. Das wurde in den Schreibweisen der Gleichungen (1) und (4) deutlich gemacht.

Bei den Schätzungen der künftigen Gewinne und Ausschüttungsquoten durch Finanzanalysten und andere Beteiligte wird der Aspekt der Bildung von Erwartungswerten üblicherweise nicht behandelt. Diese könnten anstelle von Erwartungswerten beispielsweise Modalwerte schätzen. Es ist unklar, ob dies geschieht und inwieweit es kritisch ist.

Die Gewinnprognosen stammen aus den I/B/E/S-Schätzungen von Thomson Financial. Betrachtet man die Schätzungen für deutsche Gesellschaften, so beziehen sich diese nicht auf den Gewinn nach HGB, US-GAAP oder IFRS, sondern auf das DVFA-Ergebnis[25]. Auch paßt Thomson Financial Worldscope die Eigenkapitalgrößen an, um sie international vergleichbar zu machen. Die materiellen Auswirkungen sind unklar: „We therefore have both to assume that analysts prepared their earnings forecasts according to the clean-surplus principle and that the Worldscope adjustments did not introduce any (further) violations when applying our residual-income based estimation framework.“[26]

Claus / Thomas stellen im Jahr 2001 für den deutschen wie den US-Markt eine Optimismus-Verzerrung der Gewinnschätzungen fest[27]. Healy / Palepu schreiben differenzierter: „There is also evidence of analyst bias in forecasting and making recommendations. Early evidence on bias indicated that analyst earnings forecasts tended to be optimistic, and that their recommendations were almost exclusively for buys (see Brown et al., 1985). However, recent evidence indicates a change in the pattern of analysts' earnings forecasts in the late 1990s. In this period there has been a marked decline in analyst optimism (see Brown, 1997; Matsumoto, 2000).“[28] Eine ausführliche Darstellung zu den – durchaus gemischten – empirischen Ergebnissen zur Treffsicherheit von Analystenschätzungen und zu deren Einflußfaktoren liefert Kothari[29]. Guay / Kothari / Shu finden in einer großzahligen Untersuchung der Jahre 1982 bis 2000 Anhaltspunkte dafür, daß Aktienkurse sich schneller an veränderte Informationen

---

[25] Vgl. *Daske / Gebhardt / Klein* (2004), S. 19.

[26] *Daske / Gebhardt / Klein* (2004), S. 19.

[27] Bei fünf ausländischen Märkten konstatieren sie: „We find that analysts' forecasts in these five markets exhibit an optimism bias, similar to that observed in the United States.“ *Claus / Thomas* (2001), S. 1647. Vgl. auch S. 1646: „... we believe the analysts forecasts we use, as well as the terminal growth assumptions we make, are optimistic.“

[28] *Healy / Palepu* (2001), S. 417.

[29] Vgl. *Kothari* (2001), S. 152 – 161.

anpassen als Analystenschätzungen, was systematische Verzerrungen der Schätzung der Eigenkapitalkosten hervorruft[30]: „If recent stock returns have been high, and if analysts' forecasts of future earnings are too low due to sluggish updates of the information that has been recently impounded in stock price, the imputed discount rate will be artificially low in order to maintain the pricing equation."[31] Sie schlagen daraufhin eine veränderte Schätzmethodik vor, um diesen Fehler zu beheben.

Etliche Modelle gehen von Wachstumsraten für Residualgewinne oder Dividenden in der zweiten oder dritten Phase aus. Soweit diese Raten von den jeweiligen Autoren geschätzt werden müssen[32], stellt sich das Problem von deren Überprüfung. Da die Prognosen nicht auf Wahrheit überprüft werden können, lassen sich nur Sensitivitätsanalysen vornehmen, um die Anfälligkeit der Ergebnisse gegen Parameteränderungen zu testen. Diese Sensitivitätsanalysen sind nicht stark verbreitet.

Botosan / Plumlee berechnen mit verschiedenen Modellen für die Jahre 1979 – 1993 durchschnittliche implizite Risikoprämien zwischen 1 % und 12,4 % und führen das in einigen Varianten auf „an optimistic bias in analysts' forecasts of future stock price"[33] zurück. Ihre Schlußfolgerung lautet: „Consequently, regardless of the approach used to estimate expected cost of equity capital, we recommend that conclusions regarding the magnitude of the risk premium be carefully made."[34] Ausführlicher sagen sie: „Our results indicate that when analysts' forecasts of terminal value are factored into the estimation of expected cost of equity capital, the resulting estimates are systematically overstated. On the other hand, when the need for a terminal value forecast is eliminated via a researcher imposed assumption regarding terminal value, the resulting estimates are systematically understated. Accordingly we believe that statements regarding the magnitude of expected cost of equity capital and/or implied risk premiums should be made cautiously."[35]

Man mag sich fragen, was man dann mit diesen Untersuchungen anfangen kann: Die übliche Antwort lautet, daß man die Einflußfaktoren auf die Risikoprämie erheben möchte. Damit hat man für die in der Problemstellung angesprochenen Anwendungsgebiete der Eigenkapitalkosten aber lediglich das Problem verschoben: Wie gelangt man mit der Kenntnis bezüglich der Einflußfaktoren auf die Risikoprämie, die u.a. in der Branche oder Größe gesehen werden,

---

[30] Vgl. *Guay / Kothari / Shu* (2003), S. 17 – 23.

[31] *Guay / Kothari / Shu* (2003), S. 18.

[32] Das ist nicht der Fall bei *Easton / Taylor / Shroff / Sougiannis* (2002).

[33] *Botosan / Plumlee* (2001), S. 3.

[34] *Botosan / Plumlee* (2001), S. 3.

[35] *Botosan / Plumlee* (2001), S. 22 f.

zu handhabbaren und (zugleich) begründeten Kapitalkostenschätzungen? Sind die Einflußfaktoren leichter zu schätzen als die Eigenkapitalkosten?

IV. Thesenförmige Zusammenfassung

1. Eigenkapitalkosten spielen in der Investitions- und Finanzierungsplanung, der Unternehmensbewertung, der Budgetierung und der Leistungsmessung eine prominente Rolle. Ihre numerische Bestimmung ist wichtig.

2. Aus der Kritik an der mehr oder minder unreflektierten Verwendung historisch gemessener Marktrisikoprämien und damit verbundener Eigenkapitalkosten nach dem CAPM hat sich die Literatur verstärkt der Ermittlung impliziter Eigenkapitalkosten aus Gewinnschätzungen und Aktienkursen zugewendet. Gesucht wird der interne Zinsfuß aus einer Zahlungsreihe, die durch Dividenden- oder Residualgewinnschätzungen auf Basis von I/B/E/S-Daten und Börsenkursen gewonnen wird.

3. Die prospektive Ausrichtung der Berechnung impliziter Eigenkapitalkosten überzeugt. Fraglich ist ihr konzeptioneller Wert: Für Investitionsplanungen können die Eigenkapitalkosten nur dann verwendet werden, wenn Investitionen in derselben Risikoklasse stattfinden, wie sie das Unternehmen vor Durchführung der Investition aufgewiesen hat.

4. Implizite Eigenkapitalkosten sind nur so gut wie das zugrundeliegende Modell und die zugrundeliegenden Daten. Soweit die Modelle Endwertschätzungen des Forschers benötigen, sind die Schätzungen der Eigenkapitalkosten nur begrenzt auf Marktdaten zurückzuführen.

5. Die den Berechnungen impliziter Eigenkapitalkosten zugrundeliegenden Gewinnschätzungen scheinen systematisch verzerrt zu sein und beeinträchtigen die Aussagekraft impliziter Eigenkapitalkosten, ohne daß sich das genaue Ausmaß feststellen läßt.

6. Wer die Börsenkapitalisierung dem Unternehmenswert gleichsetzt, übersieht theoretische Gründe für einen Paketzuschlag und empirische Daten, die ihn belegen.

7. Mit diesen Einwendungen ist keine Aufwertung des CAPM beabsichtigt. Man kann schon das CAPM mit der Berechnung impliziter Eigenkapitalkosten nicht ohne weiteres vergleichen, weil nach dem ersten Modell nur systematisches Risiko bepreist wird, während dem zweiten Ansatz auch unsystematisches Risiko zugrunde liegt. Es zeigt sich nur, daß die zuverlässige empirische Bestimmung von Eigenkapitalkosten nach wie vor einer Lösung harrt. Schnelle und überzeugende Lösungen sind auch mit der Berechnung impliziter Eigenkapitalkosten nicht zu erwarten.

Literaturverzeichnis

Baginski, Stephen P. / *Wahlen,* James M. (2003): Residual Income, Risk, and Share Prices; in: The Accounting Review; Vol. 78 (2003); S. 327 – 352.

Ballwieser, Wolfgang (2004): Unternehmensbewertung: Prozeß, Methoden und Probleme; Stuttgart 2004.

Botosan, Christine A. (1997): Disclosure Level and the Cost of Equity Capital; in: The Accounting Review; Vol. 72 (1997); S. 323 – 349.

Botosan, Christine A. / *Plumlee,* Marlene A. (2001): Estimating Expected Cost of Equity Capital: A Theory Based Approach; Working Paper; University of Utah 2001.

– (2002): A Re-examination of Disclosure Level and the Expected Cost of Equity Capital; in: Journal of Accounting Research; Vol. 40 (2002); S. 21 – 40.

Brigham, Eugene F. / *Shome,* Dilip K. / *Vinson,* Steve R. (1985): The Risk Premium Approach to Measuring a Utility's Cost of Equity; in: Financial Management; Vol. 14 (1985); S. 33 – 45.

Claus, James / *Thomas,* Jacob (1999): Measuring the Equity Premium Using Earnings Forecasts: An International Comparison; Working Paper; Columbia University; June 1999.

– (2001): Equity Premia as Low as Three Percent? Evidence from Analysts' Earnings Forecasts for Domestic and International Stock Markets; in: The Journal of Finance; Vol. 56 (2001); S. 1629 – 1666.

Daske, Holger (2004): Economic Benefits of Adopting IFRS or US-GAAP – Have the Expected Costs of Equity Capital really Decreased? Working Paper Series: Finance & Accounting: No. 131; Johann Wolfgang Goethe-Universität Frankfurt am Main 2004.

Daske, Holger / *Gebhardt,* Günther / *Klein,* Stefan (2004): Estimating the Expected Cost of Equity Capital Using Consensus Forecasts; Working Paper Series: Finance & Accounting: No. 124; Johann Wolfgang Goethe-Universität Frankfurt am Main 2004.

Easton, Peter D. (2004): PE Ratios, PEG Ratios, and Estimating the Implied Expected Rate of Return on Equity Capital; in: The Accounting Review; Vol. 79 (2004); S. 73 – 95.

Easton, Peter / *Taylor,* Gary / *Shroff,* Pervin / *Sougiannis,* Theodore (2002): Using Forecast of Earnings to Simultaneously Estimate Growth and the Rate of Return on Equity Investment; in: Journal of Accounting Research; Vol. 40 (2002); S. 657 – 676.

Gaughan, Patrick A. (2002): Mergers, Acquisitions, and Corporate Restructurings; 3. Auflage; New York u.a. 2002.

Gebhardt, William R. / *Lee,* Charles M. C. / *Swaminathan,* Bhaskaran (2001): Toward An Implied Cost of Capital; in: Journal of Accounting Research; Vol. 39 (2001); S. 135 – 176.

Gode, Dan / *Mohanram,* Partha (2002): Inferring the Cost of Capital Using the Ohlson-Juettner Model; Working Paper; University of New York 2002.

Gordon, Joseph R. / *Gordon,* Myron J. (1997): The Finite Horizon Expected Return Model; in: Financial Analysts Journal; Vol. 53 (1997); May/June; S. 52 – 61.

Guay, Wayne / *Kothari,* S. P. / *Shu,* Susan (2003): Properties of Implied Cost of Capital Using Analysts' Forecasts; Working Paper 4422-03; MIT Sloan School of Management; July 2003.

Hail, Luzi / *Leuz,* Christian (2003): International Differences in Cost of Capital: Do Legal Institutions and Securities Regulation Matter? Working Paper; The Wharton School, University of Pennsylvania; September 2003.

Healy, Paul M. / *Palepu,* Krishna G. (2001): Information Asymmetry, Corporate Disclosure, and the Capital Markets: A Review of the Empirical Disclosure Literature; in: Journal of Accounting and Economics; Vol. 31 (2001); S. 405 – 440.

Kothari, S. P. (2001): Capital Markets Research in Accounting; in: Journal of Accounting and Economics; Vol. 31 (2001); S. 105 – 231.

Lintner, John L. (1965): Security Prices, Risk, and Maximal Gains from Diversification; in: The Journal of Finance; Vol. 20 (1965); S. 587 – 615.

Malkiel, Burton G. (1979): The Capital Formation Problem in the United States; in: The Journal of Finance; Vol. 34 (1979); S. 291 – 306.

Mossin, Jan (1966): Equilibrium in a Capital Asset Market; Econometrica; Vol. 34 (1966); S. 768 – 783.

Schröder, David (2004): The Implied Equity Risk Premium – An Evaluation of Empirical Methods; Working Paper; Bonn Graduate School of Economics, University of Bonn; Januar 2004.

Sharpe, William F. (1964): Capital Asset Prices: A Theory of Market Equilibrium under Conditions of Risk; in: The Journal of Finance; Vol. 19 (1964); S. 425 – 442.

Siegel, Theodor (1972): Verfahren zur Minimierung der Einkommensteuer-Barwertsumme; in: Betriebswirtschaftliche Forschung und Praxis; 24. Jg. (1972); S. 65 – 80.

– (1975): Der kontroverse Kalkulationszinsfuß: Zur Klärung seiner Funktion und seiner Quantifizierung; Diskussionspapiere des Instituts für Wirtschaftswissenschaften der Technischen Universität Berlin: Nr. 17; 1975.

– (1983): Zinsfüße in der Unternehmensbewertung; Diskussionspapiere des Fachbereichs Wirtschaftswissenschaften der Universität Hannover: Serie A: Nr. 10; 1983.

– (1991): Das Risikoprofil als Alternative zur Berücksichtigung der Unsicherheit in der Unternehmensbewertung; in: Aktuelle Fragen der Finanzwirtschaft und der Unternehmensbesteuerung: Festschrift zum 70. Geburtstag von Erich Loitlsberger; Hrsg. Dieter Rückle; Wien 1991; S. 619 – 638.

– (1992): Methoden der Unsicherheitsberücksichtigung in der Unternehmensbewertung; in: Wirtschaftswissenschaftliches Studium; 21. Jg. (1992); S. 21 – 26.

– (1994): Unternehmensbewertung, Unsicherheit und Komplexitätsreduktion; in: Betriebswirtschaftliche Forschung und Praxis; 46. Jg. (1994); S. 457 – 476.

Stanke, Cornelia (2003): Entscheidungskonsequenzen der Rechnungslegung bei Unternehmenszusammenschlüssen; Frankfurt am Main 2003.

Stehle, Richard (2004): Die Festlegung der Risikoprämie von Aktien im Rahmen der Schätzung des Wertes von börsennotierten Kapitalgesellschaften; in: Die Wirtschaftsprüfung; 57. Jg. (2004); S. 906 – 927.

Europa nach vorn – hin zum integrierten europäischen Kapitalmarkt und global konsistenten Grundsätzen zur Finanzberichterstattung und Abschlussprüfung

*Von Wolfgang Wagner**

I. Konsistente Finanzberichterstattung als Eckpfeiler wettbewerbsfähiger Kapitalmärkte

Die meisten großen Unternehmen, aber auch viele mittelständisch und eigentümergeführte Unternehmen, arbeiten heute im Rahmen von grenzüberschreitenden Geschäftsmodellen und Unternehmensstrukturen. Im Zuge dieser zunehmenden europäischen und globalen wirtschaftlichen Verflechtung sind konsistente und zukunftsweisende Rahmenbedingungen in der Wirtschaftsregion Europa eine notwendige Voraussetzung für eine nachhaltige, erfolgreiche wirtschaftliche Zukunft Europas und seiner Unternehmen in der globalen Wirtschaft. Bereits bei der Gründung der heutigen Europäischen Union (EU) war die Schaffung möglichst konsistent ausgestalteter Rahmenbedingungen auf den Gütermärkten eines der Kernziele. Deshalb sind die europäischen Regierungen auf diesem Gebiet schon seit langem mit dem Ziel der Liberalisierung und Harmonisierung tätig.

Um im Wettbewerb mit anderen Wirtschaftsregionen wie z.B. den Vereinigten Staaten erfolgreich zu sein, ist aber auch eine Harmonisierung auf anderen Märkten, z.B. dem Arbeits- und den Kapitalmarkt, erforderlich. Dieser Beitrag beschäftigt sich mit wichtigen Aspekten und Initiativen für die Kapitalmarktteilnehmer und die Wirtschaftsprüfung:

- Der Verbesserung und Harmonisierung der Corporate Governance sowie der Jahresabschlussprüfung.
- Der Weiterentwicklung der Finanzberichterstattung hin zu globalen Standards.

Die konsistente und verlässliche Finanzberichterstattung ist ein Eckpfeiler funktionstüchtiger, wettbewerbsfähiger Kapitalmärkte. Deren Bedeutung nimmt

---

* Besonderer Dank gilt Frau Kristina Jahn, PricewaterhouseCoopers, die an der Erstellung des Beitrages maßgeblich mitgewirkt hat.

weltweit immer weiter zu. So ist seit Beginn der 90er Jahre die Marktkapitalisierung gemessen am Anteil des BIP in Europa und den USA – trotz starker Schwankungen – deutlich gewachsen (vgl. Abbildung 1).

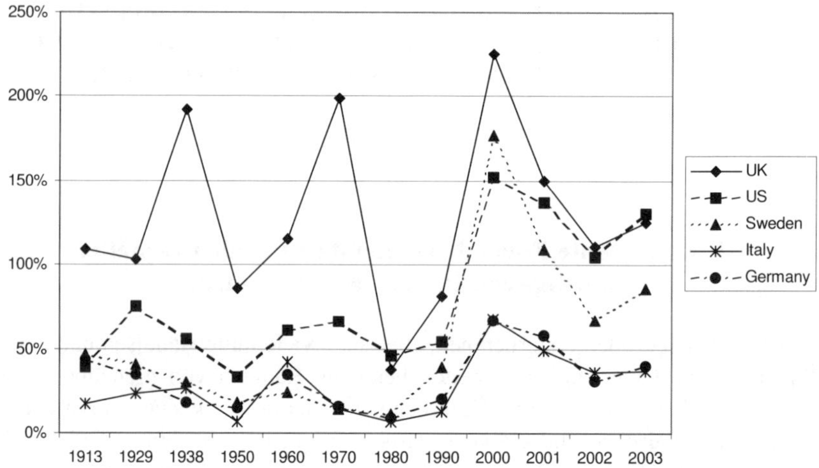

Abbildung 1: Marktkapitalisierung als Prozentsatz des BIP[1]

Dabei liegt die Marktkapitalisierung aller an europäischen Börsen notierten Gesellschaften insgesamt nur bei rund der Hälfte des US-amerikanischen Niveaus (vgl. Abbildung 2).

Um einen liquideren Kapitalmarkt in Europa zu schaffen und damit die Wettbewerbsfähigkeit Europas zu stärken, bestehen seit längerem Bestrebungen zur Harmonisierung und Integration der europäischen Kapitalmärkte. Diese erfuhren durch die Entwicklungen im Jahr 2000 noch eine deutliche Beschleunigung.

II. Internationale Anstrengungen zur Verbesserung und Harmonisierung der Finanzberichterstattung und Abschlussprüfung

Das 21. Jahrhundert hatte – was Finanzberichterstattung der Unternehmen angeht – einen für viele Kapitalmarktteilnehmer beunruhigenden Start. Das

[1] Vgl. *Rajan / Zingales* (2003), S. 15, sowie www.world-exchanges.de und Thomson Financial Datastream.

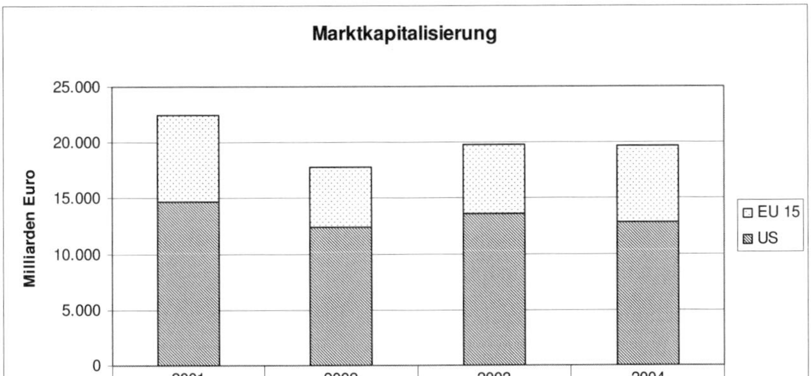

	2001	2002	2003	2004
EU 15	7.690	5.341	6.231	6.797
US	14.726	12.416	13.594	12.875

Abbildung 2: Marktkapitalisierung in der EU und den USA 2001 bis 2004[2]

Platzen der Internet-„Blase“ legte offen, dass viele Unternehmensgründungen der „New Economy“ nicht auf soliden Geschäftsmodellen aufbauten und am Aktienmarkt überbewertet waren. Es folgten zuerst in den USA und später auch in Europa eine Reihe von Firmen- und Bilanzskandalen. Skandale, die grundlegende Fragen hinsichtlich der Qualität der Finanzberichterstattung und der Kompetenz und Integrität von Vorständen sowie von Investmentbanken und Fragen zu Gegenstand und Qualität der Wirtschaftsprüfung aufwarfen.

Neben den finanziellen Einbußen der Shareholder brachte diese Entwicklung auch für andere Stakeholder, insbesondere in den USA, einschneidende Konsequenzen und Veränderungen mit sich, die auf die Verbesserung der Kapitalmarktrahmenbedingungen abzielen, um z.B. Interessenkonflikte bei Investmentbanken zwischen Analysten und der Verkaufsseite zu vermeiden.

Als Resonanz auf offensichtliche Missstände gab es eine große Menge z.T. hektischer Aktivitäten mit vielen Studien, Berichten, Kommissionen, neuen Regelungen und neuer Gesetzgebung. Da der US-Kapitalmarkt als erster und am dramatischsten von den Unternehmenszusammenbrüchen betroffen war, kamen aus den USA auch am schnellsten weitreichende Maßnahmen:

Im Bereich der Finanzberichterstattung und der Jahresabschlussprüfung wurde in den USA im Juli 2002 das nach seinen Verfassern, dem Senator Paul Sarbanes und dem Abgeordneten Michael Oxley, benannte Sarbanes-Oxley-Gesetz

---

2 Vgl. www.world-exchanges.de und Thomson Financial Datastream.

zur Verschärfung der Kontrollmaßnahmen gegen Falschbilanzierungen erlassen. Das Gesetz gilt für inländische und ausländische Unternehmen, die an US-Börsen notiert sind. Schlüsselinhalte des Gesetzes umfassen u.a.:

- Die Schaffung einer Aufsichtsbehörde, des Public Company Accounting Oversight Board (PCAOB), mit der Aufgabe, Prüfungsfirmen zu registrieren und zu kontrollieren sowie Standards festzulegen.
- Erweiterte Offenlegungspflichten der Gesellschaften (z.B. über das interne Kontrollsystem und Risikomanagement).
- Die Verpflichtung zu einer persönlichen Erklärung des Managements zur Aufstellung und Hinterlegung des Financial Reports bei der SEC („Bilanz-Eid").
- Die Einrichtung von Prüfungsausschüssen (Audit Committees): In allen SEC-registrierten Unternehmen sind Audit Committees einzurichten, die u.a. direkt für die Bestellung, Vergütung, Berichtsabnahme und Überwachung des Abschlussprüfers zuständig sind.
- Individualhaftung von Vorstandsmitgliedern (insbesondere CEO, CFO und Mitglieder des Audit Committee): Betrugsversuche werden mit einer Geld- oder Gefängnisstrafe von bis zu 20 Jahren bestraft.
- Regelungen zur Stärkung der Unabhängigkeit der Abschlussprüfer: Steuerberatung und andere Beratungstätigkeiten durch den Abschlussprüfer bleiben – bis auf definierte Ausnahmen in ganz speziellen Bereichen – grundsätzlich zulässig. Zur Verbesserung der Transparenz müssen sie aber vorab durch das Audit Committee genehmigt werden. Bestimmte Dienstleistungsarten wie die Mitwirkung an der Buchführung, die Implementierung von Finanzinformationssystemen und die Erbringung von Bewertungsleistungen und Sacheinlagenprüfungen, die aus Sicht des US-Gesetzgebers die Unabhängigkeit des Abschlussprüfers wegen der Gefahr der Selbstprüfung beeinträchtigen können, dürfen hingegen nicht mehr vom Abschlussprüfer erbracht werden.
- Regelungen zur internen Rotation des Prüfers: Nach spätestens fünf Jahren muss ein Wechsel des Prüfungspartners stattfinden.

Allgemein wird erwartet, dass dieses Gesetz die Qualität der Finanzberichterstattung und der internen Firmenkontrollsysteme verbessern wird. Allerdings bergen die Regelungen des Sarbanes-Oxley-Act nachhaltiges Konfliktpotential, sofern sie in andere Rechtssysteme hineinreichen: sie wirken extraterritorial, weil sie auch für alle ausländischen Tochtergesellschaften der US-Muttergesellschaften und insbesondere auch für alle an US-Börsen notierten Gesellschaften mit Sitz außerhalb der USA samt deren Tochterunternehmen und deren Abschlussprüfer gelten. Insbesondere für die letztgenannte Gruppe von Unternehmen tritt durch die Börsennotierung in den USA eine signifikante Doppelregulierung ein. Dabei prallen in Europa die im Vergleich zu den USA unterschiedlichen und z.T. nicht kompatiblen Rechtssysteme aufeinander. Schwierigkeiten resultieren insbesondere aus den Unterschieden zwischen dem aus vielen detaillierten Einzelregelungen bestehenden US-Regelwerk (rules based system) und der auf Grundsätzen aufbauenden, prinzipienbasierten europäischen Regulierung (principles based approach).

Für die Abschlussprüfer wurde der prinzipienbasierte Ansatz der EU noch vor dem Sarbanes-Oxley-Gesetz in der EU-Empfehlung zur Unabhängigkeit der Abschlussprüfer vom 16.05.2002 zusammengefasst. Nach diesen Grundsätzen hat ein Wirtschaftprüfer zunächst eigenverantwortlich zu überprüfen, ob Gefahren oder Risiken für seine Unabhängigkeit bestehen und wie ihnen entgegengewirkt werden kann. Um als unabhängig wahrgenommen zu werden, soll er Schutzmaßnahmen ergreifen, die seine Unabhängigkeit gefährdende Faktoren (z.B. die Gefahr der sog. Selbstprüfung) ausschalten.[3]

Inzwischen werden von vielen an US-Börsen notierten europäischen Unternehmen zunehmend Bedenken hinsichtlich der Kosten zur Umsetzung und Einhaltung der US-Regulierung laut. Dies hat zu Bestrebungen verschiedener europäischer Konzerne geführt, sich vom US-Kapitalmarkt zurückzuziehen. Einige Schätzungen gehen davon aus, dass mindestens die Hälfte der dreizehn DAX-30 Unternehmen, die in New York gelistet sind, ein Delisting vom US-Kapitalmarkt anstrebt.[4] Als Gründe für ihre Bestrebungen nennen einige europäische Unternehmen neben den Kosten und den Problemen, die sich aus der als Überregulierung wahrgenommenen Situation ergeben, die Tatsache, dass der Nutzen für ein Listing in den USA nicht mehr gegeben sei, da die europäischen Kapitalmärkte stärker geworden seien.[5]

Damit einher geht die Sorge, dass es nachhaltig weniger Börsengänge geben könnte, so dass der Kapitalbildungsprozess geschädigt würde. Als Reaktion darauf hat die SEC angekündigt, europäischen Unternehmen mehr Zeit dafür zu geben, bestimmte Elemente der neuen Corporate Governance-Gesetzgebung einzuführen. Ab dem 15. Juli diesen Jahres müssen Unternehmen die Effektivität ihrer internen Kontrollsysteme im Jahresabschluss dokumentieren. Es wird davon ausgegangen, dass diese Regelung für europäische Unternehmen erst vier bis fünf Monate später in Kraft tritt.

Auf den Druck der Unternehmen und der Regierungen der EU-Mitgliedstaaten hin plant die SEC nach ihren jüngsten Verlautbarungen offenbar außerdem, den Deregistrierungsprozess für Nicht-US-Unternehmen zu vereinfachen. Diese Ankündigung ist im Zusammenhang mit der Tatsache zu sehen, dass Unterneh-

---

[3] Vgl. *Ferlings / Lanfermann* (2002), S. 2117.

[4] Vgl. *Jopson / Atkins* (2005), S. 22.

[5] Vgl. o.V. (2004).

men mit mehr als 300 US-Anteilseignern selbst nach einem Delisting von den amerikanischen Börsen die SEC-Regularien einhalten müssen. Unter den Unternehmen wird u.a. der Vorschlag diskutiert, ein Delisting zu vereinfachen, wenn das Handelsvolumen unter die Schwelle von 5 % fällt.[6]

Ebenfalls hinterfragen europäische Unternehmen kritisch, ob sie neben der dualen Regulierung durch den Sarbanes-Oxley-Act und die lokalen Vorschriften zur Corporate Governance auch nach der Umstellung auf International Financial Reporting Standards (IFRS) eine duale Rechnungslegung nach US Generally Accepted Accounting Principles (US-GAAP) und IFRS vorlegen müssen.

Der International Accounting Standards Board (IASB) und der Financial Accounting Standards Board (FASB) sind zur Zeit mit der Erstellung gemeinsamer Standards beschäftigt, welche sich auf die jeweils besten Aspekte der IFRS und US-GAAP stützen. Trotz nicht unerheblicher Schwierigkeiten, die u.a. in dem natürlichen Spannungsverhältnis zwischen dem prinzipienbasierten System der IFRS und den regelbasierten US-GAAP begründet sind, schreiten diese Bestrebungen fort. Hierzu empfiehlt die SEC in einer am 25.07.2003 veröffentlichten Studie dem FASB den Übergang zu zielorientierten Rechnungslegungsstandards („objectives-oriented accounting"). Dieser Ansatz, der zuvor unter der Bezeichnung „principles-based accounting" diskutiert worden war, stellt die Entwicklung eines verbesserten und konsistenten Rahmenkonzeptes (conceptual framework) in den Mittelpunkt. Einzelregeln sollen klar definierte Ziele sowie operationale Vorgaben zu deren Erreichung enthalten. In künftigen Standards soll außerdem die Verwendung von eng definierten, quantitativen Vorschriften („bright lines") vermieden werden, da diese eine Umgehung erleichtern würden. Generell soll die Verwendung von Ausnahmen reduziert werden.

Trotz der skeptischen Haltung vieler US-amerikanischer Unternehmen gegenüber einem derartigen Ansatz, werden für die nahe Zukunft weitreichende Vorschläge zur Vereinfachung und Erleichterung der Rechnungslegungsstandards erwartet.[7]

Während die meisten der vorgeschlagenen Lösungen im Bereich der Finanzberichterstattung und Wirtschaftsprüfung bisher länderspezifisch waren, liegt der Schwerpunkt nunmehr also auf internationalen Kooperationen zur Entwicklung konsistenter Standards, um wirklich starke regionale und globale Kapitalmärkte zu schaffen.

---

[6] Vgl. o.V. (2004).

[7] Vgl. *Parker* (2005).

III. Integration der europäischen Kapitalmärkte – der Aktionsplan für Finanzdienstleistungen als Teil der EU-Strategie

Als Reaktion auf die Bilanzskandale und den Einbruch der Kapitalmärkte folgten auch in Europa eine Reihe z.T. hektischer Reaktionen im Sinne eines Wettlaufes der nationalen Regulierer und Gesetzgeber um die schnellste und manchmal stringenteste Maßnahme und wichen – insbesondere was die Abschlussprüfung angeht – z.T. signifikant von den Empfehlungen der EU zur Verbesserung der Unabhängigkeit der Abschlussprüfer ab. Durch diese kurzfristigen Aktivitäten der Gesetzgeber und Regulierer in den USA und in vielen europäischen Staaten ist die an sich schon höchst anspruchsvolle Aufgabe, die Spielregeln an den Kapitalmärkten zu harmonisieren, noch komplexer geworden. Zudem erfolgten diese Aktivitäten parallel zu einer längerfristig angelegten strategischen Initiative der EU, die auf die nachhaltige Verbesserung der Wettbewerbsposition der EU und der in ihr beheimateten Unternehmen abzielt: dem Financial Services Action Plan.

Ziel des mit einer längerfristigen Perspektive angelegten Aktionsplans für Finanzdienstleistungen der EU von 1999 ist es, die wichtigsten gesetzgebenden Elemente, die für die Rahmbedingungen eines prosperierenden gemeinsamen europäischen Kapitalmarktes benötigt werden, bis 2005 zu etablieren. Hierzu sind in den letzten fünf Jahren eine Fülle von Richtlinien und Gesetzesvorhaben in verschiedenen kapitalmarktrelevanten Bereichen erlassen und in nationales Recht transformiert worden.

Diese Maßnahmen sind eingebettet in den größeren Kontext der Lissabon-Strategie der EU, nach der die EU bis 2010 „zum wettbewerbsfähigsten und dynamischsten wissensbasierten Wirtschaftsraum der Welt“ werden soll, ein Wirtschaftsraum, „der fähig ist, ein dauerhaftes Wirtschaftswachstum und einen dauerhafteren Zusammenhalt zu erzielen“ und der „gleichzeitig dem Umweltschutz verpflichtet ist“[8]. Bisher ist die Umsetzungsbilanz jedoch mangelhaft, und die folgenden Maßnahmen werden laut den Empfehlungen einer hochrangigen Sachverständigengruppe als dringend erforderlich angesehen:[9]

- *Wissensgesellschaft* – Europas Attraktivität für Forscher und Wissenschaftler sollte erhöht, Forschung und Entwicklung zu einer absoluten Priorität gemacht und der Einsatz von Informations- und Kommunikationstechnologien gefördert werden.
- *Wirtschaftsklima* – Die administrative Belastung sollte insgesamt reduziert, die Qualität der Rechtsvorschriften verbessert, die Abwicklung von Unter-

---

[8] Vgl. Sachverständigengruppe (2004), S. 6 f.

[9] Vgl. Sachverständigengruppe (2004), S. 6 f. Die Darstellung erfolgt in enger Anlehnung an die Formulierung der Sachverständigengruppe.

nehmensneugründungen beschleunigt und ein unternehmensfreundliches Umfeld geschaffen werden.

- *Arbeitsmarkt* – Die Empfehlungen der europäischen Task-Force „Beschäftigung" sollten rasch umgesetzt, Strategien für lebenslanges Lernen und aktives Altern entwickelt und Partnerschaften für Wachstum und Beschäftigung unterstützt werden.
- *Ökologische Nachhaltigkeit* – Ökologische Innovationen sollten entwickelt und verbreitet werden, und Europa sollte eine Führungsrolle in der Ökoindustrie übernehmen und Politiken implementieren, die langfristige, nachhaltige Produktivitätssteigerungen im Sinne einer höheren Ökoeffizienz ermöglichen.

Und schließlich:

- *Binnenmarkt* – Der Binnenmarkt für den freien Waren- und Kapitalverkehr sollte schnellstmöglich vollendet werden, und die EU sollte unverzüglich tätig werden, um einen Binnenmarkt für Dienstleistungen zu schaffen.

Zur Beschleunigung der Umsetzung des Prozesses wird die Lissabon-Strategie derzeit überarbeitet. Dabei ist zu erwarten, dass die Kernziele hinsichtlich des europäischen Kapitalmarktes und die wirtschaftlichen Ziele der Lissabon-Agenda voll bestätigt werden und auf eine rasche Umsetzung gedrängt wird. Laut einer Studie von PricewaterhouseCoopers (PwC) in Zusammenarbeit mit dem Forschungsinstitut London Economics wird die Schaffung eines einheitlichen europäischen Kapitalmarktes zu einem verstärkten Wettbewerb zwischen den Börsen und zwischen Finanzintermediären führen und damit zu geringeren Transaktionskosten und innovativen Produkten[10] (vgl. Abbildung 3). Ferner erwartet die Studie aufgrund von Größenvorteilen geringere Kosten, wodurch verbesserte Marktinfrastrukturen bereitgestellt werden können. Außerdem ist mit stärkerer Konkurrenz für Banken durch die Finanzmärkte zu rechnen, was zu erleichtertem Zugang zu Krediten und geringeren Darlehenzinssätzen führen kann. Die Studie rechnet darüber hinaus mit einer verbesserten Preistransparenz, einer größeren Markttiefe und einem geringeren Liquiditätsrisiko. Und schließlich ermöglichen größere Märkte für Risikokapital eine bessere Risikodiversifizierung und dadurch geringere Risikozinssätze.

Zusammenfassend ergibt sich aus den oben genannten Aspekten, dass die Integration der Finanzmärkte in Europa die Kapitalkosten um 0,2 % senken, das Wirtschaftswachstum (BIP) um 0,6 %[11] steigern und die Wettbewerbsfähigkeit auf den globalen Kapitalmärkten erhöhen wird[12]. Außerdem prognostiziert die

---

[10] London Economics / PwC (2002), S. 8 f.

[11] Annahme: konstante Preise.

[12] Vgl. London Economics / PwC (2002), S. V.

Studie, dass die Beschäftigung um 0,2 % wachsen, die Investitionen um 3 % zunehmen und der private Verbrauch ebenfalls um 0,4 %[13] steigen wird.

Solchermaßen harmonisierte Rahmenbedingungen werden somit auch die Integration und Konvergenz der örtlichen/territorialen Kapitalmärkte in Europa zu einem mit dem US-amerikanischen vergleichbaren, großen regionalen europäischen Kapitalmarkt vorantreiben. Zusammenschlüsse und Übernahmen verschiedener Börsen in EU-Ländern markieren diesen Trend.

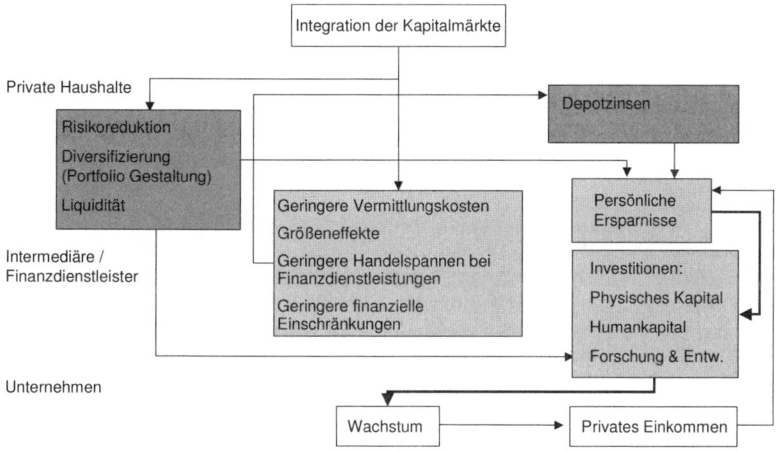

Abbildung 3: Auswirkungen der Finanzmarktintegration[14]

Diese Erwartung wird genährt durch den weitgehend abgeschlossenen Aktionsplan für Finanzdienstleistungen der EU-Kommission. Dieser deckt alle wichtigen Aspekte der Kapitalmarktaktivitäten ab: Aktienangebote, Finanzberichterstattung, Unternehmensführung, Fusion und Übernahme sowie Regulierung. Sobald alle diese Maßnahmen implementiert worden sind, werden die durch die Europäische Kommission festgelegten Anforderungen die regulative Landschaft der EU maßgeblich verändern.[15]

Der Aktionsplan hat drei strategische Ziele: die Schaffung eines gemeinsamen gesamteuropäischen EU-Kapitalmarktes, offene und sichere Handelsmärkte und ein neues, umfassendes Regelwerk und Aufsichtssystem. Um bei der Ent-

---

[13] Annahme: konstante Preise.

[14] London Economics / PwC (2002), S. 7.

[15] Vgl. PwC (2005), S. 2.

wicklung eines gemeinsamen Kapitalmarktes zu helfen, hat die Europäische Kommission eine neue Institution – das „Committee of European Securities Regulators (CESR)" – gegründet, das die Europäische Kommission beraten und Regelungen und Anleitungen herausbringen soll, die die nationalen Wertpapieraufsichtsbehörden dann in ihrem jeweiligen Mitgliedstaat implementieren können. Der CESR wird künftig eine wichtige Rolle bei der konsistenten Umsetzung von EU-Maßnahmen auf Mitgliedstaatenebene, aber auch in der internationalen Abstimmung und Koordination mit der SEC, der US-Börsenaufsicht, spielen.

Im Rahmen des Aktionsplans hat die Europäische Kommission auch das Zieldatum 2005 festgelegt, bis zu dem alle EU-Aktiengesellschaften, die in den EU-geregelten Märkten gelistet sind, ihre ersten konsolidierten IFRS-Abschlüsse erstellen müssen. Dies stellt einen großen Fortschritt für die Messbarkeit und den internationalen Vergleich der finanziellen Leistungen von europäischen Unternehmen dar.

Bei der Umstellung auf die IFRS zeichnet sich laut einer aktuellen Befragung von PwC unter 266 europäischen Konzernen jedoch ein deutlicher Unterschied zwischen großen Unternehmen und den Mid-Caps ab[16]: 83 % der Konzerne mit einer Marktkapitalisierung von mehr als zehn Milliarden € haben ihre Projekte zur Umstellung auf IFRS aufgesetzt und 44 % von ihnen sind überzeugt, dass alle notwendigen Ressourcen zur Verfügung stehen, um noch fristgerecht umzustellen. Dagegen hat nur etwas mehr als ein Drittel (35 %) der Unternehmen mit einer Marktkapitalisierung von weniger als einer halben Milliarde € die Vorkehrungen zur Umstellung auf IFRS abgeschlossen; lediglich 15 % sind zuversichtlich, alle notwendigen Ressourcen für eine pünktliche Umstellung rechtzeitig beschaffen zu können.

Die Diskrepanz zwischen den großen Gesellschaften und Mid-Caps deutet darauf hin, dass die Umstellung auf IFRS doch schwieriger ist, als viele angenommen hatten, insbesondere vor dem Hintergrund mangelnder Ressourcen.

Eine weitere wichtige Initiative der Europäischen Kommission in diesem Zusammenhang ist der Entwurf für eine Modernisierung der 8. EU-Richtlinie („8th Company Law Directive"), sog. Abschlussprüferrichtlinie vom 16.03.2004, der u.a. auf eine Verbesserung der Jahresabschlussprüfung zielt und die jetzige EU-Gesetzgebung ersetzen und erweitern wird. Die derzeit geltende 8. EU-Richtlinie, die im April 1984 verabschiedet wurde und die vor allem die Zulassung der mit der Pflichtprüfung beauftragten Personen regelt, soll in eine umfassende, prinzipienorientierte Richtlinie fortentwickelt werden. Der Richtlinienentwurf enthält erstmals auch Regelungen zur Durchführung der Prüfung, zur Kommunikation des Abschlussprüfers mit dem zu prüfenden Unternehmen und

[16] Vgl. PwC (2004), S. 15 ff.

zu den Strukturen, die nach Auffassung der EU-Kommission erforderlich sind, um die Prüfungsqualität und das Vertrauen in die Abschlussprüfung zu gewährleisten.[17]

Die Richtlinie, deren Verabschiedung im Jahr 2005 erwartet wird, enthält in der vorliegenden Entwurfsfassung u.a. folgende Aspekte:

Prinzipien und Regeln zur Sicherstellung der Unabhängigkeit der Wirtschaftsprüfer: Der Richtlinienentwurf verankert hier die Grundprinzipien einschließlich des prinzipienorientierten sog. „threats and safeguards-approach", die schon in der Empfehlung zur Unabhängigkeit des Abschlussprüfers vom Juli 2002[18] enthalten waren. Abschlussprüfer und Prüfungsgesellschaften müssen „bei der Durchführung einer Abschlussprüfung von dem geprüften Unternehmen unabhängig"[19] sein und dürfen „in keiner Weise an Entscheidungen der Unternehmensleitung beteiligt"[20] sein. Abschlussprüfer oder Prüfungsgesellschaften sollten ferner „von der Durchführung einer Abschlussprüfung absehen, wenn zwischen ihnen und dem geprüften Unternehmen eine finanzielle oder geschäftliche Beziehung, ein Beschäftigungsverhältnis oder eine sonstige Verbindung – wozu auch die Erbringung zusätzlicher Leistungen zählt – besteht, die ihre Unabhängigkeit gefährden könnte."[21]

Es ist zu begrüßen, dass die EU-Kommission mit diesem von Prinzipien geprägten Ansatz davon abgesehen hat, den einzelfallorientierten Ansatz des Sarbanes-Oxley-Act in europäisches Recht zu übernehmen.[22]

Für Abschlussprüfer von Unternehmen des öffentlichen Interesses („Public Interest Entities – PIE", dabei handelt es sich insbesondere um börsennotierte Unternehmen) sieht der Richtlinienentwurf darüber hinaus erweiterte Unabhängigkeitsanforderungen vor. So muss der für die Abschlussprüfung federführend zuständige Mitarbeiter bzw. Partner der Prüfungsgesellschaft nach höchstens fünf Jahren von diesem Mandat abgezogen werden (interne Rotation). Die Mitgliedstaaten können aber alternativ auch vorschreiben, dass die beauftragte Prüfungsgesellschaft nach maximal sieben Jahren ausgewechselt wird (externe Rotation). Die Verpflichtung zur internen Rotation ist zu begrüßen und wird z.T. bereits seit einiger Zeit praktiziert. Andererseits zeigen unabhängige Studien, dass mit der externen Rotation, wie sie z.B. in Italien seit längerem gesetzlich vorgeschrieben ist, Gefahren für die Qualität der Abschlussprüfung, insbeson-

---

[17] Vgl. Kommission der Europäischen Gemeinschaften (2004), S. 3, sowie: *Klein / Tielmann* (2004), S. 501.

[18] Vgl. Kommission der Europäischen Gemeinschaften (2002).

[19] Vgl. Kommission der Europäischen Gemeinschaften (2004), S. 24.

[20] Vgl. Kommission der Europäischen Gemeinschaften (2004), S. 24.

[21] Vgl. Kommission der Europäischen Gemeinschaften (2004), S. 24.

[22] Vgl. auch *Klein / Tielmann* (2004), S. 504.

dere in den ersten Jahren nach einem solchen Wechsel verbunden sind: Die für eine verlässliche Abschlussprüfung notwendigen Kenntnisse über das zu prüfende Unternehmen (Prozesse, Systeme, wirtschaftliches Umfeld etc.) bauen sich gerade bei großen und international agierenden Unternehmensgruppen in aller Regel kontinuierlich über einige Jahre hinweg auf und stehen naturgemäß nicht ad hoc zur Verfügung.

Der Vorschlag sieht ferner Prinzipien zur Ausgestaltung des Systems der externen Qualitätssicherung und zur öffentlichen Aufsicht über den Berufsstand der Wirtschaftsprüfer (public oversight) vor. In diesem Zusammenhang stehen auch Verfahrensweisen für die Ernennung und Entlassung der mit der gesetzlichen Abschlussprüfung beauftragten Personen und disziplinarische Sanktionen.

Im internationalen Bereich enthält die Richtlinie außerdem Regelungen zur Zusammenarbeit der Berufsaufsichtsstellen sowohl innerhalb der EU als auch mit Berufsaufsichtsstellen in Drittstaaten, wie beispielsweise dem Public Company Accounting Oversight Board (PCAOB) in den USA.

Darüber hinaus verlangt die Richtlinie von Prüfungsgesellschaften, die Unternehmen des öffentlichen Interesses prüfen, die jährliche Veröffentlichung eines Transparenzberichts, der Einblick in die Organisation und Arbeitsweise der Prüfungsgesellschaft und ihres Netzwerkes geben soll und der u.a. eine Beschreibung des internen Qualitätskontrollsystems der Prüfungsgesellschaft und dessen Wirksamkeit enthält.

Nach dem Richtlinienentwurf müssen alle Prüfer außerdem künftig an Berufsgrundsätze gebunden sein, die u.a. die globale Verantwortung des Prüfers gegenüber der Öffentlichkeit und seine Integrität zum Gegenstand haben. Die Grundlage dafür soll der IFAC Code of Ethics bilden.

Die Richtlinie schreibt außerdem die Beachtung internationaler Prüfungsstandards (International Standards on Auditing – ISA) bei allen Abschlussprüfungen vor. Allerdings sollen die ISA nicht direkt, sondern erst dann zur Anwendung innerhalb der EU gelangen, wenn sie einen Anerkennungsmechanismus durchlaufen haben.

Für Unternehmen des öffentlichen Interesses sieht der Vorschlag ferner die Pflicht zur Einrichtung von Prüfungsausschüssen (Audit Committees) vor, um den Rechnungslegungsprozess und die Abschlussprüfung und den Prüfer näher in die Unternehmensüberwachung durch den Aufsichtsrat einzubeziehen. Dies wird die Zusammenarbeit zwischen Aufsichtsgremium und Abschlussprüfer verbessern und die Stellung des Abschlussprüfers stärken.

Und schließlich eröffnet die 8. EU-Richtlinie, verbunden mit der erleichterten wechselseitigen Anerkennung der Wirtschaftsprüfer in den EU-Mitgliedstaaten, die Möglichkeit zu einer grenzüberschreitenden Anteilseignerschaft an Wirtschaftsprüfungsgesellschaften, um eine bessere Übereinstimmung mit den

Binnenmarktvorschriften zu gewährleisten und die Entstehung von europäischen Prüfungsgesellschaften erleichtern.

Insgesamt ist das Konzept der überarbeiteten 8. EU-Richtlinie zu begrüßen, wenngleich zu Einzelfragen noch Klärungs- und Verbesserungsbedarf besteht. Sie kann einen wichtigen Beitrag hin zu einer besseren Corporate Governance in Europa und damit einem wettbewerbsfähigen, harmonisierten und integrierten europäischen Kapitalmarkt leisten.

Zügige Fortschritte hinsichtlich dieser Prioritäten der Europäischen Kommission werden auch entscheidend sein für den Dialog zwischen der EU und den USA über Regulierungsfragen zur Abschlussprüfung. Ein solcher verbindlicher regulatorischer Rahmen zur Abschlussprüfung in der EU sollte den Standards, die zur Zeit vom PCAOB entwickelt werden, qualitativ in jeder Hinsicht entsprechen oder sie sogar übertreffen und somit eine solide Grundlage für die Schaffung leistungsfähiger und kompatibler globaler Kapitalmärkte bilden.

IV. Ein weiterer Schritt nach vorn: Das Drei-Ebenen-Modell der transparenten Unternehmensberichterstattung

Während die oben beschriebenen Bemühungen unbedingt notwendig sind, um erfolgversprechende Rahmenbedingungen für die Kapitalmärkte zu setzen und insbesondere die Finanzberichterstattung zu harmonisieren und zu verbessern, sind diese allein nicht ausreichend, um eine optimale Lösung zu gewährleisten. Wenn wir einen Blick nach vorne wagen, wird deutlich, dass die Unternehmen die Anstrengungen des öffentlichen Sektors ergänzen sollten, indem sie zur Optimierung der Berichterstattung und Information ihre eigenen Anregungen einbringen, entwickeln und umsetzen. Wenn wir von dem Privatsektor sprechen, meinen wir alle Mitglieder der Finanzberichterstattungskette, wie in Abbildung 4 dargestellt. Diese besteht aus Kapitalnutzern (d.h. Unternehmen), Kapitalgebern (d.h. Investoren) sowie einer großen Vielfalt von Marktteilnehmern, die eine Bearbeitung und Analyse der Informationen anbieten, die von den Kapitalnutzern an die Kapitalgeber weitergegeben werden.

Aber was genau erwarten wir von den Unternehmen? Welchen Beitrag können die Unternehmen besser leisten als der öffentliche Sektor? Und wie kann dieser Beitrag die unverzichtbare Rolle des öffentlichen Sektors am besten ergänzen?

Das Drei-Stufen-Modell der Konzerntransparenz (Abbildung 5) stellt einen Rahmen dar, um diese Fragen beantworten zu können. Die Basis, Stufe Eins, in diesem Modell sind global einheitliche Rechnungslegungsstandards, die sog. „Global GAAP" – abgekürzt für „Global Generally Accepted Accounting Principles". Niemand stellt in Frage, dass eine genaue und rechtzeitige Finanzinfor-

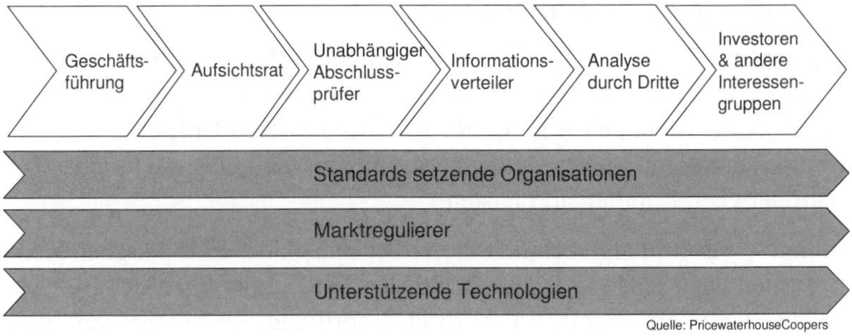

Abbildung 4: Die Wertschöpfungskette der Finanzberichterstattung[23]

Abbildung 5:
Das Drei-Ebenen-Modell der transparenten Unternehmensberichterstattung

mation im Rahmen allgemein anerkannter Standards für ein effektives Funktionieren der globalen Kapitalmärkte unerlässlich ist. Neueste Erfahrungen im Zusammenhang mit Versäumnissen im Rahmen der Berichterstattung machen dies deutlich.

[23] In Anlehnung an: *Wagner / DiPiazza* (2004), S. 36 ff.

Bei der Schaffung allgemein anerkannter, globaler Rechnungslegungsstandards spielt der öffentliche Sektor die zentrale Rolle, obwohl dieser nur dann effektiv arbeiten kann, wenn er direkten Input von denjenigen erhält, die die Finanzinformationen erzeugen und nutzen. Die oben beschriebenen Bemühungen des IASB und FASB, Konvergenz zwischen IFRS und US-GAAP herzustellen, sind ein wichtiger Schritt in Richtung globaler Standards.

Obwohl dies ohne Frage nützlich wäre, können Global GAAP nicht alle Informationen liefern, die Investoren und andere Interessenten für ihre Entscheidungen benötigen. Die Geschäftsführung nutzt viele Informationen, die nicht in den Jahresabschlüssen erscheinen – insbesondere nicht-finanzielle Informationen über Produkte, Kunden und Mitarbeiter. Diese Informationen dienen der Geschäftsführung oft, um Investitionsentscheidungen zu treffen, und sie gelten auch als die wichtigsten Indikatoren zukünftiger Marktentwicklungen und Finanzergebnisse. So es ist offenkundig, dass solche Informationen auch für externe Investoren als nützlich anzusehen sind. Diese Annahme wird von Umfrageergebnissen gestützt, die zeigen, dass der Markt und andere Interessengruppen ein starkes Interesse an Informationen haben, die über die GAAP hinausgehen, sie diese Information aber oft nicht erhalten.

Dies ist auch ein Grund, warum Stufe Zwei so wichtig ist. Die Information in Stufe Zwei reflektiert die Werttreiber und Schlüsselleistungsindikatoren einer Organisation, zu denen z.B. oft Marken und andere immaterielle Vermögenswerte gehören. Betrachten wir das Beispiel der Marken etwas näher, um die Vorteile der Stufe Zwei zu veranschaulichen: Handelt es sich um selbstgeschaffene Marken, sind diese auch nach der überarbeiteten Fassung der entsprechenden Standards nach wie vor sowohl nach US-GAAP als auch nach IFRS nicht aktivierungsfähig[24] und daher kein Pflichtbestandteil der Finanzberichterstattung der Unternehmen. Die Unternehmensführung ist sich der Bedeutung dieser Informationen für den finanziellen Erfolg eines Unternehmens zwar bewusst, aber die Methoden zur Messung des Markenwertes variieren zum Teil erheblich. Beratungsfirmen, Werbeagenturen und Marktforschungsinstitute haben jeweils eigene Markenbewertungsmodelle entwickelt: Allein in Deutschland existieren derzeit über 30 Modelle und Verfahren professioneller Anbieter auf dem Markt. Einige dieser Verfahren konzentrieren sich auf die Ermittlung eines monetären Markenwertes, andere wiederum auf qualitative und quantitative Aspekte der Markenführung. Die Bandbreite der ermittelten Bewertungsergebnisse ist

---

[24] Werden Marken beispielsweise im Zuge von Unternehmenstransaktionen erworben, sind diese im Rahmen einer Kaufpreisverteilung zu bewerten und zum Zugangszeitpunkt zu aktivieren. Damit folgt der IASB dem Paradigmenwechsel des US-amerikanischen FASB in der bilanziellen Behandlung von Unternehmenszusammenschlüssen und leistet einen wichtigen Schritt zur Schaffung von Kongruenz mit den SFAS, den Rechnungslegungsstandards nach US-GAAP. Vgl. dazu: *Wagner / Mussler / Jahn* (2005) sowie *Menninger / Maul / Wagner* (2004).

dementsprechend groß. Hier kann die Privatwirtschaft pro-aktiv an der Entwicklung eines einheitlichen Katalogs wichtiger Grundanforderungen an die Markenwert-Messmethoden mitwirken.

Zu den Zielgruppen einer solchen umfassenden, wertorientierten Berichterstattung gehören zum einen die Eigenkapitalgeber eines Unternehmens: Das regelmäßige Reporting markenwertbezogener Informationen könnte bewirken, dass die zukünftigen Erfolgspotentiale eines Unternehmens zuverlässiger beurteilt werden und Markenwerte besser ihren Niederschlag in den Aktienkursen eines Unternehmens finden könnten. Aber auch Fremdkapitalgeber, im wesentlichen Banken, zählen zu den Interessengruppen markenwertbezogener Informationen. Im Zusammenhang mit Basel II werden Überlegungen angestellt, Marken – und andere immaterielle Werte – für Kreditsicherungszwecke heranzuziehen und damit den Eigenkapitalbedarf des Kreditgebers zu entlasten. In diesem Zusammenhang kommt dem Markenwert (ermittelt als Value-in-use) eine wichtige Signalfunktion zu. Für den Insolvenzfall wiederum stellt der Fair Value abzüglich Veräußerungskosten eine geeignete Wertkonzeption dar.

Das Management ist sich der Bedeutung dieser Informationen in der Stufe Zwei sehr wohl bewusst und beobachtet diese sehr genau, da sie die Quelle zukünftigen finanziellen Erfolges ist.

Ähnlicher Handlungs- und Abstimmungsbedarf besteht hinsichtlich der Entwicklung branchenspezifischer Standards und Leistungsindikatoren. Z.B. unterscheiden sich die Werttreiber für Banken (z.B. Finanzrisikomanagement) sehr von denen für pharmazeutische Unternehmen (z.B. effektive Forschung und Entwicklung). Damit diese Art von Information sowohl für das Management als auch für die Interessengruppen wirklich nützlich ist, muss sie mit Hilfe eines Standards einheitlich bewertet werden, so dass die Leistungen zweier Unternehmen in einem Sektor inhaltlich und zeitlich konsistent verglichen werden können.

Hier bietet sich den Unternehmen eine echte Möglichkeit, pro-aktiv zu agieren, indem sie branchenbezogen Standards entwickeln, etablieren und dem Kapitalmarkt kommunizieren. Zu diesem Zweck können die Mitglieder der Berichterstattungskette zusammenarbeiten, um eine offizielle Auflistung der Werttreiber und der Hauptleistungsindikatoren einer Branche sowie die bevorzugte Methode der Bewertung und Berichterstattung festzulegen. Diejenigen Unternehmen, die sich dazu entscheiden, sich an diese Branchenstandards zu halten, könnten diese in ihre regelmäßige Unternehmensberichterstattung aufnehmen und ihre Validität durch unabhängige Dritte (nicht notwendigerweise durch einen Wirtschaftsprüfer) bestätigen lassen. Der Markt würde dann die relativen Kosten und Vorteile für diese Unternehmen im Gegensatz zu denjenigen, die diese Informationen nicht zur Verfügung stellen, bewerten. Offensichtlich würde der Kapitalmarkt auch die gute oder schlechte Entwicklung hinsichtlich eines bestimmten Werttreibers oder Leistungsindikators beurteilen und im Aktienkurs des betreffenden Unternehmens reflektieren.

Auch wenn ein Unternehmen sich an all die empfohlenen Standards hält, bleibt Raum und die Notwendigkeit, sich mit firmenspezifischen Informationen am Kapitalmarkt zu profilieren und Wettbewerbsvorteile durch die Firmeninformationen zu schaffen. Hierfür gibt es Stufe Drei: Information wie z.B. Firmen- und Geschäftsstrategien, Ziele und Pläne und Stellungnahmen zu Regulierungsfragen und zum Risikomanagement.

Drei bedeutende Vorteile würden erreicht werden, wenn die Unternehmen eine größere Führungsrolle hinsichtlich der Verbesserung der Finanzberichterstattung – oder besser gesagt – der Firmenberichterstattung übernehmen würden: Der erste Vorteil ist, dass die Märkte Zugang zu Informationen gewinnen, die relevanter, zuverlässiger und zeitnäher sind. Bessere Informationen führen zu besseren Investitionsentscheidungen – innerhalb und außerhalb der Unternehmen – und somit zu einer besseren Kapitalallokation auf einer risikotransparenten Basis und zu höheren Eigenkapitalrenditen. Von dieser größeren Vermögensbildung würden die berichtenden Unternehmen und die übrigen Stakeholder am Kapitalmarkt profitieren.

Der zweite Vorteil ist, dass eine Lösung, die unter der Leitung des Privatsektors entstanden ist, in vielerlei Hinsicht einer Lösung vorzuziehen ist, die durch Regulierung und Gesetzgebung angestoßen worden ist: Regulierung und Gesetzgebung versuchen verständlicher- und richtigerweise, allgemeine Prinzipien und Gesetze festzulegen, die generell anwendbar sind und eine Einheitslösung darstellen. Nur der Privatsektor kann ergänzend dazu die Frage nach besseren branchenspezifischen Informationen angehen.

Der dritte Vorteil ist, dass ein solcher Prozess helfen wird, eine größere Marktverantwortung für eine Verbesserung der Kapitalmärkte einzuleiten und zu etablieren. Dabei schafft der Privatsektor auch eine Basis für die eigene Glaubwürdigkeit, wenn es um die Überarbeitung und Änderung bestehender oder vorgeschlagener, möglicherweise suboptimaler, Gesetze und Regelungen geht. Außerdem wird die Gefahr der Überregulierung reduziert, weil der Privatsektor Problemlösungen vorschlagen kann, bevor Missstände und Krisen entstehen und der Gesetzgeber mit neuen Vorschriften reagiert.

Diesen drei Vorteilen stehen drei bedeutende Herausforderungen gegenüber. Die erste und schwierigste ist, dass dieser Ansatz eine grundlegende Änderung der Sichtweisen und Einstellungen erfordert. Anstatt abzuwarten, dass der öffentliche Sektor Vorschläge vorbringt und dann zu versuchen, diese abzuändern oder sogar abzuschwächen, sollten die Unternehmen aktiv daran arbeiten, zuerst ihre eigenen Ideen zu formulieren und zu äußern. Dies erfordert eine Veränderung in der Denkweise sowie die Erkenntnis, dass die Unternehmen eine größere Verantwortung für die Qualität des Marktes übernehmen müssen. Motivierend wirkt dabei jedoch die Tatsache, dass ein Misslingen zu weiteren, vom öffentlichen Sektor initiierten Maßnahmen führen würde, welche – obwohl gut gemeint – hohe Umsetzungskosten, aber eventuell wenig Nutzen bringen würden. Diese Kosten würden mit der Komplexität der Aufgaben der Unternehmen unweigerlich steigen.

Die zweite Herausforderung: Die Zusammenarbeit zwischen verschiedenen Gruppen ist nie einfach. Dies trifft insbesondere auf eine Zusammenarbeit zu, die alle Schlüsselmitglieder der Firmenberichterstattungskette einbinden soll. Sichtweise, Bedürfnisse, Kosten und Ansprüche werden für jedes Mitglied und jede Gruppe unterschiedlich sein. Um Lösungen zu finden, die für alle Parteien akzeptabel sind, werden aktives Zuhören, Geduld und echter Wille zur Zusammenarbeit unerlässlich sein.

Die dritte Herausforderung ist, dass einerseits diejenigen, die an diesem Bestreben aktiv teilnehmen, Kosten auf sich nehmen werden müssen, um zum Allgemeinwohl beizutragen, andererseits aber alle Marktteilnehmer von den Ergebnissen profitieren, ob sie nun an diesen Bestrebungen teilnehmen oder nicht. Diese Herausforderung kann nur dann bewältigt werden, wenn die führenden Mitglieder der Berichterstattungskette eine langfristige Sichtweise einnehmen und erkennen, dass die erzielbaren individuellen Vorteile die eingesetzten Kosten übersteigen. Dass andere, sozusagen als „Trittbrettfahrer", auch von diesen Bestrebungen profitieren werden, ist einfach eine unerfreuliche Tatsache.

V. Zusammenfassung und Ausblick

Ein Kernziel der langfristigen Strategie der EU ist es, die wettbewerbsfähigste Wirtschaftsregion der Welt zu werden. Hierzu ist im Rahmen des Financial Services Action Plan ein integrierter europäischer Kapitalmarkt zu schaffen. Dieser ist im Zeitplan und seine Umsetzung auf gutem Weg.

Infolge der Finanzskandale nach dem Zusammenbruch des Internetbooms an den Kapitalmärkten sahen sich die Gesetzgeber und Regulierer in den USA und in vielen europäischen Staaten zu ad hoc-Maßnahmen veranlasst. Während diese hinsichtlich ihrer Ziele grundsätzlich zur Verbesserung der Kapitalmärkte, der Finanzberichterstattung und der Abschlussprüfung beitragen werden, sind jedoch auf verschiedenen Feldern auch Störungen und Belastungen aufgetreten. Diese sind u.a. auf extraterritoriale Wirkungen der US-Regulierung und insbesondere auf die nicht in allen Bereichen kompatiblen Rechtssysteme in den USA und Europa zurückzuführen (Gefahr der Multiregulierung).

Der Dialog zur Verbesserung dieser Situation ist in Gang gekommen und nährt die Hoffnung auf praxisgerechte Lösungen. So zielt die EU mit der im Entscheidungsprozess befindlichen 8th Company Law Directive u.a. auf eine Verbesserung und Harmonisierung der Regeln zur Abschlussprüfung auf europäischer Ebene und auf ein im Vergleich zur US-Regulierung mindestens gleichwertiges, aber prinzipienbasiertes Rahmenwerk ab. Die bislang vorgesehenen Maßnahmen erscheinen – trotz Verbesserungsbedarf in einzelnen Bereichen – grundsätzlich zum Erreichen der Ziele geeignet. Die Gespräche zur Schaffung einer global einheitlichen Finanzberichterstattungssprache, den Global GAAP, haben begonnen. Die SEC ist dabei zu einem „objectives" orientierten Ansatz bereit, der einen guten Mittelweg bilden könnte zwischen dem grundsätzlich zu befürwortenden prinzipienbasierten Ansatz der IFRS und dem einzelregelbasierten Ansatz der US-GAAP. Dies wird einige Zeit beanspruchen, was den gerade erst in Europa für börsennotierte Unternehmen verpflichtend eingeführten IFRS die Chance der Praxiserprobung bietet.

Darüber hinaus ist die Zeit jetzt reif für die Unternehmen, sich vermehrt für die Verbesserung der Berichterstattung und Abschlussprüfung zu engagieren. Der Berufsstand der Wirtschaftsprüfer ist ohne Frage dazu bereit, sich zu beteiligen und eine führende Rolle in diesem Bestreben zu übernehmen. Aber wir können dies nicht alleine schaffen. Deshalb arbeiten wir aktiv daran, andere Mitglieder der Berichterstattungskette einzubeziehen, um die Spielregeln an den globalen Kapitalmärkten zu verbessern und unseren Beitrag zur Schaffung und Entwicklung eines funktionstüchtigen und wettbewerbsfähigen europäischen Kapitalmarktes zu leisten.

Literaturverzeichnis

Ferlings, Josef / *Lanfermann,* Georg (2002): Unabhängigkeit von deutschen Abschlussprüfern nach der Verabschiedung des Sarbanes-Oxley Acts; in: Der Betrieb; 55. Jg. (2002); S. 2117 – 2122.

Jopson, Barney / *Atkins,* Ralph (2005): Corporate Governance: SEC might soften line for Europe; in: Financial Times vom 26.01.2005; S. 22.

Klein, Klaus Günter / *Tielmann,* Sandra (2004): Die Modernisierung der Abschlussprüferrichtlinie – Vorschlag der EU-Kommission zur Überarbeitung der 8. EU Richtlinie; in: Die Wirtschaftsprüfung; 57. Jg. (2004); S. 501 – 510.

Kommission der Europäischen Gemeinschaften (2002): Empfehlung der Kommission: Unabhängigkeit des Abschlussprüfers in der EU – Grundprinzipien; in: Amtsblatt der Europäischen Union Nr. L 191 vom 19.07.2002; S. 22 – 57.

– (2004): Vorschlag für eine Richtlinie über die Prüfung des Jahresabschlusses und des konsolidierten Abschlusses und zur Änderung der Richtlinien 78/660/EWG und 83/349/EWG des Rates vom 15.3.2004 (KOM/2004/0177 endg. – COD 2004/0065); europa.eu.int/eur-lex/de/com/pdf/2004/com2004_0177de01.pdf.

London Economics / PwC (2002): Quantification of the Macro-Economic Impact of Integration of EU Financial Markets: Final Report to The European Commission – DG for the Internal Market; London 2002.

Menninger, Jutta / *Maul,* Karl-Heinz / *Wagner,* Wolfgang: Wertorientierte Markenführung und internationale Rechnungslegungsstandards; in: Handbuch Markenführung – Kompendium zum erfolgreichen Markenmanagement: Strategien, Instrumente, Erfahrungen; Hrsg. Manfred Bruhn; 2. Auflage; Wiesbaden 2004.

o.V. (2004): Siemens prüft den Rückzug von der New Yorker Börse – Die Diskussion um das Delisting deutscher Unternehmen dauert an; in: Frankfurter Allgemeine Zeitung vom 12.11.2004.

Parker, Andrew (2005): Companies wary of rushing to judgment; in: Financial Times vom 24.01.2005.

PwC (2004): International Financial Reporting Standards: Ready for take-off?; December 2004; www.pwc.com/ifrs.

– (2005): Building the European Capital Market – A review of developments; 2nd ed.; Januar 2005; www.pwc.com/corporatereporting.

Rajan, Raghuram G. / *Zingales,* Luigi (2003): The great reversals: the politics of financial development in the twentieth century; in: Journal of Financial Economics; Vol. 69 (2003); S. 5 – 50.

Sachverständigengruppe (2004): Die Herausforderungen annehmen – Die Lissabon-Strategie für Wachstum und Beschäftigung: Bericht der Hochrangigen Sachverständigengruppe unter Vorsitz von Wim Kok; Hrsg. Europäische Gemeinschaften; Luxemburg 2004; europa.eu.int/comm/lisbon_strategy/index_de.html.

Wagner, Wolfgang / *DiPiazza,* Sam (2004): The market's responsibility for better markets; in: Critical Eye Review; September/November 2004; S. 36 – 40.

Wagner, Wolfgang / *Mussler,* Sven / *Jahn,* Kristina (2005): Markenbilanzierung nach IFRS und US-GAAP; in: Moderne Markenführung; Hrsg. Franz-Rudolph Esch; 4. Auflage; Wiesbaden 2005.

Prüfen auf der Grundlage von Vorurteilen[1]

Von Klaus v. Wysocki

I. Neue Prüfungsgrundsätze und die Suche nach hinreichenden und verlässlichen Prüfungsnachweisen

1. Neue Prüfungsgrundsätze

Die International Standards on Auditing der International Federation of Accountants (IFAC) sind neu gefasst worden. Den Rahmen der Neuerungen bildet das International Framework for Assurance Engagements; die Neuerungen sind im Standard ISA 200, „Objective and General Principles Governing an Audit of Financial Statements", Appendix, enthalten. Die Änderungen betreffen insbesondere die folgenden Standards: ISA 315, „Understanding the Entity and Its Environment", ISA 330, „The Auditor's Procedures in Response to Assessed Risks", und den hier besonders interessierenden Standard ISA 500 [rev.] „Audit Evidence".[2] Die Änderungen treten für Prüfungen von Abschlüssen für Geschäftsjahre in Kraft, die nach dem 15. Dezember 2004 beginnen.

Die EU-Kommission beabsichtigt, die Anwendung der International Standards on Auditing (ISA) in der EU verbindlich vorzuschreiben. Im Wege einer grundlegenden Überarbeitung der 8. EU-Richtlinie (Abschlussprüferrichtlinie) sollen die ISA mit Verabschiedung der 8. EU-Richtlinie in nationales Recht umgesetzt (adopted) werden. Die EU-Kommission plant ferner ein Verfahren zur Anerkennung der ISA und behält sich vor, die Anwendung solcher ISA vorzuschreiben, die mit europäischem Recht vereinbar sind. Es ist zu erwarten, dass die (ggf. fortgeschriebenen) Prüfungsgrundsätze der IFAC internationale Anerkennung finden werden.

---

[1] Vgl. *v. Wysocki* (2002): Die Objektivierbarkeit von Prüfungsurteilen im Bereich der Abschlussprüfung, in: Podium, Siegener Universitätsreden Nr. 29, Siegen 2002, S. 25 – 46, aktualisierte und erweiterte Fassung.

[2] Die Aufgabe des Standards wird in ISA 500.1 [rev.] wie folgt umschrieben: „The purpose of this International Standard on Auditing (ISA) is to establish standards and to provide guidance on what constitutes audit evidence in an audit of financial statements, the quantity and quality of audit evidence to be obtained, and the audit procedures that auditors use for obtaining that audit evidence."

Es fragt sich allerdings, ob und inwieweit diese sehr umfangreichen neuen Standards die Gewähr für verlässlichere Prüfungsurteile bieten können als dies auf der Grundlage der bisherigen Regelungen möglich war. Es gilt, den Empfehlungen der neuen Prüfungsstandards nachzugehen und zu fragen, ob durch die Anwendung dieser Standards mit einer Objektivierung der Prüfungsurteile zu rechnen ist oder ob die bei ihrer Anwendung zu gewinnenden Prüfungsurteile weiterhin durch das subjektive Ermessen des Prüfers, d.h. durch seine „Vorurteile" beeinflusst bleiben (müssen), also insoweit nicht unbedingt zu einer Verringerung der sog. Erwartungslücke[3] führen müssen.

2. Phasendarstellung der Prüfung

Jede Prüfung lässt sich als Soll-Ist-Vergleich mit anschließender Urteilsbildung umschreiben.[4] Es geht um die Feststellung des Ist-Objekts, also des Prüfungsgegenstands. Es sind die prüfungsrelevanten Merkmalsausprägungen eines realisierten Vorgangs, eines Zustands, einer Transaktion etc. zu ermitteln. In einem zweiten Schritt ist die Soll-Gestaltung des Ist-Objekts aus einer „Norm" abzuleiten. Die Ableitung des Soll-Objekts aus der jeweiligen Norm wird auch als Soll-Objekt-Ermittlungsprozess bezeichnet.[5]

Wenn die Merkmalsausprägungen des Soll- und des Ist-Objekts in vergleichbarer Weise ermittelt sind, schließt sich ein Vergleichsprozess an. Das Ergebnis des Vergleichsprozesses ist die Feststellung der Übereinstimmung der zu vergleichenden Merkmalsausprägungen des Soll- und des Ist-Objekts bzw. der Nichtübereinstimmung nach „Richtung" und „Umfang" der Abweichung (Soll-Ist-Vergleich).[6] Da nicht jede (festgestellte) Abweichung fehlerhaft sein muss, ist ein Beurteilungsprozess anzuschließen, durch den die Zulässigkeit/Nichtzulässigkeit und ggf. die „Schwere" der Abweichung durch den Prüfer festgestellt werden muss.[7] Eine Prüfung kann schließlich nicht mit der bloßen Beurteilung des Ist-Objekts beendet werden, sondern es ist regelmäßig ein „Urteilsmitteilungsprozess" anzuschließen: Das Urteil ist dem Auftraggeber mündlich oder

---

[3] Unter der Erwartungslücke kann die Differenz zwischen den Vorstellungen der Öffentlichkeit über den Umfang sowie die Zielsetzung der Abschlussprüfung auf der einen und den Ergebnissen einer ordnungsmäßigen Berufsausübung der Abschlussprüfer auf der anderen Seite verstanden werden. Vgl. dazu: *Böcking* (1999), S. 721

[4] Vgl. *Loitlsberger* (1961), S. 59 ff.; *Leffson* (1988), S. 55 ff.; *v. Wysocki* (1988), S. 119, 122; *v. Wysocki* (2003), S. 2 ff.

[5] Vgl. *Loitlsberger* (1961), S. 59 ff. Zur Ableitung von Sollobjekten aus Normen vgl. ausführlich *v. Wysocki* (1988), S. 123 ff.

[6] Vgl. zur Messung der Abweichungen auf Nominalskalen, Rangskalen, Abstandskalen und Kardinalskalen, messtheoretischer Ansatz der Prüfungslehre, *v. Wysocki* (1988), S. 128 ff.

[7] Zur Urteilsbildung vgl. *v. Wysocki* (1988), S. 145 ff.

schriftlich mitzuteilen. Schlussbesprechungen, Bestätigungsvermerke, Prüfungsberichte, Bescheinigungen sind die Ausgestaltungsformen der Urteilsmitteilungen.[8]

3. Probleme bei der Erfassung der Ist-Objekte

Die betriebswirtschaftliche Prüfungslehre hat sich sowohl mit den Soll-Objekt-Ermittlungsprozessen i.S. der Auslegung von Vorschriften zur Rechnungslegung intensiv auseinandergesetzt und hierbei weitgehend auf Erkenntnisse der Rechtswissenschaft zurückgegriffen; sie hat sich ferner mit den Vergleichsprozessen bei Prüfungen, mit der Ermittlung der Abweichungen und mit der Beurteilung der bei Prüfungen festgestellten Abweichungen beschäftigt (sog. messtheoretischer Ansatz der Prüfungslehre).[9]

Bei Pflichtprüfungen hat sich der Gesetzgeber eingehend mit den Formen der Urteilsmitteilung (Prüfungsbericht, Bescheinigungen, Bestätigungsvermerk) befasst.[10]

Die Prüfungslehre hat sich dagegen nicht oder fast nicht mit den Problemen des Ist-Objekt-Ermittlungsprozesses beschäftigt. Dies war auch nicht notwendig, wenn und solange die Jahres- und Konzernabschlussprüfung grundsätzlich als reine Ordnungsmäßigkeitsprüfung verstanden wurde bzw. verstanden werden konnte.[11] Wenn es aber Aufgabe der Prüfung ist, den Nachweis dafür zu führen, dass durch den Jahres- oder Konzernabschluss ein den tatsächlichen Verhältnissen entsprechendes Bild der Vermögens-, Finanz- und Ertragslage des Unternehmens/Konzerns vermittelt wird, reicht der Nachweis der Übereinstimmung des Abschlusses mit den Belegdokumenten nicht mehr aus. Es ist vielmehr die wesentliche Prüfungsaufgabe, die Übereinstimmung der (durch Belege, Buchführung und Abschluss behaupteten) Sachverhalte mit den dahinter stehenden realen Zuständen und Vorgängen zu vergleichen und zu beurteilen.

---

[8] Zur Berichterstattung über das Prüfungsergebnis (mündliche Berichterstattung, Prüfungsbericht, Bestätigungsvermerk) vgl. *v. Wysocki* (1988), S. 297 ff.

[9] Vgl. zum messtheoretischen Ansatz: *v. Wysocki* (1988), S. 128 ff. und 145 ff.

[10] Vgl. §§ 320, 321 HGB für den Einzelabschluss von Kapitalgesellschaften und für den Konzernabschluss.

[11] Wenn durch die Prüfung allein die Übereinstimmung des Jahresabschlusses mit den ihm zugrunde liegenden Belegen nachzuweisen ist, reichen die Belege als Prüfungsnachweise für den gesamten Buchungsstoff gewiss aus. Geprüft wird bei solchen Ordnungsmäßigkeitsprüfungen (progressiv) die Herleitung des Abschlusses aus den Belegen oder (retrograd) die Übereinstimmung der Abschlussposten mit den die Geschäftsvorfälle dokumentierenden Belegen – jeweils unter Beachtung der (gesetzlichen) Rechnungslegungsregeln. Prüfungen dieser Art sind nicht Gegenstand der folgenden Überlegungen.

Diese Zustände/Vorgänge können aber, sofern sie in der Vergangenheit liegen, vom Prüfer zum Zeitpunkt seiner Prüfung nicht mehr unmittelbar festgestellt werden. Der Prüfer sieht sich in vielen (und den wesentlichsten) Fällen mit dem Problem konfrontiert, die Richtigkeit der ihm zur Verfügung stehenden Informationen überprüfen zu müssen, ohne die dazugehörige Realität selbst beobachtet zu haben bzw. sie nachträglich noch beobachten zu können. Er ist vielmehr auf Indizien, d.h. auf sog. Prüfungsnachweise (Audit Evidences) angewiesen, die ihm die mehr oder weniger vorhandene Verlässlichkeit der zur Verfügung stehenden Informationen signalisieren könnten. Gelingt dieser Rückschluss auf die realen Ist-Objekte nicht oder nur unvollkommen, so kann ein verlässliches Prüfungsurteil entweder gar nicht oder nur mit Vorbehalten abgegeben werden.

Bei der Buchprüfung geht es darum, verlässliche Informationen zu gewinnen über die in der Rechnungslegung enthaltenen ausdrücklich abgegebenen oder implizit enthaltenen Erklärungen und Einschätzungen der gesetzlichen Vertreter des zu prüfenden Unternehmens zu den folgenden (in der Vergangenheit liegenden) Sachverhalten (IDW PS 300.7):[12]

- „das *Vorhandensein* bestimmter Vermögensgegenstände oder Schulden zu einem bestimmten Zeitpunkt
- die *Zuordnung* des wirtschaftlichen Eigentums an bestimmten Vermögensgegenständen oder der bestehenden Verpflichtungen zum Unternehmen zu einem bestimmten Zeitpunkt
- den *Eintritt* eines Ereignisses oder Geschäftsvorfalls im Unternehmen im zu prüfenden Geschäftsjahr
- die *Vollständigkeit* der ausgewiesenen Vermögensgegenstände und Schulden, der Geschäftsvorfälle und Ereignisse sowie der geforderten Angaben am Abschlussstichtag
- die *Bewertung* ausgewiesener Vermögensgegenstände und Schulden am Abschlussstichtag
- die betragsmäßig richtige *Erfassung* von Geschäftsvorfällen und Ereignissen sowie die zutreffende zeitliche *Abgrenzung* von Ein- und Auszahlungen
- die *Darstellung und Berichterstattung* entsprechend den anzuwendenden Rechnungslegungsgrundsätzen."

---

[12] Ähnlich lautet ISA 500.17 [rev.]: Der Jahresabschluss enthält zu prüfende Behauptungen (assertions) der Geschäftsleitung in den folgenden Hauptkategorien (im Original mit weiteren Aufgliederungen): Assertions about classes of transactions and events for the period under audit, Assertions about account balances at the period end, Assertions about presentation and disclosure.

Die folgenden Überlegungen sind der Frage gewidmet, welche Möglichkeiten zur Überbrückung der möglichen Informationsdefizite durch Auswahl geeigneter Prüfungsnachweise bestehen. Grundlage der Überlegungen sollen die neuen internationalen Prüfungsgrundsätze sein; auf die entsprechenden Prüfungsstandards (PS) des deutschen Instituts der Wirtschaftsprüfer (IDW) wird hingewiesen.

II. Empfohlene Verfahren zur Gewinnung von Prüfungsnachweisen (Prüfungsverfahren)

1. Der neue risikoorientierte Prüfungsansatz

Im Oktober 2003 veränderte das International Auditing and Assurance Board (IAASB), durch das die International Standards on Auditing (ISA) verabschiedet werden, den grundsätzlichen, mit den ISA verfolgten Prüfungsansatz und verabschiedete eine Reihe von ISA, durch die auch die Systematik der bisherigen ISA verändert worden ist. Diese neuen ISA sind für die Prüfung von Geschäftsjahren anzuwenden, die nach dem 14. Dezember 2004 beginnen.

Das Leitbild des neuen Risikomodells beinhaltet zumindest im theoretischen Ansatz gegenüber dem bisherigen Ansatz der risikoorientierten Abschlussprüfung ein geändertes Prüfungsvorgehen, das im Wesentlichen auf eine „Vorbeurteilung" auf der Basis der erwarteten inhärenten Risiken bei dem zu prüfenden Unternehmen und der erwarteten Kontrollrisiken im Unternehmen aufsetzt. Im Einzelnen sind die folgenden Schritte vorgesehen:[13]

- Zunächst muss der Abschlussprüfer die zu prüfende Einheit und ihr Umfeld verstehen und hieraus eine (Vor-)Beurteilung des Risikos wesentlicher falscher Angaben im Abschluss ableiten.
- Zu dem Verstehen der zu prüfenden Einheit gehört bereits eine Analyse des internen Kontrollsystems auf der Ebene der Einschätzung des Abschlusses insgesamt, ohne im Detail auf das Interne Kontrollsystem im Zusammenhang mit einzelnen Aussagen zu den einzelnen Posten des Abschlusses einzugehen.
- Aus der Risiko(vor-)beurteilung sollen dann Maßnahmen des Abschlussprüfers als Reaktion auf die erfassten Risiken wesentlicher falscher Angaben im Abschluss folgen. Diese Maßnahmen sind danach zu differenzieren, ob es

---

[13] Vgl. interne Verlautbarung des IDW vom 23.07.04; vgl. im Überblick ISA 200.16 ff. mit Hinweis auf ISA 315, „Understanding the Entity and Its Environment and Assessing the Risks of Material Misstatement"; ISA 330, „The Auditor's Procedures in Response to Assessed Risks", und ISA 500 [rev.], „Audit Evidence", hier insb. Tz. 19 – 22, sowie International Framework for Assurance Engagements, Tz. 51 (a) bis (e).

sich bei den erkannten wesentlichen Risiken um bedeutsame Risiken, d.h. um Risiken, die den Abschluss insgesamt oder um andere wesentliche Risiken, d.h. um Risiken, die einzelne Abschluss-Aussagen betreffen, handelt.

- Die bedeutsamen Risiken sollen der besonderen Aufmerksamkeit des Abschlussprüfers bedürfen. Bei diesen Risiken soll grundsätzlich eine Prüfung des internen Kontrollsystems im Sinne einer Aufbauprüfung und Funktionsprüfung auf der Ebene der einzelnen Aussagen zu den einzelnen Posten des Abschlusses erfolgen. Allerdings kann der Abschlussprüfer hiervon im Einzelfall auch absehen.
- Bei den anderen wesentlichen Risiken genügen nach dem neuen Prüfungsansatz grundsätzlich aussagebezogene Prüfungshandlungen. Selbstverständlich soll aber eine Systemprüfung auf der Ebene der einzelnen Aussagen zu den einzelnen Posten des Abschlusses nicht ausgeschlossen sein. Sie muss stattfinden, wenn aussagebezogene Prüfungshandlungen keine Erkenntnisse für die Abschlussprüfung erwarten lassen.

2. Grundlagen: Direkte und indirekte Informationsgewinnung

Angesichts der gekennzeichneten Probleme bei der unmittelbaren Erfassung der Ist-Objekte werden dem Prüfer durch die bisherigen wie auch – unverändert – durch die neuen Prüfungsstandards bestimmte Prüfungsverfahren (= Prüfungshandlungen) – ggf. in bestimmter Reihenfolge – empfohlen bzw. durch die Prüfungsgrundsätze vorgeschrieben, um auf diese Weise dem Informationsdefizit im Bereich der Prüfungsnachweise zu begegnen:[14]

Danach hat der Prüfer in einer angemessenen Kombination sowohl sog. Systemprüfungen als auch sog. aussagebezogene Prüfungshandlungen (analytische Prüfungshandlungen oder Einzelfallprüfungen) durchzuführen.

3. Die Gewinnung von Prüfungsnachweisen mit Hilfe von Schlussverfahren

In Bezug auf das Thema bedarf es hier einer kurzen Analyse der Verlässlichkeit dieser (national wie international) üblichen und empfohlenen Prüfungsverfahren.

[14] Vgl. IDW PS 300.14 und ISA 500.19 ff. [rev.]; International Framework for Assurance Engagements, Tz. 51 (d) erwähnt diese Prüfungshandlungen, sieht aber eine bestimmte Kombination der Verfahren nicht mehr vor, weil die Wahl der Prüfungshandlungen durch das jeweilige Prüfungsumfeld beeinflusst sein müsse.

Die Verfahren der Systemprüfung und die sog. analytischen Prüfverfahren können als „indirekte“ Prüfverfahren[15] bezeichnet werden. Gemeinsames Kennzeichen der indirekten Prüfverfahren ist es, dass die Merkmalsausprägungen der Ist-Objekte nicht unmittelbar, sondern lediglich indirekt durch Analyse von Ersatztatbeständen mit Hilfe allgemeiner aus dem Bereich der formalen Logik stammender Schlussverfahren, also indirekt, gewonnen werden.

Der Prüfer versucht, ausgehend von bestimmten Hypothesen über (vermutete) Zusammenhänge zwischen den Merkmalsausprägungen des jeweiligen nicht direkt zu erfassenden Ist-Objekts und den Merkmalsausprägungen von Ersatztatbeständen Rückschlüsse auf das zu prüfende Ist-Objekt selbst zu ziehen. Die jeweiligen Ausgangshypothesen haben dabei die Gestalt von „Wenn-dann-Beziehungen“. Treffen in den zu untersuchenden Fällen die jeweiligen Ausgangshypothesen zu, so ist nach den Schlussregeln der Logik ein Rückschluss von der „Wenn-“ auf die „Dann-“Komponente der Ausgangshypothese zulässig und sinnvoll.[16]

Die Verlässlichkeit der Schlussergebnisse hängt dann vor allem von der Plausibilität der Ausgangshypothesen ab, die der Prüfer auf Grund subjektiver Einschätzungen, d.h. auf Grund seiner Vorbeurteilung des Prüfungsobjekts verwendet. Herausragende Beispiele dieser indirekten Prüfverfahren sind die von den nationalen und internationalen Berufsorganisationen empfohlenen Prüfungen unter Bezugnahme auf das Interne Kontrollsystem[17] und die Plausibilitätsbeurteilungen mit Hilfe analytischer Prüfungshandlungen.[18]

4. Anforderungen an Prüfungsnachweise bei Einzelfallprüfungen

Falls mit Hilfe von Systemprüfungen bzw. analytischen Prüfungshandlungen verlässliche und hinreichende Prüfungsnachweise nicht erlangt werden können, bleibt der Prüfer auf die Durchführung von Einzelfallprüfungen angewiesen. Einzelfallprüfungen sind nach den Prüfungsstandards dann geboten,

- wenn Prüfungsgegenstände nicht direkt beobachtbar sind und
- wenn die Prüfung der Wirksamkeit des Internen Kontrollsystems und/oder die Durchführung analytischer Prüfungshandlungen nicht möglich ist;

[15] Vgl. *v. Wysocki* (1988), S. 161 ff.

[16] Vgl. *Hagest* (1975), S. 67 ff.

[17] Vgl. IDW PS 260, „Die Beurteilung des Internen Kontrollsystems im Rahmen der Abschlussprüfung“, und ISA 400, „Risk Assessments and Internal Control“.

[18] Vgl. IDW PS 312, „Analytische Prüfungshandlungen“, und ISA 520, „ Analytical Procedures“.

- wenn die Wirksamkeitsanalyse im Internen Kontrollsystem zur Feststellung von Lücken im Internen Kontrollsystem geführt hat oder
- wenn Disproportionalitäten als Ergebnisse analytischer Prüfungshandlungen nicht aufgeklärt werden konnten.[19]

Aber auch bei der Vornahme solcher Einzelfallprüfungen bleibt das hier zu behandelnde Informationsdefizit für den Prüfer bestehen, wenn er ein Urteil über die nicht (mehr) direkt beobachtbaren Merkmalsausprägungen der Prüfungsobjekte abzugeben hat. Die neuen Prüfungsstandards geben zwar Verfahrensregeln für eine Reihe von (außergewöhnlichen oder kritischen) Prüfungssituationen,[20] lösen aber das Problem der nur mittelbar zu erfassenden Ist-Prüfungsmerkmale ebenso wenig wie die bisherigen Prüfungsgrundsätze. Sie beschränken sich vielmehr – wie bisher – auf die Aufzählung und Besprechung typischer Prüfungshandlungen:[21]

- Einsichtnahme in Dokumente,
- Inaugenscheinnahme,
- Beobachtung von Verfahren oder einzelnen Maßnahmen,
- Befragungen,
- Bestätigungen und
- Berechnungen.

a) Die Allgemeine Verhaltensregel bei der Suche nach Prüfungsnachweisen

Da auch hier nur indirekte Feststellungen getroffen werden können, verweisen die neuen Prüfungsstandards zunächst auf eine allgemeine Verhaltensregel:[22]

---

[19] Vgl. IDW PS 300.19 und .24; ISA 500.19 – 22 [rev.].

[20] So für die Prüfung von Eröffnungsbilanzen, für die Prüfung von Geschäftsbeziehungen mit nahe stehenden Parteien, für die Prüfung von Ereignissen nach dem Abschlussstichtag, in Bezug auf Auskünfte der Geschäftsleitung, in Bezug auf Ergebnisse eines anderen Prüfers, in Bezug auf Ergebnisse der Internen Revision und in Bezug auf die Verwendung der Erkenntnisse von Fachleuten (vgl. die ISA 510, 505, 540, 550, 560, 580, 600, 610 und 620). Hinzu kommen zusätzliche Regeln für die Prüfung bei bestimmten Posten, so nach ISA 501, Part A – E: Attendance at Physical Inventory Counting; Confirmation of Accounts Receivable; Inquiry Regarding Litigation and Claims; Valuation and Disclosure of Long-term Investments; Segment Information.

[21] Vgl. IDW PS 300.27 – 32; ISA 500.20 – 24 [rev.]

[22] IDW PS 200.17; ISA 200.6: „The auditor should plan and perform an audit with an attitude of professional skepticism recognizing that circumstances may exist that

„(17) Die Abschlussprüfung ist mit einer kritischen Grundhaltung zu planen und durchzuführen; die erlangten Prüfungsnachweise sind kritisch zu würdigen. Der Abschlussprüfer muss sich stets darüber im Klaren sein, dass Umstände (Fehler, Täuschungen, Vermögensschädigungen oder sonstige Gesetzesverstöße) existieren können, aufgrund derer der Jahresabschluss und der Lagebericht wesentliche falsche Aussagen enthalten. Er kann daher nicht ohne weiteres im Vertrauen auf die Glaubwürdigkeit der gesetzlichen Vertreter bspw. von der Richtigkeit ihrer Auskünfte ausgehen, sondern muss sich diese belegen lassen und die Überzeugungskraft dieser Nachweise würdigen. Bei Anhaltspunkten für Verstöße durch die gesetzlichen Vertreter oder die Mitarbeiter des geprüften Unternehmens hat er ergänzende Prüfungshandlungen vorzunehmen und die Prüfungsnachweise im Hinblick auf den Verdacht gezielt zu würdigen. … Ein über diese kritische Grundhaltung hinausgehendes besonderes Misstrauen des Abschlussprüfers ist im Rahmen der Jahresabschlussprüfung i.d.R. nicht erforderlich.“

b) Die Suche nach angemessenen und ausreichenden Prüfungsnachweisen

Eine Durchsicht der Prüfungsstandards lässt einige Grundsätze erkennen, nach denen Prüfungsurteile durch Prüfungsnachweise zu unterlegen sind. Es zeigt sich i.S. des Themas, dass diese Grundsätze erhebliche subjektive und erwartungsbezogene Entscheidungsspielräume des Prüfers entstehen und somit eine Erwartungslücke offen lassen.

aa) Prüfungsnachweise müssen ausreichend und angemessen sein

Die allgemeine, wenig konkrete Grundaussage der neuen Standards lautet[23]:

„Die Prüfungsnachweise müssen ausreichend und angemessen sein, damit die Prüfungsfeststellungen mit hinreichender Sicherheit getroffen werden können. ... Während ‚ausreichend‘ als quantitativer Maßstab für die Einholung von Prüfungsnachweisen zu verstehen ist, stellt die Angemessenheit der Prüfungsnachweise einen qualitativen Maßstab für die eingeholten Prüfungsnachweise, deren Verlässlichkeit und Relevanz für die Prüfung einer Aussage in der Rechnungslegung dar.“

---

cause the financial statements to be materially misstated. An attitude of professional skepticism means the auditor makes a critical assessment, with a questioning mind, of the validity of audit evidence obtained and is alert to audit evidence that contradicts or brings into question the reliability of documents or management representations.“ Vgl. auch: International Framework for Assurance Engagements, Tz. 39 und 40.

[23] Vgl. IDW PS 300.8; ähnlich: ISA 500.7, Satz 2 [rev.]: „Sufficiency is the measure of the quantity of audit evidence. Appropriateness is the measure of the quality of audit evidence; that is, its relevance and its reliability in providing support for, or detecting misstatements in, the classes of transactions, account balances, and disclosures and related assertions.“ Siehe auch: International Framework for Assurance Engagements, Tz. 42.

Es heißt weiter:

„Die zum Erlangen der Prüfungsnachweise erforderlichen Prüfungshandlungen hat der Abschlussprüfer im Rahmen pflichtgemäßen Ermessens vielmehr mit dem erforderlichen Maß an Sorgfalt so zu bestimmen, dass unter Beachtung der Grundsätze der Wesentlichkeit und Wirtschaftlichkeit der Abschlussprüfung und der Erwartungen über mögliche Fehler die geforderten Prüfungsaussagen mit hinreichender Sicherheit getroffen werden können.“[24]

Unter welchen Bedingungen Prüfungsnachweise im Einzelfall „ausreichend“ und „angemessen“ sind, bleibt damit weiter dem pflichtgemäßen Ermessen des Prüfers überlassen.

bb) Kein Prüfungsurteil ohne hinreichende und angemessene Prüfungsnachweise

Es gilt weiter der Grundsatz, dass immer dann, wenn ein Rückschluss auf wesentliche Posten der Rechnungslegung (Jahres-/Konzernabschluss) nicht möglich ist, der Bestätigungsvermerk insoweit eingeschränkt oder versagt werden muss:[25]

„Wenn bei der Beurteilung einer wesentlichen Aussage in der Rechnungslegung Zweifel bestehen, wird der Abschlussprüfer versuchen, ausreichende und angemessene Prüfungsnachweise zu erlangen, um solche Zweifel zu zerstreuen. Ist dies nicht möglich, ist der Bestätigungsvermerk einzuschränken oder zu versagen.“

cc) Prüfungsnachweise können auch dann hinreichend und angemessen sein, wenn sie zwar keine zwingenden aber doch überzeugende Rückschlüsse auf Aussagen des Rechnungswesens gestatten

Es besteht in der internationalen Diskussion um die Prüfungsstandards nach wie vor Einigkeit in der Feststellung, dass im Rahmen von Abschlussprüfungen ein absolut sicherer Rückschluss auf die Realitäten, die hinter einem Abschluss stehen, nicht möglich ist. Ein Eingeständnis der bestehenden Objektivitätsgren-

---

[24] Vgl. IDW PS 300.11, Satz 2; ISA 500.14, Satz 3 [rev.]: „The auditor uses professional judgment and exercises professional skepticism in evaluating the quantity and quality of audit evidence, and thus its sufficiency and appropriateness, to support the audit opinion.“ So auch: International Framework for Assurance Engagements, Tz. 40.

[25] IDW PS 300.38 mit Verweis auf IDW PS 400.50 und .65 (Grundsätze für die ordnungsmäßige Erteilung von Bestätigungsvermerken); vgl. mit gleichem Inhalt: ISA 500.2 [rev.]: „The auditor should obtain sufficient appropriate audit evidence to be able to draw reasonable conclusions on which to base the audit opinion.“

zen kommt in den Formulierungen in den neuen Stellungnahmen zum Ausdruck:[26]

„Der Abschlussprüfer wird sich im Regelfall auf Prüfungsnachweise verlassen müssen, selbst wenn diese eher überzeugend als zwingend sind …"

dd) Keine Verpflichtung, sämtliche verfügbaren Informationen auszuwerten

Zur Anzahl der erforderlichen Prüfungsnachweise wird festgestellt:[27]

Es ist „nicht erforderlich, alle verfügbaren Informationen auszuwerten … Die zur Erlangung der Prüfungsnachweise erforderlichen Prüfungshandlungen hat der Abschlussprüfer im Rahmen pflichtgemäßen Ermessens vielmehr mit dem erforderlichen Maß an Sorgfalt … zu bestimmen …"

ee) Informationsbeschaffung und -auswertung unter Wirtschaftlichkeitsgesichtspunkten

Können Prüfungsnachweise durch unterschiedliche Prüfungshandlungen beschafft werden, so kann der Wirtschaftlichkeitsgrundsatz beachtet werden:[28]

„Kann der Abschlussprüfer Prüfungsnachweise im Einzelfall durch unterschiedliche Prüfungshandlungen erlangen, ist nach dem Grundsatz der Wirtschaftlichkeit bei der Auswahl der durchzuführenden Prüfungshandlungen das Verhältnis zwischen den Kosten zur Erlangung der Prüfungsnachweise und dem Nutzen der erlangten Informationen zu berücksichtigen."

ff) Kein Verzicht auf Prüfungsnachweise aus Kostengründen

Die Anwendung des Wirtschaftlichkeitsgrundsatzes darf im Grenzfall nicht zum Verzicht auf die Einholung von Prüfungsnachweisen führen:[29]

---

[26] IDW PS 300.10, Satz 1; ISA 500.14, Satz 2 [rev.]: „Also, the auditor ordinarily finds it necessary to rely on audit evidence that is persuasive rather than conclusive; however, to obtain reasonable assurance, the auditor is not satisfied with audit evidence that is less than persuasive."

[27] IDW PS 300.11, Satz 1; ISA 500.14, Satz 1 [rev.]: „In forming the audit opinion the auditor does not examine all the information available because conclusions ordinarily can be reached by using sampling approaches and other means of selecting items for testing."

[28] IDW PS 300.13, Satz 1; vgl.: ISA 500.13 [rev.]: „The auditor considers the relationship between the cost of obtaining audit evidence and the usefulness of the information obtained." Zur Wirtschaftlichkeit der Informationsbeschaffung siehe auch: International Framework for Assurance Engagements, Tz. 46.

„Prüfungshandlungen, die zur Erlangung von Prüfungsnachweisen notwendig sind, dürfen nicht alleine deshalb unterlassen werden, weil mit ihrer Durchführung Schwierigkeiten und Kosten verbunden sind.“

Als Zwischenergebnis ist festzustellen, dass die nach den vorstehenden Grundsätzen konkretisierten Anforderungen an die Quantität und die Qualität der zu erhebenden Prüfungsnachweise nicht über die Tatsache hinwegtäuschen können (bzw. sie sind ein Beweis dafür), dass letztlich das subjektive, eigenverantwortliche und pflichtgemäße Ermessen des Prüfers in das jeweilige Prüfungsergebnis eingehen muss und insoweit ein Weiterbestehen der Erwartungslücke nicht ausgeschlossen werden kann.

c) Die Anwendung von Faustregeln

Darüber hinaus behelfen sich die Prüfungsstandards mit Einzelhinweisen – hier als „Faustregeln“ bezeichnet –, die dem Prüfer Hilfestellung bei der Abschätzung der Verlässlichkeit der bei Einzelfallprüfungen herangezogenen Prüfungsnachweise geben sollen. Diese Faustregeln knüpfen ihrerseits zum Teil an mögliche Vorinformationen an, die der Prüfer über die Struktur des jeweiligen Prüffeldes haben könnte, sie beziehen sich zum anderen Teil auf die möglichen Quellen, aus denen die Informationen stammen, und sie betreffen schließlich solche Fälle, in denen mehrere Prüfungsnachweise zur Verfügung stehen.

aa) Faustregeln auf der Grundlage von Vorinformationen des Prüfers über das Prüfgebiet

Eine erste Gruppe der hier zu erwähnenden Faustregeln sucht eventuelle Vorinformationen, die der Prüfer über ein Prüfgebiet besitzen könnte, zur Beurteilung der Verlässlichkeit von Prüfungsnachweisen heranzuziehen. Letztlich wird damit auch hier die Auswahl der Prüfungsnachweise unter Benutzung von „Vorurteilen“ (!) des Prüfers getroffen. Einige Beispiele, die sich in den Prüfungsstandards finden, können dies belegen:[30]

- Umfang und Angemessenheit der Prüfungsnachweise hängen von Art und Höhe des inhärenten Risikos ab.[31]

---

[29] IDW PS 300.13; vgl. ISA 500.13, Satz 2 [rev.]: „However, the matter of difficulty or expense involved is not in itself a valid basis for omitting an audit procedure for which there is no alternative.“

[30] Die Faustregeln auf der Grundlage von Vorurteilen werden in IDW PS 300 explizit genannt; unter den ISA ergeben sie sich aus dem neuen risikoorientierten Prüfungsansatz.

[31] Vgl. IDW PS 300.9, Pos. 1; entsprechend: ISA 500.7, Satz 3 [rev.].

- Umfang und Angemessenheit der Prüfungsnachweise hängen von der Erwartung von möglichen Fehlern, von der sog. Fehlererwartung ab.[32]
- Umfang und Angemessenheit der Prüfungsnachweise hängen von den Erfahrungen aus vorhergehenden Prüfungen ab.[33]
- Umfang und Angemessenheit der Prüfungsnachweise hängen von den Ergebnissen der laufenden Prüfung ab.[34]
- Umfang und Angemessenheit der Prüfungsnachweise hängen von der Wesentlichkeit der zu prüfenden Posten ab.[35]
- Umfang und Angemessenheit der Prüfungsnachweise hängen von der Ausgestaltung und von der Wirksamkeit des Internen Kontrollsystems und von der darauf aufbauenden Einschätzung der Kontrollrisiken ab.[36]

bb) Aussagen zur Verlässlichkeit verschiedener Informationsquellen

Eine zweite Gruppe der hier zu erwähnenden Faustregeln stellt auf die (angenommene) unterschiedliche Verlässlichkeit von Prüfungsnachweisen ab, die aus unterschiedlichen Informationsquellen stammen:[37]

- Vom Abschlussprüfer unmittelbar beschaffte Prüfungsnachweise sind verlässlicher als von der Unternehmensleitung oder von Unternehmens-Mitarbeitern beschaffte Prüfungsnachweise.[38]
- Prüfungsnachweise aus externen Quellen sind i.d.R. verlässlicher als solche, die intern, d.h. von der Unternehmensleitung oder von Mitarbeitern des zu prüfenden Unternehmens selbst erstellt worden sind.[39]
- Prüfungsnachweise in schriftlicher Form (wie z.B. Saldenbestätigungen) sind grundsätzlich verlässlicher als mündliche Erklärungen.[40]
- Prüfungsnachweise, die von Dritten erstellt und aufbewahrt werden, sind verlässlicher als Prüfungsnachweise, die vom Unternehmen erstellt und aufbewahrt werden.[41]

---

[32] Vgl. IDW PS 300.11, Satz 2; entsprechend: ISA 330.63, Satz 1.

[33] Vgl. IDW PS 300.9, Pos. 4; entsprechend: ISA 500.23, Satz 3 [rev.].

[34] Vgl. IDW PS 300.9, Pos. 5; entsprechend: ISA 500.3, Satz 3 [rev.].

[35] Vgl. IDW PS 300.9, Pos. 3; so etwa auch: ISA 330.44, Satz 1.

[36] Vgl. IDW PS 300.9, Pos. 2; entsprechend: ISA 330.63.

[37] Ähnliche Formulierungen finden sich in: International Framework for Assurance Engagements, Tz. 43.

[38] Vgl. IDW PS 300.36, Pos. 3; IDW PS 260.69; ISA 500.9, Pos. 3 [rev.].

[39] Vgl. IDW PS 300.36, Pos. 1; ISA 500.9, Pos. 1 [rev.].

[40] Vgl. IDW PS 300.36, Satz 2; ISA 500.9, Pos. 4 [rev.].

- Prüfungsnachweise, die von Dritten erstellt, aber vom Unternehmen aufbewahrt werden, sind verlässlicher als Prüfungsnachweise, die vom Unternehmen erstellt und aufbewahrt werden.[42]
- Interne Nachweise sind verlässlicher, wenn sie dem Internen Kontrollsystem unterlegen haben.[43]
- Originalbelege sind verlässlicher als Kopien.[44]

cc) Aussagen über die Verlässlichkeit einer Mehrzahl von Prüfungsnachweisen

Ferner enthalten die neuen Prüfungsstandards einige wenige Hinweise auf das Zusammenwirken von mehreren Prüfungsnachweisen:

- Prüfungsnachweise aus verschiedenen Quellen und unterschiedlicher Art sind geeignet, die Verlässlichkeit einer Aussage in der Rechnungslegung zu erhöhen.[45]
- Die Überzeugungskraft von Prüfungsnachweisen steigt, wenn sie mit anderen Prüfungsnachweisen aus anderen Quellen und anderer Art übereinstimmen (und umgekehrt).[46]
- Stimmen Prüfungsnachweise aus einer Quelle nicht mit jenen aus einer anderen Quelle überein, hat der Prüfer zu beurteilen, welche Prüfungshandlungen notwendig sind, um diesen Widerspruch aufzulösen.[47]

III. Zusammenfassung und Schlussfolgerungen

1. Im Rahmen von Abschlussprüfungen sieht sich der Prüfer in vielen Fällen mit dem Problem konfrontiert, die Richtigkeit der ihm zur Verfügung stehenden Abschlussinformationen überprüfen zu müssen, ohne die dazugehörige Realität selbst beobachtet zu haben bzw. sie nachträglich noch beobachten zu können. Er ist vielmehr darauf angewiesen, sich auf mehr oder weniger verlässliche Informationen zu verlassen, die ihm als Prüfungsnachweise verschiedener Art zur

[41] Vgl. IDW PS 300.36, Pos. 1.
[42] Vgl. IDW PS 300.27, Pos. 2.
[43] Vgl. ISA 500.9, Pos. 2 [rev.].
[44] Vgl. ISA 500.9, Pos. 5 [rev.].
[45] Vgl. IDW PS 300.10, Satz 2; ISA 500.12, Satz 1 [rev.].
[46] Vgl. IDW PS 300.37, Satz 1; ISA 500.12, Satz 2 [rev.].
[47] Vgl. IDW PS 300.37, Satz 3; ISA 500.12, Satz 3 [rev.]; International Framework for Assurance Engagements, Tz. 44.

Verfügung stehen. Es wurde darauf hingewiesen, dass dann, wenn Informationen über die Ist-Gestaltung der Prüfungsobjekte nur auf indirektem Wege beschafft werden können, nach bisheriger Erkenntnis absolut sichere und damit objektiv richtige Prüfungsurteile nicht möglich sind.

2. Es konnte gezeigt werden, dass die in den IDW PS und in den ISA formulierten generellen Anforderungen an die Qualität der zu benutzenden Prüfungsnachweise notgedrungen erhebliche subjektive Entscheidungsspielräume offen lassen. Auch die durch die Prüfungsstandards empfohlenen bzw. vorgeschriebenen besonderen Prüfungsverfahren vermögen das Informationsdefizit nicht zu beseitigen. Die aus der Untersuchung der Internen Kontrollsysteme und die aus den analytischen Prüfungshandlungen abgeleiteten Rückschlüsse auf die Struktur der jeweiligen Prüfungsobjekte beruhen stets auf Annahmen des Prüfers (Hypothesen) über die Zusammenhänge zwischen den (eigentlichen) Prüfungsobjekten und den zu ihrer Umschreibung herangezogenen Ersatztatbeständen; die vom Prüfer verwendeten Schlussverfahren können deshalb auch bei exakter Durchführung nicht zu sicheren Aussagen sondern nur zu (subjektiv geprägten) Wahrscheinlichkeitsaussagen über die (realen) Prüfungsobjekte führen.

3. Falls mit Hilfe von Systemprüfungen oder mit Hilfe analytischer Verfahren verlässliche und ausreichende Prüfungsnachweise nicht gewonnen werden können, sind nach den Prüfungsstandards Einzelfallprüfungen angezeigt. Wie zu erwarten war, können die Prüfungsstandards in diesem Bereich für den Prüfer nur allgemeine Verhaltensregeln vorgeben: Die verlangte kritische Grundhaltung des Prüfers wird durch allgemeine Regeln, nach denen der Umfang und die Angemessenheit der zu verwendenden Prüfungsnachweise vom Prüfer jeweils beurteilt werden sollen, unterlegt. Die in den Prüfungsstandards formulierten und konkretisierten Anforderungen an die Quantität und an die Qualität der heranzuziehenden Prüfungsnachweise können deshalb nicht über die Tatsache hinwegtäuschen, dass letztlich das subjektive, eigenverantwortliche und pflichtmäßige Ermessen des Prüfers in das Prüfungsergebnis einfließt und dass sich die Spielräume dieses Ermessens offenbar einer noch so umfassenden Regulierung und Überwachung entziehen.

4. Die durch die internationalen Standards vorgegebenen Regelungen sind nicht neu. Es ist deshalb fraglich, ob durch die Neufassung der Grundsätze ordnungsmäßiger Abschlussprüfung, durch die Anpassung an internationale Prüfungsstandards und durch die damit verbundene vermehrte Regelungs- und Überwachungsintensität materielle Fortschritte in Richtung auf eine Objektivierung von (Abschluss-)Prüfungen zu erreichen waren.

5. Die Frage, ob durch die Festlegung der neuen international vereinheitlichten Prüfungsgrundsätze die allseitig beklagte Erwartungslücke – wenn nicht beseitigt – so doch verringert werden kann, ist nur differenziert zu beantworten. Zunächst ist festzustellen, dass das Entstehen einer Erwartungslücke i.S.d. Differenz zwischen den Vorstellungen der Öffentlichkeit über den Umfang sowie

die Zielsetzung der Abschlussprüfung auf der einen und der ordnungsmäßigen Berufsausübung der Abschlussprüfer auf der anderen Seite nicht allein auf ein Fehlverhalten der Prüfer zurückgeführt werden darf, dem durch immer weiter gehende Reglementierungen und Kontrollmaßnahmen abgeholfen werden muss.

In der Literatur[48] werden als Gründe für das Entstehen einer Erwartungslücke grundsätzlich drei Kategorien unterschieden, nämlich neben

- dem Prüferversagen, (fehlerhafte Anwendung der Prüfungsstandards),
- das Normenversagen, (unzureichende Rechnungslegungs- und Prüfungsstandards) und/oder
- das Öffentlichkeitsversagen (unzutreffende Vorstellungen der Öffentlichkeit über die Möglichkeiten ordnungsmäßig durchgeführter externer Prüfungen).

Unterstellt man, dass ein Fehlverhalten des Prüfers durch weitere Reglementierungen vermieden werden kann, so bleibt nach Vorstehendem festzuhalten, dass durch die Notwendigkeit, in weiten Bereichen Prüfungsnachweise nur indirekt ermitteln (erfassen) zu können, ein kaum zu vermeidendes „Normenversagen" zu sehen ist, das weder den Prüfern noch der Öffentlichkeit anzulasten ist und das auch durch die Neufassung der internationalen Prüfungsgrundsätze nicht beseitigt werden kann.

Danach bleibt als Mittel zur Verringerung von Erwartungslücken nur, die evtl. überzogenen Erwartungen der Öffentlichkeit (Öffentlichkeitsversagen) durch eine Verbesserung der Informationsversorgung der Öffentlichkeit auf eine vernünftige Erwartungshaltung zurückzuführen.

6. Die Vermutung liegt nahe, dass die Berufsorganisationen im Rahmen der Neufassung der Prüfungsgrundsätze ihre pädagogische Aufgabe inzwischen erkannt haben, die Erwartungslücke durch Aufklärung der Öffentlichkeit über die Grenzen objektiver Prüfungsaussagen zu verringern. So heißt es in ISA 120.13, ähnlich ISA 200.9:[49]

> „The auditor's opinion enhances the credibility of financial statements by providing a high, but not absolute, level of assurance.
>
> Absolute assurance in auditing is not attainable as a result of such factors as
>
> - the need for judgment,
> - the use of testing,
> - the inherent limitations of any accounting and internal control systems and
> - the fact that most of the evidence available to the auditor is persuasive, rather than conclusive, in nature."

[48] Vgl. *Böcking* (1999).

[49] Ähnlich: International Framework for Assurance Engagements, Tz. 52.

Weiter heißt es in ISA 200.12:

„Accordingly, because of the factors described above, an audit is not a guarantee that the financial statements are free of material misstatement."

Entsprechend wird in IDW PS 200.24 und .25 gesagt:

„(24) Eine Abschlussprüfung ist darauf auszurichten, dass die Prüfungsaussagen mit hinreichender Sicherheit getroffen werden können. Das Konzept der hinreichenden Sicherheit bezieht sich auf die für diese Beurteilung erforderliche Gewinnung von Prüfungsnachweisen und somit auf die gesamte Prüfung. Die Prüfung dient nicht dem Ziel, unwesentliche Fehler festzustellen.

(25) Hinreichende Sicherheit bedeutet nicht absolute Sicherheit, die bei der Abschlussprüfung nicht zu erreichen ist. Aufgrund der jeder Abschlussprüfung innewohnenden begrenzten Erkenntnis- und Feststellungsmöglichkeiten besteht auch bei ordnungsmäßiger Planung und Durchführung ein unvermeidbares Risiko, dass der Abschlussprüfer wesentliche falsche Aussagen nicht entdeckt."

In IDW PS 200 heißt es schließlich:

„Aus der nachträglichen Entdeckung eines Fehlers kann daher nicht zwingend auf berufliches Fehlverhalten des Abschlussprüfers geschlossen werden."

Literaturverzeichnis

Böcking, Hans-Joachim (1999): Auswirkungen der neuen Rechnungslegungs- und Prüfungsvorschriften auf die Erwartungslücke; in: Reform des Aktienrechts, der Rechnungslegung und Prüfung; Hrsg. Dietrich Dörner, Dieter Menold und Norbert Pfitzer; Stuttgart 1999; S. 717 – 743.

Hagest, Joachim (1975): Zur Logik der prüferischen Überzeugungsbildung bei Jahresabschlussprüfungen; Diss. Mannheim 1975.

IFAC (2004): International Federation of Accountants: Handbook of International Auditing, Assurance, and Ethics Pronouncements; New York 2004.

Leffson, Ulrich (1988): Wirtschaftsprüfung; 4. Auflage; Wiesbaden 1988.

Loitlsberger, Erich (1961): Treuhand- und Revisionswesen; Stuttgart 1961.

v. Wysocki, Klaus (1988): Grundlagen des betriebswirtschaftlichen Prüfungswesens; 3. Auflage; München 1988.

– (2002): Die Objektivierbarkeit von Prüfungsurteilen im Bereich der Abschlussprüfung; in: Podium, Siegener Universitätsreden Nr. 29; Siegen 2002; S. 25 – 46.

– (2003): Wirtschaftliches Prüfungswesen: Band III: Prüfungsgrundsätze und Prüfungsverfahren; München, Wien 2003.

International Framework for Assurance Engagements, in: IFAC (2004).

ISA 200: Objective and General Principles Governing an Audit of Financial Statements, in: IFAC (2004).

ISA 315: Understanding the Entity and Its Environment and Assessing the Risks of Material Misstatement, in: IFAC (2004).

ISA 330: The Auditor's Procedures in Response to Assessed Risks, in: IFAC (2004).

ISA 400: Risk Assessments and Internal Control, in: IFAC (2004).

ISA 500 [rev.]: Audit Evidence, in: IFAC (2004).

ISA 520: Analytical Procedures, in: IFAC (2004).

Zugang zum Wirtschaftsprüferberuf und Prüfungsqualität

Von Martin Richter

I. Einführung

Mit der 5. WPO-Novelle[1] wurde der Zugang zum Wirtschaftsprüferberuf „reformiert“. Die Änderungen betrafen vor allem die Voraussetzungen für die Vorbildung, das Verfahren zur Durchführung des WP-Examens sowie die Einführung eines neuen Zugangsweges zum WP. Der neue Zugangsweg sieht – unter bestimmten Voraussetzungen – die Anerkennung von Studienleistungen vor, die an einer Hochschule erbracht worden sind. Insoweit entfallen diese Prüfungen im WP-Examen.

Das Gesetz wurde ausdrücklich als „Wirtschaftsprüfungsexamens-Reformgesetz“ bezeichnet. Vorrangige Zielsetzung der „Reform“ war die „Sicherung der Qualität der Ausbildung zum Wirtschaftsprüfer“[2] bzw. sogar „die *verbesserte* Qualifizierung der zukünftigen Wirtschaftsprüfer“.[3] Dieses Ziel wurde in den Gesetzesmaterialien, von den Gesetzesverfassern und von führenden Vertretern des Berufsstandes immer wieder betont.[4] Zu Recht: Denn die bei Berufseintritt vorhandene persönliche und fachliche Eignung ist in Verbindung mit der weiteren beruflichen Erfahrung und Fortbildung eine wesentliche Voraussetzung für

---

[1] Gesetz zur Reform des Zulassungs- und Prüfungsverfahrens des Wirtschaftsprüfungsexamens (Wirtschaftsprüfungsexamens-Reformgesetz – WPRefG) vom 01.12.2003 (BGBl. I 2003, S. 2446). Zur Begründung vgl. Regierungsentwurf (Stand 14.04.2003); vgl. auch BT-Drucksache 14/3649.

[2] O.V. (2003), S. 29. Implizit wird bei dieser Zielformulierung davon ausgegangen, dass die Qualität der Kandidaten zur Zeit hoch ist; z.T. wird dies auch explizit geäußert; vgl. z.B. *Kaiser* (2003), S. 995. Dem steht der eigene und von manchem Kollegen geteilte – allerdings subjektive – Eindruck aus schriftlichen und mündlichen WP-Prüfungen in BWL/VWL entgegen. Manche Kandidaten haben erhebliche Lücken und schließen das WP-Examen trotzdem erfolgreich ab. Vgl. auch die Beobachtung von *Schneider* et al. (2002), S. 397.

[3] O.V. (2001), S. 162 (Hervorhebung M.R.).

[4] Vgl. z.B. Regierungsentwurf (Fn. 1), S. 1 und S. 47; *Kaiser* (2003), S. 995; *Schmidt / Kaiser* (2003), S. 152; *Zitzelsberger* (2001), S. 1109; IDW/WPK-Arbeitskreis „Reform des Wirtschaftsprüferexamens“ (2001), S. 1111 und S. 1113; *Kämpfer* (2001a), S. 67.

die von den Prüfungsadressaten zu Recht erwartete *sehr* hohe Prüfungsqualität.[5] Weitere Zielsetzungen wurden vor allem von den Vertretern des Berufsstandes herausgestellt, nämlich eine Anpassung der Ausbildung an das gewandelte Berufsbild, eine höhere Attraktivität des WP-Berufes, eine Verkürzung der Ausbildungsdauer und eine praxisorientierte (nicht „zu theorielastige“[6]) Ausrichtung der Ausbildung und des WP-Examens.[7]

Das Gesetz wurde am 17.10.2003 abschließend durch den Bundesrat angenommen und trat mit Wirkung vom 01.01.2004 in Kraft. In der Entstehungsphase des Gesetzes wurde lediglich ein Aspekt der geplanten Änderungen intensiver – und sehr kontrovers – diskutiert, nämlich die Bedeutung der BWL im WP-Examen innerhalb des neuen Zugangsweges. Siegel hatte diese Diskussion angestoßen und wesentlich beeinflusst.[8] Seine Bedenken gegen den Wegfall der BWL-Prüfung im WP-Examen wurden von zahlreichen Universitätsprofessoren und WPs geteilt. Sie führten jedoch zu keiner entsprechenden Gesetzesänderung.

Im folgenden wird untersucht, ob die Änderungen der 5. WPO-Novelle im Zugang zum WP-Beruf dem Anspruch einer Sicherung bzw. Verbesserung der Qualität gerecht werden und welche Implikationen mit den weiteren vom Berufsstand verfolgten Zielen verbunden sind. Zuerst werden die geänderten Anforderungen an die Vorbildung (II.) und an die Praxiszeit (III.) behandelt. Anschließend werden die geänderten Inhalte des WP-Examens (IV.1.) sowie die Themenstellung im WP-Examen (IV.2.) thematisiert. Dem neuen Zugangsweg zum WP wird ein gesonderter Abschnitt (IV.3.) gewidmet. Vor diesem Hintergrund wird dann die Entstehung der 5. WPO-Novelle kritisch reflektiert (V.). Um das Fazit dieser Meta-Analyse vorwegzunehmen, trotz einiger Verbesserungen steht die Reform der WP-Ausbildung noch aus.

II. Anforderungen an die Vorbildung

Die Vorbildung ist eine wesentliche Voraussetzung für die mit der WP-Ausbildung angestrebten Qualitätsziele. Tendenziell gilt, je höher das Vorbildungsniveau ist, desto effektiver kann die praktische Vorbereitungszeit genutzt werden, um das in der theoretischen Ausbildung erlernte Wissen auf praktische Berufsprobleme anwenden zu lernen, und desto höher ist das mit dem Ablauf der

---

[5] Eine nur hohe Prüfungsqualität, wie üblicherweise gefordert, genügt bei dem Vertrauensgut „Prüfung“ nicht; vgl. dazu *Richter* (2005).

[6] So *Willeke* (2003), S. 1060; ebenso *Kämpfer* (2001b), S. 1086.

[7] Vgl. z.B. IDW/WPK-Arbeitskreis „Reform des Wirtschaftsprüferexamens“ (2001), S. 1110 f.

[8] Vgl. *Siegel / Rückle / Sigloch* (2001); *Schneider* et al. (2002).

praktischen Vorbereitungszeit erreichte fachliche Niveau. Zwischen dem Vorbildungsniveau und der Länge der praktischen Vorbereitungszeit besteht im begrenzten Umfang ein Austauschverhältnis, d.h. ein geringeres Vorbildungsniveau kann partiell durch eine längere praktische Vorbereitungszeit kompensiert werden. Diese Zusammenhänge dürften unstrittig sein. Von diesen Zusammenhängen ging auch die bisherige WPO aus, die von FH-Absolventen und von Praktikern ohne Hochschulausbildung eine gestaffelte längere praktische Vorbereitungszeit vor der Zulassung zum WP-Examen verlangte.

Mit der 5. WPO-Novelle wurden die Anforderungen an die Vorbildung für einen Teil der Bewerber deutlich reduziert.[9] § 8 Abs. 1 WPO verlangt nunmehr nur noch eine Hochschulausbildung, d.h. FH-Abschlüsse werden Universitätsabschlüssen gleichgestellt. Die verlängerte praktische Vorbereitungszeit für FH-Absolventen entfällt damit. Die Gleichstellung betrifft übrigens auch die Abschlüsse von Berufsakademien, soweit diese nach Landesrecht FH-Abschlüssen gleichgestellt werden. Begründet wird diese Gleichstellung mit dem „in den letzten Jahren modernisierten und internationalisierten Hochschulrecht ..., indem die *überkommene* Unterscheidung zwischen Universitätsstudium und Fachhochschulstudium abgeschafft wird. Durch die Verwendung des Begriffes ‚Hochschulausbildung' wird ein *Gleichrang* eingeräumt, der in der Hochschulrahmengesetzgebung *als politisches Ziel vorgegeben* wird."[10]

Bemerkenswerterweise verweisen die Gesetzesverfasser lediglich pauschal auf das Hochschulrecht. Weil es sehr gewagt ist, diese These vom Gleichrang der Hochschulen im Sinne einer fachlichen Gleichwertigkeit aus dem Hochschulrahmengesetz (HRG) herauszulesen, unterlassen sie konkrete Paragraphenbezüge.[11] Im Widerspruch zu der Gesetzesbegründung für die 5. WPO-Novelle differenziert das HRG in wichtigen inhaltlichen Fragen zwischen Fachhochschulen und Universitäten, z.B. bezüglich der Regelstudiendauer (§ 11 HRG) und der Qualifikation des Lehrpersonals (§ 44 Abs. 1 HRG). Selbst wenn Ausbildungseinrichtungen als „gleichrangig" anzusehen sind, kann daraus *nicht* abgeleitet werden, dass auch die Studienabschlüsse *inhaltlich und qualitativ gleichwertig* sind.

---

[9] Weiterhin entfiel der sog. Fakultätsvorbehalt, d.h. Bewerber aller Abschlussrichtungen können sich ohne besondere Erschwernisse um die Zulassung zum WP-Examen bewerben. Quereinsteigern wird damit der Zugang zum WP erleichtert.

[10] Begründung zu § 8 WPO (Hervorhebung M.R.); vgl. Regierungsentwurf (Fn. 1), S. 55.

[11] Vgl. *Kaiser* (2003), S. 996, Fn. 8; *Schmidt / Kaiser* (2003), S. 156.

Für die Annahme einer solchen Gleichwertigkeit fehlt weiterhin jede empirische Bestätigung.[12] Eher lassen die vorliegenden Befunde zum Erfolg im WP-Examen den gegenteiligen Schluss zu, dass nämlich die Erfolgsaussichten von FH-Absolventen im WP-Examen schlechter sind als die von Universitätsabsolventen.[13] Die längere praktische Ausbildungszeit, die bis zum Inkrafttreten der 5. WPO-Novelle verlangt wurde, hat offensichtlich nicht ausgereicht, die Vorbildungsdefizite auszugleichen. Die seit 01.01.2004 verkürzte praktische Ausbildungszeit für FH-Absolventen lässt deshalb befürchten, dass die Durchfallquoten weiter ansteigen werden. Dabei gilt die Höhe der Durchfallquoten als eine Ursache für die als unzureichend empfundene Attraktivität des WP-Berufes. Außerdem sollte man die Selektionsfunktion von Examina nicht überschätzen. Steigende Durchfallquoten lösen erfahrungsgemäß einen Druck aus, die Anforderungen im Examen zu reduzieren.[14] Die Folge wäre eine reduzierte fachliche Mindestqualifikation der WP. Aus Verantwortung für die Qualität der WP-Ausbildung und keineswegs aus einem falsch verstandenen Standesdünkel heraus hat sich der Verband der Hochschullehrer für Betriebswirtschaft e.V. einstimmig gegen die Gleichstellung und die in der Begründung zum Regierungsentwurf deutlich werdende Tendenz ausgesprochen.[15]

Problematisch ist allerdings auch die Haltung des Berufsstandes zu dieser Gesetzesänderung. Die ideologisch geprägte Gleichstellung von FH- und Universitätsabschlüssen wurde vom Berufsstand offensichtlich widerspruchslos akzeptiert. Lediglich die damit einhergehende Aufwertung der Berufsakademien wurde als „nicht sachgerecht“[16] bewertet.

International ist ein Trend zu beobachten, entsprechend den gestiegenen Anforderungen in der Berufspraxis die Anforderungen an die Vorbildung heraufzusetzen. Dies lässt sich am Beispiel USA verdeutlichen. Seit 2000 setzt die Mitgliedschaft im AICPA ein Studium von 150 Semesterwochenstunden voraus (graduate degree). Davor waren 120 Semesterwochenstunden ausreichend (undergraduate degree). Die meisten US-Staaten haben die sog. „150-Hour-

---

[12] Zu den eigenen subjektiven Erfahrungen aus der Lehre an Fachhochschulen und der Arbeit mit FH-Absolventen in der Prüfungspraxis vgl. bereits *Bahr / Richter* (2000/2001), S. 216, Fn. 21.

[13] Vgl. *Peemöller* (2004), S. 771: „Die Bestehensquote ist stark abhängig von der Vorbildung.“ Vgl. auch die Befunde bei *Bahr / Richter* (2000/2001), S. 8, sowie die empirischen Ergebnisse von *Raghunandan / Read / Brown* (2003), S. 31.

[14] Vgl. z.B. den Hinweis von *Hömberg* (2002), S. 724, wonach bei einer Prüfung in Nordrhein-Westfalen bereits 40 % der möglichen Punkte für das Bestehen der Prüfung genügten.

[15] Vgl. Verband der Hochschullehrer für Betriebswirtschaft e.V. (2003), TOP 9b1) Ziff. 1 (Hervorhebung M.R.): „Die Gleichstellung von Absolventen von Fachhochschulen mit denen von Universitäten ist *abzulehnen*, weil *berufsbezogene Qualifikationsunterschiede* zwischen den Absolventen der beiden Institutionen bestehen.“

[16] IDW (2003), S. 245.

requirement“ als Zulassungsvoraussetzung für das CPA-Examen übernommen.[17] Auch in dem Angebot an Accounting-Absolventen und in der Nachfrage nach diesen durch CPA-Firmen zeigt sich eine Tendenz zu höherwertigen Abschlüssen.[18] Schließlich gibt es Anhaltspunkte, dass FH-Absolventen Schwierigkeiten haben, in den USA zur CPA-Prüfung zugelassen zu werden.

III. Anforderungen an die praktische Vorbereitungszeit

Mit Wirkung vom 01.01.1995 wurde die erforderliche praktische Vorbereitungszeit[19] von fünf auf vier Jahre reduziert. Mit Wirkung vom 01.01.2001 erfolgte mit der 4. WPO-Novelle überraschend[20] eine weitere Reduktion auf nur noch drei Jahre, d.h. auf das von der 8. EG-Richtlinie und von der IFAC vorgegebene Minimum. Zu berücksichtigen ist weiterhin, dass vorher „wenigstens vier Jahre Prüfungstätigkeit“ (§ 9 Abs. 1 WPO-alt) nachzuweisen waren, während seit dem 01.01.2001 eine zweijährige Prüfungstätigkeit innerhalb der dreijährigen „praktischen Ausbildung“ genügt (§ 9 Abs. 2 i.V.m. Abs. 1 WPO). Mit der Reduktion von fünf auf drei Jahre Ausbildungszeit bzw. nur zwei Jahre Prüfungstätigkeit dürfte zwangsläufig ein Qualitätsverlust verbunden gewesen sein. Kompensierende Maßnahmen hatte der Gesetzgeber nicht vorgesehen. Als solche hätten sich eine Verkürzung der prüfungsfremden und prüfungsfernen Tätigkeiten angeboten, die offensichtlich bei einem erheblichen Teil der WP-Bewerber anfallen, sowie eine systematische Planung und Durchführung der praktischen Vorbereitungszeit. Stattdessen blieb die Gestaltung der praktischen Vorbereitungszeit im freien Ermessen der WP-Unternehmen. Damit dürfte in der Prüfungspraxis weiterhin die Auftragsabwicklung Prioriät vor den Ausbildungserfordernissen haben.

Im internationalen Bereich scheint eine stärkere Planung und Überwachung und damit eine intensivere Nutzung der praktischen Vorbereitungszeit nicht unüblich zu sein, um die Bewerber für das WP-Examen und den Berufseintritt besser zu qualifizieren. Bereits 1994 stellte das IFAC Education Committee fest: „A period of *planned and monitored* professional experience is a prerequisite for membership in many member bodies and is also a requirement of many regulatory agencies. The solution of practical problems through the application of theoretical knowledge is one of the prime objectives of programs of profes-

---

[17] Zu Nachweisen vgl. *Boone / Coe* (2002), S. 254 ff.

[18] Vgl. den Hinweis in o.V. (2004), S. 17, sowie AICPA (2004), insb. S. 4 und S. 22.

[19] Zu ihrer Funktion und Bedeutung vgl. *Bahr / Richter* (2000/2001), S. 217 f.

[20] Die Verkürzung wurde erst sehr spät in das Gesetzgebungsverfahren der 4. WPO-Novelle eingebracht. Ursprünglich war vorgesehen, alle Fragen im Zusammenhang mit dem Berufszugang einheitlich erst in der 5. WPO-Novelle zu regeln.

sional education. This ability is best developed from *monitored* work experience.“[21]

In einem frühen Stadium der Diskussionen um die Einführung des neuen Zugangsweges wurde erwogen, die praktische Vorbereitungszeit auf solche WP-Unternehmen zu beschränken, die bestimmten Anforderungen genügen. Der Gedanke wurde aber nicht weiter verfolgt, obwohl eine systematische Planung und Steuerung der praktischen Vorbereitungszeit die Chance eröffnet hätte, die Dauer der Vorbereitungszeit, die eine wesentliche Ursache für das späte Berufseintrittsalter in Deutschland ist,[22] ohne Qualitätseinbußen zu verkürzen. Durch entsprechende Aufzeichnungen über die beruflichen Erfahrungen könnte weiterhin eher sichergestellt werden, dass durch den Wegfall des sog. Fakultätsvorbehalts die Quereinsteiger die erforderlichen Kenntnisse der BWL, des Steuerrechts und des Wirtschaftsrechts erwerben. Schließlich erleichtert eine Regulierung der praktischen Vorbereitungszeit die Prüfung, ob diese Zulassungsvoraussetzung erfüllt ist. Sie ermöglicht auch eine einheitliche Handhabung durch den Zulassungsausschuss.[23]

IV. Das WP-Examen

1. Die Inhalte des WP-Examens

Bezüglich der Examensinhalte wurden anspruchvolle Ziele verfolgt. „Inhaltliche Neuausrichtung des WP-Examens“,[24] „Straffung der Examensinhalte unter der Zielsetzung der Qualitätsverbesserung“[25] und „Fokussierung auf die Kernkompetenzen“[26] wurden genannt. Im Wesentlichen wurden folgende Änderungen in den Prüfungsgebieten gemäß § 4 Wirtschaftsprüferprüfungsverordnung (WiPrPrüfV)[27] vorgenommen:

In das Prüfungsgebiet „Wirtschaftliches Prüfungswesen, Unternehmensbewertung und Berufsrecht“ wurden die Stichworte „Bewertung von Unternehmen und Unternehmensanteilen“, „Berufsrecht“ und „Datenverarbeitung“ (jetzt

---

[21] IFAC Education Committee (1994), S. 10 (Hervorhebung M.R.).

[22] Vgl. die Befunde bei *Bahr / Richter* (2000/2001), S. 10 ff.

[23] Zur wenig einheitlichen Handhabung vgl. *Peemöller* (2000), S. 18 ff.

[24] WPK (2002), S. 45.

[25] O.V. (2001), S. 162.

[26] IDW/WPK-Arbeitskreis „Reform des Wirtschaftsprüferexamens“ (2001), S. 1111.

[27] Prüfungsverordnung für Wirtschaftsprüfer nach §§ 14 und 131 l der Wirtschaftsprüferordnung (Wirtschaftsprüferprüfungsverordnung – WiPrPrüfV) vom 20.07.2004 (BGBl. I 2004, S. 1707) i.V.m. der 1. VO zur Änderung der Wirtschaftsprüferprüfungsverordnung vom 20.12.2004 (BGBl. I 2004, S. 3585).

„Grundzüge und Prüfung der Informationstechnologie") aus anderen Prüfungsgebieten umgegliedert. Neu sind die Stichworte „International anerkannte Rechnungslegungsgrundsätze" und „Jahresabschlussanalyse". Diese Themen waren aber bislang schon Prüfungsgegenstand. Trotzdem ist die Klarstellung zu begrüßen, zumal die Gebiete durch die gesonderte Nennung auch eine besondere Gewichtung erfahren. Entfallen sind die Besonderheiten bei der Prüfung von Kreditinstituten und Versicherungen. Diese branchenmäßigen Spezialisierungen sollen der späteren Berufspraxis vorbehalten bleiben.[28] Unklar ist, ob auch die Prüfung von Genossenschaften, Eigenbetrieben und sonstigen der Pflichtprüfung unterliegenden Unternehmen entfallen ist. Diese Stichworte werden nicht mehr gesondert aufgeführt; sie könnten aber unter „sonstige gesetzlich vorgeschriebene Prüfungen" subsumiert sein.

Das Prüfungsgebiet „Betriebswirtschaft, Volkswirtschaft" wurde in „Angewandte Betriebswirtschaftslehre, Volkswirtschaftslehre" umbenannt. Lediglich vier Gebiete der Angewandten Betriebswirtschaftslehre werden explizit benannt, nämlich „Kosten- und Leistungsrechnung", „Planungs- und Kontrollinstrumente", „Unternehmensführung und Unternehmensorganisation" sowie „Unternehmensfinanzierung und Investitionsrechnung" ergänzt um den Zusatz „einschließlich methodischer Problemstellungen der externen Rechnungslegung, der Corporate Governance und der Unternehmensbewertung". Hierbei handelt es sich gegenüber der früheren Fassung im Wesentlichen um sprachliche Änderungen. Neu ist lediglich die Betonung der Anwendung und die gesonderte Nennung der „Unternehmensführung". Entfallen ist die „Allgemeine Betriebswirtschaftslehre". Als Folge davon werden wichtige BWL-Gebiete wie Forschung und Entwicklung, Beschaffung, Produktion und Absatz nicht mehr geprüft, obwohl diese Bereiche spätestens seit dem KonTraG im Rahmen der Jahresabschlussprüfung von Bedeutung sein können.[29] Schließlich sind die „Grundzüge der betrieblichen Statistik" als „Grundkenntnisse anwendungsorientierter Mathematik und Statistik" der Volkswirtschaftslehre zugeordnet worden, was in systematischer Sicht und in seiner inhaltlichen Konsequenz mehr als fraglich ist, da der WP in seiner Berufspraxis nur mit den *betriebswirtschaftlichen* Anwendungen der Mathematik und Statistik konfrontiert wird.

Das Prüfungsgebiet „Wirtschaftsrecht" wurde am stärksten verändert. Neu sind die Stichworte „Grundzüge des Kapitalmarktrechts", „Umwandlungsrecht" sowie „Grundzüge des Europarechts". Entfallen sind Stichworte wie z.B. „Grundzüge des Wettbewerbsrechts", „Grundzüge des Zivilprozessrechts" und „Grundzüge des Arbeitsrechts". Im Prüfungsgebiet „Steuerrecht" waren die inhaltlichen Änderungen am geringsten. Neu ist das Stichwort „Umwandlungs-

---

[28] Vgl. o.V. (2002), S. 225.

[29] Vgl. auch die Kritik von *Schneider* et al. (2002), S. 399: „Für die erforderliche breite Ausbildung in der ABWL fehlen aber wichtige Gebiete."

steuerrecht". Entfallen sind die abgeschaffte „Vermögenssteuer" und die „Kapitalverkehrssteuern". Die „Grundzüge des Außensteuerrechts" wurden in „Grundzüge des Internationalen Steuerrechts" umbenannt.

Gemessen an den angestrebten Zielen sind die Änderungen im Prüfungsstoff des WP-Examens eher marginal, d.h. die Stofffülle des Examens wurde nicht begrenzt. Lediglich bei einigen Stichworten wird durch den Hinweis auf „Grundzüge" wie bisher eine Einschränkung des Wissensumfangs vorgenommen. Die Unsicherheit für die Kandidaten, in welcher Tiefe die Gebiete geprüft werden können, bleibt damit weitgehend erhalten. Weiterhin begünstigt die Aufzählung von Prüfungsgebieten bzw. Wissensbereichen unverändert die Wissensabfrage. Der Versuch, ergänzend zu den Wissensbereichen die vom Wirtschaftsprüfer erwarteten (Problemhandhabungs-)Fähigkeiten zu konkretisieren,[30] um diese dann in den Vordergrund des WP-Examens stellen zu können, wurde nicht einmal ansatzweise gewagt. Ein Teil der vorgenommenen Änderungen ist darüber hinaus diskussionswürdig bzw. strittig. Diskussionswürdig ist z.B. der Wegfall der „Grundzüge des Arbeitsrechts" und ob „Grundzüge" der Datenverarbeitung angesichts des bereits erreichten Ausmaßes der Digitalisierung von Arbeitsprozessen noch ausreichend sind. Strittig ist insbesondere die Reduktion der Anforderungen an die betriebswirtschaftlichen Fähigkeiten. Auf diese Problematik wird im Abschnitt IV.3. detaillierter eingegangen. Vom Berufsstand war vorgesehen, die Inhalte der einzelnen Prüfungsgebiete durch Curricula zu konkretisieren und dann „die Curricula im Rahmen eines Due Process zur Diskussion zu stellen".[31] Diese an sich begrüßenswerte Absicht wurde nicht umgesetzt.

2. Die Themenstellung im WP-Examen

Die Themenstellung in den schriftlichen Klausuren war eine wesentliche Ursache für die Unzufriedenheit mit dem WP-Examen.[32] Ausreißer bezüglich Inhalt und Klarheit der Fragestellung waren ebenso zu verzeichnen wie eine Abfrage von Wissen, das bereits Gegenstand von Universitätsexamina war oder das für die Berufspraxis nur von sehr eingeschränktem Wert ist.[33] Manchmal wurde auch „exotisches" Wissen verlangt, das viele Universitätsprofessoren überfordert hätte und/oder ohne jeden Bezug zur Berufspraxis des Wirtschafts-

[30] Vgl. z.B. AICPA (2000).

[31] O.V. (2002), S. 225.

[32] Die Kritik betrifft vor allem die Prüfungsgebiete „Betriebswirtschaft, Volkswirtschaft" sowie „Wirtschaftliches Prüfungswesen".

[33] Hierzu rechne ich z.B. die Prinzipal-Agenten-Theorie. Nicht jede allgemeine bzw. wissenschaftliche Aussage („Theorie"), die mit Geltungsanspruch für die Prüfungspraxis propagiert wird, wird diesem Anspruch tatsächlich gerecht.

prüfers war. Mit der einhellig begrüßten Zentralisierung des WP-Examens und der Übertragung der Themenstellung auf eine Aufgabenkommission (§ 8 WiPrPrüfV) hat die 5. WPO-Novelle die Voraussetzungen geschaffen, um diesen Missständen zu begegnen und der Zielsetzung eines Berufsexamens gerecht zu werden. Bei dem WP-Berufsexamen geht es „allein darum, statt theoretisches Grundwissen zu prüfen, das bereits im Studium nachgewiesen wurde, den Anforderungen eines Berufsexamens gerecht zu werden, indem die Fähigkeit der Bewerber geprüft wird, *dieses Wissen auf die Lösung beruflicher Probleme umzusetzen*. Diese Schwerpunktverlagerung setzt eine entsprechende Themenstellung im Examen voraus; *zukünftig sollen Fallstudien zu interdisziplinären Problemstellungen aus den praktischen Tätigkeitsgebieten des Wirtschaftsprüfers* bearbeitet werden.“[34]

Diese Zielsetzung des WP-Examens hat weite Zustimmung erfahren.[35] Sie greift meines Erachtens aber noch zu kurz. Die Komplexität und Dynamik der Umwelt führt in der Berufspraxis zunehmend häufiger zu neuartigen Problemen mit der Folge, dass gewohnte Lösungsmuster obsolet werden. Stattdessen müssen – meist unter Zeitdruck – originäre und trotzdem *begründete* Lösungen entwickelt werden. Und diese Begründung gelingt *nur* unter Rückgriff auf allgemeine Erkenntnisse, d.h. auf – möglichst bewährte – wissenschaftliche bzw. theoretische Erkenntnisse und/oder Hintergrundtheorien. Erforderlich ist deshalb als neues Leitbild der *reflexive Prüfer*, der nicht nur in der Lage ist, das theoretische Wissen auf die Lösung beruflicher Probleme anzuwenden, sondern der sich auch der allgemeinen Erkenntnisse *bewusst* ist, die er zur Problemlösung herangezogen hat. Es darf also im WP-Examen nicht ausreichen, wenn nur die zutreffende Lösung des beruflichen Problems dargelegt wird. Ebenso wichtig ist es, die präferierte Lösung zu begründen, wobei die herangezogenen allgemeinen Erkenntnisse dem aktuellen Wissensstand entsprechen müssen.[36]

Inzwischen sind die Themen der beiden ersten Examenstermine nach neuem Recht auf der Homepage der WPK einsehbar.[37] Gemessen an den Zielsetzungen des Berufsexamens ist das Ergebnis mehr als enttäuschend. Die Aufgaben zu dem Prüfungsgebiet „Angewandte Betriebswirtschaftslehre, Volkswirtschaftslehre“ setzen die kritisierte Tradition fort, Wissen abzufragen, das bereits Gegenstand von Hochschulprüfungen war bzw. hätte sein können. Teilweise handelt es sich um sehr spezielles Wissen bzw. um Wissen mit zweifelhafter Aus-

---

[34] *Kämpfer* (2001b), S. 1087 (Hervorhebung M.R.).

[35] Vgl. z.B. *Baetge / Ballwieser / Böcking* (2001), S. 1141 f.

[36] Daraus ergibt sich die Notwendigkeit einer größeren Wissenschaftsnähe des Prüfers; vgl. dazu auch *Donle / Richter* (2003).

[37] Vgl. www.wpk.de/examen/klausuren.asp.

sagekraft für die Prüfungspraxis.[38] Im Prüfungsgebiet „Wirtschaftliches Prüfungswesen, Unternehmensbewertung und Berufsrecht" dominieren Aufgaben zur Bilanzierung im Einzel- und Konzernabschluss. Aspekte der Prüfung spielen eine nur sehr untergeordnete Rolle. Eine Ausnahme bildet ein 4-Stunden-Thema zur Verwendung der Arbeitsergebnisse Dritter.[39] Auffällig ist auch, dass Fallstudien zu interdisziplinären Problemstellungen aus den praktischen Tätigkeitsgebieten des Wirtschaftsprüfers noch nicht gestellt wurden, obwohl diese nach den vorausgegangenen Diskussionen zum Zweck des Berufsexamens eigentlich zu erwarten waren.

Auch in handwerklicher Sicht sind die Aufsichtsarbeiten noch sehr verbesserungsbedürftig. Ein Beispiel ist die teilweise sehr starke Fragmentierung der Aufgaben[40] – offensichtlich um eine bundesweit einheitliche Bewertung zu erleichtern. In diesem Fall ist dann jedoch wenig einsichtig, wenn alle Teilfragen einer Aufsichtsarbeit ein engeres Thema betreffen.[41] Ein weiteres Beispiel sind die zugelassenen Hilfsmittel. Wenn die Zulassung von Gesetzestexten von Termin zu Termin variiert, können sich die Kandidaten nicht langfristig darauf einstellen; außerdem stehen diese Hilfsmittel in der Prüfungspraxis üblicherweise zur Verfügung.[42]

3. Der neue Zugangsweg zum WP

Mit den §§ 8a und 13b WPO wurde ein neuer Zugangsweg zum WP geschaffen. Unter bestimmten Voraussetzungen ersetzen Leistungen, die an einer Hochschule (Universität oder Fachhochschule bzw. gleichgestellte Berufsakademie) erbracht worden sind, WP-Examensleistungen. Das Nähere regelt eine Rechts-

[38] Vgl. z.B. die Aufgabe 3 der 2. Aufsichtsarbeit vom 11.03.2004. Diese Aufgabe beschäftigte sich u.a. mit einer Variante des Grundmodells der Prinzipal-Agenten-Theorie; sie hatte ein Gewicht von 80 Punkten (von insgesamt 240 Punkten). Ein weiteres Beispiel ist die Aufgabe 1c der 1. Aufsichtsarbeit vom 10.08.2004; hier war eine allgemeingültige Formel für den optimalen Zeitpunkt der Umstellung von geometrisch-degressiver auf lineare Abschreibung zu entwickeln (10 von insgesamt 240 Punkten).

[39] Vgl. die 1. Aufsichtsarbeit vom 03.08.2004.

[40] Eine Teilaufgabe hatte z.B. ein Gewicht von nur 2 Punkten (von insgesamt 300 Punkten); vgl. Aufgabe 1a4) der 2. Aufsichtsarbeit zum Wirtschaftlichen Prüfungswesen vom 04.08.2004.

[41] Vgl. die 2. Aufsichtsarbeit zum Wirtschaftlichen Prüfungswesen vom 03.03.2004; alle 20 Teilaufgaben betrafen den Ansatz, die Bewertung und den Ausweis von Unternehmensbeteiligungen einer börsennotierten Aktiengesellschaft.

[42] In der 1. Aufsichtsarbeit zum Wirtschaftlichen Prüfungswesen vom 02.03.2004 waren IFRS-Texte zugelassen, in der 2. Aufsichtsarbeit vom 04.08.2004 dagegen nicht, obwohl auch hier ein IFRS-Thema gestellt wurde.

verordnung, die sich im Abstimmungsprozess befindet.[43] Nach dem aktuellen Stand der Beratungen (Dezember 2004) wird der Zugangsweg gemäß § 8a WPO konsekutiv aufgebaut. Nach einem wirtschaftswissenschaftlich ausgerichteten Bachelorstudium von sechs Semestern folgt eine einjährige Praxiszeit, davon mindestens ein halbes Jahr Prüfungstätigkeit. Diese Praxiszeit wird auf die insgesamt erforderliche dreijährige Ausbildungszeit angerechnet (§ 9 Abs. 6 WPO). Mit dem Bestehen einer Zugangsprüfung, die die wirtschaftsprüfungsrelevanten Anteile des Bachelorstudiums berücksichtigt, erfolgt die Zulassung zu einem zweijährigen Masterstudium. Die inhaltliche Basis für das Bachelor- und Masterstudium, das alle Prüfungsgebiete gemäß § 4 WiPrPrüfV abdecken muss, liefern ein sog. Referenzrahmen sowie darauf aufbauende Curricula. Wenn der Referenzrahmen vom Bundesministerium für Wirtschaft und Arbeit zur Kenntnis genommen worden ist, ist er für die Akkreditierungsagenturen verbindlich. Der erfolgreiche Abschluss in einem akkreditierten Studiengang ersetzt alle schriftlichen und mündlichen Prüfungen im WP-Examen mit Ausnahme des Kurzvortrages sowie der beiden Aufsichtsarbeiten und der mündlichen Prüfung im Prüfungsgebiet „Wirtschaftliches Prüfungswesen, Unternehmensbewertung und Berufsrecht“ (§ 5 Abs. 2 E-WiPrAusbV).

§ 13b WPO sieht wie § 8a WPO vor, dass Hochschulprüfungen schriftliche und mündliche Prüfungen im WP-Examen ersetzen, wenn sie „dem Grundsatz nach als gleichwertig gelten können“ (§ 6 Abs. 2 Satz 1 E-WiPrAusbV). § 13b WPO ist jedoch auf den Ersatz der WP-Examensprüfungen in den Prüfungsgebieten „Angewandte Betriebswirtschaftslehre, Volkswirtschaftslehre“ sowie „Wirtschaftsrecht“ beschränkt. Die Entscheidung über die Gleichwertigkeit trifft die bei der WPK für die Durchführung des WP-Examens eingerichtete Prüfstelle. Die Gleichwertigkeit ist „insbesondere“ anhand des Referenzrahmens und der darauf aufbauenden Curricula zu beurteilen. Eine Akkreditierung ist nicht erforderlich.

Im laufenden Abstimmungsverfahren bezüglich des Zugangsweges über § 8a WPO hat die Bundessteuerberaterkammer Bedenken gegen den Wegfall des Prüfungsgebiets „Steuerrecht“ im WP-Examen geäußert und bei Festhalten an diesen Plänen die Befugnis von WP zur Steuerberatung in Frage gestellt.[44] Die-

---

[43] Vgl. den Referentenentwurf einer Wirtschaftsprüferausbildungsverordnung (Verordnung über die Errichtung von anerkannten Hochschulausbildungsgängen und zur Anrechnung von Studienleistungen nach §§ 8a und 13b der Wirtschaftsprüferordnung, Wirtschaftsprüferausbildungsverordnung – WiPrAusbV), Referentenentwurf des Bundesministeriums für Wirtschaft und Arbeit, Az. VIII A 4 – 12 94 30/6, Stand 06.07.2004. Ein überarbeiteter Referentenentwurf ist vom zuständigen Ministerium unter der neuen Bezeichnung „Wirtschaftsprüfungsanrechnungsverordnung (WiPrAnrV)“ angekündigt (vgl. www.wpo-novelle.de, Zugriff am 29.12.2004).

[44] Vgl. Schreiben der Bundessteuerberaterkammer vom 09.09.2004 an das Bundesministerium für Wirtschaft und Arbeit; vgl. auch das Schreiben des Sächsischen Staatsministeriums der Finanzen vom 05.08.2004 an das Bundesministerium der Finanzen.

sen Bedenken wird offensichtlich Rechnung getragen, so dass das „Steuerrecht" weiterhin Pflichtprüfungsgebiet im WP-Examen bleibt. Dies hat einerseits zur Folge, dass sich die §§ 8a und 13b WPO in den Erleichterungen für das WP-Examen nicht mehr unterscheiden. Da die formellen Anforderungen an die Anerkennung der Gleichwertigkeit der Hochschulprüfungen nach § 13b WPO deutlich geringer sind als die nach § 8a WPO, dürfte § 13b WPO für Hochschulen wesentlich attraktiver sein als § 8a WPO. Andererseits kann die Beibehaltung des Steuerrechts im WP-Examen dazu führen, dass ein großer Teil der Kandidaten wie bisher zuerst das Steuerberaterexamen ablegen wird,[45] was etwa zwei Jahre in Anspruch nimmt. Die Ausbildungszeit bis zur Bestellung als WP wird sich dann nicht wie erhofft entsprechend verkürzen.

Der neue Zugangsweg ist heftig kritisiert worden. Siegel et al. haben sich engagiert dafür ausgesprochen, die BWL im WP-Examen zu erhalten. Sie gehen davon aus, „dass ein Wirtschaftsprüfer über ein fundiertes betriebswirtschaftliches Fachwissen verfügen muss".[46] Wegen der gestiegenen Anforderungen an Wirtschaftsprüfer empfehlen sie eher „eine weitere Anhebung der bisherigen Qualifikation als nur deren Beibehaltung".[47] Sie plädieren zumindest für eine schriftliche und mündliche BWL-Prüfung im WP-Examen.[48] Anderenfalls befürchten sie einen deutlichen Qualitätsverlust.[49] Baetge et al. haben den neuen Zugangsweg einschließlich des Verzichts auf den BWL-Teil im WP-Examen verteidigt und am Beispiel von drei Universitäten aufzuzeigen versucht, dass ein betriebswirtschaftliches Universitätsstudium mit Schwerpunkt Wirtschaftsprüfung bzw. Rechnungswesen bereits heute den Anforderungen des neuen Zugangsweges genügt.[50] Zu beachten ist allerdings, dass Baetge et al. wegen der fehlenden Gleichwertigkeit der FH-Absolventen den neuen Zugangsweg ausdrücklich auf Universitätsabsolventen beschränken.[51]

Die Haltung zu den BWL-Prüfungen im WP-Examen dürfte von den Missständen in der Themenstellung beeinflusst worden sein, z.B. die erneute Abfrage von Wissen, das bereits Gegenstand von Universitätsexamina war (vgl. IV.2.). Diese Missstände lassen sich jedoch durch eine geänderte Themenstel-

---

[45] Vgl. die Befunde bei *Bahr / Richter* (2000/2001), S. 19.

[46] *Siegel / Rückle / Sigloch* (2001), S. 1084.

[47] *Schneider* et al. (2002), S. 397.

[48] Vgl. *Siegel / Rückle / Sigloch* (2001), S. 1086. Vgl. auch Verband der Hochschullehrer für Betriebswirtschaft e.V. (2003), TOP 9b1) Ziff. 3: „Es muss sichergestellt werden, dass die angewandte BWL innerhalb des WP-Examens angemessen geprüft wird."

[49] Vgl. *Schneider* et al. (2002), S. 397.

[50] Vgl. *Baetge / Ballwieser / Böcking* (2001).

[51] Vgl. *Baetge / Ballwieser / Böcking* (2001), S. 1144: „Für Absolventen einer Fachhochschule oder mit einem Bachelor-Grad bleibt auch weiterhin nur der klassische Zugangsweg." (Vgl. auch S. 1147 und den Hinweis auf die abweichende Meinung von Peemöller).

lung beheben; sie sind keine Begründung für den Ersatz der BWL-Prüfungen im WP-Examen. Vorbehalte innerhalb des Berufsstandes gegenüber „theoretischen" Erkenntnissen mögen ebenfalls eine Rolle gespielt haben. Darauf deuten die Vorwürfe einer „theorielastigen" Ausbildung ebenso hin wie die Erwartung, dass die Universität „schnell einsetzbare Prüfer hervorbringen soll."[52] Diese Vorbehalte verkennen die große Bedeutung allgemeiner (theoretischer, wissenschaftlicher) Erkenntnisse für die Berufspraxis der WP (vgl. IV.2.) und weiterhin die Funktion und die Möglichkeiten von Universitäten, über die Vermittlung einer sauberen Theorie hinaus unmittelbar verwertbares Praxiswissen zu vermitteln. Der Transfer von der Theorie zur Praxisanwendung kann an Hochschulen nur sehr begrenzt geleistet werden. Die Schließung der „technologischen Lücke" zwischen theoretischem Wissen und der Anwendung dieses Wissens auf konkrete Probleme ist die Domäne – und eine Rechtfertigung – für die mehrjährige berufspraktische Zeit und das daran anschließende Berufsexamen.

Hinzuweisen ist auch auf die – nicht zuletzt seit dem KonTraG – *deutlich gestiegenen* Anforderungen an die betriebswirtschaftlichen Fähigkeiten der WP. Sicherlich ist der Einsatz von Spezialisten im Prüfungsteam eine sinnvolle Alternative und teilweise auch notwendig. Andrerseits übernimmt der Abschlussprüfer mit seiner Unterschrift unter dem Bestätigungsvermerk die volle Verantwortung für sein Gesamturteil und für die Einzelfeststellungen im Bestätigungsvermerk und im Prüfungsbericht. Der Berufsgrundsatz der Eigenverantwortlichkeit verlangt von ihm, dass sich diese Urteile und Feststellungen auf eigene Überzeugungen gründen müssen. Der Abschlussprüfer muss deshalb in der Lage sein, die vorbereitenden Spezialistenaussagen nachzuvollziehen, zu bewerten und zu einem abgewogenen Gesamturteil zu integrieren. Gerade diese Integrationsleistung erfordert den Generalisten. Unbeschadet von Spezialistenkenntnissen muss der Abschlussprüfer deshalb über breite, anwendungsorientierte, theoriegestützte und in den Teilgebieten nicht nur oberflächliche betriebswirtschaftliche Fähigkeiten verfügen.

Diese deutlich gestiegenen Anforderungen hätten es nahe gelegt, die BWL im WP-Examen stärker zu gewichten. Soweit es den neuen Zugangsweg betrifft, ist das Gegenteil eingetreten. Allerdings ist im Fall einer Anerkennung von Studienleistungen vorgesehen, die mündliche Prüfung im Wirtschaftlichen Prüfungswesen um 15 Minuten zu verlängern (§ 5 Abs. 2 Satz 4 E-WiPrAusbV). Ob dies ein adäquater Ersatz für die bisherige schriftliche Prüfung von vier bis sechs Stunden ist, ist mehr als zweifelhaft.

Während die – berechtigte – Kritik von Siegel et al. nur einen wenn auch zentralen Aspekt des neuen Zugangsweges betrifft, stellt die im Wesentlichen hochschulrechtlich begründete Kritik von Hömberg den neuen Zugangsweg

---

[52] *Schneider* et al. (2002), S. 398.

grundsätzlich in Frage.[53] Hömberg verweist auf die unterschiedlichen Zielsetzungen von Universitätsexamina und berufsbezogenen Examen, insbesondere auch auf die kritische Funktion der Wissenschaft. Daneben zeigt er praktische Schwierigkeiten auf, wie die Qualitätssicherung, die Anerkennung auswärtig erbrachter Studienleistungen und die Folgen eines Ortswechsels von Hochschullehrern.[54] Problematisch ist vor allem die Absicherung der Freiheit von Forschung und Lehre. Einerseits wird vom Berufsstand die Beteiligung an den Zugangs- und Fachprüfungen der Hochschulen als ein „unverzichtbares Element"[55] bezeichnet. Andererseits kollidiert gerade diese Beteiligung mit der Freiheit von Forschung und Lehre, die für die kritische Funktion von Wissenschaften unverzichtbar ist und die – auch im langfristigen Interesse des Berufsstandes – nicht gefährdet, sondern gestärkt werden sollte.[56]

V. Meta-Betrachtung: Die 5. WPO-Novelle – eine Reform des Zugangs zum WP-Beruf?

1. Das Berufsbild des Wirtschaftsprüfers

Einer Reform sollte eine gründliche Analyse der Situation und der angestrebten Ziele vorausgehen. Für die Reform des Zugangsweges und des WP-Examens, z.B. für die Überprüfung der Examensinhalte, hätte dies eine Berufsbilddiskussion erfordert. Diese *öffentliche* Diskussion unter Einbeziehung aller interessierten Kreise einschließlich des *gesamten* Berufsstandes hat nicht statt gefunden,[57] obwohl sich das berufliche Umfeld der WP „weiterhin mit bemerkens-

---

[53] Vgl. *Hömberg* (2002).

[54] Vgl. *Hömberg* (2002), S. 718 ff.

[55] IDW/WPK (2004), zu § 4 E-WiPrAusbV.

[56] Zur Gefährdung des „critical accounting" vgl. *Tilling / Tilt* (2004), S. 562: „And because employers and professional bodies do not value this critical accounting perspective (despite whatever lip service they may pay to the activity), students do not value it." Vgl. auch weitere Beiträge in dem Themenheft „A Critical Response to Managerialism in the Academy"; in: Critical Perspectives on Accounting, Vol. 15, May/July 2004.

[57] Eine Einbeziehung in den im Wesentlichen berufsinternen Diskussionsprozess erfolgte allenfalls sehr selektiv. Bezeichnend ist eine persönliche Erfahrung. Peemöller stützt sich in seinem Gutachten auf ein Positionspapier des IDW „Das zukünftige Bild des Wirtschaftsprüfers" aus dem Jahre 1999 (vgl. *Peemöller* (2000), S. 49, Fn. 54). Das Positionspapier enthält zwar „grundlegende Überlegungen zu der Veränderung des Berufsbildes und den sich daraus ergebenden Konsequenzen für eine zukunftsorientierte Ausbildung des Berufsnachwuchses", wurde mir aber nicht zugänglich gemacht – mit Hinweis auf eine Informationsveranstaltung des IDW und der WPK am 09.03.2001 mit ausgewählten Hochschullehrern (Schreiben des IDW vom 23.02.2001). In dieser Sitzung gab es dann – entgegen der Ankündigung – keine Informationen zum Berufsbild, sondern es wurde lediglich der geplante neue Zugangsweg vorgestellt.

werter Dynamik"[58] entwickelt und von einem „tradierten Berufsbild"[59] gesprochen wird.

Auffällig ist auch die dürftige empirische Basis. Abgesehen von den Befunden von Bahr / Richter[60] und einigen Daten, die Peemöller zusammengestellt hat,[61] fehlen jegliche belastbaren Informationen insbesondere über

- die Kriterien der Studierenden für die Studienfachwahl,
- ihre Wahrnehmung der Attraktivität des WP-Berufes,
- die Ursachen für die lange Ausbildungszeit und
- die Erfolgsfaktoren für das Bestehen des WP-Examens.

Es ist deshalb mehr als zweifelhaft, ob diese Phänomene „hinlänglich bekannt"[62] sind, um weitreichende gesetzliche Änderungen darauf zu stützen. Auch manche „Überzeugungen" könnten sich als Vorurteil herausstellen, wenn man sie mit den Befunden konfrontiert.[63] Die unzureichende empirische Absicherung der präferierten Lösungen überrascht um so mehr, als der Berufsstand sich als wissenschaftsnah versteht und ein WP der ersten Stunde, nämlich Wilhelm Voß, bereits 1926 darauf aufmerksam gemacht hat, dass die Vorgehensweise des Prüfers der Methodik des (empirischen) Forschers folgt.[64]

Unterschiedliche Auffassungen über die Aufgaben und Anforderungen an WP verweisen schließlich auf die Notwendigkeit einer normativen Diskussion. Zum Beispiel dürften WP zunehmend häufiger nur steuerberatend oder nur prüfend tätig sein. Der gestiegene Wissensumfang in beiden Gebieten, insbesondere die hohe Änderungsrate der Normen, begünstigen diese Entwicklung. Vor diesem Hintergrund wird die mit dem WP-Examen verbundene Doppelqualifi-

---

[58] *Schmidt / Kaiser* (2003), S. 151.

[59] O.V. (2001), S. 162.

[60] Vgl. *Richter / Bahr* (2000); *Bahr / Richter* (2000/2001).

[61] Vgl. *Peemöller* (2000), S. 39 – 49.

[62] So *Zitzelsberger* (2001), S. 1109, zu den Ursachen für die Lücke zwischen Angebot und Nachfrage nach Hochschulabsolventen im Prüfungswesen.

[63] So spricht z.B. das IDW von „einem kontinuierlichen Trend zur Verschlechterung der Examensergebnisse" (o.V. (2001), S. 162). Schillinger (zitiert bei *Schneider* et al. (2002), S. 397) ist der Auffassung, dass beim WP-Examen „über 50 Prozent der Kandidaten auf der Strecke" bleiben. Zumindest mit den Befunden von *Bahr / Richter* (2000/2001), S. 13 ff. und S. 16, stimmen beide Aussagen nicht überein. Vgl. auch *Boone / Coe* (2002), S. 253: „Our study underscores the importance of considering other factors such as noncompetitive compensation, unattractive working conditions, inappropriate student counseling, and inadequate curriculum among others when trying to understand the decline in accounting enrollments."

[64] Vgl. *Richter* (2002). Zu Recht rechnet deshalb auch das AICPA (2000) „research skills" zu den „functional core competencies".

kation für steuerberatende Tätigkeiten in Frage gestellt.[65] Ein weiteres Beispiel für die Notwendigkeit einer normativen Diskussion ist die Frage, ob die Anforderungen an die Prüfungstätigkeit nach kapitalmarktorientierten und anderen Unternehmen differenziert werden sollen.[66] Auch die Berufssatzung der WP beruht auf einer Differenzierung der Berufspflichten nach Tätigkeitsbereichen. Eine solche Differenzierung setzt allerdings voraus, dass die Prüfungsadressaten ihre Wertungen getrennt nach diesen Differenzierungen vornehmen.

2. Die Internationalisierung des WP-Berufes

Innerhalb der EU und weltweit ist eine Tendenz zu beobachten, die Anforderungen an den Zugang zum WP-Beruf zu harmonisieren.[67] Andererseits sind die deutschen Anforderungen an den Berufszugang im internationalen Vergleich hoch.[68] Deshalb droht über die Harmonisierung der Anforderungen zumindest im EU-Bereich eine Nivellierung nach unten und damit eine Gefährdung des Qualitätszieles.[69]

Dieses Dilemma hat – trotz entsprechender Hinweise[70] – in der Entstehungsgeschichte der 5. WPO-Novelle noch keine konkrete Rolle gespielt. Die Lösung dieses Dilemmas kann allerdings *nicht* lauten, die Anforderungen an die Person des Abschlussprüfers zu reduzieren. Unter Vertrauensaspekten[71] wäre keineswegs vermittelbar, dass ein Prüfungsadressat ungerechtfertigte Vermögensverschiebungen bzw. Vermögensverluste hinnehmen muss, nur weil wegen der Harmonisierung die fachlichen Anforderungen an den WP reduziert werden mussten. Schneider et al. verweisen zu Recht darauf, dass die Harmonisierung zwar eine Öffnung für weniger qualifizierte ausländische Prüfer verlangen wird. Eine Reduzierung der Ansprüche im deutschen WP-Examen müsse dies jedoch nicht zwangsläufig nach sich ziehen.[72] Sie vertrauen darauf, dass auf dem Pflichtprüfungsmarkt nur diejenigen WP zu Abschlussprüfern gewählt werden, die eine höhere Qualität signalisieren. Angesichts des Gresham'schen Gesetzes („Das schlechte Geld verdrängt das gute.") und der langjährigen Erfahrungen

---

[65] Vgl. dazu *Baetge / Ballwieser / Böcking* (2001), S. 1141; *Siegel / Rückle / Sigloch* (2001), S. 1086.

[66] Vgl. *Nonnenmacher* (2003), S. 477.

[67] Zu den Internationalisierungstendenzen vgl. bereits *Lichtner* (1997); zum aktuellen Stand siehe IDW (2003), S. 245; IDW (2004), S. 372 ff.

[68] Vgl. *Marten / Köhler / Klaas* (2001).

[69] Vgl. auch die Befürchtungen von *Schneider* et al. (2002), S. 402.

[70] Vgl. z.B. *Schneider* et al. (2002), S. 402.

[71] Zur Vertrauensfunktion von Prüfungen vgl. *Richter* (2004); *Richter* (2005); vgl. auch *Bahr* (2003).

[72] Vgl. *Schneider* et al. (2002), S. 402.

halte ich diesen Optimismus für wenig berechtigt. Unter Vertrauensaspekten kann meines Erachtens die Lösung nur lauten, nach Alternativen zu suchen, um trotz reduzierter Anforderungen im Berufszugang zum WP Fehlleistungen bei Abschlussprüfungen mit einer sehr hohen Wahrscheinlichkeit auszuschließen.

3. Die Persönlichkeit des WP – oder ist das Berufsethos eine Quantité négligeable?

In der ursprünglichen Fassung von § 1 PrüfO (WP) war der Zweck des WP-Examens wie folgt definiert: „Die Prüfung als Wirtschaftsprüfer hat den Zweck festzustellen, ob der Bewerber nach fachlichem Können *und als Persönlichkeit* befähigt ist, die beruflichen Aufgaben eines Wirtschaftsprüfers, namentlich bei gesetzlich vorgeschriebenen Prüfungen zu erfüllen.“ Diese Vorschrift wurde bereits vor einigen Jahren mit der Verlagerung der Prüfung der persönlichen Eignung in das Zulassungsverfahren aufgehoben.[73] Im Zulassungsverfahren können allerdings, wie die Voraussetzungen von § 10 WPO zeigen, nur gravierende Persönlichkeitsdefizite geltend gemacht werden und zu einer Versagung der Zulassung zum WP-Examen führen.

Andererseits ist unstrittig, dass der WP in einem Feld widerstreitender Interessen agieren muss.[74] Neben der hohen fachlichen Qualifikation ist deshalb ein berufsethisch einwandfreies Verhalten nicht nur in Schönwetter- sondern gerade in Konfliktsituationen ein wesentlicher Einflussfaktor für die Effektivität von Prüfungen und für das Vertrauen der Prüfungsadressaten in die Urteile und Feststellungen des Prüfers. Nicht zuletzt vor dem aktuellen Hintergrund der Skandale wie Enron und anderen, der bedenklichen Entwicklungen innerhalb des Berufsstandes[75] und trotz der Mahnungen auch aus dem Berufsstand selbst, sich auf die ethischen Grundlagen des WP-Berufes zurückzubesinnen,[76] ist es überraschend, dass die Sicherstellung eines berufsethisch einwandfreien Verhal-

---

[73] Vgl. IDW/WPK-Arbeitskreis „Reform des Wirtschaftsprüferexamens“ (2001), S. 1111 (Hervorhebung im Zitat M.R.).

[74] Vgl. z.B. die Befunde von *Vyakarnam / Srikanthan / Fitzsimons* (1996), S. 162 f.: „all the participants in the focus group spoke of the pressure to act in a way they may believe is unethical. This pressure comes from a variety of sources: from their superiors, from their peers and from the competitive environment. It was apparent from the discussion that today's accountant is not equipped or encouraged to resist this pressure.“

[75] Vgl. z.B. die Kritik von *Zeff* (2003), S. 280 (Hervorhebung M.R.): „The transformation of professional firms that happened to be businesses into businesses that happened to render professional services. The audit mentality at the top management of the firm was replaced by a consultancy mentality, including a headlong drive for growth, profitability and global reach – *business, not professional values.*“; vgl. auch *Richter* (2005).

[76] Vgl. z.B. *Ludewig* (1997); *Ludewig* (2002); vgl. auch *Richter* (2004), S. 231 f.

tens in der Entstehungsgeschichte der 5. WPO-Novelle keinerlei Rolle gespielt hat.[77] Offensichtlich fehlt entweder das Problembewusstsein oder man ist der naiven Ansicht, dass das notwendige berufsethisch einwandfreie Verhalten ohnehin vorhanden ist und keiner Ausbildung und Überprüfung bedarf.

VI. Fazit

Der Begriff der „Reform" wird zur Zeit – und nicht nur in der allgemeinpolitischen Auseinandersetzung – inflationär benutzt. Mit dem früheren Begriffsinhalt scheint er nur noch wenig gemein zu haben. Die 5. WPO-Novelle wird dem Anspruch einer Reform nicht gerecht; dafür sind die methodischen Defizite zu augenfällig. Die „Reform" war offensichtlich von einem kurzfristigen starken Personalengpass[78] getrieben; nur vor diesem Hintergrund werden die vorgenommenen Änderungen verständlich.

Im Zusammenhang mit der Reduktion der Praxiszeit von vier auf drei Jahren hatten Bahr / Richter die Erwartung geäußert, dass bei den zukünftigen Diskussionen um die Ausbildung des WP „flankierende Maßnahmen erwogen werden, um diesen Qualitätsverlust zu kompensieren."[79] Das Gegenteil ist eingetreten; zentrale Maßnahmen der 5. WPO-Novelle lassen einen weiteren Qualitätsverlust befürchten. Die Reform der Ausbildung zum WP (einschließlich einer Reform der „Reform") ist eine noch zu lösende dringende Aufgabe.

---

[77] Selbst in den Entwürfen zu den Curricula zur Konkretisierung der Anforderungen an die Hochschulprüfungen im neuen Zugangsweg wird diese Thematik praktisch ausgeklammert. Es finden sich hier nur Spurenelemente. Lediglich in der Überschrift zum Berufsrecht und als Klammerzusatz zu einem von insgesamt über 30 konkretisierenden Stichworten finden sich Andeutungen, übrigens auf gleicher Ebene mit Stichworten wie „Siegel und Siegelführung" sowie „Niederlassungsrecht"; vgl. IDW/WPK-Arbeitskreis „Reform des Wirtschaftsprüferexamens" (2004), zu A.5. Berufsrecht.

[78] Vgl. z.B. *Baetge / Ballwieser / Böcking* (2001), S. 1138 m.w.N.; *Jahn* (2001).

[79] *Bahr / Richter* (2000/2001), S. 20.

Literaturverzeichnis

AICPA (2000): Core Competency Framework for Entry into the Accounting Profession (The Framework); New York 2000; www.aicpa.org/edu/corecomp.htm, Zugriff am 05.01.2001.

– (2004): The Supply of Accounting Graduates and the Demand for Public Accounting Recruits – 2004: For Academic Year 2002/2003; New York 2004; www.aicpa.org/members/div/career/edu/sagdpar.htm, Zugriff am 29.12.2004.

Baetge, Jörg / *Ballwieser,* Wolfgang / *Böcking,* Hans-Joachim (2001): Ansätze für eine Reform der Hochschulausbildung im Fach „Wirtschaftsprüfung" – Optionen für einen zusätzlichen Zugang zum Wirtschaftsprüferberuf; in: Die Wirtschaftsprüfung; 54. Jg. (2001); S. 1138 – 1152.

Bahr, Andreas (2003): Vertrauen in Wirtschaftsprüfer: Konzeptioneller Bezugsrahmen für eine realwissenschaftliche Theorie der Erwartungslücke; Wiesbaden 2003.

Bahr, Andreas / *Richter,* Martin (2000/2001): Ist das Wirtschaftsprüfer-Examen noch zeitgemäß? – Alternativen und empirische Ergebnisse; in: Wirtschaftsprüferkammer-Mitteilungen; 39. Jg. (2000), S. 214 – 220, und 40. Jg. (2001), S. 6 – 20.

Boone, Jeff P. / *Coe,* Teddy L. (2002): The 150-Hour Requirement and Changes in the Supply of Accounting Undergraduates: Evidence from a Quasi-Experiment; in: Issues in Accounting Education; Vol. 17 (2002); S. 253 – 268.

Donle, Michaela / *Richter,* Martin (2003): Zusammenarbeit von Wissenschaft und Praxis in der Internen Revision; in: Zeitschrift Interne Revision; 38. Jg. (2003); S. 194 – 201.

Hömberg, Reinhold (2002): Zur Reform des Wirtschaftsprüferexamens; in: Die Wirtschaftsprüfung; 55. Jg. (2002); S. 717 – 724.

IDW (2003): Bericht des Vorstands anlässlich der Verwaltungsratssitzung am 21.05.2003; in: IDW-Fachnachrichten (2003); S. 233 – 249.

– (2004): Bericht des Vorstands anlässlich der Verwaltungsratssitzung am 26.05.2004; in: IDW-Fachnachrichten (2004); S. 357 – 381.

IDW/WPK (2004): Stellungnahme zum Referentenentwurf einer Verordnung über die Errichtung von anerkannten Hochschulausbildungsgängen und zur Anrechnung von Studienleistungen nach §§ 8a und 13b der Wirtschaftsprüferordnung (Wirtschaftsprüferausbildungsverordnung – WiPrAusbV) vom 13.8.2004; www.wpk.de/Stellungnahme/Stellungnahme_23-8-2004.asp, Zugriff am 09.10.2004.

IDW/WPK-Arbeitskreis „Reform des Wirtschaftsprüferexamens" (2001): Überlegungen zur Reform des Wirtschaftsprüferexamens; in: Die Wirtschaftsprüfung; 54. Jg. (2001); S. 1110 – 1116.

– (2004): Die Prüfungsgebiete im Wirtschaftsprüfungsexamen – Curricula zur Konkretisierung des § 4 Wirtschaftsprüferprüfungsverordnung (WiPrPrüfV); 2. Entwurf; Stand 07.12.2004.

IFAC Education Committee (1994): 2000 and Beyond: A Strategic Framework for Prequalification Education for the Accountancy Profession in the Year 2000 and Beyond; Discussion Paper; New York; June 1994; www.ifac.org/Members/HTML_Files/Education/2000AndBeyond/2000And Beyond.tmp, Zugriff am 18.03.2002.

Jahn, Joachim (2001): Vom Häkchenmacher zum global agierenden Bilanzprüfer; in: Frankfurter Allgemeine Zeitung vom 07.04.2001; S. 67.

Kämpfer, Georg (2001a): Warum werden Wirtschaftsprüfer in Zukunft gesuchte Leute sein?; in: Frankfurter Allgemeine Zeitung vom 07.04.2001; S. 67.

– (2001b): Stellungnahme [zu Siegel / Rückle / Sigloch, BB 2001, S. 1084 – 1086]; in: Betriebs-Berater; 56. Jg. (2001); S. 1086 – 1087.

Kaiser, Sven (2003): Veränderungen beim Berufszugang zum Wirtschaftsprüfer durch die 5. WPO-Novelle; in: Deutsches Steuerrecht; 42. Jg. (2003); S. 995 – 998.

Lichtner, Rolf (1997): Die Rolle des Berufsstandes der Wirtschaftsprüfer in einer Welt globaler Kapitalmärkte; in: Wirtschaftsprüferkammer-Mitteilungen; 36. Jg. (1997); Sonderheft Juni 1997; S. 132 – 138.

Ludewig, Rainer (1997): Unternehmensethik und Unternehmenskultur in der Wirtschaftsprüferpraxis; in: Jahresabschluß und Jahresabschlussprüfung: Probleme, Perspektiven, internationale Einflüsse: Festschrift für Jörg Baetge; Hrsg. Thomas R. Fischer und Reinhold Hömberg; Düsseldorf 1997; S. 701 – 729.

– (2002): Ein Appell – nicht nur an die Wirtschaftsprüfer; in: Die Wirtschaftsprüfung; 55. Jg. (2002); S. 613 – 615.

Marten, Kai-Uwe / *Köhler,* Annette G. / *Klaas,* Helmut (2001): Zugangswege zum Beruf des Wirtschaftsprüfers im europäischen Vergleich; in: Die Wirtschaftsprüfung; 54. Jg. (2001); S. 1117 – 1138.

Nonnenmacher, Rolf (2003): Stärkung der Abschlussprüfung durch strengere Unabhängigkeitsregeln und erweiterte Haftung?; in: Der Konzern; 1. Jg. (2003); S. 476 – 479.

o.V. (2001): Sitzungen des Ausschusses für Aus- und Fortbildung; in: IDW-Fachnachrichten (2001); S. 162 – 163.

– (2002): IDW/WPK-Arbeitskreis Reform des WP-Examens; in: IDW-Fachnachrichten (2002); S. 223 – 226.

– (2003): Referentenentwurf Fünfte WPO-Novelle; in: Wirtschaftsprüferkammer-Mitteilungen; 42. Jg. (2003); S. 29 – 32.

– (2004): Professional Issues; in: Journal of Accountancy; Vol. 197 (2004); April; S. 17.

Peemöller, Volker H. (2000): Untersuchung der unterschiedlichen Prüfungswege zum Wirtschaftsprüferberuf, Gutachten im Auftrag des Bundesministeriums für Wirtschaft und Technologie, Referat II A 4; o.O. [Nürnberg]; o.J. [2000].

– (2004): Inhalte der 5. WPO-Novelle; in: Wirtschaftsprüfung und Interne Revision; Hrsg. Gerhart Förschle und Volker H. Peemöller; Heidelberg 2004; S. 769 – 777.

Raghunandan, K. / *Read,* William J. / *Brown,* Clifford D. (2003): The 150-hour rule: Does it improve CPA exam performance?; in: Managerial Auditing Journal; 18. Jg. (2003); S. 31 – 38.

Richter, Martin (2002): Prüfungen als wissenschaftliche Untersuchungsprozesse – zur wissenschaftlichen und berufspraktischen Bedeutung des meßtheoretischen Ansatzes von Klaus von Wysocki; in: Theorie und Praxis der Wirtschaftsprüfung III: Entwicklungstendenzen – Corporate Governance – E-Commerce; Hrsg. Martin Richter; Berlin 2002; S. 13 – 50.

– (2004): Prüfungen als Vertrauensgüter; in: Spezialisierung und Internationalisierung: Entwicklungstendenzen der deutschen Betriebswirtschaftslehre: Festschrift für Günter Wöhe; Hrsg. Ulrich Döring und Heinz Kußmaul; München 2004; S. 217 – 238.

– (2005): Wirtschaftsprüfung – Quo Vadis?; in: Wirtschaftsprüfung – Quo Vadis?; Hrsg. Martin Richter; Berlin 2005 [Veröffentlichung in Vorbereitung].

Richter, Martin / *Bahr,* Andreas (2000): Das Examen zum Wirtschaftsprüfer – eine explorative empirische Untersuchung; in: Bilanzierung und Besteuerung der Unternehmen: Das Handels- und Steuerrecht auf dem Weg ins 21. Jahrhundert: Festschrift für Herbert Brönner; Hrsg. Jens Poll; Stuttgart 2000; S. 337 – 360.

Schmidt, Manfred / *Kaiser,* Sven (2003): Die fünfte WPO-Novelle – eine umfassende Reform in schwieriger Zeit; in: Wirtschaftsprüferkammer-Mitteilungen; 42. Jg. (2003); S. 150 – 163.

Schneider, Dieter / *Bareis,* Peter / *Rückle,* Dieter / *Siegel,* Theodor / *Sigloch,* Jochen (2002): Die Qualität des Wirtschaftsprüfers und die Betriebswirtschaftslehre im Wirtschaftsprüfer-Examen; in: Die Wirtschaftsprüfung; 55. Jg. (2002); S. 397 – 403.

Siegel, Theodor / *Rückle,* Dieter / *Sigloch,* Jochen (2001): Reform des WP-Examens: Beibehaltung des Fachs BWL in modifizierter Form: Ein Beitrag zur Qualitätssicherung der Ausbildung des Wirtschaftsprüfers; in: Betriebs-Berater; 56. Jg. (2001); S. 1084 – 1086 [mit einer Stellungnahme von Georg Kämpfer; S. 1086 – 1087].

Tilling, Matthew V. / *Tilt,* Carol A. (2004): Alas poor critical accounting, we knew him, Karl; in: Critical Perspectives on Accounting; Vol. 15 (2004); S. 557 – 563.

Verband der Hochschullehrer für Betriebswirtschaft e.V. (2003): Protokoll der ordentlichen Hauptversammlung am 12. Juni 2003 in Zürich; TOP 9b1).

Vyakarnam, Shailendra / *Srikanthan,* Sri / *Fitzsimons,* Sharon (1996): Can Accountants Distinguish their Assets from their Morals?; in: Business Ethics; Vol. 5 (1996); S. 156 – 163.

Willeke, Clemens (2003): Zum Gesetz zur Reform des Zulassungs- und Prüfungsverfahrens des Wirtschaftsprüferexamens; in: Steuern und Bilanzen; 5. Jg. (2003); S. 1058 – 1062.

WPK (2002): Tätigkeitsbericht des Präsidenten der WPK anläßlich der Beiratssitzung am 29.11.2001; in: Wirtschaftsprüferkammer-Mitteilungen; 41. Jg. (2002); S. 41 – 50.

Zeff, Stephen A. (2003): How the U.S. Accounting Profession Got Where It Is Today; in: Accounting Horizons; Vol. 17 (2003); S. 189 – 206, 267 – 286.

Zitzelsberger, Siegfried (2001a): Zur Zukunft des Wirtschaftsprüfers – Berufszugang, Ausbildung, Karrieremöglichkeiten; in: Die Wirtschaftsprüfung; 54. Jg. (2001); S. 1109.

Der Weg zu einer großen Steuerreform

Von Paul Kirchhof

Theodor Siegel ist ein entschiedener Streiter für eine systematische Einkommensteuer, deren Belastungswirkungen von der gewählten Rechtsform möglichst unabhängig sein und die unternehmerische Entscheidung möglichst wenig verfremden sollen[1]. Für das Postulat der Rechtsformneutralität zieht Theodor Siegel auch Art. 3 Abs. 1 GG heran: Die Einkommensteuer besteuere das Einkommen von Individuen. Deshalb müsse nach dem Gleichheitssatz jedes Einkommen eines Individuums gleich besteuert werden, unabhängig von der Frage, in welcher Rechtsform und durch welche Tätigkeit es entstanden ist[2]. Unter welchen ökonomischen oder sonstigen Umständen Einkommen auch entstanden sein mag, die Einkommensteuer belaste das ökonomische Ergebnis des Einkommens. Daher könne es auf das „Rechtskleid" der Betätigung nicht ankommen[3]. Die Vielfalt der im Einkommensteuerrecht geläufigen Gleichheitsverstöße dürften nicht von der Forderung ablenken, dass allein wirtschaftliche, nicht steuerliche Überlegungen für die Wahl der Rechtsform maßgebend sein sollen[4].

Dieses Konzept der Freiheit erfasst mit der Einkommensteuer den realisierten Reinvermögens-Zugang, definiert und rechtfertigt in diesem Besteuerungsobjekt die Einkommensteuer, erreicht damit eine Rechtsformneutralität, wenn auch nicht eine allgemeine Entscheidungsneutralität. In seinem Kernanliegen begegnet Theodor Siegel den Geboten des Verfassungsrechts. Das Bundesverfassungsgericht[5] hat hervorgehoben, dass die bloße Wahl der Organisationsform eines Unternehmens für sich genommen keine Belastungsunterschiede rechtfertige, das Gleichbehandlungsgebot des Art. 3 Abs. 1 GG vielmehr Belastungsdifferenzierungen allein nach der Rechtsform verbiete. Zudem verlangt die Garantie der Vereinigungsfreiheit (Art. 9 Abs. 1 GG) ein Steuerrecht, das die freie

---

1 Vgl. *Siegel* (1999), S. 354 f.; *Siegel / Bareis* (2004); *Siegel* (2004), S. 193 f.

2 *Siegel* (2004), S. 202 f.

3 *Siegel* (2004), S. 203.

4 *Siegel* (2004), S. 203 f.

5 BVerfGE 101, 151 (156 f.) – Schwarzwaldklinik –.

Entscheidung über die Rechtsform eines wirtschaftlichen Organismus nicht durch Bevorzugungen und Benachteiligungen einengt[6].

Wenn in diesem Postulat der Rechtsformneutralität ökonomische Vernunft und verfassungsrechtliche Bindung dieselbe Erneuerung des Einkommensteuerrechts fordern, scheint der Weg zu einer Grundlagenreform geebnet. Dennoch ist der Durchbruch bis heute nicht gelungen. Deswegen nehme ich die rechtspolitischen Übereinstimmungen mit Theodor Siegel in Grundsatzanliegen der Reform zum Anlass, ihm einige Gedanken zum parlamentarischen Weg einer Steuerrechtsänderung zu widmen.

I. Der demokratische Ausgangsgedanke: Das gerechte Steuerrecht dank parlamentarischem Verfahren

Die parlamentarische Demokratie folgt in ihren Anfängen der Erwartung, allein das Gesetzgebungsverfahren könne eine maßvolle und gleichmäßige Besteuerung sichern. Wenn die Steuerpflichtigen selbst durch ihre Repräsentanten über die Steuerlast entschieden, sei hinreichend verlässlich gewährleistet, dass die Menschen nicht von übermäßig drückenden Steuerlasten betroffen und Steuerprivilegien unverzüglich beseitigt würden. Staatsbürgerliche Rechtsgleichheit fordere ein Gesetz, das für alle Einwohner eines Staates gleichermaßen gelte und dem sich kein Stand und keine Person entziehen könne[7]. In der Allgemeinheit der gesetzlichen Besteuerung liege ein Gleichheitssatz, der keine Ausnahme zulasse und einen gleichen Belastungserfolg für alle Einwohner sicherstellen wolle[8]. Alle Bürger sollten „ohne Unterschied zu allen öffentlichen Lasten“ beitragen, alle Abgabenbefreiungen aufgehoben bleiben[9]. Jegliche Bevorzugung sei abzuschaffen und in Zukunft zu vermeiden[10]. Art. 134 der Weimarer Reichsverfassung nahm diese Entwicklung auf und begründete einen speziellen, den allgemeinen Gleichheitssatz des Art. 109 WRV für das Steuerrecht verdeutlichenden Gleichheitssatz: „Alle Staatsbürger ohne Unterschied tragen im Verhältnis ihrer Mittel zu allen öffentlichen Lasten nach Maßgabe der Gesetze bei“.

Dieses für das Steuerrecht bestimmende Privilegienverbot[11] wird ergänzt durch das Prinzip der Vollständigkeit des Haushaltsplans, das nicht nur finanz-

---

6 *Kirchhof* (2000), S. 62 f.; ders. (2003), S. 27 f.

7 *Dann* (1975), S. 1024 f.

8 So die Bayerische Verfassung von 1818, Verfasssungs-Urkunde des Königsreichs Bayern von 1818, Titel IV, § 13, Gesetzblatt für das Königsreich Bayern, 1818, Sp. 101.

9 § 8 der Badischen Verfassung von 1818, Staats- und Regierungsblatt 1818, S. 101.

10 Art. 101 der Preußischen Verfassung von 1850, Preußische Gesetzessammlung 1850, S. 17.

11 Vgl. BVerfGE 84, 239 (270) – Zinsbesteuerung –.

wirtschaftlich die Planung, die parlamentarische Verantwortung und den Ausgleich zwischen Einnahmen und Ausgaben sicherstellen sollte, vielmehr auch den fundamentalen Grundsatz der Gleichheit der Bürger bei der Auferlegung öffentlicher Lasten aktualisiert und damit eine wesentliche Ausprägung rechtsstaatlicher Demokratie ist. Die relativ gleiche Teilnahme aller Staatsbürger an den die Gemeinschaft treffenden Lasten nach Maßgabe der Steuergesetze muss zur Folge haben, dass diese Lasten auch tatsächlich aus den von allen gemeinsam aufgebrachten Steuermitteln getragen werden[12].

Diesen demokratischen Optimismus, der in der parlamentarisch-repräsentativen Entscheidungszuständigkeit die maßvolle und gleichmäßige Steuerlast garantiert sieht, haben wir inzwischen verabschiedet. Auch heute noch empfiehlt sich mancher Abgeordnete dem Wähler nicht als Garant niedriger Steuerlasten, sondern als Vordenker zusätzlicher Staatsleistungen und damit weiterer Steuererhöhungen. Selbst ein so elementares und allgemeines Anliegen wie die einkommensteuerliche Verschonung des Existenzminimums, das jedem Einkommensbezieher die Eigenfinanzierung seines persönlichen Bedarfs aus eigenem Einkommen erlaubt und eine staatliche Sozialhilfe erübrigt, konnte nicht durch Parlamentsentscheid gesichert, musste vielmehr erst durch Entscheidungen des Bundesverfassungsgerichts gewährleistet werden[13]. Elementare Jedermannsanliegen scheinen im Steuerrecht parlamentarisch kaum noch vermittelbar.

II. Fehlentwicklungen der repräsentativen Demokratie

Die Entwicklung des modernen Parlamentarismus schwächt immer mehr den Zusammenklang von Parlamentsentscheidung und Betroffenenwillen, entparlamentarisiert die Gesetzgebung in außerparlamentarischen Gremien[14], fördert einen kontinuierlichen Bedeutungsverlust der Parlamente[15]. Ein von den Exekutiven bestimmter „Verbundföderalismus“ verzahnt Bund und Länder eng miteinander[16]. Die weitreichenden Zustimmungserfordernisse des Bundesrates, ein auf Koalitionen angelegtes Wahlrecht, auch eine Stärke der das Parlament beeinflussenden Gruppierungen und Verbände verbindet die Logik von Wettbewerb und Mehrheitsentscheidung mit der Logik des Verhandelns und der Konsenssuche, die eine Demokratie in ihrer Entscheidungs- und Entwicklungsfähigkeit

---

[12] Vgl. *Hatschek* (1930), S. 274 f.; dazu BVerfGE 55, 274 (303) – Ausbildungsplatzförderungsabgabe –.

[13] Vgl. BVerfGE 82, 60 (89 f.) – Familienexistenzminimum –; 87, 153 (170) – Grundfreibetrag –; 99, 216 (233) – Kinderbetreuungskosten –; 99, 246 (259 f.) – Familienleistungsausgleich –.

[14] *Kirchhof* (1997), Rdn. 34 f.

[15] *Papier* (2003), S. 105 f.

[16] *Graf Kielmannsegg* (2000), S. 389 f.

wesentlich hemmen kann. Das Gesetz wird von der generell-abstrakten, auf Dauer verbindlichen Grundsatzregel zu einem Instrument der Tagespolitik; das Einzelfallgesetz dominiert trotz des Verbots des Art. 19 Abs. 1 GG. Wenn demgegenüber das „Verfassungsgericht mit überragender Autorität"[17] den Handlungsraum der Politik durch verbindliche Verfassungsauslegung immer wieder in Erinnerung ruft, wird auch diese Verfassungsbindung als Entmachtung des Parlaments empfunden.

Diese Entwicklung zu einer Politik des „mittleren", vielleicht sogar des zaghaften und unauffälligen Wegs lähmt den demokratischen Parlamentarismus in funktionsgefährdender Weise, wenn grundlegende Reformen, Richtungsentscheidungen und große Kodifikationen anstehen.

Wichtige Grundsatzentscheidungen verschieben sich vom Gesetzgeber zur Exekutive: In der Europäischen Union werden nach den Gesetzmäßigkeiten des Staatenverbundes Gesetze und Verordnungen in dessen Exekutivorgan, dem Rat, beschlossen[18]. Im deutschen Bundesstaat übernimmt der von den Landesregierungen gebildete Bundesrat mit Ausdehnung der Zustimmungsbedürftigkeit von Bundesgesetzen zunehmend die Funktion einer „zweiten Kammer" und einer mit einem Vetorecht ausgestatteten parteipolitischen Opposition[19]. Das freie Mandat des Abgeordneten (Art. 38 Abs. 1 Satz 2 GG) wird als parteigebundenes Mandat wahrgenommen, so dass sich parlamentarische Verantwortung in Parteigremien, Koalitionsvereinbarung, Koalitionsausschüsse, Parteitagsbeschlüsse, Basisäußerungen, Konferenzen der Ministerpräsidenten der Länder, aber auch von Regierungsabsprachen mit Verbänden und Interessengruppen verschieben.

Die Idee des demokratischen, die Allgemeinverpflichtung betonenden Gesellschaftsvertrages wird verfälscht, wenn Regierung und Interessentengruppen bei besonders eckigen Problemen den „Runden Tisch" suchen oder am Arbeitsmarkt in Distanz wirkende Gruppierungen in einem „Bündnis für Arbeit" verflechten wollen. Wenn eine „Vereinbarung zwischen der Bundesregierung und den Energieversorgungsunternehmen"[20] einen „Atomkonsens" über eine befristete Kernenergienutzung verkündet und dann vom Parlament nur noch formal als Gesetz in Geltung gesetzt worden ist[21], so werden die Abläufe politischer Willensbildung so zwischen Staat und Gesellschaft verflochten, dass die reprä-

---

[17] *Graf Kielmannsegg* (2000).

[18] BVerfGE 89, 155 (182 ff.) – Maastricht –.

[19] *Weber* (1970), S. 63 f.; *Schneider* (2002), Rdn. 140 f.; *Isensee* (2004), S. 603 f.

[20] NVwZ-Beilage IV/2000 zu Heft 10/2000; vgl. auch BVerfGE 104, 249 (268 f.) – Biblis A –; sowie die abweichende Meinung der Richter Di Fabio und Mellinghoff, BVerfGE 104, 273 (277 ff.).

[21] Gesetz zur geordneten Beendigung der Kernenergienutzung zur gewerblichen Nutzung von Elektrizität vom 22.04.2002, BGBl. I 2002, S. 1351.

sentative Demokratie ihre Konturen zu verlieren droht. Wenn der Bundesfinanzminister schließlich Rechte – die UMTS-Lizenzen – auf gesetzlicher Grundlage (§ 11 TKG) gegen Höchstgebot versteigert, die Bundesregierung gegen Zahlung von 400 Mio. DM durch einen Verband „zusagte", für zwei Jahre auf gesetzliche Preisregulierungen für bestimmte verschreibungspflichtige Arzneimittel verzichten zu wollen[22], so droht der Finanzstaat sein Gesicht zu verlieren, weil er sich nicht mehr voraussetzungslos aus Steuern finanziert, sondern amtliche Leistungen gegen Entgelt erbringt, damit in die Nähe der Korrumpierung gerät.

Zudem drängen immer mehr nicht demokratisch gewählte Kommissionen auf eine Teilhabe an der Staatsleitung. Der „Nationale Ethikrat", die „Hartz-Kommission", die „Rürup-Kommission", der „Rat für nachhaltige Entwicklung", die „Kommission zur Reform der Gemeindefinanzen", die „Expertenkommission Corporate Governance", die „Kommission Gemeinsame Sicherheit und Zukunft der Bundeswehr", die „Unabhängige Kommission Zuwanderung", die „Expertenkommission Reform des Hochschuldienstrechts"[23] oder die am 16., 17. Oktober 2003 von Bundestag und Bundesrat eingesetzte Bundesstaatskommission („Föderalismuskommission") beanspruchen Entscheidungsmacht, die das Parlament fast in die Aufgabe eines notariellen Vollzugs drängt. Diese Form von Entscheidungsverschränkungen mag zwar in keine „Politikverflechtungsfalle"[24] führen, begründet aber wohl einen Kompromisszwang[25], der einer systematischen Neukonzeption des Steuerrechts eher entgegensteht.

Eine Abhilfe ist nur von einer klaren Abgrenzung von Aufgaben und Kompetenzen zu erwarten, wie sie sich die Föderalismuskommission zum Ziel gesetzt hatte und wie sie von der Revision des EU-Vertrages erhofft worden war. Erwogen wird auch eine Ersetzung des Verhältniswahlrechts durch ein Mehrheitswahlrecht, das mit der Stärkung der Persönlichkeitswahl auch klare parteipolitische Alternativen hervorbrächte. Vor allem aber muss der Einfluss eines kleinen Kreises von Interessenten auf politische Entscheidungen und grundsätzliche Weichenstellungen zurückgedrängt, also die Unterscheidung zwischen freiheitsverpflichtetem Staat und freiheitsberechtigter Gesellschaft wieder betont werden. Konkrete Schritte zu dieser Entflechtung wären die Veröffentlichung aller Mitgliedschaften, Abhängigkeiten und Zugehörigkeiten von Abgeordneten in Verbänden und Gruppierungen, eine formalisierte Öffentlichkeit für die Begegnungen und den Meinungsaustausch zwischen Regierung und Verbänden, eine Qualifikations- und Fortbildungskampagne für die Abgeordneten, eine – gele-

[22] Vgl. Pressemitteilung des Presse- und Informationsamtes der Bundesregierung vom 08.11.2002, Nr. 507/01; auch BT-Drs. 14/205, Sitzung vom 29.11.2001, S. 203/32.

[23] Vgl. insgesamt *Papier* (2003), S. 114 f.

[24] *Scharpf* (1985), S. 349 f.

[25] *Papier* (2003), S. 110.

gentlich theoretisch erscheinende, aber praktisch bedeutsame – personelle Trennung von Regierungsmitgliedschaft und Parlamentszugehörigkeit. Vor allem aber müssen die Finanzmacht und die durch sie geschaffenen Abhängigkeiten im Bundesstaat, zwischen Deutschland und Europa und zwischen Staat und Gesellschaft auf einfache, öffentlich sichtbare Grundstrukturen zurückgeführt, damit kontrollierbar und verantwortbar gemacht werden.

III. Der Vermittlungsausschuss

Bundessteuergesetze bedürfen der Zustimmung des Bundesrates, wenn deren Aufkommen den Ländern oder den Gemeinden ganz oder zum Teil zufließt (Art. 105 Abs. 3 GG). Deswegen ist die Entwicklung insbesondere der Gemeinschaftsteuern (Einkommensteuer, Körperschaftsteuer, Umsatzsteuer) von einen Einvernehmen zwischen Bundestag und Bundesrat abhängig (Art. 106 Abs. 3 Satz 1 GG). Sind Bundestag und Bundesrat unterschiedlicher Auffassung, führt das weitere Gesetzgebungsverfahren in den Vermittlungsausschuss (Art. 77 Abs. 2 GG). In diesem Entscheidungsgremium, in dem 16 Mitglieder des Bundestages und 16 Mitglieder des Bundesrates einen empfehlenden, faktisch aber meist wirksamen vermittelnden Gesetzgebungsvorschlag erarbeiten, wird oft bis tief in die Nacht beraten, teilweise in den frühen Morgenstunden ein ad hoc entwickelter Kompromissvorschlag vorgelegt, oft auch in Gesprächsformen eine Lösung gesucht, die von Teilnehmern eher durch Kaminfeuer und Rotwein denn durch parlamentarische Debatte gekennzeichnet werden.

Der Vermittlungsausschuss ist deshalb für das Steuerrecht ein Quasigesetzgeber, in dem eine kleine Zahl von Abgeordneten mit den Regierungsvertretern der Länder sich über zukünftiges Steuerrecht verständigen. Dieses Verfahren muss parlamentarisch so begrenzt und unterfangen werden, dass die Rechte jedes Abgeordneten im Plenum gewahrt werden, die Öffentlichkeit der Debatte nicht Einbußen erleidet, die Repräsentations- und Legitimationsfunktion des gewählten Parlaments nicht geschwächt wird, das Gesetzesinitiativrecht (Art. 76 GG) nicht von den Berechtigten auf den Vermittlungsausschuss übergeht.

Nach den grundgesetzlichen Vorgaben hat der Vermittlungsausschuss die Aufgabe, eine Brücke zwischen den zuvor von den Gesetzgebungsorganen erörterten Gesetzgebungsalternativen zu schlagen[26]. Der Ausschuss empfängt seine Legitimation ausschließlich durch das Begehren der Vermittlung. Mit jeder inhaltlichen Überschreitung des Anrufungsgegenstandes würde sich der Aus-

---

[26] BVerfGE 101, 297 (307) – häusliches Arbeitszimmer –; ausführlich auch *Kokott* (1997), Art. 77, Rdn. 54.

schuss ein ihm nicht zugewiesenes Gesetzesinitiativrecht anmaßen[27]. Dass Bundestags- und Bundesratsmitglieder im Vermittlungsausschuss vertreten sind, ändert hieran nichts, weil die jeweils 16 Repräsentanten dieser beiden Initiativorgane nicht mit den Organen selbst gleichzusetzen sind und in ihrer konkreten Funktion keine Initiativ-, sondern Vermittlungsaufgaben wahrzunehmen haben. Die inhaltliche Überschreitung des Anrufungsgegenstandes würde darüber hinaus das Gesetzgebungsverfahren und die entsprechenden Abgeordnetenrechte verkürzen und Verantwortlichkeiten verwischen[28], zumal der Vermittlungsausschuss unter Ausschluss der Öffentlichkeit verhandelt.

„Der Bundestag muss den Vermittlungsvorschlag auf der Grundlage seiner Debatte über ihm vorliegende Anträge und Stellungnahmen als ein ihm zuzurechnendes und von ihm zu verantwortendes Ergebnis seines parlamentarischen Verfahrens erkennen und anerkennen können. Der Vermittlungsvorschlag ist deshalb in dem Rahmen gebunden, der nach den bisherigen Beratungen im Bundestag inhaltlich und formal vorgezeichnet ist."[29] Eine „Änderung, Ergänzung oder Streichung der vom Bundestag beschlossenen Vorschriften" darf der Vermittlungsausschuss danach „nur vorschlagen, wenn und soweit dieser Einigungsvorschlag im Rahmen des Anrufungsbegehrens und des ihm zugrundeliegenden Gesetzgebungsverfahrens verbleibt."[30] Der Ausschuss darf also nicht auf Sachverhalte eingehen, die keinen unmittelbaren inneren Bezug zum Anrufungsgegenstand haben[31]; verfassungsgemäß ist es lediglich, Regelungen in den Vermittlungsvorschlag einzubeziehen, die „in einem Sachzusammenhang" mit dem parlamentarischen Beratungsgegenstand stehen[32].

Allerdings hat die Praxis „offener", inhaltlich weiter Anrufungen allein durch Benennung des in Streit stehenden Gesetzes die These veranlasst, als einzige klare Grenze könne nur gelten, der Vermittlungsausschuss dürfe kein „völlig neues Gesetz" schaffen[33]. Damit wäre aber der Inhalt eines Gesetzesbeschlusses in das nichtöffentliche, nicht vom Plenum des Parlaments getragene Vermittlungsverfahren gelegt, die Gesetzgebung damit in demokratiewidriger Weise entparlamentarisiert. Deswegen gibt die frühere Praxis „offener" Anrufungsbegehren Anlass, eine möglichst genaue Fassung des Anrufungsgegenstandes zu

---

27 BVerfGE 101, 297 (307) – häusliches Arbeitszimmer –; ausführlich dazu *Hübner / Schaden* (1999), S. 2096.

28 BVerfGE 101, 297 (307) – häusliches Arbeitszimmer –.

29 BVerfGE 101, 297 (307) – häusliches Arbeitszimmer –.

30 BVerfGE 101, 297 (307) – häusliches Arbeitszimmer –.

31 *Wessel* (1951/52), S. 302 f.

32 Näher zum Begriff des Sachzusammenhangs *Kokott* (1997), Art. 77, Rdn. 60 ff.; *Hübner / Schaden* (1999), S. 2095 f.

33 *Kunig* (2003), Art. 77, Rdn. 14.

fordern[34], gerade wenn das Gesetz als Artikelgesetz Änderungen mehrerer Gesetze zum Gegenstand hat oder wenn es eine Fülle von Neuregelungen vorsieht. Bei einer gleichwohl „offenen“, allein das Einzel- oder Artikelgesetz benennenden Anrufung sind zur Konkretisierung des Sachzusammenhangs, der die zulässigen Befassungsgegenstände des Vermittlungsausschusses umgrenzt, die in das Gesetzgebungsverfahren eingebrachten Anträge und Stellungnahmen heranzuziehen[35]. Stellungnahmen des Bundesrates sind dabei gerade auch dann zu berücksichtigen, wenn diese im Gesetzesbeschluss des Bundestages keinen Niederschlag gefunden haben[36]. Auch parlamentarische Debatten im vorgehenden Gesetzgebungsverfahren können dazu beitragen, den Anrufungsgegenstand einzugrenzen.

Dagegen sind mögliche parallele Gesetzgebungsverfahren zur inhaltlichen Umgrenzung des Anrufungsgegenstandes prinzipiell unerheblich. Der Vermittlungsausschuss wird immer aufgrund eines bestimmten Anrufungsbegehrens tätig, dem ein konkretes Gesetzgebungsverfahren vorausgeht, innerhalb dessen es zu bislang nicht beseitigten inhaltlichen Gegensätzen zwischen Bundestag und Bundesrat gekommen ist. Allein zur Auflösung dieser Alternativen ist der Vermittlungsausschuss legitimiert. Ausnahmsweise hatte es das Bundesverfassungsgericht in einem früheren Fall zwar als rechtmäßig betrachtet, dass der Vermittlungsausschuss in seinen Vermittlungsvorschlag einen vom Bundestag nicht abschließend beratenen anderen Gesetzentwurf einbezogen hatte[37]. Dabei handelte es sich allerdings um ein Begleitgesetz, das mit dem vom Vermittlungsausschuss zu behandelnden Gesetz in unmittelbarem inneren Zusammenhang im Sinne einer „Paketlösung“ stand und dementsprechend auch zuvor schon gemeinsam mit dem zu behandelnden Gesetz beraten worden war. Nur in Anbetracht dieser vom Parlament hergestellten Verbindung hatte das Bundesverfassungsgericht die Vorgehensweise nicht beanstandet, das Verfahren aber zugleich als „an der Grenze des Zulässigen“ liegend bezeichnet[38].

Geht eine Beschlussempfehlung des Vermittlungsausschusses nach diesen Maßgaben über den Anrufungsgegenstand und seinen unmittelbaren Sachzusammenhang hinaus, liegt sie damit „außerhalb der bisherigen Auffassungsunterschiede im Parlament oder der bisherigen Gegenläufigkeit zwischen Bundestag und Bundesrat“[39]. Sie ist wegen Verstoßes gegen Art. 76 Abs. 1 GG (Gesetzesinitiativrecht), Art. 20 Abs. 2 GG (Demokratieprinzip), Art. 38 Abs. 1 GG

---

[34] So auch BVerfGE 101, 297 (308) – häusliches Arbeitszimmer –.

[35] BVerfGE 101, 297 (308) – häusliches Arbeitszimmer –.

[36] BVerfGE 72, 175 (190) – Wohnungsfürsorge –.

[37] BVerfGE 72, 175 (189 ff.) – Wohnungsfürsorge –.

[38] BVerfGE 72, 175 (187) – Wohnungsfürsorge –.

[39] BVerfGE 101, 297 (308) – häusliches Arbeitszimmer –.

(Abgeordnetenrechte) und Art. 42 Abs. 1 Satz 1 GG (Öffentlichkeitsprinzip) verfassungswidrig.

Diese Verfassungswidrigkeit wird nicht dadurch geheilt, dass sich Bundestag und Bundesrat in ihren nachfolgenden Beschlüssen mit den Modifikationen „einverstanden erklären". Eine solche Heilung des Verfahrensfehlers im Vermittlungsausschuss scheidet aus eben diesen Gründen aus, die für die Beschränkung des Vermittlungsausschusses auf den Anrufungsgegenstand sprechen. Denn die Umgehung der verfassungsrechtlich zugeordneten Initiativrechte, die Verkürzung des Gesetzgebungsverfahrens auf eine bloße Annahme ohne jede Aussprache, die Beschneidung von Abgeordnetenrechten und die Vermengung von Verantwortlichkeiten lassen sich durch die nachfolgenden Beschlüsse der Gesetzgebungsorgane weder ungeschehen machen noch in ihrer Verfassungserheblichkeit mäßigen[40].

Wird das Verfahren im Vermittlungsausschuss so wieder an das Anrufungsbegehren, also an die zu vermittelnden parlamentarischen Alternativen gebunden, gewinnt eine Neukodifikation des Steuerrechts eine verbesserte Chance, und die schnelle, gegenwartsbezogene Detailkorrektur tritt zurück. Die Hoffnung auf das allgemeine Gesetz wird wieder durch reale Möglichkeiten der Verwirklichung gestützt: Wenn das Parlament Gesetzgeber ist und nicht nur die Gesetzesinitiative der Regierung und das Ergebnis des Vermittlungsausschusses unter dem Einfluss von Bestätigungsappellen kontrolliert, könnte der Repräsentant des Staatsvolkes zu den großen Kodifikationen zurückfinden.

IV. Allgemeine Aufklärung

Das heutige Einkommensteuerrecht leidet an einem Übermaß an Detailregelungen, die das Verständnis der Rechtslage erschweren und häufig zu Widersprüchen führen[41]. System und Einzelregelungen sind kaum noch sichtbar, damit nicht mehr verständlich. Der Steuerpflichtige kann seine Steuererklärung aus eigenem Rechtsverständnis nicht mehr abgeben, die Richtigkeit seiner Erklärung also auch nicht mit seiner Unterschrift verantworten, vor allem aber das unverständliche Recht nicht als gerecht empfinden. Wenn eine Steuerlast entgegen dem Gleichheitsgebot[42] nicht unausweichlich ist, vielmehr durch Steuerge-

---

[40] Vgl. hierzu insbesondere § 90 der Geschäftsordnung des Bundestages und § 10 Abs. 2 der Gemeinsamen Geschäftsordnung des Bundestages und des Bundesrates für den Ausschuss gemäß Art. 77 Abs. 2 GG: Der Bundestag stimmt nur noch über den Vermittlungsvorschlag ab.

[41] BVerfGE 84, 239 (271) – Zinsbesteuerung –; 87, 153 (170) – Grundfreibetrag –; 99, 246 (250) – Familienleistungsausgleich –; 99, 280 (295) – Zulage Ost –.

[42] BVerfGE 96, 1 (6) – Arbeitnehmerfreibetrag –; 101, 297 (309) – häusliches Arbeitszimmer –.

staltung vermindert oder auch vermieden werden kann, lebt der Steuerpflichtige bei der Steuerzahlung stets mit dem intellektuellen Selbstvorwurf, nicht hinreichend clever gewesen zu sein, um die Steuerlast weiter zu reduzieren. Die Steuerberater sehen sich bei dem komplizierten und ständig geänderten Steuerrecht zu langfristigen Planungen nicht mehr in der Lage, leiden unter dem Bruch zwischen dem steuerjuristisch Gebotenen und dem ökonomisch Vernünftigen, begegnen zunehmend auch Haftungsfällen. Das rechtsstaatliche Gebot der Voraussehbarkeit und Berechenbarkeit der Steuerlasten[43] bleibt gänzlich unerfüllt. Die Finanzbeamten sehen in einem öffentlichen Hilferuf[44] die Legalität der Besteuerung grundlegend gefährdet, verlieren damit ihr Berufsethos.

Wenn dennoch der allgemeine Wille zur Grundlagenreform nicht hinreichend ausgeprägt ist, liegt dieses an der fehlenden Aufklärung. 61 Privilegientatbestände im Einkommensteuergesetz[45] haben zur Folge, dass jeder Steuerpflichtige zumindest ein Privileg in Anspruch nimmt, das er in Unauffälligkeit und Verschwiegenheit bewahren will. Er macht sich nicht bewusst, dass sein Nachbar oder Konkurrent vielleicht zehn Privilegien genießt, bei Wegfall aller Privilegien seine Steuerlast sich deshalb minderte, er aber vor allem die steuerlich unbeeinflusste Freiheit zur ökonomischen Vernunft zurückgewönne. Deswegen wird das demokratische Gesetzgebungsverfahren zur großen Kodifikation des Steuerrechts finden, wenn die Wissenschaft und von ihr angeregt die Politik diese Aufklärungsarbeit leistet. Die Urheber des Bürgerlichen Gesetzbuches haben sich 1900 nicht durch den Einwand ablenken lassen, das Recht sei nun einmal zerklüftet, man habe sich auf die Widersprüche und Ungleichheiten eingerichtet, Besitzstandsdenken und dezentralisierte Verantwortlichkeiten erlaubten nicht den großen Wurf. Der damalige Gesetzgeber hat unbeirrt ein bürgerliches Freiheitsgesetz des Wirtschaftens geschaffen, dem wir noch heute unsere Prosperität verdanken. Gleiches kann – darin bin ich mit Theodor Siegel einig – für die staatliche Teilhabe am Erfolg privaten Wirtschaftens, für die Steuern, gelingen, wenn die übereinstimmenden Erfahrungen und Einsichten von Wissenschaft, Verwaltungspraxis und Empfindung der Bürger in einer Aufklärungsaktion öffentlich bewusst gemacht werden.

---

[43] BVerfGE 99, 216 (243) – Kinderbetreuungskosten –.

[44] „Burghausener Erklärung": Resolution der südbayerischen Finanzamtsleiter, Pressemitteilung der Leiter der südbayerischen Finanzämter vom 22.04.2002.

[45] Vgl. *Kirchhof* u.a. (2003).

V. Der Verfassungsauftrag zu einer realitätsgerechten und folgerichtigen Besteuerung

Auch gegenüber einem aufgeklärten Staatsvolk können sich jedoch Mehrheiten finden, die Minderheiten benachteiligen, oder Mehrheiten, die ihre Eigeninteressen sich nicht hinreichend bewusst machen oder sich von Parolen und Verschleierungsthesen blenden lassen. Deshalb bietet der Verfassungsstaat jeweils einen verfassungsrechtlichen Rahmen, innerhalb dessen auch die parlamentarische Mehrheitsentscheidung gebunden werden muss. Für das Steuerrecht fordert insbesondere der Gleichheitssatz eine realitätsgerechte und folgerichtige Steuergesetzgebung.

Nach Art. 3 Abs. 1 GG sind alle Menschen „vor dem Gesetz" gleich. Bei der Auswahl des Steuergegenstandes hat der Gesetzgeber einen weiten Entscheidungsraum[46], ebenso bei der Bestimmung von Steuersatz und Steuertarif und damit des Gesamtvolumens des staatlichen Finanzbedarfs[47]. Der Gesetzgeber entscheidet über das nach den geplanten Staatsausgaben benötigte Haushaltsvolumen und bemisst danach die Art und Intensität der individuellen Steuerbelastung freiheits- und gleichheitsgerecht.

Dabei muss der Gesetzgeber die Steuerpflicht so ausgestalten, dass jeder Steuerpflichtige auch im tatsächlichen Belastungserfolg gleich zur Finanzierung der Staatsaufgaben herangezogen wird[48]. Das materielle Steuergesetz ist so bemessen, dass es die Gewähr seiner regelmäßigen Durchsetzbarkeit soweit wie möglich in sich selbst trägt[49]. Sodann ist das Verfahrensrecht so zu regeln, dass das materielle Gesetz auch tatsächlich verlässlich vollzogen werden kann; strukturelle Erhebungsmängel führen zur Unvereinbarkeit mit Art. 3 Abs. 1 GG und begründen eine gesetzgeberische Pflicht zur Normensanierung[50]. Die Steuer ist grundsätzlich als unausweichliche Last zu regeln[51]. Deshalb hat der Steuergesetzgeber vor allem deutlich zu machen, wann er – insbesondere bei statusbegründenden Rechtsakten – bewusst an zivilrechtliche Vorgaben anknüpft und wann er – wie in der Regel – der Besteuerung eine eigenständige steuerjuristische Betrachtungsweise zugrunde legt[52]. Der Gesetzgeber kann sodann den Be-

---

[46] BVerfGE 84, 239 (271) – Zinsbesteuerung –.

[47] BVerfGE 93, 121 (136) – Vermögensteuer –; 93, 165 (175) – Erbschaftsteuer –; 99, 88 (95) – Verlustabzug –.

[48] BVerfGE 84, 239 (268) – Zinsbesteuerung –; 93, 121 (134) – Vermögensteuer –.

[49] BVerfGE 84, 239 (272) – Zinsbesteuerung –.

[50] BVerfGE 84, 239 (272 ff.) – Zinsbesteuerung –; anders die unzulängliche Vollziehbarkeit wegen fehlender Rechtstreue des Steuerschuldners, BVerfGE, 1. Kammer des 2. Senats, NJW 1996, 2086 f. – Bordellbetrieb –.

[51] BVerfGE 96, 1 (6) – Arbeitnehmerfreibetrag –.

[52] BVerfGE, 1. Kammer des 2. Senats, NJW 1992, 1219 f. – zur Grunderwerbssteuer –.

lastungstatbestand auch durch Typisierung unausweichlich machen[53]. Schließlich ist die Erhebungsform der Quellensteuer ein geeignetes Instrument, um die Unausweichlichkeit im Gesetzesvollzug zu gewährleisten[54].

Die steuerliche Gesetzgebungspraxis der Gegenwart gibt Anlass, das rechtsstaatliche Erfordernis des einfachen und verständlichen Gesetzes nachdrücklich in Erinnerung zu rufen. Wenn die Regelung über die einkommensteuerliche Mindestbesteuerung – den begrenzten Verlustausgleich – in § 2 Abs. 3 EStG[55] sprachlich so gefasst war, dass der Gesetzestext das inhaltlich Gemeinte nicht hinreichend erkennbar in Sprache überbrachte, so war diese Gesetzgebung grob fehlerhaft: Das Gesetz ist nicht ordnungsgemäß beschlossen (Art. 77 Abs. 1 Satz 1 GG) und nicht ordnungsgemäß zustande gekommen (Art. 78 GG), weil weder die Abgeordneten des Bundestages noch die des Bundesrates ihren Entscheidungsgegenstand verstehen konnten. Es ist nicht ordnungsgemäß verkündet (Art. 82 Abs. 1 Satz 1 GG), weil im Bundesgesetzblatt zwar ein Text, nicht aber ein die Steuerlast rechtfertigender Belastungsgedanke verkündet worden ist. Die Regelung bietet auch keinen hinreichenden Maßstab für die Verwaltung der Einkommensteuer durch die Landesfinanzbehörden (Art. 108 Abs. 2 Satz 1 GG), weil das Bundesfinanzministerium die gesetzliche Vorschrift nicht in deutscher Sprache, sondern nur durch Rechenhilfen erläutern kann, die Steuer aber unter Gesetzes-, nicht unter Computervorbehalt steht. Vor allem aber verlangt das aus Art. 20 Abs. 3 GG folgende rechtsstaatliche Bestimmtheitsgebot, dass der Betroffene aus dem Gesetz die Rechtslage erkennt und nach ihr sein Verhalten ausrichten kann. Dies gilt im Grundsatz der Tatbestandsmäßigkeit der Besteuerung insbesondere für das Steuerrecht, weil der Inhalt einer Steuerschuld allein von der gesetzlichen Entscheidung abhängt[56], bei den Veranlagungssteuern zudem die steuerlichen Erklärungspflichten strafbewehrt sind, der Steuerpflichtige also im vorhinein nach Art. 103 Abs. 2 GG die an ihn gestellten Anforderungen erkennen können muss[57].

Materiell verlangt die Besteuerungsgleichheit eine gleiche Belastung der Steuerpflichtigen je nach ihrem Einkommen, ihrer Kaufkraft oder eines sonstigen vertretbaren Belastungsgrundes. Hat der Gesetzgeber sich einmal für die Besteuerung des Einkommens entschieden, muss er dieses Einkommen entsprechend der Wirklichkeit tatbestandlich erfassen und folgerichtig belasten.

---

[53] Vgl. BVerfGE 82, 159 (185 f.) – Absatzfonds –; 87, 153 (172) – Grundfreibetrag –; 96, 1 (6) – Arbeitnehmerfreibetrag –; 101, 297 (309) – häusliches Arbeitszimmer –.

[54] BVerfGE 84, 239 (282 f.) – Zinsbesteuerung –; 96, 1 (7 f.) – Arbeitnehmerfreibetrag –.

[55] Vgl. dazu *Kirchhof* (2004), § 2, Rdn. 83, 129 f.

[56] BVerfGE 99, 280 (291) – Zulage Ost –.

[57] Vgl. BVerfGE 99, 216 (243) – Kinderbetreuungskosten –.

1. Realitätsgerechtigkeit

Besteuerungsgleichheit meint die Gleichheit im tatsächlichen Belastungserfolg[58]. Deswegen muss die steuerliche Bemessungsgrundlage den jeweiligen Belastungsgrund realitätsgerecht erfassen[59]. Das Existenzminimum ist entsprechend den tatsächlichen Bedürfnissen zu bemessen[60], die Einkommensteuer in einer wirklichkeitsgerechten Art, etwa der Quellensteuer, zu erheben[61]. Die Bewertung von Steuergütern muss die tatsächlichen Vermögenswerte abbilden[62]. Hat sich die Wirklichkeit nach Erlass des Steuergesetzes verändert, so hat der Gesetzgeber diese Entwicklung aufzunehmen und die gesetzliche Regelung den tatsächlichen Verhältnissen anzupassen[63]. Enthält die Bemessungsgrundlage realitätsfremde Bewertungen einzelner Erwerbs- oder Vermögenspositionen, mag die Besteuerungsgleichheit auch durch eine diese ausgleichende, differenzierte Bemessung der Steuersätze gewährleistet werden[64].

2. Das Folgerichtigkeitsgebot

Hat der Steuergesetzgeber eine bestimmte Grundsatzentscheidung getroffen, so muss er diese einmal getroffene Belastungsentscheidung – für die Dauer ihrer Geltung – folgerichtig umsetzen. Dieses ergibt sich aus dem Gebot der Belastungsgleichheit[65]. Belastungsunterschieden, die einander widersprechen, fehlt der rechtfertigende Grund; sie sind deshalb gleichheitswidrig. Sie widersprechen zugleich den Freiheitsgarantien, weil der Widerspruch in einem belastenden Gesetz der Freiheitsbeschränkung die Einsichtigkeit nimmt. Der gesetzliche Widerspruch, die fehlende Folgerichtigkeit, ist deshalb auch mit dem Rechtsstaatsprinzip unvereinbar.

---

[58] BVerfGE 84, 238 (268) – Zinsbesteuerung –; 93, 121 (134) – Vermögensteuer –.

[59] BVerfGE 93, 121 (136) – Vermögensteuer –; 99, 280 (290) – Zulage Ost –; BVerfGE 105, 73 (126) – Rentenbesteuerung –; BVerfGE 105, 17 (46) – Sozialpfandbrief –.

[60] BVerfGE 87, 153 (172) – Grundfreibetrag –; 99, 216 (233) – Kinderbetreuungskosten –; 99, 246 (260 f.) – Familienleistungsausgleich –.

[61] BVerfGE 84, 239 (281 f.) – Zinsbesteuerung –.

[62] BVerfGE 93, 121 (142 ff.) – Vermögensteuer –; 93, 165 (173) – Erbschaftsteuer –.

[63] BVerfGE 93, 121 (136, 142 f.) – Vermögensteuer –; 93, 165 (173, 176 f.) – Erbschaftsteuer –.

[64] BVerfGE 93, 121 (136, 140) – Vermögensteuer –.

[65] BVerfGE 84, 239 (271) – Zinsbesteuerung –; 86, 148 (251 f.) – Finanzausgleich –; 87, 153 (170) – Grundfreibetrag –; 93, 121 (136) – Vermögensteuer –; 98, 83 (97 f.) – Landesabfallabgabe –; 98, 106 (118 f.) – Verpackungssteuer –; BVerfGE 105, 73 (112) – Rentenbesteuerung –.

Das Gebot der Widerspruchsfreiheit wird in der jüngeren Steuerrechtsprechung des Bundesverfassungsgerichts zu einem zentralen Prüfungsmaßstab. Diese Entwicklung hat ihren Grund in der systematischen Schwäche, der Kompromissanfälligkeit und dem Gruppeneinfluss auf das geltende Steuerrecht. Das Steuerrecht ist aber auch deshalb besonders dem Folgerichtigkeitsgebot unterworfen, weil die Steuergerechtigkeit weniger in der Wirklichkeit vorgefunden und mehr aus einem sachgerechten Entscheid des Gesetzgebers entwickelt werden muss. Das Gebot der möglichst gleichmäßigen Belastung aller Steuerpflichtigen belässt dem Gesetzgeber „zwar bei der Auswahl des Steuergegenstandes und bei der Bestimmung des Steuersatzes einen weit reichenden Entscheidungsraum. Bei der Ausgestaltung des Ausgangstatbestandes hat er die einmal getroffene Belastungsentscheidung dann aber folgerichtig im Sinne der Belastungsgleichheit umzusetzen“[66].

Stützt das EStG die Besteuerung der Kapitaleinkünfte auf die Steuererklärung des Pflichtigen, wird dieses Deklarationsprinzip aber im Steuerverfahrensrecht (§ 30a AO, „Bankenerlass“) nicht durch Verifikationsprinzip ergänzt, so gewährleistet diese Regelung nicht die Gleichheit im Belastungserfolg und bietet insoweit keine tragfähige Grundlage für eine Heranziehung zur Steuerzahlung[67]. Hat der Gesetzgeber (1992) den individuellen existenznotwendigen Bedarf pro Jahr für das Sozialrecht auf 12.407 DM bemessen, für das Einkommensteuerrecht hingegen auf 5.616 DM, so ist diese Regelung in ihrer Widersprüchlichkeit mit dem Grundgesetz unvereinbar[68]. Besteuert der Gesetzgeber grundsätzlich die Markteinnahmen, sieht er aber dennoch eine Steuerfreiheit für Stellenzulagen als Lohnbestandteil (§ 3 Nr. 12 Satz 1 EStG) vor, so widerspricht diese Steuerfreiheit dem gesetzlichen Belastungsprinzip und schafft bereits grundsätzlich ein gleichheitswidriges Steuerprivileg[69]. Erfasst das Vermögensteuergesetz im Zusammenwirken mit dem Bewertungsgesetz die verschiedenen Vermögensarten nicht annähernd mit dem gleichen Ausgangswert – das einheitswertgebundene Vermögen wird in den Vergangenheitswerten von 1964, das nichteinheitswertgebundene Vermögen hingegen zu Gegenwartswerten erfasst, so begründet dieses eine verfassungswidrige ungleiche Belastung[70]. Darüber hinaus verlangt das Folgerichtigkeitsgebot, dass die Vermögensteuer auf die Vorbelastung des Vermögens durch Ertragsteuern und durch indirekte Steuern abgestimmt wird; für eine ergänzende Besteuerung eines mehrfach vorbelasteten Vermögens besteht von Verfassungs wegen nur noch ein enger Raum[71].

---

[66] BVerfGE 93, 121 (136) – Einheitswerte II –.
[67] BVerfGE 84, 239 (275 f., 284) – Zinsbesteuerung –.
[68] BVerfGE 87, 153 (170) – Grundfreibetrag –.
[69] BVerfGE 99, 280 (295) – Zulage Ost –.
[70] BVerfGE 93, 121 (146 f.) – Vermögensteuer –.
[71] BVerfGE 93, 121 (137) – Vermögensteuer –.

Das Folgerichtigkeitsgebot hat einen rechtsstaatlichen wie einen bundesstaatlichen Ursprung: Setzt der Bundesgesetzgeber im Bundesumweltrecht auf das Kooperationsprinzip, der Landesgesetzgeber hingegen in den Landesabfallgesetzen[72] und der kommunale Satzungsgeber bei der Verpackungssteuer[73] auf eine Lenkung durch steuerlichen Zwang, so widersprechen die niederrangigen Normen dem Bundesrecht und müssen deshalb wegen Verstoßes gegen das Folgerichtigkeitsgebot weichen.

Das Gebot der Folgerichtigkeit gilt auch für die Gleichheit im Tarif. Entscheidet sich der Gesetzgeber für einen progressiven Einkommensteuertarif, muss dieser „in folgerichtig gestalteten Übergängen" bemessen werden[74]. Die Progression veranlasst zwei Gleichheitsperspektiven: Eine horizontale Gleichheit, die Steuerpflichtige gleicher Leistungsfähigkeit vergleicht, und eine vertikale Gleichheit, die Steuerpflichtige unterschiedlicher Leistungsfähigkeit vergleicht. Die horizontale Gleichheit fordert, dass Steuerpflichtige gleicher Leistungsfähigkeit gleich hoch besteuert werden[75]; die vertikale Gleichheit verbietet Progressionssprünge im Einkommensteuertarif. Das Postulat der horizontalen Gleichheit begründet insbesondere im Vergleich von Steuerpflichtigen mit Kindern und kinderlosen Steuerpflichtigen das Postulat, die durch die Unterhaltspflichten verminderte Leistungsfähigkeit tarifwirksam in der Bemessungsgrundlage zu beachten[76]. Die horizontale Gleichheit stellt hingegen keine zusätzlichen Anforderungen an die Sicherung des einkommensteuerlichen Existenzminimums[77].

Bei den Steuersubventionen hat der progressive Tarif zur Folge, dass die Bezieher hoher Einkommen höhere Subventionen als die Bezieher niedriger Einkommen erhalten, wenn die Subvention durch Abzug von der Bemessungsgrundlage angeboten wird. Dieses ist in der Regel gleichheitswidrig. Das Bundesverfassungsgericht hat diese Feststellung bisher für die streng formale Parteiengleichheit getroffen: Die steuerliche Abzugsfähigkeit von Mitgliedsbeiträgen und Spenden an politische Parteien – damals bis zur Höhe von 60.000 und bei Zusammenveranlagung 120.000 DM im Kalenderjahr – war verfassungsrechtlich nicht zu rechtfertigen[78]. Im Übrigen ist es folgerichtig, wenn eine Steu-

---

[72] BVerfGE 98, 83 (100) – Landesrechtliche Abfallabgabe –.

[73] BVerfGE 98, 106 (125 f.) – Kommunale Verpackungssteuer –.

[74] BVerfGE 84, 239 (271) – Zinsbesteuerung –; 87, 153 (170, 177) – Grundfreibetrag –; 99, 246 (260) – Familienlastenausgleich –.

[75] BVerfGE 99, 246 (260) – Kinderexistenzminimum –.

[76] BVerfGE 82, 60 (89 f.) – Familienexistenzminimum –; 99, 246 (260).

[77] BVerfGE 87, 153 (170) – Grundfreibetrag –.

[78] BVerfGE 85, 264 (315 f.) – Parteienfinanzierung VI –.

ervergünstigung nach Erreichung der steuerlichen Lenkungszwecke aufgehoben wird[79].

Im Ergebnis hat das Bundesverfassungsgericht somit gerade für die Einkommen- und Körperschaftsteuer den Gleichheitssatz als Gebot der Folgerichtigkeit und Widerspruchsfreiheit, auch als Verpflichtung zu einer realitätsgerechten Besteuerung ausgestattet. Damit ist dem Gesetzgeber bei seiner Grundsatzentscheidung für eine Besteuerung des Einkommens ein klarer Handlungskorridor vorgegeben, innerhalb dessen er den einmal eingeschlagenen Weg folgerichtig und widerspruchsfrei fortsetzen muss, jede Abweichung von der Geradlinigkeit dieses Weges eines sachgerechten Grundes bedarf.

VI. Rechtsformneutrale ist folgerichtige Besteuerung

Eine unterschiedliche Belastung eines Einkommens je nach der Rechtsform, in der es erzielt wird, kann – das betont Theodor Siegel zu Recht immer wieder – nicht gerechtfertigt werden. Sie ist gleichheitswidrig und verstößt gegen das Freiheitsrecht des Art. 9 Abs. 1 GG.

Art. 9 Abs. 1 GG sichert die Freiheit, privatrechtliche Vereinigungen zu gründen, ihnen beizutreten oder fern zu bleiben[80]. Jeder staatliche Zwang oder jede staatliche Einwirkung zu Zusammenschlüssen in privatrechtlichen Vereinigungen oder in bestimmten Vereinigungsformen beschränkt die Freiheit des Art. 9 Abs. 1 GG.

Diese Freiheit, sich in einer Vereinigung zu binden oder allein zu bleiben, ebenso die Freiheit, unter den von der Rechtsordnung bereit gehaltenen Vereinigungsformen nach Belieben zu wählen, wird gegenwärtig durch das Steuerrecht wesentlich beschränkt. Wenn die Gewerblichkeit und damit die Gewerbesteuer von der Rechtsform eines Unternehmens abhängt, wenn die ertragsteuerlichen Folgen für den Einzelkaufmann, die Personengesellschaft und die Kapitalgesellschaft unterschiedlich sind, wenn die Leistungsverhältnisse zwischen Unternehmer und Unternehmen steuerrechtlich bei Kapitalgesellschaften, Mitunternehmerschaften und Einzelnunternehmen unterschiedlich erfasst und belastet werden, wenn der steuererhebliche Umfang des dem Unternehmen gewidmeten Vermögens von der Wahl der Unternehmensform abhängt, wenn die im Unternehmen thesaurierten Gewinne bei Kapitalgesellschaften bevorzugt werden, wenn schließlich die Kombination von Körperschaft und Mitunternehmerschaft in der GmbH & Co. KG, das Konzernrecht und die Organschaft zu einer steuer-

---

[79] BVerfGE 105, 17 – Sozialpfandbriefe –.

[80] BVerfGE 10, 89 (102) – Erftverband –; 38, 281 (297 f.) – Arbeitnehmerkammern –; 50, 290 (354) – Mitbestimmung –.

bestimmten Wahrnehmung der Vereinigungsfreiheit führen, so wird das Steuerrecht zu einem wesentlichen, oft zu dem alleinigen Maßstab bei der Wahrnehmung der Vereinigungsfreiheit.

Das Bundesverfassungsgericht wirkt dieser Entwicklung entgegen.[81] Die bloße Wahl der Organisationsform eines Unternehmens rechtfertige für sich genommen keine Belastungsunterschiede. Belastungsdifferenzierungen je nach Personengesellschaft oder juristischer Person wären nur vertretbar, wenn sie in einer der jeweiligen Organisationsform zugrundeliegenden wirtschaftlichen Wirklichkeit angelegt wären. Diese Voraussetzung ist jedoch für die Unterscheidung zwischen Personen- und Kapitalgesellschaften nicht erfüllt. Deren wesentlicher Unterschied liegt in der Haftungsfolge. Diese sagt aber über Einnahmen und Aufwand nichts aus, begründet einen betrieblichen Aufwand allenfalls dann, wenn der Haftungsfall sich realisiert hat. Darüber hinaus wird die Haftungsbeschränkung insbesondere einer GmbH vielfach durch eine Bürgschaft des Gesellschafters unterlaufen, andererseits ist auch innerhalb der Kapitalgesellschaften – der KGaG – eine persönliche Haftung nicht ausgeschlossen. In der Tat ist die Organisationsform, wie Theodor Siegel sagt, das „Rechtskleid“[82], innerhalb dessen sich dieselbe und wirtschaftlich gleichwertige Erwerbstätigkeit ereignet. Das dadurch erzielte Einkommen begründet bei gleicher Höhe die gleiche besteuerbare wirtschaftliche Leistungsfähigkeit.

Das Postulat einer rechtsformneutralen Besteuerung[83] hat deshalb in dem Gebot einer folgerichtigen und widerspruchsfreien Besteuerung (Art. 3 Abs. 1 GG) und in der Vereinigungsfreiheit (Art. 9 Abs. 1 GG) seine verfassungsrechtliche Grundlage. Der Gesetzgeber ist verpflichtet, diese Forderungen des Grundgesetzes zu erfüllen. Die Voraussetzungen für eine baldige Realisierung des Gebots, die Besteuerung rechtsformneutral anzulegen, sind günstig. Deshalb haben wir allen Anlass, Theodor Siegel bei der Gratulation auch erwartungsvoll eine baldige Ernte seiner wissenschaftlichen Saat zu wünschen.

Literaturverzeichnis

Dann, Otto (1975): Gleichheit; in: Geschichtliche Grundbegriffe; Hrsg. Otto Brunner, Werner Conze und Reinhart Koselleck; Band 2; Stuttgart 1975; S. 1014 – 1046.

Graf Kielmannsegg, Peter (2000): Nach der Katastrophe: eine Geschichte des geteilten Deutschland; Berlin 2000.

---

[81] BVerfGE 101, 151 (156 f.) – Schwarzwaldklinik –.

[82] *Siegel* (1999), S. 203.

[83] Vgl. auch *Lang* (2001), S. 49, 60; *Hey* (2001), S. 155, 161 ff.

Hatschek, Julius (1930): Deutsches und Preußisches Staatsrecht; 2. Auflage; 2. Band; Berlin 1930.

Hey, Johanna (2001): Besteuerung von Unternehmensgewinnen; in: Besteuerung von Einkommen; Hrsg. Iris Ebling; Veröffentlichungen der Deutschen Steuerjuristischen Gesellschaft e.V.: Band 24; Köln 2001; S. 155 – 224.

Hübner, Heinrich / *Schaden,* Michael (1999): Die formelle Verfassungswidrigkeit der §§ 8 Abs. 4 KStG und 12 Abs. 3 Satz 2 UmwStG sowie einiger anderer Normen – Oder: Warum der Gesetzgeber nicht so hektisch sein sollte –; in: Deutsches Steuerrecht; 37. Jg. (1999); S. 2093 – 2097.

Isensee, Josef (2004): Einheit des Gesetzesbeschlusses; in: Gemeinwohl und Verantwortung: Festschrift für Hans Herbert von Arnim zum 65. Geburtstag; Hrsg. Stefan Brink und Heinrich Amadeus Wolff; Berlin 2004; S. 603 – 624.

Kirchhof, Paul (1997): Der demokratische Rechtstaat – die Staatsform der Zugehörigen; in: Handbuch des Staatsrechts der Bundesrepublik Deutschland; Hrsg. Josef Isensee und Paul Kirchof; Band IX; Heidelberg 1997; S. 957 – 1064.

– (2000): Besteuerung im Verfassungsstaat; Beiträge zur Ordnungstheorie und Ordnungspolitik: 163; Tübingen 2000.

– (2003): Der Grundrechtschutz des Steuerpflichtigen: Zur Rechtsprechung des Bundesverfassungsgerichts im vergangenen Jahrzehnt; in: Archiv des öffentlichen Rechts; Bd. 128 (2003); S. 1 – 51.

– (2004): Kommentierung § 2 EStG; in: Einkommensteuergesetz: Kompaktkommentar; Hrsg. Paul Kirchhof; 4. Auflage; Heidelberg 2004.

Kirchhof, Paul u.a. (2003): Einkommensteuergesetzbuch: Ein Vorschlag zur Reform der Einkommen- und Körperschaftsteuer; Heidelberg 2003.

Kokott, Juliane (1997): Kommentierung Art. 77 GG; in: Bonner Kommentar zum Grundgesetz; Hrsg. Rudolf Dolzer; Bonn 1950 ff.; Erg.Lfg. 1997.

Kunig, Philip (2003): Kommentierung Art. 77; in: Grundgesetz: Kommentar; Band 3; Hrsg. Ingo v. Münch und Philip Kunig; 5. Auflage; München 2003.

Lang, Joachim (2001): Prinzipien und Systeme der Besteuerung von Einkommen; in: Besteuerung von Einkommen; Hrsg. Iris Ebling; Veröffentlichungen der Deutschen Steuerjuristischen Gesellschaft e.V.: Band 24; Köln 2001; S. 49 – 133.

Papier, Hans-Jürgen (2003): Steuerungs- und Reformfähigkeit des Staates; in: Die Erneuerung des Verfassungsstaates: Symposium aus Anlass des 60. Geburtstages von Professor Dr. Paul Kirchhof; Hrsg. Rudolf Mellinghoff, Gerd Morgenthaler und Thomas Puhl; Heidelberg 2003; S. 103 – 121.

Scharpf, Fritz (1985): Die Politikverflechtungs-Falle: Europäische Integration und deutscher Föderalismus im Vergleich; in: Politische Vierteljahresschrift; 26. Jg. (1985); S. 323 – 356.

Schneider, Hans (2002): Gesetzgebung – ein Lehr- und Handbuch; 3. Auflage; Heidelberg 2002.

Siegel, Theodor (1999): Steuern; in: Handbuch der Wirtschaftsethik; Hrsg. Wilhelm Korff et al.; Band 3: Ethik wirtschaftlichen Handelns; Gütersloh 1999; S. 354 – 398.

– (2004): System der Einkommensteuer und Rechtsformneutralität; in: Festschrift für Franz W. Wagner; Hrsg. Hans Dirrigl, Dietmar Wellisch und Ekkehard Wenger; Wiesbaden 2004; S. 193 – 208.

Siegel, Theodor / *Bareis,* Peter (2004): Strukturen der Besteuerung: Arbeitsbuch Steuerrecht; 4. Auflage; München, Wien 2004.

Weber, Werner (1970): Spannungen und Kräfte im westdeutschen Verfassungssystem; 3. Auflage; Berlin 1970.

Wessel, Franz (1951/52): Der Vermittlungsausschuss nach Artikel 77 des Grundgesetzes; in: Archiv des öffentlichen Rechts; Bd. 77 (1951/52); S. 283 – 313.

Schuldzinsenabzug nach der „tatsächlichen Verwendung"? Zum steuerjuristischen Verständnis wirtschaftlicher Sachverhalte

Von Peter Bareis

I. Einführung

Theodor Siegel hat mit einer ganzen Aufsatzreihe versucht, dem Gesetzgeber, der Finanzrechtsprechung und der Finanzverwaltung einen Weg zu einer vernünftigen und systematisch tragfähigen Lösung des Problems des einkommensteuerlichen Schuldzinsenabzugs zu weisen.[1] Der Beginn dieser Bemühungen liegt inzwischen zwanzig Jahre zurück. Dieses Thema verbindet uns in besonderer Weise. Theodor Siegel ist kurzfristig für mich eingesprungen, weil sonst wegen eines Krankenhausaufenthaltes ein Kongreßvortrag hierüber hätte abgesagt werden müssen. Er kam bei seiner Analyse zu teilweise anderen Ergebnissen, worauf wir uns bemühten, eine gemeinsame Lösung dieses Abgrenzungsproblems zu finden.[2] Meine damaligen Auffassungen sind teilweise zu revidieren. Dies beruht vor allem auf intensiven Diskussionen gegen Ende des vorigen Jahrhunderts und den Ergebnissen der Arbeiten der damaligen Hohenheimer Lehrstuhlmitarbeiter Thomas Elser und Monika Neininger.[3] Zwar konnte Theodor Siegel gewisse Erfolge verbuchen. So hat nicht zuletzt seine Argumentation gegen das sog. „Zweikontenmodell" den Gesetzgeber zu einer Neufassung des § 4 Abs. 4a EStG[4] veranlaßt, womit die auffälligsten – aber leider nicht alle – Mängel des früheren Rechts im Bereich der Gewinneinkünfte beseitigt worden sind. Zudem hat sich die Rechtsprechung des BFH zum Schuldzinsenabzug bei den Überschußeinkünften, speziell bei Anschaffung und Herstellung von Gebäuden, in einer Richtung verfestigt, die zu einer erneuten Stellungnahme herausfordert. Auch die Verwaltungspraxis ist unbefriedigend. Die Pro-

---

[1] *Siegel* (1985), (1996), (1998a), (1998b), (1999).

[2] *Siegel* (1985); *Bareis* (1986). Die Entscheidung des Gesetzgebers für ein Abzugsverbot „privater" Schuldzinsen wird im folgenden als Datum genommen.

[3] *Elser / Neininger* (1999), (2000).

[4] Einkommensteuergesetz in der Fassung der Bekanntmachung vom 19.10.2002 (BGBl. I 2002, S. 4210; ber. BGBl. I 2003, S. 179), zuletzt geändert durch das Gesetz vom 29.12.2003 (BGBl. I 2003, S. 3076).

blematik liefert Anschauungsmaterial dafür, wie unterschiedlich die Blickwinkel von Juristen und Betriebswirten sein können. Angesichts dieser Entwicklung ist es geboten, nicht nur mit allem Nachdruck darauf hinzuweisen, daß das gegenwärtig geltende Recht von einer willkürfreien und an der finanziellen Leistungsfähigkeit der Steuerpflichtigen orientierten Besteuerung meilenweit entfernt ist. Auch ein konkreter Gegenvorschlag de lege ferenda erscheint notwendig.

II. Gegenwärtig geltendes Recht

Aufgrund seiner Komplexität sind bei konkreten Fragestellungen nach geltendem Recht eine ganze Reihe von Differenzierungsfaktoren zu beachten, die hier nur skizziert werden können. Dazu hat nicht nur der Gesetzgeber beigetragen, auch Rechtsprechung und Verwaltungspraxis differenzieren weiter, als es dem Gesetzeswortlaut – und m.E. auch dem Gesetzessinn – entspricht. Die jetzige Rechtslage sieht kurzgefaßt wie folgt aus.

1. Schuldzinsen bei Gewinneinkünften

Nach mehreren Fehlentwicklungen gilt nunmehr für die Gewinneinkünfte § 4 Abs. 4a EStG. Nach dessen Auslegung durch das BMF soll eine zweistufige Prüfung erfolgen, die aber insgesamt erweitert werden muß. Es sind folgende Schritte erforderlich:

1. Prüfung, „ob und inwieweit Schuldzinsen zu den betrieblichen Aufwendungen gehören“.[5]
2. Nach § 4 Abs. 4a Satz 5 EStG bleibt „der Abzug von Schuldzinsen zur Finanzierung von Anschaffungs- oder Herstellungskosten des Anlagevermögens“ unberührt. Hierfür wird auch die Formulierung „Investitionskriterium“ benutzt.[6]
3. Liegt dieser Sachverhalt nicht vor, so knüpft diese Bestimmung den Abzug des Aufwandes an Schuldzinsen (SZ_t) an die Höhe der Entnahmen eines Veranlagungszeitraumes. Dazu definiert § 4 Abs. 4a Satz 2 EStG eine „Überentnahme“[7] innerhalb eines Veranlagungszeitraumes (t), symbolisiert mit $ÜEN_t$, wie folgt:

$$ÜEN_t = EN_t - (G_t + EI_t) > 0 \text{ oder } EN_t > G_t + EI_t$$

---

[5] BMF-Schr. v. 18.07.2001, Tz. 1.

[6] *Hundsdoerfer* (2002), S. 293, m.w.N.

[7] Entsprechend liegt eine „Unterentnahme“ vor, wenn das Kleinerzeichen gilt.

Übersteigen die Entnahmen eines Jahres den Jahresgewinn zuzüglich der Einlagen, so wird nach dieser Gesetzesformulierung „zuviel“ entnommen. Aus der Überentnahme wird zusammen mit einem typisierten Zinssatz (i) von 6 % der Betrag ermittelt, der hiernach grundsätzlich nicht als Schuldzinsen abziehbar sein soll (NAA_t).

4. Da in früheren Jahren ebenfalls Überentnahmen erfolgt sein können, sollen auch diese einbezogen werden, wobei „Unterentnahmen“ abgezogen werden dürfen. Schließlich ist eine Bagatellgrenze (Freibetrag, FB) von 2.050 Euro zu beachten. Damit hängen die nicht abziehbaren Schuldzinsen zunächst vom tatsächlichen Aufwand, aber auch von allen früheren Differenzen zwischen Entnahmen einerseits, Gewinn und Einlagen andererseits ab, so daß geschrieben werden kann:

$$NAA_T = \text{Min}\,\{i \cdot \text{Max}\,[\Sigma_0^T\, EN_t - (G_t + EI_t);\, 0];\, \text{Max}\,[SZ_T - FB_T;\, 0]\}$$

5. Ferner sind noch folgende Besonderheiten zu beachten:

   a) Der Gewinn („ohne Berücksichtigung der nach Maßgabe dieses Absatzes nicht abziehbaren Schuldzinsen“) ist abhängig von der Höhe der abziehbaren Schuldzinsen, woraus sich zusätzliche Probleme ergeben, wenn auch die Gewerbesteuer berücksichtigt wird. Hierzu haben Hundsdoerfer / Henning sinnvolle Vorschläge unterbreitet, auf die zu verweisen ist.[8]

   b) Die Bestimmung soll auch für die Gewinn-Überschußrechnung nach § 4 Abs. 3 EStG gelten, obwohl dort gerade kein Betriebsvermögensvergleich unter Berücksichtigung von Einlagen und Entnahmen stattfindet; diese sind gesondert aufzuzeichnen.

   c) Es ist § 4 Abs. 4a EStG nicht zu entnehmen, wie lange in die Vergangenheit zurückgegangen werden muß, um Über- und Unterentnahmen zu ermitteln. Dies ergibt sich erst aus § 52 Abs. 11 EStG. Danach bleiben Über- und Unterentnahmen aus Wirtschaftsjahren unberücksichtigt, die vor dem 01.01.1999 geendet haben.

   d) In den Fällen der Betriebsveräußerung bzw. Betriebsaufgabe ist § 52 Abs. 11 Satz 3 EStG zu beachten, wonach die „Buchwerte der Wirtschaftsgüter“ nicht als Entnahme gelten.[9]

---

[8] *Hundsdoerfer / Henning* (2000).

[9] Letztlich wird dies somit als „Kapitalherabsetzung“ und nicht als „Entnahme“ im Sinne des § 4 Abs. 4a EStG gewertet.

2. Schuldzinsen bei Überschußeinkünften

§ 9 EStG mit der Definition der Werbungskosten verweist nicht auf § 4 Abs. 4a EStG. Somit ist § 4 Abs. 4a EStG für die Überschußeinkünfte nicht anwendbar. Rechtsprechung und Verwaltung haben statt dessen für den Abzug von Schuldzinsen bei Überschußeinkünften folgende Regeln entwickelt, die sich aus dem – an sich für einen Sonderfall formulierten – BMF-Schreiben vom 16.04.2004 ableiten lassen[10]:

1. Bei Anschaffung oder Herstellung von Wirtschaftsgütern (hier: Gebäuden) kann ein Steuerpflichtiger Darlehenszinsen abziehen, „soweit er die Darlehensmittel tatsächlich zur Finanzierung der Anschaffungs- oder Herstellungskosten ... verwendet". Insoweit besteht grundsätzlich dieselbe Regelung, wie sie § 4 Abs. 4a Satz 5 EStG für das betriebliche Anlagevermögen vorsieht (oben Nr. 2: „Investitionskriterium").

2. Handelt es sich um die *Anschaffung* eines gemischt-genutzten Wirtschaftsgutes (Gebäude), so gilt:

   a) Es ist die tatsächliche Verwendung für den erwerbswirtschaftlich genutzten Teil „nach außen hin erkennbar" nachzuweisen.

   b) „Trifft der Steuerpflichtige keine nach außen erkennbare Zuordnungsentscheidung, sind die Anschaffungskosten den einzelnen Gebäudeteilen nach dem Verhältnis der Wohn-/Nutzflächen anteilig zuzurechnen."

3. Handelt es sich um die *Herstellung* eines gemischt-genutzten Wirtschaftsgutes (Gebäude), so gelten die vorstehenden Grundsätze mit folgenden Besonderheiten:

   a) „In Rechnung gestellte Entgelte für ... Leistungen, die ausschließlich einen bestimmten Gebäudeteil betreffen (z.B. Aufwendungen für Bodenbeläge ... in einer einzelnen Wohnung), sind diesem Gebäudeteil gesondert zuzuordnen. Diese Aufwendungen müssen entweder durch den Unternehmer gesondert abgerechnet oder durch den Steuerpflichtigen in einer gleichartigen Aufstellung gesondert aufgeteilt und ausgewiesen werden."

   b) „Kosten, die das Gesamtgebäude betreffen (z.B. Aufwendungen für den Aushub der Baugrube, den Rohbau, die Dacheindeckung...), sind den einzelnen Gebäudeteilen nach dem Verhältnis der Wohn-/Nutzflächen anteilig zuzuordnen."

---

[10] Dieses Schreiben – BMF-Schr. v. 16.04.2004 – ersetzt die früheren Schreiben: BMF-Schr. v. 10.12.1999 und v. 24.04.2003.

c) Eine derartige anteilige Aufteilung erfolgt auch, „wenn der Steuerpflichtige die Kosten für die Errichtung des gesamten Gebäudes einheitlich abgerechnet hat, ohne die auf die jeweiligen Gebäudeteile entfallenden Kosten gesondert auszuweisen.“

4. „Darüber hinaus“ ist nach diesem Schreiben ein „wirtschaftlicher Zusammenhang zwischen den Schuldzinsen und den zugeordneten Anschaffungs- oder Herstellungskosten für den vermieteten Gebäudeteil[11] unabdingbar. Dieser liegt nur dann vor, wenn dieser Teil der Anschaffungs- oder Herstellungskosten tatsächlich mit den dafür aufgenommenen Darlehensmitteln bezahlt worden ist.“

Damit wird steuerjuristisch ein „wirtschaftlicher Zusammenhang“ bindend definiert. Regierungsamtlich gilt für Deutschland: Ein „wirtschaftlicher Zusammenhang“ liegt dann vor, wenn aufgenommene Darlehensmittel „tatsächlich“ für die Bezahlung eines beschafften Objektes verwendet werden. Nur dann ist steuerrechtlich der Schuldzinsenabzug zulässig. Dies zeugt von einem völligen Unverständnis für ökonomische Interdependenzen. Um dies sprachlich zu verdeutlichen, wird die Forderung nach „tatsächlicher Verwendung“ einer Darlehensvaluta als „steuerjuristische Verknüpfung“ bezeichnet.

Die zugehörigen Erläuterungen im BMF-Schreiben steigern die Problematik weiter. Für die Anschaffung eines Gebäudes wird erklärt: „Eine gesonderte Zahlung der zugeordneten Anschaffungskosten liegt auch vor, wenn der Steuerpflichtige diese Kosten mittels eines eigenständigen Darlehens auf ein Notaranderkonto überweist und der Notar den gesamten Kaufpreis vom Notaranderkonto auskehrt.“

Bei der Herstellung eines Gebäudes werden Grundsätze entwickelt, die an das Zwei- oder Mehrkontenmodell erinnern. Der Steuerpflichtige kann die steuerjuristische Verknüpfung wie folgt herstellen: Ein Baukonto wird „ausschließlich mit Darlehensmitteln“ ausgestattet; „die Zahlungen der zugeordneten Herstellungskosten“ ergehen „zu Lasten dieses Kontos“.

Versäumt ein Steuerpflichtiger, diese steuerjuristische Verknüpfung herzustellen, sind „die Schuldzinsen nach dem Verhältnis der Baukosten der einzelnen Gebäudeteile schätzungsweise aufzuteilen“. Ferner soll gelten: „Werden die Kosten für die Errichtung des gesamten Gebäudes einheitlich abgerechnet und bezahlt, ist grundsätzlich davon auszugehen, dass auch die Darlehensmittel nach dem Verhältnis der Wohn-/Nutzflächen verwendet worden sind. Etwas anderes gilt nur dann, wenn der Steuerpflichtige durch eigene Aufstellung die Herstellungskosten anteilig dem vermieteten Gebäudeteil zuordnet und die sich danach

---

[11] Verallgemeinert heißt das offensichtlich: für alle erwerbswirtschaftlich genutzten Gebäudeteile.

ergebenden Herstellungskosten mit Darlehensmitteln bezahlt (BFH-Urteil vom 25.03.2003).“[12]

Die Verfasser derartiger steuerjuristischer Regeln hängen offensichtlich der Vorstellung an, damit werde das nach h.M. sowohl in § 4 Abs. 5 wie in § 9 Abs. 1 EStG verankerte „Veranlassungsprinzip“ für Betriebsausgaben bzw. Werbungskosten befolgt.

Theo Siegel hat schon 1985 nachdrücklich darauf hingewiesen, daß derartigen Regeln jegliches ökonomische Fundament fehlt, ohne daß dieser Hinweis bisher gefruchtet hat. Ein erneuter Versuch ist angebracht, denn die jetzige Rechtslage widerspricht eklatant übergeordneten Wertungen des EStG. Die steuerjuristische Verknüpfung hat zwar aus der Sicht mancher Praktiker einen wichtigen Vorteil: Gut beratene Steuerpflichtige können sich darauf einrichten.[13] Andere Steuerpflichtige jedoch müssen überrascht feststellen, daß das geltende Verständnis von Recht Prämien für Clevere auslobt, auch wenn diese sich in derselben finanziellen Situation wie sie befinden.

3. Folgen des geltenden Rechts

Einige nicht akzeptable Folgen des geltenden Rechts verdeutlichen, weshalb die steuerjuristische Verknüpfung ein ungeeignetes Kriterium darstellt.

a) Folgen und notwendige Ergänzung des § 4 Abs. 4a EStG

Innerhalb der Gewinneinkünfte setzt § 4 Abs. 4a EStG willkürlich eine zeitliche Zäsur für die Anerkennung von „Unterentnahmen“. Diese unterscheiden sich von den „Überentnahmen“ nur durch das Vorzeichen und sind nichts anderes als die Eigenkapitaldifferenz nach § 4 Abs. 1 EStG:

$$G_t = ER_t - AU_t = EK_t - EK_{t-1} + EN_t - EI_t$$

Daraus folgt:

$$\Delta EK = EK_t - EK_{t-1} = G_t + EI_t - EN_t$$

---

[12] BMF-Schr. v. 16.04.2004.

[13] Wer dies früher nicht vorhergesehen hat, wird es anders bewerten. Analoge Probleme bereiten § 3c EStG i.V.m. § 8b Abs. 5 KStG und § 8a KStG.

Ist somit ΔEK positiv, so liegt eine „Unterentnahme", ist es negativ, liegt eine „Überentnahme" vor.[14] Formal gilt für die Totalperiode[15], wenn die Erstausstattung mit Eigenkapital als Einlage gewertet wird:

$$EK_T = \Sigma_0{}^T EI_{t-} + \Sigma_1{}^T G_{t+} - \Sigma_1{}^T EN_{t-}$$

Hieraus wird deutlich, daß das in einem Zeitpunkt vorhandene positive Eigenkapital die akkumulierte „Unterentnahme" darstellt. Ist das Eigenkapital negativ, handelt es sich um die akkumulierte „Überentnahme". Daher ist das geltende Recht willkürlich, weil es diese Rechnung nicht von Beginn der Unternehmung an aufstellt, sondern erst ab 1999. Dies ist ein klarer Gleichheitsverstoß.

Das nach § 4 Abs. 4a EStG vorrangige „Investitionskriterium" verknüpft die Fremdkapitalaufnahme mit einer Einzelinvestition, ist also sachbezogen, während Schulden personenbezogen sind; auch hieraus ergeben sich Widersprüche. Wem es gelingt, die steuerjuristische Verknüpfung zwischen einer Schuldaufnahme und einem Investitionsobjekt herzustellen, der braucht sich um das Eigenkapitalkriterium nicht zu kümmern. Er kann Schuldzinsen abziehen, auch wenn erhebliche negative Eigenkapitalien vorhanden sind. Hat er dies versäumt, das Fremdkapital z.B. zeitlich später aufgenommen, hat er eben „Pech gehabt".

b) Folgen für die Überschußeinkünfte

Bei den Überschußeinkünften wird praktisch allein auf die steuerjuristische Verknüpfung abgestellt. Schon dies verdeutlicht, daß im geltenden Recht gleiche Sachverhalte ungleich behandelt werden. Wer Überschußeinkünfte hat, kann sich nicht auf das Eigenkapitalkriterium berufen. Das führt wirtschaftlich zu absurden Konsequenzen. Um dies zu verdeutlichen, genügt ein einfaches Beispiel: A hat Geldmittel von 100. Er kauft für 100 ein Zweifamilienhaus mit zwei gleichartigen und gleichwertigen Wohnungen. Eine dieser Wohnungen bewohnt er selbst, die andere wird fremd vermietet. Er will zusätzlich Wertpapiere für 70 kaufen und langfristig anlegen.[16] Also nimmt er einen Kredit über 70 auf. Er kann dann folgende steuerjuristische Verknüpfungen herstellen:

---

[14] Darauf haben bereits *Eggesiecker / Ellerbeck* (2000b) zutreffend hingewiesen. Siehe auch *Eggesiecker / Ellerbeck* (2000a) sowie *Groh* (2001).

[15] Einlagen erfolgen schon zu Beginn (im Zeitpunkt 0), so daß das Anfangseigenkapital mit 0 unterstellt werden kann; Entnahmen werden zeitlich dem Gewinn (Verlust) vorgeordnet. Dies soll durch die Vorzeichen (- bzw. +) beim Zeitindex angedeutet werden. „t+" bedeutet somit die „logische Sekunde" nach Ende des Zeitpunktes t. Die Zuordnung entspricht dem Vorschlag *Elser / Neininger* (2000); die damit verbundenen Sonderprobleme können hier nicht weiter diskutiert werden.

[16] Probleme mit dem Halbeinkünfteverfahren seien ausgeklammert.

1. Er „nimmt den Kredit für den Wertpapierkauf auf", läßt sich dies von der Bank bestätigen. Die Kreditzinsen gelten voll als Werbungskosten bei den Einkünften aus Kapitalvermögen.[17]

2. Er „nimmt den Kredit für den Kauf der fremd vermieteten Wohnung und den Rest für die Wertpapiere auf", dann kann er wiederum die Schuldzinsen voll abziehen, wobei 5/7 den Einkünften aus Vermietung und Verpachtung, 2/7 den Einkünften aus Kapitalvermögen zugeordnet werden.

3. Er „nimmt den Kredit für den Kauf des Zweifamilienhauses auf" und verzichtet auf weitere Zuordnungen. Dann gelten die Schuldzinsen zur Hälfte als privat veranlaßt.

4. Er „nimmt den Kredit für den Kauf der eigengenutzten Wohnung auf und den Rest für die Wertpapiere (bzw. für die fremd vermietete Wohnung)". Dann gelten 5/7 der Schuldzinsen als privat veranlaßt.

War er nicht clever genug, wird er von der Finanzbehörde nach der Variante 4 behandelt, so kann er sich dem nur durch Rückzahlung des Kredits und Neuaufnahme mit Herstellung einer anderen steuerjuristischen Verknüpfung entziehen. Aus der Praxis sind Fälle bekannt, bei denen nach Jahren die Kreditzinsen erheblich gestiegen waren, es also ökonomisch widersinnig gewesen wäre, den Kredit zurückzuzahlen – gegen die steuerjuristisch unterstellte „private Veranlassung" konnte ohne Rückzahlung nichts ausgerichtet werden. Folgerichtig muß sich die BFH-Rechtsprechung mit einer Vielzahl von Umwegkonstruktionen auseinander setzen, ohne daß überzeugende Lösungen erkennbar sind.[18]

Diese Ergebnisse sind nicht vertretbar. Es ist ein mit den Grundwertungen des EStG vereinbares, besseres Konzept nötig. Ein für alle Einkunftsarten einheitliches Eigenkapitalkriterium ermöglicht eine willkürfreie, rechtssichere und praktikable Basis für den Schuldzinsenabzug. Dazu sind die Grundgedanken des § 4 Abs. 4a EStG ohne dessen unhaltbare Einschränkungen geeignet. Ein Gesetzesvorschlag, der auf den Arbeiten von Elser / Neininger[19] aufbaut, verdeutlicht dies.

---

[17] Es sei unterstellt, daß die Einkunftserzielungsabsicht bejaht werden kann.

[18] Vgl. nur BFH v. 27.10.1998 – IX R 44/95, BFH v. 11.03.2003 – IX R 55/01, sowie die „grundstücksbezogenen" Urteile bei *Rose / Glorius-Rose* (2004).

[19] *Elser / Neininger* (1999), (2000); zustimmend: *Herzig / Dinkelbach* (1999), besonders S. 1161.

III. Gesetzesvorschlag und dessen Folgen

1. Gesetzesvorschlag

Hiernach könnte ein Einkommensteuer-Änderungsgesetz etwa wie folgt lauten:

1. § 4 Abs. 4a wird aufgehoben.
2. Nach § 9b wird eingefügt:

„*4b. Behandlung von Schuldzinsen*

§ 9c Abziehbare Schuldzinsen

(1) Solange und soweit die Differenz zwischen der Vermögenssumme zuzüglich eines Freibetrags von 36.000 Euro[20] und abzüglich der Schuldensumme eines Steuerpflichtigen (Gesamteigenkapital) nicht negativ ist, sind die Entgelte für die Schuldensumme (Schuldzinsen) voll als Betriebsausgaben oder Werbungskosten abziehbar.[21] Die Finanzbehörde ermittelt von Amts wegen die für den Steuerpflichtigen günstigste Zuordnung zu Einkunftsarten.

(2) Vermögenssumme ist die Summe der Buchwerte aller positiven Wirtschaftsgüter aller Einkunftsarten am Ende des vorangegangenen Veranlagungszeitraums. Schuldensumme ist die Summe der Buchwerte aller negativen Wirtschaftsgüter aller Einkunftsarten an demselben Zeitpunkt.

(3) Bei Einkünften, die durch Eigenkapitalvergleich ermittelt werden, gilt das in der Steuerbilanz ausgewiesene und der Veranlagung zugrunde gelegte Eigenkapital des Steuerpflichtigen als Teil des Gesamteigenkapitals. In den anderen Fällen sind die bei der Veranlagung berücksichtigten Buchwerte der Wirtschaftsgüter des Anlagevermögens im Sinne von § 4 Abs. 3 Satz 3 bis 5 und § 9 Abs. 1 Nr. 7 maßgebend. § 3 Nr. 40 ist nicht anzuwenden.[22]

(4) Ist die Verminderung des Gesamteigenkapitals am Ende des vergangenen Veranlagungszeitraumes gegenüber dem Gesamteigenkapital am Ende des vorvergangenen Veranlagungszeitraumes auf Verluste zurückzuführen, so sind die Schuldzinsen auch insoweit voll abziehbar. Der Steuerpflichtige hat dies und die weiter bestehende Einkunftserzielungsabsicht glaubhaft zu machen.

(5) Sind die Voraussetzungen der Absätze 1 bis 4 nicht erfüllt, gilt § 12a.

(6) In einer Rechtsverordnung kann bestimmt werden, in welchen Fällen zur Vereinfachung an die Stelle einer tagesbezogenen eine zeitraumbezogene Zuordnung von Entnahmen und Einlagen (z.B. zu Quartalen, Monaten) innerhalb eines Veranlagungszeitraumes erfolgen kann. Dabei kann auch ge-

---

[20] Bei direkter Anpassung an den bisherigen § 4 Abs. 4a EStG lautet der Betrag 2.050 Euro / 0,06 = 34.167 Euro.

[21] Alternative: „... so gelten die Entgelte für den Erhalt dieser negativen Wirtschaftsgüter als abziehbare Betriebsausgaben oder Werbungskosten."

[22] Dieser Satz kann evtl. entfallen. Er soll lediglich der Klarstellung dienen, daß keinerlei „Halbierungen" vorzunehmen sind.

regelt werden, daß bei engem zeitlichen Zusammenhang zwischen Entnahmen und Einlagen vor bzw. nach einem Stichtag eine Saldierung erfolgen muß."

3. Nach § 12 wird eingefügt:

„*§ 12a Nichtabziehbare Schuldzinsen*

Soweit ein negatives Gesamteigenkapital[23] nicht auf Verluste zurückzuführen ist (§ 9c Abs. 4), gelten i % (6 %) hiervon als nichtabziehbare Kosten der Lebensführung."

2. Einige Folgen des Gesetzesvorschlags

Der Vorschlag führt dazu, daß die bisher bei den Gewinneinkunftsarten geltenden Ausnahmen des § 4 Abs. 4a EStG (Investitionskriterium, nur teilweise Berücksichtigung des Eigenkapitals) entfallen.

Die obigen Unterscheidungen bei den Überschußeinkünften entfallen ebenfalls: in allen vier Fällen sind die Schuldzinsen voll abziehbar.[24] Das ist auch leicht einsichtig: wirtschaftlich befindet sich der Steuerpflichtige in allen vier Fällen in derselben Situation: Er hat erwerbswirtschaftliches Vermögen (vermietete Wohnung 50 + Wertpapiere 70) von 120 und einen – gleich aus welchen Einkunfts- oder Vermögensquellen zu verzinsenden und zurückzuzahlenden – Kredit von 70, also ein positives erwerbswirtschaftliches Eigenkapital.

IV. Weitere Aspekte zur Begründung des Gesetzesvorschlags

Die herausragende Begründung für den Gesetzesvorschlag liefert der Große Senat des BFH.[25] Er hat den „Grundsatz der Finanzierungsfreiheit" anerkannt. Wendet man diesen Grundsatz konsequent an, ergeben sich völlig andere Ergebnisse als nach derzeitiger Rechtslage.

1. Der Grundsatz der Finanzierungsfreiheit

Danach darf der Steuerpflichtige seine erwerbswirtschaftliche Tätigkeit vollständig mit Fremdkapital finanzieren. Allein dieser Grundsatz reicht, um das

---

[23] Alternativ oder als Klammerzusatz: „Soweit § 9c Abs. 1 nicht erfüllt ist und ...".
[24] Vollständigkeit der Sachverhaltsbeschreibung wird vorausgesetzt.
[25] BFH v. 08.12.1997 – GrS 1-2/95.

Problem des Schuldzinsenabzugs sinnvoll zu lösen. Er allein ist Grundlage des obigen Gesetzesvorschlags und dieser ist seine folgerichtige Umsetzung.

Personen in derselben wirtschaftlichen (finanziellen) Lage dürfen nicht unterschiedlich besteuert werden. Daher ist eine sinnvolle Lösung nur mit Hilfe des *Eigenkapitalkriteriums* als Ausfluß der Finanzierungsfreiheit zu finden: Wenn die Finanzierung der erwerbswirtschaftlichen Aktivitäten voll fremd erfolgen kann, ist deren Grenze ein Eigenkapital von 0. Der Leistungsfähigkeitsmaßstab des EStG ist ein modifizierter Eigenkapitalvergleich (§ 4 Abs. 1 EStG). Die „finanzielle Leistungsfähigkeit" eines Individuums ohne Anfangskapital ist nach EStG in der ersten Periode gleichzusetzen seinem End-*Eigenkapital* zuzüglich der Konsumausgaben („Entnahmen"). Dieses darf er voll verbrauchen, ohne daß damit Kredite „privat" werden. Verbraucht er mehr, liegt ein Privatkredit vor. Seine finanzielle Ausgangssituation in der Folgeperiode ist dann das Eigenkapital nach Abzug der Konsumausgaben.[26] Damit voll vereinbar ist auch die Sicht des Kreditgebers.

2. Die Sichtweise des Kreditgebers

Der obige Gesetzesvorschlag berücksichtigt diese Sichtweise des potentiellen Kreditgebers. Ein Individuum ist aus Sicht eines potentiellen Kreditgebers kreditwürdig, wenn dieser erwartet, daß der Kreditnehmer die Schuld und die Schuldzinsen vereinbarungsgemäß in der Zukunft zurückzahlen kann – woraus auch immer: „aus" laufenden Einkünften aus nichtselbständiger Arbeit, „aus" vorhandenem freiem Vermögen, „aus" den Erträgen einer „mit dem Kredit" finanzierten Investitionsgelegenheit. Zwar wird der Kreditgeber nicht unbedingt erwarten, daß die Rückzahlung „aus" einem zukünftigen Lottogewinn oder „aus" einer Erbschaft erfolgt, aber er ist zufrieden, wenn der Kreditnehmer zurückzahlt. Die Anführungsstriche sollen dabei verdeutlichen, daß bereits diese Sprechweise problematisch ist: gezahlt wird „aus der Kasse" (bzw. „vom Konto") und die dort befindlichen Geldscheine (das Guthaben) ist am ehesten vergleichbar dem Wasser in einem aufgestauten See mit vielen Zuflüssen und vielen Abflüssen, der unterhalb eines Gletschers liegt, dessen Eis und Schnee[27] im Falle von Temperaturerhöhungen weitere, potentielle Zuflüsse darstellen. Unterstellt, das abfließende Wasser werde in einen Badesee geleitet (Konsum) oder könne Strom erzeugen (Investition): die Frage, welches Wasser für einen

[26] Weder die Summe der erwerbswirtschaftlichen Aufwendungen noch die Summe der entsprechenden Erträge sind als Strömungsgrößen geeignet, Maßgröße für einen (zulässigen) erwerbswirtschaftlichen Fremdkapitalbestand zu sein.

[27] Dies kann als Metapher für „Vermögen" bzw. „Aktiva" stehen. Zufallsabhängige Prozesse (Erwärmung, Regen) können hinzutreten.

der beiden Zwecke „tatsächlich verwendet" worden ist, ergibt keinen Sinn.[28] Ebenso ist es dem Kreditgeber gleichgültig, aus welcher Quelle „eigentlich" die Rückzahlung seines Kredites stammt.[29] Reicht das Wasser – die Liquidität – nicht aus, kann auf Vermögen (Eis und Schnee) zurückgegriffen werden und kann der Kreditgeber hierauf ggf. zugreifen, dann kommt es auf die aktuelle Seehöhe nicht an.

Bietet der Schuldner ausreichende finanzielle Zukunftsaussichten, wird ein Gläubiger auch ohne Objektbindung Kredit geben, selbst wenn der Schuldner unmittelbar nach Vereinnahmung des Kredits hohe Konsumausgaben tätigt. Denn der Gläubiger hat Ansprüche gegenüber der Person des Schuldners und kann auf dessen gesamtes Vermögen einschließlich des zukünftig zu erwartenden Einkommens- bzw. Vermögenszugangs zurückgreifen. Die Sicherung eines Kredits sagt deshalb über dessen Art nichts aus, die steuerjuristische Verknüpfung ist daraus nicht ableitbar.[30] Ein „Investitionskredit"[31] ist aus Sicht des Gläubigers deshalb vergleichsweise vorzuziehen, weil das Investitionsobjekt Überschüsse erwarten läßt und selbst ein verwertbarer Vermögensgegenstand ist. Es besteht dann Hoffnung, daß dieser Gegenstand künftig verwertbares Vermögen darstellt. Das gilt aber auch für Konsumvermögen, z.B. für das eigengenutzte Einfamilienhaus. Die Objektbindung ist als steuerliches Zuordnungskriterium ebenso unbrauchbar wie das Veranlassungsprinzip.

Viele Beispiele, welche das geltende Recht stützen sollen, enthalten Vereinfachungen, die Widersprüche verdecken.

3. Verfehlte Realitätsbeschreibung

In theoretischen Analysen ist es stets notwendig, von Details zu abstrahieren. Das geschieht, um wesentliche Aspekte herauszuarbeiten. Erstaunlicherweise wird in der Diskussion um den Schuldzinsenabzug meist ebenfalls heroisch vereinfacht, wodurch allerdings häufig genug gerade die wesentlichen Aspekte wegdefiniert werden, der Kern des Problems verfehlt wird. Dies gilt für viele Beispiele zur Stützung des Veranlassungsprinzips. Geradezu ein Paradefall ist das Beispiel 1c des BMF-Schreibens vom 22.05.2000:

---

[28] Das Beispiel hinkt etwas, wie alle derartigen Vergleiche. So ist es z.B. sinnvoll, Badewasser dort zu entnehmen, wo es möglichst keimfrei ist u.a.m. Geldscheine haben zwar unterschiedliche Nummern, aber auch das ist irrelevant.

[29] Geldwäscheprobleme können hier ausgeklammert werden.

[30] Die Bezeichnung „Konsumkredit" ist somit irreführend.

[31] Auch diese Bezeichnung ist aus demselben Grunde irreführend.

„Der Steuerpflichtige benötigt zur Anschaffung einer Motoryacht, die er zu Freizeitzwecken nutzen will, 100 000 DM. Mangels ausreichender Liquidität in seinem Unternehmen kann er diesen Betrag nicht entnehmen. Er möchte auch sein bereits debitorisch geführtes betriebliches Girokonto hierdurch nicht weiter belasten. Daher nimmt er zur Verstärkung seines betrieblichen Girokontos einen ‚betrieblichen' Kredit auf und entnimmt von diesem den benötigten Betrag. Das Darlehen ist privat veranlaßt. ..."

Dieses und ähnliche Beispiele tragen zur Problemlösung nichts bei. Schlimmer noch: sie setzen voraus, was erst zu beweisen wäre. Denn das BMF suggeriert, es sei möglich, eine eindeutige Aussage darüber zu treffen, daß der „tatsächliche Anlaß" für die Kreditaufnahme nicht betrieblicher, sondern privater Natur ist. Dies ist unmöglich, denn in jeder derartigen Situation spielen eine solche Fülle von Aspekten eine Rolle, daß immer eine *Veranlassungskette*[32] vorliegt – und gerade dies wird durch die Formulierung des Beispiels ausgeklammert. Zudem spielt das vorhandene Eigenkapital keine Rolle: es kann ein Vielfaches der angeblichen Konsumausgabe betragen. Eine Planungssituation, wie sie derartige Beispiele unterstellen, gibt es in der Realität nicht. Dies zeigt eine kurze Skizze vereinfachter Situationen der Finanzplanung.[33]

4. Die Entscheidungssituation bei der Finanzplanung

Eine halbwegs realistische Planungssituation ist wie folgt zu beschreiben:

1. Entscheidungsträger und zugleich Steuersubjekt des EStG ist die einzelne natürliche Person.[34] Nach dem in der Ökonomie vorherrschenden „methodologischen Individualismus"[35] ist das Individuum die entscheidende Handlungseinheit.
2. Die (finanziellen) Ziele von Individuen können unterschiedlich sein und sich im Zeitablauf wandeln.[36]
3. Risikofreude, Risikoneutralität wie auch Risikoscheu sind denkbare Einstellungen des Individuums zur Unsicherheit.
4. Jedes Individuum „ist im Hinblick auf die Unsicherheit im Einkommenserwerb Unternehmer seines Wissens, seiner Arbeitskraft und seines sonstigen

---

[32] *Bareis* (1986).

[33] Die Darstellung folgt in sehr groben Zügen *Schneider* (1992).

[34] Von der Ehegattenbesteuerung kann im vorliegenden Zusammenhang abgesehen werden.

[35] *Blankart* (2003), S. 10.

[36] Zur Vereinfachung werden in den Beispielen nur die beiden Ziele Vermögens- und Einkommensstreben verwendet.

Vermögens".[37] In die Finanzplanung wird es daher alle diese Faktoren einbeziehen. Daher wird es die Gesamtheit aller seiner Aktivitäten – Handlungen und Unterlassungen – als Einheit betrachten oder, anders gewendet, keine „Schedulerei" betreiben.

5. Der Kapitalmarkt ist unvollständig und begrenzt: Soll- sind höher als Habenzinsen und die Kreditaufnahmemöglichkeiten sind beschränkt. Stets muß finanzielles Gleichgewicht herrschen, ist Zahlungsunfähigkeit vorzubeugen.
6. Es stehen mehrere Handlungsmöglichkeiten offen, wobei stets Zukunftslagen unsicher sind. Nicht alle denkbaren Zukunftslagen können in die Planung einbezogen werden.
7. Der Handlungszeitraum des Individuums reicht über den Planungszeitraum hinaus.
8. Im Entscheidungszeitpunkt ist weniger Wissen vorhanden als später; es kann (und wird meist) Planabweichungen und zusätzliche nicht vorhergesehene und auch nicht vorhersehbare Entwicklungen geben.
9. Zu jedem beliebigen Entscheidungszeitpunkt hängen Entscheidungsfeld und Handlungsmöglichkeiten des Individuums auch von allen früheren Entscheidungen und damit von der jeweiligen Ausgangssituation ab.

Selbst damit ist weder die ganze Komplexität der Entscheidungssituation umschrieben, noch können alle ökonomischen Interdependenzen erfaßt werden. Es sind immer simultan erwerbswirtschaftliche und nichterwerbswirtschaftliche Faktoren maßgebend. Daher können weder Ursachen noch Anlässe für Kreditaufnahmen zutreffend isoliert werden. Schon die Vielzahl von Freiheitsgraden für den Entscheider bewirken, daß bei scheinbar gleicher Ausgangssituation völlig unterschiedliche Handlungen resultieren können. Was aber den Versuch, über das Veranlassungsprinzip das Problem zu lösen, zum Scheitern verurteilt, ist die Erkenntnis, daß ein und dieselbe Handlung mit völlig unterschiedlichen isolierten „Anlässen" in Verbindung steht, ohne daß irgendein auch nur halbwegs überzeugendes Kriterium existiert, um einen Anlaß als den „eigentlichen Anlaß" zu kennzeichnen, der eine Trennung der Privatschulden ermöglicht.

5. Entscheidungsbeispiele und das Versagen des Veranlassungsprinzips

Das sei an wenigen, sehr vereinfachten Beispielen gezeigt.

Dem Steuerpflichtigen P mit einem Ausgangsvermögen von 10, das er erhalten möchte, bieten sich folgende beiden Handlungsmöglichkeiten H1 und H2

[37] *Schneider* (1995), S. 31.

mit unsicheren Einzahlungen (p = Eintrittswahrscheinlichkeit) nach einer Periode, wobei der Anlagezinssatz 6 %, der Schuldzinssatz 10 % betragen möge und die Kreditgeber mindestens eine Eigenkapitalquote von 1/3 verlangen:

Tabelle 1

Handlungsmöglichkeiten eines Steuerpflichtigen

<table>
<tr><th></th><th></th><th>Z_{0-}</th><th>Z_{0+}</th><th>Z_1</th><th>p</th><th colspan="2">Erwartungswerte</th></tr>
<tr><td rowspan="2">H1</td><td rowspan="2">Eigenes Vermögen</td><td rowspan="2">+10</td><td rowspan="2">-10</td><td>+12</td><td>0,5</td><td>+6</td><td rowspan="2">+17</td></tr>
<tr><td>+22</td><td>0,5</td><td>+11</td></tr>
<tr><td rowspan="3">H2</td><td rowspan="2">Eigenes Vermögen</td><td rowspan="2">+10</td><td rowspan="3">-30</td><td>+38</td><td>0,5</td><td>+19</td><td rowspan="3">+17</td></tr>
<tr><td>+40</td><td>0,5</td><td>+20</td></tr>
<tr><td>Kredit</td><td>+20</td><td>-22</td><td>1</td><td>-22</td></tr>
</table>

Für einen risikoneutralen Entscheider sind H1 und H2 gleichwertig, bei großer Risikofreude verspricht H2 im günstigen Fall den höchsten Überschuß (40 – 22) von 18. Die Nullalternative – Anlage zu 6 % – wird von beiden Handlungsmöglichkeiten dominiert.

1. P verbraucht für seine Lebensführung seit Jahren lediglich 1 pro Zeitraum. Jetzt will er zusätzlich 5 konsumieren, aber auch sein Anfangsvermögen von 10 auf jeden Fall erhalten.[38] Er wird sich für H2 entscheiden. Denn im ungünstigeren Fall erhält er dort eine Einzahlung von 38, wovon er 22 an den Kreditgeber abgeben muß und folglich 16 übrig behält. Isoliert betrachtet ist dann „Anlaß“ für die Kreditaufnahme sein Konsumwunsch. Er kann aber auch argumentieren, er sei risikofreudig. Wer will die Richtigkeit nach dem Veranlassungsprinzip prüfen? Nach geltendem Rechtsverständnis ist die Kreditaufnahme betrieblich veranlaßt, weil er *zeitgleich* eine erwerbswirtschaftliche Ausgabe tätigt.

2. H1 möge – abweichend von oben – einen Erwartungswert von 19 haben, weil die zweite Einzahlung 4 mehr (also 26 statt 22) erbringt. P ist risikoneutral, würde also „eigentlich“ aus Rentabilitätsgründen diese Handlungsmöglichkeit wählen. Wiederum kann er dann seine Konsumwünsche nicht erfüllen, wenn sich die erste Zukunftslage realisiert. Also wählt er auch jetzt die „eigentlich“ nachrangige H2. Jetzt scheint erst recht der Konsumwunsch das auslösende Moment zu sein, denn „deshalb“ verzichtet er auf die günstigere Investition. An der „betrieblichen“ Veranlassung nach geltendem Recht än-

[38] Der „außerordentliche“ Konsumwunsch mag im erstrebten Erwerb einer teuren Motoryacht analog Fall 1c des BMF-Schr. begründet sein.

dert sich indes nichts. Die erste Kalkulation kann nicht – auch nicht nachträglich – steuerrechtlich verwertet werden, sie ist auch nicht intersubjektiv prüfbar (und wird auch kaum je der Finanzbehörde zu Gesicht kommen).

3. Gesetzt, P habe sich seinen „außergewöhnlichen“ Konsumwunsch bereits im Zeitpunkt vor der obigen Entscheidungssituation erfüllt, und deshalb beträgt sein Anfangsvermögen nur noch 5. Dann benötigt er an sich bei beiden Handlungsmöglichkeiten Kredite, doch kann er die zweite nicht mehr realisieren, weil er keine ausreichende Eigenkapitalquote nachweist. Auch hier kann wieder behauptet werden, „eigentlich“ sei der Kredit privat veranlaßt. Wiederum wird aber eine erwerbswirtschaftliche Veranlassung anerkannt.

Die Beispiele reichen eigentlich schon aus, um das Versagen des Veranlassungsprinzips zu beweisen. Die Aussage, es liege objektiv und einwandfrei ein „privater“ oder es liege ein „betrieblicher Anlaß“ vor, ist unmöglich. Die für die subjektive Planung empfohlene und sinnvolle Grenzbetrachtung ist nicht objektivierbar. Somit muß sie als Kriterium für die Besteuerung ausscheiden.

Es kommt ein weiteres, unüberwindliches Hindernis hinzu. Unter „Entscheidung“ wird meist nur eine konkrete „Handlung“ verstanden. Dies scheint auf beobachtbare Sachverhalte hinzudeuten. Was aber gilt bei – kaum je eindeutig identifizierbaren – Unterlassungen?

4. P möge H2 gewählt haben und den Kredit von 20 gleichzeitig mit der Investition aufgenommen haben. Der Kredit könne jetzt beliebig in den Jahren 1 bis 3 zurückbezahlt werden. Nach ursprünglicher Planung sollte der Kredit nach einem Jahr zurückgezahlt werden, also H2 realisiert werden. Die Planung ist nicht aufgegangen: Statt der mindestens erwarteten 38 seien nur 32 erlöst worden. Wird der Kredit Ende der ersten Periode zurückgezahlt, so ist nur noch das Anfangsvermögen von 10 vorhanden. Sowohl die „normale“ wie die „außerordentliche“ Konsumausgabe verminderten dieses Vermögen – entgegen der ursprünglichen Zielsetzung. Da die Aussichten für die Zukunft wesentlich besser als das abgelaufene Jahr eingeschätzt werden, wird der Kredit nicht zurückgezahlt. Hinzu trete ein „Konsumrausch“: P leistet sich weitere Privatausgaben von 15 und investiert die restlichen 17 in ein Projekt, von dem er „mit Sicherheit“ erwartet, daß es nach einem Jahr mindestens 25 erbringt, womit er dann die Schulden (24,2) zurückzahlen kann und noch ein sehr geringes Endvermögen von 0,8 hat. Ist nun der Verzicht auf die Rückzahlung des Kredits und damit dessen weitere Aufrechterhaltung privat oder erwerbswirtschaftlich veranlaßt?

Das Beispiel mag gekünstelt klingen, hat aber einen sehr realistischen Hintergrund. So ist es bei Hypothekendarlehen durchaus üblich, daß freiwillige Rückzahlungen erfolgen können, so daß grundsätzlich täglich eine Unterlassensentscheidung erfolgt, deren „Anlaß“ eigentlich nach steuerjuristischer Lehre überprüft werden müßte. Denn die unterlassene Rückzahlung könnte ja der zu isolierende „Anlaß“ für eine „deshalb“ erfolgende Privatausgabe sein. Dies erhellt abermals den untrennbaren Zusammenhang aller relevanten Faktoren: Sie sind sämtlich *simultan* zu berücksichtigen, es ist unmöglich, einzelnen Faktoren isoliert Handlungen zuzurechnen. Deshalb versagt die steuerjuristische Auslegung.

Erst recht fehlt es an einem eindeutigen Kriterium für die Zuordnung zu Einkunftsarten (Schedulerei): sie ist objektiv unmöglich[39], so daß nach pragmatischen Lösungen gesucht werden muß. Kann ein „erwerbswirtschaftlicher“ Kredit bejaht werden, so ist die Frage nach dessen weiterer Zuordnung zweitrangig; nach obigem Vorschlag müßte die Finanzbehörde eines der Fairneß verpflichteten Staates eine „Günstigerprüfung“ bei der Zuordnung zu Einkunftsarten vornehmen (was sicherlich von manchen als naive Forderung angesehen wird).[40]

6. Sonderprobleme bei Kapitalgesellschaften

Durch das Halbeinkünfteverfahren ergeben sich weitere Probleme. Kapitalgesellschaften gelten als eigenständige juristische Personen und haben nur gewerbliche Einkünfte, so daß von ihnen aufgenommene Schulden ihnen zuzuordnen sind (Subjektbezug zur juristischen Person). Da es für sie keinen nichterwerbswirtschaftlichen Bereich gibt, können grundsätzlich auch keine nicht abziehbaren Schuldzinsen entstehen.[41]

Diese Feststellung steht nicht im Widerspruch zum Ausgangspunkt dieser Analyse, dem methodologischen Individualismus. Denn der Gesetzgeber des Handelsrechts hat bei Kapitalgesellschaften gesonderte Kapitalerhaltungsregeln aufgestellt, die gerade sicherstellen sollen, daß durch „Entnahmen“ (Kapitalherabsetzungen, Gewinnausschüttungen) kein negatives Eigenkapital entstehen kann. Verluste mindern auch hier das Entnahmepotential. Das Mindest-Nennkapital ist eine zusätzliche untere Grenze für „Entnahmen“ bei Unternehmensfortführung.

Die „Halbierungsvorschrift“ des § 3 Nr. 40 EStG enthält, wie vielfach kritisiert, eine Ungereimtheit, die bei der Berechnung des zulässigen Schuldzinsenabzugs nicht zu übernehmen ist.[42] Hält ein Individuum Anteile an Kapitalgesellschaften, so sind in seine Eigenkapitalrechnung die vollen Anschaffungskosten

---

[39] *Kirchhof* et al. (2001); *Kirchhof* (2003).

[40] Auf das BMF-Schr. v. 12.06.2002 kann aus Raumgründen nicht eingegangen werden.

[41] Evtl. muß ein Durchgriff zum Gesellschafter erfolgen, oder der Sachverhalt gilt als verdecktes Einkommen (Gewinnausschüttung). Wie bei Personengesellschaften zu verfahren ist, bedarf einer gesonderten Untersuchung.

[42] *Bareis* (2003), S. 2320, m.w.N.

einzubeziehen, nicht etwa nur die Hälfte. Denn die insoweit rechnerisch diesen Anteilen zuzuordnenden erwerbswirtschaftlichen Zinsaufwendungen des Gesellschafters haben das Einkommen der Gesellschaft nicht gemindert, damit nicht zur Minderung der dortigen Definitivbelastung geführt. Folglich müssen sie voll abziehbar sein. Daher bleibt es auch insoweit bei den obigen Grundsätzen.

V. Ergebnis

Zusammenfassend kann folgendes festgehalten werden. Die steuerjuristisch bevorzugten Abgrenzungskriterien für den Schuldzinsenabzug – „Investitionskriterium" und „Liquiditätskriterium"[43] – sind ökonomisch nicht zu vertreten.[44] Sie loben Prämien für Cleverneß aus. Mit Klaus Tipke könnte man ihre Folgen als „Dummensteuern" bezeichnen, doch ist dies für die Zeit vor der endgültigen Zementierung dieser Kriterien durch die nunmehr ständige Rechtsprechung und die daraus folgende Verwaltungspraxis nicht ganz zutreffend. Denn zuvor konnte man noch hoffen, daß die Definition von „wirtschaftlichem Zusammenhang" einen, wenn auch vielleicht schwachen Bezug zur Ökonomie aufweist. Das sog. „Eigenkapitalkriterium", das rudimentär in § 4 Abs. 4a EStG enthalten ist, ist zu verallgemeinern und auf sämtliche Einkunftsarten anzuwenden. Ergibt die Gesamtbilanz der Eigenkapitalien des Erwerbsbereichs (Gewinn- und Überschußeinkunftsarten) ein nicht negatives Eigenkapital, dann sind die gesamten Schulden des Individuums, ohne Rücksicht auf ihre Bezeichnung, dem erwerbswirtschaftlichen Bereich zuzuordnen, und sämtliche Schuldzinsen sind voll abziehbar. Damit erübrigen sich viele Abgrenzungsfragen. Sind Teile der Schulden als „nicht erwerbswirtschaftlich" zu qualifizieren, so können in Anlehnung an § 4 Abs. 4a EStG Bagatellgrenzen (Freibeträge) aufgestellt und Pauschalierungen beim Zinssatz angewendet werden, um die Berechnung der nicht abziehbaren Beträge zu erleichtern. Weitere Vereinfachungen sind denkbar, weil es zu aufwendig sein kann, auf den Tag genau „schädliche" Entnahmen zu berechnen.

Dieser Lösungsvorschlag ist wohl kaum das letzte Wort zu diesem leidigen, seit nunmehr einer Generation unbefriedigend gelösten Problem. Theo Siegels Diskussionsbereitschaft endet gewiß nicht mit seinem Abschied vom aktiven Universitätsdienst. Vielleicht entsteht aus der weiteren Diskussion dann ein noch überzeugenderes Konzept.

---

[43] *Siegel* (1998a), S. 623.

[44] Dies dürfte unter Ökonomen unstrittig sein. Siehe dazu: *Siegel* (1998b); *Bareis* (1986); *Elser / Neininger* (2000); *Herzig / Dinkelbach* (1999).

Literatur- und Rechtsprechungsverzeichnis

Bareis, Peter (1986): Plädoyer für ein neues Konzept beim steuerlichen Abzug von Schuldzinsen: Zugleich Ergänzung zum Beitrag Siegels in Steuer und Wirtschaft 1985, S. 207; in: Steuer und Wirtschaft; 63. Jg. (1986); S. 118 – 127.

– (2003): Probleme mit der Hälfte; in: Betriebs-Berater; 58. Jg. (2003); S. 2315 – 2323.

Blankart, Charles B. (2003): Öffentliche Finanzen in der Demokratie; 5. Auflage; München 2003.

Eggesiecker, Fritz / *Ellerbeck,* Elke (2000a): Das Grundproblem des neuen § 4 Abs. 4a EStG; in: Betriebs-Berater; 55. Jg. (2000); S. 802 – 804.

– (2000b): Die praktikable Ermittlung der Überentnahmen: Kapitalstand als Schlüssel für die Anwendung des neuen § 4 Abs. 4a EStG; in: Der Steuerberater; 51. Jg. (2000); S. 297 – 303.

Elser, Thomas / *Neininger,* Monika (1999): Abgrenzbarkeit privat veranlasster Schuldzinsen aus ökonomischer Sicht; in: Der Betrieb; 52. Jg. (1999); S. 172 – 177.

– (2000): Die Notwendigkeit einer Betrachtung des Eigenkapitalkontos bei der Abgrenzung privater Schuldzinsen; in: Der Betrieb; 53. Jg. (2000); S. 994 – 1000.

Groh, Manfred (2001): Der missverstandene Schuldenabzug – Anmerkungen zum BMF-Schreiben vom 22.5.2000 DStR 2000, 924; in: Deutsches Steuerrecht; 39. Jg. (2001); S. 105 – 109.

Herzig, Norbert / *Dinkelbach,* Andreas (1999): Die Neuregelung des Schuldzinsenabzugs nach § 4 Abs. 4a EStG; in: Betriebs-Berater; 54. Jg. (1999); S. 1136 – 1142.

Hundsdoerfer, Jochen (2002): Die einkommensteuerliche Abgrenzung von Einkommenserzielung und Konsum; Wiesbaden 2002.

Hundsdoerfer, Jochen / *Henning,* Michael (2000): Konzept und Praktikabilität einer eigenkapitalbezogenen Begrenzung des Schuldzinsenabzugs – zum neuen § 4 Abs. 4a EStG; in: Betriebs-Berater; 55. Jg. (2000); S. 542 – 545.

Kirchhof, Paul (2003): Einkommensteuergesetzbuch; Heidelberg 2003.

Kirchhof, Paul, et al. (2001): Karlsruher Entwurf zur Reform des Einkommensteuergesetzes; Heidelberg 2001.

Rose, Gerd / *Glorius-Rose,* Cornelia (2004): Zur jüngsten Rechtsprechung des BFH hinsichtlich § 42 AO; in: Der Betrieb; 57. Jg. (2004); S. 2174 – 2176.

Schneider, Dieter (1992): Investition, Finanzierung und Besteuerung; 7. Auflage; Wiesbaden 1992.

– (1995): Betriebswirtschaftslehre, Band 1: Grundlagen; 2. Auflage; München, Wien 1995.

Siegel, Theodor (1985): Eigen- oder Fremdfinanzierung und steuerlicher Schuldzinsenabzug – Zur Schuldzinsenzuordnung in der neueren Rechtsprechung des Bundesfinanzhofs; in: Steuer und Wirtschaft; 62. Jg. (1985); S. 207 – 220.

– (1996): Ökonomische Analyse und steuerrechtliche Prüfung von Zwei- und Mehrkontenmodellen – Zu den Vorlagebeschlüssen des X. und XI. BHF-Senats; in: Deutsches Steuerrecht; 34. Jg. (1996); S. 1496 – 1502.

– (1998a): Der Irrtum des Großen Senats zu den Mehrkontenmodellen – Zugleich eine ökonomische Gegenposition gegenüber der Verteidigung des BFH-Beschlusses vom 8.12.1997 durch Wolff-Diepenbrock; in: Deutsches Steuerrecht; 36. Jg. (1998); S. 621 – 624.

– (1998b): Zur Verwechslung von Liquidität und Eigenkapital: Kritische Analyse des BFH-Beschlusses zum Mehrkontenmodell; in: Ökonomische und rechtliche Aspekte der Unternehmensbesteuerung; Hrsg. Hans Günter Rautenberg; Stuttgart et al. 1998; S. 46 – 65.

– (1999): Kreditaufnahme, Mittelverwendung und Mehrkontenmodell: Eine kurze Stellungnahme zum Beitrag von Olbertz und zum Entwurf von § 4 Abs. 4a EStG; in: Betriebs-Berater; 54. Jg. (1999); S. 445 – 447.

BMF-Schreiben vom 10.11.1993, BStBl. I 1993, S. 930, Tz. 8 – 10; überholt durch BMF-Schreiben vom 16.04.2004.

BMF-Schreiben vom 10.12.1999, BStBl. I 1999, S. 1130; vollständig überholt durch BMF-Schreiben vom 16.04.2004.

BMF-Schreiben vom 22.05.2000, BStBl. I 2000, S. 245; geändert durch BMF-Schreiben vom 28.03.2001.

BMF-Schreiben vom 28.03.2001, BStBl. I 2001, S. 251.

BMF-Schreiben vom 18.07.2001, BStBl. I 2001, S. 513.

BMF-Schreiben vom 12.06.2002, BStBl. I 2002, S. 647.

BMF-Schreiben vom 24.04.2003, BStBl. I 2003, S. 287; vollständig überholt durch BMF-Schreiben vom 16.04.2004.

BMF-Schreiben vom 16.04.2004, WPg 2004, S. 731 (= BStBl. I 2004, S. 464).

BFH-Urteil vom 08.12.1997 – GrS 1-2/95, BStBl. II 1998, S. 193.

BFH-Urteil vom 27.10.1998 – IX R 44/95, BStBl. II 1999, S. 676.

BFH-Urteil vom 11.03.2003 – IX R 55/01, BStBl. II 2003, S. 627.

Anschaffungskosten des Anteilseigners bei Teilnahme an Barkapitalerhöhungen im kritischen Spiegel der höchstrichterlichen Finanzrechtsprechung

Von Gerhard Kraft

I. Einleitung

Der Erwerb von Anteilen an einer Kapitalgesellschaft kann betriebswirtschaftlich als Investition interpretiert werden. Dies gilt unabhängig davon, ob Aktien oder GmbH-Anteile am Markt oder auf sonstige Weise erworben oder im Wege der Gründung oder der Kapitalerhöhung geschaffen werden. Die Vorteilhaftigkeit der Investition hängt in ganz erheblichem Maße davon ab, wie Dividenden und Anteilsveräußerungsgewinne besteuert werden. Da der Veräußerungsgewinn sich prinzipiell aus der Differenz zwischen Veräußerungserlös und Anschaffungskosten des veräußerten Anteilspakets errechnet, kommt der Technik der Anschaffungskostenermittlung überragende Bedeutung zu.

Die Ermittlung der Anschaffungskosten von Kapitalgesellschaftsbeteiligungen war in der Vergangenheit aus körperschaftsteuerlicher Sicht primär ein bilanzielles Problem. Trotz der Beteiligungsveräußerungsgewinnbefreiung (§ 8b Abs. 2 KStG) kommt den Anschaffungskosten für körperschaftsteuerliche Zwecke immer noch eine nicht unerhebliche Rolle zu. Denn das pauschale Betriebsausgabenabzugsverbot des § 8b Abs. 3 KStG erfordert im Falle der Veräußerung von Anteilen an nachgeordnete Kapitalgesellschaften die Ermittlung des Veräußerungsgewinns als Differenz zwischen Veräußerungserlös und Anschaffungskosten.

Werden Kapitalgesellschaftsanteile anlässlich der Gründung oder von anderen Akteuren am Markt erworben und hat der Erwerb einkommensteuerliche Relevanz, so geht die höchstrichterliche Finanzrechtsprechung von einer für alle denkbaren Bereiche einheitlichen Anschaffungskostendefinition aus. Hier sind Veräußerungsvorgänge zu nennen, bei denen im Rahmen der §§ 6 Abs. 1, 17 sowie 22 Nr. 2 i.V.m. 23 EStG[1] ein erhebliches Interesse an der Ermittlung der

---

[1] Einkommensteuergesetz in der Fassung der Bekanntmachung vom 19.10.2002 (BGBl. I 2002, S. 4210; BGBl. I 2003, S. 179), zuletzt geändert durch das Gesetz vom 30.07.2004 (BGBl. I 2004, S. 2013).

ursprünglichen (historischen) Anschaffungskosten besteht. Dies gilt umso mehr angesichts der gesetzgeberischen Tendenz, Gewinne aus der Veräußerung von Kapitalgesellschaftsanteilen außerhalb des Bilanzsteuerrechts, etwa durch die wiederholte Absenkung der relevanten Beteiligungsquoten des § 17 EStG, zunehmend der Steuerpflicht zu unterwerfen.

Die nachfolgenden Überlegungen beleuchten im Kontext der untersuchten Thematik punktuell Aspekte aus verschiedenen Interessensgebieten des überaus breit angelegten Wissenschaftlers T. Siegel. So ist nach der Formulierung des Problems eine bilanzielle Analyse des Anschaffungskostenbegriffs vorzunehmen (II.). Letztlich dem Spannungsfeld von Gesellschaft und Gesellschafter[2] entstammen die Ausführungen zu den speziellen Fragestellungen der Anschaffungskosten bei Beteiligungen (III.). Eine steuerrechtlich orientierte[3] Darstellung, Analyse und Kritik an der diesbezüglichen Rechtsprechung bildet den Abschluss der Untersuchung (IV.).

II. Der Anschaffungskostenbegriff

1. Zur Funktion des Anschaffungskostenbegriffs

Der Anschaffungskostenbegriff wird üblicherweise zu den grundlegenden Termini des Rechnungswesens gezählt, er wird neben den Herstellungskosten als zentraler Wertmaßstab des Bilanzrechts angesehen. Er gilt als originärer Wertmaßstab für alle vom Unternehmen fremdbezogenen Gegenstände. Anschaffungskosten bilden nach der dem HGB zugrunde liegenden Bewertungskonzeption die absolute Wertobergrenze jeder Bewertung. Eine so verstandene Anschaffungskostenfunktion drückt die Philosophie des „historical cost“-accounting[4] treffend aus. Im Falle der Veräußerung eines Gegenstandes im Rahmen einer Markttransaktion stellen die Anschaffungskosten das Pendant zum Veräußerungserlös dar. Ihre Höhe determiniert somit den (positiven oder negativen) Erfolg der Markttransaktion. Schließlich kommt Anschaffungskosten die Funktion eines Vergleichsmaßstabs zu. Dies gilt dann, wenn zu künftigen Stichtagen untersucht werden muss, welche Anschaffungskosten für einen Vermögensgegenstand bei erneuter Beschaffung aufgewendet werden müssten.

---

[2] Vgl. *Siegel* et al. (1999), S. 2077 – 2085; *Siegel* (1993), Sp. 1494.

[3] Vgl. *Siegel* et al. (2000), S. 1269 – 1270.

[4] Zum Pendant, der Zeitwertbilanzierung, eingehend *Siegel* (1998), S. 593 – 603.

2. Externe Rechnungslegung

a) HGB

§ 255 Abs. 1 HGB[5] definiert die Anschaffungskosten als die Aufwendungen, die geleistet werden, um einen Vermögensgegenstand zu erwerben und in einen betriebsbereiten Zustand zu versetzen. Erforderlich ist dabei, dass sie dem Vermögensgegenstand einzeln zugeordnet werden können. Diese begriffliche Umschreibung enthält mithin die Komponenten „Kosten des Erwerbs“ und „Kosten der Betriebsbereitschaft“. Der Anschaffungskostenbegriff nach HGB ist getragen vom Prinzip der ergebnisneutralen Vermögensumschichtung. Kernelement insoweit ist der Satz, wonach Anschaffungskosten von der Gegenleistung bestimmt werden. Dies hat zur Folge, dass auch überhöhte Anschaffungskosten zu aktivieren sind. Aufgrund der pagatorischen Natur der Anschaffungskosten kommen ausschließlich aufwandsgleiche – also weder kalkulatorische noch fiktive – Kosten in Betracht.

Soweit bestehende Anteile an Unternehmen erworben werden, gelten für den Begriff und Umfang der Anschaffungskosten zunächst keine Besonderheiten. Als Anschaffungskosten gilt der Anschaffungspreis zuzüglich Anschaffungsnebenkosten abzüglich Anschaffungspreisminderungen. Als Anschaffungsnebenkosten kommen insbesondere Beurkundungsgebühren und Eintragungsgebühren, Kosten einer Gründungsprüfung, Maklerprovisionen sowie ggf. Grunderwerbsteuer (§ 3 Abs. 1 GrErwStG) in Betracht. Gutachterkosten sowie Beratungskosten besitzen Gemeinkostencharakter, sie gehören deshalb nicht zu den Anschaffungskosten.

Beim Erwerb der Anteile gegen Bareinlagen gelten der Betrag der Einlage zuzüglich eventuell vom Gesellschafter getragener Nebenkosten als Anschaffungskosten der Gesellschaftsanteile. Soweit Anteile durch Sacheinlage erworben wurden, liegt nach herrschender Meinung ein tauschähnlicher Vorgang vor, der nach den für Tauschvorgänge geltenden Grundsätzen zu behandeln ist. Demgemäß können Anteile an Kapitalgesellschaften, die durch Sacheinlage erworben wurden, wahlweise mit den Buchwerten der hingegebenen Wirtschaftsgüter oder deren Zeitwerten angesetzt werden.

---

[5] Handelsgesetzbuch, zuletzt geändert durch das Gesetz vom 24.08.2004 (BGBl. I 2004, S. 2198).

b) Internationale Rechnungslegung

Weder nach IAS/IFRS noch nach US-GAAP existiert eine übergreifende allgemeine Definition des Anschaffungskostenbegriffs[6]. Dennoch können Anschaffungskosten gemäß HGB, US-GAAP und IAS/IFRS inhaltlich als weitgehend äquivalent angesehen werden. Dies ergibt sich aus verschiedenen Bezügen im Rahmen der IFRS. So sind im Bereich der Vorrätebewertung die (historischen) Anschaffungskosten wie folgt umschrieben: „Cost is defined as the sum of all costs of purchase, costs of conversion, and other costs incurred in bringing the inventories to their present location and condition."[7] Für Vorräte wie für Sachanlagen wird im deutschsprachigen Schrifttum davon ausgegangen, dass die Anschaffungskosten im Sinne der IAS/IFRS nebst Anschaffungsnebenkosten abzüglich Anschaffungspreisminderungen umfassen.

Für den Bereich der US-GAAP findet sich in der Literatur selten der Begriff „acquisition cost" als nahe liegende Übersetzung von Anschaffungskosten. So wird er beispielsweise für das Anlagevermögen wie folgt verwendet[8]: „The cost of buildings, plant, and equipment should include all costs of acquistion and preparation for use." Ähnlich liest sich eine weitere Definition, die allerdings der Literatur zum „managerial accounting" entstammt[9]: „Acquisition costs include the cost of purchasing and installing assets. The primary outflow for most capital investments is the acquisition cost of the asset."

Für den Bereich der Bewertung der Vorräte nach US-GAAP enthält ARB 43 Hinweise[10]. Danach sind ganz ähnliche aktivierbare wie nicht aktivierbare Kategorien wie im Rahmen der IAS/IFRS anzusetzen[11].

3. Steuerrecht

Das Einkommensteuergesetz nennt die Anschaffungskosten als zentralen Bewertungsmaßstab in § 6 EStG, ohne jedoch eine Begriffsbestimmung vorzunehmen. Aufgrund der Maßgeblichkeit der handelsrechtlichen Grundsätze ordnungsmäßiger Buchführung für die steuerliche Bilanzierung erlangt damit die handelsrechtliche Definition der Anschaffungskosten auch für die Steuerbilanz Geltung. So übernimmt die Judikatur des BFH den handelsrechtlichen Anschaffungskostenbegriff des § 255 Abs. 1 HGB im Kontext des Ertragssteuerrechts.

---

[6] *Coenenberg* (2003), S. 95.

[7] *Epstein / Mirza* (2003), S. 208.

[8] Zum Beispiel im älteren Schrifttum etwa bei *Horngren* (1984), S. 371.

[9] *Deakin / Maher* (1987), S. 598.

[10] Vgl. Chapter 4 – Inventory Pricing.

[11] *Robinson / Munter / Grant* (2004), S. 480.

Die BFH-Rechtsprechung[12] fußt auf der Erkenntnis, dass der Begriff der Anschaffungskosten durch das Bilanzrichtlinien-Gesetz[13] (BiRiLiG) vom 19. Dezember 1985 erstmals gesetzlich definiert, in das HGB eingefügt und von der Steuerrechtsprechung als für alle Einkunftsarten maßgeblich übernommen wurde. Auch die Finanzverwaltung[14] stützt sich prinzipiell auf § 255 Abs. 1 HGB.

Abweichend von der handelsrechtlichen Wertung ist jedoch bei einem Erwerb von Anteilen gegen Sacheinlage eine Bewertung der erworbenen Anteile mit dem gemeinen Wert der hingegebenen Wirtschaftsgüter zwingend vorgeschrieben (§ 6 Abs. 6 EStG).

III. Steuerliche Anschaffungskosten bei Beteiligungen

1. Erwerbsstrategie und Selbstständigkeitsthese

Gesellschafter einer Kapitalgesellschaft kann man durch Gründung, durch Erwerb von Anteilen am Markt oder durch die Teilnahme an einer Kapitalerhöhung werden. Neben der schlichten Barkapitalerhöhung kommen noch die Seitwärtsverschmelzung einer Kapitalgesellschaft, deren Anteile dem zur Kapitalerhöhung bereiten Anteilseigner einer Kapitalgesellschaft gehören (Verschmelzung einer Schwester-GmbH auf die Kapitalgesellschaft nach §§ 11 – 13 UmwStG) sowie die Einbringung eines Betriebs oder eines Teilbetriebs in eine Kapitalgesellschaft (Einbringung eines Einzelunternehmens in die Kapitalgesellschaft nach § 20 Abs. 1 UmwStG) in Betracht. Alternativ denkbar sind ferner die Einbringung eines Mitunternehmeranteils durch einen Gesellschafter sowie die Zulassung eines fremden Dritten zur Kapitalerhöhung, der die dadurch geschaffenen Anteile später zum Preis der anlässlich der Kapitalerhöhung zugeführten Mitteln an den Alleingesellschafter veräußert. Auch die Barmittelzuführung im Wege der verdeckten Einlage wäre ein prinzipiell zulässiges und geeignetes Instrument.

Im Zusammenhang mit zeitlich gestaffelten Anteilserwerben ist daran zu erinnern, dass nach ständiger Rechtsprechung des BFH[15] Anteile an Kapitalgesellschaften ihre Selbstständigkeit behalten, wenn der Steuerpflichtige die Anteile zu unterschiedlichen Zeiten und zu unterschiedlichen Anschaffungskosten erworben hat. Bei einer Teilveräußerung sind deshalb dem Veräußerungspreis die Anschaffungskosten der veräußerten Anteile gegenüberzustellen. Selbstver-

---

[12] BFH v. 12.09.2001 – IX R 39/97, S. 571; BFH v. 12.09.2001 – IX R 52/00, S. 577.

[13] BGBl. I 1985, S. 2355.

[14] BMF-Schr. v. 18.07.2003, S. 2211.

[15] Vgl. BFH v. 07.03.1995 – VIII R 29/93. Vgl. *Weber-Grellet* (2004), Rn. 164.

ständlich setzt dies voraus, dass eine Identifizierung der Anteile möglich ist. Bei Aktien dürfte diese unproblematisch sein. Aber auch bei GmbH-Anteilen kann durch Bezugnahme auf den notariellen Erwerbsakt oder auf sonst geeignete Weise ein zu veräußerndes Anteilspaket identifiziert werden. Der Veräußerer kann somit bei einer Teilveräußerung als Erstes zum Beispiel den geringsten Gewinn realisieren. Die Anschaffungskostenermittlung lässt sich damit auch zum Zwecke der Steuerplanung instrumentalisieren.

2. Gründungserwerb

Zeichnet ein Gründungsgesellschafter Anteile an einer neu gegründeten Kapitalgesellschaft, so entsprechen seine Anschaffungskosten regelmäßig dem Betrag seiner Einzahlung in das Grund- oder Stammkapital. Als Nebenkosten des Anteilserwerbs ist denkbar etwa die Gesellschaftsteuer, wenn Kapitalgesellschaften in Rechtsordnungen gegründet werden, die noch die Gesellschaftsteuer kennen.

Die Sachgründung ist zwar im Vergleich zur Bargründung komplizierter, führt aber im Bereich der Anschaffungskostenermittlung nicht zu unlösbaren Problemen. Überträgt ein Anteilseigner Gegenstände des Privatvermögens gegen Anteilsgewährung an die Gesellschaft, so kommt für die Anschaffungskostenermittlung der neuen Anteile mangels anderweitiger expliziter gesetzlicher Regelung der gemeine Wert (§ 9 Abs. 1 BewG) zur Anwendung. Werden im steuerverhafteten Privatvermögen gehaltene Anteile im Wege der Gründung in die Gesellschaft eingebracht, führt dies zu Anschaffungskosten der neu gewährten Anteile, die dem Wert entsprechen, mit dem die Kapitalgesellschaft die eingebrachten Anteile ansetzt (§ 20 Abs. 4 UmwStG). Bei so genannten mehrheitsverschaffenden Gründungseinbringungen (§ 20 Abs. 1 Satz 2 UmwStG) ist daher eine Übertragung der Anschaffungskosten der bisherigen Anteile auf die neuen Anteile möglich. Ist das Erfordernis der Mehrheitsverschaffung nicht erfüllt, stellt sich die Einbringung als realisierungspflichtiger Vorgang dar. Bei der Einbringung eines Betriebs, Teilbetriebs oder eines Mitunternehmeranteils ist bei Vorliegen der in § 20 Abs. 1 Satz 1 UmwStG genannten Voraussetzungen auf der Ebene der Kapitalgesellschaft ein Buchwertansatz möglich. In diesem Fall sind die Anschaffungskosten für die gewährten Anteile mit dem steuerlichen Buchwert des eingebrachten Vermögens identisch.

3. Anteilserwerb am Markt

Der Anteilserwerb am Markt führt für den Erwerber regelmäßig zu Anschaffungskosten, die dem Wert des Hingegebenen entsprechen. Im Regelfall werden solche Transaktionen durch die Übertragung von Bar- oder Buchgeld abgewickelt, weshalb sich in Bezug auf die Anschaffungskosten keine Besonderheiten ergeben. Erfolgt ausnahmsweise ein Tausch, so greift die „gemeine Wert-Regel" des § 9 Abs. 1 BewG.

Wie sich aus der Selbstständigkeitsthese beim gestaffelten Anteilserwerb ergibt und wie das nachfolgende Beispiel zeigt, behalten die zu unterschiedlichen Zeitpunkten und/oder Werten erworbenen Anteile bzw. Anteilspakete auch beim gestaffelten Erwerb ihre jeweiligen Anschaffungskosten. Erwirbt ein Steuerpflichtiger etwa am 1.1.t_1 100 Anteile zu 1.000 und am 1.1.t_2 100 Anteile zu 600 und veräußert er 100 Anteile am 1.2.t_2 zu 1.100, so kann der Steuerpflichtige einen Gewinn in Höhe von 100 versteuern, indem er die zuerst angeschafften Anteile als veräußert behandelt. Weder muss eine Durchschnittsberechnung der Anschaffungskosten vorgenommen werden noch gilt eine last-in first-out-Fiktion.

4. Anteilserwerb im Wege der Verschmelzung

Erwirbt ein Anteilseigner dadurch neue Anteile, dass eine Gesellschaft, an der er beteiligt war (untergehende Gesellschaft), auf eine andere Gesellschaft (aufnehmende Gesellschaft) verschmolzen wird, so ordnen § 13 Abs. 1 bzw. Abs. 2 UmwStG die Buchwert- bzw. die Anschaffungskostenübertragung an. Dies gilt auch für den Fall, dass der Anteilseigner bereits vor der Verschmelzung an der aufnehmenden Gesellschaft beteiligt war.

5. Anteilserwerb durch Einbringung

Werden neue Anteile dadurch geschaffen, dass in eine bereits bestehende Kapitalgesellschaft Vermögen gegen Anteilsgewährung eingebracht wird, so unterscheidet sich die steuerliche Behandlung insbesondere in Bezug auf die Anschaffungskostenermittlung nicht vom Gründungsvorgang. Wird Betriebsvermögen in Form eines Betriebs, Teilbetriebs oder Mitunternehmeranteils eingebracht, so ermitteln sich die Anschaffungskosten der gewährten Anteile nach § 20 Abs. 1 UmwStG. Dies gilt auch für den Fall, dass der Einbringende bereits vor der Einbringung an der Kapitalgesellschaft beteiligt war, in die eingebracht wird.

6. Anteilserwerb in Verbindung mit einer Barkapitalerhöhung

Im Zusammenhang mit der Barkapitalerhöhung börsennotierter Aktiengesellschaften hat die höchstrichterliche Finanzrechtsprechung die Geltung der Substanzabspaltungstheorie nach der Gesamtwertmethode für zutreffend erachtet.

Sie geht davon aus, dass im Kontext des Erwerbs von (jungen) Aktien durch den Altaktionär anlässlich einer Barkapitalerhöhung Anschaffungskostensubstanz von den alten auf die jungen Aktien übergeht. Bemerkenswert dabei ist, dass die Anschaffungskosten der jungen Aktien nicht nach dem Gegenwert des Hingegebenen bemessen, sondern anhand einer von der Rechtsprechung entwickelten Formel zu berechnen sind. Konsequenz der Substanzabspaltungstheorie ist, dass die Anschaffungskosten von neuen Aktien nicht mit dem tatsächlich geleisteten Betrag der Barkapitalerhöhung übereinstimmen. Vielmehr wird von den alten Aktien „betragsmäßige Anschaffungskostensubstanz" abgespalten und den neuen Aktien zugeschlagen. Demzufolge nimmt die Substanzabspaltungsmethode auch Einfluss auf die Höhe des Veräußerungsgewinns, wenn nachfolgend entweder Aktien aus dem Altbestand bzw. aus dem Neubestand – ggf. zu unterschiedlichen Zeitpunkten – veräußert werden.

Als Konsequenz der Ausgangsüberlegungen des BFH ist eine Aufteilung der Anschaffungskosten zwischen den Altanteilen und den durch die Barkapitalerhöhung geschaffenen Neuanteilen durchzuführen. Nach den vom BFH entschiedenen Fällen börsennotierter Aktien mit Bezugsrechtshandel ist der Buchwert jeder Altaktie in dem Umfang zu vermindern, der sich aus dem Verhältnis des Börsenkurses des Bezugsrechts zum Börsenkurs der Altaktie ergibt. Dieser Teil der Anschaffungskosten der Altaktie (Minderungsbetrag) ist nach der Rechtsprechung zunächst auf das Bezugsrecht und – nach Ausgabe der neuen Aktie – von diesem auf die neue Aktie zu übertragen.

IV. Darstellung und Analyse der einschlägigen BFH-Rechtsprechung

1. Die zentralen Entscheidungen

Der Bundesfinanzhof hat in mehreren Entscheidungen zur hier interessierenden Thematik die Substanzabspaltungstheorie nach der Gesamtwertmethode entwickelt. Die zu Grunde liegenden Sachverhalte nebst zentralen Entscheidungserwägungen sind im folgenden kurz zu referieren.

a) BFH-Urteil vom 21.01.1999

Im Sachverhalt dieser Entscheidung[16] ging es u.a. um die im Kontext der Bestimmung eines Veräußerungsgewinns nach § 17 EStG notwendige Ermittlung von Anschaffungskosten. Der erkennende IV. Senat ging von der Überlegung

[16] BFH v. 21.01.1999 – IV R 27/97.

aus, dass der in § 17 Abs. 2 Satz 1 EStG verwendete Begriff der Anschaffungskosten im Sinne des § 6 EStG und des § 255 Abs. 1 HGB auszulegen sei. Die in diesem Sinne verstandenen Anschaffungskosten schlössen es jedoch nicht aus, dass ein ursprünglich angeschaffter Vermögensgegenstand durch einen oder mehrere andere ersetzt werde und dass sich die auf den ursprünglich angeschafften Vermögensgegenstand entfallenden Anschaffungskosten in dem Ersatzvermögensgegenstand fortsetzten. Dies gelte auch für den Fall der Ausgabe neuer Gesellschaftsrechte aufgrund einer Kapitalerhöhung. Diese Art der Anschaffungskostenermittlung bedeute nicht die Annahme fiktiver Anschaffungskosten, sondern es setzten sich nur die ursprünglichen und tatsächlich entstandenen Anschaffungskosten in einem „Ersatz"-Wirtschaftsgut fort. Die Berechnungstechnik wollte der Senat an der so genannten Gesamtwertmethode orientiert wissen. Danach sei im Falle einer Kapitalerhöhung, bei der neue Aktien zu einem Kurs ausgegeben werden, der unter dem Kurs der Altaktien liege, der Buchwert jeder Altaktie in dem Umfang zu vermindern, der sich aus dem Verhältnis des Börsenkurses des Bezugsrechts zum Börsenkurs der Altaktie ergebe. Dieser Teil der Anschaffungskosten sei zunächst auf das Bezugsrecht und – nach der Ausgabe der neuen Aktie – von diesem auf die neue Aktie zu übertragen. Begründbar sei dies damit, dass der Beschluss, das Kapital gegen Einlagen zu erhöhen und in entsprechendem Umfang neue Aktien auszugeben, zu einer Vermehrung der am Vermögen, am Gewinn und an den stillen Reserven beteiligten Anteilsrechte führe. Die Aktie verkörpere – wie andere Anteile an Kapital- und Personengesellschaften auch – ein Bündel von Mitgliedschaftsrechten wie beispielsweise das Stimmrecht, das Recht auf Gewinnbeteiligung oder das Recht auf Teilhabe am Liquidationserlös. Sofern es bei einer Kapitalerhöhung zu einer Ausgabe neuer Aktien komme, die sich in ihrer Ausstattung, d.h. in ihren Eigenschaften, nicht von den Altaktien unterscheiden, verteilten sich die Mitgliedschaftsrechte auf eine größere Zahl von Anteilsrechten.

Die Kritik an dieser Rechtsprechung, die letztlich darauf hinausläuft, dass es im Ergebnis zu einer Bewertung mit fiktiven Anschaffungskosten kommt, wies der erkennende Senat zurück. Er betonte, sie werde den wirtschaftlichen Gegebenheiten, die mit einer Kapitalerhöhung gegen Einlagen verbunden sind, nicht gerecht.

b) BFH-Urteil vom 19.12.2000

Der Entscheidung des IX. Senats[17] lag ein Sachverhalt zu Grunde, in dem der Steuerpflichtige Stammaktien an Kapitalgesellschaften hielt. Die Aktiengesellschaften nahmen in kurzem zeitlichen Abstand zum Erwerbsvorgang der Aktien

---

[17] BFH v. 19.12.2000 – IX R 100/97.

Kapitalerhöhungen vor. Im Rahmen dieser Kapitalerhöhungen wurden dem Inhaber der Stammaktie kostenlos Bezugsrechte zum Kauf junger Aktien gewährt. Zusätzlich bzw. alternativ wurden Gratisaktien ausgegeben. Im Anschluss an die Kapitalerhöhung veräußerte der Steuerpflichtige die Stammaktien innerhalb der Spekulationsfrist (§ 23 Abs. 1 Satz 1 Nr. 2 EStG). Wegen der bei der Ausgabe von Bezugsrechten oder Gratisaktien handelsüblichen Abschläge auf den Börsenkurs der Stammaktien erlitt der Steuerpflichtige bei diesen Veräußerungsvorgängen regelmäßig Verluste. Diese Verluste legte er den Einkünfteermittlungen nach § 23 Abs. 4 EStG (nunmehr Abs. 3) zu Grunde; die aufgrund der Bezugsrechte erworbenen jungen Aktien oder Gratisaktien veräußerte der Steuerpflichtige nach Ablauf der Spekulationsfrist. Angefallene Gewinne behandelte er deshalb als nicht steuerbar.

Der BFH teilte diese Auffassung zur steuerlichen Behandlung nicht. Er ging bei der Frage der Ermittlung der Spekulationsgewinne zunächst davon aus, dass der Begriff der Anschaffungskosten in § 6 Abs. 1 EStG unter Bezugnahme auf § 255 Abs. 1 HGB zu verstehen sei. Der so verstandene Begriff der Anschaffungskosten schließe es nicht aus, dass ein ursprünglich vom Steuerpflichtigen angeschaffter Vermögensgegenstand durch mehrere andere Vermögensgegenstände ersetzt werde. Die auf den ursprünglich angeschafften Vermögensgegenstand entfallenden Anschaffungskosten setzten sich anteilig in mehreren Ersatzvermögensgegenständen fort. Durch die Gewährung kostenloser Bezugsrechte oder die Ausgabe von Gratisaktien erwerbe deren Inhaber unentgeltlich einen Anteil an den stillen Reserven, die in entsprechender Höhe aus der Substanz der Stammaktien ausschieden. Die Kapitalerhöhung führe wirtschaftlich zu einer Abspaltung der in den Stammaktien verkörperten Substanz und dementsprechend zu einer Abspaltung des ursprünglichen Teils der Anschaffungskosten.

c) BFH-Urteil vom 22.05.2003

Der vereinfachte Sachverhalt dieser Entscheidung[18] stellt sich wie folgt dar. Die Steuerpflichtige hatte am 03.09.1986 300 Daimler-Benz-Aktien für 405.431,88 DM und 600 VW-Aktien für 332.957,52 DM erworben. Im Zusammenhang mit diesen Aktien wurden ihr nach entsprechenden Kapitalerhöhungsbeschlüssen Bezugsrechte gewährt. Die VW-Bezugsrechte verkaufte die Steuerpflichtige am 03.10.1986 für 14.838 DM, die Daimler-Benz-Bezugsrechte am 12.12.1986 für 292,10 DM. Das Finanzamt unterwarf den Gesamtbetrag der mit den Verkäufen erzielten Erlöse der Einkommensbesteuerung.

Der BFH sah im Gewinn aus dem Verkauf der Bezugsrechte eine Veräußerung im Sinne des §§ 22 Nr. 2, § 23 Abs. 1 Nr. 1 Buchst. b EStG. Die Begrün-

---

[18] BFH v. 22.05.2003 – IX R 9/00.

dung des Gerichts stellt darauf ab, dass die Bezugsrechte einen bzw. drei Monate vor Veräußerung angeschafft wurden. Folge war, dass der erkennende IX. Senat für das Jahr 1986 noch von einem Spekulationsgewinn ausging. Die bis dato kontrovers diskutierte Frage, ob ein Bezugsrecht mit dem Erwerb von Altaktien angeschafft wird, bejahte der BFH. Dabei stützte er seine Erwägungen darauf, dass die in § 23 EStG verwendeten Begriffe „Anschaffung“ und „Anschaffungskosten“ i.S. des § 6 EStG und des § 255 HGB auszulegen seien. Insbesondere ließ er sich von der Vorstellung leiten, dass sich die auf den ursprünglichen Vermögensgegenstand, also die Aktien, entfallenden Anschaffungskosten anteilig in mehreren Ersatzvermögensgegenständen, also den Bezugsrechten, fortsetzen.

Das Entstehen des Bezugsrechts sei im Erwerb der Aktie angelegt. Somit nehme es an der Bewertung des Aktienerwerbs als Anschaffung teil. Auch sei das Bezugsrecht mit der erworbenen Aktie teilweise identisch. Denn § 23 EStG setze für jeden einzelnen steuerbaren Vorgang Nämlichkeit, also Identität, des angeschafften und des veräußerten Wirtschaftsgutes voraus.

2. Problembereiche

a) Zum Begründungsansatz der Finanzrechtsprechung

Die Ausgangsthese für die folgenden Überlegungen lautet, dass eine (alte) Aktie oder ein (altes) Aktienpaket sich im Kontext des Bilanzrechts und damit im Kontext von Anschaffungskosten von einer (neuen oder jungen) Aktie oder einem (neuen oder jungen) Aktienpaket unterscheidet, welches durch eine Kapitalerhöhung gegen Einlagen entstanden ist. Dies gilt auch dann, wenn die junge Aktie aufgrund eines Bezugsrechts erworben wurde, welches seinen Ursprung in der alten Aktie findet. Es liegen – bilanziell – mithin zwei voneinander unabhängige Vermögensgegenstände vor. Nach der im Wortlaut eindeutigen Anschaffungskostendefinition des § 255 Abs. 1 HGB errechnet sich der Betrag der Anschaffungskosten daher – entgegen der Auffassung der sich wohl allmählich festigenden Meinung des Bundesfinanzhofs – anhand dessen, was der Altaktionär aufwendet. Wenn das im Rahmen einer Barkapitalerhöhung nur ein Betrag für das Bezugsrecht ist, der erheblich unter dem Kurswert der Altaktie liegt, oder wenn der Altaktionär – etwa im Falle einer Gratisaktie oder des bezugsrechtslosen Erwerbs zum Beispiel von GmbH-Anteilen – gar keine Anschaffungskosten hat, dann ist dies auch in der Bilanzierung entsprechend zu behandeln. Bei eindeutigem Wortlaut der – auch für das Steuerecht gültigen – Definition des § 255 Abs. 1 HGB bleibt nach der hier vertretenen Auffassung keine Rechtfertigung und kein Raum für die Entwicklung der als Substanzabspaltungstheorie nach der Gesamtwertmethode bezeichneten Verfahrensweise der Anschaffungskostenermittlung. Die Bewertung der neu ausgegebenen Aktien nach der Substanzabspaltungsmethode der Rechtsprechung löst sich damit vom Wortlaut des § 255 Abs. 1 HGB, erfolgt also Auslegung „contra legem".

Im Übrigen ist zu bemerken, dass das Gesellschaftsrecht eindeutig ist. Was bei der Aktie ohnehin klar ist, drückt § 15 Abs. 2 GmbHG[19] wie folgt aus: „Erwirbt ein Gesellschafter zu seinem ursprünglichen Geschäftsanteil weitere Geschäftsanteile, so behalten dieselben ihre Selbstständigkeit." Geht man folglich – wie nach gesellschaftsrechtlichen Grundsätzen vorgegeben – davon aus, dass die jeweiligen Anteile ihre Selbstständigkeit behalten, so wären die Anschaffungskosten für die verschiedenen Anteile selbstständig für die jeweiligen Anteile zu berechnen. Unerheblich wäre, ob der jeweilige Anteil am Markt oder bei der Gründung oder anlässlich einer Kapitalerhöhung erworben wurde. Für die Berechtigung der Substanzabspaltungsthese lassen sich aus dem Gesellschaftsrecht keine argumentativen Ansatzpunkte ableiten.

Zu wesentlichen Teilen basiert die Begründung des BFH darauf, dass die Aktie ein Bündel von Mitgliedschaftsrechten – Ökonomen würden dazu „property rights" sagen – verkörpere. Dem ist ebenso zuzustimmen wie der These, dass der Beschluss, das Kapital gegen Einlagen zu erhöhen und in entsprechendem Umfang neue Aktien auszugeben, zu einer Vermehrung der am Vermögen, am Gewinn und an den stillen Reserven beteiligten Aktien führe. Dem BFH kann ebenfalls darin zugestimmt werden, dass bei einer Ausgabe der neuen Aktien unter dem den inneren Wert einer Aktie verkörpernden Kurswert der Altaktie der Inhaber der neuen Aktie einen Anteil an den stillen Reserven erwirbt. Dieser – hier als ideell bezeichnete – Anteil erklärt aber keineswegs, warum die Anschaffungskosten der neu geschaffenen Anteile nicht identisch sein sollen mit dem Betrag, der für sie aufgewendet wurde.

b) Systematische Ungereimtheiten

Aus der obigen Analyse der verschiedenen Erwerbsstrategien ergibt sich, dass keine der wirtschaftlich der Barkapitalerhöhung vergleichbaren Maßnahmen der Zuführung neuen Kapitals durch den bisherigen Alleingesellschafter zu einer Substanzübertragung bzw. Substanzabspaltung führt. Aus diesem Grunde ist der Gewinn aus der Veräußerung von Alt-Anteilen an einer Kapitalgesellschaft, bei der eine vorherige Barkapitalerhöhung stattgefunden hat, regelmäßig höher als etwa bei einer GmbH, der anderweitig Barmittel mittels einer der oben untersuchten Varianten zugeführt wurden. Aus der Sicht des Steueraufkommens handelt es sich dabei lediglich um einen zeitlichen Effekt. Denn un-

[19] Gesetz betreffend die Gesellschaften mit beschränkter Haftung, zuletzt geändert durch das Gesetz vom 19.07.2002 (BGBl. I 2002, S. 2681).

abhängig davon, ob die veräußerten Anteile aufgrund einer Barkapitalerhöhung oder aufgrund einer der Varianten entstanden sind, werden bei vollständiger Veräußerung sämtlicher Anteile bei sonst gleichen Verhältnissen die Veräußerungsgewinne identisch sein.

Wie an anderer Stelle[20] bereits eingehend nachgewiesen, führt aufgrund eindeutiger gesetzlicher Regelungen bei keiner der Alternativstrategien die Zuführung „frischen" Kapitals zu einer Substanzabspaltung. Vielmehr reflektieren die Anschaffungskosten der neu gewährten Anteile das Ausmaß der zugeführten Mittel.

c) Verstoß gegen den Gleichheitssatz

Die Bedenken gegen die Substanzabspaltungskonzeption des BFH werden von einer weiteren Überlegung getragen. Nach Art. 3 Abs. 1 GG[21] kann die Forderung nach einer Gleichbehandlung wirtschaftlich vergleichbarer Sachverhalte erhoben werden. Folglich gilt, dass die Barkapitalerhöhung im vorliegenden Fall steuerlich nicht anders behandelt werden darf als wirtschaftlich vergleichbare Alternativmaßnahmen der Kapitalerhöhung. Die Anwendung der so genannten Substanzabspaltungsmethode würde dieses Postulat verletzen. Sie würde zu anderen Anschaffungskosten der Anteile führen. Dies könnte sich im Veräußerungsfall der fremderworbenen Anteile nachteilig auswirken, weil sich aus verringerten Anschaffungskosten ein höherer steuerpflichtiger Veräußerungsgewinn ergeben würde als bei wirtschaftlich absolut vergleichbaren Konstellationen.

Denn liegen dem Steuergesetz klar erkennbare Prinzipien zu Grunde, müssen sie bei der Rechtsanwendung zur Geltung gebracht werden[22]. Das Steuerrecht hat nachvollziehbaren sachgerechten Prinzipien zu folgen. Im Kontext der vorliegend untersuchten Problematik zeigt sich das nachvollziehbare sachgerechte und überdies klar erkennbare Prinzip deutlich: Eine Barkapitalerhöhung muss in Bezug auf die steuerliche Anschaffungskostenermittlung des Anteilseigners so behandelt werden wie die wirtschaftlich vergleichbaren Alternativen, also die Verschmelzung oder die Einbringung.

---

[20] *Kraft* (2003), S. 2396.

[21] Grundgesetz, zuletzt geändert durch Änderungsgesetz vom 26.07.2002 (BGBl. I 2002, S. 2863).

[22] Dies gilt nach nicht selten vertretener Ansicht sogar für den Fall, dass die Rechtsanwendung über den möglichen Wortsinn einer Vorschrift hinaus geht. Vgl. *Pezzer* (2001), S. 63.

Beim Anteilseigner, der seiner Kapitalgesellschaft im Wege der verdeckten Einlage, also ohne Gewährung neuer Anteile, einen Vermögensvorteil zuwendet, erhöhen sich im Ausmaß der verdeckten Einlage die Anschaffungskosten der Anteile. Da bei der verdeckten Einlage keine neuen Anteile entstehen, kann auch keine Substanz abgespalten werden. Die Anschaffungskostensubstanz verbleibt bei den alten Anteilen. Veräußert der verdeckt einlegende Anteilsinhaber einen Teil seiner Anteile, hat er im Vergleich zum offen, also mit ordentlicher Barkapitalerhöhung, einlegenden Anteilseigner erhöhte Anschaffungskosten. Erhöhte Anschaffungskosten bei der verdeckten Einlage führen bei der Teilveräußerung zu niedrigeren steuerbaren Erfolgen als bei der Teilveräußerung von Anteilen, die bei der offenen Einlage entstanden sind. Es ist nicht gerechtfertigt, den Anteilsinhaber, der den Weg einer ordentlichen offenen Barkapitalerhöhung wählt, steuerlich schlechter zu behandeln als den Anteilseigner, der sich für eine verdeckte Einlage entscheidet. Denn ansonsten würde das Steuerrecht im vorliegenden Fall die Kapitalmaßnahme des nicht ordentlichen Kaufmanns, also die verdeckte Einlage im Wege der Barzuführung, steuerlich gegenüber der des ordentlichen Kaufmanns, also die Stammkapitalerhöhung mit Barzuführung, privilegieren. Dies kann aber nicht im Sinne des Gerechtigkeitspostulats des Steuerrechts sein, nämlich den ordentlichen Kaufmann schlechter zu behandeln als den nicht an diesem Sorgfaltsmaßstab orientierten Kaufmann. Das sich bei der Anwendung der Substanzabspaltungsrechtsprechung ergebende steuerliche Ergebnis führt zu einem nicht erklärbaren Wertungswiderspruch. Vor dem Hintergrund der gesetzlich geregelten steuerlichen Behandlung der Alternativstrategien hält die Substanzabspaltungstheorie einer Gleichheitsprüfung nicht stand.

Indessen scheint diese Einschätzung vom Bundesverfassungsgericht nicht geteilt zu werden. In einem Nichtannahmebeschluss[23] wurde eine gegen die BFH-Entscheidung vom 21.01.1999 gerichtete Verfassungsbeschwerde mangels hinreichender Aussicht auf Erfolg nicht zur Entscheidung angenommen. Nach Einschätzung des Vorprüfungsausschusses ist der der angefochtenen BFH-Entscheidung zu Grunde liegende Gedanke, dass ein ursprünglich angeschaffter Vermögensgegenstand durch einen oder mehrere andere ersetzt werden könne (Surrogation, Auf- oder Abspaltung), nicht willkürlich im Sinne von Art. 3 Abs. 1 GG. Hinsichtlich der Beteiligungs- und Stimmrechtsverhältnisse verschlechtere eine Kapitalerhöhung gegen Einlagen die Position der Altaktionäre; Bezugsrechte dienen nach Auffassung des so genannten Dreiausschusses dem Ausgleich solcher Nachteile. Deshalb erscheine es sachgerecht, in dem zur Altaktie hinzutretenden Bezugsrecht einen Ersatzvermögensgegenstand zu sehen, in dem sich ein Teil der auf den ursprünglich angeschafften Vermögensgegenstand entfallenden Anschaffungskosten fortsetze. Da die Annahme von Ersatzvermögensgegenständen nicht dem Begriff der Anschaffungskosten (§ 6 EStG,

---

[23] BVerfG-Beschluss v. 18.12.2002 – 2 BvR 575/99.

§ 255 Abs. 1 HGB) widerspreche, liege auch der Gedanke an eine gegen Art. 2 Abs. 1 GG i.V.m. Art. 20 Abs. 3 GG verstoßende unzulässige Rechtsfortbildung fern.

Es ist ohne Zweifel bedauerlich, dass der Vorprüfungsausschuss keine Möglichkeit hatte, sich mit den oben skizzierten und – zeitlich später – in der Literatur[24] analysierten Alternativstrategien auseinanderzusetzen. Möglicherweise wurden diese wirtschaftlich durchaus vergleichbaren Varianten nicht in ihrer Bedeutung und vor allem nicht in ihrer Tragweite für das hier interessierende Problem erkannt. Daher bleibt nur zu hoffen, dass das Gericht im Rahmen eines künftigen Verfahrens Gelegenheit erhält, seine Position zu überdenken.

V. Fazit

Zur Ermittlung der Anschaffungskosten von Kapitalgesellschaftsanteilen, die im Wege der Barkapitalerhöhung erworben werden, lässt sich die Rechtsprechung des Bundesfinanzhofs vom Substanzabspaltungsgedanken nach der Gesamtwertmethode leiten. Wie die vorstehende Analyse zeigte, sieht sich dieses auf den ersten Blick möglicherweise als schlüssig erachtete Gedankengebäude doch erheblichen Bedenken ausgesetzt. So löst sich die darauf beruhende Technik der Anschaffungskostenermittlung doch weitgehend vom Anschaffungskostenbegriff des § 255 Abs. 1 HGB und legt – trotz entgegenstehender Bekundungen des Bundesfinanzhofs – der Veräußerungsgewinnbesteuerung fiktive Anschaffungskosten zu Grunde. Ferner lassen sich nicht unerhebliche systematische Bedenken gegen die Substanzabspaltungstheorie anführen.

Verglichen mit anderen Strategien zur Erhöhung des Kapitals einer Kapitalgesellschaft gegen Gewährung von neuen Anteilen stellt sich die Anschaffungskostenermittlung nach der Gesamtwertmethode nämlich nicht als verzerrungsfrei dar. Bei wirtschaftlich vergleichbaren Strategien gelangen sämtliche Alternativen zu gleichen Anschaffungskosten, lediglich die Substanzabspaltungsmethode weicht von der im gesetzlichen Gesamtplan zum Ausdruck gekommenen Besteuerungsidee ab. Dieser Befund weckt nicht nur Zweifel an der systematischen Stimmigkeit der Substanzabspaltungslehre, sondern erscheint auch unter gleichheitsrechtlichem Blickwinkel nicht bedenkenfrei.

---

[24] Vgl. *Kraft* (2003), S. 2395. Siehe auch *Kraft* (2004), S. 598.

Literatur- und Rechtsprechungsverzeichnis

Coenenberg, Adolf G. (2003): Jahresabschluss und Jahresabschlussanalyse; 19. Auflage; Stuttgart 2003.

Deakin, Edward B. / *Maher,* Michael W. (1987): Cost Accounting; Homewood 1987.

Epstein, Barry J. / *Mirza,* Abbas Ali (2003): Interpretation and Application of International Accounting Standards; Hoboken 2003.

Horngren, Charles T. (1984): Financial Accounting; 2nd ed.; Englewood Cliffs 1984.

Kraft, Gerhard (2003): Auswirkungen der Substanzabspaltungs-Rechtsprechung auf die Vorteilhaftigkeit von Investitionen in Kapitalgesellschaften; in: Betriebs-Berater; 58. Jg. (2003); S. 2391 – 2396.

– (2004): Praxisfragen der Anschaffungskostenermittlung von Kapitalgesellschaftsanteilen nach der Substanzabspaltungstheorie des Bundesfinanzhofs; in: Betriebs-Berater; 59. Jg. (2004); S. 595 – 599.

Pezzer, Heinz-Jürgen (2001): Neuere Entwicklungen in der BFH-Rechtsprechung zu § 42 AO; in: Steuerberater-Jahrbuch 2000/2001; Köln 2001; S. 61 – 81.

Robinson, Thomas R. / *Munter,* Paul / *Grant,* Julia (2004): Financial Statement Analysis; Upper Saddle River 2004.

Siegel, Theodor (1993): Gewinnverwendungspolitik und Steuern; in: Handwörterbuch der Betriebswirtschaft; 5. Auflage; Hrsg. Waldemar Wittmann et al.; Teilband 1; Stuttgart 1993; Sp. 1481 – 1495.

– (1994): Das Realisationsprinzip als allgemeines Periodisierungsprinzip; in: Betriebswirtschaftliche Forschung und Praxis; 46. Jg. (1994); S. 1 – 24.

– (1998): Zeitwertbilanzierung für das deutsche Bilanzrecht?; in: Betriebswirtschaftliche Forschung und Praxis; 50. Jg. (1998); S. 593 – 603.

– (2003): Personalaufwand bei Stock Options: eine Entmündigung der Aktionäre; in: Die Wirtschaftsprüfung; 56. Jg. (2003); S. 157 – 163.

Siegel, Theodor, et al. (1999): Stille Reserven und aktienrechtliche Informationspflichten; in: Zeitschrift für Wirtschaftsrecht; 20. Jg. (1999); S. 2077 – 2085.

– (2000): Verteidigt das Anrechnungsverfahren gegen unbedachte Reformen; in: Betriebs-Berater; 55. Jg. (2000); S. 1269 – 1270.

Weber-Grellet, Heinrich (2004): Kommentierung § 17 EStG; in: Einkommensteuergesetz (EStG): Kommentar; Hrsg. Ludwig Schmidt; 23. Auflage; München 2004.

BMF-Schreiben vom 18.07.2003, BStBl. I 2003, S. 386.

BVerfG-Beschluss vom 18.12.2002 – 2 BvR 575/99, www.bverfg.de/entscheidungen/rk20021218_2bvr057599.html, besucht am 10.12.2004.

BFH-Urteil vom 07.03.1995 – VIII R 29/93, BStBl. II 1995, S. 693.

BFH-Urteil vom 21.01.1999 – IV R 27/97, BStBl. II 1999, S. 638.

BFH-Urteil vom 19.12.2000 – IX R 100/97, BStBl. II 2001, S. 345.

BFH-Urteil vom 12.09.2001 – IX R 39/97, BStBl. II 2003, S. 569.

BFH-Urteil vom 12.09.2001 – IX R 52/00, BStBl. II 2003, S. 574.

BFH-Urteil vom 22.05.2003 – IX R 9/00, BStBl. II 2003, S. 712.

Die Ausdehnung des § 8a KStG auf Outbound- und Inlandssachverhalte: zur Problematik der steuerlichen Behandlung der Gesellschafter-Fremdfinanzierung

Von Norbert Krawitz und Dagmar Büttgen-Pöhland[*]

Der Jubilar hat sich bereits im Jahr 1983 mit dem damaligen Referentenentwurf zur steuerlichen Reglementierung der Gesellschafter-Fremdfinanzierung befasst.[1] In seiner Analyse befürwortete Siegel die grundsätzliche Zielsetzung der neuen Vorschrift mit Verweis auf die wirtschaftliche Vergleichbarkeit der Gesellschafter-Fremdfinanzierung mit der Gesellschafter-Eigenfinanzierung. Die steuerliche Ungleichbehandlung dieser Finanzierungsarten in Anlehnung an die gesellschaftsrechtliche Differenzierung lehnte er ab.[2] Vor dem Hintergrund seiner grundsätzlichen Zustimmung räumte Siegel aber damals schon eine z.T. verfehlte Konzeption des § 8a KStG ein.[3]

Der vorliegende Beitrag greift die Argumentation Siegels auf und prüft die Neufassung der Vorschrift unter Berücksichtigung der betriebswirtschaftlich begründbaren Forderung einer steuerlichen Gleichbehandlung von Gesellschafter-Eigenfinanzierung und Gesellschafter-Fremdfinanzierung.

I. Aktueller Hintergrund

Der deutsche Gesetzgeber sah sich aufgrund der durch den Europäischen Gerichtshof mit Urteil[4] vom 12. Dezember 2002 festgestellten Unvereinbarkeit des § 8a Abs. 1 Nr. 2 KStG in der seinerzeit geltenden Fassung mit der Niederlassungsfreiheit i.S.d. Art. 43 EGV zu einer europarechtskonformen Änderung der

[*] Die Verfasser danken Herrn cand. rer. pol. Dietmar Lange für die Unterstützung bei der Anfertigung des Manuskripts.

[1] Siehe *Siegel* (1983), S. 1 ff.

[2] So auch *Siegel* (1990), S. 140.

[3] Vgl. *Siegel* (1989), S. 340 ff.

[4] EuGH v. 12.12.2002 – Rs. 324/00, Lankhorst-Hohorst.

steuerlichen Behandlung der Gesellschafter-Fremdfinanzierung gezwungen.[5] Er wählte mit dem sog. Korb II-Gesetz[6] nicht die vollständige Abschaffung der Vorschrift,[7] sondern deren Ausdehnung auf bislang regelmäßig nicht erfasste Outbound- und Inlandssachverhalte. § 8a KStG erhielt daher mit Wirkung zum 1. Januar 2004 einen rundweg veränderten Anwendungs- und Wirkungsbereich,[8] dessen Unklarheiten eine rege Diskussion im Schrifttum ausgelöst haben.[9]

Der vorliegende Beitrag soll die bereits von Siegel geforderte betriebswirtschaftlich begründete Gleichbehandlung der Gesellschafter-Eigenfinanzierung und Gesellschafter-Fremdfinanzierung aufgreifen und kritisch hinterfragen. Auf die Neukonzeption des Anwendungsbereichs und der Rechtsfolgen des § 8a KStG n.F. wird daher nur kurz eingegangen. Das Hauptaugenmerk der Analyse liegt auf der Beantwortung der Frage, ob die geänderte Vorschrift einen systemgemäßen Beitrag zu einer betriebswirtschaftlich fundierten Besteuerung der Gesellschafter-Fremdfinanzierung leisten kann.

II. Steuersystematische Einordnung der Gesellschafter-Fremdfinanzierung

1. Historische Entwicklung

Die Präferenz der Finanzierung von Kapitalgesellschaften mit Gesellschafter-Fremdkapital findet ihren *Ursprung* bereits in der Zeit des klassischen Körperschaftsteuersystems. Ausgeschüttete Eigenkapitalvergütungen unterlagen vor der Reform 1977 einer steuerlichen Doppelbelastung. Aber auch nach dem

---

[5] Die daraus resultierende Nichtanwendbarkeit der Vorschrift für Angehörige aus EU-Mitgliedstaaten wirkt – bestätigt durch die sog. Delaware-Entscheidung des BFH v. 29.01.2003 – I R 6/99 – auch im Verhältnis zu Steuerpflichtigen, die sich auf Doppelbesteuerungsabkommen berufen können, welche ein Diskriminierungsverbot i.S.d. Art. 24 Abs. 5 OECD-MA vorsehen. Vgl. dazu auch *Weßling / Romswinkel* (2003), S. 926.

[6] Gesetz zur Umsetzung der Protokollerklärung der Bundesregierung zur Vermittlungsempfehlung zum Steuervergünstigungsabbaugesetz vom 22.01.2003, BGBl. I 2003, S. 2840.

[7] So z.B. *Golücke / Franz* (2003), S. 1093, und *Spengel / Golücke* (2003), S. 344.

[8] Zum zeitlichen Anwendungsbereich des § 8a KStG n.F. vgl. *Holzaepfel / Köplin* (2004), § 8a KStG, Rn. 31 ff.

[9] Mit Einführungsschreiben v. 15.07.2004 nimmt die Finanzverwaltung erstmals, aber bedauerlicherweise nur partiell Stellung zu § 8a KStG i.d.F. Korb II-Gesetz. Vgl. dazu ausführlich *Dötsch / Pung* (2004b), S. 1683 ff. Das BMF-Schr. v. 15.12.1994 behält jedoch – abgesehen von den Modifikationen aufgrund des Einführungsschreibens des BMF v. 15.07.2004 – weiterhin Gültigkeit. Vgl. zum zeitlichen Anwendungsbereich beider Verwaltungsanweisungen BMF-Schr. v. 15.07.2004, Tz. 1; auch *Prinz* (2000), S. 1063.

Wechsel zum körperschaftsteuerlichen Vollanrechnungsverfahren verblieben zumindest die Doppelbelastung durch die Vermögensteuer und die gewerbesteuerliche Benachteiligung durch die fehlende Abzugsfähigkeit von Eigenkapitalvergütungen.[10] Durch die Bereitstellung von Gesellschafter-Fremdkapital gelang dagegen die Vermeidung einer körperschaftsteuerlichen Doppelbelastung und der hälftigen Gewerbesteuerbelastung zugunsten einer (fast) ausschließlichen steuerlichen Erfassung der Fremdkapitalvergütungen beim Entgeltempfänger.[11] Darüber hinaus ermöglichten grenzüberschreitende Finanzierungsstrukturen die Nutzung eines zwischenstaatlichen Steuergefälles. Denn im Fall von Inbound-Investitionen im sog. Hochsteuerland Deutschland führte die Gesellschafter-Fremdfinanzierung zu einer Verlagerung von Besteuerungssubstrat in das vergleichsweise niedrig besteuernde Ausland.

Die Ableitung einer steuerlichen Eigenkapitalqualifikation des Gesellschafter-Fremdkapitals aus der Einordnung als *eigenkapitalersetzendes Darlehen* i.S.d. § 32a GmbHG in Krisensituationen kommt nicht in Frage, weil auch solche Darlehen ihren zivilrechtlichen Fremdkapitalcharakter nicht verlieren.[12] Eine entsprechende Transformation in Eigenkapital mit Wirkung für das Steuerrecht muss daher bereits aufgrund der *Maßgeblichkeit* des handelsbilanziellen Fremdkapitalausweises gemäß § 5 Abs. 1 EStG scheitern.[13]

Die Umqualifizierung von übermäßigem Gesellschafter-Fremdkapital in sog. *verdecktes Stammkapital* und damit von Zinszahlungen in *verdeckte Gewinnausschüttungen* beruhte bis zur Einführung des § 8a KStG auf der Annahme eines *Gestaltungsmissbrauchs i.S.d. § 42 AO.*[14] Dieser Verwaltungsauffassung wurde mit Urteil des BFH vom 05.02.1992 die Grundlage entzogen.[15] Der BFH stellt darin explizit fest, dass in der Zuführung von Fremdkapital keine pauschale Umgehungsabsicht der inländischen Dividendenbesteuerung angenommen werden kann, so dass die Anwendbarkeit des § 42 AO den Nachweis der Missbrauchsabsicht bedingt. Da die Bereitstellung von Fremdkapital – vor allem in

---

[10] Vgl. *Knobbe-Keuk* (1993a), S. 585. Mit der 1997 erfolgten Abschaffung der Gewerbekapitalsteuer und der Vermögensteuer hat sich die Benachteiligung der Eigenkapital-Finanzierung zwar verringert, die für die Gewerbesteuer greifende hälftige Abzugsfähigkeit von Gesellschafter-Fremdkapitalvergütungen i.S.d. § 8 Nr. 1 GewStG blieb jedoch bestehen.

[11] Vgl. *Kröner* (2004), Rz. 9 f.

[12] Vgl. BFH v. 05.02.1992 – I R 127/90; BFH v. 07.07.1992 – VIII R 24/90.

[13] Vgl. BFH v. 05.02.1992 – I R 127/90; dazu auch *Knobbe-Keuk* (1993a), S. 586.

[14] Vgl. BFH v. 10.12.1975 – I R 135/74; zu den restriktiven Voraussetzungen der Umqualifizierung von Vergütungen für verdecktes Nennkapital in verdeckte Gewinnausschüttungen BMF-Schr. v. 16.03.1987, S. 373 f., aufgehoben mit BMF-Schr. v. 16.09.1992, S. 653; *Jacobs* (2002), S. 769 m.w.N.

[15] Vgl. BFH v. 05.02.1992 – I R 127/90.

Sanierungsfällen – wirtschaftlich durchaus begründet sein kann, ist eine Steuerumgehungsabsicht bei Gesellschafterdarlehen nicht pauschal akzeptabel.[16]

Der daraufhin mit dem Standortsicherungsgesetz zum 1. Januar 1994 eingeführte § 8a KStG kodifizierte die bis dato fehlende Rechtsgrundlage zur Verhinderung der Verlagerung von Besteuerungssubstanz mittels Gesellschafter-Fremdfinanzierung in das Ausland.[17] Die Korrekturvorschrift galt daher ursprünglich hauptsächlich für grenzüberschreitende Inbound-Fremdfinanzierungen. Den Grundsatz der Finanzierungsfreiheit einschränkend sollte § 8a KStG die „missbräuchliche" Ausstattung deutscher Tochterkapitalgesellschaften durch ausländische Anteilseigner mit zu geringem Eigenkapital („*thin capitalization*") verhindern, indem Darlehensvergütungen – sofern ein Drittvergleich misslang – bei Überschreitung der steuerrechtlich zulässigen Relationen zwischen Gesellschafter-Fremdkapital und anteiligem Eigenkapital („*safe haven*")[18] steuerlich nicht anerkannt und mit Wirkung für die Körperschaftsteuer in verdeckte Gewinnausschüttungen umqualifiziert wurden.[19] Diese Gesetzesfiktion erstreckte sich nicht auf den Charakter des bereitgestellten Kapitals, sondern nur auf die Vergütung, so dass die zivilrechtliche Qualifikation des Fremdkapitals unangetastet blieb. Die Zielsetzung der Fiktion bestand daher zum einen in der Verwirklichung einer steuerlichen Belastungsidentität der Gesellschafter-Finanzierungsformen und zum anderen in der Gewährleistung einer Einmalbesteuerung der Gewinne inländischer Kapitalgesellschaften.[20]

2. Notwendigkeit der steuerlichen Gleichbehandlung

Das Prinzip der steuerlichen Gerechtigkeit in der Ausprägung des Leistungsfähigkeitsprinzips vereint zwei Erscheinungsformen.[21] Zunächst beinhaltet der Begriff die steuerliche Gleichbehandlung wirtschaftlich entsprechender Sach-

---

[16] Das Gesellschaftsverhältnis reicht als Anknüpfungspunkt für die Umqualifizierung von Fremd- in Eigenkapital grundsätzlich nicht aus. Vgl. BFH v. 05.02.1992 – I R 127/90.

[17] Zur Entstehungsgeschichte des § 8a KStG vgl. *Holzaepfel / Köplin* (2003), § 8a KStG, Rn. 7 ff.; *Knobbe-Keuk* (1993a), S. 613 ff.

[18] Synonym auch „Nichtbeanstandungsgrenze", „Toleranzbereich" oder „Toleranzzone" sowie „Nichtaufgriffsgrenze". Vgl. *Herzig* (1994), S. 111; *Jacobs* (2002), S. 773.

[19] Die international üblichen Unterkapitalisierungsregelungen sehen sich grundsätzlich der Kritik ausgesetzt, dass die Ermittlung einer „betriebswirtschaftlich richtigen Eigenkapitalquote" generell nicht möglich ist. Vgl. *Herzig* (1994), S. 110 f.; *Kessler* (2003), S. 2511.

[20] Vgl. Begründung zum Entwurf eines StandOG in BT-Drs. 12/4158, S. 36 f.; *Kröner* (2004), § 8a KStG, Rz. 11; zustimmend auch *Dötsch / Pung* (2004), S. 1683.

[21] Vgl. *Schneider* (1998), S. 1287; *Wosnitza / Treisch* (1999), S. 352.

verhalte (*horizontale Gerechtigkeit*).[22] Zum anderen folgt daraus eine notwendige Differenzierung ungleicher Sachverhalte für Besteuerungszwecke (*vertikale Gerechtigkeit*),[23] womit überwiegend der dem deutschen Einkommensteuerrecht immanente Charakter der interpersonalen *Einkommensumverteilung* gerechtfertigt wird.[24]

Die Kapitalgesellschaften bzw. ihre Gesellschafter unterliegen bei der Kapitalausstattung – abgesehen von der Bereitstellung des erforderlichen rechtsformspezifischen Stamm- bzw. Grundkapitals i.S.d. §§ 5 GmbHG, 6 AktG – grundsätzlich keinen gesetzlichen Restriktionen.[25] Entscheidungsrelevant sind daher im Wesentlichen die Kapitalkosten der Finanzierungsform und damit u.a. deren abhängige Steuerbelastung.[26]

Zivilrechtlich erbringt der fremdkapitalbereitstellende Gesellschafter keine Leistung in das Eigenkapital der Kapitalgesellschaft.[27] Da das Steuerrecht grundsätzlich der zivilrechtlichen Einordnung folgt, kann eine steuerrechtliche Transformation des Fremdkapitals in Eigenkapital insoweit nicht gerechtfertigt werden. Die unterschiedliche zivilrechtliche und damit steuerrechtliche Einteilung von Eigen- und Fremdkapital steht ihrer Gleichbehandlung für Besteuerungszwecke jedoch nicht entgegen.

Bei Betrachtung der Finanzierungsentscheidung ist unter Berücksichtigung der grundsätzlichen Finanzierungsfreiheit des Entscheidungsträgers zunächst anzunehmen, dass sich beide Finanzierungsalternativen wirtschaftlich entsprechen,[28] da die wirtschaftliche Leistungsfähigkeit des Finanzierungsgebers als steuerspezifischer Vergleichsmaßstab durch die Art der Kapitalbereitstellung nicht wesentlich berührt wird. Eine ökonomische Differenzierung zwischen den

---

[22] Schwierigkeiten bestehen in diesem Zusammenhang in der Bestimmung einer geeigneten Bemessungsgrundlage, welche die steuerliche Leistungsfähigkeit des Steuerpflichtigen erfasst. Vgl. *Schmidt* (1995/1996), S. 35.

[23] Gegenstand dieser Betrachtung ist die Festlegung eines Steuertarifs. Vgl. *Schmidt* (1995/1996), S. 35, 38 f.

[24] Vgl. kritisch *Krawitz / Wagener* (1997), S. 148 und 151.

[25] Auch die Betriebswirtschaftslehre stellt keinen Rahmen für eine Finanzierung auf. Vgl. *Kröner* (2004), § 8a KStG, Rz. 7. Zum Grundsatz der Finanzierungsfreiheit vgl. BFH v. 24.04.1997 – VIII R 23/93; BFH v. 29.05.1996 – I R 15/94; BFH v. 05.02.1992 – I R 127/90 auch für das Zivilrecht; BMF-Schr. v. 16.09.1992, S. 653 f. Zur Unzulässigkeit der Fremdfinanzierung einer Kapitalgesellschaft i.S.d. § 42 AO durch Darlehensgewährung vgl. jüngst BFH v. 08.05.2003 – IV R 54/01.

[26] Die eventuell notwendige Refinanzierung durch andere Konzernunternehmen, bspw. durch sog. Konzernfinanzierungsgesellschaften, wird in dieser Untersuchung aus Vereinfachungsgründen nicht gesondert betrachtet.

[27] Vgl. *Knobbe-Keuk* (1993a), S. 585.

[28] In Anlehnung an *Lang* (2002), § 4 Rz. 73, ist nämlich – abgesehen von der zivilrechtlichen Qualifikation – kein „sachlich einleuchtender Grund für die gesetzliche Differenzierung" identifizierbar.

Finanzierungsformen könnte beispielsweise anhand des Kriteriums der Haftung des Finanzierungsgebers für das überlassene Kapital erfolgen. Wenn die beschränkte Haftung bei Fremdkapitalbereitstellung im Vergleich zur Vollhaftung bei Beteiligungsfinanzierung aufgrund der geringeren Unsicherheit zu einer höheren Leistungsfähigkeit des Kapitalgebers führt,[29] müsste eine gerechte Besteuerung im Sinne des Leistungsfähigkeitsprinzips eine steuerliche Besserstellung der Gesellschafter-Eigenfinanzierung bewirken. Der „Haftungsvorteil" des fremdkapitalbereitstellenden Gesellschafters kann zwar zivilrechtlich über die Qualifikation als eigenkapitalersetzendes Darlehen i.S.d. § 32a GmbHG (Rangrücktritt) in Krisensituationen nahezu aufgehoben werden;[30] aber gerade dieser Fall führt schließlich zu einer wirtschaftlichen Entsprechung der Finanzierungsformen. Eine steuerliche Besserstellung der Gesellschafter-Fremdfinanzierung kann damit nicht begründet werden.

Die bei Vernachlässigung sonstiger betriebswirtschaftlicher und rechtlicher Kriterien[31] im Rahmen der Finanzierungsfreiheit des Entscheidungsträgers festzustellende wirtschaftliche Entsprechung beider Finanzierungsalternativen besteht vor allem dann, wenn nahezu allein die steuerliche Vorteilhaftigkeit den Ausschlag zugunsten einer Finanzierungsform gibt, ohne dass deren ökonomischer Gehalt zum Tragen kommt. Eine entsprechende Ausgestaltung der Gesellschafter-Fremdfinanzierung vorausgesetzt, können Vergütungen für die Bereitstellung von Fremdkapital daher wirtschaftlich einer Gewinnbeteiligung gleichstehen.[32] Insoweit stellt auch der BFH mit Urteil vom 05.02.1992 die Unzulänglichkeit der unterschiedlichen steuerlichen Behandlung der Finanzierungsalternativen heraus.[33]

Sofern in Übereinstimmung mit Siegel die steuerliche Nichtanerkennung der Gesellschafter-Fremdfinanzierung mit deren Eigenkapitalnähe begründet wird und Vergütungen für Gesellschafter-Fremdkapital daher nicht als Betriebsausgaben, sondern als Formen der Gewinnverwendung behandelt werden sollen,[34] muss der Maßstab für die Beurteilung der Umsetzung in der Vermeidung eines Steuergefälles zwischen den alternativen, im Gesellschafterverhältnis begründe-

---

[29] In diesem Sinne *Schneider* (2004), S. 1521.

[30] Siehe oben Abschnitt I., 1.

[31] Weitere rechtliche und betriebswirtschaftliche Kriterien für die Finanzierungsentscheidung erläutert bspw. *Jacobs* (2002), S. 796, für den Fall der Outbound-Finanzierung.

[32] Vgl. *Holzaepfel / Köplin* (2003), § 8a KStG, Rn. 8.

[33] Vgl. BFH v. 05.02.1992 – I R 127/90.

[34] Gemäß Siegel bestand ein wesentlicher Kritikpunkt an der Ausgestaltung des § 8a KStG nach altem Recht in der Einschränkung des Anwendungsbereichs der Vorschrift auf nicht anrechnungsberechtigte Anteilseigner, denen die Gesellschafter-Fremdkapitalfinanzierung erhebliche Steuervorteile gewährte. Diese Kritik ist mit der Erweiterung des Anwendungsbereichs des § 8a KStG n.F. obsolet.

ten Finanzierungsformen bestehen. Eine *steuerliche Benachteiligung der Gesellschafter-Fremdfinanzierung* kann aus dieser Argumentation nicht abgeleitet werden; sie ist vielmehr konsequent zu vermeiden.[35]

III. Neukonzeption des § 8a KStG

1. Erweiterter Anwendungsbereich

§ 8a Abs. 1 KStG n.F. erfasst die Fremdfinanzierung durch alle unmittelbar[36] *wesentlich beteiligten Anteilseigner* und *diesen gleichgestellte Personen* (Fremdkapitalgeber) unabhängig vom Umfang ihrer Steuerpflicht.[37] Mögliche Fremdkapitalgeber stellen damit auch nahe stehende Personen[38] i.S.d. § 1 Abs. 2 AStG oder rückgriffsberechtigte Dritte[39] gemäß Abs. 5 der Norm dar. Die Beschränkung des persönlichen Anwendungsbereichs auf die Beteiligung – vormals hauptsächlich – ausländischer Fremdkapitalgeber ist damit entfallen. Die Eigenschaft der wesentlichen Beteiligung setzt nach Abs. 3 Satz 1 der Vorschrift eine (un-)mittelbare Beteiligung in Höhe von mehr als 25 % am gezeichneten Kapital der Kapitalgesellschaft – auch unter Berücksichtigung der Beteiligung von anderen Anteilseignern gemäß Satz 2 – zu einem beliebigen Zeitpunkt im Wirtschaftsjahr voraus. Der Fremdkapitalnehmer i.S.d. § 8a KStG

---

35 A.A. *Schneider* (2004), S. 1521, mit Bezug auf die höhere steuerliche Leistungsfähigkeit des fremdkapitalbereitstellenden Gesellschafters einer Kapitalgesellschaft.

36 Zur Einschränkung auf unmittelbar beteiligte Anteilseigner durch die Finanzverwaltung vgl. BMF-Schr. v. 15.07.2004, Tz. 8; *Dötsch / Pung* (2004), S. 1684; begrüßend *Hinder / Koehler* (2004), S. 666.

37 Die folgende Analyse soll die grundlegenden Belastungswirkungen aufzeigen. Auf die Sonderfälle soll, auch weil die von der Finanzverwaltung beabsichtigten Regelungen überwiegend nicht aus dem Gesetz ableitbar sind, nicht speziell eingegangen werden. Zur neu gefassten Holdingregelung gemäß § 8a Abs. 4 KStG, der Erfassung nachgeordneter Personengesellschaften gemäß Abs. 5 und des konzerninternen Anteilserwerbs gemäß Abs. 6 wird auf die einschlägige Literatur verwiesen; bspw. *Behrens* (2004), S. 398 ff.; *Endres / Kroniger* (2004), S. 377 ff.; *Grotherr* (2004a), S. 390 ff.; *Holzaepfel / Köplin* (2004), § 8a KStG, Rn. 787 ff.; *Kessler* (2004), S. 386 ff.; *Kessler / Düll* (2004), S. 1317 ff.; *Praetzler* (2004), S. 621 ff.; *Prinz zu Hohenlohe / Heurung* (2004), S. 98 ff.; *Pung* (2004), S. 93 ff.

38 Die Eigenschaft als eine „dem Anteilseigner nahe stehende Person" erfüllen lt. BMF-Schr. v. 15.07.2004, Tz. 16, auch Mutter- und Tochterkapitalgesellschaften. Kritisch dazu *Kessler / Düll* (2004), S. 1319.

39 Die Rückgriffsmöglichkeit eines Dritten setzt einen rechtlichen oder dinglichen Anspruch gegen den unmittelbaren Anteilseigner oder eine diesem nahe stehende Person voraus. Vgl. BMF-Schr. v. 15.07.2004, Tz. 19; *Dötsch / Pung* (2004), S. 1684. Die von der Finanzverwaltung vorgesehene Einschränkung des Anwendungsbereichs auf sog. back-to-back-Finanzierungen gemäß BMF-Schr. v. 15.07.2004, Tz. 20, führt zu einer deutlichen Entschärfung der Vorschrift; ein Gegenbeweis soll hier explizit Beachtung finden. Vgl. *Dötsch / Pung* (2004), S. 1687.

muss eine Kapitalgesellschaft oder eine der Kapitalgesellschaft nachgeschaltete Personengesellschaft sein. Soweit die Voraussetzungen der Vorschrift erfüllt sind, löst auch die Ansässigkeit der Kapitalgesellschaft im Ausland – die Erfüllung des sog. Rechtstypenvergleichs unterstellt – die Rechtsfolgen der Vorschrift aus (Ausweitung des persönlichen Anwendungsbereichs).[40]

Der Anwendungsbereich des § 8a KStG erstreckt sich nach wie vor auf Vergütungen für – nunmehr klargestellt durch Abs. 1 Satz 1 – *nicht nur kurzfristig überlassenes* Fremdkapital.[41] Im Vergleich zu älteren Fassungen enthält die Vorschrift erstmals eine veranlagungszeitraum- und gesellschaftsbezogene Freigrenze in Höhe von 250.000 €, so dass die Rechtsfolgen „erst“ bei Überschreiten dieser Mindesthöhe – dann aber auf die gesamte Vergütung – greifen (sog. Mittelstandskomponente).[42] Von gestiegener Bedeutung ist die Differenzierung von in einem Bruchteil des Kapitals bemessenen (erfolgsunabhängigen) Vergütungen und nicht in einem Bruchteil des Kapitals bemessenen (erfolgsabhängigen) Entgelten. Denn bei letzteren unterstellt § 8a Abs. 1 Nr. 1 KStG aufgrund der vermeintlichen Nähe zur Eigenkapitalbereitstellung bei Überschreitung der Freigrenze stets eine verdeckte Gewinnausschüttung. Dagegen ist bei erfolgsunabhängigen Entgelten eine schädliche Fremdkapitalausstattung erst dann anzunehmen, wenn zusätzlich zur Überschreitung der Freigrenze das Fremdkapital das 1,5-fache des anteiligen Eigenkapitals (zulässiges Fremdkapitalvolumen) übertrifft. Zudem kann in diesem Fall die verdeckte Gewinnausschüttung durch die Führung des *Fremdvergleichs* vermieden werden.[43] Die Bemessung des anteiligen Eigenkapitals bezieht sich nach wie vor auf den am Schluss des vorangegangenen Wirtschaftsjahrs bestehenden Anteil des Anteilseigners am gezeichneten Kapital der Kapitalgesellschaft gemäß Abs. 2 der Vorschrift.[44]

---

[40] Vgl. BMF-Schr. v. 15.07.2004, Tz. 3; *Dörr* u.a. (2004), S. 8 ff.; *Golücke / Franz* (2003), S. 1094; *Herzig* (2003), S. S196; *Hinder / Koehler* (2003), S. 933; *Körner* (2004), S. 219; *Mensching / Bauer* (2003), S. 2430; *Prinz / Ley* (2003), S. 934; *Rödder / Ritzer* (2004), S. 891; zu Problemen bei der Anwendung der Vorschrift auf beschränkt steuerpflichtige Kapitalgesellschaften mit inländischen Einkünften siehe *Grotherr* (2004b), S. 413 f.; kritisch *Dötsch / Pung* (2004), S. 1685.

[41] Vgl. *Mensching / Bauer* (2003), S. 2430; *Hinder / Koehler* (2003), S. 934.

[42] Kurzfristig überlassenes Fremdkapital wird bei der Prüfung der Freigrenze nicht berücksichtigt; ertragsunabhängige Vergütungen werden hingegen selbst dann erfasst, wenn für sie der Drittvergleich gelingt oder sie auf zulässiges Fremdkapital entfallen, obwohl bei isolierter Betrachtung die Anwendung der Freigrenze zur Nichtanwendung des § 8a KStG führt. Vgl. BMF-Schr. v. 15.07.2004, Tz. 28 ff.

[43] Die Niedrigverzinslichkeit eines Darlehens i.S. der Unterschreitung des Marktzinsniveaus löst bei grundsätzlicher Erfüllung des Drittvergleichs (Kreditwürdigkeit) keine § 8a KStG-Qualifikation aus. Vgl. *Schmid / Grabbe* (2004), S. 404.

[44] Maßgebend ist die *unmittelbare* Beteiligung am Grund- oder Stammkapital; nicht der Stimmrechtsanteil. Vgl. BMF-Schr. v. 15.07.2004, Tz. 31. Nur bei der Prüfung der Holdingvoraussetzung i.S.d. § 8a Abs. 4 Satz 1 KStG bezieht die Finanzverwaltung auch mittelbare Beteiligungen über zwischengeschaltete Personengesellschaften in die

2. Modifikationen im Bereich der Rechtsfolgen

Die Rechtsfolgen auf Ebene des Darlehensnehmers bestehen in einer Umqualifizierung der ihrer Höhe nach angemessenen Fremdkapitalvergütungen in verdeckte Gewinnausschüttungen i.S.d. § 8 Abs. 3 KStG (Rechtsgrundverweis). Die allgemeine Vorschrift zur verdeckten Gewinnausschüttung i.S.d. § 8 Abs. 3 Satz 2 KStG geht in diesem Zusammenhang der Anwendung des § 8a KStG vor.[45] Die transformationsbedingte vollständige gewerbesteuerliche Erfassung von Fremdkapitalvergütungen beim Darlehensnehmer verdrängt die zuvor hälftige Hinzurechnung von Dauerschuldzinsen i.S.d. § 8 Nr. 1 GewStG (hälftige Zusatzbelastung).[46]

§ 8a Abs. 5 KStG n.F. erfasst künftig auch solche sog. Umgehungsfälle, in denen Fremdkapital einer nachgeschalteten Personengesellschaft bereitgestellt wird.[47] Unter Ignorierung der zivilrechtlichen Eigenständigkeit der Personengesellschaft bestimmt die Vorschrift, dass das Fremdkapital als der Gesellschafter-Kapitalgesellschaft überlassen gilt. Die mit dieser Fiktion verbundenen Anwendungsprobleme lassen sich wohl nur in der Art lösen, dass der Kapitalgesellschaft der auf sie entfallende Fremdfinanzierungsaufwand über § 15 Abs. 2 Nr. 2 EStG zugerechnet wird.[48]

Die Rechtsfolgen auf Ebene des Darlehensgebers ergeben sich ebenfalls aus der Umqualifizierung der Fremdkapitalvergütungen. Der bislang isolierten Auffassung Wassermeyers, nach der „§ 8a Abs. 1 KStG n.F. nicht auf die Anteils-

---

Berechnungen ein (Tz. 40). Bei Anwendung des § 8a KStG auf nachgeschaltete Personengesellschaften treten an die Stelle der Beteiligung an der Personengesellschaft die anteiligen Buchwerte ihrer Vermögensgegenstände (§ 8a Abs. 2 Satz 3 KStG).

[45] Ausführlich zum Verhältnis der Vorschriften *Dötsch / Pung* (2004), S. 92. Gegebenenfalls erfolgt eine Aufteilung der Vergütung in einen den Fremdvergleichszins übersteigenden Zinsbestandteil i.S.d. § 8 Abs. 3 Satz 2 KStG und einen angemessenen Zinsbestandteil, der bezogen auf die Grenzen des § 8a KStG in eine verdeckte Gewinnausschüttung umzuqualifizieren ist. Vgl. *Briese* (2004), S. 57. Das BMF-Schr. v. 15.07.2004 stellt in Tz. 2 fest, dass auch für eine verdeckte Gewinnausschüttung i.S.d. § 8a KStG eine „Veranlassung durch das Gesellschaftsverhältnis“ erforderlich ist, so dass die Umqualifizierungstheorie einen Gleichlauf mit den Rechtsfolgen des § 8 Abs. 3 Satz 2 KStG bewirkt. Vgl. auch *Dötsch / Pung* (2004), S. 1686.

[46] Die gewerbesteuerliche Kürzungsvorschrift des § 9 Nr. 10 GewStG a.F. wurde im Rahmen des Gesetzes zur Änderung des Gewerbesteuergesetzes und anderer Gesetze v. 23.12.2003, BGBl. I 2003, S. 2922, aufgehoben, so dass eine nachträgliche Kürzung der Gewinnerhöhung i.S.d. § 8a KStG nunmehr entfällt. Vgl. *Dötsch / Pung* (2004), S. 99.

[47] Während die Gewährung von Fremdkapital an eine vorgeschaltete Personengesellschaft bislang im Rahmen von Abs. 5 a.F. erfasst war, wenn dieses an den originären Empfänger, die Tochterkapitalgesellschaft, als Eigenkapital weitergeleitet wurde, trifft der geltende Wortlaut diese Gestaltung grundsätzlich nicht. Vgl. *Dötsch / Pung* (2004), S. 98.

[48] Vgl. *Dötsch / Pung* (2004), S. 99; *Mensching / Bauer* (2003), S. 2435.

eignerebene durchschlägt"[49], folgen die herrschende Meinung im Schrifttum und die Finanzverwaltung nicht.[50] Denn mit der Aufgabe der Fiktion zugunsten einer Umqualifizierung in verdeckte Gewinnausschüttungen ist zwangsläufig die entsprechende Behandlung auf Ebene des Fremdkapitalgebers verbunden.[51] Grundsätzlich führt § 8a KStG daher beim wesentlich beteiligten Darlehensgeber zu Einkünften aus Kapitalvermögen i.S.d. § 20 Abs. 1 Nr. 1 Satz 2 EStG, die dem Kapitalertragsteuerabzug i.S.d. § 43 Abs. 1 Satz 1 Nr. 1 EStG unterliegen.[52] Die steuerliche Behandlung der Erträge richtet sich auf der Ebene des Anteilseigners nach den Vorschriften des sog. Halbeinkünfteverfahrens und ist damit abhängig von der Rechtsform des Empfängers (§ 3 Nr. 40 EStG bzw. § 8b Abs. 1 KStG, damit auch § 3c Abs. 2 EStG bzw. § 8b Abs. 5 KStG).[53]

Während § 8a KStG a.F. grundsätzlich nur Wirkung für die Körperschaftsteuererhebung entfaltete, greift die Vorschrift aufgrund der Abschaffung des § 9 Nr. 10 GewStG nunmehr auch auf Ebene des die verdeckte Gewinnausschüttung empfangenden Darlehensgebers für die Gewerbesteuer (Anknüpfung der gewerbesteuerlichen Behandlung an das Körperschaftsteuerrecht). Bei die-

---

[49] *Wassermeyer* (2004), S. 754.

[50] In Replik zu *Wassermeyer* sowohl *Frotscher* (2004), S. 754, als auch *Rödder / Schumacher* (2004), S. 758. Diese herrschende Meinung vertreten auch *Dötsch / Pung* (2004), S. 96.

[51] Die Reichweite der Rechtsfolgen für den Vergütungsempfänger war bereits nach alter Rechtslage aufgrund der Gesetzes-„Fiktion" unklar; eine Wirkung auch für den Fremdkapitalgeber wurde von der herrschenden Meinung jedoch befürwortet. Vgl. *Kröner* (2004), § 8a KStG, Rz. 147.

[52] Vgl. *Frotscher* (2004), S. 755, der dies für die Fiktion noch abgelehnt hatte; *Hinder / Koehler* (2004), S. 665 f.; *Herzig / Lochmann* (2004), S. 826; *Rödder / Schumacher* (2004), S. 761; klarstellend BMF-Schr. v. 15.07.2004, Tz. 5; dagegen noch zweifelnd, ob mit der Aufgabe der Fiktion der Zwang zum Kapitalertragsteuereinbehalt verbunden ist, *Herzig* (2003), S. S198; kritisch auch *Schwedhelm / Ehnert* (2004), S. 256. Die auf Ebene des Darlehensnehmers einzubehaltende Kapitalertragsteuer kann gegebenenfalls auf die Steuerschuld des Darlehensgebers gemäß § 36 Abs. 2 Nr. 2 EStG angerechnet werden.

[53] Zu Problemen i.R.d. Fremdkapitalgewährung durch nahe stehende Personen oder rückgriffsberechtigte Dritte aufgrund einer Doppelbelastung bei Zurechnung der verdeckten Gewinnausschüttung an den unmittelbaren Anteilseigner vgl. *Dörr* u.a. (2004), S. 38 ff.; zur Auffassung der Finanzverwaltung, die zur Vermeidung einer ungerechtfertigten Doppelbelastung in diesen Fällen eine *verdeckte Einlage* des unmittelbaren Anteilseigners beim Fremdkapitalgeber bzw. beim Fremdkapitalempfänger unterstellt, BMF-Schr. v. 15.07.2004; dazu *Dötsch / Pung* (2004), S. 1684; *Kußmaul / Tcherveniachki* (2004), S. 676. In den Fällen sog. back-to-back-Finanzierungen beschränkt die Finanzverwaltung die Anwendung des § 8a KStG auf die Höhe der von dem Dritten geleisteten Vergütung an den Anteilseigner, ohne dass bei diesem § 8a KStG selbst zur Anwendung gelangt. Vgl. BMF-Schr. v. 15.07.2004, Tz. 22; kritisch *Dötsch / Pung* (2004), S. 1688.

sem kommt jedoch in der Regel eine Kürzung gemäß § 9 Nr. 2a GewStG in Betracht.[54]

IV. Beurteilung der Wirkungen des § 8a KStG

1. Grundlagen der quantitativen Analyse

Die folgenden Aussagen stützen sich auf Bruttoertragsbedarfs- und Steuerbelastungsrechnungen, die auf vereinfachenden Annahmen beruhen. Eine Mutterkapitalgesellschaft gewährt ihrer Tochterkapitalgesellschaft, an der sie 100 % der Anteile hält, ein Darlehen, welches das zulässige Fremdkapital i.S.d. § 8a Abs. 1 Satz 1 Nr. 2 KStG in voller Höhe übersteigt. Die Wirtschaftsjahre beider Gesellschaften stimmen mit dem Kalenderjahr überein. Zum Zweck der Vergleichbarkeit soll die Eigenkapitalvergütung in ihrer Höhe der Fremdkapitalvergütung entsprechen. Aus dem jeweiligen (partiellen) Bruttoertrag muss sowohl die unterstellte Kapitalvergütung als auch die zurechenbare Ertragsteuer geleistet werden. Andere Erträge bleiben außen vor. Aufgrund des hundertprozentigen Anteilsbesitzes kann die Mutterkapitalgesellschaft die gewerbesteuerliche Kürzung i.S.d. § 9 Nr. 2a GewStG anwenden.

Die Modellanalyse unterscheidet rein inländische Finanzierungsstrukturen und darüber hinaus hinsichtlich der „Finanzierungsrichtung" Inbound- und Outbound-Finanzierungen. Ausschließlich für die drei Grundfälle wurden jeweils die Steuerbelastungen der Eigenkapital- und der Fremdkapitalvergütung sowie diejenige bei Qualifikation der Zinsen als verdeckte Gewinnausschüttungen gemäß § 8a KStG berechnet.[55] Bei grenzüberschreitenden Finanzierungsstrukturen wurde zur Vereinfachung ein einheitlicher ausländischer Körperschaftsteuersatz in Höhe von 30 % unterstellt.[56]

---

[54] Vgl. BMF-Schr. v. 15.07.2004, Tz. 11; *Dötsch / Pung* (2004), S. 1685.

[55] Für die inländische Gewerbesteuer wurde generell ein Hebesatz von 400 % unterstellt.

[56] Einen Vergleich über die internationalen Körperschaftsteuersätze, Stand 01.07.2001, enthält bspw. *Jacobs* (2002), S. 114; eine Übersicht Stand 2003 bietet *Spengel*, Vortrag anlässlich der 20. Hamburger Tagung zur Internationalen Besteuerung, verfügbar unter wiwi.uni-giessen.de/dl/showfile/Steuerlehre/5059/.

2. Grenzüberschreitende Finanzierungsstrukturen

a) Inboundfinanzierung als klassischer Anwendungsbereich

Die Gesellschafterfremdfinanzierung durch im Ausland ansässige Anteilseigner und diesen nahe stehenden Personen kann außerhalb des § 8a KStG zur Verlagerung von Steuersubstrat führen, da Vergütungen für die Darlehensgewährung durch die ausländische Mutterkapitalgesellschaft bei der Tochterkapitalgesellschaft im Inland als Betriebsausgaben im Rahmen der Körperschafteuer in voller Höhe und für die Gewerbesteuerermittlung als sog. Dauerschuldzinsen i.S.d. § 8 Nr. 1 GewStG hälftig abzugsfähig sind. Eine Kapitalertragsteuer wird nicht erhoben, so dass die Gesamtsteuerbelastung der ausländischen Steuerbelastung auf die Zinserträge zuzüglich der im Inland erhobenen hälftigen Gewerbesteuer entspricht. Im Modellfall dieses Beitrags ergeben sich 9,09 % + 30 % auf 90,91 % = 36,37 %.

Bei Eigenkapitalbereitstellung durch die ausländische Mutterkapitalgesellschaft entspricht die Gesamtsteuerbelastung dagegen der inländischen Gewerbe- und Körperschaftsteuer auf den ausgeschütteten Gewinn (zusammen 38,65 %), sofern der Ansässigkeitsstaat des Dividendenempfängers ausländische Beteiligungserträge von einer weiteren Besteuerung freistellt. Im Anwendungsbereich der sog. Mutter-Tochter-Richtlinie entfällt zudem ein Kapitalertragsteuereinbehalt.[57] Unter Beachtung der grundsätzlichen Schwäche pauschaler Aussagen erwiese sich bei einem vergleichsweise niedrigeren ausländischen Steuerniveau die Gesellschafter-Fremdfinanzierung als tendenziell vorteilhaft.

Dieser klassische Anwendungsbereich bleibt auch nach der Neufassung des § 8a KStG grundsätzlich bestehen.[58] Aufgrund der Qualifikation der Zinszahlungen als verdeckte Gewinnausschüttungen entspricht die inländische Steuerbelastung der Gesellschafterfremdfinanzierung derjenigen Belastung bei Eigenkapitalbereitstellung durch den ausländischen Anteilseigner. Sofern die ausländische Mutterkapitalgesellschaft nicht in einem EU-Mitgliedstaat ansässig ist, tritt zur deutschen Gewerbe- und Körperschaftsteuerbelastung jedoch eine definitive Kapitalertragsteuerbelastung hinzu.[59]

---

[57] Vgl. Art. 4 Abs. 2 der Richtlinie des Rates vom 23. Juli 1990 über das gemeinsame Steuersystem der Mutter- und Tochtergesellschaften verschiedener Mitgliedstaaten (90/435/EWG), ABl. EG Nr. L 225 vom 20.08.1990, S. 6, im Folgenden Mutter-Tochter-Richtlinie.

[58] Die Finanzverwaltung äußert sich mit BMF-Schr. v. 15.07.2004 nicht zur grenzüberschreitenden Inboundfinanzierung. Offensichtlich geht sie in diesem Fall von der Anwendbarkeit des „alten" BMF-Schr. v. 15.12.1994 aus, dessen grundlegende Überarbeitung noch aussteht.

[59] § 50 Abs. 5 Satz 1 EStG i.V.m. §§ 8 Abs. 1, 32 Abs. 1 Nr. 2 KStG.

In der Literatur werden zunehmend Bedenken hinsichtlich einer Vereinbarkeit der Gesetzesnorm mit Art. 5 Abs. 1 der sog. Mutter-Tochter-Richtlinie geäußert, da die Steuerbelastung der im Inland hinzugerechneten verdeckten Gewinnausschüttung einer unzulässigen Quellensteuererhebung entspricht.[60] Diese Belastungswirkung wiederspräche überdies dem gegebenenfalls im Rahmen bilateraler Doppelbesteuerungsabkommen vereinbarten Diskriminierungsverbot i.S.d. Art. 24 Abs. 5 OECD-MA.

Die Feststellung der steuerlichen Gleichbehandlung beider Finanzierungsformen vernachlässigt zudem eine gegebenenfalls im Ausland abweichende steuerliche Einordnung der Erträge.[61] Dies gilt dann, wenn der Ansässigkeitsstaat des Empfängers der verdeckten Gewinnausschüttung der deutschen Qualifikation nicht folgt und die empfangenen Zinsen erneut einer Besteuerung unterwirft (*fehlende Qualifikationsverkettung*). Im Vergleich zur „alten Rechtslage" kann sich zwar eine Verbesserung bei Eingreifen der Freigrenze i.H.v. 250.000 € einstellen,[62] darüber hinaus führen die Rechtsfolgen des § 8a KStG aber generell zu einer steuerlichen Schlechterstellung gegenüber der Eigenkapitalbereitstellung.

Die isolierte nationale Steuerrechtsgestaltung ohne Berücksichtigung grenzüberschreitender Steuerwirkungen scheint – unabhängig von der drohende Europarechtswidrigkeit der Gesetzesnorm im Verhältnis zu Art. 5 Abs. 1 der Mutter-Tochter-Richtlinie – bereits vor dem Hintergrund der europäischen Harmonisierungsbestrebungen kaum vertretbar. Denn es kann grundsätzlich nicht gefordert werden, dass der ausländische Staat die steuerliche Behandlung aus dem Ausland zufließender Zinseinkünfte von der – ausschließlich für Besteuerungszwecke umqualifizierten – deutschen Einordnung abhängig macht.[63]

b) Outboundfinanzierung als erster Fall des erweiterten sachlichen Anwendungsbereichs

Bei Vernachlässigung steuerlicher Restriktionen der Gesellschafter-Fremdfinanzierung (sowohl im Inland als auch im Ausland) werden Darlehenszinsen an den Gesellschafter als abzugsfähige Betriebsausgaben im Ausland regelmä-

[60] Vgl. *Kußmaul / Tcherveniachki* (2004), S. 680; *Kessler* (2003), S. 2511.

[61] Erfolgt keine Freistellung der Dividenden- oder Zinszahlung im Ausland, steigt die Belastung im Modellfall von 38,65 % um (angenommen) 30 % von 61,35 % = 18,40 % auf 57,05 %.

[62] Vgl. *Kußmaul / Tcherveniachki* (2004), S. 679.

[63] A.A. wohl *Kessler* (2003), S. 2511 f., auf Grundlage der Mutter-Tochter-Richtlinie bzw. aufgrund von DBA für diejenigen Staaten, deren nationales Recht ebenfalls steuerliche thin capitalization rules kennt.

ßig nicht besteuert. Die Gesamtsteuerbelastung entspricht dann der inländischen Körperschaft- und Gewerbesteuerbelastung der Zinserträge (wie oben = 38,65 %). Bei Eigenkapitalbereitstellung durch die inländische Mutterkapitalgesellschaft entspricht die Gesamtsteuerbelastung dagegen der ausländischen Körperschaftsteuerbelastung der Gewinnausschüttung (angenommen 30 %); Deutschland stellt gemäß § 8b Abs. 1 KStG die ausländischen Beteiligungserträge – abgesehen von der steuerlichen Erfassung nach § 8b Abs. 5 KStG – von einer weiteren Besteuerung frei. Die letztgenannte Vorschrift bewirkt ein Ansteigen der Gesamtsteuerbelastung auf 31,35 %. Im Anwendungsbereich der sog. Mutter-Tochter-Richtlinie entfällt zudem ein grenzüberschreitender Kapitalertragsteuereinbehalt.

Der Anwendungsbereich des § 8a KStG soll sich nunmehr auch auf Fälle der „schädlichen" Finanzierung ausländischer Tochterkapitalgesellschaften erstrecken, obwohl die Reichweite der nationalen Vorschrift grundsätzlich keine Wirkung für im Inland nicht steuerpflichtige Tochterkapitalgesellschaften entfalten kann. Dies erkennt auch die Finanzverwaltung, so dass § 8a KStG n.F. aufgrund seines auf unbeschränkt und beschränkt Steuerpflichtige eingegrenzten persönlichen Anwendungsbereichs zunächst nicht auf Vergütungen einer im Inland nicht steuerpflichtigen ausländischen Tochtergesellschaft an ihre inländische Mutterkapitalgesellschaft anwendbar sei.[64] Sie nimmt sodann jedoch – abweichend vom Wortlaut der Vorschrift – eine *Qualifikationsverkettung* vor.[65] Demnach soll § 8a KStG für denjenigen Vergütungsbestandteil dennoch zur Anwendung gelangen, der „nach dem Recht des anderen Staates tatsächlich nicht die steuerliche Bemessungsgrundlage ... gemindert" hat.[66] Das Nachweiserfordernis einer die Anwendung der Missbrauchsvorschrift suspendierenden ausländischen Steuerbelastung trifft hier wohl ausschließlich den inländischen Fremdkapitalgeber.[67]

Dieser „Anwendungskompromiss" vermeidet zum einen die bereits in der Literatur zu Recht kritisierten unerwünschten Rechtsfolgen einer dem Wortlaut entsprechenden Nichtanwendung der Vorschrift. In diesem Fall entstünde eine europarechtswidrige Benachteiligung der Darlehensgewährung an eine im EU-Ausland ansässige Tochterkapitalgesellschaft, da ausländische Zinserträge in voller Höhe einer inländischen Besteuerung unterlägen.[68] Zum anderen verhindert diese Lösung die fiskalisch nachteiligen Folgen eines teilweise angenommenen uneingeschränkten Einsatzes der Norm, die im Fall der vollständigen

---

[64] Vgl. BMF-Schr. v. 15.07.2004, Tz. 3.

[65] Vgl. BMF-Schr. v. 15.07.2004, Tz. 27.

[66] Vgl. BMF-Schr. v. 15.07.2004, Tz. 27, mit Beispielen.

[67] Vgl. kritisch *Hinder / Koehler* (2004), S. 669.

[68] So auch *Kußmaul / Tcherveniachki* (2004), S. 679.

Abzugsfähigkeit der Fremdkapitalvergütungen im Ausland im Ergebnis zu unerwünschten sog. *weißen Einkünften* führt.[69]

§ 8a KStG soll im Inland ausschließlich auf den im Ausland nicht steuermindernd abziehbaren Zinsanteil anwendbar sein.[70] Diese Vorgehensweise ist insofern systematisch nachvollziehbar, als dass eine steuerliche Erfassung von im Ausland nicht der Besteuerung unterliegenden Zinszahlungen im Inland die gewünschte *Einmalbesteuerung* der Erträge gewährt. Die Anwendung der Vorschrift auf den verbleibenden Zinsanteil führt jedoch insoweit zwangsläufig zu einer Doppelbesteuerung, als dass die Freistellung der verdeckten Gewinnausschüttung auf Ebene der deutschen Mutterkapitalgesellschaft aufgrund des § 8b Abs. 5 KStG faktisch auf 95 % reduziert ist.[71]

Die Vorteilhaftigkeit der Gesellschafter-Fremdfinanzierung ist daher abhängig vom Verhältnis der Steuerniveaus der beteiligten Staaten und der Ausgestaltung der ausländischen thin capitalization rule. Sofern Fremdkapitalvergütungen im Ausland vollständig die steuerliche Bemessungsgrundlage mindern, entspricht die Gesamtbelastung unter Berücksichtigung des § 8a KStG derjenigen bei der originären Zinsqualifikation. Anderenfalls erweist sich die Bindung der inländischen Rechtsfolgen an die steuerliche Behandlung im Ausland allerdings als bedenklich. Eine mit der Gesellschafter-Eigenfinanzierung vergleichbare Belastung wird grundsätzlich nur bei Fehlen von ausländischen Abzugsbeschränkungen erreicht.

Mit zunehmender Einschränkung des Abzugs von Finanzierungsaufwendungen im Ausland steigt zudem die Bedeutung des ausländischen Steuerniveaus für die Höhe der Gesamtsteuerbelastung an. Fraglich ist, ob sich die inländische Mutterkapitalgesellschaft bei einer die Belastung der inländischen Finanzierungsstruktur übersteigenden Steuerlast auf die europarechtlich garantierte Niederlassungsfreiheit i.S.d. Art. 43 EGV berufen könnte.[72] Eine mögliche steuerliche Schlechterstellung resultiert nämlich nicht aus der Anwendung des § 8a KStG, sondern aus der vergleichsweise höheren Steuerbelastung im Ausland, die dem deutschen Gesetzgeber jedoch nicht anzulasten ist.[73] Die drohende Europarechtswidrigkeit begründet daher nicht die Norm selbst, sondern sie folgt aus deren unzulässiger Bindung an ausländische Steuertatbestände, die sich im Übrigen nicht aus dem Wortlaut der Vorschrift, sondern ausschließlich aus der

---

[69] Abgesehen von der nur geringen Belastung durch § 8b Abs. 5 KStG. Vgl. *Dötsch / Pung* (2004), S. 1685.

[70] Vgl. BMF-Schr. v. 15.07.2004, Tz. 27.

[71] Dadurch steigt die Gesamtbelastung für diesen Fall (bezogen auf den Brutto-Gewinn vor ausländischer Steuer) auf 31,35 %.

[72] Vgl. *Hinder / Koehler* (2004), S. 669; *Rödder / Ritzer* (2004), S. 891 ff.; *Kußmaul / Tcherneviachki* (2004), S. 679.

[73] So auch *Sedemund* (2004), S. 599.

„Anwendungsinterpretation" der Finanzverwaltung ergibt. Bei Betrachtung der Körperschaftsteuersätze in den Mitgliedstaaten der Europäischen Union wird darüber hinaus selbst die „Möglichkeit" einer Mehrbelastung zu verneinen sein, da diese Steuersätze grundsätzlich die inländische Belastung aus Körperschaft- und Gewerbesteuer unterschreiten.[74]

3. Inländische Finanzierungsstrukturen als zweiter Fall des erweiterten sachlichen Anwendungsbereichs

a) Belastungswirkungen im Konzernverbund

Die Gesamtbelastung der Vergütung für die Darlehensgewährung durch die Mutterkapitalgesellschaft entspricht außerhalb des § 8a KStG – wie im Fall der Inbound-Finanzierung – der Körperschaftsteuer auf Ebene des Fremdkapitalgebers zuzüglich der Gewerbesteuer des Fremdkapitalnehmers.[75] Bei Eigenkapitalbereitstellung umfasst die Gesamtbelastung dagegen die Gewerbe- und Körperschaftsteuer auf die Gewinnausschüttung zuzüglich der Steuer auf die pauschale Betriebsausgabenhinzurechnung gemäß § 8b Abs. 5 KStG auf Ebene des Fremdkapitalgebers (zusammen 39,83 %).

Die Steuerbelastung bei Anwendung des § 8a KStG entspricht derjenigen der Eigenkapitalbereitstellung;[76] sie führt im Vergleich zur Besteuerung der Zinszahlungen mithin zu einer steuerlichen Besserstellung. Zu beachten ist jedoch, dass bei der nachträglichen Feststellung der verdeckten Gewinnausschüttung eine Deckungslücke in Höhe des im Vergleich zur Zinsbelastung größeren Bruttoertragbedarfs entsteht. Bei Fehlen ausreichender Bruttoerträge bewirkt die nachträgliche Umqualifizierung in verdeckte Gewinnausschüttungen eine Substanzbesteuerung.[77]

Die Ausdehnung des Anwendungsbereichs auf Inlandsstrukturen erfolgt ausnahmslos vor dem Hintergrund der Beseitigung der Europarechtswidrigkeit des

---

[74] Vgl. dazu die Übersicht bei *Jacobs* (2002), S. 114; die dort aufgeführten Körperschaftsteuersätze werden mittlerweile teilweise unterschritten: bspw. Belgien derzeit 34 %; Österreich 25 %; Schweden geplant 28 %.

[75] Vgl. *Jacobs* (2002), S. 767. Eine erneute gewerbesteuerliche Erfassung beim Fremdkapitalgeber erfolgt unter den Voraussetzungen des § 9 Nr. 2a GewStG nicht. Im Modellfall dieses Beitrags beträgt die Belastung 9,09 % + 38,65 % von 90,91 % = 44,23 %.

[76] Da die Einbeziehung der verdeckten Gewinnausschüttung in eine Gewinnzurechnung gemäß § 14 Abs. 1 KStG die Anwendung des § 8b Abs. 5 KStG ausschließt, kann die Doppelbelastung durch eine steuerliche Organschaft zwischen den Kapitalgesellschaften vermieden werden. Vgl. *Holzaepfel / Köplin* (2004), § 8a KStG, Rn. 399 ff.; *Kußmaul / Tcherveniachki* (2004), S. 675.

[77] Vgl. *Schmitt* (2004), S. 605.

§ 8a KStG a.F.,[78] denn das Argument der schädlichen Gewinnabsaugung kann im Inland grundsätzlich nicht greifen.[79] Bei ausschließlich das Inland betreffenden Vorgängen stellt sich daher die Frage, worin ein Missbrauch der Gesellschafter-Fremdfinanzierung in diesem Fall überhaupt bestehen und inwieweit dieser an einer statischen Grenze wie der erforderlichen Eigenkapitalquote in Höhe von 40 % festgemacht werden kann.[80] Es existiert insofern ein Missverhältnis zwischen der – hier nicht beachtlichen – Forderung nach der Sicherung des Steueraufkommens und der garantierten Finanzierungsfreiheit.[81]

b) Belastungswirkungen bei Beteiligung natürlicher Personen

Mittelständische Unternehmen werden regelmäßig personenbezogen geführt; die Gesellschafter-Fremdfinanzierung erfolgt bei diesen daher vornehmlich durch natürliche Personen. Außerhalb des Anwendungsbereichs des § 8a KStG besteht die Gesamtsteuerbelastung der Gesellschafter-Fremdfinanzierung aus der hälftigen Gewerbesteuerbelastung auf Ebene der Kapitalgesellschaft sowie der vollen Einkommensteuerbelastung der Vergütung auf Ebene des Fremdkapitalgebers (im Modellfall 52,25 %).[82] Die Bereitstellung von Eigenkapital führt dagegen zu einer Gesamtbelastung in Höhe der Gewerbe- und Körperschaftsteuerbelastung der Gesellschaft zuzüglich der einkommensteuerlichen Erfassung der halben Dividende (im Modellfall 53,21 %).

Der Gesetzgeber des sog. Korb II-Gesetzes hat die Praxis der Finanzierung mittelständischer Unternehmen durch ihre Gesellschafter erkannt und eine *Freigrenze* eingeführt.[83] Bei Überschreitung der Freigrenze unterliegen mittelständische Unternehmen uneingeschränkt den bereits erläuterten Rechtsfolgen der Vorschrift, für Anteilseigner in der Rechtsform der natürlichen Person jedoch in der Weise modifiziert, dass die Freistellung der verdeckten Gewinnausschüt-

---

[78] Vgl. *Kußmaul / Tcherveniachki* (2004), S. 673.

[79] *Hinder / Koehler* (2003), S. 933, weisen zutreffend darauf hin, dass insbesondere Sanierungsfälle betroffen und insofern eine Absenkung der EK-Quote geboten ist.

[80] Problematisch ist in diesem Zusammenhang bspw. auch, dass die Finanzverwaltung die übliche Finanzierungspraxis unter Beteiligung von Banken gegen Sicherheitsleistung des Anteilseigners nur bei entsprechendem Gegenbeweis aus dem Anwendungsbereich des § 8a KStG ausnehmen möchte. Für reine Inlandssachverhalte führt der Bezug auf sog. back-to-back-Darlehen daher wohl zu einer übermäßigen Anwendung dieser Vorschrift auf bereits bestehende Finanzierungsgestaltungen. Vgl. *Hinder / Koehler* (2004), S. 667.

[81] Vgl. *Hinder / Koehler* (2003), S. 934.

[82] Unterstellt ist ein Spitzensatz der Einkommensteuer von 45 %.

[83] Deren Wirkung hinsichtlich der Nichtanwendung des § 8a KStG hängt von der Höhe der variablen Vergütung ab. Bei steigendem Zinssatz sinkt zwangsläufig die Höhe des zulässigen Gesellschafter-Fremdkapitals.

tung hier durch die Anwendung des Halbeinkünfteverfahrens gemäß § 3 Nr. 40 lit. d EStG, gegebenenfalls unter hälftiger Nichtberücksichtigung beteiligungsbezogener Betriebsausgaben gemäß § 3c Abs. 2 EStG, ersetzt wird.

Die Anwendung des § 8a KStG führt zu einem Gleichlauf der steuerlichen Belastung von Eigen- und Gesellschafter-Fremdkapitalfinanzierung, da die Qualifikation auch bei der natürlichen Person fortgeführt wird. Die Steuerbelastung übersteigt jedoch grundsätzlich diejenige der originären Fremdkapitalfinanzierung. Diese Mehrbelastung nimmt mit sinkendem Einkommensteuersatz der natürlichen Person sogar noch zu. Die Belastungswirkung verstärkt sich darüber hinaus bei Einbeziehung eventueller Refinanzierungsaufwendungen des natürlichen Anteilseigners, deren Abzugsfähigkeit aufgrund § 3c Abs. 2 EStG auf die Hälfte beschränkt ist. Wird die steuerliche Gleichbehandlung der Gesellschafter-Fremdfinanzierung mit der Eigenkapitalbereitstellung gerechtfertigt, so ist eine unterschiedliche Belastung der Finanzierungsalternativen – auch in den Grenzen der Vorschrift – grundsätzlich nicht hinnehmbar.[84]

V. Kritische Würdigung

Übereinstimmend mit Herzig beinhaltet § 8a KStG n.F. einen grundlegenden Bedeutungswandel von „einer selektiv ansetzenden Vorschrift zum Schutz des inländischen Steueraufkommens zu einer zentralen Vorschrift der Besteuerung von Kapitalgesellschaften und ihren Gesellschaftern“[85].

Deutlich wird, dass die Anwendung des § 8a KStG für den originären Fall der Inbound-Finanzierung zu einer vollständigen steuerlichen Gleichbehandlung führen *kann*, wenn der Fremdkapitalgeber im Ausland keiner zusätzlichen Besteuerung der „Zinserträge“ unterliegt. Bei Outbound-Finanzierungen gründet die steuerliche Belastung der Zinserträge nach Ansicht der Finanzverwaltung auf einer Qualifikationsverkettung; diese ist jedoch sowohl aus steuersystematischen Gründen als auch mangels Bestandteil des Wortlauts der Vorschrift grundsätzlich abzulehnen. Bei ausschließlich inländischen Finanzierungsstrukturen können Zusatzbelastungen vor allem aus einer potentiellen Deckungslücke bei nachträglicher Umqualifizierung resultieren; die steuerlichen Mehrbelastungen natürlicher Personen als fremdfinanzierende Gesellschafter gegenüber der Steuerbelastung bei Eigenkapitalbereitstellung können nicht mit dem Argument der „Geringfügigkeit“ gerechtfertigt werden.

Die Fortentwicklung einer originär für das Anrechnungsverfahren entwickelten Vorschrift im Rahmen des sog. Halbeinkünfteverfahrens sowie die Ausdeh-

[84] A.A. wohl *Schmid / Grabbe* (2004), S. 406.

[85] *Herzig* (2003), S. S192; so auch *Kessler / Düll* (2004), S. 1319.

nung des persönlichen Anwendungsbereichs auf inländische Anteilseigner sind problematisch.[86] Dies gilt vor allem bei Berücksichtigung der bereits im Rahmen des Anrechnungsverfahrens festgestellten konzeptionellen Schwächen der Vorschrift. Wie bereits von Knobbe-Keuk zutreffend beanstandet, stellte § 8a KStG a.F. auf die vergütungsempfangende Kapitalgesellschaft ab, obwohl die mangelnde steuerliche Erfassung von Zinsen im Inland die steuerliche Ungleichbehandlung auslöst.[87] Auch die neu konzipierte Vorschrift behebt diese Schwierigkeit grundsätzlich nicht; eher weitet sie den Problemkreis, auch aufgrund der zunehmenden Verwerfungen mit der europarechtlich garantierten Niederlassungsfreiheit, aus.

Sofern eine steuerliche Besserstellung der Gesellschafter-Eigenkapitalfinanzierung – beispielsweise begründet mit der engeren gesellschaftsrechtlichen Bindung des Gesellschafters – gewünscht ist, sollte diese durch eine entsprechende steuerliche Einordnung der Finanzierungsart erzielt werden. Soweit Zinsen betriebliche Aufwendungen darstellen, gebietet das objektive Nettoprinzip deren steuermindernde Berücksichtigung. § 8a KStG regelt mittels Anordnung einer verdeckten Gewinnausschüttung zwar ein Abzugsverbot für Zinszahlungen; es unterbleibt jedoch eine grundsätzliche Aufhebung der Aufwandsqualifikation.[88]

Literatur- und Rechtsprechungsverzeichnis

Behrens, Stefan (2004): Zur Anwendung von § 8a KStG n.F. auf fremdfinanzierte Personengesellschaften; in: Deutsches Steuerrecht; 42. Jg. (2004); S. 398 – 403.

Briese, André (2004): Die neuen Regelungen zur Gesellschafter-Fremdfinanzierung nach § 8a KStG; in: Steuern und Bilanzen; 6. Jg. (2004); S. 57 – 62.

Dörr, Ingmar, u.a. (2004): Die neuen Regelungen zur Gesellschafter-Fremdfinanzierung – unter Berücksichtigung des BMF-Schreibens vom 15.7.2004 –; in: Neue Wirtschafts-Briefe 2004; Beilage 11.

Dötsch, Ewald / *Pung,* Alexandra (2004a): Die Neuerungen bei der Körperschaftsteuer und bei der Gewerbesteuer durch das Steuergesetzgebungspaket vom Dezember 2003, Teil I: Die Änderungen insbes. des § 8a KStG; in: Der Betrieb; 57. Jg. (2004); S. 91 – 100.

[86] *Dötsch / Pung* (2004), S. 1684, vermuten darin eine wesentliche „konzeptionelle Schwäche des § 8a KStG n.F.".

[87] Vgl. *Knobbe-Keuk* (1993a), S. 616; *Knobbe-Keuk* (1993b), S. 60.

[88] Vgl. ausführlich *Schmitt* (2004), S. 601 ff.

– (2004b): Gesellschafter-Fremdfinanzierung: Das Einführungsschreiben zu § 8a KStG vom 15.7.2004; in: Der Betrieb; 57. Jg. (2004); S. 1683 – 1691.

Endres, Norbert / *Kroniger,* Axel (2004): Die Anwendung von § 8a KStG n.F. bei nachgeschalteten Personengesellschaften; in: Finanz-Rundschau; 86. Jg. (2004); S. 377 – 385.

Frotscher, Gerrit (2004): Zu den Wirkungen des § 8a KStG n.F.: Zugleich Replik zu Wassermeyer, DStR 2004, 749; in: Deutsches Steuerrecht; 42. Jg. (2004); S. 754 – 757.

Golücke, Martin / *Franz,* Matthias (2003): Gesellschafter-Fremdfinanzierung: Der „neue" § 8a KStG-E; in: GmbH-Rundschau; 94. Jg. (2003); S. 1093 – 1100.

Grotherr, Siegfried (2004a): Einführung eines neuen Finanzierungskostenabzugsverbots beim fremdfinanzierten konzerninternen Beteiligungserwerb; in: Deutsches Steuerrecht; 42. Jg. (2004); S. 390 – 398.

– (2004b): Anwendungsgrundsätze und Zweifelsfragen der neuen Freigrenze in Höhe von 250000 Euro bei der Gesellschafter-Fremdfinanzierung (§ 8a KStG); in: Betriebs-Berater; 59. Jg. (2004); S. 411 – 420.

Herzig, Norbert (1994): Standortsicherungsgesetz: Gesetzliche Regelung der Gesellschafter-Fremdfinanzierung in § 8a KStG; in: Der Betrieb; 47. Jg. (1994); S. 110 – 115, 168 – 177.

– (1993): Gesellschafter-Fremdfinanzierung von Kapitalgesellschaften – Bericht aus einer Arbeitsgruppe –; in: Steuer und Wirtschaft; 70. Jg. (1993); S. 237 – 248.

– (2003): Gesellschafter-Fremdfinanzierung – Analyse und Perspektiven; in: Die Wirtschaftsprüfung; 56. Jg. (2003); Sonderheft 2003; S. S191 – S205.

Herzig, Norbert / *Lochmann,* Uwe (2004): Die Belastungswirkungen von § 8a KStG n.F.; in: Der Betrieb; 57. Jg. (2004); S. 825 – 837.

Hinder, Jens-Uwe / *Koehler,* Dirk (2003): Überblick über die geplante Neugestaltung des § 8a KStG; in: Steuern und Bilanzen; 5. Jg. (2003); S. 932 – 936.

– (2004): Überblick zum BMF-Schreiben zu § 8a KStG; in: Steuern und Bilanzen; 6. Jg. (2004); S. 665 – 672.

Holzaepfel, Peter / *Köplin,* Manfred (2003): Kommentierung § 8a KStG; in: Heidelberger Kommentar zum Körperschaftsteuergesetz: Die Besteuerung der Kapitalgesellschaft und ihrer Anteilseigner; Hrsg. Bernd Erle und Thomas Sauter; Heidelberg 2003.

– (2004): Kommentierung § 8a KStG; in: Heidelberger Kommentar zur Gesellschafter-Fremdfinanzierung: Kommentierung der §§ 8a, 8b KStG ab 2004 und zugleich Ergänzungsband zum Heidelberger Kommentar zum Körperschaftsteuergesetz; Hrsg. Bernd Erle und Thomas Sauter; Heidelberg 2004.

Jacobs, Otto H. (2002): Internationale Unternehmensbesteuerung; 5. Auflage; München 2002.

Kessler, Wolfgang (2004): Das Holdingparadoxon in § 8a Abs. 4 KStG n.F.: Holdingprivileg oder Holdingdiskriminierung; in: Deutsches Steuerrecht; 42. Jg. (2004); S. 386 – 390.

– (2003): Die Gesellschafter-Fremdfinanzierung im Spannungsfeld zum Recht der Doppelbesteuerungsabkommen und Europarecht; in: Der Betrieb; 56. Jg. (2003); S. 2507 – 2514.

Kessler, Wolfgang / *Düll,* Sebastian (2004): § 8a KStG im Konzernverbund: Kaskadeneffekt, Buchwertkürzung und „Holdingprivileg" nach dem BMF-Schreiben zu § 8a KStG vom 15.7.2004; in: Deutsches Steuerrecht; 42. Jg. (2004); S. 1317 – 1324.

Knobbe-Keuk, Brigitte (1993a): Bilanz- und Unternehmenssteuerrecht; 9. Auflage; Köln 1993.

– (1993b): Wieder einmal ein Entwurf zu § 8a KStG – Wiederauflage einer Regelung zur Gesellschafterfremdfinanzierung im Standortsicherungsgesetz; in: Der Betrieb; 46. Jg. (1993); S. 60 – 66.

Körner, Andreas (2004): § 8a KStG n.F. – Darstellung, Gestaltungsmöglichkeiten, Europarechtsinkonformität; in: Internationales Steuerrecht; 13. Jg. (2004); S. 217 – 229, 253 – 265.

Krawitz, Norbert / *Wagener,* Andreas (1997): Theorie der Besteuerung aus volks- und betriebswirtschaftlicher Sicht; in: Betriebs- und Volkswirtschaftslehre: Geschwisterliebe und Familienzwist; Hrsg. Andreas Pfingsten; Homo oeconomicus; Bd. XIV (1997); Nr. 1/2; S. 135 – 164.

Kröner, Ilse (2004): Kommentierung § 8a KStG 2004; in: Ernst & Young Körperschaftsteuergesetz; Hrsg. Ernst & Young; Bonn, Berlin 1996 ff.; Stand: März 2004.

Kußmaul, Heinz / *Tcherveniachki,* Vassil (2004): Die Auswirkungen des § 8a KStG n.F. auf die Steuerbelastung der Gesellschafter-Fremdfinanzierung im nationalen und internationalen Kontext – auch unter Berücksichtigung der Implikationen des BMF-Schreibens vom 15.7.2004; in: Steuern und Bilanzen; 6. Jg. (2004); S. 673 – 680.

Lang, Joachim (2002): Rechtsstaatliche Ordnung des Steuerrechts; in: Tipke / Lang: Steuerrecht; 17. Auflage; Köln 2002; S. 61 – 123.

Mensching, Oliver / *Bauer,* Andreas F. (2003): Die geplante Neufassung des § 8a KStG: Auswirkungen auf Finanzierungsstrukturen und Unternehmenskauf; in: Betriebs-Berater; 58. Jg. (2003); S. 2429 – 2436.

Praetzler, Octavia (2004): Ausgewählte Zweifelsfragen zum neuen § 8a KStG bei konzerntypischen Holdingstrukturen sowie zu dessen Anwendung auf in Deutschland nicht der Besteuerung unterliegende Kapitalgesellschaften; in: Der Betrieb; 57. Jg. (2004); S. 621 – 625.

Prinz, Ulrich (2000): Neues zur Gesellschafter-Fremdfinanzierung (§ 8a KStG) nach der Unternehmenssteuerreform 2001 – Bestandsaufnahme und Gestaltungsmöglichkeiten; in: Finanz-Rundschau; 86. Jg. (2000); S. 1061 – 1069.

Prinz, Ulrich / *Ley,* Thomas (2003): Geplante Gesetzesänderungen zur Gesellschafterfremdfinanzierung nach § 8a KStG – Erste Analyse und Gestaltungsüberlegungen; in: Finanz-Rundschau; 85. Jg. (2003); S. 933 – 940.

Prinz zu Hohenlohe, Franz / *Heurung,* Rainer (2004): Neuregelung des § 8a KStG: Holdingproblematik bei Zwischenschaltung von Personengesellschaften; in: Der Konzern; 2. Jg. (2004); S. 98 – 102.

Pung, Alexandra (2004): Die Ausdehnung des § 8a KStG auf nachgeschaltete Personengesellschaften und auf den konzerninternen Anteilserwerb; in: Der Konzern; 2. Jg. (2004); S. 93 – 98.

Rödder, Thomas / *Ritzer,* Claus (2004): § 8a KStG n.F. im Outbound-Fall; in: Der Betrieb; 57. Jg. (2004); S. 891 – 894.

Rödder, Thomas / *Schumacher,* Andreas (2004): Rechtsfolgen des § 8a KStG n.F.: Zugleich Replik zu Wassermeyer, DStR 2004, 749; in: Deutsches Steuerrecht; 42. Jg. (2004); S. 758 – 765.

Schmid, Hubert / *Grabbe,* Jan (2004): § 8a KStG n.F.: Fremdvergleich bei Gesellschafter-besicherten Drittdarlehen; in: Deutsches Steuerrecht; 42. Jg. (2004); S. 403 – 407.

Schmidt, Kurt (1995/1996): Die Besteuerung nach der Leistungsfähigkeit: Reflexionen über ein altes Thema; in: Jahrbuch der Fachanwälte für Steuerrecht 1995/1996; Hrsg. Deutsches Anwaltsinstitut e.V.; Herne, Berlin 1995/1996; S. 31 – 47.

Schmitt, Joachim (2004): Verfassungsrechtliche Bewertung der Gesellschafterfremdfinanzierung i.S. von § 8a KStG; in: Deutsche Steuer-Zeitung; 92. Jg. (2004); S. 600 – 606.

Schneider, Dieter (1998): Killerviren steuerlicher Gerechtigkeit in Reformvorschlägen zur Unternehmensbesteuerung – Ein Diskussionsbeitrag; in: Deutsches Steuerrecht; 36. Jg. (1998); S. 1287 – 1293.

– (2004): Steuervereinfachung durch Rechtsformneutralität?; in: Der Betrieb; 57. Jg. (2004); S. 1517 – 1521.

Schwedhelm, Rolf / *Ehner,* Manja (2004): Auswirkungen des neuen § 8a KStG auf den Mittelstand; in: Finanz-Rundschau; 86. Jg. (2004); S. 249 – 256.

Sedemund, Jan (2004): Steine statt Brot oder immer noch europarechtswidrig? – Gedanken zur Neufassung des § 8a KStG; in: Internationales Steuerrecht; 13. Jg. (2004); S. 595 – 601.

Siegel, Theodor (1983): Fremdfinanzierung durch nichtanrechnungsberechtigte Gesellschafter: Analyse des Referentenentwurfs eines § 8a KStG in bezug auf Zielsetzungen und Besteuerungsprinzipien; in: Besteuerung der Gesellschafter-Fremdfinanzierung; Hrsg. Klaus Dittmar Haase, Dieter Schneeloch und Theodor Siegel; Düsseldorf 1983; S. 1 – 35.

– (1989): Gesellschafter-Fremdfinanzierung: Entwürfe eines § 8a KStG und steuersystematische Lösung; in: Steuer und Wirtschaft; 66. Jg. (1989); S. 340 – 349.

– (1990): § 8a KStG ist tot – Es lebe die Gesellschafter-Fremdfinanzierung (?); in: GmbH-Rundschau; 81. Jg. (1990); S. 138 – 142.

Spengel, Christoph / *Golücke,* Martin (2003): Gesellschafter-Fremdfinanzierung: Implikationen der EG-Rechtswidrigkeit von § 8a KStG für die Praxis und den Gesetzgeber; in: Recht der Internationalen Wirtschaft; 49. Jg. (2003); S. 333 – 347.

Wassermeyer, Franz (2004): § 8a KStG n.F. und die gescheiterte Rückkehr zur Fiktionstheorie – keine Auswirkung auf Gesellschafterebene; in: Deutsches Steuerrecht; 42. Jg. (2004); S. 749 – 754.

Weßling, Johannes / *Romswinkel,* Marco (2003): Die Gesellschafter-Fremdfinanzierung nach „Lankhorst/Hohorst": Oder: Was kann der Gesetzgeber bei § 8a KStG überhaupt noch tun?; in: GmbH-Rundschau; 94. Jg. (2003); S. 925 – 928.

Wosnitza, Michael / *Treisch,* Corinna (1999): Leistungsfähigkeitskonzeptionen und steuerliche Behandlung des Existenzminimums; in: Die Betriebswirtschaft; 59. Jg. (1999); S. 351 – 368.

BMF-Schreiben vom 16.03.1987, BStBl. I 1987, S. 373; aufgehoben mit BMF-Schreiben vom 16.09.1992.

BMF-Schreiben vom 16.09.1992, BStBl. I 1992, S. 653.

BMF-Schreiben vom 15.12.1994, BStBl. I 1995, S. 25.

BMF-Schreiben vom 15.07.2004, BStBl. I 2004, S. 593.

EuGH-Urteil vom 12.12.2002 – Rs. 324/00, DStR 2003, S. 25.

BFH-Urteil vom 10.12.1975 – I R 135/74, BStBl. II 1976, S. 226.

BFH-Urteil vom 05.02.1992 – I R 127/90, BStBl. II 1992, S. 532.

BFH-Urteil vom 07.07.1992 – VIII R 24/90, BStBl. II 1993, S. 333.

BFH-Urteil vom 29.07.1992 – II R 39/89, BStBl. II 1992, S. 63.

BFH-Urteil vom 29.05.1996 – I R 15/94, BStBl. II 1997, S. 57.

BFH-Urteil vom 24.04.1997 – VIII R 23/93, DB 1997, S. 2409.

BFH-Urteil vom 29.01.2003 – I R 6/99, DStR-E 2003, S. 865.

BFH-Urteil vom 08.05.2003 – IV R 54/01, BStBl. II 2003, S. 854.

Ertragsteuerliche und umsatzsteuerliche Probleme der Betriebe gewerblicher Art (BgA) im Hochschulbereich – eine Bestandsaufnahme

Von Herbert Brönner und Wolfgang Schroller

I. Vorbemerkung

Da staatliche Hochschulen mit dem Angebot und der Durchführung der Lehre und Forschung öffentliche Aufgaben erfüllen, werden sie grundsätzlich mit staatlichen Haushaltsmitteln finanziert. Die zunehmende Knappheit der öffentlichen Mittel, die in den vergangenen Jahren zutage getreten ist und sich in den künftigen Jahren noch fortsetzen wird, zwingt die staatlichen Hochschulen, die Kürzung der Haushaltsmittel durch verstärkte eigene wirtschaftliche Tätigkeiten (Drittmittelbeschaffung) auszugleichen. Die staatlichen Hochschulen haben deshalb in den vergangenen Jahren in zunehmendem Maße Tätigkeiten zur Erzielung von Einnahmen aufgenommen. Die so genannte Drittmittelbeschaffung wird zwangsläufig in den künftigen Jahren einen wesentlichen Teil der Tätigkeiten der staatlichen Hochschulen bestimmen. Diese wirtschaftliche Tätigkeit führt grundsätzlich zur Entstehung von Betrieben gewerblicher Art, die zur steuerrechtlich relevanten Sphäre der Hochschulen zählen. Hieraus ergeben sich zwangsläufig zahlreiche steuerrechtliche Probleme, von denen nur ein Teil als gelöst angesehen werden kann. Die steuerrechtlichen Probleme liegen in der Abgrenzung der Tätigkeitsbereiche zueinander, in wirtschaftlichen und rechtlichen Gestaltungsmöglichkeiten der Drittmittelbeschaffung und in der Abgrenzung zum Gemeinnützigkeitsrecht. In der folgenden Darstellung werden einige steuerrechtliche Probleme aufgezeigt, deren Zahl jedoch keinen Anspruch auf Vollständigkeit erheben kann.

II. Begriffliche Abgrenzungen

1. Betriebe gewerblicher Art

„Unbeschränkt körperschaftsteuerpflichtig sind die folgenden Körperschaften, Personenvereinigungen und Vermögensmassen, die ihre Geschäftsleitung oder ihren Sitz im Inland haben:

Betriebe gewerblicher Art von juristischen Personen des öffentlichen Rechts" (§ 1 Abs. 1 Nr. 6 KStG).

„Betriebe gewerblicher Art von juristischen Personen des öffentlichen Rechts i.S.d. § 1 Abs. 1 Nr. 6 sind … alle Einrichtungen, die einer nachhaltigen wirtschaftlichen Tätigkeit zur Erzielung von Einnahmen außerhalb der Land- und Forstwirtschaft dienen und die sich innerhalb der Gesamtbetätigung der juristischen Person wirtschaftlich herausheben. Die Absicht, Gewinn zu erzielen, und die Beteiligung am allgemeinen wirtschaftlichen Verkehr sind nicht erforderlich." (§ 4 Abs. 1 KStG).

„Unternehmen von juristischen Personen des öffentlichen Rechts sind gewerbesteuerpflichtig, wenn sie als stehende Gewerbebetriebe anzusehen sind." (§ 2 Abs. 1 Satz 1 GewStDV).

„Die juristischen Personen des öffentlichen Rechts sind nur im Rahmen ihrer Betriebe gewerblicher Art (§ 1 Abs. 1 Nr. 6, § 4 KStG) und ihrer land- oder forstwirtschaftlichen Betriebe gewerblich oder beruflich tätig." (§ 2 Abs. 3 Satz 1 UStG).

Da die Bestimmung des Begriffs des Betriebes gewerblicher Art (BgA) von mehreren Kriterien abhängig ist, haben sich sowohl die Fachliteratur[1] als auch die Rechtsprechung[2] eingehend mit den einzelnen Kriterien und Abgrenzungsmerkmalen beschäftigt, die in dieser Abhandlung nicht ebenso eingehend erörtert werden sollen. Häufig werden anhand der einzelnen Kriterien des Betriebes gewerblicher Art Prüfungs- bzw. Ablaufschemata entwickelt, die bei Beurteilung eines Sachverhalts zu der Erkenntnis führen sollen, ob ein Betrieb gewerblicher Art vorliegt oder nicht.

Die Rechtsprechung[3] greift als Ausgangsbasis auf eine Definition des BgA durch den RFH[4] zurück. Der RFH definierte den Betrieb gewerblicher Art als einen Inbegriff fortdauernder wirtschaftlicher Verrichtungen, die unter einem einheitlichen Willen auf ein bestimmtes sachliches Ziel gerichtet sind, dadurch in sich wirtschaftlich zusammenhängen und eine funktionelle Einheit bilden, sich aber innerhalb der Gesamtbetätigung der Körperschaften des öffentlichen Rechts als etwas Besonderes herausheben.

Aus dieser Definition schließt der BFH[5], dass der im Wesentlichen damals und noch heute geltenden Vorschrift des § 1 Abs. 1 Nr. 6 KStG der Gedanke zugrunde liegt, alle Betriebe der öffentlichen Hand der Körperschaftsteuer zu unterwerfen, die das äußere Bild eines Gewerbebetriebes bieten. Dabei beruft er sich auf die Begründung des Gesetzgebers zum Körperschaftsteuergesetz 1934[6].

---

[1] *Siegers* (2001), Tz. 207; *Heizmann / Heizmann / Schroeder* (2003), S. 7; *Bott* (1999), Rz. 35.

[2] BFH v. 08.01.1998 – V R 32/97.

[3] BFH v. 22.09.1976 – I R 102/74.

[4] RFH v. 22.10.1929 – I Aa 644/29.

[5] BFH v. 22.09.1976 – I R 102/74.

[6] RStBl. 1935, S. 81 (82).

Allerdings ergibt sich aus der gesetzlichen Definition des Betriebes gewerblicher Art, dass die Tätigkeit nicht in vollem Umfange mit den Kriterien des Gewerbebetriebes nach § 15 Abs. 2 EStG übereinstimmen muss. Die Einschränkung besteht in der gesetzlichen Regelung, dass beim Betrieb gewerblicher Art die Gewinnerzielungsabsicht und die Beteiligung am allgemeinen wirtschaftlichen Verkehr nicht erforderlich sind. Entscheidend ist vielmehr das äußere Erscheinungsbild eines Gewerbebetriebes.[7] Hierbei ist auch der Grundsatz der Wettbewerbsneutralität der juristischen Person des öffentlichen Rechts gegenüber privaten Unternehmen bei wirtschaftlichen Tätigkeiten zu beachten.[8]

2. Hoheitliche Tätigkeit

Soweit die juristischen Personen des öffentlichen Rechts in Ausübung öffentlicher Gewalt handeln, also hoheitlich tätig werden, sind die hieraus erzielten Einnahmen nicht steuerbar[9]. Hierbei handelt es sich um Tätigkeiten, die den juristischen Personen des öffentlichen Rechts eigentümlich und vorbehalten sind[10]. Obwohl die letztgenannten unbestimmten Rechtsbegriffe nicht eindeutig geklärt sind[11], soll es sich um Tätigkeiten handeln, die sich aus der Staatsgewalt ableiten und staatlichen Zwecken dienen[12]. Allerdings liegt die Ausübung der öffentlichen Gewalt nicht schon deswegen vor, weil der juristischen Person des öffentlichen Rechts eine Tätigkeit als Pflichtaufgabe gesetzlich zugewiesen ist. Dass die Zuweisung der Tätigkeit an die juristische Person des öffentlichen Rechts im Interesse des Gemeinwohls erfolgt, ist für die Charakterisierung der Tätigkeit als hoheitliche oder als unternehmerische Tätigkeit unerheblich[13]. Aus diesem Grunde reichen für die Annahme eines Hoheitsbetriebes Zwangs- oder Monopolrechte nicht aus[14].

Eine hoheitliche Tätigkeit liegt ebenfalls nicht vor, wenn sich die juristische Person des öffentlichen Rechts durch ihre Einrichtungen in den allgemeinen wirtschaftlichen Verkehr einschaltet und eine Tätigkeit ausübt, die sich ihrem

---

[7] BFH v. 22.09.1976 – I R 102/74.
[8] BFH v. 30.06.1988 – V R 79/84.
[9] § 4 Abs. 5 Satz 1 KStG; Abschn. 5 Abs. 13 Satz 1 KStR.
[10] BFH v. 23.10.1996 – I R 1-2/94.
[11] Vgl. *Lange* (2000).
[12] BFH v. 21.11.1967 – I R 274/64.
[13] BFH v. 21.09.1989 – V R 89/85.
[14] Vgl. § 4 Abs. 5 Satz 2 KStG.

Inhalt nach von der Tätigkeit eines privaten gewerblichen Unternehmens nicht wesentlich unterscheidet[15].

Forschung und Lehre der staatlichen Hochschulen sind grundsätzlich als Ausübung der öffentlichen Gewalt anzusehen.[16]

3. Vermögensverwaltung

Der Bereich der Vermögensverwaltung der juristischen Person des öffentlichen Rechts ist dadurch gekennzeichnet, dass sie ihr Vermögen im Sinne einer reinen Fruchtziehung nutzt, z.B. durch die verzinsliche Anlage von Kapitalvermögen bzw. Vermietung und Verpachtung von unbeweglichem Vermögen. Diese Definition geht auf die Regelung des § 14 Satz 3 AO zurück. Die Definition der Vermögensverwaltung dient in erster Linie der Abgrenzung zum wirtschaftlichen Geschäftsbetrieb einer steuerbefreiten gemeinnützigen Körperschaft, der eine partielle Steuerpflicht auslöst. Der BFH[17] wendet die Abgrenzung des Begriffs der Vermögensverwaltung aufgrund der typologischen Ähnlichkeit des Betriebes gewerblicher Art mit dem wirtschaftlichen Geschäftsbetrieb auf die Vermögensverwaltung juristischer Personen des öffentlichen Rechts an.

Die Einnahmen aus der Vermögensverwaltung sind grundsätzlich nicht steuerbar. Es besteht jedoch eine beschränkte Körperschaftsteuerpflicht nach § 2 Abs. 2 KStG, soweit inländische Einkünfte erzielt werden, die dem Steuerabzug unterliegen. Durch den Steuerabzug wird die zu entrichtende Steuer abgegolten.[18]

III. Steuerliche Probleme beim Betrieb gewerblicher Art

1. Ertragsteuerliche Probleme

a) Sponsoring

Unter Sponsoring wird üblicherweise die Gewährung von Geld oder geldwerten Vorteilen durch Unternehmen zur Förderung von Personen, Gruppen und/oder Organisationen in sportlichen, kulturellen, kirchlichen, wissenschaftlichen, sozialen, ökologischen oder ähnlichen bedeutsamen gesellschaftspolitischen Bereichen verstanden, mit der regelmäßig auch eigene unternehmensbe-

---

15 BFH v.18.02.1970 – I R 157/67.

16 BFH v. 13.04.1961 – V 120/59 U.

17 BFH v. 13.03.1974 – I R 7/71.

18 Vgl. § 32 Abs. 1 Nr. 2 KStG.

zogene Ziele der Werbung oder Öffentlichkeitsarbeit verfolgt werden. Leistungen eines Sponsors beruhen häufig auf einer vertraglichen Vereinbarung zwischen dem Sponsor und dem Empfänger der Leistungen (Sponsoring-Vertrag), in dem Art und Umfang der Leistungen des Sponsors und des Empfängers geregelt sind.[19] Den vorstehenden Begriff des Sponsoring und dessen ertragsteuerliche Behandlung hat die Finanzverwaltung im Zusammenhang mit steuerbegünstigten Körperschaften i.S.d. §§ 51 ff. AO verwendet. Deshalb wird in dem BMF-Schreiben vom 18.02.1998[20] eine Abgrenzung dahingehend vorgenommen, wann die Leistungen des steuerbegünstigten Empfängers zu steuerfreien Einnahmen in seinem ideellen Bereich oder seiner Vermögensverwaltung führen oder den steuerpflichtigen Einnahmen eines wirtschaftlichen Geschäftsbetriebes zuzurechnen sind. Einen Hinweis auf die Behandlung der Einnahmen aus einem Sponsoring-Vertrag bei einer juristischen Person des öffentlichen Rechts gibt das BMF-Schreiben nicht.

Bei einer staatlichen Hochschule als juristische Person des öffentlichen Rechts sind aus ertragsteuerlicher Sicht drei Bereiche zu beachten, nämlich

- der hoheitliche Bereich,
- die Vermögensverwaltung,
- der Betrieb gewerblicher Art.

Wenn der BFH[21] von einer typologischen Ähnlichkeit des Betriebes gewerblicher Art mit dem wirtschaftlichen Geschäftsbetrieb ausgeht, können Sponsoring-Leistungen zu steuerpflichtigen Einnahmen eines Betriebes gewerblicher Art führen, wenn sie im Falle der Gemeinnützigkeit einer Körperschaft zu steuerpflichtigen Einnahmen eines wirtschaftlichen Geschäftsbetriebes führen würden.

Auch hinsichtlich der Vermögensverwaltung kann in diesem Sinne eine vergleichende Betrachtung vorgenommen werden.

Führen Einnahmen aus einem Sponsoring-Vertrag bei einer gemeinnützigen Körperschaft zu nicht steuerbaren Einnahmen im ideellen Bereich, fehlt bei vergleichbaren Einnahmen der juristischen Person des öffentlichen Rechts dieser Bereich. Diese Einnahmen können auch nicht hilfsweise dem hoheitlichen Bereich der juristischen Person des öffentlichen Rechts zugerechnet werden.

Zur Lösung dieses Problems wird in der Fachliteratur[22] die Frage erörtert, ob das Gemeinnützigkeitsrecht auf die öffentliche Hand angewendet werden kann.

---

[19] BMF-Schr. v. 18.02.1998, Tz. 1.

[20] BMF-Schr. v. 18.02.1998, Tz. 9.

[21] BFH v. 13.03.1974 – I R 7/71.

[22] *Hey* (2000).

Dabei ist zu unterscheiden zwischen der möglichen Anwendung auf die juristische Person des öffentlichen Rechts oder die mögliche Anwendung auf den Betrieb gewerblicher Art. Bezogen auf die juristische Person des öffentlichen Rechts wird anerkannt, dass die Ausübung öffentlicher Gewalt im Hoheitsbetrieb neben den klassisch hoheitlichen Tätigkeiten auch die öffentliche Daseinsvorsorge umfasst und mit Letzterem auch Bereiche abdeckt, die Bereiche des Gemeinnützigkeitsrechts betreffen. Das könnte die Überlegung hervorrufen, dass der steuerbefreite Idealbereich einer gemeinnützigen Körperschaft des Privatrechts mit dem steuerfreien Bereich hoheitlichen Handelns der juristischen Person des öffentlichen Rechts gleichzusetzen ist. Jedoch werden in der Fachliteratur[23] erhebliche Unterschiede darin gesehen, dass die Steuerfreiheit des gemeinnützigen Handelns der öffentlichen Hand nicht an die strengen formellen und materiellen Voraussetzungen des Gemeinnützigkeitsrechts anknüpft. Wohl werden auch Parallelen zwischen hoheitlichem Handeln und gemeinnützigem Handeln gesehen[24], jedoch führt das bei einer generellen Betrachtung nicht dazu, dass die Möglichkeit besteht – wie vorstehend angedeutet – dass Einnahmen einer gemeinnützigen Körperschaft des Privatrechts, die ihrem ideellen Bereich zuzuordnen sind, gleichfalls analog hilfsweise dem hoheitlichen Bereich der juristischen Person des öffentlichen Rechts zuzuordnen wären, um ihre Steuerfreiheit zu gewährleisten.

Unterhält eine juristische Person des öffentlichen Rechts Betriebe gewerblicher Art, so ist sie Steuersubjekt hinsichtlich jedes einzelnen Betriebes gewerblicher Art. Folglich kann jeder einzelne Betrieb gewerblicher Art den Gemeinnützigkeitsstatus für sich erwerben und damit die steuerlichen Vergünstigungen der §§ 51 ff. AO für sich in Anspruch nehmen[25]. Das könnte zu der Annahme führen, dass der Betrieb gewerblicher Art eine eigene Rechtspersönlichkeit haben muss, um die Kriterien der Gemeinnützigkeit erfüllen zu können. Das wird jedoch in der Fachliteratur[26] nicht gefordert. Es wird zwar darauf hingewiesen, dass im so genannten Sponsoring-Erlass der Finanzverwaltung[27] die Körperschaften öffentlichen Rechts nicht erwähnt werden, jedoch davon auszugehen sei, dass der Sponsoring-Erlass auch auf Hochschulen Anwendung findet, weil diese die Forschung und Lehre zur Aufgabe haben und damit auch den möglichen gemeinnützigen Zweck „Förderung von Wissenschaft und Forschung" verfolgen.[28] Zusätzlich wird auf die Rechtsprechung des BFH[29] hingewiesen, nach

[23] *Hey* (2000).

[24] FG Hamburg v. 05.03.1986 – II 144/83 (rkr.).

[25] BFH v. 11.02.1997 – I R 161/94.

[26] *Strahl* (1998), S. 771.

[27] BMF-Schr. v. 18.02.1998, Tz. 1.

[28] Vgl. § 52 Abs. 2 Nr. 1 AO.

[29] BFH v. 30.11.1989 – I R 19/87.

der der Begriff des Betriebes gewerblicher Art bei Körperschaften des öffentlichen Rechts mit dem Begriff wirtschaftlicher Geschäftsbetrieb bei gemeinnützigen Körperschaften gegeben sein kann. In der Fachliteratur[30] wird die letztgenannte Aussage differenzierter betrachtet, indem Unterschiede zwischen dem wirtschaftlichen Geschäftsbetrieb i.S.d. § 14 AO und dem Betrieb gewerblicher Art herausgearbeitet werden (z.B. Fehlen des Merkmals der Beteiligung am allgemeinen wirtschaftlichen Verkehr beim Betrieb gewerblicher Art).

Bezogen auf die Forschungstätigkeit der staatlichen Hochschulen vertritt die Finanzverwaltung[31] die Auffassung, dass bei der steuerlichen Beurteilung der staatlichen Hochschulen grundsätzlich zu ermitteln sei, ob und inwieweit diese im Rahmen ihrer Forschungstätigkeit einen Betrieb gewerblicher Art unterhalten. Wenn das der Fall ist, sei von Amts wegen zu prüfen, ob der Betrieb gewerblicher Art die Voraussetzungen der Gemeinnützigkeit (formelle Satzungsmäßigkeit und entsprechende tatsächliche Geschäftsführung) erfüllt. Darüber hinaus sei in diesen Fällen zu prüfen, inwieweit die einzelnen Tätigkeiten die Voraussetzungen für die Anerkennung als Zweckbetrieb i.S.d. § 68 Nr. 9 AO erfüllen. Auch hier wird in einem Teilbereich der Tätigkeit der juristischen Personen des öffentlichen Rechts eine Verbindung zu den Gemeinnützigkeitsregelungen der Körperschaften privaten Rechts gezogen und die wirtschaftliche Tätigkeit der juristischen Personen des öffentlichen Rechts möglicherweise als so genannter Zweckbetrieb steuerfrei gestellt.

Trotz der vorstehend dargelegten, teils widersprüchlichen Auslegung der gesetzlichen Vorschriften zur Anwendung der gemeinnützigkeitsrechtlichen Regelungen auf die Tätigkeiten der juristischen Personen des öffentlichen Rechts, die nicht steuerbare Einnahmen aus Sponsoring-Verträgen in einem dem „ideellen Bereich“ gemeinnütziger Körperschaften ähnlichen Bereich zulassen, vertritt die Finanzverwaltung in der Praxis häufig den Standpunkt, Sponsoring-Einnahmen der juristischen Personen öffentlichen Rechts (auch der staatlichen Hochschulen) seien generell steuerpflichtige Einnahmen eines Betriebes gewerblicher Art, auch wenn die Leistungen der juristischen Personen des öffentlichen Rechts nach dem Sponsoring-Erlass bei gemeinnützigen Körperschaften zu nicht steuerbaren Einnahmen führen würden.

b) Auftragsforschung

Von der Körperschaftsteuer ist befreit die Auftragsforschung öffentlich-rechtlicher Wissenschafts- und Forschungseinrichtungen; ist die Tätigkeit auf die Anwendung gesicherter wissenschaftlicher Erkenntnisse, die Übernahme

---

[30] *Bott* (1999), Rz. 52 ff.

[31] OFD Frankfurt am Main, Vfg. v. 26.06.1998.

von Projektträgerschaften sowie wirtschaftliche Tätigkeiten ohne Forschungsbezug gerichtet, ist die Steuerbefreiung insoweit ausgeschlossen.[32]

Die Befreiungsvorschrift ist auf eine ertragsteuerliche Begünstigung der staatlichen Hochschulen im Bereich der Auftragsforschung gerichtet.[33] Die Regelung findet rückwirkend Anwendung für den Veranlagungszeitraum 2003 und frühere Veranlagungszeiträume.[34] Die Befreiung gilt auch für die Gewerbesteuer und ist auch in Erhebungszeiträumen vor 2003 anzuwenden.[35]

Privatrechtlich organisierte Forschungseinrichtungen gelangen nicht in den Anwendungsbereich des § 5 Abs. 1 Nr. 23 KStG. Bei ihnen kann eine Freistellung von der Körperschaftsteuer lediglich über den Weg der gemeinnützigen Körperschaft i.S.d. § 5 Abs. 1 Nr. 9 KStG i.V.m. §§ 51 ff. AO erreicht werden. Die Auftragsforschung stellt bei der privatrechtlich organisierten Einrichtung, die gemeinnützig ist, einen steuerbegünstigten Zweckbetrieb i.S.d. § 68 Nr. 9 AO dar.

Erfüllt die öffentlich-rechtliche Wissenschafts- und Forschungseinrichtung mit der Förderung von Wissenschaft und Forschung die Voraussetzungen für eine Anerkennung als gemeinnützige Einrichtung, ist der Bereich der Auftragsforschung unter den Voraussetzungen der Regelung des § 68 Nr. 9 AO als steuerbefreiter Zweckbetrieb zu behandeln. Diese Regelung gilt auch für Einrichtungen der öffentlichen Hand.[36]

Allerdings ist darauf hinzuweisen, dass die eigenständige Befreiungsnorm des § 5 Abs. 1 Nr. 23 KStG die Inanspruchnahme der körperschaftsteuerlichen Befreiung durch eine öffentlich-rechtliche Wissenschafts- und Forschungseinrichtung für den Bereich der Auftragsforschung auch dann erfüllt, wenn die engen gemeinnützigkeitsrechtlichen Anforderungen i.S.d. § 5 Abs. 1 Nr. 9 KStG i.V.m. §§ 51 ff. AO sowie die Vorgaben des § 68 Nr. 9 AO nicht erfüllt sind. Dadurch entfällt eine formelle Satzungsmäßigkeit für den Bereich der Auftragsforschung, die sich unter Umständen bei der Prüfung der Abgrenzung nach § 4 Abs. 1 KStG und der einzelnen Aktivitäten der Hochschullehrer in der Praxis als sehr schwierig darstellen können.[37]

Die Befreiung nach § 5 Abs. 1 Nr. 23 KStG ist in ihrem sachlichen Anwendungsbereich auf das Gebiet der Auftragsforschung der öffentlich-rechtlichen

---

[32] § 5 Abs. 1 Nr. 23 KStG; eingefügt durch das Zweite Gesetz zur Änderung steuerlicher Vorschriften (Steueränderungsgesetz 2003 – StÄndG 2003) v. 15.12.2003, BGBl. I 2003, S. 2645.

[33] Vgl. BT-Drucks. 15/1945, S. 12.

[34] § 34 Abs. 3a KStG.

[35] § 3 Nr. 30 GewStG; § 36 Abs. 4a GewStG.

[36] OFD Frankfurt am Main, Vfg. v. 26.06.1998.

[37] *Korn / Strahl* (2004), S. 14069.

Wissenschafts- und Forschungseinrichtungen beschränkt. Während die Grundlagen- und Eigenforschung der öffentlich-rechtlichen Wissenschafts- und Forschungseinrichtungen dem körperschaftsteuerlich nicht erfassten hoheitlichen Bereich zuzuordnen ist[38], ist die Auftragsforschung eine wettbewerbsrelevante wirtschaftliche Tätigkeit i.S.d. § 4 Abs. 1 KStG, die eine unbeschränkte Körperschaftsteuerpflicht i.S.d. § 1 Abs. 1 Nr. 6 i.V.m. § 4 KStG begründen und in den Anwendungsbereich der Befreiung nach § 5 Abs. 1 Nr. 23 KStG gelangen kann. Im Rahmen der Auftragsforschung erbringt die öffentlich-rechtliche Einrichtung ihrem Auftraggeber gegenüber eine Leistung, mit der die öffentliche Hand in das Marktgeschehen eingreift. Dadurch tritt die öffentliche Hand im Bereich der Auftragsforschung, die auch privatrechtlich organisierte Einrichtungen übernehmen können, in Wettbewerb. Folglich ist die Tätigkeit nicht mehr der öffentlichen Hand eigentümlich vorbehalten.[39]

Parallel zur Zweckbetriebsfiktion für die Auftragsforschung von gemeinnützigen Wissenschafts- und Forschungseinrichtungen nimmt der Gesetzgeber auch im Rahmen der Befreiung nach § 5 Abs. 1 Nr. 23 KStG eine steuerliche Bevorzugung von Einrichtungen und damit eine Beeinträchtigung des Grundsatzes der Wettbewerbsneutralität des Steuerrechts in Kauf. Die im steuerbegünstigten Bereich (Grundlagenforschung) gefundenen Ergebnisse können im Rahmen der Auftragsforschung in der Praxis überprüft und der Wirtschaft zugänglich gemacht werden.[40] Mit der Befreiung der Auftragsforschung der staatlichen Hochschulen von der Körperschaftsteuer will der Gesetzgeber eine Gleichbehandlung mit der Forschungstätigkeit gemeinnütziger Einrichtungen sicherstellen.[41]

Von der Befreiung der Auftragsforschung hat der Gesetzgeber drei Bereiche, nämlich

- die Anwendung gesicherter wissenschaftlicher Erkenntnisse,
- die Übernahme von Projektträgerschaften,
- die wirtschaftlichen Tätigkeiten ohne Forschungsbezug

ausgenommen.

Während sich in der Praxis die Bereiche Übernahme von Projektträgerschaften durch eine öffentlich-rechtliche Wissenschafts- und Forschungseinrichtung und die wirtschaftlichen Tätigkeiten ohne Forschungsbezug grundsätzlich klar von der Auftragsforschungstätigkeit abgrenzen lassen, ist die Abgrenzung zur Anwendung gesicherter Erkenntnisse nicht ohne weiteres klar vorzunehmen.

---

38 BFH v. 14.03.1990 – I R 156/87.
39 BFH v. 14.03.1990 – I R 156/87.
40 Vgl. BT-Drucks. 13/4839, S. 88 (89).
41 Vgl. BT-Drucks. 15/1945, S. 12.

Bei Projektträgerschaften handelt es sich um die fachliche und verwaltungsmäßige Betreuung und Abwicklung der Förderung der öffentlichen Hand für Forschungs- und Entwicklungsvorhaben („wissenschaftlich-technische oder administrative Managementaufgaben“).[42]

Bei Tätigkeiten ohne Forschungsbezug handelt es sich in der Regel um den Betrieb von Kantinen, Materialprüfungen, Verwaltungstätigkeiten für andere Forschungseinrichtungen und Blutalkoholuntersuchungen im Auftrag von Strafverfolgungsbehörden.[43]

Zum Bereich „Anwendung gesicherter Erkenntnisse“ vertritt die Finanzverwaltung[44] folgende Auffassung:

Die Anfertigung von Prototypen und die Nullserie gehören noch zur Forschungstätigkeit. Bei Routinemessungen, dem Routineeinsatz eines Ergebnisses und der Fertigung marktfähiger Produkte ist grundsätzlich anzunehmen, dass sich die Tätigkeit auf die Anwendung gesicherter wissenschaftlicher Erkenntnisse beschränkt. Dies ist allerdings eine Vermutung, die im Einzelfall von der Forschungseinrichtung widerlegt werden kann. Bei der Anfertigung von Gutachten kommt es bei der Zuordnung auf Thema und Inhalt an. Gutachten, in denen lediglich gesicherte wissenschaftliche Erkenntnisse verwertet werden, gehören nicht zur Forschungstätigkeit.

Im Bereich der Hochschulen werden vielfach einzelne Aufträge an den Hochschullehrer oder den Fachbereich vergeben, die sowohl durch die Verwertung gesicherter wissenschaftlicher Erkenntnisse als auch durch Forschungstätigkeit gekennzeichnet sind. Die Unterscheidung, ob der einzelne Auftrag als Auftragsforschung (Steuerfreiheit) oder als Anwendung gesicherter Erkenntnisse (steuerpflichtiger Betrieb gewerblicher Art) zu betrachten ist, soll der Finanzbeamte beurteilen. Die Personen, die von der Sache her eher ein Urteil darüber treffen können (z.B. Hochschullehrer und/oder wissenschaftliche Mitarbeiter), können lediglich für ihre Beurteilung Argumente oder Begründungen abgeben, ohne in dieser Angelegenheit Entscheidungsträger zu sein. In der Praxis der Finanzverwaltung werden zunehmend zwecks Beurteilung eines Auftrages Stellungnahmen zur Begründung einer vorliegenden Auftragsforschung von den Auftragsausführenden in der Hochschule gefordert. Die notwendig zunehmende Steigerung der Aufträge zur Auftragsforschung der staatlichen Hochschulen wird künftig ein ebenfalls zunehmendes Streitpotential vor den Steuergerichten in den Abgrenzungsfragen bewirken.

---

[42] *Buchna* (2003), S. 300.

[43] *Doemen* (1997), S. 294.

[44] BMF-Schr. v. 22.09.1999.

c) Fiktive Gewinnausschüttung

Durch das Steuersenkungsgesetz und das Unternehmenssteuerfortentwicklungsgesetz[45] ist in § 20 Abs. 1 Nr. 10 Buchst. b für juristische Personen des öffentlichen Rechts ein neuer Einkommenstatbestand eingeführt worden. Danach gelten als Kapitaleinkünfte der juristischen Person des öffentlichen Rechts der durch Betriebsvermögensvergleich ermittelte Gewinn eines nicht von der Körperschaftsteuer befreiten Betriebs gewerblicher Art ohne eigene Rechtspersönlichkeit, soweit der Gewinn nicht den Rücklagen zugeführt wurde, und verdeckte Gewinnausschüttungen des Betriebes gewerblicher Art.

Diese Einkommenstatbestände führen nach § 2 Abs. 2 KStG zu einer beschränkten Steuerpflicht mit einer Kapitalertragsteuerbelastung von 10 % des Gewinnes und der verdeckten Gewinnausschüttung.[46]

Die Körperschaftsteuer für diese – dem Kapitalertragsteuerabzug unterliegenden – Einkünfte ist in der Regel nach § 32 Abs. 1 Nr. 2 KStG durch den Steuerabzug abgegolten. Die Kapitalertragsteuer von 10 % ist somit nicht anrechenbar. Ausnahmen bestehen nur, wenn die Gläubiger eine inländische Stiftung des öffentlichen Rechts, die ausschließlich und unmittelbar gemeinnützigen oder mildtätigen Zwecken dient, oder eine juristische Person des öffentlichen Rechts, die ausschließlich und unmittelbar kirchlichen Zwecken dient, sind, dann entfällt der Kapitalertragsteuerabzug.

Bezogen auf die staatlichen Hochschulen handelt es sich demnach um Betriebe gewerblicher Art, die mit ihren eventuell erzielten Gewinnen der Körperschaftsteuer unterliegen.

Voraussetzung für die Kapitalertragsteuerpflicht ist, dass der Betrieb gewerblicher Art seinen Gewinn durch den Betriebsvermögensvergleich ermittelt, sei es aufgrund einer gesetzlichen Verpflichtung oder freiwillig. Zu dieser Gruppe rechnen auch Betriebe gewerblicher Art, die unabhängig von der Gewinnermittlungsart Umsätze, einschließlich der steuerfreien Umsätze (ausgenommen Umsätze nach § 4 Nrn. 8 bis 10 UStG), von mehr als 350.000,00 € im Kalenderjahr oder einen Gewinn von mehr als 30.000,00 € im Wirtschaftsjahr beziehen. Unterhalb der genannten Buchführungsgrenzen führt die Verwaltungsbuchführung (Kameralistik) mangels Vergleichbarkeit mit dem Betriebsvermögensvergleich jedoch nicht zur Anwendung des § 20 Abs. 1 Nr. 10 Buchst. b EStG.[47]

---

[45] Vom 23.10.2000, BStBl. I 2000, S. 1428, und vom 20.12.2001, BStBl. I 2002, S. 35.

[46] § 43 Abs. 1 Satz 1 Nr. 7c EStG i.V.m. § 43a Abs. 1 Nr. 6 EStG.

[47] BMF-Schr. v. 11.09.2002, Tz. 16.

Der Gewinn unterliegt nicht der Kapitalertragbesteuerung, soweit er den Rücklagen des Betriebes gewerblicher Art zugeführt wird. Nach Auffassung der Finanzverwaltung[48] gilt als Zuführung zu den Rücklagen jedes Stehenlassen von Gewinnen als Eigenkapital für Zwecke des Betriebes gewerblicher Art, unabhängig davon, ob dies in der Form der Zuführung zu den Gewinnrücklagen, als Gewinnvortrag oder unter einer anderen Position des Eigenkapitals erfolgt. Die Finanzverwaltung verschärft jedoch die gesetzliche Vorschrift, indem sie die Rücklagenbildung von der Zulässigkeit nach dem Haushaltsrecht abhängig macht, was aus dem Gesetzestext nicht zu entnehmen ist. Nach ihrer Auffassung wird eine Rücklagenbildung nicht anerkannt, soweit der Gewinn des Betriebes gewerblicher Art haushaltsrechtlich der Trägerkörperschaft zuzurechnen ist. Werden demnach Gewinne buchtechnisch in der Bilanz des Betriebes gewerblicher Art stehen gelassen, obwohl dies haushaltsrechtlich nicht zulässig ist, wird Kapitalertragsteuer erhoben. Auch in zulässiger Weise zurückgelegte Gewinne unterliegen der Kapitalertragsteuer, wenn sie zu Zwecken außerhalb des Betriebes gewerblicher Art verwendet werden (z.B. aufgelöste Rücklagen werden im hoheitlichen Bereich der juristischen Person des öffentlichen Rechts eingesetzt oder einem anderen Betrieb gewerblicher Art der gleichen juristischen Person des öffentlichen Rechts oder einer Eigengesellschaft zugeführt).[49]

In der Praxis muss bei der Hochschule für jeden einzelnen Betrieb gewerblicher Art, da die Zusammenfassung der Betriebe gewerblicher Art grundsätzlich steuerrechtlich nicht zulässig ist[50], beachtet werden, dass eine Gewinnermittlung durch Betriebsvermögensvergleich erfolgt. Der Betriebsvermögensvergleich kann unabhängig von einer gesetzlichen Verpflichtung oder dem Überschreiten der vorstehend genannten Umsatz- bzw. Gewinngrenze freiwillig durchgeführt werden. Ist nach Auffassung der Finanzverwaltung die weitere Voraussetzung der haushaltsrechtlich zulässigen Rücklagenbildung gegeben, kann durch Einstellung der Gewinne in die Rücklagen und deren spätere Verwendung in demselben Betrieb gewerblicher Art die definitive Kapitalertragsteuerbelastung vermieden werden.

Das erfordert bei der Vielzahl oft auch kleinerer Betriebe gewerblicher Art (in der Form einzelner Aufträge) an den staatlichen Hochschulen einen erheblichen Verwaltungsaufwand, zumal das Zahlenwerk aus der Verwaltungsbuchführung (Kameralistik) hergeleitet werden muss und der Gewinn nach ertragsteuerlichen Grundsätzen ermittelt werden muss.

---

[48] BMF-Schr. v. 11.09.2002, Tz. 23.

[49] § 20 Abs. 1 Nr. 10 Buchst. b Satz 2 EStG.

[50] Abschn. 5 Abs. 8 KStR.

2. Umsatzsteuerliche Probleme

a) Sponsoring

Aus der Definition des Begriffs „Sponsoring" durch den Bundesminister für Finanzen[51] ergibt sich nach der Finanzverwaltung[52], dass umsatzsteuerlich häufig ein steuerbarer Leistungsaustausch vorliegt. Der Sponsor erhält für seine Leistung als Gegenleistung in der Regel eine Werbeleistung des Begünstigten. Maßgebliche umsatzsteuerliche Beurteilungen sind die vertraglichen (schriftlichen oder mündlichen) Vereinbarungen zwischen dem Sponsor und dem Begünstigten.

Nach dem Sponsoring-Erlass[53], der die steuerliche Behandlung des Sponsoring im Zusammenhang mit gemeinnützigen Körperschaften festlegt, können beim Empfänger die im Zusammenhang mit dem Sponsoring erhaltenen Leistungen steuerfreie Einnahmen im ideellen Bereich, steuerfreie Einnahmen aus der Vermögensverwaltung oder steuerpflichtige Einnahmen eines wirtschaftlichen Geschäftsbetriebes sein. Die umsatzsteuerliche Behandlung der Sponsoringeinnahmen beim Empfänger betrifft die Einnahmen in allen drei Bereichen, wobei die Einnahmen im Rahmen des wirtschaftlichen Geschäftsbetriebes dem Regelsteuersatz und die Einnahmen in den anderen Bereichen dem ermäßigten Steuersatz nach § 12 Abs. 8 Buchst. a UStG unterliegen, sofern ein Leistungsaustausch gegeben ist.[54]

Bei staatlichen Hochschulen als juristische Personen des öffentlichen Rechts unterliegen die Sponsoringeinnahmen im Rahmen des Betriebes gewerblicher Art dem Regelsteuersatz, weil ein entsprechender Leistungsaustausch vorliegt.

Die juristische Person des öffentlichen Rechts ist nur Unternehmer, wenn sie im Rahmen eines Betriebes gewerblicher Art tätig wird.[55] Das ist beim Sponsoring immer dann der Fall, wenn sie aktiv an der Werbemaßnahme mitwirkt, damit eine nachhaltige wirtschaftliche Tätigkeit zur Erzielung von Einnahmen ausübt und diese Tätigkeit sich innerhalb der Gesamtbetätigung wirtschaftlich heraushebt sowie von einigem Gewicht ist. Daraus folgt, dass eine Steuerpflicht für Sponsoringeinnahmen der staatlichen Hochschule entfällt, wenn ihre Leistung dem hoheitlichen oder vermögensverwaltenden Bereich zuzuordnen ist.

Dem vermögensverwaltenden Bereich ist die Leistung des Sponsors beim Empfänger dann zuzurechnen, wenn es sich um eine Duldungsleistung (z.B.

---

[51] BMF-Schr. v. 18.02.1998, Tz. 1.

[52] OFD Hannover, Vfg. v. 11.02.2003.

[53] BMF-Schr. v. 18.02.1998, Tz. 1.

[54] *Wenzel* (1991), Anm. 22; *Kraeusel* (1998), Rz. 285.

[55] § 2 Abs. 3 Satz 1 UStG.

Aufnahme eines Emblems oder Logos des Sponsors in Mitteilungsheften oder Veranstaltungshinweisen ohne Hervorhebung des Sponsors oder Nennung in Form von Werbeslogans) handelt.[56] Eine Einschränkung der Nichtsteuerbarkeit der Sponsoringeinnahmen könnte sich lediglich dann ergeben, wenn diese Behandlung zu größeren Wettbewerbsverzerrungen führen würde.[57] Die Annahme, dass die Duldungsleistung des Empfängers der Sponsoringeinnahmen zu größeren Wettbewerbsverzerrungen am Markt führen könnte, ist wohl auszuschließen.

Entscheidend für die umsatzsteuerliche Beurteilung der Leistung einer Hochschule oder eines Teilbereiches derselben oder eines einzelnen Professors ist die Zuordnung der Leistung des Sponsoringempfängers zum nichtunternehmerischen Bereich (hoheitlichem und vermögensverwaltendem Bereich) oder zum unternehmerischen Bereich (Betrieb gewerblicher Art). Für die Praxis geben die Verwaltungsanweisungen – wie vorstehend aufgeführt – einige Hinweise, die jedoch aufgrund der Vielfältigkeit der Sponsorenleistungen und der ihnen zugrunde liegenden Verträge für jeden einzelnen Fall auslegungsbedürftig sind.

b) Auftragsforschung

Bis zum 31. Dezember 2003 waren die Umsätze der staatlichen Hochschulen aus der Forschungstätigkeit steuerfrei. Nicht zur Forschungstätigkeit gehörten Tätigkeiten, die sich auf die Anwendung gesicherter Erkenntnisse beschränkten, die Übernahme von Projektträgerschaften sowie Tätigkeiten ohne Forschungsbezug.[58] Mit dem Steueränderungsgesetz 2003[59] wurde die Steuerfreiheit aufgehoben.

> „§ 4 Nr. 21a in der bis 31. Dezember 2003 geltenden Fassung ist auf Antrag auf vor dem 1. Januar 2005 erbrachte Umsätze der staatlichen Hochschulen aus Forschungstätigkeit anzuwenden, wenn die Leistungen auf einem Vertrag beruhen, der vor dem 3. September 2003 abgeschlossen worden ist."[60]

Abgesehen von der Übergangsregelung gilt, dass die Umsätze aus der Forschungstätigkeit bei staatlichen Hochschulen generell ab dem 1. Januar 2005 zu versteuern sind. Sie unterliegen dem Regelsteuersatz.

Da das Gesetz von Umsätzen aus der Forschungstätigkeit spricht, muss ein Leistungsaustausch vorliegen, folglich handelt es sich um die Besteuerung der Auftragsforschung.

---

[56] OFD Hannover, Vfg. v. 11.02.2003.

[57] Abschn. 23 Abs. 2 Satz 4 UStR; BFH v. 11.06.1997 – XI R 33/94.

[58] § 4 Nr. 21a UStG in der bis zum 31.12.2003 geltenden Fassung.

[59] Siehe Fn. 32.

[60] § 27 Abs. 10 UStG.

Aus umsatzsteuerlicher Sicht bereitet bei staatlichen Hochschulen die Abgrenzung der hoheitlichen von der umsatzsteuerbaren wirtschaftlichen Tätigkeit häufig Schwierigkeiten. Die in der Forschung tätigen Hochschulmitglieder sind berechtigt, im Rahmen ihrer dienstlichen Aufgaben auch solche Forschungsvorhaben durchzuführen, die nicht aus den der Hochschule zur Verfügung stehenden Haushaltsmitteln, sondern aus Mitteln Dritter (Drittmittelforschung) finanziert werden. Die Durchführung derartiger Forschungsvorhaben ist Teil der Hochschulforschung.[61]

Da im Bereich der mit Drittmitteln finanzierten Forschung die staatlichen Hochschulen auch wirtschaftliche Tätigkeiten ausüben können, die beim Vorliegen der sonstigen gesetzlichen Voraussetzungen zur Annahme eines Betriebes gewerblicher Art führen, ist im Einzelfall von der hoheitlichen Tätigkeit die wirtschaftliche Tätigkeit im Bereich der Drittmittelfinanzierung abzugrenzen. Für eine wirtschaftliche Tätigkeit und damit für einen Betrieb gewerblicher Art sprechen in diesem Falle nachfolgende Indizien:

- Der Drittmittelgeber gibt einen Auftrag, der gezielt seinen (öffentlichen oder privaten) Interessen entspricht.
- Die Hochschule übernimmt einen nach Art und Umfang genau beschriebenen Forschungs- und Entwicklungsauftrag.
- Die Forschungstätigkeit muss der Art nach auch von einem privaten Unternehmer (z.B. Forschungseinrichtung) ausgeübt werden können.[62]

Stellt die Auftragsforschungstätigkeit einen Betrieb gewerblicher Art dar und hat dieser Betrieb gewerblicher Art einen Gemeinnützigkeitsstatus bzw. ist die Hochschule gemeinnützig tätig, würden die Umsätze im Rahmen eines Zweckbetriebes i.S.d. § 68 Nr. 9 AO ausgeführt, so dass sie dem ermäßigten Steuersatz unterliegen würden.[63] Ausgenommen davon wären Tätigkeiten, die sich auf die Anwendung gesicherter wissenschaftlicher Erkenntnisse beschränken, die Übernahme von Projektträgerschaften sowie wirtschaftliche Tätigkeiten ohne Forschungsbezug.

Im Hinblick auf den ermäßigten Steuersatz stellt sich die Frage, wie kann bei einem Betrieb gewerblicher Art der Gemeinnützigkeitsstatus geschaffen werden, so dass der Betrieb gewerblicher Art unter Umständen die Funktion eines Zweckbetriebes i.S.d. §§ 65, 68 AO erfüllt. Zunächst muss mit dem Betrieb gewerblicher Art ein gemeinnütziger Zweck verfolgt werden. Das könnte im Rahmen der staatlichen Hochschulen z.B. die Durchführung von Weiterbildungsmaßnahmen zum Zweck der Förderung der Bildung oder die Ausgliederung von

---

[61] § 25 Abs. 1 HRG.

[62] *Doemen* (1997), S. 294.

[63] § 12 Abs. 8 Buchst. a UStG.

Forschungsleistungen sein.[64] Das erscheint jedoch nur dann sinnvoll, wenn die auszugliedernden Aufgaben auf einen eigenständigen Rechtsträger (z.B. GmbH) übertragen werden.[65] In der Praxis ergeben sich Betriebe gewerblicher Art häufig durch die Abwicklung einzelner Aufträge, denen schwerlich jeweils ein eigener Gemeinnützigkeitsstatus zugeordnet werden kann. Hier bieten sich dagegen eine „Forschungs-GmbH" oder „Weiterbildungs-GmbH" mit Gemeinnützigkeitsstatus an.

Entsprechendes würde sich anbieten für die Zusammenfassung von Tätigkeiten, die nicht durch das Gemeinnützigkeitsrecht begünstigt wären (z.B. Verwertungs-GmbH), durch die allein die Forschungsverwertung (Technologietransfer) durchgeführt wird.

c) Vermögensverwaltung

Leistungen, die die juristische Person des öffentlichen Rechts im Rahmen der Vermögensverwaltung erbringt, sind nach derzeitiger Rechtslage nicht umsatzsteuerbar, weil die juristische Person des öffentlichen Rechts nicht im Rahmen eines Betriebes gewerblicher Art als Unternehmer tätig wird.

Allerdings wird in der Fachliteratur[66] darauf hingewiesen, dass nach der 6. EG-Richtlinie (EG-RL) und der Rechtsprechung des EuGH[67] nicht jede nach deutschem Umsatzsteuerrecht einzuordnende vermögensverwaltende Tätigkeit als nichtsteuerbare Leistung anzusehen ist. Es muss sich vielmehr um eine auf der Grundlage von Art. 4 Abs. 5, 4. Unterabschn., 6. EG-RL dem hoheitlichen Bereich zugeordnete vermögensverwaltende Tätigkeit handeln. Dabei müssen die Tätigkeiten in Art. 13 und 28 der 6. EG-RL genannt werden. Eine vermögensverwaltende Tätigkeit, die nicht in Art. 13 oder 28 der 6. EG-RL aufgeführt wird, kann dagegen europarechtlich nicht dem Hoheitsbereich zugeordnet werden.[68]

Die deutsche Finanzverwaltung[69] fasst den Bereich der nicht steuerbaren Umsätze bei juristischen Personen des öffentlichen Rechts wesentlich weiter. Hiernach gilt, dass die Gesamtheit aller Betriebe gewerblicher Art i.S.v. § 1 Abs. 1 Nr. 6, § 4 KStG und aller land- und forstwirtschaftlichen Betriebe das Unternehmen der juristischen Person des öffentlichen Rechts darstellt. Nur die

---

[64] § 52 Abs. 2 Nr. 1 AO.

[65] *Strahl* (2004).

[66] *Heizmann / Heizmann / Schroeder* (2004).

[67] EuGH v. 06.02.1997 – C-247/95.

[68] EuGH v. 06.02.1997 – C-247/95.

[69] Abschn. 23 Abs. 2 UStR.

in diesen Betrieben und Tätigkeitsbereichen aufgeführten Umsätze unterliegen der Umsatzsteuer. Andere Leistungen sind nicht steuerbar, auch wenn sie nicht in Ausübung öffentlicher Gewalt bewirkt werden, es sei denn, die Behandlung als nicht steuerbar würde zu größeren Wettbewerbsverzerrungen führen.

Folglich gibt die Fachliteratur[70] zu bedenken, dass im Einzelfall die Anwendung des § 2 Abs. 3 UStG nicht richtlinienkonform ist. Übt die juristische Person des öffentlichen Rechts außerhalb des hoheitlichen Bereichs eine vermögensverwaltende Tätigkeit aus, die nicht in Art. 13 oder 28 der 6. EG-RL aufgeführt ist, so ist es dem deutschen Gesetzgeber nicht erlaubt, die Tätigkeit steuerfrei zu stellen. § 2 Abs. 3 UStG widerspricht in solchen Fällen Art. 4 Abs. 4 und 5 der 6. EG-RL.

IV. Zusammenfassung

Aufgrund der verstärkt erforderlichen wirtschaftlichen Aktivitäten (Drittmittelbeschaffung) der staatlichen Hochschulen außerhalb ihres gesetzlichen Auftrages zur Forschung und Lehre ergeben sich zwangsläufig zunehmend Berührungspunkte mit steuerrechtlichen Fragen und Gestaltungen.[71]

Die vorstehenden Ausführungen zeigen, dass schon für die begrenzte Auswahl steuerrechtlicher Probleme keine eindeutigen Lösungen bestehen, zumal oft sehr unterschiedliche wirtschaftliche Tätigkeiten der Hochschulen steuerlich zu beurteilen sind.

Die sich bei der steuerlichen Beurteilung einzelner wirtschaftlicher Tätigkeiten ergebenden Probleme beruhen auf Abgrenzungsproblemen, die Tätigkeiten einzelnen Bereichen der Hochschule (hoheitlich, vermögensverwaltend oder gewerblich) zuzuordnen. Häufig finden sich auch keine eindeutigen Aussagen dazu in der Rechtsprechung, den Anweisungen der Finanzverwaltung und der Fachliteratur. Auch der steuerliche Gesetzgeber hat zur Vereinfachung der Zuordnung der wirtschaftlichen Tätigkeiten noch keine wesentlichen Kriterien geschaffen.

Außerdem tragen die unterschiedlichen Interessen der Beteiligten nicht zu einfachen steuerlichen Lösungen bei, und zwar

a) das Interesse der öffentlichen Hand, dass die staatlichen Hochschulen verstärkt Selbstfinanzierung durch Drittmittelwerbung betreiben,

---

[70] *Heizmann / Heizmann / Schroeder* (2004).

[71] Vgl. Bericht in der Berliner Morgenpost v. 23.10.2004 über die Absicht der Berliner Humboldt-Universität, eine Innovation-GmbH für die Verwaltung der EU-Programme, das Merchandising und Sponsoring zu gründen.

b) das Interesse der staatlichen Hochschulen, die Drittmittel möglichst ohne steuerliche Belastung für die Hochschulen verwenden zu können, und

c) das Interesse des Fiskus, die Drittmittel im Rahmen der steuergesetzlichen Vorschriften mit Abgaben zu belasten.

Den Interessengegensatz zwischen Punkt a) und b) hat der Gesetzgeber durch die Ertragsteuerbefreiung der Ergebnisse aus der Auftragsforschung entschärft (§ 5 Abs. 1 Nr. 23 KStG, § 3 Nr. 30 GewStG). Eine Verschärfung dagegen bedeutet die (neue) definitive Kapitalertragsteuerbelastung auf nicht den Rücklagen zugeführte Gewinne und den verdeckten Gewinnausschüttungen der Betriebe gewerblicher Art (§ 20 Abs. 1 Nr. 10 Buchst. b i.V.m. § 43 Abs. 1 Nr. 7c EStG). Außerdem führt die generelle Besteuerung der Umsätze aus der Auftragsforschung zu einer weiteren wirtschaftlichen Belastung bei Preisverhandlungen mit Auftraggebern, soweit diese nicht zum Vorsteuerabzug berechtigt sind.

Da jede einzelne wirtschaftliche Tätigkeit der Hochschule auch hinsichtlich der Zuordnung zum nichtsteuerbaren oder steuerbaren Bereich beurteilt werden muss, werden auch künftig infolge nicht eindeutiger Abgrenzungskriterien Streitfälle zwischen Hochschulen und Finanzverwaltung einerseits und vor den Steuergerichten andererseits gegeben sein.

Literatur- und Rechtsprechungsverzeichnis

Bott, Harald (1999): Kommentierung § 4 KStG; in: Körperschaftsteuergesetz: KStG mit Nebenbestimmungen: Kommentar; Hrsg. Ernst & Young [vormals: Arthur Andersen]; Bonn, Berlin 1996 ff.; Erg.Lfg. 1999.

Buchna, Johannes (2003): Gemeinnützigkeit im Steuerrecht; 8. Auflage; Achim 2003.

Doemen, R. (1997): Forschungseinrichtungen im Umsatzsteuerrecht; in: Umsatzsteuer-Rundschau 1997; S. 285 – 294.

Heizmann, Gerold / *Heizmann*, Elke / *Schroeder*, Uwe (2003): Der „Betrieb gewerblicher Art" als Besteuerungsmerkmal der öffentlichen Hand – Qualifikationsprobleme und praktische Anwendungsmöglichkeiten; in: Neue Wirtschafts-Briefe 2003; Beilage zu Heft 12.

– (2004): Vorsteuerabzug aus vermögensverwaltender Tätigkeit juristischer Personen des öffentlichen Rechts; in: Deutsches Steuerrecht; 42. Jg. (2004); S. 705 – 709.

Hey, Johanna (2000): Die Steuerbegünstigung der gemeinnützigen Tätigkeit der öffentlichen Hand; in: Steuer und Wirtschaft; 77. Jg. (2000); S. 467 – 474.

Korn, Klaus / *Strahl*, Martin (2004): Orientierung und Beratungshinweise zum Steueränderungsgesetz 2003 und Haushaltsbegleitgesetz 2004; in: Kölner Steuerdialog; (2004); Nr. 3; S. 14055 – 14083.

Kraeusel, Jörg (1998): Kommentierung § 12 UStG; in: Umsatzsteuergesetz: UStG mit Nebenbestimmungen, Gemeinschaftsrecht: Kommentar; Hrsg. Wolfram Reiß, Jörg Kraeusel und Michael Langer; Bonn, Berlin 1995 ff.; Erg.Lfg. 1998.

Lange, Hans-Friedrich (2000): Körperschaftsteuerpflicht juristischer Personen des öffentlichen Rechts – Zur Abgrenzung von Betrieben gewerblicher Art und Hoheitsbetrieben –; in: Deutsche Steuer-Zeitung; 88. Jg. (2000); S. 200 – 203.

Siegers, Dirk (2001): Kommentierung § 2 KStG; in: Die Körperschaftsteuer: Kommentar zum Körperschaftsteuergesetz, Umwandlungssteuergesetz und zu den einkommensteuerrechtlichen Vorschriften der Anteilseignerbesteuerung; Hrsg. Ewald Dötsch, Horst Eversberg, Werner F. Jost und Georg Witt; Stuttgart 1978 ff.; Erg.Lfg. 2001.

Strahl, Martin (1998): Steuerliche Aspekte der wirtschaftlichen Betätigung von Hochschulen; in: Finanz-Rundschau; 80. Jg. (1998); S. 761 – 774.

– (2004): Die Ausgliederung hoheitlicher und wirtschaftlicher Tätigkeiten durch staatliche Hochschulen; in: Finanz-Rundschau; 86. Jg. (2004); S. 72 – 78.

Wenzel, Werner (1991): Kommentierung § 12 UStG; in: Rau / Dürrwächter: Kommentar zum Umsatzsteuergesetz; 8. Auflage; Köln; Erg.Lfg. 1991.

BMF-Schreiben vom 18.02.1998, BStBl. I 1998, S. 212.

BMF-Schreiben vom 22.09.1999, BStBl. I 1999, S. 944.

BMF-Schreiben vom 11.09.2002, BStBl. I 2002, S. 935.

OFD Frankfurt am Main, Verfügung vom 26.06.1998, DB 1998, S. 1543.

OFD Hannover, Verfügung vom 11.02.2003, UR 2004, S. 41.

EuGH-Urteil vom 06.02.1997 – C-247/95, DStRE 1997, S. 213.

RFH-Urteil vom 22.10.1929 – I Aa 644/29, RStBl. 1929, S. 666.

BFH-Urteil vom 13.04.1961 – V 120/59 U, BStBl. III 1961, S. 298.

BFH-Urteil vom 21.11.1967 – I R 274/64, BStBl. II 1968, S. 218.

BFH-Urteil vom 18.02.1970 – I R 157/67, BStBl. II 1970, S. 519.

BFH-Urteil vom 13.03.1974 – I R 7/71, BStBl. II 1974, S. 391.

BFH-Urteil vom 22.09.1976 – I R 102/74, BStBl. II 1976, S. 793.

BFH-Urteil vom 30.06.1988 – V R 79/84, BStBl. II 1988, S. 910.

BFH-Urteil vom 21.09.1989 – V R 89/85, BStBl. II 1990, S. 95.

BFH-Urteil vom 30.11.1989 – I R 19/87, BStBl. II 1990, S. 246.

BFH-Urteil vom 14.03.1990 – I R 156/87, BStBl. II 1990, S. 866.

BFH-Urteil vom 23.10.1996 – I R 1-2/94, BStBl. II 1997, S. 139.

BFH-Urteil vom 11.02.1997 – I R 161/94, BFH/NV 1997, S. 625.

BFH-Urteil vom 11.06.1997 – XI R 33/94, BStBl. II 1999, S. 418.

BFH-Urteil vom 08.01.1998 – V R 32/97, DStR 1998, S. 850.

FG Hamburg, Urteil vom 05.03.1986 – II 144/83, EFG 1986, S. 516.

Die Bedeutung von Anlegerinteressen für das Ausschüttungsverhalten deutscher Publikumsaktiengesellschaften: das Standortsicherungsgesetz als Testfall

Von Ekkehard Wenger und Christoph Kaserer

I. Einleitung

Wenn der Gesetzgeber an der Körperschaftsteuer herumhantiert, ist stets besondere Aufmerksamkeit geboten. Was bei solchen Gelegenheiten angerichtet werden kann, weiß man spätestens seit der Ersetzung des körperschaftsteuerlichen Anrechnungsverfahrens durch das Halbeinkünfteverfahren, die Theodor Siegel mit breiter Unterstützung aus dem Kreis der Autoren dieser Festschrift vergeblich zu verhindern suchte.[1] Die durch den Systemwechsel ausgelösten Einbrüche des Aufkommens aus der Körperschaftsteuer könnten den Gesetzgeber vielleicht auch deshalb überrascht haben, weil er nach Inkrafttreten des sogenannten Standortsicherungsgesetzes[2] vom 13.09.1993 noch hatte feststellen dürfen, daß damals einige besonders gewichtige Körperschaftsteuerzahler die viel überraschendere Bereitschaft gezeigt hatten, den Fiskus freiwillig zu unterstützen. Dieser bemerkenswerte Befund hat sicher das Seine dazu beigetragen, daß Theodor Siegel wiederholt die Hauptversammlungen des insoweit gewichtigsten Körperschaftsteuerzahlers vor Ort verfolgt und sich dabei nicht weniger gewundert hat als aus Würzburg angereiste Aktionäre.

Ebenso wie die Abschaffung des Anrechnungsverfahrens gaben die Steuersatzsenkungen im zeitlichen Umfeld des Standortsicherungsgesetzes Anlaß zu der Frage, ob durch Anpassung des Ausschüttungsverhaltens an die vom Gesetzgeber vorgesehenen Übergangsregeln der Wert eines körperschaftsteuerpflichtigen Unternehmens für seine Eigentümer gesteigert werden kann. Ausgangspunkt für die Untersuchung dieser Fragestellung ist die seit langem bekannte Erkenntnis, daß das Ausschüttungsverhalten einer börsennotierten Akti-

---

[1] *Siegel* et al. (2000).

[2] Gesetz zur Verbesserung der steuerlichen Bedingungen zur Sicherung des Wirtschaftsstandorts Deutschland im Europäischen Binnenmarkt (Standortsicherungsgesetz – StandOG) vom 13.09.1993, BGBl. I 1993, S. 1569.

engesellschaft für ihre Anteilseigner irrelevant ist, wenn die Finanzmärkte bestimmten Modellannahmen genügen, die erstmals von Modigliani und Miller spezifiziert wurden.[3] Nach diesem „Irrelevanztheorem" kann das Vermögen rational agierender Kapitalanleger nicht davon abhängen, welche Dividendenpolitik eine Unternehmensleitung verfolgt. Da diese Aussage auf überaus restriktiven Modellprämissen beruht, ist es nicht verwunderlich, daß sie aus empirischer Sicht keine universelle Geltung beanspruchen kann. Tatsächlich kommen zahlreiche Untersuchungen zu dem Ergebnis, daß das Ausschüttungsverhalten der Unternehmen für die Anteilseigner keineswegs irrelevant ist; denn die Ankündigung von Dividendenänderungen ist regelmäßig mit signifikanten Kursreaktionen an der Börse verbunden.[4] Die Überlegungen von Modigliani und Miller werden dadurch aber nicht wertlos; vielmehr läßt sich ihre theoretische Fruchtbarkeit erst dann richtig einschätzen, wenn man den Gründen nachgeht, aus denen die Befunde empirischer Studien von den Modellergebnissen abweichen.

Die für die Relevanz der Dividendenpolitik angebotenen Begründungen hängen im einfachsten Fall damit zusammen, daß das Steuerrecht der meisten Länder der Verwendung liquider Mittel nicht neutral gegenübersteht, sondern zwischen Ausschüttung und Thesaurierung diskriminiert.[5] Nicht notwendigerweise überzeugender, dafür aber intellektuell um so anspruchsvoller sind jene Erklärungsversuche, die sich auf die asymmetrische Verteilung von Informationen stützen; sie gehen regelmäßig davon aus, daß die Dividende aus der Sicht des Managements ein „anreizkompatibles" Signal darstellt, um den Aktionären glaubwürdige Informationen über den Wert des Unternehmens zu übermitteln.[6] Welche Bedeutung solchen Überlegungen in der Praxis zukommt, braucht zwar nicht notwendigerweise davon abzuhängen, ob für die angekündigte Ausschüt-

---

[3] Vgl. *Miller / Modigliani* (1961).

[4] Signifikante Kurssteigerungen sind für den US-Markt bereits bei *Pettit* (1972); *Watts* (1973); *Aharoney / Swary* (1980) und *Woolridge* (1983) dokumentiert; speziell zu Sonderausschüttungen vgl. *Brickley* (1983). Signifikante Kursreaktionen bei deutschen Unternehmen sind dokumentiert bei *Brandi* (1977); *Sahling* (1981) und im Zusammenhang mit Kapitalerhöhungen aus Gesellschaftsmitteln bei *Kaserer / Brunner* (1997).

[5] In diesem Zusammenhang sind auch Belastungsunterschiede zu berücksichtigen, die erst bei der Reinvestition der ausgekehrten Mittel auftreten. Angesichts dessen ist die Besteuerung von einbehaltenen und ausgeschütteten Mitteln kaum irgendwo diskriminierungsfrei geregelt; vgl. *Wenger* (1989). Zu beachten sind in diesem Zusammenhang allerdings das gewinnverwendungsneutrale Steuersystem Griechenlands, die bis zum Jahre 2000 in Kroatien verwirklichte zinsbereinigte Gewinnbesteuerung sowie die jüngsten Reformvorschläge im Jahresgutachten des Sachverständigenrates 2003/04. Alle genannten Konzeptionen beruhen auf einer einheitlichen, abschließenden Besteuerung auf Körperschaftsebene. Dementsprechend bleiben Dividenden beim Anteilseigner steuerfrei.

[6] Damit das Dividenden-Signal glaubwürdig ist, darf das Management sich durch falsches Signalisieren nicht besser stellen. Zu einschlägigen Modellen mit anreizkompatiblem Signalling vgl. *Bhattacharya* (1979); *Miller / Rock* (1985).

tung eine periodische Wiederholung in Aussicht gestellt wird[7] oder ob nur an eine einmalige Sonderzahlung gedacht ist[8]; aber gerade bei Maßnahmen der zuletzt genannten Art spricht vieles dagegen, daß sie allein auf Bemühungen des Managements zurückzuführen sind, ein Informationsdefizit auf seiten der Anteilseigner durch „Dividenden-Signaling" auszugleichen.

Soweit nicht wieder steuerliche Gründe eine zentrale Rolle spielen, kann einem mit Sonderausschüttungen verbundenen Kapitalentzug insbesondere die Zielsetzung zugrunde liegen, Manager an der Durchführung von Investitionen zu hindern, die nicht im Interesse der Anteilseigner liegen. Die Gründe für das Auftreten einschlägiger „Agency"-Probleme im Verhältnis zwischen Aktionären und Unternehmensleitung sind in der Literatur ausreichend dokumentiert und brauchen hier nicht im einzelnen erläutert zu werden; an dieser Stelle genügt der Hinweis auf die „Agency Theory of Free Cash Flow".[9] Sie läuft im wesentlichen darauf hinaus, daß die Anteilseigner einer Publikums-Aktiengesellschaft gut daran tun, dem Management den Zugang zu frei verfügbarer Liquidität durch rechtzeitigen Kapitalentzug abzuschneiden, bevor die überschüssigen Mittel finanziellen Eskapaden zum Opfer fallen oder auf andere Weise vergeudet werden. Wo es den Aktionären gelingt, ein begründetes Interesse an der Auskehrung von Teilen des Gesellschaftsvermögens gegen das Management durchzusetzen, wird die in der Börsenbewertung einkalkulierte Wahrscheinlichkeit einer drohenden Kapitalverschwendung nach unten korrigiert.[10] Soweit eine Kursreaktion auf die Ankündigung von Sonderausschüttungen auf diesem Effekt beruht, ist sie gerade nicht darauf zurückzuführen, daß ein besser informiertes Management unwissenden Aktionären etwas über den Zustand des Unternehmens signalisieren will. Ganz im Gegenteil muß den Aktionären bekannt sein, woran sie das Management hindern wollen; dieses wiederum wird im eigenen Interesse bemüht sein, vorhandenes Ausschüttungspotential gegenüber

---

[7] Naturgemäß wird man erwarten, daß der Börsenwert des Unternehmens stärker beeinflußt wird, wenn die Dauerhaftigkeit der angekündigten Ausschüttung signalisiert wird; vgl. dazu *Brickley* (1983).

[8] Die Anwendbarkeit dieses Arguments kann auch nicht davon abhängen, ob eine Sonderzahlung als Dividende deklariert wird oder als Kapitalrückzahlung. Entscheidend ist allein, ob das Management signalisiert, daß es die Zukunftsaussichten des Unternehmens erlauben, liquide Mittel an die Aktionäre auszukehren. Dementsprechend sind signifikante Aktienkurssteigerungen nach der Ankündigung eines Aktienrückkaufs durch das Unternehmen vielfach belegt, zuletzt bei *Dittmar* (2000). Analog hierzu sind in Deutschland signifikant positive Kursreaktionen auf die Ankündigung ordentlicher Kapitalherabsetzungen festzustellen; vgl. *Bollinger* (1992). Dasselbe gilt für Aktienrückkäufe, seit diese zulässig sind; vgl. *Gerke / Fleischer / Langer* (2003).

[9] Vgl. *Jensen* (1986); *Wenger* (1987).

[10] Insofern dürften die in den Fn. 4 und 8 angesprochenen Befunde zur Reaktion von Börsenkursen auf Sonderausschüttungen jedenfalls nicht ausschließlich auf den Ausgleich eines Informationsgefälles zwischen Managern und Anteilseignern zurückzuführen sein.

den Aktionären zu verbergen und einen drohenden Abzug von Kapital zu verhindern.[11]

Im anglo-amerikanischen Sprachraum ist es für das Management in den letzten beiden Jahrzehnten sehr viel schwieriger geworden, einschlägige Eigeninteressen auszuleben, nachdem sich der Druck aktiver Investoren seit der Übernahmewelle der achtziger Jahre zunehmend verstärkt hat. Deshalb kommt es dort vergleichweise häufig vor, daß eine börsennotierte Aktiengesellschaft zu Lasten ihres Eigenkapitals finanzielle Mittel auskehrt, die aus der laufenden oder jedenfalls mittelfristig erwarteten Ertragskraft nicht aufgebracht werden können.[12] Demgegenüber hatten solche „Substanzausschüttungen" in Deutschland jedenfalls bis zum Inkrafttreten des Standortsicherungsgesetzes immer noch Ausnahmecharakter.

Dies hatte mehrere Ursachen, die aber durchaus nicht unverbunden nebeneinander standen. Auf der ideologischen Ebene kam den verantwortlichen Entscheidungsträgern in den Unternehmensleitungen der Umstand zu Hilfe, daß die hierzulande noch Mitte der neunziger Jahre überaus wirksamen Denktraditionen ganz entscheidend durch das Postulat der Unternehmenserhaltung geprägt waren.[13] Wer vor diesem Hintergrund „die Substanz" der von ihm verwalteten Wirtschaftseinheit zu verteidigen gedachte, mußte naturgemäß seine Schwierigkeiten haben, sich mit allokationstheoretisch fundierten Forderungen nach renditegesteuertem Kapitaleinsatz anzufreunden, wenn diese den Abzug finanzieller Mittel geboten erscheinen ließen.

Darüber hinaus konnte er sich bei seinen Verteidigungsanstrengungen auf ein institutionelles Umfeld verlassen, in dem er die überlieferte Substanzerhaltungsideologie zum Maßstab seiner Entscheidungen machen durfte, ohne sich mit anderweitigen Interessen von Anteilseignern auch nur auseinandersetzen zu müssen.[14] Noch viel weniger mußte er sich vor Sanktionen von dieser Seite

---

[11] Naturgemäß lassen sich einschlägige Interessenkonflikte durch aktionärszielkonforme Anreizsysteme für das Management abmildern; restlos beseitigt werden können sie bei einer Publikums-Aktiengesellschaft aber nicht. Hinzu kommt, daß das Management jedenfalls an einer Verzögerung von Ausschüttungen interessiert ist, solange es an der Börse Aktien erwerben kann, deren Kurs das Ausschüttungspotential noch nicht voll reflektiert.

[12] Vgl. *DeAngelo / DeAngelo / Skinner* (2000).

[13] Zu einer Auseinandersetzung mit dieser noch heute nicht restlos überwundenen Denktradition vgl. *Wenger / Knoesel / Knoll* (1995), S. 749.

[14] In der Hauptversammlung des Jahres 1992 wurde das Management der Commerzbank AG wegen seines Eintretens für die kapitalverschwendende Investitionspolitik der BASF mit der Frage konfrontiert, ob ihm bewußt sei, daß Auskehrungen von Eigenkapital den Anteilseignern nordamerikanischer Aktiengesellschaften in vielen Fällen zu beträchtlichen Vermögenszuwächsen verholfen hätten. Der Vorstandsvorsitzende Martin Kohlhaussen erklärte daraufhin zum Erstaunen des anwesenden Publikums, ihm sei davon „nichts bekannt". Zum zugrunde liegenden Sachverhalt vgl. *Wenger / Knoesel /*

fürchten: Nachdem der „Dividendenhunger"[15] von „Entnahmehyänen"[16] über Jahrzehnte hinweg als intellektueller Ausgangspunkt für akademische Auseinandersetzungen mit dem deutschen Aktienwesen gedient hatte, konnte es nicht verwundern, daß Gesetzgebung und Rechtsprechung dieses Gedankengut aufgegriffen und dem Aktionär die Stärkung der Unternehmenssubstanz[17] und die Förderung des Gemeinwohls[18] auferlegt hatten. Das Resultat war ein Aktienrecht, das „statt unter dem Prinzip des Anlegerschutzes, unter dem des Managerschutzes"[19] stand. Auch wenn der Anlegerschutz im Bereich des Kapitalmarktrechts[20] inzwischen etwas stärker zur Geltung kommt als bis zur Mitte der neunziger Jahre, sind auf dem Gebiet des Aktienrechts im engeren Sinne bis heute keine Fortschritte zu verzeichnen.[21] In der Rechtswirklichkeit hat dies zur Folge, daß es bei Entscheidungen über den Abzug von Kapital aus einer deutschen Aktiengesellschaft auf die Interessen privater Kapitalanleger grundsätzlich nicht ankommt.[22] Entscheidend ist allein, ob das Management die Verfügungsgewalt über finanzielle Mittel freiwillig aufgibt oder ins Gewicht fallende Aktienpakete existieren, von denen entsprechender Druck ausgeht.[23] Ansonsten

---

Knoll (1995), Abschnitt 4.2., insbesondere Fn. 42. Geraume Zeit nach der bemerkenswerten Einlassung des Commerzbank-Vorstandes war dann wenigstens dem Management der BASF AG aufgefallen, daß deren Aktionäre eine Verknappung der überdimensionierten Eigenkapitaldecke begrüßen würden; vgl. Börsen-Zeitung vom 01.02.1997, S. 4, und vom 05.08.1998, S. 5; die 1998 neu geschaffene Möglichkeit eigene Aktien zurückzukaufen, hat das Unternehmen als eines der ersten genutzt.

[15] *Ter Vehn* (1924), S. 373; *Hoffmann* (1929), S. 163.

[16] *Walb* (1948), S. 92.

[17] Vgl. *Kropff* (1965).

[18] Vgl. *Wenger* (1996), S. 431 f.

[19] Vgl. W. Engels in: Wirtschaftswoche vom 22.05.1992, S. 162; zu ausgewählten Konkretisierungen dieses Befunds vgl. *Wenger* (1996); *Wenger / Knoesel / Knoll* (1995).

[20] Zur Unterscheidung zwischen Kapitalmarktrecht einerseits und Gesellschafts- bzw. Aktienrecht andererseits vgl. *Kübler* (1995), der die Tendenz zur Aufweichung gesellschaftsrechtlicher Schutzvorkehrungen mit dem Ausbau des Kapitalmarktrechts in Verbindung bringt. Indessen kann aus Aktionärssicht unzureichendes Gesellschaftsrecht nicht durch Kapitalmarktrecht ersetzt werden, wie bei *Wenger / Hecker* (2004) deutlich wird.

[21] Zwischenzeitliche Gesetzesänderungen zugunsten der Aktionäre hatten eher optischen Charakter, ohne daß sich die Verwaltungen davor fürchten mußten; demgegenüber sind zahlreiche Abwehrrechte des Aktionärs gegen Entscheidungen des Managements eingeschränkt worden. Vorläufiger Höhepunkt einschlägiger Bemühungen ist der Gesetzesentwurf zur Sicherung der Unternehmensintegrität und Modernisierung des Anfechtungsrechts. Vgl. dazu *Knoll / Knoesel / Steeg* (2004).

[22] Zu den besonderen Schwierigkeiten, die Interessen von Kleinaktionären unter den in Deutschland herrschenden Bedingungen zu organisieren; vgl. *Wenger* (1992); *Wenger / Knoesel / Knoll* (1995); vgl. im übrigen die in Fn. 63 beschriebene Konstellation.

[23] Dabei ist keineswegs gesichert, ob Aktienpakete dann, wenn sie überhaupt existieren, auch tatsächlich in diesem Sinne genutzt werden. Soweit Aktienpakete ihrerseits

läßt sich der Abzug von Kapital selbst dann nicht durchsetzen, wenn darauf abzielende Interessen für die Mehrheit der Anleger repräsentativ sind.

In welchem Ausmaß die Verwaltungen deutscher Aktiengesellschaften tatsächlich bereit und in der Lage sind, sich über die Ausschüttungsinteressen von Aktionären hinwegzusetzen, ist letzten Endes eine empirische Frage. Als Testfall für deren Untersuchung geradezu prädestiniert erscheint die Dividendenpolitik, die die Unternehmen im Anschluß an das Standortsicherungsgesetz verfolgt haben. Mit dessen Verabschiedung am 13.09.1993 hatte der Gesetzgeber eine Situation geschaffen, in der sich durch Ausschüttung bestimmter Gewinnrücklagen erhebliche Steuerersparnisse erzielen ließen. Die außergewöhnlichen Vorteile, die sich daraus eröffneten, waren an die Beachtung eines Zeitfensters gebunden, das sich am 31.12.1994 wieder schloß. Da dies von vornherein bekannt war, kann zumindest die damalige Bedeutung von Anlegerinteressen für die Dividendenpolitik deutscher Aktiengesellschaften an den Ausschüttungsentscheidungen abgelesen werden, die innerhalb dieses Zeitfensters getroffen worden sind. Soweit Unternehmensleitungen die Auskehrung thesaurierter Gewinne selbst dann verweigert haben, wenn damit enorme Steuerersparnisse verbunden gewesen wären, darf man getrost davon ausgehen, daß die Interessen der Anleger an der Steigerung ihres Vermögens auch bei anderen Anlässen übergangen worden sind.[24]

Nach diesen einleitenden Überlegungen wird im zweiten Teil dieser Studie die steuerliche Situation beschrieben, in der sich die Unternehmen nach Verabschiedung des Standortsicherungsgesetzes befunden haben. Der dritte Teil befaßt sich mit der Frage, mit welchen Börsenkursreaktionen aus theoretischer Sicht zu rechnen war und inwiefern diese tatsächlich eingetreten sind. Der vierte

---

von Managern verwaltet werden, ist wiederum fraglich, ob auf Anlegerinteressen Rücksicht genommen werden muß; dort aber, wo Pakete unter der Kontrolle privater Kapitalanleger stehen, verfolgen diese nicht notwendigerweise dieselben Interessen wie eine Mehrheit oder Minderheit von Streubesitzern.

[24] Interessante Einblicke verdankt die Finanzwelt einschlägigen Äußerungen des damaligen Vorstandssprechers der Deutschen Bank, Hilmar Kopper: „Die Steuerquote ist bei uns deutlich höher als international üblich und beeinträchtigt natürlich unsere Eigenkapitalrendite vergleichsweise negativ. Gruppenintern betrachten wir daher die Performance unserer internationalen Töchter fairerweise auch nach der Eigenkapitalrendite vor Steuern" (Leserbrief von H. Kopper an das Handelsblatt, abgedruckt in der Ausgabe vom 06.06.1994, S. 20). Ein anderes Zitat lautet: „Ich möchte eigentlich wegkommen von diesen Zahlen ‚nach Steuern'. Bei der deutschen Steuerlastquote macht es keinen Sinn mehr, daß wir uns international mit einer Eigenkapitalrendite nach Steuern vergleichen. Wir werden künftig eine Vorsteuer-Kennzahl verwenden" (Interview von H. Kopper im Manager Magazin, März 1996, S. 122). Offenbar will Kopper die Beurteilung von Kapitalverwendungsentscheidungen aus Gründen der „Fairneß"(!) vom Gewinn vor Steuern abhängig machen. Ob die Aktionäre eine hohe Steuerbelastung als negativen Erfolgsbeitrag sehen, erscheint dann ebenso unwichtig wie ihr Interesse, Steuern zu sparen.

Teil dient einer Auseinandersetzung mit den Argumenten, auf die sich die Verwaltungen jener Unternehmen berufen haben, die das Jahr 1994 ungenutzt verstreichen ließen.

II. Das Standortsicherungsgesetz und seine Konsequenzen für die Besteuerung von Kapitalgesellschaften

Die Besonderheiten der Besteuerung von Kapitalgesellschaften im hier interessierenden Zeitfenster waren die Folge von Steuersatzsenkungen, die zum Teil aus dem Standortsicherungsgesetz selbst, zum Teil aber auch aus einem schon fünf Jahre früher verabschiedeten Steuerreformgesetz hervorgegangen sind. In Abschnitt II.1. werden zunächst diese Steuersatzsenkungen beschrieben; in Abschnitt II.2. werden ihre Auswirkungen auf die Gliederung des Eigenkapitals von körperschaftsteuerpflichtigen Unternehmen dargelegt. Abschnitt II.3. dient dann einer Untersuchung der Möglichkeiten, durch Auskehrung von ehemals hoch besteuerten Rücklagen vom Fiskus Geld zurückzuholen.

1. Die Senkung von Steuersätzen ab 1990

Bereits 1988 hat der Gesetzgeber das Steuerreformgesetz 1990 verabschiedet. Eines seiner erklärten Ziele war, deutschen Kapitalgesellschaften die Einbehaltung von Gewinnen zu erleichtern. Nachdem der insoweit maßgebliche Körperschaftsteuersatz für „ungemildert“[25] belastete Einkünfte seit 1977 bei 56 % gelegen hatte, wurde er ab 1990 auf 50 % reduziert.[26] Das Standortsicherungsgesetz führte bei den ungemildert besteuerten Gewinnen zu einer weiteren Erleichterung; nach seinem Inkrafttreten unterlagen sie einem Körperschaftsteuersatz von 45 %,[27] der bis 1998 beibehalten wurde. Außerdem führte es auch zu einer Entlastung bei den Dividenden: Der seit 1977 maßgebliche Steuersatz auf Gewinnausschüttungen wurde von 36 % auf 30 % herabgesetzt.[28]

[25] Diese vielsagende Terminologie fand sich bis zur Abschaffung des Anrechnungsverfahrens unter anderem in § 30 Abs. 1 Nr. 1 KStG.

[26] Änderung des § 23 KStG durch das Steuerreformgesetz 1990 vom 25.07.1988, BStBl. I 1988, S. 224, hier S. 246.

[27] Änderung des § 23 KStG durch das Standortsicherungsgesetz vom 13.09.1993, BGBl. I 1993, S. 1569, hier S. 1578. Der Steuersatz galt vom ersten Wirtschaftsjahr an, das nach dem 31.12.1993 endete.

[28] Änderung des § 27 KStG durch das Standortsicherungsgesetz vom 13.09.1993, BGBl. I 1993, S. 1569, hier S. 1579. Der gesenkte Steuersatz durfte auf Ausschüttungen angewandt werden, die in ein Geschäftsjahr fielen, das nach dem 31.12.1993 endete.

2. Steuersatzänderungen und steuerliche Eigenkapitalgliederung

Da die deutsche Körperschaftsteuer seit Einführung des Anrechnungsverfahrens im Jahre 1977 nicht mehr als Definitivsteuer angelegt war, sondern zumindest der Grundidee nach nur als Vorauszahlung auf die Steuerschuld der privaten Kapitalanleger gedacht war, hatte die Steuerbelastung der einbehaltenen Gewinne nur vorläufigen Charakter. Wurden Gewinnrücklagen später für Ausschüttungen mobilisiert, so wurde die ursprüngliche Belastung rechnerisch rückgängig gemacht, bevor dann zunächst die Ausschüttungssteuer erhoben und anschließend auf die Steuerschuld des Anteilseigners angerechnet wurde, soweit dieser im Inland veranlagt wurde.

Um dieses Prinzip konsistent verwirklichen zu können, mußte für thesaurierte Gewinne jeweils festgehalten werden, welchem Einbehaltungssatz sie unterworfen waren; dementsprechend wurden Gewinnrücklagen, die im Zeitpunkt ihrer Bildung einer ungemilderten Besteuerung im Inland unterlegen haben, von 1977 an zunächst als sogenanntes EK 56 erfaßt; ab 1990 wurde EK 50 und ab 1994 wurde EK 45 gebildet. Allerdings unterlag nicht jede Gewinnthesaurierung einer ungemilderten Besteuerung im Inland. Aus diesem Grund existierten weitere Eigenkapitalkategorien für jene Arten von Rücklagen, die im Zeitpunkt ihrer Entstehung nur einer ermäßigten oder überhaupt keiner Belastung mit deutscher Körperschaftsteuer unterlegen haben. Wie sich sogleich zeigen wird, ist im vorliegenden Zusammenhang nur das sogenannte EK 02 von Interesse; dabei handelte es sich um eine Auffangkategorie für „sonstige Vermögensmehrungen", auf die keine deutsche Körperschaftsteuer angefallen war.[29]

Da dem Gesetzgeber eine zu starke Auffächerung der Eigenkapitalgliederung unzweckmäßig schien, durften Gewinnrücklagen, die einer ungemilderten Belastung mit 56 % oder 50 % unterlegen haben, nur für eine jeweils gesondert festgelegte Übergangszeit als EK 56 bzw. EK 50 weitergeführt werden; danach waren sie in EK 50 bzw. EK 45 umzuwandeln.[30] Für die Umwandlung galt ein doppeltes Invarianzprinzip: Sie durfte weder die Summe des insgesamt netto vorhandenen Eigenkapitals verändern noch das im Falle einer Ausschüttung insgesamt mobilisierbare Steuerguthaben.[31] Dieses Invarianzprinzip machte es er-

---

[29] Gemäß der damals geltenden Fassung von § 30 Abs. 2 KStG umfaßte das dort unter Ziffer 2 abgegrenzte EK 02 diejenigen Vermögensmehrungen, die sich nicht anderweitig zuordnen ließen.

[30] Vgl. hierzu § 54 KStG, Abs. 11 und 11a in der damals geltenden Fassung.

[31] Gesetzestechnisch wurde das im Ausschüttungsfall insgesamt mobilisierbare Steuerguthaben in zwei Teile zerlegt: Die Gesellschaft vereinnahmte eine Steuerminderung in Höhe der Differenz zwischen der rechnerischen Belastung der jeweiligen Eigenkapitalkategorie und der bei Ausschüttung herzustellenden Ausschüttungsbelastung; der Aktionär konnte die auf Gesellschaftsebene noch verbleibende Ausschüttungsbelastung im Rahmen seiner eigenen Veranlagung als Steuergutschrift geltend machen, wenn er im Inland unbeschränkt steuerpflichtig war. Falls er diese Voraussetzung erfüllte, war die

forderlich, daß neben dem ungemildert belasteten Eigenkapital eine weitere Eigenkapitalkategorie in das Umwandlungsverfahren einbezogen werden mußte. Der Gesetzgeber hat sich dabei für eine Komponente des unbelasteten Eigenkapitals, nämlich für das bereits zuvor erwähnte EK 02, entschieden.

Die Regeln für die Umwandlung von EK 56 in EK 50 lassen sich am leichtesten nachvollziehen, wenn man von einem Unternehmen ausgeht, das zunächst über eine Rücklage von 56 Geldeinheiten verfügt, die sich aus 44 Einheiten EK 56 und 12 Einheiten EK 02 zusammensetzt. Die 44 Einheiten EK 56 sind aus einem Bruttobetrag von 100 hervorgegangen und haben demzufolge einer Steuerbelastung von 56 unterlegen; dem EK 02 ist eine Steuerbelastung von 0 zuzurechnen. Wie man unmittelbar erkennt, setzen sich die in der Summe unverändert bleibenden Rücklagen nach der Umwandlung nur noch aus EK 50 zusammen: Die rechnerische Steuerbelastung, die bei einem Steuersatz von 50 % zu 56 Einheiten EK 50 führt, beträgt 0,5 x 56/(1-0,5) = 56 Einheiten; sie ist damit genau so hoch wie die ursprüngliche Steuerbelastung der 44 Einheiten EK 56.

Daraus folgt allgemein, daß die Umwandlung von 1 DM EK 56 in EK 50 den vor der Umwandlung vorhandenen Bestand an EK 50 um 56/44 DM erhöht und das EK 02 um 12/44 DM reduziert. Anhand einer analogen Überlegung läßt sich zeigen, daß bei der Umwandlung von 1 DM EK 50 in EK 45 der Bestand an EK 45 um 55/45 DM ansteigt und das EK 02 um 10/45 DM abnimmt.

Im vorliegenden Zusammenhang ist nun entscheidend, daß bereits im Steuerreformgesetz 1990 eine Übergangsvorschrift enthalten war, wonach die Umstellung von EK 56 auf EK 50 spätestens bis zum 31.12.1994 zu erfolgen hatte.[32] Einerseits war dies die Voraussetzung dafür, daß EK 56 noch zu einem Zeitpunkt für Ausschüttungen zur Verfügung stand, zu dem die neuerlichen Steuersenkungen des Standortsicherungsgesetzes bereits in Kraft getreten waren; andererseits schloß sich mit dem 31.12.1994 das Zeitfenster, innerhalb dessen vor 1990 gebildete Gewinnrücklagen für besonders vorteilhafte steuerliche Gestaltungsmöglichkeiten mobilisiert werden konnten. Allerdings war dies nicht allein auf den Umstellungstermin für das EK 56 zurückzuführen. Verschärfend kam hinzu, daß von 1995 an für unabsehbare Zeit ein Solidaritätszuschlag auf die Einkommen- und Körperschaftsteuer erhoben wurde, dessen Abschaffung jedenfalls nicht vor dem 31.12.1998 zu erwarten war;[33] diesen Zeitpunkt aber hat-

---

Zerlegung des Gesamtbetrags für ihn bedeutungslos, soweit man von kurzfristigen Liquiditätseffekten wegen unterschiedlicher Zeitpunkte der Steuervergütung absieht. Allerdings hatte die Zerlegung Auswirkungen auf die Belastung durch den ab 1995 eingeführten Solidaritätszuschlag; vgl. dazu Abschnitt II.3.c).

[32] Vgl. § 54 Abs. 11 KStG in der damals geltenden Fassung.

[33] Tatsächlich ist der noch heute erhobene Solidaritätszuschlag aufgrund einer 1997 beschlossenen Gesetzesänderung erstmals mit Wirkung für das Jahr 1998 von 7,5 % auf 5,5 % der Bemessungsgrundlage abgesenkt worden.

te das Standortsicherungsgesetz als letzten Termin für die Umstellung des EK 50 auf EK 45 bestimmt.

3. Die optimale Verwendung von EK 56 bei fluktuierendem Steuerrecht

Die zuvor beschriebenen Änderungen des Körperschaftsteuergesetzes waren eingebettet in eine bunte Vielfalt weiterer steuerlicher Maßnahmen, die in zwangloser Folge und mit wechselnder Richtung während der neunziger Jahre über die deutsche Unternehmenslandschaft hinwegrollten. Die in diesem Zusammenhang zu beachtenden Optimierungsüberlegungen sollen nun der Reihe nach dargestellt werden.

a) Die Begünstigung von Ausschüttungen durch das Steuerreformgesetz 1990

Im Steuerreformgesetz 1990 war neben der Herabsetzung des Standard-Körperschaftsteuersatzes von 56 % auf 50 % auch eine spürbare Senkung des gesamten Einkommensteuertarifs enthalten; dabei wurde der Höchstsatz der Einkommensteuer von 56 % auf 53 % gesenkt. Dementsprechend reduzierte sich die Steuerbelastung von Ausschüttungen an inländische Aktionäre; denn hierfür war wegen des Anrechnungsverfahrens deren eigene Veranlagung und nicht der 1990 unverändert gebliebene Ausschüttungssatz von damals noch 36 % maßgeblich. Somit bestand ab 1990 die Möglichkeit, durch Auskehrung von zuvor gebildetem EK 56 Steuern zu sparen, die man im Falle einer Ausschüttung vor 1990 entweder überhaupt nicht oder nur in einem damals offenbar als unattraktiv empfundenen Umfang hätte sparen können. Oft war auch bewußt ignoriert worden, daß einzelne Aktionäre schon vor 1990 bei einer Ausschüttung besser gefahren wären als bei Thesaurierung; denn die für die Mehrheitsbildung in deutschen Publikums-Aktiengesellschaften entscheidenden Pakete lagen jedenfalls damals meistens bei anderen Kapitalgesellschaften oder auch bei vom Höchstsatz der Einkommensteuer betroffenen Privatpersonen, die unter rein steuerlichen Gesichtspunkten bis 1990 regelmäßig[34] kein Interesse daran haben konnten, Gewinne abzuziehen. Ab 1990 aber hatten auch diese Aktionäre

---

[34] Ausnahmsweise konnten rein steuerliche Überlegungen dann den Ausschlag zugunsten der Durchführung von Ausschüttungen geben, wenn sich ein Großaktionär in einer steuerlichen Sondersituation befand. Hier wäre beispielsweise an Fälle zu denken, in denen Dividendeneinkünfte nach Verrechnung mit anderweitig verursachten Verlusten steuerfrei vereinnahmt werden konnten; ebenfalls einschlägig waren Anteilsverkäufe, die sich mit ausschüttungsbedingten Teilwertabschreibungen kombinieren ließen.

ein steuerliches Interesse an Ausschüttungen, sofern sich dafür noch EK 56 mobilisieren ließ.[35]

Soweit auf der Empfängerseite Privatpersonen standen, die vom Anrechnungsverfahren Gebrauch machen konnten, war ihre Einkommensteuerbelastung vom Jahre 1990 an jedenfalls niedriger als die Körperschaftsteuer, die auf einen noch vorhandenen Bestand an EK 56 gezahlt worden war.[36] Wurde 1 DM EK 56 für Ausschüttungen an inländische Bezieher von Einkünften aus Kapitalvermögen verwendet, so entsprach dies einer Bruttoausschüttung einschließlich Körperschaftsteuergutschrift von 100/44 DM; hiervon wäre im ungünstigsten Fall der Höchstsatz der Einkommensteuer von 53 % abzusetzen, so daß sich 1 DM in den Händen der Gesellschaft in mindestens 47/44 DM in den Händen privater Aktionäre verwandelt hätte. Per Saldo wäre es also zu einer Steuererstattung von 3/44 der für Ausschüttungszwecke mobilisierten Rücklagen gekommen.

Soweit auf der Empfängerseite eine Kapitalgesellschaft stand, ließ sich 1 DM EK 56 der ausschüttenden Kapitalgesellschaft gegen 50/44 DM EK 50 bei der Empfängerin eintauschen. Zu diesem Zweck mußte wie zuvor ein Bruttobetrag von 100/44 DM ausgekehrt werden; nach Abzug des ab 1990 geltenden Steuersatzes von 50 % konnte die Empfängerin dann gerade den Betrag von 50/44 DM thesaurieren. Davon mußte das Finanzamt per Saldo 6/44 DM beisteuern. Weitere Steuerersparnisse waren dann möglich, wenn es der Mittelabfluß bei der Dividendenzahlerin rechtfertigte, ihren Buchwert in der Steuerbilanz der Dividendenempfängerin im Wege einer „ausschüttungsbedingten Teilwertabschreibung" herabzusetzen.[37]

Bei Beteiligungen von unter 100 % galten diese Überlegungen naturgemäß nach Maßgabe der rechnerischen Anteile der beteiligten Kapitalgesellschaften; vorauszusetzen war dabei, daß auf die empfangenen Ausschüttungen keine Gewerbesteuer anfiel. Hiervon konnte bei Beteiligungen mit Einfluß auf die Willensbildung bei der ausschüttenden Gesellschaft aber regelmäßig ausgegangen

---

[35] Allerdings nahm dieses Interesse vorübergehend wieder merklich ab, weil 1991 und 1992 ein zunächst nicht eingeplanter Solidaritätszuschlag auf die Einkommen- und Körperschaftsteuer eingeführt wurde.

[36] Gelegentlich wird in diesem Zusammenhang argumentiert, daß eine zusätzlich zu zahlende Kirchensteuer ebenfalls in die Berechnung einzubeziehen sei. Dabei handelt es sich aber um Zahlungen, die jeder Steuerpflichtige aus nichtfinanziellen Motiven freiwillig auf sich nimmt. Da dies darauf schließen läßt, daß mit der Kirchensteuer ein wie auch immer gearteter Nutzen verbunden sein muß, kann ihr Belastungscharakter nicht mit dem der Einkommensteuer auf dieselbe Stufe gestellt werden.

[37] Zur steuerlichen Wirksamkeit ausschüttungsbedingter Gewinnminderungen vgl. § 50c EStG. Dieser Paragraph wurde in der zweiten Hälfte der neunziger Jahre mehr und mehr verschärft, um aus der Sicht des Gesetzgebers „unerwünschte" Verkürzungen der steuerlichen Bemessungsgrundlage zu unterbinden.

werden; denn die gewerbesteuerliche Freistellung empfangener Ausschüttungen setzte nach dem hierfür maßgeblichen Schachtelprivileg bereits bei einer Beteiligungsquote von 10 % ein.[38]

Die Mobilisierung von EK 56 war naturgemäß auch dann sinnvoll, wenn die ausschüttende Gesellschaft die für die Ausschüttung aufzubringenden Mittel nicht auf Dauer entbehren konnte; denn in diesem Fall konnte ein für sie liquiditätsneutrales Schütt-aus-Hol-zurück-Verfahren durchgeführt werden. Für private Ausschüttungsempfänger verblieb unter diesen Umständen ein Liquiditätsüberschuß von mindestens 3/44 des mobilisierten Bestandes an EK 56; für Kapitalgesellschaften war insoweit der Faktor 6/44 maßgeblich.

Diese Mittelbeschaffung auf Kosten des Finanzamts konnte aus der Sicht des Jahres 1990 aber nur solange funktionieren, wie das EK 56 noch nicht auf EK 50 umgestellt war. Deshalb mußte zunächst davon ausgegangen werden, daß Ausschüttungen an Kapitalgesellschaften nach dem bereits feststehenden Umstellungstermin unter rein steuerlichen Gesichtspunkten regelmäßig sinnlos sein würden; soweit es sich bei potentiellen Dividenempfängern um Privatpersonen mit einer Einkommensteuer-Grenzbelastung von über 50 % handeln würde, hätten Auschüttungen nach dem betreffenden Zeitpunkt sogar steuerliche Nachteile erwarten lassen. In der steuerrechtlichen Literatur ist deshalb schon frühzeitig darauf hingewiesen worden, daß noch vorhandene Bestände an EK 56 vor dem 31.12.1994 steuersparend ausgekehrt werden und bei Bedarf in Rahmen einer Kapitalerhöhung zurückgeholt werden sollten.[39]

b) Handelsrechtliche Vorschriften als Hindernis für Ausschüttungen aus umgegliedertem Eigenkapital

Die Empfehlung, vorhandenes EK 56 noch vor seiner Umgliederung auszuschütten, konnte erhöhte Dringlichkeit für sich beanspruchen, wenn sich nach der Umgliederung eine Situation hätte einstellen können, in der die volle Ausschüttung des dann vorhandenen EK 50 an handelsrechtlichen Ausschüttungssperrvorschriften gescheitert wäre.[40] Infolge der Umgliederung konnte ein Unternehmen deshalb in eine derartige „Eigenkapitalfalle“[41] geraten, weil das neu entstandene EK 50 das ursprüngliche EK 56 vom Betrag her übertraf: Wie in Abschnitt II.2. gezeigt wurde, hätte der aus der Umwandlung hervorgehende

[38] Vgl. § 9 Nr. 2a GewStG.

[39] Vgl. z.B. *Olbrich* (1990).

[40] Naturgemäß ist nicht auszuschließen, daß eine derartige Situation schon vorher bestand; in solchen Fällen erzeugte die Umgliederung das hier beschriebene Problem nicht, sondern verschärfte es nur.

[41] Vgl. dazu *Olbrich* (1990).

Bestand an ungemildert belastetem Eigenkapital den Ausgangsbestand um 12/44 des ursprünglichen Wertes überschritten; in gleichem Umfang hätte das steuerlich unbelastete EK 02 abgenommen. War solches nicht oder nicht in ausreichendem Umfang vorhanden, so war in die steuerliche Eigenkapitalgliederung ein entsprechender Bestand mit negativem Vorzeichen einzutragen; standen daneben nur die Einlagen der Anteilseigner und EK 50 zur Verfügung, so hätte dessen volle Auskehrung einen negativen Bestand an Gewinnrücklagen in der Handelsbilanz zur Folge. Da dies im Widerspruch zu den handelsrechtlichen Ausschüttungssperren gestanden hätte, wäre unter solchen Umständen ein Teil des aus der Umstellung hervorgegangenen EK 50 im Unternehmen gefesselt gewesen; er hätte erst dann für Ausschüttungszwecke mobilisiert werden können, wenn das Unternehmen im Wege der Rücklagenbildung genügend unbelastetes Eigenkapital angesammelt haben oder die Voraussetzungen für eine Herabsetzung des Grundkapitals herstellen würde. Da diese Bedingungen im allgemeinen nicht ohne weiteres erfüllbar waren, mußten die betroffenen Unternehmen damit rechnen, daß es ihnen für lange Zeit verwehrt sein würde, an ihre Anteilseigner das volle Steuerguthaben weiterzureichen, das auf dem ungemildert belasteten Eigenkapital ruhte. Dies hätte dann auch zur Folge gehabt, daß sich die Anleger mit geringeren Bruttoausschüttungen hätten zufrieden geben müssen, als vor der Umgliederung möglich gewesen wären.

c) Die Konzentration von Ausschüttungsanreizen auf das Jahr 1994

Nur in sehr wenigen Fällen haben börsennotierte Kapitalgesellschaften die Gestaltungsmöglichkeiten genutzt, die im Steuerreformgesetz 1990 für sich allein genommen bereits angelegt waren.[42] Ob die Unternehmensleitungen anläßlich seines Inkrafttretens im Jahre 1990 einfach nur zu langsam waren, ob sie die Interessen ihrer Aktionäre vernachlässigten oder ob andere Überlegungen eine Rolle gespielt haben mögen,[43] sei hier dahingestellt. Jedenfalls gab es bereits 1991 einen guten Grund, zumindest bis 1993 zu warten: Dann nämlich sollte der Solidaritätszuschlag von 3,75 % auf die Einkommen- und Körperschaftsteuer wieder wegfallen, den sich die Bundesregierung als kurzfristige Antwort auf die vereinigungsbedingten Haushaltsprobleme unverhofft hatte einfallen lassen. Kaum war das Jahr 1993 erreicht und der Solidaritätszuschlag in

---

[42] Eine Durchsicht verschiedener Jahrgänge des Saling Aktienführers hat nur eine geringe Anzahl einschlägiger Fälle zutage gefördert. Auflösungen von Gewinnrücklagen im Jahre 1990 waren festzustellen bei der AVA AG, der Aqua Butzke-Werke AG, der PKI AG und der Schumag AG. Im Jahre 1991 folgten die Gilde-Brauerei, die Aachener und Münchener Versicherungs AG und die Thuringia Versicherungs-AG.

[43] Vernünftig wäre es beispielsweise gewesen, Ausschüttungen in ein Jahr zu legen, für welches sich bei wichtigen Aktionären eine Verlustsituation abzeichnete.

seltener Übereinstimmung mit den Ankündigungen auch wirklich ausgelaufen, zeichnete sich eine nochmalige Senkung der Körperschaftsteuer ab, die weiteres Zuwarten geraten erscheinen ließ. Als diese mit dem Standortsicherungsgesetz dann tatsächlich Realität geworden war, durfte man sich aber bereits darauf einstellen, daß von 1995 an wieder ein Solidaritätszuschlag anfallen würde, der freilich doppelt so hoch sein sollte wie im ersten Anlauf; außerdem sah die Bundesregierung bewußt davon ab, sich erneut auf eine Befristung festzulegen.

Damit konzentrierte sich das Interesse an steuersparenden Auskehrungen von EK 56 fast ausschließlich auf das Jahr 1994. Die im Standortsicherungsgesetz verfügte Senkung der Körperschaftsteuer auf einbehaltene Gewinne von 50 % auf 45 % führte bei Ausschüttungen an eine vom Schachtelprivileg begünstigte Kapitalgesellschaft zu einem weitaus höheren Steuervorteil, als anfänglich beabsichtigt war: Aus 1 DM EK 56 in den Händen der ausschüttenden Gesellschaft wurden nicht 50/44 DM EK 50 bei der Empfängerin, wie im Steuerreformgesetz 1990 ursprünglich vorgesehen; vielmehr verblieb aus dem mobilisierbaren Bruttobetrag von 100/44 DM nach Abzug von 45 % Körperschaftsteuer ein Betrag von 55/44 DM EK 45. An der nunmehr nahezu verdoppelten Steuerersparnis von 11/44 oder 25 % des Ausgangsbestandes an EK 56 konnten auch die Unternehmensleitungen von Publikums-Aktiengesellschaften nicht mehr leichten Herzens vorbeigehen. Hinzu kam, daß die gleichzeitige Senkung des Ausschüttungssatzes von 36 % auf 30 % eine zusätzliche Erleichterung brachte. Für anrechnungsberechtigte Aktionäre ging es dabei zwar nur um einen unbedeutenden Liquiditätsvorteil in der Zeit zwischen Dividendenzahlung und eigener Veranlagung; bei ausländischen Dividendenempfängern hingegen, die nicht vom Anrechnungsverfahren profitierten, reduzierte sich die Belastung durch die deutsche Körperschaftsteuer tatsächlich um 6 Prozentpunkte.

Soweit EK 56 nicht bis zum 31.12.1994 ausgeschüttet worden war, erfolgte zunächst die im Abschnitt II.2. beschriebene Zwangsumgliederung. Dabei wird für den Rest dieses Abschnitts von der vergleichsweise günstigen Voraussetzung ausgegangen, daß die zuvor beschriebene Eigenkapitalfalle einer vollen Mobilisierung des Steuerguthabens nicht entgegenstand. Dafür mußte in ausreichendem Umfang steuerlich unbelastetes EK 02 vorhanden gewesen sein, an dessen Stelle der Mehrbetrag, um den das neu entstandene EK 50 über den Ausgangsbestand an EK 56 hinausging, treten konnte. Um diesen Mehrbetrag von 12/44 des Ausgangsbestands stieg dann auch die Bruttoausschüttung, die vorgenommen werden mußte, wenn man das in seiner Höhe unveränderte Steuerguthaben nach Ablauf des Jahres 1994 noch mobilisieren wollte; denn dieses ruhte jetzt nicht mehr auf dem ursprünglich vorhandenen Bestand an EK 56, sondern verteilte sich auf eine prozentual niedriger belastete Eigenkapitalposition, die dafür um 12/44 angewachsen war. Die zur vollständigen Mobilisierung des Steuerguthabens erforderliche Bruttoausschüttung lag demnach nicht mehr bei 100/44, sondern bei 112/44 des Ausgangsbestands; diese 12/44 wären aber beim Empfänger zusätzlich zu versteuern gewesen, während sie zuvor der ausschüttenden Gesellschaft steuerfrei zur Verfügung gestanden hatten.

Nach dem 31.12.1994 hatte eine so verstandene Vollausschüttung aber nicht nur eine erhöhte Bemessungsgrundlage beim Empfänger zur Folge; vielmehr wurde eine aus diesem Grunde schon verschärfte Steuerlast noch zusätzlich um 7,5 % Solidaritätszuschlag erhöht. Allerdings wirkte sich diese Verschärfung beim Empfänger nur in dem Umfang aus, wie dessen Steuerbelastung die 30 %-ige Ausschüttungsbelastung mit anrechenbarer Körperschaftsteuer überschritt.[44] Soweit die Körperschaftsteuerschuld bei der ausschüttenden Gesellschaft trotz Sonderausschüttung positiv blieb, war zudem eine dort auftretende Entlastungswirkung in Höhe des Solidaritätszuschlags auf die 20 %-ige Körperschaftsteuerminderung zu berücksichtigen, die sich aus der Steuersatzdifferenz zwischen einbehaltenen und ausgeschütteten Gewinnen ergab.[45] Von dieser Entlastungswirkung konnte eine Körperschaft aber nicht profitieren, soweit die Bruttoausschüttung 45/20 des Bruttogewinns im Ausschüttungsjahr überschritt.[46] Im Vergleich zum Gewinn des Ausschüttungsjahres sehr hohe Sonderausschüttungen waren also insofern nur zu einem kleinen Bruchteil begünstigt.

In dem für deutsche Verhältnisse überaus wichtigen Fall, daß die Ausschüttung einer mit mindestens 10 % beteiligten Kapitalgesellschaft zufließt, ergeben sich aus dem Zusammenwirken der genannten Effekte zahlenmäßige Konsequenzen, die sich anhand des schon im vorigen Abschnitts zugrunde gelegten Modellunternehmens veranschaulichen lassen.

Führt man für dieses voraussetzungsgemäß mit 44 DM EK 56 und 12 DM EK 02 ausgestattete Unternehmen ein liquiditätsneutrales Schütt-aus-Hol-zurück-Verfahren durch, so ergeben sich für eine mit 100 % beteiligte und voll der Körperschaftsteuer unterliegende Mutter in den Jahren 1994 und 1995 alternativ die in Tabelle 1 dargestellten Konsequenzen.

---

[44] Vgl. § 3 Abs. 1 Nr. 1 des Solidaritätszuschlagsgesetzes vom 23.06.1993. Auf diese Weise sollte eine Doppelbelastung von Dividenden mit dem ab 1995 erhobenen Solidaritätszuschlag verhindert werden, die bei der Erhebung des Solidaritätszuschlags in den Jahren 1991 und 1992 zu Protesten geführt hatte.

[45] Vgl. § 27 KStG in der damals gültigen Fassung.

[46] Bei Überschreitung der 45/20-Grenze war die Steuerminderung von 20 % der Bruttoausschüttung höher als die 45 %-ige Steuerlast auf den laufenden Gewinn. Eine weitere Steigerung der Ausschüttung führte zwar zu Steuererstattungen, war aber mit keiner weiteren Entlastungswirkung beim Solidaritätszuschlag verbunden, weil nach § 3 Abs. 1 Nr. 1 des Solidaritätszuschlagsgesetzes im Falle „überschießender" Steuerminderungen der Solidaritätszuschlag auf Null festzusetzen war.

Tabelle 1

Schütt-aus-Hol-zurück-Verfahren vor und nach Umwandlung von EK 56 aus der Sicht einer körperschaftsteuerpflichtigen Muttergesellschaft

	bis 31.12.1994	ab 01.01.1995	
		Unterstellter Brutto-Ausschüttungsbetrag liegt	
		außerhalb	innerhalb
		der Grenze von 45/20 des Bruttogewinns des Ausschüttungsjahres	
für Ausschüttungszwecke verwendetes EK 56 / EK 50	44 DM	56,00 DM	56,00 DM
insgesamt mobilisierbares Körperschaftsteuerguthaben[a]	+ 56 DM	+ 56,00 DM	+ 56,00 DM
Bruttodividende einschließlich 30 % Körperschaftsteuer-Gutschrift	= 100 DM	= 112,00 DM	= 112,00 DM
45 % Körperschaftsteuer bei der Muttergesellschaft	- 45 DM	- 50,40 DM	- 50,40 DM
7,5 % Solidaritätszuschlag auf Differenz zwischen 45 % Steuer der Mutter und 30 % anrechenbarer Körperschaftsteuer ab 1995		- 1,26 DM	- 1,26 DM
Nettozufluß bei der Muttergesellschaft	55 DM	60,34 DM	60,34 DM
Zeichnung einer für die ausschüttende Gesellschaft liquiditätsneutralen Kapitalerhöhung[b]	- 44 DM	- 56,00 DM	- 54,32 DM
Nettozufluß Anteilseigner	= 11 DM	= 4,34 DM	= 6,02 DM

[a] Zur hier irrelevanten Aufteilung in Körperschaftsteuerminderung bei der ausschüttenden Gesellschaft und Körperschaftsteuergutschrift bei der empfangenden Gesellschaft vgl. Fn. 31. Letztere beträgt jeweils 30 % des Bruttobetrags. Bei Bruttobeträgen von 100 DM im Jahre 1994 bzw. 112 DM im Jahre 1995 belaufen sich die jeweiligen Gutschriften bei der Mutter also auf 30 DM bzw. 33,60 DM. Der betragsmäßige Unterschied wird dadurch ausgeglichen, daß die Körperschaftsteuerminderung im Jahre 1994 die ursprüngliche Belastung von 56 % des Bruttobetrags auf 30 % Ausschüttungsbelastung herunterschleusen muß, während sich die Körperschaftsteuerminderung im Jahre 1995 aus der Differenz zwischen der rechnerischen Belastung von 50 % und der unverändert gebliebenen Ausschüttungsbelastung ergibt. Im ersten Fall errechnet sich also eine Körperschaftsteuerminderung von 26 % aus 100 DM und im zweiten Fall von 20 % aus 112. Addiert man die daraus resultierenden Beträge von 26 DM bzw. 22,40 DM zu den zuvor angegebenen Körperschaftsteuergutschriften von 30 DM bzw. 33,60 DM, so erhält man für beide Jahre übereinstimmend den in Tabelle 1 eingetragenen Wert von 56 DM.

[b] Bleibt die Bruttoausschüttung unter 45/20 des Bruttogewinns eines Ausschüttungsjahres, so führt sie ab 1995 bei der Tochtergesellschaft zu einer Entlastungswirkung beim Solidaritätszuschlag von 7,5 % aus 20 % von 112. Daraus ergibt sich eine Entlastung der Tochter von 1,68, um die die liquiditätsneutrale Kapitalerhöhung zu kürzen ist, soweit die 45/20-Grenze eingehalten wird.

Die umstellungsbedingte Erhöhung der Bemessungsgrundlage einerseits und die Einführung des Solidaritätszuschlags andererseits reduzierten den einsparungsfähigen Geldbetrag von 11 DM auf 4,34 bzw. 6,02 DM, wobei der stärker reduzierte Betrag maßgeblich war, soweit Sonderausschüttungen hoch waren, d.h. die 45/20-Grenze überschritten wurde. Was in diesem Fall vom 01.01.1995 an übrig blieb, war also deutlich weniger als die Hälfte des bis zum 31.12.1994 realisierbaren Steuervorteils. Zinsverluste und Transaktionskosten sind dabei außer acht geblieben. Will man letztere einbeziehen, so empfiehlt es sich, den Steuervorteil als Bruchteil des unter Transaktionskostengesichtspunkten bedeutsamen Wiedereinlage-Volumens auszudrücken. Bei dieser Betrachtungsweise nimmt der Steuervorteil noch stärker ab, nämlich von 25 % auf 11,08 % bzw. 7,75 % der an die ausschüttende Gesellschaft zurückfließenden Kapitalerhöhung, je nachdem, ob die Tochtergesellschaft von der Entlastungswirkung beim Solidaritätszuschlag profitiert oder nicht. Der sich hier für 1995 bei „hohen" Sonderausschüttungen ergebende Wert ist so niedrig, daß die Transaktionskosten, mit denen börsennotierte Aktiengesellschaften bei der Durchführung des Schütt-aus-Hol-zurück-Verfahrens rechnen müssen, den Steuervorteil unter Umständen zu mehr als der Hälfte aufzehren.[47] Aus diesen Überlegungen folgt, daß aus steuerlicher Sicht im Normalfall alles dafür sprach, eine Sonderausschüttung von ungemildert belasteten Rücklagen in das Jahr 1994 zu legen, wenn ihre Durchführung von der Interessenlage körperschaftsteuerpflichtiger Großaktionäre abhing.[48]

Orientiert sich der Vorstand freiwillig oder gezwungenermaßen an anderen Aktionärsgruppen, so werden die Argumente für Auskehrungen vor Ablauf des Jahres 1994 nicht schwächer. Wird vor der Umgliederung noch EK 56 ausgekehrt, verbleibt für alle anrechnungsberechtigten Bezieher von Kapitaleinkünften ein Steuersatzgefälle, das sich auf Kosten des Fiskus nutzen läßt;[49] wenn aus

---

[47] Nach einer jüngeren Erhebung liegen die Kosten einer über die Börse abgewickelten Barkapitalerhöhung in Deutschland bei durchschnittlich 1,6 % des Emissionsbetrages. Dies gilt jedenfalls dann, wenn es sich um eine Bezugsrechtsemission handelt; vgl. *Bühner / Kaserer* (2002). Bei Ausschluß des Bezugsrechtes können die Emissionskosten auf deutlich über 4 % steigen. Hinzu tritt gegebenenfalls noch eine Bankprovision von bis zu 1 % auf seiten des zeichnenden Aktionärs.

[48] Abgesehen von den in Fn. 34 erwähnten Sondersituationen wäre in diesem Zusammenhang noch der Vorbehalt zu bedenken, daß eine weitere Senkung der Körperschaftsteuer nicht ausgeschlossen werden konnte. Auch wenn man dies in Rechnung stellt, gab es keine begründete Hoffnung, daß das im Jahre 1994 realisierbare Ausmaß ausschüttungsbedingter Steuervorteile jemals wiederkehren würde. Die spätere Entwicklung hat diese aus der Sicht des Jahres 1994 formulierte Erwartung voll bestätigt.

[49] Dies gilt selbst dann, wenn entgegen Fn. 33 noch die Kirchensteuer berücksichtigt wird. Diese beträgt höchstens 9 % der Einkommensteuer; vgl. Beck'sches Steuerberater-Handbuch 1992, S. 772 f. Berücksichtigt man, daß sie von der Bemessungsgrundlage der Einkommensteuer abgezogen werden darf, so verbleibt auch beim höchsten Einkommensteuersatz von 53 % noch ein kleiner Vorteil. Damit muß sich der Steuerpflich-

der Umgliederung hervorgehendes EK 50 mobilisiert wird, macht es für diejenigen, die dem Einkommensteuer-Spitzensatz von 53 % unterliegen, in steuerlicher Hinsicht keinen Sinn mehr, Ausschüttungen entgegenzunehmen; gerade auf diese Anlegergruppe konzentriert sich aber der private Paketbesitz, auf den die Unternehmensleitungen gegebenenfalls Rücksicht nehmen müssen.

Waren in der Spitze weniger als 50 % Einkommensteuer zu zahlen, blieb immer noch der Nachteil, daß die volle Mobilisierung des Körperschaftsteuerguthabens ab 1995 eine erhöhte Bruttoausschüttung und damit regelmäßig eine höhere Steuerlast implizierte.[50] Außerdem hatte die Einführung des Solidaritätszuschlags zur Folge, daß die steuerliche Attraktivität von Ausschüttungen nach dem 31.12.1994 grundsätzlich weiter abnahm.[51] Auch hier wird man also kaum davon ausgehen können, daß Ausschüttungsinteressen, die sich 1994 nicht durchgesetzt haben, zu einem späteren Zeitpunkt an Durchschlagskraft gewinnen. Für bestimmte Anleger könnte sich allenfalls die Frage stellen, ob sie einer Ausschüttung nicht schon im Jahre 1994 ablehnend gegenüberstehen mußten.

In Betracht kommen hier zunächst Ausländer, die das Anrechnungsverfahren nicht nutzen können. Sie erleiden beim Empfang von Ausschüttungen aus EK 56 schon im Jahre 1994 einen Nachteil, wenn die im Inland mit 30 % Körperschaftsteuer belasteten Dividenden in ihrem Heimatstaat so stark besteuert werden, daß die inländische Körperschaftsteuerminderung in Höhe von 26 % des Bruttobetrags überkompensiert wird. Da die ausländische Steuer nur auf den bereits um die Köperschaftsteuer gekürzten Betrag erhoben wird, liegt der kritische Steuersatz im Ausland bei 26/70 oder 37,14 %. Dieser Steuersatz mag im Einzelfall durchaus überschritten werden; deutsche Publikums-Aktiengesellschaften brauchen auf solche Belastungen aber kaum Rücksicht zu nehmen,[52] zumal sie sich leicht vermeiden lassen. Schon bei „normalen" Dividendenaus-

---

tige aber ohnehin nicht begnügen, wenn ihm die in Abschnitt III.1. beschriebene Möglichkeit offen steht, der Besteuerung durch Realisation steuerfreier Kursgewinne auszuweichen.

[50] Die steuerliche Situation von Aktionären, bei denen die Belastung von Dividenden wegen Sinkens anderweitiger Einkünfte im Zeitablauf abnimmt, dürfte bei Vorteilsabwägungen von Managern börsennotierter Aktiengesellschaften kaum einmal eine Rolle spielen; noch unwahrscheinlicher ist, daß solche Entwicklungen schon 1994 vorhergesehen werden konnten.

[51] Unschädlich war die Einführung des Solidaritätszuschlages für Privatanleger mit einem Steuersatz von bis zu 30 %; vgl. Anmerkung a zu Tabelle 1.

[52] Soweit ausländische Anleger nennenswerte Anteile am Kapital deutscher Publikums-Aktiengesellschaften halten, handelt es sich zum großen Teil um Pensionsfonds oder ähnliche institutionelle Anleger, die im Ausland oft gar keine Steuern mehr zahlen. In diesem Fall wird die nach Erhebung von 30 % Körperschaftsteuer verbleibende Dividende in der Regel nur noch einer inländischen Quellensteuer von 15 % unterworfen. Bezogen auf den Bruttobetrag ergibt sich daraus eine Gesamtbelastung von 40,5 %, die kein Interesse entstehen läßt, Ausschüttungen aus EK 56 nach Möglichkeit zu verhindern.

schüttungen werden vielfach die Transaktionskosten in Kauf genommen, die mit dem Verkauf von Aktien kurz vor dem Dividendentermin und einem späteren Rückkauf verbunden sind; bei größeren Sonderausschüttungen ist dies um so eher zu erwarten, als hier die Transaktionskosten eines solchen „Dividenden-Strippings" relativ zur Belastung der Ausschüttung mit inländischen Steuern sehr viel weniger ins Gewicht fallen.

Inländer könnten einer Auskehrung von EK 56 im Jahre 1994 immerhin dann ablehnend gegenübergestanden haben, wenn sie potentielle Ausschüttungen neben der Einkommen- oder Körperschaftsteuer noch der Gewerbesteuer unterwerfen mußten. Wie einfache Rechnungen zeigen, ließ sich eine derartige Interessenlage in der Tat nicht generell ausschließen; wo Aktieneigentum mit seinen Ausschüttungen unter die Gewerbesteuerpflicht fiel, standen aber im Regelfall ganz andere Überlegungen im Mittelpunkt: Rationale Steuerpflichtige mußten darauf achten, gewerbliches Aktieneigentum nur in solchen Fällen zu halten, in denen sie ausschüttungsbedingte Wertverluste aus ihren Anteilen steuerlich geltend machen konnten. Gerade dieses Verhalten gewerblicher Anleger sorgte dann dafür, daß die Auskehrung von voll versteuerten Rücklagen für Privatanleger und Ausländer sehr viel vorteilhafter war als bisher unterstellt. Wenn es konsequent praktiziert wurde, konnte es den Aktienkurs an der Börse nämlich auf ein Niveau treiben, bei welchem dem Verkäufer das mobilisierungsfähige Steuerguthaben im Prinzip in voller Höhe bezahlt wurde; bei funktionierender Steuerarbitrage durch gewerbliche Anleger wurden nur die Transaktionskosten des An- und Verkaufs sowie Zinsen für kurzfristige Haltezeiträume abgezogen. Die Käufer konnten sich darauf genau dann einlassen, wenn sie bei der Ermittlung ihres steuerpflichtigen Gewinns aus Gewerbebetrieb die ausschüttungsbedingte Wertminderung der erworbenen Aktien gegen die empfangenen Bruttoausschüttungen aufrechnen durften.[53] Was dies für die Kursbildung an der Börse und die Vorteilsabwägungen der verschiedenen Anlegergruppen bedeutete, wird im nächsten Abschnitt näher beleuchtet.

III. Mögliche Kurswirkungen einer Auskehrung von EK 56 aus theoretischer und empirischer Sicht

Wie aus den abschließenden Überlegungen in Teil II. hervorgeht, waren die Vorteilsabwägungen bestimmter Anlegergruppen ganz entscheidend davon abhängig, wie sich ein ausschüttungsfähiger Bestand an ungemildert belastetem Eigenkapital im Börsenkurs niederschlug. Deshalb soll im folgenden untersucht

---

[53] Im Hinblick auf die Frage, welche Nachteile ein Aufschub der Sonderausschüttung hatte, ist zusätzlich zu beachten, daß die Zulässigkeit ausschüttungsbedingter Teilwertabschreibungen in der zweiten Hälfte der neunziger Jahre an immer strengere Voraussetzungen geknüpft wurde; vgl. Fn. 37.

werden, welche Kursreaktionen eine Auskehrung von EK 56 aus theoretischer Sicht erwarten ließ und zu welchen Kursreaktionen es tatsächlich kam.[54]

1. Zu erwartende Kurseffekte aus theoretischer Sicht

Um die Konsequenzen einer Auskehrung ungemildert belasteten Eigenkapitals auf den Börsenwert eines Unternehmens untersuchen zu können, wird wieder von einem Modellunternehmen ausgegangen, das über ausschüttungsfähiges EK 56 in Höhe von 44 DM verfügt. Falls das Unternehmen die im unterstellten Ausgangszustand vorhandene Kapitalausstattung nicht verändert und ein wohlbestimmtes, hier nicht weiter interessierendes Investitionsprogramm abwickelt, ergebe sich aus der Diskontierung der zukünftig erwarteten Überschüsse mit dem aus Aktionärssicht relevanten Kalkulationszinsfuß ein Unternehmenswert von W. In diesem Fall wird sich an der Börse ein Wert von W einstellen, wenn aktuelle und potentielle Aktionäre die gegebene Investitions- und Ausschüttungspolitik korrekt antizipieren.

Wird der vorhandene Bestand an EK 56 überraschenderweise doch ausgekehrt, so wird es vom Zeitpunkt der Ankündigung einer solchen Auskehrung an potentielle Käufer geben, deren Zahlungsbereitschaft den Wert W überschreitet. Um hier auf möglichst einfache Weise zu einer numerischen Abschätzung zu gelangen, sei von allen kurzfristigen Zinseffekten zwischen Ankündigung, Ausschüttung und steuerlicher Veranlagung abgesehen. Denkbare Transaktionskosten werden ebenfalls vernachlässigt. Außerdem wird zunächst von der Annahme ausgegangen, daß es dem Anleger gleichgültig ist, ob vorhandene Liquidität auf Unternehmensebene oder im Privatvermögen lokalisiert ist. Diese Indifferenzannahme impliziert, daß der Liquiditätsabfluß in Höhe von 44, den das Unternehmen anläßlich der Ausschüttung hinnehmen muß, seinen Börsenwert ex Dividende auf W-44 reduziert.

Unter diesen Voraussetzungen lassen sich zwei Gruppen anrechnungsberechtigter Anleger identifizieren, für die die Obergrenze ihrer Zahlungsbereitschaft bei W+56 liegt: Dies sind zum einen natürlich all jene Anleger, die das gesamte Körperschaftsteuerguthaben von 56 Geldeinheiten vom Finanzamt zurückholen konnten, weil ihr persönlicher Grenzsteuersatz Null beträgt; zum anderen gehören dazu aber auch alle zur Aufstellung einer Bilanz verpflichteten Gewerbetreibenden, bei denen nicht nur die empfangene Bruttodividende, sondern auch die ausschüttungsbedingte Wertänderung ihrer Aktien in die ertragsteuerliche Bemessungsgrundlage eingeht. Zahlte die zweite Gruppe unmittelbar vor der Ausschüttung gerade ihren Grenzpreis von W+56, so konnte sie im Vergleich zum

---

[54] Eine ausführlichere Betrachtung zu diesen Überlegungen findet sich in *Wenger / Kaserer* (2005).

ex-Kurs von W-44 eine Wertminderung von 100 geltend machen, die mit der empfangenen Bruttodividende von 100 verrechnet werden konnte. Per Saldo verblieb aus der Durchführung einer solchen Aktientransaktion also eine Steuerbemessungsgrundlage von Null, so daß nach Durchführung des Anrechnungsverfahrens beim Käufer keine Steuer anfiel. Da sich der Erwerbskurs vor Ausschüttung gerade gegen die Summe aus ex-Kurs, Bardividende und Steuererstattungsanspruch heraushob, konnten bilanzierungspflichtige Anleger also ganz unabhängig von ihrem individuellen Steuersatz im Grenzfall einen Börsenwert von W+56 bezahlen. Da die Zahlungsbereitschaft dieser potentiellen Aktionäre den Börsenwert eines einzelnen Unternehmens problemlos absorbiert, müssen die von der Käuferseite in Gang gesetzten Arbitrageprozesse unter den hier zugrunde gelegten Voraussetzungen tatsächlich dazu führen, daß der rechnerische Börsenwert der ausschüttenden Gesellschaft im Zeitraum zwischen Ankündigung und Ausschüttung auf W+56 steigt. Da genau dann auf der Käuferseite keine Steuern anfallen, geht der Fiskus leer aus, wenn bei den Verkäufern auf den realisierten Kursgewinn keine Steuer anfällt.[55] Im wirtschaftlichen Ergebnis wird die Dividende dann vom Verkäufer steuerfrei vereinnahmt.[56]

Natürlich muß man sich nun die Frage stellen, zu welchem Zeitpunkt die mögliche Mobilisierung eines Steuerguthabens aus EK 56 im Aktienkurs reflektiert wird. Zwar wird dies spätestens bei Ankündigung der Transaktion durch das Unternehmen der Fall sein, möglicherweise kommt es aber auch schon zu einem früheren Zeitpunkt zu einer zumindest teilweisen Antizipation dieses Effektes. Eingeschränkt wird eine solche Antizipation allerdings durch die Publizitätsvorschriften des Aktiengesetzes, welche der Unternehmensleitung das Recht geben, den Anteilseignern einen Einblick in die steuerliche Eigenkapitalgliederung zu verwehren;[57] wenn aber unbekannt ist, ob es in einer ungewissen Zukunft überhaupt zu Steuererstattungen kommt, falls Rücklagen jemals wieder

---

[55] Bei Privatleuten war dies im Jahre 1994 dann der Fall, wenn ihre Beteiligungsquote unter 25 % lag und sie länger als sechs Monate Eigentümer der veräußerten Aktien gewesen waren; vgl. § 23 Abs. 1 Nr. 1b EStG in der damals gültigen Fassung.

[56] Der Gesetzgeber wollte einer derartigen Steuerarbitrage zwar durch Versagung der steuerlichen Anerkennung ausschüttungsbedingter Teilwertabschreibungen gemäß § 50c EStG vorbeugen; die 1994 gültige Fassung dieser Vorschrift erfüllte diesen Zweck aber schon deshalb nicht, weil sie nur solche Fälle erfassen sollte, in denen der Verkäufer nicht zur Anrechnung von Körperschaftsteuer berechtigt war. Indessen verfehlte sie selbst dieses Ziel, weil sie eine Ausnahme für Börsengeschäfte vorsah. Transaktionen unter anrechnungsberechtigten Inländern blieben 1994 gänzlich unbehelligt und gerieten erst mit Wirkung für den Veranlagungszeitraum 1998 ins Visier des Gesetzgebers. Von da an erwies sich der neu eingeführte Abs. 11 des § 50c EStG als wirksames Hindernis für eine Steuerarbitrage unter Inländern, weil er keine Befreiung für Börsengeschäfte vorsah; vgl. dazu das Gesetz zur Fortsetzung der Unternehmenssteuerreform vom 29.10.1997, BGBl. I 1997, S. 2590.

[57] Vgl. dazu § 131 Abs. 3 AktG. Die Hintergründe dieser grotesken Gesetzeslage erörtert *Wenger* (1996), S. 443 f. Auf vernichtende Kritik stößt sie bei *Siegel* et al. (1999).

aufgelöst werden, ist nicht zu erwarten, daß sich solche doppelt ungewissen Vorteile auf die Kursbildung an der Börse spürbar auswirken. Damit ist nicht davon auszugehen, daß der Marktwert des Modellunternehmens spürbar über W hinausgehen wird, solange keine konkreten Anhaltspunkte dafür vorliegen, daß das Unternehmen an eine Auskehrung seiner versteuerten Gewinnrücklagen denkt. Dies läßt erwarten, daß die empirisch beobachteten Kurseffekte, soweit sie steuerlich motiviert sind, dem hier beschriebenen Wertzuwachs von 56 Geldeinheiten pro 44 Geldeinheiten EK 56 einigermaßen nahekommen.

Hebt man nun die zunächst zugrundegelegte Prämisse auf, wonach eine Geldeinheit im Unternehmen genau so viel wert ist wie in den Händen des Anlegers, kann auch der Ankündigungseffekt einer Sonderausschüttung höher sein als 56/44 des auskehrbaren EK 56. Dies hängt mit den bereits in der Einleitung vorgetragenen Überlegungen zusammen, wonach es Situationen gibt, in denen der Kapitalmarkt dem Abzug von Liquidität aus einem Unternehmen ganz unabhängig von steuerlichen Gesichtspunkten einen positiven Wert beimißt.[58]

Zum einen lassen sich solche Reaktionen als Ausfluß der „Agency Theory of Free Cash Flow“[59] deuten, die in den Eigeninteressen eines nur schwach kontrollierten Managements die Ursache für ein mögliches Überinvestitionsproblem sieht. Aus dieser Sicht ist zu erwarten, daß dort, wo es den Aktionären gelingt, ein begründetes Interesse an der Auskehrung von Teilen des Gesellschaftsvermögens gegen das Management durchzusetzen, die in der Börsenbewertung einkalkulierte Wahrscheinlichkeit einer drohenden Kapitalverschwendung nach unten korrigiert wird. Damit wird die Ankündigung einer Sonderausschüttung zu einem positiven Kurseffekt führen, der in dem Maße über den rein steuerlich bedingten Vermögenseffekt hinausgeht, wie das Management durch den Kapitalentzug an vermögensvernichtenden Investitionsentscheidungen gehindert wird.

Zum anderen könnte man die Ursache steuerlich nicht erklärter Kurssteigerungen auch in jenen Modellen suchen, die im Rahmen der Signaling-Theorie entwickelt wurden.[60] Eine Dividendenankündigung wird in der zugehörigen Modellwelt als ein glaubhaftes Signal an die außenstehenden Kapitalgeber hinsichtlich der zukünftigen Ertragsaussichten des Unternehmens betrachtet. Der

---

[58] Man beachte, daß sich steuerliche Optimierungsüberlegungen nicht darin erschöpfen, eine möglichst vollständige Erstattung der auf das EK 56 bezahlten Körperschaftsteuer zu bewirken. Wenn der Abzug von Liquidität die Steuerbelastung noch aus anderen Gründen senkt, so können steuerlich bedingte Kurseffekte auch über 56/44 der ausgekehrten Rücklagen hinausgehen. Welche Ansatzpunkte im Steuerrecht des Jahres 1994 in dieser Hinsicht angelegt waren, erörtern *Wenger / Kaserer* (2005).

[59] Vgl. hierzu auch die Einleitung dieses Beitrags, insbesondere die Ausführungen im Zusammenhang mit Fn. 9.

[60] Vgl. die einleitenden Ausführungen im Zusammenhang mit Fn. 6.

Erklärungsgehalt dieses Denkansatzes sollte im vorliegenden Zusammenhang aber nicht allzu hoch veranschlagt werden, weil eine Sonderausschüttung einmaliger Natur ist und deshalb für sich alleine genommen noch keine Korrektur der zukünftig erwarteten Cash Flows aus der Aktienanlage nahelegt. In Einklang damit konnten empirische Untersuchungen zum Ankündigungseffekt von Sonderausschüttungen auf dem amerikanischen Kapitalmarkt belegen, daß das dabei gemessene Verhältnis zwischen Kursreaktion und Ausschüttungsvolumen geringer ausfällt als bei der Ankündigung einer betragsmäßig äquivalenten Dividendenerhöhung.[61] Gleichzeitig zeigen diese Untersuchungen aber auch, daß es einen signifikanten Ankündigungseffekt gibt, was als eine Bestätigung der „Agency Theory of Free Cash Flow“ betrachtet werden kann. Aus dieser Perspektive kann man also argumentieren, daß auch hier die Beobachtung eines über den steuerlich bedingten Vermögenseffekt hinausgehenden Kurseffektes in Einklang mit dem zuletzt genannten Theoriegebäude stünde.

2. Empirisch beobachtete Kurseffekte

Wenger / Kaserer (2005) haben in einer ausführlichen empirischen Untersuchung der 1994 vorgenommenen Sonderausschüttungen aus EK 56 gezeigt, daß die dadurch ausgelösten Kursreaktionen deutlich über das hinausgingen, was mit der nachträglichen Einsparung bereits gezahlter Körperschaftsteuer erklärt werden kann. Dieser Befund stützt sich auf die empirische Verteilung eines sogenannten „Sonderausschüttungsfaktors“, der angibt, in welchem Verhältnis die marktbereinigte Kurssteigerung der jeweiligen Aktie zu der hypothetischen Wertsteigerung steht, die rein rechnerisch einer vollständigen Rückerstattung der auf das EK 56 entrichteten Körperschaftsteuer entspricht. Ein Sonderausschüttungsfaktor von über 1 bedeutet dann, daß der Aktionär durch die Sonderausschüttung einen Vermögenszuwachs erfahren hat, der höher ist als das, was dem Finanzamt im Höchstfall an bereits entrichteter Körperschaftsteuer wieder abgenommen werden kann.

Eines der zentralen Ergebnisse aus der 51 Fälle umfassenden Untersuchung von Wenger / Kaserer (2005) wird in Tabelle 2 wiedergegeben. $y_{m:n}$ bezeichnet dabei den zwischen Tag m und Tag n im Durchschnitt aller Fälle gemessenen Sonderausschüttungsfaktor, wobei die Zeitachse so normiert wurde, daß sich für den Ankündigungstag der Wert 0 ergibt. Wie sich zeigt, ist der durchschnittliche Sonderausschüttungsfaktor nicht nur in den meisten der betrachteten Zeitfenster signifikant von Null verschieden, sondern liegt für die längeren Zeitfen-

61 Vgl. *Brickley* (1983).

ster auch signifikant über dem Wert 1. Dieser Befund läßt darauf schließen, daß es neben dem reinen Steuereffekt auch noch einen anderweitig bedingten Vermögenseffekt einer Sonderausschüttung gibt. Dieser hat gemäß den weiter oben vorgetragenen Überlegungen vermutlich etwas mit Kontrollproblemen in der Beziehung zwischen Aktionär und Management zu tun. Hinsichtlich der Größe des Effektes ist zu beachten, daß sich über den Zeitraum von ±60 Tagen um den Ankündigungstag insgesamt ein Wertzuwachs im Unternehmen ergibt, der im Durchschnitt mehr als das 2,6-fache der maximal einsparungsfähigen Körperschaftsteuer ausmacht. Sonderausschüttungen scheinen für den Aktionär also überaus lohnend zu sein.

Tabelle 2

Verteilung des durchschnittlichen Sonderausschüttungsfaktors für verschiedene Zeitfenster relativ zum Ankündigungstag

m:n	$y_{m:n}$ N=51	Signifikanz der Abweichung von 0 (2-seitiger Test)	Signifikanz der Abweichung von 1 (2-seitiger Test)	Min.	Max.
-60:+60	2,644	0,000	0,006	-5,97	15,85
-20:+20	2,349	0,000	0,011	-4,34	24,66
-60:-6	1,186	0,015	0,694	-6,76	11,58
-5:+30	1,931	0,000	0,032	-5,69	18,70
-5:+5	1,252	0,000	0,434	-1,71	14,52
0:+1	0,951	0,000		-0,64	8,70
0:+5	1,177	0,000	0,551	-1,71	12,94
+6:+60	0,144	0,662		-12,09	3,01

IV. Sonderbare Überlegungen zum Umgang mit EK 56

Nachdem für das Jahr 1994 sowohl aus theoretischer als auch aus empirischer Sicht massive Vorteile einer EK-56-Auskehrung für die Aktionäre vorgerechnet werden können, wird man die Frage aufwerfen müssen, was man sich in den Unternehmen gedacht hat, die ihren Aktionären den Zugriff auf die vorhandenen EK-56-Bestände verweigert haben. Diese Frage erscheint um so drängender, als sowohl der höchste als auch der zweithöchste Bestand an EK 56 gerade nicht zur Ausschüttung freigegeben worden sind. Nach Angaben in den jeweiligen Hauptversammlungen sind bei der Daimler-Benz AG mehr als 11 Mrd. DM und bei der Deutschen Bank AG mehr als 1 Mrd. DM EK 56 zum 31.12.1994 auf EK 50 umgestellt worden.[62]

Beide Unternehmen hatten ihren Aktionären frühzeitig Grund zu der Sorge gegeben, daß sich das Management über die Ausschüttungsinteressen der Aktionäre hinwegzusetzen gedachte.[63] Schon in der Hauptversammlung der Deutschen Bank AG im Jahre 1993, als die Verabschiedung des Standortsicherungsgesetzes bereits absehbar war, hatte sich ein Aktionär mit folgenden Worten gegen recht überraschende Ausführungen des Vorstandssprechers Hilmar Kopper gewandt: „Sie haben ... gesagt, daß das EK 56 bis 1994 .. nicht vollständig ausgeschüttet werden wird, sondern daß ein Teil unseres EK 56 in EK 50 umgewandelt wird ... Sie haben behauptet, daß dies steuer- und liquiditätsneutral für die Aktionäre und die Gesellschaft wäre. Dem ist natürlich nicht so."[64]

Koppers Entgegnung fiel noch überraschender aus: „Sie haben die komplexe Materie EK 56 / EK 50 angeschnitten ... Was uns anbelangt, sind wir in der Lage – aber ... das würde eine erhebliche Zeit und einen erheblichen Sachverständigen-Input aller Seiten verlangen –, Ihnen nachzuweisen, daß über einen mittleren Zeitraum es sich in der Tat wieder ausgleicht ... Eine immense Schütt-aus-hol-zurück-Aktion ist für uns überhaupt nicht vorstellbar, würde sicherlich auch auf die allergrößten Bedenken unseres Aufsichtsamtes stoßen. Ich kann mir das nicht vorstellen. Ich hielte das für eine Gefährdung der Bank."[65]

Nach dieser Anhäufung von Merkwürdigkeiten hakte der Aktionär verständlicherweise nach: „Zum Punkt Schütt-aus-hol-zurück, EK 56, hatten Sie gesagt, das würde auf den Widerstand des Bundesaufsichtsamtes stoßen ... Ich möchte

---

[62] Zum 31.12.1992 verfügte die Daimler-Benz AG über 11,887 Mrd. DM EK 56, von denen nach Zahlung der Dividenden für 1993 und 1994 am Umstellungstermin noch etwa 11,2 Mrd. DM übrig gewesen sind; vgl. Protokoll der außerordentlichen Hauptversammlung der Daimler-Benz AG vom 20.12.1993, S. 124. Laut Protokoll der Hauptversammlung der Deutschen Bank AG vom 19.05.1994 hat der Vorstand erklärt, ein Betrag von „etwas mehr als 1 Mrd. DM" EK 56 werde zum Jahresende auf EK 50 umgestellt.

[63] Hier liegt der Einwand nahe, daß eine Mehrheit von Aktionären ihre Ausschüttungsinteressen auch gegen das Management hätte durchsetzen können. Diesem Einwand ist jedoch entgegenzuhalten, daß beide Unternehmen zur damaligen Zeit Spielball von Managementinteressen waren, weil die Hauptversammlungsmehrheiten nicht zur Disposition von mit eigenem Geld wirtschaftenden Aktionären standen, sondern ihrerseits von Managern kontrolliert wurden, die wiederum vor Aktionärsinteressen abgeschirmt waren. Hauptursache waren in diesem Zusammenhang die beteiligungsmäßigen Überkreuzverflechtungen zwischen großen Kapitalgesellschaften, die sich zur „Deutschland AG" verbündet hatten; vgl. dazu *Wenger / Kaserer* (1998), S. 503 ff.

[64] Wortprotokoll der Hauptversammlung der Deutschen Bank im Jahre 1993, S. 83 f.

[65] Wortprotokoll der Hauptversammlung der Deutschen Bank im Jahre 1993, S. 98.

fragen: Ist das Ihre persönliche Meinung, oder haben Sie das schon mal beim Bundesaufsichtsamt angesprochen? Wenn ja, mit welchem Ergebnis? Dann hatten Sie darauf hingewiesen, das wäre für uns dumme Aktionäre hier zwar viel zu kompliziert und zu langwierig, aber auf lange Sicht würde sich das alles wieder ausgleichen, wenn Sie das so machen, wie Sie das machen. Ich möchte, wenn Sie uns das hier nicht erklären können, den Antrag stellen, daß ich und jeder andere Aktionär, den diese Rechnung interessiert, sie von der Deutschen Bank zugeschickt bekommt. Das können Sie ja mal auf zwei bis drei Seiten ausarbeiten."[66]

Die Antwort des Vorstandssprechers hörte sich so an: „Wir werden da keine Ausarbeitung machen, aber wenn Sie daran … fachliches Interesse … haben, dann stehen Ihnen sicherlich Herr Dr. Krumnow oder seine Herren einmal zu einem Meinungsaustausch auf diesem Gebiet zur Verfügung. ... Haben wir das Aufsichtsamt gefragt? – Nein, das haben wir nicht. Wir halten es für absolut destruktiv, daß wir als ein Kreditinstitut, das vom Vertrauen lebt, mehr ausschütten, das heißt in die Reserven greifen, um auszuschütten, und das sichtbar nach außen. Das kann sich unseres Erachtens ein Kreditinstitut nicht leisten. Davon sind wir absolut überzeugt, deswegen haben wir uns erspart, in Berlin überhaupt eine offizielle Anfrage zu starten. Außerdem – siehe, was da wäre, – so eine Anfrage kann man heute wohl kaum loslassen, weil damit schon ein Indiz verbunden wäre, daß man eine höhere Dividende ausschüttet."[67]

Einige Monate später kam es in der Tat zu einem Treffen mit dem für Steuerfragen zuständigen Vorstandsmitglied der Deutschen Bank, Jürgen Krumnow.[68] Bei diesem Treffen versuchte niemand mehr, ernsthaft den Nachweis zu führen, daß sich „über einen mittleren Zeitraum" alles „in der Tat wieder ausgleicht". Auch das Bundesaufsichtsamt für das Kreditwesen wurde nicht mehr bemüht. Im Mittelpunkt stand plötzlich die vermeintliche Gefahr, daß die zur Durchführung des Schütt-aus-Hol-zurück-Verfahrens erforderliche Kapitalerhöhung nicht plaziert werden könnte. Wie dieses Argument bei einem Unternehmen, dessen Aktienkurs zum fraglichen Zeitpunkt weit über dem 12-fachen des Nennwertes lag, konkret zu interpretieren ist, konnte natürlich nicht verdeutlicht werden.[69]

Dieses vom gebündelten Sachverstand der deutschen Finanzwelt entwickelte Argument bemühte auch die Daimler-Benz AG als Rechtfertigung für den Verzicht auf eine EK-56-Ausschüttung, bei der es um eine potentielle Steuererspar-

---

[66] Wortprotokoll der Hauptversammlung der Deutschen Bank im Jahre 1993, S. 118.

[67] Wortprotokoll der Hauptversammlung der Deutschen Bank im Jahre 1993, S. 120.

[68] Vgl. zu diesen Ausführungen *Wenger / Knoesel / Knoll* (1995), S. 754 f.

[69] Einschlägige Fehleinschätzungen zur Frage der (Nicht-)Plazierbarkeit von Kapitalerhöhungen bei (weit) über dem Nennwert liegenden Börsenkursen widerlegt schon *Stephan* (1977), S. 117 ff. Vgl. dazu auch *Wenger* (1993), S. 323.

nis in Höhe von mehreren Milliarden gegangen wäre.[70] Der Versuch des Unternehmens, die Gründe im Detail auszuformulieren, die dafür ursächlich sein sollten, daß eine Kapitalerhöhung in dieser Größenordnung nicht zu plazieren sei, wurde jedenfalls zu einem spektakulären Beispiel dafür, welche seltsamen Vorstellungen über die Funktionsweise von Kapitalmärkten in den Führungsetagen deutscher Großunternehmen im Jahre 1994 anzutreffen waren.

Die Wiedereinlage der verlangten Ausschüttung scheitert nach Ansicht der Gesellschaft daran, „daß die vielen Kleinaktionäre keine ‚voll informierten Marktteilnehmer' im Sinne wirtschaftswissenschaftlicher Theorien sind, die optimale ökonomische und juristische Kenntnisse haben und daher wissen, daß es sich bei einem ‚Schütt-aus-hol-zurück-Verfahren' um eine Umschichtung zwischen ‚gezeichnetem Kapital' ... und ‚Gewinnrücklagen' ... handelt. Viele Kleinaktionäre messen ihren Anteil an der Antragsgegnerin regelmäßig nicht an der Summe aus ihrem Anteil am gezeichneten Kapital und ihrem Anteil an der Gewinnrücklage, sondern nach der Zahl der Aktien, die sie halten. Ein Aktionär, der beispielsweise 100 Aktien hält und mit dem Umfang dieser Beteiligung ... zufrieden ist, könnte zwar die Ausschüttung annehmen, aber keine neuen Aktien zeichnen, weil er dies als zusätzliches Engagement empfände."[71]

Wenn Kapitalmaßnahmen von stückzahlorientierten Aktionären zu Fall gebracht werden können, drängt sich die Frage auf, warum sich sowohl die Deutsche Bank als auch die Daimler-Benz AG nur kurze Zeit später auf das Abenteuer eingelassen haben, den Nennwert ihrer Aktien von 50 DM auf 5 DM zu senken. Die damit verbundene Verzehnfachung der Anzahl ausgegebener Aktien hätte einen dramatischen Verkaufsdruck auslösen müssen, wenn „die vielen Kleinaktionäre" aus „Zufriedenheit" über die zuvor erreichte Stückzahl ihrer Aktien sofort 9/10 ihres angeschwollenen Bestands auf den Markt geworfen hätten. Tatsächlich mußte keines der beiden Unternehmen diese Erfahrung machen. Daß sie ihren Unternehmenswert über die Nennwertumstellung hinwegretten konnten, weil sich der Kurs der neuen Aktien bei ziemlich genau einem Zehntel des Kurses der alten Aktien eingependelt hat, muß wohl damit zusammenhängen, daß stückzahlorientierte Aktionäre seltener sind als mancherorts vermutet.

Auf dem Niveau des stückzahlorientierten Aktionärs bewegten sich auch die anderen Argumente, mit denen den Anteilseignern der Verzicht auf einen milliardenschweren Vermögenszuwachs schmackhaft gemacht werden sollte. Der damalige Vorstandsvorsitzende der Daimler-Benz AG entwickelte sogar eine

[70] Allein für die Deutsche Bank, die zu diesem Zeitpunkt noch mit 28 % an der Daimler-Benz AG beteiligt war, hätte sich ein Vorteil von $0{,}28 \cdot 11/44 \cdot 11.200 =$ 784 Mio. DM ergeben.

[71] Schriftsatz der Daimler-Benz AG vom 02.11.1994 im Verfahren 2 KfH O 8/94 am Landgericht Stuttgart.

Art Privatinitiative zur Erhöhung der Steuerbelastung des Unternehmens und seiner Aktionäre. In der Hauptversammlung vom 20.12.1993 vertrat Edzard Reuter den Standpunkt, in einer Zeit, die „durch steigende Arbeitslosigkeit, durch Diskussionen um Lohnverzicht und durch leere öffentliche Kassen geprägt" ist, müßten Steuersparaktionen zugunsten der Aktionäre unterbleiben, weil sie „nahezu zwangsläufig zu sehr ernstzunehmenden sozial- und finanzpolitischen – ich fürchte sogar zu allgemeinpolitischen – Problemen führen."[72]

Der aus diesen Einlassungen deutlich werdende Stellenwert von Aktionärsinteressen fand naturgemäß auch den Beifall der auf das Unternehmen eingestimmten Pressevertreter. In der Börsenzeitung hatte deren heutiger Chefredakteur Claus Döring schon einige Monate vorher einer großen deutschen Aktiengesellschaft vorgeworfen, mit der Ausschüttung von EK 56 habe sie sich „an den Rand des staatsbürgerlich Vertretbaren gewagt".[73] Der damalige Chefredakteur, H. K. Herdt, zweifelte auch an der betriebswirtschaftlichen Vertretbarkeit und lobte die Verwaltung dafür, daß sie in dem Bewußtsein, eine Kapitalerhöhung könne am mangelnden Zeichnungswillen der Aktionäre scheitern, „auf Nummer Sicher" gehe, statt „unkalkulierbare Risiken" einzugehen.[74]

In einem solchen Umfeld fiel es den Banken, die im Interesse ihrer Depotkunden Abstimmungsempfehlungen zur Hauptversammlung geben mußten, nicht allzu schwer, ihre Beziehungen zur Daimler-Verwaltung höher zu gewichten als die Mehrung des Vermögens der Aktionäre. In einem Schreiben der Deutschen Bank an ihre Depotkunden aus Anlaß der Daimler-Benz-Hauptversammlung vom 20.12.1993 ist überhaupt keine Begründung dafür genannt, warum sie die Stimmen ihrer Depotkunden gegen eine Auskehrung von EK 56 einzusetzen gedachte. Zahlreiche andere Banken verfuhren ebenso, während die Dresdner Bank das Bedürfnis verspürte, sich inhaltlich zu rechtfertigen. In dieser Absicht machte sie geltend, daß der Aktionär einem Unternehmen höhere Kapitalkosten aufbürdet, wenn er ein Schütt-aus-Hol-zurück-Verfahren durchsetzt:

„Wir hatten Sie bereits in unserem eingangs erwähnten Anschreiben auf die Auswirkungen eines Schütt-aus-hol-zurück-Verfahrens auf die Eigenkapitalstruktur der Gesellschaft aufmerksam gemacht. Das mit Dividende zu bedienende Grundkapital würde in einem ungewöhnlichen Ausmaß steigen und die nicht mit Kapitalkosten belasteten anderen Gewinnrücklagen würden sich entsprechend reduzieren."[75]

[72] Wortprotokoll der außerordentlichen Hauptversammlung der Daimler-Benz AG im Jahre 1993, S. 137. Am Ende dieser Ausführungen vermerkt das Protokoll: „Beifall".

[73] Börsenzeitung vom 21.04.1993, S. 4.

[74] Börsenzeitung vom 22.12.1993, S. 1.

[75] Undatiertes Schreiben der Dresdner Bank an ihre Depotkunden, zugegangen im Januar 1994.

Die zwei größten deutschen Kreditinstitute und der mit ihnen durch Kapitalbeteiligungen verflochtene größte deutsche Industriekonzern haben damit auf eindrucksvolle Art und Weise bewiesen, in welchem Ausmaß und mit welchen Argumenten sie bereit sind, finanziell gewichtige Interessen der Aktionäre beiseite zu schieben. Dabei kann man davon ausgehen, daß die Verwaltungen aller drei Unternehmen entgegen der in der Öffentlichkeit dargelegten Überzeugung die steuerlichen Vorteile einer EK-56-Auskehrung kannten. Dafür spricht nicht zuletzt die Tatsache, daß sie bei mehreren Konzerntöchtern Sonderausschüttungen durchgeführt haben.[76] Ebenso konnte kein Protest vernommen werden, als die Allianz AG Holding eine steuerlich bedingte Leg-ein-Schütt-aus-Maßnahme durchführte, obwohl beide genannten Kreditinstitute dort einen Kapitalanteil von jeweils 10 % hielten. Nach allem ist bis zum heutigen Tage unklar, welche besondere Spielart des allgemeinen Agency-Problems, das bei jeder Trennung von Eigentum und Managementfunktionen auftritt, dafür verantwortlich gemacht werden kann, daß den Aktionären der Daimler-Benz AG im Jahre 1994 eine Steuerersparnis in Milliardenhöhe vorenthalten wurde.

Dies gilt um so mehr, als die Daimler-Benz AG im Jahre 1998 den überwiegenden Teil der in EK 50 umgewandelten Rücklagen dann doch ausgeschüttet hat, bevor diese ins EK 45 umgegliedert worden wären. Wie in Abschnitt III. gezeigt wurde, hatten sich die steuerlichen Vorteile einer Sonderausschüttung inzwischen aber dramatisch verringert. Für die Deutsche Bank als Ausschüttungsempfänger hat sich der Vorteil einer liquiditätsneutralen Zeichnung von Daimler-Aktien im Rahmen eines Schütt-aus-Hol-zurück-Verfahrens um 57,5 % reduziert;[77] dabei berücksichtigt dieser pro gehaltene Aktie gerechnete Vorteilsentgang noch nicht, daß die Deutsche Bank zwischen 1994 und 1998 ihre Beteiligung an der Daimler-Benz AG von etwa 28 % auf ungefähr 22 % heruntergefahren hat.[78] Für andere Dividendenempfänger machte sich neben dem 1998, nicht aber 1994 erhobenen Solidaritätszuschlag vor allem die Tatsache bemerkbar, daß die ab 1998 geltende Verschärfung des § 50c EStG die Steuerarbitrage

---

[76] So wurde z.B. bei der Deutschen Hypothekenbank Frankfurt AG, der Hypothekenbank in Hamburg AG und der Oldenburgischen Landesbank AG eine EK-56-Ausschüttung durchgeführt. An diesen Banken hielt die Dresdner Bank jeweils Anteile zwischen 61 % und 96 %. Zur Auskehrung von EK 56 kam es auch bei der Maschinenfabrik Esslingen AG, die zu über 98 % der Mercedes Benz AG gehörte. Darüber hinaus haben die drei genannten Konzerne bei zahlreichen nicht börsennotierten Tochtergesellschaften das EK 56 ausgekehrt.

[77] Da die Daimler-Benz AG im Jahre 1998 noch Verlustvorträge abbaute und deshalb die Körperschaftsteuerminderung nicht zur Entlastung beim Solidaritätszuschlag nutzen konnte, orientiert sich das Ausmaß des Nachteils am ungünstigsten Fall aus Tabelle 1. Allerdings schrumpft der Steuervorteil je 44 DM an mobilisiertem EK-56-Bestand nicht von 11 auf 4,34 DM, sondern nur auf 4,676 DM, weil ab 1998 von einem reduzierten Solidaritätszuschlag von 5,5 % auszugehen ist.

[78] Vgl. Börsenzeitung vom 14.03.1998, S. 4.

unter Inländern blockiert hat.[79] Es kann deshalb nicht verwundern, daß die 1998 angekündigte Sonderausschüttung dem Kurs der Daimler-Aktie keinen Auftrieb verschaffte.[80]

Trotz der weitgehend dahingeschwundenen Vorteile einer Rücklagenauskehrung waren alle einstmals geäußerten Bedenken verflogen. Aus dem vermeintlichen sozialpolitischen Ärgernis war ein „Beitrag für die Aktienkultur in Deutschland" geworden, und die Furcht vor der Unplazierbarkeit einer liquiditätsneutralen Kapitalerhöhung war der Überzeugung gewichen, „daß die Aktionäre die Kapitalerhöhung in vollem Umfang zeichnen werden und damit die vorübergehend abgezogene Liquidität dem Unternehmen wieder zur Verfügung gestellt wird."[81] Auch Claus Döring wollte sich keine Sorgen um das staatsbürgerlich Vertretbare mehr machen und teilte seinen Lesern mit:

„Die Frage der Sonderausschüttung aus Gewinnrücklagen ist im Daimler-Benz-Konzern und von den Aktionären des Unternehmens bereits 1993 heftig diskutiert worden. ... Damals verfügte der Daimler-Benz-Konzern über verwendbares EK 56 in der Größenordnung von 11,8 Mrd. DM. … Das Unternehmen, das damals noch von Edzard Reuter geführt wurde, hatte sich mit zahlreichen Argumenten gegen eine Schütt-aus-hol-zurück-Aktion gewehrt. So wurde argumentiert, daß es sich um eine Ausschüttung von Substanz handeln würde, die rein rechnerisch im Kurs zu einem Abschlag in Höhe der ausgeschütteten Dividende führen würde. Im Gegensatz zu einer normalen Ausschüttung könne ein solcher Abschlag nicht wieder aufgeholt werden. Eingewandt wurde außerdem, daß der reduzierte, ex Dividende notierte Aktienkurs dann die Basis für den bei der anschließenden Kapitalerhöhung festzulegenden Bezugspreis wäre. Um die ausgeschütteten Mittel … wieder in das Unternehmen zurückholen zu können, müßte man dann als Folge des verringerten Bezugspreises das Grundkapital in einem außergewöhnlichen Verhältnis aufstocken. Auch fürchtete man, daß man aufgrund des dadurch kräftig erhöhten Grundkapitals künftig nur eine optisch niedrige Dividende würde zahlen können. Darüber hinaus gab es erhebliche Zweifel, ob der Markt bei der anschließenden Kapitalerhöhung Daimler im gewünschten Ausmaß neue Mittel zur Verfügung stellen würde. … Der damalige Daimler-Vorstandsvorsitzende Edzard Reuter brachte außerdem ein politisches Argument in die Diskussion um die Auskehrung von EK 56 ein. Er vertrat in der … Hauptversammlung im Dezember 1993 in Berlin die Auffassung, daß vor dem Hintergrund der Situation in Deutschland – steigende Ar-

---

[79] Vgl. dazu Fn. 56.

[80] Unmittelbar nach der Ankündigung kam es sogar zu einem wenn auch geringfügigen Kursrückgang der Aktie bei leicht steigendem DAX. In einem Zeitfenster von einem Monat liefen DAX und Daimler-Aktie fast exakt parallel.

[81] So jedenfalls wurde der inzwischen angetretene Vorstandsvorsitzende Schrempp in der Presse zitiert; vgl. Börsenzeitung vom 12.03.1998, S. 5.

beitslosigkeit, Diskussion um Lohnverzicht und leere öffentliche Kassen – die von … Aktionärsvertretern geforderte ‚gigantische Steuersparaktion' zu ernstzunehmenden sozial- und finanzpolitischen Problemen führen würde. Obwohl sich das gesamtwirtschaftliche Umfeld seither in Deutschland wohl kaum verbessert hat, geht Daimler-Benz davon aus, daß die Maßnahmen nicht zu den einst befürchteten sozial- und finanzpolitischen Problemen führen."[82]

Insgesamt drängt sich die Diagnose auf, daß die 1998 über Bord geworfenen Argumente die bis dahin wohl größte isolierbare Fehlentscheidung eines deutschen Wirtschaftsunternehmens zu Lasten seiner Aktionäre nicht einmal notdürftig bemäntelt haben. Wer dies als Signal für die Qualität des Managements verstanden hat, war nicht mehr beteiligt, als die Daimler-Benz AG im Jahre 1998 mit der Übernahme von Chrysler den von ihr selbst aufgestellten Fehlentscheidungs-Rekord noch um ein Mehrfaches überboten hat.

Literaturverzeichnis

Aharony, Joseph / *Swary,* Itzhak (1980): Quarterly Dividend and Earnings Announcements and Stockholders Returns; in: The Journal of Finance; Vol. 35 (1980); S. 1 – 12.

Bhattacharya, Sudipto (1979): Imperfect Information, Dividend Policy and the Bird in the Hand Fallacy; in: Bell Journal of Economics; Vol. 10 (1979); S. 259 – 270.

Bollinger, Iris (1992): Die Aktienkursentwicklung nach der Durchführung ordentlicher Kapitalherabsetzungen; unveröffentlichte Diplomarbeit; Lehrstuhl für Bank- und Kreditwirtschaft, Universität Würzburg 1992.

Brandi, Ernst (1977): Informationswirkungen der Jahresabschlußveröffentlichung auf Entscheidungen am Aktienmarkt; Dissertation; Universität Augsburg 1977.

Brickley, James A. (1983): Shareholder Wealth, Information Signaling and the Specially Designated Dividend; in: Journal of Financial Economics; Vol. 12 (1983); S. 187 – 210.

Bühner, Thomas / *Kaserer,* Christoph (2002): The Structure of External Financing Costs and the Economies of Scale View: New Evidence from Seasoned Equity Offerings in Germany; in: European Financial Management; Vol. 8 (2002); S. 315 – 338.

DeAngelo, Harry / *DeAngelo,* Linda / *Skinner,* Douglas J. (2000): Special dividends and the evolution of dividend signalling; in: Journal of Financial Economics; Vol. 57 (2000); S. 309 – 354.

Dittmar, Amy K. (2000): Why do Firms Repurchase Stocks; in: Journal of Business; Vol. 73 (2000); S. 331 – 355.

[82] Börsenzeitung vom 12.03.1998, S. 5.

Gerke, Wolfgang / *Fleischer,* Jörg / *Langer,* Martin (2003): Kurseffekte durch Aktienrückkäufe – eine empirische Untersuchung für den deutschen Kapitalmarkt; in: Bewertung von Unternehmen: Strategie – Markt – Risiko, Kongress-Dokumentation 56. Deutscher Betriebswirtschafter-Tag 2002; Hrsg. Clemens Börsig und Adolf Gerhard Coenenberg; Stuttgart 2003; S. 275 – 304.

Hoffmann, Alexander (1929): Der Gewinn der kaufmännischen Unternehmung; Leipzig 1929.

Jensen, Michael C. (1986): Agency costs of free cash flow, corporate finance and takeovers; in: American Economic Review; Vol. 76 (1986); S. 323 – 329.

Kaserer, Christoph / *Brunner,* Andreas (1997): Die Signaleffekte von Kapitalerhöhungen aus Gesellschaftsmitteln – Eine empirische Untersuchung für den deutschen Kapitalmarkt; in: Finanzmarkt und Portfolio Management; Vol. 11 (1997); S. 77 – 99.

Knoll, Leonhard / *Knoesel,* Jochen / *Steeg,* Caterina (2004): Modernisierung des Anfechtungsrechts durch Vorrang zweifelsfrei rechtswidrig verfolgter Interessen; in: Zeitschrift für Steuern und Recht; 1. Jg. (2004); S. 267 – 271.

Kropff, Bruno (1965): Aktiengesetz; Düsseldorf 1965.

Kübler, Friedrich (1995): Gesellschaftsrecht versus Kapitalmarktrecht – Zwei Ansätze?; in: Schweizerische Zeitschrift für Wirtschaftsrecht; 67. Jg. (1995); S. 223 – 227.

Miller, Merton H. / *Modigliani,* Franco (1961): Dividend Policy, Growth and the Valuation of Shares; in: Journal of Business; Vol. 34 (1961); S. 411 – 433.

Miller, Merton H. / *Rock,* Kevin (1985): Dividend Policy under Asymmetric Information; in: The Journal of Finance; Vol. 40 (1985); S. 1031 – 1051.

Olbrich, Christian (1990): Die EK50-Falle; in: Die Wirtschaftsprüfung; 43. Jg. (1990); S. 643.

Pettit, R. Richardson (1972): Dividend Announcements, Security Performance, and Capital Market Efficiency; in: The Journal of Finance; Vol. 28 (1972); S. 993 – 1007.

Sahling, Claus (1981): Die Reaktion des Aktienmarktes auf wesentliche Ausschüttungsänderungen; Schwarzenbek 1981.

Siegel, Theodor / *Bareis,* Peter / *Herzig,* Norbert / *Schneider,* Dieter / *Wagner,* Franz W. / *Wenger,* Ekkehard (2000): Verteidigt das Anrechnungsverfahren gegen unbedachte Reformen; in: Betriebs-Berater; 55. Jg. (2000); S. 1269 – 1270.

Siegel, Theodor / *Bareis,* Peter / *Rückle,* Dieter / *Schneider,* Dieter / *Sigloch,* Jochen / *Streim,* Hannes / *Wagner,* Franz W. (1999): Stille Reserven und aktienrechtliche Informationspflichten; in: Zeitschrift für Wirtschaftsrecht; 20. Jg. (1999); S. 2077 – 2085.

Stephan, Rainer (1977): Organisationsrechtliche Probleme bei mediatisiertem Aktienbesitz; Zürich, Frankfurt am Main, Thun 1977.

ter Vehn, A. (1924): Gewinnbegriffe in der Betriebswirtschaft; in: Zeitschrift für Betriebswirtschaft; 1. Jg. (1924); S. 361 – 375.

Walb, Ernst (1948): Finanzwirtschaftliche Bilanz; 2. Auflage; Duisburg 1948.

Watts, Ross (1973): The Information Content of Dividends; in: Journal of Business; Vol. 46 (1973); S. 191 – 211.

Wenger, Ekkehard (1987): Managementanreize und Kapitalallokation; in: Jahrbuch für Neue Politische Ökonomie: 6; Hrsg. Erik Boettcher, Philipp Herder-Dorneich und Karl-Ernst Schenk; Tübingen 1987; S. 217 – 240.

– (1989): Wirtschaftswachstum, Unternehmensfinanzierung und internationaler Kapitalverkehr unter dem Einfluss der Besteuerung von Vermögenseinkünften; in: Finanzarchiv; N.F. Bd. 47 (1989); S. 181 – 249.

– (1992): Universalbankensystem und Depotstimmrecht; in: Der Markt für Unternehmenskontrollen; Hrsg. H. Gröner; Berlin 1992; S. 73 – 118.

– (1993): Der Fall Girmes – ein Stück aus dem Tollhaus; Zeitschrift für Wirtschaftsrecht; 14. Jg. (1993); S. 321 – 332.

– (1996): Kapitalmarktrecht als Resultat deformierter Anreizstrukturen; in: Regulierung und Unternehmenspolitik; Hrsg. Dieter Sadowski, Hans Czap und Hartmut Wächter; Wiesbaden; S. 419 – 458.

Wenger, Ekkehard / *Hecker,* Renate (2004): Der Vorzugsaktionär als bevorzugtes Plünderungsopfer; in: Steuern, Rechnungslegung und Kapitalmarkt: Festschrift für Franz W. Wagner zum 60. Geburtstag; Hrsg. Hans Dirrigl, Dietmar Wellisch und Ekkehard Wenger; Wiesbaden 2004; S. 265 – 295.

Wenger, Ekkehard / *Kaserer,* Christoph (1998): German Banks and Corporate Governance: A Critical View; in: Comparative Corporate Governance – The State of the Art and Emerging Research; Hrsg. Klaus J. Hopt, Hideki Kanda, Mark J. Roe, Eddy Wymeersch und Stefan Prigge; Oxford 1998; S. 499 – 536.

– (2005): Kursreaktionen auf steuerlich veranlaßte Sonderausschüttungen – Die Auskehrung von EK 56 im Jahre 1994; Zeitschrift für Bankrecht und Bankwirtschaft; 17. Jg. (2005); S. 1 – 24.

Wenger, Ekkehard / *Knoesel,* Jochen / *Knoll,* Leonhard (1995): Der systematische Besuch von Hauptversammlungen im Rahmen der betriebswirtschaftlichen Hochschulausbildung; in: Unternehmenstheorie und Besteuerung: Festschrift zum 60. Geburtstag von Dieter Schneider; Hrsg. Rainer Elschen, Theodor Siegel und Franz. W. Wagner; Wiesbaden 1995; S. 749 – 772.

Woolridge, J. Randall (1983): Dividend Changes and Security Prices; in: The Journal of Finance; Vol. 38 (1983); S. 1607 – 1615.

Betriebswirtschaftliche Anmerkungen zum Gesetz über die strafbefreiende Erklärung

Von Hans Günter Rautenberg

I. Das Untersuchungsvorhaben

Theodor Siegel hat in seiner wissenschaftlichen Arbeit juristische und ökonomische Grundlagen genutzt und mehrere methodische Wege beschritten: Seine Beiträge sind oft auf das aktuelle Recht bezogen und immer auch ökonomische Analysen. Seine Arbeiten sind durch Streben nach rationaler Gestaltung und Auslegung der Normen einerseits sowie „Gerechtigkeitsstreben" und ethische Fundierung geprägt.[1]

Auch bei der Beurteilung von Steueramnestien sollten alle diese Aspekte berücksichtigt werden, die für Theodor Siegels Arbeiten kennzeichnend sind. Daher erscheint mir das hier gewählte Thema für den vorliegenden Anlass geeignet. Allerdings erzwingt der knappe Raum eine Begrenzung auf in diesem Zusammenhang bisher völlig vernachlässigte betriebswirtschaftliche Aspekte.

Steueramnestien wie die Regelungen des Gesetzes über die strafbefreiende Erklärung vom 23.12.2003 (StraBEG)[2] können in mehreren Hinsichten untersucht werden:

Einerseits ist die Verfassungsmäßigkeit ein interessanter Untersuchungsgegenstand, zweitens wäre die Zweckmäßigkeit einer solchen Regelung zu beurteilen und drittens könnte die Wirkungsweise als ein wesentlicher Teil der „Gerechtigkeit" der jeweiligen Regelungen untersucht werden.

Jede dieser Fragestellungen gehört in den Untersuchungsbereich einer anderen Wissenschaftsdisziplin. Das macht die Gesamtbeurteilung so schwierig, dass kaum ein wissenschaftlich fundiertes Gesamturteil möglich erscheint.

---

[1] Vgl. z.B. *Siegel* (1999), S. 354 – 398; *Siegel* (2003), S. 795 – 796.

[2] Gesetz über die strafbefreiende Erklärung (Strafbefreiungserklärungsgesetz – StraBEG), Art. 1 des Gesetzes zur Förderung der Steuerehrlichkeit vom 23.12.2003 (BGBl. I 2003, S. 2928).

Fragen der Verfassungsmäßigkeit sind natürlich ein Untersuchungsgegenstand für Juristen, wenn auch die übrigen Fragestellungen bei einer höchstrichterlichen Entscheidung von den entscheidenden Juristen mit einbezogen werden sollten.[3] Fragen der Zweckmäßigkeit solcher Regelungen können aus der Sicht der dadurch eintretenden Steuereinnahmen zu beurteilen sein, was Volkswirten und Finanzwissenschaftlern einen Untersuchungsgegenstand eröffnet, der noch sehr wenig empirisch untersucht zu sein scheint. Die Auswirkungen auf die „Steuermoral"[4] sind von einer dritten Seite, nämlich aus der Sicht der Sozialwissenschaften zu untersuchen. Nicht zuletzt gehören auch betriebswirtschaftlich zu untersuchende Aspekte zu einer Gesamtbeurteilung: Auch wenn man neben der Straffreiheit die Notwendigkeit der Vereinfachung und Pauschalisierung als typisches Kennzeichen einer Steueramnestie akzeptiert, kann man Fragen stellen: Wie nahe kommt eine vorgesehene Pauschalbesteuerung an die ursprünglich nach dem Gesetz geschuldete Steuer? Gibt es eine bestimmte Relation (einen „Rabattfaktor"), oder gewähren verzerrende Wirkungen einem Teil der Betroffenen besondere Vorteile, während ein anderer Teil der möglichen „Nutzer" einer solchen Regelung vielleicht sogar Nachteile gegenüber der Regelbesteuerung bzw. gegenüber der geltenden Besteuerung nach Steuerhinterziehung und Selbstanzeige zu erwarten hat?[5]

Die „Gerechtigkeit" einer Pauschalbesteuerung im Rahmen einer Amnestie wäre nur zu beurteilen, wenn man den Begriff Gerechtigkeit in diesem Zusammenhang operational definieren könnte. Wirkungszusammenhänge aufzudecken und dabei Hinweise auf mangelnde Koordination und Ungereimtheiten, also auf „Ungerechtigkeiten", zu geben, ist leichter. Darum bemüht sich der folgende Beitrag. Für die Beurteilung können auch Verzerrungen innerhalb des Pauschalverfahrens wesentlich sein, vor allem, wenn sie starke Auswirkungen haben und leicht vermeidbar wären.

Außerdem wäre ein Vergleich der pauschalen Steuerschuld mit der nach einer Selbstanzeige verwirkten Steuer einschließlich der nach der AO fälligen Zinsen sinnvoll: Das Pauschalverfahren sollte einen vorübergehenden zusätzlichen Anreiz zur Rückkehr in die Legalität geben und musste deshalb grundsätzlich günstiger sein als die jederzeit mögliche Selbstanzeige. Eine solche Diffe-

---

[3] Vgl. *Siegel* et al. (2000), S. 257 – 260. Auch dort wird die Entscheidung den Juristen belassen, aber eine verbesserte Kooperation in der Entscheidungsvorbereitung angemahnt, da Ökonomen durch Wirkungsaussagen zur sachgerechten Beurteilung beitragen können.

[4] Man könnte auch von einer „Steuerpsychologie" sprechen, was aber bisher wenig üblich ist. Siegel spricht einmal von „volkspsychologisch"; *Siegel* (1999), S. 392.

[5] So entstand auch durch das Gesetz über die strafbefreiende Erklärung ein Wahlproblem: Ob nämlich im Einzelfall diese Möglichkeit oder doch besser die Selbstanzeige zu wählen ist. Vgl. dazu schon Hinweise in der Gesetzesbegründung (BR-Drs. 542/03, S. 12) und Ansätze z.B. bei *Kaligin* (2004), S. 597 – 600.

renz ist also ein Indikator für die Stärke dieser Anreizwirkung. Der Anreiz sollte durch künftig verbesserte Möglichkeiten der Aufdeckung von Steuerverkürzungen entscheidend unterstützt werden. Dass dazu unverändert wenig geschieht, ist der größte Mangel der Regelungen durch das Strafbefreiungserklärungsgesetz.[6]

Im Folgenden wird geprüft, wie groß die Unterschiede der Pauschalsteuer zur einzelgesetzlich vorgesehenen Steuer sind, wie die Struktur der Unterschiede zu charakterisieren ist und ob nicht auch für eine vereinfachte pauschale Nacherhebung bessere Konzepte vorzuschlagen wären.

II. Der wesentliche Inhalt des Gesetzes

Das Gesetz über die strafbefreiende Erklärung (StraBEG) trat am 30.12.2003 in Kraft und sollte Steuerpflichtigen, die in der Vergangenheit durch unrichtige oder unvollständige Angaben nicht gerechtfertigte Steuervorteile erlangt haben, eine attraktive Möglichkeit bieten, steuerstrafrechtlich relevante unvollständige Erklärungen der Vorjahre zu bereinigen. Ein kurzer Überblick über die Bestimmungen soll die Basis der Analyse schaffen:

Das Gesetz ermöglicht Steuerpflichtigen, durch nachträgliche Erklärung zu Unrecht nicht besteuerter Einnahmen bzw. zu Unrecht berücksichtigter Ausgaben Straf- bzw. Bußgeldfreiheit zu erlangen.[7] Die strafbefreiende Erklärung musste vor dem 01.01.2005 (bzw. vor dem 01.04.2005) erfolgen. Die Regelung umfasste alle einkommen-, körperschaft-, umsatz-, vermögen-, gewerbe- und erbschaft- bzw. schenkungsteuerlichen Sachverhalte der Jahre 1993 bis 2002.[8] Lediglich für Taten, welche nach dem 17.10.2003 begangen wurden, bestand ein Ausschluss.[9] Damit werden unrichtige Steuererklärungen aus bis zu 10 vergangenen Jahren unabhängig vom zeitlichen Abstand „bereinigt". Die pauschale Steuerzahlung kann also bis zu 12 Jahre nach der gesetzlichen Fälligkeit erfolgen. Die Straffreiheit tritt nur ein, wenn die nach dieser Regelung fällig werdende pauschale Steuer fristgerecht gezahlt wird.[10]

Spezielles Kennzeichen dieses Verfahrens ist ein einheitlicher Pauschalsatz von 25 % (bzw. 35 % bei Erklärung nach dem 31.12.2004), der allerdings nicht

---

[6] *Weber-Grellet* (2004), S. 1578, erkennt allerdings eine Tendenzwende in dieser Hinsicht.

[7] § 1 Abs. 1 StraBEG.

[8] Eine Nacherhebung der Vermögensteuer sieht das Gesetz allerdings nicht vor.

[9] § 1 Abs. 7 StraBEG.

[10] Der Erklärende hat den zu entrichtenden Betrag selbst zu ermitteln und fristgerecht zu entrichten (§ 3 Abs. 1 StraBEG, § 1 Abs. 1 und Abs. 6 StraBEG).

von der einzelgesetzlichen Bemessungsgrundlage, sondern von einer Ersatzbemessungsgrundlage erhoben wird.

Zu beachten ist, dass die Erklärung auf einem amtlich vorgeschriebenen Vordruck zu erfolgen hat, in dem die erklärten Einnahmen (bzw. zu Unrecht geltend gemachten Betriebsausgaben oder Werbungskosten) nach Kalenderjahren und zugrunde liegenden „Lebenssachverhalten“ zu spezifizieren sind.[11]

III. Eine Analyse der Regelungen und Belastungen

1. Die einheitliche Grundstruktur

Die einheitliche Grundstruktur der Regelung ist wie folgt zu kennzeichnen:

(1) *Einheitlicher „niedriger“ Steuersatz von 25 %*

Offenbar sollte ein einheitlicher, günstig erscheinender Steuersatz eine hohe Zahl von Erklärungen mit großen Steuereinnahmen möglich machen.

(2) *Einheitlich bezeichnete Ersatzbemessungsgrundlage: „Einnahmen“*

Man definierte eine einheitliche Ersatzbemessungsgrundlage „Einnahmen“, regelte aber völlig neu, was im Sinne dieses Gesetzes darunter zu verstehen ist.

Ein einheitlicher pauschaler Steuersatz kann für völlig verschiedene Steuerarten und bei den sehr unterschiedlichen Auswirkungen falscher Angaben nicht zu einer Pauschalsteuer führen, die auch nur annähernd an der Höhe der ursprünglich gesetzlich vorgesehenen Steuerlast orientiert ist. Daher wurde versucht, diesen im Interesse der Konzeptvereinfachung „gewollten“ Fehler durch eine besondere Definition der Bemessungsgrundlage teilweise zu kompensieren.[12]

(3) *Pauschale Bestimmung der Bemessungsgrundlage*

Zur Vereinfachung wird von der Ermittlung der gesetzlichen Bemessungsgrundlagen grundsätzlich abgesehen; stattdessen werden pauschale Ansätze durch das Gesetz vorgegeben.[13]

---

[11] § 3 Abs. 1 StraBEG.

[12] Vgl. Gesetzesbegründung, BR-Drs. 542/03, S. 11.

[13] Anders ist es bei der Erbschaft- und Schenkungsteuer, bei der die steuerpflichtigen Erwerbe Ausgangspunkt der Nacherhebung sind (§ 1 Abs. 5 StraBEG). Auch bei zu Unrecht angesetzten Ausgaben, Vorsteuerbeträgen und nicht erklärten steuerpflichtigen Umsätzen könnte man unmittelbar an diese Beträge anknüpfen; dies ist aber nicht vorgesehen (§ 1 Abs. 2 Nr. 2, Abs. 3 Nr. 2 und Abs. 4 Nr. 2 StraBEG).

Die Feststellung der gesetzlichen Bemessungsgrundlagen lange Zeit nach der fehlerhaften Erklärung wäre tatsächlich oft schwierig und streitträchtig. Allerdings kann eine grob pauschalierte Festlegung von Ersatzbemessungsgrundlagen die Vielfalt der Auswirkungen nicht abbilden und schafft so weitere Begünstigungen bestimmter Fälle und (mindestens relative) Benachteiligungen in anderen Fällen. Hier wäre eine weitgehende Differenzierung nötig, um solche Fehler gering zu halten. Darauf wird noch einzugehen sein.

(4) *Verzicht auf Verzinsung*

Zur Vereinfachung und um die Attraktivität der Nacherklärung zu steigern, wurde auf eine Verzinsung verzichtet. Wegen der großen zeitlichen Differenz von bis zu zehn Jahren zwischen den verschiedenen in die Regelung einbezogenen Nacherklärungsmöglichkeiten entsteht dadurch ein struktureller Fehler. Eine Verzinsung wäre nicht nur ökonomisch geboten, sondern auch im Vergleich zu den Folgen aufgedeckter oder durch Selbstanzeige offenbarter Hinterziehungen angemessen. Dieser strukturelle Fehler begünstigt lange zurückliegende Fälle zusätzlich.

(5) *Straffreiheit für alle Tatbeteiligten*[14] *und Erlöschen aller entsprechenden Steueransprüche*[15]

Voraussetzungen und Umfang dieser Folgen werden hier nicht in die Betrachtung einbezogen.

Die Errechnung der „Pauschalsteuer" ist demnach durch eine einfache Struktur gekennzeichnet: Dabei werden offensichtlich durch den einheitlichen „Steuersatz" von 25 %, die Ermittlung der Ersatzbemessungsgrundlagen und den Zinsverzicht grobe Vereinfachungen vorgenommen. Im Folgenden soll geprüft werden, ob ein in etwa einheitlicher Begünstigungseffekt für alle Steuerarten und Falltypen erreicht wird oder ob durch sehr unterschiedliche Auswirkungen der Regelungen unsystematische Effekte entstehen.

2. Allgemeine Kritik

Der Untersuchung von Einzelregelungen sollen allgemein gültige Anmerkungen über die Ersatzbemessungsgrundlage und die Auswirkungen des Verzichts auf Verzinsung vorangestellt werden.

---

[14] § 4 Abs. 1 und 2 StraBEG.

[15] § 8 Abs. 1 StraBEG.

a) Bemerkungen zur Terminologie

Schon die Benennung der Ersatzbemessungsgrundlage ist ein Meisterstück gesetzgeberischer Fehlleistung, denn die Ersatzbemessungsgrundlage wird in § 1 Abs. 1 StraBEG als „Einnahmen" bezeichnet, aber in § 1 Abs. 2 bis Abs. 5 StraBEG ohne Rücksicht auf die bestehende steuerliche oder betriebswirtschaftliche Terminologie speziell definiert[16]:

Als Einnahmen im Sinne des § 1 Abs. 1 Nr. 1 gelten demnach je nach der Steuerart z.B.:

- 60 % der Einnahmen oder Betriebsvermögensmehrungen im Sinne des Einkommensteuergesetzes oder des Körperschaftsteuergesetzes,[17]
- 10 % gewerbesteuerpflichtiger Einnahmen,[18]
- 30 % umsatzsteuerpflichtiger Einnahmen (der Gegenleistung[19]),

aber auch

- alle Ausgaben (!), die zu Unrecht steuerlich bei Einkommen- oder Körperschaftsteuer bzw. (unter bestimmten Bedingungen) bei der Gewerbesteuer berücksichtigt wurden,[20]
- 200 % der zu Unrecht berücksichtigten Vorsteuerbeträge[21] und
- 20 % der nach Erbschaftsteuergesetz steuerpflichtigen Erwerbe.[22]

Die Kette dieser speziellen Definitionen und ihrer Ergänzungen ist sprachlich, terminologisch und gesetzestechnisch ein vollständiges Fiasko! Von einer

---

[16] Weitere Ergänzungen der speziellen Definitionen finden sich in Verwaltungsanweisungen wie dem BMF-Schr. v. 03.02.2004. Darauf wird hier noch nicht eingegangen.

[17] Vgl. § 1 Abs. 2 Nr. 1 StraBEG. Einnahmen im Sinne des Einkommensteuergesetzes oder Körperschaftsteuergesetzes entsprechen keineswegs dem betriebswirtschaftlichen Einnahmenbegriff, sondern sind in der Regel die Betriebseinnahmen; das gilt bei der Körperschaftsteuer und bei den Gewinneinkunftsarten. Nur bei den Überschusseinkunftsarten in der Einkommensteuer gibt es den Begriff Einnahmen.

[18] Vgl. § 1 Abs. 3 Nr. 1 StraBEG; nach Verwaltungsauffassung gehören dazu u.a. auch Hinzurechnungen, also auch bestimmte Ausgaben, Vermögensminderungen usw.! Vgl. BMF-Schr. v. 03.02.2004, Rz. 3.4.1.

[19] Vgl. § 1 Abs. 4 Nr. 1 StraBEG.

[20] Ausgaben, die nach dieser Vorschrift als Einnahmen (!) im Sinne dieses Gesetzes anzusehen sind, werden in § 1 Abs. 2 Nr. 2 letzter Satz StraBEG näher definiert: „Betriebsvermögensminderungen, Betriebsausgaben, Veräußerungskosten, Werbungskosten, Sonderausgaben und außergewöhnliche Belastungen". Für die Gewerbesteuer gilt § 1 Abs. 3 Nr. 2 StraBEG, aber auch unrechtmäßige Kürzungen sind einzubeziehen (BMF-Schr. v. 03.02.2004, Rz. 3.4.2).

[21] Vgl. § 1 Abs. 4 Nr. 2 StraBEG.

[22] Vgl. § 1 Abs. 5 StraBEG.

einfachen, einheitlichen Bemessungsgrundlage „Einnahmen" kann keine Rede sein.[23] Wenn man aus Gründen der „Anschaulichkeit" und einer falsch verstandenen Verständlichkeit die Bezeichnung Bemessungsgrundlage vermeiden wollte: Warum hat man nicht eine andere Bezeichnung verwendet (erfunden!), statt dieses Chaos schon eingeführter Begriffe als „Einnahmen" zu bezeichnen? „Basis" wäre einfach und zutreffend.

Immerhin kann man die Einfachheit suggerierende Bezeichnung (neben dem einheitlichen „Steuersatz" von 25 %) als Vorteil der Regelung ansehen. Gleichzeitig wird durch diese Gestaltung auch die klare Angabe eines Begünstigungs- oder „Rabattfaktors" verschleiert oder vermieden, obwohl durch die pauschale Steuer eine oft erhebliche Begünstigung erfolgt. Diese Rabattierung und ihre Struktur sollten möglicherweise verschleiert werden.

Andererseits ist die fern von aller Fachterminologie und Rationalität erfolgende Definition einer Ersatzbemessungsgrundlage bedauerlich und führt zu einer unsystematischen und ungleichmäßigen Begünstigung, wie noch zu zeigen ist. Vor allem bei der Nacherhebung für zu Unrecht geltend gemachte Ausgaben bzw. Vorsteuern hätte man leicht und korrekter an die dadurch bewirkten Steuervorteile anknüpfen können. Bei der Erbschaft- und Schenkungsteuer wird sogar die gesetzliche Bemessungsgrundlage Ausgangspunkt für die Ermittlung einer Ersatzbemessungsgrundlage in Höhe von nur 20 %! Darf „Vereinheitlichung und Vereinfachung" so weit gehen?

b) Bemerkungen zum Zinsverzicht

Der zweite generell zu kritisierende Aspekt ist die fehlende Verzinsung der Nachforderung, obwohl ein Zeitraum von 10 Jahren erfasst wird. Erzielbare Zinsvorteile aus der unrichtigen Steuererklärung bleiben ebenso unberücksichtigt wie die Tatsache, dass nach §§ 233 ff. AO ein Zins von 6 % je Jahr[24] zu erheben wäre. Auch hier geht die „Vereinfachung" durch das Strafbefreiungserklärungsgesetz zu weit. Sie führt zu einem zusätzlichen Vorteil bei lange zurückliegenden unrichtigen Erklärungen, der beachtlich sein kann: Eine Verzinsung mit 6 %[25] würde dazu führen, dass schon bei nur 3 Jahren über 19 % des

---

[23] Im Gegensatz dazu spricht die Gesetzesbegründung von einer klaren, nachvollziehbaren und praktikablen Regelung, die sich weitgehend an Begriffen aus den betroffenen Steuergesetzen orientiere (BR-Drs. 542/03, S. 11).

[24] Genauer 0,5 % je Monat, vgl. § 238 Abs. 1 AO; es wird kein Zinseszins erhoben.

[25] Der Zinssatz von 6 % wird nur beispielhaft verwendet; es bestehen zahlreiche Betrachtungsmöglichkeiten: Um eine Vergleichbarkeit der Jahre 1993 bis 2002 herzustellen, wäre die Pauschalsteuer auf 2002 aufzuzinsen (mit Zinseszins). Eine Schätzung der erzielbaren Zinsvorteile (ggf. nach Steuern) aus der ursprünglichen Steuerverkürzung wird hier nicht beabsichtigt. Dazu müssten zu viele Annahmen gemacht bzw. zu viele

geschuldeten Betrages mehr zu zahlen wären als bei einer Nachzahlung für das Jahr 2002; bei 9 Jahren wären es sogar ca. 69 %!

Bei einer so langen Spanne zwischen den betroffenen Jahren keine Zinsen zu fordern, heißt im Extremfall, dass die strafbefreiende Nachzahlung allein aus Zinserträgen seit der unvollständigen Erklärung aufgebracht werden kann: Angenommen, eine Steuerschuld aus dem Jahr 1993 wurde nicht pünktlich erklärt und beglichen, so hat sie 9 Jahre später (2002) schon 69 % durch Zinsen zusätzlich erwirtschaftet. Die Pauschalsteuer nach Strafbefreiungserklärungsgesetz kann in vielen Fällen allein aus erwirtschafteten Zinsen auf den eigentlich gesetzlich geschuldeten Steuerbetrag bezahlt werden! Im Verzicht auf Zinsen liegt in betriebswirtschaftlicher Betrachtung, wegen der grundsätzlich im Steuerrecht geltenden „Vollverzinsung“ von Steueransprüchen und wegen der Vorschrift über Hinterziehungszinsen ein schwerer struktureller Mangel der geltenden Amnestieregelung. Dies ist vor allem deshalb unbefriedigend, weil in der Nachmeldung alle Angaben nach Jahren vorliegen müssen[26], so dass eine Verzinsung für ältere Vorgänge leicht möglich wäre. Bei einem niedrigen Zinsniveau[27] hätte eine Verzinsung den erwarteten Erfolg für die Steuereinnahmen nicht entscheidend beeinträchtigen müssen.

Man kann im Verzicht auf Zinsen allerdings auch ein Äquivalent dafür sehen, dass nach längerer Zeit auch das Aufdeckungsrisiko niedriger ist oder niedriger eingeschätzt werden könnte. Dementsprechend könnte ein verstärkter Anreiz für die Rückkehr in die Legalität nötig sein. Es ist nicht erkennbar, ob dieses Argument bei der Gesetzgebung entscheidend war.

3. Die Würdigung der Regelungen im Einzelnen

Im Gegensatz zum Gesetz, das zuerst Regeln für die Ertragsteuern enthält, sollen hier zuerst die einfacheren Fälle, also die Bestimmungen über die Umsatzsteuer und die Erbschaft- und Schenkungsteuer behandelt werden:

Fälle unterschieden werden: Wie hoch war die ursprüngliche Steuerverkürzung? Wurden daraus erwirtschaftete Zinsen korrekt versteuert oder nicht? Wurden sie nun gesondert Bestandteil der Nacherklärung? Je nach den Annahmen wäre ein Zins vor bzw. nach Steuern anzusetzen. Stattdessen könnte auch der Vorteil aus der Nichtanwendung der §§ 233 ff. AO ermittelt werden. In diesem Fall wäre nach § 238 AO der Zinssatz von 6 % (ohne Zinseszins) anzusetzen, und die zu zahlenden Zinsen wären nicht abzugsfähig, § 4 Abs. 5 Nr. 8a und § 12 Nr. 4, letzter Halbsatz EStG.

[26] § 3 Abs. 1 StraBEG; dies soll die Richtigkeit und Plausibilität der Angaben zu beurteilen erleichtern.

[27] Hier hätte bei der befristeten Aktion sogar das aktuell niedrige Zinsniveau berücksichtigt werden können.

a) Umsatzsteuer

aa) Zur Struktur der Ersatzbemessungsgrundlage

Im Falle falscher Angaben zur Umsatzsteuerermittlung sind 30 % der Gegenleistung für steuerpflichtige, aber zu Unrecht nicht besteuerte Lieferungen, Leistungen und innergemeinschaftliche Erwerbe, also 30 % des Brutto-Entgeltes inkl. Umsatzsteuer anzusetzen.[28]

Wurden Vorsteuerbeträge zu Unrecht berücksichtigt, so sind diese zu 200 % in die Bemessungsgrundlage einzubeziehen.[29]

bb) Analyse der steuerlichen Belastungen

Zu Unrecht nicht besteuerte Lieferungen, Leistungen und innergemeinschaftliche Erwerbe führen zu einem Schaden in Höhe der nicht abgeführten Umsatzsteuer. Er ist unmittelbar aus dem nicht angemeldeten Umsatz und dem dafür zutreffenden Steuersatz berechenbar.[30] Folgewirkungen auf Einkommen- oder Körperschaftsteuer und Gewerbesteuer sind hier nicht zu berücksichtigen, da dazu eine spezielle Erfassung vorgesehen ist.

Wegen dieser einfach zu erfassenden Auswirkungen wäre eine weitgehend zutreffende pauschale Nacherhebung leicht gewesen, indem man 15 % bzw. 16 % der nicht erklärten umsatzsteuerpflichtigen Entgelte nachträglich erhoben hätte. Zur Anpassung an den einheitlichen „Pauschalsteuersatz" von 25 % hätte man den Ansatz der nicht erklärten Entgelte der Jahre 1992 bis 1997[31] mit 60 %

---

[28] § 1 Abs. 4 StraBEG. Bei der Differenzbesteuerung nach § 25a Abs. 3 UStG bildet nur der den Einkaufspreis übersteigende Anteil des Verkaufspreises die Basis der Berechnung; vgl. BMF-Schr. v. 03.02.2004, Rz. 3.5.2.

[29] § 1 Abs. 4 StraBEG.

[30] Allerdings könnte berücksichtigt werden, ob mit den nicht deklarierten Umsätzen verbundene Vorsteuern zur Verschleierung der Einkäufe ebenfalls nicht geltend gemacht wurden, so dass in diesen Fällen Vorsteuer verloren war. Das würde den wirklichen Schaden im Vergleich zum typisierend angenommenen Schaden unter Umständen wesentlich verringern. Weil diese Auswirkung von der Höhe einer evtl. nicht geltend gemachten Vorsteuer abhängt, kann sie nicht generell quantifiziert und berücksichtigt werden.

[31] Genauer: Dies müsste bis zum 31.03.1998 gelten. Allerdings erscheint eine unterjährige Abgrenzung nach so langer Zeit nicht realistisch und der gebotenen Vereinfachung nicht entsprechend.

und für die Jahre 1998 bis 2002 mit 64 % vorschreiben können, weil so die pauschale Nachsteuer dem jeweils geltenden Steuersatz entsprechen würde.[32]

Nach der geltenden Regelung kommen zur Nachbesteuerung aber pauschal nur 30 % der nicht erklärten Umsätze zum Ansatz; daher beträgt die Steuerbelastung rechnerisch nur 7,5 % der nicht berücksichtigten Gegenleistung. Verglichen mit dem Regelsteuersatz von 15 % (bis zum 31.03.1998) bzw. 16 % (ab dem 01.04.1998) ergibt die pauschale Nachbesteuerung eine Begünstigung um etwa die Hälfte.[33]

Zu Unrecht berücksichtigte Vorsteuerbeträge haben ursprünglich die Umsatzsteuer um den vollen Betrag gemindert; dementsprechend könnten sie in voller Höhe nacherhoben werden.[34]

Zur Anpassung an den einheitlichen Pauschalsteuersatz von 25 % müssten also 400 % des Vorsteuerbetrages in die Ersatzbemessungsgrundlage eingehen. Nach der geltenden Regelung werden sie nur mit 200 % angesetzt. Zu zahlen ist folglich nur die Hälfte des früher zu Unrecht erlangten Steuervorteils!

Zur Umsatzsteuer bleibt festzuhalten, dass eine zutreffende Nacherhebung relativ leicht möglich gewesen wäre. Stattdessen wird (ohne Berücksichtigung von Zinsen) nur etwa die Hälfte des steuerlichen Schadens nacherhoben.

Dies könnte eine beabsichtigte Begünstigung im Rahmen der Amnestieregelung sein; in diesem Fall wäre zu erwarten, dass eine entsprechende Reduzierung in allen Fällen der Nacherhebung gewährt wird.

b) Erbschaft- und Schenkungsteuer[35]

aa) Zur Struktur der Ersatzbemessungsgrundlage

Bei der Erbschaftsteuer wird zunächst der steuerpflichtige Erwerb nach dem Erbschaftsteuergesetz ermittelt, also an die ursprüngliche Bemessungsgrundlage der Steuer angeknüpft. Maßgebend sind dabei § 10 Abs. 1 ErbStG und die Regelungen der §§ 13, 13a, 16, 17 und 18 ErbStG über Befreiungen und Freibeträge, soweit diese nicht durch andere Erwerbe im Sinne des § 14 ErbStG ver-

---

[32] Von Fällen mit dem Steuersatz 7 % wird abgesehen; auch dafür sind rechnerische Lösungen einfach, aber die gesonderte Erhebung nach dem begünstigten Tarif würde die Ermittlung gesonderter Bemessungsgrundlagen für beide Steuersätze erfordern.

[33] Verglichen mit dem ermäßigten Steuersatz von 7 % ist die pauschale Nacherhebung auf den ersten Blick allerdings etwas zu hoch.

[34] Es wäre allenfalls die dadurch verursachte Gewinnerhöhung und die entsprechende Mehrbelastung mit Ertragsteuern zu berücksichtigen, wenn dies korrekt erfasst war. Das wäre im Einzelfall schwer festzustellen.

[35] Im Folgenden wird vereinfachend stets von Erbschaftsteuer gesprochen.

braucht sind. Eine Zusammenrechnung des bislang zu Unrecht nicht besteuerten Erwerbs mit früheren innerhalb von 10 Jahren angefallenen Erwerben nach § 14 ErbStG ist nicht vorgesehen[36], und auch der Abzug einer auf die Vorerwerbe entfallenden Steuer auf die im Rahmen der strafbefreienden Erklärung zu entrichtende Steuer kommt nicht in Betracht. Auch § 27 ErbStG (mehrfacher Erwerb) wird nicht berücksichtigt.[37]

Ob der Wert nach § 10 ErbStG als Basisgröße lange Zeit nach dem Erwerb noch korrekt ermittelt werden kann, ist genauso fraglich wie bei anderen Steuerarten, für die deshalb einfachere Ausgangsgrößen vorgesehen wurden. Andererseits ist kaum eine andere Basis für die Ersatzbemessungsgrundlage denkbar.

Trotz dieser Anknüpfung wird auch bei der Erbschaftsteuer die ursprüngliche Bemessungsgrundlage nicht verwendet: Zur Anpassung an den einheitlichen Satz von 25 % gelten bei der Verkürzung der Erbschaftsteuer 20 % der zu Unrecht nicht berücksichtigten Erwerbe als „Einnahmen“.[38] Eine Differenzierung nach Steuerklassen oder der Höhe des Erwerbs findet nicht statt, obwohl beides für die Steuerhöhe nach dem Erbschaftsteuergesetz von großer Bedeutung ist.

bb) Analyse der steuerlichen Belastungen

Bemerkenswert ist, dass zunächst weitgehend an die Bemessungsgrundlage, Steuerbefreiungen und Freibeträge angeknüpft wird, andere Vorschriften wie die Zusammenrechnung aber nicht angewendet werden sollen.[39] Weil die Auswirkungen dieser Vorschrift stark vom Einzelfall abhängen, können sie nicht generell quantitativ analysiert werden.

Es fällt auf, dass keine Differenzierung nach Steuerklassen und nach der Höhe des steuerpflichtigen Erwerbs vorgenommen wird, obwohl das zur realitätsnäheren Gestaltung möglich wäre: Aus den Relationen der Steuersätze zwischen den Steuerklassen der Erbschaft- und Schenkungsteuer hätte sich eine Relation bilden lassen, mit der eine der Staffelung des Tarifs entsprechende Ermittlung der Ersatzbemessungsgrundlage möglich gewesen wäre. Dies verdeutlicht die Tabelle auf der folgenden Seite.

---

[36] Schon darin kann im Einzelfall eine bedeutende Begünstigung liegen.

[37] Vgl. BMF-Schr. v. 03.02.2004, Rz. 3.6.

[38] § 1 Abs. 5 StraBEG.

[39] Auf diese Details könnte im Interesse der Vereinfachung verzichtet worden sein; allerdings müssen für die Gewährung von Freibeträgen usw. dennoch Einzelheiten des Besteuerungsfalles festgestellt werden.

Tabelle 1

Erbschaftsteuersätze und deren Relation zu Steuerklasse I

Wert des steuerpflichtigen Erwerbs bis €	Steuersätze (§ 19 ErbStG)			Relationen zu Steuerklasse I		
	Steuerklasse					
	I	II	III	*I*	*II*	*III*
52.000	7 %	12 %	17 %	*1*	*1,7*	*2,4*
256.000	11 %	17 %	23 %	*1*	*1,5*	*2,1*
512.000	15 %	22 %	29 %	*1*	*1,5*	*1,9*
5.113.000	19 %	27 %	35 %	*1*	*1,4*	*1,8*
12.783.000	23 %	32 %	41 %	*1*	*1,4*	*1,8*
25.565.000	27 %	37 %	47 %	*1*	*1,4*	*1,7*
über 25.565.000	30 %	40 %	50 %	*1*	*1,3*	*1,7*

Die Relationen zeigen, dass schon im Tarif der Erbschaft- und Schenkungsteuer keine feste Relation der Steuersätze in den verschiedenen Steuerklassen besteht. Wenn man annimmt, dass vor allem kleinere und mittlere Steuerfälle nicht erfasst und nun nachträglich zu erklären sind, kann man verstärkt die Relationen in den ersten Zeilen der Tabelle betrachten: In diesem Bereich finden sich die höchsten Relationen, so dass ein einheitlicher Satz von 20 % zur Bildung einer Ersatzbemessungsgrundlage und eine einheitliche Steuer von 25 % darauf keinen Bezug zur gesetzlichen Steuer haben kann. Gemessen an den Steuersätzen und der doppelten Progression in § 19 ErbStG ist der einheitliche pauschale Satz von nur 5 % des Erwerbs auffallend niedrig. Schon der niedrigste Steuersatz in Steuerklasse I beträgt 7 %, die höchsten Steuersätze liegen mit 30 %, 40 % und 50 % in den drei Steuerklassen weit über dieser Belastung.[40]

Bedenklich ist auch, dass die Entlastungswirkung im Vergleich zur tariflichen Steuer mit der Höhe des Erwerbs und der Steuerklasse deutlich ansteigt. Große Hinterziehungen bzw. Fehler in Steuererklärungen werden also besonders begünstigt.

Die Begünstigungsrelationen (ohne Berücksichtigung des Zinsvorteils!) können aus dem Vergleich der 5 % Pauschalsteuer mit den Steuersätzen laut Erbschaftsteuergesetz aus der Tabelle leicht errechnet werden: Bei steuerpflichtigen Erwerben bis 52.000 € beträgt die Pauschalsteuer in Steuerklasse I 71 % der ge-

[40] Es wird davon abgesehen, auch die bis 1996 geltenden Steuerbelastungen des alten Erbschaftsteuergesetzes einzubeziehen, obwohl sie relevant sein können.

setzlichen Steuer, in den anderen Steuerklassen sogar nur 42 % bzw. 29 %! Daran ist sowohl die Spanne als auch die Richtung bedenklich, denn mit der Steuerklasse und der Höhe des Erwerbs steigt die Begünstigung. Bei den höchsten Erwerben (über 25,565 Mio. €) beträgt die Pauschalsteuer in Steuerklasse I nur noch 16,7 % der gesetzlichen Steuer, in Steuerklasse II sogar nur 10 % und dürfte in vielen Fällen leicht aus erzielten Zinserträgen bezahlbar sein.

Schon eine Staffelung nach Steuerklassen (z.B. 20 %, 30 % und 40 % des Erwerbs nach Erbschaftsteuergesetz als Einnahmen i.S. des Strafbefreiungserklärungsgesetzes) hätte eine deutliche Annäherung an die Struktur des Tarifs ermöglicht.

Die in einem Amnestiegesetz vorgesehene Belastung könnte, statt eine niedrige Belastung aus Steuerklasse I zu Grunde zu legen, auch auf die (ggf. ermäßigte) Steuerbelastung in Steuerklasse III bezogen werden, wobei dem Nacherklärenden die Möglichkeit gegeben werden kann, eine niedrigere Steuerklasse und ggf. eine Aufteilung des Erwerbs auf mehrere Empfänger nachzuweisen, wenn sich dadurch eine niedrigere Belastung ergibt.[41]

Die Pauschalbesteuerung kann im Fall der Erbschaft- und Schenkungsteuer nur als völlig unsystematisch, in vielen Fällen extrem niedrig und wegen der verstärkten Begünstigung hoher Steuerklassen und Erwerbe skandalös strukturiert bezeichnet werden. Naheliegende Gestaltungsmöglichkeiten, die der gesetzlichen Besteuerung näher kommen, wurden nicht realisiert.

c) *Ertragsteuern*

Wenn schon die relativ einfachen Verhältnisse bei Umsatz- und Erbschaftsteuer nicht zu einer konzeptionell einheitlich gestalteten Pauschalsteuer genutzt wurden, ist anzunehmen, dass dies bei den Ertragsteuern ähnlich ist, weil dort die Vielzahl der Einflussfaktoren eine konzeptionell sinnvolle Pauschalierung fast ausschließt. Das gilt um so mehr, als in den betroffenen zehn Jahren entscheidende Belastungsänderungen bei der Einkommen- und Gewerbesteuer und ein Systemwechsel bei der Körperschaftsteuer zu sehr stark schwankenden Steuerlasten führten. Aus Platzgründen können hier nur die wesentlichsten Einflüsse dargestellt werden.

---

[41] Nach dem geltenden Recht werden bei einer zutreffenden und vollständigen Nacherklärung alle Beteiligten von steuerrechtlichen und strafrechtlichen Folgen frei; bei einer solchen Regelung wäre auch die Benennung anderer Beteiligter nicht unrealistisch.

aa) Zur Struktur der Ersatzbemessungsgrundlage

Wurde die Einkommen- oder Körperschaftsteuer durch nicht erfasste Einnahmen verkürzt, gehen 60 % dieser Einnahmen in die Ersatzbemessungsgrundlage ein.[42] Freibeträge, Betriebsausgaben bzw. Werbungskosten dürfen nicht abgezogen werden; sie sind in dieser „typisierenden Betrachtung“[43] durch den pauschalen Abzug von 40 % abgegolten.

Wurden diese Steuern durch zu Unrecht berücksichtigte Ausgaben verkürzt, so sind die Ausgaben in voller Höhe anzusetzen.[44]

Wurde Gewerbesteuer verkürzt, so sind 10 % der nicht berücksichtigten gewerbesteuerpflichtigen Einnahmen oder Betriebsvermögensmehrungen anzusetzen.[45] Auch hier dürfen Betriebsausgaben und Freibeträge nicht abgesetzt werden; sie sind pauschal abgegolten. Alle zu Unrecht berücksichtigten Ausgaben sind in voller Höhe anzusetzen, jedoch nur dann, wenn sie nicht schon im Rahmen der Einkommen- bzw. Körperschaftsteuer berücksichtigt wurden.[46]

bb) Bemerkungen zur Nachbelastung mit Ertragsteuern

Der Einkommensteuertarif hat in der betrachteten Zeit beachtliche Veränderungen erfahren: Der Spitzensteuersatz fiel von 53 % (1993 – 1999) auf 48,5 % (2001 – 2002), der Eingangssteuersatz schwankte in dieser Zeit von 19 % (1993 – 1995) über 25,9 % (1996 – 1998) und fiel dann in Stufen bis auf 19,9 % (ab 2001). Hinzu kommt bei gewerblichen Einkünften der nicht generell erfassbare Einfluss auf die Spitzenbelastung durch § 32c EStG in den Jahren 1994 – 2000 und die Steuerermäßigung nach § 35 EStG seit 2001. Wenn man noch die Einkommensteuerprogression einbezieht, wird klar, dass eine von so vielen Fakto-

---

[42] § 1 Abs. 2 StraBEG. Dabei sind die Brutto-Einnahmen (einschließlich Umsatzsteuer) oder Brutto-Betriebsvermögensmehrungen (z.B. bei Veräußerungsgewinnen) anzusetzen. Falls Einnahmen jedoch nur zum Teil der Einkommen- oder Körperschaftsteuer unterliegen, wie etwa beim Halbeinkünfteverfahren, so ist auch nur dieser Anteil zu berücksichtigen. Vgl. BMF-Schr. v. 03.02.2004, Rz. 3.3.2 – 3.3.4.

[43] Vgl. BMF-Schr. v. 03.02.2004, Rz. 3.1.

[44] § 1 Abs. 2 StraBEG. Ausgaben im Sinne des Gesetzes sind Betriebsvermögensminderungen, Betriebsausgaben, Veräußerungskosten, Werbungskosten, Sonderausgaben und außergewöhnliche Belastungen; darunter fallen auch zu Unrecht vorgenommene Absetzungen und Abschreibungen. Auch hier erfolgt der Ansatz in voller Höhe, ggf. inkl. Umsatzsteuer.

[45] § 1 Abs. 3 Nr. 1 StraBEG. Einnahmen sind dabei auch nicht berücksichtigte Hinzurechnungen nach § 8 GewStG; vgl. BMF-Schr. v. 03.02.2004, Rz. 3.4.1.

[46] § 1 Abs. 3 Nr. 2 letzter Satz StraBEG. Ausgaben sind dabei Betriebsvermögensminderungen, Betriebsausgaben und Veräußerungskosten sowie Kürzungen im Sinne des § 9 GewStG; vgl. BMF-Schr. v. 03.02.2004, Rz. 3.4.2.

ren abhängige veränderliche Belastung unmöglich durch eine einheitliche Pauschalsteuer angemessen „ersetzt“ werden kann. Auch die Gesamtbelastung einschließlich der Gewerbesteuer für den Zeitraum ist wegen der zahlreichen Einflussfaktoren nicht einmal annähernd einheitlich.[47] Bei der Körperschaftsteuer kam es zu Tarifsenkungen und einem Systemwechsel; auch hier gibt es keine annähernd einheitliche Belastung nach Körperschaftsteuergesetz.[48] Die Gewerbesteuer selbst wurde kaum verändert, ihre Belastungswirkung aber ist durch die Entlastungen nach §§ 32c bzw. 35 EStG stark beeinflusst worden.

Alle diese Tatsachen sprechen gegen einen einheitlichen Pauschalsteuersatz, denn eine typisierende Betrachtung darf nicht zu völlig unrealistischen Ergebnissen führen. Der einheitliche Steuersatz von 25 % für pauschale Einkommen- bzw. Körperschaftsteuer entspricht nur einem zu grob geschätzten Durchschnitt möglicher Steuerlasten, selbst wenn die Ersatzbemessungsgrundlage dem Gewinn bzw. Überschuss recht gut entsprechen würde (was nicht realistisch ist).

Hinzu kommen aber weitere Mängel der Regelung im Strafbefreiungserklärungsgesetz: Nicht erklärte Einnahmen können sehr verschiedene Auswirkungen haben:

- Sind nur die Einnahmen nicht erfasst, aber alle Betriebsausgaben geltend gemacht worden, wurde der Gewinn um den vollen Einnahmebetrag verkürzt.
- Sind dagegen auch Betriebsausgaben bzw. Werbungskosten nicht berücksichtigt worden, kommt es auf die Relation beider Einflüsse an.

Der pauschale Ansatz von 60 % der bei Einkommen- oder Körperschaftsteuer nicht deklarierten Einnahmen als Ersatzbemessungsgrundlage kann (bei geringen nicht erfassten Betriebsausgaben bzw. Werbungskosten) also viel zu günstig sein, er kann aber auch einen zu hohen Gewinn unterstellen. Vor allem bei nicht erklärten Zinseinkünften ist ein Abzug von 40 % der Einnahmen eine unvertretbare begünstigende Annahme. Bei nicht erfassten Veräußerungen bzw. Entnahmen von Wirtschaftsgütern werden zunächst die Buchwerte abgesetzt und dann ein Ansatz von nur 60% des Gewinnes vorgesehen[49], eine zusätzliche Begünstigung gegenüber anderen pauschalierten Fällen.[50]

Um eine strukturell zutreffendere Nachversteuerung zu erreichen, hätte man statt eines pauschalen Abzuges verlangen können, dass Einnahmen stets voll an-

---

[47] Durch die Belastungsfaktoren nach der Teilsteuerrechnung könnten die Spitzenbelastungen der einzelnen Jahre quantifiziert werden, aber die Progression ist so kaum erfassbar.

[48] So fiel der Steuersatz bei Thesaurierung von 50 % (1993) auf 25 % ab 2001!

[49] Vgl. BMF-Schr. v. 03.02.2004, Rz. 3.3.4, und BMF-Schr. v. 20.07.2004, („Ergänzende Informationen ...“), Frage 7.

[50] Verständlicherweise wird diese zusätzliche Begünstigung aus der Sicht von Praktikern begrüßt; vgl. *Schwedhelm / Spatschek* (2004), S. 2088.

zusetzen sind und ggf. mögliche Abzüge für Betriebsausgaben, Werbungskosten etc. glaubhaft gemacht werden.

Für zu Unrecht geltend gemachte Ausgaben wäre die gesetzliche Steuer mit dem Steuersatz oder Teilsteuerfaktor relativ einfach zu bestimmen; der Pauschalsteuersatz von 25 % ist eine sehr grobe Annäherung und enthält einen unbestimmten „Rabattfaktor", der allerdings verglichen mit den Relationen bei der Erbschaftsteuer niedrig ist.[51] Diese Pauschalsteuer auf Ausgaben ist unabhängig davon, ob es auch zu einer Minderung der Gewerbesteuer gekommen ist: Eine gesonderte Berücksichtigung in der Ersatzbemessungsgrundlage finden nur Ausgaben, die ausschließlich zu Minderungen der Gewerbesteuer geführt haben, z.B. unberechtigte Kürzungen.[52] Die Pauschalsteuerlast von 25 % auf diese Ausgaben steht in merkwürdigem Widerspruch dazu, dass Ausgaben, die gleichzeitig Einkommen- oder Körperschaftsteuer verkürzt haben, wegen der Gewerbesteuer gar keine zusätzliche Pauschalsteuer auslösen und nicht angemeldete Einnahmen bei der Gewerbesteuer nur mit 10 % in die Ersatzbemessungsgrundlage eingehen (also 2,5 % Pauschallast verursachen).

Da nach dem BMF-Merkblatt unterlassene Hinzurechnungen wie Einnahmen, unberechtigte Kürzungen aber wie Ausgaben zu behandeln sind, lösen beide unterschiedliche Pauschallasten von 2,5 % oder sogar 25 % aus.

Generell ist bei den Ertragsteuern eine sehr große Zahl von Einflussfaktoren festzustellen, die es unmöglich machen, eine auch nur grob systematische Gestaltung der Pauschalsteuer nach dem Strafbefreiungserklärungsgesetz zu erkennen. Zahlreiche Fälle werden durch faktisch 15 % Nachsteuer[53] extrem begünstigt, für andere Fälle verweist die Finanzverwaltung auf die u.U. günstigere Selbstanzeige[54], die allerdings weitgehend andere Folgen auslöst.

Ist es wirklich zu viel verlangt, für verkürzte Steuern jeweils strukturell zutreffende Nacherhebungen vorzusehen?

---

[51] Die gesetzliche Belastung (bzw. Entlastung durch zu Unrecht berücksichtigte Ausgaben) könnte in der betrachteten Zeit zwischen 0 und ca. 60 % (inkl. Gewerbesteuer) liegen. Verglichen damit hat die Pauschalsteuer von 25 % eine moderate Höhe.

[52] § 1 Abs. 3 StraBEG und BMF-Schr. v. 03.02 2004, Rz. 3.42.

[53] Pauschal 0,60 * 25 % = 15 % statt bis zu mehr als 50 % der Gewinnverkürzung nach den früher geltenden Belastungen nach Einkommensteuergesetz bzw. Körperschaftsteuergesetz.

[54] BMF-Schr. v. 03.02.2004, Rz. 3.3.10; siehe auch BMF-Schr. v. 20.07.2004, geänderte Fassung vom 16.09.2004, Fragen 15 und 16.

IV. Die neuen alten Erkenntnisse!

Das Strafbefreiungserklärungsgesetz zeigt, dass mit dieser formal einheitlichen Nachbesteuerung weder eine einfache Lösung noch eine angemessene Pauschalierung gelungen ist. Es macht gleichzeitig deutlich, dass unser Steuerrecht zu komplex und auf einfache Weise nicht mehr annähernd zu erfassen ist. Wieder einmal wurde eine schwer lösbare Aufgabe (ohne Bedenken?) schlecht gelöst!

Oder sollte es zum Konzept gehören, bestimmte Fälle besonders zu begünstigen und durch formal einheitliches Vorgehen („25 % der Einnahmen") die unübersichtliche und uneinheitliche Rabattierung zu verschleiern?

Entscheidende Mängel der Regelungen des Strafbefreiungserklärungsgesetzes sind:

- Strukturelle Fehler durch den Verzicht auf das Anknüpfen an die Beeinflussung der Bemessungsgrundlage der verkürzten Steuern. Wie gezeigt wurde, wäre dies z.B. bei Ausgaben, Umsatz- und Vorsteuer und bei der Erbschaftsteuer leicht möglich gewesen.
- Verzerrende Wirkungen unnötiger Pauschalierung und Vereinheitlichung. Dies betrifft vor allem den einheitlichen Abzug von pauschal 40 % der Einnahmen bei Einkommen- und Körperschaftsteuer statt nur den Abzug glaubwürdig erklärter Beträge möglich zu machen. Die Verzerrungen werden verstärkt durch den Rückgriff auf Veräußerungsgewinne und Entnahmegewinne usw. als „Einnahmen" i.S.d. Gesetzes mit anschließendem Ansatz von nur 60 % dieser Gewinne nach der Interpretation der Finanzverwaltung.
- Die Uneinheitlichkeit der Begünstigung und die große Schwankungsbreite der Relation von ursprünglicher gesetzlicher Steuer und Pauschalsteuer. Ein etwa gleichmäßiger Rabattfaktor ist nicht feststellbar; für Einzelfälle verweist sogar die Finanzverwaltung auf die Selbstanzeige als günstigeren Weg.
- Die Begünstigung der großen „Fehler" in unvollständigen Steueranmeldungen: Wurden z.B. nur die Einnahmen verkürzt, die Ausgaben aber voll angesetzt, werden nur 15 % Steuern erhoben, obwohl die Steuer möglicherweise um mehr als 50 % verkürzt wurde. Auch große Verkürzungen der Erbschaftsteuer bei hohen Erwerben und ungünstiger Steuerklasse werden durch die pauschale Nacherhebung von 5 % statt einer Orientierung am Tarif besonders stark begünstigt.
- Der Verzicht auf Zinsen; dadurch kann die Pauschalsteuer unter Umständen allein aus Zinserträgen der verkürzten Steuern bezahlt werden.

Man hätte besser an das geltende Steuerrecht anknüpfen und eine den ursprünglichen gesetzlichen Steuerfolgen besser entsprechende Amnestieregelung vorsehen müssen. Dies hätte durch eine vorübergehende Milderung der Vorschriften zur Selbstanzeige hinsichtlich der Anforderungen, der Verzinsung und der strafrechtlichen Konsequenzen attraktiv gestaltet werden können, statt ein völlig neues Verfahren zu schaffen.

Ach, wenn das Gesetz doch wenigstens wirksam gewesen wäre!!

Literaturverzeichnis

Kaligin, Thomas (2004): Beratungsüberlegungen und Anmerkungen zur Steueramnestie; in: Die Information; 58. Jg. (2004); S. 597 – 600.

Schwedhelm, Rolf / *Spatschek,* Rainer (2004): 11 Monate Steueramnestie – 11 Erfahrungen und Beratungshinweise; in: Deutsches Steuerrecht; 42. Jg. (2004); S. 2085 – 2089.

Siegel, Theodor (1999): Steuern; in: Handbuch der Wirtschaftsethik; Hrsg. Wilhelm Korff et al.; Band 3: Ethik wirtschaftlichen Handelns; Gütersloh 1999; S. 354 – 398.

– (2003): Lohnsteuer = Einkommensteuer + Immobilitätszuschlag? – Zur geplanten Abgeltungssteuer für Zinserträge –; in: Der Betrieb; 56. Jg. (2003); S. 795 – 796.

Siegel, Theodor / *Kirchner,* Christian / *Elschen,* Rainer / *Küpper,* Hans-Ulrich / *Rückle,* Dieter (2000): Juristen und Ökonomen: Kooperation oder Mauerbau?; in: Steuer und Wirtschaft; 78. Jg. (2000); S. 257 – 260.

Weber-Grellet, Heinrich (2004): Zur Verfassungsmäßigkeit der Steueramnestie; in: Der Betrieb; 57. Jg. (2004); S. 1574 – 1579.

BMF-Schreiben vom 03.02.2004, BStBl. I 2004, S. 225.

BMF-Schreiben vom 20.07.2004, DStR 2004, S. 1387; auch in geänderter Fassung vom 16.09.2004, www.bundesfinanzministerium.de/Anlage26660/Fragen-und-Antworten-zum-Strafbefreiungserklärungsgesetz.pdf.

Einheitliche Gewinnermittlung nach Handels- und Steuerrecht – Utopie oder realistische Vision?

Von Jochen Sigloch

I. Einleitung

Die Rechnungslegung der Unternehmen befindet sich im Umbruch. Im Sturm der internationalen Neuordnung wird die traditionelle deutsche Rechnungslegung mit ihrer eher gläubigerschutzbetonten Orientierung ohne wirksame Gegenwehr preisgegeben und hinweggefegt. Die neue Leitmaxime lautet „möglichst weitgehende Zeitwertbilanzierung", wie sie von Siegel schon früh gefordert wurde.[1] Zeitwertbilanzen sollen aktuellen und potentiellen Unternehmensteilnehmern durch den Ausweis von Vermögen und Schulden zu Tageswerten entscheidungsnützliche Informationen vermitteln.

Auch die steuerliche Gewinnermittlung in Deutschland bleibt von dieser Umwälzung nicht unberührt. Traditionell über die Maßgeblichkeit der handelsrechtlichen Grundsätze ordnungsmäßiger Buchführung an das Handelsrecht gebunden stellt sich die Frage, ob nach einer Neuordnung der Handelsbilanz mit einer stärkeren Fair-Value-Orientierung diese Verbindung noch zu halten ist oder ob das Gebot der Stunde nicht eine eigenständige steuerliche Gewinnermittlung ohne die lästige Fessel des Handelsrechts sein wird. Diese Entwicklung wird unterschiedlich beurteilt:

- Die mögliche Aufgabe des Maßgeblichkeitsprinzips wird von den einen – und zu diesen zählt auch Siegel – als überfällig begrüßt, insbesondere weil die Zwecksetzungen von Handelsbilanz und Steuerbilanz völlig unvereinbar seien.[2]
- Andere – und hierzu zählt auch der Autor dieses Beitrags – sehen diese Trennung als voreilig, sachlich nicht geboten und eher überflüssig an, weil in Bezug auf die Einkommensermittlungsfunktion – auch als Anspruchsbemes-

---

[1] Vgl. *Siegel* (1998), S. 593 ff., und ders. (2004), S. 309 ff.

[2] Vgl. *Siegel* (1999), S. 201, und ders. (2000), S. 1099, mit weiteren Literaturhinweisen. Ablehnend auch *Wagner* (1998), S. 2077, und *Schneider* (2002), S. 280 ff.

sungs- oder Zahlungsbemessungsfunktion bezeichnet[3] – kein erkennbarer sachlicher Unterschied zwischen den erfolgsbeteiligten Eigentümern und dem erfolgsbeteiligten Fiskus bestehe.[4]

Die aktuelle Entwicklung und der offenkundige Meinungsstreit bieten den willkommenen Anlass, die angesprochene Thematik nochmals grundsätzlich aufzugreifen und dabei folgende Teilfragen zu untersuchen.

- In Teil II. sind einige Grundfragen der Rechnungslegung zu skizzieren.
- Teil III. macht deutlich, dass Regelungen zur Rechnungslegung von unterschiedlichen Ausgangspunkten her entwickelt werden können, sie aber – unabhängig von Rechtsform, Größe, Branche und Adressaten einen gemeinsamen Kernbestand der Vermögensdarstellung und Erfolgsermittlung aufweisen (müssen).
- Teil IV. zeigt im Rahmen einer Gegenüberstellung von Handelsbilanz, Steuerbilanz und IFRS-Bilanz anhand ausgewählter Bilanzpositionen, dass die genuine Distanz von aktueller Steuerbilanz zur Bilanz nach IFRS geringer ist als zur derzeitigen vorsichtsgeprägten Handelsbilanz.
- Teil V. versucht Wege aufzuzeigen, wie die unterschiedlichen Funktionen „Information über die aktuelle wirtschaftliche Lage eines Unternehmens" und „Einkommensmessung" auf der Basis einer einheitlichen Bilanz mit notwendigen Veränderungen erfüllt werden können.
- Teil VI. fasst die wesentlichen Ergebnisse in Thesenform zusammen.

II. Grundfragen der Rechnungslegung

1. Notwendigkeit und Funktionen einer Rechnungslegung

Die Notwendigkeit zur Rechnungslegung entsteht aus der Knappheit der wirtschaftlichen Ressourcen – im Schlaraffenland käme niemand auf die Idee, sich mit diesem Thema zu befassen.[5] Die Unsicherheit über die Zukunft verstärkt diese Notwendigkeit, arbeitsteilige Prozesse machen die Rechnungslegung der Auftragnehmer gegenüber ihren Auftraggebern unverzichtbar.

Eine Rechnungslegung erfüllt wichtige Funktionen. Der – häufig gesetzlich angeordnete – Zwang zur Selbstinformation über die eigene wirtschaftliche Lage hat selbstdisziplinierende Wirkung und entfaltet Schutzwirkungen für den

---

[3] Zur Begrifflichkeit kritisch vgl. *Schneider* (1997), S. 84 ff.

[4] Vgl. *Sigloch* (2000), S. 157 ff. So auch *Ballwieser* (1990), S. 477 ff.; *Streim* (1990), S. 527 ff., und *Euler* (1998), S. 15 ff.

[5] Vgl. hierzu *Sigloch* (2004a), S. 17 ff.

Unternehmer selbst und damit auch für die anderen Marktteilnehmer. Die Information außenstehender Dritter setzt diese in die Lage, die finanziellen Folgen eigenen Handelns mit dem betroffenen Unternehmen besser abschätzen zu können. Bei Arbeitsteilung und der Existenz von kontrakt- und residualbestimmten Ansprüchen ist eine nachprüfbare Rechnungslegung notwendig, um – namentlich bei Haftungsbeschränkungen – das Gläubigerkapital vor Ausschüttungen zu sichern und die erfolgsabhängigen Ansprüche zu ermitteln.

2. Darstellung der Vermögenslage

Jede Rechenschaftslegung steht im Spannungsfeld zwischen umfassender (vollständiger) Rechenschaftslegung einerseits und klar nachprüfbarer (objektivierter) Rechenschaftslegung andererseits. Dies gilt selbst dann, wenn Rechenschaft auf finanzielle Rechnungslegung reduziert wird. In diesem Fall steht man vor der Wahl, einfach nachprüfbare Kassenrechnungen aufzustellen oder umfassende Gesamtwertrechnungen vorzulegen, die über die reine Kassenrechnung hinaus auch die Barwerte aller künftigen Einzahlungs- und Auszahlungserwartungen abbilden. Weniger offensiv können die künftigen Zahlungserwartungen dadurch etwas objektiviert werden, dass man Einzelvermögensrechnungen auf objektgebundene Zahlungserwartungen – Vermögensgüter und Schulden – beschränkt. Bei der objektgebundenen Bewertung werden zunächst die Anschaffungswerte als Schätzgrößen für die künftigen Zahlungserwartungen herangezogen (primäre Bewertung), die bei besserer Einsicht durch Zeitwerte korrigiert werden (können oder müssen) (sekundäre Bewertung).[6]

Das skizzierte Spannungsfeld zwischen vollständiger Gesamtvermögensrechnung und eingeschränkter Kassenvermögensrechnung lässt sich durch die folgende Darstellung des Spektrums bilanzieller Rechnungslegung zwischen Unternehmenswertrechnung und Kassenrechnung verdeutlichen, wobei Erweiterungen der Kassenrechnung um Nicht-Geldpositionen schichtenweise aufgebaut werden können und letztlich in eine umfassende Unternehmenswertrechnung münden[7] (Abbildung 1).

Bilanzen jenseits der Kassenrechnung sind aus Inventarverzeichnissen zu entwickeln. Der Kreis der in dieses Verzeichnis aufzunehmenden Objekte kann unterschiedlich weit gezogen werden: Über die durch Markttransaktionen erworbe-

---

[6] Zu diesem grundsätzlich zweistufigen Bewertungsschema vgl. *Sigloch* (2004a), S. 132 ff.

[7] Die Anordnung folgt der Überlegung, dass der Gesamtvermögensvergleich zur Ermittlung des (i.d.R. zeitlich früheren) Einkommens und der Geldvermögensvergleich zur Ermittlung der (i.d.R. zeitlich späteren) Konsumausgaben führen.

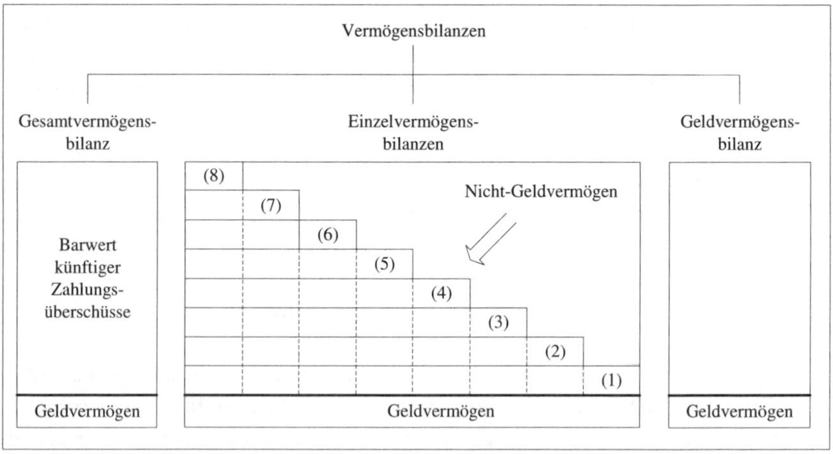

Legende:

(1) Guthaben und Schulden aus Darlehen
(2) Lieferantenforderungen und -verbindlichkeiten
(3) Aktive und passive Rechnungsabgrenzungsposten
(4) Vorratsvermögen
(5) Anlagevermögen (materielle und derivative immaterielle Anlagewerte)
(6) Rückstellungen
(7) Originäre immaterielle Anlagewerte
(8) Derivativer und orginärer Goodwill

Abbildung 1: Schemadarstellung des Aufbaus von Vermögensbilanzen

nen (derivativen) Objekte hinaus können auch selbst geschaffene (orginäre) Objekte aufgenommen werden. Die Zusammenfassung von heterogenen Vermögens- und Schuldobjekten in einer Bilanz macht eine Gleichnamigmachung und damit eine Bewertung erforderlich. Die Bewertung zu historischen Zahlungen ist dabei gegenüber einer Bewertung zu erwarteten künftigen Zahlungen weniger schätzungsanfällig und eher nachprüfbar. Beide Wertkategorien – Anschaffungswerte zu historischen Kosten und Zeitwerte auf der Basis künftiger Zahlungserwartungen – stellen Schätzwerte für künftige Zahlungen dar.[8] Nicht zu übersehen ist allerdings, dass sich die historischen Anschaffungswerte als primäre Zahlungsschätzungen mit zunehmendem Zeitablauf immer weiter von den aktuellen Zeitwerten entfernen und damit eine zunehmende Realitätsferne aufweisen.

3. Ermittlung von Periodenerfolgen

Die Aufstellung des Reinvermögens zu einem Stichtag bildet zugleich den Ausgangspunkt zur Ermittlung des in der abgelaufenen Periode erwirtschafteten

[8] Anderer Auffassung offenbar *Schneider* (2004), S. 301.

Erfolgs. Vermögensausweis und Erfolgsermittlung hängen unmittelbar zusammen, denn jede Erfolgsermittlung folgt dem Schema:

Jahreserfolg	=	Reinvermögen am Ende der Periode
	./.	Reinvermögen zu Beginn der Periode
	+	Entnahmen während der Periode
	./.	Einlagen während der Periode

Abbildung 2: Grundschema der Erfolgsermittlung

Das Grundschema der Erfolgsermittlung, das auf alle Formen bilanzieller Gewinnermittlung von der Kassenbilanz bis zur Unternehmenswertbilanz anwendbar ist, macht deutlich, dass jede Gewinnkonzeption eine bestimmte Erhaltungskonzeption voraussetzt. Bei nominaler Geldkapitalerhaltung ist eine Vermögensmehrung nur vorhanden, sofern das zu Beginn der Periode vorhandene Geldkapital erhalten ist.

Die Erfolgsermittlung weist die in der Periode erwirtschafteten oder eingetretenen Vermögensänderungen auf, die nach Erhaltung der kontraktbestimmten (Gläubiger-)Ansprüche den residualberechtigten Unternehmensteilnehmern zuzurechnen sind. Zurechnung bedeutet dabei noch nicht, dass ein auf diese Art und Weise ermittelter Gewinn auch an die Residualberechtigten ausgezahlt werden kann. Die Entziehbarkeit des Gewinns setzt nämlich voraus, dass die Vermögensmehrung weitgehend gesichert ist und in nicht zu ferner Zukunft in Form auszahlbarer Titel zur Verfügung steht. Das aktuelle Realisationsprinzip trägt diesen Bedingungen weitestgehend Rechnung.

Lediglich realisierungsnahe und unrealisierte Gewinne hingegen erfüllen diese Bedingungen der Entziehbarkeit nur unzureichend:

1. Es besteht die Gefahr, dass sich die Gewinnerwartungen völlig zerschlagen und Rückforderungen der überhöhten Gewinnauszahlungen geboten sind.

2. Auszahlungen aufgrund bloßer Gewinnerwartungen oder -hoffnungen erfordern eine Vorfinanzierung, die bei unvollkommenem Kapitalmarkt nicht zwingend zu erlangen ist. Liquiditätsprobleme sind die Folge und hierdurch ausgelöste Veräußerungszwänge sind nicht auszuschließen.

3. Die Vorfinanzierung von Zugriffen auf noch nicht realisierte Gewinne löst Zinsbelastungen aus. Im Ergebnis können etwa die Besteuerung unrealisierter Gewinne und die auflaufenden Zinslasten bei hinreichend langer Laufzeit zur Aufzehrung der unrealisierten Vermögensmehrungen und schließlich auch zur vollständigen Enteignung führen.

Unrealisierte Gewinne können nach diesen Überlegungen zwar ausgewiesen werden, müssen aber gegen eine Ausschüttung an Gewinnberechtigte gesperrt werden. Auch unrealisierte Verluste sind zu berücksichtigen, für die hieraus erwarteten Auszahlungen sind in geeigneter Form Reserven vorzuhalten.

Kontrovers wird in diesem Rahmen die Frage diskutiert, ob die Zahlungsansprüche der Eigentümer und des Zwangsteilhabers Fiskus in unterschiedlicher Weise berechnet werden müssten. Häufig wird dabei vorgetragen, dass der Fiskus als jederzeit rückgriffsfähiger Teilhaber geringere Ausschüttungssperren erfordere,[9] als dies insbesondere bei haftungsbegrenzten Eigentümern der Fall sei. Dieser Auffassung kann nicht zugestimmt werden: Die gegenwärtig sich verstärkende Tendenz des Staates, Verluste nur noch begrenzt auszugleichen, macht deutlich, dass die Ausschüttungssperren für die Eigentümer und den Fiskus in grundsätzlich gleicher Weise errichtet werden müssen.[10]

Angesichts der oben angeführten Einwendungen bleibt festzuhalten, dass weder eine Ausschüttung noch eine Besteuerung unrealisierter Gewinne Platz greifen darf und es daher keinen Unterschied zwischen der Ermittlung von Bemessungsgrundlagen für Gewinnausschüttungen und für erfolgsabhängige Steuerzahlungen geben kann.

III. Leitvorstellungen der Rechnungslegung – ein mehrfacher Paradigmenwechsel

Allgemein werden einer Rechnungslegung neben der Dokumentationsaufgabe die Funktionen der Information und der Einkommensmessung zugewiesen.

Historisch stand in Deutschland die Anspruchsbemessungsfunktion für Gewinnbeteiligte im Vordergrund. Sie hatte die Aufgabe, Gläubiger mit kontraktbestimmten Ansprüchen zu sichern und den Residualberechtigten nur die entziehbare Reinvermögensmehrung zur Verfügung zu stellen. Das Grundmodell der Rechnungslegung war dabei vorrangig vom Bild des persönlich haftenden Unternehmers geprägt. Den besonderen Bedürfnissen haftungsbeschränkter Kapitalgesellschaften, Großunternehmen und Unternehmen bestimmter volkswirtschaftlich sensibler Branchen wurde durch ergänzende Regelungen Rechnung getragen. Noch das Handelsgesetzbuch 1985 folgte dieser Linie: Für alle Kaufleute wurden sehr weitgehende liberale Regelungen erlassen, denen nachfolgend verschärfende Bestimmungen für Kapitalgesellschaften zur Seite gestellt wurden. Dabei waren die verschärfenden Bestimmungen an der großen Kapitalgesellschaft orientiert, für mittelgroße und kleine Kapitalgesellschaften wurden

---

[9] So *Weber-Grellet* (2002), S. 703.

[10] Zur so genannten „Teilhaberthese" vgl. auch bereits *Döllerer* (1971), bes. S. 1334, und *Sigloch* (2000), S. 157 ff.

Erleichterungen getroffen.[11] Die ausschließlich informationsorientierte Konzernrechnungslegung wurde ausgehend von den Einzelabschlüssen der beteiligten Unternehmen in mehreren Schritten aus der Zusammenfassung und Konsolidierung der Einzelabschlüsse entwickelt.

Die Handelsbilanz als kodifizierter Ausdruck der Grundsätze ordnungsmäßiger Buchführung wurde schon frühzeitig als Referenzmodell für die steuerliche Gewinnermittlung übernommen.[12] Allzu liberale handelsrechtliche Regelungen zu Beginn des 20. Jahrhunderts und fiskalische Erwägungen veranlassten das Bilanzsteuerrecht, eigene Wege zu gehen. Diese eigenen Wege fanden in gesetzlichen Bilanzierungs- und Bewertungsvorbehalten ihren Niederschlag und wurden durch zahlreiche, von der Finanzrechtsprechung entwickelte verdeckte Bilanzierungs- und Bewertungsvorbehalte ergänzt.[13]

Die Entwicklung der US-GAAP und der hieran zunehmend angelehnten IAS/IFRS-Regelungen weist demgegenüber ein anderes Grundmuster auf. Ausgangspunkt der Regelungen ist vor allem der Regelungsbedarf bei großen Unternehmen und insbesondere Konzernen, wobei die Regelungen vor allem auf den Schutz des organisierten Kapitalmarkts abzielen. Folgerichtig steht hierbei die Vermittlung von entscheidungsnützlichen Informationen im Vordergrund. Die Ermittlung der entziehbaren Ausschüttungen an gewinnbeteiligte Akteure wird durch individuelle Privatabreden mit den Gläubigern – so genannte „Covenants“ – geregelt, die Ermittlung steuerlicher Bemessungsgrundlagen folgt – zumindest vordergründig – völlig eigenen Regeln. Bemerkenswert erscheint, dass in den USA gesetzliche Rechnungslegungsregeln für Nicht-Kapitalmarktunternehmen weitgehend fehlen, insbesondere sind die US-GAAP für kleine und mittlere Unternehmen durchaus nicht verbindlich.[14] Es kann offen bleiben, ob die normative Kraft des Faktischen auch in den USA letztlich dazu führt, dass mittelständische Unternehmen im Interesse öffentlicher Glaubwürdigkeit faktisch gezwungen sind, im Rahmen ihrer Rechnungslegung die anerkannten Grundsätze der US-GAAP anzuwenden.

---

[11] Vgl. hierzu *Sigloch* (2004a), S. 58 ff. Dieser Dualismus der Rechnungslegung ist vielfach kritisiert worden. Die Kritik richtete sich dabei nicht auf die ergänzenden Publizitäts- und Prüfungsbestimmungen, sondern darauf, dass diese Einfluss auf den Vermögens- und Erfolgsausweis nehmen und damit in den Kern der Rechnungslegung eingreifen. Dies hat zur Folge, dass in Abhängigkeit von der rechtlichen Organisationsform – der Unternehmensrechtsform – Vermögensdarstellung und Gewinnermittlung unterschiedlich geregelt wurden.

[12] Zur historischen Entwicklung vgl. *Schneide*r (1991), S. 185 ff., und *Schmidt* (1994), S. 17 ff.

[13] Zu Einzelheiten vgl. *Sigloch* (2004b), S. 337 ff.

[14] Vgl. *Schildbach* (2002), S. 18 ff.

Mit der nur unwesentlich veränderten Übernahme der US-GAAP in die IAS/IFRS-Regelungen findet für Deutschland ein mehrfacher Paradigmenwechsel statt:

- Ausgangspunkt sind nicht mehr die liberalen Regelungen für alle Kaufleute, sondern die strengen Kapitalmarktregulierungen für große, börsennotierte Konzernunternehmen, die grundsätzlich für alle Unternehmen und damit auch für den Einzelabschluss kleiner und mittlerer Unternehmen Anwendung finden sollen.
- Vorrangiger Zweck dieser Regelungen ist die Bereitstellung entscheidungsnützlicher Informationen für aktuelle und potentielle Unternehmensteilnehmer. Die Ermittlung von entziehbaren Gewinnansprüchen ist allenfalls nachrangig und bleibt privatrechtlichen Vereinbarungen oder nationalen gesellschaftsrechtlichen Vorschriften überlassen, wobei diese zu Ergebnissen führen, die häufig stark den Anspruchsbemessungsregeln nach deutschen Verhältnissen ähneln.[15]

Anders als noch im Handelsgesetzbuch 1985 scheinen jetzt die umfassenden Anforderungen an Kapitalmarktunternehmen unabhängig von der Rechtsform grundsätzlich auch für mittlere und kleine Unternehmen Verbindlichkeit zu erlangen.[16] Anerkannt wird die Notwendigkeit, aus Kosten-Nutzen-Erwägungen für kleine und mittlere Unternehmen vereinfachende Regelungen zu entwickeln mit der Gefahr, dass diese vom Normstandard abweichen und geringeres Ansehen genießen.[17] Ob sich derart vorbelastete „kleine IAS/IFRS"[18] durchsetzen können, muss die Zukunft weisen.

IV. Gegenüberstellung von HGB, Steuerbilanz und IFRS-Bilanz

Eine Gegenüberstellung der Bilanzen nach HGB 1985, Steuerrecht und IAS/IFRS lässt in Bezug auf Bilanzinhalt und Bilanzbewertung durchaus große Übereinstimmungen erkennen. Nicht zu übersehen ist allerdings, dass einzelne Bilanzpositionen erhebliche Differenzen aufweisen. Die nachfolgende Übersicht soll für ausgewählte Bilanzpositionen einen Überblick über Gemeinsam-

[15] Vgl. *Schildbach* (2002), S. 15.

[16] Vgl. das Diskussionspapier des IASB (2004), „Accounting Standards for Small and Medium-sized Entities", und *Haller / Eierle* (2004), S. 1838 ff.

[17] Vgl. näher *Gross / Steiner* (2004), S. 875 ff.

[18] Gelegentlich findet sich auch die nicht weniger diskriminierende Bezeichnung „IAS/IFRS light"; vgl. etwa *Hüttche* (2002), S. 1804 ff.

keiten und Unterschiede zwischen den verschiedenen Rechnungslegungsmodellen geben:[19]

Tabelle 1

Gemeinsamkeiten und Unterschiede zwischen IFRS-Handelsbilanz, Steuerbilanz und HGB-Bilanz (Aktiva)

	IFRS-Handelsbilanz	Steuerbilanz	HGB-Handelsbilanz
(1)	Aktivierungsverbot für orginären Goodwill	Aktivierungsverbot für orginären Goodwill	Aktivierungsverbot für orginären Goodwill
(2)	Aktivierungspflicht für derivativen Goodwill keine planmäßigen Abschreibungen, nur außerplanmäßige Abschreibung („impairment only") des derivativen Goodwill	Aktivierungspflicht für derivativen Goodwill planmäßige lineare Abschreibung – im Regelfall über 15 Jahre	Aktivierungswahlrecht für derivativen Goodwill bei Aktivierung: pauschale Abschreibung über längstens 4 Jahre oder planmäßige Abschreibung über die wirtschaftliche Nutzungsdauer
(3)	Aktivierungsverbot für orginäre immaterielle Anlagewerte Ausnahme: Aktivierungspflicht für bestimmte (orginäre) Entwicklungsaufwendungen	Aktivierungsverbot für orginäre immaterielle Anlagewerte	Aktivierungsverbot für orginäre immaterielle Anlagewerte
(4)	Ansatzwahlrecht des höheren Zeitwerts bei nicht betriebsnotwendigen Immobilien	Ansatzverbot des höheren Zeitwerts bei nicht betriebsnotwendigen Immobilien	Ansatzverbot des höheren Zeitwerts bei nicht betriebsnotwendigen Immobilien
(5)	Ansatzgebot des höheren Zeitwerts bei bestimmten Finanzinstrumenten	Ansatzverbot des höheren Zeitwerts bei bestimmten Finanzinstrumenten	Ansatzverbot des höheren Zeitwerts bei bestimmten Finanzinstrumenten
(6)	Pflicht zur Vollkostenbewertung der Lagerbestände	Pflicht zur Vollkostenbewertung der Lagerbestände	Wahlrecht zwischen Vollkostenbewertung und Einzelkostenbewertung der Lagerbestände
(7)	Gebot der Teilgewinnerfassung bei langfristigen Aufträgen	Verbot der Teilgewinnerfassung bei langfristigen Aufträgen	Verbot der Teilgewinnerfassung bei langfristigen Aufträgen

[19] Für eine umfassende Analyse vgl. *Herzig* (2004), bes. S. 89 ff. und die tabellarische Zusammenfassung wichtiger Ergebnisse auf S. 456 – 462.

Tabelle 2

Gemeinsamkeiten und Unterschiede zwischen IFRS-Handelsbilanz, Steuerbilanz und HGB-Bilanz (Passiva)

	IFRS-Handelsbilanz	Steuerbilanz	HGB-Handelsbilanz
(8)	eng begrenzter Kreis von Rückstellungen	eingeschränkter Kreis von Rückstellungen	weiterer Kreis von Rückstellungen
(9)	Abzinsungsgebot bei Rückstellungen	Abzinsungsgebot bei Rückstellungen	Abzinsungsverbot bei Rückstellungen
(10)	weiteres Stichtagsprinzip bei der Bewertung von Pensionslasten	enges Stichtagsprinzip bei der Bewertung von Pensionslasten	enges Stichtagsprinzip bei der Bewertung von Pensionslasten
(11)	Passivierungspflicht für Drohverlust-rückstellungen	Passivierungsverbot für Drohverlust-rückstellungen	Passivierungspflicht für Drohverlust-rückstellungen
(12)	Passivierungsverbot für bestimmte Aufwandsrückstellungen	Passivierungsverbot für bestimmte Aufwandsrückstellungen	Passivierungswahlrecht für bestimmte Aufwandsrückstellungen

Die Übersichten machen deutlich, dass die derzeitige Steuerbilanz mit ihren zahlreichen offenen und verdeckten Bilanzierungs- und Bewertungsvorbehalten in wichtigen Bilanzpositionen näher an der IFRS-Bilanz ist, als sie mit der HGB-Bilanz Gemeinsamkeiten aufweist.[20] Die Einordnung der Bilanzen in das Spektrum möglicher Rechnungslegungsmodelle führt zu der Übersicht in Abbildung 3.

Unter diesem Aspekt besteht keinerlei Notwendigkeit, die grundsätzliche Maßgeblichkeit der IAS/IFRS-Bestimmungen für die Steuerbilanz abzulehnen.[21] Nimmt man das Anliegen einer europaweiten Harmonisierung der erfolgsteuerlichen Bemessungsgrundlagen ernst,[22] ist vielmehr die IAS/IFRS-Bilanz als Ausgangsbasis für die steuerliche Erfolgsermittlung zu fordern.[23] Allerdings ist dafür Sorge zu tragen, dass sowohl in der IFRS-Bilanz als auch in der Steuerbilanz die nicht realisierten Gewinne als nicht entziehbar gegen die Ausschüttung an die Eigentümer und den Fiskus gesperrt werden.[24] Ferner sind Darstel-

[20] So auch *Eichhorn* (2001), S. 247.

[21] Auch die Befürworter eines eigenständigen Bilanzsteuerrechts räumen ein, dass sich die zum Weltstandard entwickelnden IAS/IFRS-Regeln als Orientierungspunkt eignen, die es nach Maßgabe der steuerlichen Anforderungen zu modifizieren gilt; vgl. *Herzig / Gellrich / Jensen-Nissen* (2004), S. 556.

[22] Vgl. Commission of the European Communities (2003), S. 16 ff.

[23] Vgl. auch *Schön* (2004), S. 434, und *Spengel* (2003), S. 32 ff.

[24] Vgl. *Schreiber* (2002), S. 114.

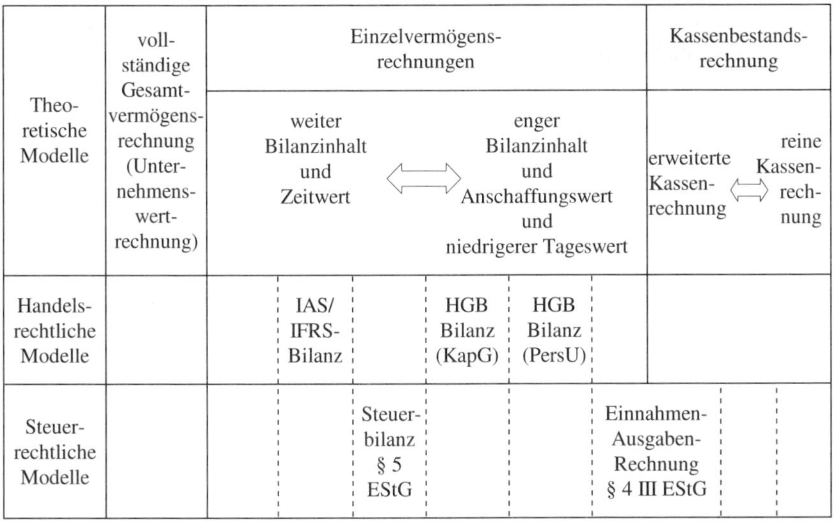

Abbildung 3: Gegenüberstellung der Modelle der periodischen Gewinnermittlung

lungswahlrechte, die eine Besteuerung nach Wahl ermöglichen, strikt zu vermeiden. Kritisch zu betrachten sind damit insbesondere

- das Ansatzwahlrecht für konkretisierbare Entwicklungsaufwendungen,
- das Verbot einer planmäßigen Abschreibung des derivativen Goodwill,
- der zwingende oder mögliche Zeitwertansatz bei realisierungsnahen Finanzinstrumenten,
- der mögliche Zeitwertansatz bei Immobilien als Kapitalanlagen,
- die Pflicht zur Teilgewinnerfassung bei langfristigen Fertigungsaufträgen.

V. Wege einer Verbindung von Informations- und Zahlungsbemessungsfunktion

1. Alternative Entwicklungspfade

Informationsfunktion und Einkommensbemessungsfunktion sind mit einer identischen Bilanz nicht optimal zu leisten. Damit scheint es unvermeidbar, zwei völlig eigenständige Bilanzen zu erstellen. Dieser radikale Weg ist indes nicht zwingend. Vielmehr erscheint es auch möglich,

- aus der primären Informationsbilanz eine Zahlungsbemessungsbilanz abzuleiten oder

– die primäre Zahlungsbemessungsbilanz durch Ergänzungen zu einer sekundären Informationsbilanz zu entwickeln.

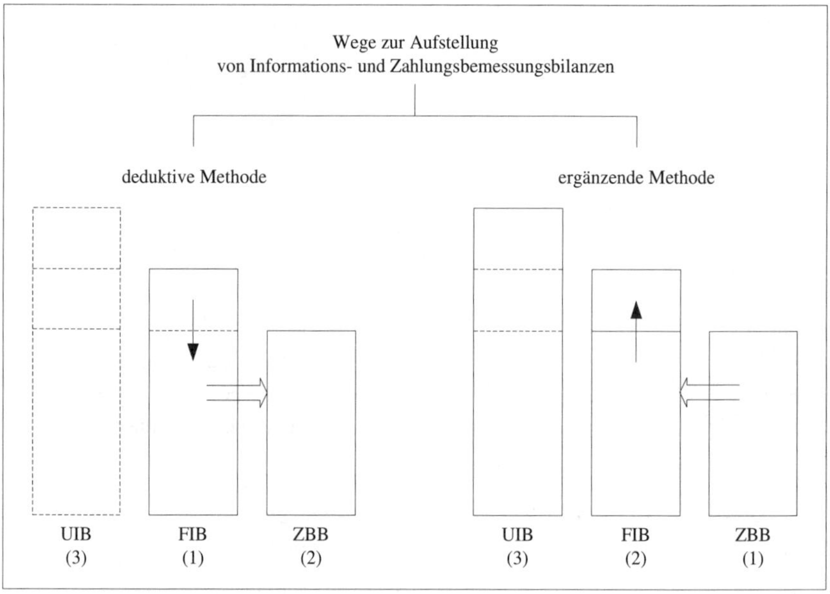

FIB Fair-Value-orientierte Informationsbilanz
UIB Unternehmenswertorientierte Informationsbilanz
ZBB Zahlungsbemessungsorientierte Bilanz

Abbildung 4: Bilanzentwicklungsmodelle

Notwendige Voraussetzung für beide Wege ist es, dass die nicht ausschüttungsoffenen Erfolgskomponenten – insbesondere die unrealisierten Gewinne – deutlich von den ausschüttbaren Erfolgskomponenten getrennt werden. Die derzeit zu beobachtende Tendenz, die Grenzen zwischen beiden Erfolgskomponenten zu verwischen, macht eine erwünschte spätere Trennung nicht mehr möglich.

Grundsätzlich erscheinen beide Wege gangbar. Aus der Überlegung, dass alle Unternehmen gegenüber gewinnbeteiligten Unternehmensteilnehmern und für steuerliche Zwecke eine Einkommensbemessungsbilanz vorlegen müssen, auf deren Basis die Gewinnverteilung vor allem unter den Gesellschaftern und die Steuerbemessung vorgenommen werden, scheint der naheliegendere Weg, aus der Einkommensbemessungsbilanz eine Informationsbilanz zu entwickeln.

2. Technische Umsetzungsalternativen

Für den Ausbau der Einkommensbemessungsbilanz zu einer Informationsbilanz stehen für die Behandlung unrealisierter Gewinne und Verluste unterschiedliche technische Wege zur Verfügung:

1. Unrealisierte Gewinne werden – etwa durch Zuschreibung einer Aktivposition über den Anschaffungswert hinaus oder durch Reduktion eines Passivpostens unter seinen Rückzahlungsbetrag – offen in der Bilanz ausgewiesen, aber durch Einstellung in eine Neubewertungsrücklage neutralisiert.
2. Unrealisierte Gewinne werden außerhalb der Hauptbilanz in einer Ergänzungs-Bilanz sowie einer Ergänzungs-Gewinn- und Verlustrechnung ausgewiesen.

Der letztgenannte Weg, der vergleichbar auch bei den steuerlichen Ergänzungsbilanzen beschritten wird, weist den entscheidenden Vorteil auf, dass damit auch die in den nachfolgenden Jahren ausgelösten Folgewirkungen getrennt erfasst und ausgewiesen werden können. Unrealisierte Gewinne und Folgeänderungen werden bis zu ihrer Realisierung in den Ergänzungs-Rechnungen geführt und erst bei ihrer Realisierung über die Hauptbilanz abgeschlossen.

Für die Berücksichtigung unrealisierter Verluste könnten zwei Verfahrensweisen erwogen werden:

1. Nach traditionellem Vorgehen wäre der unrealisierte Verlust entsprechend dem Imparitätsprinzip sofort gewinnmindernd in den Hauptrechnungen zu antizipieren, spätere Korrekturen wären gewinnerhöhend vorzunehmen.
2. Alternativ wäre ein analoges Vorgehen zur Behandlung unrealisierter Gewinne denkbar mit dem Ergebnis, dass die Verlustantizipation bis zur Verlustrealisation zu keiner Minderung des Gewinnausweises in der Hauptbilanz führen würde und die Verlustvorsorge auf der Gewinnverwendungsebene erfolgen müsste. Ein eventuell sich ergebender Verlustüberhang müsste allerdings stets mit einer Auszahlungssperre gegenüber privaten und staatlichen Gewinnbeteiligten versehen werden.[25]

3. Konsequente Lösung: Zahlungsbemessungsbilanz und Unternehmenswertbilanz

Der Trend zu umfassenden Informationsbilanzen auf der Basis von Zeitwerten wird mit dem Erfordernis begründet, dass aktuelle und potentielle Unternehmensteilnehmer zur Fundierung ihrer unternehmensbezogenen Entscheidun-

---

[25] Vgl. hierzu *Sigloch* (2000), S. 176.

gen relevante Informationen über die Vermögens- und Erfolgslage der Unternehmen benötigen. Zur Erreichung dieses Ziels wird dabei gegenwärtig noch der Weg gewählt, über die Barwertbewertung möglichst konkreter Vermögens- und Schuldpositionen einen vollständigen Reinvermögensausweis zu erreichen. Die konkreten Vermögens- und Schuldpositionen werden deshalb gewählt, um der Reinvermögensschätzung noch eine gewisse nachprüfbare Basis zu bieten. Diese Vorgehensweise begegnet allerdings bei einer Going-concern Bilanzierung dem Problem, dass diese Barwertberechnung in vielen Fällen mangels direkt zurechenbarer Zahlungen nicht möglich ist und deshalb Hilfskonstrukte – wie etwa die Bildung von „Cash-generating-units" – erforderlich sind. Bei näherer Betrachtung erweist sich die damit erreichte Objektivierung als Trugbild, da ihr Ergebnis von der häufig nicht nachvollziehbaren Zurechnung von Zahlungen abhängt.

Ferner wird zu Recht darauf hingewiesen, dass die Bilanzen nach IFRS das Vermögen nur selektiv auf der Basis von Fair Values ausweisen und häufig das Wahlrecht gewährt wird, alternativ die historische Bewertung beizubehalten.[26]

Diese Überlegungen legen es nahe, auf den aus Objektivierungsgründen gewählten Zwischenschritt über konkrete Vermögens- und Schuldpositionen zu verzichten und die Unternehmensbewertung auf der Basis von diskontierten Ein- und Auszahlungen zur Ermittlung einer Unternehmenswertbilanz heranzuziehen. Dieses Verfahren entspricht dem Ziel, umfassend über die Reinvermögenssituation zu informieren, und macht zugleich deutlich, dass jeder Wertansatz über die bestehenden Kassenbestände hinaus ausschließlich auf subjektiven Zukunftsschätzungen von Zahlungen beruht. Dieses Verfahren vermeidet damit das Vorgaukeln vermeintlich fundierter Vermögenswerte und Schulden. Börsennotierte Unternehmen können als Näherung für diese Unternehmensbewertung auf die vom Markt durchgeführte Wertnotierung zurückgreifen, für nicht börsennotierte Unternehmen ist insoweit eine (vereinfachte) Unternehmensbewertung unvermeidbar.

Die konsequente Lösung des Konflikts zwischen Informations- und Einkommensbemessungsbilanz besteht somit darin, (1) die Informationswünsche durch eine Unternehmenswertbilanz zu erfüllen und (2) der Notwendigkeit, Zahlungsansprüche von Residualanspruchsberechtigten zu ermitteln, durch die Erstellung von Zahlungsbemessungsbilanzen Rechnung zu tragen. Diese Lösung mag radikal erscheinen, vermeidet aber Irrungen und Wirrungen bei der Ermittlung von partiellen und scheinobjektivierten Zeitwertbilanzen.

---

[26] Vgl. *Ballwieser / Küting / Schildbach* (2004), S. 542.

VI. Abschließende Thesen

1. Rechnungslegung bedeutet finanzielle Rechenschaft geben. Jede Rechnungslegung steht im Rahmen der Vermögens- und Erfolgsermittlung grundsätzlich vor dem Dilemma zwischen Vollständigkeit mit großem Spielraum für Schätzungsermessen und rechnerischer Exaktheit der Abbildung von Kassenbeständen mit höchst eingeschränkter Aussagekraft.

2. Die traditionelle deutsche Rechnungslegung verfolgte bisher das Ziel, unter Sicherung des Gläubigerkapitals in Einzelabschlüssen die Zahlungsbemessungsansprüche der Residualanspruchsberechtigten zu ermitteln. Die Einzelabschlüsse bilden die Basis zur Entwicklung des informationsorientierten Konzernabschlusses. In den Vereinigten Staaten von Amerika dominiert demgegenüber die Tradition, für börsennotierte Kapitalmarktunternehmen – meist in Form von Konzernabschlüssen – Informationsbilanzen zu erstellen, aus denen bei Bedarf Zahlungsbemessungsbilanzen abgeleitet werden.

3. Die Einzelabschlüsse nach IAS/IFRS sind unter Vornahme notwendiger Modifikationen als gemeinsame Basis für eine Gewinnbesteuerung in Europa geeignet, den Ausgangspunkt für einen europaweiten Standard zur Ermittlung steuerlicher Bemessungsgrundlagen zu setzen. Dies gilt zumindest so lange, wie die steuerliche Gewinnermittlung auf der Basis eines Vermögensvergleichs erfolgen soll.

4. IAS/IFRS-Bilanzen können nicht unmodifiziert zur Ermittlung von Auszahlungsansprüchen eingesetzt werden, vielmehr sind unrealisierte und – mit Einschränkungen – auch die nur realisierungsnahen Gewinne vor der Ausschüttung zu sperren. Diese Ausschüttungssperren sollen nicht bereits auf Ebene der Gewinnermittlung, sondern erst auf der Ebene der Gewinnverwendung vorgenommen werden.

5. Im Interesse der Transparenz sollten in der Hauptbilanz die realisierten Gewinne und realisierten Verluste – ggf. auch die unrealisierten Verluste – und in den Ergänzungs-Rechenwerken die unrealisierten Gewinne – ggf. auch unrealisierten Verluste – ausgewiesen werden. Soweit vorläufig nur in den Ergänzungs-Bilanzen erfasst, werden die Geschäftsvorfälle bei ihrer Realisation über die Hauptbilanz abgerechnet.

6. Bei Existenz von Unternehmensteilnehmern mit Kontrakt- und Residualansprüchen ist es notwendig, die nach Sicherung der Gläubigeransprüche verbleibenden Gewinnansprüche zu ermitteln. Einkommensbemessungsbilanzen gegenüber privaten und staatlichen Gewinnbeteiligten sind damit unverzichtbar, und es sind keine überzeugenden Gründe erkennbar, weshalb diese Gewinnermittlung nicht einheitlichen Regeln folgen sollte.

7. Vor allem Unternehmen, die am organisierten anonymen Kapitalmarkt teilnehmen, müssen ihren Teilnehmern relevante Kapitalmarktinformationen zur

Verfügung stellen. Statt halbherziger Mischungen aus Anschaffungswert- und Zeitwertbilanzen wird vorgeschlagen, die relevanten umfassenden Informationen in Form standardisierter Unternehmenswertbilanzen bereitzustellen.

Literaturverzeichnis

Ballwieser, Wolfgang (1990): Ist das Maßgeblichkeitsprinzip überholt?; in: Betriebswirtschaftliche Forschung und Praxis; 42. Jg. (1990); S. 477 – 498.

Ballwieser, Wolfgang / *Küting,* Karlheinz / *Schildbach,* Thomas (2004): Fair value – erstrebenswerter Wertansatz im Rahmen einer Reform der handelsrechtlichen Rechnungslegung?; in: Betriebswirtschaftliche Forschung und Praxis; 56. Jg. (2004); S. 529 – 549.

Bundesministerium der Finanzen (2002): Internationalisierung der Rechnungslegung: Konsequenzen für die deutsche Steuerpolitik; Monatsbericht 10/2002; S. 63 – 70.

Commission of the European Communities (2003): An Internal Market without company tax obstacles – achievements, ongoing initiatives and remaining challenges; Brussels, 24.11.2003, COM(2003)726 final; S. 1 – 26; europa.eu.int/comm/taxation_ customs/taxation/company_tax/index_en.htm, Stand: 31.12.2004.

Döllerer, Georg (1999): Maßgeblichkeit der Handelsbilanz in Gefahr; in: Betriebs-Berater; 26. Jg. (1971); S. 1333 – 1335.

Eichhorn, Klaus T. (2001): Das Maßgeblichkeitsprinzip bei International Accounting Standards; Lohmar, Köln 2001.

Euler, Roland (1998): Steuerbilanzielle Konsequenzen der internationalisierten Rechnungslegung; in: Steuer und Wirtschaft; 75. Jg. (1998); S. 15 – 24.

Gross, Beatrix / *Steiner,* Eberhard (2004): IFRS für Small & Medium-sized Entities?; in: Steuern und Bilanzen; 6. Jg. (2004); S. 875 – 879.

Haller, Axel / *Eierle,* Brigitte (2004): Accounting Standards for Small and Medium-sized Entities – erste Weichenstellungen durch das IASB; in: Betriebs-Berater; 59. Jg. (2004); S. 1838 – 1845.

Herzig, Norbert (2004): IAS/IFRS und steuerliche Gewinnermittlung – Eigenständige Steuerbilanz und modifizierte Überschussrechnung – Gutachten für das Bundesfinanzministerium; Düsseldorf 2004.

Herzig, Norbert / *Bär,* Michaela (2003): Die Zukunft der steuerlichen Gewinnermittlung im Licht des europäischen Bilanzrechts; in: Der Betrieb; 56. Jg. (2003); S. 1 – 8.

Herzig, Norbert / *Gellrich,* Kai M. / *Jensen-Nissen,* Lars (2004): IAS/IFRS und steuerliche Gewinnermittlung; in: Betriebswirtschaftliche Forschung und Praxis; 56. Jg. (2004); S. 550 – 577.

Hüttche, Tobias (2002): IAS für den Mittelstand: light, little oder gar nicht?; in: Betriebs-Berater; 57. Jg. (2002); S. 1804 – 1806.

IASB (2004): Discussion Paper „Preliminary Views on Accounting Standards for Small and Medium-sized Entities"; London; June 2004.

Nobes, Christopher (2003): A Conceptual Framework for the Taxable Income of Businesses, and How to Apply it under IFRS; www.acca.global.com/pdfs/miscellaneous/Tech-TP-No3.pdf, Stand: 31.12.2004.

Oestreicher, Andreas / *Spengel,* Christoph (1999a): International Accounting Standards, Maßgeblichkeitsprinzip und Besteuerung; in: Der Betrieb; 52. Jg. (1999); S. 593 – 600.

– (1999b): Maßgeblichkeit der International Accounting Standards für die steuerliche Gewinnermittlung?; Baden-Baden 1999.

– (2001): Anwendung von IAS in der EU – Zukunft des Maßgeblichkeitsprinzips und Steuerbelastung; in: Recht der Internationalen Wirtschaft; 47. Jg. (2001); S. 889 – 902.

Schildbach, Thomas (2002): US-GAAP: Amerikanische Rechnungslegung und ihre Grundlagen; 2. Auflage; München 2002.

Schmidt, Lutz (1994): Maßgeblichkeitsprinzip und Einheitsbilanz: Geschichte, Gegenwart und Perspektiven des Verhältnisses von Handels- und Steuerbilanz; Heidelberg 1994.

Schneider, Dieter (1991): Die Anfänge der „Steuerbilanz" und die Entstehung des Maßgeblichkeitsprinzips: Ein Beitrag zur Betriebswirtschaftlichen Steuerlehre vor der akademischen Betriebswirtschaftslehre; in: Betriebswirtschaftliche Steuerlehre und Steuerberatung: Gerd Rose zum 65. Geburtstag; Hrsg. Norbert Herzig; Wiesbaden 1991; S. 175 – 190.

– (1997): Betriebswirtschaftslehre; Band 2: Rechnungswesen; 2. Auflage; München, Wien 1997.

– (2002): Steuerlast und Steuerwirkung: Einführung in die steuerliche Betriebswirtschaftslehre; München, Wien 2002.

– (2003): Konzernrechnungslegung nach IAS als Besteuerungsgrundlage?; in: Betriebs-Berater; 58. Jg. (2003); S. 299 – 304.

– (2004): Folgt die Tugend gewinnsteuerlicher Bemessungsgrundlagen den Zahlungsströmen?; Jochen Sigloch zur Vollendung des 60. Lebensjahres; in: Steuer und Wirtschaft; 81. Jg. (2004); S. 293 – 304.

Schön, Wolfgang (2004): International Accounting Standards – A „Starting Point" for a Common European Tax Base?; in: European Taxation; Vol. 44 (2004); S. 426 – 440.

Schreiber, Ulrich (1997): Hat das Maßgeblichkeitsprinzip noch eine Zukunft?; in: Handelsbilanzen und Steuerbilanzen: Festschrift zum 70. Geburtstag von Prof. Dr. h.c. Heinrich Beisse; Hrsg. Wolfgang Dieter Budde, Adolf Moxter und Klaus Offerhaus; Düsseldorf 1997; S. 491 – 509.

– (2002): Gewinnermittlung und Besteuerung der Einkommen; in: Steuer und Wirtschaft; 79. Jg. (2002); S. 105 – 115.

– (2004): Unternehmensbesteuerung im Binnenmarkt: Angleichung der Gewinnermittlung und des Satzes der Körperschaftsteuer?; in: Steuer und Wirtschaft; 81. Jg. (2004); S. 212 – 226.

Siegel, Theodor (1998): Zeitwertbilanzierung für das deutsche Bilanzrecht?; in: Betriebswirtschaftliche Forschung und Praxis; 50. Jg. (1998); S. 593 – 603.

– (1999): Rückstellungen, Teilwertabschreibungen und Maßgeblichkeitsprinzip; in: Steuern und Bilanzen; 1. Jg. (1999); S. 195 – 201.

– (2000): Drohende Verluste aus schwebenden Geschäften und der eingetretene Verlust der Steuerpause – Zugleich Anmerkungen zu der Stellungnahme von Kessler, StuB 2000 S. 1091 –; in: Steuern und Bilanzen; 2. Jg. (2000); S. 1096 – 1099.

– (2004): Der Zeitwertansatz: ein konzeptioneller Rahmen für den Konzernabschluß; in: Unternehmensrechnung: Konzeptionen und praktische Umsetzung: Festschrift zum 68. Geburtstag von Gerhard Scherrer; Hrsg. Stefan Göbel und Bernhard Heni; München 2004; S. 309 – 329.

Sigloch, Jochen (2000): Ein Valet dem Maßgeblichkeitsprinzip?; in: Betriebswirtschaftliche Forschung und Praxis; 52. Jg. (2000); S. 157 – 182.

– (2004a): Rechnungslegung: Jahresabschluss nach Handels- und Steuerrecht und Internationalen Standards (unter Mitarbeit von Ingo Schmidt); 2. Auflage; Bayreuth 2004.

– (2004b): Steuerbilanz und Rechnungslegung nach internationalen Standards – Chancen für eine Neue Maßgeblichkeit; in: Unternehmensrechnung: Konzeptionen und praktische Umsetzung: Festschrift zum 68. Geburtstag von Gerhard Scherrer; Hrsg. Stefan Göbel und Bernhard Heni; München 2004; S. 331 – 353.

Sigloch, Jochen / *Schmidt,* Ingo (2002): Stellungnahme zum Entwurf „Grundsätze ordnungsmäßiger Rechnungslegung (Rahmenkonzept)"; 12.12.2002; www.standardsetter.de/drsc/docs/comments/framework/sigloch_schmidt.pdf, Stand: 31.12.2004.

Spengel, Christoph (2003): International Accounting Standards und Unternehmensbesteuerung in der Europäischen Union; in: Internationales Steuerrecht; 12. Jg. (2003); S. 29 – 36, S. 67 – 72.

– (2004): Unternehmensbesteuerung in der EU – quo vadis?; in: Deutsches Steuerrecht im europäischen Rahmen; Hrsg. Jürgen Lüdicke; Forum der Internationalen Besteuerung: Band 28; Köln 2004; S. 109 – 155.

Steck, Dieter (2002): Die Beibehaltung des Maßgeblichkeitsprinzips – Pro und Contra; in: Steuern und Bilanzen; 4. Jg. (2002); S. 487 – 493.

Streim, Hannes (1990): Ein Plädoyer für die Einheitsbilanz; in: Betriebswirtschaftliche Forschung und Praxis; 42. Jg. (1990); S. 527 – 545.

Wagner, Franz W. (1998): Aufgabe der Maßgeblichkeit bei einer Internationalisierung der Rechnungslegung? – Eine Analyse der ökonomischen Wirkungen des Bilanzsteuerrechts -; in: Der Betrieb; 51. Jg. (1998); S. 2073 – 2077.

Weber-Grellet, Heinrich (2002): Zur Abschaffung des Maßgeblichkeitsgrundsatzes – Plädoyer für eine steuerrechtskonforme und rechtsstaatliche Gewinnermittlung; in: Steuern und Bilanzen; 4. Jg. (2002); S. 700 – 706.

Duale Einkommensteuer und Besteuerung der Unternehmen

Von Ulrich Schreiber

I. Einführung

Die Einkommensteuer, einst als Königin der Steuern bezeichnet[1], beruht auf der Idee, das gesamte Einkommen eines Steuerpflichtigen zur Bemessung der Steuerzahlung heranzuziehen. Steuerpflichtige mit gleichem Einkommen sollen die gleiche Steuerzahlung leisten. Es gilt vielen als gerecht, dass der Tarif der Einkommensteuer direkt progressiv ist: Grenzsteuersatz und Durchschnittsteuersatz nehmen mit wachsendem Einkommen zu. Kennzeichen der Einkommensteuer ist das Syntheseprinzip. Alle Einkünfte, unabhängig vom Ort der Entstehung und der Art der Betätigung, sind zum Einkommen zusammenzufassen und einem einheitlichen Steuertarif zu unterwerfen.

Die Wirklichkeit der Einkommensteuer ist von dieser Idee weit entfernt. Zwar wird ein einheitlicher Satz auf das zu versteuernde Einkommen angewendet. Jedoch beruht dieses Einkommen auf sieben Einkunftsarten, die zum Teil erhebliche Unterschiede aufweisen. Der bedeutsamste Unterschied liegt darin, dass sowohl Gewinne (periodisierte Zahlungen) als auch Überschüsse (unperiodisierte Zahlungen) in das Einkommen eingehen. Das Syntheseprinzip wird dadurch vor allem bei der Zusammenfassung von Unternehmensgewinnen und Lohneinkommen verletzt. Unter gewissen Annahmen lässt sich zeigen, dass eine gleiche Belastung im Barwert nur entsteht, wenn der Steuersatz für Lohneinkünfte den Steuersatz für Gewinneinkünfte übersteigt[2]. An die Stelle der synthetischen Einkommensteuer müsste daher eine Schedulensteuer mit differenzierenden Tarifen treten[3]. Dieses Argument leidet allerdings darunter, dass unter realistischen Annahmen die erforderliche Tarifdifferenzierung nicht zu präzisieren ist.

---

[1] Vgl. *Popitz* (1926), S. 402.

[2] Vgl. *Kaplow* (1994), S. 1507 – 1512; *Sørensen* (1994), S. 64 – 67.

[3] Vgl. *Wagner* (2000), S. 434 – 436.

Gleichwohl gibt es seit längerem in den skandinavischen Staaten Finnland, Norwegen und Schweden Systeme der Einkommensteuer mit differenzierten Tarifen für Kapitaleinkommen und Arbeitseinkommen (duale Einkommensteuer). Die duale Einkommensteuer beruht darauf, Arbeitseinkommen einem progressiven Tarif zu unterwerfen, während Kapitaleinkommen proportional und niedriger besteuert werden. Die duale Einkommensteuer könnte ein Vorbild für die Kapitaleinkommensbesteuerung in der Europäischen Union sein[4]. Auch in Deutschland hat die Idee einer Tarifspreizung inzwischen an Boden gewonnen. Der Sachverständigenrat schlägt in seinem Jahresgutachten 2003/2004 eine duale Einkommensteuer vor. Dem Sachverständigenrat geht es dabei weniger um die Vergleichbarkeit der effektiven Einkommensteuerbelastung von Arbeitseinkommen und Kapitaleinkommen als um die steuerliche Standortattraktivität Deutschlands, die Neutralität der Unternehmensbesteuerung und die Verbesserung der Systematik des Steuerrechts im Bereich der Kapitaleinkommen[5].

Der Beitrag zeigt, dass die duale Einkommensteuer geeignet ist, die Standortattraktivität zu erhöhen. Jedoch sind Abstriche bei der Neutralität der Unternehmensbesteuerung und bei der Systematik des Steuerrechts zu machen. Zunächst wird die Bedeutung des Gewinnsteuersatzes für die Standortattraktivität untersucht (Abschnitt II.). Sodann werden die Grundlagen für die notwendige Gewinnspaltung im Rahmen der dualen Einkommensteuer erläutert, und es wird geprüft, wie die duale Einkommensteuer sich in die Unternehmensbesteuerung einfügt (Abschnitt III.). Eine Zusammenfassung beschließt den Beitrag (Abschnitt IV.).

II. Standortattraktivität und duale Einkommensteuer

Mobiles Kapital wird dort investiert, wo die höchste Nettorendite zu erzielen ist. Erzielt eine Investition vor Steuern an allen Orten die gleiche Rendite, so nimmt die Besteuerung keinen Einfluss auf den Ort der Investition, wenn ausschließlich der Sitzstaat des Investors die Steuer bemisst. Dies ist allerdings bei grenzüberschreitenden Investitionen meist nicht der Fall. Vielmehr erheben auch die Quellenstaaten Steuern. Die Nettorendite der Investition kann deswegen auch von der Steuer im Quellenstaat bestimmt sein. Es hängt von der Besteuerung im Sitzstaat des Investors ab, ob dies der Fall ist. Die Tabelle zeigt die Nettorenditen einer Investition im Quellenstaat in Abhängigkeit von der Besteuerung im Sitzstaat und vergleicht diese mit einer Investition im Sitzstaat des Investors.

---

[4] Vgl. *Cnossen* (1999).

[5] Vgl. Sachverständigenrat zur Begutachtung der gesamtwirtschaftlichen Entwicklung (2003), Rz. 586 – 588.

Tabelle 1

Nettorenditen einer Investition im Quellenstaat und im Sitzstaat

		Investition im Quellenstaat	Investition im Sitzstaat
(1)	Anrechnung	$i \cdot (1 - s_Q) \cdot (1 - s_E) / (1 - s_Q)$	$i \cdot (1 - s_E)$
(2)	Befreiung	$i \cdot (1 - s_Q)$	$i \cdot (1 - s_E)$
(3)	Kapitalgesellschaft	$i \cdot (1 - s_{KQ}) \cdot (1 - s_{DE})$	$i \cdot (1 - s_{KS}) \cdot (1 - s_{DE})$

Tabelle 1 zeigt, dass bei einer Rendite i vor Steuer in Höhe des Marktzinses nur im Fall (1) die Nettorenditen übereinstimmen, weil der Sitzstaat des Investors, der das Einkommen mit dem Satz s_E besteuert, die im Ausland mit dem Satz s_Q gezahlte Einkommensteuer voll anrechnet. In diesem Fall kann der Quellenstaat ohne Schaden eine Steuer auf Kapitaleinkommen der Steuerausländer erheben. Steuerausländer verlangen von einer Investition eine Mindestrendite in Höhe des Marktzinses i. Der Fall (1) tritt etwa ein, wenn ein einkommensteuerpflichtiger Investor eine Betriebsstätte im Quellenstaat unterhält und kein Doppelbesteuerungsabkommen vorliegt oder wenn er Fremdkapital an ein im Quellenstaat ansässiges Unternehmen vergibt. Zahlt der Investor allerdings keine Einkommensteuer auf Kapitaleinkommen (sei es, weil er persönlich steuerbefreit ist, oder sei es, weil die Einkünfte nicht deklariert werden), so wird die im Quellenstaat erhobene Steuer definitiv und die Mindestrendite steigt auf $i / (1 - s_Q)$. Die vom Quellenstaat erhobene Steuer hält dann Kapital vom Quellenstaat fern; von Steuerausländern wird weniger investiert. Mit der Erhebung der Steuer schädigt sich der Quellenstaat; es entsteht eine Zusatzlast durch die Quellensteuer[6].

Im Fall (2) wählt der Sitzstaat des Investors die Befreiung ausländischer Einkünfte von der Einkommensteuer, und das Verhältnis der Nettorenditen hängt folglich von den jeweiligen Steuersätzen ab. Eine Investition im Quellenstaat wird vorgezogen, wenn der Steuersatz dort niedriger ist ($s_Q < s_E$). Dieser Fall tritt etwa auf, wenn ein Investor Gewinne im Rahmen einer im Quellenstaat belegenen Betriebsstätte erzielt und ein Doppelbesteuerungsabkommen besteht, das für Gewinne die Befreiung im Sitzstaat vorsieht. Im Fall (3) werden mit einer Steuer belastete Kapitaleinkommen unabhängig von deren Herkunft im Sitzstaat des Investors der Einkommensteuer mit dem Satz s_{DE} unterworfen. Dieser Fall tritt auf, wenn eine im Quellenstaat bzw. im Sitzstaat ansässige Kapitalgesellschaft versteuerte Gewinne ausschüttet oder Gewinne im Wege der Anteilsveräußerung verkauft werden. Fall (3) bildet ein in Deutschland und in vielen anderen Staaten praktiziertes Shareholder-Relief-Verfahren ab. Der im Sitzstaat an-

[6] Vgl. *Homburg* (2003), S. 271 – 274.

sässige Investor zieht die Investition im Quellenstaat vor, wenn der ausländische Satz der Körperschaftsteuer unter dem vergleichbaren Satz im Sitzstaat liegt ($s_{KQ} < s_{KS}$).

Ein Quellenstaat, der ausländische Investoren anziehen will, wird an Steuerausländer fließende Kapitaleinkommen nur bis zu der Höhe besteuern, die eine vergleichbare Belastung im Sitzstaat des Investors oder in anderen Quellenstaaten nicht übersteigt. Betrachtet man vor diesem Hintergrund die deutsche Einkommen- und Körperschaftsteuer, so wird deutlich, dass der deutsche Gesetzgeber die Wirkungen internationaler Besteuerung bereits in Rechnung stellt. Zinsen, die an Steuerausländer fließen, gehören grundsätzlich nicht zu den steuerpflichtigen Einkünften. Dagegen unterliegen entsprechende Gewinne der Einkommensteuer oder der Körperschaftsteuer. Da Auslandsinvestitionen vor allem im Rahmen von Kapitalgesellschaften vollzogen werden, ist in erster Linie der Körperschaftsteuersatz am Steuersatz konkurrierender Standorte auszurichten. Deutschland hat den Satz der Körperschaftsteuer mehrfach gesenkt; er beläuft sich im Jahr 2005 auf 25 v.H., so dass sich einschließlich Solidaritätszuschlag und Gewerbesteuer eine Belastung der Gewinne in Höhe von etwa 39 v.H. ergibt[7].

Ein Blick auf die Körperschaftsteuersätze des Jahres 2005 anderer Staaten zeigt allerdings, dass der deutsche Steuersatz immer noch vergleichsweise hoch ist. So beträgt etwa in Frankreich die Steuerbelastung der Gewinne der Kapitalgesellschaften ca. 35 v.H. Zum Teil deutlich geringere Sätze weisen die am 1. Mai 2004 der EU beigetretenen zehn Mitgliedstaaten auf: Für das Jahr 2005 gelten in Polen ein Steuersatz von 19 v.H., in der Tschechischen Republik ein Steuersatz von 26 v.H. und in Ungarn ein Steuersatz von ca. 16 v.H. Von derart geringen Steuersätzen geht ein erheblicher Druck auf den deutschen Gewinnsteuersatz aus. Ein Steuersatz von 30 v.H., wie ihn der Sachverständigenrat vorsieht[8], dürfte inzwischen eher noch zu hoch angesiedelt sein.

Man mag einwenden, dass ein Steuersatzvergleich schon deswegen nicht überzeugend ist, weil er unterstellt, dass die Bruttogewinne an den Standorten identisch sind. Vielmehr kommt es auf das Verhältnis von Steuerzahlung und privatem Nutzen durch öffentliche Güter an, die der Investor ohne spezielles Entgelt nutzt. Eine gut ausgebaute Infrastruktur und ein effizientes Rechtssystem, das Rechtssicherheit gewährleistet, sind nützliche Standortfaktoren für Unternehmen. Sie sind bei der Standortentscheidung gewiss in Rechnung zu stel-

---

[7] Bei einem Hebesatz der Gewerbesteuer von 400 v.H. beträgt der kombinierte tarifliche Steuersatz für einbehaltene Gewinne einer Kapitalgesellschaft 38,65 v.H. = 25 v.H. · (1 + 5,5 v.H.) + 5 v.H. · 400 v.H./(1 + 5 v.H. · 400 v.H.) - 25 v.H. · (1 + 5,5 v.H.) · 5 v.H. · 400 v.H./(1 + 5 v.H. · 400 v.H.).

[8] Vgl. Sachverständigenrat zur Begutachtung der gesamtwirtschaftlichen Entwicklung (2003), Rz. 584.

len. Gleichwohl muss man vermuten, dass diese Standortvorteile Deutschlands im Verhältnis zu anderen Mitgliedstaaten der Union kaum so hoch sein werden, dass sie ein Steuersatzgefälle von bis zu 20 Prozentpunkten zu einigen der oben genannten Staaten zu rechtfertigen vermögen.

Folgt man dieser Analyse, steht die deutsche Steuerpolitik vor einem Dilemma: Sie muss einerseits attraktive steuerliche Bedingungen für Investitionen in Deutschland schaffen und andererseits ein ausreichendes Steueraufkommen erzielen, um die für notwendig erachteten Staatsausgaben finanzieren zu können. Eine Senkung des Spitzensatzes der Einkommensteuer von 42 v.H. im Jahre 2005 auf einen Satz in Höhe von 30 v.H., wie er aus Gründen des internationalen Steuerwettbewerbs zumindest erforderlich ist, wäre mit erheblichen Aufkommensverlusten verbunden. Um die Aufkommensverluste zu begrenzen, könnten gewichtige Steuervergünstigungen gestrichen werden (wie etwa der Sparerfreibetrag oder die Eigenheimzulage). Auch eine Anhebung der Mehrwertsteuer kann in Frage kommen[9]. All dies dürfte für die Steuerpolitik mit großen Schwierigkeiten verbunden sein. Die duale Einkommensteuer bietet hier einen Ausweg. Dem als besonders mobil erachteten Kapital und den mobilen Unternehmen wird ein international attraktiver Steuersatz geboten, während die Besteuerung der ganz überwiegend immobilen Arbeitskräfte davon unberührt bleibt. Entsprechend halten sich die Aufkommensverluste in Grenzen[10].

III. Rechtsform und duale Einkommensteuer

1. Grundlagen der Gewinnspaltung

Die duale Einkommensteuer beruht darauf, sämtliche Kapitaleinkommen dem proportionalen Steuersatz zu unterwerfen. Zu den Kapitaleinkommen gehören Gewinne, Zinsen, Mieten und Pachten. Damit erfasst die duale Einkommensteuer nicht nur Einkommen aus mobilem Kapital. Deswegen können auch Unternehmen von dem niedrigen Steuersatz profitieren, die international weniger oder nicht mobil sind. Im Gegensatz zu einer Abgeltungssteuer auf Zinsen[11], die nur einen Teil der Kapitaleinkommen niedrig belastet, soll die duale Ein-

9 Vgl. Wissenschaftlicher Beirat beim Bundesministerium der Finanzen (2004), S. 16 – 17.

10 Nach Berechnungen des BMF ergibt sich auf der Basis des Einkommensteuertarifs 2005 ein Aufkommensverlust von 5,2 Mrd. €, wenn der Satz der Kapitaleinkommensteuer 30 v.H. beträgt; vgl. Wissenschaftlicher Beirat beim Bundesministerium der Finanzen (2004), S. 12; für weitere Aufkommensschätzungen vgl. Deutsches Institut für Wirtschaftsforschung (2004), S. 192.

11 Vgl. *Siegel* (2003), S. 795; *Kiesewetter / Lachmund* (2004) zu finanzierungsneutralen Varianten einer Abgeltungssteuer.

kommensteuer für tarifliche Belastungsgleichheit aller Erscheinungsformen der Kapitaleinkommen sorgen und insoweit Neutralität der Besteuerung gewährleisten. Neben der Verbesserung der steuerlichen Standortbedingungen ist dies das zweite wichtige Ziel der dualen Einkommensteuer.

Gewinne der Unternehmen, die von ihren Eigentümern geleitet werden, müssen in Kapitaleinkommen und Arbeitseinkommen gespalten werden. Denn diese Gewinne sind neben einer Verzinsung des eingesetzten Kapitals auch auf den Einsatz von Arbeitskraft zurückzuführen; soweit letzteres der Fall ist, sind die Gewinne dem Steuersatz für Arbeitseinkommen zu unterwerfen. Es drohten Belastungsunterschiede und daraus resultierende steuerliche Gestaltungen, wenn Einkommen aus der Verwertung der Arbeitskraft bei abhängiger Beschäftigung höher belastet wäre als bei einer Verwertung der Arbeitskraft außerhalb eines derartigen Vertragsverhältnisses.

Der Gewinn ist als Residuum einer Aufteilung aber im Grundsatz nicht zugänglich. Wollte man den Gewinn so aufteilen, wie der Markt die Einkommen aufgeteilt hätte, so müssten vergleichbare Unternehmen zu beobachten sein, in denen die unternehmerische Leistung durch einen Arbeitnehmer erbracht wird. Wenn die Kapitalgeber aber mitarbeiten, ist es offenbar für diese Unternehmen nicht effizient, Kapitalgeberfunktion und Unternehmerfunktion zu trennen. Folglich wird man vergleichbare Unternehmen, welche diese Funktionen trennen, nicht leicht finden. Eine Aufteilung kann daher nur danach beurteilt werden, ob sie ihren steuerlichen Zwecken gerecht wird und ob die Belastungswirkungen erwünscht sind.

Es gibt zwei Möglichkeiten der steuerlichen Gewinnspaltung. Entweder wird zuerst das Arbeitseinkommen bestimmt, oder man legt zuerst das Kapitaleinkommen fest. Der erste Weg dürfte ausscheiden. Denn er erfordert es, bei einer Vielzahl von Unternehmen angemessene Unternehmerlöhne zu bestimmen. Steuerlich angemessene Gehälter sind von der Größe der Unternehmung und der Branche abhängig, in der die Unternehmung tätig ist. Zwar ist auch nach geltendem Recht die Angemessenheit der Gehaltszahlungen einer Kapitalgesellschaft an Geschäftsführer zu prüfen, die gleichzeitig Gesellschafter dieser Gesellschaft sind. Jedoch zeigt die Erfahrung, dass diese Schätzungen besonders streitanfällig sind, weil am Markt nur schwer direkt vergleichbare Leistungen zu beobachten sind. Es spricht daher wenig dafür, bei allen Unternehmen analog zu verfahren, um die Höhe der Arbeitseinkommen für steuerliche Zwecke zu bestimmen. Demgegenüber fällt es leichter, das Kapitaleinkommen zu ermitteln. Dazu müssen das maßgebende Kapital auf der Grundlage der Steuerbilanz bestimmt und darauf ein festzulegender rechnerischer Zinssatz angewandt werden. Eine derartige Regelung ist weniger streitanfällig, da sich das Kapital aus der Buchführung ergibt und ein rechnerischer Zinssatz durch Gesetz oder Verordnung festgelegt werden kann.

Eine vollständig mit Eigenkapital finanzierte Unternehmung, die zu Beginn des Jahres das Bruttovermögen K ausweist und den Steuerbilanzgewinn G erwirtschaftet, hat Kapitaleinkommen in Höhe von $z \cdot K$ zu versteuern, wenn z den steuerlichen Rechnungszins bezeichnet. Ein Betrag in Höhe von $G - z \cdot K$ ist als Arbeitseinkommen zu versteuern. Entsprechend kann verfahren werden, wenn auch mit Fremdkapital (FK) finanziert wird, das mit dem Zinssatz i zu verzinsen ist. Das Kapitaleinkommen beträgt dann $z \cdot (K - FK)$, und als Arbeitseinkommen ist der Betrag $G - i \cdot FK - z \cdot (K - FK)$ zu versteuern[12]. Der rechnerische Zinssatz z hat sich an der Kapitalmarktrendite zu orientieren.

In Frage steht, wie der rechnerische Zinssatz konkret zu bestimmen ist. Es kann ein sicherer Zinssatz oder ein sicherer Zinssatz zuzüglich eines Risikozuschlages, der dem Investitionsrisiko Rechnung trägt, gewählt werden. Die Entscheidung dieser Frage hat sich am Ziel der dualen Einkommensteuer zu orientieren, steuerliche Einflüsse auf Investitions- und Finanzierungsentscheidungen möglichst zurückzudrängen. Hier wird geprüft, wie sich ein risikoneutraler Investor unter den alternativen Besteuerungsregeln verhält. Demjenigen rechnerischen Zinssatz z ist der Vorzug zu geben, der eine vor Steuern gegebene Rangfolge zwischen einer sicheren und einer unsicheren Investition erhält. Denn in diesem Fall kommt es zu keiner Steuerwirkung der dualen Einkommensteuer.

Man betrachte einen risikoneutralen Investor, der das Kapital K entweder sicher zum Marktzinssatz i investieren oder eine riskante Investition wählen kann, die nach einer Periode den Gewinn G_1 mit der Wahrscheinlichkeit p und den Gewinn G_2 mit der Wahrscheinlichkeit $1 - p$ abwirft. Mit s_A wird der sichere Steuersatz für Arbeitseinkommen und mit s_K der sichere Steuersatz für Kapitaleinkommen bezeichnet; zudem sind Arbeitseinkommen höher belastet als Kapitaleinkommen ($s_A > s_K$). Entspricht das für steuerliche Zwecke zu verzinsende Kapital dem investierten Betrag K, so ergeben sich folgende Endvermögen der riskanten Investition: Mit der Wahrscheinlichkeit p ergibt sich das Endvermögen $K + G_1 - s_A \cdot (G_1 - z \cdot K) - s_K \cdot z \cdot K$, und mit der Wahrscheinlichkeit $1 - p$ erhält man $K + G_2 - s_A \cdot (G_2 - z \cdot K) - s_K \cdot z \cdot K$. Dabei ist unterstellt, dass negative Bemessungsgrundlagen sofortige Steuererstattungen zur Folge haben. Das erwartete Endvermögen (E) unter einer dualen Einkommensteuer beläuft sich folglich auf

$$E_{DIT} = K + G \cdot (1 - s_A) + z \cdot K \cdot (s_A - s_K), \qquad (1)$$

wobei $G = [p \cdot G_1 + (1 - p) \cdot G_2]$ den erwarteten Gewinn vor Steuern bezeichnet. Der dritte Summand stellt die Steuerersparnis dar, die sich dadurch ergibt, dass

[12] Diese Aufteilung wird als Nettomethode bezeichnet. Alternativ kann auch die Bruttomethode gewählt werden. Dann beträgt das Kapitaleinkommen $z \cdot K - i \cdot FK$, und entsprechend ergibt sich das Arbeitseinkommen $G - z \cdot K$; vgl. *Hagen / Sørensen* (1996), S. 48.

Gewinn in Höhe der rechnerischen Verzinsung des Kapitals dem niedrigeren Steuersatz s_K unterliegt.

Wählt der Investor die sichere Anlage, so erzielt er vor Steuern das sichere Endvermögen $K + G^*$ mit $G^* = i \cdot K$. Bei einer sicheren Anlage muss der steuerliche Zinssatz dem sicheren Marktzins gleichen ($z = i$). Unter einer dualen Einkommensteuer beträgt dann das Endvermögen der Kapitalmarktanlage nach Steuern

$$(2) \qquad E_{M,DIT} = K + G^* \cdot (1 - s_A) + i \cdot K \cdot (s_A - s_K) = K + i \cdot (1 - s_K) \cdot K.$$

Es wird nur Kapitaleinkommen erwirtschaftet, das dem Steuersatz s_K unterliegt. Die Steuerersparnis, welche dadurch entsteht, dass der Ertrag der sicheren Kapitalanlage als Kapitaleinkommen mit dem niedrigeren Steuersatz belastet ist, beträgt $i \cdot K \cdot (s_A - s_K)$.

Ein Investor, der vor Steuern indifferent zwischen der riskanten Investition und der sicheren Anlage am Kapitalmarkt ist ($K + G^* = K + G$), ist auch nach Steuern indifferent zwischen diesen Verwendungen des Kapitals, sofern sich die erwarteten Endvermögen gleichen. Wegen der Gleichungen (1) und (2) muss gelten: $G \cdot (1 - s_A) + z \cdot K \cdot (s_A - s_K) = i \cdot K \cdot (1 - s_K)$. Diese Bedingung ist erfüllt, wenn der steuerliche Zinssatz dem sicheren Marktzins gleicht ($z = i$). Der Vergleich der Endvermögen E_{DIT} und $E_{M,DIT}$ der Gleichungen (1) und (2) zeigt, dass im Falle der Anlage am Kapitalmarkt eine sichere Steuerersparnis in Höhe von $i \cdot K \cdot (s_A - s_K)$ anfällt, während bei der riskanten Investition eine sichere Steuerersparnis in Höhe von $z \cdot K \cdot (s_A - s_K)$ erzielt wird; die höhere Einkommensteuer wird unabhängig davon erspart, dass die Gewinne unsicher sind. Nur für den Fall $z = i$ ist deswegen eine Begünstigung oder eine Benachteiligung der riskanten Investition ausgeschlossen[13].

Je niedriger der Steuersatz auf Kapitaleinkommen ist, desto mehr ähnelt die duale Einkommensteuer einer zinsbereinigten Einkommensteuer[14]. Wenn Kapitaleinkommen in Höhe der rechnerischen Verzinsung des Kapitals $z \cdot K$ steuerfrei ist ($s_K = 0$), also eine Einkommensteuer mit Steuerbefreiung der Zinsen vorliegt, erhält man für das erwartete Endvermögen der Investition:

$$(3) \qquad E_{ZB} = K + G \cdot (1 - s_A) + z \cdot K \cdot s_A.$$

Bei der zinsbereinigten Einkommensteuer beträgt wegen $s_K = 0$ die sichere Steuerersparnis einer riskanten Investition $z \cdot K \cdot s_A$. Weicht der rechnerische Zinssatz z vom Marktzins i ab, so ist erneut die riskante Investition gegenüber der sicheren Kapitalmarktanlage begünstigt ($z > i$) oder benachteiligt ($z < i$).

---

[13] Vgl. *Panteghini* (2001) für den Fall der Unsicherheit betreffend den Marktzinssatz.

[14] Vgl. zur Neutralität bei Unsicherheit der konsumbasierten Steuern *Fane* (1987), S. 97 – 101; *Devereux / Freeman* (1991), S. 7 – 8, und *Bond / Devereux* (1995).

Denn bei der Anlage am Kapitalmarkt fallen keine Steuern auf den Kapitalertrag $i \cdot K$ an, und nur für $z = i$ beträgt die sichere Steuerersparnis für die riskante Investition und die sichere Anlage $i \cdot K \cdot s_A$. Wegen $G \cdot (1 - s_A) + z \cdot K \cdot s_A = i \cdot K$ bleibt erneut die Indifferenz zwischen der riskanten Investition und der sicheren Anlage erhalten, sofern der steuerliche Zinssatz dem Marktzins gleicht ($z = i$).

Unter den hiesigen Annahmen muss folglich der steuerliche Rechnungszins z dem sicheren Marktzins i gleichen; er darf also keinen Risikozuschlag enthalten. Sowohl bei der zinsbereinigten Einkommensteuer als auch bei der dualen Einkommensteuer entsteht die Steuerersparnis beim Ausweis des Gewinnes; in allen Fällen ist die Steuerersparnis sicher, wenn eine sofortige Steuererstattung im Verlustfall erfolgt[15]. Die Höhe des steuerlichen Rechnungszinses hängt somit nicht davon ab, ob die Gewinne unsicher sind. Ein Risikozuschlag lässt sich deswegen nicht mit dem Investitionsrisiko begründen. Es kommt nur darauf an, ob die Steuerersparnis durch die Tarifreduktion für Kapitaleinkommen sicher ist. Nur wenn davon nicht ausgegangen werden kann, etwa weil der Verlustausgleich begrenzt ist, so dass keine sofortige Steuererstattung erfolgt, kommt ein Risikozuschlag in Frage.

Nun beruhen diese Überlegungen auf sehr restriktiven Annahmen. Tatsächlich sind Investoren vermutlich nicht risikoneutral, die Steuersätze sind nicht sicher, und auch ein einheitlicher Zinssatz ist nicht zu beobachten, weil Sollzinsen und Habenzinsen auseinander fallen. Hinzu kommt, dass die Gewinnspaltung vermutlich nur bei den ohnehin buchführungspflichtigen Unternehmen in Frage kommt, während Kapitaleinkommen der nicht zur Buchführung verpflichteten Privatpersonen wohl schon aus Gründen der Vereinfachung der Steuererhebung generell dem Kapitaleinkommensteuersatz zu unterwerfen sind. Unter diesen Umständen hat ein steuerlicher Zinssatz, der unter dem Zinssatz liegt, den ein Unternehmen für Fremdkapital zahlen muss, für $s_A > s_K$ zur Folge, dass die Gewinne stärker belastet sind als die Zinsen[16]. Daher wird man den Zinssatz zumindest in einer Höhe festsetzen müssen, die verhindert, dass als Kapitaleinkommen betrachtete Gewinne höher besteuert werden als Zinsen. Tatsächlich wählen die nordischen Staaten, welche eine duale Einkommensteuer erheben, rechnerische Zinssätze, die deutlich über dem als Referenzzinssatz dienenden Zinssatz von Staatsanleihen liegen[17].

---

[15] Vgl. *Sørensen* (2003), S. 20 – 23.

[16] Ein Unternehmen, das mit 100 Eigenkapital finanziert ist, eine Rendite von 15 v.H. erzielt und sich einem steuerlichen Zinssatz von 10 v.H. gegenübersieht, weist ein Kapitaleinkommen von 10 und ein Arbeitseinkommen von 5 aus. Ein Unternehmen, das mit 100 Fremdkapital bei einem Sollzinssatz von 15 v.H. finanziert ist und die gleiche Rendite erzielt, weist keinen Gewinn aus; der Empfänger der Zinsen versteuert ein Kapitaleinkommen von 15.

[17] Vgl. *Strömberg / Alhager / Alhager* (2004), S. 21, für Schweden und *van den Noord* (2000), S. 10, für Norwegen.

2. Kapitaleinkommen und Rechtsformneutralität

Wenn es das Ziel der dualen Einkommensteuer ist, für tarifliche Belastungsgleichheit aller Erscheinungsformen der Kapitaleinkommen zu sorgen, so folgt daraus auch die Forderung nach Rechtsformneutralität der Besteuerung. Man kann Rechtsformen aus ökonomischer Sicht danach unterscheiden, ob es zu einer Trennung von unternehmerischer Entscheidung und Risikotragung im Rahmen der Kapitalüberlassung kommt. Beim Einzelunternehmer und beim Gesellschafter der OHG ist das nicht der Fall. Beim Kommanditisten, häufig beim Gesellschafter der GmbH und regelmäßig beim Gesellschafter der AG kommt es zu dieser Trennung. Die Kapitalgeber werden jeweils Rechtsformen wählen, die dem Kapitalbedarf und den Notwendigkeiten der unternehmerischen Kontrolle der Investitionen angemessen sind.

Die Besteuerung der Einkommen erfolgt rechtsformneutral, wenn das Einkommen der Unternehmer oder Kapitalgeber ungeachtet der gewählten Rechtsform gleich belastet wird[18]. Ist dies der Fall, so folgt die Wahl der Rechtsform der ökonomischen Zweckmäßigkeit. Am einfachsten lässt sich Neutralität erreichen, wenn das über alle Rechtsformen gleich ermittelte Einkommen der Eigentümer (Gewinn oder Verlust) diesen zugerechnet und nach Maßgabe des individuellen tariflichen Steuersatzes besteuert wird. Diese Zurechnung ist in vielen Fällen leicht zu bewerkstelligen. Bei Unternehmen mit mehreren Eigentümern gelingt die Zurechnung, wenn die Eigentümer neben der Unternehmung zur Führung von Büchern für steuerliche Zwecke verpflichtet werden können. In diesem Fall können die Bilanz der Unternehmung und das Eigenkapitalkonto der Eigentümer zur Grundlage der Einkommensbesteuerung gemacht werden. Das geltende Einkommensteuerrecht geht im Rahmen der Besteuerung der Einzelunternehmen und Personengesellschaften so vor (Transparenzprinzip).

Insbesondere bei Kapitalgesellschaften mit vielen Gesellschaftern und häufigem Wechsel der Gesellschafter ist dies aber ausgeschlossen. Hier bleibt nur die Besteuerung der Gewinne der Gesellschaft unabhängig vom Gesellschafter (Trennungsprinzip). Denn eine Zurechnung der Gewinne und Verluste der Gesellschaft setzt steuerliche Aufzeichnungspflichten beim Gesellschafter voraus, so dass die Höhe des anteiligen Eigenkapitals bestimmt werden kann. Ohne die Kenntnis des anteiligen Eigenkapitals können Gewinne aus der Veräußerung eines Unternehmensanteils nicht in gleicher Weise besteuert werden wie bei Personengesellschaften. Wollte man dessen ungeachtet eine Zurechnung des Gewinnes oder Verlustes der Kapitalgesellschaft für steuerliche Zwecke vollziehen, so entstünde die Schwierigkeit, dass der Eigentümer möglicherweise Gewinne zu versteuern hat, ohne über einen entsprechenden Zufluss zu verfügen.

---

[18] Vgl. *Siegel* (2004), S. 202 – 205, und *Siegel* (1982), S. 233 – 242, zum steuerlichen Rechtsformvergleich.

Das Einkommensteuerrecht knüpft aber grundsätzlich das Entstehen von Einkommen an die Realisation von Gewinn oder den Zufluss von Einnahmen. Nun kann der Gesellschafter Gewinne entnehmen, um seine Einkommensteuerschuld auf zugerechnete, aber nicht ausgeschüttete Gewinne zu bezahlen. Ob er dazu in der Lage ist, hängt aber vom Gesellschaftsvertrag und der Höhe der Beteiligung ab.

Das Steuerrecht könnte zwischen Unternehmen unterscheiden, deren Gesellschafter besonderen Aufzeichnungspflichten zu unterwerfen sind und die über entsprechende Entnahmerechte hinsichtlich des Gewinns verfügen, und solchen Unternehmen, bei denen diese Voraussetzungen nicht gegeben sind. Eine solche Abgrenzung wäre vermutlich sehr streitanfällig. Das geltende Recht wählt stattdessen die Rechtsform. Diese Abgrenzung bietet ein Höchstmaß an Rechtssicherheit, hat aber auch zur Folge, dass Unternehmen unterschiedlich behandelt werden, die sich wirtschaftlich sehr ähnlich sind. So wird eine GmbH mit einem Gesellschafter nach dem Trennungsprinzip besteuert, während eine vergleichbare GmbH & Co. KG steuerlich transparent ist. Soll weiterhin der Rechtssicherheit der Vorrang gebühren, so wird man die duale Einkommensteuer nicht mit einer Abkehr von der dualen Struktur der Unternehmensbesteuerung verbinden und die bestehenden Regeln der Steuersubjektivität nicht in Frage stellen.

Gleichwohl kann die duale Einkommensteuer Fortschritte bei der Rechtsformneutralität der Besteuerung bringen. Dazu ist die Körperschaftsteuer in die Einkommensteuer zu integrieren. Dies betrifft die Besteuerung der Ausschüttungen der Kapitalgesellschaft sowie die Wahl der tariflichen Steuersätze. Der Satz der Körperschaftsteuer hat dem Satz der Einkommensteuer für Kapitaleinkommen zu gleichen. Mit Körperschaftsteuer vorbelastete Ausschüttungen der Kapitalgesellschaften sind steuerfrei, soweit sie nicht als Arbeitseinkommen gelten; dies sichert die einmalige Besteuerung der Gewinne und eine Belastung, die mit der Belastung anderer Kapitaleinkommen vergleichbar ist. Zusätzliche Belastungen, die sich aus der steuerlichen Einstufung der Beteiligung an einer Kapitalgesellschaft als Wirtschaftsgut ergeben, sind zu vermeiden. Gewinne aus der Veräußerung von Anteilen an Kapitalgesellschaften sollten aus dieser Perspektive deswegen ebenfalls steuerfrei bleiben. Der Verkäufer einer Beteiligung erhält ein Entgelt, das die spätere Belastung der Gewinne und der Ausschüttung widerspiegelt; die Steuerfreiheit der Veräußerungsgewinne verhindert temporäre Belastungen verkaufter Gewinne durch die Einkommensteuer[19].

Soweit Gewinne der Personenunternehmen und Gewinne der Kapitalgesellschaften unabhängig von ihrer Verwendung oder von einem Gewinnverkauf, Zinsen und andere Kapitaleinkommen einem proportionalen Steuersatz unterliegen, sind steuerliche Einflüsse auf die Investitionen ausgeschlossen: Sieht

---

[19] Vgl. *Rogall* (2003), S. 212 – 213.

man von steuerlichen Verzerrungen bei der Ermittlung der Einkommen ab, so gleichen die Mindestrenditen unabhängig von der Rechtsform, der Finanzierung oder der Art des Kapitaleinkommens immer dem Marktzins. Die duale Einkommensteuer bringt daher, gemessen am derzeitigen Zustand der Kapitaleinkommensbesteuerung, die angestrebten Fortschritte im Hinblick auf die Neutralität der Besteuerung. Es ist zu erwarten, dass der einheitliche Steuersatz nicht nur deswegen zu einer Vereinfachung des Steuerrechts führt, weil dieser die Tarifvielfalt und die erforderlichen Abgrenzungen vermeidet. Der einheitliche Steuersatz erstickt auch Gestaltungen, die auf die Ausnutzung von unterschiedlichen Steuersätzen über die Zeit oder zwischen Personen und Arten des Einkommens zielen. Der Gesetzgeber dürfte sich daher kaum veranlasst sehen, unerwünschten Gestaltungen mit Normen entgegenzutreten, die insgesamt zu einer Komplizierung des Einkommensteuerrechts führen.

Nicht zu vermeiden sind aber Unterschiede, die sich durch das Nebeneinander von Trennungsprinzip und Transparenzprinzip ergeben. Es handelt sich dabei um die Veräußerung von Anteilen an Kapitalgesellschaften (share deal) einerseits und an Personengesellschaften bzw. von Einzelunternehmen (asset deal) andererseits, um Verluste und um Grundfreibeträge des Einkommensteuertarifs: Beim asset deal hat der Veräußerer einen Gewinn zu versteuern, und der Erwerber schreibt von den Anschaffungskosten ab, während beim steuerfreien share deal beides nicht der Fall ist. Verluste eines Einzelunternehmers oder Gesellschafters einer Personengesellschaft können mit anderen positiven Einkünften ausgeglichen werden, bei Verlusten einer Kapitalgesellschaft ist das nicht der Fall. Ein Grundfreibetrag kann von dem Gesellschafter einer Kapitalgesellschaft, die keine Gewinne ausschüttet, insoweit nicht in Anspruch genommen werden, während dies bei Personenunternehmen möglich ist.

3. Arbeitseinkommen und Rechtsformneutralität

a) Kapitalgesellschaften

Soweit Gewinne als Arbeitseinkommen einzustufen sind, unterliegen sie dem Einkommensteuersatz für Arbeitseinkommen. Diejenigen Unternehmen, bei denen die Gesellschafter Arbeitsleistungen in der Gesellschaft erbringen, sind von den Unternehmen zu trennen, bei denen die Eigentümer sich auf die Erbringung von Einlagen beschränken. Auch innerhalb einer Unternehmung muss eine derartige Unterscheidung zwischen mitarbeitenden und nicht mitarbeitenden Eigentümern erfolgen. Es scheint, als könne man bei Kapitalgesellschaften auf eine Gewinnspaltung verzichten, da Geschäftsführer, die Anteile an der Gesellschaft halten, in der Regel ein Gehalt beziehen, das bei der Gesellschaft den Gewinn mindert und beim Gesellschafter als Einkünfte aus nichtselbständiger Arbeit zu versteuern ist. Jedoch hätten es dann die Gesellschafter in der Hand zu bestimmen, ob sie Arbeitseinkommen oder Kapitaleinkommen versteuern; verzichteten sie auf einen Geschäftsführungsvertrag, so entstünde nur Kapitaleinkommen. Es bedarf daher einer obligatorischen Gewinnspaltung, wenn Gesellschafter im Unternehmen mitarbeiten.

Grundsätzlich sind in jedem Einzelfall die vertraglichen Vereinbarungen und ihre tatsächliche Durchführung zu überprüfen. Da der steuerliche Anreiz groß ist, Arbeitseinkommen zu vermeiden, ist mit steuerlichen Gestaltungen zu rechnen, in deren Gefolge eine umfangreiche Kasuistik entstehen dürfte. Eine vergleichsweise gegen Gestaltungen resistente und rechtssichere Lösung besteht darin, grundsätzlich alle Kapitalgesellschaften der Gewinnspaltung zu unterwerfen, jedoch diejenigen Unternehmen auszunehmen, die an der Börse notiert sind. Für letztere gilt die Vermutung, dass die Eigentümer sich auf die Überlassung von Kapital beschränken. Der Nachteil dieser Abgrenzung liegt vor allem darin, dass Gewinne nicht notierter Kapitalgesellschaften auch dann der Arbeitseinkommensteuer unterworfen werden, wenn die Eigentümer nicht mitarbeiten.

Wenn man am Trennungsprinzip und am Zuflussprinzip festhält, ist mit der Besteuerung des Arbeitseinkommens bis zum Zeitpunkt der Ausschüttung zu warten. In diesem Fall unterwirft die Kapitalgesellschaft zunächst den gesamten Gewinn dem Körperschaftsteuersatz in Höhe von s_K, welcher dem Satz der Kapitaleinkommensteuer gleicht. Erst bei einer späteren Ausschüttung erfolgt beim Gesellschafter eine Nachbelastung der Gewinne, die als Arbeitseinkommen einzustufen sind. Der Gesellschafter kann also Einfluss auf den Zeitpunkt nehmen, in dem das Arbeitseinkommen zu versteuern ist. Der Steueraufschub muss jedoch gegenüber der sofortigen Besteuerung keinen Vermögensvorteil bringen. Sofortige Besteuerung und aufgeschobene Besteuerung sind nämlich bei geeigneter Wahl der Steuersätze äquivalent. Der Kapitalgeber ist indifferent zwischen einem Arbeitseinkommen in Höhe von A, das sofort dem Steuersatz s_A unterliegt, und einem Arbeitseinkommen gleicher Höhe, das zunächst als Kapitaleinkommen mit dem Steuersatz s_K besteuert wird, um eine Periode später einer zusätzlichen Einkommensteuer mit dem Satz s_D unterworfen zu werden, sofern

$$(4) \qquad A \cdot (1 - s_A) \cdot [1 + i \cdot (1 - s_K)] = A \cdot (1 - s_K) \cdot [1 + i \cdot (1 - s_K)] \cdot (1 - s_D)$$

gilt. Die linke Seite der Gleichung bezeichnet das Endvermögen, wenn der als Arbeitseinkommen betrachtete Gewinn A sofort mit dem Steuersatz auf Arbeitseinkommen belastet wird, die Kapitalgesellschaft den verbleibenden Gewinn zum Nettozinssatz $i \cdot (1 - s_K)$ nach Steuer anlegt und den Gewinn dann an den Gesellschafter frei von weiteren Steuern ausschüttet. Die rechte Seite der Gleichung zeigt das Endvermögen, wenn die Gesellschaft auch den als Arbeitseinkommen geltenden Teil des Gewinns mit dem Körperschaftsteuersatz versteuert, den verbleibenden Gewinn wiederum zum Nettozinssatz anlegt und der Gesellschafter bei Ausschüttung den als Arbeitseinkommen geltenden Gewinn einer Einkommensteuer mit dem Satz s_D unterwirft. Für das Verhältnis der Steuersätze gilt bei Indifferenz folglich[20]:

$$(1 - s_A) = (1 - s_K) \cdot (1 - s_D). \quad (5)$$

Wird das Arbeitseinkommen bei Zufluss besteuert, so bedarf es der Trennung der versteuerten Gewinne der Kapitalgesellschaft in versteuertes Kapitaleinkommen, das der Gesellschafter steuerfrei bezieht, und vorbelastetes Arbeitseinkommen, das bei Ausschüttung mit dem Steuersatz s_D zu versteuern ist. Um die Nachbelastung der Ausschüttung vollziehen zu können, werden eine steuerliche Eigenkapitalgliederung und eine Verwendungsfiktion für die einzelnen Teile des steuerlichen Eigenkapitals erforderlich.

Wenn das Arbeitseinkommen zwischenzeitlich dem niedrigeren Steuersatz unterliegt, entsteht ein steuerlicher Wachstumsvorteil im Vergleich zur sofortigen höheren Besteuerung als Arbeitseinkommen. Dieser Wachstumsvorteil ist zu beseitigen, indem die Kapitalerträge aus der Anlage von Gewinnen, die als Arbeitseinkommen einzustufen sind, ebenfalls der Nachbelastung durch die Einkommensteuer unterworfen werden. Es gilt dann wegen der Steuersatzbedingung (5):

$$A \cdot (1 - s_A) \cdot i \cdot (1 - s_K) = A \cdot (1 - s_K) \cdot i \cdot (1 - s_K) \cdot (1 - s_D). \quad (6)$$

Die linke Seite der Gleichung bezeichnet den steuerfreien Zufluss aus der Kapitalanlage von sofort als Arbeitseinkommen versteuerten Gewinnen für eine Periode zum Nettozinssatz $i \cdot (1 - s_K)$; die rechte Seite der Gleichung zeigt den mit dem Steuersatz s_D zu versteuernden Zufluss aus der Verzinsung von als Arbeitseinkommen eingestuften Gewinnen, die zunächst bei der Kapitalgesellschaft dem Steuersatz für Kapitaleinkommen unterworfen wurden. Um die erforderliche Nachbelastung sicherzustellen, ist eine Umgliederung der versteuerten Gewinne erforderlich: Die als Kapitaleinkommen geltenden Gewinnrücklagen sind um den Betrag $Z = A \cdot (1 - s_K) \cdot i \cdot (1 - s_K)$, der die Nettoverzinsung der als Arbeitseinkommen eingestuften Rücklagen bezeichnet, zu mindern, und die als Arbeitseinkommen geltenden Gewinnrücklagen sind um diesen Betrag entsprechend zu erhöhen.

Die erforderliche Umgliederung führt zu der in Tabelle 2 angegebenen steuerlichen Eigenkapitalgliederung für den Fall des Aufschubs der Besteuerung des Arbeitseinkommens. Die Tabelle 2 zeigt die Entwicklung des Eigenkapitals in der Bilanz der Kapitalgesellschaft, wenn ein periodischer Gewinn vor Steuer in Höhe von $i \cdot K_{t-1} + A$ erzielt wird und in $t = 0$ ein gezeichnetes Kapital von $K_0 = 1$ vorliegt. Dabei bezeichnen $i \cdot K_{t-1}$ den als Kapitaleinkommen und A den als Arbeitseinkommen zu versteuernden Teil des Gewinns; P_1^D bezeichnet den einbehaltenen Gewinn in $t = 1$, der das Kapital der Gesellschaft erhöht.

---

[20] Vgl. *Sørensen* (2003), S. 19.

Tabelle 2

Entwicklung des Eigenkapitals einer Kapitalgesellschaft bei Aufschub der Steuer auf Arbeitseinkommen

	Änderung des Eigenkapitals	
Gewinn vor Steuer	davon Kapitaleinkommen	davon Arbeitseinkommen
	$t = 1$	
$i + A$	$i \cdot (1 - s_K)$	$A \cdot (1 - s_K)$
	$t = 2$	
$i \cdot (1 + P_1^D) + A$	$i \cdot (1 - s_K) \cdot (1 + P_1^D) - Z$	$A \cdot (1 - s_K) + Z$

Die Addition der in Tabelle 2 ausgewiesenen Teilbeträge unter Beachtung von $P_1^D = (i + A) \cdot (1 - s_K)$ ergibt die als Kapitaleinkommen steuerfrei zufließende Ausschüttung und den als Arbeitseinkommen zu versteuernden Teil der Ausschüttung. Nach Steuern verfügt der Investor über die Ausschüttung A_D.

(7)
$$A_D = i \cdot (1 - s_K) \cdot [1 + (1 + P_1^D)] - Z + [2 \cdot A \cdot (1 - s_K) + Z] \cdot (1 - s_D)$$
$$= [2 + i \cdot (1 - s_k)] \cdot [i \cdot (1 - s_k) + A \cdot (1 - s_A)].$$

Eine Alternative zur Gewinnspaltung auf der Grundlage des Vermögens der Kapitalgesellschaft bildet die Gewinnspaltung nach Maßgabe des Buchwertes der steuerlichen Beteiligung an der Kapitalgesellschaft[21]. Auch in diesem Fall wird ein Steueraufschub für als Arbeitseinkommen zu versteuernde Gewinne gewährt. Der Buchwert der Beteiligung ist mittels einer festzulegenden steuerlichen Verzinsung fortzuschreiben. Die Fortschreibung erfolgt mit einem Zinssatz r nach Steuer, wobei der Kapitaleinkommensteuersatz zu wählen ist: $r = i \cdot (1 - s_K)$. Wenn die Kapitalgesellschaft sämtliche Gewinne einbehält, gilt für den steuerlichen Buchwert eines Anteils an der Kapitalgesellschaft BW_{s+t}, der im Zeitpunkt s steuerliche Anschaffungskosten in Höhe von K_s aufweist:

(8)
$$BW_{s+t} = K_s \cdot (1 + r)^t.$$

Mit Körperschaftsteuer belastete Ausschüttungen sind Kapitaleinkommen, soweit sie den Betrag der Fortschreibung nicht übersteigen; dieser Teil der Ausschüttungen ist steuerfrei zu stellen, und entsprechend ist der Buchwert der Beteiligung bis zu den ursprünglichen Anschaffungskosten abzuschreiben. Ausschüttungen, die den Fortschreibungsbetrag übersteigen, sind als Arbeitseinkommen zu betrachten und der Einkommensteuer zu unterwerfen.

---

21 Vgl. *Sørensen* (2003), S. 9 – 12.

Wenn in $s = t = 0$ eine Einlage von 1 getätigt wird, so dass das gezeichnete Kapital $K_0 = 1$ beträgt, erhält man den Buchwert der Beteiligung $BW_0 = 1$. In $t = 2$ ergibt sich für den Gesellschafter ein fortgeschriebener Buchwert der Beteiligung in Höhe von $BW_2 = (1 + r)^2$. Die Kapitalgesellschaft versteuert die Gewinne mit dem Steuersatz s_K und stellt die versteuerten Gewinne in die Gewinnrücklage ein; einer steuerlichen Eigenkapitalgliederung bedarf es nicht. Dem Gesellschafter fließen unter diesen Annahmen im Zeitpunkt t = 2 von der Kapitalgesellschaft versteuerte Gewinne in Höhe von $Z_2 = i \cdot (1 - s_K) \cdot [1 + (1 + P_1^D)] + 2 \cdot A \cdot (1 - s_K)$ als Ausschüttung zu (Tabelle 2). Die Ausschüttung nach Einkommensteuer beträgt dann

$$(9) \qquad A_B = [Z_2 - (1 + r)^2 + 1] \cdot (1 - s_D) + (1 + r)^2 - 1$$

$$= [2 + i \cdot (1 - s_k)] \cdot [i \cdot (1 - s_k) + A \cdot (1 - s_A)].$$

Der erste Summand der ersten Gleichung bezeichnet den als Arbeitseinkommen versteuerten Teil der Ausschüttung, und der zweite Summand stellt den steuerfrei zufließenden Teil der Ausschüttung dar. Der Vergleich mit Gleichung (7) zeigt, dass die Gewinnspaltung auf der Basis des Buchwertes der Beteiligung zum gleichen Nettozufluss führt wie die Gewinnspaltung auf der Grundlage des Kapitals der Gesellschaft.

Die Äquivalenz von Sofortbesteuerung des Arbeitseinkommens und Steueraufschub sowie von Gewinnspaltung bei der Kapitalgesellschaft und beim Gesellschafter hängt wesentlich von der Wahl der Steuersätze ab. Der Gesetzgeber kann die Steuersätze für Arbeitseinkommen und für Kapitaleinkommen frei wählen, muss aber dann den Steuersatz für den Teil der Ausschüttungen, der als Arbeitseinkommen gilt, entsprechend festlegen. Wegen Gleichung (5) gilt für den Steuersatz s_D der Zusammenhang $s_D = (s_A - s_K) / (1 - s_K)$.

b) Personenunternehmen

Einzelunternehmen sind sämtlich der Gewinnspaltung zu unterwerfen. Wird auch bei Personengesellschaften so verfahren, ergeben sich insoweit keine Unterschiede zu Kapitalgesellschaften. Einzelunternehmen und Personengesellschaften (Personenunternehmen) sind transparent besteuert; die Gewinne unterliegen unabhängig von ihrer Entnahme der Einkommensteuer. Dies sichert die vom Einkommensteuergesetz gewollte grundsätzlich gleiche Besteuerung der Gewinne der Einzelunternehmer und der Mitunternehmer. Deswegen sind auch die als Arbeitseinkommen geltenden Gewinnanteile der Gesellschafter im Zeitpunkt der Feststellung des Gewinns dem Steuersatz für Arbeitseinkommen zu unterwerfen. Die duale Einkommensteuer lässt sich leicht mit der Besteuerung nach dem Transparenzprinzip vereinbaren.

Es ist offenkundig, dass damit Personenunternehmen im Gegensatz zu Kapitalgesellschaften ein Aufschub der Arbeitseinkommensteuer bis zur Entnahme des Gewinns nicht gewährt wird. Nun spielt allerdings, wie bereits dargelegt wurde, bei einem einheitlichen Nettozinssatz der Zeitpunkt der Besteuerung der als Arbeitseinkommen geltenden Gewinne für die Höhe der Nettogewinne keine Rolle. Daher wird selbst dann nicht gegen Rechtsformneutralität verstoßen, wenn Personenunternehmen transparent besteuert werden, während für Kapitalgesellschaften am Trennungsprinzip und am Zuflussprinzip festgehalten wird. Die Tabelle 3 zeigt unter den hiesigen Annahmen die Entwicklung des Eigenkapitals in der Bilanz eines Personenunternehmens, wenn wiederum ein periodischer Gewinn vor Steuer in Höhe von $i \cdot K_{t-1} + A$ erzielt wird und in $t = 0$ ein Kapital von $K_0 = 1$ vorliegt. P_1 steht für den nicht entnommenen Gewinn der Personenunternehmung in $t = 1$.

Tabelle 3

Entwicklung des Eigenkapitals einer Personenunternehmung

	Änderung des Eigenkapitals	
Gewinn vor Steuer	davon Kapitaleinkommen	davon Arbeitseinkommen
	$t = 1$	
$i + A$	$i \cdot (1 - s_K)$	$A \cdot (1 - s_A)$
	$t = 2$	
$i \cdot (1 + P_1) + A$	$i \cdot (1 - s_K) \cdot (1 + P_1)$	$A \cdot (1 - s_A)$

Addiert man wiederum die in der Tabelle ausgewiesenen Teilbeträge und beachtet $P_1 = i \cdot (1 - s_K) + A \cdot (1 - s_A)$, so erhält man die Summe der versteuerten Gewinne in $t = 2$. Der Unternehmer verfügt folglich über einen Zufluss A_U in Höhe von

(10) $$A_U = [2 + i \cdot (1 - s_k)] \cdot [i \cdot (1 - s_k) + A \cdot (1 - s_A)].$$

Es ergibt sich kein Unterschied zum Fall der aufgeschobenen Besteuerung bei der Kapitalgesellschaft (Gleichung 7 bzw. 9), wenn die Steuersatzbedingung der Gleichung (5) eingehalten wird. Ein Nachteil der Personenunternehmen ist also durch die sofortige Besteuerung der Arbeitseinkommen nicht gegeben. Die bisher bestehende Trennlinie zwischen den Rechtsformen kann aus dieser Sicht bestehen bleiben.

c) Besteuerungszeitpunkt und Liquiditätseffekte

Jenseits der engen Annahmen, unter denen der Besteuerungszeitpunkt ohne Einfluss auf die Höhe der Steuerbelastung ist, sind Personenunternehmen durch die frühere Steuerzahlung im Nachteil. Denn die Liquidität dieser Unternehmen wird durch die Steuern stärker belastet als die vergleichbarer Kapitalgesellschaften. Gibt es Unvollkommenheiten am Kapitalmarkt, wirkt sich die damit verbundene Schwächung der Selbstfinanzierung von Personenunternehmen nachteilig auf deren Wettbewerbsfähigkeit aus. Um diese Nachteile von den Personenunternehmen abzuwenden und Rechtsformneutralität auch hinsichtlich des Besteuerungszeitpunktes zu wahren, besteht zunächst die Möglichkeit, den Kapitalgesellschaften den Steueraufschub zu nehmen. Dann weicht die duale Einkommensteuer zugunsten einer (teilweise) transparenten Besteuerung von Trennungsprinzip und Zuflussprinzip ab. Die Gesellschafter von Kapitalgesellschaften müssen den als Arbeitseinkommen geltenden Gewinn im Zeitpunkt seiner Entstehung und unabhängig von seiner Verwendung versteuern. Die Gewinnspaltung kann sich am Kapital der Gesellschaft orientieren. Der als Kapitaleinkommen eingestufte Gewinn unterliegt der Körperschaftsteuer, der als Arbeitseinkommen geltende Gewinn der Arbeitseinkommensteuer. Wenn spätere Gewinnausschüttungen ebenso wie die Veräußerung der Anteile keine steuerlichen Folgen mehr haben, wird der Gewinn insoweit abschließend besteuert.

Die Schwierigkeit dieser Lösung besteht darin, dass die Gesellschafter persönliche Steuern auf einen Teil der einbehaltenen Gewinne der Kapitalgesellschaft zahlen. Da die Gesellschafter einer Kapitalgesellschaft Gewinne ohne einen Beschluss der Gesellschafterversammlung nicht entnehmen können, entsteht ein Liquiditätsproblem, wenn Steuern auf Gewinne der Kapitalgesellschaft zu zahlen sind, ohne dass Ausschüttungen zufließen. Der Gesetzgeber müsste Vorkehrungen treffen, welche die Gesellschafter in die Lage versetzen, die Steuer zahlen zu können, ohne zur Kreditaufnahme gezwungen zu sein. Zu diesem Zweck wäre dem Gesellschafter ein (gesellschaftsrechtlicher) Anspruch auf Erstattung der Steuerzahlung durch die Kapitalgesellschaft einzuräumen[22].

Eine andere Möglichkeit, Rechtsformneutralität im Hinblick auf den Besteuerungszeitpunkt zu wahren, besteht darin, bei Personenunternehmen teilweise vom Transparenzprinzip zugunsten einer Besteuerung nach dem Trennungsprinzip abzuweichen. In diesem Fall sind nicht entnommene Gewinne dem Steuersatz für Kapitaleinkommen zu unterwerfen. Erst die Entnahme von Gewinn löst Einkommensteuer aus, soweit Arbeitseinkommen vorliegt. Personenunternehmen müssen das Eigenkapital dann für steuerliche Zwecke gliedern. Es bedarf außerdem einer Verwendungsfiktion für versteuerte Gewinne. Bei Beteiligungen, die in einem Betriebsvermögen gehalten werden, sind entnommene Gewinne immer freizustellen, gleichgültig ob sie als Kapitaleinkommen oder als Arbeitseinkommen gelten. Dabei ist sicherzustellen, dass bei einer Beteili-

---

[22] Vgl. *Sørensen / Hagen* (1996), S. 56, für das norwegische Recht.

gungskette sich die steuerliche Einordnung eines Gewinnes durch dessen Entnahme nicht ändert.

Die Vermeidung von Liquiditätsnachteilen der Personenunternehmen erfordert also entweder eine teilweise transparente Besteuerung der Kapitalgesellschaften oder eine teilweise Besteuerung der Personenunternehmen nach dem Trennungsprinzip. Die duale Einkommensteuer steht damit vor einem Dilemma. Sie kann nicht das Trennungsprinzip und das Transparenzprinzip wahren und gleichzeitig Rechtformneutralität hinsichtlich des Besteuerungszeitpunktes des Arbeitseinkommens sicherstellen. Da die Liquiditätsnachteile der Personenunternehmen aber groß sind, wenn eine starke Spreizung der Steuersätze für Kapitaleinkommen und Arbeitseinkommen besteht, bedarf es einer Lösung des Problems.

Die (teilweise) transparente Besteuerung der Kapitalgesellschaften könnte zur Folge haben, dass Gewinne deutscher Kapitalgesellschaften, an denen in Deutschland ansässige Gesellschafter beteiligt sind, höher besteuert werden als Gewinne im Ausland ansässiger Kapitalgesellschaften mit deutschen Gesellschaftern. Denn die transparente Besteuerung macht es erforderlich, dass die Finanzverwaltung auf die Bücher der Kapitalgesellschaft zugreift. Bei im Ausland ansässigen Kapitalgesellschaften ergeben sich hier Probleme, weil diese in ihrem (ausländischen) Sitzstaat nach dem dort geltenden Recht Bücher führen. Es ist der deutschen Finanzverwaltung daher nicht ohne weiteres möglich, eine Gewinnspaltung vorzunehmen. Folglich besteht die Gefahr, dass Gewinne ausländischer Kapitalgesellschaften niedriger belastet sind. Auch ausländische Gesellschafter in Deutschland ansässiger Kapitalgesellschaften könnten betroffen sein. Wenn das Gesetz nämlich einbehaltene Gewinne der Kapitalgesellschaft den Einkünften aus nichtselbständiger Arbeit gleichstellt, besteht die Gefahr, dass diese Gewinne im Rahmen der beschränkten Steuerpflicht auch von ausländischen Gesellschaftern als Arbeitseinkommen zu versteuern sind. In diesem Fall müsste sich die Steuerbelastung in Deutschland erzielter Gewinne erhöhen.

Da es eines der wichtigsten Ziele der dualen Einkommensteuer ist, die Standortattraktivität Deutschlands zu verbessern, muss eine Belastung einbehaltener Gewinne deutscher Kapitalgesellschaften vermieden werden, die über dem Steuersatz für Kapitaleinkommen liegt. Denn dieser Steuersatz ist vom internationalen Steuerwettbewerb bestimmt. Da die teilweise transparente Besteuerung der Kapitalgesellschaften für Zwecke der dualen Einkommensteuer dem zuwiderläuft, scheidet diese Lösung zur Vermeidung von Steuernachteilen der Personenunternehmen aus. Es bleibt dann die Möglichkeit, den Personenunternehmen einen Steueraufschub zu gewähren. Durch diese Maßnahme ist für sich genommen kein nachteiliger Effekt für die Standortattraktivität zu erwarten.

Auch der Tarif bietet Möglichkeiten, Belastungsunterschiede zwischen Personenunternehmen und Kapitalgesellschaften zu verringern, die sich aufgrund unterschiedlicher Besteuerungszeitpunkte ergeben. In der Praxis der skandinavischen Staaten[23] und nach den Vorstellungen des Sachverständigenrates kommt ein direkt progressiver Tarif für Arbeitseinkommen zur Anwendung, so dass die Steuersatzbedingung (5) allenfalls für den Spitzensteuersatz halten wird. Soweit die Grenzsteuersätze für Arbeitseinkommen unter dem proportionalen Steuersatz für Kapitaleinkommen liegen oder nur für Arbeitseinkommen ein Grundfreibetrag gewährt wird, sind ungeachtet einer früheren Steuerzahlung Liquiditätsvorteile und Rentabilitätsvorteile der Personenunternehmen möglich. Werden dagegen in einzelnen Perioden hohe Gewinne ausgewiesen, so werden sich durchschnittliche Steuerbelastungen in der Nähe des höchsten Grenzsteuersatzes für Arbeitseinkommen ergeben. Kapitalgesellschaften, die den gesamten Gewinn zunächst dem niedrigeren Steuersatz für Kapitaleinkommen unterwerfen, bleiben davon verschont. Sie können zudem durch eine zeitliche Steuerung der Ausschüttungen bei einem progressiven Tarif Einfluss auf die Höhe der Einkommensteuer nehmen.

Um Nachteile transparenter Besteuerung unter der dualen Einkommensteuer auszugleichen, wäre daran zu denken, Gewinne, die einen bestimmten Höchstbetrag übersteigen, dem niedrigeren Steuersatz auf Kapitaleinkommen zu unterwerfen[24]. Personenunternehmen hätten dann zwar nach wie vor den Nachteil, Steuer auf die Arbeitseinkommen früher entrichten zu müssen. Dem steht aber der Vorteil gegenüber, dass die den Höchstbetrag übersteigenden, dem Kapitaleinkommensteuersatz unterliegenden Gewinne sämtlich endgültig niedrig besteuert sind. Die Genauigkeit der Maßnahme ist allerdings gering: Der Liquiditätsnachteil wird mit einem Vermögensvorteil ausgeglichen, und dieser Ausgleich hängt von der Höhe des Gewinnes ab.

IV. Schlussfolgerungen

Der Vorschlag des Sachverständigenrates, eine duale Einkommensteuer einzuführen, zielt in der Hauptsache darauf, die steuerlichen Bedingungen für Investitionen in Deutschland zu verbessern. Denn im internationalen Vergleich weist Deutschland hohe Gewinnsteuersätze für Kapitalgesellschaften auf. Diese hohen Steuersätze können ausländische Unternehmen von Investitionen in Deutschland abhalten oder deutsche Unternehmen zu Investitionen im Ausland veranlassen. Die duale Einkommensteuer schafft Abhilfe, weil der Steuersatz für Kapitaleinkommen und damit auch der Gewinnsteuersatz für Kapitalgesellschaften international wettbewerbsfähig gewählt werden kann.

---

[23] Vgl. International Bureau of Fiscal Documentation (2004), S. 211 – 212 (Finnland), S. 500 – 501 (Norwegen), S. 638 – 639 (Schweden).

[24] Vgl. International Bureau of Fiscal Documentation (2004), S. 500, für das norwegische Steuerrecht.

Weniger eindeutig fällt das Urteil aus, was die angestrebte Verbesserung der Neutralität und der Systematik der Besteuerung betrifft. Fortschritte bringen der einheitliche Steuersatz für alle Kapitaleinkommen und die Steuerfreiheit für Ausschüttungen der Kapitalgesellschaften, die als Kapitaleinkommen einzustufen sind, sowie für entsprechende Gewinne aus der Veräußerung von Anteilen an diesen Gesellschaften. Dagegen lässt sich die Aufspaltung des Gewinns in Kapitaleinkommen und Arbeitseinkommen nicht rechtsformneutral vollziehen. Es gibt hier Unterschiede im Zeitpunkt der Besteuerung der als Arbeitseinkommen eingestuften Gewinne: Bei Personenunternehmen, die transparent besteuert werden, erfolgt die Besteuerung bei Realisation des Gewinns; bei Kapitalgesellschaften, die dem Trennungsprinzip unterworfen sind, muss damit bis zum Zeitpunkt der Ausschüttung zugewartet werden.

Wägt man die internationalen und nationalen Aspekte ab, so spricht vieles für die duale Einkommensteuer. Es ist dringlich, die steuerliche Attraktivität Deutschlands zu erhöhen, soll das Land im Steuerwettbewerb nicht noch weiter zurückfallen. Die duale Einkommensteuer hilft hier weiter. Denn sie erlaubt eine vergleichsweise flexible Reaktion auf die Erfordernisse des internationalen Steuerwettbewerbs. Aus dieser Sicht nimmt man die Schwierigkeiten, welche die duale Einkommensteuer bei der Unternehmensbesteuerung bereitet, in Kauf, um eine Verbesserung der steuerlichen Standortattraktivität Deutschlands zu erreichen. Günstige steuerliche Bedingungen für international mobile Unternehmen dürfen aber nicht mit Steuernachteilen für die Vielzahl der eher immobilen Personenunternehmen erkauft werden. Die aus den unterschiedlichen Besteuerungszeitpunkten des Arbeitseinkommens resultierenden Liquiditätsnachteile für Personenunternehmen sind daher möglichst gering zu halten.

Literaturverzeichnis

Bond, Stephen R. / *Devereux,* Michael P. (1995): On the design of a neutral business tax under uncertainty; in: Journal of Public Economics; Vol. 58 (1995); S. 57 – 71.

Cnossen, Sijbren (1999): Taxing Capital Income in the Nordic Countries: A Model for the European Union?; in: Finanzarchiv; N.F. Bd. 56 (1999); S. 18 – 50.

Deutsches Institut für Wirtschaftsforschung (2004): Reformkonzepte zur Einkommens- und Ertragsbesteuerung: Erhebliche Aufkommens- und Verteilungswirkungen, aber relativ geringe Effekte auf das Arbeitsangebot; in: Wochenbericht des DIW Nr. 16/2004; Berlin 2004; S. 185 – 204.

Devereux, Michael P. / *Freeman,* Harold (1991): A General Neutral Profits Tax; in: Fiscal Studies; August 1991; S. 1 – 15.

Homburg, Stefan (2003): Allgemeine Steuerlehre; 3. Auflage; München 2003.

International Bureau of Fiscal Documentation (2004): European Tax Handbook; Amsterdam 2004.

Kaplow, Louis (1994): Human Capital under an Ideal Income Tax; in: Virginia Law Review; Vol. 80 (1994); S. 1477 – 1514.

Kiesewetter, Dirk / *Lachmund,* Andreas (2004): Wirkungen einer Abgeltungssteuer auf Investitionsentscheidungen und Kapitalstruktur von Unternehmen; in: Die Betriebswirtschaft; 64. Jg. (2004); S. 395 – 411.

Panteghini, Paolo M. (2001): Dual Income Taxation: The Choice of the Imputed rate of Return; in: Finnish Economic Papers; Vol. 14 (2001); S. 5 – 13.

Popitz, Johannes (1926): Einkommensteuer; in: Handwörterbuch der Staatswissenschaften; Hrsg. Ludwig v. Elster, Adolf Weber, Friedrich Wieser; 4. Auflage; Band 3; Jena 1926; S. 400 – 491.

Rogall, Matthias (2003): Die Besteuerung des Kaufs und des Zusammenschlusses von Kapitalgesellschaften; Wiesbaden 2003.

Sachverständigenrat zur Begutachtung der gesamtwirtschaftlichen Entwicklung (2003): Staatsfinanzen konsolidieren – Steuersystem reformieren, Jahresgutachten 2003/2004; Wiesbaden 2003.

Siegel, Theodor (1982): Steuerwirkung und Steuerpolitik in der Unternehmung; Würzburg, Wien 1982.

– (2003): Lohnsteuer = Einkommensteuer + Immobilitätszuschlag? – Zur geplanten Abgeltungssteuer für Zinserträge –; in: Der Betrieb; 56. Jg. (2003); S. 795 – 796.

– (2004): System der Einkommensteuer und Rechtsformneutralität; in: Steuern, Rechnungslegung und Kapitalmarkt: Festschrift für Franz W. Wagner zum 60. Geburtstag; Hrsg. Hans Dirrigl, Dietmar Wellisch und Ekkehard Wenger; Wiesbaden 2004; S. 193 – 208.

Sørensen, Peter B. (1994): From the Global Income Tax to the Dual Income Tax: Recent Tax Reforms in the Nordic Countries; in: International Tax and Public Finance; Vol. 1 (1994); S. 57 – 79.

– (2003): Neutral Taxation of Shareholder Income: A Norwegian Tax Reform Proposal; in: CESifo Working Paper: No. 1036; Copenhagen 2003; S. 1 – 33.

Sørensen, Peter B. / *Hagen,* Kare P. (1996): Taxation of the Self-Employed under a Dual Income Tax; in: Towards a Dual Income Tax? Scandinavian and Austrian Experiences; Hrsg. Leif Mutén, Peter B. Sørensen, Kare P. Hagen und Bernd Genser; London 1996; S. 23 – 67.

Strömberg, Dorothea / *Alhager,* Eleonor / *Alhager,* Magnus (2004): Schweden; in: Steuern in Europa, Amerika und Asien; Hrsg. Annemarie Mennel und Jutta Förster; Herne, Berlin 1980; S. 1 – 71; Stand: April 2004.

van den Noord, Paul (2000): The Tax System in Norway: Past Reforms and Future Challenges; OECD Economics Department Working Papers: No. 244; Paris 2000.

Wagner, Franz W. (2000): Korrektur des Einkünftedualismus durch Tarifdualismus – Zum Konstruktionsprinzip der Dual Income Taxation; in: Steuer und Wirtschaft; 77. Jg. (2000); S. 431 – 441.

Wissenschaftlicher Beirat beim Bundesministerium der Finanzen (2004): Flat Tax oder Duale Einkommensteuer? Zwei Entwürfe zur Reform der Einkommensbesteuerung; Schriftenreihe des Bundesministeriums der Finanzen; Berlin 2004.

Einfluss der Besteuerung der Kapitalgesellschaft auf Finanzierungsentscheidungen – eine kapitalmarkttheoretische Sicht

Von Dirk Hachmeister

I. Problemstellung

Theodor Siegel hat sich immer wieder mit den Wirkungen der Besteuerung auf unternehmerische Entscheidungen beschäftigt.[1] Bekannt ist auch sein Engagement im Jahr 2000, als er sich mit anderen Hochschullehrern erfolglos gegen die Abschaffung des Anrechnungsverfahrens bei der Besteuerung der Körperschaften einsetzte.[2] Trotz der vorgetragenen Einwände entschied sich der Gesetzgeber für einen Systemwechsel vom Anrechnungsverfahren zu einer Definitivkörperschaftsteuer verbunden mit dem „Halbeinkünfteverfahren“ auf der Ebene der Anteilseigner. Die Wirkungen dieses Verfahrens sollen im Folgenden im Rahmen einer kapitalmarktorientierten Sichtweise diskutiert werden; einer Sichtweise, die dem Jubilar aufgrund seiner Arbeiten zur Unternehmensbewertung nicht unbekannt ist,[3] wenngleich er eine kritische Distanz gewahrt hat.

Im folgenden Beitrag wird zunächst ein Überblick über die kapitalmarktorientierte Sichtweise im Hinblick auf die Abbildung der Besteuerung gegeben. Dabei wird insbesondere die Abbildung der privaten Einkommensbesteuerung thematisiert. Schließlich erfolgt eine Diskussion der Steuerwirkungen der Unternehmensbesteuerung in Verbindung mit dem Halbeinkünfteverfahren im Rahmen der von Modigliani und Miller (1958), (1963) geschaffenen Theorie der optimalen Kapitalstruktur.[4]

Die Diskussion der Steuerwirkungen erfolgt unter den Annahmen der neoklassischen Kapitalmarkttheorie und unterliegt bestimmten Restriktionen. Trotzdem erscheint diese Sicht auf die Besteuerung sinnvoll, weil Anpassungshandlungen der Anteilseigner auf dem Kapitalmarkt konsequent und logisch

---

[1] Vgl. *Siegel* (1982).

[2] Vgl. *Siegel* et al. (2000).

[3] Vgl. *Siegel* (1991), (1992).

[4] Vgl. *Hawlitzky* (1998), S. 237 – 265, zum Anrechnungsverfahren.

korrekt erfasst werden können. Die modelltheoretische Diskussion dient dazu, das Geschehen auf dem Kapitalmarkt abstrakt zu beschreiben; die Realität wird bestenfalls angenähert beschrieben. Handlungsempfehlungen für die unternehmerische Praxis sollten daher unter großer Vorsicht abgeleitet werden. Neoklassische Modelle sind immer nur ein Ausgangspunkt für die Analyse von Finanzierungswirkungen in der Realität, weil ein „natürlicher Nullpunkt" geschaffen wird. Asymmetrische Informationsverteilung, Anreizprobleme zwischen Vertragsparteien und Irrationalität der Kapitalmarktteilnehmer setzen der Argumentation natürliche Grenzen.

II. Idee einer kapitalmarktorientierten Steuerwirkungslehre

Bei einer kapitalmarktorientierten Sicht des Einflusses der Besteuerung werden Anleger auf Finanzierungsentscheidungen der Unternehmen durch Portefeuilleumschichtungen auf der privaten Ebene reagieren. Basis der folgenden Ausführungen sind die Überlegungen von Modigliani / Miller (1958), (1963) und Miller (1977), die sich mit der Relevanz bzw. Irrelevanz von Finanzierungsentscheidungen für den Marktwert des Unternehmens ohne bzw. unter Beachtung der Besteuerung auseinandersetzen.

Die neoklassische Kapitalmarkttheorie geht bei ihrer Argumentation von folgenden Annahmen aus:[5]

- Eigen- und Fremdkapital können auf dem Kapitalmarkt ohne Transaktionskosten oder institutionelle Beschränkungen gehandelt werden.
- Anbieter und Nachfrager verfügen über vollkommene und homogene Information.
- Eine Vielzahl von Anbietern und Nachfragern ist vorhanden, die keinen Einfluss auf die Preise am Kapitalmarkt haben.
- Anleger und Unternehmen können zum Einheitszins Kapital aufnehmen und anlegen; somit bestehen keine wirtschaftlichen und juristischen Unterschiede zwischen der Verschuldung auf Unternehmensebene und einer privaten Kreditaufnahme.
- Investitions- und Finanzierungspolitik sind voneinander unabhängig, da von einem gegebenen Investitionsprogramm ausgegangen wird.
- Insolvenzkosten werden ebenso wie Agencykosten vernachlässigt.
- Investoren handeln rational und nutzen jede Arbitragemöglichkeit.

---

[5] Vgl. *Copeland / Weston / Shastri* (2005), S. 559.

- Der Einsatz von Fremdkapital unterliegt (aus Vereinfachungsgründen) keinem Risiko.

Als einzige Marktunvollkommenheiten sind eine Unternehmenssteuer und eine Einkommensteuer bei Anlegern und Gläubigern zugelassen. Wobei wir – wenn nicht anders vermerkt – von identischen Steuersätzen der Marktteilnehmer ausgehen. Vorteile aus der Fremdfinanzierung sind annahmegemäß sicher.

Ausgangspunkt der Betrachtung sind die Zahlungsströme aus operativ identischen, aber unterschiedlich finanzierten Unternehmen, wobei unterstellt wird, dass durch Transaktionen auf der Anteilseignerebene grundsätzlich eine den Präferenzen der Anteilseigner entsprechende Finanzierungsrisikostruktur erreicht werden kann. In einer Welt ohne Besteuerung kann von den Unternehmen durch die Wahl des Verschuldungsgrads kein Zahlungsstrom generiert werden, den die Anteilseigner nicht auch durch private Transaktionen erreichen können. Durch die Gestaltung der Finanzierung kann daher kein Wert geschaffen werden, vielmehr erfolgt nur eine andere Aufteilung des Zahlungsstroms auf die Inhaber verschieden gestalteter Finanzierungstitel.

Werden Unternehmen mit einer Körperschaftsteuer belegt, kann jedoch ein Vorteil aus der Fremdfinanzierung geschaffen werden, weil durch sie der Anspruch eines dritten Anspruchsberichtigten – des Fiskus – beeinflusst wird. Die Fremdfinanzierung baut ein „Tax Shield" vor dem Zugriff des Fiskus auf.[6]

Die kapitalmarktorientierte Sicht der Besteuerung wurde von Miller (1977) durch Einbezug einer klassischen Körperschaftsteuer in seine Überlegungen erweitert. Ausgangspunkt seiner Diskussion war ein System mit einer Körperschaftsteuer auf Unternehmensgewinne verbunden mit einer Einkommensteuer auf Dividenden und Zinseinkommen; eine Besteuerung realisierter Kursgewinne ist möglich. Bei einem solchen Steuersystem zeigte Miller implizit, dass eine Gewinnthesaurierung optimal ist, da die einbehaltenen Gewinne durch die spätere Besteuerung bevorzugt werden, weil der Barwert des Steuersatzes unter dem Steuersatz liegt, der bei sofortiger Ausschüttung verwendet wird.

Während die Wirkung auf die Ausschüttungsentscheidung so überraschend nicht ist, ist der Einfluss auf die Marktwerteinflüsse der Verschuldung weniger einsichtig. Wird zusätzlich zur Unternehmenssteuer auf Einkommen und Ertrag noch eine private Einkommensteuer eingeführt, so erhalten wir folgende Wirkungen auf den Cashflow an Eigentümer und Gläubiger:

$$\tilde{C} = \left(\tilde{X} - i \cdot F\right) \cdot \left(1 - s_U\right) \cdot \left(1 - s_{EK}\right) + i \cdot F \cdot \left(1 - s_{FK}\right)$$

$$\tilde{C} = \tilde{X} \cdot \left(1 - s_U\right) \cdot \left(1 - s_{EK}\right) + i \cdot F \cdot \left[\left(1 - s_{FK}\right) - \left(1 - s_U\right) \cdot \left(1 - s_{EK}\right)\right]$$

---

6 Vgl. *Modigliani / Miller* (1963).

mit $\tilde{C}$ = Zahlungen an alle Kapitalgeber

$\tilde{X}$ = Operatives Ergebnis vor Zinsen und Steuern

i = Fremdkapitalzinssatz

F = Betrag der Fremdfinanzierung

s_U = Unternehmenssteuersatz

s_{EK} = Faktischer Einkommensteuersatz auf Dividendeneinkünfte und realisierte (steuerbare) Wertsteigerungen von Aktien

s_{FK} = Faktischer Einkommensteuersatz auf Zinseinkünfte und realisierte (steuerbare) Wertsteigerungen von Anleihen

Der erste Term entspricht den Zahlungen an die Eigentümer unter der Annahme der vollständigen Eigenfinanzierung; der Vorteil aus der Fremdfinanzierung beträgt

$$i \cdot F \cdot \left[(1-s_{FK})-(1-s_U)\cdot(1-s_{EK})\right]$$

Unterstellen wir ein Rentenmodell mit unendlich fließendem, konstantem Einkommensstrom, beträgt der Barwert des Steuervorteils, $s_{Vort.}F$ mit

$$s_{Vort.} = \left[1-\frac{(1-s_U)\cdot(1-s_{EK})}{(1-s_{FK})}\right]$$

Werden Fremdkapitalkosten auf der Ebene der Kapitalgeber höher versteuert als die Eigenkapitalkosten, wird der Steuervorteil der Fremdfinanzierung auf der Unternehmensebene vermindert. Der Tax Shield aus der Verschuldung ist im Allgemeinen geringer als Modelle ohne persönliche Einkommensteuer zeigen, weil die Fremdfinanzierung in vielen Steuersystemen auf der privaten Ebene diskriminiert wird.

Entspricht $(1-s_{FK}) = (1-s_U)\cdot(1-s_{EK})$, besteht die ursprüngliche Irrelevanz der Kapitalstruktur für den Unternehmenswert. Miller hat in seinem Beitrag jedoch nicht nur ausgeführt, dass diese Beziehung *gelten könnte*; er hat vielmehr aufgrund von Gleichgewichtsüberlegungen auf dem Anleihemarkt gezeigt, dass diese Beziehung *gilt*.[7]

In seiner Argumentation unterstellt Miller eine Einkommensteuer auf Dividenden von Null. Weiterhin existiert eine steuerfreie Anleihe, die einen Kuponzins von i_0 abwirft. Unternehmensanleihen, die diese Verzinsung anbieten, würden nur von Personen oder Institutionen erworben, die ihre Zinseinkünfte nicht versteuern müssen. Anleger, deren (Grenz-)Steuersatz s_{FK} beträgt, werden Anleihen nur erwerben, wenn sie ihnen eine Vorsteuerrendite von $i_{demand} = i_0/(1+s_{FK})$

[7] Vgl. *Miller* (1977), S. 268 f.

bringen. Bei einer progressiven Einkommensteuer muss somit die Vorsteuerrendite steigen, um immer neue „Steuerklassen“ bewegen zu können, Anleihen zu erwerben. Das Angebot ist elastisch bei einem Zinssatz von $i_{supply} = i_0/(1+s_U)$.

Die Rendite, die das Angebot von und die Nachfrage nach Unternehmensanleihen zum Ausgleich bringt, kann als eine „steuerangepasste“ Vorsteuerrendite interpretiert werden, so dass ein vorhandener Steuervorteil der Fremdfinanzierung aufgezehrt wird. Gleichzeitig wird gesamtwirtschaftlich der Betrag an Anleihen bestimmt vom Verhältnis des Unternehmenssteuersatzes und der persönlichen Einkommensteuer.

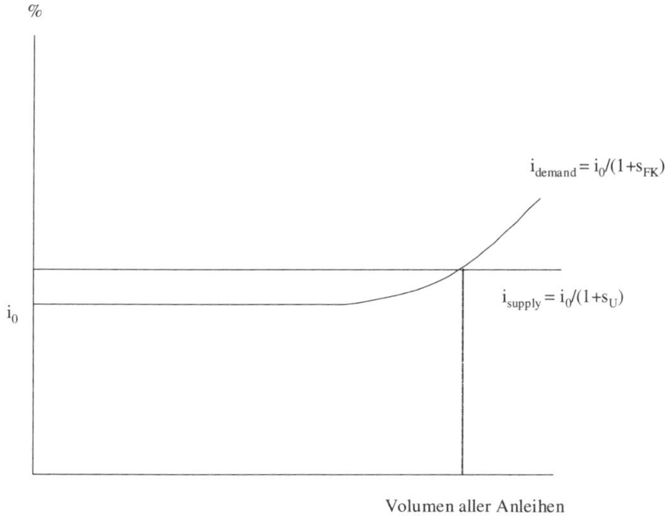

Copeland / Weston / Shastri (2005), S. 572

Abbildung 1: Miller-Gleichgewicht

Im Miller-Gleichgewicht werden Investoren, deren persönlicher Einkommensteuersatz geringer ist als der Unternehmenssteuersatz, verschuldete Unternehmen kaufen, also die Fremdkapitalaufnahme indirekt über das Unternehmen leiten; Investoren, deren persönlicher Einkommensteuersatz über dem Unternehmenssteuersatz liegt, werden unverschuldete Unternehmen erwerben und sich privat verschulden, um einen größeren Steuerspareffekt zu erhalten als bei einer indirekten Ausleihe im Rahmen des Erwerbs verschuldeter Unternehmen.[8]

[8] Vgl. *Miller* (1977), S. 269.

Ein Wertvorteil kann sich aus diesen Klienteleffekten aber nicht ergeben. Wer profitiert aber von der Steuerersparnis auf der Unternehmensebene durch die Fremdfinanzierung? Es sind jene Gläubiger, deren Einkommensteuersatz unter dem Unternehmenssteuersatz liegt. Diese Gruppe erhält im Gleichgewicht einen Bruttozinssatz von $i_0/(1\text{-}s_U)$; der Nettozins nach persönlicher Einkommensteuer beträgt

$$i_S = i_0 \cdot \frac{(1-s_{FK})}{(1-s_U)}$$

Der Nettozins, den diese Gruppe erzielt, liegt über dem Zins einer steuerfreien Alternativanlage.[9] Der Vorteil beläuft sich auf $i_0 \cdot (s_U - s_{FK})/(1-s_U)$.

III. Abbildung des Halbeinkünfteverfahrens

1. Einheitliche Besteuerung von Dividenden oder Kursgewinnen

Ausgangspunkt der Betrachtung ist die Frage, wie unterschiedlich finanzierte, aber sonst gleiche Unternehmen vom Kapitalmarkt bewertet werden, wobei Arbitragemöglichkeiten ausgeschlossen sind. Dabei gehen wir von den Einkommenserwartungen zweier Anleger aus, die an unterschiedlich finanzierten, aber sonst identischen Unternehmen beteiligt sind. Damit ein Vergleich möglich ist, wird auf privater Ebene durch Kreditaufnahme oder Kapitalanlage eine Nachbildung vorgenommen, um einen im Zahlungs- und Risikoprofil äquivalenten Zahlungsstrom zu erhalten.[10]

Vergleichen wir die Zahlungsströme aus einem unverschuldeten Unternehmen, so erhalten wir

$$\tilde{X}(1-s_G)(1-s_K)(1-0{,}5s_E)$$

Bei einem verschuldeten Unternehmen folgt hingegen

$$\tilde{X}(1-s_G)(1-s_K)(1-0{,}5s_E) - iF(1-s_G)(1-s_K)(1-0{,}5s_E)$$

Dabei gehen wir davon aus, dass es sich bei der Fremdfinanzierung auf der Unternehmensebene nicht um Dauerschuldzinsen handelt, so dass eine hälftige Hinzurechnung nicht relevant ist;

mit $\tilde{X}$ = Operatives Ergebnis vor Zinsen und Steuern

s_G = Effektiver Gewerbesteuersatz

---

[9] Vgl. *Miller* (1977), S. 270.

[10] Vgl. *Drukarczyk* (2003), S. 241 – 245.

s_K = Körperschaftsteuersatz

s_E = Einkommensteuersatz

i = Zinssatz für Fremdfinanzierung

F = Betrag der Fremdfinanzierung

Bei der gewählten Darstellung handelt es sich um ein Halbsatzverfahren, kein Halbeinkünfteverfahren. Dass das Halbsatzverfahren bei einer progressiv gestalteten Einkommensteuer nicht zu identischen Ergebnissen wie das Halbeinkünfteverfahren führt,[11] wird aus Vereinfachungsgründen hingenommen.

Für die Arbitrageüberlegungen gehen wir zunächst davon aus, dass durch private Kapitalanlagen der Zahlungsstrom bei vollständiger Eigenfinanzierung erreicht werden soll, wobei steuerfreie Anlagen auf dem Kapitalmarkt ausgeschlossen werden.[12] Um eine Duplizierung zu erreichen, muss ein Betrag A angelegt werden, so dass gilt:

$$iF(1-s_G)(1-s_K)(1-0{,}5s_E) = iA(1-s_E)$$

mit A = Betrag der Kapitalanlagen auf der Anlegerebene

Eine Duplizierung wird erreicht, wenn

$$A = F(1-s_G)(1-s_K)(1-0{,}5s_E)/(1-s_E)$$

Dieser private Anlagebetrag ist um den Faktor $(1-s_G)(1-s_K)$ kleiner aufgrund des Tax Shield auf der Unternehmensebene. Die Wirkung der Einkommensteuer auf der privaten Ebene schwächt diesen Effekt jedoch ab, da die Kapitalanlage in sichere Finanzanlagen auf der privaten Ebene vollständig der Einkommensbesteuerung unterliegt.

Stimmen die Zahlungsströme überein, so müssen auf einem arbitragefreien Kapitalmarkt auch die Marktwerte übereinstimmen, so dass gilt:

$$V^E = E^F + A$$

Da der Marktwert des Eigenkapitals eines verschuldeten Unternehmens $E^F = V^F - F$, gilt:

$$V^E = V^F - F + A \qquad \text{oder} \qquad V^F = V^E + F - A$$

mit V^E = Marktwert eines rein eigenfinanzierten Unternehmens

V^F = Marktwert eines verschuldeten Unternehmens

E^F = Marktwert des Zahlungsstroms an die Eigentümer eines fremdfinanzierten Unternehmens

---

[11] Vgl. *Bareis* (2003), S. 2317.

[12] Vgl. *Castedello / Davidson / Schlumberger* (2004), S. 374 f.

F = Betrag der Fremdfinanzierung auf der Unternehmensebene

A = Betrag der Kapitalanlage auf der Anteilseignerebene

Wenn der Betrag der privaten Kapitalanlage dem Betrag der unternehmerischen Verschuldung entspräche, wäre die Finanzierung für den Unternehmenswert irrelevant. Ersetzen wir A durch den Wert oben, erhalten wir jedoch

$$V^F = V^E + F - F(1-s_G)(1-s_K)(1-0{,}5s_E)/(1-s_E)$$

$$V^F = V^E + F\left(1 - \frac{(1-s_G)(1-s_K)(1-0{,}5s_E)}{(1-s_E)}\right)$$

$$V^F = V^E + F\big(1 - s_E - (1-s_G)(1-s_K)(1-0{,}5s_E)\big)/(1-s_E)$$

$$V^F = V^E + F\big((s_G(1-s_K)+s_K)(1-0{,}5s_E) - 0{,}5s_E\big)/(1-s_E)\,.$$

Der Einfluss der Fremdfinanzierung auf den Unternehmenswert beträgt

$$F\big((s_G(1-s_K)+s_K)(1-0{,}5s_E) - 0{,}5s_E\big)/(1-s_E)$$

und kann negativ werden, wenn $(s_G(1-s_K)+s_K)(1-0{,}5s_E) < 0{,}5s_E$.

Ersetzen wir den Gewerbeertrag- und den Körperschaftsteuersatz durch den Term s_U, gilt $s_U(1-0{,}5s_E) < 0{,}5s_E$ oder

$$s_E > s_U/\left[0{,}5\cdot(s_U+1)\right]$$

Unterstellen wir einen Unternehmenssteuersatz – zusammengesetzt aus dem effektiven Gewerbesteuersatz von 20 % bei einem Hebesatz von 500 % und dem Körperschaftsteuersatz von 25 % unter Beachtung der Abzugsfähigkeit der Gewerbesteuer von der Bemessungsgrundlage der Körperschaftsteuer – von 40 %, so beträgt der kritische Einkommensteuersatz ca. 57 %. Er liegt – auch unter Beachtung von Solidaritätszuschlag und Kirchensteuer – außerhalb des aktuell geltenden Steuertarifs. Je höher die Anteilseigner versteuert werden, desto geringer ist der Vorteil der Fremdfinanzierung auf der Unternehmensebene. Beim Steuersatz der oberen Proportionalzone von 42 % und einem Unternehmenssteuersatz von 40 % ist der Unternehmenswertbeitrag der Fremdfinanzierung auf der Ebene der Anteilseigner mehr als halbiert.

Oben hatten wir als Ausgangspunkt der Arbitrageüberlegungen den Zahlungsstrom eines verschuldeten Unternehmens. Wählen wir als Ausgangspunkt unserer Arbitrageüberlegungen den Zahlungsstrom eines unverschuldeten Unternehmens, der durch private Kreditaufnahme dem Zahlungsstrom an die Eigentümer aus einem verschuldeten Unternehmen entsprechen soll, so muss gelten:

$$iF(1-s_G)(1-s_K)(1-0{,}5s_E)=iF^P(1-0{,}5s_E) \text{ oder}$$

$$F^P=F(1-s_G)(1-s_K)$$

mit F^P = Betrag der privaten Fremdfinanzierung auf der Ebene der Anteilseigner

Ist der Ausgangspunkt der Eigentümer eines unverschuldeten Unternehmens, so sind die auf der privaten Ebene gezahlten Schuldzinsen Werbungskosten und gem. § 3c EStG i.V.m. § 3 Nr. 40d EStG von den Einnahmen abzugsfähig, wobei der Saldo anschließend nur zur Hälfte der Einkommensbesteuerung unterworfen wird.

Auf einem arbitragefreien Kapitalmarkt haben Zahlungsströme mit einem identischen Zahlungsprofil den gleichen Marktwert, so dass gilt:

$$E^F=V^E-F^P$$

Da der Marktwert des Eigenkapitals eines verschuldeten Unternehmens $E^F = V^F - F$, gilt:

$$V^F=V^E+F-F^P$$

Ersetzen wir F^P durch den Wert oben, erhalten wir

$$V^F=V^E+F\big(1-(1-s_G)(1-s_K)\big)$$

$$V^F=V^E+F\big(s_G(1-s_K)+s_K\big)$$

In diesem Fall haben wir die klassische Lösung nach Modigliani / Miller (1963), die einen Unternehmenswertvorsprung fremdfinanzierter Unternehmen in Höhe des (effektiven) Unternehmenssteuersatzes multipliziert mit dem Betrag der Fremdfinanzierung ermitteln. Die Besteuerung der Anteilseigner und Gläubiger konnte im hier betrachteten Fall – im Gegensatz zu oben – keinen Einfluss auf den Wertbeitrag der Verschuldung zum Unternehmenswert nehmen. Damit ist im Gegensatz zur obigen Lösung auch kein Umkippen der Wertvorteile aus der Verschuldung möglich.

Der Barwert der Steuervorteile ist von der privaten Einkommensteuer unabhängig, weil auf der einen Seite Dividenden aus dem Unternehmen und gezahlte Zinsen einer privaten Kreditaufnahme zur Finanzierung des Aktienkaufs dem Halbeinkünfteverfahren unterliegen. Hingegen werden auf der anderen Seite Einkünfte aus einer Kapitalanlage auf der privaten Ebene, die eine unternehmerische Fremdkapitalaufnahme ausgleichen soll, vollständig versteuert. Die Duplizierungsmaßnahmen führen zu unterschiedlichen Unternehmenswerten, weil unterschiedlich besteuerte Instrumente verwendet werden.[13] Je nachdem, wel-

[13] Vgl. *Drukarczyk* (2003), S. 248.

chen Ausgangspunkt man für die Arbitrageüberlegungen wählt, kommt es zu unterschiedlichen Unternehmenswerten. Dieser Zustand ist unbefriedigend, weil persönliche Präferenzen die Bewertung bestimmen.

Wie in der einschlägigen Literatur zur Unternehmensbewertung diskutiert,[14] hat eine kapitalmarktorientierte Unternehmensbewertung, wenn sie die Einkommensteuer der Anteilseigner in den Kalkül integrieren möchte, neben der Vorgabe eines Durchschnittssteuersatzes somit ein weiteres Typisierungsproblem. Um eine nachprüfbare Bewertungsformel zu entwickeln, muss eine Duplizierungsstrategie vorgegeben werden. Da die überwiegende Zahl der Anleger neben ihren Aktien auch Anleihen im Portefeuille halten, wird der ersten Duplizierungsstrategie eine höhere empirische Relevanz zugewiesen, wenngleich auch Anteilseigner ihren Aktienkauf fremdfinanzieren.[15] Eine solche Annahme ist jedoch problematisch, da der fremdfinanzierte Aktienkauf letztlich den höheren Wertbeitrag liefert und somit eine dominante Strategie darstellt.

2. Differenzierte Besteuerung von Dividenden und Kursgewinnen

Im Folgenden werden wir – im Gegensatz zur obigen Ableitung – davon ausgehen, dass es gelingt, einen Teil der Zahlungen an die Anteilseigner in steuerfreie Kapitalgewinne zu transferieren.[16] Im Extremfall kann man davon ausgehen, dass die Besteuerung der Kapitalgewinne Null ist. Eine solche Annahme könnte folgendermaßen begründet werden:[17]

- Eine Realisierung nicht wesentlicher Beteiligungen außerhalb der Spekulationsfrist unterliegt (noch) keiner Besteuerung.
- Eine Realisierung wesentlicher Beteilungen erfolgt möglicherweise weit in der Zukunft, so dass der Barwert des Steuersatzes vermindert wird.
- Gewinne und Verluste in diversifizierten Portefeuilles führen zu einem Verlustausgleich von „Spekulationseinkünften".
- Kursgewinne (aber auch Dividenden), die von Kapitalgesellschaften vereinnahmt werden, unterliegen keiner (Körperschaft-)Steuer.

Aus einem unverschuldeten Unternehmen erhalten wir folgenden Zahlungsstrom[18]:

---

[14] Vgl. *Drukarczyk* (2003), S. 234 – 258; *Ballwieser* (2004), S. 119 – 127; *Castedello / Davidson / Schlumberger* (2004), S. 372.

[15] Vgl. *Castedello / Davidson / Schlumberger* (2004), S. 372.

[16] Vgl. *Swoboda* (1991), S. 852; *Chang / Rhee* (2001), S. 22.

[17] Vgl. *Copeland / Weston / Shastri* (2005), S. 571.

[18] Vgl. *Chang / Rhee* (2001), S. 22.

$$r \cdot \tilde{X}(1-s_G)(1-s_K)(1-0{,}5s_{E,KG}) + (1+r) \cdot \tilde{X}(1-s_G)(1-s_K)(1-0{,}5s_E)$$

Bei einem verschuldeten Unternehmen folgt hingegen:

$$r \cdot \left[\tilde{X}(1-s_G)(1-s_K)(1-0{,}5s_{E,KG}) - iF(1-s_G)(1-s_K)(1-0{,}5s_{E,KG})\right] +$$
$$(1-r) \cdot \left[\tilde{X}(1-s_G)(1-s_K)(1-0{,}5s_E) - iF(1-s_G)(1-s_K)(1-0{,}5s_E)\right]$$

Wobei r für die Thesaurierungsquote steht und den Anteil symbolisiert, der als Kursgewinn zu versteuern ist.

Der Steuersatz $0{,}5s_{E,KG}$ ist entsprechend als Barwert der Steuersatzes auf zukünftige realisierte Kursgewinne zu interpretieren. Würden alle Kursgewinne der natürlichen Personen außerhalb der Spekulationsfrist realisiert, wäre der Steuersatz gleich Null. Sollen Kursgewinne und Dividenden gleich besteuert werden, müssten auch unrealisierte Kursgewinne versteuert werden. Alternativ müssten zu einem späteren Zeitpunkt ausgeschüttete Gewinne inkl. zwischenzeitlich angefallener Zinsen versteuert werden.[19]

Wir vereinfachen die Darstellung durch die Einführung einer allgemeinen Unternehmenssteuer s_U, die anstelle der Gewerbeertrag- und Körperschaftsteuer verwendet wird.

$$r \cdot \tilde{X}(1-s_U)(1-0{,}5s_{E,KG}) + (1+r) \cdot \tilde{X}(1-s_U)(1-0{,}5s_E) \text{ bzw.}$$

$$r \cdot \left[\tilde{X}(1-s_U)(1-0{,}5s_{E,KG}) - iF(1-s_U)(1-0{,}5s_{E,KG})\right] +$$
$$(1-r) \cdot \left[\tilde{X}(1-s_U)(1-0{,}5s_E) - iF(1-s_U)(1-0{,}5s_E)\right]$$

Für die Arbitrageüberlegungen gehen wir zunächst davon aus, dass durch private Kapitalanlagen der Zahlungsstrom bei vollständiger Eigenfinanzierung erreicht werden soll, wobei steuerfreie Anlagen auf dem Kapitalmarkt ausgeschlossen werden. Um eine Duplizierung zu erreichen, muss ein Betrag A angelegt werden, so dass gilt:

$$r \cdot \left[iF(1-s_U)(1-0{,}5s_{E,KG})\right] + (1-r) \cdot \left[iF(1-s_U)(1-0{,}5s_E)\right] = iA(1-s_E)$$

Eine Duplizierung wird erreicht, wenn

$$A = F\left[r \cdot (1-s_U)(1-0{,}5s_{E,KG}) + (1-r) \cdot (1-s_U)(1-0{,}5s_E)\right] / (1-s_E)$$

Stimmen die Zahlungsströme überein, so müssen auf einem arbitragefreien Kapitalmarkt auch die Marktwerte übereinstimmen, so dass gilt:

$$V^E = E^F + A$$

19 Vgl. *Swoboda* (1991), S. 852.

Da der Marktwert des Eigenkapitals eines verschuldeten Unternehmens $E^F = V^F - F$, gilt:

$$V^E = V^F - F + A \text{ oder}$$

$$V^F = V^E + F - A$$

Ersetzen wir A durch den Wert oben, erhalten wir

$$V^F = V^E + F - F\left[r \cdot (1 - s_U)(1 - 0{,}5s_{E,KG}) + (1 - r) \cdot (1 - s_U)(1 - 0{,}5s_E)\right] / (1 - s_E)$$

$$V^F = V^E + F\left(1 - \frac{r \cdot (1 - s_U)(1 - 0{,}5s_{E,KG}) + (1 - r) \cdot (1 - s_U)(1 - 0{,}5s_E)}{(1 - s_E)}\right)$$

Erfassen wir die private Einkommensteuer auf die Dividenden und Kursgewinne durch einen Steuersatz $s_{E,\otimes}$ mit $r \cdot 0{,}5s_{E,KG} + (1 - r) \cdot 0{,}5s_E = 0{,}5s_{E,\otimes}$, gilt:

$$V^F = V^E + F\left(1 - \frac{(1 - s_U)(1 - 0{,}5s_{E,\otimes})}{(1 - s_E)}\right)$$

In diesem Fall ist die Verschuldung nur wertsteigernd, wenn

$$(1 - s_E) - (1 - s_U)(1 - 0{,}5s_{E,\otimes}) > 0 \text{ oder}$$

$$s_U > (s_E - 0{,}5s_{E,\otimes}) / (1 - 0{,}5s_{E,\otimes})$$

Werden alle Überschüsse als Dividenden ausgeschüttet und versteuert, gilt:

$$V^F = V^E + F\left(1 - \frac{(1 - s_U)(1 - 0{,}5s_E)}{(1 - s_E)}\right)$$

In diesem Fall ist die Verschuldung nur wertsteigernd, wenn

$$s_U > 0{,}5s_E / (1 - 0{,}5s_E)$$

Werden alle Überschüsse in steuerfreie Kursgewinne transformiert, gilt:

$$V^F = V^E + F\left(1 - \frac{(1 - s_U)}{(1 - s_E)}\right)$$

In diesem Fall ist die Verschuldung nur wertsteigernd, wenn $s_U > s_E$. Aufgrund der unterschiedlichen Besteuerung von Dividenden und Kapitalgewinnen gilt für den Wertbeitrag der Fremdfinanzierung auf Unternehmensebene:

$$V^E + F \cdot \left(1 - \frac{(1 - s_U)(1 - 0{,}5s_E)}{(1 - s_E)}\right) > V^E + F \cdot \left(1 - \frac{(1 - s_U)(1 - 0{,}5s_{E,KG})}{(1 - s_E)}\right)$$

Wählen wir als Ausgangspunkt unserer Arbitrageüberlegungen den Zahlungsstrom eines unverschuldeten Unternehmens, der durch private Kreditaufnahme dem Zahlungsstrom an die Eigentümer aus einem verschuldeten Unternehmen entsprechen soll, so muss gelten:

$$iF\left[r\cdot(1-s_U)(1-0{,}5s_{E,KG})+(1-r)\cdot(1-s_U)(1-0{,}5s_E)\right]=iF^P(1-0{,}5s_E) \text{ oder}$$

$$F^P=F(1-s_U)\left[r\cdot(1-0{,}5s_{E,KG})+(1-r)\cdot(1-0{,}5s_E)\right]/(1-0{,}5s_E)$$

Die Einkünfteerzielungsabsicht wird trotz des Strebens nach geringer versteuerten Kursgewinnen nicht bestritten, so dass die gezahlten Zinsen aus der privaten Kreditaufnahme zur Finanzierung der Aktien steuerlich als Werbungskosten anerkannt werden.

Auf einem arbitragefreien Kapitalmarkt haben Zahlungsströme mit einem identischen Zahlungsprofil den gleichen Marktwert, so dass gilt:

$$E^F=V^E-F^P$$

Da der Marktwert des Eigenkapitals eines verschuldeten Unternehmens $E^F = V^F - F$, gilt:

$$V^F=V^E+F-F^P$$

Ersetzen wir F^P durch den Wert oben, erhalten wir

$$V^F=V^E+F\left(1-\frac{r\cdot(1-s_U)(1-0{,}5s_{E,KG})+(1-r)\cdot(1-s_U)(1-0{,}5s_E)}{(1-0{,}5s_E)}\right)$$

Erfassen wir die private Einkommensteuer auf Dividenden und Kursgewinne durch einen durchschnittlichen Steuersatz $r\cdot 0{,}5s_{E,KG}+(1-r)\cdot 0{,}5s_E=0{,}5s_{E,\otimes}$, gilt:

$$V^F=V^E+F\left(1-\frac{(1-s_U)(1-0{,}5s_{E,\otimes})}{(1-0{,}5s_E)}\right)$$

Ein Vorteil aus der Verschuldung kann realisiert werden, wenn

$$(1-0{,}5s_E)-(1-s_U)(1-0{,}5s_{E,\otimes})>0 \text{ oder}$$

$$s_U>0{,}5(s_E-s_{E,\otimes})/(1-0{,}5s_{E,\otimes})$$

Werden alle Überschüsse als Dividenden ausgeschüttet, gilt:

$$V^F=V^E+F\left(1-\frac{(1-s_U)(1-0{,}5s_E)}{(1-0{,}5s_E)}\right) \text{ oder } V^F=V^E+s_UF$$

Werden alle Überschüsse als Kursgewinne ausgezahlt und bleiben steuerfrei, gilt:

$$V^F=V^E+F\left(1-\frac{(1-s_U)}{(1-0{,}5s_E)}\right)$$

Ein Vorteil aus Fremdfinanzierung kann nur realisiert werden, wenn $s_U > 0{,}5s_E$.

Sollte die private Fremdfinanzierung wegen fehlender steuerlicher Einkünfteerzielungsabsicht verneint werden,[20] schließlich unterliegen die realisierten Kursgewinne annahmegemäß keiner Besteuerung, erhalten wir die bekannte Lösung analog Modigliani / Miller (1963).

$$V^F = V^E + F(1-(1-s_U)) = V^E + s_U \cdot F$$

Die fehlende steuerliche Anerkennung einer privaten Kreditaufnahme führt dazu, dass der auf der Unternehmensebene aufgebaute Tax Shield durch die Fremdfinanzierung wertvoller ist.

Vernachlässigen wir die fehlende Einkünfteerzielungsabsicht, dürfte im Hinblick auf die Wirkungen der Verschuldung auf den Unternehmenswert gelten:

$$V^E + F \cdot \left(1 - \frac{(1-s_U)(1-0{,}5s_E)}{(1-0{,}5s_E)}\right) > V^E + F \cdot \left(1 - \frac{(1-s_U)(1-0{,}5s_{E,KG})}{(1-0{,}5s_E)}\right)$$

IV. Modellaussagen

Die steuerlichen Wirkungen der Fremdfinanzierung auf den Unternehmenswert und damit die Vorteilhaftigkeit von Kapitalstrukturentscheidungen werden nach dem Halbeinkünfteverfahren davon bestimmt, ob

- Transaktionen auf privater Ebene zur Erreichung der Äquivalenz der Zahlungsströme verschuldeter und unverschuldeter Unternehmen durch eine Kreditaufnahme oder Kapitalanlage erreicht werden;
- Zinsen einer privaten Kreditaufnahme als Werbungskosten anerkannt werden oder bei fehlender Einkünfteerzielungsabsicht verneint werden;
- Zuflüsse bei den Eigentümern einheitlich besteuert werden oder realisierte Kursgewinne einem geringeren Steuerbarwertsatz unterworfen werden als sofort ausgeschüttete Dividenden.

In diesem Modellrahmen ist der Wertbeitrag der Fremdfinanzierung für Unternehmen mit hohen Ausschüttungsquoten größer als bei Unternehmen mit einer geringen Ausschüttungsquote.[21] Die Vorteile der Verschuldung sind größer, wenn alle Überschüsse als Dividenden ausgezahlt werden, im Vergleich zur

[20] Ein Sachverhalt, den Miller (1977), S. 267, vernachlässigt.

[21] Vgl. *Chang / Rhee* (2001), S. 23.

Tabelle 1

Wertbeitrag der Unternehmensverschuldung

	versteuerte Dividenden	steuerfreie Kursgewinne
private Verschuldung	$(1-(1-s_U))\cdot F$ $\Leftrightarrow \quad s\cdot F$	$\left(1-\frac{(1-s_U)}{(1-0{,}5s_{E,Div})}\right)\cdot F$ bzw. bei fehlender Einkünfteerzielungsabsicht $(1-(1-s_U))\cdot F$ $\Leftrightarrow \quad s\cdot F$
private Kapitalanlage	$\left(1-\frac{(1-s_U)(1-0{,}5s_E)}{(1-s_E)}\right)\cdot F$	$\left(1-\frac{(1-s_U)}{(1-s_E)}\right)\cdot F$

Thesaurierung und steuerlich begünstigter Realisation des Kursgewinns. Voraussetzung ist allerdings, dass Zinsen aus einer privaten Kreditaufnahme steuerlich als Werbungskosten anerkannt werden, so dass der Vorteil einer unternehmerischen Fremdfinanzierung wenigstens teilweise nachgebildet werden kann.

Sollte die Einkünfteerzielungsabsicht bei fehlenden steuerlichen Einkünften verneint werden, haben wir eine gewisse Symmetrie steuerlicher Wirkungen: Auf der einen Seite werden Dividenden und damit in Verbindung stehende Werbungskosten nach dem Halbeinkünfteverfahren besteuert, auf der anderen Seite sind Kursgewinne und Fremdfinanzierungskosten auf privater Ebene steuerlich gleichermaßen irrelevant. Die Aussagen sollten jedoch nicht als Irrelevanztheorem der Ausschüttungspolitik unter den beschriebenen Steuerwirkungen verstanden werden.

Bei der obigen Darstellung sollte auch nicht vernachlässigt werden, dass es sich um zwei Extrempunkte handelt: Alle Zuflüsse (und Werbungskosten) beim Anteilseigner unterliegen der Besteuerung nach dem Halbeinkünfteverfahren; alle Zuflüsse (und alle privaten Zinszahlungen) werden einkommensteuerlich vernachlässigt. Beide Extrempunkte liefern jedoch den höchsten Wertbeitrag einer Verschuldung auf der Unternehmensebene. Interessant ist, dass in diesen Situationen die Einkommensteuer bei der Beurteilung der Fremdfinanzierung vernachlässigt werden kann. Inwieweit die Extrempunkte als Typisierung im Rahmen der Unternehmensbewertung und zur Begründung der Aufrechterhaltung der umstrittenen Vollausschüttungshypothese herhalten könnten,[22] soll an dieser Stelle nicht diskutiert werden.

---

[22] Vgl. *Laitenberger / Tschöpel* (2003), S. 1358 – 1365.

Im Halbeinkünfteverfahren ist der Unternehmenswert nicht nur davon tangiert, inwieweit die Zuflüsse aus dem Unternehmen auf der privaten Ebene versteuert werden, sondern auch davon, welchc Duplizierungsstrategien auf privater Ebene verfolgt werden. Diese Strategien sind von der Risikoeinstellung der Anleger abhängig. Wollen die Anleger das aus der Fremdfinanzierung auf der Unternehmensebene entstehende Risiko vermindern, werden sie privat in sichere Finanzanlagen investieren (sog. Risikoniveau I); sind sie der Meinung, dass die Fremdkapitalaufnahme auf der Unternehmensebene nicht ausreichend ist, werden sie ihre Investition in das Unternehmen privat fremdfinanzieren (Risikoniveau II).[23]

Private Verschuldung führt zu einem höheren Unternehmenswert als eine private Kapitalanlage. Transaktionen auf der privaten Ebene, die das aufgrund der Unternehmensverschuldung bestehende Risiko mindern, reduzieren den Wert der Fremdfinanzierung auf der Unternehmensebene, weil die höhere Besteuerung der Zinserträge steuerliche Vorteile aus der Unternehmensverschuldung vermindert; bei hohen Steuersätzen können die Vorteile sogar überkompensiert werden.[24] Die durch das Halbeinkünfteverfahren hervorgerufene Asymmetrie führt dazu, dass der Betrag der privaten Verschuldung kleiner ist als jener Betrag, der in sichere Finanzanlagen investiert wird.[25] Diese Aussage ist unabhängig davon, ob die Zuflüsse als Dividendeneinkünfte versteuert werden oder als Kurssteigerungen keiner Besteuerung unterliegen.

Tabelle 2

Volumen der Kreditaufnahme bzw. Kapitalanlage auf Anlegerebene

	versteuerte Dividenden	steuerfreie Kursgewinne
Betrag der privaten Verschuldung	$F^P = F(1-s_U)$	$F^P = F\frac{(1-s_U)}{(1-0{,}5s_E)}$ bzw. bei fehlender Einkünfteerzielungsabsicht $F^P = F(1-s_U)$
Betrag der privaten Kapitalanlage	$A = F\frac{(1-s_U)(1-0{,}5s_E)}{(1-s_E)}$	$A = F\frac{(1-s_U)}{(1-s_E)}$

23 Vgl. *Drukarczyk* (2003), S. 245 f.

24 Vgl. *Drukarczyk* (2003), S. 245.

25 Vgl. *Drukarczyk* (2003), S. 247.

Erweitern wir die Betrachtung um das Geschehen auf dem Anleihemarkt, sind Anpassungen im Sinne eines Miller-Gleichgewichts zu beachten: Da auch Gläubiger mit ihren Kapitalanlagen der Einkommensteuer unterliegen, werden sie nur dann den Unternehmen Fremdkapital zur Verfügung stellen, wenn die erzielte Rendite nach Steuern mindestens der Rendite einer steuerfreien Anlage entspricht. Auch unter einem Halbeinkünfteverfahren werden somit die Gläubiger einen Bondholder Surplus generieren, der im Miller-Gleichgewicht den Steuervorteil der Fremdfinanzierung auf der Unternehmensebene durch Zinsanpassungen wegkonkurriert.

V. Thesenförmige Zusammenfassung

1. Die Besteuerung beeinflusst finanzielle Entscheidungen auf zwei Ebenen: Neben der Finanzpolitik auf der Unternehmensebene sind auch die Portefeuilleentscheidungen der Investoren betroffen. Eine Untersuchung des Steuereinflusses sollte daher in einem kapitalmarkttheoretischen Rahmen die Wirkungen auf die Preisbildung von Finanzierungstiteln erfassen. Die modelltheoretische Diskussion dient dazu, das Geschehen auf dem Kapitalmarkt abstrakt zu beschreiben. Handlungsempfehlungen für die unternehmerische Praxis sollten daher nur unter großer Vorsicht abgeleitet werden.

2. Die steuerlichen Wirkungen des Halbeinkünfteverfahrens auf den Unternehmenswert werden davon bestimmt, ob auf privater Ebene eine Äquivalenz der Zahlungsströme verschuldeter und unverschuldeter Unternehmen durch Kreditaufnahme oder Kapitalanlage erreicht wird, die Zinsen der privaten Kreditaufnahme als Werbungskosten gelten und die Zuflüsse bei den Eigentümern einheitlich besteuert oder realisierte Kursgewinne geringer besteuert werden.

3. In dem gewählten Modellrahmen ist der Wertbeitrag der Fremdfinanzierung für Unternehmen mit hohen Ausschüttungsquoten größer als für Unternehmen mit einer geringen Ausschüttungsquote. Beschreibt das Modell das Geschehen auf dem Kapitalmarkt korrekt, wäre zu erwarten, dass Unternehmen mit einer hohen Ausschüttungsquote einen höheren Verschuldungsgrad aufweisen als Unternehmen mit einer geringen Ausschüttungsquote. Das Ergebnis ist unabhängig von der Frage, ob auf der privaten Ebene Kredite aufgenommen werden oder Kapital angelegt wird.

4. Private Verschuldung führt zu einem höheren Unternehmenswert als eine private Kapitalanlage. Transaktionen auf der privaten Ebene, die das aufgrund der Unternehmensverschuldung bestehende Risiko mindern, reduzieren den Wert der Fremdfinanzierung auf der Unternehmensebene, weil die höhere Besteuerung der Zinserträge steuerliche Vorteile aus der Unternehmensverschuldung vermindert.

5. Durch das Halbeinkünfteverfahren ist trotz des Modellrahmens der neoklassischen Kapitalmarkttheorie der Wert der Zahlungen für die einzelnen Investoren von ihren Präferenzen abhängig. Im Rahmen einer kapitalmarktorientierten Unternehmensbewertung wird somit neben der Typisierung eines durchschnittlichen Steuersatzes für die Einkommensteuer eine Typisierung des Anlegerverhaltens im Hinblick auf die gewünschte Risiko- und Konsumposition erforderlich, die durch private Verschuldung oder Kapitalanlage erreicht werden kann.

6. Unterliegen die Fremdkapitalgeber einer progressiven Einkommensbesteuerung, muss zusätzlich beachtet werden, dass die Unternehmen den Investoren den Vorteil aus der Fremdfinanzierung auf der Unternehmensebene weitergeben, um Fremdkapital aufnehmen zu können.

Literaturverzeichnis

Ballwieser, Wolfgang (2004): Unternehmensbewertung: Prozeß, Methoden und Probleme; Stuttgart 2004.

Bareis, Peter (2003): Probleme mit der Hälfte; in: Betriebs-Berater; 58. Jg. (2003); S. 2315 – 2323.

Castedello, Marc / *Davidson,* Ron / *Schlumberger,* Erik (2004): Unternehmensbewertung bei Halbeinkünfteverfahren und unsicheren Steuervorteilen – ein praktikabler Ansatz; in: Finanz-Betrieb; 6. Jg. (2004); S. 369 – 376.

Chang, Rosita P. / *Rhee,* S. Ghon (2001): The Impact of Personal Taxes on Corporate Dividend Policy and Capital Structure Decisions; in: Financial Management; Vol. 19 (2001); No. 2; S. 21 – 31.

Copeland, Thomas E. / *Weston,* J. Fred / *Shastri,* Kuldeep (2005): Financial Theory and Corporate Policy; 4. Auflage; Boston et al. 2005.

Drukarczyk, Jochen (2003): Unternehmensbewertung; 4. Auflage; München 2003.

Hawlitzky, Jürgen (1998): Kapitalmarktorientierte Bewertung von Finanzierungstiteln unter Berücksichtigung der Besteuerung auf der Anlegerebene; Frankfurt et al. 1998.

Laitenberger, Jörg / *Tschöpel,* Andreas (2003): Vollausschüttung und Halbeinkünfteverfahren; in: Die Wirtschaftsprüfung; 56. Jg. (2003); S. 1357 – 1367.

Miller, Merton H. (1977): Debt and Taxes; in: The Journal of Finance; Vol. 32 (1977); S. 262 – 275.

Modigliani, Franco / *Miller,* Merton H. (1958): The Cost of Capital, Corporate Finance, and the Theory of Investment; in: American Economic Review; Vol. 48 (1958); S. 261 – 297.

– (1963): Corporate Taxes and the Cost of Capital; in: American Economic Review; Vol. 53 (1963); S. 433 – 443.

Siegel, Theodor (1982): Steuerwirkungen und Steuerpolitik in der Unternehmung; Würzburg, Wien 1982.

– (1991): Das Risikoprofil als Alternative zur Berücksichtigung der Unsicherheit in der Unternehmensbewertung; in: Aktuelle Fragen der Finanzwirtschaft und der Unternehmensbesteuerung: Festschrift zum 70. Geburtstag von Erich Loitlsberger; Hrsg. Dieter Rückle; Wien 1991; S. 619 – 638.

– (1992): Methoden der Unsicherheitsberücksichtigung in der Unternehmensbewertung; in: Wirtschaftswissenschaftliches Studium; 21. Jg. (1992); S. 21 – 26.

Siegel, Theodor, et al. (2000): Verteidigt das Anrechnungsverfahren gegen unbedachte Reformen!; in: Betriebs-Berater; 55. Jg. (2000); S. 1269 – 1270.

Siegel, Theodor / *Bareis,* Peter (2004): Strukturen der Besteuerung: Arbeitsbuch Steuerrecht; 4. Auflage; München, Wien 2004.

Swoboda, Peter (1991): Irrelevanz oder Relevanz der Kapitalstruktur und Dividendenpolitik von Kapitalgesellschaften in Deutschland und Österreich nach der Steuerreform 1990 bzw. 1989?; in: Schmalenbachs Zeitschrift für betriebswirtschaftliche Forschung; 43. Jg. (1991); S. 851 – 866.

Zu Meriten und Defiziten der Rechtskritik durch die Steuerwissenschaften

Von Franz W. Wagner

I. Die Steuerwissenschaften im Wettbewerb

Die Steuerwissenschaften umspannen ein breites Problemfeld, das von der Auslegung des geltenden Rechts über den Einfluss von Steuern auf ökonomische Entscheidungen bis zum Entwurf erstrebenswerter Steuersysteme reicht. Das wissenschaftliche Werk von Theodor Siegel erstreckt sich neben zahlreichen weiteren Gebieten der Betriebswirtschaftslehre über das gesamte Spektrum steuerlicher Probleme und umfasst von Beiträgen zur Ethik von Steuersystemen[1] über Pionierarbeiten zur Theorie der betriebswirtschaftlichen Steuerplanung[2] auch die BFH-Rechtsprechung zur Rückstellungsbilanzierung[3], die Siegel als „Kronzeugen" in Urteilsbegründungen benennt[4], was bislang nur wenigen Vertretern der Betriebswirtschaftslehre zuteil wurde.

Das wissenschaftliche Werk von Siegel ist jedoch nicht nur durch eine enorme inhaltliche Breite, sondern auch durch eine Vielfalt von Methoden gekennzeichnet, die von der modelltheoretischen ökonomischen Grundlagenforschung bis hin zur hermeneutisch orientierten rechtlichen Begriffsanalyse reichen und sowohl das ökonomische als auch das rechtliche Spektrum der verschiedenen Steuerwissenschaften umfassen.

Bislang gibt es zwischen den ökonomischen Steuerwissenschaften, zu denen im deutschsprachigen Raum die Betriebswirtschaftliche Steuerlehre und die Finanzwissenschaft zählen, und der Steuerrechtswissenschaft keinen Konsens hinsichtlich einer Arbeitsteilung bei der Diskussion steuerlicher Probleme. Deshalb werden von den diversen Steuerwissenschaften für gleiche Probleme häufig inhaltlich und methodisch gänzlich verschieden begründete, konkurrierende Lösungen angeboten, ohne dass die Divergenzen des jeweiligen Wahrheitsan-

---

[1] *Siegel* (1999a).

[2] *Siegel* (1982).

[3] *Siegel* (1994); *Siegel* (1999b); *Siegel* (2002a); *Siegel* (2003a); *Siegel* (2003b); *Siegel* (2003c).

[4] *Gosch* (2002), S. 980.

spruchs für die Öffentlichkeit deutlich würden. Man mag diese Differenzen als disziplinspezifische Eifersüchteleien der jeweiligen Fachvertreter abtun, die nur von wissenschaftssoziologischem Interesse sind. Sinnvoller scheint es jedoch, der Divergenz der in den Steuerwissenschaften üblichen Begründungswege nachzugehen und zu versuchen, die spezifischen Wettbewerbsvorteile, aber auch die Defizite der Disziplinen bei den jeweiligen Problemlösungen herauszuarbeiten, was in diesem Beitrag versucht werden soll.

Der Auslegung unscharfer Normen des geltenden Steuerrechts de lege lata widmen sich vor allem steuerrechtliche Beiträge, aber auch betriebswirtschaftliche Autoren, die das Gewicht bilanzsteuerrechtlicher Probleme so hoch veranschlagen, dass ihnen sogar betriebswirtschaftliche Habilitationsschriften gewidmet werden[5]. Andererseits arbeiten an steuerlichen Gesetzentwürfen nicht nur Ökonomen, sondern auch Verfassungsjuristen, die hierbei sogar erheblich größere öffentliche Publizität erzielen[6].

Die Würdigung des umfassenden Œuvres von Theodor Siegel ist daher ein begründeter Anlass, über die spezifische Leistungsfähigkeit der einzelnen Steuerwissenschaften zur Analyse einzelner steuerlicher Probleme zu reflektieren. Bei der Kriterienkonkurrenz für Steuersystementwürfe stellen sich grundsätzliche Fragen, z.B. inwiefern die Realisierung ökonomisch als effizient anzusehender Steuerreformen wegen verfassungsrechtlicher Bedenken verworfen werden soll, verfassungsrechtliche Schranken somit ökonomische Ineffizienz erzwingen können[7]. Andererseits stellt sich die Frage, inwiefern auf Herstellung des Rechtsfriedens in Einzelfällen gerichtete Judikate der Finanzgerichte deshalb in Frage gestellt werden sollen, weil sich ihre Begründungen nicht auf eine „wirtschaftliche Betrachtungsweise" beziehen und sie die Kenntnis „betriebswirtschaftlicher Zusammenhänge" vermissen lassen.

Während für das Verhältnis zwischen den Steuerwissenschaften bis vor einiger Zeit noch kennzeichnend war, dass steuerrechtlich orientierte Arbeiten die Wahrnehmung ökonomischer Literatur entweder gänzlich vermieden haben oder sich auf Arbeiten aus der ersten Hälfte des letzten Jahrhunderts beschränkten[8], scheinen nun die Berührungsängste zwischen den Disziplinen zu schwinden, da sich jüngere Fachvertreter in steuerrechtlichen Beiträgen den Argumenten der Nachbardisziplinen zunehmend öffnen[9]. Demgegenüber gab es in der betriebswirtschaftlichen Literatur seit jeher eine größere Bereitschaft, die steu-

---

[5] Vgl. etwa *Kußmaul* (1987); *Böcking* (1994); *Hommel* (1998).

[6] Von der Frankfurter Allgemeinen Sonntagszeitung wurde Paul Kirchhof für sein Steuerkonzept zum „Reformer des Jahres" gewählt; Frankfurter Allgemeine Sonntagszeitung Nr. 49 vom 7. Dezember 2003, S. 44.

[7] Vgl. hierzu *Schön* (2004).

[8] Vgl. die einschlägige Literaturübersicht bei *Wagner* (1992).

[9] Vgl. etwa *Schön* (2004).

errechtliche Literatur zur Kenntnis zu nehmen. Deren Rezeption durch Betriebswirte standen weniger methodisches Unvermögen im Wege, sondern eher Überlegungen, ob die Steuerrechtskunde überhaupt ein genuin wissenschaftliches Problem betreffe[10]. In einer zunehmend offenen Diskussion zwischen den Steuerwissenschaften kann gerade das das gesamte steuerliche Problemspektrum umspannende Werk Siegels hervorragende Dienste leisten, die jeweiligen komparativen Wettbewerbsvorteile der Steuerdisziplinen zu sondieren.

Innerhalb der ökonomischen Steuerwissenschaften war lange Zeit eine Unterscheidung zwischen der Finanzwissenschaft und der Betriebswirtschaftlichen Steuerlehre berechtigt, da die deutschsprachige Finanzwissenschaft in der Forschung einen außerhalb der internationalen ökonomischen Literatur verlaufenden Sonderweg verfolgte. Mittlerweile hat die Finanzwissenschaft die Begrenzung ihres methodischen Selbstverständnisses auf den deutschen Sprachraum aufgegeben, so dass auch eine Neuausrichtung der Forschung unvermeidlich wurde, um den internationalen Anschluss nicht zu verlieren[11].

In der Betriebswirtschaftlichen Steuerlehre sind gegenüber finanzwissenschaftlichen Forschungsbeiträgen die Unterschiede hinsichtlich des Gegenstandes und der Methoden der Forschung weitgehend verschwunden, so dass mittlerweile von einer gemeinsamen ökonomischen Steuerforschung gesprochen werden kann[12].

Soweit sich die Steuerwissenschaften mit rechtskritischen Fragestellungen des Entwurfs von Steuergesetzen und der Kritik der Auslegung der geltenden Steuergesetze befassen, kann eine Unterscheidung der Problembereiche, wie in Tabelle 1 gezeigt, vorgenommen werden. Im Folgenden sollen die Fallgruppen in einer gegen den Uhrzeigersinn gerichteten Reihenfolge untersucht werden.

II. Ökonomische Steuersystementwürfe

1. Der Alternativenvergleich als Ordnungsprinzip

Ökonomische Steuerforschung ist auf die allokativen und distributiven Wirkungen gerichtet, die vom Steuersystem auf das einzel- und gesamtwirtschaftli-

---

[10] Diese Ansicht wird vertreten bei *Schneider* (1990).

[11] Da das „Finanzarchiv“ mittlerweile als internationale Zeitschrift erscheint, ist es unmöglich geworden, eine gegenüber der internationalen Forschung abgeschirmte Finanzwissenschaft im deutschen Sprachraum weiterhin zu pflegen.

[12] Das Jahresgutachten des Sachverständigenrates 2003/04 „Staatsfinanzen konsolidieren – Steuersystem reformieren“ basiert auf der Expertise eines betriebswirtschaftlichen Fachvertreters. Vgl. *Spengel* (2003).

Tabelle 1

Problembereiche in den Steuerwissenschaften

Problembereiche / Steuerwissenschaften	Steuersystementwürfe (de lege ferenda)	Auslegung des geltenden Rechts (de lege lata)
Ökonomische Steuerwissenschaften	Modell- und empiriegestützte Allokations- und Verteilungswirkungen der Besteuerung	Rechtsauslegung unter Beachtung der „wirtschaftlichen Betrachtungsweise“ und „wirtschaftlicher Zusammenhänge“
Steuerrechtswissenschaft	Prinzipien- und wertungsgestützte Steuerrechtsordnungen	Auslegung des geltenden Rechts mit juristischen Methoden

che Verhalten ausgehen[13]. Soweit sie sich mit den Wirkungen der Besteuerung auf einzelwirtschaftliche Entscheidungen befassen, haben Betriebswirtschaftliche Steuerlehre und Finanzwissenschaft denselben Forschungsgegenstand; sie unterscheiden sich im Grunde nur hinsichtlich der „Detailtreue“ ihres Untersuchungsgegenstandes.

Da grundsätzlich alle ökonomischen Handlungen und Problemlösungen von Steuern beeinflusst sein können, kann die Vernachlässigung von Steuerwirkungen bei wirtschaftlichen Entscheidungen nur dann gerechtfertigt sein, wenn sie nicht auftreten bzw. vernachlässigbar gering sind, da ansonsten das Risiko von Fehlentscheidungen besteht.

Bei der Untersuchung von Steuerwirkungen können modelltheoretische und empirische Ansätze unterschieden werden: Modelltheoretisch ermittelte Steuerwirkungen lassen sich auf Bemessungsgrundlageneffekte, Zinseffekte und Tarifeffekte der Besteuerung und Kombinationen zwischen diesen zurückführen[14]. Die Effekte entstehen dadurch, dass die Ermittlung der Bemessungsgrundlagen, die zeitliche Erfassung des Einkommens und die Anwendung von Steuertarifen bei alternativen Einkunftsquellen in unterschiedlicher Weise erfolgt. Da Zinseffekte bei einperiodigen Kalkültypen nicht auftreten und bei betriebswirtschaftlichen Partialkalkülen, die kurzfristige Produktions- und Absatzentscheidungen zum Gegenstand haben, nur in wenigen Fällen mit dem Auftreten von Bemessungsgrundlagen- und Tarifeffekten zu rechnen ist, hat sich die Untersuchung von Steuerwirkungen innerhalb der Betriebswirtschaftlichen Steuerlehre auf die

[13] *Siegel* (1999a) geht in einer unter Betriebswirten eher seltenen Betrachtung auch auf die Verteilungsfolgen der Besteuerung ein.

[14] Vgl. *Wagner* (1999).

mehrperiodige Analyse von Real- und Finanzinvestitionen und Investitionsbündeln wie den Unternehmenserwerb sowie die Steuerbelastung der Finanzierungswege einschließlich der Rechtsformwahl konzentriert[15].

Von Steuerwirkungen einer Entscheidung kann man dann sprechen, wenn Steuerlasten durch steuerrechtliche Tatbestände ausgelöst werden, die an die Realisierung der im Entscheidungsmodell abgebildeten Modellvariablen gekoppelt sind. Im Grunde stellen Steuerwirkungen, die durch fiktive Anknüpfung der steuerlichen Bemessungsgrundlagen an nichtsteuerliche Modellvariablen in einem Entscheidungsmodell gewonnen werden, lediglich logische Implikationen der betriebswirtschaftlichen Modellbildung dar, die gleichzeitig mit den Modellannahmen festgelegt werden und vollständig an das Modell gebunden bleiben.

Zunächst einmal liegt der betriebswirtschaftliche Sinn der Ermittlung von Steuerwirkungen darin, dem Modellbenutzer individuelle Vorteile durch Vermeidung von Fehlentscheidungen aufgrund eines steuerlosen Modells zu verschaffen. Für den Entwurf von Steuersystemen können Steuerwirkungen insofern relevant sein, als durch Steuergesetze entweder bestimmte Steuerwirkungen bewusst herbeigeführt werden sollen (z.B. Förderung des Aufbaus Ost) oder die Entstehung von Steuerwirkungen durch steuerliche Gleichbehandlung aller Handlungsalternativen vermieden werden soll, um die Mechanismen einer marktwirtschaftlichen Ordnung durch die Besteuerung nicht zu beeinflussen. Dass Steuersysteme entworfen werden sollen, deren Wirkungen beliebig sind, wird von niemanden gefordert, da Steuerwirkungen von allen als relevante Eigenschaft von Steuersystemen angesehen werden.

Wenn eine neutrale Besteuerung ohne Entscheidungswirkungen angestrebt wird, so wird der Rahmen, innerhalb dessen steuerliche Gleichbehandlung herrschen soll, durch die von Steuerpflichtigen in Betracht gezogenen Handlungsalternativen aufgespannt, die die Tragweite der notwendigen Steuerneutralität vorgeben. Steuerneutralität von Handlungsalternativen bedeutet ökonomische und nicht rechtliche Gleichheit[16]. Da Rechtsnormen unvermeidlicherweise an Begriffsmerkmalen anknüpfen, ist Gleichheit im Rechtssinne auf die Gleichbehandlung von Begriffsmerkmalen gerichtet.

Deshalb ist ökonomisch z.B. eine Gleichbehandlung zwischen der gesetzlichen Rentenversicherung und privaten Sparformen nicht danach zu beurteilen, ob ein Rentenanspruch die gleichen rechtlichen Merkmale wie ein Wertpapier aufweist, also z.B. Gegenstand einer Veräußerung oder Vererbung sein kann. Wieweit sich die steuerliche Neutralität zu erstrecken hat, wird allein dadurch bestimmt, ob ein Individuum sowohl in der Rentenversicherung als auch ande-

---

[15] Vgl. in jüngster Zeit beispielhaft *König / Wosnitza* (2004); *Schreiber* (2004).

[16] *Wagner* (1992).

ren Kapitalanlagen Alternativen zur Transformation von Gegenwartseinkommen in Zukunftskonsum sieht[17]. Wenn steuerliche Gleichbehandlung zwischen Einkommensquellen im Sinne der Neutralität der Besteuerung hergestellt werden soll, wird die Weite des Rahmens, innerhalb dessen steuerliche Gleichbehandlung herzustellen ist, durch die Handlungsalternativen bestimmt, die zur Erreichung wirtschaftlicher Ziele in Betracht gezogen werden.

Mit der Einbeziehung von Steuern in Entscheidungsmodelle, die als Kalkülisierung der Alternativenwahl konzipiert sind, können daher weiträumige gedankliche Ordnungen für den Entwurf von Steuersystemen aufgestellt werden, die die durch Rechtsbegriffe gezogenen engeren Grenzen der Gleichbehandlung begrifflich affiner Merkmale überspringen. Die Leitideen ökonomischer Ordnungsentwürfe des Steuersystems sind daher nicht durch ein begrifflich gefiltertes, rechtliches Vorverständnis eingeengt, sondern allein durch die Handlungsalternativen des Steuerpflichtigen begrenzt. Für einen umfassenden Ordnungsrahmen stellt dies gewiss einen Vorteil, für die Ableitung eindeutiger Schlussfolgerungen möglicherweise einen Nachteil dar.

2. Bemessungsgrundlageneffekte als Stiefkinder der Steuerwirkungslehre

Da eine steuerliche Gleichbehandlung von Handlungsalternativen sowohl den Ausschluss von Bemessungsgrundlageneffekten als auch den Ausschluss von Zeiteffekten der Besteuerung umfasst, sollte erwartet werden, dass sich die Neutralitätsdiskussion dem Ausschluss beider Effekte mit gleicher Aufmerksamkeit widmet. Das Literaturstudium zeigt, dass dies in sehr unterschiedlichem Ausmaß geschehen ist.

Steuerwirkungen, die auf Bemessungsgrundlageneffekten beruhen, entstehen dann, wenn sich die Zielannahmen der Entscheidungskalküle und die Steuerbemessungsgrundlagen nicht decken und ökonomisch gleich vorteilhafte Alternativen ungleichmäßig besteuert werden, z.B. weil manche Vorteile unbesteuert bleiben und andere höher besteuert werden. Ungleichmäßige Steuerlasten auf gleiche ökonomische Zielbeiträge bewirken, dass sich die Rangfolge der Handlungsalternativen nach Steuern gegenüber der vor Steuern bestehenden Rangfolge ändert. Dies bedeutet, dass in niedriger besteuerten Alternativen steuerliche „Ausnahmen" und „Schlupflöcher" gesehen werden können.

Steuersysteme sind insoweit der ökonomischen Theorie nachempfunden, als sie zwischen der investiven Einkommenserzielung und der konsumtiven Einkommensverwendung unterscheiden und nur die der Einkommenserzielung zu-

[17] *Kiesewetter / Niemann* (2003).

zurechnenden Ausgaben und Einnahmen in die Ermittlung des Einkommens einschließen. Da jedoch für den Fiskus weder die Motivlage des Steuerpflichtigen bei der Tätigung von Ausgaben beobachtbar ist, noch die Handlungen des Steuerpflichtigen hinsichtlich der Motivlage evident sind, besteht für den Steuerpflichtigen ein gewisser Unschärfebereich bei der Deklaration seiner Aktivitäten als Investition oder Konsum. Dies ist zum einen dann der Fall, wenn es Steuerpflichtigen gelingt, eine Einkommensverwendung für Konsumausgaben in Täuschungsabsicht irrtümlich als der Einkommenserzielung dienende investive Betriebsausgaben oder Werbungskosten darzustellen oder wenn der Einkommenserzielung dienende Ausgaben nicht zum Abzug zugelassen sind, da sie vom Fiskus irrtümlich als der konsumtiven Einkommensverwendung dienende Ausgaben qualifiziert werden. Zum anderen kommt es dann zu einer ungleichmäßigen Besteuerung, wenn durch manche Handlungen mehr ökonomische Vorteile realisiert werden, als an steuerlichen Einnahmen erfasst wird.

Zwei Ursachen für derartige Bemessungsgrundlageneffekte sind besonders wichtig:

1. Wenn nur über den Markt erzielte Einkommen besteuert werden und die Wohlstandsmehrung durch private Konsumgüterproduktion im Haushalt steuerfrei bleibt, entstehen gesetzlich geduldete Steuervermeidungsmöglichkeiten, wie z.B. die Einkommenserzielung durch ein unter Inanspruchnahme von Nachbarschaftshilfe errichtetes, zunächst selbst bewohntes und anschließend außerhalb der Steuerbarkeit veräußertes Einfamilienhaus.

2. Neben dem Konsum im Haushalt ist es möglich, Konsum durch „consumption on the job"-Tätigkeiten in Unternehmen zu verlagern, indem Firmen Sachleistungen an Mitarbeiter erbringen, die zwar auf Unternehmensebene als Ausgaben im betrieblichen Interesse geltend gemacht werden, beim Arbeitnehmer aber keinen lohnsteuerpflichtigen Zuflusstatbestand auslösen.

Trotz der enormen, an der Verbreitung von Baumärkten und der Ausdehnung von „fringe benefits" ablesbaren Zunahme der beiden Problembereiche werden diese auf die theoretisch richtige „Breite" von Bemessungsgrundlagen gerichteten Fragestellungen in der wissenschaftlichen Literatur bislang generell stiefmütterlich behandelt. Während in der steuerrechtswissenschaftlichen Literatur zumindest eine geringe Zahl von Literaturquellen existiert, sind die Probleme neutraler Steuerbemessungsgrundlagen im Gegensatz zur US-amerikanischen Literatur in der deutschsprachigen Literatur der ökonomischen Steuerwissenschaften bislang nur in einer verschwindend geringen Zahl von Beiträgen angesprochen worden[18].

[18] In umfassender Weise wird das Problem dargestellt bei *Hundsdoerfer* (2002).

3. Zeiteffekte im Zentrum ökonomischer Steuerforschung

Die ökonomische Literatur befasst sich traditionell vor allem mit Fragen der „richtigen" Periodisierung von Steuerbemessungsgrundlagen und erörtert bevorzugt die Zinseffekte von Periodisierungsverfahren. Wenngleich die Gründe für die Bevorzugung von Zeiteffekten gegenüber Bemessungsgrundlageneffekten nicht geklärt sind, ist zu vermuten, dass die seit Jahrzehnten bestehende Vorliebe der Betriebswirtschaftslehre für die ausgiebige Erörterung von Periodisierungsproblemen des Handelsrechts den Ausschlag gegeben hat, die Diskussion im Steuerbereich fortzusetzen.

Ein lange Zeit gepflegter Forschungszweig betrifft auch die Steuerbilanzpolitik, die analysiert, inwieweit Zinswirkungen durch Zeitverschiebung der Bemessungsgrundlagen strategisch genutzt werden können, um Steuervermeidungsbestrebungen von Individuen modelltheoretisch zu unterstützen[19]. Die individuelle Steuervermeidung wird durch maximale Ausbeute von Zeitverschiebungen von Zielgrößen und Steuerbemessungsgrundlagen in Form von Steuerschlupflöchern befördert.

Gegenüber der Suche nach durch Periodisierungsverfahren entstehenden Steuervorteilen für Individuen kann zum anderen der Spieß auch umgedreht und im Sinne des Fiskus nach Periodisierungsverfahren gefragt werden, deren gesetzliche Verankerung die Entstehung solcher durch Steuerbilanzpolitik ausgeweiteter Schlupflöcher gezielt verhindert. Mit der Cashflow-Steuer und dem ökonomischen Gewinn wurden in der Theorie zwei investitionsneutrale Periodisierungsverfahren zutage gefördert, die zwei „ausnahmenfreie" Formen der Periodisierung unter bestimmten Modellannahmen definieren, wobei den „Ursachen" der Neutralität in beiden Fällen bislang zu wenig Aufmerksamkeit geschenkt wurde, denn sie sind trivial: In beiden Fällen sind die Neutralitätsbedingungen lediglich Spiegelbilder des Kapitalwerts als Entscheidungskriterium: Wenn von einer Neutralitätsbedingung Niveau- bzw. Rangfolgeneutralität von Entscheidungen nach Steuern im Hinblick auf ein bestimmtes Entscheidungskriterium gefordert wird, dann muss die Neutralitätsbedingung logisch zwingend ausschließlich durch die Parameter des Entscheidungskriteriums selbst definiert sein. Es handelt sich also nur insoweit um steuerliche „Ideale", weil das Postulat der Neutralität die Deckungsgleichheit von Entscheidungskriterium und Steuerbemessungsgrundlage logisch erzwingt[20].

Deshalb handelt es sich bei den Neutralitätsbedingungen um rein ökonomische Konstrukte, die völlig unabhängig davon sind, was jemand aus anderen Quellen schöpfend als eine „gerechte" Art der Besteuerung ansehen mag. Ge-

---

[19] Bahnbrechend hierzu der Beitrag von *Siegel* (1973).

[20] *Wagner* (1992), S. 5.

genüber ihren Vorgängern in der steuerlichen Ideengeschichte unterscheiden sich die Neutralitätsideale deutlich:

1. Gegenüber der langen theoretischen Irrfahrt auf der Suche nach einer „richtigen" Form der steuerlichen Gewinnermittlung („periodengerechter Gewinn") sind die modelltheoretisch gewonnenen Ideale präzise formuliert und entsubjektiviert, da das Modell steuerliche Geschmacksfragen ausschaltet.

2. Die Ideale steuerlicher Gewinnermittlung werden nicht aufgrund spezifisch steuerlicher Desiderata gewonnen, sondern stellen letztlich nur eine Spiegelung des dem Modell vorgegebenen Entscheidungskriteriums dar, bleiben an dieses gebunden und werden hierdurch stark relativiert.

3. Da die Neutralitätsbedingung des ökonomischen Gewinns nur in Bezug auf Barwertdifferenzen von Cashflows definiert ist, können daraus für die Ausgestaltung eines kategorial durch Elemente des konventionellen Bilanzrechts definierten Gewinnermittlungsverfahrens keine Konsequenzen gezogen werden, da ein ausschließlich durch Steuerbarwerte fixiertes Kriterium im Hinblick auf andersartig definierte Gewinnelemente keine Aussagen zulässt. Die durch Modellanalyse gewonnene Neutralitätsbedingung des ökonomischen Gewinns gibt dem Ökonomen daher z.B. keine Legitimation, sich mit Berufung auf die betriebswirtschaftliche Modelltheorie in die Diskussion um die Abschaffung des Maßgeblichkeitsprinzips bei Einführung der IAS einzumischen.

Trotz dieser Einschränkungen der Auswertbarkeit der Modellanalyse für Steuerreformen sind aus den Neutralitätsbedingungen Schlussfolgerungen von großer Tragweite möglich:

a) Zunächst einmal ist modelltheoretisch der Beweis geführt, dass bei Beibehaltung der Elemente der Gewinnermittlung durch den herkömmlichen Vermögensvergleich die praktische Realisierung eines idealen Gewinns unmöglich ist und es daher angebracht ist, die Suche nach einem ausnahmefreien Gewinnbegriff durch Vermögensvergleich zu beenden. Die Fülle des bisher zu diesem Problem produzierten Schrifttums und die Produktion weiteren unnützen Schrifttums hat ihren Grund allein in der Verweigerung der Einsicht in die Unmöglichkeit einer ausnahmefreien Gewinnermittlung und der Toleranz von Dissertations- und Habilitationsbetreuern, die diese Art von Literaturproduktion trotz ihrer Perspektivlosigkeit weiter fördern.

b) Da bisher schon der bei weitem überwiegende Teil des Steueraufkommens – vor allem aus Arbeitseinkommen – auf Basis einer Cashflow-Steuer erhoben wird, ist der Steuerreformbedarf bei der Einkommensteuer auf hinsichtlich ihres Beitrags zum Steuervolumen unbedeutende Einkunftsarten beschränkt, zumal auch die Besteuerung des Rentensystems als der bei weitem wichtigsten Sparform in den nächsten Jahrzehnten in die Kategorie der Cashflow-Besteuerung überführt wird[21].

Somit liefern die modelltheoretischen Neutralitätsbedingungen im Gegensatz zu der öffentlichen Diskussion und den von Politikern verbreiteten Vorstellungen, dass das Steuersystem bis „auf die Wurzeln“ auszureißen sei, einen Beleg dafür, dass eine grundlegende Reform der Einkommensteuer unterbleiben muss, da die Einkommensermittlung bei der Erhebung von ca. 87 % des Steueraufkommens bereits in idealer Weise erfolgt. Insoweit kann man die aus der modelltheoretischen Analyse zu ziehenden Schlussfolgerungen gar nicht hoch genug einschätzen, da sie klar machen, wie gering der Reformbedarf ist.

Im Gegensatz zu der Modelltheorie befindet sich die empirische Erforschung von Steuerwirkungen in Deutschland noch in den Anfängen. Es finden sich empirische Belege dafür, dass die auf dem Vorsichtsprinzip basierenden Teile des Bilanzrechts zwar zu einem Steuerausfall führen, aber im Gegensatz zur AfA trotzdem keine Investitionsanreize bilden[22]. Dies lässt den Schluss zu, dass die laufende Reduzierung der AfA in den letzten Jahren bei gleichzeitiger Beibehaltung des Vorsichtsprinzips und der Rückstellungsbildung eine fiskalisch unzweckmäßige Vorgehensweise darstellt und die Reformbestrebungen in die falsche Richtung gehen.

III. Wertungsgestützte Steuerrechtsordnungen

Die wertungsorientierte Literaturtradition leitet steuerliche Desiderata nicht aus den Wirkungen der Besteuerung auf wirtschaftliche Entscheidungen ab, sondern beurteilt die Qualität steuerlicher Regelungen außerhalb eines Entscheidungskontexts danach, ob diese die Anforderungen bestimmter Wertungen aufgrund von verfassungsrechtlichen Vorgaben, Prinzipien und Grundsätzen erfüllen. Die Vertreter dieses Ansatzes sind naturgemäß in der Steuerrechtswissenschaft besonders zahlreich, doch beziehen sich auch Vertreter der Betriebswirtschaftslehre kategorial auf diesen Forschungsansatz, dessen wichtigstes Postulat die Besteuerung nach der „wirtschaftlichen Leistungsfähigkeit“ ist[23].

Bedauerlicherweise besteht für Ökonomen keine Möglichkeit, sich mit einer einheitlichen rechtswissenschaftlichen Auffassung über den rechtlichen Status des Leistungsfähigkeitsprinzips auseinander setzen zu können, da in der Steuerrechtswissenschaft sowohl die Auffassung zu finden ist, dass es sich hierbei um ein aus der Verfassung abgeleitetes Fundamentalprinzip handelt, wie die Auf-

---

[21] Vgl. *Wagner* (2003).

[22] *Schwenk* (2003).

[23] Vgl. hierzu jüngst noch *Herzig* (2004).

fassung, dass ein rechtlich vollständig wertloses Prinzip vorliegt[24]. Die Vieldeutigkeit der von der Steuerrechtswissenschaft für Steuerreformen propagierten Desiderata sind der Grund dafür, dass ihre Konfrontation mit aus der Steuerwirkungsanalyse zu ziehenden Schlussfolgerungen schwierig ist.

Falls die Besteuerung nach der „wirtschaftlichen Leistungsfähigkeit" als von der Verfassung vorgegebener Grundsatz angesehen würde, würde sich dem Ökonomen die Frage nach dem Verhältnis dieser Wertung zu ökonomischen Besteuerungsidealen der Herbeiführung gezielter Steuerwirkungen oder deren Neutralität stellen. Angenommen, ein Ökonom sei sowohl Anhänger der Besteuerung nach der Leistungsfähigkeit als auch der Neutralität der Besteuerung: Wie soll er sich dann entscheiden, wenn beide Ziele etwas Verschiedenes besagen? Da für Ökonomen weltweit das Entscheidungskriterium des Barwertes von Cashflows als unverzichtbar gilt und insoweit auch die Steuerwirkungen unbestritten nach dem von bestimmten Gewinnermittlungsverfahren ausgelösten Steuerbarwerten zu beurteilen sind, stellt sich für den Ökonomen die Frage, wie er zu einem Steuerideal steht, das zu seiner Erklärung den Begriff des Steuerbarwertes nicht benötigt. Man kann nicht gleichzeitig beides wollen: dem Steuerbarwert innerhalb von Steuerwirkungen Bedeutung zumessen und für steuerliche Ideale eintreten, die kategorial ohne Bezug auf Steuerbarwerte definiert sind. Wer glaubt, Steuerideale ohne Bezug auf Steuerbarwerte definieren zu können, würde gleichzeitig auf Steuerbarwerten basierende Steuerwirkungen als für ein ideales Steuersystem irrelevant ansehen müssen.

Wenn die Vorteilhaftigkeit des Handelns von Steuerpflichtigen durch in Cashflow-Barwerten gemessene ökonomische Motive bestimmt ist, ist es aussichtslos, das Steuerrecht nach anderen Ordnungsgesichtspunkten zu konzipieren, da alle Steuernormen, die auf durch Barwerte definierte Zielerreichungsausmaße nicht die gleiche Steuerlast legen, einen Anlass für unkontrollierte Steuerausweichhandlungen bieten. Allein durch Versicherungen von Steuerreformern, in ihrem Konzept sei die Besteuerung gerecht, da Gewinne „wirklichkeitsgerecht" und „gegenwartsnah"[25] ermittelt würden und alle 163 gesetzlichen Ausnahmen abgeschafft seien, werden sich Steuerpflichtige von weiteren Steuerausweichhandlungen gewiss nicht abhalten lassen.

Während steuerwirkungsorientierte Ideale international verbreitet sind, betrifft die Ableitung von Steueridealen unter Berufung auf die Verfassung eine deutsche Sondertradition. Mit gutem Grund ist es in keinem anderen Staat der Welt üblich, Steuernormen aus einer Verfassung deduzieren zu wollen, da die Verfassung schließlich kein „Weltenei" ist, aus dem Vorschriften über anzusetzende Aktiva und Passiva und dazugehörige Bewertungsvorschriften einfach

---

[24] Vgl. *Lang* (2001); *Gassner / Lang* (2000).

[25] So etwa *Kirchhof* (2004), S. 188.

herausspringen würden, wenn der Verfassungstext nur lange genug bebrütet wird[26]. Die Willkür und Beliebigkeit, die nötig ist, um die unübersehbare Begründungslücke zwischen den abstrakten Verfassungsnormen und der notwendigen Konkretisierung von Steuernormen zu schließen, schließt einen wissenschaftlichen Anspruch für ein solches Vorgehen aus, das auf purem Dezisionismus basiert.

IV. Steuerrechtsauslegung – eine Aufgabe für Juristen oder Ökonomen?

Auslegungsprobleme des geltenden Rechts stellen sich aufgrund von Unschärfen des gesetzlichen Normengefüges. Die Unschärfen können sowohl die „Breite“ von Bemessungsgrundlagen als auch den zeitlichen Anfall des Einkommens betreffen. Im Gegensatz zum Handelsrecht, wo es keineswegs eindeutig ist, dass an den Gewinnausweis geknüpfte Ausschüttungen für die Aktionäre gegenüber einer auf Bildung stiller Rücklagen basierenden Kurssteigerung vorteilhaft sind und deswegen das Bilanzrecht weniger konfliktgeladen ist, ist der an den steuerlichen Gewinnausweis gekoppelte Konflikt zwischen Steuerpflichtigen und Fiskus stets ausgeprägter, da vom Gewinnausweis abhängt, wann und wieviel Steuern zu zahlen sind. Die zur Klärung dieser Fragen notwendigen Regelungen müssen sich aus Gründen der Rechtssicherheit in Massenverfahren leicht verifizierbarer Merkmale bedienen. Das Bedürfnis der Verfügbarkeit solcher robuster und widerspruchsfreier Kriterien ist für die Herstellung des Rechtsfriedens unabweisbar und unabhängig von deren materiellem Gehalt.

1. Die Bemessungsgrundlagenbreite – ein von Ökonomen gemiedenes Problem

In Bezug auf die Breite von Bemessungsgrundlagen stellen sich der Judikatur Fragen der Abgrenzung von steuerbaren und nicht steuerbaren Einnahmen sowie der Abgrenzung von erwerbswirtschaftlich und privat veranlassten Ausgaben. Hinsichtlich ihrer Konflikthaltigkeit überwiegen in den Entscheidungen der Finanzgerichte Unklarheiten hinsichtlich der Bemessungsgrundlagenbreite die Behandlung von Periodisierungsproblemen bei weitem[27]. Die hierzu ergangenen Judikate betreffen vor allem die Abgrenzung der Erwerbsausgaben von Kosten der privaten Lebensführung und stoßen am ehesten noch in der Steuerrechtswis-

---

[26] So *Isensee* (1994), S. 6.

[27] Vgl. die empirische Untersuchung von *Kamps* (1996).

senschaft auf Interesse, die ein ausgearbeitetes terminologisches System für die Abgrenzung der Erwerbssphäre zur Privatsphäre entwickelt hat[28].

Da die Unterscheidung von investiven und konsumtiven Ausgaben zu den elementaren Kategorien der mikroökonomischen Theorie gehört, wäre zu erwarten, dass die ökonomische Steuerforschung eine Fülle rechtskritischer Beiträge zu Judikaten bereitstellt. Doch findet man Beiträge zur methodisch korrekten Abgrenzung von Steuerbemessungsgrundlagen von ökonomischer Seite in der Literatur so gut wie nicht[29]. Offensichtlich schätzen Ökonomen den möglichen Beitrag ihrer Wissenschaft zur Lösung der rechtlichen Abgrenzungsprobleme zwischen Erwerbsausgaben und Konsumausgaben so gering ein, dass sie sich rechtskritischer Stellungnahmen nahezu vollständig enthalten. Anscheinend fühlen sich die ökonomischen Theoretiker qua ihrer disziplinspezifischen Einsichten nicht zu einer Normkritik in der Lage und drängen sich bei Fragen der Art, ob der Schaden, den ein Polizist dadurch erleidet, dass ein rachsüchtiger Verbrecher seinen Privat-PKW in Brand steckt[30], zu den Werbungskosten der Einkünfte aus nichtselbständiger Arbeit gehört, der Steuerrechtswissenschaft jedenfalls nicht auf.

2. Die Erfolgsperiodisierung – des Betriebswirts liebstes Thema

Zu der nahezu völligen Enthaltsamkeit rechtskritischer Beiträge zur „Breite" von Bemessungsgrundlagen steht die unübersehbare rechtskritische betriebswirtschaftliche Literatur zu Periodisierungsfragen der Rechtsauslegung in einem bemerkenswerten Kontrast. Bei steuerlichen Periodisierungsproblemen wird seit jeher nachdrücklich gefordert, dass die Judikatur bei der Auslegung des geltenden Rechts auch „betriebswirtschaftliche Zusammenhänge"[31] beachten solle: „Wirtschaftliche Normzwecke erfordern ein wirtschaftliches Verständnis der Norminhalte, was befriedigend nur durch eine Beteiligung der Betriebswirte zu erreichen ist" ... „Dabei kann es allein darum gehen, die Kenntnis wirtschaftlicher Zusammenhänge in den Auslegungsprozeß einzubringen"[32].

Welche Einsichten zu „betriebswirtschaftlichen Zusammenhängen" stellt die ökonomische Theorie nun bereit? Da in Kriterien für mehrperiodige Entscheidungen ausschließlich Zahlungen als Zielgrößen eingehen, stellt die Relation des Barwerts der durch ein Periodisierungsverfahren determinierten Steuerlast zum Barwert des Brutto-Cashflows den einzigen nicht beliebigen betriebswirt-

---

[28] Vgl. *Tipke / Lang* (2002), S. 276 ff.

[29] Umso bemerkenswerter die Ausnahme bei *Hundsdoerfer* (2002).

[30] BFH-Urteil v. 19.03.1982 – VI R 25/80, S. 442.

[31] *Moxter* (1995).

[32] *Moxter* (1993), S. 62 und S. 80.

schaftlichen Zusammenhang dar. Wenn Betriebswirte also durch die Einsichten ihrer Disziplin begründete normative Aussagen machen wollen, müssen sie sich auf einen gewünschten „Zusammenhang" zwischen den Steuerzahlungen und den nicht steuerlichen Zahlungen richten. Die Herstellung genau dieses Zusammenhangs wird jedoch vom Bilanzsteuerrecht untersagt, da dieses Steuerbemessungsgrundlagen an andere, ökonomisch sekundäre Merkmale von Bilanzpositionen wie Vermögensgegenstandseigenschaft, Veräußerbarkeit usw. knüpft. Da durch zahlungsfremde Gewinnelemente für den Steuerpflichtigen die Möglichkeit entsteht, den Barwert der Steuerzahlung zur verringern, ohne gleichzeitig den Barwert des Cashflow zu verringern, müssen wegen dieser gesetzlichen Fehlkonstruktion von der Rechtsprechung in Streit- und Zweifelsfällen Regeln zur Anknüpfung der Besteuerung an zahlungsfremde Gewinnelemente formuliert werden, um die durch Zeitverschiebung von nicht zahlungsgleichen Gewinnelementen ausgelösten Steuervermeidungsbestrebungen in Schach zu halten. Das Bilanzrecht besteht somit aus ökonomisch unbegründbaren, gleichwohl der Rechtssicherheit dienenden Fixierungsmechanismen gegen Steuerbarwertverschiebungen in Form von Gewinnermittlungsregelungen.

Für nicht zahlungsgleiche Gewinnelemente sind solche Fixierungen der Steuerbarwerte gegen Zeitverschiebungen notwendig, da sich andernfalls dem Steuerpflichtigen die Möglichkeit der Steuervermeidung ohne Selbstschädigung eröffnen würde. Wenn die Transformation von Zahlungen in Steuerbemessungsgrundlagen nicht barwertäquivalent erfolgt, so müssen die Periodisierungsregeln allerdings genauso arbiträr sein, wie es eine Unternehmensbewertung wäre, die zeitverschiedene Überschüsse addiert, anstatt sie zu diskontieren. Was bei der Unternehmensbewertung falsch ist, kann bei der Ableitung von Besteuerungsregeln nicht richtig sein.

3. Periodisierungsregeln – Konventionen anstelle von Wahrheit

Bei arbiträren Regeln kann es nicht verwundern, wenn bunter Pluralismus hinsichtlich deren „Richtigkeit" herrscht. Selbst Siegel vermochte es bislang nicht, die andersartigen Überzeugungen seiner zahlreichen Diskussionsgegner durch die gedankliche Schärfe und große Überzeugungskraft der von ihm vorgetragenen Lösungsvorschläge zu erschüttern[33].

Auch wenn sie im Steuerrecht funktionsfremd sind, können über das Maßgeblichkeitsprinzip ins Steuerrecht gelangende handelsrechtliche Kategorien als Steuerbarwertfixierungsmechanismen gute Dienste leisten, da sie an zivilrechtliche Vertragsbestandteile (z.B. Rechnungsstellung) anknüpfen, die gut be-

---

[33] Vgl. die Diskussionen zwischen *Siegel* und *Küting / Kessler* (2000); *Christiansen* (2002); *Gosch* (2002); *Happe* (2003); *Mayr* (2003).

obachtbar sind. Dass hierdurch eine steuerlich gleiche Behandlung wirtschaftlich gleicher Sachverhalte bewirkt werden könnte, ist schon deshalb ausgeschlossen, da Bilanzpositionen im Gegensatz zu Zahlungen keine wirtschaftlichen Sachverhalte sind.

Die gesetzlichen Periodisierungsregeln können daher über den Status von Konventionen nicht hinausgelangen, die nicht mit ökonomisch gehaltvollen Maßgrößen verwechselt werden dürfen. Wenn schon das Gesetz die Herstellung einer ökonomisch begründeten Form der Steuerbelastung nicht zulässt, dann kann diese in die Auslegung des Gesetzes durch Betriebswirte auch nicht nachträglich eingebracht werden. Daher darf man an den ökonomischen Gehalt von buchhalterischen Gewinnermittlungsregeln keine zu hohen materiellen Erwartungen stellen, da durch sie bestenfalls eine logische Konsistenz begrifflicher Subsysteme von ökonomisch zweifelhafter Relevanz hergestellt werden kann. Fehlende ökonomische Begründbarkeit muss die Regelungen für Zwecke der Rechtssicherheit jedoch nicht beeinträchtigen: Die Unterscheidung zwischen der Aktivierung materieller und immaterieller Vermögensgegenstände und der Passivierung von Drittverpflichtungen und Selbstverpflichtungen ist ökonomisch zwar irrelevant, lässt sich jedoch leicht replizieren, einprägen und anwenden.

Durch die Begriffswelt des Bilanzsteuerrechts wird deshalb keine übergreifende steuerliche Gesamtordnung angestrebt, wie sie das Postulat einer neutralen Besteuerung intendiert, sondern lediglich eine Teilordnung innerhalb von begrifflichen Subsystemen, wenn etwa die Bilanzierungsfähigkeit eines Aktivums an die Vermögensgegenstandseigenschaft einer Position anknüpft. Die Rechtsprechung kann diese Festlegung nicht schon deshalb in Zweifel ziehen, weil die unterschiedliche steuerliche Behandlung selbsterstellter materieller und immaterieller Wirtschaftsgüter Entscheidungen zugunsten letzterer verzerrt und von ihren Judikaten deshalb Anreize zu ökonomischer Ineffizienz ausgehen. Mit der Anforderung, auf die Effizienz ihrer Entscheidungen zu achten und unvernünftiges Anpassungshandeln auszuschließen, würde die Judikatur hoffnungslos überlastet. Zudem würden Urteile, die sich nicht auf begriffliche Konsistenz, sondern die Ergebnisse ökonomischer Modellbildung berufen, den der Judikatur zur Verfügung stehenden Begründungsrahmen in unzulässiger Weise sprengen.

4. Konsistenz rechtlicher Subsysteme als Ursache ökonomischer Systembrüche

Die Herstellung der steuerlichen Gleichbehandlung innerhalb des rechtlichen Subsystems kann durchaus geeignet sein, die ökonomische Ungleichbehandlung zu vergrößern: Das Bundesverfassungsgericht hatte mit seinem berühmten Renten-Urteil vom 06.03.2002 über die Klage eines Beamten zu entscheiden, dass die Besteuerung seiner Pension der der Rente von Angestellten angeglichen werden solle[34]. Aus dem Urteil hat nun die Gesetzgebung den Schluss gezogen, die Besteuerung der Beiträge und Leistungen aus der gesetzlichen Rentenversicherung durch das „Alterseinkünftegesetz" grundsätzlich zu reformieren und die gesetzlichen Rentenleistungen denjenigen der Beamten anzugleichen und die Unterschiede im Subsystem der Rentenbesteuerung somit einzuebnen[35].

Da Beiträge zur und Leistungen aus der gesetzlichen Rente ökonomisch als eine Form der Bildung und Auflösung eines Zwangssparkontos angesehen werden können, kann die ökonomische Referenzgröße für die steuerliche Behandlung des Zwangssparens in anderen Sparformen gesehen werden. Wenn – wie bei der Rentenbesteuerung geplant – die Zuführung von Zwangssparbeiträgen steuerlich abziehbar wird und die Auflösung der Ersparnis das steuerliche Einkommen erhöht, wird Zwangssparen anders behandelt als freiwilliges Sparen, bei dem die Zinsen besteuert werden, aber Anlage und Rückfluss der Einlagen steuerlich unbeachtlich sind[36].

Dass hierdurch die Unterschiede zwischen der steuerlichen Behandlung freiwilliger und erzwungener Sparformen größer werden, ist eine Konsequenz, auf die die der Herstellung von Gleichheit im Subsystem der Rentenbesteuerung zielende Rechtsprechung des Bundesverfassungsgerichts nicht geachtet hat, da sie ihre Urteilsbegründung im begrifflichen Subsystem der Rentenbesteuerung verankert. Dies ist aus rechtlicher Sicht konsequent, denn juristische Kategorien lassen es wohl nicht zu, dass Urteilsbegründungen über den Rand der durch den Rentenbegriff gezogenen Begriffsgrenze hinausgehen, da andernfalls die nur im engen Begriffsnetz des Subsystems gewinnbare Rechtssicherheit der Judikate verloren gehen könnte. Deshalb fragt die Gleichbehandlung im Rechtssinne gerade nicht nach ökonomisch relevanten Merkmalen, sondern nach begrifflich affinen Merkmalen von Einkünften.

Begriffsüberschreitende ökonomische Inkonsistenzen können daher auch für die an das Gesetz gebundene BFH-Rechtsprechung nicht relevant sein, da das Einkommensteuergesetz eine Argumentation mit Bezug auf ökonomische Relevanz ohnehin nicht zulässt. Die Reduktion des ökonomischen Gehalts von Judikaten kann deshalb mit wachsender Rechtssicherheit einhergehen, da begriffliche Affinität sich leichter replizieren lässt als modelltheoretische Begründungen. Die Beschränkung der Willkürfreiheit der Tatbestandskasuistik auf die begrifflichen Subsysteme bleibt dann unvermeidlich.

Wenn eine willkürfreie Tatbestandskasuistik innerhalb eines begrifflichen Subsystems erarbeitet wird, ist dies auch ökonomisch insoweit von Vorteil, als

[34] BVerfG v. 06.03.2002 – 2 BvL 17/99.

[35] BGBl. I 2004, S. 1427.

[36] Vgl. *Kiesewetter / Niemann* (2003).

durch mehr Rechtssicherheit die Steuererhebungskosten gesenkt werden. Dass hierdurch u.U. ökonomisch unerwünschtes Verhalten erzeugt wird, kann nicht von der Rechtsprechung, sondern durch Gesetzgebung verhindert werden, die nicht gehindert ist, das Steuerrecht nach ökonomischen Kriterien zu strukturieren und hierfür auch Ergebnisse der ökonomischen Modellanalyse heranzuziehen. Hierfür wäre es jedoch erforderlich, dass die an der Gesetzgebung beteiligten Personen in ihrem Problemverständnis nicht auf juristische Kategorien beschränkt sind.

5. Mehr betriebswirtschaftliche Zusammenhänge – bessere Urteile?

Solange Regelungen in Bezug auf materiell gehaltlose Kategorien definiert sind, kommt ihnen lediglich der Status von Konventionen zu. Wenngleich der Rechtssicherheit, der logischen Konsistenz der Tatbestandskasuistik und dem Aufdecken von Wertungswidersprüchen innerhalb von Judikaten große Bedeutung zukommt, so kann bloßen Konventionen die Dignität allgemeingültiger „betriebswirtschaftlicher Erkenntnis“ nicht zugesprochen werden[37]. Deshalb liegen der Auslegung von unklaren Rechtsnormen durch Vertreter der Betriebswirtschaftslehre keine disziplinspezifischen Einsichten oder Postulate zugrunde, deren Berücksichtigung eine Steigerung der Qualität der Rechtsprechung durch Beteiligung von Ökonomen qua deren fachlichem Einsichtsvermögen würde erwarten lassen. Wenn Steuerbarwerte als Beurteilungskriterien für den Gehalt von Gewinnermittlungsregeln außer Acht bleiben müssen, sollte deshalb nicht der Eindruck erweckt werden, es könne solchen Bilanzierungskonventionen durch Beachtung von *mehr* „betriebswirtschaftlichen Zusammenhängen“ *mehr* Qualität hinzugefügt werden; umgekehrt sollte deren Vernachlässigung durch die Judikatur auch keinen Kritikgrund bilden, da diese ihre Aufgabe der Herstellung des Rechtsfriedens durch Replizierbarkeit der Judikate ohne Beteiligung von Betriebswirten u.U. besser erfüllt.

Da es bei nicht auf den Cashflow basierten Gewinnermittlungsregeln Betriebswirten versagt ist, sich auf die Entscheidungskriterien ihrer Disziplin berufen zu können und alle anderen Kriterien arbiträr sind, gibt es keine Möglichkeit der Beweisführung, dass die von Betriebswirten propagierten Lösungen denen der Judikatur materiell überlegen sind, da Konventionen nicht an ihrem materiellen Gehalt, sondern an ihrer Funktionsfähigkeit zur Herstellung der Rechtssicherheit zu messen sind.

Wir erhalten daher das Resümee, dass die überwältigende Literaturfülle betriebswirtschaftlicher Literaturbeiträge zur Lösung von Periodisierungsproblemen durch die Judikatur für sich keine Qualitätsverbesserung der Judikate in

---

[37] Vgl. hierzu bereits *Swoboda* (1967).

dem Sinne beanspruchen kann, da sie diese im Sinne des ökonomisch relevanten Kriteriums einer besser begründbaren Zuordnung von Steuerbarwerten zu Cashflow-Barwerten verbessern würde. Dies schließt jedoch keineswegs aus, dass sich einzelne Betriebswirte neben der Forschung in ihrer eigenen Disziplin auch außerhalb ihrer Disziplin durch die Judikatur überzeugende Argumente auszeichnen und sie sich hierdurch hohe Anerkennung verdienen, die einzelne BFH-Richter sogar als „Ritterschlag" ansehen[38].

V. Resümee: Arbeitsteilung ist effizient!

Wenngleich einzelne Forscher durchaus in der Lage sind, auf verschiedenen Problemfeldern hervorragende Leistungen zu erbringen, so gilt das für die einzelnen Steuerwissenschaften nicht in gleicher Weise.

Da Steuerwirkungen unbestritten als ein zentrales Beurteilungskriterium für Steuersysteme angesehen werden, ist das Problemverständnis der ökonomischen Steuerwissenschaften in besonderer Weise für die Konzipierung von Steuersystemen geeignet. Bislang muß sich die Analyse allerdings weitgehend auf die Modelltheorie stützen, deren empirische Bestätigung nur ansatzweise vorliegt. Insoweit ist ein Anspruch auf Praktikabilität der Einsichten aus den Modellen nur bedingt abzuleiten. Immerhin zeigt die Modelltheorie, dass bei den Einkunftsarten, auf die sich das Steueraufkommen überwiegend stützt, kein Reformbedarf besteht, da sich der Reformbedarf auf die bislang arbiträre Gewinnermittlung durch Vermögensvergleich reduziert. Demgegenüber hat die wertungsorientierte steuerrechtswissenschaftliche Forschung sich bislang zur Erlangung vergleichbar präziser Einsichten nicht in der Lage gezeigt und sich für den Entwurf von Steuersystemen als entbehrlich erwiesen.

Hingegen haben sich juristische Kategorien de lege lata durchaus in der Lage gezeigt, begriffliche Abgrenzungsprobleme sowohl bei der Bemessungsgrundlagendefinition als auch bei der Periodisierung zu lösen. Bei den Periodisierungsregeln handelt es sich allerdings um Konventionen ohne Anspruch auf materielle Richtigkeit, deren Stärke in ihrer Robustheit und Justiziabilität liegt. Da Ökonomen aufgrund der Rechtslage keine Möglichkeit haben, die Methoden ihrer Disziplin zum Einsatz zu bringen, müssen sie rechtliche Auslegungsleistungen erbringen, ohne sich auf den Korpus der ökonomischen Theorie stützen zu können. Deshalb können Ökonomen für die Rechtsauslegung keine disziplinspezifische Superiorität beanspruchen.

Bislang ist es nur wenigen Steuerwissenschaftlern gelungen, sowohl für ihre steuerökonomischen als auch für ihre steuerrechtswissenschaftlichen For-

[38] Vgl. etwa *Groh* (1994).

schungsleistungen ein solches Maß der Anerkennung zu erwerben wie Theodor Siegel.

Literatur- und Rechtsprechungsverzeichnis

Böcking, Hans-Joachim (1994): Verbindlichkeitsbilanzierung: wirtschaftliche versus formalrechtliche Betrachtungsweise; Wiesbaden 1994.

Christiansen, Alfred (2002): Ein Versuch zur „Entziehbarkeit“ von Missverständnissen – Replik auf Siegel; in: Deutsches Steuerrecht; 40. Jg. (2002); S. 1196.

Gassner, Wolfgang / *Lang,* Michael (2000): Das Leistungsfähigkeitsprinzip im Einkommen- und Körperschaftsteuerrecht; Wien 2000.

Gosch, Dietmar (2002): Einige Bemerkungen zur aktuellen bilanzsteuerrechtlichen Rechtsprechung des I. Senats des BFH; in: Deutsches Steuerrecht; 40. Jg. (2002); S. 977 – 984.

Groh, Manfred (1994): Adolf Moxter und der Bundesfinanzhof; in: Bilanzrecht und Kapitalmarkt: Festschrift zum 65. Geburtstag von Adolf Moxter; Hrsg. Wolfgang Ballwieser et al.; Düsseldorf 1994; S. 61 – 74.

Happe, Rüdiger (2003): Neue Entwicklungen bei den öffentlich-rechtlichen Rückstellungen – Anmerkungen zum BMF-Schreiben vom 21.1.2003, StuB 2003 S. 128 –; in: Steuern und Bilanzen; 5. Jg. (2003); S. 546 – 548.

Herzig, Norbert (2004): IAS/IFRS und steuerliche Gewinnermittlung; Düsseldorf 2004.

Hommel, Michael (1998): Bilanzierung immaterieller Anlagewerte; Stuttgart 1998.

Hundsdoerfer, Jochen (2002): Die einkommenssteuerliche Abgrenzung von Einkommenserzielung und Konsum; Wiesbaden 2002.

Isensee, Joseph (1994): Vom Beruf unserer Zeit für Steuervereinfachung; in: Steuer und Wirtschaft; 71. Jg. (1994); S. 3 – 14.

Kamps, Rainer (1996): Neuralgische Streitfelder in der Finanzrechtssprechung – Eine empirische Analyse; Diplomarbeit; Bayreuth 1996.

Kiesewetter, Dirk / *Niemann,* Rainer (2003): Sparen und Vorsorgesparen – Zur Kunst der Kategorienbildung des „Karlsruher Entwurfs“; in: Steuer und Wirtschaft; 80. Jg. (2003); S. 60 – 65.

Kirchhof, Paul (2004): Der sanfte Verlust der Freiheit; München 2004.

König, Rolf / *Wosnitza,* Michael (2004): Betriebswirtschaftliche Steuerplanungs- und Steuerwirkungslehre; Heidelberg 2004.

Kußmaul, Heinz (1987): Nutzungsrechte an Grundstücken in Handels- und Steuerbilanz; Hamburg 1987.

Küting, Karlheinz / *Kessler,* Harald (2000): Einige Bemerkungen zum Verhältnis von Imparitätsprinzip und Besteuerung nach der Leistungsfähigkeit; in: Steuern und Bilanzen; 2. Jg. (2000); S. 21 – 29.

Lang, Joachim (2001): Prinzipien und Systeme der Besteuerung von Einkommen; in: Besteuerung von Einkommen; Hrsg. Iris Ebling; Veröffentlichungen der Deutschen Steuerjuristischen Gesellschaft e.V.: Band 24; Köln 2001; S. 49 – 133.

Mayr, Gunther (2003): Beantwortung vermeintlich offener Fragen – Replik; in: Betriebs-Berater; 58. Jg. (2003); S. 305.

Moxter, Adolf (1993): Entwicklung der Theorie der handels- und steuerlichen Gewinnermittlung; in: Ökonomische Analyse des Bilanzrechts: Entwicklungslinien und Perspektiven; Hrsg. Franz W. Wagner; Schmalenbachs Zeitschrift für betriebswirtschaftliche Forschung: Sonderheft 32; Düsseldorf, Frankfurt am Main 1993; S. 61 – 84.

– (1995): Zur Bedeutung betriebswirtschaftlicher Zusammenhänge im Bilanzrecht; in: Steuer und Wirtschaft; 72. Jg. (1995); S. 378 – 382.

Schneider, Dieter (1990): Grundzüge der Unternehmensbesteuerung; 5. Auflage; Wiesbaden 1990.

Schön, Wolfgang (2004): Steuergesetzgebung zwischen Markt und Grundgesetz; in: Steuer und Wirtschaft; 81. Jg. (2004); S. 62 – 75.

Schreiber, Ulrich (2004): Besteuerung der Unternehmen; Berlin, Heidelberg, New York 2004.

Schwenk, Anja (2003): Die Wirkung impliziter Steuervorteile des Bilanzrechts; Wiesbaden 2003.

Siegel, Theodor (1973): Zur Zielfunktion und Problemlösung bei der Ertragsteuerplanung; in: Zeitschrift für Betriebswirtschaft; 43. Jg (1973); S. 265 – 294.

– (1982): Steuerwirkungen und Steuerpolitik in der Unternehmung; Würzburg, Wien 1982.

– (1994): Saldierungsprobleme bei Rückstellungen und die Subventionswirkung des Maßgeblichkeitsprinzips; in: Betriebs-Berater; 49. Jg. (1994); S. 2237 – 2246.

– (1999a): Steuern; in: Handbuch der Wirtschaftsethik; Hrsg. Wilhelm Korff et al.; Band 3: Ethik wirtschaftlichen Handelns; Gütersloh 1999; S. 354 – 398.

– (1999b): Rückstellungen, Teilwertabschreibungen und Maßgeblichkeitsprinzip; in: Steuern und Bilanzen; 1. Jg. (1999); S. 195 – 201.

– (2002a): Unentziehbarkeit als zentrales Kriterium für den Ansatz von Rückstellungen; in: Deutsches Steuerrecht; 40. Jg. (2002); S. 1192 – 1196.

– (2002b): Rückstellungsbildung nach dem Going-Concern-Prinzip – eine unzweckmäßige Innovation; in: Deutsches Steuerrecht; 40. Jg. (2002); S. 1636 – 1637.

– (2003a): Schadstoffbelastete Grundstücke und Rückstellungen: Der I. Senat des BFH auf der Zielgeraden; in: Steuern und Bilanzen; 5. Jg. (2003); S. 506 – 509.

– (2003b): Anpassungsverpflichtungen: Offene Fragen bei Gunter Mayr – Erwiderung zu Mayr, BB 2002, 2323; in: Betriebs-Berater; 58. Jg. (2003); S. 304 – 305.

– (2003c): Rückstellungen für bestellte Lastkraftwagen? – Anmerkungen zum Beitrag von Happe, StuB 2003 S. 546 –; in: Steuern und Bilanzen; 5. Jg. (2003); S. 927 – 931.

Spengel, Christoph (2003): Perspektiven für die Weiterentwicklung der Unternehmensbesteuerung in Deutschland; Gießen 2003.

Swoboda, Peter (1967): Einflüsse der Besteuerung auf die Ausschüttungs- und Investitionspolitik von Kapitalgesellschaften; Schmalenbachs Zeitschrift für betriebswirtschaftliche Forschung; 19. Jg. (1967); S. 1 – 16.

Tipke, Klaus / *Lang,* Joachim (2002): Steuerrecht; 17. Auflage; Köln 2002.

Wagner, Franz W. (1992): Neutralität und Gleichmäßigkeit als ökonomische und rechtliche Kriterien steuerlicher Normkritik; in: Steuer und Wirtschaft; 69. Jg. (1992); S. 2 – 13.

– (1999): Besteuerung; in: Vahlens Kompendium der Betriebswirtschaftslehre; 4. Auflage; München 1999; S. 439 – 504.

– (2003): Die real existierende Einkommensteuer ist eine konsumorientierte Besteuerung; in: Steuerpolitik – Von der Theorie zur Praxis; Hrsg. Michael Ahlheim, Heinz-Dieter Wenzel und Wolfgang Wiegard; Heidelberg 2003; S. 369 – 390.

BVerfG-Urteil vom 06.03.2002 – 2 BvL 17/99, BStBl. II 2002, S. 618.

BFH-Urteil vom 19.03.1982 – VI R 25/80, BStBl. II 1982, S. 442.

Ist die Steuerbarwertminimierung auf die interpersonale Übertragung von Bemessungsgrundlagenteilen anwendbar?

Von Jochen Hundsdoerfer

I. Übertragungen von Bemessungsgrundlagenteilen zwischen Veranlagungszeiträumen: Steuerbilanzpolitik

Die erste Veröffentlichung von (damals cand. rer. pol.) Theo Siegel trägt den Titel „Verfahren zur Minimierung der Einkommensteuer-Barwertsumme“[1]. Darin beschreibt er die Idee, die optimale Allokation einer Gesamtbemessungsgrundlage auf einzelne Veranlagungszeiträume durch einen Vergleich der abgezinsten Grenzsteuersätze zu ermitteln:[2] Bei einer frei übertragbaren Manövriermasse ist das Minimum des Steuerbarwerts erreicht, wenn die abgezinsten Grenzsteuersätze der einzelnen Veranlagungszeiträume gleich sind. Auf dieser Grundlage können auch die einzelnen Effekte einer Bemessungsgrundlagenverschiebung von einem früheren in einen späteren Veranlagungszeitraum beschrieben und quantifiziert werden.

Die Steuerbarwertminimierung wurde als Konzept für die zielgerichtete Verschiebung von Bemessungsgrundlagenteilen zwischen Veranlagungszeiträumen entwickelt. Daher ist zu vermuten, dass die dort identifizierten Effekte der Steuerbilanzpolitik in ähnlicher Weise auch für andere Verschiebungen von Bemessungsgrundlagenteilen zu finden sind. Hier soll dies für die interpersonale Übertragung von Bemessungsgrundlagenteilen gezeigt werden.

Zunächst wird das Konzept der Steuerbarwertminimierung[3] kurz vorgestellt. Gesucht wird die optimale Aufteilung einer gegebenen steuerbilanzpolitischen Manövriermasse (Gesamtbemessungsgrundlage) M auf die Bemessungsgrundlagen einer gegebenen Anzahl n von Veranlagungszeiträumen. Die Manövrier-

---

[1] *Siegel* (1972), S. 65 – 80.

[2] Vgl. *Siegel* (1972), S. 67 f.; *Siegel* (1973), S. 274 f. Vgl. für Sonderabschreibungen auch *Schneider* (1969), S. 315.

[3] Vgl. *Marettek* (1970), S. 22; *Marettek* (1971), S. 169 f.; *Siegel* (1973), S. 266 – 273; *Siegel* (1974), S. 76 – 80; *Siegel* (1976), S. 224 – 227.

masse M ist der Gesamtgewinn ΣG_t des Planungszeitraums ($t = 1, ..., n$). Dabei wird modellmäßige Sicherheit angenommen.[4] Wenn die Bemessungsgrundlage für alle bis auf einen Veranlagungszeitraum des Planungszeitraums gewählt wurde, besteht für den verbleibenden Veranlagungszeitraum kein Handlungsspielraum mehr, so dass dem Steuerpflichtigen n-1 Aktionsvariablen zur Verfügung stehen.

Einfach zu handhaben ist der Fall steuerfreier Erträge der Zwischenanlage. Die Lösung wird hier für den einfachsten Fall mit zwei Veranlagungszeiträumen (0 und 1) dargestellt. Der in Veranlagungszeitraum $t = 0$, 1 ausgewiesene Gewinn G_t unterliege einer Ertragsteuer, deren Tarif $S_t[G_t]$ direkt-progressive (steigende Grenzsteuersätze) sowie proportionale (konstante Grenzsteuersätze) Abschnitte aufweise. Der Kalkulationszinsfuß des Steuerpflichtigen betrage i; diese Alternativ- und Zwischenanlageverzinsung sei steuerfrei. Die zu minimierende Zielgröße ist der Steuerbarwert im Zeitpunkt 0, $W_0[S]$:

$$W_0[S] = S_0[G_0] + \frac{S_1[M - G_0]}{1+i}$$

mit $W_0[S]$ = Steuerbarwert im Zeitpunkt 0

S_t = Tariffunktion des Veranlagungszeitraums t

G_t = Bemessungsgrundlage in Veranlagungszeitraum t

i = Kalkulationszinsfuß (steuerfrei)

M = Manövriermasse.

Durch Nullsetzen der Ableitung des Steuerbarwerts nach G_0 erhält man die bekannte Bedingung vom Ausgleich der abgezinsten Grenzsteuersätze[5] im Optimum:

$$T_0[G_0] = \frac{T_1[G_1]}{1+i}$$

mit T_t = Grenzsteuerfunktion des Veranlagungszeitraums t.

Die Ableitung des Steuerbarwerts nach G_0 ermöglicht es auch, die Effekte der Verschiebung des Bemessungsgrundlagenteils dG_0 zu isolieren. Die Darstellung ist jedoch einfacher, wenn die Reaktion des Steuerendwerts (im Zeitpunkt 1) auf eine Verschiebung eines Bemessungsgrundlagenteils von Veranlagungszeitraum 0 in Veranlagungszeitraum 1 (dG_1) modelliert wird:

---

[4] Zur Berücksichtigung von Unsicherheit vgl. *Kunkel* (1992), S. 59 – 65.

[5] Vgl. *Siegel* (1972), S. 67 f.; *Siegel* (1973), S. 274 f.

$$dW_1[S] = \underbrace{-i \cdot T_0 \cdot dG_1}_{\text{Zinseffekt}} \quad \underbrace{+(T_1 - T_0) \cdot dG_1}_{\substack{\text{Progressions- und} \\ \text{Tarifänderungseffekt}}}$$

Die linke Seite der Gleichung zeigt den Vorteil aus der Senkung des Steuerendwerts aus einer Senkung des Gewinnausweises in Veranlagungszeitraum 0. Dieser Vorteil setzt sich aus folgenden Effekten zusammen[6]:

- *Zinseffekt:* Die verschobene Steuer in Höhe von $T_0 \cdot dG_1$ kann über eine Periode mit dem Kalkulationszinsfuß i (annahmegemäß steuerfrei) angelegt werden. Dies senkt den Steuerendwert.
- *Progressionseffekt*[7]*:* Die aus Veranlagungszeitraum 0 verschobene Bemessungsgrundlage dG_1 unterliegt nun statt dem Grenzsteuersatz des Veranlagungszeitraums 0 dem des Veranlagungszeitraums 1. Bei progressiven Tarifen ändert sich wegen des Unterschieds der beiden Grenzsteuersätze so die Summe der Steuerzahlungen[8].
- *Tarifänderungseffekt:* Unterschiede zwischen den Grenzsteuersätzen der betroffenen Veranlagungszeiträume können nicht nur auf die Progression des Tarifs, sondern auch auf eine Tarifänderung im Zeitablauf zurückzuführen sein. Auch dann ändert sich durch die Verschiebung von Bemessungsgrundlagenteilen die Summe der Steuerzahlungen.

Daneben entsteht ein temporärer *Liquiditätseffekt* durch die Steuerminderzahlung in Höhe von $T_0 \cdot dG_1$.

Im inneren Optimum ist der Zinsvorteil gleich dem Progressions- und Tarifänderungsnachteil. Eine darüber hinaus gehende Verschiebung von Manövriermasse in Veranlagungszeitraum 1 ist dann nachteilig.

Technisch schwieriger ist die Lösung, wenn Erträge der Zwischenanlage in die Bemessungsgrundlage der progressiven Steuer eingehen, denn dann ändert sich die Höhe der Gesamtbemessungsgrundlage durch ihre Verteilung auf die Veranlagungszeiträume.[9] Hinzu kommt, dass in diesem Fall die Annahme eines einheitlichen Zinssatzes verletzt ist, so dass der Kapitalmarkt nicht mehr als vollkommen angenommen werden kann. Die Steuerbilanzpolitik kann dann nicht mehr von den Konsumentscheidungen separiert werden; die Minimierung

---

[6] Vgl. *Siegel* (1980), S. 377 f.

[7] *Schneider* unterscheidet hier zusätzlich einen Progressionsvermeidungseffekt (durch Verlagerung in Veranlagungszeiträume mit niedrigen erwarteten Grenzsteuersätzen) und einen Progressionsausgleichseffekt (durch Verlagerung von Bemessungsgrundlagenteilen z.B. in Verlustjahre). Vgl. *Schneider* (1992), S. 299.

[8] *Freibetragseffekte* können als Spezialfall der Progressionseffekte mit einem Grenzsteuersatz in Höhe von Null gesehen werden.

[9] Vgl. etwa *Dedner / Günther / Rünger* (1980), S. 164 – 185; *Siegel* (1982), S. 179.

des Steuerbarwerts setzt Sofortkonsum des Steuerpflichtigen voraus und kann zu anderen Ergebnissen führen als die Minimierung des Steuerendwerts.[10]

Siegel hat sich nicht nur mit dem unrealistischen Fall befasst, dass die Manövriermasse beliebig zwischen Veranlagungszeiträumen verschoben werden kann. Auch für Restriktionen, etwa in Form von Unteilbarkeiten von Bemessungsgrundlagenteilen, hat er Lösungskonzepte entwickelt.[11]

II. Übertragungen von Bemessungsgrundlagenteilen zwischen Personen

1. Kollektive Steuerplanung

Bemessungsgrundlagenteile können nicht nur zwischen Veranlagungszeiträumen und zwischen Einkunftsquellen übertragen werden, sondern auch zwischen Personen.[12] Zwei Beispiele für solche kollektiven Sachverhalts- oder Abbildungsgestaltungen[13] sind die Steuerbilanzpolitik in Personengesellschaften und das Leasing: Steuerbilanzpolitische Entscheidungen in Personengesellschaften wirken sich regelmäßig für alle Mitunternehmer gemeinsam aus, so dass hier eine gemeinsame Steuerbilanzpolitik angebracht erscheint[14]. Für das Leasing ist gezeigt worden, wie durch Unterschiede zwischen Mietzahlungsstrom und Abschreibungsverlauf ein gemeinsamer Steuervorteil erzielt werden kann[15].

Bei der interpersonalen Übertragung von Bemessungsgrundlagenteilen sind verschiedene Fallunterscheidungen notwendig:

- Die Übertragung könnte in dieselbe Steuerart (z.B. aus der einkommensteuerlichen Bemessungsgrundlage von Person A in die einkommensteuerliche

---

[10] Für das Ziel der Steuerbarwertminimierung erhält man bei steuerpflichtigen Zinsen im obigen Modell folgende Optimumbedingung:

$$T_0[G_0] = \frac{T_1[G_1]}{1 + i \cdot (1 - T_1[G_1])}$$

Dabei beeinflusst G_1 die Grenzsteuersatzfunktion $T_1[G_1]$ auf zwei Wegen: Erstens ist G_1 in der Bemessungsgrundlage direkt enthalten, und zweitens beeinflusst G_1 indirekt die Höhe der Steuerzahlungen in Veranlagungszeitraum 0 und damit auch die in Veranlagungszeitraum 1 steuerpflichtigen Zinsen.

[11] Vgl. *Siegel* (1972), S. 76 – 79.

[12] Vgl. *Stiglitz* (1985), S. 325 – 337.

[13] Vgl. *Gratz* (1982), S. 103 – 206.

[14] Vgl. *Siegel* (1973), S. 284.

[15] Vgl. etwa *Mellwig* (1995), S. 430 – 438; *Satzger* (1999), S. 105 – 185.

Bemessungsgrundlage von Person B) oder in eine andere Steuerart (z.B. Körperschaftsteuer) erfolgen.

- Die Übertragung könnte in denselben Veranlagungszeitraum oder auch in einen anderen Veranlagungszeitraum (interpersonale und zugleich intertemporale Übertragung, z.B. beim Leasing) erfolgen.
- Die Person, auf die (bzw. von der) Bemessungsgrundlagenteile übertragen (übernommen) werden, kann aus Sicht des Entscheidungsträgers ein fremder Dritter oder eine nahestehende Person sein. In letzterem Fall ist dem Entscheidungsträger nicht gleich, wie hoch die Steuerzahllast dieser Person ist. Typisches Beispiel ist die Übertragung im Familienverbund.
- Die Übertragung ertragsteuerlicher Bemessungsgrundlagenteile könnte losgelöst von Zahlungen möglich sein, oder sie könnte erfordern, dass auch Zahlungen geleistet (oder geldwerte Vorteile gewährt) werden. Gerade in letzterem Fall können in der Praxis auch erbschaft- und schenkungsteuerliche Folgen zu bedenken sein, die aber in diesem Beitrag nicht näher analysiert werden sollen. Beispiele für interpersonale Übertragungen von Bemessungsgrundlagenteilen ohne Einfluss auf nichtsteuerliche Zahlungen sind:
  - Beim Wahl-Realsplitting für geschiedene Ehegatten (§ 10 Abs. 1 Nr. 1 i.V.m. § 22 Nr. 1a EStG) sind die zwischen den geschiedenen Ehegatten fließenden Unterhaltszahlungen fix; das Wahlrecht betrifft allein die Übertragung von Bemessungsgrundlagenteilen des Zahlenden auf den Unterhaltsempfänger bis maximal 13.805 €.
  - Vater V und Sohn S sind Gesellschafter der V&S OHG. V möchte ein Grundstück, das stille Reserven enthält, in fünf Jahren veräußern und den Veräußerungserlös an S übertragen. Wird stattdessen das Grundstück selbst sofort an S übertragen und von diesem nach Ablauf von fünf Jahren (und nach Ablauf der Sperrfrist des § 6 Abs. 5 Satz 4 EStG) veräußert, dann ist das wirtschaftliche Ergebnis der Transaktion – abgesehen von der Besteuerung – dasselbe. Der Bemessungsgrundlagenteil „stille Reserven im Grundstück" aber wurde von V an S übertragen.

Ein Beispiel für eine interpersonale Übertragung von Bemessungsgrundlagenteilen, die Zahlungen voraussetzt, ist ein Arbeitsvertrag zwischen Familienangehörigen.[16] Den Familienangehörigen steht es frei, ein niedrigeres als das angemessene Gehalt zu vereinbaren, „sofern aus dem Missverhältnis zwischen Leistung und Gegenleistung nicht auf einen mangelnden rechtsgeschäftlichen Bindungswillen zu schließen ist".[17] Die Anerkennung des Ge-

[16] Vgl. *Siegel* (1999), S. 375.
[17] BFH v. 28.07.1983 – IV R 103/82.

halts als Erwerbsaufwendung setzt jedoch voraus, dass dieses Gehalt tatsächlich gezahlt wird.[18]

2. Ausgangsfall: Übertragungen von Bemessungsgrundlagenteilen sind ohne Änderung nichtsteuerlicher Zahlungen möglich

a) Modelldarstellung

Das folgende Modell soll die Problemstruktur der interpersonalen Übertragung von Bemessungsgrundlagenteilen zeigen. Eine solche Übertragung sei möglich, ohne dass Zahlungen geleistet werden. Diese Vorgehensweise erleichtert eine theoretische Durchdringung der Problemstellung; sie entspricht dem Ansatz der Steuerbilanzpolitik als letzter Stufe einer Sukzessivplanung: Wenn die realwirtschaftlichen (zahlungswirksamen) Entscheidungen als bereits getroffen unterstellt werden, dann wird die Minimierung des Steuerbarwerts im Rahmen der Abbildungsgestaltung zu einer vernünftigen Zielsetzung.

Das einperiodige Modell bildet die steuerliche Situation der beiden natürlichen Personen A und B ab. Zunächst wird die Perspektive von Person A eingenommen; für Person B kann das Modell spiegelbildlich übertragen werden. Die Manövriermasse ist das zahlungsgleiche Markteinkommen von A und B ($E_A + E_B$). Einzige Entscheidungsvariable ist der von Person A auf Person B übertragene Bemessungsgrundlagenteil X. Dabei wird angenommen, dass mit der Übertragung des Bemessungsgrundlagenteils keine Änderung nichtsteuerlicher Zahlungsströme verbunden ist.

A und B sollen jeweils einer Ertragsteuer unterliegen, deren Tarife die folgende Gestalt haben: $S_i[E_i]$, $T_i[E_i] = dSi_A/dE_i > 0$, $dT_i/dE_i > 0$ (progressiver Bereich) bzw. = 0 (proportionaler Bereich); i = A, B.

Der Wohlstand von Person B (nach Steuern) kann auch in die Nutzenfunktion von Person A eingehen:[19]

$$U_A \quad = U_A[(E_A - S_A[E_A - X]); (E_B - S_B[E_B + X])]$$

mit U_A = Nutzenfunktion von Person A

E_A bzw. E_B = Markteinkommen von Person A bzw. Person B

[18] BFH v. 07.09.1995 – III R 24/91, m.w.N.

[19] *Stark* (1995), S. 16, lässt anstelle des Wohlstands die *Nutzenfunktion* der anderen Person in die Nutzenfunktion des Altruisten eingehen. Die hierfür gegebene Begründung (ebenda, S. 17), Nutzen sei leichter beobachtbar als z.B. das Konsumniveau (oder in unserem Fall der Wohlstand), kann nicht überzeugen. Vgl. zu den beiden Möglichkeiten auch *Collard* (1978), S. 21; *Becker* (1993), S. 236 f.

S_A bzw. S_B = Steuerzahlung von A bzw. B

X = von A auf B übertragener Bemessungsgrundlagenteil (negativ bei einer Übertragung von B auf A)

Zur Vereinfachung wird angenommen, dass die Nutzenfunktion des Entscheidungsträgers A bezüglich des Wohlstands von A selbst und von B additiv-separabel ist. Dabei bildet e_A (mit mit $e_A \neq -1$) ab, inwieweit A egoistisch oder gegenüber B altruistisch ist; salopp könnte man von einem „Egoismusfaktor“ sprechen:

$$U_A = E_A - S_A[E_A - X] + \frac{E_B - S_B[E_B + X]}{1 + e_A}$$

Der „Egoismusfaktor“ e_A dient hierbei als (vereinfachend: konstanter) Gewichtungsfaktor des Wohlstands von B in der Nutzenfunktion von A:

- $e_A = 0$: Dem A ist der Wohlstand von B ebenso wichtig wie sein eigener Wohlstand. Ein Beispiel ist ein getrennt zur Einkommensteuer veranlagtes Ehepaar (A und B) mit gemeinsamer Kasse. Ein weiteres Beispiel ist ein Konzern aus Muttergesellschaft (A) und Tochtergesellschaft (B), wenn Ziel der Geschäftsführer allein die Vermögensmaximierung des Konzerns ist.
- $0 < e_A < \infty$: Dem A ist sein eigener Wohlstand wichtiger als der von B. Dieser Fall dürfte zwischen Verwandten häufig anzutreffen sein.
- $e_A = \infty$: Der Wohlstand von B ist dem A vollständig gleichgültig. Damit wird die übliche Beziehung zwischen fremden Dritten abgebildet.
- $-1 < e_A < 0$: A bewertet den Wohlstand von B stärker als seinen eigenen.[20] Auch dieser Fall könnte im Familienkreis auftreten, z.B. gegenüber Kindern.[21]
- $e_A < -1$: A wünscht dem B in misanthropischer Weise einen möglichst niedrigen Wohlstand. Möglich wäre dies etwa bei geschiedenen Eheleuten.

Da der übertragene Bemessungsgrundlagenteil X die einzige Entscheidungsvariable des A ist, sind aus Sicht von A die Markteinkommen vor Steuern E_A und $E_B/(1+e_A)$ im Modell gegeben. Die Zielfunktion kann dann auf die Minimie-

---

[20] Wenn beide Beteiligte in dieser Weise „radikal-altruistisch“ sind, dann könnte eine Einigung verfehlt werden, weil jeder dem jeweils anderen noch mehr zukommen lassen möchte. Vgl. zu diesem Sonderfall *Becker* (1993), S. 286, 305 f.; *Stark* (1995), S. 8, 17.

[21] Kritisch *Stark* (1995), S. 17: „When an individual cares more about another person than about himself, then the individual is essentially the other so that the two can simply be renamed.“ Dies würde jedoch die den jeweiligen Personen zugeordneten Verfügungsrechte vernachlässigen.

rung der subjektiven (anhand der Nutzenfunktion ermittelten) Steuerlast aus Sicht von A (W_A) reduziert werden:

$$W_A = S[E_A - X] + \frac{S[E_B + X]}{1+e_A} \rightarrow \min_X$$

Hier ist die Analogie zum oben dargestellten Modell der Steuerbilanzpolitik eindeutig: An die Stelle des Zinssatzes i tritt der Gewichtungsfaktor e_A. Das Optimum liegt beim Ausgleich der mit e_A gewichteten Grenzsteuersätze:

$$\frac{dW_A}{dX} = -T_A[E_A - X] + \frac{T_B[E_B + X]}{1+e_A} = 0$$

$$T_A[E_A - X] = \frac{T_B[E_B + X]}{1+e_A}$$

Es handelt sich nicht nur um eine formale Analogie; auch inhaltlich finden sich Parallelen. Der Aufzinsungsfaktor $1+i$ gibt den Wert wieder, den der Steuerpflichtige heutigem Konsum im Vergleich zu Konsum in der nächsten Periode beimisst. Ebenso misst der Faktor $1+e_A$ den Wert für den Steuerpflichtigen, den Konsum durch ihn selbst im Vergleich zu Konsum durch eine andere Person hat. Anders formuliert: Entscheidungsträger mit einem Kalkulationszinsfuß kleiner als ∞ sind altruistisch gegenüber „sich selbst in der Zukunft“.

Durch Umstellung erhält man die Optimumbedingung

$$e_A \cdot T_A[E_A - X] = T_B[E_B + X] - T_A[E_A - X]$$

b) Analyse der Effekte

Damit können nun die Effekte einer Bemessungsgrundlagenverschiebung auf eine andere Person mit denen der Verschiebung in einen anderen Veranlagungszeitraum verglichen werden (Tabelle 1).

Der Altruismuseffekt soll genauer erläutert werden, wobei die „Sonderfälle“ $e_A < 0$ nicht berücksichtigt werden:

- Für $e_A = 0$ ist die linke Seite der Optimumbedingung Null; Ziel von A ist damit die Minimierung der Summe der Steuerzahlungen von A und B.
- Für $e_A > 0$ gilt: Je höher e_A ist, desto höher bewertet A eigene Steuerzahlungen im Vergleich zu Steuerzahlungen von B, desto eher ist er also geneigt, Steuerzahlungen auf B zu übertragen. Für A gibt es nun bessere Lösungen als die Minimierung der Summe der Steuerzahlungen von A und B, sofern keine Seitenzahlungen zulässig sind. Allerdings muss B solchen Übertragungen zustimmen; ob eine solche Zustimmung erfolgen wird, hängt wesentlich vom „Egoismusfaktor“ des B (e_B) ab.

Tabelle 1

interperiodische Verschiebung	→ interpersonale Verschiebung
Zinseffekt	→ *Altruismuseffekt:* Während die rechte Seite der umgestellten Optimumbedingung die Änderung der gemeinsamen Steuerlast von A und B durch eine marginale Bemessungsgrundlagenverschiebung enthält, gibt die linke Seite die „Sonderlast" bzw. den „Sondervorteil" von A wieder. A bewertet die Änderung seiner eigenen Steuerzahlungen in Abhängigkeit von seinem „Egoismusfaktor" e_A.
Progressionseffekt	→ *Interpersonaler Progressionseffekt:* Die Summe der Steuerzahlungen von A und B in einer Steuerart kann durch interpersonale Übertragungen verändert werden. Unterliegt A einem höheren Grenzsteuersatz in einer Steuerart als B, dann führt eine marginale Übertragung zu einer Minderung der Steuersumme von A und B.
Tarifänderungseffekt	→ *Interpersonaler Steuerarteneffekt:* Der interpersonale Progressionseffekt ist nicht auf eine Steuerart beschränkt. Wird die Bemessungsgrundlage bei B mit anderen Steuerarten besteuert als bei A und unterscheiden sich die Tarife dieser Steuerarten, dann ändern interpersonale Übertragungen die Summe der Steuerzahlungen von A und B.
Temporärer Liquiditätseffekt	→ *Permanenter interpersonaler Liquiditätsübertragungseffekt*: Eine Steuerminder- oder -mehrzahlung bei A führt im Modell zu einer permanenten und nicht nur temporären Liquiditätsänderung und bei B zu einer gegenläufigen – ebenfalls permanenten – Liquiditätsänderung.

– Bei $e_A = \infty$ (A ist vollständig eigennützig) ist es für den Entscheidungsträger A optimal, wenn X möglichst groß wird und er so Steuerzahlungen in möglichst großem Umfang auf den Dritten verlagern kann.

In der folgenden Abbildung wird für A ein Markteinkommen in Höhe von 35.000 €, für B in Höhe von 25.000 € angenommen. Es gelte für beide der Einkommensteuer-Grundtarif 2005 mit Solidaritätszuschlag und ohne Kirchensteuer. Die Abbildung zeigt die Summe der Steuerzahlungen von A und B in Abhängigkeit von der Höhe des von A auf B übertragenen Bemessungsgrundlagenteils (Einkommens) X. Es handele sich um einander nahestehende Personen, für die gelten soll: $e_A = 0{,}05$ und $e_B = 0{,}1$ (reziproker Altruismus)[22]. Die subjektive

[22] Auch wenn nur einseitiger Altruismus angenommen würde (z.B. $e_A = 0{,}05$; $e_B = \infty$), hätte B bestimmte Anreize, gegenüber A wie ein Altruist zu handeln, um so das

Steuerlast aus Sicht von A und B stellt die jeweils zu minimierende Zielgröße dar.

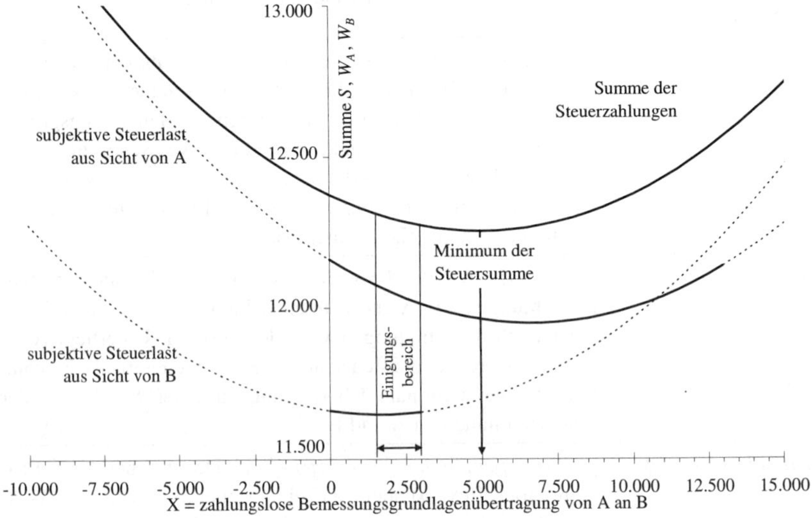

Abbildung 1

Gegenüber dem Ursprungszustand ($X = 0$) senken also zunächst sowohl A als auch B durch die Übertragung von Einkommen von A auf B ihre subjektive, zu minimierende Steuerlast:

- A senkt seine subjektive Steuerlast für Übertragungen bis zu 13.000 €; in Abbildung 1 ist die Funktion der subjektiven Steuerlast in diesem Bereich hervorgehoben. Darüber hinaus sinken zwar seine Steuerzahlungen noch weiter, aber die Steuerzahlungen von B steigen. Da A auch durch die Steuerzahlungen von B belastet wird ($e_A = 0{,}05$), verschlechtert sich seine Zielgröße für $X > 13.000$ € gegenüber dem Ursprungszustand ($X = 0$).
- Könnte A allein über die Übertragung entscheiden, dann würde er $X = 6.500$ € wählen. Bei diesem Wert würde seine subjektive Steuerlast das Minimum von 12.255 € erreichen.
- B kann seine subjektive Steuerlast für Übertragungen bis zu 3.000 € senken; in Abbildung 1 ist auch für B die Funktion der subjektiven Steuerlast hier hervorgehoben. Obwohl seine persönlichen Steuerzahlungen dadurch steigen, sinkt seine subjektive Steuerlast, weil den B auch die Steuerzahlungen

gemeinsame Nettoeinkommen und damit seinen eigenen Konsum zu maximieren. Vgl. zu diesem sog. „rotten kid"-Theorem *Becker* (1982), S. 322 – 325.

des A belasten ($e_B = 0{,}1$). Optimal aus Sicht von B wäre $X = 1.500$ €; die subjektive Steuerlast von B wäre dann mit 11.647 € minimal.

- Weil im Modell sowohl A als auch B die Übertragung von Bemessungsgrundlagenteilen verhindern können, muss das Ergebnis in dem Bereich liegen, in dem beide durch Übertragungen ihre subjektive Steuerlast gegenüber dem Ursprungszustand senken. Dies ist im Beispiel $0 \leq X \leq 3.000$ €. Im Bereich $0 \leq X \leq 1.500$ € sind jedoch Pareto-Verbesserungen möglich: So ist etwa $X = 1.000$ € keine effiziente Lösung, weil $X = 2.360$ € die subjektive Steuerlast für B gleich lässt, für A aber senkt.

Damit ist eine Lösung im Bereich $1.500 \text{ €} \leq X \leq 3.000$ € zu erwarten. Das Minimum der gemeinsamen Steuerzahlungen, das bei $X = 5.000$ € liegt, wird nicht erreicht. Der Grund hierfür ist, dass bei diesem Wert zwar A mehr Steuern sparen würde, als B zusätzlich zahlen müsste. Aus Sicht von B ist jedoch die eigene zusätzliche Belastung höher zu bewerten als die Steuerersparnis von A. Inwieweit sich dieses Ergebnis ändert, wenn – anders als im Modell – Seitenzahlungen von A an B zulässig sind, soll nun erörtert werden.

3. Berücksichtigung von Seitenzahlungen und von Zahlungswirkungen der Übertragung von Bemessungsgrundlagenteilen

a) Steuerliche Behandlung von Seitenzahlungen bei kollektiver Steuerplanung

Seitenzahlungen im Rahmen kollektiver Steuerplanung stellen beim Empfänger Einnahmen zum Ausgleich eines durch die kollektive Steuerplanung individuell erlittenen Vermögensnachteils dar. Der Leistende gibt mit solchen Ausgaben einen Teil seines Vermögensvorteils weiter. Die steuerliche Behandlung solcher erhaltener bzw. geleisteter Zahlungen ist fraglich. Siegel spricht sich im Bereich der kollektiven Steuerbilanzpolitik in Personengesellschaften für die Steuerfreiheit solcher Zahlungen aus: „Die jeweiligen Einkünfte aus Gewerbebetrieb werden hier m.E. einzig durch Gewinnausweis und Gewinnverteilungsrelation bestimmt; anschließende Ausgleichszahlungen bedeuten die Übernahme von Steuerzahlungen im Privatbereich. Ihre steuerliche Berücksichtigung stünde im Widerspruch zu der auch hier erforderlichen Angemessenheit der Gewinnverteilung.“[23]

---

[23] Vgl. *Siegel* (1985), S. 87, in Reaktion auf *Rückle* (1983), S. 475.

Für die Klärung der ertragsteuerlichen Behandlung dieser Zahlungen[24] sollte zunächst danach unterschieden werden, was genau kompensiert wird und ob der kompensierte Vermögensnachteil steuerrelevant gewesen wäre:

- Seitenzahlungen könnten zum Ausgleich dafür geleistet werden, dass der Empfänger nur noch geringere steuerpflichtige Einnahmen erhält. Ein Beispiel: Die Gewinnverteilung einer Personengesellschaft wird zugunsten des Steuerpflichtigen geändert, der dem niedrigsten Grenzsteuersatz unterliegt. Zum Ausgleich leistet dieser Steuerpflichtige laufende Kompensationszahlungen. Beim Empfänger hätten die ausgefallenen Einnahmen der Besteuerung unterlegen, beim Zahlenden sind die zusätzlichen Einnahmen steuerpflichtig. Daher müssen gemäß § 24 Nr. 1 Buchst. a) EStG auch die erhaltenen Seitenzahlungen beim Empfänger der Besteuerung unterliegen. In gleicher Weise müssen die geleisteten Kompensationszahlungen als Erwerbsaufwendungen abziehbar sein, wenn und insoweit sie mit zusätzlichen steuerpflichtigen Einnahmen im Zusammenhang stehen.
- Durch Seitenzahlungen könnten Teilnehmern an der kollektiven Steuerplanung Nachteile aus höheren Steuerzahlungen ersetzt werden. Es könnte vertreten werden, dass solche Seitenzahlungen in dem Umfang steuerpflichtig sein müssten, wie die höheren Steuern als Erwerbsaufwendungen abzugsfähig sind (z.B. Grundsteuer). Dieser Vorschlag ist jedoch wenig praktikabel, und er klärt auch nicht die Behandlung beim Zahlenden. Da Seitenzahlungen gewöhnlich Teil der Zahlungen sind, die in zivilrechtlichen Verträgen vereinbart und geleistet werden[25], empfiehlt sich stattdessen, dass die Seitenzahlung das steuerliche Schicksal der zivilrechtlich vereinbarten „Hauptzahlung" teilt. Damit erübrigt sich eine – wohl kaum justitiable – Zerlegung der zivilrechtlich vereinbarten Zahlungen in „Hauptzahlungen" und Seitenzahlungen.
- Insoweit Seitenzahlungen die Kompensation individueller Nachteile aus kollektiver Steuerplanung übersteigen, dienen sie zur Aufteilung des Vorteils aus der kollektiven Steuerplanung. Man könnte zwar vertreten, dass der Regelungsgedanke von § 15 Abs. 2 Satz 2 EStG (eine durch die Betätigung verursachte Minderung der Einkommensteuer ist kein Gewinn im Sinne der Gewinnerzielungsabsicht) grundsätzlich gegen die Besteuerung einer Seitenzahlung als „übertragene Steuerminderung eines Dritten" spricht. Für die Besteuerung dieses Vorteils spricht aber, dass der Steuerpflichtige die Seitenzahlung durch einen Markttausch erzielt, denn er erbringt eine Gegenleistung (z.B. in Form einer Duldung). Wenn diese Gegenleistung Teil der allgemei-

[24] Erbschaft- und schenkungsteuerliche Aspekte werden hier nicht untersucht. Auch wird nicht geprüft, ob Seitenzahlungen den Tatbestand der Steuerumgehung i.S.v. § 42 AO oder der Steuerhinterziehung erfüllen.

[25] Vgl. das Beispiel der Leasingratenbestimmung bei *Schneider* (1985), S. 353.

nen Leistungsverpflichtungen eines zivilrechtlichen Vertrags ist, sollte auch hier die Seitenzahlung das steuerliche Schicksal der zivilrechtlich vereinbarten „Hauptzahlung" teilen, sowohl beim Zahlenden als auch beim Zahlungsempfänger.

b) Integration von Seitenzahlungen in das Modell

In das Modell sollen nun Seitenzahlungen integriert werden. Dabei wird die Zahlung von Person A an Person B mit Y bezeichnet.[26] Die Änderung des Wohlstands eines Beteiligten durch eine Seitenzahlung hat außer im Fall fremder Dritter ($e = \infty$) auch auf den Nutzen des anderen Beteiligten Einfluss. Um das Modell allgemein zu halten, wird angenommen, dass bei A der Anteil b_A (als Erwerbsaufwendung oder Sonderausgabe) und bei B der Anteil b_B (als steuerpflichtige Einnahme) der Seitenzahlung Y in die Bemessungsgrundlage eingeht. Es gelte: $0 \leq b_A \leq 1$; $0 \leq b_B \leq 1$.

Man erhält

$$U_A = E_A - Y - S_A[E_A - X - b_A \cdot Y] + \frac{E_B + Y - S_B\left[E_B + X + b_B \cdot Y\right]}{1 + a_A}$$

Für die Übertragung des Bemessungsgrundlagenteils X bestehen zwei Möglichkeiten:

- Die Übertragung ist weiterhin losgelöst von Zahlungen möglich, so dass X und Y als Entscheidungsvariablen zur Verfügung stehen. Hiervon wird zunächst ausgegangen.
- Bemessungsgrundlagenteile können ausschließlich über Seitenzahlungen übertragen werden. Seitenzahlungen müssen demnach (mindestens teilweise) steuerwirksam sein. Hier gilt also: $X = 0$; $b_A > 0$. Diese Möglichkeit wird später berücksichtigt.

In diesem Modell darf, anders als in Teil II.2.a), nicht mehr allein die subjektive Steuerlast minimiert werden, da sich über Y auch die nichtsteuerlichen Zahlungsströme für A und B ändern. Fraglich ist nun, welche Kombinationen von X und Y

- A wie auch B gegenüber dem Ausgangszustand besser (oder zumindest gleich gut) stellen (Pareto-Verbesserungen),
- aus Sicht von A und B keine weiteren Pareto-Verbesserungen erlauben und damit effizient sind.

---

[26] Ein $Y < 0$ würde entsprechend für eine Zahlung von B an A stehen.

Hier wird das Vorgehen für A gezeigt: Der Bereich, in dem sich A durch eine Kombination (X, Y) nicht gegenüber dem Ausgangszustand ($X = 0$, $Y = 0$) verschlechtert, ist wie folgt definiert:

$$E_A - Y - S_A[E_A - X - b_A \cdot Y] + \frac{E_B + Y - S_B\left[E_B + X + b_B \cdot Y\right]}{1 + a_A}$$

$$\geq E_A - S_A[E_A] + \frac{E_B - S_B\left[E_B\right]}{1 + a_A}$$

Daraus erhält man:[27]

$$S_A[E_A - X - b_A \cdot Y] - S_A[E_A] - \frac{S_B\left[E_B + X + b_B \cdot Y\right] - S_B\left[E_B\right]}{1 + a_A} \geq Y \cdot \frac{a_A}{1 + a_A}$$

Steuervorteil A aus X (und ggf. Y) – Steuernachteil B aus X (und ggf. Y), gewichtet mit e_A $\geq$ Nettonachteil durch Y für A

Damit können die für A akzeptablen X-Y-Kombinationen in ein Diagramm eingezeichnet werden (Abbildung 2).[28] Das obige Beispiel (Teil II.2.b)) wird fortgeführt: A habe ein Markteinkommen in Höhe von 35.000 € erzielt, B eines in Höhe von 25.000 €. Für jeden der beiden gelte der Einkommensteuer-Grundtarif 2005 mit Solidaritätszuschlag und ohne Kirchensteuer. Zunächst wird wieder $e_A = 0{,}05$ und $e_B = 0{,}1$ angenommen (reziproker Altruismus). Seitenzahlungen seien bei beiden Beteiligten nicht steuerwirksam ($b_A = b_B = 0$).

Die obere (untere) Kurve zeigt die Kombinationen von X und Y, die für A (B) im Vergleich zur Ausgangsposition ($X = 0$, $Y = 0$) äquivalent sind. Damit schließen die beiden Kurven den Einigungsbereich ein, in dem sich A und B gegenüber der Ausgangsposition besser (bzw. auf der Grenze: nicht schlechter) stellen.[29] Die Krümmungen der Kurven entstehen erstens durch den unterstellten progressiven Einkommensteuertarif und zweitens durch die altruistische Einstellung der beiden Entscheidungsträger zueinander.

Außerdem wird in der Abbildung ein „effizienter Pfad" angegeben. Jeder Punkt auf diesem Pfad ist für A und B effizient: Eine Besserstellung von A (B)

---

[27] Für den Spezialfall $e_A = \infty$ (B ist für A fremder Dritter) vereinfacht sich diese Bedingung zu $S_A[E_A - X - b_A \cdot Y] - S_A[E_A] \geq Y$.

[28] Bei Berücksichtigung eines abschnittsweise progressiven Tarifs, wie im Beispiel, empfiehlt sich eine iterative Bestimmung der gesuchten X-Y-Kombinationen. Auf diese Weise sind auch die folgenden Abbildungen erstellt worden.

[29] Vgl. *Edgeworth* (1881), S. 19 – 42.

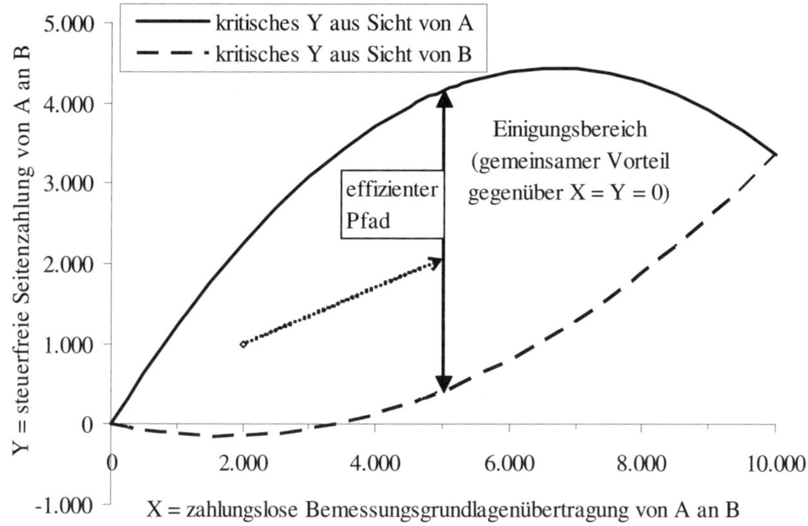

Abbildung 2

ist nur durch Schlechterstellung von B (A) möglich. Auf diesem Pfad, der im Beispiel auf $X = 5.000$ € verläuft, ist die Summe der Steuerzahlungen von A und B minimal (s.o. Abbildung 1). Der vertikale Abstand zwischen der oberen und der unteren Kurve ist auf diesem effizienten Pfad maximal.

Für jeden anderen Punkt im Einigungsbereich ist damit eine Pareto-Verbesserung möglich. Dies sei in Tabelle 2 für den Punkt ($X = 2.000$ €, $Y = 1.000$ €) gezeigt, der in Abbildung 2 markiert ist:

Tabelle 2

X	Y	ESt_A	ESt_B	Summe ESt	U_A	U_B
0	0	7.869	4.507	12.375	46.649	45.158
2.000	1.000	7.158	5.141	12.298	46.708	45.262
3.000	1.600	6.809	5.465	12.274	46.719	45.309
5.000	2.100	6.127	6.127	12.255	46.746	45.311

Zwar erhöht sich durch Wahl von $X = 2.000$ €, $Y = 1.000$ € der Nutzen sowohl für A (U_A) als auch für B (U_B), doch sind durch andere Kombinationen weitere Nutzenerhöhungen für beide Personen möglich. Eines der Pareto-Optima liegt bei $X = 5.000$ €, $Y = 2.100$ €; hier wird die Summe der Einkommensteuerzahlungen (einschließlich Solidaritätszuschlag) mit 12.255 € minimiert.

c) Steuerwirksame Seitenzahlungen

Nun wird der Fall untersucht, dass die Seitenzahlungen beim Zahlenden abzugsfähig und beim Empfänger steuerpflichtig sind. Dann entsteht eine Interdependenz zwischen gemeinsamer Wohlstandsmaximierung der Steuerpflichtigen und Besteuerung: Die Art der Aufteilung des gemeinsamen Steuervorteils hat Steuerwirkungen, die wiederum die Höhe des gemeinsamen Vorteils beeinflussen.[30]

Die Seitenzahlungen werden nun „vor Steuern" gemessen; die Nettowirkungen der Seitenzahlungen auf die Wohlstandspositionen der beiden Personen sind entsprechend geringer. Daher liegt es nahe, dass der Einigungsbereich im Vergleich mit dem Fall nicht steuerwirksamer Seitenzahlungen größer wird. Diese Vermutung wird in Abbildung 3 bestätigt, die mit den gleichen Daten wie Abbildung 2 (aber für steuerwirksame Seitenzahlungen) berechnet wurde:

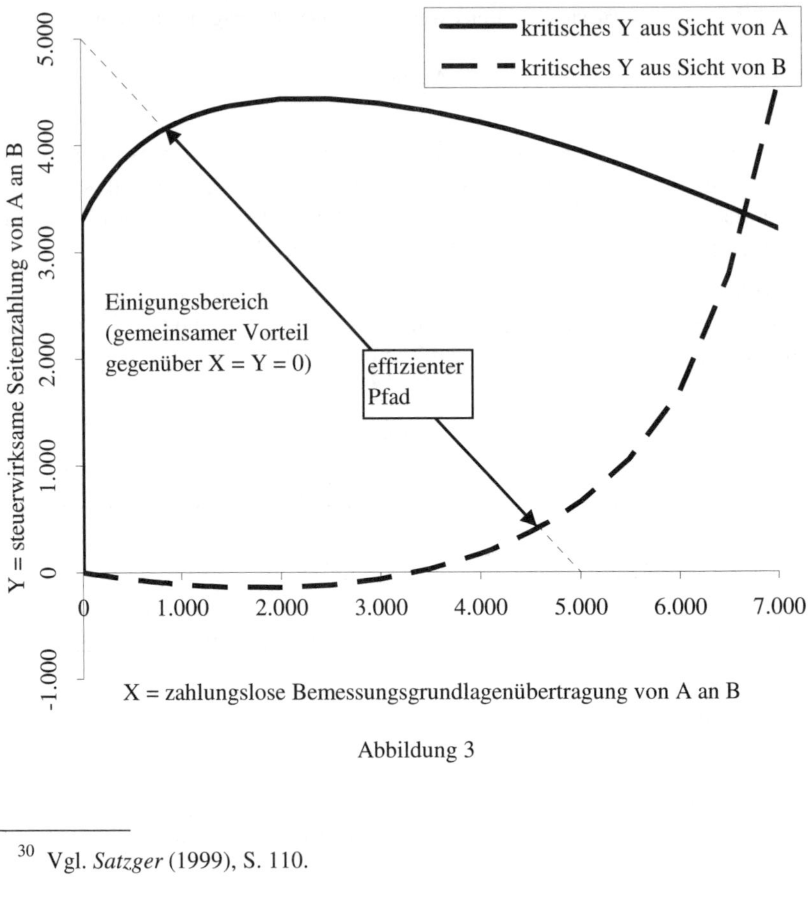

Abbildung 3

[30] Vgl. *Satzger* (1999), S. 110.

Der effiziente Pfad verläuft nun nicht mehr senkrecht: Zu X als Übertragung von Bemessungsgrundlagenteilen von A an B kommt jetzt auch die steuerwirksame Seitenzahlung Y hinzu, die zusätzlich Bemessungsgrundlagenteile von A an B überträgt. Entsprechend hat der effiziente Pfad die Eigenschaft, dass die Summe aus X und Y (also die – mit und ohne Zahlungen – insgesamt übertragene Bemessungsgrundlage) im Beispiel 5.000 € beträgt. Damit wird wieder die gemeinsame Einkommensteuerzahlung minimiert. Diese Eigenschaft folgt aus der Annahme, dass die steuerliche Behandlung der Seitenzahlungen bei A und B symmetrisch (hier: voll abzugsfähig bzw. voll steuerpflichtig) angenommen wurde und dass A und B dem gleichen Tarif unterliegen.

Abbildung 3 erlaubt noch einen weiteren Schluss: Wie bereits dargestellt, können Bemessungsgrundlagenteile häufig nicht ohne Zahlungen übertragen werden. Wenn aber Bemessungsgrundlagenteile nur durch Zahlungen (steuerwirksame Seitenzahlungen) übertragen werden können, dann bleibt als Aktionsvariable nur die steuerwirksame Seitenzahlung Y; X dagegen muss Null sein. Für $X = 0$ zeigt der Ordinatenabschnitt zwischen 0 und 3.293 € vorteilhafte Lösungen. A verbessert seinen Nutzen durch eine steuerwirksame Seitenzahlung in Höhe von $0 < Y < 3.293$ €; auch für B ist dies vorteilhaft. Der effiziente Pfad und damit das Minimum der Summe der Steuerzahlungen können in diesem Fall aber nicht erreicht werden.

d) Übertragung von Bemessungsgrundlagenteilen zwischen fremden Dritten mit Seitenzahlungen

„Könnte das Einkommen [aus gemeinsamer Betätigung, J.H.] beliebig zugerechnet werden, so bestünde ein Motiv, es für die Einkommensdeklaration steuerminimierend zuzuordnen und den steuerlichen Arbitragegewinn anschließend aufzuteilen.“[31] Um die genauen Anwendungsvoraussetzungen dieser These darzustellen, wird das Beispiel nun für den Fall untersucht, dass beide Entscheidungsträger im Verhältnis zueinander fremde Dritte sind ($e_A = e_B = \infty$). Dennoch ergibt sich ein Einigungsbereich, wenn neben den Bemessungsgrundlagenübertragungen Seitenzahlungen zulässig sind. Hier wurden die Seitenzahlungen sowohl für A als auch für B als steuerwirksam angenommen (Abbildung 4).

Damit ein Einigungsbereich entsteht, müssen drei Voraussetzungen gegeben sein:

---

[31] *Siegel* (1999), S. 369.

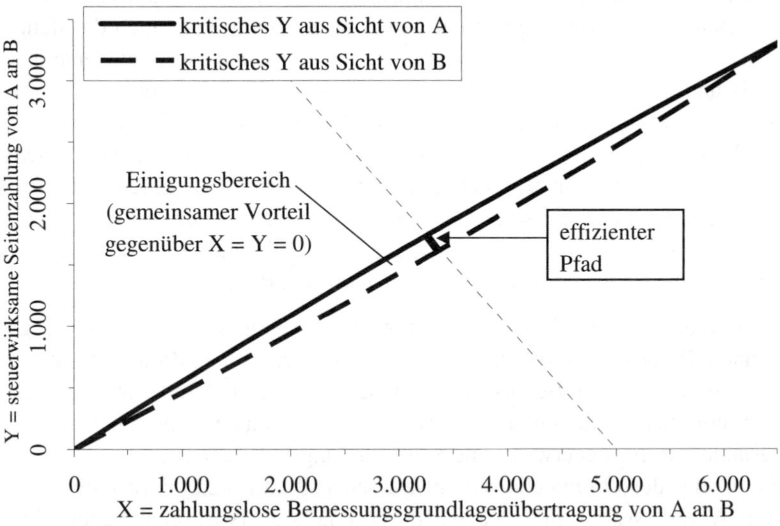

Abbildung 4

1. Besteuerungsunterschied: Der übertragene Bemessungsgrundlagenteil wird bei B anders besteuert als bei A. Im Beispiel wird dieser Unterschied durch die Einkommensteuerprogression verursacht. Daneben kommen Unterschiede in der Ermittlung der Bemessungsgrundlage, unterschiedliche Tarife in einer Steuerart, unterschiedliche Steuerarten und unterschiedliche Periodisierungsregeln als Ursachen für den Besteuerungsunterschied in Betracht.
2. Zahlungslose Übertragung von Bemessungsgrundlagenteilen: Bemessungsgrundlagenteile können ohne entsprechende Zahlungen übertragen werden.
3. Seitenzahlungen: Die Beteiligten können Steuernachteile durch Seitenzahlungen kompensieren. Inwieweit diese Seitenzahlungen steuerwirksam sind und ob sie bei den Beteiligten symmetrisch behandelt werden, ist gleichgültig.

Ist nur eine dieser Voraussetzungen nicht erfüllt, dann existiert kein Einigungsbereich. Beispiel: Wenn zwar steuerwirksame Seitenzahlungen zulässig sind, nicht aber Übertragungen von Bemessungsgrundlagenteilen ohne Zahlungen ($X = 0$), dann wird A mit der Leistung einer Seitenzahlung nicht einverstanden sein. Zwar erzielt er durch die Seitenzahlung einen Steuervorteil in Höhe von $s_A \cdot Y$ (mit s_A als Differenzsteuersatz von A auf Y), doch ist dieser Vorteil für $s_A < 1$ immer kleiner als die geleistete Seitenzahlung selbst. Dies gilt auch, wenn die Seitenzahlung bei B steuerlich günstiger behandelt wird als bei A und z.B. bei B steuerfrei, bei A aber vollständig abzugsfähig ist.

Zum Abschluss soll noch ein einfacher Sonderfall gezeigt werden: Der Tarif sei für A und B nicht mehr progressiv, sondern linear (ohne Verlustausgleich). Nun können die kritischen Seitenzahlungen für A und B auch analytisch bestimmt werden: Aus

$$S_A[E_A] - S_A[E_A - X - b_A \cdot Y_A^{krit}] = Y_A^{krit} \text{ und } S_B[E_B + X + b_B \cdot Y_B^{krit}] - S_B[E_B] = Y_B^{krit}$$

erhält man für A bzw. B die kritische Seitenzahlung (von A an B)

$$Y_A^{krit} = \frac{s_A}{1 + b_A \cdot s_A} \cdot X \; ; \; Y_B^{krit} = \frac{s_B}{1 + b_B \cdot s_B} \cdot X$$

Für die folgende Abbildung wurden $s_A = 0{,}4$ und $s_B = 0{,}3$ sowie volle Steuerwirksamkeit der Seitenzahlungen ($b_A = b_B = 1$) angenommen. Berücksichtigt wurde vollständiger sowie fehlender Verlustausgleich:

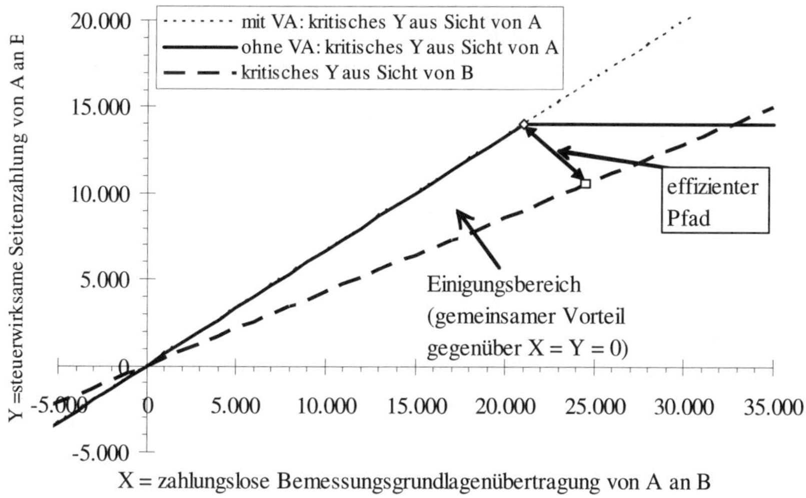

Abbildung 5

Mit vollständigem (sofortigem) Verlustausgleich wird der gemeinsame Steuervorteil unendlich hoch.[32] Ohne Verlustausgleich knickt die kritische Seiten-

[32] Dieses Ergebnis hat andere Voraussetzungen als die von *Stiglitz* in *Stiglitz / Wolfson* (1988), S. 9 f., sowie *Scholes* et al. (2002), S. 107 f., beschriebene Steuerarbitrage. Dort sind weder Seitenzahlungen noch zahlungslose Übertragungen von Bemessungsgrundlagen vorgesehen, sondern eine unterschiedliche Besteuerung von Investitionen und Finanzierungen wird ausgenutzt: Z.B. finanziert der Steuerpflichtige den Erwerb einer niedrig besteuerten Investition mit Fremdkapital, dessen Zinsausgaben höhere Steuerersparnisse generieren.

zahlung aus Sicht von A bei $X = 21.000$ €, $Y = 14.000$ € ab; an dieser Stelle greift die Verlustausgleichsbeschränkung. Damit erhält man einen Einigungsbereich mit endlichem Umfang und einen effizienten Pfad. Auf den Eckpunkten dieses Pfads sinken die Steuerzahlungen von A bzw. B auf Null.

III. Fazit

Mit dem Ansatz der Steuerbarwertminimierung und der Lösungsidee eines Vergleichs der abgezinsten Grenzsteuersätze wurde die Verschiebung von Bemessungsgrundlagenteilen zwischen Veranlagungszeiträumen modelliert. Dieses Modell erlaubt eine sinnvolle Zerlegung, Analyse und Quantifizierung der Wirkung dieser Verschiebung in Zins-, Progressions-, Tarifänderungseffekt und temporären Liquiditätseffekt. In diesem Beitrag wurde dargestellt, inwieweit sich der Ansatz der Steuerbarwertminimierung auf die Übertragung von Bemessungsgrundlagenteilen zwischen Personen anwenden lässt. An die Stelle des Kalkulationszinsfußes tritt in diesem Modell ein „Egoismusfaktor", der abbildet, ob der Steuerpflichtige nur an seinen eigenen Steuerzahlungen interessiert ist oder inwieweit auch Steuerwirkungen auf das Vermögen anderer Personen in seine Nutzenfunktion eingehen.

Die Ergebnisse des Modells und die Übertragbarkeit der Lösungsidee eines Vergleichs der abgezinsten Grenzsteuersätze hängen wesentlich davon ab, ob Bemessungsgrundlagen „isoliert" (ohne entsprechende Zahlungen) oder nur zusammen mit Zahlungen zwischen Personen übertragen werden können und wie Seitenzahlungen (Ausgleichszahlungen) zwischen den Beteiligten steuerlich behandelt werden. Ein wesentlicher Unterschied der interpersonalen zur intertemporalen Übertragung von Bemessungsgrundlagenteilen liegt darin, dass stets mehrere Beteiligte der Übertragung zustimmen müssen. Anhand des Modells wurde gezeigt, welche Voraussetzungen im einperiodigen Modell erfüllt sein müssen, damit fremde Dritte sich auf die Übertragung von Bemessungsgrundlagen einigen können.

Für die Systematisierung der legalen Steuervermeidung leistet der Ansatz der Steuerbarwertminimierung damit einen wichtigen Beitrag. Dies gilt trotz der Konzeption der Steuerbilanzpolitik als letzte Stufe einer Sukzessivplanung, denn dieser Ansatz ermöglicht eine analytische Trennung steuerlicher und nichtsteuerlicher Effekte. Allerdings sollte dabei Siegels Warnung vor übertriebenen Erwartungen an eine solche allgemeine Theorie beherzigt werden: „Die Vielfalt möglicher steuerrechtlicher Regelungen wird es wohl nicht erlauben, einen allgemeinen betriebswirtschaftlich-steuerlichen Rahmen zur Erfassung von Steuerwirkungen, insbesondere im Hinblick auf steuerpolitische Gestaltungen, aufzubauen, in den der Anwender den jeweiligen Rechtszustand einsetzen kann."[33]

Literatur- und Rechtsprechungsverzeichnis

Becker, Gary S. (1982): Der ökonomische Ansatz zur Erklärung menschlichen Verhaltens; Tübingen 1982.

– (1993): A Treatise on the Family; Enlarged Edition; Cambridge (Massachusetts) 1993.

Collard, David (1978): Altruism and Economy: A Study in Non-Selfish Economics; Oxford 1978.

Dedner, Martin / *Günther,* Rolf / *Rünger,* Roland (1980): Die Berücksichtigung der Planungsabhängigkeit von Nettozinssatz und Steuerbilanzgewinn bei der Ertragsteuerplanung; in: Zeitschrift für Betriebswirtschaft; 50. Jg. (1980); S. 164 – 185.

Edgeworth, Francis Y. (1881): Mathematical Psychics: An Essay on the Application of Mathematics to the Moral Sciences; London 1881.

Gratz, Kurt (1982): Grundprobleme individueller und kollektiver Steuerplanung: Anwendungsbereiche und Lösungsverfahren unternehmerischer Steuergestaltung; Berlin 1982.

Kunkel, Patrizia (1992): Steuerbilanzpolitik unter Unsicherheit; in: Steuer und Wirtschaft; 69. Jg. (1992); S. 59 – 65.

Marettek, Alexander (1970): Entscheidungsmodell der betrieblichen Steuerbilanzpolitik – unter Berücksichtigung ihrer Stellung im System der Unternehmenspolitik; in: Betriebswirtschaftliche Forschung und Praxis; 22. Jg. (1970); S. 7 – 31.

– (1971): Steuerbilanz- und Unternehmenspolitik; Freiburg i.Br. 1971.

Mellwig, Winfried (1995): Steuerarbitrage bei Leasingverträgen; in: Unternehmenstheorie und Besteuerung: Festschrift zum 60. Geburtstag von Dieter Schneider; Hrsg. Rainer Elschen, Theodor Siegel und Franz W. Wagner; Wiesbaden 1995; S. 421 – 443.

Rückle, Dieter (1983): Normative Theorie der Steuerbilanzpolitik; Wien 1983.

Satzger, Gerhard (1999): Kapitalintensive Leistungen im globalen Wettbewerb – Eine finanzwirtschaftliche und steuerliche Analyse zur Gestaltung internationaler Leistungsangebote; Wiesbaden 1999.

Schneider, Dieter (1969): Korrekturen zum Einfluß der Besteuerung auf die Investitionen; in: Schmalenbachs Zeitschrift für betriebswirtschaftliche Forschung; 21. Jg. (1969); S. 297 – 325.

---

[33] *Siegel* (1982), S. 5.

– (1985): Steuergerechtigkeit durch Regelungen gegen Steuervermeidung – ein „Gefangenendilemma“ des Steuerrechts; in: Steuer und Wirtschaft; 62. Jg. (1985); S. 345 – 355.

– (1992): Investition, Finanzierung und Besteuerung; 7. Auflage; Wiesbaden 1992.

Scholes, Myron S. / *Wolfson,* Mark A. / *Erickson,* Merle / *Maydew,* Edward / *Shevlin,* Terry (2002): Taxes and Business Strategy – A Planning Approach; 2. Auflage; Englewood Cliffs, New Jersey 2002.

Siegel, Theo (1972): Verfahren zur Minimierung der Einkommensteuer-Barwertsumme; in: Betriebswirtschaftliche Forschung und Praxis; 24. Jg. (1972); S. 65 – 80.

Siegel, Theodor (1973): Zur Zielfunktion und Problemlösung bei der Ertragsteuerplanung; in: Zeitschrift für Betriebswirtschaft; 43. Jg. (1973); S. 265 – 294.

– (1974): Konzepte zur Ertragsteuerplanung in der Kontroverse; in: Steuer und Wirtschaft; 51. Jg. (1974); S. 76 – 80.

– (1976): Probleme und Verfahren der Ertragsteuerplanung; in: Unternehmensprüfung und -beratung: Festschrift zum 60. Geburtstag von Bernhard Hartmann; Hrsg. Bernd Aschfalk, Sven Hellfors, Alexander Marettek; Freiburg i.Br. 1976; S. 223 – 248.

– (1980): Auseinanderfallen von Steuerentstehung und Steuerzahlung bei der Steuerbilanzplanung; in: Zeitschrift für Betriebswirtschaft; 50. Jg. (1980); S. 377 – 386.

– (1982): Steuerwirkungen und Steuerpolitik in der Unternehmung; Würzburg, Wien 1982.

– (1985): Rezension zu: Dieter Rückle, Normative Theorie der Steuerbilanzpolitik; in: Steuer und Wirtschaft; 62. Jg. (1985); S. 86 – 87.

– (1999): Steuern; in: Handbuch der Wirtschaftsethik; Hrsg. Wilhelm Korff et al.; Band 3: Ethik wirtschaftlichen Handelns; Gütersloh 1999; S. 354 – 398.

Stark, Oded (1995): Altruism and Beyond; Cambridge 1995.

Stiglitz, Joseph E. (1985): The General Theory of Tax Avoidance, in: National Tax Journal; Vol. 38 (1985); No. 3; S. 325 – 337.

Stiglitz, Joseph E. / *Schönfelder,* Bruno (1989): Finanzwissenschaft; 2. Auflage; München, Wien 1989.

Stiglitz, Joseph E. / *Wolfson,* Mark A. (1988): Taxation, Information, and Economic Organization; in: Journal of the American Taxation Association; Vol. 9 (1988); S. 7 – 18.

BFH-Urteil vom 28.07.1983 – IV R 103/82, BStBl. II 1984, S. 60.

BFH-Urteil vom 07.09.1995 – III R 24/91, BFH/NV 1996, S. 320.

Wer zusätzliche Steuern zahlt, zahlt drauf: wider die finanzwissenschaftliche Lehre von der Steuerüberwälzung

Von Dieter Schneider

I. Problemstellung

Zwei Gründe geben Anlaß, Theodor Siegel anläßlich der 65. Wiederkehr seines Geburtstages eine Untersuchung zur Steuerüberwälzung zu widmen.

Zum einen hat er in einem frühen Lehrtext originell und im Vergleich zu anderen Lehrbüchern ausführlich die „Rahmenbedingungen des Absatzes und Besteuerung" erforscht[1]. Der unerschrockene Kämpfer gegen eine Steuerbefreiung von Kapitaleinkünften (einschließlich einer zinsbereinigten Einkommensteuer) verdient Unterstützung beim Verbauen des Fluchtweges dieser Auffassung in eine stärkere Umsatzbesteuerung, die angeblich auf die Verbraucher „überwälzt" werde und dabei die Investitionstätigkeit nicht beeinflusse.

Zum anderen hat Theodor Siegel in zahlreichen Schriften die Verteilungsfolgen der Besteuerung betont. Die finanzwissenschaftliche Lehre von der „Steuerüberwälzung" zielt vor allem auf ein Verteilungsproblem der Steuerlast. „Ob eine Steuer auch denjenigen trifft, den sie treffen soll"[2], das ist die Frage, innerhalb der hier die Teilfrage untersucht wird: Kann eine Steuerzahlung durch steuerbedingte Entscheidungswirkungen bei der Preisbildung auf andere Personen „überwälzt", der Steuerzahler insoweit entlastet, werden?

Einer betriebswirtschaftlichen Untersuchung der „Steuerüberwälzung" bedarf es, weil in der Volkswirtschaftslehre die Erforschung der Steuerüberwälzung seit Jahrzehnten gelähmt erscheint. Teil II. stellt eine betriebswirtschaftliche Systematik einzelwirtschaftlicher Steuerwirkungen der in der Finanzwissenschaft gängigen entgegen. Teil III. legt Mängel der lehrbuchgängigen finanzwissenschaftlichen Steuerüberwälzungslehre bloß. Teil IV. untersucht die Fragwürdigkeit gängiger finanzwissenschaftlicher Vorstellungen über die Investitions- und Preiswirkungen einer höheren Umsatzbesteuerung.

---

[1] *Siegel* (1982), S. 98 – 112.

[2] *Reding / Müller* (1999), S. 143.

II. Betriebswirtschaftliche wider finanzwissenschaftliche Steuerwirkungslehre

(1) Steuerwirkungen äußern sich ex ante in Entscheidungswirkungen und ex post in Verteilungsfolgen. Entscheidungswirkungen folgen aus Wissensänderungen über die Umweltbedingung „Besteuerung". Verglichen wird eine Modell-„Welt" ohne oder vor einer Steuerrechtsänderung und eine Modell-„Welt" mit oder nach der Steuerrechtsänderung. Ein solcher Vergleich zielt auf die Messung einer einzelwirtschaftlichen Steuerlast, verstanden als Beeinträchtigung des Erreichens persönlicher Ziele durch die Besteuerung. Diese tritt beim einzelnen Bürger und seinen Institutionen als persönliche Steuerlast und als über Märkte bestimmte Steuerlast auf. Die Betriebswirtschaftliche Steuerlehre hat sich bisher im wesentlichen auf die Untersuchung der persönlichen Steuerlast und der Steuerwirkungen beim Steuerzahler für das geltende oder ein zu änderndes Steuerrecht beschränkt, die in diesem Beitrag zu untersuchenden marktbestimmten Steuerlasten vernachlässigt.

Marktbestimmte Steuerlasten sollen die Wirkungen der steuerbedingten Entscheidungen eines Steuerpflichtigen auf *andere* Marktteilnehmer messen. Wenn ein Einzelhändler als Folge eines erhöhten Umsatzsteuersatzes seine Absatzpreise steigen läßt, so entsteht beim Kauf zu dem gestiegenen Preis eine marktbestimmte Steuerlast für den Endverbraucher. Dessen marktbestimmte Steuerlast wächst nicht nur durch die steuerbedingte Preiserhöhung, sondern auch dann, wenn der Endverbraucher wegen der Preiserhöhung auf eine schlechtere Qualität bei den von ihm zu erwerbenden Sachen, Diensten und Verfügungsrechten zurückgreifen muß. Zu marktbestimmten Steuerlasten zählen zusätzlich Minderungen der Einnahmen eines Steuerpflichtigen, weil z.B. der Zigarettenhersteller eine höhere Tabaksteuer abzuführen hat und wegen der damit verbundenen Preiserhöhung ein Einzelhändler die bisher geplanten Absatzmengen nicht mehr verkaufen kann.

(2) Der betriebswirtschaftliche Begriff der marktbestimmten Steuerlasten und der finanzwissenschaftliche Begriff der Steuerüberwälzung entsprechen sich nicht, weil eine andere Forschungsaufgabe und eine ganz andere Systematik der Steuerwirkungen zugrunde gelegt wird.

Die Finanzwissenschaft postuliert als Forschungsaufgabe das Erkennen der endgültigen Steuerlast beim Steuerpflichtigen, einer „materiellen Inzidenz". Zu den Möglichkeiten der Anpassung eines Steuerzahlers an Steueränderungen, die zu einer materiellen Inzidenz hinführen, finden sich in zahlreichen Lehrbüchern der *Finanzwissenschaft* Schemata der Steuerwirkungen, ähnlich dem folgenden:

Die „Möglichkeiten der Anpassung an Steueränderungen (Steuerüberwälzung i.w.S.)" beginnen mit Verhaltensänderungen, und zwar einmal „Anpassung durch *Steuerausweichung (Steuervermeidung)*

a) sachliche Anpassung, d.h. Substitution von besteuerten durch unbesteuerte Tatbestände, ... von Arbeitszeit und Freizeit, von Sparen im Verhältnis zum Konsum ...

b) zeitliche Anpassung, z.B. beim Konsum oder bei Abschreibungen

c) räumliche Anpassung", diese national und international[3].

Diese Beispiele zur Steuerausweichung sind sämtlich verunglückt. Unter Substitution besteuerter durch unbesteuerte Tatbestände den Wechsel von Arbeitszeit zu Freizeit zu nennen, ist schief; denn die Arbeitszeit wird nicht besteuert, sondern das dabei erzielte Einkommen, und die Freizeit bleibt nicht unbesteuert, da bei der Gegenüberstellung von Arbeitszeit und Freizeit Konsumausgaben, die mit Umsatz- oder Verbrauchsteuern belastetet sind, begrifflich nur in der Freizeit erfolgen können. Daraus folgende marktbestimmte Steuerlasten sind bei der Gegenüberstellung Arbeitszeit/Freizeit der Freizeit zuzuordnen.

Bei einer Steuerausweichung zeitlicher Art Konsum und Abschreibungen auf die gleiche Stufe zu stellen, ist abwegig; denn Konsum bedeutet realen Güterverzehr, während Abschreibungen lediglich ein Rechenposten sind: Eine im Regelfall einmalige Ausgabe wird über mehrere Steuerjahre verteilt, um für jeweils eine Periode das Einkommen zu ermitteln. „Räumliche Anpassung" benennt nur in blasser Weise eine steuerbedingte Standortwahl und kennzeichnet gewiß nicht treffend die Probleme internationaler Konzernbesteuerung, wie: In welchem Land ist eine Holding zu errichten?

Die „Möglichkeiten der ... Steuerüberwälzung i.w.S." äußern sich bei Zimmermann / Henke ferner durch „*Weitergabe der Zahllast (Steuerüberwälzung i.e.S.)*

a) Vorwälzung, z.B. auf die Güterpreise

b) Rückwälzung, z.B. auf die Vorleistungen";

oder „durch *Kompensation der Belastung (Steuereinholung)*

a) im privaten Haushalt, z.B. durch Mehrarbeit

b) im Unternehmen, z.B. durch Rationalisierung".

Die Ausführungen zur Steuereinholung im Unternehmen bleiben mit dem Verweis auf Rationalisierung sehr vage, weil die Fülle an steuerrechtsbedingten Änderungen der Rangordnung in der Vorteilhaftigkeit von Investitions- und Finanzierungshandlungen nicht entfaltet wird. Mit der „Weitergabe der Zahllast (Steuerüberwälzung i.e.S.)" wird sich Teil III. beschäftigen.

---

[3] *Zimmermann / Henke* (2001), S. 229.

(3) Die vorstehende Auflistung der Möglichkeiten zur Anpassung an Steuer(rechts)änderungen ist keineswegs vollständig. Anders als finanzwissenschaftliche Texte ordnet z.B. eine *betriebswirtschaftliche Steuerwirkungslehre*: Anpassungsmaßnahmen, verstanden als Entscheidungswirkungen von geplanten oder verwirklichten Steuerrechtssachverhalten, beziehen sich auf das gesamte Entscheidungsfeld eines jeden Wirtschaftenden: auf seine Ziele, Handlungsmöglichkeiten, Mittel und Prognosen. Sowohl die Ziele, die Handlungsmöglichkeiten als auch die Entscheidung bei einem vorgegebenen Umfang an Handlungsmöglichkeiten und Mitteln zu ihrer Verwirklichung können durch das Einführen einer neuen Steuerart (d.h. bisher nicht benutzter oder auch nur neu kombinierter Steuerbemessungsgrundlagen), durch das Abwandeln der Bemessungsgrundlagen oder der Steuersätze verändert werden[4]. Die Auswirkungen einer Steuerrechtsänderung auf vorhandene Unternehmensmittel und auf Prognosen für das weitere Wirtschaften lassen sich errechnen, wenn die Steuerrechtsinhalte klar, Ziele und Handlungsmöglichkeiten bekannt sind. Bei einem derart vorgegebenen Entscheidungsfeld beziehen sich die Steuerwirkungen vor allem auf drei Sachverhalte: Liquidität, Unsicherheitseinschätzung und Rentabilität.

Die gängige finanzwissenschaftliche Auflistung von Anpassungsmöglichkeiten macht den Fehler, Steuerwirkungen hauptsächlich anhand der statischen Preis- und Kostentheorie zu analysieren. Diese Theorie taugt zur Erklärung der Wirklichkeit wenig, wie für die Preistheorie in Teil IV. gezeigt wird. Statt dessen sind Entscheidungswirkungen anhand von Änderungen der Vorteilhaftigkeit und Unsicherheitseinschätzungen für Investitions- und Finanzierungsvorhaben zu erkunden. Verteilungsfolgen entstehen für Unternehmungen insbesondere durch die Wirkungen auf die Innenfinanzierung. Finanzwissenschaftliche Lehrtexte versäumen mit ihrem Rückgriff auf die statische Preis- und Kostentheorie die praktisch wichtigsten Einflüsse herauszustellen: die Wirkungen auf Liquidität und Rentabilitätseinschätzung unter Unsicherheit.

III. Mängel in der finanzwissenschaftlichen Steuerüberwälzungslehre

1. Begriffsbildung

(1) Finanzwissenschaftliche Texte binden den Begriff der Steuerüberwälzung regelmäßig an die Steuerzahlung, „d.h. die Steuerzahlung wird fällig, ... es kommt zu sog. ‚*Markt- und Preiseffekten*‘, die im wesentlichen auf eine Verän-

---

[4] Vgl. *D. Schneider* (1992a), S. 49 – 69.

derung von Marktpreisen hinauslaufen, durch die die Steuerlast in irgendeiner Form weitergereicht werden soll"[5].

Kern der Lehre, wer eine Steuer trägt, „ist die Unterscheidung zwischen formeller und materieller Steuerlast. Bei der *formellen Steuerlast*, auch Steueranstoß genannt, handelt es sich um jene Geldbeträge, die von den Steuerpflichtigen an die Finanzbehörden abgeführt werden. Die *materielle Steuerlast (Inzidenz)* beschreibt jene Wohlstandseinbußen, die bei den Steuerpflichtigen *oder anderen Personen* nach Abschluß aller Überwälzungsvorgänge und Verzerrungen verbleiben"[6]. Als „Problem der Überwälzung" wird auf der Vorseite bezeichnet: „wer die Steuer also tatsächlich trägt" (Überwälzung wird somit stillschweigend mit materieller Steuerlast gleichgesetzt), drei Seiten später erfolgt eine Überwälzung, „indem der formell Steuerpflichtige die Zahllast oder einen Teil davon durch Verhaltensänderungen an andere weitergibt". Das Weitergeben einer Zahllast an andere ist nicht dasselbe wie das Tragen (also das Nicht-Weitergeben) einer Zahllast. Aber solche Sprachnachlässigkeiten sind harmlos im Vergleich zu den realitätsfernen Aussagen zur materiellen Steuerlast.

(2) Gegen die vorstehenden Zitate ist aus Sicht der Steuerrechtswirklichkeit einzuwenden:

(a) Nicht alle „Geldbeträge, die vom Steuerpflichtigen an die Finanzbehörde abgeführt werden," dürfen der formellen Steuerlast eines Unternehmers zugeordnet werden, z.B. nicht die von ihm ans Finanzamt zu überweisende einbehaltene Lohnsteuer. Innerhalb der gesamten Steuerzahlung eines Unternehmers wird zur „formellen" (persönlichen) Steuerlast nur das Begleichen der eigenen Steuerschuld. Andererseits muß persönliche Steuerzahlung so verstanden werden, daß eine von Marktpartnern einbehaltene und abgeführte Steuer (also insbesondere für den Arbeitnehmer die Lohnsteuer) zur „persönlichen Steuerzahlung" rechnet, wenn die persönliche Steuerzahlung die formelle Steuerlast abbilden soll.

(b) Innerhalb der Lehre von der „Überwälzung" gilt die Steuerzahlung als Anpassungshandlungen auslösender Beobachtungstatbestand. Das ist eine arge Vereinfachung: Die Steuerzahlung, die ein Steuerpflichtiger aufgrund eines Steuerbescheides innerhalb von vier Wochen an eine Finanzkasse leisten muß, ist bei Erfüllung ein Beobachtungstatbestand, eindeutig meßbar durch den veränderten Kontostand. Aber das ist nicht die Steuerzahlung, die das finanzwissenschaftliche Sprachspiel meint; denn wenn der Steuerpflichtige heute zähneknirschend zahlt, obwohl er Rechtsmittel gegen den Steuerbescheid eingelegt hat, die nach einem bis zum Entscheid des Bundesfinanzhofs acht Jahre dauernden Prozeß zur vollen Steuerrückerstattung führen, so war der Tatbestand

---

[5] *Reding / Müller* (1999), S. 136 – 138.

[6] *Homburg* (2000), S. 98, 101.

„Steuerzahlung, vier Wochen nach Zugang des Steuerbescheids," im finanzwissenschaftlichen Sprachspiel keine Steuerzahlung, weil bei Überlegungen zur Steuerüberwälzung unterstellt wird, Steuerzahlungen seien rechtlich zweifelsfreie, endgültige Ausgaben. Dieses einfache Beispiel erinnert daran, daß jede Wissenschaft in anderer Weise abstrahiert. Das, was bei einem wissenschaftlichen Sprachspiel (hier dem finanzwissenschaftlichen) als „unmittelbar beobachtbar" gilt, ist in einem anderen wissenschaftlichen Sprachspiel (z.B. dem steuerrechtlichen oder betriebswirtschaftlichen) alles andere als ein „vorgegebener Beobachtungstatbestand".

(c) Abwegig ist, das Abführen von Geldbeträgen als einen „Steueranstoß" zu bezeichnen, der Anpassungen verursacht. Sinn erhält der Begriff „Steueranstoß"[7], wenn er als Datenänderung verstanden wird, die eine Steuerplanung von Anpassungshandlungen auslöst. Die Datenänderung ist in Wirklichkeit nicht die Steuerzahlung, sondern betrifft eine Änderung im Wissensstand: Im Regelfall ist diese neu beachtete Information das Berücksichtigen eines geltenden oder erwarteten Steuerrechts. In die Planung gehen dabei oft auch beabsichtigte Steuerrechtsänderungen ein, die, nur von Politikern angekündigt, später gar nicht verwirklicht werden, aber vorsorgliche Steuerausweichhandlungen mancher Steuerpflichtiger einleiten („Ankündigungseffekt" in der Besteuerung). Im Ausnahmefall besteht der „Steueranstoß" in einer Wissensänderung über Steuerschulden durch einen Steuerbescheid bei jenen Steuerpflichtigen, die nicht vorab die Steuerrechtslage erkundet oder sich im Rechtsirrtum über ihre Steuerschuld befunden haben.

(3) Methodisch ist gegen die Vorstellung einer materiellen Inzidenz einzuwenden:

(a) Überwälzung in dem Sinne, daß „der formell Steuerpflichtige die Zahllast oder einen Teil hiervon durch Verhaltensänderungen an andere weitergibt", unterstellt, daß vor der Anpassungshandlung die Zahllast feststeht.

Wie sehr das Bild in die Irre leiten kann, daß Steuer*zahlungen* Anpassungshandlungen auslösen, zeigt sich deutlich bei vom Umsatz und vom Einkommen abhängigen Steuern. Steuerpflichtiger Umsatz und steuerpflichtiges Einkommen sind steuerrechtlich grundsätzlich auf ein Jahr bezogen und liegen in ihrer Höhe am Ende dieser Abrechnungsperiode vor. Planen läßt sich am Jahresanfang nur eine bedingte Steuerschuld und die daraus folgenden Steuerzahlungen, falls diese oder jene Handlungen verwirklicht werden. Wieviel Geld als Vorauszahlung während des Jahres abzuführen ist, das gibt keinen Steueranstoß für irgendeine Anpassungshandlung über die Liquiditätsplanung hinaus.

---

[7] Percussione bei *Pantaleoni* (1882), S. 18 f.

(b) Entscheidend ist jedoch, daß keine Hoffnung besteht, empirisch ermitteln zu können, wann bei allen Personen der „Abschluß aller Überwälzungsvorgänge“ vollzogen ist. Vermutlich wird stillschweigend bei dieser Aussage unterstellt, daß vor dem „Steueranstoß“ ein allgemeines Marktgleichgewicht existiert. Am Ende des Zeitraums, in dem die Marktanpassungsprozesse laufen, existiert wieder ein allgemeines Marktgleichgewicht, das zugleich anzeigt, welche endgültige, nicht überwälzte Steuerlast dem Steuerpflichtigen verbleibt. Jedoch lassen sich weder Ausgangs- noch Endgleichgewicht jemals beobachten. Der Marktprozeß, den eine Steuer(rechts)änderung in Bewegung setzt, kann unter Unsicherheit schon deshalb nicht theoretisch rekonstruiert und empirisch getestet werden, weil der Zeitraum der Anpassung nicht bekannt ist. Deshalb informiert die Vorstellung einer materiellen Inzidenz nicht über die Wirklichkeit. Bildlich gesprochen wird hier versucht, ein Wildpferd vom Schwanz her aufzuzäumen, bevor man es gefangen hat. Wie wenig Verständnis für eine Erforschung der Wirklichkeit (für erfahrungswissenschaftliches Arbeiten) hinter der finanzwissenschaftlichen Wunschvorstellung einer endgültigen Steuerlast (materiellen Inzidenz) steckt, ist an anderer Stelle an Beispielen belegt worden[8]. Der Einfall, eine Steuerzahlung führe durch nachfolgende Anpassungshandlungen zu einer Entlastung des Steuerzahlers, ist eine über Jahrhunderte gehegte Fehlintuition.

Es ist deshalb ein Vorwurf zu erneuern, der bereits vor mehr als 20 Jahren ausgesprochen wurde: „Nur wer theoriefremde, breiartig gedachte Wunschvorstellungen nicht opfern will, wird die Begriffe Steuerüberwälzung und (materielle) Steuerinzidenz weiter verwenden“[9]. Ohne die damals vorgetragenen Argumente zur Kenntnis zu nehmen oder gar widerlegen zu können, erzählen jüngere finanzwissenschaftliche Lehrbücher hierzu noch heute im wesentlichen dasselbe wie vor rund einem Vierteljahrhundert.

(4) Die Definition von Überwälzung, daß „der formell Steuerpflichtige die Zahllast oder einen Teil davon durch Verhaltensänderungen an andere weitergibt“, läßt sich in quantitativen Begriffen durch die folgende Gleichung ausdrücken, wenn Zahllast = Steuerschuld = persönliche Steuerzahlung gesetzt wird:

Persönliche Steuerzahlung minus Steuerüberwälzung ist gleich persönliche Steuerlast (Einkommensminderung).

Diese Gleichung kann als Gedankenvorbild für ein Erklärungsmodell betrachtet werden. Damit die Gleichung Sinn erhält, müssen zwei der drei Begriffe unabhängig voneinander definiert sein und beobachtet (gemessen) werden können. Zwei inhaltliche Deutungen der Gleichung sind anschließend zu erör-

---

[8] Vgl. *D. Schneider* (1992a), S. 15 – 18.

[9] *D. Schneider* (1982), S. 280.

tern: ein einzelwirtschaftliches Modell zur Entscheidungswirkung und die meßtechnische Frage nach der Überwälzbarkeit einkommensteuerrechtlich abzugsfähiger Steuern. Daraus wird eine Folgerung über das Verhältnis einer zusätzlichen Steuerzahlung zur persönlichen Steuerlast und zu den Preiswirkungen für *andere* Marktteilnehmer gezogen.

2. Überwälzung im einzelwirtschaftlichen Entscheidungsmodell?

Auslösende Ursache einer Steuerplanung sei die zu Beginn eines Steuerjahres wirksam werdende Steuerrechtsänderung, die gegenüber einer Planperiode mit unveränderten Daten Anpassungshandlungen nahelegt. Die zu planende Umsatz- und Einkommensteuerschuld werde als Saldo aus Vorauszahlungen und Endzahlung durch eine Steuerzahlung am Ende des Jahres erfaßt, und zu fragen ist: Läßt sich eine Steuerzahlung, wie sie sich nach zielentsprechenden Anpassungshandlungen ergibt, sinnvoll in Steuerlast und Steuerüberwälzung aufteilen?

Der Unterschied zur Sichtweise von Homburg (Fn. 6) besteht darin:

(a) Das Modell beschränkt sich auf eine Steuerplanung eines einzelnen Steuerzahlers, und verzichtet wird auf die Unterstellung eines Ausgangsmarktgleichgewichts, das über einen empirisch nachprüfbaren Prozeß durch Hin- und Herwälzen von Steuerlasten von einem Marktteilnehmer zu anderen mit einem endgültigen Marktgleichgewicht endet.

(b) Neue Informationen über Steuerrechtsänderungen, nicht: „abgeführte Geldbeträge", lösen Anpassungshandlungen des einzelnen Steuerpflichtigen aus.

(c) Gesucht wird eine Verteilungsfolge der geplanten Steuerzahlung nach Anpassungshandlungen: Wieviel ist persönliche Steuerlast und wieviel „überwälzte", also nicht belastende Steuerzahlung? Die Verwirklichung der Planung und damit die Istergebnisse bleiben außerhalb des Modells.

Eine Antwort gibt ein Cournotsches Modell mit fallenden Nachfragefunktionen, in dem zum ersten in einer Welt ohne Umsatzsteuer, zum zweiten in einer Welt mit Umsatzsteuer der gewinnmaximale Preis ermittelt und dann die persönliche Steuerlast des Unternehmers durch die Gewinnminderung gemessen wird. In diesem Modell (mit unveränderten Erlös- und Kostenfunktionen nach der Steuerrechtsänderung) verursacht eine Umsatzsteuer ceteris paribus eine Verringerung der Absatzmenge und damit eine Nettoerlös- und Gewinnminderung.

(1) Behauptet wird von den Finanzwissenschaftlern Helmut Schneider und Nachtkamp: Vergleicht man die dabei entstehende Steuerzahlung „mit der Steu-

erzahlung vor der Mengenreduktion, dann sieht man, daß durch die Mengenreduktion die Steuerlast ... vermindert wurde; es ist also gelungen, einen Teil der Steuerlast – hier wohl primär auf die Nachfrager – zu überwälzen“[10].

Abgesehen davon, daß der Zusatz „hier wohl primär auf die Nachfrager“ von vornherein inhaltsleer ist, weil im Modell andere Marktteilnehmer als die Nachfrager nicht auftreten, übergeht dieses Verständnis von Steuerüberwälzung die zahlungsmäßige Ursache für die hier behauptete „Überwälzung“. Die Kürzung der Steuerlast entsteht, weil der Unternehmer eine Umsatzsteuerzahlung, wie sie nach einer Preiserhöhung und Nichtreduktion der Absatzmengen fällig würde, durch Verminderung der Absatzmenge verringert. Eine ersparte Steuerzahlung ist also die Ursache für die „verminderte Steuerlast“ (die abgewendete Einkommensminderung). Eine ersparte Steuerzahlung ist aber niemals Ausdruck einer Überwälzung einer vorgegebenen Steuerzahlung auf andere Marktteilnehmer, sondern genau das Gegenteil: eine Einnahmenminderung für den Fiskus[11].

(2) Gegenüber den falschen Folgerungen von Helmut Schneider und Nachtkamp findet sich ein rundes Jahrhundert zuvor Treffendes über die Steuerwirkungen im Cournotschen Modell: Bei fallenden Preis-Absatz-Funktionen sind sämtliche mengen-, erlös- und gewinnabhängigen Steuerzahlungen unüberwälzbar[12], weil die Einkommensminderung aufgrund höherer drohender Steuerzahlungen bei gewinnmaximalem Verhalten entweder über oder allenfalls (bei einer entscheidungsneutral gestalteten Steuer) auf gleicher Höhe mit der tatsächlichen Steuerzahlung liegt[13]. Diese „Unüberwälzbarkeit“ der mengen-, erlös- und gewinnabhängigen Steuern bei Monopolisten und anderen Preise Setzenden schließt Preisänderungen ein: Es entstehen zum einen marktbestimmte Steuerlasten durch höhere Beschaffungspreise für die Kunden oder niedrigere Absatzpreise für die Lieferanten. Zum anderen erwachsen dem Absatzpreise oder Beschaffungspreise setzenden Unternehmer Erlösminderungen oder Kostenerhöhungen, bevor die zusätzliche Steuerzahlung feststeht, also „steuerliche Zusatzlasten“.

---

[10] *H. Schneider / Nachtkamp* (1977), S. 364.

[11] Vgl. die Beispiele in *D. Schneider* (2002), S. 33 – 40.

[12] Vgl. *Pantaleoni* (1882), S. 77.

[13] Dabei ist die Bedingung stetig sinkender Grenzerlöse unerläßlich; denn werden praxisnah Preisänderungen nur in Intervallen zugelassen, so lassen sich bei nicht stetig fallenden Preis-Absatz-Funktionen Beispiele konstruieren, in denen im Monopol keine Einkommensminderungen auftreten. Auf diesen Einwand Seligmans hat Edgeworth mit der Betonung der mathematischen Voraussetzungen reagiert, vgl. näher *Moss* (2003), S. 205 – 240.

Im gängigen einzelwirtschaftlichen Modell läßt sich eine zusätzliche Steuerzahlung nicht in persönliche Steuerlast und entlastende Steuerüberwälzung aufteilen.

(3) Die Unüberwälzbarkeit ist an rationales, im Modell also gewinnmaximierendes Verhalten gebunden. Liegt vor der Steuererhöhung der Preis unter dem Preis im Gewinnmaximum, und wird bei Bekanntwerden der Steuererhöhung zielentsprechender kalkuliert, so steigt der Erlös. Soweit die zusätzliche Steuerzahlung aus dem Mehrerlös gezahlt werden kann, entsteht keine Gewinnminderung. Diese „Überwälzung" als Folge einer Rationalitätssteigerung ist altbekannt.

3. Überwälzung von abzugsfähigen Steuern?

Steuerzahlungen, die einkommensteuerrechtlich als Abzugsposten gelten, stellen auch eine durch die Besteuerung verursachte Einkommensminderung dar. Wird der Vorstellung gefolgt: „Die Steuertraglast eines Unternehmens messen wir an der durch die Besteuerung verursachten Einkommensreduktion"[14], und wird z.B. der Hebesatz der Gewerbesteuer erhöht, ist je nach der Problemstellung bei Steuerbelastungsrechnungen der Ausgangsbetrag für die „durch die Besteuerung verursachte Einkommensreduktion" abzuwandeln. Beispiel:

Die Steuererklärungen eines Brauereibesitzers, der Einzelkaufmann in einer Gemeinde mit hohem Gewerbesteuerhebesatz ist (so daß die Gewerbesteuer die pauschale Ermäßigung der Einkommensteuer nach § 35 EStG übersteigt), mögen Zahlungen an Umsatzsteuer, Biersteuer, Grundsteuer, Gewerbesteuer, Einkommensteuer (Solidaritätszuschlag darin eingeschlossen) und Kirchensteuer ergeben. Jede Berechnung der persönlichen Steuerlast setzt zu klären voraus, welcher Inhalt dem „Einkommen" beizulegen ist, das durch die Besteuerung reduziert wird.

Nahe liegt, das Einkommen, welches durch die Steuerbelastung gemindert wird, im „zu versteuernden Einkommen" des Einkommensteuerrechts zu sehen. Als Steuerbelastung zählt dann nur die je Steuerjahr zu zahlende Einkommensteuer mit Solidaritätszuschlag. Alle als Betriebsausgaben oder Sonderausgaben abzugsfähigen Steuern: von der Biersteuer bis zur Kirchensteuer, „belasten" das „zu versteuernde Einkommen" des Einkommensteuergesetzes nicht mehr. Dürfen abzugsfähige Steuern als „überwälzte", von anderen Wirtschaftenden zu tragende Steuerzahlungen angesehen werden?

Abgesehen davon, daß bei negativen Einkünften aus Gewerbebetrieb nicht alle Aufwandsteuern als „überwälzt" gelten können, führt der Gedanke in die Ir-

---

[14] *H. Schneider / Nachtkamp* (1977), S. 361.

re, abzugsfähige Steuern als „überwälzte", eine persönliche Einkommensminderung vermeidende Steuerzahlung anzusehen; denn bei der Berechnung der Steuerlast durch eine abzugsfähige Steuer ist jeweils die Bezugsgröße für die „durch die Besteuerung verursachte Einkommensreduktion" zu korrigieren. So baut die Gewerbesteuerzahlung auf den Einkünften aus Gewerbebetrieb auf, korrigiert um gewerbesteuerliche Hinzurechnungen und Kürzungen, mit der Folge, daß die Gewerbesteuerzahlung zur persönlichen Steuerbelastung zu rechnen ist. Gleichzeitig muß aber der Ausgangsbetrag des durch die Besteuerung zu reduzierenden „Einkommens" korrigiert werden: An die Stelle des Teilbetrags „Einkünfte aus Gewerbebetrieb" hat der Gewerbeertrag vor Abzug der Gewerbesteuerzahlungen zu treten.

Änderungen in der Verbrauchsbesteuerung fordern eine noch weitergehende Neubestimmung des Ausgangsbetrags „Einkommen", um die „durch die Besteuerung verursachte Einkommensreduktion" zu messen. Nehmen wir an, aus Gründen der gleichmäßigen Besteuerung von Wein und Bier werde die Biersteuer erlassen, und zwar, ohne daß sich (zur Vereinfachung) der Brauereiumsatz und die nicht-steuerlichen Ausgaben ändern. Dann erhöht sich der Gewerbeertrag und damit das zu belastende „Einkommen" um die erlassene Biersteuer, somit die Gewerbe-, Einkommen- und Kirchensteuerzahlung. Der Wegfall einer Verbrauchsteuerzahlung bewirkt damit nur einen teilweisen Rückgang der gesamten Steuerzahlung, aber bei Anwendung der Gleichung: „Steuerzahlung minus Steuerüberwälzung gleich Steuerlast" eine gänzlich andere Höhe der Steuerüberwälzung und der Steuerlast[15]. Selbst in der meßtechnischen Deutung „Steuerzahlung minus Steuerüberwälzung gleich Steuerlast" erweist sich der Begriff „Steuerüberwälzung" als untauglich, um die persönliche Steuerlast eines Steuerzahlers zu berechnen.

4. Zusätzliche Steuerzahlung, persönliche Steuerlast und Preiswirkungen für andere Marktteilnehmer

Werden mengen-, erlös- und gewinnabhängige Steuern erhöht, so kann es bei sonst gleichen Marktgegebenheiten und rationalem Einkommensstreben keine Steuerüberwälzung im Sinne einer Minderung der persönlichen Steuerlast eines Steuerzahlers geben. *Wer zusätzliche Steuern zahlt, zahlt drauf (schafft persönliche Steuerlast an).* Eine Anpassung des Steuerpflichtigen an Steuerrechtsänderungen, die ihm zusätzliche Steuerzahlungen androhen, erreicht lediglich zweierlei:

(1) Die Steuerzahlung verringert sich durch Steuerausweichung, z.B. beim Ersatz von Getränken, die verbrauchsbesteuerten Alkohol enthalten, durch an-

[15] Vgl. das Beispiel in *D. Schneider* (1990), S. 250 – 253.

dere Getränke oder durch Verminderung der Umsatzsteuerzahlung als Folge sinkenden Umsatzes wegen Preiserhöhungen bei fallenden Preis-Absatz-Funktionen.

(2) Die Wahl von Handlungen, die nach einer Steuerrechtsänderung gegenüber anderen in der Vorteilhaftigkeit vorzuziehen sind, z.B. Tätigkeiten ins niedriger besteuernde Ausland zu verlagern, institutionenbildende Steuerausweichhandlungen durch Rechtsform- oder Holdingwahl u.ä. zu schaffen. Auf Änderungen in der Rangordnung der Vorteilhaftigkeit beruhen die meisten in der Betriebswirtschaftslehre diskutierten Steuerwirkungen.

Im Ergebnis sind zusätzliche Steuerzahlungen eines Steuerpflichtigen mit der Folge wachsender persönlicher Steuerlast von den Preiswirkungen dieser Steuerzahlungen für *andere* Marktteilnehmer (Kunden, Lieferanten, Arbeitnehmer) streng zu trennen. Der Fehlvorstellung einer Steuerüberwälzung als ein Teilbetrag einer persönlichen Steuerzahlung, der nicht das Einkommen des Steuerzahlers belastet, stehen steuerbedingte Preisänderungen gegenüber, die umgangssprachlich vielfach auch mit dem Namen „Steuerüberwälzung" belegt werden.

Beispiele, daß zusätzliche Steuerzahlungen zu höheren Preisen führen, liegen auf der Hand: Benzinpreissteigerungen nach Mineralsteuererhöhungen sind ein häufig wiederkehrendes Ärgernis. Jedoch entstehen in mindestens drei Modellfällen auch steuerbedingte Preissenkungen:

(a) Bekannt ist ein von Edgeworth beschriebenes Steuerparadox: Nach Einführen einer Luxussteuer auf 1. Klasse Eisenbahnfahrten kann es sich für eine Monopoleisenbahn lohnen, sowohl die Preise für die 1. wie auch die (damals noch bestehende) 3. Klasse zu senken, wenn besondere Formen des Nachfrageverbunds bestehen[16].

(b) Ein Zusammentreffen von Lohnerhöhungen mit Gewinnsteuererhöhungen mag dazu führen, daß kapitalintensivere Investitionen mit geringeren Lohngrenzkosten vorteilhafter werden. Soweit Grenzkosten Einfluß auf den Absatzpreis nehmen, kann dieser sinken.

(c) Regelungen zur verdeckten Gewinnausschüttung bei vertikal verbundenen Unternehmungen können nahelegen, Absatzpreise zu verringern[17].

Ein Sonderfall wird neuerdings unter dem Begriffskrüppel „implicit taxes"[18] erörtert. Bei diesen „impliziten Steuerlasten" handelt es sich um die Ermäßi-

---

[16] Vgl. *Edgeworth* (1925), S. 131 – 133, 144 – 151; verallgemeinert bei *Hotelling* (1932), S. 571 – 583.

[17] Vgl. zu (b) und (c) *D. Schneider / Nachtkamp* (1970), S. 499 – 509.

[18] „investors pay taxes explicitly on heavily taxed investments, and they pay taxes implicitly on lightly taxed investments through lower before-tax rates of return"; *Scholes / Wolfson / Erickson / Maydew / Shevlin* (2001), S. 92.

gung der Mindestrendite vor Steuern einer in der Besteuerung begünstigten Finanzinvestition gegenüber einer normal besteuerten. Letztere bedarf einer höheren Mindestrendite vor Steuern, weil normal und begünstigt besteuerte Investitionen bei gleichem Unsicherheitsgrad und Informationsstand etwa die gleiche Nachsteuerrendite haben werden. Der Begriff „implicit taxes" ist mißgestaltet; denn die Differenzen zwischen Marktpreisen vor Steuern und nach Steuern sind keine stillschweigenden („impliziten") Steuerzahlungen.

IV. Investitions- und Preiswirkungen erhöhter Umsatzsteuersätze

1. Keine Beeinträchtigung der Investitionen?

(1) In keinem Teil der Steuerwissenschaften wird gegen die Folgerung: Wer zusätzliche Steuern zahlt, zahlt drauf, so deutlich verstoßen, wie in den Besteuerungsmodellen, die Bedingungen für Entscheidungsneutralität zwischen Investitionen in einzelnen Wirtschaftsbereichen und im Zeitablauf (intersektorale und intertemporale Allokationseffizienz) postulieren. Aus solchen Modellen folgerten jene Autoren, die ihr wissenschaftliches Glück in den Träumereien neoklassischer Wachstumsmodelle erhofften: Umsatzsteuern könnten erhöht werden, weil sie die Investitionsbereitschaft nicht beeinflussen[19].

Eine solche Behauptung bezeugt ein beklagenswertes Fehlen von Wirklichkeitssinn; denn diese Modelle beruhen nicht nur auf nutzentheoretischen Annahmen, die in der Theorie der Nachfrage längst als unfruchtbar verworfen sind[20], sondern vor allem auf der Unterstellung, vollkommene und vollständige Kapitalmärkte im Konkurrenzgleichgewicht seien eine zwar vereinfachte, aber adäquate Erklärung für die Realität der Märkte, so wie sie sind[21]. Doch mit dieser Annahme werden Liquiditätsprobleme und Planungsunsicherheiten wegdefiniert. Deshalb spielt im Gegensatz zur Wirklichkeit in diesen Modellen keine Rolle, wer der Steuerzahler ist: eine Unternehmung oder ein Unternehmer, die Einkommen erwirtschaften, oder ein Haushalt, der Einkommen verwendet.

(2) Hinzu tritt, daß die vermutlich einzige empirisch in weitem Maße haltbare Hypothese mikroökonomischer Preistheorie lautet, in aller Regel bewirke ein gestiegener Preis niedrigere Absatzmengen. Die Einführung oder Erhöhung einer Umsatzsteuer führt dann nicht nur zu höheren Preisen für die Verbraucher, sondern auch zu niedrigeren Gewinnen der Unternehmer, wenn diese vor der

---

[19] Vgl. z.B. *Sinn* (1985), S. 226 f.; *Sievert* et al. (1989), S. 253 – 255; Sachverständigenrat zur Begutachtung der gesamtwirtschaftlichen Entwicklung (1985), Ziffer 276; *Wagner / Wenger* (1996), S. 404 f.

[20] Vgl. *Mishan* (1967), S. 82 f.; ausführlicher *Blaug* (1992), S. 138 – 146.

[21] Vgl. *Reder* (1982), S. 1 – 38; *D. Schneider* (1995), S. 291 – 298.

Umsatzsteuererhöhung ihren Gewinn zu maximieren beabsichtigen. Solche steuerlichen Zusatzlasten verstärken sich unter Ungewißheit und mindern zusätzlich die Investitionsbereitschaft[22].

Steuerliche Zusatzlasten verschwinden nicht, wenn vom einzelnen Unternehmer auf die Gesamtheit aller Märkte übergegangen wird. Nur der Rückzug von einem bißchen empirischen Gehalt, das dem Modell fallender Nachfragefunktionen vorläufig einmal zugestanden sei, auf eine völlige empirische Leere in den Tautologien der Konkurrenzgleichgewichtsmodelle[23], in denen Unternehmer zu jedem vorgegebenen Preis unbeschränkte Mengen absetzen können, erlaubt, eine Umsatzsteuer als nicht die Investitionen beeinflussende Konsumsteuer zu behaupten.

(3) Um die Wirkungen der Umsatzsteuer auf die Investitionen zu beurteilen, darf das Umsatzsteuerrecht nicht völlig unzulänglich in ein Modell übersetzt werden. So belastet die Mehrwertsteuer die Gewinne über die gezahlte Umsatzsteuer hinaus, weil Anzahlungen vor einer marktgemäßen Gewinnrealisierung Umsatzsteuerzahlungen auslösen (§ 13 Abs. 1 Nr. 1 Buchst. a, Satz 4 UStG). Die Zusatzbelastung entsteht durch die Gewinnbesteuerung, da nach § 5 Abs. 5 Satz 2 Nr. 2 EStG diese Umsatzsteuer aktiviert werden muß, sofern sie als Aufwand berücksichtigt ist[24]. Die Regelbesteuerung nach vereinbarten Entgelten statt vereinnahmten Entgelten, verschiedene Mehrwertsteuersätze für einzelne Güter und unterschiedliche Bemessungsgrundlagen schaffen weitere Zusatzlasten und verzerren zusätzlich Investitionsentscheidungen.

2. Vermutungen über Preiswirkungen höherer Umsatzsteuersätze

(1) Wie steht es um den empirischen Gehalt der Modelle mit fallenden Nachfrage- bzw. Preis-Absatz-Funktionen, mit denen finanzwissenschaftliche Lehrbücher in einer Partialanalyse Preiswirkungen der Besteuerung herleiten?

Zwar kritisieren Finanzwissenschaftler häufig eine Partialanalyse der Preiswirkungen aufgrund von Nachfragefunktionen durch den Verweis auf das „Manko“, das „die Generalisierung solchermaßen gewonnener Ergebnisse für gesamtwirtschaftliche Betrachtungen darstellt“[25]. Aber ob dieses Manko durch makroökonomische Studien überwunden werden kann, ist zu bezweifeln; denn das Erkennen der gesamtwirtschaftlichen Auswirkungen setzt Kenntnis der einzelwirtschaftlichen Preiswirkungen voraus. Jedoch deckt die gängige mikro-

---

[22] Vgl. *D. Schneider* (1992), S. 767 – 777.

[23] Vgl. *Hayek* (1976), S. 63.

[24] Vgl. *D. Schneider* (1992b), S. 771 f.

[25] *Reding / Müller* (1999), S. 141.

ökonomische Analyse mit Hilfe von Nachfragefunktionen kaum mehr als logische Implikationen der gesetzten Annahmen auf, die lediglich erste Einsichten in die Zusammenhänge schaffen. Empirischer Gehalt im Sinne testbarer, widerlegbarer Aussagen ist mit dem Aufdecken logischer Implikationen noch nicht verbunden. Schließlich ist seit Jahrzehnten die Unfähigkeit komparativ-statischer Modelle monopolistischer Konkurrenz zur Erklärung und damit zur Prognose belegt: „Price theory has ever since been more complicated and less satisfying, and ... some critics now complain that we are left with little more than ad hoc theorizing“[26].

(2) Selbst wenn Einwände gegen den mangelnden empirischen Gehalt der gängigen Preistheorie mit jenem bedauernden Achselzucken übergangen werden, wie es methodologischen Ignoranten eigen ist, so leidet eine solche Analyse der Preiswirkungen immer noch unter modell-endogenen Schwierigkeiten:

Mindestens sechs Annahmen sind erforderlich, um die lehrbuchgängige Einprodukt-Nachfrage- bzw. Preis-Absatz-Funktion zu definieren[27]. Die ersten drei werden in der Regel stillschweigend als erfüllt angesehen:

(a) die Inhaltsbestimmung der Absatzperiode,

(b) die inhaltliche Abgrenzung des Marktes und

(c) die Kenntnis der Reaktionen anderer Anbieter.

(d) Die vierte Annahme besagt, daß die Präferenzen der Nachfrager während einer betrachteten Absatzperiode unverändert bleiben, gleichgültig, ob der Preis 5, 10 oder 50 € beträgt. Die Annahme konstanter Präferenzen der Nachfrager unterstellt, daß der monopolistische oder in anderen Marktformen Preise setzende Anbieter seine absatzpolitischen Instrumente bei jedem Preis in derselben Weise wählt oder daß ihr Einsatz wirkungslos bleibt.

(e) Die fünfte Annahme lautet: Die Preise aller nicht in einer Nachfragefunktion enthaltenen Sachen, Dienste und Verfügungsrechte müssen gleichbleiben; denn je nach der Höhe der Preise konkurrierender oder komplementärer Güter ändert sich die Nachfragemenge des Gut in Abhängigkeit von seinem Preis.

(f) Die letzte Annahme fordert ein konstantes Einkommen; denn jede Variation des Einkommens kann die Nachfragefunktion beeinflussen. Konstanz des Einkommens heißt zum einen unverändertes Nominaleinkommen. Dann ändert sich bei der Bewegung auf einer Nachfragefunktion das Realeinkommen, der Lebensstandard, der Nachfrager. Dies ist die lehrbuchgängige Interpretation. Eine zweite Deutung[28] geht bei Preisänderungen (Bewegungen auf einer Nach-

---

[26] *Blaug* (1985), S. 396.

[27] Vgl. *D. Schneider* (1966); ders. (1997), S. 363 f.

[28] Vgl. *Knight* (1944), S. 299; *Friedman* (1953), S. 47 – 99, bes. S. 60 – 62.

fragefunktion) von konstantem Realeinkommen der Nachfrager aus. Um die Konstanz des Lebensstandards bei Preisänderungen des betrachteten Gutes zu gewährleisten, muß ein höherer Preis auf einer Nachfragekurve durch niedrigere Preise bei den nicht in die Funktion aufgenommenen Gütern oder durch eine entsprechende Erhöhung des Nominaleinkommens kompensiert werden.

Für die Untersuchung der Steuerwirkungen ist an erster Stelle die Annahme (f) über das konstante Einkommen bedeutsam. Bereits vor über einem halben Jahrhundert hat Friedman gezeigt, daß die Wirkung einer Subvention mit gleichzeitiger Einkommensteuererhöhung treffender erklärt werden kann, wenn eine Nachfragekurve mit konstantem Realeinkommen unterstellt wird, als in einer Analyse anhand der lehrbuchgängigen Nachfragefunktion mit Konstanz aller übrigen Preise und folglich variierendem Realeinkommen.

(3) Eine Analyse der Folgen von Änderungen der Umsatzsteuersätze verlangt für jedes Produkt einer Unternehmung, zwischen der Gesamterlöskurve und der Nettoerlösfunktion zu unterscheiden. Die Gesamterlösfunktion gleicht der Nachfragefunktion mal Absatzmenge des Produkts bei der Unternehmung; die Nettoerlösfunktion entspricht der Gesamterlösfunktion, abzüglich Umsatzsteuer unter Berücksichtigung der Vorsteuer. Anhand der Nettoerlösfunktion lassen sich zum einen die Preisänderungen erkennen, aus denen marktbestimmte Steuerlasten für die Nachfrager (und bei sinkender Beschäftigung auch für die Anbieter von Produktionsfaktoren) folgen. Zum anderen bestimmt die Nettoerlösfunktion die Gewinnminderungen und damit die Verteilungsfolgen für den anbietenden Unternehmer.

Im Regelfall verläuft die Steigung der Nachfragekurve unterschiedlich, wenn entweder das Realeinkommen oder das Nominaleinkommen konstant bleibt. Entsprechendes gilt für die Nettoerlösfunktion als um die Umsatzsteuerzahlung korrigierte Erlösfunktion. Daraus folgen unterschiedliche Gewinnminderungen für den Preis setzenden Unternehmer und die marktbestimmten Steuerlasten anderer Marktteilnehmer.

(4) Wird zusätzlich die Bedingung (e) aufgehoben, also beachtet, daß es neben dem Städtischen Wasserwerk (falls es keine Preisdifferenzierung betreibt) kaum Einproduktbetriebe gibt, so wären Nachfragefunktionen mit nachfrageverwandten Gütern aufzustellen. Aber deren theoretische und empirisch-statistische Probleme[29] sind nicht befriedigend gelöst. Da sich zudem für nachfrageverbundene Güter das Arbeiten mit Nachfragekurven bei unterstellter Konstanz des Realeinkommens anbietet[30], so wird deutlich: Die bisherige lehrbuchgängige Partialanalyse der Preiswirkungen der Besteuerung versandet in erfahrungswissenschaftlicher Leere. Dies gilt selbst dann noch, wenn Stiglers über 65 Jahre

---

[29] Vgl. *Schultz* (1962), bes. S. 575 – 580.

[30] Vgl. *Hicks* (1956), S. 69 – 82, 149 – 168.

alter methodologischer Verriß widerlegt werden könnte: „Statistical demand curves are frankensteins over which he [the economist] has little if any control“[31].

(5) Da die Herleitung von Preiswirkungen der Umsatzsteuer mittels der mikroökonomischen Preistheorie in zu weitem Maße empirisch leer bleibt, ist zu fragen: Welche empirisch glaubhaften Aussagen lassen sich über die Änderung der Absatzpreise nach einer Erhöhung der Umsatzsteuersätze treffen?

Die Antwort lautet: Ein eindeutiger *quantitativer* Zusammenhang ist nicht zu belegen. Angesichts der vielschichtigen Bestimmungsgründe der Nachfrage und der Vielfalt der *Preisbildungsstrategien* der Anbieter erscheinen derzeit nur kasuistische Antworten möglich. Wohlwissend, daß keineswegs alle Käufe und Verkäufe überlegt erfolgen, ist dennoch in der anfänglichen Analyse davon auszugehen, Anbieter und Nachfrager handeln ihren Zielen entsprechend. Dann werden Anbieter und Nachfrager für ihre Kauf- oder Verkaufsentscheidungen Preisgrenzen setzen und zwar gleichgültig, welche Tauschkoordinationsformen bestehen: Einzelverhandlungen, Auktionen, Käufe bzw. Verkäufe nach Preisauszeichnungen in Läden, Prospekten oder Internet-Angeboten.

Da im Regelfall zwischen Anbieter und Nachfrager das Wissen über die Preisgrenzen des jeweils anderen unsicher ist, bleibt die Annahme, daß eine Umsatzsteuererhöhung von z.B. 16 % auf 18 % voll in Preisen weitergegeben wird, die sich auch in Umsätzen verwirklichen, nur eine Vermutung unter vielen.

Beim Endverbraucher geht in Einzelverhandlungen und in Auktionen die Ausgaben erhöhende Wirkung vermehrter Umsatzsteuer im Gefeilsche um die zu vereinbarende Zahlung unter. Bei ladengebundenen Preisauszeichnungen hängt die „Weitergabe“ der Umsatzsteuererhöhung neben der Einschätzung der Preisgrenzen der Nachfrager durch die Anbieter von ihren gewählten Preis differenzierungen ab; denn die Praxis der Preisauszeichnungspolitik in Läden usw. besteht in der Wahl und Kombination von Preisdifferenzierungsstrategien, die entweder marktzufuhrbestimmt, nachfragerbestimmt oder wettbewerberbestimmt sind[32].

Demgemäß kann eine Umsatzsteuererhöhung sowohl eine über die Erhöhung hinausgehende Preisanpassung veranlassen, weil die Umsatzsteuererhöhung als Vorwand benutzt wird, zu geringe Einschätzungen der Preisgrenzen der Nachfrager zu korrigieren und Gegenreaktionen der Konkurrenz, die auch Umsatzsteuer zahlt, unwahrscheinlich sind.

---

[31] *Stigler* (1939), S. 470.

[32] Vgl. *D. Schneider* (1997), S. 417 – 425.

Die Preisanpassung mag aber auch gegenüber der Umsatzsteuererhöhung unterbleiben, soweit Umsatzsteuer hinterzogen wird oder weil Schwellenpreise (wie 0,99 €) nicht überschritten werden sollen oder die Preisgrenzen der Nachfrager bisher zu optimistisch eingeschätzt wurden. Die Preisanpassung kann unter der Umsatzsteuererhöhung bleiben, wenn eine preisliche Aggressivität von Konkurrenten durch Änderung von Lockangeboten befürchtet wird (in der Hoffnung auf einen „preispolitischen Ausgleich" durch Mehrumsätze bei anderen Produkten) oder wenn ein Wechsel der Nachfrage ins billigere Ausland oder ihr stärkeres Abwandern zu „Schwarzarbeitsleistungen" eingeplant werden.

Bei der Vielfalt von Einflüssen auf die Preisbildung gegenüber Endverbrauchern bleibt jede Prognose über das Ausmaß, in dem sich eine Umsatzsteuererhöhung in den Preisen niederschlägt, waghalsig. Die Unbestimmtheit im quantitativen Ausmaß von Preisanpassungen als Folge höherer Umsatzsteuersätze ändert jedoch nichts an dem Sachverhalt, daß höhere Umsatzsteuersätze auf die Unternehmungsgewinne zurückwirken und damit auf künftige Investitionen, soweit die Umsatzsteuer Zusatzlasten bei Preise setzenden Unternehmern und marktbestimmte Steuerlasten bei anderen Marktteilnehmern auslöst.

Quantitative Analysen bieten Verläßlichkeit allenfalls bei umsatzsteuerlichen Einzelregelungen, wie der Optionsentscheidung gegen umsatzsteuerbefreite Leistungen (§ 9 UStG) oder für Kleinunternehmer (§ 19 Abs. 2 UStG). Diese Analysen hat methodisch (für das damals geltende Recht) Theodor Siegel 1982 vorbildlich durchgeführt[33].

Literaturverzeichnis

Blaug, Mark (1985): Economic Theory in Retrospect; 4th ed.; Cambridge 1985.

– (1992): The methodology of economics or how economists explain; 2nd ed.; Cambridge 1992.

Edgeworth, F[rancis] Y. (1925): The Pure Theory of Monopoly, Professor Seligman on the Theory of Monopoly; in: ders.: Papers Relating to Political Economy; London 1925; Vol. 1; S. 111 – 142, 143 – 171.

Friedman, Milton (1953): The Marshallian Demand Curve; in: The Journal of Political Economy; Vol. 57 (1949); S. 463 – 495; zitiert nach dem Wiederabdruck in: ders.: Essays in Positive Economics; Chicago, London 1953; S. 47 – 99.

Hayek, Friedrich A. (1976): Wirtschaftstheorie und Wissen; in: Individualismus und wirtschaftliche Ordnung; 2. Auflage; Tübingen 1976.

---

[33] *Siegel* (1982), S. 105 – 112.

Hicks, J[ohn] R. (1956): A Revision of Demand Theory; Oxford 1956.

Homburg, Stefan (2000): Allgemeine Steuerlehre; 2. Auflage; München 2000.

Hotelling, Harold (1932): Edgeworth's Taxation Paradox and the Nature of Demand and Supply Functions; in: The Journal of Political Economy; Vol. 40 (1932); S. 577 – 616.

Knight, Frank H. (1944): Realism and Relevance in the Theory of Demand; in: The Journal of Political Economy; Vol. 52 (1944); S. 289 – 318.

Mishan, E[zra] J. (1967): Theories of consumers ‚behaviour': a cynical view (1961); Nachdruck in: Readings in Microeconomics; ed. D[avid] R. Kamerschen; Cleveland 1967.

Moss, Laurence S. (2003): The Seligman-Edgeworth Debate about the Analysis of Tax Incidence: The Advent of Mathematical Economics, 1892-1910; in: History of Political Economy; Vol. 35 (2003); S. 205 – 240.

Pantaleoni, Maffeo (1882): Teoria della Traslazione dei Tributi, Definizione, Dinamica, Ubiquità; Rom 1882.

Reder, Melvin W. (1982): Chicago Permanence and Change; in: The Journal of Economic Literature; Vol. 20 (1982); S. 1 – 38.

Reding, Kurt / *Müller,* Walter (1999): Einführung in die Allgemeine Steuerlehre; München 1999.

Sachverständigenrat zur Begutachtung der gesamtwirtschaftlichen Entwicklung (1985): Auf dem Weg zu mehr Beschäftigung: Jahresgutachten 1985/86; Stuttgart, Mainz 1985.

Schneider, Dieter (1966): Die Preis-Absatz-Funktion und das Dilemma der Preistheorie; in: Zeitschrift für die gesamte Staatswissenschaft; Bd. 122 (1966); S. 587 – 628.

– (1982): Ist Steuerüberwälzung meßbar?; in: Finanzarchiv; Bd. 40 (1982); S. 240 – 280.

– (1990): Grundzüge der Unternehmensbesteuerung; 5. Auflage; Wiesbaden 1990.

– (1992a): Grundzüge der Unternehmensbesteuerung; 6. Auflage; Wiesbaden 1992.

– (1992b): Investition, Finanzierung und Besteuerung; 7. Auflage; Wiesbaden 1992.

– (1995): Betriebswirtschaftslehre; Band 1: Grundlagen; 2. Auflage; München, Wien 1995.

– (1997): Betriebswirtschaftslehre; Band 3: Theorie der Unternehmung; München, Wien 1997.

– (2002): Steuerlast und Steuerwirkung; München, Wien 2002.

Schneider, Dieter / *Nachtkamp,* Hans-Heinrich (1970): Zwei Beispiele für die preissenkende Wirkung höherer Gewinnsteuern; in: Schmalenbachs Zeitschrift für betriebswirtschaftliche Forschung; 22. Jg. (1970); S. 499 – 509.

Schneider, Helmut / *Nachtkamp,* Hans-Heinrich (1977): Steuern V: Wirkungslehre; in: Handwörterbuch der Wirtschaftswissenschaft; Stuttgart u.a. 1977; S. 356 – 386.

Scholes, Myron S. / *Wolfson,* Mark A. / *Erickson,* Merle / *Maydew,* Edward L. / *Shevlin,* Terry (2001): Taxes and Business Strategy: A Planning Approach; 2nd ed.; Upper Saddle River 2001.

Schultz, Henry (1962): The Theory and Measurement of Demand; Chicago 1938; 4th impression 1962.

Siegel, Theodor (1982): Steuerwirkungen und Steuerpolitik in der Unternehmung; Würzburg, Wien 1982.

Sievert, Olav / *Naust,* Hermann / *Jochum,* Dieter / *Peglow,* Michael / *Glumann,* Thorolf (1989): Steuern und Investitionen; Frankfurt 1989.

Sinn, Hans-Werner (1985): Kapitaleinkommensbesteuerung; Tübingen 1985.

Stigler, George J. (1939): The Limitations of Statistical Demand Curves; in: The Journal of the American Statistical Association; Vol. 34 (1939); S. 469 – 481.

Wagner, Franz W. / *Wenger,* Ekkehard: Theoretische Konzeption und legislative Transformation eines marktwirtschaftlichen Steuersystems in der Republik Kroatien; in: Regulierung und Unternehmenspolitik, Hrsg. Dieter Sadowski, Hans Czap und Hartmut Wächter; Wiesbaden 1996, S. 399 – 415.

Zimmermann, Horst / *Henke,* Klaus-Dirk (2001): Finanzwissenschaft; 8. Auflage; München 2001.

Schriftenverzeichnis Theodor Siegel

(1) Verfahren zur Minimierung der Einkommensteuer-Barwertsumme; in: Betriebswirtschaftliche Forschung und Praxis; 24. Jg. (1972); S. 65 – 80.

(2) (mit *Georg Gintrowski*): Zum optimalen Einsatz von steuerbilanzpolitischen Aktionsparametern; in: Die Wirtschaftsprüfung; 26. Jg. (1972); S. 665 – 669.

(3) Zur Zielfunktion und Problemlösung bei der Ertragsteuerplanung; in: Zeitschrift für Betriebswirtschaft; 43. Jg. (1973); S. 265 – 294.

(4) Konzepte zur Ertragsteuerplanung in der Kontroverse; in: Steuer und Wirtschaft; 51. Jg. (1974); S. 76 – 80.

(5) Optimale Maschinenbelegungsplanung; Betriebswirtschaftliche Studien: Nr. 20; Berlin 1974.

(6) A Graphical Branch-and-Bound Algorithm for the Job-Shop Scheduling Problem with Sequence-Dependent Set-up Times; in: Journal of the Operations Research Society of Japan; Vol. 17 (1974); S. 29 – 38.

(7) Zur Produktionsoptimierung bei variabler Intensität; in: Wirtschaftswissenschaftliches Studium; 4. Jg. (1975); S. 387 – 391.

(8) Der kontroverse Kalkulationszinsfuß: Zur Klärung seiner Funktion und seiner Quantifizierung; Diskussionspapiere des Instituts für Wirtschaftswissenschaften der Technischen Universität Berlin: Nr. 17; 1975.

(9) Substanzerhaltungsdiskussion und optimale Unternehmensfinanzierung; in: Schmalenbachs Zeitschrift für betriebswirtschaftliche Forschung; 28. Jg. (1976); S. 199 – 215.

(10) Zur Anwendbarkeit von Rangfolgekriterien bei der Aufstellung von Investitionsprogrammen; Diskussionspapiere des Instituts für Wirtschaftswissenschaften der Technischen Universität Berlin: Nr. 24; 1976.

(11) Probleme und Verfahren der Ertragsteuerplanung; in: Unternehmensprüfung und -beratung: Festschrift zum 60. Geburtstag von Bernhard Hartmann; Hrsg. Bernd Aschfalk, Sven Hellfors und Alexander Marettek; Freiburg im Breisgau 1976; S. 223 – 248.

(12) Rücklagenplanung unter dem Einfluß des Anrechnungsverfahrens; in: Angewandte Planung; 2. Jg. (1978); S. 66 – 72.

(13) Die Konsequenzen der Nichtabziehbarkeit der Vermögensteuer beim körperschaftsteuerlichen Einkommen; in: GmbH-Rundschau; 70. Jg. (1979); S. 91 – 95.

(14) Zu Scheingewinnen oder „Scheingewinnen" und ihrer Besteuerung; in: Uni Hannover: Zeitschrift der Universität Hannover; 6. Jg. (1979), Nr. 1; S. 27 – 29.

(15) Arbeitsbuch Steuerrecht: Grundzüge des Steuersystems in Strukturübersichten, Beispielen und Aufgaben; München 1979.

(16) Zur Rückstellung für drohende Verluste bei Liefergeschäften; in: Finanz-Rundschau; 34. Jg. NF (1979); S. 480 – 481.

(17) Zulässigkeit und ökonomische Relevanz der digitalen Abschreibung in der Steuerbilanz: Zugleich ein methodologischer Beitrag zum Vergleich von Abschreibungsverfahren; in: Steuer und Wirtschaft; 56. Jg. (1979); S. 314 – 320.

(18) Rezension von: Gerhard A. Müller-Kröncke: Entscheidungsmodelle für die Steuerbilanzpolitik, Berlin 1974; in: Betriebswirtschaftliche Forschung und Praxis; 32. Jg. (1980); S. 214 – 216.

(19) Auseinanderfallen von Steuerentstehung und Steuerzahlung bei der Steuerbilanzplanung; in: Zeitschrift für Betriebswirtschaft; 50. Jg. (1980); S. 377 – 386.

(20) Unfertige Erzeugnisse, schwebende Leistungsgeschäfte und das Problem der Umsatzsteuer auf Anzahlungen; in: Betriebs-Berater; 35. Jg. (1980); S. 589 – 593.

(21) Differenzsteuersätze und Grenzsteuersätze in ihrer Bedeutung für die Steuerplanung; in: Die Wirtschaftsprüfung; 33. Jg. (1980); S. 266 – 271.

(22) Zur Anteilsbewertung nach der Körperschaftsteuerreform; in: Der Betrieb; 33. Jg. (1980); S. 2159 – 2161.

(23) Direkt zurechenbare Vertriebskosten und andere Bilanzierungsprobleme im schwebenden Geschäft; in: Betriebs-Berater; 35. Jg. (1980); S. 1649 – 1652.

(24) Die Bedeutung von Planungshorizont und Substanzsteuerbelastung für Näherungslösungen zur Steuerbarwertminimierung; Diskussionspapiere des Fachbereichs Wirtschaftswissenschaften der Universität Hannover: Serie A: Nr. 6; 1980.

(25) Gewinn- und einnahmenabhängige bedingte Verbindlichkeiten als Bilanzierungsproblem; in: Finanz-Rundschau; 36. Jg. NF (1981); S. 134 – 137.

(26) Die Maximierung des Gewinnausweises mit dem Instrument der Vollkostenrechnung; in: Wirtschaftswissenschaftliches Studium; 10. Jg. (1981); S. 390 – 392.

(27) Ein Ansatz zur simultanen Optimierung von Gewinnausweis und Ausschüttung in der personenbezogenen Kapitalgesellschaft; in: Steuer und Wirtschaft; 58. Jg. (1981); S. 126 – 134.

(28) Rezension von: Franz W. Wagner und H[ans] Dirrigl: Die Steuerplanung der Unternehmung, Stuttgart, New York 1980; in: Zeitschrift für Betriebswirtschaft; 51. Jg. (1981); S. 625 – 628.

(29) (mit *Rolf Günther*): Zur Endwertmaximierung in der Steuerbilanzplanung; in: Der Betrieb; 34. Jg. (1981); S. 1629 – 1632.

(30) Das Schütt-aus-hol-zurück-Verfahren bei Nichterreichen der Standardausschüttung; in: Der Betrieb; 34. Jg. (1981); S. 1847 – 1851.

(31) (mit *Rolf Günther*): Zur Berücksichtigung von Steuerartenabhängigkeiten in der Steuerbilanzplanung bei Besteuerung der Zinsen; Diskussionspapiere des Fachbereichs Wirtschaftswissenschaften der Universität Hannover: Serie A: Nr. 7; 1981.

(32) Steuerwirkungen und Steuerpolitik in der Unternehmung; Würzburg, Wien 1982.

(33) Zur Integration der Wiedereinlageplanung in die simultane Planung von Gewinnausweis und Ausschüttung; in: Zeitschrift für Betriebswirtschaft; 52. Jg. (1982); S. 909 – 922.

(34) Der novellierte § 6b EStG: Zum Verständnis der Regelung über den Gewinnzuschlag und zu dessen Integrierung in die Steuerbilanzpolitik; in: Der Betrieb; 36. Jg. (1983); S. 53 – 58.

(35) Die Bedeutung gewinn- und substanzsteuerlicher Abschreibungen für die Bestimmung des Kalkulationszinsfußes; in: Schmalenbachs Zeitschrift für betriebswirtschaftliche Forschung; 35. Jg. (1983); S. 10 – 28.

(36) Zinsfüße in der Unternehmensbewertung; Diskussionspapiere des Fachbereichs Wirtschaftswissenschaften der Universität Hannover: Serie A: Nr. 10; 1983.

(37) Fremdfinanzierung durch nichtanrechnungsberechtigte Gesellschafter: Analyse des Referentenentwurfs eines § 8a KStG in bezug auf Zielsetzungen und Besteuerungsprinzipien; in: Besteuerung der Gesellschafter-Fremdfinanzierung; Hrsg. Klaus Dittmar Haase, Dieter Schneeloch und Theodor Siegel; Düsseldorf 1983; S. 1 – 35.

(38) Betriebswirtschaftlich relevante Formeln aus dem Steuerrecht; in: Wirtschaftswissenschaftliches Studium; 12. Jg. (1983); S. 73 – 76.

(39) Formeln und Kennzahlen aus dem Bereich betrieblicher Steuerwirkungen und Steuerpolitik; in: Wirtschaftswissenschaftliches Studium; 12. Jg. (1983); S. 135 – 139.

(40) Probleme der Schütt-aus-hol-zurück-Politik: Zur Berücksichtigung der Gewerbesteueränderungen und zur Erfassung der späteren Restausschüttung; in: Der Betrieb; 36. Jg. (1983); S. 1881 – 1885.

(41) Belastungswirkungen und Bruttoertragsbedarf bei nichtabzugsfähigen Betriebsausgaben; in: Betriebs-Berater; 38. Jg. (1983); S. 2170 – 2173.

(42) Probleme latenter Steuern im Entwurf des Bilanzrichtlinie-Gesetzes; in: Betriebs-Berater; 39. Jg. (1984); S. 1909 – 1915.

(43) Besteuerung und Kapitalstruktur; in: Betriebswirtschaftliche Forschung und Praxis; 36. Jg. (1984); S. 223 – 242.

(44) Zur Forschung in der Steuerbilanzpolitik: Anmerkungen zu einem Beitrag von Haberstock; in: Schmalenbachs Zeitschrift für betriebswirtschaftliche Forschung; 36. Jg. (1984); S. 1064 – 1066.

(45) Einkommensmaximierung und die „Nettokapitalwert"-Konzeption in der Steuerbilanzplanung; Essener Diskussionsbeiträge zum Rechnungs-, Steuer- und Prüfungswesen: Nr. 3; 1984.

(46) Instandhaltungsrückstellungen als Anwendungsfall von „Grundsätzen ordnungswidriger Bilanzierung": Stellungnahme zu einem Aufsatz von Dziadkowski/Runge; in: Die Wirtschaftsprüfung; 38. Jg. (1985); S. 14 – 16.

(47) Latente Steuern; 4. EG-Richtlinie und Bilanzrichtlinie-Gesetz: Insbesondere eine Replik zu einer Stellungnahme von Harms/Küting; in: Betriebs-Berater; 40. Jg. (1985); S. 495 – 502.

(48) Zur Behandlung pensionsähnlicher Verpflichtungen im Regierungsentwurf eines Bilanzrichtlinie-Gesetzes; in: Der Betrieb; 38. Jg. (1985); S. 1033 – 1034.

(49) Zum wunderbaren Gewerbesteuervorteil bei latenten Steuern: Bemerkungen in der Diskussion mit Hetzel; in: Betriebs-Berater; 40. Jg. (1985); S. 1373 – 1374.

(50) Das geplante Rückstellungswahlrecht für Großreparaturen; in: Die Wirtschaftsprüfung; 38. Jg. (1985); S. 414 – 418.

(51) Eigen- oder Fremdfinanzierung und steuerlicher Schuldzinsenabzug: Zur Schuldzinsenzuordnung in der neueren Rechtsprechung des Bundesfinanzhofs; in: Steuer und Wirtschaft; 62. Jg. (1985); S. 207 – 220.

(52) Zur Irrelevanz fixer Kosten bei Unsicherheit; in: Der Betrieb; 38. Jg. (1985); S. 2157 – 2159.

(53) Bilanzierung latenter Steuern; in: Das neue Bilanzrecht: Ein Kompromiß divergierender Interessen?; Hrsg. Jörg Baetge; Düsseldorf 1985; S. 81 – 118.

(54) Der Zeitbezug von Instandsetzungsmaßnahmen und seine bilanziellen Konsequenzen: Ergänzungen zu einem Beitrag von Selchert; in: Der Betrieb; 38. Jg. (1985); S. 2313 – 2315.

(55) Rezension zu: Dieter Rückle: Normative Theorie der Steuerbilanzpolitik; in: Steuer und Wirtschaft; 62. Jg. (1985); S. 86 – 87.

(56) Die Bilanzreform aus der Sicht der Betriebswirtschaftslehre; in: Das neue Bilanzrecht für mittelständische Unternehmen: Vorträge und Materialien zum Symposion am 15.11.1985; Hrsg. Theodor Siegel; Essener Diskussionsbeiträge zum Rechnungs-, Steuer- und Prüfungswesen: Nr. 7; 1986; S. 31 – 46.

(57) Wahlrecht; in: Handwörterbuch unbestimmter Rechtsbegriffe im Bilanzrecht des HGB; Hrsg. Ulrich Leffson, Dieter Rückle und Bernhard Großfeld; Köln 1986; S. 417 – 427.

(58) Zur Bilanzierung latenter Steuern nach § 274 HGB; in: Deutsches Steuerrecht; 24. Jg. (1986); S. 587 – 594.

(59) Echte Aufwandsrückstellungen und der Wandel des Gesellschafterschutzes im neuen Bilanzrecht; in: Betriebs-Berater; 41. Jg. (1986); S. 841 – 845.

(60) Zur Abfindung ausscheidender Gesellschafter bei unterschiedlichen Kapital- und Gewinnrelationen; in: Betriebswirtschaftslehre und Unternehmenspraxis: Festschrift für Bernhard Hartmann zum 70. Geburtstag; Hrsg. Eberhard Schult und Theodor Siegel; Berlin 1986; S. 161 – 168.

(61) Allgemeine Bewertungsgrundsätze; in: Beck'sches Handbuch der Rechnungslegung; Hrsg. Edgar Castan et al.; München 1987 ff.; Teil B 161; Grundwerk 1987.

(62) Besondere Bewertungsgrundsätze für das Anlagevermögen, das Umlaufvermögen und die Verbindlichkeiten; in: Beck'sches Handbuch der Rechnungslegung; Hrsg. Edgar Castan et al.; München 1987 ff.; Teil B 165; Grundwerk 1987.

(63) Bewertungswahlrechte und Möglichkeiten der Abweichung von den Bewertungsgrundsätzen; in: Beck'sches Handbuch der Rechnungslegung; Hrsg. Edgar Castan et al.; München 1987 ff.; Teil B 167; Grundwerk 1987.

(64) Wertaufholung (Zuschreibung); in: Beck'sches Handbuch der Rechnungslegung; Hrsg. Edgar Castan et al.; München 1987 ff.; Teil B 169; Grundwerk 1987.

(65) Rückstellungen für ihrer Eigenart nach genau umschriebene Aufwendungen; in: Betriebswirtschaftliche Forschung und Praxis; 39. Jg. (1987); S. 301 – 321.

(66) Latente Steuern: Konzeptionsprobleme und Anwendungsfragen zur Bilanzierung nach § 274 HGB; in: Bilanzrichtlinien-Gesetz; Zeitschrift für Betriebswirt-

schaft: Ergänzungsheft 1/87 = Beiträge zum Bilanzrichtlinien-Gesetz: Das neue Recht in Theorie und Praxis; Hrsg. Horst Albach und Karl-Heinz Forster; Wiesbaden 1987; S. 137 – 174.

(67) § 274 Abs. 1 HGB für den Papierkorb?: Anmerkungen zu einem Beitrag von v. Wysocki; in: Schmalenbachs Zeitschrift für betriebswirtschaftliche Forschung; 40. Jg. (1988); S. 77 – 79.

(68) Die Eignung des Bernoulli-Prinzips für die Lösung von Entscheidungsproblemen unter Unsicherheit; Essener Diskussionspapiere zum Rechnungs-, Steuer- und Prüfungswesen: Nr. 9; 1988.

(69) Strukturen der Besteuerung: Arbeitsbuch Steuerrecht: Grundzüge des Steuersystems in Strukturübersichten, Beispielen und Aufgaben; 2. Auflage; München 1988.

(70) (*mit Dieter Schneider*) Marginal Effective Tax Rates as a Tool for Managerial Economics in Connection with the German Tax Reform 1990; Diskussionspapiere der Wirtschaftswissenschaftlichen Dokumentation der Technischen Universität Berlin: Nr. 126; 1988.

(71) Die Schütt-aus-hol-zurück-Politik unter Berücksichtigung der Finanzierungs-Aneutralität der Besteuerung; in: Das Wirtschaftsstudium; 17. Jg. (1988); S. 603 – 608, 670 – 675.

(72) Die systemgerechte körperschaftsteuerliche Behandlung nichtabziehbarer Ausgaben; in: Betriebs-Berater; 43. Jg. (1988); S. 1013 – 1016.

(73) Teilwert- oder Gegenwartswertverfahren bei Rückstellungen für Jubliläumszuwendungen?; in: Betriebs-Berater; 44. Jg. (1989); S. 182 – 183.

(74) Steuerbarwertminimierung nach dem Einkommensteuertarif 1990; in: Das Wirtschaftsstudium; 18. Jg. (1989); S. 269 – 272.

(75) Gesellschafter-Fremdfinanzierung: Entwürfe eines § 8a KStG und steuersystematische Lösung; in: Steuer und Wirtschaft; 66. Jg. (1989); S. 340 – 349.

(76) Ertragsteuern; in: Lexikon des Rechnungswesens; Hrsg. Walther Busse von Colbe; München 1990; S. 161 – 164 [= 2. Auflage; München 1991; S. 190 – 193].

(77) § 8a KStG ist tot – Es lebe die Gesellschafter-Fremdfinanzierung (?); in: GmbH-Rundschau; 81. Jg. (1990); S. 138 – 142.

(78) Zur Bewertung von Zerobonds bei Inanspruchnahme des Beibehaltungswahlrechts: Stellungnahme zu einem Beitrag von Baxmann; in: Die Wirtschaftsprüfung; 43. Jg. (1990); S. 449 – 452.

(79) Gewinnverwendungsvorschlag und Körperschaftsteueraufwand in der Aktiengesellschaft: Ein Beitrag zur Beziehung zwischen § 278 HGB und § 58 Abs. 2 AktG; in: Der Betrieb; 43. Jg. (1990); S. 1980 – 1981.

(80) [Beiträge zu einem Meinungsspiegel zum Thema]: GoB in Handels- und Steuerrecht in der Diskussion; in: Betriebswirtschaftliche Forschung und Praxis; 42. Jg. (1990); S. 548 – 550, 552 – 553, 556 – 557, 559.

(81) Der Einfluß einer Cash-Flow-Steuer auf Finanzierung und Rechnungslegung: [Kommentar zu einem Beitrag von Franz W. Wagner und Reiner Schwinger]; in: Konsumorientierte Neuordnung des Steuersystems; Hrsg. Manfred Rose; Berlin u.a. 1991; S. 522 – 532.

(82) Wertaufholung (Zuschreibung) [2. Fassung]; in: Beck'sches Handbuch der Rechnungslegung; Hrsg. Edgar Castan et al.; München 1987 ff.; Teil B 169; Erg.Lfg. 1991.

(83) Grundlagen der Unternehmensbewertung; in: Wirtschaftswissenschaftliches Studium; 20. Jg. (1991); S. 231 – 237.

(84) Das Risikoprofil als Alternative zur Berücksichtigung der Unsicherheit in der Unternehmensbewertung; in: Aktuelle Fragen der Finanzwirtschaft und der Unternehmensbesteuerung: Festschrift für Erich Loitlsberger zum 70. Geburtstag; Hrsg. Dieter Rückle; Wien 1991; S. 619 – 638.

(85) Grundsatzprobleme der Lifo-Methode und des Indexverfahrens: Zum Versuch, Steuererleichterungen zum Anlaß zur „Weiterentwicklung" von Grundsätzen ordnungsmäßiger Buchführung zu nehmen; in: Der Betrieb; 44. Jg. (1991); S. 1941 – 1948.

(86) Deterministische Fixkosten bei Unsicherheit: Ein semantischer Dissens; in: Betriebswirtschaftliche Forschung und Praxis; 43. Jg. (1991); S. 482 – 490.

(87) Stille Reserven beim Unternehmens- oder Anteilsverkauf, Geschäftswert und Teilwert: Ergänzungen zu Hörger/Stobbe und Fußnoten zu Schult/Richter; in: Deutsches Steuerrecht; 29. Jg. (1991); S. 1477 – 1481.

(88) Aufwandsrückstellungen nach § 249 Abs. 2 HGB; in: Praxis der GmbH-Rechnungslegung; Hrsg. Hans-Heinrich Otte; Herne, Berlin 1992; S. 417 – 437.

(89) Methoden der Unsicherheitsberücksichtigung in der Unternehmensbewertung; in: Wirtschaftswissenschaftliches Studium; 21. Jg. (1992); S. 21 – 26.

(90) Gewinn; in: Lexikon der Betriebswirtschaftslehre; Hrsg. Hans Corsten; München, Wien 1992; S. 283 – 289 [überarbeitet: 2. Auflage; München 1993; S. 283 – 289].

(91) Latente Steuern im Konzernabschluß, Prüfung; in: Handwörterbuch der Revision; 2. Auflage; Hrsg. Adolf G. Coenenberg und Klaus v. Wysocki; Stuttgart 1992; Sp. 1224 – 1236.

(92) Metamorphosen des Realisationsprinzips?; in: Entwicklungen bei der Bilanzierung und Prüfung von Kapitalgesellschaften: Festschrift zum 65. Geburtstag von Professor Dr. Dr. h.c. Karl-Heinz Forster; Hrsg. Adolf Moxter, Hans-Peter Müller, Rolf Windmöller und Klaus v. Wysocki; Düsseldorf 1992; S. 585 – 605.

(93) Der Sonderposten mit Rücklageanteil und die Sonderrücklage; in: Handbuch des Jahresabschlusses in Einzeldarstellungen; Hrsg. Klaus v. Wysocki und Joachim Schulze-Osterloh; Köln 1984 ff.; Abteilung III/4; 14. Lfg., Köln 1992.

(94) Zur Diskussion um die Entscheidungsrelevanz sicherer Fixkosten bei sonstiger Unsicherheit: Anmerkungen zum Beitrag von Anton Burger und zu den Stellungnahmen von Nicolas Maier-Scheubeck und Dieter Schneider; in: Die Betriebswirtschaft; 52. Jg. (1992); S. 715 – 721.

(95) Kreditzinsen und steuerfreier Veräußerungsgewinn: Eine ökonomische Analyse des „Anlagemodells"; in: Deutsches Steuerrecht; 30. Jg. (1992); S. 1595 – 1600.

(96) Rezension von: Besteuerung und Unternehmenspolitik: Festschrift für Günter Wöhe, Hrsg. Gerd John, München 1989; in: Zeitschrift für Wirtschafts- und Sozialwissenschaften; 112. Jg. (1992); S. 479 – 482.

(97) Ein rechnerisches Problem des Solidaritätszuschlags im Anrechnungsverfahren?; in: GmbH-Rundschau; 83. Jg. (1992); S. 795.

(98) Eigenkapital; in: Handwörterbuch des Rechnungswesens; 3. Auflage; Hrsg. Klaus Chmielewicz und Marcell Schweitzer; Stuttgart 1993; Sp. 481 – 490.

(99) Reparaturen; in: Handwörterbuch des Rechnungswesens; 3. Auflage; Hrsg. Klaus Chmielewicz und Marcell Schweitzer; Stuttgart 1993; Sp. 1728 - 1736.

(100) Gewinnverwendungspolitik und Steuern; in: Handwörterbuch der Betriebswirtschaft; 5. Auflage; Hrsg. Waldemar Wittmann et al.; Stuttgart 1993; Teilband 1, Sp. 1481 – 1495.

(101) Umweltschutz im Jahresabschluß: Probleme und Lösungsansätze; in: Betriebs-Berater; 48. Jg. (1993); S. 326 – 336.

(101a) Umweltschutz im Jahresabschluß: Probleme und Lösungsansätze; in: Betriebswirtschaft und Umweltschutz; Hrsg. Gerd Rainer Wagner; Stuttgart 1993; S. 129 – 160 [überarbeitete Fassung von (101)].

(102) (mit *Peter Bareis, Rainer Elschen, Jochen Sigloch* und *Hannes Streim*): Lifo, Jahresabschlußziele und Grundsätze ordnungsmäßiger Buchführung; in: Der Betrieb; 46. Jg. (1993); S. 1249 – 1252.

(103) (mit *Peter Bareis*): Der „negative Geschäftswert" – eine Schimäre als Steuersparmodell?; in: Betriebs-Berater; 48. Jg. (1993); S. 1477 – 1485.

(104) Relevanz und Irrelevanz fixer Kosten bei Sicherheit und Unsicherheit: Anmerkungen zu einem Beitrag von Monissen und Huber; in: Schmalenbachs Zeitschrift für betriebswirtschaftliche Forschung; 45. Jg. (1993); S. 548 – 550.

(105) Das Realisationsprinzip als allgemeines Periodisierungsprinzip?; in: Betriebswirtschaftliche Forschung und Praxis; 46. Jg. (1994); S. 1 – 24.

(106) Umweltschutz und Jahresabschluß; in: Handbuch zur Umweltökonomie; Hrsg. Paul Klemmer, Gerd Rainer Wagner und Martin Junkernheinrich; Handbücher zur angewandten Umweltforschung: 2; Berlin 1994; S. 75 – 79.

(107) (mit *Peter Bareis*): Zum „negativen Geschäftswert" in Realität und Bilanz; in: Betriebs-Berater; 49. Jg. (1994); S. 317 – 322.

(108) Der steuerliche Einfluß von stillen Reserven und Firmenwert auf die Unternehmensbewertung und auf die Bemessung von Abfindungen; in: Bilanzrecht und Kapitalmarkt: Festschrift zum 65. Geburtstag von Professor Dr. Dr. h.c. Dr. h.c. Adolf Moxter; Hrsg. Wolfgang Ballwieser et al.; Düsseldorf 1994; S. 1483 - 1502.

(109) Ertragsteuern; in: Lexikon des Rechnungswesens; Hrsg. Walther Busse von Colbe; 3. Auflage; München 1994; S. 207 - 210 [= 4. Auflage, München 1998; S. 234 – 237].

(110) (mit *Dieter Schneider*): Existenzminimum und Familienlastenausgleich: Ein Problem der Reform des Einkommensteuerrechts; in: Deutsches Steuerrecht; 32. Jg. (1994); S. 597 – 604.

(111) Unternehmensbewertung, Unsicherheit und Komplexitätsreduktion; in: Betriebswirtschaftliche Forschung und Praxis; 46. Jg. (1994); S. 457 – 476.

(112) Saldierungsprobleme bei Rückstellungen und die Subventionswirkung des Maßgeblichkeitsprinzips; in: Betriebs-Berater; 49. Jg. (1994); S. 2237 – 2245.

(113) Finanzierungskosten unter Berücksichtigung von Steuern; in: Handwörterbuch des Finanz- und Bankwesens; 2. Auflage; Hrsg. Wolfgang Gerke und Manfred Steiner; Stuttgart 1995; Sp. 660 – 672.

(114) (mit *Dieter Schneider*): Das Index-Lifo-Verfahren als „Fortentwicklung" von Grundsätzen ordnungsmäßiger Buchführung?; in: Die Wirtschaftsprüfung; 48. Jg. (1995); S. 261 – 266.

(115) Alternative Tarifmodelle zur Steuerfreistellung des Existenzminimums; in: Deutsches Steuerrecht; 33. Jg. (1995); S. 164 – 168.

(116) Probleme des Umweltschutzes in der handelsrechtlichen Rechnungslegung und in der Steuerbilanz; in: Unternehmenssicherung und Unternehmensentwicklung; Hrsg. Rainer Elschen; Stuttgart 1995; S. 117 – 131.

(116a) Umweltschutzbedingte Aufwendungen: Zur Diskussion ihrer Berücksichtigung im Jahresabschluß; in: Der Betrieb; 48. Jg. (1995); S. 537 – 542 [überarbeitete Fassung von (116)].

(117) Herstellungskosten und Grundsätze ordnungsmäßiger Buchführung; in: Unternehmenstheorie und Besteuerung: Festschrift zum 60. Geburtstag von Dieter Schneider; Hrsg. Rainer Elschen, Theodor Siegel und Franz W. Wagner; Wiesbaden 1995; S. 635 – 672d.

(118) Verwandlung von Gewinn in Aufwand: Anmerkungen zur Divergenz zwischen Fiedler und Hartung; in: Betriebs-Berater; 50. Jg. (1995); S. 2207 – 2208.

(119) Zum Geheimnis des „negativen Geschäftswerts"; in: Steuer und Wirtschaft; 72. Jg. (1995); S. 390 – 400.

(120) Rückstellungen und die Risikoverteilungswirkung des Jahresabschlusses: Bemerkungen zu „Rückstellungskriterien im Streit" von Adolf Moxter; in: Schmalenbachs Zeitschrift für betriebswirtschaftliche Forschung; 47. Jg. (1995); S. 1141 – 1143.

(121) Ökonomische Analyse und steuerrechtliche Prüfung von Zwei- und Mehrkontenmodellen: Zu den Vorlagebeschlüssen des X. und XI. Senats; in: Deutsches Steuerrecht; 34. Jg. (1996); S. 1496 – 1502.

(122) Der Auftragsbestand – Immaterieller Vermögensgegenstand oder schwebendes Geschäft?; in: Der Betrieb; 50. Jg. (1997); S. 941 – 943.

(123) Mangelnde Ernsthaftigkeit des Gläubigerschutzes als offene Flanke der deutschen Rechnungslegungsvorschriften; in: Jahresabschluß und Jahresabschlußprüfung: Probleme, Perspektiven, internationale Einflüsse: Festschrift zum 60. Geburtstag von Jörg Baetge; Hrsg. Thomas R. Fischer und Reinhold Hömberg; Düsseldorf 1997; S. 117 – 149.

(124) Zur Vereinbarkeit von Jahresabschlußprüfung und Beratung: Diskussion des Beitrags von Hans-Joachim Böcking und Jürgen Löcke: „Abschlußprüfung und Beratung"; in: Die Betriebswirtschaft; 57. Jg. (1997); S. 862 – 865.

(125) Steuern in der Unternehmensbewertung bei Wachstum und Risiko; in: Der Betrieb; 50. Jg. (1997); S. 1289 – 1292.

(126) Der Irrtum des Großen Senats zu den Mehrkontenmodellen: Zugleich eine ökonomische Gegenposition gegenüber der Verteidigung des BFH-Beschlusses vom 8. 12. 1997 durch Wolff-Diepenbrock; in: Deutsches Steuerrecht; 36. Jg. (1998); S. 621 – 624.

(127) Ein Vergleich von Sicherheitsäquivalentmethode und Risikoprofilmethode vor dem Hintergrund zu berücksichtigender Konsum- und Zeitpräferenzen; in: Ergebnisse des Berliner Workshops „Unternehmensbewertung“ vom 7. Februar 1998; Hrsg. Lutz Kruschwitz und Andreas Löffler; Diskussionsbeiträge des Fachbereichs Wirtschaftswissenschaft der Freien Universität Berlin: 1998/7; 1998; S. 109 – 118.

(128) Herstellungskosten und Einkommensmessung sowie Informationsfunktion: Widerlegung der „Widerlegung“ des Silvesterbeispiels; in: Unternehmensrechnung und -besteuerung: Grundfragen und Entwicklungen: Festschrift für Dietrich Börner zum 65. Geburtstag; Hrsg. Heribert Meffert und Norbert Krawitz; Wiesbaden 1998; S. 151 – 173.

(129) Zur Verwechslung von Liquidität und Eigenkapital: Kritische Analyse des BFH-Beschlusses zum Mehrkontenmodell; in: Sächsische Steuertagung 1998: Ökonomische und rechtliche Aspekte der Unternehmensbesteuerung; Hrsg. Hans Günter Rautenberg; Stuttgart u.a. 1998; S. 46 – 65.

(130) Zeitwertbilanzierung für das deutsche Bilanzrecht?; in: Betriebswirtschaftliche Forschung und Praxis; 50. Jg. (1998); S. 593 – 603.

(131) (mit *Peter Bareis*): Strukturen der Besteuerung: Betriebswirtschaftliches Arbeitsbuch Steuerrecht; 3. Auflage; München, Wien 1999.

(132) Rückstellungen, Teilwertabschreibungen und Maßgeblichkeitsprinzip; in: Steuern und Bilanzen; 1. Jg. (1999); S. 195 – 201.

(133) Kreditaufnahme, Mittelverwendung und Mehrkontenmodell: Eine kurze Stellungnahme zum Beitrag von Olbertz und zum Entwurf von § 4 Abs. 4a EStG; in: Betriebs-Berater; 54. Jg. (1999); S. 445 – 447.

(134) Unsicherheit; in: Knapps Enzyklopädisches Lexikon des Geld-, Bank- und Börsenwesens; 4. Auflage; Hrsg. Friedrich Thießen et al.; Frankfurt am Main 1999; S. 1905 – 1911.

(135) Steuerentlastungsgesetz 1999/2000/2002: Tarifzusammenhänge und Steuerreform; in: Finanz-Rundschau Einkommensteuer; 81. Jg. (1999); S. 429 – 432.

(136) Rückstellungen für Anschaffungs- oder Herstellungskosten in Ausnahmefällen?; in: Der Betrieb; 52. Jg. (1999); S. 857 – 858.

(137) Zur Diskussion um den Kindergrundfreibetrag; in: Betriebs-Berater; 54. Jg. (1999); S. 1406 – 1409.

(138) Anmerkungen zur Teilwertabschreibung nach neuem Recht: Ergänzungen zum Beitrag von Albert, StuB 1999 S. 591; in: Steuern und Bilanzen; 1. Jg. (1999); S. 928 – 929.

(139) Existenzminimum und Leistungsfähigkeit: Diskussion des Beitrags von Michael Wosnitza und Corinna Treisch; in: Die Betriebswirtschaft; 59. Jg. (1999); S. 558 – 560.

(140) Steuern; in: Handbuch der Wirtschaftsethik; Hrsg. Wilhelm Korff et al.; Band 3: Ethik wirtschaftlichen Handelns; Gütersloh 1999; S. 354 – 398.

(141) (mit *Peter Bareis, Dieter Rückle, Dieter Schneider, Jochen Sigloch, Hannes Streim* und *Franz W. Wagner*): Stille Reserven und aktienrechtliche Informationspflichten; in: Zeitschrift für Wirtschaftsrecht; 20. Jg. (1999); S. 2077 – 2085.

(142) (mit *Matthias Schmidt*): Allgemeine Bewertungsgrundsätze [2. Auflage]; in: Beck'sches Handbuch der Rechnungslegung; Hrsg. Edgar Castan et al.; München 1987 ff.; Teil B 161; Erg.Lfg. 1999 [2000].

(143) Rückstellungen in der Steuerbilanz und Leistungsfähigkeitsprinzip: Auch eine Stellungnahme zu Küting/Kessler, StuB 2000 S. 21 ff.; in: Steuern und Bilanzen; 2. Jg. (2000); S. 29 – 33.

(144) Paradoxa in der Unternehmensbewertung und ihre Erklärung; in: Bilanzierung und Besteuerung der Unternehmen: Das Handels- und Steuerrecht auf dem Weg ins 21. Jahrhundert: Festschrift für Dr. iur. Dr. rer. pol. Herbert Brönner zum 70. Geburtstag; Hrsg. Jens Poll; Stuttgart 2000; S. 391 – 411.

(145) Die Beziehung zwischen steuerlich abzulehnenden Drohverlustrückstellungen und gebotenen Teilwertabschreibungen: Zum Abschied von einer lieb gewonnenen Steuerpause; in: Steuern und Bilanzen; 2. Jg. (2000); S. 564 – 567.

(146) (mit *Peter Bareis, Norbert Herzig, Dieter Schneider, Franz W. Wagner* und *Ekkehard Wenger*): Verteidigt das Anrechnungsverfahren gegen unbedachte Reformen!; in: Betriebs-Berater; 55. Jg. (2000); S. 1269 – 1270.

(147) (mit *Ekkehard Wenger, Franz W. Wagner, Peter Bareis, Norbert Herzig* und *Dieter Schneider*): Europarecht ist kein Alibi; in: Wirtschaftswoche; Nr. 27/2000; S. 24, 27.

(148) (mit *Christian Kirchner, Rainer Elschen, Hans-Ulrich Küpper* und *Dieter Rückle)*: Juristen und Ökonomen: Kooperation oder Mauerbau?; in: Steuer und Wirtschaft; 77. Jg. (2000); S. 257 – 260.

(149) (mit *Barbara Seel* und *Peter Bareis*): Zur Regelung des Erziehungsbedarfs nach den Vorgaben des Bundesverfassungsgerichts; in: Betriebs-Berater; 55. Jg. (2000); S. 1860 – 1863.

(150) Drohende Verluste aus schwebenden Geschäften und der eingetretene Verlust der Steuerpause: Zugleich Anmerkungen zu der Stellungnahme von Kessler, StuB 2000 S. 1091; in: Steuern und Bilanzen; 2. Jg. (2000); S. 1096 – 1099.

(151) Konsum- oder einkommensorientierte Besteuerung? Aspekte quantitativer und qualitativer Beweisführung; in: Schmalenbachs Zeitschrift für betriebswirtschaftliche Forschung; 52. Jg. (2000); S. 724 – 741.

(152) Steuern und Finanzierung; in: Handwörterbuch des Bank- und Finanzwesens; 3. Auflage; Hrsg. Wolfgang Gerke und Manfred Steiner; Stuttgart 2001; Sp. 1999 – 2019.

(153) Bilanzierung von Aktienoptionen und der Charakter eigener Anteile; in: Zum Erkenntnisstand der Betriebswirtschaftslehre am Beginn des 21. Jahrhunderts; Festschrift für Erich Loitlsberger zum 80. Geburtstag; Hrsg. Udo Wagner; Wien 2001; S. 345 – 371.

(154) Plädoyer für eine systemkonforme Reform der Gewerbesteueranrechnung nach § 35 EStG; in: Betriebs-Berater; 56. Jg. (2001); S. 701 – 703.

(155) Splitting: Notwendiger Effekt oder fragwürdiger Vorteil?; in: Betriebswirtschaftliche Forschung und Praxis; 53. Jg. (2001); S. 271 – 280.

(156) (mit *Dieter Rückle* und *Jochen Sigloch*): Reform des WP-Examens: Beibehaltung des Fachs BWL in modifizierter Form: Ein Beitrag zur Qualitätssicherung der Ausbildung der Wirtschaftsprüfer; in: Betriebs-Berater; 56. Jg. (2001); S. 1084 – 1086.

(157) E–DRS 11: Ersparter (fiktiver) Aufwand als tatsächlicher Aufwand?: Kritik des Standardentwurfs zur Bilanzierung von Aktienoptionsplänen und ähnlichen Entgeltformen; in: Betriebs-Berater; 56. Jg. (2001); S. 1595 – 1598.

(158) Zur geplanten Neuregelung der Rückstellungen in Handelsbilanz und Steuerbilanz; in: Deutsches Steuerrecht; 39. Jg. (2001); S. 1674 – 1676.

(159) Änderung der Bilanzierung und Grundsatz der Stetigkeit nach dem E-DRS 15; in: Betriebs-Berater; 57. Jg. (2002); S. 87 – 90.

(160) Kosten der effizienten Leistungserstellung im Falle von Preisregulierungen; in: Aktuelle Aspekte des Controllings: Festschrift für Hans-Jörg Hoitsch; Hrsg. Volker Lingnau und Hans Schmitz; Heidelberg 2002; S. 243 – 267.

(161) § 32a: Einkommensteuertarif; in: Herrmann / Heuer / Raupach: Einkommensteuer- und Körperschaftsteuergesetz: Kommentar; Hrsg. Arndt Raupach et al.; 21. Auflage [Loseblatt]; Köln 1996 ff.; Lfg. 205, Januar 2002.

(162) Herstellungskosten; in: Handwörterbuch der Rechnungslegung und Prüfung; 3. Auflage; Hrsg. Wolfgang Ballwieser, Adolf G. Coenenberg und Klaus v. Wysocki; Stuttgart 2002; Sp. 1119 – 1134.

(163) Bilanztheorie; in: Handwörterbuch Unternehmensrechnung und Controlling; 4. Auflage; Hrsg. Hans-Ulrich Küpper und Alfred Wagenhofer; Stuttgart 2002; Sp. 195 – 207

(164) Anpassungsrückstellungen aus der Sicht des I. Senats des BFH und aus der Sicht der GoB; in: Der Betrieb; 55. Jg. (2002); S. 707 – 709.

(165) Zur unsinnigen Bilanzierung eines zufälligen Teils des unbekannten originären Geschäftswerts nach DRS 1a: Widerspruch zum Beitrag von Zimmermann, DB 2002 S. 385; in: Der Betrieb; 55. Jg. (2002); S. 749 – 751.

(166) (mit *Dieter Schneider, Peter Bareis, Dieter Rückle* und *Jochen Sigloch*): Die Qualität des Wirtschaftsprüfers und die Betriebswirtschaftslehre im Wirtschaftsprüfer-Examen; in: Die Wirtschaftsprüfung; 55. Jg. (2002); S. 397 – 403.

(167) Arbeitsgruppe Normierung der Rechnungslegung (Leiter: *Theodor Siegel*): Stellungnahme Nr. 1: Bilanzierung des Goodwill nach DRS 1a; in: Betriebs-Berater; 57. Jg. (2002); S. 880 – 881.

(168) Unentziehbarkeit als zentrales Kriterium für den Ansatz von Rückstellungen; in: Deutsches Steuerrecht; 40. Jg. (2002); S. 1192 – 1196.

(169) Arbeitsgruppe Normierung der Rechnungslegung (Leiter: *Theodor Siegel*): Erfassung und Bewertung der Erlöse nach E-DRS 17: Stellungnahme Nr. 2; in: Zeitschrift für kapitalmarktorientierte Rechnungslegung; 2. Jg. (2002); S. 243 – 244.

(170) Rückstellungsbildung nach dem Going-Concern-Prinzip: Eine unzweckmäßige Innovation; in: Deutsches Steuerrecht; 40. Jg. (2002); S. 1636 – 1637.

(171) Vor- oder nachgelagerte Besteuerung bei Altersvorsorge – Lösung durch Anwendung eines einhetilichen Prinzips; in: Betriebs-Berater; 57. Jg. (2002), Nr. 49; S. I.

(172) Arbeitsgruppe Normierung der Rechnungslegung (Leiter: *Theodor Siegel*): Stellungnahme Nr. 3: Zum Entwurf der Grundsätze ordnungsmäßiger Rechnungslegung des DRSC; in: Betriebs-Berater; 57. Jg. (2002); S. 2595 – 2599.

(173) Die Diskussion um das Ehegattensplitting: Notwendiger Effekt oder fragwürdiger Vorteil?; in: Sächsische Steuertagung 2002: Aktuelle Schwerpunkte der Entwicklung im Steuerrecht; Hrsg. Horst Mayer; Stuttgart et al. 2002; S. 133 – 148.

(174) Anpassungsverpflichtungen: Offene Fragen bei Gunter Mayr – Erwiderung zu Mayr, BB 2002; 2323; in: Betriebs-Berater; 58. Jg. (2003); S. 304 – 305.

(175) Personalaufwand bei Stock Options: Eine Entmündigung der Aktionäre. – Auch eine Stellungnahme zu Thiele, WPg 2002; S. 766 ff. –; in: Die Wirtschaftsprüfung; 56. Jg. (2003); S. 157 – 163.

(176) Demontage des Wirtschaftsprüferexamens als deutsche Antwort auf Enron, Flowtex usw.?; in: Die Steuerberatung; 46. Jg. (2003), Nr. 4; S. M1 [Editorial].

(177) Lohnsteuer = Einkommensteuer + Immobilitätszuschlag? Zur geplanten Abgeltungssteuer für Zinserträge; in: Der Betrieb; 56. Jg. (2003); S. 795 – 796.

(178) Wertaufholung und Zuschreibung [3. Bearbeitung]; in: Beck'sches Handbuch der Rechnungslegung; Hrsg. Edgar Castan et al.; München 1987 ff.; Teil B 169; Erg.Lfg. 2003.

(179) (mit *Peter Bareis* und *Dieter Rückle*): Gesetzgebung: Probleme der geplanten Reform des Wirtschaftsprüferexamens – BWL-Professoren geht ein Teil der Änderungen zu weit; in: Deutsches Steuerrecht; 41. Jg. (2003), Nr. 32; S. XVI.

(180) Rückstellungen für bestellte Lastkraftwagen? – Anmerkungen zum Beitrag von Happe, StuB 2003 S. 546; in: Steuern und Bilanzen; 5. Jg. (2003); S. 927 – 931.

(181) Kriterien der Vergütung des Aufsichtsrats; in: Internationalisierung der Rechnungslegung und Corporate Governance: Festschrift für Professor Dr. Klaus Pohle; Hrsg. Axel v. Werder und Harald Wiedmann; Stuttgart 2003; S. 405 – 418.

(182) Der Zeitwertansatz: Ein konzeptioneller Rahmen für den Konzernabschluß; in: Unternehmensrechnung: Konzeptionen und praktische Umsetzung: Festschrift zum 68. Geburtstag von Gerhard Scherrer; Hrsg. Stefan Göbel und Bernhard Heni; München 2004; S. 309 – 329.

(183) Einkommensteuer bei Zusammentreffen von Progressionsvorbehalt und Fünftelregel; in: Betriebs-Berater; 59. Jg. (2004); S. 914 – 920.

(184) Schadstoffbelastete Grundstücke und Rückstellungen: Der I. Senat des BFH auf der Zielgeraden; in: Steuern und Bilanzen; 6. Jg. (2004); S. 506 – 509.

(185) System der Einkommensteuer und Rechtsformneutralität; in: Steuern, Rechnungslegung und Kapitalmarkt: Festschrift für Franz W. Wagner zum 60. Geburtstag; Hrsg. Hans Dirrigl, Dietmar Wellisch und Ekkehard Wenger; Wiesbaden 2004; S. 193 – 208.

(186) Der Sonderposten mit Rücklageanteil und die Sonderrücklage [2. Bearbeitung]; in: Handbuch des Jahresabschlusses in Einzeldarstellungen; Hrsg. Klaus v. Wysocki, Joachim Schulze-Osterloh und Joachim Hennrichs; Köln 1984 ff.; Abteilung III/4; 33. Lfg., Köln 2004.

(187) Einkommen-Steuer ohne oder Soziale-Wohlfahrt-Steuer mit Ehegattensplitting? Stellungnahme zu Cay Folkers; in: Perspektiven der Wirtschaftspolitik; 6. Jg. (2005); S. 113 – 114.

(188) Duale Einkommensteuer – Gleichmäßigkeit der Besteuerung versus Zweckmäßigkeit?; in: Zeitschrift für Steuern und Recht; 2. Jg. (2005); S. 82 – 86.

Autorenverzeichnis

Baetge, Jörg; Dr. rer. pol., Dr. h.c.; Professor (em.) an der Westfälischen Wilhelms-Universität Münster, Honorarprofessor an der Universität Wien; Westfälische Wilhelms-Universität Münster, Wirtschaftswissenschaftliche Fakultät; Universitätsstr. 14/16, D-48143 Münster;
Joerg.Baetge@wiwi.uni-muenster.de.

Ballwieser, Wolfgang; Dr. rer. pol., Dr. h.c.; Professor an der Ludwig-Maximilians-Universität München; Ludwig-Maximilians-Universität München, Fakultät für Betriebswirtschaft, Seminar für Rechnungswesen und Prüfung, Ludwigstr. 28 RG, D-80539 München;
ballwieser@bwl.uni-muenchen.de.

Bareis, Peter; Dr. rer. pol.; Steuerberater; Professor an der Universität Hohenheim, Stuttgart; Universität Hohenheim, Lehrstuhl für Betriebswirtschaftliche Steuerlehre und Prüfungswesen (510 G), D-70593 Stuttgart;
bareis@uni-hohenheim.de.

Bieker, Marcus; Dipl.-Ök.; Wissenschaftlicher Mitarbeiter an der Ruhr-Universität Bochum; Ruhr-Universität Bochum, Fakultät für Wirtschaftswissenschaft, Lehrstuhl für Unternehmensprüfung, Universitätsstr. 150, D-44780 Bochum;
marcus.bieker@rub.de.

Brönner, Herbert; Dr. rer. pol., Dr. jur.; Wirtschaftsprüfer, Steuerberater; Gesellschafter-Geschäftsführer der Dres. Brönner Treuhand-Revision GmbH, Wirtschaftsprüfungsgesellschaft – Steuerberatungsgesellschaft, Berlin; Dres. Brönner Treuhand-Revision GmbH, Hohenzollerndamm 123, D-14199 Berlin;
mail@broenner.org.

Büttgen-Pöhland, Dagmar; Dr. rer. pol.; Ernst & Young AG Wirtschaftsprüfungsgesellschaft, Am Wehrhahn 50, D-40211 Düsseldorf;
dagmar.buettgen-poehland@de.ey.com.

Esser, Maik; Dr. rer. oec.; Wissenschaftlicher Mitarbeiter an der Ruhr-Universität Bochum; Ruhr-Universität Bochum, Fakultät für Wirtschaftswissenschaft, Lehrstuhl für Unternehmensprüfung, Universitätsstr. 150, D-44780 Bochum;
maik.esser@bafin.de.

Günther, Thomas; Dr. rer. pol. habil.; Professor an der Technischen Universität Dresden; Technische Universität Dresden, Fakultät Wirtschaftswissenschaften, D-01062 Dresden;
Lehrstuhl.Controlling@mailbox.tu-dresden.de.

Hachmeister, Dirk; Dr. oec. publ.; Professor an der Universität Hohenheim, Stuttgart; Universität Hohenheim, Fakultät für Wirtschafts- und Sozialwissenschaften, Lehrstuhl für Rechnungswesen und Finanzierung, D-70593 Stuttgart;
dhachmei@uni-hohenheim.de.

Hundsdoerfer, Jochen; Dr. rer. pol.; Professor an der Freien Universität Berlin; Freie Universität Berlin, Fachbereich Wirtschaftswissenschaft, Lehrstuhl für Betriebswirtschaftslehre, insb. Betriebswirtschaftliche Steuerlehre, Garystr. 21, D-14195 Berlin; hundsdoe@zedat.fu-berlin.de.

Kampmann, Helga; Dr. rer. pol.; Wissenschaftliche Assistentin an der Humboldt-Universität zu Berlin; Humboldt-Universität zu Berlin, Wirtschaftswissenschaftliche Fakultät; Institut für Rechnungswesen und Wirtschaftsprüfung, Spandauer Str. 1, D-10178 Berlin;
kampmann@wiwi.hu-berlin.de

Kaserer, Christoph; Dr. rer. pol.; Professor an der Technischen Universität München; Technische Universität München, Fakultät für Wirtschaftswissenschaften, Lehrstuhl für Finanzmanagement und Kapitalmärkte, Arcisstr. 21, D-80290 München;
christoph.kaserer@wi.tum.de.

Kirchhof, Paul; Dr. jur.; Bundesverfassungsrichter a.D.; Professor an der Ruprecht-Karls-Universität Heidelberg; Ruprecht-Karls-Universität Heidelberg; Institut für Finanz- und Steuerrecht, Friedrich-Ebert-Anlage 6 – 10, D-69117 Heidelberg;
kirchhofp@jurs.uni-heidelberg.de.

Kirchner, Christian; Dr. iur., Dr. rer. pol., LL.M. (Harvard); Professor an der Humboldt-Universität zu Berlin; Humboldt-Universität zu Berlin, Juristische und Wirtschaftswissenschaftliche Fakultät, Lehrstuhl für deutsches, europäisches und internationales Zivil- und Wirtschaftsrecht und Institutionenökonomik, Unter den Linden 6, D-10099 Berlin;
christian.kirchner@rewi.hu-berlin.de.

Kirchner-Khairy, Sandra; Dipl.-Kffr.; Wissenschaftliche Mitarbeiterin an der Technischen Universität Dresden; Technische Universität Dresden, Fakultät Wirtschaftswissenschaften, D-01062 Dresden;
Sandra.Kirchner-Khairy@mailbox.tu-dresden.de.

Kraft, Gerhard; Dr. iur., Dipl.-Kfm.; Wirtschaftsprüfer, Steuerberater; Professor an der Martin-Luther-Universität Halle-Wittenberg; Martin-Luther-Universität Halle-Wittenberg, Große Steinstr. 73, D-06099 Halle/Saale;
gerhard.kraft@wiwi.uni-halle.de.

Krawitz, Norbert; Dr. rer. pol.; Professor an der Universität Siegen; Universität Siegen, Fachbereich Wirtschaftswissenschaften, Lehrstuhl für Betriebswirtschaftslehre mit dem Schwerpunkt Betriebswirtschaftliche Steuerlehre und Prüfungswesen, D-57068 Siegen;
krawitz@bwl.wiwi.uni-siegen.de.

Küpper, Hans-Ulrich; Dr. rer. pol.; Professor an der Ludwig-Maximilians-Universität München; Ludwig-Maximilians-Universität München, Institut für Produktionswirtschaft und Controlling, Ludwigstr. 28/RG/V, D-80539 München;
kuepper@bwl.uni-muenchen.de.

Lienau, Achim; Dipl.-Kfm., LL.M.; Wissenschaftlicher Mitarbeiter bei Professor Dr. Dr. h.c. Jörg Baetge an der Westfälischen Wilhelms-Universität Münster; Westfälische Wilhelms-Universität Münster, Wirtschaftswissenschaftliche Fakultät, Universitätsstr. 14/16, D-48143 Münster;
Achim.Lienau@wiwi.uni-muenster.de.

Mandl, Gerwald; Dr. rer. comm.; Professor an der Karl-Franzens-Universität Graz; Karl-Franzens-Universität Graz, Institut für Revisions-, Treuhand- und Rechnungswesen, Universitätsstr. 5/F1, A-8010 Graz;
gerwald.mandl@uni-graz.at.

Moxter, Adolf; Dr. rer. pol., Dr. h.c. Dr. h.c. Dr. h.c.; Professor (em.) an der Universität Frankfurt am Main; Rotbornstr. 22, D-61440 Oberursel.

Rautenberg, Hans Günter; Dr. rer. pol.; Professor an der Universität Leipzig; Universität Leipzig, Institut für Unternehmensrechnung und Betriebswirtschaftliche Steuerlehre, Marschnerstr. 31, D-04109 Leipzig;
rautenberg@wifa.uni-leipzig.de.

Richter, Martin; Dr. rer. pol.; Professor an der Universität Potsdam; Universität Potsdam, Lehrstuhl für Rechnungswesen und Wirtschaftsprüfung, August-Bebel-Str. 89, D-14482 Potsdam;
mrichter@rz.uni-potsdam.de.

Rückle, Dieter; Dr. rer. comm.; Professor an der Universität Trier; Universität Trier, Fachbereich IV – Betriebswirtschaftslehre, Lehrstuhl für Wirtschaftsprüfung und Rechnungswesen, D-54286 Trier;
rueckle@uni-trier.de.

Schildbach, Thomas; Dr. rer. pol.; Professor an der Universität Passau; Universität Passau, Lehrstuhl für Betriebswirtschaftslehre mit Schwerpunkt Revision und Unternehmensrechnung, Innstr. 27, D-94032 Passau;
schildbach@uni-passau.de.

Schmidt, Matthias; Dr. rer. pol.; Professor an der Universität Leipzig; Universität Leipzig, Wirtschaftswissenschaftliche Fakultät, Professur für Betriebswirtschaftslehre, insb. Externe Unternehmensrechnung und Wirtschaftsprüfung, Marschnerstr. 31, D-04109 Leipzig;
mschmidt@wifa.uni-leipzig.de.

Schneider, Dieter; Dr. rer. pol., Dr. h.c. Dr. h.c. Dr. h.c. Dr. h.c.; Professor (em.) an der Ruhr-Universität Bochum; Ruhr-Universität Bochum, Fakultät für Wirtschaftswissenschaft, Universitätsstr. 150, D-44801 Bochum;
dieter.schneider-2@ruhr-uni-bochum.de.

Schreiber, Ulrich; Dr. rer. pol.; Professor an der Universität Mannheim; Universität Mannheim, Fakultät für Betriebswirtschaftslehre, Lehrstuhl für Allgemeine Betriebswirtschaftslehre und Betriebswirtschaftliche Steuerlehre, Schloss, D-68131 Mannheim;
Ulrich.Schreiber@bwl.uni-mannheim.de.

Schroller, Wolfgang; Dipl.-Kfm.; Wirtschaftsprüfer, Steuerberater; Geschäftsführer der Dres. Brönner Treuhand-Revision GmbH; Wirtschaftsprüfungsgesellschaft – Steuerberatungsgesellschaft, Berlin; Dres. Brönner Treuhand-Revision GmbH, Hohenzollerndamm 123, D-14199 Berlin;
Schroller@broenner.org.

Schruff, Wienand; Dr. rer. pol.; Wirtschaftsprüfer; Mitglied des Vorstands der KPMG Deutsche Treuhand-Gesellschaft AG Wirtschaftsprüfungsgesellschaft, Berlin; Honorarprofessor an der Westfälischen Wilhelms-Universität Münster; KPMG Deutsche Treuhand-Gesellschaft AG, Taubenstr. 44 – 45, D-10117 Berlin;
wschruff@kpmg.com.

Schulze-Osterloh, Joachim; Dr. iur.; Professor (em.) an der Freien Universität Berlin; Freie Universität Berlin, Fachbereich Rechtswissenschaft, Van't-Hoff-Str. 8, D-14195 Berlin;
schulzeosterloh@t-online.de.

Sigloch, Jochen; Dr. rer. pol.; Steuerberater; Professor an der Universität Bayreuth; Universität Bayreuth, Lehrstuhl BWL II, Betriebswirtschaftliche Steuerlehre und Wirtschaftsprüfung, Universitätsstr. 30, D-95447 Bayreuth;
jochen.sigloch@uni-bayreuth.de.

Streim, Hannes; Dr. oec. publ.; Professor an der Ruhr-Universität Bochum; Ruhr-Universität Bochum, Fakultät für Wirtschaftswissenschaft, Lehrstuhl für Unternehmensprüfung, Universitätsstr. 150, D-44780 Bochum;
hannes.streim@rub.de.

Wagenhofer, Alfred; Dr. rer. soc. oec.; Professor an der Universität Graz; Universität Graz; Institut für Controlling und Unternehmensführung, Universitätsstr. 15, A-8010 Graz;
alfred.wagenhofer@uni-graz.at.

Wagner, Franz W.; Dr. oec. publ., Dr. h.c.; Professor an der Eberhard-Karls-Universität Tübingen, Honorarprofessor an der Universität Wien; Eberhard-Karls-Universität Tübingen; Wirtschaftswissenschaftliche Fakultät, Mohlstr. 36, D-72074 Tübingen;
franz.wagner@uni-tuebingen.de.

Wagner, Wolfgang; Dipl.-Kfm.; Wirtschaftsprüfer, Steuerberater; Chairman und Senior Partner Continental Europe von PricewaterhouseCoopers, Lehrbeauftragter an der Wirtschaftswissenschaftlichen Fakultät der Humboldt-Universität zu Berlin; PricewaterhouseCoopers, Potsdamer Platz 11, Postfach 120808, D-10598 Berlin;
wolfgang.wagner@de.pwc.com.

Wenger, Ekkehard; Dr. rer. pol.; Professor an der Universität Würzburg; Universität Würzburg, Wirtschaftswissenschaftliche Fakultät, Lehrstuhl für Unternehmensfinanzierung, Bank- und Kreditwirtschaft, Sanderring 2, D-97070 Würzburg;
claudia.gabel@mail.uni-wuerzburg.de.

Wysocki, Klaus v.; Dr. rer. pol., Dr. h.c.; Wirtschaftsprüfer, Steuerberater; Professor (em.) an der Ludwig-Maximilians-Universität München, Honorarprofessor an der Universität Wien; Am Rupenhorn 6A, D-14055 Berlin;
klaus.v.wysocki@t-online.de.

Betriebswirtschaftliche Schriften

142 Michael Froböse / Andreas Kaapke (Hrsg.)
Marketing als Schnittstellenwissenschaft und Transfertechnologie
Festschrift zum 60. Geburtstag von Hans Hörschgen
Tab., Abb.; 439 S. 1996
⟨3-428-08842-5⟩
€ 72,– / sFr 124,–

143 Lilia Stünzner
Systemtheorie und betriebswirtschaftliche Organisationsforschung
Eine Nutzenanalyse der Theorien autopoietischer und selbstreferentieller Systeme
Abb.; 237 S. 1996 ⟨3-428-08825-5⟩
€ 42,– / sFr 74,–

144 Kerstin Schröder
Konzeption eines planungsunterstützenden Informationssystems für das Dienstleistungsunternehmen Kommune
Gezeigt an ausgewählten Beispielen der kommunalen Sozialplanung und Sozialpolitik
Tab., Abb.; 453 S. 1997 ⟨3-428-08756-9⟩
€ 58,– / sFr 100,–

145 Win Hin Chung
Spezifität und Unternehmungskooperation
Eine institutionenökonomische Analyse unter besonderer Berücksichtigung dynamischer Aspekte
Tab., Abb.; 249 S. 1998 ⟨3-428-09370-4⟩
€ 48,– / sFr 85,–

146 Antonius Engberding
Unternehmenskrisen, Sanierung und Industriepolitik
Einzelwirtschaftliche und strukturpolitische Handlungsspielräume beim Wandel von Unternehmen in der Krise
Tab., Abb.; 363 S. 1998 ⟨3-428-09578-2⟩
€ 58,– / sFr 100,–

147 Samuel Stäbler
Die Personalentwicklung der „Lernenden Organisation"
Konzeptionelle Untersuchung zur Initiierung und Förderung von Lernprozessen
Tab., Abb.; 320 S. 1999 ⟨3-428-09515-4⟩
€ 58,– / sFr 100,–

148 Erik Gawel
Betriebswirtschaftliche Probleme der Gebührenkalkulation
Interdependenz kalkulatorischer Kostenarten und Verständnis „betriebswirtschaftlicher Grundsätze" als Probleme der Bemessung kommunaler Benutzungsgebühren
141 S. 1999 ⟨3-428-09755-6⟩
€ 44,– / sFr 78,–

149 Volker Kißling
Beschaffung professioneller Dienstleistungen
Eine empirische Untersuchung zum Transaktionsverhalten
Tab., Abb.; XXVI, 352 S. 1999
⟨3-428-09670-3⟩
€ 62,– / sFr 107,–

150 Ralf Paquin
Internationale Joint Venture als Organisationsform des Technologietransfers
Tab., Abb.; 273 S. 2000 ⟨3-428-09874-9⟩
€ 68,– / sFr 117,–

151 Anja Schwerk
Dynamik von Unternehmenskooperationen
Tab., Abb.; 542 S. 2000 ⟨3-428-09777-7⟩
€ 76,– / sFr 131,–

152 Georg Schreyögg (Hrsg.)
Funktionswandel im Management: Wege jenseits der Ordnung
Drittes Berliner Kolloquium der Gottlieb Daimler- und Karl-Benz-Stiftung
Tab., Abb.; 221 S. 2000 ⟨3-428-09984-2⟩
€ 49,– / sFr 87,–